Manfred Görtemaker
Christoph Safferling

Die Akte Rosenburg

Manfred Görtemaker
Christoph Safferling

Die Akte Rosenburg

Das Bundesministerium der
Justiz und die NS-Zeit

C.H.BECK

Mit 19 Abbildungen

3., aktualisierte Auflage 2024

© Verlag C.H.Beck oHG, München 2016
Alle urheberrechtlichen Nutzungsrechte bleiben vorbehalten.
Der Verlag behält sich auch das Recht vor, Vervielfältigungen
dieses Werks zum Zwecke des Text and Data Mining vorzunehmen.
www.chbeck.de
Umschlaggestaltung: Rothfos & Gabler, Hamburg
Umschlagabbildung: BMJV/Rainer Habig (Vorderseite)/Gerd Nettersheim (Rückseite)
Satz: Janß GmbH, Pfungstadt
Druck und Bindung: CPI – Ebner & Spiegel, Ulm
Gedruckt auf säurefreiem und alterungsbeständigem Papier
Printed in Germany
ISBN 978 3 406 82368 8

verantwortungsbewusst produziert
www.chbeck.de/nachhaltig

INHALT

Einleitung 11
Das Rosenburg-Projekt 12 – Untersuchungsgegenstände und Arbeitsweise der Kommission 14 – Die Rolle der Justiz in der NS-Zeit und in der Bundesrepublik 16 – Das Bundesministerium der Justiz 22 – Amnestie und Verjährung 23 – Die Taten und ihre Täter 24

ERSTER TEIL
GRÜNDUNG, AUFBAU UND ENTWICKLUNG

I. Justiz unter der Besatzungsherrschaft 32

1. Die Gesetzgebung der Alliierten 33
Der Alliierte Kontrollrat 34 – Spaltung der Vier-Mächte-Verwaltung 35 – Der Prozess gegen die Hauptkriegsverbrecher 36 – Die Entwicklung in der SBZ 39 – Hilde Benjamin: Die «Rote Guillotine» 41

2. Der Nürnberger Juristenprozess 44
Allgemeine rechtliche Grundlagen 48 – Der Prozess 51 – Der Fall Schlegelberger 52 – Der Fall Rothaug 54 – Aussage Walter Roemer 57 – Rezeption in der Bundesrepublik 59 – Rezeption in der DDR 61 – Fazit 62

3. Das Problem der Entnazifizierung 63
Entnazifizierung: Eine amerikanische Erfindung? 63 – Der Fragebogen 67 – Das Instrument der Spruchkammern 68 – Die britische und französische Entnazifizierungspraxis 70 – Die Politik des «Antifaschismus» in der SBZ 72

4. Die Landesjustizverwaltungen 74
Zwischen Kontrolle und Neuaufbau: Die alliierte Justizpolitik 1945 – 1949 74 – Wiedereröffnung der deutschen Gerichte 76 – Die Entstehung der

Justizministerien in den Ländern 79 – Bemühungen um die Entnazifizierung des Justizpersonals 80 – Beginn der Verfolgung nationalsozialistischer Gewalttaten 84

II. Der Aufbau des BMJ 1949–1953   86

1. Die Gründungsväter: Thomas Dehler und Walter Strauß   86
Liberaler Demokrat und demokratischer Nationalist 86 – Der «immerwährende Staatssekretär» 91 – Auswandererhilfe für Juden und politisch Verfolgte 92 – Nachkriegszeit 95 – Die Wirtschaftsverwaltung der Bizone 97 – Das Rechtsamt des Vereinigten Wirtschaftsgebiets 99 – Dehler und Strauß im Parlamentarischen Rat 101

2. Das Bundesministerium der Justiz: Neubeginn oder Kontinuität?   103
Dehlers Weg ins Ministeramt 104 – Die Idee eines «Verfassungsministeriums» 106 – Dehlers persönliches Umfeld im BMJ 109 – Konflikte mit Strauß 110 – Auseinandersetzungen um die Verwendung der Bizonen-Mitarbeiter 112 – Die Herkunft des Gründungspersonals im BMJ 114 – Der Einfluss des Bundeskanzleramtes unter Hans Globke 118 – Dehlers Umgang mit der NS-Belastung 122 – Die NS-Belastung des BMJ 1949/50 124 – Hans Winners und die Abteilung Z 128

3. Kennzeichen der Personalpolitik   133
«Persilscheine waren nicht zu vermeiden» 133 – Geheimakten des Reichsjustizministeriums 136 – Steigbügelhalter für die Renazifizierung? 138 – Dr. Robert Krawielicki: Ein Ausnahmefall? 141 – Der Fall Kanter 143 – Der Heidelberger Kreis 145 – Die Kanzlei Achenbach und der Naumann-Kreis 148

4. Der Artikel 131: Schlussstrich-Mentalität im Öffentlichen Dienst   154
Entstehung im Parlamentarischen Rat 154 – «Tausende Beamte rufen in ihrer Not» 156 – Die Rolle des BMJ 158 – Ein Gesetz für die alten Eliten 160 – Adenauer und der Wunsch nach «Normalisierung» 163 – Auswirkungen des G 131 und Personalübernahmen im BMJ 165 – Das Urteil des Bundesverfassungsgerichts zum G 131 167

III. Der «Geist der Rosenburg» 173

1. Die Schatten der Vergangenheit 173
Die heile Welt der Rosenburg 173 – Amnesie oder Amnestie? 176 – «Eine harte Prüfung für viele»: Das Straffreiheitsgesetz vom Dezember 1949 179 – Straffreiheit für NS-Täter: Das Amnestiegesetz von 1954 183 – NS-Recht als Gnadenrecht des Bundes? 190 – Die Braunbuch-Diskussion 194 – Die Ausstellung «Ungesühnte Nazijustiz» 202 – Ansätze zur Reform der Juristenausbildung 206

2. Die Zentrale Rechtsschutzstelle: Eine «Geheimabteilung» des BMJ? 208
Die Gründung der ZRS 208 – Hans Gawlik: Eine fatale Wahl 211 – Betreuungsarbeit «in aller Stille» 213 – «Graue Eminenz» zum Schutz von Kriegsverbrechern? 216 – Überführung ins Auswärtige Amt 217 – «Zur Warnung an Kriegsverbrecher rechtlich verpflichtet» 218

3. Das Bundesjustizministerium im Wandel 222
Der Ulmer Einsatzgruppen-Prozess 223 – Die Zentralstelle in Ludwigsburg 225 – Fritz Schäffer, Ewald Bucher und die Verjährungsdebatte 228 – Der Eichmann-Prozess 233 – Die Spiegel-Affäre 1962 239 – Fritz Bauer und die Auschwitz-Prozesse 1963–1968 244 – Wandel in der Personalpolitik 248 – Aufhebung der NS-Unrechtsurteile 250 – Sozialdemokratische Justizpolitik nach 1966 254

ZWEITER TEIL
ABTEILUNGEN UND SACHFRAGEN

I. Die allgemeine Personalentwicklung 1949–1973 260

1. Auswertung der Personaldatenbank 260
Personelle Entwicklung und Qualifikationen 261 – NS-Mitgliedschaften 262 – Mitarbeiter Reichsjustizministerium 264 – Kriegsteilnahme 265 – Übernahme aus den Zonenverwaltungen und 131er 266 – NS-Strafverfahren 267

2. Der weitere Geschäftsbereich des BMJ: Der Bundesgerichtshof 267
Die Aufgabenbereiche 267 – Die Errichtung des BGH 269 – Die Ära Weinkauff 270 – Der zweite Präsident Heusinger 272 – Gleichberechtigung von

Mann und Frau 274 – Der Umgang mit Entschädigungsansprüchen: Sinti und Roma 277

3. Der Geschäftsbereich des BMJ: Der Generalbundesanwalt 279
Das Personal des GBA 281 – Die Ära Güde 282 – Wolfgang Fränkel: «Schicksal, nicht Schuld ...»? 283 – Ludwig Martin: Das geringere Übel? 286

4. Das Bundesverfassungsgericht 287
Gründung und Wahl der Verfassungsrichter 1951 288 – Willi Geiger: Der «heimliche Vorsitzende» des Zweiten Senats 291 – Die weiteren Richter der ersten Stunde 296 – Die Selbstemanzipation des Gerichts 297

II. Abteilungen und Karrieren im BMJ 300

1. Die Abteilung I: Bürgerliches Recht 301
Das Leitungspersonal 301 – Umgang mit der NS-Belastung 304 – Franz Massfeller: Die personifizierte Kontinuität im Familienrecht 306 – Heinrich von Spreckelsen und Hermann Weitnauer 310 – Der Skandal um Max Merten 313

2. Die Abteilung II: Strafrecht 316
Struktur und Mitarbeiter 317 – Herkunft und NS-Belastung 318 – Alle Fäden in Händen: Josef Schafheutle 320 – Ernst Kanter: «Vertrauensmann der Militärjustiz» 322 – «Kommunistische Angriffe» 325 – Schafheutle und die NS-Vergangenheit 327 – Die ungekrönte Ministerialkarriere: Eduard Dreher 330

3. Die Abteilung III: Wirtschaftsrecht 336
Struktur und Herkunft des Personals 337 – Die Abteilungsleiter Günther Joël und Ernst Geßler 337 – Thieracks persönlicher Referent im BMJ: Heinrich Ebersberg 340

4. Die Abteilung IV: Öffentliches Recht 342
Hohe Kontinuität in Struktur und Personal 344 – NS-Belastung und personelle Entwicklung von 1950 bis 1973 344 – Der Herrscher: Walter Roemer 345 – «Bei keiner dieser Hinrichtungen zugegen» 348 – «Mörder der Geschwister Scholl» 350 – Vorwürfe von Simon Wiesenthal 353 – Hermann Maassen und Kai Bahlmann 356

III. Das NS-Erbe und die Gesetzgebung in der Bundesrepublik 358

1. Die Strafrechtsreform 359
Wiederherstellung des Analogieverbots durch die Alliierten 360 – «Bereinigung» des StGB und Gesamtreform 362 – Diskussion über die Todesstrafe 364 – Der strafrechtliche Schutz des Lebens 369 – Strafbarkeit der Homosexualität 372

2. Das Staatsschutzstrafrecht nach 1949 376
Staatsschutz im NS-Staat 376 – Reformen nach 1949 377 – Der Einfluss des Grundgesetzes auf das Staatsschutzstrafrecht 379 – Friedensverrat 380 – Hoch- und Landesverrat 381 – Neue Tatbestände: Staatsgefährdung 382 – Prozessuale Besonderheiten des Staatsschutzstrafrechts 384 – Die Reform 1968 388

3. Die Reform des Jugendstrafrechts 391
Das Reichsjugendgerichtsgesetz 1923 391 – Der Weg zum RJGG 1943 393 – Das Faktotum des Ministeriums: Karl Lackner 394 – Das Jugendgerichtsgesetz von 1953 396 – Die parlamentarischen Beratungen 397 – Jugendstrafrechtspolitik auf der Rosenburg 398

4. Die «kalte Amnestie»: Parlamentarische Panne oder perfider Plan? 399
Das Einführungsgesetz zum Ordnungswidrigkeitengesetz von 1968 400 – Sinn und Zweck eines Ordnungswidrigkeitenrechts 401 – Auswirkungen auf die Verjährung 403 – Die Vorahnung 405 – Der Kampf vor dem Bundesgerichtshof 409 – Die Entscheidung 412 – Die Folgen der Katastrophe 415 – Hat Dreher «gedreht»? 417

5. Streng geheim: Das V-Buch 421
Ein «Kriegsbuch» für den Notfall 422 – «Ermächtigung mit Gesetzeskraft»: Das Versagen des BMJ als Hüterin der Verfassung 423 – Tiefe Einschnitte in die Gerichtsverfassung 424 – Das Geheimnis wird gelüftet 426 – Umdenken unter Heinemann 427 – Eine Notstandsregelung auf gesetzlicher Grundlage 428

6. Die Aufhebung der Erbgesundheitsurteile 429
Rassenhygiene und Vernichtung 429 – Franz Massfeller: «Im Dienst einer großen Sache» 430 – Die Entwicklung nach 1990 432 – Entscheidung unter Schmidt-Jortzing 434

7. Die Wehrstrafgerichtsbarkeit: Verbotene Pläne alter Wehrmachtrichter 435
Das Netzwerk der Wehrmachtrichter 436 – Ein neues Wehrstrafrecht für die Bundeswehr? 438 – Das Wehrstrafgesetz 440 – Die Flucht des BMJ aus der Verantwortung 441 – Personalpolitik für die Wehrstrafgerichtsbarkeit: Joachim Schölz 443 – Gesucht: Geeignete Wehrrichter 447 – Das Ende 449

Schlussbetrachtungen 451

ANHANG

Anmerkungen 460
Quellen- und Literaturverzeichnis 559
Abkürzungsverzeichnis 575
Bildnachweis 580
Personenregister 581

Einleitung

Georg August Goldfuß galt als Sonderling, aber auch als guter Wissenschaftler. Bereits mit 31 Jahren nahm ihn die Leopoldina, die älteste naturwissenschaftlich-medizinische Gelehrtengesellschaft in Deutschland, als Mitglied auf. 1818 wurde er zum ordentlichen Professor für Zoologie, Paläontologie und Mineralogie an die Rheinische Friedrich-Wilhelms-Universität Bonn berufen, an der er bis zu seinem Tod 1848, für kurze Zeit auch als deren Rektor, tätig war. 1831 ließ sich Goldfuß nach Plänen des Architekten Carl Alexander Heideloff im nahen Kessenich am Venusberg ein Landhaus im neoromanischen Stil errichten: die Rosenburg. Das Anwesen ging später in den Besitz eines Düsseldorfer Seidenfabrikanten über. Seit 1920 diente es dem Apostolat des Priester- und Ordensberufs als Stätte für die Ausbildung von Priestern, bis die burgartige Villa 1938 von der Wehrmacht übernommen wurde, die hier Offizierslehrgänge abhielt und während des Zweiten Weltkrieges Urlaubsunterkünfte für Zivilangestellte der Luftwaffe bereitstellte. 1944 bezog schließlich die medizinische Klinik der Universität Bonn vorübergehend Quartier in dem Gebäude.

1949, als die Bundesrepublik Deutschland gegründet und Bonn zum vorläufigen Regierungssitz bestimmt wurde, waren in der Rosenburg immer noch einige medizinische Einrichtungen untergebracht. Aber die Klinik war seit 1946 schrittweise auf den Venusberg gezogen, so dass der katholische Orden, der die Immobilie mit ihrer eigenwilligen Architektur, die so gar nicht in die moderne Zeit zu passen schien, nach dem Ersten Weltkrieg erworben hatte, eine neue Verwendung für das Haus suchte. Im Januar 1950 wurde es «für einen beträchtlichen Zins», wie einer der Mitarbeiter sich später erinnerte, dem Bundesministerium der Justiz als Dienstsitz zur Pacht angeboten.[1] Thomas Dehler, dem ersten Bundesjustizminister, kam die Offerte gerade recht. Das BMJ war bis zu diesem Zeitpunkt nur provisorisch untergebracht: in einem der hinteren Gebäude einer früheren Polizeikaserne an der Rheindorfer Straße (heute Graurheindorfer Straße) im Norden Bonns. Auch mit den ihm dort zugewiesenen Räumen war Dehler unzufrieden. Die pompös wirkende Anlage der Rosenburg war zwar ebenfalls gewöhnungsbedürftig, aber voller Atmosphäre, dazu idyllisch inmitten eines großen Waldgebietes am Hang des Venusbergs gelegen, von wo aus man das ganze Rheintal um Bonn überblickte. Nur eine einzige, gewundene Straße führte zur Burg hinauf. Dehler zögerte deshalb nicht lange. Nach einigen Umbauten und der Errichtung einiger zusätzlicher Gebäude wurde die Rosenburg am 1. April offiziell dem BMJ übergeben. Von 1950 bis 1973 war sie nun Sitz des Bundesministeriums der Justiz.

Das Rosenburg-Projekt

Die Zeit von der Gründung der Bundesrepublik bis zum Beginn der 1970er Jahre ist in etwa auch der Zeitraum, auf den sich die Tätigkeit unserer «Unabhängigen Wissenschaftlichen Kommission beim Bundesministerium der Justiz zur Aufarbeitung der NS-Vergangenheit» (UWK-BMJ) bezog, von deren Forschungsarbeit und Ergebnissen der vorliegende Band handelt. Die Kommission, die im Januar 2012 von Bundesjustizministerin Sabine Leutheusser-Schnarrenberger eingesetzt wurde, bestand aus zwei «Abteilungen»: einer größtenteils juristischen Arbeitsgruppe an der Philipps-Universität Marburg und einer im Wesentlichen aus Historikern bestehenden Gruppe an der Universität Potsdam. Die Kommission war also von Anfang an interdisziplinär besetzt. Regelmäßige Treffen der beiden Gruppen, abwechselnd in Marburg, Potsdam und Berlin, sorgten für den notwendigen Austausch von Kenntnissen und Erfahrungen. Da der Name der Kommission etwas lang und umständlich war und auch die Abkürzung nicht restlos überzeugte, haben wir stets lieber von der «Rosenburg-Kommission» und vom «Rosenburg-Projekt» gesprochen.

Den Mitarbeitern der Kommission sicherte die Ministerin zu, unbeschränkten Zugang zu den Akten des Ministeriums zu erhalten, soweit diese den Untersuchungszeitraum betrafen – einschließlich der besonders sensiblen Personalakten. Forschungsgegenstand war nicht die Justiz im Dritten Reich, unbeschadet aller notwendigen Rückgriffe auf die Zeit vor 1945, sondern die Frage, wie man im Bundesministerium der Justiz nach 1949 mit der NS-Vergangenheit *im eigenen Haus* verfuhr. Tatsächlich ist die Rolle der Justiz im NS-Staat bereits gut erforscht, während wir über die Ministerien und Behörden und deren Umgang mit dem Erbe des NS-Regimes in der Nachkriegszeit noch verhältnismäßig wenig wissen: Welche personellen und institutionellen Kontinuitäten gab es? Wie tief war der Bruch 1945/49 wirklich? Und wie sah es mit den inhaltlichen Aspekten der Politik aus? Wurden auch diese, wenn man unterstellt, dass viele der handelnden Personen schon vor 1945 aktiv gewesen waren, vom Gedankengut des Nationalsozialismus beeinflusst? Und wenn ja, auf welche Weise?

Zum Auswärtigen Amt liegt seit 2010 eine entsprechende Untersuchung vor.[2] Gleiches gilt für das Bundeskriminalamt, über das 2011 eine Studie erschien.[3] Auch das Bundesamt für Verfassungsschutz beauftragte am 1. November 2011 auf Initiative des früheren BfV-Präsidenten Heinz Fromm eine Forschergruppe, die «Organisationsgeschichte des BfV 1950 bis 1975 unter besonderer Berücksichtigung der NS-Bezüge früherer Mitarbeiter in der Gründungsphase» zu untersuchen; deren Ergebnisse wurden 2015 präsentiert.[4] Weitere Studien zu Ministerien und anderen Institutionen sind in Vorbereitung: zum Bundesnachrichtendienst, zum Bundesministerium der Finanzen, zum Bundesministerium für Wirtschaft und Technologie, zum Bundesministerium für Arbeit und Soziales sowie zum Bundesministerium des Innern.

Das Bundesministerium der Justiz fügt sich in diese Reihe ein. Es steht also nicht allein, sondern ist Teil eines inzwischen sehr weitreichenden Bemühens, die möglichen NS-Belastungen zentraler Institutionen der Bundesrepublik zu erforschen. Nicht zuletzt auf Initiative des BMJ wurde dazu 2013 eigens ein Satz in die Koalitionsvereinbarung zwischen CDU/CSU und SPD eingefügt, in dem es mit Blick auf die politischen Absichten der zu bildenden Bundesregierung heißt: «Die Koalition wird die Aufarbeitung der NS-Vergangenheit von Ministerien und Bundesbehörden vorantreiben.»[5]

Zwar förderte das BMJ bereits in den 1980er Jahren unter Minister Hans A. Engelhard einzelne Studien, die sich mit möglichen personellen und sachlichen Kontinuitäten zwischen der NS-Zeit und der Bundesrepublik befassten.[6] Aktensperrfristen, historisches Desinteresse und sicher auch der Unwille, sich mit der unliebsamen eigenen Vergangenheit – oder der Vergangenheit des eigenen Hauses – ernsthaft und umfassend auseinanderzusetzen, trugen jedoch dazu bei, dass große Forschungslücken blieben, die erst jetzt mit dem Rosenburg-Projekt geschlossen werden sollten. Dabei kam die Initiative aus dem Ministerium selbst. Ähnlich wie im Auswärtigen Amt, wo Bundesaußenminister Joschka Fischer 2005 eine «Unabhängige Historikerkommission zur Aufarbeitung der Geschichte des Auswärtigen Amtes in der Zeit des Nationalsozialismus und in der Bundesrepublik» berufen hatte, war inzwischen im BMJ die Überzeugung gewachsen, dass der Justizbereich ebenfalls eine entsprechende Untersuchung verdiene, ja unbedingt erfordere. Ministerialdirigent Gerd J. Nettersheim und Ministerialrat Detlef Wasser waren die treibenden Kräfte, die das Projekt initiierten und immer wieder voranbrachten, Bundesjustizministerin Leutheusser-Schnarrenberger persönlich unterstützte die Idee von Anfang an, ihr Nachfolger Heiko Maas machte sich das Projekt seiner Vorgängerin zu eigen und trug entscheidend dazu bei, Widerstände zu überwinden und dem Vorhaben zu größtmöglicher öffentlicher Resonanz zu verhelfen.

Natürlich war die Unternehmung nicht unumstritten. Zwar ließ sich gegen das Thema selbst schwer argumentieren. Aber vor allem bei der Frage der Finanzierung wurden immer wieder Bedenken vorgetragen, die zu einer Schmälerung des Forschungsvorhabens oder leicht auch zu dessen vorzeitigem Ende hätten führen können. Der frühere Bundesaußenminister und spätere Bundespräsident Walter Scheel hat im Hinblick auf das Bonner Auswärtige Amt einmal erklärt, dort habe er immer mit drei innerministeriellen Gruppen zu tun gehabt: der kreativ-grüblerischen *Gruppe Geist und Wort*, der dynamisch-vorwärtsstrebenden *Gruppe Öl und Dampf* und – leider auch – der *Gruppe Sand und Säure*, einer unter Beamten in allen Bonner Ministerien offenbar «nicht seltenen Ansammlung grundsätzlicher Bedenkenträger».[7] Wir gewannen bei unserem Projekt in der Berliner Mohrenstraße den Eindruck, dass sich seit Scheels Bonner Zeiten nicht viel geändert hatte. Auch jetzt war die *Gruppe Sand und Säure* noch aktiv. Doch den Vertretern der *Gruppe Öl und Dampf* um Ministerialdirigent Nettersheim und Ministerialrat Wasser gelang es mit tatkräftiger Unterstützung der jeweiligen «Leitungsebene» stets, eingestreuten Sand rechtzeitig aus dem Getriebe zu blasen, um die ganze Operation nicht zu gefährden.

So wurde am Ende der Archivzugang ebenso unproblematisch geregelt wie die Finanzierung. Die Projektmitarbeiter konnten sich jedenfalls über mangelnde Unterstützung und Rückendeckung durch das Haus nicht beklagen. Im Rückblick erscheint die Zusammenarbeit zwischen Ministerium und Kommission sogar als überraschend harmonisch und konstruktiv. Das BMJ, das inzwischen zum «Bundesministerium der Justiz und für Verbraucherschutz» (BMJV) erweitert wurde, hat damit dem gesamten Bereich der Justiz, dem in der Vergangenheit vielfach zu Recht Geschichtsblindheit und mangelnder Sinn für eigene Verfehlungen – in der Weimarer Republik ebenso wie im Dritten Reich und auch noch in der Nachkriegszeit – nachgesagt wurde, einen bedeutenden Dienst erwiesen, wie er eines demokratisch verfassten Rechtsstaates würdig ist.

Untersuchungsgegenstände und Arbeitsweise der Kommission

Worum nun ging es im Rosenburg-Projekt? Untersuchungsgegenstand war in erster Linie der Umgang des Bundesministeriums der Justiz und seines Zuständigkeitsbereichs mit den persönlichen und politischen Belastungen, die sich aus dem Dritten Reich ergaben. Hierbei wurde zunächst erforscht, wie groß der Personenkreis war, der sich in der NS-Zeit bereits aktiv gezeigt hatte und nach 1949 in den Dienst des BMJ übernommen wurde, und welche Kriterien und Maßstäbe bei der Einstellung sowie bei Beförderungen galten. Ausgangspunkt der Untersuchung war dabei der im Nürnberger Juristenprozess 1947 entwickelte Maßstab für das Verhalten von Ministerialbeamten, Richtern und Staatsanwälten. Dabei ging es nicht nur um die Übernahme von Juristen in den Dienst des BMJ, die in diesem Sinne als belastet gelten mussten, sondern auch um die inhaltliche Auseinandersetzung mit dem Unrecht der NS-Justiz, die Bereinigung der Gesetze von nationalsozialistischer Ideologie und die Strafverfolgung von NS-Tätern durch die deutsche Justiz.[8]

Untersuchungsgegenstand war ebenfalls die Rolle des BMJ bei der Amnestierung von NS-Tätern und ihrer vorzeitigen Haftentlassung – bis 1958 waren fast alle Verurteilten freigekommen – sowie bei der Erarbeitung des Einführungsgesetzes zum Ordnungswidrigkeitengesetz vom 24. Mai 1968, durch das die Beihilfestrafbarkeit in bestimmten Fallkonstellationen herabgesetzt wurde, was im Zusammenspiel mit der sogenannten Gehilfenrechtsprechung zur rückwirkenden Verjährung einer großen Zahl nationalsozialistischer Gewaltverbrechen am 8. Mai 1960 führte. Ferner wurde der Frage nachgegangen, inwieweit das BMJ bei der verschleppten Rehabilitierung der Opfer der NS-Justiz mitwirkte – etwa bei strafgerichtlichen Entscheidungen, bei Erbgesundheitsurteilen oder in der Militärjustiz –, so dass die Urteile des Volksgerichtshofs und der Standgerichte erst am 28. Mai 1998 bzw. 17. Mai 2002 durch Bundesgesetz pauschal aufgehoben wurden, Kriegsverratsurteile sogar erst im September 2009.

Wichtige Untersuchungsfelder waren darüber hinaus die Haltung des BMJ zum Alliierten Kontrollrat, etwa zum Kontrollratsgesetz Nr. 1 vom 20. September 1945 über die Aufhebung von insgesamt 24 Gesetzen, Verordnungen und Erlassen aus der Zeit des Dritten Reiches, sowie zu den Nürnberger Prozessen und ihren Urteilen, die in der Bundesrepublik bekanntlich weithin umstritten waren. Untersucht wurde schließlich auch die Haltung des Ministeriums zur Zentralen Rechtsschutzstelle, die bis 1953 im Geschäftsbereich des BMJ angesiedelt war, ehe sie in den Verantwortungsbereich des Auswärtigen Amtes wechselte, wo sie deutsche Kriegsverbrecher vor Strafverfolgung im Ausland warnte und die Arbeit der Ludwigsburger Zentralstelle zur Aufklärung von NS-Verbrechen erschwerte, bis sie 1968 aufgelöst wurde.[9]

Es war also ein sehr umfangreicher Themenkatalog, der die Arbeit der Kommission bestimmte. Dabei betrieb sie ihre Forschung nicht in der stillen Stube des Gelehrten, sondern beschritt von Anfang an den Weg der *public history*. Die Arbeiten und die daraus resultierenden Erkenntnisse wurden in

Symposien und Tagungen zur Diskussion gestellt, um die einzelnen Schritte transparent zu machen und bereits zu einem möglichst frühen Zeitpunkt zu einem kritischen Diskurs beizutragen, weit über den begrenzten Kreis der Wissenschaft hinaus. Nicht zufällig stand daher am Beginn der Arbeit, am 26. April 2012, ein Symposium im Berliner Kammergericht – in jenem Saal, in dem 1944 Roland Freislers «Volksgerichtshof» tagte und in dem sich 1945 das Internationale Militärtribunal konstituierte, das dann den Prozess gegen die Hauptkriegsverbrecher des Dritten Reiches durchführte. Dort wurde eine erste Bestandsaufnahme vorgenommen, deren Ergebnisse in einem Sammelband nachzulesen sind.[10] Im Februar 2013 folgte ein Symposium über die Verantwortung von Juristen im Schwurgerichtssaal des Landgerichts Nürnberg-Fürth – also im historischen Saal 600, wo 1945/46 der Prozess gegen die Hauptkriegsverbrecher des Nazi-Regimes stattfand und danach auch der sogenannte Juristenprozess, in dem sich von Februar bis Dezember 1947 vornehmlich Beamte des Reichsjustizministeriums und Justizjuristen vor einem amerikanischen Militärgericht verantworten mussten. In diesem Prozess wurde zum ersten Mal die Mitwirkung der Juristen in Gesetzgebung, Verwaltung und Rechtsprechung am NS-Justizterror zum Gegenstand eines Strafverfahrens gemacht. «Der Dolch des Mörders war unter der Robe der Juristen verborgen» – dieser Ausspruch aus dem Nürnberger Juristenurteil verdeutlicht die Verantwortung der Juristen für das erschreckende Ergebnis der Nazi-Diktatur: vieltausendfacher Mord. Referenten des Symposiums waren unter anderem Gabriel Bach und Heinz Düx, die über ihre Erfahrungen berichteten: Bach als Richter am Obersten Gericht Israels und stellvertretender Ankläger im Prozess gegen Adolf Eichmann 1961 in Jerusalem, Düx als Untersuchungsrichter im Auschwitz-Prozess. Weitere Veranstaltungen fanden am Institut für Zeitgeschichte in München, im Haus der Geschichte in Bonn, am Bundesgerichtshof in Karlsruhe und in den USA statt: am Deutschen Historischen Institut in Washington und am Leo Baeck Institute in New York, wo besonders das Gespräch mit den jüdischen Verbänden gesucht wurde.

Die Rolle der Justiz in der NS-Zeit und in der Bundesrepublik

Die Rolle der Justiz in der NS-Zeit wurde bereits vielfach erforscht. Sowohl über die Ära von Reichsjustizminister Franz Gürtner als auch über die Zeit seines Nachfolgers Otto Georg Thierack liegen umfangreiche Untersuchungen vor.[11] Zahlreiche wissenschaftliche Studien beschäftigen sich zudem mit einzelnen Regionen oder Gerichten und deren Rechtsprechung während der NS-Zeit. Das BMJ beteiligte sich an dieser Aufarbeitung mit der Ausstellung

«Im Namen des Deutschen Volkes – Justiz und Nationalsozialismus», die sich in drei Abschnitten mit der Justiz im Nationalsozialismus, ihrer Vorgeschichte in der Weimarer Republik und der Frage, wie die bundesdeutsche Justiz mit dieser Vergangenheit umging, befasste. Rund 2000 Dokumente und Bilder sowie Begleittexte zu den einzelnen Themenkreisen machten wichtige Aspekte der historischen und ideologischen Grundlagen der Justiz, der Einflussnahme der Partei auf die Justiz und der Zusammenarbeit zwischen Justiz, NSDAP und SS deutlich. Die Ausstellung wurde 1989 in der Staatsbibliothek Berlin an der Potsdamer Straße eröffnet, ging dann für zwei Jahrzehnte auf Wanderschaft durch alle Bundesländer und war in 43 Städten zu sehen, meist in Gerichten und Justizgebäuden, bevor sie im Juni 2008 einen dauerhaften Platz im Oberverwaltungsgericht Berlin-Brandenburg in der Berliner Hardenbergstraße 31 am Bahnhof Zoo fand.[12]

Die Ausstellung zeigt, wie verhängnisvoll die Rolle der Justiz nicht nur im Dritten Reich gewesen war, sondern welche Verbindungen es auch zur bundesdeutschen Justiz der Nachkriegszeit gab. Ingo Müller hatte darauf bereits 1987 in seiner rechtshistorischen Dissertation *Furchtbare Juristen. Die unbewältigte Vergangenheit unserer Justiz* unmissverständlich hingewiesen. Allerdings war sein Buch in juristischen Kreisen nur widerwillig, teilweise mit größter Ablehnung, zur Kenntnis genommen worden und hatte in der Folge Müllers akademische Karriere nachhaltig beschädigt.[13] Denn dieser zeigte schonungslos auf, wie tief Juristen in die Verbrechen und den Massenmord des NS-Regimes verstrickt gewesen waren. Und er hatte auch nicht vermieden, darauf hinzuweisen, welche personellen und sachlichen Kontinuitäten über die Zäsur von 1945 hinweg bestanden.

Inzwischen sind die Kernaussagen Müllers unstrittig und durch zahlreiche Studien belegt. Hervorzuheben ist besonders der 1996 erstmals erschienene, vieldiskutierte Band *Vergangenheitspolitik. Die Anfänge der Bundesrepublik und die NS-Vergangenheit* von Norbert Frei, der sich, ausgehend von grundlegenden Weichenstellungen in Parlament und Regierung, mit der mangelnden «Vergangenheitsbewältigung» in der Bundesrepublik in den frühen 1950er Jahren beschäftigt und dabei vor allem auch dem Justizbereich umfangreiche Passagen widmet.[14] Marc von Miquel setzte diese Überlegungen 2004 für die 1960er Jahre fort und kam zu ähnlichen Ergebnissen.[15] Zu erwähnen ist in diesem Zusammenhang aber auch der Publizist Jörg Friedrich, der in seinen Büchern *Freispruch für die Nazi-Justiz* und *Die kalte Amnestie – NS-Täter in der Bundesrepublik* schon zwanzig Jahre zuvor trotz eines noch sehr begrenzten Materialzugangs auf skandalöses Verhalten von Richtern und Staatsanwälten, fragwürdige Urteile und eine kalkulierte Schlussstrich-Mentalität der Politik hingewiesen hatte. Bei aller materialbedingten Vorläufigkeit seiner Erkenntnisse ließen die publizistisch zugespitzten Ausführungen Friedrichs immerhin erahnen, welche Zeitbombe hier noch immer tickte.[16] Der Berliner Rechtssoziologe Hubert Rottleuthner schließlich, der nach der Jahrtausendwende anhand der Daten von über 34 000 Personen, die zwischen 1933 und 1964 im höheren Justizdienst tätig gewesen waren, die «Karrieren und Kontinuitäten deutscher Justizjuristen vor und nach 1945» untersuchte, vermochte dann auch flächendeckend zu beweisen, was inzwischen kaum noch ein Geheimnis war: dass Brüche in den Karrieren deutscher Juristen nach dem Ende des Nationalsozialismus eine Ausnahme darstellten und dass die meisten Juristen, auch wenn sie politisch belastet waren, ihre Laufbahn nach Gründung der Bundesrepublik mehr oder weniger nahtlos fortsetzen konnten.[17]

Tatsächlich hat sich die deutsche Justiz in der Nachkriegszeit – mit Ausnahme des Nürnberger Juristenprozesses, der unter alliierter Federführung stattfand – der eigenen Strafverfolgung nahezu völlig entzogen. Dabei hatten Tausende von Richtern und Staatsanwälten an ordentlichen Gerichten, Sondergerichten, Standgerichten oder am berüchtigten Volksgerichtshof bei der Durchsetzung der nationalsozialistischen Ideologie geholfen und sich, direkt oder indirekt, an den Verbrechen des NS-Regimes beteiligt. Das methodische Handwerkszeug dafür war ihnen von zahlreichen Hochschullehrern und der am 26. Juni 1933 in München gegründeten «Akademie für Deutsches Recht» unter ihren Präsidenten Hans Frank (bis 1942) und Otto Thierack (bis 1944) geliefert worden, die als wissenschaftliche Zentralstelle für die Umgestaltung des deutschen Rechts im Sinne der nationalsozialistischen Weltanschauung und als Instrument der rechtswissenschaftlichen Gleichschaltung fungierte. Gesetze und Verordnungen hatte das Reichsjustizministerium vorbereitet, das darüber hinaus akribisch die Einhaltung der neuen Ideologie durch die Justiz überwachte. Fast eine ganze Generation von Juristen hatte sich nach Beendigung der Ausbildung und dem Eintritt ins Berufsleben in den 1930er Jahren in diesen Rahmen eingefügt und sich teils aus Überzeugung, teils aus opportunistischem Karrierestreben der Partei und dem «Führer» verschrieben.

Dennoch gab es kaum Richter und Staatsanwälte, die in der Bundesrepublik nach 1949 wegen Unrechtsurteilen im Dritten Reich zur Rechenschaft gezogen wurden. Während man in der SBZ/DDR immerhin versuchte, belastete Staatsanwälte auszutauschen und ehemalige Richter durch kurzfristig ausgebildete sogenannte «Volksrichter» zu ersetzen – allerdings um den hohen Preis des Verlustes der politischen Unabhängigkeit und der juristischen Fachkunde –, kehrten in der Bundesrepublik zahllose Juristen, die das NS-Regime mitgetragen hatten, weitgehend unbehelligt an ihre Schreibtische zurück und reihten sich stillschweigend in die neue rechtsstaatliche Ordnung ein, getragen oftmals von dem Willen, einen Schleier des Schweigens über das Vergangene zu legen und das unbegreifliche Ausmaß der Verbrechen vergessen zu machen. Auch wenn dadurch die Demokratie der Bundesrepublik nicht ernsthaft in Gefahr geriet, übten NS-belastete Juristen so weiterhin in wichtigen staatlichen und gesellschaftlichen Positionen Einfluss aus und schützten sich immer wieder gegenseitig vor dem Zugriff der rechtsstaatlichen Justiz.[18]

Für die Schwierigkeiten, die die westdeutsche Rechtsprechung im Umgang mit NS-Justiztätern hatte, bieten der SS-Richter Dr. Otto Thorbeck, der von 1941 bis 1945 die Chefrichterstelle beim SS- und Polizeigericht in München innegehabt hatte und nach dem Krieg als Rechtsanwalt in Nürnberg arbeitete, und der SS-Standartenführer Walter Huppenkothen, zuletzt Abteilungsleiter im Reichssicherheitshauptamt, anschauliche Beispiele. Beide wurden 1955 nach einigem juristischen Hin und Her vom Landgericht Augsburg wegen Beihilfe zum Mord zu mehrjährigen Zuchthausstrafen verurteilt. Aber der Bundesgerichtshof (BGH) sprach in einem Revisionsverfahren am 19. Juni 1956 Thorbeck frei, für Huppenkothen blieb es bei einer Zuchthausstrafe von sechs Jahren, von denen er jedoch nur drei Jahre verbüßen musste.

Anlass des Augsburger Schwurgerichtsurteils, über das der Bundesgerichtshof zu befinden gehabt hatte, war das SS-Standgerichtsverfahren, das am 8. April 1945 im bayerischen KZ Flossenbürg gegen Admiral Wilhelm Canaris, Generalmajor Hans Oster, Pastor Dietrich Bonhoeffer, Reichsgerichtsrat Hans von Dohnanyi, den Heereschefrichter Dr. Karl Sack und den Verbindungsoffizier im Wehrkreis IV, Hauptmann Ludwig Gehre, geführt worden war. Thorbeck hatte den Prozess als Richter geleitet, Huppenkothen die Anklage vertreten. Der Prozess endete mit Todesurteilen für alle Angeklagten, denen ihre Beteiligung an der Verschwörung des 20. Juli 1944 vorgeworfen wurde. Aber es war ein Scheingericht ohne jeglichen rechtlichen Mindeststandard, ohne Protokollführer und sogar ohne Verteidiger, in dem die Urteile von vornherein feststanden. Zudem hätte der Prozess so gar nicht stattfinden dürfen, denn die Angeklagten waren nicht Mitglieder der SS und hätten sich daher nach der Kriegsstrafverfahrensordnung (KStVO) nicht vor einem SS-Standgericht, sondern vor einem ordentlichen Feldkriegsgericht verantworten müssen.

Das Schwurgericht in Augsburg hatte demzufolge argumentiert, das Standgerichtsverfahren sei nicht angeordnet worden, um die Wahrheit zu erforschen und Recht und Gerechtigkeit walten zu lassen, sondern allein zu dem Zweck, «unbequem gewordene Häftlinge unter dem Schein eines gerichtlichen Verfahrens beseitigen zu können». Folgerichtig hatte das Gericht auch den verantwortlichen Richter Dr. Thorbeck wegen Beihilfe zum Mord zu vier Jahren Zuchthaus verurteilt. Der BGH erklärte demgegenüber in seinem Revisionsurteil 1956, Ausgangspunkt bei der Feststellung der strafrechtlichen Schuld müsse «das Recht des Staates auf Selbstbehauptung» sein. Im «Kampf um Sein oder Nichtsein» seien «bei allen Völkern von jeher strenge Gesetze zum Staatsschutze erlassen worden». Auch dem nationalsozialistischen Staat könne man «nicht ohne weiteres das Recht absprechen, dass er solche Gesetze erlassen» habe, auch wenn diese «in immer zunehmendem Maße zugleich der Aufrechterhaltung der Gewaltherrschaft der nationalsozialistischen Machthaber» gedient hätten. Nicht nur die Widerstandskämpfer hätten sich dabei in einer «schicksalhaften Verflechtung» befunden. Auch einem Richter, «der damals einen Widerstandskämpfer [...] abzuurteilen hatte und ihn in einem einwandfreien Verfahren für überführt erachtete», könne «heute in strafrechtlicher Hinsicht kein Vorwurf gemacht werden, wenn er angesichts seiner Unterworfenheit unter die damaligen Gesetze» geglaubt habe, «ihn des Hoch- oder Landesverrats bzw. des Kriegsverrats (§ 57 MStGB) schuldig erkennen und deswegen zum Tode verurteilen zu müssen».[19] SS-Richter Thorbeck wurde damit vom BGH seriöses juristisches Handeln im Rahmen einer als gerecht erachteten Justiz attestiert, während die Akteure des Widerstandes nachträglich ein weiteres Mal zu Verbrechern erklärt wurden.

Die Verurteilung des SS-Standartenführers Huppenkothen, der in dem Verfahren gegen die Verschwörer des 20. Juli als Ankläger fungiert hatte, wurde hingegen auch vom BGH zumindest teilweise aufrechterhalten. Er war allerdings nicht wegen «Anstiftung zum Mord» verurteilt worden, wie es nach heutiger Rechtsprechung wohl der Fall gewesen wäre, oder weil er als Mitarbeiter des SD und der Gestapo und Angehöriger der Einsatzgruppe I in Polen von Herbst 1939 bis Frühjahr 1940 an der Ermordung von mindestens 60 000 Menschen beteiligt gewesen war, sondern – wie so viele NS-Täter – lediglich wegen Beihilfe zum Mord. Dieses Urteil hielt der BGH aufrecht, denn Huppenkothen habe es versäumt, im Prozess gegen Canaris, Oster, Bonhoeffer, Dohnanyi, Dr. Sack und Gehre vor ihrer Vollstreckung die Bestätigung der Todesurteile durch den Gerichtsherrn einzuholen, wie es die Kriegsstrafverfahrensordnung verlangte. Die sich allein daraus ergebende Widerrechtlichkeit der Tötungen finde ihre Bestätigung in der Art und Weise der Vollstreckung, nämlich durch «Erhängung in völlig entkleidetem Zustand», was die Menschenwürde missachte – wobei aber gleich der Hinweis folgte, dass dies «den Gepflogenheiten in den Konzentrationslagern» entsprochen habe.[20]

Die Urteile des BGH und deren Begründungen sprechen für sich. Dabei war Huppenkothen der einzige Staatsanwalt überhaupt, der von der westdeutschen Justiz für seine Taten im Dritten Reich zu einer Haftstrafe verurteilt wurde und diese auch tatsächlich antreten musste. Das Versagen der Justiz in der Bundesrepublik im Umgang mit dem NS-Erbe ist somit offenkundig. Der deutsch-jüdische Publizist Ralph Giordano sprach deshalb schon 1987 von einer «zweiten Schuld» der Deutschen.[21] Diese Schuld wog umso schwerer, als sie vor allem auch die Berufsgruppe der Juristen selbst betraf, die im Hinblick auf die Wahrung des Rechts einer besonderen Verantwortung unterliegt. Auch wer behauptet, dass die bewusste Missachtung des Gerechtigkeitsanspruchs unter dem NS-Regime in der totalitären Natur des Nationalsozialismus begründet gelegen habe, wird nicht umhin können, die justiziellen Versäumnisse in der Zeit nach 1949 einzuräumen, als die Aufarbeitung der Vergangenheit ohne persönliches Risiko oder jedenfalls ohne Gefahr für das eigene Leben möglich gewesen wäre.

Dabei lagen rechtliche Maßstäbe für die Beurteilung von Justizverbrechen spätestens seit 1946 vor, als der ehemalige Reichsjustizminister und Rechtsphilosoph Gustav Radbruch, der nach der Machtübernahme der NSDAP am 30. Januar 1933 als erster deutscher Professor aus dem Staatsdienst entlassen worden war, seine inzwischen berühmte «Formel» entwickelt hatte, wonach im Konflikt zwischen der Gerechtigkeit und der Rechtssicherheit eine Situation eintreten könne, in der «der Widerspruch des positiven Gesetzes zur Gerechtigkeit ein so unerträgliches Maß erreicht, dass das Gesetz als ‹unrichtiges Recht› der Gerechtigkeit zu weichen hat».[22] In Situationen, in denen «Gerechtigkeit nicht einmal erstrebt» werde, wie es offenbar im Nationalsozialismus der Fall gewesen war, wenn also «die Gleichheit, die den Kern der Gerechtigkeit ausmacht, bei der Setzung positiven Rechts bewusst verleugnet» werde, sei «das Gesetz nicht etwa nur ‹unrichtiges Recht›», sondern dann entbehre es «überhaupt der Rechtsnatur».[23]

Diese Überlegung, wonach legalistisches Unrecht nicht nur keine Anwendung finden darf, sondern seine Setzung und Anwendung – etwa als Verbrechen gegen die Menschlichkeit – sogar strafbewehrt sein können, trat nach 1945 insbesondere im Nürnberger Juristenprozess hervor.[24] In der Bundesrepublik nach 1949 wurde dieser Gedanke jedoch bald wieder vergessen bzw. verdrängt. Man zog sich auf eine Gesetzesauslegung zurück, die es ermöglichte, dass Straftäter, die unter dem Deckmantel des Gesetzes schwerste Verbrechen begangen hatten, straffrei ausgingen, weil ihr Unrecht legalistisch gedeckt gewesen war. Im Nürnberger Juristenprozess, in dem nicht weniger als neun der 16 Angeklagten im Reichsjustizministerium eine leitende Funktion innegehabt hatten, attestierte das Gericht den Angeklagten deshalb in seinem Urteil, sie hätten sich bewusst «an einem über das ganze Land verbreiteten und von der Regierung organisierten System der Grausamkeit und Ungerechtigkeit» beteiligt und «im Namen des Rechts unter der Autorität des Justizministeriums mit Hilfe der Gerichte» nicht nur Kriegsgesetze, sondern auch die Gesetze der Menschlichkeit verletzt.[25]

Das Bundesministerium der Justiz

Im Bundesministerium der Justiz wiesen in den 1950er und 1960er Jahren die meisten Abteilungsleiter und Unterabteilungsleiter sowie zahlreiche Referatsleiter ebenfalls eine einschlägige NS-Vergangenheit auf. Unter ihnen waren einige spektakuläre Fälle, wie etwa Franz Massfeller, vor 1945 im Reichsjustizministerium für Familien- und Rasserecht zuständig, Teilnehmer an den Folgebesprechungen zur Wannsee-Konferenz und Kommentator des Blutschutzgesetzes und nach dem Zweiten Weltkrieg bis 1960 Ministerialrat im BMJ und Referatsleiter Familienrecht; oder Eduard Dreher, vor 1945 Erster Staatsanwalt am Sondergericht Innsbruck, Mitwirkender an zahlreichen Todesurteilen wegen Nichtigkeiten und dann von 1951 bis 1969 im BMJ, zuletzt als Ministerialdirigent; Ernst Kanter, der vor 1945 als «Generalrichter» im besetzten Dänemark an 103 Todesurteilen mitwirkte und dann bis 1958, wie Dreher, als Ministerialdirigent im BMJ tätig war; Josef Schafheutle, vor 1945 im Reichsministerium der Justiz zuständig für politisches Strafrecht und nach 1949 Ministerialdirektor und Leiter der Abteilung II (Strafrecht) im BMJ; Walter Roemer, vor 1945 Erster Staatsanwalt am Landgericht München I, nach 1949 Ministerialdirektor und Leiter der für Grund- und Menschenrechte zuständigen Abteilung Öffentliches Recht im BMJ; Hans Gawlik, vor 1945 Staatsanwalt am Sondergericht Breslau, Beteiligter an zahlreichen Todesurteilen, nach 1945 zunächst Verteidiger des SD und einiger Einsatzgruppenführer in den Nürnberger Prozessen und nach 1949 Leiter der Zentralen Rechtsschutzstelle im BMJ; oder Max Merten, von 1942 bis 1944 Kriegsverwaltungsrat beim Befehlshaber der Wehrmacht in Thessaloniki, wo er als Leiter der Abteilung «Verwaltung und Wirtschaft» einer der Organisatoren der Ausplünderung und Deportation von mehr als 50 000 Juden war – also einer der größten deutschen Kriegsverbrecher, der 1952 einige Monate lang das Referat «Zwangsvollstreckung» im Bundesjustizministerium in Bonn leitete.

Letztlich galt die Weiterbeschäftigung ehemaliger Nationalsozialisten jedoch für den gesamten Öffentlichen Dienst. Der Parlamentarische Rat hatte sogar eigens den Artikel 131 in das Grundgesetz eingefügt, der den künftigen Gesetzgeber verpflichtete, die Rechtsverhältnisse früherer Angehöriger des Öffentlichen Dienstes zu regeln. Der Bundestag kam dieser Aufforderung 1950 mit einem Gesetz nach, das mit allen Stimmen des Parlaments – bei nur zwei Enthaltungen – verabschiedet wurde und allen öffentlich Bediensteten aus der Zeit vor 1945 grundsätzlich die Eingliederung in den Öffentlichen Dienst der Bundesrepublik ermöglichte. Die Nutzung der Funktionseliten, auch wenn sie einen hohen Belastungsgrad aufwiesen, war also politisch gewollt, weil von ihnen, wie man meinte, nicht nur das Funktionieren des neuen Staates abhing, sondern weil man davon auch eine Integrationswirkung erwartete, die, anders als in der Weimarer Republik, wesentlich zur inneren Stabilität der Bundesrepublik beitragen sollte.

Amnestie und Verjährung

Das Bemühen um Integration und Aussöhnung, wenn nicht sogar um Vergebung und Vergessen, zeigte sich ebenfalls in den Fragen von Amnestie und Verjährung. So setzten sich bereits kurz nach Ende der Nürnberger Prozesse politische, kirchliche und andere gesellschaftliche Kreise für eine umfassende Amnestierung verurteilter NS-Täter ein. Damit sollte das als zu hart und einseitig empfundene Vorgehen der Alliierten gegen breite Bevölkerungsschichten in Deutschland ausgeglichen werden. Zu denjenigen, die für eine schrittweise Amnestierung votierten, zählte nicht zuletzt Bundesjustizminister Dehler. Bis 1958 wurden daher fast alle Verurteilten, denen NS-Verbrechen zur Last gelegt wurden, begnadigt und freigelassen.

Auch die Möglichkeit der Verjährung wurde frühzeitig diskutiert, wobei die Verjährungsdebatte aber teilweise durch die sogenannte «kalte Verjährung» unterlaufen wurde, bei der die Verjährung eintrat, noch ehe es, wie im Verfahren gegen das Personal des Reichssicherheitshauptamtes 1968/69, zum Prozess kam. Von Bedeutung war hier insbesondere das schon erwähnte Einführungsgesetz zum Ordnungswidrigkeitengesetz vom 24. Mai 1968, durch das im Ergebnis zahllose Beihilfetaten rückwirkend verjährt waren. Tausende von Tätern, gegen die bereits Strafverfahren eingeleitet waren, gingen damit straffrei aus. Im Gegensatz dazu erfolgte die Aufhebung von NS-Urteilen nicht pauschal und einheitlich, weil Bundesjustizminister Dehler, aber auch die meisten seiner Nachfolger und weite Teile des Justizapparates hier eine Einzelfallentscheidung für erforderlich hielten, um, wie sie erklärten, die «Rechtssicherheit» zu wahren, die allerdings bei den Fragen von Amnestie und Verjährung kein entscheidendes Argument gewesen war. Viele Opfer des NS-Unrechtsregimes wurden daher nur zögerlich rehabilitiert und entschädigt. Für nicht wenige kam die Rehabilitierung zu spät; sie waren bereits verstorben.

Allerdings muss auch gefragt werden, warum die Bundesrepublik trotz aller Belastungen, die es im Justizbereich wie in vielen anderen Sektoren von Politik, Wirtschaft und Gesellschaft gab, einen bemerkenswerten Grad an innerer Stabilität und demokratischer Substanz erlangte – anders als die Weimarer Republik, deren Justiz ebenfalls dafür bekannt war, «auf dem rechten Auge blind» zu sein. Fest steht jedenfalls, dass der Umbau zu einem demokratischen Rechtsstaat auf der Grundlage des Grundgesetzes trotz der Einbindung alter Eliten in der Bundesrepublik gelungen ist und dass der Übergang vom nationalsozialistischen Unrechtsregime zu einer freien und offenen Gesellschaft sich offenbar rasch und scheinbar mühelos vollzog. Eine Erklärung dafür ist die Tatsache, dass die deutsche Rechtsgeschichte nicht auf die zwölf Jahre des Dritten Reiches reduziert werden darf, sondern dass Justiz, Justizverwaltung und Ministerialbürokratie nach 1949 an Traditionen anknüpfen konnten, die vorübergehend außer Kraft gesetzt, aber keineswegs völlig verschüttet waren. Dabei spielte nicht zuletzt das Bundesverfassungsgericht (BVerfG) eine Rolle, das sich als geeigneter Hüter der Verfassung erwies. Eine Verbindung zur positiven Tradition der deutschen Rechts- und Justizgeschichte stellte auch der amerikanische Hauptankläger im Nürnberger Juristenprozess, Telford Taylor, her, der in seiner Eröffnungserklärung am 5. März 1947 zwar den Angeklagten vorwarf, sie hätten den «deutschen Tempel des Rechts» entweiht und Deutschland der Diktatur ausgeliefert, «mit all ihren Methoden des Terrors und ihrer zynischen und offenen Verweigerung der Herrschaft des Rechts», der aber andererseits den historischen Leistungen der deutschen Justiz Respekt zollte und forderte, dieser «Tempel des Rechts» müsse «wieder geweiht werden».[26]

Die Taten und ihre Täter

Die Forderung Taylors wurde bekanntlich erfüllt. Doch der gelungene Neubeginn nach 1949 kann nicht darüber hinwegtäuschen, dass die großzügige Wiedereingliederung belasteter Juristen in die deutsche Justiz und Justizverwaltung auch zu einer Verhinderung der Aufarbeitung des justiziellen NS-Terrors führte. Das plastisch als «Krähenjustiz» umschriebene Vorgehen der Juristen, sich untereinander kein Auge auszuhacken, war nur durch die vorgeschobene Selbstrechtfertigung möglich, dass man vor 1945 «anständig» geblieben sei und seine juristischen Fähigkeiten eingesetzt habe, um «Schlimmeres» zu verhindern. Bei nüchterner Betrachtung ist zwar schwer vorstellbar, wie es noch schlimmer hätte kommen können – was also genau von den «anständig Gebliebenen» verhindert wurde. Dennoch setzte sich der Mythos vom Handeln nach bestem Wissen und Gewissen und der untergeordneten Rolle der Juristen als bloßen «Gehilfen» im Räderwerk des NS-Regimes schon bald nach 1945 durch und wirkte noch in der Rechtsprechung der 1960er Jahre beharrlich fort.

Doch wer waren überhaupt die «Täter» und welche Schuld lässt sich dem Einzelnen bei den jeweiligen Taten zumessen? Wie ist ein Berufsstand wie derjenige des Juristen zu bewerten, der hauptsächlich vom Schreibtisch aus tätig wurde und dabei hinter der Maske vermeintlich loyaler Gesetzesanwendung agierte? Und was ist dann unter «NS-Belastung» zu verstehen?

Die sogenannte «Täterforschung» hat sich mit diesen Fragen bereits ausgiebig beschäftigt und drei Phasen in der Betrachtung der Täter unterschieden: In der unmittelbaren Nachkriegszeit und in den 1950er Jahren galten praktisch nur die SA sowie Gestapo und SS als Haupttätergruppen, deren Schläger und Mörder als «blutrünstige Exzesstäter» mit niederen Instinkten und Unterschichtenhintergrund diabolisiert und aus der Gesellschaft ausgegrenzt wurden.[27] Nach dem Prozess gegen Adolf Eichmann 1961 in Jerusalem änderte sich diese Sichtweise. So erschienen Hitlers «Todesfabriken» und der Holocaust seit den 1960er Jahren zunehmend als gesichtsloser, industrialisierter Massenmord, initiiert und befördert von abstrakten Institutionen und Strukturen, hinter denen die Persönlichkeiten der Mörder kaum noch erkennbar waren.[28] Erst in der dritten Phase, die in den 1990er Jahren mit Christopher Brownings grundlegender Studie *Ganz normale Männer. Das Reserve-Polizeibataillon 101 und die «Endlösung» in Polen* sowie mit der Debatte über Daniel Goldhagens Buch *Hitlers willige Vollstrecker* begann,[29] wurde gefragt, welche Akteure sich eigentlich hinter den Verbrechen verbargen: «ganz normale Männer», wie Browning meinte, ein ganzes Volk als Täterkollektiv mit einem spezifisch deutschen Antisemitismus, wie Goldhagen behauptete, oder, wie Karin Orth, Michael Wildt und Klaus-Michael Mallmann erklärten, neben den «Weltanschauungseliten» aus den Reihen der Nationalsozialisten auch das «Fußvolk der Endlösung», die zahllosen Vertreter ziviler Verwaltungen und einheimischen Kollaborateure, die gemeinsam die Mordmaschinerie bedienten.[30]

Einen wichtigen Beitrag zu dieser Erforschung der Täterfrage leisteten auch zwei Wanderausstellungen des Hamburger Instituts für Sozialforschung 1995 bis 1999 und 2001 bis 2004, in denen die Verbrechen der Wehrmacht, vor allem im Krieg gegen die Sowjetunion, thematisiert wurden. Nachdem die

Wehrmacht bisher, wie das Auswärtige Amt, zumeist als ein Hort der «unpolitischen Neutralität» geschildert worden war, der mit den Untaten der Nationalsozialisten angeblich nichts zu tun gehabt hatte, wurde hier nun aufgezeigt, dass auch die einfachen Soldaten an den Mordaktionen im Osten beteiligt gewesen waren.[31] Die Debatte, die sich darüber entspann, war insofern hilfreich, als sie einer breiten Öffentlichkeit die Augen dafür öffnete, wie unmöglich es war, den Täterkreis auf eine schmale Schicht fanatischer Nationalsozialisten zu begrenzen.

Alles in allem lassen sich die Ergebnisse der Täterforschung dahingehend zusammenfassen, dass diejenigen, die NS-Verbrechen begingen, keineswegs nur «gehorsame und willenlose Exekutoren einer Weltanschauung» und «gefühllose Befehlsautomaten» waren, sondern Personen, die aus der Mitte der Gesellschaft kamen: aus allen Bevölkerungsschichten und oft mit überdurchschnittlichem Bildungshintergrund. Und sie waren keineswegs nur männlichen Geschlechts.[32] Natürlich gab es unter ihnen unterschiedliche Typen: Weltanschauungstäter, Exzesstäter, utilitaristisch motivierte Täter, Schreibtischtäter, traditionelle Befehlstäter. Aber, so das Fazit von Gerhard Paul, «keine Alterskohorte, kein soziales und ethnisches Herkunftsmilieu, keine Konfession, keine Bildungsschicht erwies sich gegenüber der terroristischen Versuchung als resistent».[33]

Eine besondere Rolle spielten indessen die «Funktionseliten», zu denen ebenfalls die Juristen zählten und die in ihrer großen Mehrheit die Verbrechen des NS-Regimes nicht nur deckten und billigten, sondern die an ihnen auch «auf die eine oder andere Weise» beteiligt gewesen waren.[34] Ihr professionelles «Mittun» und «häufig von Nützlichkeitserwägungen und Zweckorientierungen bestimmtes Verhalten» sei indessen, so Gerhard Hirschfeld, durchaus ambivalent gewesen: Während viele von ihnen im privaten Umgang eine «persönliche Distanz zum NS-Regime und seinen Protagonisten, insbesondere gegenüber der Person Hitlers» erkennen ließen, hätten sie gleichwohl «keinen oder nur einen geringen Widerspruch» darin gesehen, «durch ihr Engagement und die schiere Professionalität ihres Handelns das Regime und seine verbrecherische Politik zu stützen – oder sogar zu befördern».[35] Sie waren, wie die Mehrzahl der NS-Funktionäre, weder ideologisierte Exzesstäter noch skrupellose Massenmörder, «gelegentliche Zweifel an ihrem Tun und mitunter sogar der partielle Dissens zur Staatsführung» waren ihnen keineswegs fremd.[36] Und dennoch taten sie, was sie taten, und hatten damit großen Anteil an den Verbrechen des Regimes, das ohne sie gar nicht handlungsfähig gewesen wäre. Eine weitgehende Segmentierung der Verantwortlichkeiten, routinierte Verwaltungsabläufe – selbst beim «Verwaltungsmassenmord»

(Hannah Arendt) an den Juden oder an den Sinti und Roma – und der Rückzug auf einen vermeintlich moralfreien «Effektivitätsstandpunkt» (Eberhard Kolb) erleichterten ihnen ihr Verhalten. Vielfach kamen auch Antisemitismus, Autoritätsgläubigkeit und Gruppendruck oder, dies vor allem, Karriereabsichten hinzu. All dies relativiert nicht die Schuld der Funktionseliten, trägt aber zur Erklärung bei, warum die Täter sich später von ihren Taten scheinbar mühelos zu distanzieren vermochten.

Wenn es also im Folgenden um das Kriterium der «NS-Belastung» geht, die nach 1949 bei der Wiederverwendung ehemaliger Funktionseliten in der Bundesrepublik zu bewerten ist, darf nicht nur die Zugehörigkeit zu einer nazistischen Organisation eine Rolle spielen, die für sich genommen noch nicht allzu viel besagt. Vielmehr muss es um das konkrete Verhalten während des Dritten Reiches gehen, das Aufschluss darüber geben kann, wie sich ein ganzer Berufsstand vor den Karren eines verbrecherischen Regimes spannen ließ, und das Max Frisch schon 1948 ratlos fragen ließ: «Wenn Menschen, die eine gleiche Erziehung genossen haben wie ich, die gleiche Worte sprechen wie ich und gleiche Bücher, gleiche Musik, gleiche Gemälde lieben wie ich – wenn diese Menschen keineswegs gesichert sind vor der Möglichkeit, Unmenschen zu werden und Dinge zu tun, die wir den Menschen unsrer Zeit, ausgenommen die pathologischen Einzelfälle, vorher nicht hätten zutrauen können, woher nehme ich die Zuversicht, dass ich davor gesichert sei?»[37] Die vielleicht einzig mögliche Antwort auf diese selbstzweifelnde Frage hat vermutlich die Journalistin und Autorin Inge Deutschkron in einer Feierstunde des Deutschen Bundestages gegeben, als sie am 30. Januar 2013 zur Erinnerung an den Holocaust erklärte, es gelte, «die Wahrheit zu wissen, die ganze Wahrheit. Denn solange die Frage Rätsel aufgibt, wie konnte das Fürchterliche geschehen, ist die Gefahr nicht gebannt, dass Verbrechen ähnlicher Art die Menschheit erneut heimsuchen.»

*

Dies ist auch die Maxime des vorliegenden Buches, das nicht hätte erscheinen können, wenn nicht zahlreiche Personen und Institutionen daran mitgewirkt hätten. Zu danken ist zunächst drei Kolleginnen und Kollegen, die im zweiten Teil unseres Bandes erhebliche Vorarbeiten zu einzelnen Kapiteln geleistet haben: Frau Prof. Dr. Eva Schumann, Lehrstuhlinhaberin für Deutsche Rechtsgeschichte und Bürgerliches Recht an der Juristischen Fakultät der Georg-August-Universität Göttingen, zum Kapitel zur Abteilung I (Bürgerliches Recht); Professor Dr. Jan Thiessen, Lehrstuhlinhaber für Bürgerliches Recht,

Deutsche Rechtsgeschichte und Juristische Zeitgeschichte sowie Handels- und Gesellschaftsrecht an der Juristischen Fakultät der Eberhard Karls Universität Tübingen, der zur Abteilung III (Wirtschaftsrecht) geforscht hat; sowie Prof. Dr. Dr. Martin Will, Inhaber des Lehrstuhls für Staatsrecht, Verwaltungsrecht, Europarecht und Recht der neuen Technologien sowie Rechtsgeschichte an der EBS Universität für Wirtschaft und Recht in Wiesbaden, der sich mit der Abteilung IV (Öffentliches Recht) befasst hat.

Zu großem Dank verpflichtet sind wir auch den Mitarbeiterinnen und Mitarbeitern der beiden Arbeitsgruppen in Marburg und Potsdam, die seit 2012 einen wesentlichen Teil der Forschungslast getragen haben. In Marburg waren dies Dr. Hilde Farthofer, Philipp Graebke, Florian Hansen, Sascha Hörmann, Dr. Albrecht Kirschner, Franziska Kowalski und Katrin Wagener, in Potsdam Markus Apostolow, Dr. Burghard Ciesla, Florian Detjens, Dr. Kristina Hübener und Daniel Seeger. Unser Dank gilt auch den Praktikantinnen und Praktikanten Yasmin Feddi, Maik Kristen, Dan Strölin, Jana Hermann, Ronja Seggelke, Sarah Wilder und Naghme Zare-Hamedani sowie Dr. Alena Hartwig-Asteroth und Alexander Steder, die bei der Auswertung der Unterlagen aus Innsbruck bzw. bei den WSG-Listen behilflich waren. Martin Luber und Christian Pöpken halfen uns bei den Recherchen im Staatsarchiv Nürnberg und im Bundesarchiv Koblenz. Informationen zu Kriegsverbrecherprozessen in der französischen Zone erhielten wir von Daniel Bonnard. An der Universität Erlangen-Nürnberg waren schließlich bei den Endkorrekturen behilflich: Michaela Lissowsky, Sarah Wirth und Johannes Lechler. Herzlich gedankt sei auch Frau Julia Ogilvie für Unterstützung in so vielen Bereichen.

Unser besonderer Dank gilt dem Bundesministerium der Justiz bzw. dem Bundesministerium der Justiz und für Verbraucherschutz und seinen Mitarbeiterinnen und Mitarbeitern, die uns bei unserer Arbeit stets vorbildlich unterstützt haben. In erster Linie gilt dies für die Bundesministerin der Justiz Sabine Leutheusser-Schnarrenberger, die maßgeblich dazu beigetragen hat, das Projekt gegen alle Widerstände durchzusetzen und auf einen guten Weg zu bringen, und den Bundesminister der Justiz und für Verbraucherschutz Heiko Maas, der sich das Projekt nach dem Koalitions- und Regierungswechsel 2013 zu eigen machte und, wie schon seine Vorgängerin, dazu verhalf, das Vorhaben der *public history* zu verwirklichen. Innerhalb des Hauses waren es vor allem Ministerialdirigent Gerd J. Nettersheim und Ministerialrat Detlef Wasser, die das Projekt mit großem persönlichen Einsatz initiiert und immer wieder vorangetrieben haben; ihr Anteil am Gelingen des Vorhabens ist daher kaum hoch genug zu veranschlagen. Dies gilt auch für Dr. Thomas Weber, der als Leiter der Forschungsförderung des Ministeriums maßgeblich mitgeholfen hat, die finanzielle Seite des Projekts zu regeln, und für den Leiter des Archivs, Regierungsdirektor Georg Schäfer, der uns bei den inhaltlichen Recherchen behilflich war. Aber auch zahlreichen anderen Mitarbeiterinnen und Mitarbeitern des Ministeriums sei herzlich gedankt, allen voran Angelika Boldt, Doris Friedritz, Ilona Klocke, Claudia Nowack und Ute Banach. Im Bundesamt der Justiz in Bonn danken wir vor allem dem Präsidenten Heinz-Josef Friehe und Vera Blatzheim, im Bundesverfassungsgericht Ministerialrat Jürgen Wagner, im Bundesverwaltungsgericht Präsidialrichter Dr. Richard Häußler. Im Justizministerium Baden-Württemberg war uns Ministerialrat Wolfgang Hermann bei der Recherche behilflich. In der Zentralen Stelle in Ludwigsburg haben uns Kurt Schrimm und Thomas Will empfangen.

Wertvolle Unterstützung haben wir in den von uns konsultierten Archiven erfahren. Ihren Mitarbeiterinnen und Mitarbeitern gilt daher ebenfalls unser Dank: Susanne Ackermann im Archiv des Liberalismus in Gummersbach, Jana Blumberg, Andreas Grunwald, Herrn Klein und Anette Meiburg im Bundesarchiv Berlin-Lichterfelde, Marion Teichmann und Michael Weins im Bundesarchiv Koblenz, Dr. Peter Gohle und Hussein Saleh im Bundesarchiv Außenstelle Ludwigsburg, Jutta Albert im Bundesarchiv Filmarchiv Berlin, Karina Notzke, Daniel Jost und Griseldis Erhardt sowie Jan Warßischek, T. Marschner und Frau Meier im Bundesarchiv-Militärarchiv Freiburg, Dr. Angela Keller-Kühne im Archiv für Christlich-Demokratische Politik in Sankt Augustin, Alexander Boix im Archiv der sozialen Demokratie in Bonn-Bad Godesberg, Hans-Hermann Söchting und Hans-Peter Wollny in der Deutschen Dienststelle für die Benachrichtigung der nächsten Angehörigen von Gefallenen der ehemaligen deutschen Wehrmacht (WASt) in Berlin, Wolfgang Oleschinski im Dokumentations und Informationszentrum Schloss Hartenfels in Torgau, Dr. Johann Zilien und Carina Schmidt im Hessischen Hauptstaatsarchiv Wiesbaden, Ulrike List im Hessischen Staatsarchiv Marburg, Dirk Frenking in der Dokumentations- und Forschungsstelle der Justizakademie Nordrhein-Westfalen in Recklinghausen, Dr. Bettina Joergens und Ulrike Hammes in der Abteilung Ostwestfalen-Lippe des Landesarchivs Nordrhein-Westfalen, Dr. Elke Imberger im Landesarchiv Schleswig-Holstein, Gustav Schlüter im Parlamentsarchiv des Deutschen Bundestages, Dr. Gerhard Kneiper im Politischen Archiv des Auswärtiges Amtes, Gunther Friedrich im Staatsarchiv Nürnberg und Dr. Ronald Bacher im Tiroler Landesarchiv.

Zu danken haben wir schließlich auch den Zeitzeugen, die sich für Interviews zur Verfügung gestellt haben: Bundesminister a. D. Prof. Dr. Horst Ehmke, Dr. Eckart von Bubnoff, Dr. Klaus Dau, Dr. Josef Fabry, Gerhard Fieberg, Werner Globke, Dr. Lutz Gusseck, Dr. Oskar Katholnigg, Prof. Dr. Karl Kunert, Joachim Leschek, Fritz Lüke, Dr. Klaus Miebach, Norbert Odenbach, Klaus Otto, Wilfried Persch, Dr. Paul-Günter Pötz, Prof. Dr. Walter Rolland, Wilhelm Siebels, Helene Sonntag, Manfred Stückrath, Dr. Peter Sympher, Elmar Thurn, Prof. Horst Viehmann, Rudi Voelskow sowie Dr. Klaus Wichmann.

Potsdam/Erlangen, im Juli 2016
Manfred Görtemaker/Christoph Safferling

ERSTER TEIL

Gründung, Aufbau und Entwicklung

I. Justiz unter der Besatzungsherrschaft

Mit der bedingungslosen Kapitulation der deutschen Streitkräfte am 8. Mai 1945 in Reims und am 9. Mai 1945 in Berlin-Karlshorst ging der Zweite Weltkrieg in Europa zu Ende. Das Deutsche Reich war besiegt und von Besatzungstruppen besetzt. Einen Monat später übernahmen die USA, Großbritannien, die Sowjetunion und Frankreich mit der «Berliner Deklaration» vom 5. Juni 1945 auch formal die «oberste Regierungsgewalt» in Deutschland.[1] Die Nachkriegszeit hatte begonnen und stand zunächst ganz im Zeichen der Vier-Mächte-Verwaltung der Alliierten.[2] Teilungspläne, die während des Krieges erwogen worden waren, um das deutsche Potential, das innerhalb einer Generation zu zwei Weltkriegen geführt hatte, durch eine Zerstückelung des Landes aufzuspalten und damit so weit wie möglich zu neutralisieren, spielten schon seit dem Sommer 1944 keine Rolle mehr, als der Vormarsch der Roten Armee in Osteuropa und das Verhalten der Sowjet-Führung in den besetzten Gebieten gezeigt hatten, welche territorialen und politischen Absichten die UdSSR verfolgte. Der britische Premierminister Winston Churchill und sein Außenminister Anthony Eden hatten danach begonnen, ihr Verhältnis zur Sowjetunion zu überdenken, und waren seither bemüht, Deutschlands Einheit zu erhalten, um ein Gegengewicht gegen die sowjetische Expansion zu schaffen.[3]

Schon vorher waren Expertenkommissionen in den USA und Großbritannien im Zuge ihrer Deutschlandplanung 1943/44 zu der Überzeugung gelangt, dass eine Zerstückelung Deutschlands schwerwiegende Nachteile für die Wiederherstellung der wirtschaftlichen Stabilität in Europa nach dem Krieg mit sich bringen würde. Sie hatten deswegen empfohlen, von einer Teilung abzusehen.[4] Auf der Konferenz der Staats- und Regierungschefs der USA, Großbritanniens und der Sowjetunion in Jalta vom 4. bis 11. Februar 1945 wurde diese Frage daher schon nicht mehr näher erörtert, sondern auf britischen Antrag an eine «Zerstückelungskommission» überwiesen, bei der von vornherein feststand, dass ihre Beratungen ergebnislos bleiben würden. Der britische Schatzkanzler John Anderson bemerkte dazu Anfang März 1945 in einem Memorandum, man könne eine Reparations- oder eine Zerstückelungspolitik verfolgen – aber nicht beides auf einmal.[5]

Auf der letzten Kriegskonferenz der «Großen Drei» vom 17. Juli bis 2. August 1945 in Potsdam verständigten sich die Alliierten schließlich darauf, Deutschland während der Besatzungszeit als «eine einzige wirtschaftliche Einheit» zu behandeln und sogar «gewisse Formen des zentralen Verwaltungsapparats, besonders auf dem Gebiet des Finanz-, Transport- und Verkehrswesens», beizubehalten oder wiederherzustellen.[6] Diese Formulierung ließ sich – ganz im Sinne Schatzkanzler Andersons – so deuten, dass die Zentralverwaltungen später als Keimzellen einer künftigen deutschen Regierung dienen sollten. Als die Vereinbarungen von Potsdam 1946 im *Amtsblatt des Kontrollrats* veröffentlicht wurden, war von der Schaffung eines «zentralen Verwaltungsapparats» allerdings nicht mehr die Rede.[7] Denn Frankreich, das an der Potsdamer Konferenz nicht teilgenommen und die dort gefassten Beschlüsse lediglich formal und nur widerwillig übernommen hatte, setzte alles daran, seine Vetomacht im Kontrollrat zu nutzen, um die Wiederherstellung eines deutschen Einheitsstaates zu verhindern.

1. Die Gesetzgebung der Alliierten

Einig waren sich die Alliierten jedoch darin, dass Deutschland durch eine Politik der Entnazifizierung, Entmilitarisierung, Demokratisierung und Dezentralisierung umstrukturiert werden müsse, um den «späteren Wiederaufbau des deutschen politischen Lebens auf demokratischer Grundlage und die spätere friedliche Mitarbeit Deutschlands im internationalen Leben vorzubereiten», wie es im Potsdamer Abkommen hieß. Schon in Jalta hatten die Staats- und Regierungschefs der USA, Großbritanniens und der Sowjetunion beschlossen, «den deutschen Militarismus und Nazismus zu vernichten und die Garantie dafür zu schaffen, dass Deutschland nie wieder in der Lage sein wird, den Weltfrieden zu brechen». Zu diesem Zweck sollten nicht nur die deutschen Streitkräfte entwaffnet und aufgelöst und die zur Rüstungsproduktion geeignete Industrie «liquidiert» werden, sondern man wollte auch «alle Kriegsverbrecher einer gerechten und schnellen Bestrafung» zuführen, alle «nazistischen und militärischen Einflüsse aus öffentlichen Einrichtungen, dem Kultur- und Wirtschaftsleben des deutschen Volkes» entfernen und die NSDAP sowie die nazistischen Gesetze und Organisationen «vom Erdboden tilgen».[8] Dementsprechend wurde in der Direktive JCS 1067 der Vereinigten Stabschefs der USA vom 26. April 1945 unmissverständlich verkündet, Deutschland werde «nicht besetzt zum Zwecke seiner Befreiung, sondern als ein besiegter Feindstaat». Den Deutschen müsse klargemacht werden, «dass sie nicht der Verantwortung für das entgehen können, was sie selbst auf sich geladen haben».[9]

Der Alliierte Kontrollrat

Wichtigstes gemeinsames Steuerungsinstrument der alliierten Deutschlandpolitik war bis 1948 der Alliierte Kontrollrat im Gebäude des Berliner Kammergerichts am Kleistpark, der gemäß dem am 14. November 1944 unterzeichneten und auf der Potsdamer Konferenz bestätigten «Abkommen über Kontrolleinrichtungen in Deutschland» am 30. Juli 1945 zu seiner konstituierenden Sitzung zusammentrat. Formell nahm der Kontrollrat seine Arbeit allerdings erst mit der «Proklamation Nr. 1» am 30. August 1945 auf.[10] Das erste vom Kontrollrat erlassene Gesetz Nr. 1 vom 20. September 1945 betraf die Beseitigung von NS-Recht, wobei insgesamt 25 Gesetze und Verordnungen aufgehoben wurden, einschließlich der dazugehörigen Durchführungsbestimmungen und Erlasse.[11] Drei Wochen später, am 10. Oktober 1945, folgte das Kontrollratsgesetz Nr. 2, in dem die NSDAP und weitere 61 Organisationen für «abgeschafft und [...] ungesetzlich erklärt» wurden, weitere drei Wochen später, am 30. Oktober, das Gesetz Nr. 4 zur Umgestaltung des deutschen Gerichtswesens.[12]

Insgesamt hielt der Kontrollrat 80 Sitzungen ab und verabschiedete dabei 1948 Befehle, Proklamationen, Gesetze und Direktiven. Die letzte gemeinsame Entscheidung war das Kontrollratsgesetz Nr. 62 vom 20. Februar 1948 zur Aufhebung von Gesetzen, Verordnungen und Erlassen, die von der nationalsozialistischen Regierung in Kirchenangelegenheiten erlassen worden waren. Es trat am 20. März 1948 in Kraft – am selben Tag, an dem der sowjetische Vertreter, Marschall Vassilij Sokolovskij, eine geplante Sitzung des Kontrollrats aus Protest gegen die von den westlichen Alliierten betriebene Gründung eines westdeutschen Staates auf dem Gebiet ihrer Besatzungszonen absagte. Offiziell wurde die Sitzung nur «vertagt». Aber da der Kontrollrat Beschlüsse nur einstimmig fassen konnte, war er fortan blockiert und trat danach auch nicht mehr zu Beratungen zusammen.[13]

Das Ende der gemeinsamen Deutschlandpolitik kam jedoch nicht plötzlich, sondern hatte sich lange abgezeichnet. Konflikte gab es praktisch von Beginn an. Dabei verliefen die Fronten keineswegs nur zwischen der Sowjetunion auf der einen und den Westmächten auf der anderen Seite.[14] Zumindest am Anfang erwies sich auch Frankreich als Störfaktor. Da man in Paris weiterhin Grenzkorrekturen und sogar die Zerstückelung Deutschlands wünschte, machte die französische Regierung schon am 14. September 1945 ihre Zustimmung zur Errichtung deutscher Zentralverwaltungen von der Bedingung abhängig, dass die linksrheinischen Gebiete und das Ruhrgebiet von Deutschland abgetrennt würden, und nutzte in der Folge das Instrument des Kontrollrats, um die Schaffung von Zentralverwaltungen zu blockieren.[15]

Aber auch die Sowjetunion verfolgte in der Deutschlandpolitik einen eigenen Kurs, der durch die Schulung deutscher Exil-Kommunisten in Moskau während des Krieges gezielt vorbereitet worden war.[16] So wurde ab September 1945 mit der Bodenreform, der Verstaatlichung der Schwer- und Schlüsselindustrien sowie der Umgestaltung des Bildungswesens ein grundlegender Systemwandel in Ostdeutschland eingeleitet.[17] Mit der Zwangsvereinigung von SPD und KPD zur SED im April 1946 zeichnete sich darüber hinaus – ungeachtet aller Beteuerungen eines «volksdemokratischen Weges» – eine Konzentration der politischen Macht in den Händen einer Monopolpartei nach sowjetischem Vorbild ab. Die 1944 im Rahmen der European Advisory Commission (EAC) in London vereinbarte «Einheitlichkeit des Vorgehens der Oberbefehlshaber in ihren jeweiligen Besatzungszonen» war deshalb nicht mehr aufrechtzuerhalten. Deutschland wurde zum Testfall für den sich anbahnenden Ost-West-Konflikt.[18]

Spaltung der Vier-Mächte-Verwaltung

Vor diesem Hintergrund kam der Gesetzgebung der Alliierten in den einzelnen Besatzungszonen eine immer größere Bedeutung zu. Hier waren es die einzelnen Oberbefehlshaber bzw. Militärregierungen und Militäradministrationen, die für ihre jeweiligen Besatzungszonen eigene Gesetze, Verordnungen, Proklamationen, Befehle und Direktiven erließen, die teilweise auch in den jeweiligen Sektoren in Berlin in Kraft gesetzt wurden. Für Groß-Berlin gab es allerdings mit der Alliierten Kommandantur, die im ehemaligen Hauptsitz des Verbandes der öffentlichen Feuerversicherungsanstalten in Dahlem ihr Quartier bezogen hatte, eine eigene Struktur. Die Kommandantur unterstand zwar formell dem Kontrollrat, erließ jedoch auch eigene Rechtsakte und beeinflusste bis 1948 durch Anordnungen an den Oberbürgermeister und den Berliner Magistrat maßgeblich die innerstädtische Entwicklung. Wie der Kontrollrat, so wurde die Kommandantur 1948 ebenfalls ein Opfer der zunehmenden Ost-West-Spannungen: Am 16. Juni zog der sowjetische Vertreter Alexander Kotikov aus Protest gegen die Einführung der D-Mark in Berlin aus der Kommandantur aus.[19] Anders als der Kontrollrat bestand die Kommandantur nach dem sowjetischen Boykott jedoch weiter, auch wenn sich bei den Beratungen jetzt nur noch die westlichen Vertreter trafen und obwohl die Entscheidungen nur noch in den Westsektoren durchgesetzt werden konnten. So entbehrten die Sitzungen nicht einer gewissen Skurrilität, zumal die westlichen Vertreter stets symbolisch einen Platz für ihren sowjetischen Kollegen frei ließen, bis die Tätigkeit der Kommandantur am 15. März 1991 – mit der Hinterlegung der letzten Ratifikationsurkunde zum Zwei-plus-Vier-Vertrag vom 12. September 1990 – offiziell endete.

Eine besondere Situation bestand im Saarland, das gemäß einer Verordnung des Oberkommandierenden der französischen Armee in Deutschland vom 12. Februar 1946 nicht mehr dem Alliierten Kontrollrat unterstand, sondern einem gesonderten Besatzungsrecht unterworfen war und von einem französischen Hohen Kommissar verwaltet wurde. Mit dem Inkrafttreten der Saarländischen Verfassung vom 15. Dezember 1947 wurde das Saargebiet dann der Französischen Republik angeschlossen, erhielt jedoch weitgehende innere Autonomie, wobei das bis dahin geltende Besatzungsrecht außer Kraft gesetzt wurde.[20]

Bei aller Unterschiedlichkeit des Vorgehens der Besatzungsmächte, das sich aus dieser Uneinigkeit ergab, gelangen ihnen die Aufhebung nationalsozialistischer Gesetze und die Auflösung der NSDAP sowie der NS-Organisationen überraschend problemlos. Die entsprechenden Beschlüsse des Kontrollrats wurden von den Militärregierungen zügig umgesetzt, ohne dass sie dabei auf nennenswerten Widerstand stießen. Der Kontrast zur Entwicklung nach dem Ersten Weltkrieg, als die Bestimmungen des Versailler Vertrages beständig unterlaufen und ausgehöhlt worden waren, konnte größer kaum sein. Schwierigkeiten bereitete hingegen das Personal, das die Nationalsozialisten hinterlassen hatten. Die schiere Dimension der Verbrechen, die von den Deutschen begangen worden waren, und die immense Schuld, die sie damit auf sich geladen hatten, machten eine Bestrafung der Täter unausweichlich. Zudem stellte sich die Frage, wer auf deutscher Seite am politischen Neuaufbau überhaupt noch mitwirken konnte, wenn praktisch die gesamte Bevölkerung in das nationalsozialistische Regime verstrickt gewesen war.

Der Prozess gegen die Hauptkriegsverbrecher

Bei der justiziellen «Aufarbeitung» der NS-Vergangenheit ist zunächst der Prozess gegen die Hauptkriegsverbrecher des Dritten Reiches hervorzuheben, in dem vom 20. November 1945 bis 1. Oktober 1946 gegen insgesamt 22 führende Persönlichkeiten des Nazi-Regimes und acht seiner Organisationen verhandelt wurde.[21] Vorschläge für die strafrechtliche Verfolgung von Kriegsverbrechern waren noch während des Krieges von der United Nations War Crimes Commission erarbeitet worden, die seit Herbst 1943 in London tagte und auch schon Listen zusammenstellte, welche Personen als Kriegsverbrecher anzusehen seien. Am 30. Oktober 1943 wurde dazu von den USA, Großbritannien und der Sowjetunion die «Moskauer Deklaration» verabschiedet, mit der die Drei Mächte den ersten Schritt zur Errichtung eines internationalen Strafgerichts machten.[22] Ein formelles «Abkommen über die Verfolgung und Bestrafung der Hauptkriegsverbrecher der europäischen Achse» wurde am 8. August 1945 von Vertretern der Regierungen der USA, Großbritanniens und der Sowjetunion sowie der provisorischen Regierung Frankreichs in London unterzeichnet. Dem Abkommen, dem das Statut für einen Internationalen Militärgerichtshof anhing, der die von den Siegermächten namhaft gemachten Hauptkriegsverbrecher zur Rechenschaft ziehen sollte, «für deren Verbrechen ein geographisch bestimmter Tatort nicht vorhanden» war[23], schlossen sich weitere 19 Staaten an.[24] Dieses Statut kodifizierte die Tatbestände der Kriegsverbrechen, der Verbrechen gegen die Menschlichkeit, des Verbrechens gegen den Frieden sowie der Verschwörung.[25] Mit Ausnahme der Verschwörung bilden sie – zusammen mit dem Völkermord – den Bestand des modernen materiellen Völkerstrafrechts.[26]

Damit waren die Voraussetzungen für den Nürnberger Hauptkriegsverbrecherprozess vor einem internationalen Militärtribunal geschaffen. Diese bildeten auch die Grundlage für viele weitere Prozesse, die unter alliierter Ägide geführt wurden. Die bekanntesten sind die zwölf Nürnberger Nachfolgeprozesse unter alleiniger amerikanischer Regie, die gegen Ärzte, Juristen (dazu später mehr, s. S. 44 ff.), Industrielle (Flick, Krupp und I.G. Farben), Generale der Wehrmacht, Angehörige des Rasse- und Siedlungshauptamtes der SS, Angehörige von Einsatzgruppen der SS und schließlich im Wilhelmstraßen-Prozess gegen Angehörige des Auswärtigen Amtes und anderer oberster Reichsbehörden geführt wurden.[27] Der Wilhelmstraßen-Prozess beendete mit Urteil vom 11. April 1949 die Reihe der Nürnberger Prozesse. Alles in allem wurden allein in den Prozessen vor Militärgerichten in den drei westlichen Besatzungszonen in Deutschland – die Briten führten unter anderem Militärgerichtsverfahren gegen die Generalfeldmarschälle Albert Kesselring und Erich von Manstein durch – 5025 Angeklagte verurteilt. In der Sowjetischen Besatzungszone wird die Gesamtzahl der Verurteilten auf etwa 45 000 geschätzt, die häufig nicht in ordentlichen Verfahren, sondern auf administrativem Wege abgeurteilt wurden. Strafprozesse gegen Deutsche im Ausland fanden in Frankreich, Polen, der Sowjetunion, den Niederlanden, Italien und zahlreichen weiteren Ländern statt. Auch vor deutschen Gerichten wurden später NS-Verbrecher angeklagt. Bekannte Beispiele dafür sind der Ulmer

Einsatzgruppenprozess 1957/58, in dem es um den Massenmord an den Juden im Baltikum ging, und die drei Auschwitz-Prozesse von 1963 bis 1968 sowie deren drei Nachfolgeprozesse in den 1970er Jahren.[28] Angeklagt waren aber auch japanische Kriegsverbrecher: Für sie trat am 31. Juli 1946 das Internationale Militärtribunal für den Fernen Osten in Tokyo zusammen.

Die größte internationale Aufmerksamkeit erlangte jedoch der Nürnberger Prozess gegen die Hauptkriegsverbrecher des Dritten Reiches. Grund dafür war neben der Prominenz der Angeklagten nicht zuletzt das Ausmaß der zur Verhandlung stehenden Verbrechen. Als ab dem 30. September 1946 das Urteil verkündet wurde, hatte der Gerichtshof 403 öffentliche Sitzungen abgehalten, 33 von der Anklagebehörde benannte Zeugen hatten mündlich ausgesagt, 61 Zeugen, zu denen noch 19 der Angeklagten hinzukamen, die nach dem anglo-amerikanischen Strafverfahrensrecht selbst Zeugen sein konnten, sagten für die Verteidigung aus. Weitere 143 Zeugen machten ihre Aussagen für die Verteidigung in Form schriftlicher Antworten auf Fragebogen. Tausende von Dokumenten waren dem Gericht vorgelegt worden, 38 000 eidesstattliche Erklärungen, versehen mit 155 000 Unterschriften, waren ihm zur Kenntnis gebracht worden, um die unter Anklage stehenden Personen und Organisationen zu be- oder entlasten.[29] Am Ende wurden nach einer Prozessdauer von zehn Monaten drei Angeklagte freigesprochen, sieben zu Haftstrafen verurteilt, drei nationalsozialistische Organisationen für verbrecherisch erklärt und zwölf Angeklagte zum Tode durch den Strang verurteilt, unter ihnen der nicht anwesende Martin Bormann.[30]

Während dieser zehn Monate enthüllte sich erstmals nach dem Ende des NS-Regimes die wahre Dimension der nationalsozialistischen Verbrechen vor der Weltöffentlichkeit. Auch wenn immer noch viele Fragen offen blieben, gelang es der Anklage, umfangreiches Material vorzulegen, das diese Verbrechen belegte. Es ist allerdings festzustellen, dass in dem frühen Zeitpunkt nach Ende des Krieges das gesamte Ausmaß der systematischen Vernichtungsmaschinerie in Auschwitz, Sobibor und anderen Lagern noch nicht erkannt wurde. Nach der amerikanischen Anklagestrategie lag das Hauptaugenmerk ohnehin auf der Kriminalisierung des Angriffskrieges.[31] Die dazu unterbreiteten Dokumente und Erkenntnisse dienten in erster Linie dem Zweck, die Angeklagten ihrer Untaten zu überführen. Indem man die Tatsachen sprechen ließ, wurde aber zugleich das Bild des Dritten Reiches, das bis dahin durch die nationalsozialistische Propaganda auf groteske Weise verzerrt worden war, zurechtgerückt. Neben dem Bemühen, die Verantwortlichen zur Rechenschaft zu ziehen, ist damit der Beitrag, den die Vertreter der Anklage zur Erforschung der jüngsten Vergangenheit und zur Anprangerung der Gräueltaten vor der Weltöffentlichkeit leisteten, kaum hoch genug zu bewerten.

Ein anderer Aspekt der immensen Bedeutung des Nürnberger Hauptkriegsverbrecherprozesses liegt in der bis heute fortdauernden Rechtsentwicklung, die dieser Prozess angestoßen hat.[32] Denn er markiert nicht nur die Entstehung des modernen Völkerstrafrechts, sondern beeinflusst diese Rechtsmaterie bis heute nachhaltig.[33] Die Entwicklung, die von Nürnberg zunächst langsam und stockend ausging, führte über einen Jahrzehnte andauernden und oft mühsamen Fortgang bis hin zur Schaffung des Internationalen Strafgerichtshofs in Den Haag. Der Nürnberger Hauptkriegsverbrecherprozess versicherte, die elementaren Menschenrechte auch im Krieg und vor Machthabern und Staatsführern zu schützen – und zwar auf allen Seiten. Er versprach, wie der amerikanische Hauptankläger Robert H. Jackson es ausdrückte, den Primat der Vernunft über die Macht.[34] Dieses «Versprechen von Nürnberg» endlich vollständig einzulösen, bleibt die vordringliche Aufgabe der internationalen Strafjustiz.[35]

Neben dem spektakulären Prozess gegen die Hauptkriegsverbrecher, in dem das Spitzenpersonal des NS-Regimes auf der Anklagebank saß, mussten die Folgeprozesse und die zahlreichen anderen Verfahren, die in den einzelnen Besatzungszonen durchgeführt wurden, naturgemäß verblassen. Dazu zählten etwa die Dachauer Prozesse, die vor amerikanischen Militärgerichten am 15. November 1945 auf dem Gelände des ehemaligen KZ Dachau begannen. In ihnen mussten sich vor allem Angehörige der Wachmannschaften, aber auch Lagerärzte, denen Menschenversuche vorgeworfen wurden, aus den Konzentrationslagern Dachau, Buchenwald, Flossenbürg und Mauthausen verantworten.[36] In anderen Verfahren ging es um die Tötung von US-Soldaten während der Ardennenoffensive unter Verstoß gegen das Kriegsvölkerrecht, um Lynchjustiz an abgeschossenen amerikanischen Fliegern oder um die Ermordung von psychisch Kranken. Insgesamt wurden vor amerikanischen Gerichten 1941 Personen verurteilt, davon 324 zum Tode. Britische Militärgerichte verurteilten 1085 Angeklagte, davon 240 zum Tode, französische Militärgerichte 2107, davon 104 zum Tode.[37]

Die Entwicklung in der SBZ

Die genaue Zahl der Angeklagten und Verurteilten in der sowjetischen Zone ist unbekannt, da die Verfahren hier direkt dem Volkskommissariat für innere Angelegenheiten der UdSSR (NKWD, ab 1946 MWD), also dem sowjetischen Geheimdienst, unterstanden. Die schon genannte Zahl von 45 000 Verurteilten beruht auf Schätzungen. Unübersichtlich ist die Situation auch deshalb, weil die Sowjetische Militäradministration (SMAD) mit ihrem Befehl Nr. 00315 vom 18. April 1945 sogenannte «Speziallager» einrichtete, in denen nicht nur Nationalsozialisten, sondern auch andere, politisch missliebige Personengruppen interniert wurden. Derartige Lager bestanden in Bautzen, Berlin-Hohenschönhausen, Buchenwald, Fünfeichen (Neubrandenburg), Jamlitz, Ketschendorf, Mühlberg, Sachsenhausen, Torgau und Werneuchen (Weesow) sowie in Landsberg an der Warthe. In zwei Fällen, nämlich in Buchenwald und Sachsenhausen, wurden ab August 1945 die ehemaligen nationalsozialistischen Konzentrationslager von der sowjetischen Besatzungsmacht weiter genutzt. Nach sowjetischen Angaben sollen in den Speziallagern insgesamt 122 600 Personen inhaftiert gewesen sein, von denen etwa ein Drittel verstarb. Dies geht aus einer Namensliste des Deutschen Roten Kreuzes hervor, die das DRK von russischen Behörden erhielt.[38]

Die Speziallager waren klassische Internierungslager, in denen Personen auf Grund einer bloßen Anschuldigung oder eines Verdachts, das heißt ohne juristische Überprüfung ihrer Schuld, festgehalten wurden. Viele der Internierten waren mittlere oder kleinere Funktionsträger der NSDAP oder anderer NS-Organisationen gewesen. Zumeist handelte es sich um Männer im Alter zwischen 40 und 60 Jahren; etwa fünf Prozent der Häftlinge waren Frauen. Unter den Internierten befanden sich aber auch Tausende von Jugendlichen zwischen 12 und 18 Jahren, die unter dem Verdacht, als «Werwölfe» Anschläge gegen die Besatzungstruppen verübt zu haben oder verüben zu wollen, festgehalten wurden.[39] Insgesamt ist davon auszugehen, dass nur etwa die Hälfte der Lagerinsassen zu den sogenannten NS-Aktivisten zählte. Unter den anderen befanden sich auch viele sozialdemokratische und bürgerlich-liberale oder konservative Politiker und Angehörige von Berufsgruppen oder sozialen Schichten, die als «verdächtig» galten, sich dem Prozess der Umgestaltung der SBZ in sowjetisch-sozialistischem Sinne zu widersetzen. Selbst der größte Teil der NS-Aktivisten, etwa vier Fünftel, war als minderbelastet einzustufen – sogar nach sowjetischem Verständnis. Der Chef der SMAD und Oberkommandierende der Gruppe der Sowjetischen Streitkräfte in Deutschland, Marschall Sokolovskij, und der Bevollmächtigte des NKWD für die Gruppe der Sowjetischen Besatzungstruppen in Deutschland, Generaloberst Iwan A. Serow, erklärten deshalb in zwei Schreiben vom 4. Dezember 1946 und 24. Juni 1947 an Stalin und den Leiter des NKWD, Lawrentij Berija, dass es «keine Notwendigkeit» gebe, «diese Kategorie der Inhaftierten im Lager zu behalten und sie ohne Zweck zu ernähren».[40]

In Bautzen, Sachsenhausen und Torgau befanden sich auf dem Gelände der

Speziallager auch Unterkünfte für Personen, die vom Sowjetischen Militärtribunal (SMT) verurteilt worden waren. Die Verfahren vor dem SMT waren nicht rechtsstaatlich, sondern verliefen nach stalinistischem Rechtsverständnis mit einer üblichen Verfahrensdauer von 15 bis 20 Minuten. Verteidiger oder Entlastungszeugen waren nicht zugelassen, eine Berufungsmöglichkeit gab es nicht. Eine individuelle Schuld musste vom Tribunal nicht nachgewiesen werden. Als Begründung für die Verurteilung genügte zumeist der bloße «Vorwurf». Langjährige Zwangsarbeit war die Regelstrafe. Aber auch mehrere tausend Todesurteile wurden verhängt. Die genaue Zahl ist wiederum nicht bekannt, vermutet werden etwa 2400, unter anderem gegen Wachmannschaften von Konzentrationslagern wie Sachsenhausen und Buchenwald.

Als die letzten Speziallager in Sachsenhausen, Buchenwald und Bautzen im März 1950 aufgelöst wurden – die anderen waren bereits 1948 geschlossen worden –, befanden sich hier noch 10 513 Häftlinge, die von sowjetischen Militärtribunalen verurteilt worden waren und die man nun an die DDR zur weiteren Strafverbüßung übergab. Gegen weitere 3442 Beschuldigte, denen vorgeworfen wurde, Kriegsverbrechen bzw. NS-Verbrechen und Verbrechen gegen die Menschlichkeit begangen zu haben, sollten Strafverfahren durchgeführt werden. Sie fanden vom 21. April bis 29. Juni 1950 vor mehreren Strafkammern des Landgerichts Chemnitz im Zuchthaus der sächsischen Kleinstadt Waldheim statt. Auch diese Verfahren widersprachen, wie die meisten der vor sowjetischen Militärgerichten durchgeführten Prozesse, jeglichen rechtsstaatlichen Grundsätzen.[41] 3324 Angeklagte wurden verurteilt, davon 29 zum Tode, deren Zahl sich nach dem Abschluss der 1317 Revisionsverfahren im Juli 1950 noch auf 32 erhöhte. Letztlich wurden 24 Todesurteile am 4. November 1950 durch Erdrosselung vollstreckt. Da kein Henker zur Verfügung stand, mussten Volkspolizisten im Offiziersrang die Hinrichtungen vornehmen.[42]

Hilde Benjamin: Die «Rote Guillotine»

Hilde Benjamin, von 1949 bis 1953 Vizepräsidentin des Obersten Gerichts der DDR, war bei den Waldheimer Prozessen nur beratend tätig. In insgesamt 13 Schauprozessen gegen tatsächliche oder vermeintliche Gegner des SED-Regimes führte sie zwischen 1950 und 1953 aber selbst den Vorsitz und verhängte dabei nicht nur hohe Zuchthausstrafen, sondern fällte auch zwei Todesurteile. Ein Beispiel dafür war der Dessauer Prozess, der am 26. April 1950 begann. Darin waren mehrere Mitglieder des Vorstandes und Aufsichtsrats der Deutschen Continental-Gas-Gesellschaft mit Sitz in Dessau angeklagt, «seit Dezember 1945 fortgesetzt in Sabotageabsicht die wirtschaftlichen Maßnahmen der deutschen Selbstverwaltungsorgane durchkreuzt» und dem wirtschaftlichen Aufbau der SBZ und DDR «schwersten Schaden zugefügt» zu haben.[43] Benjamin, die vorher nie als Richterin, sondern lediglich als Verteidigerin in Kommunistenprozessen während der Weimarer Republik und 1945 einige Monate als Anklägerin tätig gewesen war, spielte dabei eine derart unrühmliche Rolle, dass der Präsident des Oberlandesgerichts Braunschweig, Rudolf Wassermann, sie 1994 sogar mit Roland Freisler als «Exponenten totalitärer Justiz» gleichsetzte.[44]

Tatsächlich erhielt Benjamin für ihre brutale Amtsführung in Schlüsselstellungen der DDR-Justiz schon früh den Beinamen «Rote Guillotine». Dennoch – oder gerade deswegen – wurde sie 1953 zur Justizministerin der DDR ernannt.[45] In ihrer neuen Funktion war sie nach dem 17. Juni 1953 unmittelbar für den Justizmord an dem Magdeburger Gärtner Ernst Jennrich und an der wohnsitz- und berufslosen Erna Dorn verantwortlich. Jennrich hatte am 17. Juni an Demonstrationen gegen das SED-Regime teilgenommen und dabei angeblich einen Polizisten erschossen, obwohl er nachweislich gar nicht am Tatort gewesen war. Trotzdem wurde er im August 1953 in einem Strafprozess vor dem 1. Senat des Magdeburger Bezirksgerichts wegen Boykott- und Mordhetze sowie wegen Propaganda für den Faschismus und Militarismus zu lebenslangem Zuchthaus verurteilt. Justizministerin Benjamin indessen erschien das Urteil zu milde. Sie setzte daher in einem weiteren, nur 15 Minuten dauernden Verfahren vor demselben Magdeburger Gericht, das die Zuchthausstrafe verhängt hatte, durch, dass Jennrich zum Tode verurteilt wurde. Die Hinrichtung erfolgte am 20. März 1954 in der Zentralen Hinrichtungsstätte der DDR in Dresden durch eine «Fallschwertmaschine».[46]

Im Fall von Erna Dorn handelte es sich um eine offenbar geistig verwirrte Frau, ein ehemaliges Mitglied der SED, das wegen kleinkrimineller Handlungen aus der Partei ausgeschlossen worden war. Sie hatte sich abwechselnd als KZ-Opfer oder Aufseherin im KZ Ravensbrück bezeichnet und sich bezichtigt, Agentin und Spionin zu sein, die von ihrem inzwischen geschiedenen Mann, einem angeblichen amerikanischen Geheimdienstoffizier, «geführt» worden sei. Im Mai 1953 wurde sie dafür von einem DDR-Gericht wegen «Verbrechen gegen die Menschlichkeit» zu fünfzehn Jahren Zuchthaus verurteilt, obwohl es keinerlei Beweise gab, die ihre «Geständnisse» hätten erhärten können: Überlebende von Ravensbrück konnten sich an die Frau nicht erinnern, ihr ehemaliger Mann, der Spanienkämpfer und angehende Offizier der Volkspolizei Max Gewald, hatte mit geheimdienstlicher Tätigkeit erwiesenermaßen nichts zu tun. Doch dann geschah Überraschendes: Am 17. Juni

1953, dem Tag des «Volksaufstandes» in der DDR, wurde Erna Dorn zunächst aus dem Gefängnis entlassen, aber schon am nächsten Tag erneut festgesetzt. In einem Prozess, der weniger als eine Stunde dauerte, wurde sie danach am 22. Juni als angebliche «Rädelsführerin» des Aufstandes in Halle auf Anordnung von Justizministerin Benjamin wegen «Boykotthetze gegen demokratische Einrichtungen und Organisationen sowie Kriegshetze» zum Tode verurteilt und am 1. Oktober 1953 durch das Fallbeil hingerichtet. Der Verdacht liegt nahe, dass sie mit ihrer vorübergehenden Freilassung gezielt in eine Falle gelockt worden war, um eine «Verantwortliche» für die Unruhen des 17. Juni präsentieren zu können. Denn mit ihr, so wusste man, würde man vor Gericht leichtes Spiel haben.[47]

Derartige Prozesse, in denen offenkundig Rechtsbeugung betrieben wurde, dienten durch ihre öffentlich zur Schau gestellte Unberechenbarkeit besonders in den Anfangsjahren der DDR als Mittel zur Durchsetzung und Absicherung der SED-Diktatur. Sie waren aber nur möglich, weil die Gewaltenteilung aufgehoben und die Justiz der zentralen Parteilenkung der SED unterworfen worden war.[48] Da die Sowjetische Militäradministration zudem durch ihren Befehl Nr. 49 vom 4. September 1945 alle Personen aus dem Justizdienst ausgeschlossen hatte, die Mitglieder der NSDAP oder einer ihrer Gliederungen gewesen waren – dies betraf insgesamt 8169 Justizbeamte, darunter etwa 80 Prozent der Richter und 78 Prozent der Staatsanwälte in der SBZ –, fehlte es auch an qualifiziertem Personal.[49] Bis 1948 besetzte man die Richterstühle zwar vielfach noch mit unbelasteten, aber juristisch kompetenten Alt-Richtern, die 1933 entlassen oder suspendiert worden waren, so dass zum Beispiel 1947 in Sachsen-Anhalt 121 der 271 Richter über 60 Jahre alt waren.[50] Doch allmählich traten – im Sinne eines «zweiten Elitenwechsels» – an die Stelle «bürgerlicher» Richter und Staatsanwälte vielfach sogenannte Volksrichter und Volksstaatsanwälte, die an den Zentralen Richterschulen der ostdeutschen Länderjustizverwaltungen in Schnellkursen ausgebildet worden waren. Die Kurse dauerten zunächst nur wenige Monate und konnten ein universitäres Studium kaum ersetzen, auch wenn bis 1947 noch die fachliche Qualifizierung im Vordergrund stand. Danach nahm allerdings die Politisierung der Ausbildungsinhalte stark zu, um eine «sozialistische Gesetzlichkeit» nach sowjetischem Vorbild zu schaffen, und die Richter und Staatsanwälte sahen sich immer stärker in den Dienst der Durchsetzung des politisch-ideologischen Herrschaftsanspruchs der SED gestellt.[51] Damit entwickelte sich in der SBZ/DDR ein neuer Juristentypus, der mit dem konservativen Korpsgeist des traditionellen Justizapparates nichts mehr zu tun hatte. Der staatlichen Willkür und politischen Strafjustiz wurden dadurch, wie im Dritten Reich,

Tür und Tor geöffnet.[52] Zwar wehrten sich manche jungen Richter und Staatsanwälte, die nach 1945 den antifaschistischen Reformansatz im Justizapparat ausdrücklich begrüßt und unterstützt hatten, gegen den neuen Kurs, nahmen damit aber zugleich das vorzeitige Ende ihrer Karriere im sozialistischen Justizapparat in Kauf und gingen vielfach enttäuscht in den Westen.[53]

2. Der Nürnberger Juristenprozess

Ein gänzlich anderer Weg wurde mit dem Nürnberger Juristenprozess beschritten, der vom 17. Februar bis 14. Dezember 1947 im Schwurgerichtssaal 600 des Justizpalastes in der Fürther Straße in Nürnberg stattfand – also im selben Raum, in dem zuvor bereits der Prozess gegen die Hauptkriegsverbrecher des Dritten Reiches geführt worden war. Ausgangspunkt des Prozesses war die Erkenntnis, dass die deutsche Justiz in der NS-Zeit versagt hatte. Statt das Recht gegen das Unrecht in Stellung zu bringen, statt Minderheiten gegen staatliche Willkür zu schützen, hatten Juristen maßgeblich dazu beigetragen, das nationalsozialistische Unrechtsregime zu errichten und aufrechtzuerhalten. Im Reichsjustizministerium (RJM) waren Gesetze zur Unterdrückung ganzer Bevölkerungsschichten vorbereitet und drakonische Strafen zum Schutz von «Führer» und Partei ersonnen worden. Die Beschlüsse der sogenannten Wannsee-Konferenz vom 20. Januar 1942, als im Gästehaus der Sicherheitspolizei und des Sicherheitsdienstes Am Großen Wannsee 56–58 in Berlin Vertreter der Reichsregierung und der SS zusammengekommen waren, um unter Vorsitz von SS-Obergruppenführer Reinhard Heydrich die Deportation der europäischen Juden zu organisieren, waren mit beängstigender Effizienz und Grausamkeit umgesetzt worden, als zu milde empfundene Justizurteile hatte man mit Hilfe der Gestapo «korrigiert», und Regime-Gegner waren der «Vernichtung durch Arbeit» anheim gegeben worden.[54]

Die Justiz hatte, mit anderen Worten, die Opfer verfolgt und die Täter beschützt, sie hatte die Geheimverfahren des Nacht- und Nebel-Erlasses mitgetragen und das Leid der Menschen in den Kriegsjahren durch Justizterror verschärft. Auch wenn viele Juristen aus der Weimarer Zeit noch bemüht gewesen waren, die Rechtsstaatlichkeit zu bewahren und gerechte Urteile zu fällen[55], hatten häufig gerade junge Karrieristen an entscheidenden Stellen im Reichsjustizministerium oder an Sondergerichten den Justizterror in die Wirklichkeit umgesetzt – beflügelt durch die wissenschaftlichen Lehren skrupelloser Juraprofessoren etwa der Kieler Schule, die den Willen des «Führers» und die nationalsozialistische Ideologie als letztlich verbindlichen Maßstab für die Rechtsauslegung predigten.[56] Und der Juristenprozess sollte nun einen ersten Beitrag dazu leisten, den Rechtsstaat in Deutschland wiederherzustellen, wie der Chefankläger der USA, Telford Taylor, in seinem Eröffnungsplädoyer des Nürnberger Juristenprozesses am 17. Februar 1947 erklärte.[57]

Zuvor, im Prozess gegen die Hauptkriegsverbrecher, waren zwar auch einige Juristen, wie Ernst Kaltenbrunner oder Hans Frank, der Gründer und bis 1942 Präsident der Akademie für Deutsches Recht, angeklagt gewesen. Sie hatten dort aber nicht wegen ihrer juristischen Tätigkeit, sondern als führende Repräsentanten des NS-Regimes und Mitverantwortliche für den Angriffskrieg, die verbrecherische Kriegsführung und massive Menschenrechtsverletzungen vor Gericht gestanden. Beide waren deswegen zum Tode verurteilt worden. Jetzt ging es um die Juristen an sich. Grundlage dafür war das Kontrollratsgesetz Nr. 10 vom 16. Dezember 1945, das es der amerikanischen Besatzungsmacht ermöglichte, im Anschluss an den Hauptkriegsverbrecherprozess vor eigenen Militärtribunalen sogenannte Nachfolgeprozesse auszurichten, in denen Vertreter einzelner Berufsgruppen und NS-Regierungsbehörden angeklagt werden sollten, um die Verstrickung der gesamten deutschen Elite in Aggression, Kriegsverbrechen und Verbrechen gegen die Menschlichkeit zu demonstrieren.

Der dritte dieser Prozesse war das Verfahren «USA vs. Josef Altstötter et al.», wie der Juristenprozess offiziell hieß.[58] Angeklagt waren insgesamt 13 NS-Juristen[59] und ein Laienrichter am Volksgerichtshof.[60] Acht Angeklagte waren Mitarbeiter des Reichsjustizministeriums gewesen, vier hatten als Richter amtiert, zwei als Staatsanwälte. Es war also ein Prozess gegen Justizjuristen und Repräsentanten der Ministerialbürokratie. Der prominenteste Angeklagte war Franz Schlegelberger, Staatssekretär im RJM unter Reichsjustizminister Franz Gürtner und nach dessen Tod am 29. Januar 1941 bis zur Ernennung des vorherigen Präsidenten des Volksgerichtshofs, Otto Georg Thierack, zu seinem Nachfolger am 20. August 1942 kommissarischer Leiter des Ministeriums.

Die Anklage legte den Juristen Kriegsverbrechen und Verbrechen gegen die Menschlichkeit zur Last. Während nach deutschem Recht die richterliche Tätigkeit wegen der besonderen richterlichen Unabhängigkeit privilegiert ist und Richter nach der Rechtsprechung des Bundesgerichtshofs nur bei Erfüllung des Tatbestands der Rechtsbeugung (heute § 339 StGB) belangt werden können[61], wurden die Juristen hier allein für das Ergebnis ihrer Handlungen zur Verantwortung gezogen: die massenhafte Tötung von Regime-Gegnern, die Vernichtung vermeintlich unwerten Lebens geistig Kranker und körperlich Behinderter sowie die Verfolgung und Verurteilung von Menschen allein auf der Grundlage rassischer Abstammung. Da die angeklagten Juristen den schweren Verbrechen den Anschein der Rechtmäßigkeit verliehen hatten, fasste das Tribunal ihre Verantwortung in dem schon erwähnten Satz zusammen: «Der Dolch des Mörders war unter der Robe des Juristen verborgen.»[62]

Chefankläger für alle Verfahren im Rahmen des Nuremberg Military Tribunal (NMT) war Brigadegeneral Telford Taylor. Er hatte am Williams College in Williamstown, Massachusetts, Geschichte und Politische Wissenschaften und danach Rechtswissenschaften an der Harvard Law School studiert. Im Prozess gegen die Hauptkriegsverbrecher vor dem Internationalen Militärgerichtshof (IMT) hatte Taylor zunächst als Stellvertreter des amerikanischen Hauptanklägers Robert H. Jackson amtiert. In den zwölf Nachfolgeprozessen vor dem amerikanischen Militärgerichtshof in Nürnberg fungierte er jetzt als Hauptankläger.[63] Die inhaltliche Vorbereitung des Juristenprozesses überließ er jedoch seinem Stellvertreter Charles M. La Follette, der nach Abschluss seines Jurastudiums 1925 eine Rechtsanwaltspraxis in Evansville, Indiana, eröffnet hatte. Bei den Kongresswahlen 1942 war er als Abgeordneter der Republikanischen Partei in das Repräsentantenhaus in Washington gewählt worden, wo er bis zum 3. Januar 1947 zwei Wahlperioden absolvierte. Nachdem 1946 sein Versuch gescheitert war, eine Nominierung für die Wahlen zum Senat zu erhalten, wirkte er nun an den Nürnberger Kriegsverbrecherprozessen mit und war anschließend noch bis 1949 amerikanischer Militärgouverneur in Württemberg-Baden.

Nach Artikel II des Kontrollratsgesetzes Nr. 10 (KRG 10) konnten drei Verbrechenstatbestände zur Anklage gelangen: Verbrechen gegen den Frieden, Kriegsverbrechen und Verbrechen gegen die Menschlichkeit. Bestraft werden konnte aber auch, wer einer Organisation angehört hatte, deren verbrecherischer Charakter vom Internationalen Militärgerichtshof festgestellt worden war. Der Artikel II führte dazu unter Absatz 1 aus, jeder dieser Tatbestände stelle ein Verbrechen dar:

> «a) *Verbrechen gegen den Frieden.* Das Unternehmen des Einfalls in andere Länder und des Angriffskrieges unter Verletzung des Völkerrechts und internationaler Verträge einschließlich der folgenden den obigen Tatbestand jedoch nicht erschöpfenden Beispiele: Planung, Vorbereitung, Beginn oder Führung eines Angriffskrieges oder eines Krieges unter Verletzung von internationalen Verträgen, Abkommen oder Zusicherungen; Teilnahme an einem gemeinsamen Plan oder einer Verschwörung zum Zwecke der Ausführung eines der vorstehend aufgeführten Verbrechen.
>
> b) *Kriegsverbrechen.* Gewalttaten oder Vergehen gegen Leib, Leben oder Eigentum, begangen unter Verletzung der Kriegsgesetze oder -gebräuche, einschließlich der folgenden den obigen Tatbestand jedoch nicht erschöpfenden Beispiele: Mord, Misshandlung der Zivilbevölkerung der besetzten Gebiete oder ihre Verschleppung zur Zwangsarbeit oder zu anderen Zwecken; Mord oder Miss-

handlung von Kriegsgefangenen oder Personen auf hoher See; Tötung von Geiseln; Plünderung von öffentlichem oder privatem Eigentum; mutwillige Zerstörung von Stadt oder Land oder Verwüstungen, die nicht durch militärische Notwendigkeit gerechtfertigt sind.
c) *Verbrechen gegen die Menschlichkeit.* Gewalttaten und Vergehen, einschließlich der folgenden den obigen Tatbestand jedoch nicht erschöpfenden Beispiele: Mord, Ausrottung, Versklavung; Zwangsverschleppung, Freiheitsberaubung, Folterung, Vergewaltigung oder andere an der Zivilbevölkerung begangene unmenschliche Handlungen; Verfolgung aus politischen, rassischen oder religiösen Gründen, ohne Rücksicht darauf, ob sie das nationale Recht des Landes, in welchem die Handlung begangen worden ist, verletzen.
d) Zugehörigkeit zu gewissen Kategorien von Verbrechervereinigungen oder Organisationen, deren verbrecherischer Charakter vom Internationalen Militärgerichtshof festgestellt worden ist.»

Die Anklage war nun bemüht, darzulegen, dass die Angeklagten Anteil an der Verschwörung zur Begehung von Kriegsverbrechen und Verbrechen gegen die Menschlichkeit gehabt hatten (Anklagepunkt I). Der Verschwörungsvorwurf wurde in Anlehnung an das Urteil im Nürnberger Hauptkriegsverbrecherprozess allerdings nur auf den Angriffskrieg angewendet und ansonsten als zu vage und unbestimmt auch vom NMT im Fall 3 abgelehnt.[64] Den angeklagten Juristen vorwerfbar waren aber neben dem Angriffskrieg noch Kriegsverbrechen (Anklagepunkt II) und Verbrechen gegen die Menschlichkeit (Anklagepunkt III). Dazu kam bei sieben der Angeklagten der Vorwurf der Mitgliedschaft in der SS, die das International Military Tribunal (IMT) als kriminelle Organisation verurteilt hatte (Anklagepunkt IV).

Der Bereich der Kriegsverbrechen war juristisch relativ eindeutig bestimmt. Hier ging es ganz allgemein um Verbrechen an der Zivilbevölkerung in den besetzten Gebieten. Nach der Haager Landkriegsordnung von 1907 und den Genfer Konventionen von 1929 ist die Besatzungsmacht zwar für die öffentliche Sicherheit und Ordnung verantwortlich, sie darf aber nicht die zivilen Gesetze im besetzten Gebiet ändern. Gegen diesen alten kriegsvölkerrechtlichen Grundsatz hatte allein schon die Implementierung rassistischer Terrorgesetze durch die Nationalsozialisten verstoßen – von anderen Kriegsverbrechen ganz abgesehen, die damit auch im Juristenprozess folgerichtig eine Rolle spielen mussten.[65]

Das Modell der Verbrechen gegen die Menschlichkeit hingegen, das vom IMT nur im Zusammenhang mit einem bewaffneten Konflikt angewendet worden war, wurde jetzt auch auf Sachverhalte angewendet, die vor dem Kriegsbeginn am 1. September 1939 lagen, sowie auf Akte, die sich gegen die eigene, also die deutsche, Bevölkerung gerichtet hatten. Normalerweise darf sich das Völkerrecht in innerstaatliche Angelegenheiten nicht einmischen. Bei

Verbrechen gegen die Menschlichkeit sei das anders, erklärte Telford Taylor im Verfahren gegen den Industriellen Friedrich Flick. Art. III KRG 10 stelle «eine ausdrückliche Anerkennung des Grundsatzes dar, dass Handlungen von Deutschen, begangen gegen andere Deutsche, als Verbrechen unter Ges. 10 [...] strafbar sind».[66] Die Legitimation dafür ergab sich nicht nur aus der Systematik des Gesetzes, sondern auch aus dem Ausmaß der Menschenrechtsverletzungen, die das Menschheitsgewissen als solches schockierten und gegen den allgemeinen «Standard der Zivilisation» verstießen.[67] Da es sich somit um internationales Recht handelte, konnte auch der Hinweis der Angeklagten, sie hätten nur deutsches Recht angewendet, ihre Taten nicht rechtfertigen. Es ging hier also nicht um deutsches, sondern um internationales Recht, das verletzt wurde.[68]

Allgemeine rechtliche Grundlagen

In einem allgemeinen Teil identifizierte das Tribunal sieben Punkte, die daraufhin überprüft wurden, ob sie völkerstrafrechtliche Verbrechen darstellten:

«1. Prozesse gegen erwiesene Gewohnheitsverbrecher;
2. Fälle von Plünderung in den zerstörten Gebieten Deutschlands, die nach Luftangriffen und unter dem Schutz der Verdunklung begangen wurden;
3. Kriegswirtschaftsverbrechen – gegen die Rationierung, Hortung und dergleichen;
4. Verbrechen der Wehrkraftzersetzung; zersetzende Äußerungen, Kritik an Hitler und dergleichen;
5. Verbrechen des Landes- und Hochverrats;
6. Verbrechen verschiedener Art, soweit sie von Polen, Juden und anderen Ausländern begangen wurden;
7. Verbrechen, die unter das ‹Nacht-und-Nebel›-Programm und ähnliche Verfahrensarten fielen»[69].

Lediglich die Punkte 5, 6 und 7 wurden in Nürnberg für verbrecherisch erklärt. Dazu gehörten die gesamte Verfolgungsgesetzgebung, das heißt die Gesetzgebung, die allein aus Gründen der Rassendiskriminierung implementiert wurde, sowie die 11. Verordnung zum Reichsbürgergesetz, mit der die Enteignung von Juden seitens der Gestapo und des SD legalisiert worden war.[70] Schwerwiegend war auch die Verordnung über die Strafrechtspflege gegen Polen und Juden in den besetzten Ostgebieten vom 4. Dezember 1941 – kurz Polen- und Judensonderstrafrechtsverordnung[71] –, auf deren Grundlage nach den Ermittlungen des NMT allein 1942 61 836 Verurteilungen ergangen waren. Für verbrecherisch wurde zudem das Regierungsprogramm «Korrektur fehlerhafter Justizurteile» erklärt, das am 18. September 1942 zwischen

Reichsjustizminister Otto Thierack, seinem Staatssekretär Curt Rothenberger, dem Reichsführer SS und Chef der Deutschen Polizei Heinrich Himmler, dem Leiter der Partei-Kanzlei der NSDAP Martin Bormann und anderen beschlossen worden war.[72] Verurteilte konnten damit nach Überprüfung ihrer Strafe durch das RJM zur weiteren «Behandlung» der Gestapo übergeben werden.[73] Die Angeklagten vor dem NMT behaupteten zwar, sie hätten nicht gewusst, was danach mit diesen Leuten geschehen würde.[74] Diese Einlassung wurde vom Tribunal jedoch pauschal mit der Bemerkung quittiert: «This Tribunal is not so gullible as to believe these defendants so stupid that they did not know what was going on. One man can keep a secret, two men may, but thousands, never.»[75]

Es ist bemerkenswert, dass die Justiz in der Bundesrepublik genau diesen Punkt anders beurteilte. So wurde 1970 etwa das Verfahren gegen den ehemaligen Persönlichen Referenten von Franz Schlegelberger und Otto Thierack, den späteren Ministerialrat im BMJ Heinrich Ebersberg, eingestellt, der im RJM für die Vorbereitung der Entscheidungen zur «Korrektur» zuständig gewesen war. Obgleich seine Mitwirkung an der Überstellung von Verurteilten an die Gestapo unstrittig war, meinte die Staatsanwaltschaft Köln, ihm nicht nachweisen zu können, dass er gewusst habe, dass sich der Begriff «Vernichtung durch Arbeit» tatsächlich auf die physische Vernichtung bezog.[76]

Das NMT beschäftigte sich ebenfalls intensiv mit dem Gesetz zur Verhütung erbkranken Nachwuchses (Erbgesundheitsgesetz) und dem darauf gegründeten System der Zwangssterilisierung und Erbgesundheitsgerichte.[77] Von zentraler Bedeutung war jedoch der sogenannte Nacht- und Nebel-Erlass (NN-Erlass) vom 7. Dezember 1941, der auch im IMT-Verfahren bereits thematisiert und als verbrecherisch bezeichnet worden war.[78] Auf der Grundlage dieses Erlasses waren vor allem in den besetzten Gebieten vermeintliche Regime-Gegner festgesetzt und in Geheimverfahren abgeurteilt worden. Den Angehörigen hatte man jede Information über den Verbleib der Betroffenen versagt; die Menschen waren einfach verschwunden.[79] Das Oberkommando der Wehrmacht (OKW) unter Generalfeldmarschall Wilhelm Keitel, der im Hauptkriegsverbrecherprozess zum Tode verurteilt wurde, hatte den Erlass am 7. Dezember 1941 geheim unter dem Titel «Richtlinien für die Verfolgung von Straftaten gegen das Reich oder die Besatzungsmacht in den besetzten Gebieten» in Kraft gesetzt.

Keine Menschlichkeitsverbrechen konnten hingegen in den Punkten 1 bis 4 festgestellt werden, auch wenn die Richter des NMT die drakonischen Gesetze und Strafen des Dritten Reiches verurteilten und ihrer Abscheu darüber Ausdruck verliehen.[80] Besonders galt dies für die kriegsbezogene Gesetzgebung, beispielsweise die Kriegssonderstrafrechtsverordnung von 1938[81] und die sogenannte Volksschädlingsverordnung.[82] Das «Heimtückegesetz» von 1934[83] zur Bestrafung jeglicher Form von Kritik am NS-Regime wurde ebenfalls in diese Kategorie eingeordnet. Das Vorgehen gegen «Wehrkraftzersetzung» fanden die NMT-Richter zwar empörend, es wurde aber von ihnen – etwa hinsichtlich der Maßnahmen zur Beschränkung der Meinungsfreiheit – als nicht strafbar eingestuft. Wörtlich hieß es dazu: «Angesichts einer wirklichen und akuten Gefahr kann selbst in Amerika die Redefreiheit etwas eingeschränkt werden. Können wir dann sagen, dass mitten im Wüten des totalen Krieges und im Angesicht unmittelbar drohenden Unheils die Beamten, die diese barbarischen Gesetze in einem letzten verzweifelten Bemühen, die Niederlage hinzuhalten, anwandten, sich Verbrechen gegen die Menschlichkeit schuldig machten?»[84] Ähnlich wurde auch das «Gewohnheitsverbrechergesetz» von 1933 beurteilt.[85] Was in den USA in Friedenszeiten erlaubt sei, könne in Deutschland im Krieg nicht als verbrecherisch bezeichnet werden, so die Richter.[86] Ein Verbrechen gegen die Menschlichkeit mochte man darin jedenfalls nicht erkennen.

Während harte Gesetze und übertriebene Strafen vom Tribunal also akzeptiert wurden, war für die amerikanischen Richter eine ungleichmäßige, diskriminierende Anwendung dieser Gesetze nicht tolerabel. Gleichwohl wurden im Ergebnis für die Angeklagten Verbrechen gegen die Menschlichkeit verneint: «All die Gesetze, die wir anführen, konnten in diskriminierender Art angewandt werden und wurden es auch, und in vielen Fällen haben der Justizminister und die Gerichte sie in willkürlicher und brutaler Weise angewandt, die das Menschheitsgewissen empört und die hier strafbar ist. Nun halten wir dafür, dass wir angesichts der besonderen Sachlage dieses Prozesses keinen Angeklagten allein deswegen ohne weiteres verurteilen können, weil Gesetze der ersten vier Gruppen erlassen oder angewandt wurden.»[87]

Für andere Maßnahmen, die offensichtlich allein zu Diskriminierungszwecken eingeführt worden waren, stand hingegen der verbrecherische Charakter für die Richter fest. Es musste einzig die individuelle Verantwortung für jeden einzelnen Angeklagten begründet werden. Das System und der Plan der Rassenverfolgung, so das Gericht, seien deutlich gemacht worden. Allgemeine Kenntnis seiner großen Umrisse in all ihrer Ungeheuerlichkeit habe man den Angeklagten beigebracht. Und so bleibe nur die Frage, «ob das Beweismaterial in einer jeden vernünftigen Zweifel ausschließenden Weise im Falle der einzelnen Angeklagten dartut, dass jeder einzelne bewusst an diesem Plane mitgewirkt oder zustimmend an ihm teilgenommen hat».[88] Diese Zurechnung zwischen den gesetzgeberischen Maßnahmen einerseits und den Angeklagten andererseits fiel bei den Mitarbeitern des RJM leichter als bei den Justizjuristen, die sich darauf berufen konnten, bestehendes Recht lediglich angewandt zu haben.

Der Prozess

Das eigentliche Verfahren gegen die 14 Angeklagten dauerte, nach der Prozesseröffnung am 17. Februar, vom 6. März bis 13. Oktober 1947. Insgesamt hörte das Gericht 138 Zeugen und zog mehr als 2000 Dokumente in Betracht: 641 von der Anklage, 1452 von der Verteidigung. Am 3. und 4. Dezember 1947 wurden die Urteile verkündet, die mit vier lebenslangen Freiheitsstrafen, sechs zeitigen Strafen und vier Freisprüchen vergleichsweise milde ausfielen. Den Juristen wurde damit nicht dieselbe Härte zuteil wie etwa den Ärzten (Fall Nr. 1), Generälen (Fall Nr. 2, 12) oder Mitgliedern der Einsatzgruppen (Fall Nr. 10). Die Tatsache, dass man diejenigen, die den Dolch des Mörders unter ihrer Robe verborgen gehalten hatten, nicht «als Mörder» bestrafte, war jedoch kein Ausdruck von Nachsichtigkeit unter Kollegen, sondern Anzeichen eines allmählich schwächer werdenden amerikanischen Interesses an der weiteren Strafverfolgung, das danach auch im Wilhelmstraßenprozess (Fall Nr. 11) und in den Prozessen gegen die Industriellen (IG-Farben, Krupp, Flick) erkennbar wurde. Grund dafür waren nicht nur die zunehmenden Konflikte im Kalten Krieg mit der Sowjetunion, in dem man die Hilfe der Deutschen benötigte, sondern auch der Umstand, dass die Prozesse kaum noch Unterstützung in der amerikanischen Bevölkerung fanden, die Finanzmittel reduziert wurden und die Probleme wuchsen, Personal für die Anklagebehörde und die Richterbank zu rekrutieren.

Diese strukturelle Schwäche der Anklage wurde von einer intellektuell sehr fähigen Riege deutscher Verteidiger, deren Erfahrung im Umgang mit Kriegsverbrecherverfahren stetig wuchs, zum Vorteil ihrer Mandanten ausgenutzt.[89] So gelang es ihnen, bereits in den Nürnberger Prozessen das Fundament für Exkulpationsnarrative zu legen, die der deutschen Elite in der Nachkriegszeit sowohl zur Selbstrechtfertigung als auch zur Vermeidung öffentlicher und juristischer Nachstellungen dienten. Für die angeklagten Juristen im Juristenprozess lässt sich diese Verteidigungsstrategie in vier Punkten zusammenfassen: (1) Man sei doch trotz des Terrors «anständig» geblieben. (2) Von dem Wahnsinn der systematischen Verfolgung und Vernichtung habe man nichts gewusst. (3) Man hätte nach 1933 auch weichen können, aber dann wären wirkliche Überzeugungstäter an die Macht gekommen; insofern habe man durch das eigene Ausharren «noch Schlimmeres verhindert». Und (4) habe man ja schließlich nur die geltenden Gesetze angewandt, die den Staatsanwälten oft keine andere Wahl gelassen hätten, als die Todesstrafe zu fordern, und den Richtern abverlangt hätten, diese auch zu verhängen.

Diese Strategien können anhand zweier prominenter Angeklagter im Juristenprozess nachvollzogen werden.

Der Fall Schlegelberger

Franz Schlegelberger, geboren am 23. Oktober 1876 in Königsberg in Ostpreußen, durchlief nach dem Studium der Rechtswissenschaften in Königsberg und Berlin eine ansehnliche Justizkarriere. Bereits 1914 wurde er zum Kammergerichtsrat ernannt und wechselte 1918 in das Reichsjustizamt, den Vorläufer des Reichsjustizministeriums, in dem er 1927 Ministerialdirektor wurde. Seit 1922 bekleidete er außerdem eine Honorarprofessur an der Juristischen Fakultät der Berliner Friedrich-Wilhelms-Universität. Am 10. Oktober 1931 ernannte Reichsjustizminister Franz Gürtner ihn zum Staatssekretär im RJM. Sein Staatssekretär-Kollege dort war ab 1934 Roland Freisler, der spätere Präsident des Volksgerichtshofs. Anders als Freisler war Schlegelberger aber zunächst kein NSDAP-Mitglied; erst 1938 wurde er – offensichtlich durch eine persönliche Verfügung Hitlers, die als Auszeichnung zu verstehen war – in die Partei aufgenommen. Nach dem Tod Gürtners 1941 leitete Schlegelberger das RJM kommissarisch, bis der frühere Präsident des Volksgerichtshofs Otto Thierack zum neuen Justizminister ernannt wurde. Am 24. August 1942 schied der inzwischen 65-Jährige aus dem Dienst im RJM aus und erhielt von Hitler als Belohnung für die von ihm geleisteten Dienste 100 000 RM – eine Dotation, die nur wenigen treuen Parteigängern zuteil wurde und in Verbindung mit der von Hitler veranlassten NSDAP-Mitgliedschaft bedeutet, dass Schlegelberger eine außerordentlich wichtige Rolle im Justizsystem des NS-Regimes spielte.[90]

Mit Thierack und dem neuen Staatssekretär im RJM, Curt Rothenberger, wurde die «Unabhängigkeit» der Justiz im Dritten Reich, die seit 1933 ohnehin nur noch vordergründig bestand, noch weiter eingeschränkt, wenn nicht gänzlich beseitigt.[91] Dennoch ist die Behauptung Schlegelbergers vor dem amerikanischen Militärtribunal in Nürnberg, dass er für ein gemäßigtes Vorgehen eingetreten sei und erst nach seinem Ausscheiden wirkliche nationalsozialistische Überzeugungstäter die Macht im RJM übernommen hätten, wenig glaubwürdig. Und geradezu absurd erscheint es, wenn er sich sogar in die Nähe des Widerstandes rückte, indem er zu seiner Verteidigung vorbrachte, dem ständigen Druck auf die Justiz seitens Himmlers und anderer

Fürsprecher des Polizeistaats widerstanden zu haben.[92] Zwar wurde dies vom NMT grundsätzlich als «plausibel» bezeichnet. Doch bei genauerem Hinsehen hält die Argumentation Schlegelbergers und seiner Anwälte, Egon Kubuschok, Hubertus Janicki und Kurt Behling,[93] der Wahrheit, der Logik und den Umständen nicht stand. Denn Schlegelberger hatte sich im NS-Regime an führender Position im Reichsjustizministerium an den Verbrechen beteiligt und als Mitglied der Akademie für Deutsches Recht auch juristisch die «neue Linie» vertreten, die mit dem Nationalsozialismus in Deutschland Einzug hielt. Besonders deutlich hatte sich dies bei der Mitwirkung an der «Aktion T4» gezeigt, bei der es unter unmittelbarem Befehl der «Kanzlei des Führers» um die «Vernichtung lebensunwerten Lebens» und damit um die Legalisierung der sogenannten Euthanasie ging, in deren Verlauf bis Kriegsende mehr als 70 000 Menschen mit geistigen und körperlichen Behinderungen ermordet wurden. Der Ort, an dem sich die geheime Zentraldienststelle der Nationalsozialisten befand, wo die systematische Massentötung psychisch kranker und geistig behinderter Menschen – die erste zentral gelenkte Massenvernichtungsaktion im Nationalsozialismus – geplant und organisiert wurde, war die Tiergartenstraße 4. Aber Schlegelberger hatte nicht nur hier, sondern auch an der Aktion zur «Korrektur von Justizurteilen» mitgewirkt, und der Nacht- und Nebel-Erlass vom 7. Februar 1942 hatte ebenfalls seine Unterschrift getragen.[94]

Über diese Tatsachen konnten letztlich auch die Nürnberger Richter nicht hinwegsehen. Sie erklärten, Schlegelberger habe «Hitlers Anmaßung bei der Machtergreifung unterstützt [...], über Tod und Leben zu entscheiden unter Missachtung selbst des Scheins eines Gerichtsverfahrens», und durch seine Ermahnungen und Anweisungen habe er «zur Zerstörung der richterlichen Unabhängigkeit» beigetragen. Durch seine Unterschrift unter den Erlass vom 7. Februar 1942 sei dem Justizministerium und den Gerichten die Verfolgung, Verhandlung und Verfügung über die Opfer des Nacht- und Nebel-Erlasses aufgebürdet worden, und dafür müsse «in erster Linie er die Verantwortung tragen». Außerdem sei er der Einrichtung und Unterstützung von Verfahren «zu einer großangelegten Verfolgung von Juden und Polen schuldig».[95] Seine Gedanken über die Juden seien vielleicht «weniger brutal» gewesen als die seiner Kollegen. Aber man könne sie «kaum als menschlich bezeichnen».[96]

Dass Schlegelberger in Fragen der «Endlösung» Halbjuden vor die Wahl der Unfruchtbarmachung oder der Abschiebung stellen wollte, zeigt zwar den Versuch, Halbjuden vor der Deportation in die Vernichtungslager im Osten zu bewahren. Dieser in einem Brief an den Chef der Reichskanzlei, Dr. Hans Heinrich Lammers, vom 5. April 1942 erwähnte Vorschlag verdeutlicht aber zugleich auf makabre Art die Verstrickung Schlegelbergers in das System.[97] Denn die Wortwahl in diesem Brief offenbart mehr als alles andere Schlegelbergers Geisteshaltung. Es heißt darin: «Den fortpflanzungsfähigen Halbjuden sollte die Wahl gelassen werden, sich der Unfruchtbarmachung zu unterziehen oder in gleicher Weise wie die Juden abgeschoben zu werden.»[98] Insofern fällt es schwer, Franz Schlegelberger als «tragische Gestalt» anzusehen, wie das NMT meinte. Denn er hatte nicht nur schleichende Zugeständnisse an das NS-Regime gemacht, sondern schwerste Schuld auf sich geladen. Die Nürnberger Richter verurteilten ihn deshalb wegen Kriegsverbrechen und Verbrechen gegen die Menschlichkeit zu lebenslanger Haft. Bereits 1951 wurde Schlegelberger jedoch wegen Haftunfähigkeit aus dem Kriegsverbrechergefängnis Landsberg entlassen und bezog danach eine Staatssekretärsrente, um die ein weiteres, langwieriges Gerichtsverfahren geführt wurde.[99] Zudem betätigte er sich in der Folge noch als Kommentator des Bürgerlichen Gesetzbuches und des Handelsgesetzbuches, ehe er am 14. Dezember 1970 in Flensburg starb.

Franz Schlegelberger war demzufolge sicher kein Nationalsozialist der ersten Stunde, zumal er am Tag der «Machtergreifung» Hitlers am 30. Januar 1933 bereits an der obersten Sprosse der Karriereleiter angekommen war. Doch er arrangierte sich mit dem neuen Regime und geriet in den folgenden fast zehn Jahren bis zu seinem Ausscheiden 1942 immer tiefer in den Sog der NS-Politik. «Anständig» blieb er dabei nicht. Allein die Sonderstrafrechtsverordnung für Polen und Juden sowie der Nacht- und Nebel-Erlass enthielten massivste Diskriminierungen und menschenverachtende Vorgehensweisen, die er in seiner juristischen Verantwortung nicht hätte mittragen dürfen. Dass es nach seinem vorzeitigen Ruhestand noch schlimmer kam, exkulpiert Schlegelberger nicht.

Der Fall Rothaug

Er habe nur geltende Gesetze angewandt, behauptete im Juristenprozess auch der ehemalige Vorsitzende des Nürnberger Sondergerichts, Oswald Rothaug. Er wurde am 17. Mai 1897 im unterfränkischen Mittelsinn nahe Aschaffenburg geboren, war 1933 zunächst Erster Staatsanwalt in Nürnberg, dann Landgerichtsrat in Schweinfurt und wurde im April 1937 schließlich Landgerichtsdirektor und Direktor des Sondergerichts in Nürnberg. Erst 1938 trat er der NSDAP bei, die aber seine Mitgliedschaft auf 1937 zurückdatierte. 1943 wurde Rothaug schließlich Reichsanwalt am Volksgerichtshof, war allerdings jahrelang auch für den SD – den Sicherheitsdienst des Reichsführers SS – tätig. Aus seiner Zeit am Sondergericht in Nürnberg ist vor allem der Fall Katzenberger überliefert.

I. JUSTIZ UNTER DER BESATZUNGSHERRSCHAFT

Am 13. und 14. März 1942 hatte Rothaug im Schwurgerichtssaal im Ostflügel des Justizpalastes in Anwesenheit der Nürnberger NS-Parteiprominenz den Vorsitzenden der Jüdischen Gemeinde in Nürnberg, Leo Katzenberger, zum Tode verurteilt. An diesem Fall, der durch den amerikanischen Spielfilm *Das Urteil von Nürnberg* mit Spencer Tracy und Judy Garland aus dem Jahr 1961 – nach dem Drehbuch von Abby Mann – sowie den deutschen Film *Leo und Claire* von Joseph Vilsmaier aus dem Jahr 2002 einer breiteren Öffentlichkeit bekannt wurde[100], lässt sich das Verhalten von NS-Richtern, die mit Verve durch extensive Auslegung und analoge Rechtsanwendung den politischen Willen des Nazi-Regimes durchsetzten, ebenso gut darstellen wie in der Folge des Juristenprozesses das Versagen der NS-Aufarbeitung durch die Justiz in der Bundesrepublik.

Leo Katzenberger war Erster Vorsitzender der Israelitischen Kultusgemeinde in Nürnberg. In seinem Haus wohnte auch Irene Seiler, die Tochter eines Geschäftsfreundes, mit der Katzenberger ein väterlich-freundschaftliches Verhältnis pflegte. Dafür wurde er von Staatsanwalt Hermann Markl mit der Behauptung, Katzenberger habe mit der nicht-jüdischen Irene Seiler außerehelichen Verkehr gehabt, wegen Verstoßes gegen das Blutschutzgesetz angeklagt. Irene Seiler bestritt die Vorwürfe eidlich. Daraufhin zog Rothaug die Sache an sich und eröffnete das Verfahren vor dem Sondergericht. Zunächst wurde Irene Seiler wegen Meineids zu zwei Jahren Zuchthaus verurteilt, denn als Mitangeklagte konnte sie nicht als Entlastungszeugin für Katzenberger auftreten. Katzenberger jedoch sollte unter das Fallbeil. Deshalb verband Rothaug die Anklage auf der Grundlage des Blutschutzgesetzes mit einem Verstoß gegen § 4 der Volksschädlingsverordnung (VVO)[101], der in Fällen einer «Ausnutzung des Kriegszustandes» eine Strafverschärfung vorsah, die stets die Verhängung der Todesstrafe ermöglichte. Diese Vorschrift vom 5. September 1939, die ein besonders deutlich nationalsozialistisches Gesetz darstellte, lautete: «Wer vorsätzlich unter Ausnutzung der durch den Kriegszustand verursachten außergewöhnlichen Verhältnisse eine sonstige Straftat begeht, wird unter Überschreitung des regelmäßigen Strafrahmens mit Zuchthaus bis zu 15 Jahren, mit lebenslangem Zuchthaus oder mit dem Tode bestraft, wenn dies das gesunde Volksempfinden wegen der besonderen Verwerflichkeit der Straftat erfordert.»

Dieser Tatbestand war Wachs in den Händen aller nationalsozialistisch ideologisierten Richter, die mit den unbegrenzt auslegungsfähigen Begriffen «gesundes Volksempfinden» und «besondere Verwerflichkeit» jedes beliebige Ergebnis begründen konnten. Auch Rothaug bediente sich dieser Vorschrift im Fall Katzenberger, in dem keinerlei Beweise vorlagen und die vermeintliche Tat in keinerlei Zusammenhang mit den «durch den Kriegszustand verursachten außergewöhnlichen Verhältnissen» stand. Er nutzte die Verordnung somit lediglich als Brücke zur Todesstrafe, die allein für den Verstoß gegen das Blutschutzgesetz nicht zu erreichen gewesen wäre. Rothaug wollte die Verurteilung Katzenbergers, und er wollte dessen Tod. Als Begründung für die Anwendung von § 4 VVO wird daher im Urteil ausgeführt, der Mangel an Aufsichtskräften sei ihm zustatten gekommen, umso mehr, als er seine Besuche bei der Seiler im Schutze der Verdunkelung ausgeführt habe. Zudem sei der Ehemann Seiler zur Wehrmacht eingezogen, so dass auch Überraschungen durch den Ehemann ausgeschlossen gewesen seien.[102]

Tastsächlich stand das Urteil schon vor Beginn des Prozesses fest. Als der Gerichtsarzt Dr. Armin Baur mit der medizinischen Untersuchung beauftragt wurde, die vor einem Todesurteil erfolgen musste, erklärte ihm Rothaug, die Untersuchung sei eine reine Formalität, denn Katzenberger würde «ohnedies geköpft werden». Als der Arzt darauf hinwies, dass aufgrund des fortgeschrittenen Alters des Angeklagten der Vorwurf der Rassenschande sehr fraglich sei, antwortete Rothaug: «Für mich reicht es aus, dass dieses Schwein gesagt hat, ein deutsches Mädchen hätte ihm auf dem Schoß gesessen.»[103] Der Prozess gegen Katzenberger war also ein reiner Schauprozess, der mit Strafjustiz nichts gemein hatte. Hinzu kam eine «besonders rüde, gehässige und zynische Verhandlungsführung», wie der Bundesgerichtshof 1970 feststellte.[104] Das Todesurteil gegen Katzenberger wurde am 23. März 1942 verhängt. Am 3. Juni 1942 wurde er im Gefängnis Stadelheim in München-Giesing guillotiniert.

Im selben Gerichtssaal, in dem das Nürnberger Sondergericht Leo Katzenberger zum Tode verurteilt hatte, wurde nun, fünf Jahre danach, Rothaug im Juristenprozess wegen Verbrechen gegen die Menschlichkeit zu lebenslanger Haft verurteilt. Die Strafe wurde später auf 20 Jahre herabgesetzt. Die vorzeitige Entlassung Rothaugs aus der Gefangenenanstalt Landsberg am Lech, wo die amerikanische Armee ab 1. Januar 1947 das Kriegsverbrechergefängnis «War Criminal Prison No. 1» betrieb, erfolgte am 22. Dezember 1956, nachdem Rothaug, der wegen eines Magenleidens ohnehin für nicht haftfähig gehalten wurde, über seinen Verteidiger Josef Kößl, einen früheren SS-Mann, wiederholt um Entlassung und Begnadigung nachgesucht hatte. Damit verbrachte Rothaug keine zehn Jahre in Haft.

Das Katzenberger-Verfahren hatte in den 1960er Jahren allerdings noch ein juristisches Nachspiel, als Rothaugs Beisitzer am Nürnberger Sondergericht, die Landgerichtsräte Dr. Karl Josef Ferber und Dr. Heinz Hugo Hoffmann, vor dem Landgericht Nürnberg-Fürth angeklagt und am 5. April 1968 lediglich wegen Totschlags zu drei beziehungsweise zwei Jahren Gefängnis verurteilt wurden, nachdem eine Verurteilung wegen Rechtsbeugung aufgrund von Verjährung ausschied. Doch die Staatsanwaltschaft, die eine Verurteilung wegen Mordes anstrebte, da die Richter aus niedrigen Beweggründen gehandelt hätten, ging in Revision. Der 1. Strafsenat des Bundesgerichtshofs hob daraufhin das Urteil am 21. Juli 1970 auf und verwies die Sache an das Landgericht zurück.[105] Der BGH vermochte der Annahme des Landgerichts, dass die Beisitzer aus Furcht vor persönlichen negativen Konsequenzen, das heißt aus Angst vor dem Vorsitzenden Rothaug, gehandelt und die antisemitischen Ziele nicht selbst gebilligt hätten, nicht zu folgen. Vielmehr hielt er es für naheliegend, dass die Beisitzer den «Schauprozess» mitgetragen hatten, da ihnen bei einer derartig dünnen Beweisdecke und einer so offensichtlich konstruierten rechtlichen Argumentation nicht verborgen geblieben sein konnte, dass es sich allein um eine Maßnahme zur Tötung Katzenbergers handelte.

Tatsächlich hatte das Urteil seinerzeit in höchsten Juristenkreisen Verwunderung ausgelöst. Selbst Roland Freisler hatte es zwar für vertretbar, aber auch für «kühn» gehalten.[106] Außerdem hatten die Beisitzer nach Auffassung des BGH aus beruflichem Ehrgeiz gehandelt – was ebenfalls als niedriger Beweggrund im Sinne des § 211 StGB angesehen werden konnte, da sie die eigene Karriere über das Leben eines anderen Menschen gestellt hatten. Am Ende wurde das Verfahren gegen Ferber vom Landgericht aus Gesundheitsgründen eingestellt, so dass der neuerliche Prozess nur gegen Hoffmann eröffnet wurde.[107] Die Prüfung, ob Mordmerkmale in Betracht kämen, wurde aber auch in diesem Fall nicht abgeschlossen. Das Verfahren wurde 1976 ebenfalls, aus denselben Gründen, eingestellt.[108] Somit war man hier im Vergleich zu anderen Verfahren gegen NS-Richter immerhin zu einer Verurteilung in erster Instanz gelangt. Nach der Revision, die eigentlich zu einer härteren Strafe führen sollte, hatten aber wieder die nicht unüblichen Mechanismen der Verzögerung und schließlich der Verfahrenseinstellung gegriffen.

Aussage Walter Roemer

Einer der Zeugen, die im Juristenprozess aussagten, war Walter Roemer. Er war vom 1. Juli 1934 bis 1945 Staatsanwalt am Landgericht München I und einer der Vollstreckungsstaatsanwälte im Gefängnis Stadelheim gewesen. Er wird uns später als Abteilungsleiter im BMJ wieder begegnen. Vor dem NMT wurde er insbesondere deshalb als Zeuge vernommen, weil er einem Oberst der U.S. Army und der amerikanischen Militärregierung in Bayern Dokumente übergeben hatte, bei denen es sich um Abschiedsbriefe von hingerichteten Gefangenen handelte, die den Verwandten vorenthalten worden waren. Im Wesentlichen ging es dabei um «NN-Gefangene», also um Gefangene, die auf Grund des Nacht-und Nebel-Erlasses inhaftiert worden waren. Diese Personen sollten «verschwinden», und die Angehörigen sollten im Ungewissen darüber gelassen werden, was mit ihnen geschehen war. Abschiedsbriefe zu schreiben, war diesen Gefangenen nicht gestattet. Sollten doch solche Briefe gefunden werden, waren sie von den Justizbehörden einzukassieren und zu vernichten.

Die Befragung Roemers bezog sich zunächst auf den Angeklagten Oberreichsanwalt Ernst Lautz.[109] Neben Freisler war Lautz einer der Vorzeigejuristen des Dritten Reiches gewesen. Geboren 1887 in Wiesbaden, hatte er seit dem 1. Juli 1939 bis zum Ende als Oberreichsanwalt am Volksgerichtshof amtiert und in dieser Position unter anderem die Anklage im Verfahren gegen die Attentäter des 20. Juli 1944 vertreten. In Nürnberg wurde er jetzt zu zehn Jahren Haft verurteilt, aber am 1. Februar 1951 vorzeitig aus Landsberg entlassen. Auch er erhielt im Übrigen eine Pension als Oberreichsanwalt a. D., bis diese 1961 in eine «Gnadenpension» von 600 DM umgewandelt wurde. Er starb 1977 in Lübeck.

Roemer berichtete nun als Zeuge darüber, wie der Oberreichsanwalt verfügt hatte, dass die Urteile des Volksgerichtshofs zügig vollstreckt werden müssten. In der Regel hatte er auch gleich ein Schreiben des Reichsjustizministers beigefügt, dass eine Begnadigung abgelehnt worden sei. Befragt zu den Urteilen des Volksgerichtshofs, erklärte Roemer, er habe alle Urteile gelesen. Diese seien seiner Ansicht nach nicht völkerrechtswidrig gewesen, auch wenn er zugab, sich nicht besonders gut im Völkerrecht auszukennen. Auf die Frage, ob er es nicht seltsam gefunden habe, dass die Angeklagten keine Verteidiger gehabt hätten, antwortete er, dass dies in jedem Verfahren begründet worden sei. Und dass in den Verfahren damals keine Zeugen gehört worden seien, fand er erst im Nachhinein ungewöhnlich. Damals sei ihm dies nicht aufgefallen, sonst hätte er seinen Vorgesetzten informiert. Einen Anlass, an den Urteilen zu zweifeln, habe er schon deshalb nicht gehabt, weil die Verurteilten in den Abschiedsbriefen ihre Taten nicht bereuten, auch wenn sie sich als unschuldig im Sinne des Gesetzes gesehen hätten. Allenfalls wären die Urteile in Einzelfällen gegen Partisanen und Saboteure, die wegen kleinerer Vergehen angeklagt worden waren, zu hart gewesen. Darüber zu entscheiden, sei aber Sache des Richters gewesen.[110]

Später sagte Roemer noch ergänzend zu seiner eigenen Person aus, dass er als Vollstreckungsstaatsanwalt in Stadelheim durch Verzögerungen erreicht habe, dass über 130 Gefangene gerettet worden seien. Er habe sich dazu heimlich mit Wilhelm von Ammon getroffen, der im Juristenprozess ebenfalls zu den Angeklagten gehörte. Ammon hatte als Ministerialrat unter dem in Nürnberg gleichfalls angeklagten Ministerialdirektor Wolfgang von Mettgenberg in der «Nacht- und Nebel-Gruppe» des RJM gearbeitet und war dort für die Durchführung des NN-Erlasses zuständig gewesen. Ammon hatte Minister Thierack und Staatssekretär Herbert Klemm über viele Hunderte von Todesurteilen berichtet, die von ihm bereits als «glatt» oder «zweifelhaft» eingestuft waren, und damit offenbar – im Sinne Roemers – oftmals Verzögerungen bei der Hinrichtung erreicht, die sich als lebensrettend erwiesen.[111] Er habe sich, so Roemer, in den Gesprächen mit Ammon auch dafür stark gemacht, belgische und französische Partisanen gegen «Werwolf»-Partisanen auszutauschen, um Hinrichtungen zu vermeiden.[112]

Diese Aussagen Roemers im Juristenprozess mögen dazu beigetragen haben, dass er selbst einer strafrechtlichen Verfolgung entging, obwohl er in der Terrorjustiz des NS-Regimes eine tragende Rolle gespielt hatte. Seine eigentliche Karriere begann allerdings erst nach Kriegsende – zunächst unter dem Dach des Bayerischen Staatsministeriums der Justiz und dann als Ministerialdirektor und Abteilungsleiter IV (Öffentliches Recht) im BMJ, wo er schließlich zu einem der einflussreichsten Ministerialbürokraten im Justizressort überhaupt avancierte.

Rezeption in der Bundesrepublik

In der Bundesrepublik blieb der Nürnberger Juristenprozess in den Jahren nach 1947 weitgehend unbeachtet. Die Ergebnisse wurden nicht verschwiegen. Aber halbherzige Versuche der Besatzungsmächte, den deutschen Text des Urteils, wenigstens in seinem allgemeinen Teil, einem größeren Kreis der Bevölkerung zu vermitteln, zeigten wenig Wirkung. Zu einer näheren Beschäftigung und ernsthaften Auseinandersetzung mit dem Prozess kam es erst nach 1996, als die damalige Justizsenatorin in Berlin, Lore Maria Peschel-Gutzeit, den Urteilstext veröffentlichte.[113]

Nicht zuletzt die bundesrepublikanische Strafverfolgung stellte sich hinsichtlich des Juristenurteils blind. Erleichtert wurde ihr das Wegsehen durch den Umgang mit dem von den Alliierten erlassenen Kontrollratsgesetz Nr. 10 vom 20. Dezember 1945, das in den Jahren der Besatzungsherrschaft und formal auch danach die Rechtsgrundlage für Prozesse gegen Personen bildete, die wegen Kriegsverbrechen, Verbrechen gegen den Frieden oder Verbrechen gegen die Menschlichkeit angeklagt wurden. Das Gesetz wurde zwar faktisch bereits seit 1951 nicht mehr angewendet. Aber es bot zwei Vorteile: Zum einen ließ sich mit der Diffamierung des Gesetzes als «schändliches Besatzungsrecht» das Thema, um das es dabei ging, kleinreden. Zum anderen konnte man mit dem Verweis auf das Gesetz und die angebliche Zuständigkeit der Alliierten die eigene Untätigkeit bequem verschleiern. So wurde das KRG 10 für die Bundesrepublik erst nach der Wiedererlangung der Souveränität mit Inkrafttreten der Pariser Verträge vom 23. Oktober 1954 durch Artikel 2 des Gesetzes Nr. A-37 der Alliierten Hohen Kommission vom 5. Mai 1955 geändert und anschließend durch das Erste Gesetz zur Aufhebung des Besatzungsrechts vom 30. Mai 1956 endgültig aufgehoben.[114]

Zwar hätte schon 1949 die Möglichkeit bestanden, die darin enthaltenen völkerrechtlichen Tatbestände als Sondergesetze zu übernehmen. Doch man entschied sich dagegen – offenbar weil deutsche Gerichte sich schon vorher schwer getan hatten, die neuen Rechtsgrundsätze, die im KRG 10 enthalten waren, anzuwenden. Dies galt besonders für Konflikte mit dem Prinzip des in Artikel 103 GG enthaltenen Rückwirkungsverbots (*nulla poena sine lege*) und für die Rechtskontinuität, die in der deutschen Rechtsgeschichte stets eine wichtige Rolle gespielt hatte. Man nahm damit – offenbar vielfach nicht ungern – in Kauf, wie Peter Reichel richtig bemerkt hat, dass «viele Täter nur wegen Beihilfe verurteilt und manche Vergehen gar nicht geahndet werden konnten.»[115]

Die Verantwortung von Juristen für den unter der Robe verborgenen Dolch des Mörders wurde somit nach 1949 nicht mehr nach dem KRG 10, sondern nur noch nach dem deutschen Strafgesetzbuch und damit nur anhand des Tatbestandes der möglichen Rechtsbeugung verfolgt. Dazu entwickelte der Bundesgerichtshof allerdings die stark subjektive Lesart, dass ein Richter nur dann wegen Rechtsbeugung belangt werden kann, wenn er auch positiv weiß, dass er sich gegen geltendes Recht wendet. Glaubt der Richter hingegen, sich an Recht und Gesetz zu halten, macht er sich nicht schuldig. In der Konsequenz wurde folgerichtig kein einziger Richter wegen seiner Tätigkeit in der NS-Zeit rechtskräftig verurteilt und – soweit ersichtlich – nur ein einziger Staatsanwalt. Besonders dramatisch zeigte sich diese Rechtsprechung im Fall des ehemaligen Richters am Volksgerichtshof, Hans-Joachim Rehse, und in den schon in der Einleitung genannten Fällen des SS-Richters Otto Thorbeck und des SS-Standartenführers Walter Huppenkothen, die am 18. April 1945 als Richter bzw. Ankläger im SS-Standgerichtsverfahren gegen Dietrich Bonhoeffer, Admiral Canaris, Hans von Dohnanyi und andere im KZ Flossenbürg fungierten. Am Ende wurde lediglich Huppenkothen wegen eines Formfehlers zu zwei Jahren Haft verurteilt, weil er, wie es 1956 im Urteil des BGH gegen ihn hieß, die Todesurteile noch vom Gerichtsherrn hätte bestätigen lassen müssen. Damit wurde das SS-Standgericht vom Bundesgerichtshof in einem unerträglichen Urteil noch nachträglich als rechtsförmiges Verfahren anerkannt. Nicht zufällig blieb das Urteil daher lange Zeit unveröffentlicht und führte erst 2004 zu einer öffentlichen Entschuldigung durch den damaligen Präsidenten des Bundesgerichtshofs, Günter Hirsch.[116]

Rezeption in der DDR

Anders verhielt es sich mit der Rezeption des Nürnberger Juristenprozesses in der DDR.[117] Hier wurde das Urteil propagandistisch verwertet, obwohl es sich beim NMT um einen Prozess unter der Verantwortung des amerikanischen Klassenfeindes handelte. Doch der Prozess passte zu den von der DDR geführten Angriffen auf die deutschen «Blutjuristen», die, so der Vorwurf, in der westdeutschen und bundesrepublikanischen Justiz und auch in den Bonner Ministerien nach 1949 wieder tätig seien. So erklärte zum Beispiel Peter Alfons Steiniger, ein kommunistischer Rechtsanwalt jüdischer Abstammung aus Berlin, der zahlreiche Verwandte in Auschwitz verloren hatte, in der Einleitung zu einem von ihm 1969 mitherausgegebenen Buch, das Urteil im Juristenprozess sei noch viel zu milde ausgefallen.[118] Schließlich beruhe das Besatzungsrecht nicht auf dem von «den Völker[n] gestürzten imperialistischen Völkerrecht», sondern auf den Rechten der Aggressionsopfer. Somit sei die moralische Chance der Entnazifizierung von den USA vertan worden, die zudem die Entstehung eines «imperialistischen Separatstaates» – der Bundesrepublik Deutschland – geduldet und gefördert hätten. Zur Bundesrepublik selbst bemerkte Steiniger: «Auch auf dem Gebiet der Justiz hat dieser Staat die Entnazifizierung nach Kräften hintertrieben, eine rasche Begnadigung und Wiederindienstnahme abgeurteilter Kriegsverbrecher herbeigeführt und ist dabei, durch eine perfekte Notstandsverfassung dem Urteil des Nürnberger Militärgerichts im Juristenprozess geradezu ins Gesicht zu schlagen.»[119] Gemeint war die Vorbereitung der Notstandsgesetzgebung durch die Große Koalition aus CDU/CSU und SPD, die am 30. Mai 1968 zu einer Grundgesetzänderung und zur Einfügung einer Notstandsverfassung zur Sicherung der Handlungsfähigkeit des Staates in Krisensituationen, etwa bei Naturkatastrophen oder im Kriegsfall, führte.

Steiniger unterstützte auch die Vorstellung, dass die angeklagten Juristen Teil der Verschwörung zur Begehung von Kriegsverbrechen und Verbrechen gegen die Menschlichkeit gewesen seien. Die Tatsache, dass das IMT dies nur für den Angriffskrieg anerkannt habe, sei ein Fehler gewesen, denn, so Steiniger, durch «Verwendung der geläufigen Teilnahmeformen» hätten «die Strafgerichte der Spezifik dieses kriminellen Phänomens nicht gerecht werden» können. Dies habe sich besonders deutlich beim Nacht- und Nebel-Erlass und dem dabei zu beobachtenden perfiden Zusammenwirken zwischen dem Oberkommando der Wehrmacht, dem Reichsjustizministerium und der Gestapo gezeigt. Die Angeklagten im Nürnberger Juristenprozess seien deshalb «nicht Opfer einer persönlichen Entgleisung ihres Rechtsbewusstseins» gewesen und «nicht durch eine unglückliche Verkettung von Umständen vom Pfade der bürgerlichen Gesetzlichkeit abgekommen». Sie hätten vielmehr «planmäßig» das Verfassungs- und Völkerrecht «im Dienste des Staates der aggressiven Monopole» missachtet und «den Verbrechern ihren Arm» geliehen. Dem NMT hingegen habe der Mut gefehlt, drakonische Strafen, wie sie in der NS-Justiz die Norm gewesen seien, zu kriminalisieren. Eine solche «richterliche Milde» des NMT sei unvertretbar.[120]

Für die weitere Entwicklung der strafrechtlichen Verfolgung von NS-Verbrechen durch die westdeutsche Justiz hatte Steiniger danach nur noch Hohn und Spott übrig. Lediglich die Anwendung des Kontrollratsgesetzes Nr. 10 mit dem Tatbestand der Verbrechen gegen die Menschlichkeit hätte seiner Meinung nach etwas ändern können. So seien die Bemühungen der West-Berliner Justiz, den früheren Kammergerichtsrat und Richter am Volksgerichtshof Rehse seiner gerechten Strafe zuzuführen, durch die Tatsache, dass der Bundesgerichtshof sein Verhalten allein am Tatbestand der Rechtsbeugung gemessen habe, ad absurdum geführt worden. Damit habe der BGH im Nachhinein auch Freisler freigesprochen. Steiniger glaubte daher, Ende der 1960er Jahre in der Bundesrepublik eine Entwicklung hin zu einem neuerlichen faschistischen Staat zu erkennen: Die Verabschiedung der Notstandsverfassung, das bestehende «Gesinnungsstrafrecht», die außenpolitische «Alleinvertretungsanmaßung» und die «revanchistische Erpressung der DDR» seien nichts anderes als neuerliche Aggressionsvorbereitungen, denen das Juristenurteil von Nürnberg 1947 – bei allem Ungenügen – immerhin eine klare Absage erteilt habe.[121]

Fazit

Tatsächlich fällt das Urteil über den Juristenprozess aus heutiger Sicht zwiespältig aus: Einerseits wurde damit die historische Chance genutzt, das Handeln der Juristen am Ergebnis zu messen. Die systematische Diskriminierung durch Gesetze und Rechtsprechung als Verbrechen gegen die Menschlichkeit zu verurteilen, war die richtige Antwort des internationalen Rechts auf das Unrecht, das die NS-Justiz zu vertreten hatte. Auf der anderen Seite wurde aber der Justizterror, der sich in einem überbordenden Staatsschutzstrafrecht und drakonischen Strafen gezeigt hatte, nicht *per se* als verbrecherisch angesehen. Damit gab man den Juristen Argumente für die eigene Exkulpation an die Hand, die diese dankbar aufnahmen. Somit bleibt zu fragen, ob bzw. inwieweit vor allem im Bereich des politischen Strafrechts und der Notstandsverfassung der Bundesrepublik auch im Bundesministerium der Justiz nach 1949 von früheren NS-Juristen zu ähnlichen Mitteln gegriffen wurde wie vor 1945. Der Juristenprozess ist deshalb zur Bewertung juristischer Tätigkeit durchaus tauglich, da er verbrecherisches Handeln identifiziert – womit Taten unterhalb dieses Maßstabs allerdings noch keineswegs als gerechtfertigt anzusehen sind.

3. Das Problem der Entnazifizierung

Der Nürnberger Juristenprozess 1947 war nur ein kleiner, wenn auch bedeutender Teil des sehr viel umfassenderen Versuchs, die deutsche Gesellschaft vom Geist und Wirken des Nationalsozialismus zu befreien. Auf der Potsdamer Konferenz 1945 hatten die Siegermächte dazu einen Katalog von Maßnahmen beschlossen, der nicht nur die vollständige Entwaffnung und Entmilitarisierung Deutschlands sowie die Auflösung der NSDAP und der von ihr kontrollierten Organisationen vorsah, sondern auch die Aufhebung nationalsozialistischer Gesetze sowie die Entfernung aller Personen aus öffentlichen und halböffentlichen Ämtern, die «mehr als nominell» die NSDAP unterstützt hatten oder «den alliierten Zielen feindlich» gegenüberstanden.[122] Der Alliierte Kontrollrat spezifizierte diese Forderung ein Dreivierteljahr später mit seiner Direktive Nr. 24 vom 12. Januar 1946, wonach ein genau abgegrenzter Personenkreis zu entlassen war. Im öffentlichen Bereich betraf dies jeden, der nicht nur «gewöhnliche Arbeit» in untergeordneter Position verrichtet hatte. Einbezogen waren aber auch privatwirtschaftliche Unternehmen, Verlage, die Presse, der gesamte Erziehungsbereich und sogar Religionsgemeinschaften.[123]

Entnazifizierung: Eine amerikanische Erfindung?

Der Begriff *denazification* war bereits 1943 im amerikanischen War Department geprägt worden, als man dort im Rahmen der «Operation Rankin» begonnen hatte, Pläne für den Fall eines militärischen Zusammenbruchs Deutschlands auszuarbeiten.[124] Im April 1944, als die Landung der Alliierten in der Normandie näher rückte, verabschiedeten die Vereinigten Stabschefs der USA und Großbritanniens ihre Direktive CCS 551 («Directive for Military Government in Germany Prior to Defeat or Surrender»[125]), die eine politisch aktive Militärregierung vorsah, um Nationalsozialisten aus ihren Ämtern zu entfernen, NS-Gesetze aufzuheben, Kriegsverbrecher zu verhaften und abzuurteilen sowie die deutsche Wirtschaft zu kontrollieren.[126] Nach der Invasion wurden diese Pläne im Juli 1944 unter den Decknamen «Talisman» und «Eclipse» weiter präzisiert und sahen nun auch Operationen des Counter Intelligence Corps (CIC) der U. S. Army vor, mit denen gezielt nach führenden Repräsentanten des NS-Regimes und Kriegsverbrechern gefahndet werden sollte. In den Dokumenten des State Department findet sich im gleichen Monat ein von George F. Kennan verfasstes Telegramm aus der amerikanischen Botschaft in Moskau an Außenminister Cordell Hull, in dem bereits von einem «Prozess der Entnazifizierung» unter den deutschen Kriegsgefangenen in der Sowjetunion die Rede ist.[127] Die inzwischen mehrfach modifizierte Direktive CCS 551 wurde im November 1944 vom Supreme Headquarters Allied Expeditionary Forces (SHAEF) unter General Dwight D. Eisenhower offiziell übernommen und bildete danach in Gestalt des «Handbook for Military Government in Germany»[128] bis zur Kapitulation der Wehrmacht die Richtlinie für das Verhalten der Militärregierung unter dem Dach von SHAEF. Als «vorrangige Ziele der Militärregierung» wurden darin die Festnahme von Kriegsverbrechern und die «Eliminierung des Nazismus, Faschismus und deutschen Militarismus sowie der Nazi-Hierarchie und ihrer Kollaborateure» genannt. Außerdem wurde bereits in der Einleitung unmissverständlich erklärt, Deutschland sei «als ein besiegtes Land und nicht als ein befreites Land» zu behandeln. «Unter keinen Umständen» sollten «aktive Nazis oder glühende Sympathisanten» aus Gründen administrativer Bequemlichkeit oder Zweckmäßigkeit im Amt gehalten werden. Verwaltungseinrichtungen aufgelöster Organisationen, die für die Aufrechterhaltung essentieller öffentlicher Funktionen, etwa im Gesundheitswesen, notwendig waren, sollten nur noch mit «Nicht-Nazis» betrieben werden.[129]

Diese Formulierungen stellten im Vergleich zu vorhergehenden Entwürfen der CCS 551 eine deutliche Verschärfung dar. Tatsächlich hatte Präsident Franklin D. Roosevelt, nicht zuletzt unter dem Einfluss seines Finanzministers Henry Morgenthau, den ersten Entwurf des «Handbook» vom August 1944 mit der Bemerkung verworfen, zu viele Menschen in den USA und in England wären «der Meinung, dass das deutsche Volk als Ganzes nicht verantwortlich sei für das, was geschehen ist – dass nur ein paar Nazis verantwortlich wären. Das ist durch die Tatsachen leider nicht gedeckt. Es muss dem deutschen Volk klargemacht werden, dass die ganze Nation sich an einer gesetzlosen Verschwörung gegen die Anstandsformen der modernen Zivilisation beteiligt hat.»[130] Allerdings gelang es Morgenthau nicht, seinen eigenen Plan unter dem Titel «Suggested Post-Surrender Program for Germany», den er von Januar bis September 1944 im Finanzministerium hatte ausarbeiten lassen, in der amerikanischen Regierung und gegenüber den Briten durchzusetzen. Zwar konnte er Roosevelt und Premierminister Churchill auf einer Konferenz in Quebec am 16. September 1944 überreden, ihn zu unterzeichnen.[131] Aber als die Existenz des «Hass-Plans» schon wenig später, vermutlich durch eine gezielte Indiskretion aus dem State Department, in die Presse gelangte, in der auch von «heftigen Einwänden» Außenminister Hulls und Verteidigungsminister Stimsons berichtet wurde, sah sich Präsident Roosevelt zu einem Dementi gezwungen.[132] Der Plan war danach vom Tisch. Dennoch beeinflusste die Diskussion darüber die Formulierung der amerikanischen Nachkriegspolitik. Sie fand ihren Niederschlag sowohl in der Neufassung des «Handbook» vom Dezember 1944 als auch in der Direktive JCS 1067 der Joint Chiefs of Staff vom April 1945[133], die als direkte Handlungsanleitung für das Verhalten der amerikanischen Besatzungstruppen in Deutschland zu verstehen war und bis Juli 1947 in Kraft blieb, ehe sie durch die für Deutschland mildere Direktive JCS 1779[134] ersetzt wurde.

Zudem konnte Morgenthau eigene Mitarbeiter in der Militärregierung in Deutschland platzieren, die General Eisenhower sich aus dem Finanzministerium «ausgeliehen» hatte.[135] Diese «Morgenthau boys», wie man sie im Office of Military Government for Germany (OMGUS) nannte, sorgten dafür, dass die Bestimmungen von JCS 1067 so strikt wie möglich ausgelegt und angewandt wurden. Allerdings zeigt das Beispiel von Bernard Bernstein, der aus Morgenthaus Finanzministerium kam, Eisenhower seit 1942 als Financial Adviser for Civil Affairs and Military Government gedient hatte und seine Position im Mai 1945 räumen musste, dass der Richtungskampf von Morgenthau letztlich nicht zu gewinnen war.[136] Vor allem der mächtige stellvertretende amerikanische Militärgouverneur Lucius D. Clay zählte zu seinen Kritikern. Welche Stimmung damals im Umfeld von Clay herrschte, lässt eine Bemerkung seines Chefberaters Lewis Douglas erahnen, der später erklärte, die Direktive JCS 1067 sei von «ökonomischen Idioten» zusammengebastelt worden; es habe doch schließlich keinen Sinn ergeben, «den fähigsten Arbeitern Europas zu verbieten, soviel wie möglich zu produzieren, wenn doch auf diesem Kontinent ein verzweifelter Mangel an allem» herrschte.[137]

Der Konflikt zwischen harter Bestrafung und der Wiederherstellung einer funktionsfähigen Ordnung betraf aber nicht nur die Wirtschaft. Auch sonst erwies sich die «Entnazifizierung» als schwierige bürokratische Prozedur, die schon bald an ihren eigenen Ansprüchen zu scheitern drohte. Da sie nicht nur die Elite, sondern das gesamte Volk auf ihre nationalsozialistische Belastung hin zu durchleuchten suchte, war die Aufgabe schlicht gigantisch: Etwa 8,5 Millionen Deutsche, rund 10 Prozent der Bevölkerung, waren Mitglieder der NSDAP gewesen. Sehr viel mehr noch hatten Organisationen angehört, die von der NSDAP kontrolliert wurden. Die Deutsche Arbeitsfront hatte 25 Millionen gezählt, die nationalsozialistische Volkswohlfahrt 17 Millionen. Schätzungen zufolge waren insgesamt mehr als 45 Millionen Deutsche organisatorisch mit der NSDAP unmittelbar verbunden gewesen.[138]

Darüber hinaus hatten sich Hitler und die Nationalsozialisten bis zum Ende ihres Regimes der Unterstützung ihrer Herrschaft durch die weit überwiegende Mehrheit der Deutschen sicher sein können. Widerstand hatte es nur im Ausnahmefall gegeben. Selbst jene Deutschen, die keine direkten Verbindungen zu NS-Organisationen aufwiesen, waren also von ihrem «Mittun» und damit ihrer Mittäterschaft und Mitverantwortung für die nationalsozialistischen Verbrechen nicht freizusprechen. Aber sie zeigten kaum Einsicht, geschweige denn Reue, wie der amerikanische Diplomat Robert Murphy, seit 1944 oberster politischer Berater bei SHAEF, seinem Außenminister Hull am 1. Mai 1945 telegrafisch berichtete: Die Deutschen seien «äußerst reuelos und von unbegreiflicher Ignoranz gegenüber den Taten ihrer Führer und dem Hass, mit dem die Deutschen in Europa betrachtet» würden. Nur wenige gäben zu, von den Konzentrationslagern und den SS-Gräueltaten gewusst zu haben, und lehnten jede eigene Verantwortung dafür ab. Das einzige Verbrechen, das Deutschland in ihren Augen begangen habe, so Murphy, bestehe darin, den Krieg verloren zu haben.[139]

Vor diesem Hintergrund durfte die Entnazifizierung nach amerikanischer Auffassung nicht auf einen kleinen Kreis beschränkt bleiben, sondern musste letztlich die gesamte deutsche Gesellschaft auf ihre Verstrickung im nationalsozialistischen Regime durchleuchten.[140] Dabei wurde in mehreren Stufen verfahren: In den ersten Wochen der Besatzung tauschte man nur die Bürgermeister, Landräte und Regierungspräsidenten aus, während alle anderen Beschäftigten des öffentlichen Dienstes noch auf ihren Posten blieben, um die Verwaltung des Landes zu sichern. Die Auswahl des neuen Personals erfolgte oft zufällig, doch verfügte die amerikanische Civil Affairs Division auch über «weiße» Listen, auf denen vertrauenswürdige Personen verzeichnet waren, so dass diese gezielt angesprochen und eingesetzt werden konnten. Außerdem gab es «schwarze» Listen mit Namen belasteter Personen, die im Rahmen eines automatischen Arrestverfahrens (*automatic arrest*) festzunehmen waren: Angehörige der SS, des SD und der NSDAP bis hinunter zu den Amts- und

Propagandaleitern der Ortsgruppen sowie alle leitenden Beamten der Verwaltung. Bis August 1945 wurden so allein in der amerikanischen Zone etwa 80 000 Personen im Rahmen des *automatic arrest* verhaftet und weitere 70 000 als NS-Aktivisten aus ihren Stellungen entlassen.[141]

Der Fragebogen

Am 7. Juli 1945 erließ die amerikanische Militärregierung zudem eine Direktive, wonach auf der Grundlage eines «Fragebogens» mit 131 Fragen, der von allen Erwachsenen über 18 Jahren auszufüllen war, das Ausmaß von Schuld und Verantwortung detailliert, auf den Einzelfall bezogen und damit möglichst gerecht geklärt werden sollte.[142] Als nach acht Monaten eine Zwischenbilanz gezogen wurde, waren von den bis dahin 1,39 Millionen eingegangenen Fragebögen aus der amerikanischen Zone zwar 1,26 Millionen ausgewertet, aber das war nur ein Bruchteil der Bögen, die noch erwartet wurden.[143] Schließlich lebten damals allein in der US-Zone etwa 17,3 Millionen Menschen, in den drei Westzonen insgesamt 47,8 Millionen, von denen 40,7 Millionen über 18 Jahre alt und daher theoretisch verpflichtet waren, einen Fragebogen auszufüllen.[144] General Eisenhower schätzte die Zeit, die benötigt werden würde, um «die Nazis umzuerziehen» und den Entnazifizierungsprozess abzuschließen, daher bereits im Oktober 1945 auf mindestens fünfzig Jahre.[145] Im März 1946, als man die erste Zwischenbilanz zog, schien diese pessimistische Vorhersage nicht mehr übertrieben.

Zwar hatte die amerikanische Armee bei ihrem Vormarsch in einer Münchner Papierfabrik zufällig die Zentralkartei der NSDAP mit 10,7 Millionen Namen entdeckt, so dass die zur Auswertung der Fragebögen gebildete «Special Branch» der OMGUS-Behörde über umfangreiche persönliche Daten verfügte, die es ihr ermöglichten, systematisch Funktionäre und Anhänger des NS-Regimes herauszufiltern. Dennoch blieb die Auswertung eine komplizierte und zeitraubende Angelegenheit. Zum anderen war mit der Einführung der Fragebogen-Praxis die Gruppe der Entlassungspflichtigen anhand von 125 Einzelmerkmalen stark ausgeweitet worden. So führte bereits die Auswertung der ersten 783 045 Bögen in der amerikanischen Zone bis Ende November 1945 zu 163 887 Entlassungen und weiteren 59 699 Entlassungsempfehlungen.[146] Bis Ende März 1946 belief sich die Gesamtzahl der Entlassungen in der amerikanischen Zone auf 139 996 Beschäftigte des öffentlichen Dienstes und 68 568 Beschäftigte in Handel, Gewerbe und Industrie. Hinzu kamen 50 464 Bewerber für den öffentlichen Dienst und 22 888 Bewerber in der Wirtschaft, denen nach der Rückkehr aus Kriegsdienst und Gefangenschaft aus politischen Gründen die Anstellung oder Wiederanstellung verwehrt wurde. 336 892 Personen waren demnach bis zum Frühjahr 1946 in der amerikanischen Zone direkt von der Entnazifizierung betroffen.[147]

Die Einführung des Fragebogens hatte sich damit zu einem bürokratischen, aber auch zu einem institutionellen und ökonomischen Alptraum entwickelt. Allein im öffentlichen Dienst war nahezu ein Drittel der Mitarbeiter entlassen worden, so dass die öffentliche Verwaltung praktisch vor dem Zusammenbruch stand. Ähnliches galt für weite Bereiche von Handel, Gewerbe und Industrie, nachdem die Fragebogen-Praxis durch das Gesetz Nr. 8 der amerikanischen Militärregierung vom 26. September 1945 auf alle Bereiche der Wirtschaft ausgedehnt worden war. Bereits im Frühjahr 1946 sah die amerikanische Militärregierung deshalb keinen anderen Ausweg mehr, als die Durchführung der Entnazifizierung – einschließlich der Verwaltung der Internierungslager – auf deutsche Stellen zu übertragen.[148] Dies erschien umso notwendiger, als der amerikanische Kongress inzwischen die Finanzmittel für OMGUS drastisch gekürzt hatte und das Personal der Militärverwaltung daher bereits stark zusammengeschmolzen war.

Das Instrument der Spruchkammern

Mit dem «Gesetz zur Befreiung von Nationalsozialismus und Militarismus», das am 5. März 1946 von den Ministerpräsidenten der drei Länder der amerikanischen Zone im Münchener Rathaussaal unterzeichnet wurde, vollzogen die USA daher einen Schritt, der noch wenige Monate zuvor für undenkbar gehalten worden wäre: Sie überließen die Durchführung der Entnazifizierung den Deutschen selbst, die nun mit eigenen Kräften über ihre Verstrickung in das NS-Regime befinden sollten. Zwar behielt sich die Militärregierung die Oberaufsicht vor. Doch in der Praxis war die Entnazifizierung jetzt eine deutsche Angelegenheit. Die amerikanischen Behörden hatten vor den unüberwindlichen Schwierigkeiten der Entnazifizierung kapituliert und suchten dieser Tatsache sogar noch etwas Positives abzugewinnen, indem sie ihren Rückzug als Test für die Demokratiefähigkeit der Deutschen priesen, wie die Militärregierung bei der Einführung des Gesetzes erklärte: «Sollte sich das Gesetz als ein Fehlschlag erweisen, so würde das bedeuten, dass das deutsche Volk noch nicht reif ist, die Scherben seiner politischen Vergangenheit selbst zu beseitigen.»[149]

Mitte 1947 trat das Befreiungsgesetz, wie es bald allgemein kurz genannt wurde, mit einigen Modifizierungen auch in den Ländern Baden, Rheinland-Pfalz und Württemberg-Hohenzollern in der französischen Zone in Kraft;

am 1. Oktober 1947 setzten die Briten mit der Verordnung Nr. 110 in ihrer Zone ein ähnliches Verfahren in Gang.[150] Eigene «Befreiungsministerien» bei den Länderregierungen waren nun für die Durchführung der Entnazifizierung verantwortlich. Allein für die Verfahren in der US-Zone wurden 545 Spruchkammern mit 22 000 Mitarbeitern eingerichtet, in der Hauptsache unbelastete oder minderbelastete Juristen unter dem Vorsitz ehrenamtlicher Richter, die bis zum Ende der Entnazifizierung im Februar 1950 rund 900 000 Fälle bearbeiteten. Grundlage der Überprüfung war wiederum der Fragebogen mit den bekannten 131 Fragen, den jeder Deutsche, der älter als 18 Jahre war, auszufüllen hatte. Von der Beantwortung und Überprüfung hing wesentlich die Einstufung als Hauptschuldige, Belastete, Minderbelastete, Mitläufer oder Entlastete ab. Die Spruchkammern konnten Sühnemaßnahmen vielfältiger Art verhängen. Diese reichten von der Verpflichtung, Beiträge in Wiedergutmachungsfonds zu entrichten, über Arbeitsbeschränkungen und die Einziehung des Vermögens bis hin zur Einweisung in ein Arbeitslager.[151] Anknüpfungspunkt all dieser Sühnemaßnahmen war die irgendwie geartete Unterstützung der nationalsozialistischen Gewaltherrschaft, nicht eine gegebenenfalls gleichzeitig begangene Straftat. Demgemäß stellte die Verhängung solcher Sühnemaßnahmen auch keine Bestrafung im engeren Sinne dar. Durch sie war die Justiz also nicht gehindert, aufgrund begangener Taten Strafverfahren einzuleiten und die Täter, etwa wegen Kriegsverbrechen, zu belangen.[152]

Aber die Ministerpräsidenten hatten vor Unterzeichnung des Befreiungsgesetzes in langwierigen Verhandlungen mit der amerikanischen Militärregierung nicht nur eine Herabsetzung des Strafmaßes beziehungsweise der Sühnemaßnahmen durchgesetzt, sondern auch das Zugeständnis erhalten, dass bei den künftigen Überprüfungen nicht die Formalbelastungskriterien der Direktive Nr. 24 des Alliierten Kontrollrats das entscheidende Kriterium darstellen sollten, sondern «ihre juristisch festgeschriebene Widerlegbarkeit und das freie richterliche Ermessen». Damit waren die Maßstäbe für die Anwendung des Gesetzes äußerst dehnbar geworden, und der Ausgang der Entnazifizierung war ins Belieben der von Deutschen besetzten Spruchkammern gestellt.[153] Diese entwickelten sich bald zu «Mitläuferfabriken», in denen es mehr um die Entlastung der eigenen Mitbürger als um die Feststellung des Ausmaßes ihrer Schuld am verbrecherischen NS-Regime ging.[154] Selbst wer zunächst in eine der oberen Kategorien als «belastet» eingestuft wurde, konnte in den anschließenden Berufungsverfahren damit rechnen, eine Einstufung in die Kategorie IV (Mitläufer) oder gar in die Kategorie V (Entlastete) zu erreichen.

Die britische und französische Entnazifizierungspraxis

Die britische Militärregierung orientierte sich in ihrer Entnazifizierungspolitik, zu der es eigene Überlegungen zunächst kaum gab, bis Januar 1946 weitgehend an den Bestimmungen der amerikanischen Militärverwaltung. Danach wurde auch für sie die Direktive Nr. 24 des Alliierten Kontrollrats zur verbindlichen Richtschnur. Allerdings gingen die Briten in der Umsetzung pragmatischer vor als die «Special Branch» des OMGUS – das heißt weniger «missionarisch». Zudem gab es unter der britischen Verwaltung, anders als in der amerikanischen Zone, keine Registrierungspflicht der gesamten Bevölkerung. Viele ehemalige Nationalsozialisten blieben daher unerkannt. Auch die Zahl der Entlassungen war deutlich niedriger als in der amerikanischen Zone. So wurden bis Ende 1945, nachdem rund eine halbe Million Fragebögen ausgewertet waren, nur für 43 288 Personen eine Entlassung zwingend angeordnet («compulsory removal»). Weiteren 41 486 Personen wurde nach einer Bewerbung die Neuanstellung versagt.[155] In der amerikanischen Zone lagen die entsprechenden Zahlen viermal höher, obwohl die britische Zone mit einer Bevölkerung von 22,3 Millionen deutlicher größer war als die amerikanische mit 17,3 Millionen.

Da es trotz der geringeren Zahl der von der Entnazifizierung Betroffenen auch in der britischen Zone zu empfindlichen Störungen des öffentlichen Lebens kam, wurden allerdings viele entlassene Personen bald wieder eingestellt, vor allem wenn es um lebenswichtige Bereiche ging. Letztlich besaß die Effizienz der öffentlichen Verwaltung für die Briten Vorrang vor der Entnazifizierung. Vieles erinnerte hier an die frühere Politik der «indirect rule» in den ehemaligen Kolonien. So wie man dort die einheimischen Eliten verwendet hatte, um riesige Territorien zu verwalten, für die britisches Personal nicht zur Verfügung stand, wurden nun auch die deutschen Länder-, Provinz- und Kreisverwaltungen als «verlängerter Arm» der Besatzungsbehörden genutzt.

Als schließlich im Februar 1947 auch in der britischen Zone deutsche Entnazifizierungsausschüsse mit ihrer Tätigkeit begannen, war das Ergebnis ebenfalls vorhersehbar. Von den über zwei Millionen Personen, die Gegenstand eines Verfahrens waren, gingen daraus 58,4 Prozent als unbelastet hervor, 10,9 Prozent als Mitläufer und 1,3 Prozent als minderbelastet. Gegen mehr als eine weitere halbe Million wurde ein Verfahren gar nicht erst eröffnet; sie galten demnach als «unbelastet». 87 668 Verfahren wurden ohne formelles Urteil eingestellt.[156] Für die Einstufung in die Kategorien «Hauptschuldige» und «Belastete» liegen für die britische Zone keine genauen Zahlen vor. Im bevölkerungsreichsten Land Nordrhein-Westfalen wurden aber offenbar nur 90 Personen in die Kategorien I und II eingestuft. Hierbei ist allerdings zu bedenken, dass man Mitglieder von im Nürnberger Hauptkriegsverbrecherprozess für verbrecherisch erklärter Organisationen (Korps der Politischen Leiter der NSDAP, SS, SD und Gestapo) nicht im Rahmen des allgemeinen Entnazifizierungsverfahrens, sondern im Zuge der strafrechtlichen Verfolgung der NS-Verbrechen erfasste.[157]

In der französischen Zone war der Unterschied zum amerikanischen Modell noch größer als im britischen Fall. Zwar wurden auch hier in den ersten Monaten viele Beamte und Angestellte entlassen. Schätzungen gehen davon aus, dass etwa ein Viertel des öffentlichen Dienstes betroffen war. Aber als danach eine geordnete Verwaltung nicht mehr aufrechtzuerhalten war, setzte man bereits im Oktober 1945 die automatischen Entlassungskriterien außer Kraft und beauftragte deutsche Ausschüsse mit der Durchführung der Entnazifizierung. Einzelfallprüfungen ersetzten zudem jeglichen Automatismus der Verfolgung und Bestrafung.[158] Dennoch zeigt eine Übersicht der französischen Militärverwaltung, die im November 1946 dem Alliierten Kontrollrat vorgelegt wurde, dass von den bis zum 30. Juni 1946 überprüften Personen entsprechend der Direktive Nr. 24 immerhin 34,6 Prozent ihren Beruf verloren.[159] Insgesamt erfolgte die Entnazifizierung in der französischen Zone aber wenig systematisch. Berichte sprechen außerdem davon, dass französische Behörden sich häufig «konziliant» zeigten, wenn Verwaltungsbeamte bereit waren, mit ihnen zu kooperieren und auch die separatistischen Tendenzen mitzutragen, von denen die französische Besatzungspolitik geprägt war.[160]

Die Spruchkammern, die in der amerikanischen Zone bereits 1946 eingerichtet worden waren, konnten in der französischen Zone erst im Herbst 1947 ihre Arbeit aufnehmen. Sie befassten sich aber nahezu ausschließlich mit der Berufung in bereits erledigten Fällen, anstatt neue Fälle aufzurollen oder unerledigte Fälle abzuarbeiten. Fast alle Verfahren endeten mit der Rehabilitierung der Betroffenen. So wurden bei 669 068 Fällen nur 13 Personen als Hauptschuldige und 938 als Belastete eingestuft (zusammen also 0,14 Prozent), aber 16 826 (2,5 Prozent) als Minderbelastete, 298 789 (44,7 Prozent) als Mitläufer und 3489 (0,5 Prozent) als Entlastete.[161] Nichts unterstreicht deutlicher als diese Zahlen, wie sehr das politische Interesse an der Entnazifizierung inzwischen geschwunden war.

Auch zonenübergreifend gab es letztlich nur 1,4 Prozent «Hauptschuldige» und «Belastete». Der Rest – 98,6 Prozent – galt als «entnazifiziert»: 54 Prozent waren «Mitläufer», in 34,6 Prozent der Fälle wurden die Verfahren eingestellt, und 0,6 Prozent wurden als NS-Gegner anerkannt.[162] Die Entnazifizierung, die von amerikanischer Seite wenige Jahre zuvor mit so großem Engagement begonnen worden war, hatte nicht zu einer politisch-ideologischen Säuberung der deutschen Gesellschaft oder gar zu deren moralischer Läuterung geführt, sondern ein administratives Chaos verursacht, den ökonomischen Wiederaufbau behindert und war am Ende gescheitert, ohne auch nur ihre Minimalziele zu erreichen. Spätestens im Frühjahr 1951 war das Kapitel Entnazifizierung in Westdeutschland endgültig abgeschlossen. In einigen Ländern wurde dies eigens per Gesetz geregelt, wie etwa in Schleswig-Holstein mit dem «Gesetz zur Beendigung der Entnazifizierung» vom 14. März 1951, dem alle Parteien des Kieler Landtages zustimmten.[163] Die deutsche Gesellschaft hatte sich eines schwierigen Problems vorläufig entledigt.

Die Politik des «Antifaschismus» in der SBZ

In der sowjetischen Besatzungszone wurde die Entnazifizierung bereits am 26. Februar 1948 mit dem SMAD-Befehl Nr. 35 für beendet erklärt. Unter dem Deckmantel der «Entnazifizierung» hatte man hier allerdings nicht nur ehemalige Nazis, sondern auch politische Regime-Gegner ausgeschaltet und eine umfassende gesellschaftliche Neuordnung eingeleitet: mit einer Reorganisation des Finanz-, Bank-, Sparkassen- und Versicherungswesens, der Bildung einer «Einheitsfront» antifaschistisch-demokratischer Parteien, einer völligen Umgestaltung des Kultur-, Volksbildungs- und Hochschulwesens nach sowjetischen Vorgaben, einer Bodenreform mit der entschädigungslosen Enteignung von Landbesitzern, die über mehr als 100 Hektar Fläche verfügten, sowie der Verstaatlichung der wichtigsten Industriezweige. Alle diese Maßnahmen, zu denen noch eine großangelegte Reparationspolitik mit umfangreichen Demontagen und der Aneignung von Vermögenswerten durch die sowjetische Besatzungsmacht, auch aus der laufenden Produktion, hinzukamen, wurden mit dem Verweis auf einen allgemein verstandenen «Antifaschismus» gerechtfertigt.[164]

Walter Ulbricht, der «starke Mann» der SBZ und Vertrauensmann der Sowjetunion, erklärte daher am 28. Februar 1946 zur Beendigung der Entnazifizierung: «Im Gegensatz zu gewissen ‹Politikern› in Westdeutschland sind wir der Meinung, dass nicht die Werktätigen und der Mittelstand die Träger des Faschismus waren, sondern die Konzern-, Bankherren und Großgrundbesitzer, die den Faschismus zur Macht brachten, um das eigene Volk und andere Völker besser ausbeuten und unterdrücken zu können.» Nun sei die von der SMAD verkündete «Auflösung der Entnazifizierungskommissionen in der Ostzone [...] möglich, weil die Säuberung der Verwaltung durchgeführt wurde, weil die Betriebe der Kriegsverbrecher mit oder ohne Naziparteibuch und die Banken in die Hände des Volkes übergegangen sind und der Boden der Großgrundbesitzer, die zu den Hauptkräften des Militarismus gehörten, den Bauern übereignet wurde.» Damit, so Ulbricht, seien «die wirtschaftlichen Machtstellungen der Träger des Faschismus beseitigt».[165]

Tatsächlich ist im Unterschied zu den westlichen Besatzungszonen festzustellen, dass zumindest die Behörden in der SBZ von ehemaligen NSDAP-Mitgliedern und NS-belasteten Personen relativ konsequent gesäubert wurden. Zwar waren von den 828 300 statistisch erfassten NSDAP-Mitgliedern in der SBZ im August 1947 nur noch 1,6 Prozent arbeitslos. Dies hing jedoch weniger mit der vorzeitigen Beendigung der Entnazifizierung als mit einem kriegsbedingten Mangel an Arbeitskräften zusammen, der den Wiederaufbau der Wirtschaft lähmte. Auch in der SBZ wurde daher die Rehabilitierung NS-belasteter Personen zunehmend pragmatisch gehandhabt. Allerdings blieb ihnen die Rückkehr in bestimmte Berufe, die politisch als sensibel galten, fast immer verwehrt. Dies galt für den Schuldienst und die innere Verwaltung ebenso wie für die Polizei und die Staatssicherheit. Hier wurden, soweit möglich, KPD- bzw. SED-Mitglieder bevorzugt, die politisch zuverlässig waren und die Gewähr boten, dass die Herrschaft der SED nicht in Frage gestellt wurde.[166]

Im Justizbereich gelang es allerdings zunächst nicht, die durch die Entlassung des weit überwiegenden Teils der Richter und Staatsanwälte freigewordenen Positionen durchgängig mit SED-Anhängern zu besetzen. Noch 1948 waren von den 911 amtierenden Richtern nicht weniger als 383 parteilos; 147 gehörten der Liberaldemokratischen Partei Deutschlands (LDPD) an und 117 der Ost-CDU. Nur 264 waren Mitglieder der SED. Auch von den 24 Landesgerichtspräsidenten waren immerhin je sechs Mitglieder der CDU und der LDPD. Von einer Dominanz der SED konnte also in der Justiz anfangs noch keine Rede sein.[167] Allerdings spielten auch NS-belastete Juristen keine Rolle mehr. Die meisten von ihnen waren, wenn sie ihre Justizkarriere fortsetzen wollten, bereits frühzeitig in die westlichen Besatzungszonen übergesiedelt, weil sie wussten, dass die sowjetische Besatzungsmacht ihnen keine Chance auf einen Neubeginn bieten würde. Vor allem in den von Großbritannien und Frankreich kontrollierten Gebieten waren ihre Aussichten sehr viel besser. Und als der Ost-West-Konflikt 1946/47 an Schärfe zunahm, wurde es für sie immer leichter, ihre nationalsozialistische Vergangenheit hinter einem antikommunistischen Image zu verbergen.

4. Die Landesjustizverwaltungen

Der bürokratische Aufwand, der betrieben worden war, um die NS-Belastung der Deutschen zu untersuchen, stand somit besonders im Westen Deutschlands in einem krassen Missverhältnis zum enttäuschenden Ergebnis. Der politische Wille, nicht nur die Verbrechen der NS-Diktatur aufzuklären, sondern auch die persönliche Verantwortung der zahllosen Mittäter offenzulegen, war schon wenige Monate nach Beginn der Entnazifizierung erlahmt und bald nicht mehr zu spüren. Der Kalte Krieg tat ein Übriges, den Ruf nach einer konsequenten Entnazifizierung verstummen zu lassen. Das ambitionierte Projekt eines moralischen Neuanfangs durch Offenlegung der individuellen Unterstützung des Systems und ihrer Ahndung war damit weitgehend misslungen. Doch galt dies auch für die Verfolgung der NS-Verbrechen mit den speziellen Mitteln des Strafrechts? Oder war neben der alliierten Militärgerichtsbarkeit auch die deutsche Justiz wieder in der Lage, ihren Verpflichtungen nachzukommen, nachdem sie im Dritten Reich so offenkundig versagt hatte? Und wie sahen die justiziellen Strukturen aus, die jetzt geschaffen wurden, um dem Rechtsstaat wieder zur Geltung zu verhelfen?

Zwischen Kontrolle und Neuaufbau:
Die alliierte Justizpolitik 1945–1949

Die Westmächte standen nach 1945 vor einem schwer lösbaren Dilemma: Einerseits mussten sie bestrebt sein, eine möglichst lückenlose Aufsicht und Kontrolle über die deutsche Justiz auszuüben, die sich im Dritten Reich als willfähriges Instrument der NS-Diktatur erwiesen hatte und in umfassender Weise an den dort begangenen Verbrechen beteiligt gewesen war. Andererseits galt es, eine demokratische Justizverwaltung aufzubauen, und dazu bedurfte es eines Mindestmaßes an Respekt vor einer unabhängigen Justiz. Eine Direktive der amerikanischen Militärregierung definierte deshalb das Ziel alliierter Justizpolitik treffend als «maximale Kontrolle […] bei minimaler Einmischung».[168] Tatsächlich wurde die Überwachung, die vor allem durch Anleitung und regelmäßige Inspektionen geschah, anfangs durchaus streng gehandhabt. Allerdings resignierten die Alliierten, wie in ihrer Politik der Entnazifizierung, schon bald vor den Dimensionen der Aufgabe. Allein in der US-Zone gab es 38 Landgerichte und 285 Amtsgerichte, die zu kontrollieren waren, in der britischen Zone waren es 29 Landgerichte und 229 Amtsgerichte sowie zusätzlich noch fünf Oberlandesgerichte, die Ende 1945 bereits wiedereröffnet waren – Zahlen, von denen man zudem erwarten konnte, dass sie sich bald weiter erhöhen würden. Letztlich rechnete man in der britischen Zone mit insgesamt acht Oberlandesgerichten, 35 Landgerichten und 371 Amtsgerichten.[169] Keine Justice Branch oder Legal Division einer Besatzungsmacht würde angesichts begrenzter Personalressourcen und unterschiedlicher Rechtstraditionen in der Lage sein, hier eine effektive Kontrolle auszuüben. Die Überwachung konnte daher nur indirekt erfolgen und musste sich außerdem auf die wichtigsten Einrichtungen beschränken, zu denen vor allem die Oberlandesgerichte gehörten.[170]

Über die Notwendigkeit, die Justiz möglichst bald wieder in die deutsche Verantwortung zu übergeben, war man sich unter den Besatzungsmächten allerdings von vornherein einig. Bereits im Februar 1945 hieß es dazu in einer Anweisung an die im Aufbau begriffene Legal Division für die britische Besatzungszone in Deutschland, es sei «nicht beabsichtigt, selbst die deutschen Gerichte zu betreiben»; man wolle vielmehr «lediglich die Deutschen beim Betrieb ihrer Gerichte daran hindern, bestimmte Dinge zu tun, die wir ablehnen».[171] Da es noch kein zentrales Justizministerium gab, setzte die Kontrolle auch hier bei den Oberlandesgerichten an.[172] Mit zunehmendem Zeitablauf wurde die Aufgabe dennoch immer schwieriger. So waren in der Rechtsabteilung der amerikanischen Militärverwaltung bereits im Februar 1948 mehrere Unterabteilungen aufgelöst worden, qualifiziertes Personal wanderte ab, deutsche Hilfskräfte spielten eine zunehmend wichtige Rolle. Gleiches galt für die französische Division de la Justice in Baden-Baden, die im Herbst 1945 mit 78 Angehörigen gestartet war und bereits 1947 nur noch 43 Mitarbeiter zählte, von denen lediglich 18 für die Ermittlung von Kriegsverbrechen zuständig waren.[173]

Als besonders schwierig erwies sich die Kontrolle der Gerichte. So waren 1948 in Württemberg-Baden nur noch fünf Personen mit dieser Aufgabe befasst, in Bayern vier und in Hessen sogar nur drei, die rund 100 Gerichte mit 400 Justizangehörigen und monatlich 12 000 Strafrechts- und 25 000 Zivilrechtsfällen kontrollieren sollten.[174] Es verwundert mithin kaum, dass die Überwachung auch von den Alliierten selbst schon bald als Fehlschlag eingeschätzt wurde. Sie habe, hieß es bereits im Dezember 1946 in einem Schreiben des German Courts Inspectorate an das britische Justizministerium, «kaum einen praktischen Nutzen» und sollte deshalb «von den für die deutschen Gerichte zuständigen Beamten der Justizverwaltungen der Länder» – also den Deutschen selbst – übernommen werden.[175] In der französischen Besatzungszone wurden aushilfsweise die Richter der Militärgerichte für Kontrollaufgaben herangezogen. Auch das erwies sich jedoch als wenig praktikabel, weil diese Richter weder über die notwendigen Sprachkenntnisse noch über näheres Wissen zum deutschen Recht verfügten.

So kann man sich die Erleichterung der Rechtsabteilungen bei den Besatzungsbehörden vorstellen, als sie vermeintlich nicht mehr benötigt wurden, weil die deutschen Gerichte «nach einer kurzen Übergangsphase» der Kontrolle der Militärregierungen «entwachsen» seien, wie der deutsch-amerikanische Staats- und Verfassungsrechtler Karl Loewenstein mit Blick auf die amerikanische Zone bemerkte.[176] Loewenstein hatte seit 1931 an der Rechts- und Staatswissenschaftlichen Fakultät der Münchener Universität gelehrt und war 1933 wegen seines jüdischen Glaubens von Hans Schemm, dem nationalsozialistischen «Leiter der kulturellen und erzieherischen Angelegenheiten Bayerns» – also dem bayerischen Kultusminister – aus dem Staatsdienst entlassen worden. Nach Stationen an der Yale University und am Amherst College in Massachusetts hatte Loewenstein dann von 1942 bis 1944 für den amerikanischen Generalstaatsanwalt gearbeitet und war nach Kriegsende als juristischer Berater des Alliierten Kontrollrats vorübergehend nach Deutschland zurückgekehrt.[177] Nach Einschätzung von Loewenstein betrachteten die Alliierten ihren Rückzug aus der Kontrolle der deutschen Justiz jedoch nicht als Fehlschlag, sondern zeigten sich vielmehr schon früh erfreut darüber, dass in Deutschland wieder Recht gesprochen werde – «trotz aller Schwierigkeiten, dank der gewissenhaften Arbeit und dem hohen Pflichtgefühl der Richter und Staatsanwälte, die mit Genehmigung der Militärregierung ihren Beruf ausüben».[178]

Wiedereröffnung der deutschen Gerichte

Mit der von den Alliierten verordneten Schließung der deutschen Gerichte trat 1945 zunächst ein «Stillstand der Rechtspflege» ein.[179] Am längsten dauerte dieser Zustand in der französischen Zone, wo die Gerichte von April bis Oktober 1945 geschlossen blieben. Als erstes Gericht wurde danach in Baden das Landgericht Freiburg am 4. Oktober wiedereröffnet. Innerhalb weniger Wochen folgten die Landgerichte Offenburg, Baden-Baden, Konstanz und Waldshut, und auch in Württemberg-Hohenzollern und in der Provinz Rheinland-Nassau nahmen die Gerichte im Laufe des Oktober 1945 ihren Betrieb wieder auf.[180] In der amerikanischen und britischen Zone hingegen war den Besatzungsmächten an einer möglichst raschen Rückkehr zu den justiziellen Verhältnissen gelegen, wie sie vor dem Machtantritt der Nationalsozialisten bestanden hatten, um in den chaotischen Verhältnissen nach dem deutschen Zusammenbruch Ruhe und Ordnung zu gewährleisten. Dafür aber war die rasche Wiedereröffnung der Gerichte erforderlich. Vorbereitungen dazu wurden deshalb sofort nach der militärischen Besetzung des Landes in die Wege geleitet – vielfach sogar bereits Ende April oder Anfang Mai 1945, noch vor der deutschen Kapitulation.

Auch Thomas Dehler, der das Kriegsende in Bamberg erlebte, wurde schon am 1. Mai 1945 zusammen mit dem 1933 ausgeschiedenen Landgerichtspräsidenten Dr. Lorenz Krapp von der amerikanischen Militärregierung um Rat gebeten, wie eine «Wiedereröffnung der Gerichte» in ihrem Bezirk zu bewerkstelligen sei. Erzbischof Josef Otto Kolb hatte dem amerikanischen Stadtkommandanten Oberst Wilson die beiden Namen genannt, als dieser dem Kirchenführer am 14. April, einen Tag nach Einnahme Bambergs, einen Antrittsbesuch abgestattet und gefragt hatte, wer der Militärregierung bei der Einsetzung einer Zivilverwaltung behilflich sein könne.[181] Zwar lehnten Dehler und Krapp das Angebot ab, Oberbürgermeister zu werden. Aber in einem Memorandum vom 8. Mai erläuterten sie den amerikanischen Militärbehörden die ihrer Meinung nach «vordringlichsten Probleme des Wiederaufbaus einer rechtsstaatlichen Justiz» und machten sachliche und personelle Vorschläge für den Neubeginn.[182] Nur drei Wochen danach wurde das Amtsgericht Bamberg wiedereröffnet, wenig später, ab Frühsommer 1945, waren praktisch alle in der amerikanischen Zone noch existierenden Amts- und Landgerichte wieder tätig. Bereits Mitte Juni waren acht Landgerichte und 73 Amtsgerichte wieder in Betrieb, für weitere vier Landgerichte und 73 Amtsgerichte lagen Genehmigungen zur Wiedereröffnung vor.[183] Einige Gerichte, die, wie das Landgericht Eichstätt, vor Kriegsende wegen Personalmangel geschlossen worden waren, blieben jedoch zu.

Zwar fehlte es überall an Personal, zumal die parallel verlaufende Entnazifizierung dafür sorgte, dass immer mehr Beamte ausschieden. Dennoch bedeutete der justizielle Neubeginn – wenn auch großenteils mit altem Personal – ein Zeichen der Hoffnung, dass bald wieder rechtsstaatliche Verhältnisse herrschen würden. So bezeichnete der amerikanische Oberst Dawson die Eröffnung des Landgerichts Stuttgart am 10. September 1945 als «Meilenstein für die Rückkehr des Rechts, der Ordnung und der Gerechtigkeit». Die Kontrollen, die es noch gebe, seien lediglich als «Sicherheitsnetz» zu verstehen. Die Militärregierung beabsichtige nicht, dem Gericht «unbillige Hindernisse und Beschränkungen» aufzuerlegen. Denn letztlich sei es «die ureigene Aufgabe deutscher Juristen, sich um die Wiedererrichtung einer demokratischen Justiz zu kümmern». «Es ist euer eigenes Gerichtshaus», so Oberst Dawson wörtlich, «das gereinigt, in Ordnung gebracht und funktionstüchtig gemacht werden muss. Sie selbst müssen diese Aufgabe bewältigen.»[184]

Auch in der britischen Zone trafen sich Vertreter der Militärregierung frühzeitig mit deutschen Richtern, Staatsanwälten, Notaren und Rechtsanwälten – in Hamburg beispielsweise am 5. Mai 1945, ebenfalls noch vor der Kapitulation der Wehrmacht. Ziel war auch hier die möglichst rasche Wiedereröffnung der Gerichte, um Ruhe und Ordnung aufrechtzuerhalten und die Militärgerichte zu entlasten. Anders als in der amerikanischen Zone bemühten sich die britischen Behörden jedoch von Anfang an nicht nur um die Wiedererrichtung der Untergerichte, sondern gleichfalls um die Oberlandesgerichte. Neben 15 Land- und 71 Amtsgerichten gab es hier demzufolge bereits Ende August 1945 wieder ein Oberlandesgericht in Hamm.[185] Es besaß zwar noch keine funktionierenden Senate und diente lediglich Verwaltungszwecken. Aber die britische Militärregierung signalisierte damit ihre Bereitschaft, das deutsche Gerichtssystem in seiner gesamten Hierarchie wiederherzustellen. Ein Grundproblem in Hamm war, wie in Celle, wo ebenfalls die Eröffnung des dortigen Oberlandesgerichts vorbereitet wurde, der Personalmangel. Für ein Oberlandesgericht mit zwei Senaten wurden acht Richter benötigt, für drei Senate sogar zwölf. Diese standen jedoch nicht zur Verfügung. So ließ auch die Ernennung der Generalstaatsanwälte und OLG-Präsidenten von Düsseldorf und Köln, die bereits im September 1945 von der Militärregierung genehmigt worden war, auf sich warten.[186]

Eine Besonderheit der britischen Zone war die Schaffung eines zentralen Organs der Justizverwaltung – des Zentral-Justizamtes (ZJA) am Sievekingplatz 1 in Hamburg –, um der neu entstehenden Struktur der hierarchisch gegliederten Gerichtsbarkeit von den Amtsgerichten über die Landgerichte bis zu den Oberlandesgerichten ein justizpolitisches Dach zu verleihen. Da die Länderjustizministerien nur Teilbereiche der Zonenverwaltung abdeckten, machte man mit dem ZJA, das am 1. Oktober 1946 als «höchste deutsche juristische Autorität in der Zone» eröffnet wurde, den Versuch, ein Vakuum zu füllen, das durch die Abschaffung des Reichsjustizministeriums entstanden war.[187] Allerdings folgten die anderen Besatzungsmächte dem britischen Modell nicht, so dass das ZJA bis zur Gründung des Rechtsamts der Bizone die einzige politische Justizeinrichtung mit überregionaler Bedeutung darstellte.

Ganz ähnlich verhielt es sich auch bei den Gerichten. Um eine einheitliche Rechtsprechung zu gewährleisten, war bei Bestehen mehrerer Oberlandesgerichte eine weitere Instanz vonnöten, die strittige Fragen klären konnte. Zu diesem Zweck richtete man 1947 in Köln den Obersten Gerichtshof für die britische Zone (OGHBrZ) ein, der auch Revisionsinstanz in bestimmten Zivil- und Strafsachen war und somit gleichsam das weggefallene Reichsgericht ersetzte.[188] Er blieb aber eine Besonderheit der britischen Besatzungszone, da Amerikaner und Franzosen auch hier nicht nachzogen. Mit Gründung des Bundesgerichtshofes am 1. Oktober 1950 wurde der OGHBrZ aufgelöst[189] und seine Zuständigkeiten gingen auf den BGH über.[190] Dieser wiederum sah sich von Beginn an in der Tradition des Reichsgerichts, ohne allerdings den OGHBrZ in diese Kontinuitätslinie einzubeziehen.[191] Die Rechtsprechung des Obersten Gerichtshofs für die britische Zone spielte daher in derjenigen des BGH kaum eine Rolle.[192]

Die Entstehung der Justizministerien in den Ländern

Der Wiederaufbau der Justiz nach 1945 erfolgte nicht von der Spitze her, sondern von unten. Dies hatte zum einen praktische Gründe, weil zunächst vor allem Amts- und Landgerichte benötigt wurden, um in der unmittelbaren Nachkriegszeit gemeinsam mit den Strafverfolgungsbehörden die gesellschaftliche Ordnung aufrechtzuerhalten. Zum anderen waren die Richter und Staatsanwälte an diesen Gerichten politisch weniger belastet als ihre Kollegen an den Oberlandesgerichten, die auch für politische Straftaten zuständig gewesen waren, oder gar am Reichsgericht, das tief in das NS-Unrechtsregime verstrickt gewesen war – vom Volksgerichtshof, den Sondergerichten und der Militärgerichtsbarkeit ganz zu schweigen.[193] So ließen sich die Instanzgerichte auch personell leichter wiederherstellen. Die Oberlandesgerichte, die danach folgten, stellten bereits so etwas wie die Krone der Gerichtsbarkeit dar, und ihre Präsidenten waren mächtige Persönlichkeiten, die auch bei der Militärverwaltung Gehör fanden. Thomas Dehler am Oberlandesgericht Bamberg ist dafür ein gutes Beispiel.

Unter diesen Umständen stellte sich in den Ländern, die im Sommer 1945 entstanden, die Frage, ob überhaupt noch eigene Justizministerien benötigt wurden. Vor allem in der britischen Zone leisteten die OLG-Präsidenten dagegen heftigen Widerstand. Sie beklagten nicht nur die zusätzliche Arbeit, die durch das ihrer Meinung nach überflüssige Berichtswesen der Ministerien entstehen würde, sondern befürchteten auch eine weitere Zersplitterung der Rechtseinheit in Deutschland. Das Deutsche Reich, das durch die Einteilung in Besatzungszonen, die Errichtung der Länder und den Ost-West-Konflikt ohnehin bereits mehrfach gespalten war, würde dadurch auch rechtlich noch weiter auseinandergerissen. Die Militärregierung in Nordrhein-Westfalen konstatierte daher im Januar 1947: «Die deutsche Juristenschaft als ganze ist gegen die Einrichtung von Landesjustizministerien, und die deutsche zivile Rechtsverwaltung sowie das Gericht wird diesen Ministerien zu Anfang mit Furcht und Misstrauen begegnen.»[194]

Doch die Entwicklung ließ sich nicht aufhalten. In Württemberg-Baden gab es bereits seit dem 24. September 1945 ein Justizministerium, in Bayern seit dem 5. Oktober 1945. Südbaden in der französischen Zone folgte ein Jahr später, am 3. Dezember 1946, Württemberg-Hohenzollern am 9. Dezember 1946. In Schleswig-Holstein, Niedersachsen und Nordrhein-Westfalen in der britischen Zone entstanden Länderjustizministerien zwar ebenfalls erst im Dezember 1946 bzw. Januar 1947. Hier war durch die Bildung des Zentral-Justizamtes in Hamburg aber bereits eine zentrale Struktur vorhanden, die Länderministerien hier weniger zwingend erscheinen ließ als in den anderen Besatzungszonen. Insgesamt ist jedoch festzustellen, dass sich der Abbau der alliierten Kontrollen bei gleichzeitigem Aufbau einer neuen deutschen Justizverwaltung und eines neuen Gerichtswesens bemerkenswert früh vollzog und im Wesentlichen bereits Ende 1948 abgeschlossen war. Dabei knüpfte die deutsche Justiz zwar räumlich, strukturell und personell an traditionelle Gegebenheiten an, bemühte sich aber unter den Augen der alliierten Militärverwaltung und im Rückgriff auf Traditionen der Weimarer Republik um die Verwirklichung eines demokratischen Rechtsstaates, der schließlich auch in den Bestimmungen des Grundgesetzes vom 23. Mai 1949 seinen Ausdruck fand.

Bemühungen um die Entnazifizierung des Justizpersonals

Artikel IV des Kontrollratsgesetzes Nr. 4 vom 30. Oktober 1945 bestimmte, dass Richter oder Staatsanwalt nicht mehr sein durfte, wer sich «aktiv» für die NSDAP betätigt oder «direkten Anteil» an den Straftaten des NS-Regimes gehabt hatte.[195] Mit seiner Direktive Nr. 24 legte der Kontrollrat zudem 99 Kategorien fest, nach denen alle Personen über 18 Jahre beurteilt und gegebenenfalls aus ihren Ämtern und «verantwortlichen Stellungen» entlassen werden sollten.[196] Allerdings bestand ein Hauptproblem dieser Kriterien für die Entnazifizierung darin, wie Edith Raim in ihrer Studie zur *Justiz zwischen Diktatur und Demokratie* zu Recht bemerkt hat, dass sie nicht justizspezifisch abgefasst waren und sich vor allem an der Mitgliedschaft in den verbrecherischen Organisationen orientierten. Auf die Zugehörigkeit zu Sondergerichten oder eine Tätigkeit am Volksgerichtshof wurde daher zu wenig geachtet. Außerdem, so Raim, sei die Arbeit bei Gerichten «oft schwerer nachweisbar» gewesen als die bloße Parteimitgliedschaft oder Zugehörigkeit zu Organisationen.[197]

Dennoch wurde anfänglich auch im Justizbereich eine große Zahl von Personen im höheren und mittleren Dienst entlassen. Teilweise waren die Gerichte von Personal geradezu entleert. Dies galt insbesondere für die amerikanische Zone, in der bis März 1946 etwa 140 000 Angehörige des öffentlichen Dienstes ihre Ämter verloren, darunter viele Mitarbeiter der Justizverwaltung. Bereits im September 1945 klagte Charles Fahy, der Direktor der Legal Division der amerikanischen Militärregierung, in einem Schreiben an den stellvertretenden Leiter der Rechtsabteilung der US-Streitkräfte in Europa, es gebe «einen offenkundigen Mangel an kompetentem Justizpersonal, um die bestehenden Anforderungen zu erfüllen».[198] An vielen Gerichten war deshalb ein Kollaps der gerade erst wiederhergestellten Gerichtsbarkeit nicht auszuschließen. Somit war früh klar, dass sich die Entnazifizierung nicht in der Form aufrechterhalten lassen würde, wie sie ursprünglich geplant gewesen war. Schon bald wurde altes Personal neu eingestellt – formal «entnazifiziert», aber im Grunde unverändert. Allein der Zuwachs an Richtern und Staatsanwälten, die 1946/47 an deutschen Gerichten beschäftigt waren, macht die Entwicklung deutlich: So gab es etwa in der amerikanischen Zone im Januar 1946 609 Richter und 188 Staatsanwälte, nur gut eineinhalb Jahre später, am 1. September 1947, waren es dreimal bzw. doppelt so viele: 2167 Richter und 430 Staatsanwälte.[199]

Von einer wirklichen und durchgreifenden Entnazifizierung der höheren Justizbeamten konnte daher selbst in der amerikanischen Zone schon bald keine Rede mehr sein. Wie in anderen Bereichen, vor allem in der Wirtschaft, musste die Militärregierung es auch in der Justiz hinnehmen, dass frühere Nazis zurückkehrten und ihre alten Positionen wieder einnahmen. Im Interesse eines funktionierenden Justizwesens schienen personelle Kompromisse unvermeidlich. Mit dem Befreiungsgesetz vom März 1946 trat dann geradezu eine «Liquidation der Entnazifizierung» (Norbert Frei) ein, die nun zu einer weitreichenden Entlastung der Täter und deren Wiedereingliederung in die deutsche Gesellschaft führte.[200] Nicht zuletzt galt dies auch für den Bereich der Justiz. Resigniert stellte die amerikanische Militärregierung daher in ihrem Jahresbericht für die Zeit vom 1. Juli 1947 bis 30. Juni 1948 fest, der Prozentsatz der politisch belasteten Richter und Staatsanwälte sei «zunehmend alarmierend» und gebe «Anlass zu ernsthafter Sorge». Das bayerische Justizministerium habe soeben «angekündigt, dass vier ehemalige Nationalsozialisten als Richter beim Bayerischen Obersten Landesgericht ernannt würden, ebenso werde ein ehemaliger Nazi als Oberstaatsanwalt in Würzburg eingesetzt. Die Prozentzahl steige laufend, und früheren Nazis sei auch der Zugang zu Schlüsselpositionen nicht mehr verwehrt.»[201]

Diese Beschreibung ließ sich beinahe Wort für Wort auch auf die britische Zone übertragen. Auch hier ging die Zahl der Richter und Staatsanwälte nach Kriegsende im Vergleich zu 1940 zunächst um etwa die Hälfte zurück. Die Hoffnung, mit Hilfe sogenannter «White Lists» für die Justizverwaltung unter Kriegsgefangenen, Emigranten und Pensionären hinreichenden Ersatz zu finden, erfüllte sich jedoch nicht. Insbesondere eine Rückkehr von Emigranten fand nur in Einzelfällen statt.[202] Und die Verwendung von Pensionären führte in vielen Fällen zu einer Überalterung des Personals, die in Verbindung mit der schlechten Ernährungslage die Arbeitsleistung erheblich beeinträchtigte. Vor diesem Hintergrund kann bereits die in einer Besprechung zwischen Vertretern der Legal Division der britischen Militärregierung in Hannover und dem Präsidenten des Oberlandesgerichts Celle am 16. November 1945 gemachte Konzession, künftig dürften bis zu 50 Prozent des Personals ehemalige Angehörige der NSDAP sein, als Eingeständnis des Scheiterns der britischen Entnazifizierungspolitik gewertet werden.[203] Doch schon im Herbst 1946 war selbst die 50-Prozent-Marke nicht mehr zu halten. Vielmehr legte die britische Militärregierung nun fest, dass die Quote überschritten werden dürfe, wenn die betreffenden Personen durch eine deutsche Spruchkammer oder eine Revisionsinstanz «gesäubert» worden seien – eine kaum verbrämte Kapitulation vor der Realität, in der man auf NS-belastete Funktionseliten in der Justiz nicht mehr verzichten konnte oder wollte.[204]

Noch problematischer war in dieser Hinsicht das Verhalten der französischen Besatzungsbehörden. Mit einer «Mischung aus Realitätssinn und Zynismus» schufen sie bereits im Sommer 1945 die Grundlagen für einen legeren Umgang mit ehemaligen Nationalsozialisten in nahezu allen Bereichen.[205] Für die französische Pressepolitik ist dies seit langem bekannt: Wer als Journalist in anderen Besatzungszonen keine Arbeitserlaubnis erhielt, ging in die französische Zone, wo sich ihm neue Möglichkeiten boten, so dass sich die Zeitungen dort bald zu Sammelbecken belasteter NS-Journalisten entwickelten. Gleiches galt auch für die Justiz. Schon im August 1945 erklärten die französischen Behörden, die amerikanische Entnazifizierungspolitik sei zwar ehrenwert, aber zum Scheitern verurteilt. Aufgrund der hochgradig spezialisierten Berufspraxis sei gerade im Justizbereich ein Personalaustausch kaum möglich; insbesondere Richter seien schwer zu ersetzen.[206] Die Notwendigkeit, sich ehemaliger Nazis zu bedienen, mochte nach französischer Auffassung indessen sogar sinnvoll sein, weil frühere Parteigenossen, die aus Opportunismus in die NSDAP eingetreten waren, nun mit gewendetem Opportunismus der französischen Besatzungsmacht ebenso pflichtbewusst dienen würden wie vorher dem NS-Regime, um sich «des Vertrauens würdig zu erweisen».[207]

Von einer systematischen oder gar erfolgreichen Entnazifizierung konnte jedenfalls in der französischen Zone noch weniger die Rede sein als in den anderen Zonen, zumal die politischen Säuberungen hier nicht zentral gelenkt waren, sondern den Chefs der Détachements in Baden, Württemberg, der Pfalz und dem Rheinland überlassen wurden, die gleichzeitig Vorsitzende der untersten Militärgerichte waren. In der amerikanischen Militärregierung stieß die «liberale» Haltung der Franzosen in Personalfragen allerdings auf wenig Verständnis. So hieß es in einem Briefentwurf für Major Brown, den Leiter der German Justice Branch der amerikanischen Militärregierung in Württemberg-Baden, auf eine Anfrage des Anwaltsvereins Karlsruhe im Oktober 1946: «Die Entnazifizierung in der französischen Zone ist von der unsrigen verschieden und praktisch nicht existent. Es ist bekannt, dass zahlreiche Nazi-Anwälte, die hier nicht zugelassen wurden, in der französischen Zone praktizieren.»[208] Das war zwar übertrieben, weil die Richter, Staatsanwälte, Rechtsanwälte und Notare auch hier überprüft wurden. Aber die Zahl der Entlassungen bzw. Ablehnungen der Wiederzulassung war relativ gering. Sie lag in den einzelnen Berufsgruppen bei jeweils rund 20 Prozent, wobei selbst frühere NSDAP-Mitglieder, die zunächst abgelehnt worden waren, wenig später «gesäubert» und im Dienstalter um einige Stufen niedriger eingruppiert in den Justizdienst zurückkehrten.[209] Schätzungen aus dem Jahr 1949 gehen davon aus, dass bis zu 70 Prozent der Justizangehörigen, die eine NSDAP-Vergangenheit besaßen, in der französischen Zone wieder im öffentlichen Dienst und in den Ministerien tätig waren. Das Justizministerium in Stuttgart, hieß es für Württemberg-Hohenzollern, nehme dabei unter allen Ministerien die Spitzenposition ein.[210]

Insgesamt ist festzuhalten, dass alle drei westlichen Besatzungsmächte zwar von der Reformbedürftigkeit der deutschen Justiz und der Notwendigkeit einer Entnazifizierung des Justizpersonals überzeugt waren. Die personellen Engpässe im Justizapparat waren aber der Grund, weshalb die Alliierten sich schon nach einer kurzen Phase der Überprüfungen gezwungen sahen, zu den traditionellen Strukturen der deutschen Justiz zurückzukehren – einschließlich der Verwendung eines großen Teils des alten Personals. So wurden am Ende lediglich die «Galionsfiguren» der NS-Justiz ausgewechselt, während der ebenfalls belastete große «Tross juristischen Fußvolks» erneut seinen Dienst versah, als wäre nichts geschehen. Es sei deshalb, meint Edith Raim, «das vielleicht erstaunlichste Ergebnis dieser Tätigkeit der Justiz, dass – obwohl in allen westlichen Zonen die Zahl der ehemaligen NSDAP-Angehörigen im höheren Justizdienst gegen Ende der Besatzungsherrschaft groß war – der Aufbau einer demokratischen Rechtsordnung gelang».[211] Möglicherweise spielte dabei – neben dem üblichen Opportunismus – auch die Entnazifizierung wieder eine Rolle, weil sie den Betroffenen durch die mit den Überprüfungen verbundenen «Monate und Jahre der Demütigung», in denen sie suspendiert oder entlassen gewesen waren oder lediglich als Hilfspersonal arbeiten durften, ein unmissverständliches Signal vermittelte, dass sie für ihre Taten zur Verantwortung gezogen werden konnten und dass auch Juristen nicht über dem Gesetz standen.

Beginn der Verfolgung nationalsozialistischer Gewalttaten

Die Verfolgung nationalsozialistischer Gewalttaten erschien zunächst als eine Angelegenheit der Besatzungsmächte, die man nicht den Deutschen überlassen wollte. Die «Bestrafung von Personen, die sich Kriegsverbrechen, Verbrechen gegen den Frieden oder gegen die Menschlichkeit schuldig gemacht» hatten, wie es im Gesetz Nr. 10 des Alliierten Kontrollrats hieß, sollte vor alliierten Gerichten erfolgen. Die Deutschen selbst waren daran nur mittelbar beteiligt. Dennoch begannen bereits im Sommer 1945 auch bei den deutschen Strafverfolgungsbehörden umfangreiche Ermittlungen zu nationalsozialistischen Gewaltverbrechen. In Abgrenzung zur Zuständigkeit der alliierten Gerichte durften deutsche Gerichte allerdings nur in den Fällen tätig werden, in denen sich die Nazis am eigenen Volk vergangen hatten. Nur bei deutschen Opfern nationalsozialistischer Gewaltverbrechen war also die Zuständigkeit der deutschen Gerichte eröffnet.[212] Grundlage für diese Verfahren war aber nicht das KRG Nr. 10, sondern allein das damals gültige Reichsstrafgesetzbuch. In der britischen Zone wurde mit Anordnung Nr. 47 mit Wirkung zum 30. August 1946 den deutschen Gerichten dann aber die Ermächtigung erteilt, Art. II c KRG 10 zur Verfolgung von Verbrechen gegen die Menschlichkeit auch gegen deutsche Staatsangehörige anzuwenden.[213] Das führte in der Folge dazu, dass über den OGHBrZ das Konzept der Verbrechen gegen die Menschlichkeit erheblich weiterentwickelt wurde. Auch in der französischen Besatzungszone erfolgte eine derartige Ermächtigung.[214] In der amerikanischen Besatzungszone unterblieb sie jedoch.[215] Nach Gründung der Bundesrepublik wurde die Übertragung der Rechtsprechungskompetenz für Verbrechen gegen die Menschlichkeit allerdings wieder aufgehoben. Mit dem 1. Gesetz zur Aufhebung des Besatzungsrechts vom 30. Mai 1956 wurde das von deutschen Juristen nicht geschätzte KRG Nr. 10 dann endgültig beseitigt.[216]

Von den 36 393 Strafverfahren, die Andreas Eichmüller in einer Bilanz der Strafverfolgung von NS-Verbrechen durch westdeutsche Justizbehörden für die Jahre von 1945 bis 2005 nennt, wurden etwa 13 600 allein im Zeitraum von 1945 bis 1949 eingeleitet. Die Zahl der Verfahren und Anklagen stieg dabei bis 1948 zunächst stark an, um danach ebenso rasch wieder abzusinken. Der gleiche Verlauf zeigte sich auch bei der Zahl der Verurteilungen, die 1945 mit 25 Verurteilungen noch relativ gering war und 1948 mit 2011 ihren Höhepunkt erreichte, um danach ebenfalls wieder abzufallen.[217] Untätigkeit ist der deutschen Justiz in dieser Hinsicht jedenfalls nicht vorzuwerfen, wobei die Straftatkomplexe sehr unterschiedlich waren und von Denunziationen bis zu Verbrechen an politischen Gegnern und Tötungsdelikten reichten.

Anders als alliierte Gerichte tat sich die deutsche Justiz allerdings schwer, wenn – wie es im Umgang mit NS-Verbrechen häufig der Fall war – Tatbestände im bisherigen Strafrecht gar nicht oder nur verschwommen erfasst waren. An der Tatsache, dass unter dem NS-Regime ungeheuerliche Verbrechen begangen worden waren, kam niemand vorbei. Den Anspruch, Unrecht zu sühnen, konnte niemand in Zweifel ziehen. Aber welche Bedeutung kam in diesem Zusammenhang dem Rückwirkungsverbot zu, das bisher stets ein Grundpfeiler der Rechtsprechung gewesen war? War die Beteiligung am Völkermord einem Mord gemäß § 211 StGB gleichzusetzen? Ließ sich die politisch gewollte und durch die Nürnberger Rassengesetze vermeintlich legitimierte «Arisierung» mit den Tatbeständen räuberischer Erpressung und Nötigung erfassen, nachdem der Alliierte Kontrollrat die diesbezüglichen NS-Gesetze außer Kraft gesetzt hatte? Und was waren, aus deutscher Sicht, «Verbrechen gegen die Menschlichkeit»? Inwieweit ließ das herkömmliche Strafrecht überhaupt eine Verfolgung zu?

Die Unterschiede, die in dieser Hinsicht zwischen den alliierten Vorstellungen, wie sie nicht zuletzt in den Nürnberger Prozessen nach 1945 und besonders im Juristenprozess 1947 zum Ausdruck gekommen waren, und den deutschen Rechtsvorstellungen bestanden, waren jedenfalls zunächst unüberbrückbar. Zumindest bedurften sie eingehender Erörterung, auch mit den Alliierten selbst, wenn Rechtsprechung nicht als «Siegerjustiz» erscheinen sollte. Ein Verzicht auf Beteiligung deutscher Strafverfolgungsbehörden und Gerichte an der Aufarbeitung des NS-Unrechts und der Verfolgung der verübten Verbrechen war jedoch keine Alternative. Wie im Bereich der Entnazifizierung insgesamt, erwiesen sich die alliierten Instanzen auch bei der Strafverfolgung, die zunächst mit großem Aufwand betrieben wurde, bald als überfordert. In einem Fall, in dem ein ganzes Volk unter einer totalitären Diktatur in die Verbrechen verwickelt gewesen war, vermochten die auswärtigen Besatzungsmächte allenfalls ein Zeichen zu setzen. Letztlich war die dauerhafte Verfolgung der NS-Verbrechen nur von den Deutschen selbst zu leisten.

II. Der Aufbau des BMJ 1949–1953

1. Die Gründungsväter: Thomas Dehler und Walter Strauß

Wer den Aufbau des Bundesministeriums der Justiz nach 1949 zu beschreiben sucht, muss vor allem zwei Persönlichkeiten näher betrachten, die geradezu als «Gründungsväter» des BMJ gelten können: Thomas Dehler und Walter Strauß. Beide waren gänzlich unverdächtig, dem NS-Regime gedient zu haben, und standen insbesondere dem Antisemitismus völlig fern. Dehler war mit einer Jüdin verheiratet und bewegte sich in seinem Heimatort Bamberg privat wie beruflich in einem bürgerlich-liberalen Umfeld, das ebenfalls stark jüdisch geprägt war.[1] Strauß, der in Berlin aufwuchs, entstammte einer jüdischen Arztfamilie und erfuhr nach 1933 eine ähnliche berufliche und soziale Ausgrenzung wie alle anderen Juden in Deutschland. Zwar blieb er selbst von Deportation verschont, nachdem er 1939 zum Protestantismus übergetreten war. Doch seine Eltern wurden in das Ghetto Theresienstadt verschleppt, wo sein Vater umkam und seine Mutter so schwer erkrankte, dass sie die Befreiung des KZs nur um wenige Wochen überlebte.[2] Sowohl Dehler als auch Strauß hätten also auch persönlich allen Grund gehabt, NS-belastete Personen aus ihrem Ministerium fernzuhalten. Dennoch war deren Anteil im BMJ von Anfang an hoch. Wie ist dies zu erklären? Von welchen Gesichtspunkten ließen sich Dehler und Strauß bei ihrer Personalauswahl leiten? Und was waren die Umstände ihres Handelns und die Motive für ihr Verhalten? Ein Blick in ihre Biographien liefert dafür erste Anhaltspunkte.

Liberaler Demokrat und demokratischer Nationalist

Thomas Dehler, am 14. Dezember 1897 in Lichtenfels unweit von Bamberg geboren, wuchs in einer alteingesessenen katholischen Familie auf und besuchte von 1911 bis zu seinem Eintritt in die Armee am 16. März 1916 das Gymnasium in Bamberg. Aufgrund seines angeborenen Asthmas, das ihn wiederholt zu Lazarettaufenthalten zwang, war er für den Felddienst jedoch nur bedingt geeignet. So erhielt er schließlich in Bamberg eine Ausbildung zum Sanitäter und wurde bereits im Mai 1918 endgültig aus der Armee entlassen. Danach nahm er in München, Freiburg und Würzburg ein Jurastudium auf, das er nach nur fünf Semestern im Juli 1920 erfolgreich beendete. In dieser Zeit begann auch sein politisches Engagement. Er war Mitglied der «Liga für den Völkerbund» und Mitbegründer des «Clubs demokratisch gesinnter Studenten» in München sowie dessen wenig erfolgreicher Wehrorganisation «Reichsadler», die schließlich im überparteilichen «Reichsbanner Schwarz Rot Gold – Bund aktiver Demokraten» aufging, das die Weimarer Republik gegen ihre radikalen Feinde zu verteidigen suchte.[3] Außerdem schloss er sich, vermutlich in der zweiten Jahreshälfte 1920, den Jungdemokraten der Deutschen Demokratischen Partei (DDP) an. Dehlers politische Grundeinstellung war also liberal, aber er befürwortete auch den deutschen Nationalstaat mit einer starken Zentralgewalt – ebenso wie Theodor Heuss, dem er 1921 auf einer Tagung der Jungdemokraten erstmals begegnete. Dehler war, mit anderen Worten, nicht nur liberaler Demokrat, sondern auch demokratischer Nationalist.[4]

Nach seinem Referendariat in Bamberg und München legte er am Tag des Hitler-Putsches am 9. November 1923 sein zweites Staatsexamen ab und bewarb sich anschließend beim Auswärtigen Amt und bei der Bayerischen Staatsregierung um Aufnahme in den Staatsdienst. Dass seine Bewerbungen erfolglos blieben, führte er selbst auf seine politische Betätigung zurück. Belege dafür gibt es allerdings nicht.[5] So ließ er sich 1924 in München zusammen mit Siegfried Adler als Rechtsanwalt nieder und heiratete am 14. Dezember 1925 Irma Frank, die er über gemeinsame Freunde in Kreisen junger liberaler Studenten in München kennengelernt hatte. Aus der Ehe ging 1929 die einzige Tochter Elisabeth hervor. Sowohl Adler als auch Irma Frank waren Juden. 1926 zog Dehler mit seiner Frau zurück nach Bamberg, wo er als Sozius in die Anwaltskanzlei von Justizrat Josef Werner eintrat, dem Vorsitzenden der dortigen jüdischen Gemeinde, die zu den reichsten in Deutschland zählte. Durch Werner erhielt er Zugang zur Bamberger Bürgerschaft sowie zur DDP und zur Freimaurerloge «Zur Verbrüderung an der Regnitz», der er 1927 beitrat.[6] Irma Dehler engagierte sich in Bamberg ebenfalls in der DDP und wurde bereits 1926 zusammen mit ihrem Mann in den örtlichen Parteiausschuss gewählt.

Als Anwalt setzte sich Dehler schon früh für Angeklagte ein, die in den ideologischen Auseinandersetzungen der Weimarer Republik aus politischen Gründen vor Gericht standen. Nach 1933 gehörten vor allem Juden zu seinen Klienten, die er in Arisierungsprozessen, in Prozessen wegen angeblicher Devisenvergehen oder wegen Vorwürfen sogenannter «Rassenschande» vertrat. Das von Julius Streicher herausgegebene Hetzblatt *Der Stürmer* bescheinigte ihm deshalb einen «minderwertigen Charakter» und nannte ihn einen «echten Judengenossen», der von der Anwaltsliste zu streichen sei.[7] Doch schon vor der Machtübernahme Hitlers hatte sich Dehler 1930 bei einem Vortrag zum Thema «Nationalistisch-sozialistisch oder National-Sozial?» einer SA-Front im Veranstaltungsraum gegenüber gesehen. 1935 wurde er nach einem nicht geleisteten «Deutschen Gruß» im Gerichtssaal sogar von NS-Funktionären angegriffen.

Bis 1938 blieben jedoch alle Vorwürfe ohne schwerwiegende Folgen. Dies war offenbar auf seine starke Integration in die früher konservative Bürgerschaft seiner Heimatstadt zurückzuführen, die inzwischen zum großen Teil nationalsozialistisch orientiert war. Gegenüber Ludger Westrick, von 1963 bis 1966 Chef des Bundeskanzleramtes, erklärte Dehler dazu 1964, er habe zu zahlreichen Richtern und Staatsanwälten bei den Bamberger Gerichten, die fast ausnahmslos der NSDAP angehörten, ein «enges Vertrauensverhältnis» besessen.[8] Willi Geiger, der 1937 als Staatsanwalt nach Bamberg kam, sprach später ebenfalls davon, Dehler habe zur Bamberger Justiz «angenehme Beziehungen» unterhalten und sei bei ihr «hochgeschätzt» gewesen.[9] Zudem war er ausgesprochen erfolgreich, zählte unter den deutschen Anwälten zu den Spitzenverdienern und brachte es damit zu einem gewissen Wohlstand.[10]

Auch Dehler zollte jedoch den Nationalsozialisten seinen Tribut, als er 1936 der Nationalsozialistischen Volkswohlfahrt (NSV) beitrat. Dies geschah aber offenbar nur, um seine Familie zu schützen. Denn kurz zuvor, am 15. September 1935, hatte der Reichstag die sogenannten «Nürnberger Rassengesetze» beschlossen. Danach waren zumindest Dehlers Ehefrau und Tochter gefährdet, da seine Frau nach den neuen Gesetzen «Volljüdin» und die gemeinsame Tochter ein «Mischling ersten Grades» war; seine Ehe galt jetzt nur noch als «privilegierte Mischehe». Mitte Juli 1938 wurden Dehler und seine Frau schließlich vom Oberlandesgerichtspräsidenten unter Verweis auf die Durchführungsverordnung zum Deutschen Beamtengesetz vom 29. Juni 1937[11] aufgefordert, Fragebögen auszufüllen und ihre Abstammung zu dokumentieren. Zwar war Dehler gar kein Beamter. Da das OLG zu erkennen gab, dass seine Ehe mit einer Jüdin «negative Folgen» nach sich ziehen könne, kamen er und seine Frau der Aufforderung trotzdem nach, um unnötige Auseinandersetzungen mit den Behörden zu vermeiden. Auch wenn sich daraus keine unmittelbaren Konsequenzen für die Familie ergaben, deutete der Vorgang doch bereits auf kommendes Unheil hin.

So brannte in der Nacht vom 9. zum 10. November 1938 auch in Bamberg die Synagoge, 81 Bamberger Juden wurden in das KZ Dachau deportiert, Dehlers Haus wurde durchsucht, er selbst von der Gestapo verhaftet und einem «quälenden Verhör» unterzogen, in dem man ihn drängte, sich von seiner «jüdischen Frau» scheiden zu lassen, da er sonst «mit der Überführung in ein Konzentrationslager» rechnen müsse.[12] Erst nach Intervention seines Schulfreundes Friedrich Kuhn kam er wieder frei. Denn Kuhn war nicht nur, wie Dehler, ein an den Bamberger Gerichten zugelassener Rechtsanwalt, sondern auch ein stadtbekannter Nationalsozialist der ersten Stunde, der wegen seiner Teilnahme am Hitler-Putsch 1923 als «Blutordensträger» zu jenem kleinen Kreis gehörte, der bei Hitler größtes Vertrauen genoss.[13] Inzwischen kündigte sich aber bereits der Krieg an: Dehler wurde Soldat. Schon beim «Anschluss» Österreichs an das Deutsche Reich am 12. März 1938 war er im Zuge einer Teilmobilisierung einberufen worden und hatte danach im Mai 1938 an einer Wehrübung in Bad Hersfeld teilgenommen, während der er zum Feldwebel befördert worden war. Nach Kriegsbeginn kam er in einem Nachschubverband in Polen zum Einsatz, wurde jedoch vor dem Angriff auf Frankreich am 5. Mai 1940 aus der Wehrmacht ausgeschlossen, da er, wie es in der Begründung hieß, aufgrund seiner Ehe mit einer jüdischen Frau, seiner Mitgliedschaft in der DDP und seiner früheren Zugehörigkeit zur inzwischen verbotenen Freimaurerloge, aber auch wegen seiner anwaltlichen Vertretung von Juden vor Gericht seine «Wehrwürdigkeit» verwirkt habe.[14]

Dehler, der jetzt das Schlimmste für seine Familie befürchtete, trug sich nun zeitweilig mit Gedanken an eine Auswanderung, blieb aber in Bamberg und arbeitete weiterhin als Anwalt. Da er selbst aufgrund seiner Ehe mit einer Jüdin ebenfalls als «rassisch minderwertig» galt, sah er sich allerdings immer wieder Diskriminierungen ausgesetzt. Bis Kriegsende lebte die Familie in der ständigen Furcht, dass die Verfolgungsmaßnahmen des NS-Regimes schließlich doch noch auf die in «privilegierter Mischehe» lebenden Juden ausgedehnt werden könnten, die bisher von den Deportationen verschont geblieben waren und auch nicht den seit dem 1. September 1941 vorgeschriebenen Judenstern tragen mussten. Doch die Familie überlebte – vielleicht auch aufgrund der Fürsprache von Friedrich Kuhn, der die Familie möglicherweise bis 1945 vor existenzbedrohenden Übergriffen schützte. Belege dafür gibt es allerdings nicht.[15]

Völlig im Ungewissen war die Familie hingegen über das Schicksal der Angehörigen von Irma Dehler, nachdem Ende November 1941 die Deportationen in die Konzentrations- und Vernichtungslager im Osten eingesetzt hatten. Als Thomas Dehler sich im Dezember 1941 bei Fritz Koch, einem befreundeten Rechtsanwalt aus Aschaffenburg, der jetzt als Offizier an der Ostfront diente, nach dem Verbleib der Angehörigen seiner Frau erkundigte, war die Antwort ebenso ungenau wie entmutigend: «Von dem Schicksal von Irmas

Verwandten kann ich nichts Deutliches und Zuverlässiges sagen. Man muß auf Schlimmstes gefaßt sein in dieser Zeit. Das Menschenleben steht nicht hoch im Kurs. [...] Ich bin weit herumgekommen in diesen Monaten und habe tiefe Einblicke in den Abgrund der menschlichen Seele tun können. Ich habe das Schaudern gelernt.»[16] Erst später erfuhr Dehler, dass der Vater seiner Frau im Konzentrationslager Theresienstadt gestorben und ihre Schwester in Riga verschollen war und dass zwei ihrer Vettern in Polen ums Leben gekommen waren.[17]

Vor diesem Hintergrund ist es umso erstaunlicher, dass Dehler seine Zugehörigkeit zum Widerstandskreis um Hans Robinsohn und Ernst Strassmann vor der Gestapo verbergen konnte. Der Kreis hatte sich 1934 gebildet, um «dem Hitlerregime wenigstens geistigen Widerstand zu leisten», wie Hans Robinsohn später notierte.[18] Robinsohn, Sohn einer jüdischen Kaufmannsfamilie in Hamburg, arbeitete als Prokurist in einem Hamburger Modegeschäft, Strassmann war Richter in Berlin. In welchem Maße Dehler, der beide seit 1920 aus gemeinsamen Tagen bei den Jungdemokraten kannte, den Kreis unterstützte und Bamberg zu einem «Knotenpunkt der Widerstandsgruppe in Nordbayern» machte, hat Udo Wengst detailliert beschrieben.[19] Daraus geht hervor, dass der Widerstand der Gruppe sich im Wesentlichen auf Gespräche beschränkte. Zwar drehte sich alles um die Frage, wie man Hitler Einhalt gebieten, ihn womöglich sogar «beseitigen» könne. Doch man schritt nicht zur Tat. Dehler bemerkte daher rückblickend im Januar 1950 in einem Schreiben an Robinsohn selbstkritisch: «Man hätte damals mit mehr Haß und damit mit mehr Leidenschaft und mit mehr Einsatzbereitschaft kämpfen müssen. Vielleicht wäre dann die erlösende Tat ausgelöst worden.»[20]

Wäre es dazu gekommen, hätte Dehler womöglich nicht überlebt. So aber blieben die Aktivitäten der Bamberger Gruppe von der Gestapo unbemerkt. Als Dehler am 2. November 1944 zu einem «geschlossenen Arbeitseinsatz bei der Organisation Todt» einberufen wurde, hatte dies auch nichts mit seiner Widerstandstätigkeit zu tun. Vielmehr folgte das Arbeitsamt Bamberg mit der Einberufung einem «Führererlass» vom März 1943 «über den umfassenden Einsatz von Männern und Frauen für Aufgaben der Reichsverteidigung». Begründet wurde die Verfügung vom Arbeitsamt mit dem Hinweis auf ein Schreiben vom 24. Oktober 1944, das den «Arbeitseinsatz der jüdischen Mischlinge 1. Grades und jüdisch versippten Personen bei der Organisation Todt» anordnete. Die OT, eine paramilitärisch organisierte Bautruppe, war 1938 von dem Bauingenieur Fritz Todt gegründet worden, der seit 1933 Generalinspektor für das Straßenwesen war und 1940 zusätzlich zum Reichsminister für Bewaffnung und Munition ernannt wurde. Als Todt am 8. Februar 1942 im ostpreußischen Rastenburg bei einem Flugzeugabsturz ums Leben kam, wurde Albert Speer sein Nachfolger im Ministerium und in der OT. Ende 1944 verfügte die Organisation über etwa 1,4 Millionen Arbeitskräfte, darunter – neben rund 14 000 «wehruntauglichen» Deutschen – vor allem Zwangsarbeiter und Kriegsgefangene sowie etwa 22 000 KZ-Häftlinge.[21] Dehler konnte jedoch bereits im Dezember 1944 mit Hilfe Bamberger Ärzte, die ihm wegen seines Asthmas Unfähigkeit zu schwerer körperlicher Arbeit bescheinigten, wieder nach Hause zurückkehren. Dort bemühte er sich vergeblich um die Genehmigung eines Kuraufenthalts, bis am 13. April 1945 Soldaten der 3. und 45. amerikanischen Infanteriedivision in Bamberg einrückten.

Der «immerwährende Staatssekretär»

Neben Thomas Dehler ist vor allem Walter Strauß als Gründungsvater des Bundesministeriums der Justiz anzusehen, dem besonders in der Personalpolitik eine Schlüsselrolle zukam. Während der gesamten Ära Adenauer, von 1949 bis 1963, diente er als Staatssekretär sechs verschiedenen Ministern und verkörperte damit ein ungewöhnlich hohes Maß an Kontinuität. Er sei wohl, bemerkte daher das Nachrichtenmagazin *Der Spiegel* in einer Titelgeschichte 1962 ironisch, der «immerwährende Staatssekretär».[22] Strauß wurde am 15. Juni 1900 in Berlin geboren, der Heimat seiner Mutter Elsa, deren Vater Julius Isaac als Kommerzienrat und Fabrikbesitzer zum gutsituierten Berliner Bürgertum gehörte. Walter Strauß' Vater Hermann Strauß stammte zwar aus Heilbronn, kam aber bereits während des Studiums über Würzburg nach Berlin, wo er nach seiner Promotion und Habilitation an der Charité 1902 zum außerordentlichen Professor für Innere Medizin an der Friedrich-Wilhelms-Universität berufen wurde.[23] 1910 übernahm er die Leitung der Inneren Abteilung am Jüdischen Krankenhaus, das sich damals noch in der Auguststraße in Berlin-Mitte befand, im Ersten Weltkrieg stellte er sich als Militärarzt zur Verfügung und wurde für seine besonderen Verdienste 1917 mit dem Eisernen Kreuz II. Klasse und bei Kriegsende mit der Rote Kreuz-Medaille II. Klasse ausgezeichnet. Ein hoher Anspruch, großes Verantwortungs- und Pflichtgefühl, unermüdlicher Fleiß und äußerste Disziplin wurden ihm nachgesagt. Nach dem Urteil seines Sohnes Walter war er damit «zum bewussten Preußen» geworden, «der auch ein gewisses autoritäres Wesen nicht verleugnete».[24] Seine Frau Elsa arbeitete unterdessen ehrenamtlich in Mädchen- und Frauengruppen sowie als Förderin und Leiterin von Arbeiterinnenheimen und gilt zudem als Wegbereiterin der modernen Sozialarbeit in Krankenhäusern.[25]

Auch Walter Strauß begeisterte sich früh für Preußen und das wilhelminische Kaiserreich, gründete bereits als Elfjähriger den «Marineclub 1911».[26] Auf dem humanistischen Mommsen-Gymnasium in Berlin zählte der spätere Bundesverfassungsrichter Gerhard Leibholz zu seinen Mitschülern, der wie Strauß jüdische Vorfahren hatte und später eine Schwester Dietrich Bonhoeffers heiratete; mit ihm verband Strauß eine lang dauernde Freundschaft. Nach dem Ersten Weltkrieg, zu dem Strauß aus Altersgründen noch nicht eingezogen worden war, betätigte er sich während der revolutionären Unruhen als Meldegänger beim Stab der Garde-Kavallerie-Schützen-Division und war in dieser Funktion 1919 auch an der Niederschlagung des Spartakusaufstandes beteiligt, wobei er einen Streifschuss am Kopf erlitt.[27] Danach nahm er in Freiburg sein Studium der Rechts- und Staatswissenschaften auf, das ihn über Heidelberg und München wieder zurück nach Berlin führte. Dort bestand er am 3. November 1923 das Referendarexamen mit der Note «ausreichend» und war anschließend als Referendar unter anderem beim Rechtsanwalt und Notar Dr. Ernst Wolff tätig, der ihn nachhaltig prägte.[28] Wolff avancierte später zum Professor in Köln und bekleidete das Amt des Präsidenten des Obersten Gerichtshofs für die britische Zone. Eine weitere Station seines Referendariats führte Strauß zur Staatsanwaltschaft Berlin I, wo es zum Wiedersehen mit seinem Schulkameraden Leibholz kam. 1924, noch vor dem zweiten Examen, promovierte Strauß bei Richard Thoma in Heidelberg mit einer Dissertation zum Thema «Die Verfassungsänderung nach der Weimarer Reichsverfassung». Das Assessorexamen bestand er am 4. Oktober 1927 mit dem Prädikat «vollbefriedigend».

Auswandererhilfe für Juden und politisch Verfolgte

Nach seiner Ernennung zum Gerichtsassessor arbeitete Walter Strauß zunächst an verschiedenen preußischen Gerichten, bevor er am 1. Mai 1928 eine kommissarische Beschäftigung im Reichswirtschaftsministerium erhielt.[29] Dort wurde er der Abteilung I unter Ministerialdirektor Hans Schäffer zugewiesen, in der er im Kartellreferat, das von Dr. Paul Josten geleitet wurde, Verwendung fand. Josten erklärte später, seine Bemühungen, Strauß in eine planmäßige Regierungsratsstelle oder in eine Richterstelle beim ehemaligen Kartellgericht – dem Reichswirtschaftsgericht – einweisen zu lassen, seien zunächst aus Mangel an freien Stellen und später an den Spar- und Krisenmaßnahmen während der Weltwirtschaftskrise gescheitert.[30] Während seiner Zeit im Reichswirtschaftsministerium entwarf Strauß unter anderem Verordnungen und verfasste Artikel für eine Fachzeitschrift sowie für ein Handwörterbuch.[31] Wie zufrieden man dort mit seiner Arbeit war, geht aus einer Beurteilung des Staatssekretärs Ernst Trendelenburg vom 25. Juli 1931 hervor, in der er Strauß und einen weiteren Gerichtsassessor als «außerordentlich tüchtige Beamte» bezeichnete, deren Ernennung zu ständigen Hilfsarbeitern er der Justizverwaltung nahelege.[32] Der Versuch, die Beförderung von Strauß zum Amtsgerichtsrat zu erwirken, blieb jedoch erfolglos.[33] Der Kammergerichtspräsident bemerkte dazu in einem Schreiben an den Preußischen Justizminister, Strauß sei nur etwa ein halbes Jahr bei Gericht tätig gewesen und angesichts seiner Beschäftigung im Reichswirtschaftsministerium dem praktischen richterlichen Dienst entzogen. Daher könne «wenigstens im gegenwärtigen Zeitpunkte» eine planmäßige Anstellung von Strauß nicht befürwortet werden, da es eine große Anzahl von Gerichtsassessoren mit gleichen oder günstigeren Prüfungsergebnissen gebe, die seit langer Zeit ununterbrochen bei Gericht tätig seien und sich als Hilfsrichter bewährt hätten.[34] Bereits Ende 1932 war somit absehbar, dass Strauß vorerst nicht mit einer Planstelle in der Justiz rechnen konnte.[35]

Nach dem Machtantritt der Nationalsozialisten am 30. Januar 1933 wurde daraus bald Gewissheit. Zwar bestanden noch im Juli 1933 im Preußischen Justizministerium keine Bedenken gegenüber seinem Verbleib im Justizdienst, nachdem seine Beschäftigung im Reichswirtschaftsministerium am 30. April offiziell geendet hatte.[36] Doch im März 1934 ersuchte das Ministerium den Kammergerichtspräsidenten, neun namentlich genannten Gerichtsassessoren – darunter auch Strauß – mitzuteilen, dass sie nicht mit einer Anstellung im Justizdienst rechnen könnten.[37] Als Strauß am 20. September 1934 den Bescheid erhielt, dass geplant sei, ihn «im Interesse des Dienstes» in den Ruhestand zu versetzen[38], bezog sich das RJM ausdrücklich auf § 6 des Gesetzes zur Wiederherstellung des Berufsbeamtentums, in dem es hieß, dass zur «Vereinfachung der Verwaltung» Beamte auch dann in den Ruhestand versetzt werden konnten, wenn sie noch nicht dienstunfähig waren.[39] Dass Strauß nicht über den sogenannten «Arier-Paragrafen» (§ 3 Abs. 1) aus dem Dienst entfernt wurde, sondern über § 6, hatte er offenbar nur dem Umstand zu verdanken, dass er als Teilnehmer an der Niederschlagung des Spartakusaufstandes von einer Anwendung des Arier-Paragrafen befreit war.[40] Das Schreiben vom 10. November 1934, mit dem Strauß schließlich zum 1. März 1935 ohne Versorgungsbezüge in den Ruhestand versetzt wurde, trug die Unterschrift von Justizstaatssekretär Roland Freisler.[41]

In der Folge hielt sich Strauß mit unterschiedlichen Tätigkeiten über Wasser: als juristischer Hilfsarbeiter einer Rechtsanwaltskanzlei, als Wirtschaftsberater auf dem Gebiet des internationalen Privatrechts und schließlich, von 1938 bis 1942, bei der Auswandererhilfe für Juden und politisch Verfolgte. Dabei arbeitete er seit dem 1. September 1938 für das Reisebüro Atlantic-Express GmbH, das zur traditionsreichen Reederei der Hamburg-Amerikanischen Packetfahrt-Actien-Gesellschaft (HAPAG) gehörte, und brachte es dort zum Leiter der Passageabteilung bei der «Werbung und Zuführung von nichtarischen Auswanderern».[42] Während dieser Zeit organisierte er im Juni 1939 auch eine Reise Dietrich Bonhoeffers in die USA, der damals versuchte, die christlichen Kirchen in der Ökumenischen Bewegung zum Einsatz gegen die laufenden Kriegsvorbereitungen der Nationalsozialisten zu bewegen.[43]

Da Strauß sich 1939 taufen ließ und zum evangelischen Glauben übertrat, konnte er diese Tätigkeit in der Auswandererhilfe noch bis Anfang 1942 fortsetzen. In einem Brief an Egbert Munzer erklärte er dazu später, er sei in dieser Zeit «Vertrauensmann sowohl der evangelischen als auch der katholischen Kirche» gewesen.[44] Für seine Arbeit besaß er zudem eine Sondergenehmigung des Reichsministeriums des Innern, die vermutlich von Ministerialrat Dr. Hans Globke ausgestellt war.[45] Globke war unter Innenminister Wilhelm Frick seit dem 1. November 1934 als Referent für Namensänderungen und Personenstandsfragen zuständig, bearbeitete ab 1937 aber auch «Allgemeine Rassefragen», Ein- und Auswanderungen sowie Angelegenheiten, die mit dem antisemitischen «Blutschutzgesetz» in Verbindung standen. Für seine Arbeit wurde er am 1. September 1938 mit der Beförderung zum Ministerialrat belohnt.[46] Aufgrund seiner Funktionen als Referatsleiter im RMI war Globke damit praktisch der direkte Ansprechpartner für Strauß im Innenministerium, auch wenn es erst 1949 zu einem persönlichen Zusammentreffen kam. Für Strauß bedeutete die Rückendeckung, die er durch Globke erhielt, sehr viel, denn sie kam nicht nur den ausreisewilligen Juden zugute, die Strauß betreute, sondern auch ihm selbst, weil er sich dadurch, wie er 1947 vieldeutig bemerkte, «anderer Arbeit entziehen» konnte.[47] Ein nicht belegtes Motiv für die Loyalität, die Strauß nach dem Ende des Dritten Reiches gegenüber Globke offenbar empfand, könnte ebenfalls darin bestanden haben, dass Globke ihm 1939 nach dem Übertritt zum evangelischen Glauben bei seiner «Arisierung» behilflich war, die ihn möglicherweise vor Verfolgung und Deportation bewahrte und ihm damit das Leben rettete.[48]

Nach Kriegsbeginn wurden die Lebensbedingungen für Strauß und seine Familie trotz seines Übertritts zum evangelischen Glauben jedoch immer schwieriger. Seine Schwester emigrierte bereits 1939 nach England, seine Eltern wurden 1943 in das Ghetto Theresienstadt verschleppt.[49] Hermann Strauß erlag dort 1944 mit 77 Jahren einem Herzinfarkt, während seine Frau Elsa das KZ zwar überlebte, aber am 13. Juni 1945 an den Folgen einer schweren Infektion starb, die sie sich im Lager zugezogen hatte. Walter Strauß sollte im Herbst 1940 ebenfalls verhaftet werden und entkam der Gestapo nur deshalb, weil er einen Hinweis erhalten hatte, dass man ihn festnehmen wollte. Denn obwohl er sich hatte taufen lassen, blieb er für das Reichssicherheitshauptamt ein Jude, den es zu verfolgen galt.[50] Seiner jüdischen Ausweispapiere konnte sich Strauß danach durch Bestechung eines Beamten entledigen, wobei ihm zugute kam, dass er zur örtlichen Polizei in Wannsee, die ihn auch über Denunziationen aus der Nachbarschaft informierte, und zu Angehörigen der Berliner Ministerialbürokratie gute Kontakte besaß. Nach dem Krieg nannte er in diesem Zusammenhang ausdrücklich seinen ehemaligen Vorgesetzten im Reichswirtschaftsministerium, Paul Josten, dem er bescheinigte, sich gegenüber der Gestapo für ihn eingesetzt zu haben.[51] Seine Tätigkeit in der Auswandererhilfe musste Strauß 1942 jedoch beenden. Er arbeitete jetzt in der Werkstatt der Firma Ferdinand Kranefeld, die militärische Ausrüstungsgegenstände instandsetzte und deswegen als kriegswichtig galt, bis Wannsee am 2. Mai 1945 von sowjetischen Truppen besetzt wurde.

Nachkriegszeit

Die Nachkriegszeit, die nun begann, bedeutete weder für Dehler noch für Strauß einen Stillstand, sondern einen Neubeginn. Nachdem Dehler und der ehemalige Landgerichtspräsident Dr. Lorenz Krapp am 8. Mai 1945, wie bereits beschrieben, den amerikanischen Besatzungsbehörden auf deren ausdrücklichen Wunsch ein Memorandum zum Wiederaufbau der Justiz in der amerikanischen Zone unterbreitet hatten, wurde Dehler am 1. Juni kommissarischer Landrat des Kreises Bamberg und am 9. August zusätzlich Vorsitzender eines «Bürgerkomitees» zur Beratung der lokalen alliierten Kommandantur, das vor allem Nazis ausfindig machen sollte.[52] Politisch war er weiterhin erfüllt von der Idee der deutschen Nation, die seiner Überzeugung nach nicht preisgegeben werden durfte, auch wenn sie durch den Nationalsozialismus vorübergehend pervertiert worden war. So war die Wiederherstellung der deutschen Einheit für Dehler ein Ziel, dessen Erreichung er immer wieder anmahnte, indem er – entgegen innen- und außenpolitischen Bedenken – das «nationale Schicksal» als «primäre Aufgabe» propagierte. Noch Jahre später, in einer Rede auf dem 4. Bundesparteitag der FDP in Bad Ems am 21. November 1952, kam er darauf zurück und plädierte dafür, das Wort «Reich» als politischen Begriff wiederzuverwenden, da es «seelische Tiefen und seelische Werte» enthalte.[53]

In diesem Sinne war Dehler, wie der bayerische FDP-Vorsitzende Josef Ertl später bemerkte, im traditionellen Sinne ein «Nationalliberaler», bei dem «der Reichsgedanke ein tragender Pfeiler seines politischen Handelns» gewesen sei.[54] Tatsächlich bekannte er sich gerade in den Jahren nach 1945, in denen der Kalte Krieg zwischen Ost und West zur deutschen Teilung führte, leidenschaftlich zur deutschen Einheit. Trotz der nationalistischen Untertöne, die dabei nicht zu überhören waren, empfahl man ihn aber immer wieder für neue Ämter. So wurde er am 1. Januar 1946, nachdem die Militärregierung deutschen Gerichten die Wiederaufnahme ihrer Arbeit gestattet hatte, zum Generalstaatsanwalt beim Oberlandesgericht Bamberg berufen. Am 1. September 1946 übernahm er zusätzlich noch die Funktion des Generalklägers am Kassationshof im Bayerischen Staatsministerium für Sonderaufgaben, das für die Entnazifizierung in Bayern zuständig war.[55] Diese Tätigkeit gab er allerdings bereits am 5. Januar 1947 wieder auf, nachdem Alfred Loritz im Dezember 1946 das Sonderministerium übernommen hatte. Denn Loritz, Gründer und Vorsitzender der «Wirtschaftlichen Aufbau-Vereinigung» (WAV), einer populistischen Mittelstandspartei, die zusammen mit der CSU und der SPD die erste parlamentarisch konstituierte Regierung in Bayern bildete, war eine Figur, die Peter Jakob Kock 1999 in einer biographischen Skizze spöttisch eine «Mischung aus Karl Valentin und Adolf Hitler» nannte.[56] Eine Zusammenarbeit mit Loritz kam für Dehler aber schon deshalb nicht in Frage, weil Loritz nach seinem Amtsantritt als Sonderminister gleich mehrere Mitarbeiter wegen angeblicher Korruption entlassen und die Befugnisse anderer, darunter auch diejenigen Dehlers, beschnitten hatte – augenscheinlich eine Form psychologischer Übertragung, denn er selbst wurde später wegen Anstiftung zum Meineid und zur Falschbeurkundung zu dreieinhalb Jahren Zuchthaus und fünf Jahren Verlust der bürgerlichen Ehrenrechte verurteilt, konnte sich dem Haftantritt jedoch durch seine Flucht nach Österreich entziehen, wo er 1962 politisches Asyl erhielt.

Dehler hingegen trat am 17. Juni 1947 in Bamberg die Nachfolge des verstorbenen Oberlandesgerichtspräsidenten Dr. Krapp an, mit dem er 1945 das erwähnte Memorandum zum Wiederaufbau der Justiz in der amerikanischen Zone verfasst hatte.[57] Der Oberlandesgerichtsbezirk Bamberg reichte von Aschaffenburg über Würzburg, Schweinfurt, Bamberg und Bayreuth bis Hof und Coburg. Dehler hatte hier als Generalstaatsanwalt bereits die Staatsanwaltschaften neu aufgebaut und reorganisiert. Jetzt besaß er die Gesamtverantwortung und führte die Aufsicht über die ersten justiziellen Schritte bei der Verfolgung und Anklage von Straftaten, die unmittelbar nach dem Zusammenbruch des Dritten Reiches begangen oder angezeigt worden waren.[58] Immer wieder kam es dabei aber auch zu Konflikten mit den Besatzungsbehörden, denen Dehler insbesondere bei politisch sensiblen Verfahren und bei der Wiedereinsetzung NS-belasteter Richter wiederholt Eingriffe in die unabhängige Rechtspflege vorwarf.[59]

Dehlers Personalreferent am OLG wurde Dr. Willi Geiger, der anfangs auch für den Haushalt zuständig war. Das war umso erstaunlicher, als Geiger nicht nur, wie Dehler, der Nationalsozialistischen Volkswohlfahrt (NSV) angehört hatte, sondern bereits 1933 der SA und 1934 ebenfalls dem NS-Rechtswahrerbund beigetreten war. Außerdem war Geiger in der NS-Zeit Staatsanwalt am Sondergericht Bamberg gewesen und hatte damit unmittelbar der rechtspolitischen Ideologie des NS-Regimes gedient. Er wies also eine klassische nationalsozialistische Karriere auf, war in höchstem Maße NS-belastet, politisch diskreditiert und damit für die rechtsstaatliche Justiz der Demokratie in der Nachkriegszeit eigentlich unbrauchbar. Doch Dehler besaß von ihm offenbar einen anderen Eindruck. Er kannte Geiger aus der Zeit, als er selbst Anwalt in Bamberg gewesen war und dem Staatsanwalt Geiger häufig am Sondergericht als Verteidiger gegenübergestanden hatte. Jetzt schätzte er Geigers juristische Fähigkeiten und menschliche Qualitäten offenbar höher ein als dessen nationalsozialistische Vergangenheit, die auch mehrere Todesurteile einschloss, die Geiger am Sondergericht erwirkt hatte.[60]

Die Wirtschaftsverwaltung der Bizone

Walter Strauß organisierte nach Kriegsende mit seiner Ehefrau Tamara Berta Schneider, die er 1929 geheiratet hatte – eine Balten-Deutsche, die während des Ersten Weltkrieges für zwei Jahre nach Sibirien deportiert worden und erst 1920 in das Deutsche Reich übergesiedelt war –, zunächst den Betrieb eines Lazaretts in Wannsee und betätigte sich danach bis Mitte 1946 als Verwaltungsdirektor des daraus hervorgegangenen Krankenhauses. Durch Dr. Ferdinand Friedensburg, den Präsidenten der Deutschen Zentralverwaltung für Brennstoffindustrie in der SBZ und späteren stellvertretenden Oberbürgermeister Berlins, gelangte Strauß schon früh in die Berliner CDU, als deren Mitbegründer er gelten kann. Am 10. September 1945 wurde er Vorsitzender der Ortsgruppe Wannsee und war Delegierter in mehreren Ausschüssen des Bezirksverbandes Zehlendorf. Eine unmittelbare Mitwirkung am Magistrat, der Berliner Stadtverwaltung, lehnte er jedoch ab. Stattdessen verließ er im Juni 1946 die Hauptstadt und trat als Staatssekretär in die hessische Landesregierung unter Ministerpräsident Karl Geiler ein. Den Entschluss, Berlin den Rücken zu kehren, hatte er – für den Fall seines Überlebens – schon vor 1945 gefasst.[61]

Karl Geiler, parteilos und politisch unbelastet, ein angesehener Wirtschaftsanwalt aus Mannheim, der von 1921 bis 1939 Wirtschaftsrecht, Gesellschaftsrecht und Steuerrecht an der Universität Heidelberg gelehrt und auch die Dissertation des späteren hessischen Generalstaatsanwalts Fritz Bauer betreut hatte, war auf Strauß durch dessen Studienfreund Rudolf Mueller aufmerksam geworden.[62] Mit Mueller und Franz Böhm, einem ehemaligen Kollegen aus dem Kartellreferat des Reichswirtschaftsministeriums, gehörten gleich zwei Freunde von Strauß dem hessischen Kabinett an, das ihn am 19. Juni 1946 zum Vertreter Hessens im Direktorium des Länderrats ernannte, der zentralen Koordinierungsstelle für die Länder der amerikanischen Besatzungszone. In diesem Gremium mit Sitz in Stuttgart stimmten die Landesregierungen ihre Vorhaben aufeinander ab und berieten über notwendige Gesetzgebungsmaßnahmen vor allem in der Finanz- und Sozialpolitik sowie in der Ernährungs- und Flüchtlingsfrage.[63] Strauß pendelte jetzt regelmäßig zwischen Wiesbaden und Stuttgart und setzte zudem ein erstes personalpolitisches Zeichen, als er seinen ehemaligen Referatsleiter aus dem Reichswirtschaftsministerium, Paul Josten, als Beauftragten für Preisbildung und Preisüberwachung zum Länderrat holte. Für ihn hatte er sich schon vorher persönlich verwandt, als Josten, kurz nach Kriegsende, in Hamburg von den britischen Besatzungsbehörden inhaftiert worden war.[64]

Nach Bildung der Bizone am 1. Januar 1947 lehnte Strauß zwar das Angebot ab, als CDU-Vertreter das Amt des Direktors für Verkehr in der Bizonenverwaltung zu übernehmen, fand sich jedoch bereit, zum 1. Oktober 1947 als stellvertretender Direktor in die Verwaltung für Wirtschaft (VfW) einzutreten. In einer vorbereitenden Denkschrift, die erstmals seine personalpolitischen Überzeugungen nach 1945 erkennen lässt, schilderte er die Aufgaben und Probleme, mit denen er die bizonale Wirtschaftsverwaltung konfrontiert sah: eine unterschiedliche Entwicklung in den vier Besatzungszonen sowie «das Problem der Überalterung der Verwaltungen infolge der überdurchschnittlichen Verluste jüngerer Jahrgänge durch Kriegstod, Nazimord, Emigration und – Denazifizierung».[65] In seiner Antrittsrede vor dem Personal der VfW am 17. Oktober 1947 erklärte er dazu ergänzend, durch zwei Kriege, den Nationalsozialismus und die umfangreiche Emigration sei «die Zahl derjenigen vorgebildeten Menschen sehr verringert worden, die für eine Tätigkeit auf zentraler Ebene in Betracht» kämen. Jeder Mitarbeiter, «unbeschadet seiner parteipolitischen Betätigung als Staatsbürger», müsse daher «in seiner Eigenschaft als Beamter die guten Traditionen des preußischen Beamtentums einhalten» und sich «ausschließlich für das Amt verwenden».[66] Strauß schwebte also das Modell des «unpolitischen Beamten» – «unter Ablehnung aller unkeuschen Gelüste» einer Partei, wie er 1947 bemerkte.⁶⁷

Doch was bedeutete dies angesichts der Tatsache, dass es vor 1945 gar kein unpolitisches Beamtentum gegeben hatte? Konnte er über die Jahre der NS-Diktatur einfach hinwegsehen, in denen jene Eliten eine zentrale Rolle gespielt hatten, deren Wiederverwendung jetzt zur Debatte stand? Man kann darüber nur spekulieren. Im Nachhinein sind die Äußerungen von Strauß jedenfalls unverständlich, weil sie in der personalpolitischen Umsetzung dazu führen mussten, dass Funktionsträger, die schwerste Schuld auf sich geladen hatten, unter dem Vorwand des «unpolitischen Beamtentums» exkulpiert wurden und wieder zu Amt und Würden gelangten.

Dass Strauß sich des Problems der NS-Belastung zwar bewusst, aber auch bereit war, sich darüber hinwegzusetzen, verdeutlicht das Protokoll einer Besprechung am 3. November 1947, dem zufolge er erklärte, bei jedem früheren NSDAP-Mitglied sei – «ebenso wie bei allen anderen Bediensteten» – die «berufliche Vorbildung und Erfahrung für die beabsichtigte Verwendung sowie insbesondere charakterliche Zuverlässigkeit sorgfältig zu prüfen».⁶⁸ Strauß betonte also Qualifikation und Charakter, nicht jedoch die politische Einstellung oder gar die Taten in der Vergangenheit, und forderte sogar ausdrücklich, die «wertvollen Kräfte unter den ehemaligen Parteigenossen» dem Amt zu erhalten.⁶⁹ Wie sehr diese Vorstellungen auch für seine Zeit als Staatssekretär im BMJ galten, geht aus einem Aufsatz zur Personalpolitik in den Bundesministerien hervor, den Strauß Mitte der 1970er Jahre für einen Sammelband über Bundeskanzler Adenauer und dessen Zeit verfasste. Strauß knüpfte darin an die von den Reichsministerien vor 1933 verfolgte Personalpolitik an, bei der «hohe fachliche und charakterliche Eigenschaften und einwandfreie Staatstreue» maßgebend gewesen seien.⁷⁰ Erneut übersprang er also die Jahre der NS-Diktatur – als ob sie an dem Personal, das nun in großem Umfang wieder verwendet wurde, spurlos vorübergegangen wären.

Das Rechtsamt des Vereinigten Wirtschaftsgebiets

Als Dr. Johannes Semler (CSU) im Januar 1948 auf Druck der Besatzungsmächte als Direktor der VfW zurücktreten musste, nachdem er amerikanische Getreidelieferungen wegen ihrer mangelnden Qualität als «Hühnerfutter» bezeichnet hatte, wollte auch Strauß sein Amt niederlegen. Auf Drängen der CDU, die ihn gerne als Nachfolger Semlers gesehen hätte, fand er sich schließlich bereit, die Geschäfte des Direktors kommissarisch zu führen, bis ein Nachfolger gefunden war. Als er danach ausschied, schrieb er an einen früheren

Kollegen im Reichswirtschaftsministerium, er müsse jetzt erst einmal «in Ruhestellung kommen», nachdem er viele Jahre lang pausenlos tätig gewesen sei. Danach werde er die Leitung des neugebildeten Rechtsamts des Vereinigten Wirtschaftsgebiets (VWG) – also der Bizone – übernehmen.[71]

Das Aufgabenspektrum des Rechtsamtes, das am 20. Juli 1948 mit seiner Arbeit begann, umfasste die Untersuchung von Gesetzes- und Verordnungsentwürfen auf deren rechtsförmige Richtigkeit, allgemeine justitiarische Angelegenheiten sowie das Bekanntmachungswesen, das helfen sollte, die Rechtszersplitterung in der Bizone zu überwinden.[72] Die Dienstaufsicht über das Rechtsamt übte der Verwaltungsratsvorsitzende, Oberdirektor Dr. Hermann Pünder, aus.[73] Aufgrund von Anlaufschwierigkeiten konnte Strauß erst ab August 1948 darangehen, geeignetes Personal zu rekrutieren.[74] Neben einem Zentralreferat schuf er noch Referate für fiskalische Rechtsstreitigkeiten, Gewerblichen Rechtsschutz, Öffentliches Recht, Völkerrecht und Wirtschaftsrecht sowie ein Justitiariat. Die Referatsleiter waren zum Teil Beamte, die Strauß von früher her kannte. Henning von Arnim, der im Sekretariat des Stuttgarter Länderrats sowohl die Rechtsabteilung als auch die Finanzabteilung geleitet hatte, übernahm das Referat für Öffentliches Recht und war im BMJ später für Fragen des Beamtenrechts zuständig.[75] Carl Friedrich Ophüls war zuständig für Völkerrecht und wurde nach 1949 im BMJ Referatsleiter für Allgemeines Völkerrecht, Zwischenstaatliches Sonderrecht und Rechtsfragen der Friedensregelung. In dieser Funktion war er 1951/52 auch Mitglied der Delegation der Bundesregierung auf der Konferenz über die Bildung einer Europaarmee sowie Sachverständiger der Delegation für die Ablösung des Besatzungsstatuts.[76] Das Referat für Gewerblichen Rechtsschutz leitete Kurt Haertel, der 1961 die Nachfolge von Heinrich Richter als Abteilungsleiter Z im BMJ antrat, ehe er von 1963 bis 1975 Präsident des Deutschen Patentamts in München wurde.[77] Mit der Errichtung des Patentamts als einer nachgeordneten Behörde des Rechtsamtes – und später des BMJ – wurde 1948 schon begonnen. Die Eröffnung am 1. Oktober 1949 fiel dann aber bereits in die Zeit der frühen Bundesrepublik.[78]

Als Stellvertreter von Strauß hatte der Verwaltungsrat zunächst Rudolf Harmening vorgesehen, der jedoch aufgrund seiner Mitgliedschaft in der SS von 1939 bis 1945 – zuletzt im Stab des Rasse- und Siedlungshauptamtes – so stark belastet war, dass Adolf Arndt (SPD), der dem Wirtschaftsrat unter anderem als Vorsitzender des Rechtsausschusses und des Ausschusses für Beamtenrecht angehörte, sich gegen seine Verwendung aussprach.[79] Strauß erklärte dazu, man könne «über die Zweckmässigkeit und über die Richtigkeit dieser Verwendung von Herrn Dr. Harmening als stellvertreter Leiter einer Behörde selbstverständlich verschiedener Meinung sein». Allerdings möge dies nicht in «derart persönlicher Weise» geschehen, wie der Abgeordnete Arndt es getan habe. Und als in der Aussprache mehrfach der Name Walter Roemer als mögliche Alternative zu Harmening fiel, bemerkte Strauß, er schätze Roemer, der im Nürnberger Juristenprozess als Zeuge aufgetreten war[80], glaube aber, «das Hineinziehen seines Namens in das Plenum würde die Möglichkeit, ihn für die Stelle zu verwenden, zum mindesten [...] erschweren».[81]

Strauß nahm also zunächst Dr. Harmening in Schutz, obwohl seine NS-Belastung eindeutig war und er bis dahin gar nicht zu den Beamten des Rechtsamts gehörte; er war dafür zwar in Aussicht genommen worden, hatte dort aber nie eine Tätigkeit aufgenommen. Und im Fall Roemer war Strauß dessen NS-Vergangenheit zu diesem Zeitpunkt augenscheinlich schon bekannt, so dass er es vorzog, die offene Aussprache über ihn zu unterbinden. So wurde nicht Roemer, sondern Dr. Günther Joël der Stellvertreter von Strauß als Leiter des Rechtsamts.[82] Später fanden sich aber sowohl Joël als auch Roemer, beide sogar als Abteilungsleiter, im BMJ wieder.

Dehler und Strauß im Parlamentarischen Rat

Am 11. August 1948, als der personelle Aufbau des Rechtsamts gerade erst begonnen hatte, wurde Strauß, der inzwischen als einer der profiliertesten Verfassungspolitiker der Union galt, vom Hessischen Landtag in den Parlamentarischen Rat entsandt, der am 1. September mit der Eröffnungsfeier im Bonner Museum Koenig seine Arbeit aufnahm, die er am 23. Mai 1949 mit der Verabschiedung des Grundgesetzes beendete.[83] Hier traf Strauß auch auf Thomas Dehler, der zusammen mit dem späteren Bundespräsidenten Theodor Heuss sowie Hermann Schäfer, Max Becker und Hermann Höpker-Aschoff[84] zur kleinen, aber einflussreichen Schar der FDP-Vertreter gehörte.[85]

Bei den Beratungen des Parlamentarischen Rates trat Dehler für ein Präsidialsystem anstelle eines parlamentarischen Systems ein und suchte, als er sich damit nicht durchsetzen konnte, zumindest das Amt des Bundeskanzlers zu stärken. Allzu weitgehende föderalistische Tendenzen lehnte er, wie schon zuvor bei der Beratung der bayerischen Verfassung, strikt ab und forderte statt des Bundesrates einen durch die Landtage zu bestimmenden Senat. Strauß hingegen päsentierte sich vor allem als Vorkämpfer für das Berufsbeamtentum und erklärte, die staatlichen und gemeindlichen Daueraufgaben seien «grundsätzlich von Berufsbeamten auszuüben, die in einem öffentlich-rechtlichen Dienst- und Treueverhältnis zu ihrem Dienstherrn stehen».[86]

Strauß wollte also die Institution des Berufsbeamtentums für den neu zu gründenden Staat sichern und setzte sich mit seinen Auffassungen weitgehend durch, während Dehlers Ideen wenig Zustimmung fanden. Dies galt sowohl für Dehlers Wunsch, dem Bund im Rahmen einer Präsidialdemokratie «eine wirkliche Spitze» zu geben und ihn damit «den Tücken und Wirren des Parlamentarismus» zu entziehen, als auch für seine Hoffnung, einen Senat als «bündisches Organ» anstelle eines Bundesrates zu schaffen.[87] Er bekannte daher später, seine Zeit im Parlamentarischen Rat sei für ihn «eine Zeit seelischer Qual» gewesen, zumal er befürchten musste, dass Bayern dem Grundgesetz nicht zustimmen werde.[88] Dennoch plädierte er am 19./20. Mai 1949 im Bayerischen Landtag nachdrücklich für die Annahme der neuen Verfassung. Das Grundgesetz sei «ein wesentlicher Fortschritt zum Wiedererleben des Deutschen Staates und nein zu ihm zu sagen, [...] nicht möglich.»[89] Doch der Landtag folgte nicht Dehler, sondern der Empfehlung der Bayerischen Staatsregierung und lehnte die Ratifizierung nach siebzehnstündigen Beratungen mit 101 gegen 63 Stimmen bei neun Enthaltungen ab. Gleichzeitig wurde aber die Rechtsverbindlichkeit des Grundgesetzes mit 97 Ja-Stimmen gegen nur sechs Nein-Stimmen bei 70 Enthaltungen bejaht.[90]

Damit war Dehler zwar in Bonn und München ohne politische Mehrheit geblieben, hatte sich aber im Parlamentarischen Rat und im Bayerischen Landtag in einem Maße profiliert, dass er unter führenden Juristen und unter seinen Politikerkollegen bereits frühzeitig als Anwärter für das neue Amt des Justizministers der im Entstehen begriffenen Bundesrepublik gehandelt wurde. So teilte Herbert Ruscheweyh, der Präsident des Deutschen Obergerichts für das Vereinigte Wirtschaftsgebiet, Dehler nach seiner Ernennung zum Justizminister am 20. September 1949 mit, er und viele seiner Kollegen hätten ihn bereits «seit den Tagen des Parlamentarischen Rates» für diese Position favorisiert.[91]

Aber auch Walter Strauß konnte 1949 mit Genugtuung auf seine Arbeit im Parlamentarischen Rat zurückblicken, da es ihm gelungen war, die Stellung des Beamtentums im künftigen Staat zu behaupten und zu stärken. Dazu gehörte nicht nur die Wiederherstellung des Berufsbeamtentums, sondern auch die Tatsache, dass es künftig keine Trennung von Amt und Mandat mehr geben würde. Beamte konnten also an gesetzgeberischen Körperschaften teilhaben und sollten sich auf diese Weise mit der Demokratie ausdrücklich identifizieren – anders als in der Weimarer Republik, als sie der heraufziehenden Diktatur des NS-Regimes nichts entgegenzusetzen vermocht hätten, «weil ihnen mangels politischer Sachkunde das [...] Orientierungsvermögen fehlte». Zwar seien sie «vielfach vorzügliche Techniker ihres Sachgebietes» gewesen.

Aber sie hätten dabei «den Blick zur Beurteilung allgemeinpolitischer Vorgänge eingebüßt».[92] Nun aber sollten sie sich in der Bundesrepublik als aktive Befürworter und Verfechter der neuen parlamentarisch-demokratischen Grundordnung verstehen.

Darüber hinaus hatte Strauß noch weitere Vorschläge in die Verfassungsarbeit eingebracht: etwa das 1951 mit der Gründung des Bundesverfassungsgerichts verwirklichte Institut der Verfassungsbeschwerde, wonach jeder Deutsche das Recht haben sollte, Beschwerde zu erheben, wenn er sich durch die Verfügung oder Entscheidung eines Hoheitsträgers der öffentlichen Gewalt in einem Grundrecht oder in einem ihm sonst nach dem Grundgesetz zustehenden Recht verletzt glaubte; oder die Modifizierung einer Formulierung zur Richterwahl, wonach über die Berufung der Bundesrichter der zuständige Fachminister gemeinsam mit einem Richterwahlausschuss entscheiden solle.[93] Insgesamt leistete Strauß damit wichtige Beiträge zum Grundgesetz, die Chaput de Saintonge, einen britischen Beobachter, zu der vielleicht etwas übertriebenen Feststellung veranlassten, Strauß habe sogar «eine führende Rolle bei der Detailarbeit am Grundgesetz» gespielt.[94]

2. Das Bundesministerium der Justiz: Neubeginn oder Kontinuität?

Nachdem Thomas Dehler am Ende des Parlamentarischen Rates für manche schon wie der sichere künftige Bundesjustizminister ausgesehen hatte, war nach der Bundestagswahl vom 14. August 1949 zunächst alles wieder offen. Denn das Wahlergebnis ließ begründete Zweifel aufkommen, ob die FDP an der neuen Bundesregierung überhaupt beteiligt sein würde. Zwar hatten sowohl die CDU/CSU als auch die SPD mit 31,0 bzw. 29,2 Prozent der Stimmen die absolute Mehrheit klar verfehlt und waren deshalb auf Koalitionspartner angewiesen. Doch die FDP hatte nur 11,9 Prozent erreicht – nicht genug, um einer der beiden großen Parteien zur Mehrheit zu verhelfen. Eine bürgerliche Koalition aus CDU/CSU und FDP hätte im Bundestag nur über 191 von 402 Sitzen verfügt, eine sozialliberale Koalition aus SPD und FDP sogar nur über 183. Für die Kanzlermehrheit waren jedoch 202 Stimmen erforderlich. Rechnerisch erschien daher eine Große Koalition aus CDU/CSU und SPD als beste Lösung, weil sie stabile Verhältnisse versprach. Tatsächlich war sie zum Greifen nah, denn in der SPD wie in der CDU gab es starke Befürworter. In der SPD waren dies vor allem Berlins sozialdemokratische Bürgermeisterin Louise Schroeder, Niedersachsens Ministerpräsident Hinrich

Wilhelm Kopf und Hessens Ministerpräsident Christian Stock, der nach der Wahl erklärte, eine Koalition der beiden großen Parteien CDU und SPD sei «wünschenswert». Und in der Union sprachen sich die CDU-Ministerpräsidenten, die damals noch die bestimmenden Figuren der Partei waren, ebenfalls für eine solche Koalition aus und forderten einmütig «eine starke Bundesregierung, die vom Volk getragen wird».[95]

Dehlers Weg ins Ministeramt

Auch Thomas Dehler plädierte nach der Wahl zunächst für eine Einbeziehung der SPD in die Regierungsverantwortung und unterbreitete einen Vorschlag für eine Koalition aus CDU/CSU, SPD und FDP. Er hoffte, davon werde nicht nur eine mäßigende Wirkung auf die «grundsätzlichen Spannungen» zwischen Union und FDP, sondern auch ein positiver Effekt auf die SPD ausgehen: Eine «durch die Koalition gebändigte Sozialdemokratie», so meinte er, würde die Gefahr einer «Radikalisierung der Linken» verringern und damit die «revolutionäre Gefahr» mindern. Allerdings müssten die Sozialdemokraten «auf jede Form der staatlich gelenkten Wirtschaft» verzichten.[96] Alle Überlegungen in diese Richtung waren jedoch hinfällig, als der SPD-Vorsitzende Kurt Schumacher Spekulationen um eine Große Koalition schon früh eine Absage erteilte. Verbittert über das Wahlergebnis, bei dem seiner Meinung nach die «Reaktion» über den «Fortschritt» gesiegt hatte, ließ er bereits am 22. August im *Sozialdemokratischen Pressedienst* verlauten, die SPD sei der Auffassung, «daß die Zustimmung für einen Bundeskanzler Adenauer und einen Wirtschaftsminister Erhard eine allzu starke Zumutung für die sozialdemokratische Wählerschaft und die sozialdemokratischen Politiker wäre, die in einer solchen Regierung arbeiten müßten».[97]

Mit dieser Haltung spielte Schumacher freilich Adenauer in die Hände, der am Tag zuvor in einer denkwürdigen Sitzung in seinem Haus in Rhöndorf vor einem ausgesuchten kleinen Kreis führender Unionpolitiker bereits die Weichen für eine Koalition aus CDU/CSU, FDP und DP gestellt hatte. Die Deutsche Partei hatte nur in Norddeutschland kandidiert, war aber mit 17 Sitzen im Bundestag vertreten und daher neben der FDP ein idealer Mehrheitsbeschaffer. Zwar entbehrte ihr nationalkonservatives Programm, in dem die Umbenennung der Bundesrepublik in «Deutsches Reich» ebenso gefordert wurde wie Anstrengungen zur Rückgewinnung der deutschen Ostgebiete und die Aufnahme eines «Rechts auf Heimat» in den Grundrechtekatalog des Grundgesetzes, jeglicher realistischen Grundlage. Aber ihre Spitzenkandidaten Heinrich Hellwege, Hans-Christoph Seebohm und Margot Kalinke betrachteten die Sozialdemokraten als ihre Erzfeinde und hatten sich im Wahlkampf heftig gegen jede Art von Sozialisierung ausgesprochen. Das machte sie aus Sicht der Union sympathisch. Umgekehrt konnte man sich in der DP eine Koalition mit der CDU/CSU gut vorstellen, weil nur mit ihr eine Regierungsbeteiligung möglich war.[98]

Optimistisch rechnete Adenauer seinen Gästen am 21. August in Rhöndorf daher vor, dass die von ihm anvisierte Koalition mit 208 Sitzen über eine «gute Regierungsmehrheit» verfügen werde. Um die FDP auf seine Seite zu ziehen, schlug er zugleich Theodor Heuss für das Amt des Bundespräsidenten vor. Der angesehene FDP-Vorsitzende, der noch völlig ahnungslos war und von seinem Nominierungsglück nichts wusste, sollte als Staatsoberhaupt die geplante Koalition zusätzlich absichern. Dem Einwand, dass der liberale Heuss nicht gerade als kirchenfreundlich bekannt sei, begegnete Adenauer mit dem entwaffnenden Hinweis: «Er hat eine sehr christlich denkende Frau, das genügt.» Die launige Antwort sorgte prompt für die gewünschte Heiterkeit und allgemeine Zustimmung, die noch dadurch gefördert wurde, dass Adenauer hinzufügte, er sei überzeugt, «daß Herr Heuss, ich drücke mich so zart aus wie möglich, uns keine großen Schwierigkeiten machen wird».[99]

Ganz so leicht, wie Adenauer gedacht hatte, machte die FDP es der Union dann aber doch nicht. So bestand Franz Blücher, der stellvertretende Parteivorsitzende und Verhandlungsführer der Liberalen, in den Koalitionsgesprächen darauf, Thomas Dehler zum Justizminister zu ernennen. Für sich selbst strebte Blücher, der in der Weimarer Republik und im Dritten Reich leitende Positionen in der Ruhrwirtschaft bekleidet und nach 1945 einen raschen politischen Aufstieg erlebt hatte – zuletzt als Finanzminister des Landes Nordrhein-Westfalen und als Vorsitzender des Finanzausschusses des Wirtschaftsrats –, das Finanzministerium an. Diese Absicht ließ sich jedoch nicht mehr verwirklichen, als der nordrhein-westfälische Ministerpräsident Karl Arnold und nicht, wie zwischen Adenauer und der CDU/CSU-Fraktion verabredet, der bayerische Ministerpräsident Hans Ehard zum ersten Bundesratspräsidenten gewählt wurde. Ehard betrachtete seine Nicht-Wahl als persönliche «Ohrfeige» und als einen Sieg der «norddeutschen Zentralisten», so dass Adenauer, um den Zorn der CSU zu besänftigen, nichts anderes übrig blieb, als Ehards Parteifreund Fritz Schäffer, der 1945 nach seiner Einsetzung durch die amerikanische Militärregierung bereits einige Monate als bayerischer Ministerpräsident fungiert hatte, mit dem Finanzministerium zu betrauen. Für Blücher blieben danach nur das weit weniger gewichtige Amt des Ministers für Angelegenheiten des Marshallplans und der ehrenvolle, aber bedeutungslose Posten des Vizekanzlers. Mit der Justiz erhielt die FDP allerdings ebenfalls ein Schlüsselministerium: nach der Bundespräsidentschaft für Heuss eine zweite wichtige Konzession der CDU/CSU an die Liberalen.[100] Da man aus den Beratungen des Parlamentarischen Rates wusste, welche rechtspolitischen Differenzen zwischen der Union und dem stets kämpferischen Dehler bestanden, stellte die CDU aber die Bedingung, dass ihr Parteifreund Walter Strauß das Amt des Staatssekretärs im Justizministerium übernehmen müsse. Und Blücher stimmte zu – sehr zum Verdruss von Dehler, der Blüchers Vorgehen «mit Bitterkeit» zur Kenntnis nahm und ihm «taktische Unklugheit» vorwarf, weil er meinte, mit mehr Beharrungsvermögen hätte man auch einen liberalen Staatssekretär durchsetzen können.[101]

Die Idee eines «Verfassungsministeriums»

Der Ärger war damit vorprogrammiert, als Dehler und Strauß am 20. September 1949 ihre Ernennungsurkunden erhielten und am folgenden Tag ihre Dienstgeschäfte aufnahmen. Dehler wurde dabei von Willi Geiger begleitet, von dem bereits die Rede war. Der neue Justizminister hatte ihn aus Bamberg mit nach Bonn genommen, um ihn auch hier als seinen Referenten zu verwenden. Geiger erinnerte sich später, wie er mit Dehler durch die langen, leeren Gänge des Gebäudes in der Rheindorfer Straße im Norden Bonns gegangen war, das man ihnen zusammen mit dem Bundesinnenministerium und dem Ministerium für Angelegenheiten der Vertriebenen als ersten Dienstsitz zugewiesen hatte. Es roch, notierte er später, «noch nach Ölfarbe, Putzmitteln und neuen Möbeln». Abgesehen von einem Hausmeister und einem kleinen «Vorauskommando» vom Zonenrechtsamt in Frankfurt war noch «keine Menschenseele» anwesend.[102] Es gab nur ein einziges Telefon, und die Möbel, die nach und nach eintrafen, waren alles andere als nach dem Geschmack von Dehler, der in Bamberg bis Kriegsende stilvoll eingerichtet gewesen war. Auch Walter Strauß mokierte sich nach einer Vorbesichtigung dessen, was jetzt Ministerium genannt wurde, am 19. September über «architektonisch sehr häßliche Schreibtische, geschmückt mit gigantischen Feuerzeugen».[103]

Gleichwohl waren neben dem organisatorischen Aufbau des BMJ dringliche gesetzgeberische und politisch-administrative Arbeiten zu bewältigen: die Errichtung des Bundesgerichtshofs, die Verabschiedung eines Bundesverfassungsgerichtsgesetzes und der Aufbau des Verfassungsgerichts, der Erlass eines Amnestiegesetzes und eines ersten Strafrechtsänderungsgesetzes sowie die Erarbeitung des Rechtsvereinheitlichungsgesetzes auf dem Gebiet der Gerichtsverfassung und des Zivilprozesses – wichtige Aufgaben also, die mit einer konzeptionellen Neuausrichtung des Justizministeriums einhergehen sollten.

In seiner programmatischen Antrittsrede vor dem Bundestagsausschuss für Rechtswesen und Verfassungsrecht erklärte Dehler dazu am 9. Januar 1950, er habe sich das Ziel gesetzt, «aus dem Justizministerium ein Rechtsministerium zu machen». Man dürfe nicht der naheliegenden Versuchung erliegen, den Verwaltungsstaat, den der Nationalsozialismus als schlimmes Erbe hinterlassen habe, zu konservieren. Das Grundgesetz habe zentrale Menschenrechte formuliert, sie judiziell gesichert, den Richter vor den Beamten herausgehoben und die Trennung der Gewalten durchgeführt. Dem einzelnen Bürger solle nun in einem höheren Maße, als es früher der Fall gewesen sei, «die Garantie gegeben werden, daß nicht politische Macht, nicht Zweckmäßigkeit, sondern das Recht für jede staatliche Maßnahme entscheidend ist». Und das Justizministerium sei der gegebene Ort, um dies zu gewährleisten. Das BMJ solle daher «der Hüter der Verfassung sein».[104]

Die Struktur des neuen Ministeriums wollte Dehler an die klassische Einteilung des früheren Reichsjustizministeriums (RJM) vor 1933 anlehnen.[105] Neben einer zentralen Verwaltungsabteilung – der Abteilung Z – sollte es vier Abteilungen geben, die in ihrem Kern bis heute bestehen: eine Abteilung für Bürgerliches Recht, Verfahrensrecht, Arbeitsrecht und Sozialrecht (Abteilung I), eine Abteilung für Strafrecht und Strafverfahren (Abteilung II), eine Abteilung für Handelsrecht, Recht der gewerblichen Wirtschaft und Landwirtschaft, gewerblichen Rechtsschutz und Urheberrecht (Abteilung III) sowie eine Abteilung für Staats- und Verwaltungsrecht, Finanzrecht, Verkehrsrecht, Völkerrecht und Besatzungsrecht (Abteilung IV). Insgesamt sollte das Ministerium rund 130 Mitarbeiter umfassen, darunter 45 höhere Beamte. Für das Bundespatentamt, das dem BMJ unterstand, waren etwa 600 Angestellte vorgesehen.[106]

Ein zusammenfassender Tätigkeitsbericht des Ministeriums vom 31. August 1950 führte dazu aus, die Arbeit der einzelnen Abteilungen wie des gesamten BMJ bestehe hauptsächlich «in der federführenden Ausarbeitung von Gesetzesentwürfen und der Mitwirkung bei den Entwürfen für Gesetze und Verordnungen der anderen Bundesministerien, die auf ihre rechtsförmige Richtigkeit und ihre Übereinstimmung mit dem Grundgesetz überprüft» würden.[107] Für Dehler war diese konzeptionelle, gesetzgeberische und prüfende Tätigkeit jedoch nur ein Teilaspekt. Sein wichtigstes Anliegen war der Wunsch, die gesamte Gerichtsbarkeit, «weil sie eine Einheit darstellen» müsse, seinem Ministerium zuzuordnen. Ausdrücklich nannte er in diesem Zusammenhang auch das Bundesverfassungsgericht. Sein Ministerium müsse hier ebenfalls federführend sein, meinte er, um die Unabhängigkeit der gesamten Gerichtsbarkeit zu verwirklichen.[108] Um die «schwer erträgliche

Rechtszersplitterung» in der Bundesrepublik zu beseitigen, verlangte Dehler zudem die möglichst rasche Errichtung eines Revisionsgerichts zur Hütung der Rechtssicherheit, also eines Bundesgerichts für Zivil- und Strafsachen, für das er dem Rechtsausschuss die Bezeichnung «Bundesgerichtshof» vorschlug. Er hoffte, die Errichtung dieses Gerichtshofs bis zum 1. April 1950 verwirklichen zu können. Bis dahin sollte auch eine Entscheidung über den Standort gefallen sein, für den sich die Städte Köln, Hamburg, Kassel, Karlsruhe, Frankfurt, Wiesbaden und Berlin bereits beworben hatten.[109]

In der Frage einer Verfahrensreform zeigte sich Dehler hingegen zurückhaltend. Zwar hielt er es für vorrangig, die Einheit des Rechts auf den Gebieten der Gerichtsverfassung, der bürgerlichen Rechtspflege, des Strafverfahrens und des Kostenrechts herbeizuführen. Aber für eine grundsätzliche Reform schien ihm die Zeit «angesichts der Zerrüttung der Wertvorstellungen» nach dem Ende des Dritten Reiches noch nicht gekommen zu sein.[110] Hinsichtlich des materiellen Rechts gebe es jedoch Aufgaben, denen man sich zuwenden sollte, meinte er, etwa zur Durchsetzung des Grundsatzes der Gleichberechtigung von Mann und Frau im Namensrecht, im Eherecht, im ehelichen Güterrecht und im Vormundschaftsrecht. Notwendig seien auch Gesetze zur Erleichterung der «Annahme an Kindesstatt», also der Adoption, sowie über Ehen rassisch und politisch Verfolgter. Die Regelungen, die dazu in den einzelnen Ländern bereits getroffen worden seien, sollten jetzt auf Bundesebene vereinheitlicht werden.[111]

Diese Ziele, die Dehler zu Beginn seiner Amtszeit als Bundesjustizminister formulierte, wurden allerdings nur teilweise erreicht. Vor allem seine Absicht, die zentrale Aufsicht über die Bundesgerichte beim BMJ zu konzentrieren, um die Rechtseinheit zu stärken, musste ihn in Konflikt mit anderen Fachministern bringen, in deren Ressort ein eigenes oberes Bundesgericht bestand oder vorgesehen war. Die Idee, alle Bundesgerichte zentral beim BMJ anzusiedeln, war daher kaum zu verwirklichen. Sie wurde zwar in den folgenden Jahrzehnten immer wieder aufgegriffen – aber immer ohne Erfolg. Im Bereich der Gesetzgebung konnte sich Dehler hingegen großenteils durchsetzen. Auch mit seinem Eintreten für Karlsruhe als Standort des Bundesgerichtshofes hatte er Erfolg. Die Entscheidung für Karlsruhe hatte umso mehr Gewicht, als Dehler sich in dieser Frage gegenüber Bundeskanzler Adenauer behauptete, der Köln favorisierte und sogar einen entsprechenden Kabinettsbeschluss herbeigeführt hatte, der dann durch den Bundestag revidiert wurde.[112] Zugleich bedeutete die Entscheidung für Karlsruhe ein Präjudiz für den Sitz des Bundesverfassungsgerichts. Ein Gesetzentwurf der SPD vom Dezember 1949 hatte dafür ursprünglich Berlin vorgesehen, und auch in der CDU/CSU-Fraktion gab es zwischenzeitlich eine Mehrheit für Berlin. Doch das Kabinett folgte am 22. Februar 1951 letztlich dem Vorschlag des Justizministers, Bundesgerichtshof und Bundesverfassungsgericht am selben Ort zu errichten, und auch der Bundestag stimmte am 18. April 1951 dieser Wahl zu.[113]

Dehlers persönliches Umfeld im BMJ

Bei der Besetzung seines persönlichen Umfeldes im BMJ griff Dehler, wie bereits am Oberlandesgericht in Bamberg, auf Personen zurück, die er bereits aus früherer Zeit kannte. Als erstes ist dabei noch einmal Dr. Willi Geiger zu erwähnen, den Dehler bereits in Bamberg zu seinem engsten Mitarbeiter ernannt hatte. Geiger hatte ihm dort den Rücken freigehalten und sogar weitgehend seine Aufgaben übernommen, als Dehler zunächst in München am Zustandekommen der bayerischen Verfassung und dann in Bonn im Parlamentarischen Rat an der Formulierung des Grundgesetzes mitgewirkt hatte. Jetzt nahm Geiger im BMJ als Persönlicher Referent des Ministers und Leiter des Personalreferats von September 1949 bis Oktober 1950 eine ähnliche Position ein.[114] Trotz seiner NS-Belastung hielt Dehler also auch als Bundesjustizminister an ihm fest, und Geiger dankte es ihm durch größte Loyalität. Inhaltlich arbeitete er unter anderem am Bundesverfassungsgerichtsgesetz, dem Rechtsvereinheitlichungsgesetz und am Amnestiegesetz von 1949 mit.[115] Es war daher kein Zufall, dass Dehler im September 1950, als die Differenzen um die Gestalt und den Sitz des Bundesverfassungsgerichts beigelegt waren, dem Richterwahlausschuss vorschlug, Geiger zum Bundesverfassungsrichter zu wählen.[116]

Nachfolger Geigers als Persönlicher Referent und Leiter des Personalreferats wurde Dr. Hans Winners, den Dehler bereits Mitte 1950 ebenfalls vom Oberlandesgericht Bamberg ins BMJ geholt hatte und der nun die Arbeit in der Abteilung Z bestimmte[117] – gemeinsam mit seinem Freund Georg Elsenheimer, der auch vom OLG Bamberg stammte und vor 1945 zeitweise, wie Geiger, am Sondergericht Bamberg tätig gewesen war.[118] Die Tatsache, dass auch Winners ab 1943 als Anklagevertreter am Sondergericht Bamberg gewirkt hatte, scheint damals noch nicht allgemein bekannt gewesen zu sein. Zumindest erfuhr das Bundeskanzleramt davon erst 1964 anlässlich einer anstehenden Beförderung von Winners durch einen anonymen Brief an Bundeskanzler Ludwig Erhard. Dehler, der Winners im April 1946 ein Leumundszeugnis ausgestellt hatte, in dem er ihm sogar «unbedingte Gegnerschaft zum NS» bescheinigte, muss davon allerdings Kenntnis gehabt haben, denn er kannte Winners und dessen Funktion in Bamberg aus eigener Anschauung.

Insofern ist schwer zu erklären, dass Dehler selbst nach Bekanntwerden der Vorwürfe gegen ihn 1964 in einem Schreiben an das Bundeskanzleramt erneut eine positive Bewertung über ihn abgab und damit dafür sorgte, dass seine Karriere im BMJ nicht gestört wurde.[119] Für seine Einstellung im BMJ im Sommer 1950 dürfte allerdings auch die Tatsache eine Rolle gespielt haben, dass er katholisch war. Denn Dehler ließ sich zu dieser Zeit eine Übersicht zum Aufbau des BMJ unter dem Gesichtspunkt der konfessionellen Zugehörigkeit der Mitarbeiter vorlegen und wusste somit, dass Winners die schutzwürdige katholische Minderheit im BMJ stärken würde.[120]

Eine vierte Personalie, die unmittelbar mit Bamberg zusammenhing, war Hermann Weinkauff, der seit dem 1. April 1946 in Bamberg zunächst Landgerichtspräsident gewesen war und am 16. September 1949 die Nachfolge Dehlers als Präsident des Oberlandesgerichts angetreten hatte. Von ihm wird später noch ausführlich im Zusammenhang mit seiner Berufung zum ersten Präsidenten des Bundesgerichtshofs die Rede sein.[121]

Konflikte mit Strauß

Worauf basierten nun die bereits angesprochenen Konflikte, die zwischen Strauß und Dehler im ersten Jahr ihrer gemeinsamen Zeit im BMJ bestanden? Die Gründe waren sowohl persönlicher Art als auch politisch bedingt. Beide waren, bei aller vordergründigen Freundlichkeit und Korrektheit, komplizierte Naturen. Dehler, der einer gläubigen katholischen Familie entstammte, aber die pietistische Strenge des Luthertums verkörperte, habe vor allem «unentwegt mit sich selbst» gerungen, bemerkte sein Parteifreund Josef Ertl später über ihn, und diese «inneren Zweifel in aller Öffentlichkeit» ausgetragen. Das, so Ertl, habe «ihn ja auch so unbequem» gemacht und aufgrund seiner leidenschaftlichen und daher unberechenbaren Rhetorik «nicht selten zu Tumulten» geführt.[122] Die SPD-Zeitung *Neuer Vorwärts* nannte ihn deshalb einen «Amok-Redner», und der ihm besonders feindlich gesonnene SPD-Rechtsexperte Adolf Arndt erklärte im März 1950 sogar: «Wenn Herr Minister Dehler spricht, ist es jedesmal ein nationales Unglück.»[123] Die öffentlichen Auftritte Dehlers standen allerdings in einem bemerkenswerten Kontrast zu seinem persönlichen Benehmen. Denn in der direkten Unterhaltung sei Dehler, berichtete später sein Pressereferent Hans Thier, immer «von vollendeter Höflichkeit» gewesen.[124] «Stets unauffällig, leise, in Gedanken vertieft oder freundlich lächelnd», erklärte auch Alfred Steinert, habe man «in einem Gespräch mit ihm [...] alsbald jede Scheu vor dem ersten Justizminister der Bundesrepublik Deutschland» verloren.[125] Im Zorn allerdings, so Hans Thier, sei er «gefährlich» gewesen: «Dann gingen ihm Kurzformeln über die Lippen, die waren für den Pressereferenten fürchterlich.»[126]

Walter Strauß, wie Dehler ein präziser Jurist, war nicht weniger temperamentvoll als sein Minister und oftmals ähnlich eigenwillig: «ein hochgebildeter Mann mit umfassendem Wissen und einem messerscharfen Verstand», wie Eduard Dreher urteilte – «ein Florettfechter des Geistes».[127] Doch Strauß war auch, in den Worten Willi Geigers, «politisch ambitioniert und beharrlich im Bemühen, sich mit seinen Auffassungen durchzusetzen». Es sei kaum ein Tag vergangen, «an dem er nicht in Verhandlungen intern oder außerhalb des Hauses das Justizministerium auf eine Position festzulegen suchte, die weder mit dem Minister abgesprochen war noch dessen Intention entsprach».[128] Schließlich musste man sich fragen, wer das Ministerium überhaupt führte. Besonders ärgerte es Dehler, dass Strauß engen Kontakt zu Hans Globke pflegte – dem leitenden Verwaltungsbeamten im Bundeskanzleramt, der seine alte Verbindung zu Strauß nutzte, um das Kanzleramt und den Bundeskanzler mit internen Informationen über Vorhaben des Justizministeriums zu versorgen.[129]

Für Dehler war diese Verbindung ein Akt der Illoyalität, den er nicht tolerieren konnte. Schon eineinhalb Monate nach Beginn ihrer Zusammenarbeit ließ er deshalb die FDP-Fraktion wissen, er wolle «Strauß loswerden».[130] Sowohl im Kabinett als auch bei Adenauer persönlich drängte er auf seine Ablösung. Doch die CDU/CSU-Fraktion unter Heinrich von Brentano wollte auf Strauß als Staatssekretär im BMJ nicht verzichten. Schließlich war Strauß nicht nur eine wichtige Informationsquelle der Union in einem FDP-geführten Schlüsselministerium, sondern auch eine Schaltstelle bei der Personalauswahl – ja sogar, wie Dreher später schrieb, «der zentrale Motor des Hauses», der «wichtige Personalentscheidungen vorbereitete und die Kontinuität der gesamten Arbeit sicherte».[131] Brentano beharrte deshalb auf den Vereinbarungen, die während der Regierungsbildung getroffen worden waren, so dass Dehler erkennen musste, dass der Widerstand der Union «nicht überwindbar» war.[132] Auch ein weiterer Versuch Dehlers, Strauß aus dem BMJ zu entfernen, indem er im März 1950 Hermann Weinkauff als «besten Mann» für den Staatssekretärsposten empfahl, scheiterte.[133] Zwar kam es darüber zu einem Gespräch mit Adenauer und Brentano. Aber am Ende blieb alles beim Alten. Allerdings sah sich auch Strauß jetzt gezwungen, sich harmonischer als bisher in die Hierarchie des Ministeriums einzufügen, so dass sich das Verhältnis zu Dehler merklich besserte. Der Staatssekretär sei dem Minister danach «mit dem gebotenen Respekt» begegnet, kommentierte Dehlers Persönlicher Referent Geiger später die Entwicklung: «Jeder im Hause wusste fortan, wer das letzte Wort hat.»[134]

Auseinandersetzungen um die Verwendung der Bizonen-Mitarbeiter

Nach Art. 133 GG war der Bund Rechtsnachfolger der Verwaltung des Vereinigten Wirtschaftsgebiets.[135] An eine automatische Überleitung des Bizonenpersonals war seitens der Ministerpräsidenten der Länder aber zunächst nicht gedacht, und auch Bundeskanzler Adenauer wollte lieber eine eigene Personalpolitik betreiben, anstatt die Verwaltungseinrichtungen der Bizone mitsamt ihrem Personal zu übernehmen.[136] Adenauer, so Strauß, habe sogar eine «schwer erklärliche reservierte Haltung gegenüber den bizonalen Behörden» gehabt und zum Beispiel beim personellen Aufbau des Bundeskanzleramts keinen Gebrauch von der Direktorialkanzlei des VWG gemacht.[137] Auch das übrige Personal der Zonenverwaltung sollte nicht im großen Umfang verwendet werden. Vielmehr wurde von der Bundesregierung in der 2. Kabinettssitzung am 20. September 1949 eine Kommission unter Leitung von Innenminister Gustav Heinemann und Finanzminister Fritz Schäffer eingesetzt, die sich «der personellen Vorbereitung der Bundesarbeit» annehmen sollte.[138] Neben Heinemann und Schäffer gehörten der Kommission noch der Vizepräsident des Rechnungshofes von Nordrhein-Westfalen, Dr. Hans Globke, und Erich Keßler vom Rechnungshof des Vereinigten Wirtschaftsgebiets sowie Hans Ritter von Lex, früher Ministerialdirektor im Bayerischen Innenministerium und inzwischen beamteter Staatssekretär im Bundesinnenministerium, an. Bis zum Vorliegen der Kommissionsergebnisse wurden die Bundesminister ermächtigt, «das für die Arbeitsaufnahme zunächst dringend benötigte Personal vorläufig anzustellen».[139]

Die Kommission, zu der mit Globke, Keßler und Ritter von Lex gleich drei Mitarbeiter des früheren Reichsinnenministeriums zählten, orientierte sich in ihrer Arbeit nicht nur an den Verwaltungsstrukturen aus der Zeit vor 1945, sondern war offenbar ebenfalls bestrebt, für die Arbeit in den Bundesministerien ehemalige Ministerialbeamte zu gewinnen.[140] Zu diesem Zweck wurden auch gleich Personalvorschläge für sämtliche leitenden Positionen vom Staatssekretär bis hinunter zu den Referenten erörtert.[141] Damit sollte offenbar so rasch wie möglich ein reibungsloses Regieren der neuen Bundesrepublik durch bewährtes Personal ermöglicht werden. Man kann es aber auch anders sehen: Wer eine Kommission in solcher Zusammensetzung mit der Aufgabe betraute, die Struktur der neuen Regierung festzulegen und Vorschläge für das gesamte Leitungspersonal zu machen, musste wissen, dass damit ein Höchstmaß an personeller Kontinuität zu den nationalsozialistischen Vorgängereinrichtungen vorgegeben war.

II. DER AUFBAU DES BMJ 1949–1953

Dieses Problem wurde noch dadurch verstärkt, dass eine zweite Kommission, diesmal unter der Leitung von Dr. Walter Kriege, aber wiederum unter Beteiligung von Globke und Keßler, sich ab dem 4. November 1949 mit der Übernahme von Personal aus der Verwaltung des Vereinigten Wirtschaftsgebiets auseinandersetzte.[142] Kriege hatte dem Reichsjustizministerium angehört und verfügte nach Meinung von Walter Strauß, der ihn später zu einem seiner wichtigsten Ratgeber in Personalfragen machte, über die besten Personalkenntnisse der Reichsministerien, die er sich vorstellen konnte. Auch Globke und Kriege kannten sich aus der Zeit vor 1945. Die vordringlichste Aufgabe dieser zweiten Kommission bestand darin, die Überführung der zum Aufbau der Bundesministerien benötigten Teile der Verwaltungen nach Bonn vorzubereiten und die bisher in Frankfurt am Main tätigen Beamten und Angestellten auf ihre mögliche Verwendung in Bundesministerien zu prüfen.[143] Am 19. Januar 1950 legte die Kommission ihren Bericht vor und empfahl, die Ministerien mit «den leistungsfähigsten Kräften» zu besetzen, «wie es dem Charakter der Zentralstellen der Verwaltung entspricht.»[144] Den einzelnen Ministerien wurde damit ein Höchstmaß an Spielraum in der Personalpolitik überlassen. Politische Überlegungen, ob und inwieweit auch die NS-Belastung der künftigen Mitarbeiter in den Verwaltungen der Bundesministerien vor der Einstellung geprüft werden sollte, wurden in dem Bericht gar nicht erst angestellt.

Allerdings erschien es fraglich, ob der Bund überhaupt verpflichtet war, die Beamten des Vereinigten Wirtschaftsgebiets zu übernehmen. Der Konflikt wurde sichtbar, als Robert Lehr, der nach dem Rücktritt von Heinemann im Oktober 1950 das Innenministerium übernommen hatte, am 16. November 1950 ein Schreiben an das Bundeskanzleramt richtete, in dem eine baldige Verordnung über die Auflösung des Personalamts des VWG angekündigt wurde. Dort gebe es noch 14 Beamte und 3 Angestellte, die noch nicht anderweitig untergekommen seien, darunter 10 Beamte des höheren Dienstes. Vordringlich, so Lehr, sei der Fall von Ministerialdirigent Dr. Oppler, dem Leiter des Personalamts. Neben seiner herausgehobenen Stellung mache auch die Tatsache, dass er «zum Kreise der rassisch Verfolgten» gehöre, eine «möglichst baldige angemessene Lösung notwendig.» Daher habe er den Bundesminister der Justiz gebeten, Dr. Oppler am BGH zu verwenden; dort sei die Stellung eines Vorsitzenden eines der neun Senate für ihn angemessen.[145] Im BMJ wurde dazu handschriftlich am Rand vermerkt, es komme «nicht auf die ‹Angemessenheit›, sondern auf die **Eignung**» an [Hervorhebung im Original].[146]

Um die Frage einer Übernahmepflicht grundsätzlich zu klären, bat der Personalreferent der zuständigen Zentralabteilung im BMJ, Hans Winners, nunmehr die für Öffentliches Recht zuständige Abteilung IV um eine gutachterliche Äußerung, da der Bundesinnenminister die noch nicht untergebrachten Beamten des Personalamts auf die obersten Bundesbehörden zu verteilen gedenke. Seiner Ansicht nach, so Winners, sei ein solches Vorgehen «rechtspolitisch bedenklich», da die Berufung eines Beamten in den Bundesdienst nur nach den «anerkannten Grundsätzen der Eignung und Auswahl» erfolgen könne. Jede Übernahme müsse im Einzelfall geprüft werden.[147] Diese Auffassung wurde vom Leiter der Abteilung IV, Walter Roemer, indessen nicht geteilt. Im Gegensatz zu Winners stellte er fest, der Bund habe sehr wohl eine Verpflichtung, die Beamten der Verwaltung des Vereinigten Wirtschaftsgebiets zu übernehmen.[148] Sie ergebe sich nicht nur aus § 22 des Beamtenrechtsänderungsgesetzes vom 30. Juni 1933[149], sondern auch aus Art. 133 GG und mittelbar aus Art. 130 GG.[150] Dieser Auffassung widersprach wiederum Willi Geiger, der forderte, eine klare Regelung nach Art. 130 Abs. 1 Satz 2 GG überhaupt erst zu schaffen, die zwar eine Übernahmepflicht begründen könne, aber nicht müsse.[151] Dieser Meinung schloss sich offenbar auch Dehler an, der in einem Schreiben vom 27. Februar 1951 an seine Kollegen im Innen- und Finanzministerium erklärte, Beamtenverhältnisse seien nicht übertragbar. Die bizonalen Beamtenverhältnisse seien mit Ablauf des 20. September 1949 erloschen. Das Grundgesetz habe keine Beamtenverhältnisse mit den früheren Beamten des VWG begründet. Zwar müsse für die bizonalen Beamten eine befriedigende Regelung gefunden werden. Dabei sei jedoch zu berücksichtigen, was den bizonalen Beamten, die nur wenige Jahre gedient hätten, zustehe und was man den altgedienten Beamten nach Art. 131 GG gewähren müsse.[152]

Die Herkunft des Gründungspersonals im BMJ

Woher kam nun das Personal, das nach 1949 die Aufbauarbeit im Bundesministerium der Justiz leistete? In dem Erinnerungsband *Der Geist der Rosenburg* nennt Alfred Steinert, der am 3. Oktober 1949 seinen Dienst im BMJ antrat, drei Gruppen, die als Mitarbeiter der ersten Stunde bezeichnet werden konnten: «Frankfurter, Hamburger, Bamberger». Da der Aufbau des Ministeriums im Wesentlichen vom Rechtsamt des Vereinigten Wirtschaftsgebiets ausging, seien die Frankfurter wenige Tage vor den Hamburgern aus dem Zentral-Justizamt vor Ort gewesen und hätten auch in Zukunft den Ton angegeben, während die Kollegen aus Bayern, insbesondere aus dem OLG-Bezirk Bamberg, aufgrund persönlicher Beziehungen bzw. Empfehlungen – vornehmlich durch Minister Dehler – ins Haus gekommen seien. Später seien dann auch Mitarbeiter aus den übrigen Bundesländern berufen worden, vor allem im gehobenen und mittleren Dienst, unter ihnen ehemalige Reichsbeamte aus unterschiedlichen Behörden, Berufssoldaten der ehemaligen Wehrmacht und Bedienstete der Polizei, zumeist «auf Vorschlag der Landesjustizverwaltungen» oder aufgrund von «gezielten Hinweisen des Ministeriums auf geeignet erscheinende Mitarbeiter». Doch die «Schalthebel der Hausmacht», so Steinert, hätten vom ersten Tag an Beamte aus Franken und Frankfurt in den Händen gehabt.[153]

Die erste Rekrutierungsquelle war also das Rechtsamt des Vereinigten Wirtschaftsgebiets in Frankfurt am Main, das zuvor von Walter Strauß geleitet worden war. Es verwundert daher nicht, dass Strauß sich in einem Bericht über die allgemeine Personalentwicklung der Bundesministerien positiv zu der Tatsache äußerte, dass eine Anzahl der neuen Minister und Staatssekretäre aus den bestehenden Verwaltungen des VWG – also keineswegs nur aus dem Rechtsamt – hervorgegangen sei, denn dies habe den zügigen Aufbau der Bundesministerien erleichtert.[154] Und da auch die Abteilungsleiter, Unterabteilungsleiter und Referatsleiter zu einem erheblichen Teil aus den zonalen Einrichtungen gekommen seien, die laut Art. 130 GG der Bundesregierung unterstanden, sei, so Strauß, «sofort [ein] einsatzfähiger Apparat» verfügbar gewesen, auf den die Staatssekretäre, die den organisatorischen Aufbau und die Neueinstellungen bewerkstelligen mussten, zurückgreifen konnten.[155]

Strauß selbst brachte aus Frankfurt ebenfalls gleich einen «kleinen, aber vorzüglich eingearbeiteten Stab» ins BMJ mit: Dr. Günther Joël, Dr. Henning von Arnim, Dr. Kurt Haertel, Prof. Dr. Carl Friedrich Ophüls, Theodor Brandl, Dr. Franz Jung und Dr. Ellinor von Puttkamer sowie Dr. Heinz Bergmann und Dr. Klaus Woernle.[156] Die Namen sind in einer Liste enthalten, die Bundesinnenminister Lehr 1951 beim Personalamt der Verwaltung des Vereinigten Wirtschaftsgebiets anforderte, um zu erfahren, über welche Angehörigen der früheren Verwaltung des VWG, die sich nun im Bundesdienst befanden, bereits Auskünfte im Hinblick auf eine mögliche NS-Belastung beim Berlin Document Center (BDC) eingeholt worden waren.[157] Aus der Korrespondenz geht hervor, dass dies bis dahin nur bei wenigen Mitarbeitern geschehen war.[158] Mit anderen Worten: Auch Strauß hatte in seiner Zeit als Leiter des Rechtsamts im VWG nicht den Versuch unternommen, eine unabhängige Klärung über die NS-Vergangenheit seiner engsten Mitarbeiter herbeizuführen.

Die zweite Rekrutierungsquelle für das Bundesjustizministerium war das Zentral-Justizamt der britischen Zone in Hamburg, dem Strauß in den letzten Septembertagen 1949 einen Besuch abstattete, um sich einen Überblick über die dortige Personalsituation zu verschaffen. Das ZJA verfügte im August 1949 über 97 Angehörige, davon 34 im höheren Dienst.[159] Von den Mitarbeitern im höheren Dienst wurden letztlich aber nur wenige in das BMJ übernommen, unter ihnen der Vortragende Rat Dr. Arthur Bülow, Oberregierungsrat Ernst Geßler, Justizdirigent Dr. Georg Petersen und Oberlandesgerichtsrat Dr. Heinrich von Spreckelsen.[160] Mitarbeiter aus dem gehobenen und mittleren sowie dem einfachen Dienst kamen hinzu: Amtsrat Wilhelm Stelzer etwa, der bis zu seinem Tod 1961 Sachbearbeiter für Angelegenheiten des höheren Dienstes war.[161] Oder Alfred Steinert, der im ZJA in der Registratur gearbeitet hatte, am 2. Oktober 1949 im Schnellzug von Hamburg nach Köln reiste und in seinem Gepäck den «Generalaktenplan» der ehemaligen Reichsjustizverwaltung mitführte, da er damit rechnete, im BMJ ebenfalls in der Registratur eingesetzt zu werden.[162] Für Steinert und die anderen Mitarbeiter des Amtes, die nach Bonn kamen, endete damit eine «seit Wochen sich hinziehende Ungewißheit über die berufliche Zukunft»[163]. In welcher Form das BMJ sich um ihre Übernahme bemühte, geht aus den Akten nur in wenigen Fällen hervor.[164] Doch das Personal wurde zunächst nur nach Bonn abgeordnet. Erst nachdem im Sommer 1950 der erste Haushaltsplan des Bundes in Kraft getreten war, wurden die Mitarbeiter in die nunmehr geschaffenen Planstellen eingewiesen. Auch die bis dahin knapp bemessenen Dienstbezüge wurden jetzt angehoben.[165]

Die dritte maßgebliche Quelle zur Rekrutierung von Personal für das BMJ war das «Netzwerk Bamberg» – also der Bereich des Oberlandesgerichtsbezirks Bamberg, aus dem Thomas Dehler stammte. Der schon genannte erste Präsident des Bundesgerichtshofs, Hermann Weinkauff, und der spätere BGH- und Verfassungsrichter Willi Geiger waren hier ebenso in Dehlers Umkreis tätig gewesen wie Dr. Hans Winners und Georg Elsenheimer, bevor sie ins Bundesjustizministerium übernommen wurden. In einem weiteren Sinne gehörte dazu auch der ehemalige Bamberger Oberlandesgerichtspräsident Dr. Ernst Dürig, dem Dehler im Oktober 1950 zu einer Stelle als Senatspräsident beim Bundesgerichtshof verhalf.

Dürig, Jahrgang 1888, ein Einser-Jurist und während der Weimarer Republik von 1922 bis 1933 zunächst im Bayerischen Staatsministerium der Justiz tätig, hatte, wie Geiger, Winners und Elsenheimer, im Dritten Reich eine beachtliche Karriere gemacht: seit 1933 als Oberstaatsanwalt beim Bayerischen Obersten Landesgericht, danach ab 1934 als Präsident des Amtsgerichts München I und ab 1937 als Landgerichtspräsident. Allerdings war er, obwohl er seit 1938 – rückdatiert auf den 1. Mai 1937 – der NSDAP angehörte, unter den Nationalsozialisten nicht ganz unumstritten gewesen. So hatte Rudolf Hess,

II. DER AUFBAU DES BMJ 1949-1953

der als «Stellvertreter des Führers in Parteiangelegenheiten» über Personalia leitender Funktionsträger befinden musste, Anfang November 1939 zunächst Einspruch erhoben, als Dürig zum Präsidenten des Oberlandesgerichts in Bamberg ernannt werden sollte. Offenbar hatte Hess die nationalsozialistische Gesinnung Dürigs angezweifelt.[166] Letztlich wurde die Ernennung zwar ausgesprochen. Doch die Partei hatte augenscheinlich weiterhin Probleme mit Dürigs ideologischer Zuverlässigkeit und veranlasste ihn schließlich 1944, einen Antrag auf Versetzung in den Ruhestand zu stellen. Zugleich wurde er in die Provinz nach Leitmeritz in Nordböhmen abgeschoben, wo man ihn mit der Abwesenheitsvertretung des dortigen Oberlandesgerichtspräsidenten beauftragte. Außerdem wurde ihm, nachdem er in den letzten Kriegstagen im Anschluss an eine Dienstreise nach Eger Ende April 1945 nicht nach Leitmeritz zurückgekehrt, sondern nach Bamberg weitergefahren – das heißt geflohen – war, vom Gaugericht in Reichenberg, dem heutigen Liberec in Tschechien, noch am 5. Mai 1945 die Parteimitgliedschaft entzogen.

Von einer wirklichen Distanz zum NS-Regime konnte aber auch bei Dürig keine Rede sein. Sonst wäre seine Karriere nicht bis zum OLG-Präsidenten gediehen – eine Spitzenposition mit großer Verantwortung, die ein hohes Maß an Identifikation mit dem nationalsozialistischen Staat und seiner Rechtsphilosophie voraussetzte. Tatsächlich war Dürig in seiner Funktion als OLG-Präsident 1941 auch über die «Aktion T4» und die «Scheinlegalisierung des Krankenmords» durch Staatssekretär Franz Schlegelberger im RJM unterrichtet worden, ohne dass von ihm ein Protest oder gar Einspruch überliefert wäre. Am Oberlandesgericht Bamberg, wo er 1945 seine alte Position wieder einzunehmen suchte, erhielt er am 7. August zunächst Betätigungs- und Hausverbot und wurde am folgenden Tag verhaftet und bis Juni 1946 im Lager Hammelburg interniert. Die Spruchkammer Bamberg stufte ihn im September 1947 in die Kategorie III (Minderbelastete) ein, ehe er, wie so viele, im Berufungsverfahren in Ansbach im Februar 1948 eine Einstufung in die Gruppe V erreichte und damit als entlastet und entnazifiziert galt.[167]

Neben dem Rechtsamt des VWG in Frankfurt am Main, dem Zentral-Justizamt in Hamburg und dem Netzwerk Bamberg gab es allerdings noch weitere «Quellen» für die Gewinnung von Personal für das BMJ. So war Strauß bestrebt, insbesondere auch frühere Reichsministerialbeamte, die noch nicht in den Verwaltungen des VWG tätig gewesen waren, anzuwerben. Dabei stützte er sich vor allem auf den Rat von Walter Kriege, von dem bereits die Rede war. Noch in seiner Abschiedsrede 1963 vor den Mitarbeitern des BMJ betonte Strauß, manche der Anwesenden verdankten ihre Anwesenheit «den Hinweisen, die ich von Dr. Kriege erhalten habe.»[168] In vielen Fällen kam das Personal zudem aus den Justizverwaltungen der Bundesländer, die immer wieder auf Anforderung befristet Mitarbeiter in das BMJ entsandten. Insgesamt ist festzuhalten, dass vor allem Strauß, mehr noch als Dehler, bestrebt war, Personal aus den alten Strukturen der staatlichen Verwaltung zu rekrutieren – und zwar weitgehend unabhängig von ihrer politischen Belastung aus der NS-Zeit. Während Dehler zumeist seine persönlichen Beziehungen einsetzte, um Personal zu gewinnen, es vielfach auch von ihrer braunen Vergangenheit reinzuwaschen, zu schützen und zu fördern, betrieb Strauß eine breit angelegte Personalpolitik, der die Behauptung eines unpolitischen Beamtentums zugrunde lag und auf dieser Basis die Personalauswahl nach Kriterien technisch-bürokratischer Effizienz bemaß, die nach 1945 zwangsläufig zur Wiederverwendung alter Eliten führen musste, wie belastet diese im Einzelnen auch sein mochten.

Der Einfluss des Bundeskanzleramtes unter Hans Globke

Eine zentrale Figur bei der personellen Besetzung der neuen Bundesregierung und ihrer Ministerien war von Anfang an Dr. Hans Globke, seit 1934 Referent – nach heutiger Diktion Referatsleiter – und damit ein leitender Beamter im Reichsinnenministerium, der 1936 den ersten Kommentar zu den Nürnberger Rassengesetzen verfasste, zu dem sein Vorgesetzter im RMI, Staatssekretär Wilhelm Stuckart, der häufig als Mitautor genannt wird, lediglich die Einleitung beisteuerte.[169] Doch schon vor der Machtübernahme der Nationalsozialisten hatte Globke als Regierungsrat im Preußischen Ministerium des Innern, wo er für Namensänderungen und Personenstandsfragen zuständig war, im November 1932 eine Verordnung und einen Runderlass zum Namensrecht herausgegeben, in dem es hieß, jede Namensänderung beeinträchtige «die Erkennbarkeit der Herkunft aus einer Familie», erleichtere «die Verdunkelung des Personenstandes» und verschleiere «die blutmäßige Abstammung». Die Absicht, die sich dahinter verbarg, war offensichtlich: Der Erlass sollte es Juden erschweren, ihren jüdischen Familiennamen zu ändern und damit ihre «blutmäßige Abstammung» zu verschleiern.[170] Globke gehörte damit bereits in der Weimarer Republik zu den Wegbereitern der späteren Rassengesetzgebung.

In der Bundesrepublik nach 1949 galt er als «Graue Eminenz», weil er öffentlich kaum in Erscheinung trat und die Kontinuität der alten Verwaltungselite repräsentierte, die vom Kaiserreich über die Weimarer Republik und das Dritte Reich in die Zeit nach dem Zweiten Weltkrieg hinüberreichte und, diskret im Hintergrund arbeitend, aber amtsmächtig, alle Wechselfälle

II. DER AUFBAU DES BMJ 1949-1953

der Geschichte überdauert hatte. Tatsächlich verfügte Globke über große Verwaltungserfahrung. Von seinen vielfältigen Verwendungen im Reichsministerium des Innern war bereits in Verbindung mit Walter Strauß in den 1930er und 1940er Jahren die Rede. Zu seinem Arbeitsbereich gehörten bis 1945 weiterhin, wie im Preußischen Innenministerium der Weimarer Republik, Namensänderungen und Personenstandsfragen. Nun traten jedoch auch «Allgemeine Rassefragen» sowie Angelegenheiten im Zusammenhang mit dem antisemitischen «Blutschutzgesetz» hinzu, so dass er in leitender Position maßgeblich an der Diskriminierung und Ausgrenzung von Juden und anderen rassisch, religiös oder politisch Verfolgten beteiligt war. Dennoch ordnete ihn die Spruchkammer seiner Heimatstadt Aachen am 8. September 1947 der Kategorie V (Entlastete) zu. Am 8. August 1949 wurde Globke dann zum Vizepräsidenten des Rechnungshofs Nordrhein-Westfalen ernannt, ehe er wenige Wochen später, am 26. September, in das Bundeskanzleramt wechselte.[171]

Wann Bundeskanzler Adenauer auf Globke aufmerksam wurde, ist nicht ganz klar. Die erste Korrespondenz datiert aus dem Jahr 1947, wobei es um Informationen über die Lage in Berlin und der SBZ ging.[172] Als Adenauer im Dezember 1948, noch als Präsident des Parlamentarischen Rates, den Ministerialrat beim Rechnungshof für die britische Zone, Dr. Erich Keßler, beauftragte, Personal für die künftige Bundesregierung zusammenzustellen, tauchte auch der Name Globke wieder auf. Keßler war vor 1945 Ministerialdirigent im Reichsinnenministerium gewesen und wählte nun bei seinen Vorschlägen vor allem Personen aus dem RMI, unter ihnen Globke und Hans Ritter von Lex.[173] Eine weitere Empfehlung für Globke kam vermutlich vom nordrhein-westfälischen Finanzminister Heinrich Weitz, einem alten Bekannten Adenauers, der zunächst als Bundesinnenminister vorgesehen war und Globke als Staatssekretär in sein Ministerium mitbringen wollte. Globke, so hatte Weitz Adenauer gegenüber erklärt, sei in der NS-Zeit für den Widerstand und für das deutsche Episkopat eine wichtige Informationsquelle im Reichsinnenministerium gewesen und schien damit politisch unbelastet: ein Mann des «inneren Widerstandes», dem prominente Hitler-Gegner wie Jakob Kaiser, Otto Lenz oder der Berliner Bischof Konrad Kardinal von Preysing nach 1945 entsprechende Zeugnisse ausgestellt hatten.[174]

Als dann nicht Weitz, sondern der Präses der Synode der Evangelischen Kirche Deutschlands (EKD), Gustav Heinemann, zum Bundesinnenminister ernannt wurde, weil Adenauer den evangelischen Bevölkerungsteil stärker in die Regierung einbinden wollte, stand Globke für das Kanzleramt zur Verfügung.[175] Hier hätte Adenauer ihn ebenfalls gern auf dem Posten des Staatssekretärs gesehen. Doch der Widerstand in der Fraktion gegen ihn war zu groß, obwohl auch Walter Strauß sich im Fraktionsvorstand für Globke verwandte. So erklärte Strauß, er könne bezeugen, «daß Globke nicht Tausenden, sondern Zehntausenden von Juden das Leben gerettet» habe, und spielte damit auf seine Zusammenarbeit mit Globke bei der Organisation der Auswandererhilfe von 1938 bis 1942 an. Überliefert ist die Szene von Gerd Bucerius, dem Verleger und Herausgeber der Hamburger Wochenzeitung *Die Zeit*, der von 1949 bis 1962 der CDU/CSU-Fraktion angehörte.[176]

Doch schließlich riet Globke selbst davon ab, ihn zum Staatssekretär zu ernennen; dies sei «politisch inopportun».[177] Adenauer schrieb danach im Oktober 1949 an Jakob Kaiser, den früheren Vorsitzenden der Ost-CDU in der SBZ und jetzigen Minister für gesamtdeutsche Fragen, er habe «von der Ernennung des Herrn Vize-Präsidenten Globke zum Staatssekretär Abstand genommen [...], weil er, der nicht PG war, an dem bekannten Kommentar mitgearbeitet hatte und wir bei der Ernennung von Staatssekretären sorgsam darauf achten müssen, dass wir nicht irgendwelchen Angriffen dadurch Material geben.»[178]

Globke musste sich deshalb zunächst mit dem Rang eines Ministerialdirektors begnügen. Das Organigramm des Kanzleramts vom Dezember 1949 weist ihn als Leiter der Abteilung für Koordinierungs- und Kabinettsangelegenheiten sowie als Leiter des Referats für die Personalien des Hauses und der Regierung insgesamt aus.[179] In diesen Funktionen hatte er nicht nur die Ernennungen vom Ministerialrat an aufwärts zu betreuen, bei denen das Kabinett zustimmen musste, sondern war außerdem in der Lage, die Personalpolitik in den Ministerien zu beeinflussen.[180] Damit nahm er eine personalpolitische Schlüsselrolle ein, die er auch dann nicht verlor, als er 1951 das Personalreferat an Ministerialrat Karl Gumbel abtrat. Denn Globke, berichtete Gumbel später, habe sich weiterhin «für alle Personalvorgänge» interessiert, sich bei der Besetzung von Stellen «oft schon bei der Auswahl der Kandidaten» eingeschaltet und sich die Entscheidung «in nahezu jedem Fall» vorbehalten.[181] Freilich beziehen sich diese Bemerkungen Gumbels vor allem auf das Bundeskanzleramt selbst. Für das Jahr 1958 liegt indessen ein Dokument aus dem Kanzleramt vor, aus dem hervorgeht, dass Globke auch darüber hinaus personalpolitisch tätig wurde, indem er die Handhabung der Beförderungszeiten in den verschiedenen Ministerien prüfte und dem Kabinett Vorschläge für eine Vereinheitlichung vorlegte.[182] Die Zeitschrift *Der Spiegel* sprach deshalb 1966 rückblickend von einem «System Globke», in dem die Ressorts der Bundesregierung auf doppelte Weise gefesselt gewesen seien: «Die Minister lagen im Kabinett an der Richtlinien-Kette des Kanzlers, ihre Untergebenen liefen am Kanzleibändchen Globkes.»[183]

Das galt praktisch von Anfang an, nicht erst nach Globkes Aufstieg zum Staatssekretär, nachdem Otto Lenz, der diesen Posten seit 1949 innegehabt hatte, 1953 für den Bundestag kandidiert hatte und Abgeordneter geworden war. Bereits unter Lenz, der neben seinem Staatssekretärsamt noch als Rechtsanwalt tätig war, steht die Bedeutung Globkes für die Personalpolitik der Bundesregierung außer Zweifel.[184] Sein Einfluss ist indessen schwer nachweisbar. Denn Globke war eine verschwiegene, geheimnisumwitterte Gestalt. Er hat nie Reden gehalten und sich selten interviewen lassen; ein Tagebuch ist von ihm nicht überliefert.[185] Adenauer erwähnt ihn in seinen Memoiren nur im Kapitel über die Bundespräsidentenwahl 1959, wo er von seiner Gewohnheit berichtet, «am frühen Nachmittag mit Staatssekretär Globke durch den [...] Park des Palais Schaumburg zu gehen, um mit ihm jeweils zur Entscheidung anstehende Fragen zu beraten.»[186] Die Stärken Globkes lagen mithin im Verborgenen: seiner selbstlosen Pflichterfüllung und, wichtiger noch, seiner absoluten Diskretion. Dies erklärt, weshalb schriftliche Quellen über seine Personalpolitik kaum existieren. Wichtige Fragen «verhandelte» er im persönlichen Gespräch, wie Walter Strauß berichtet, der mit ihm, ebenso wie mit dem Staatssekretär im BMI, Ritter von Lex, auch privat verkehrte.[187]

Karl Gumbel, der von 1949 bis Ende September 1955 und dann noch einmal für kurze Zeit 1959/60 im Kanzleramt tätig war und Globke in diesen Jahren aus unmittelbarer Nähe erlebte, hat den großen personalpolitischen Einfluss seines ehemaligen Vorgesetzten ebenfalls bestätigt.[188] Globke habe die Personalakten unzähliger Beamter des höheren Dienstes zu Gesicht bekommen und damit einen genauen Einblick in die Personalpolitik der einzelnen Ressorts erhalten. Bei Stellenbesetzungen im höheren Dienst, bei denen das Kabinett die letzte Entscheidung treffen musste, konnte er «die Aufsetzung auf die Tagesordnung blockieren, Rückfragen halten, Bedenken anmelden».[189] Hinzu kam seine ungewöhnliche Personalkenntnis. Da er, wie Gumbel berichtet, ein «phänomenales Gedächtnis» besaß, hatte er stets die jeweiligen Lebens- und Berufsdaten parat, so dass Minister und Staatssekretäre sich immer wieder ratsuchend an ihn wandten – und «in der Regel» seinen Empfehlungen folgten.[190]

Ein regelmäßiges Forum für den Austausch über Personalfragen bot die sogenannte «Gewerkschaft der Staatssekretäre», wie sie unter Eingeweihten hieß – eine Runde der Staatssekretäre der Bundesministerien, zu der diese sich einmal im Monat versammelten.[191] Bei den Treffen, die zunächst in der Kantine des BMJ, später im Postministerium stattfanden, war Globke ebenfalls die mächtigste Person – angeblich nicht aufgrund seiner Stellung als Chef des Bundeskanzleramts, sondern, wie Franz Thedieck, von 1950 bis 1964

Staatssekretär im Bundesministerium für gesamtdeutsche Fragen, behauptet, «aufgrund seiner natürlichen, auf fachlicher Kompetenz beruhenden Autorität».[192] Doch das war kaum voneinander zu trennen. Denn Globke übermittelte den Kollegen hier im Namen der Bundesregierung oder des Bundeskanzlers Fragen allgemeiner Art, über die dann in «zwangloser Gesprächsrunde» beraten wurde. Für die Gewerkschaft der Staatssekretäre war er daher eine Schlüsselfigur, deren Bedeutung vor allem in personalpolitischer Hinsicht kaum zu überschätzen ist.[193]

Dehlers Umgang mit der NS-Belastung

Wie bereits an früherer Stelle gezeigt wurde, besaß das Problem der NS-Belastung bei den grundlegenden Personalentscheidungen im BMJ nach 1949 sowohl für Dehler als auch für Strauß nur eine nachgeordnete Bedeutung.[194] Dehler hatte sich bereits in Bamberg mit Mitarbeitern umgeben, die schwer belastet waren, und griff nun auch im Bundesministerium der Justiz wieder auf Mitarbeiter zurück, die in der NS-Zeit wichtige Positionen bekleidet hatten und an Unrechtsmaßnahmen beteiligt gewesen waren, diese sogar mitgetragen und selbst verantwortet hatten. Über die Frage, wie er damit umging, gibt eine Stellungnahme Dehlers vom 12. März 1946 Aufschluss, die er zum eine Woche zuvor erlassenen Gesetz zur Befreiung von Nationalsozialismus und Militarismus abgab. Er glaubte in dem Gesetz einen großen Fortschritt gegenüber der alliierten Entnazifizierungspraxis zu erkennen, da nun «die Möglichkeit der individuellen Behandlung des einzelnen Falles» bestehe. Nun könne man, erklärte er, «alle aktiven Nazis [...] erfassen» und diese von denjenigen trennen, die nur «Muß-Parteigenossen» gewesen seien – zu denen nach seiner Meinung die große Mehrheit der ehemaligen Parteimitglieder zählte. Eine persönliche Schuld hätten nur «die politischen Führer und die zur politischen Führung bestimmte Intelligenz» auf sich geladen, während alle anderen lediglich «den Verlockungen und [der] Irreführung der Nazipropaganda» erlegen seien.[195]

Dehler hielt also nicht nur diejenigen Deutschen für Opfer des Nationalsozialismus, die ausgegrenzt, verfolgt oder ermordet worden waren, sondern mit Ausnahme der kleinen Führungsschicht praktisch alle. Im bayerischen Landtagswahlkampf 1950 behauptete er sogar, die Besatzungspolitik der Alliierten und besonders ihr Kampf gegen den Nazismus seien «verfehlt» gewesen, weil es seit 1945 gar keinen Nazismus mehr gegeben habe. Schuldig, erklärte er immer wieder, sei nur derjenige, der dem Hitler-Regime freiwillig, ohne äußeren Druck oder Zwang, gedient habe.[196] Tatsächlich hatte er deshalb bereits als Landrat 1945 dafür plädiert, nach «Ausschaltung der Schuldigen eine wahre Notgemeinschaft der Gutgesinnten» zu bilden, um mit ihnen die neue freiheitliche Demokratie aufzubauen. Berührungsängste mit ehemaligen Parteigenossen verspürte er dabei offenbar nicht. Nachdem er «Bürgermeister und Gemeinderäte von 442 Gemeinden auf Herz und Niere geprüft» hatte, behauptete er, diese wären in ihrer übergroßen Mehrheit «tüchtige Leute», die der NSDAP nur deswegen beigetreten seien, «um den üblen Nazis den Weg zu verbauen».[197]

Natürlich war Dehler nicht realitätsblind, sondern wusste aus eigener Anschauung und Lebenserfahrung, in welchem Maß die Deutschen in das Dritte Reich verstrickt gewesen waren. So ließ er sich als OLG-Präsident eine detaillierte Übersicht aller für die Besetzung des Oberlandesgerichts in Frage kommenden Juristen sowie eine Liste mit Richtern des OLG-Bezirks Bamberg erstellen, die neben einem fachlichen Urteil über die möglichen Kandidaten auch Aussagen über deren jeweilige Rolle im Dritten Reich enthielt.[198] Aber hier wie später im Bundesjustizministerium behielt Dehler seine Auffassung bei, dass Handlungen unter der Diktatur vielfältige Motive haben konnten und daher differenziert zu bewerten seien.

Wie sehr Dehlers Haltung gegenüber belasteten Juristen dabei auch persönlich geprägt war, beweist eine Rede im Verfassungsausschuss der Bayerischen Verfassunggebenden Landesversammlung im November 1946, in der er schilderte, wie er in der NS-Zeit unter dem Schutz des «Blutordensträgers» Fritz Kuhn gestanden und sich daher menschlich verpflichtet gefühlt habe, diesem im Gegenzug vor der Spruchkammer ein Entlastungszeugnis auszustellen. Beziehungen zu NS-Belasteten seien nun einmal, so Dehler, der «historische Bestand», von dem die Entnazifizierung ausgehen müsse.[199] Unkenntnis oder absichtliches Wegschauen konnte man ihm daher kaum vorwerfen – auch nicht in seiner Zeit als Bundesjustizminister. So findet sich in seinem Nachlass ein Zettel, auf dem summarisch alle Beamten des höheren Dienstes im BMJ nach dem Grad ihrer Belastung eingeteilt sind. Dort werden politisch Verfolgte (7) und Nicht-Betroffene (9) zur Zahl 16 addiert sowie Entlastete (11) und Mitläufer (2) zur Zahl 13. Namentlich ergänzt sind «Jung» und «Dallinger» unterhalb der Gruppe «Mitläufer». Zudem sind auf dem Zettel noch die Worte «Massfeller nach Urteil ‹nicht betroffen›» notiert. Was darunter zu verstehen ist, wird noch zu klären sein.[200]

Dehlers Haltung war also durchaus widersprüchlich: Einerseits stemmte er sich gegen jede Vorverurteilung oder Verallgemeinerung, etwa in der Frage der Mitgliedschaft in der NSDAP, und war der Meinung, dass sich die Entnazifizierung «ausschließlich zum Nachteil der Beamten ausgewirkt» habe, wie er am 11. Oktober 1950 an Rechtsanwalt Wiedner schrieb.[201] Andererseits zeigte er aber wenig Verständnis, wenn er den Eindruck gewann, dass bei der Einstellung von Personal, vielleicht aus persönlicher Gefälligkeit, der Vergangenheit zu wenig Beachtung geschenkt worden war. So erklärte er am 14. Oktober 1950 in einem Brief an Bundestagsvizepräsident Hermann Schäfer (FDP), er könne sich in seinem Ministerium «nicht mit Persönlichkeiten belasten, die umstritten sind». Er habe «vor allem weder Zeit noch Lust, langwierige Verfahren über die Richtigkeit von Vorwürfen durchzuführen».[202] Mit anderen Worten: Er selbst und das Ministerium sollten reibungslos und effizient arbeiten können und nicht mit lästigen Diskussionen über die Vergangenheit befrachtet werden. Dazu war es zwar nötig, Bewerber vor ihrer Einstellung biographisch genau zu durchleuchten – aber nicht in der Absicht, NS-belastete Mitarbeiter grundsätzlich aus dem Ministerium fernzuhalten, sondern nur mit dem Ziel, eine Situation zu vermeiden, in der im Nachhinein Vorwürfe erhoben wurden, die dann einer langwierigen, die Arbeit störenden Prüfung bedurften.

Die NS-Belastung des BMJ 1949/50

Auf das Ausmaß der NS-Belastung in der Frühzeit des BMJ lässt ein Dokument schließen, das im Mai 1950 auf Anforderung des Bundeskanzleramtes zustande kam. Ausgangspunkt war ein Schreiben Hans Globkes an alle Bundesminister, in dem er darum bat, festzustellen, wie viele Angehörige der einzelnen Ministerien früher Mitglied der NSDAP gewesen seien. Als Grund für die Umfrage gab Globke an, es werde «voraussichtlich in nächster Zeit» eine «Interpellation» – also eine förmliche parlamentarische Anfrage im Bundestag – geben, in der die NS-Belastung der Regierung thematisiert werde.[203] Die Antwort des BMJ datiert vom 20. Mai und macht deutlich, wie hoch der an der Parteimitgliedschaft gemessene Belastungsgrad in der Phase des personellen Aufbaus war.[204] So befanden sich unter den 48 Angehörigen des höheren Dienstes 19 ehemalige Parteigenossen, von denen im Rahmen der Entnazifizierung fünf in die Kategorie IV und 14 in die Kategorie V eingestuft worden waren. Im gehobenen Dienst standen 17 ehemalige Parteigenossen 21 Nicht-Mitgliedern gegenüber. Während der Anteil früherer NSDAP-Mitglieder im höheren Dienst somit rund 40 Prozent betrug, lag er im gehobenen Dienst bei fast 45 Prozent.[205]

Im Vergleich mit den übrigen Bundesministerien waren dies durchschnittliche Werte. Im Bundesinnenministerium dagegen lag der Anteil ehemaliger Parteigenossen im höheren Dienst mit rund 57 Prozent allerdings deutlich über dem Durchschnitt, während er im gehobenen Dienst ebenfalls 45,8 Prozent betrug. Das Kanzleramt reihte sich beim höheren Dienst mit etwa 48 Prozent zwischen dem BMI und dem BMJ ein, während es im Bereich des gehobenen Dienstes mit rund 45 Prozent den Zahlen des BMI und BMJ entsprach. Legt man die Gesamtwerte für alle Bundesministerien einschließlich des Kanzleramtes zugrunde, war der Anteil der früheren Parteimitglieder im höheren Dienst des BMJ sogar niedriger als im Durchschnitt (40:47 Prozent), im gehobenen Dienst dagegen nahezu gleich (45:44 Prozent).[206] Es wäre daher verfehlt anzunehmen, das BMJ stünde hinsichtlich der Durchsetzung mit ehemaligen Parteigenossen an der Spitze der Ministerien. Dennoch bleibt es eine Tatsache, dass knapp die Hälfte der Beamten und Angestellten des im Aufbau befindlichen Justizministeriums der NSDAP angehört hatte – also einer Partei, die der Demokratie den Kampf angesagt und ein verbrecherisches Unrechtsregime geschaffen hatte.

Die Bundesregierung war sich des Problems früherer NSDAP-Mitglieder im Dienst der Ministerien durchaus bewusst, wollte diesen Personenkreis aber nicht grundsätzlich von der Besetzung bestimmter Posten ausschließen. Sie bewies im Gegenteil durch ihr Drängen auf Beendigung der alliierten Entnazifizierungspolitik und die Amnestierung von NS-Straftätern den Willen, möglichst umgehend einen Schlussstrich unter die Vergangenheit zu ziehen. Einzig Bundesinnenminister Gustav Heinemann unternahm im August 1950 den Versuch, eine Klärung im Kabinett herbeizuführen, ob es vertretbar sei, die Stellen der Abteilungsleiter, Personalreferenten und Ministerialbürodirektoren in den obersten Bundesbehörden mit früheren Angehörigen der NSDAP zu besetzen.[207] In einer Beschlussvorlage für die 93. Kabinettssitzung am 31. August forderte er daher, dass die genannten Stellen nicht mit früheren Mitgliedern der NSDAP besetzt werden sollten – außer bei nachgewiesener Widerstandstätigkeit.[208] Doch in der Sitzung votierte nicht nur der FDP-Vorsitzende und Bundesminister für den Marshallplan Franz Blücher, sondern auch Bundeskanzler Adenauer gegen einen solchen Beschluss.[209] Adenauer, der sich offenbar mit Blücher auf ein gemeinsames Vorgehen geeinigt hatte, erklärte, er halte es für richtig, «von Fall zu Fall zu entscheiden».[210] Auf einem Vermerk, der in Vorbereitung der Sitzung am 29. August verfasst worden war, notierte daher der mit Personalfragen befasste Beamte im Kanzleramt, Karl Gumbel, dass es «eine Beschlußfassung zur Vorlage des Innenministers» nicht gegeben habe.[211]

Zugleich fand allerdings die Anregung Jakob Kaisers allgemeine Zustimmung, auch ohne formellen Beschluss bei der Besetzung leitender Stellen in den obersten Bundesbehörden so zu verfahren, wie der Bundesinnenminister es vorgeschlagen habe.[212] Diese Haltung wurde jedoch bereits wenige Monate später wieder verändert, als Heinemanns Nachfolger Lehr im Dezember 1950 alle Bundesminister aufforderte, ihm mitzuteilen, mit welchen Ernennungsvorschlägen noch zu rechnen sei und bei der Übersendung der Vorschläge gleich anzugeben, inwiefern im Einzelfall die Voraussetzung zur Ernennung («nachgewiesene Widerstandsleistung») vorliege oder «welche sonstigen Gründe ausnahmsweise eine Abweichung von der allgemeinen Richtlinie notwendig machen.»[213] Den Anlass für die Initiative Lehrs bildete Regierungsrat Willy Greuel, der den Posten des Ministerialbürodirektors im Bundesfinanzministerium übernehmen sollte, gegen den aber Bedenken bestanden, weil er von 1939 bis 1945 Geschäftsleitender Beamter der Abteilung Justiz beim Reichsprotektor in Böhmen und Mähren gewesen war. Zwar stimmte das Kabinett seiner Ernennung am 6. Dezember zu, nachdem Justizminister Dehler «Erkundigungen» über ihn eingeholt hatte. Aber Dehler hatte seine Kabinettskollegen bei dieser Gelegenheit noch einmal an die «Kompromissformel» Kaisers vom 31. August erinnert, die er auch künftig gewahrt wissen wollte.[214]

Darauf bezog sich nun Lehr mit seinem Schreiben vom 20. Dezember an die Minister, in dem er die Position seines Amtsvorgängers durch den Hinweis auf «sonstige Gründe», die eine «Abweichung von der allgemeinen Richtlinie» möglich machten, entscheidend veränderte und es damit den Ministerien freistellte, ja ihnen praktisch suggerierte, Kriterien zu entwickeln, nach denen belastete Personen auch dann in leitende Positionen gelangen konnten, wenn keine «nachgewiesene Widerstandsleistung» vorlag. Dass dieser Abänderung der Heinemannschen Forderung die Absicht zugrunde lag, weiterhin auf NS-belastetes Personal zurückgreifen zu können, geht schon daraus hervor, dass Lehr sich nur einen Tag später an das Kanzleramt wandte, um auf einen Kabinettsbeschluss hinzuwirken, die von ihm entwickelten neuen Grundsätze zu billigen, die nicht zuletzt auch für Beförderungen gelten sollten.[215]

Obwohl man mit den neuen Grundsätzen im Kanzleramt prinzipiell einverstanden war, wurde in einem internen Vermerk die Befürchtung geäußert, dass ein Beschluss im Sinne Lehrs dazu führen könnte, über die früheren Mitglieder der NSDAP «erneut bestimmte Sanktionen zu verhängen». Da der Bundestag in seiner Sitzung am 15. Dezember 1950 mit großer Mehrheit beschlossen habe, die gesamte Entnazifizierung zu beenden, sei deshalb «im gegenwärtigen Zeitpunkt ein derartiger Kabinettsbeschluss nicht [zu] empfehlen.»[216] Dieser Meinung war auch der Bundesvorsitzende der Deutschen Partei und Bundesminister für die Angelegenheiten des Bundesrats, Heinrich

Hellwege, der sogar meinte, eine über beamtenrechtliche Fragen hinausgehende Durchleuchtung der politischen Vergangenheit widerspreche dem Grundgesetz.[217]

Die Frage der Prüfung von Ernennungen der Beamten des höheren Dienstes blieb somit strittig. Am 10. Februar 1951 gab es dazu eine weitere Besprechung zwischen Globke und Staatssekretär Ritter von Lex, der erklärte, wer im Dritten Reich «an exponierter Stelle» gestanden habe, werde «in einem Bundesministerium unter Umständen als Oberregierungsrat oder auch noch als Ministerialrat tragbar sein, kaum aber als Ministerialdirigent».[218] Ritter von Lex differenzierte also nach Dienstrang, da die politischen Maßstäbe, die an den einzelnen Mitarbeiter angelegt werden müssten, sehr unterschiedlich seien.[219] Im Kanzleramt dachte man ähnlich, obwohl gleich mehrere Minister – unter ihnen wiederum Hellwege sowie Franz Blücher, Verkehrsminister Hans-Christoph Seebohm und Wirtschaftsminister Ludwig Erhard – Bedenken gegen eine solche Ungleichbehandlung anmeldeten. Am 16. März 1951, als das Thema im Kabinett zur Sprache kam, entschied Adenauer die Frage nach längerer Diskussion mit der salomonischen Bemerkung, die Beurteilung der Beförderungswürdigkeit eines Beamten sei in erster Linie Sache des zuständigen Ressortministers. Dieser habe aber darauf zu achten, dass «nicht zu viele entlastete ehemalige Parteimitglieder in seinem Ministerium tätig seien».[220] Eine Definition, was «nicht zu viele» bedeutete, lieferte der Kanzler nicht, fügte jedoch hinzu, wenn sich im Einzelfall herausstellen sollte, dass ein Spruchkammerurteil «offensichtlich zu milde» ausgefallen sei oder wenn Tatbestände bekannt würden, die beim Entnazifizierungsverfahren noch nicht hatten berücksichtigt werden können, solle dieser Beamte erneut einer politischen Überprüfung unterzogen werden. Der «strengste Maßstab» sei in dieser Hinsicht an die Personalreferenten anzulegen, «weil hier Verbindungen lebendig werden könnten, die die Zusammensetzung des Beamtenkörpers in politischer Hinsicht ungünstig beeinflussen können».[221]

Bundesjustizminister Dehler hielt sich in dieser Diskussion auffallend zurück. Zwar hatte er bereits im Juni 1950 Klarheit gefordert, nach welchen Kriterien Ernennungen erfolgen sollten, und dafür plädiert, «bindende Grundsätze über Anstellung und Beförderung des Bundesbeamten» aufzustellen, jedoch gleichzeitig den erstaunlichen Vorschlag gemacht, bis dahin die «Reichsgrundsätze über Einstellung, Anstellung und Beförderung der Reichs- und Landesbeamten» vom 14. Oktober 1936[222] anzuwenden – freilich unter Außerachtlassung der «Vorschriften typischen nationalsozialistischen Inhalts».[223] Die Idee war politisch instinktlos, zeigte aber ein weiteres Mal, wie sehr Dehler in der Kontinuität seines Berufsstandes dachte und wie wenig er dabei die Folgen beachtete, die seine Haltung für die Stellenbesetzungen in seinem Ministerium und darüber hinaus in der gesamten Bundesregierung und den übrigen Verwaltungen des Landes haben musste.

Hans Winners und die Abteilung Z

Innerhalb des Bundesministeriums der Justiz ist die Abteilung Z für den gesamten Bereich der Verwaltung und Organisation des Ministeriums zuständig. Sie hat die Aufgabe, die personellen, organisatorischen, haushaltsmäßigen und infrastrukturellen Voraussetzungen für die Arbeit des Ministeriums und der zu seinem Verantwortungsbereich gehörenden Gerichte und Behörden zu schaffen. Ihr ist das Justitiariat – das zuständige Fachreferat für Rechtsfragen, die das Bundesministerium der Justiz betreffen – ebenso organisatorisch zugewiesen wie die Bibliothek. Bis 1954 wurde die Abteilung Z von Staatssekretär Strauß selbst geleitet, danach unterstand sie Ministerialdirigent Dr. Richter. In der Abteilung Z verdient das Referat für «Personalangelegenheiten und Dienstaufsichtbeschwerden»[224] besondere Aufmerksamkeit, da hier über die Besetzung aller Positionen im BMJ zumindest vorentschieden wird. Die Leitung dieses Referats, das damit für die Personalpolitik des Ministeriums eine zentrale Rolle spielt, vertraute Minister Dehler zweimal Mitarbeitern aus seinem persönlichen Umfeld an, die durch ihre Tätigkeit für die Staatsanwaltschaft am Bamberger Sondergericht im Dritten Reich hochgradig belastet waren. Am Anfang war dies Dr. Willi Geiger, danach, als Geiger im September 1950 auf einen Richterstuhl am Bundesgerichtshof wechselte, Dr. Hans Winners, der 1963 sogar zum Leiter der Abteilung Z aufrückte.

Über Geiger ist an anderer Stelle bereits einiges gesagt worden; zudem übte er seine Tätigkeit in der Abteilung nur etwa ein Jahr aus.[225] Winners hingegen besaß über zweieinhalb Jahrzehnte lang maßgeblichen Einfluss auf die Personalentwicklung sowie die Verwaltung und Organisation des BMJ und entwickelte sich damit im Laufe der Zeit zu einer Institution, die am Ende aus dem Ministerium kaum noch wegzudenken war. Welche Rolle Dehler ihm in Personalsachen von Anfang an zugedacht hatte, geht aus einer Note an Staatssekretär Strauß vom 26. August 1950 hervor, in der er erklärte, Winners solle sich als sein «weiterer persönlicher Referent und als Referent in der Zentralabteilung» mit Angelegenheiten der Beamten des Ministeriums, der Bundesgerichte und des Patentamts, der Dienstaufsicht und Arbeitseinteilung hinsichtlich der Beamten im Ministerium, Dienstaufsichtsbeschwerden sowie Unterstützungsangelegenheiten von Angehörigen des Ministeriums befassen.[226] Es waren also umfassende Kompetenzen, die der Minister seinem neuen Personalreferenten einräumte. Persönliches Vertrauen und Verlässlichkeit gab Dehler dabei als die entscheidenden Kriterien an, die seine Wahl bestimmten, wie er bereits im Juli 1950 an den Staatssekretär im Bayerischen Justizministerium, Dr. Anton Konrad, schrieb: Für die Aufgaben als Referent zur Bearbeitung der Personalsachen wolle er jemanden haben, der, so Dehler wörtlich, «mein Vertrauen besitzt und auf den ich mich verlassen kann».[227]

Doch woher rührte dieses «Vertrauen»? Und welche Rolle spielte dabei die NS-Vergangenheit von Winners? Beide hatten sich ja seit 1942 am Sondergericht Bamberg gegenübergestanden: Winners als Vertreter der Anklage, Dehler als Verteidiger. Die Verhältnisse bei Winners lagen also ähnlich wie bei Geiger, der in Bamberg als Staatsanwalt am Sondergericht tätig gewesen war. Und beide hatte Dehler bereits in Bamberg in seine Nähe geholt, als er dort zunächst Generalstaatsanwalt und dann Präsident des Oberlandesgerichts geworden war. Als Generalstaatsanwalt beim OLG Bamberg war Dehler sogar der unmittelbare Vorgesetzte von Winners gewesen, der am 28. Mai 1945 von der amerikanischen Militärregierung zum Leiter der Staatsanwaltschaft ernannt worden war – eine Aufgabe, die er beinahe ein Jahr lang wahrnahm, bis man ihn im April 1946 wegen seiner NS-Belastung entließ. Dehler hatte dagegen unverzüglich protestiert und in einem Schreiben an das Bayerische Staatsministerium der Justiz erklärt, nach dem einmütigen Urteil der Bamberger Anwaltschaft habe Dr. Winners «bei seiner Amtsführung als Anklagevertreter vor dem Sondergericht Bamberg sich überaus massvoll verhalten und sich unter erheblicher Gefahr für seine eigene Person für die Abwendung nationalsozialistischen Unrechts von den Angeklagten eingesetzt».[228]

Doch die Entlassung wurde nicht zurückgenommen, und Winners musste sich vor der Spruchkammer III Bamberg-Stadt für seine NS-Vergangenheit verantworten. Nicht nur Dehler, sondern auch zahlreiche andere Juristen aus dem Bamberger Umfeld sagten dabei, wie nicht anders zu erwarten, zu seinen Gunsten aus. Auch Willi Geiger gab eine Stellungnahme ab. Und ein Gutachten des Vorprüfungsausschusses beim Landgericht Bamberg kam am 28. Juni 1946 sogar zu dem verblüffenden Ergebnis, die Sondergerichtstätigkeit, die Winners ausgeübt habe, belaste ihn nicht, da er ja nicht Leiter der Anklagebehörde gewesen sei.[229] Im Ergänzungs-Fragebogen für Richter, Staatsanwälte, Notare und Rechtsanwälte antwortete Winners selbst auf die Frage, ob es von seiner Seite in der Funktion als Anklagevertreter am Sondergericht persönliche Protestversuche oder Widerstandshandlungen gegen das Unrechtssystem der NS-Justiz gegeben habe, ein Protest gegen die «von oben kommenden Weisungen» wäre wirkungslos gewesen. Ihm sei es vielmehr darauf angekommen, den Betroffenen durch eine entsprechende Steuerung der Untersuchung oder Erleichterungen im Gnadenwege zu helfen.[230]

Tatsächlich rückte die Spruchkammer in ihrem Urteil vom 31. Mai 1947 Winners zumindest in die Nähe des Widerstandes und reihte ihn in die Kategorie V, also in die Gruppe der Entlasteten, ein. Bereits seine Herkunft aus einer katholisch geprägten Familie habe seine dauerhafte Gegnerschaft zum Nationalsozialismus begründet, und seine Mitgliedschaft in mehreren NS-Organisationen sei lediglich auf «äußere Notwendigkeiten» zurückzuführen gewesen: Im NS-Rechtswahrerbund habe der Ausbildungsleiter der Referendare auf die Mitgliedschaft gedrängt; der SA sei er nur deshalb beigetreten, weil damals alle Kandidaten laut einer Verfügung des Rektors der Universität Würzburg den Eintritt in eine nationalsozialistische Organisation nachweisen mussten, um die Ausbildung beenden und in den Staatsdienst eintreten zu können; und zur Parteimitgliedschaft sei er sogar ganz «ohne sein Zutun» gekommen, da die SA ihn «als Mitglied der Partei gemeldet» habe, so dass er am 1. Juli 1938 rückwirkend zum 1. Mai 1937 «Parteianwärter» geworden sei – ein Mitgliedsbuch habe er erst gar nicht erhalten.[231] Zu seiner Rolle in der SA wurde angemerkt, Winners sei dort nicht «aus Begeisterung» eingetreten, sondern weil er geglaubt und gehofft habe, «dem Nationalsozialismus innerhalb desselben besser Widerstand entgegensetzen zu können».[232]

Winners erschien also als die Harmlosigkeit in Person, der sich nie etwas hatte zuschulden kommen lassen. Seine Tätigkeit am Sondergericht Bamberg – einer nationalsozialistischen Unrechtsinstitution im übelsten Sinne – spielte plötzlich keine Rolle mehr, und alles war zufällig, mindestens ohne sein Zutun, wenn nicht sogar gegen seinen Willen geschehen. Richtig daran ist, dass Winners in den verschiedenen nationalsozialistischen Organisationen, denen er angehörte, nie ein Amt bekleidete. Dies wird auch durch die wenigen Dokumente aus dem Berlin Document Center bestätigt, die sich im Bundesarchiv befinden. Allerdings wurde ihm von seinen Vorgesetzten während der NS-Zeit unter Hinweis auf seine Mitgliedschaft in SA und NSDAP stets «politische Zuverlässigkeit» bescheinigt. In einer Beurteilung über seine Tätigkeit bei der Staatsanwaltschaft am Landgericht Coburg heißt es sogar, er sei ein «eifriger SA-Mann», seine politische Zuverlässigkeit stehe fest, eine «anfänglich bei ihm festzustellende Ängstlichkeit» habe er inzwischen abgelegt.[233] Durchgängig findet sich in den Beurteilungen aber auch die Feststellung, Winners mangele es in Strafsachen an «Härte». Eine zivilrechtliche Tätigkeit sage ihm daher – seiner Neigung und seinem Wesen nach – persönlich mehr zu, meinte zum Beispiel der Erste Staatsanwalt beim Landgericht Bamberg in einer Beurteilung vom 26. April 1941.[234] Und in Bezug auf seine

Tätigkeit beim Sondergericht Bamberg vermerkte der dortige Oberstaatsanwalt am 2. Juli 1942, der Gerichtsassessor Dr. Winners sei «gelegentlich durch seine etwas weiche Veranlagung und eine gewisse Scheu vor hartem Zugreifen gehemmt.»[235]

Keinerlei Glaubwürdigkeit besitzt hingegen die Behauptung in der Begründung des Spruchkammerurteils von 1947, Winners sei nach seiner Übernahme in den Assessordienst bestrebt gewesen, sich den NS-Organisationen, denen er angehörte, zu entziehen – nicht nur der Nationalsozialistischen Volkswohlfahrt (NSV), in die er erst Anfang März 1939 eingetreten war, sondern auch der SA, aus der er sich «gelegentlich einer Domizilsänderung» 1941 «unbemerkt» zurückgezogen habe.[236] In Wirklichkeit wurde Winners seine Mitgliedschaft in der NSDAP sowie in SA, NSRB und NSV sogar noch einmal bescheinigt, als es 1943 um seine Ernennung zum Amtsgerichtsrat ging. Der Reichsjustizminister verwies ausdrücklich auf diese Mitgliedschaften, als er dem Leiter der Partei-Kanzlei der NSDAP in München, Martin Bormann, am 11. Oktober 1943 eine Zweitschrift des entsprechenden Ernennungsvorschlags zukommen ließ.[237] Die Ernennung, der die Partei-Kanzlei auf dieser Grundlage zustimmte, datiert vom 12. Dezember 1943 und wurde Winners als Anlage zu einem Schreiben des Reichsjustizministers vom 7. Januar 1944 übermittelt.[238] Die Tatsache, dass Bormann als einer der engsten Mitarbeiter Hitlers sich überhaupt mit der Ernennung eines Amtsgerichtsrats befasste, zeigt nicht nur, welche Bedeutung die NSDAP den Juristen an ihren Sondergerichten beimaß, sondern beweist in diesem konkreten Fall auch, wie ideologisch zuverlässig Winners in den Augen der Partei war.

Dennoch gelangte die Spruchkammer zu einem Urteil, das Winners vollständig entlastete, der danach sogleich um Wiederbeschäftigung im Justizdienst bat und dabei erneut von Dehler unterstützt wurde, der inzwischen zum OLG-Präsidenten aufgestiegen war und die Wiedereinstellung von Winners in der früheren Besoldungsgruppe befürwortete.[239] Seit dem 16. Dezember 1947 war Winners danach wieder als Amtsgerichtsrat in Bamberg tätig und arbeitete dort am Landgericht bis zum 28. September 1949, als er gemeinsam mit seinem späteren Kollegen im Bundesministerium der Justiz, Amtsgerichtsrat Georg Elsenheimer, an das OLG Bamberg abgeordnet wurde.[240]

Die Frage bleibt jedoch, warum Dehler nach 1945 Winners – ebenso wie Geiger – bei seiner Wiedereingliederung in den Justizdienst half, ihn auch danach immer wieder förderte und noch 1964 für ihn Partei ergriff, als Winners nach seiner Ernennung zum Leiter der Abteilung Z zum Ministerialdirektor befördert werden sollte und Bundeskanzler Erhard durch ein anonymes Schreiben auf seine Tätigkeit als Anklagevertreter am Sondergericht

Bamberg aufmerksam gemacht wurde. Das in diesem Zusammenhang verfasste Unterstützungsschreiben Dehlers für Winners vom 22. Juni 1964 an den Bundesminister für besondere Aufgaben im Kanzleramt, Dr. Ludger Westrick, lässt zwar erkennen, wie Dehler sein Eintreten für Winners offiziell begründete: Er habe Winners vom Beginn seiner Laufbahn an erlebt, am Sondergericht in Bamberg seien sie nach Kriegsbeginn immer wieder aufeinander getroffen, und immer, so Dehler, habe er dabei «festgestellt, daß Dr. Winners hierbei mehr abwägender, nach Gerechtigkeit suchender Richter als Anklagevertreter war». Er habe mit ihm «in einem engen Vertrauensverhältnis» gestanden, Winners sei ihm als «unbedingter Gegner des Nationalsozialismus bekannt» gewesen, er habe «niemals ein Todesurteil beantragt» und «sich bei seiner Amtsführung als Anklagevertreter vom rechtsstaatlichen Standpunkt aus einwandfrei verhalten».[241] Aber diese Argumentation wurde, wie Dehler zweifellos wusste, der Wirklichkeit nicht gerecht. Zwar hatte Winners, wie die Akten zeigen, als Anklagevertreter am Sondergericht tatsächlich kein Todesurteil erwirkt. Aber natürlich war er schon allein aufgrund seiner Funktion aufs engste in das NS-Regime verstrickt gewesen. Und von einer «Gegnerschaft» zum Nationalsozialismus konnte, wie auch die zahlreichen Beurteilungen belegen, auf keinen Fall die Rede sein.

Was also dürfte Dehler bewogen haben, sich dennoch für ihn einzusetzen? Wir können darüber nur spekulieren. Zwei Erklärungen bieten sich an: eine persönliche und eine politische. Persönlich mag es Dehler darum gegangen sein, seine Bamberger Kollegen, die ihm und seiner Familie während des Dritten Reiches die Existenz und das Überleben ermöglicht hatten, zu schützen – zumindest im Falle von Winners und Geiger auch wider besseres Wissen. Wichtiger noch aber war vermutlich das politische Kalkül, dass Dehler mit der Wiedereingliederung NS-belasteter Juristen ein Zeichen zu setzen suchte, um sich die Unterstützung der eigenen Standesgenossen zu sichern. Vermutlich wäre es angesichts der allgemeinen Kritik an der alliierten Entnazifizierungspolitik nach 1949 selbst für einen Bundesjustizminister schwierig gewesen, sich offen mit dem eigenen Berufsstand und darüber hinaus mit dem größten Teil der staatlichen Verwaltung – von der Politik ganz zu schweigen – anzulegen. Was es bedeuten konnte, gegen den *commun* zu verstoßen, musste der hessische Generalstaatsanwalt Fritz Bauer noch ein Jahrzehnt später leidvoll erfahren, als er entschlossen auf eine Bestrafung der Täter von Auschwitz drängte. Dehler wie Strauß jedoch, die vor 1945 im Visier der Gestapo gewesen und nur mit Mühe davongekommen waren, wollten nach 1945 sicherlich nicht schon wieder «Opfer» sein.

3. Kennzeichen der Personalpolitik

Als Walter Strauß im September 1949 seine Arbeit als Staatssekretär des BMJ aufnahm, wartete auf ihn aus dem Stab des britischen Hohen Kommissars eine überraschende Mitteilung: Auf dem Güterbahnhof Bonn sei für ihn ein Waggon abgestellt, der sämtliche Personalakten der deutschen Justiz enthalte; diese stünden nun zu seiner freien Verfügung. Da sich darunter auch die Unterlagen derjenigen Personen befanden, die nach 1933 aus dem Justizdienst entlassen worden waren, wurde die Bearbeitung der Anträge auf Wiedergutmachung dadurch wesentlich erleichtert. Vor allem jedoch konnten Justizangehörige, die sich aktiv für den Nationalsozialismus engagiert hatten, bei Bewerbungen im BMJ leichter abgewiesen werden, zumal die Akten im Hinblick auf Mitgliedschaften und politische Tätigkeiten in der NS-Zeit bemerkenswert vollständig waren. Das BMJ habe daher, so Strauß später, wiederholt auf Bewerbungen antworten können: «Ihre Personalakten liegen hier vor. Ihre Verwendung ist nicht beabsichtigt.»[242]

«Persilscheine waren nicht zu vermeiden»

Ob diese Schilderung von Strauß zutrifft, lässt sich weder bestätigen noch widerlegen, da abgelehnte Bewerbungen im Archiv des BMJ nicht ausfindig gemacht werden konnten. Richtig ist zweifellos, dass es notwendig war, bei Bewerbungen «einen Überblick über die Haltung der Kandidaten während der NS-Zeit» zu gewinnen. Die Frage war nur, welche Konsequenzen daraus gezogen wurden. Strauß selbst räumte ein, die unterschiedliche Entnazifizierungspraxis in den westlichen Besatzungszonen habe eine «hemmende Wirkung» entfaltet, so dass «Persilscheine [...] nicht zu vermeiden» gewesen seien.[243] Zwar bezeichnete er die politische Überprüfung insgesamt als erfolgreich, da in Zweifelsfällen auch Auskünfte beim amerikanischen Berlin Document Center (BDC) eingeholt worden seien.[244] Doch in Wirklichkeit war diese Praxis lange Zeit auf wenige Fälle beschränkt. Insbesondere die Mitarbeiter, die vom Rechtsamt oder vom Zentral-Justizamt übernommen wurden, entgingen einer Prüfung, da sie erstaunlicherweise bereits als überprüft galten, obwohl dies nicht immer den Tatsachen entsprach, wie nicht zuletzt Strauß wissen musste, der selbst Leiter des Rechtsamts gewesen war. Zwar hätte Art. 132 GG die Möglichkeit geboten, die bereits vor 1949 angestellten Beamten wegen mangelnder persönlicher oder fachlicher Eignung zu entlassen oder zurückzuversetzen. Davon habe man aber, so Strauß, «keinen Gebrauch» machen müssen.[245] Erst

1965 – also nicht mehr in seiner Amtszeit – wurde die standardmäßige Abfrage für die Beamten des höheren Dienstes beim BDC eingeführt.

Somit beschäftigte man sich bis Mitte der 1960er Jahre beim BMJ mit der NS-Vergangenheit der Mitarbeiter eingehend nur dann, wenn neue Erkenntnisse vorlagen oder konkrete Vorwürfe erhoben wurden. Zudem wurde in dieser Hinsicht gern auf die besondere Verantwortung des Bundesministeriums des Innern verwiesen, das Vorschläge für Beförderungen und Anstellungen nicht nur im Hinblick auf die Einhaltung der Laufbahnrichtlinien, «sondern insbesondere auch in politischer Hinsicht» prüfen musste.[246] Tatsächlich war die Prüfung sämtlicher Ernennungsvorschläge in allen Ministerien durch das Innenministerium und das Finanzministerium, das die Gehälter bewilligen musste, obligatorisch. Beide Ministerien konnten daher ihre Bedenken anmelden. Wenn es Einwände gab, wurden diese vom Staatssekretär des Bundesinnenministeriums, Ritter von Lex, mit dem Staatssekretär des betreffenden Ministeriums verhandelt. Nur in seltenen Fällen führte dieses Verfahren jedoch zu einer Ablehnung der Bewerber. Die weit überwiegende Mehrzahl der Personalvorschläge wurde vielmehr ohne große Diskussion gebilligt.[247]

Was geschah, wenn Zweifel bestanden, lässt sich am Fall des Oberregierungsrats Ernst Geßler demonstrieren, der im Herbst 1950 im BMJ zum Ministerialrat befördert werden sollte. Wegen seiner nationalsozialistischen Vergangenheit äußerte das Bundesinnenministerium Bedenken, so dass Staatssekretär Strauß sich veranlasst sah, die gegen Geßler erhobenen Vorwürfe zu entkräften.[248] Seine Vorgehensweise folgte dabei einem Muster, das zeigt, wie er in Personalfragen argumentierte und insbesondere mit der Frage der politischen Belastung umging:

Erstens: Die NSDAP-Mitgliedschaft Geßlers seit dem 1. Mai 1933 sei nur als Formalie zu bewerten, wie mündliche und schriftliche Zeugnisse von Personen, darunter politisch Verfolgte, belegten, die in der Zeit von 1933 bis 1945 mit ihm persönlich in Verbindung gestanden hätten. Er selbst, so Strauß, habe bereits als Leiter des Rechtsamts Erkundigungen über Geßler eingeholt und könne die Richtigkeit dieser Einschätzung bestätigen.

Zweitens: Die nach den damals üblichen Fristen 1943 anstehende Beförderung von Oberregierungsrat Geßler zum Ministerialrat im Reichsjustizministerium sei nur deshalb unterblieben, weil Geßler mehrfach eine von Minister Thierack und Staatssekretär Rothenberger abweichende Rechtsauffassung vertreten habe. Aus dem gleichen Grund sei er entgegen anderen Beamten seines Jahrgangs im April 1943 der Wehrmacht zur Verfügung gestellt worden. Daraus könne man auf seine ablehnende Grundhaltung gegenüber dem Regime schließen.

Drittens: Beurteilungen aus der NS-Zeit, die Geßler als einen überzeugten Nationalsozialisten erscheinen ließen, seien ebenso wenig glaubwürdig wie die Gutachter selbst – in diesem Fall der Potsdamer Landgerichtspräsident Herold und der Kammergerichtspräsident Dr. Hölscher. Beide Juristen seien für ihre überschwänglichen parteipolitischen Beurteilungen bekannt gewesen, ihre «Qualifikationen» daher «unbeachtlich».[249]

Viertens: Schriftliche Äußerungen im nationalsozialistischen Sinne, wie Geßler sie in einem Bericht über seine Teilnahme an einem Lehrgang der Akademie für internationales Recht in Den Haag im August 1936 verwendet habe («Zu bedauern war nur, dass unser Bruderland Österreich durch zwei Juden vertreten war. Zu ihnen wurde eine Verbindung nicht aufgenommen.»[250]), seien damals «verlangt» worden. Derartige Formulierungen seien aus der Prüfung von Personalakten aus Anlass von Bewerbungen vielfach bekannt. Im Vergleich zu Schilderungen desselben Lehrgangs, an dem Geßler teilgenommen habe, die sich in zwei anderen Personalakten befänden, habe Geßler sogar «in viel zurückhaltenderer Form» berichtet.

Fünftens: Für eine mögliche Fehlentscheidung übernehme er selbst persönlich die Verantwortung, so Strauß, falls er sich in seinem Urteil über Geßler geirrt habe.[251]

Strauß ließ also eigene Anschauungen und Erfahrungen in seine Argumentation einfließen und berief sich auf Informationen, die er selbst eingeholt hatte, etwa wenn er erklärte, ihm sei «bekannt», dass Geßler während der gesamten NS-Zeit mit einem ehemaligen Studien- und Referendarkollegen «nichtarischer Herkunft» nicht nur persönlich verkehrt habe, sondern auch nach Kräften für ihn eingetreten sei.[252] Die Tätigkeit Geßlers als Sturmmann der SA, als SA-Rottenführer und möglicherweise sogar als SA-Scharführer wurde von Strauß hingegen nicht erwähnt. Gleiches gilt auch für die Tatsache, dass Geßler im Spruchkammerverfahren zunächst in die Kategorie IV eingestuft worden war und erst vom Entnazifizierungshauptausschuss für besondere Berufsgruppen im Verwaltungsbezirk Braunschweig im November 1948 in die Gruppe der «Entlasteten» eingereiht wurde. Dass Strauß über diese Informationen nicht verfügte, ist auszuschließen, da die Personalakte Geßlers in diesen Punkten vollständig und eindeutig ist. Doch am Ende war das Eintreten von Strauß für Geßler vermutlich gerade wegen dieser Auslassungen erfolgreich, denn durch Urkunde vom 22. November 1950 wurde Geßler zum Ministerialrat befördert und in die entsprechende Planstelle beim BMJ eingewiesen.

Geheimakten des Reichsjustizministeriums

Der Fall Geßler hatte indessen noch ein Nachspiel, als im Sommer 1965 bekannt wurde, dass das Bundesarchiv beabsichtigte, Geheimakten aus dem ehemaligen Reichsministerium der Justiz für die allgemeine Nutzung freizugeben.[253] Die Akten hatten bis 1958 im Hausarchiv des BMJ gelegen und waren dann an das Bundesarchiv übergeben worden. Inzwischen erinnerte man sich in der Hausleitung des BMJ daran offenbar nur noch vage und fragte sich deshalb, welchen Inhalt die Akten enthalten mochten. Derjenige, der darüber Auskunft geben konnte, war Ministerialrat Erich Hage, der seinerzeit auf Anweisung von Strauß die Akten vor ihrer Übergabe durchgesehen hatte, ob sich darin noch Unterlagen befanden, «die im Hinblick auf im BMJ beschäftigte frühere Angehörige des RJM von personalpolitischer Bedeutung» waren. Jetzt, sieben Jahre später, wurde er deshalb vom Abteilungsleiter Z, Hans Winners, gebeten, eine Erklärung zum Inhalt der Akten abzugeben.

Ministerialrat Erich Hage, selbst ehemaliger Rottenführer der SA, bemerkte dazu, nach seiner Erinnerung sei es im Wesentlichen um die Judenfrage gegangen.[254] In den Akten seien auch zahlreiche im BMJ bekannte Personen genannt worden: Ministerialrat Massfeller im Zusammenhang mit der Wannsee-Konferenz, Ministerialrat Ebersberg als Persönlicher Referent von Reichsjustizminister Thierack sowie Ministerialdirigent Dr. von Spreckelsen und Ministerialdirektor Dr. Geßler im Hinblick auf die Ausschaltung des Judentums aus Handel und Gewerbe.[255] Dieses Schriftgut, so Hage, habe er damals Staatssekretär Strauß vorgelegt, der nach dem Studium der Dokumente zu der Ansicht gelangt sei, «daß es sich nicht um wirklich belastendes Material handele, daß aber der durchaus mögliche Mißbrauch und die Mißdeutung einzelner Vorgänge aus Gründen der Personalfürsorge verhindert werden müsse.» Daher sei dem Bundesarchiv aufgegeben worden, die Akten nicht ohne Genehmigung des BMJ zur Einsicht freizugeben.[256]

Doch jetzt waren die Akten allgemein einsehbar, und Vorgänge aus der Zeit vor 1945, in denen die genannten Personen eine Rolle gespielt hatten, konnten an die Öffentlichkeit gelangen. Diese Personen ahnten davon jedoch nichts, da sie 1958 von Staatssekretär Strauß über die Existenz der Unterlagen nicht unterrichtet worden waren und auch Hages jetzige Erklärung zunächst nur für Winners und Staatssekretär Arthur Bülow bestimmt war.[257] Bülow und Winners entschieden sich dann aber offenbar doch, die Betroffenen zu informieren.[258] In den Personalakten über Geßler ist auch ein entsprechender Hinweis enthalten.[259] Staatssekretär Bülow teilte Geßler demnach mit, sein Name sei nach einer von seinem Vorgänger Strauß getroffenen Feststellung aus dem Jahr 1958 in den Geheimakten des RJM genannt, in denen es um seine Tätigkeit bei der Ausschaltung des Judentums aus Handel und Gewerbe gehe. Inzwischen seien die Akten frei zugänglich, daher bitte er Geßler, der nun zum Leiter der Abteilung III aufgestiegen und zum Ministerialdirektor befördert worden war, um eine Äußerung, «ob und gegebenenfalls in welchem Ausmaß das Bekanntwerden dieser früheren Tätigkeit zu Publikationen und Angriffen führen könnte».[260] Geßler zeigte sich indessen verwundert, dass sein Name in derartigen Zusammenhängen überhaupt genannt werde. Da er die betreffenden Fragen nicht federführend bearbeitet habe, könne es sich nur um eine Mitzeichnung handeln.[261] Er bestritt also nicht, dass er in dieser Weise tätig gewesen war, fügte jedoch hinzu, da Staatssekretär Strauß mit ihm niemals darüber gesprochen habe, könne er «nur annehmen, dass er die Erwähnung meines Namens für bedeutungslos gehalten hat».[262]

Tatsächlich war es auch im Rahmen dieser Untersuchung nicht möglich, eine maßgebliche Mitwirkung Geßlers an Maßnahmen zur Ausschaltung von Juden aus Handel und Gewerbe festzustellen – eine Beteiligung am Rande aber sehr wohl. Es ging dabei um einen Vorgang Anfang 1937, bei dem, ausgehend vom Kurort Baden-Baden und dem dortigen Gauleiter Robert Wagner, der Versuch unternommen wurde, Juden den Erwerb von Grundstücken im Kurort zu untersagen.[263] Hitler unterstützte die Idee und befürwortete ihre Ausweitung auf alle großen Kurorte.[264] Daraufhin wurde ein Gesetz über den Grunderwerb in Kurorten und Bädern interministeriell abgestimmt, das eine Ermächtigung enthielt, den Erwerb von Grundstücken in Kurorten zu regulieren, aber die Juden als eigentliches Ziel des Vorhabens nicht erwähnen sollte.[265] Heinrich von Spreckelsen wurde dabei als Sachenrechtsreferent hinzugezogen, und an einer Stelle findet sich auch ein Vermerk des Hilfsreferenten Ernst Geßler für seinen Vorgesetzten im RJM, Ministerialrat Kuno Ruppert, in dem knappe Ausführungen zum geltenden Recht über die Sicherung der Reichsgrenze gemacht werden.[266] Geßler argumentierte darin, dass nach einem Todesfall der Erbe eine Genehmigung benötigte, um ein Grundstück erwerben zu können; wenn ihm diese Genehmigung versagt wurde, müsse das Grundstück an eine zum Erwerb berechtigte Person verkauft bzw. zwangsversteigert werden.[267] Geßler hatte damit also eine Ermächtigungsnorm formuliert, die auch im Hinblick auf die Kurorte zu dem gewünschten Ergebnis führen konnte. Allerdings bezogen sich seine Ausführungen nur auf den Fall einer Erbschaft.

Natürlich ließ sich der gesamte Vorgang bagatellisieren, weil Geßler die Ausschaltung von Juden aus Handel und Gewerbe nicht ausdrücklich angesprochen hatte. Aber deutlich wurde damit auch, dass selbst vermeintlich kleine Details ihren Teil zur Ausgrenzung, Diskriminierung und Verfolgung der Juden beigetragen hatten. Dieser Brisanz dürfte sich Strauß 1958, als er davon absah, die betroffenen Beamten zu informieren, durchaus bewusst gewesen sein. Sein Nichthandeln passte aber in das allgemeine Bild seiner Personalpolitik, die darauf angelegt war, die NS-Zeit weitestgehend auszublenden und sich der Loyalität seiner Mitarbeiter durch «Beschweigen» der Vergangenheit zu versichern. Ein knappes Jahrzehnt später, als Bülow 1965 Geßler zu einer Äußerung zu den Akten veranlasste, war das Bewusstsein für die Problematik der NS-Belastung und deren mögliche Auswirkungen in der Öffentlichkeit im BMJ offenbar gewachsen. Dazu hatten nicht nur die inzwischen geführten Prozesse gegen NS-Täter, sondern auch die Braunbuch-Kampagne der DDR und die Ausstellung «Ungesühnte Nazijustiz» beigetragen, die in den 1960er Jahren zu einem allmählichen Umdenken im Umgang mit der NS-Vergangenheit führten, das auch Personalfragen in einem neuen Licht erscheinen ließ.

Steigbügelhalter für die Renazifizierung?

«Es fragt sich [...], welche Funktion eigentlich Herr Staatssekretär Strauss im BMJ erfuellt, und ob er nicht schon zu lange Staatssekretär dort ist. Herr Strauss gehoert zu den Verfolgten des Naziregimes, und durch seine Ernennung sollte offenbar eine demokratische Entwicklung der Bundesjustiz gewaehrleistet werden. Statt dessen ist Herr Strauss, nach Mitteilungen, die ich von andern Staatssekretaeren erhalten habe, verantwortlich dafuer, dass das Bundesjustizministerium mit Nationalsozialisten von der groben Sorte angefuellt worden ist, die als uneinsichtige Holzköpfe gelten. Es ist [...] anscheinend so, dass Herr Staatssekretär Strauss, wie alle anderen Opfer nationalsozialistischer Verfolgung, nur als Attrappe und Steigbuegelhalter fuer die Renazifizierung diente.»[268]

Mit diesen Worten wandte sich Oberregierungsrat a. D. Joachim Sindermann im Januar 1960 in einem Beschwerdebrief an den Vizepräsidenten des Deutschen Bundestages, Dr. Richard Jaeger. Es ging um Wiedergutmachungszahlungen, die Sindermann im Februar 1952 gewährt worden waren, weil man ihn 1934, angeblich wegen seiner Ehe mit einer Jüdin und aufgrund seines Vorgehens gegen ungesetzliche Handlungen nationalsozialistischer Richter und Staatsanwälte, aus dem Vorbereitungsdienst als Referendar entlassen hatte. Im Zuge eines staatsanwaltschaftlichen Ermittlungsverfahrens in Frankfurt am Main hatte sich dann ergeben, dass Sindermann den Grund seiner Entlassung möglicherweise nur vorgespiegelt hatte; jedenfalls ließen die Ermittlungen einen solchen Schluss zu, während Sindermann auf seiner ursprünglichen Darstellung beharrte. Gleichwohl hatte das BMJ am 8. November 1957 den Wiedergutmachungsbescheid von 1952 widerrufen und die sofortige Vollziehung des Widerrufsbescheides angeordnet. Dagegen setzte sich Sindermann nun zur Wehr – sowohl mit Beschwerdebriefen an das Bundesjustizministerium, den Bundestagsvizepräsidenten und den Bundeskanzler als auch juristisch bis zur Verfassungsbeschwerde.

Gegenüber dem BMJ kritisierte Sindermann vor allem, dass ausgerechnet Ministerialdirigent Dr. Richter, der ihn 1934, als dieser Referent für Angelegenheiten der Referendare und des Prüfungswesens im Reichsjustizministerium gewesen sei, im Auftrag von Staatssekretär Freisler aus dem Justizdienst entlassen hatte, nun seine Wiedergutmachungsangelegenheit im BMJ bearbeitete. Sindermann warf sogar die Frage einer möglichen Beteiligung Richters an den Exekutionen nach dem 20. Juli 1944 auf, da dieser zu jener Hälfte des RJM gehört habe, die Freisler understand. «Haben Sie sich vergewissert, ob an seinen Haenden Blut klebt?», fragte er daher Staatssekretär Strauß.[269] Das BMJ antwortete, man wisse um die damalige Funktion Dr. Richters. Doch es gebe keinen Grund, ihn von der Bearbeitung der Wiedergutmachungsangelegenheit auszuschließen. Dr. Richter, der seit 1954 als Nachfolger von Strauß die Abteilung Z leitete, sei auch «nicht in Erinnerung», dass er in seiner Eigenschaft als Ausbildungsreferent des Reichsjustizministeriums den Entlassungsbescheid Sindermanns vom 30. Oktober 1934, «wohl in Abwesenheit des Abteilungsleiters», unterzeichnet habe.[270]

Demgegenüber betonte Sindermann, Dr. Richter habe sich in einer Unterredung mit ihm am 26. August 1958 durchaus «an viele Einzelheiten des Falls erinnert» und zu erkennen gegeben, dass er ihn deshalb aus dem Justizdienst entlassen habe, «weil er einem Gerichtsreferendar nicht das Recht zugestehen wollte, ein eigenes Gewissen zu haben, seinem Amtseid gemaess zu handeln und rechtsbeugende Nazirichter zu kritisieren».[271] Außerdem sei Dr. Richter, mutmaßte Sindermann, wohl auch Mitglied der NSDAP gewesen, da man 1936 die hohe Stellung eines Ministerialdirigenten nicht habe erhalten können, ohne Parteigenosse zu sein – «es sei denn, man war etwas Schlimmeres als ein Nazi».[272] Der anschließenden Forderung Sindermanns, den Entziehungsbescheid, der «aus leeren Mutmassungen, Fehlschluessen und strafbaren Beleidigungen» bestehe, zurückzunehmen, kam das BMJ indessen nicht nach.

Danach erhob Sindermann Dienstaufsichtsbeschwerde gegen Staatssekretär Strauß bei Bundesjustizminister Fritz Schäffer, der dieses Amt seit 1957 bekleidete. Denn Strauß, so sein Vorwurf, lasse das Wiedergutmachungsverfahren weiter durch Dr. Richter und dessen Untergebenen, Oberregierungsrat Erdmann, bearbeiten, obwohl er nachgewiesen habe, so Sindermann, dass Dr. Richter «derselbe Naziverbrecher ist, der mich 1934 als Sachbearbeiter und Handlanger des Hitleranwalts und Massenmoerders Freisler [...] aus dem Justizdienst entlassen hat».[273] Er bat daher Justizminister Schäffer, einen politisch Verfolgten mit seiner Angelegenheit zu betrauen, der direkt den Weisungen des Ministers unterstehe. Auch diesem Ersuchen folgte das BMJ nicht. Nach Vortrag von Strauß und Erdmann beim Minister wurde vielmehr festgestellt, dass «keine Veranlassung zu Maßnahmen im Dienstaufsichtswege» bestehe.[274]

Erst jetzt wandte sich Sindermann an den Bundeskanzler und an Bundestagsvizepräsident Jaeger. Sein Schreiben, aus dem das einleitende Zitat stammt, war mit dem Betreff überschrieben: «Antisemitische Vorfälle und Renazifizierung des BMJ». Es gipfelte in dem Vorwurf, Dr. Richter sei zusammen mit anderen «belasteten Nationalsozialisten seines Typs» Leiter der «Bundesjustizbürokratie». Der Bundeskanzler und Dr. Jaeger sollten deshalb bei Justizminister Schäffer auf eine sofortige Entfernung des für das BMJ untragbaren Dr. Richter drängen. Zu Strauß fügte Sindermann noch hinzu, mehrere Bundestagsabgeordnete hätten ihm berichtet, dass ihre Beschwerdebriefe an ihn nicht von Strauß selbst beantwortet, sondern ausgerechnet an diejenigen nationalsozialistischen Beamten weitergegeben würden, über die sie sich beschwert hätten.[275]

Tatsächlich waren die Vorwürfe gegen Strauß maßlos übertrieben. Ihr Kern jedoch, dass Strauß eine Stellenbesetzung betrieben habe, die dazu führte, dass nach 1949 in erheblichem Ausmaß NS-belastetes Personal eine neue Beschäftigung im BMJ fand – zum Teil sogar in leitenden Positionen –, war durchaus zutreffend. Sindermann indessen erhob danach zwar noch Verfassungsbeschwerde beim Bundesverfassungsgericht in Karlsruhe, nachdem auch eine Petition beim Deutschen Bundestag mit der Begründung abgelehnt worden war, der Petent missbrauche das Petitionsrecht[276], und rechtfertigte sie mit den Worten, der ganze Vorgang sei «eine nationalsozialistische Justizkomoedie», bei der «eine klare nationalsozialistische Rechtsbeugung» vorliege.[277] Auch hier drang Sindermann mit seinen Argumenten jedoch nicht durch. Der Zweite Senat des Bundesverfassungsgerichts verwarf die Beschwerde als «teils offensichtlich unzulässig, teils offensichtlich unbegründet».[278] Zu den Unterzeichnern der Entscheidung des Gerichts gehörte unter anderem Dr. Willi Geiger.

Dr. Robert Krawielicki: Ein Ausnahmefall?

Das Verlangen Sindermanns, einen politisch Verfolgten mit seiner Wiedergutmachungsangelegenheit zu betrauen, weist auf den Umstand hin, dass im BMJ nach 1949 nicht übermäßig viele Beamte tätig waren, die als unbelastet gelten konnten. Eine der wenigen Ausnahmen war Dr. Robert Krawielicki. Er wurde am 2. Mai 1905 als Sohn eines Torpedoboot-Kapitäns in Friedrichsort bei Kiel geboren und verbrachte Studium und Referendariat in Berlin, wo er die Noten «gut» und «vollbefriedigend» im Ersten bzw. Zweiten Staatsexamen erreichte. Neben dem Referendariat war Krawielicki von 1927 bis 1934 Assistent an der Juristischen Fakultät der Friedrich-Wilhelms-Universität und wurde dort 1930 mit der Note «magna cum laude» promoviert. Als er sich nach 1933 für jüdische Professoren einsetzte, brachte ihm dies eine dreiwöchige Haft im KZ Oranienburg ein.[279] Außerdem verlor er seine Stellung an der Universität, und er brauchte drei Jahre, ehe er die Zulassung als Rechtsanwalt erhielt. Zwischenzeitlich schlug er sich als Hilfsarbeiter bei Rechtsanwalt Dr. Fritz Fenthol in Berlin durch.[280] Doch auch danach, insbesondere nachdem bekannt geworden war, dass er einen jüdischen Großvater hatte, kam es immer wieder zu Maßnahmen der Gestapo gegen ihn, bis er 1942 zur Wehrmacht einberufen wurde.

Nach dem Krieg erhielt Dr. Krawielicki zunächst eine Beschäftigung im Wirtschaftsministerium in Stuttgart, wurde aber Anfang 1946 für einige Monate von der Militärregierung verhaftet, weil er auf einem Fragebogen angegeben hatte, bei der Abwehr im Oberkommando der Wehrmacht gearbeitet zu haben.[281] Von der Spruchkammer Stuttgart wurde er indessen am 16. September 1946 als «nicht betroffen» klassifiziert, und das Verfahren gegen ihn wurde eingestellt.[282] Danach konnte Dr. Krawielicki wieder als Mitarbeiter im Wirtschaftsministerium arbeiten, machte sich dort in kurzer Zeit einen Namen und war zuletzt als Leiter der Abteilung für Wirtschaftsrecht tätig.[283] Tatsächlich war er, wie der württemberg-badische Wirtschaftsminister Hermann Veit am 3. Juni 1947 bemerkte, «der einzige unbelastete Jurist des Wirtschaftsministeriums» und deshalb «vollkommen unentbehrlich».[284] Nebenher lehrte Krawielicki während dieser Zeit als Dozent an der Universität Tübingen und hielt Vorlesungen zum Schuldrecht, bis Justizminister Dehler im Dezember 1949 das Wirtschaftsministerium in Stuttgart bat, Krawielicki an das BMJ abzugeben, wo dieser am 1. April 1950 seinen Dienst antrat.[285]

In einem Gutachten für seine Beförderung zum Regierungsdirektor hatte ihm das Wirtschaftsministerium zuvor 1948 bescheinigt, «als überzeugter

Anhänger freiheitlicher demokratischer Auffassungen die Charaktereigenschaften [zu besitzen], die für die Entwicklung der Demokratie in Deutschland förderlich sind.»[286] Als Staatssekretär Strauß, der bereits als Leiter des Rechtsamts bestrebt gewesen war, Krawielicki für eine Mitarbeit zu gewinnen[287], im Juli 1950 beim Bundespersonalausschuss eine Ausnahmegenehmigung für seine Ernennung zum Ministerialrat beantragte, war davon allerdings keine Rede. Zwar wies Strauß auf die Nachteile hin, die Krawielicki während des Nationalsozialismus erlitten habe, da er «wegen Widersätzlichkeit gegen das Nazi-Regime und wegen seines Eintretens für jüdische Professoren» drei Wochen im KZ «untergebracht» worden sei.[288] Darüber hinaus bemerkte er aber lediglich, er habe Krawielicki wegen «seiner besonderen Fähigkeit auf dem Gebiet des Wirtschaftsrechts» in das Bundesjustizministerium berufen und ihm die Leitung des entsprechenden Referats übertragen.[289]

Im BMJ bearbeitete Krawielicki maßgeblich den Entwurf des Gesetzes gegen Wettbewerbsbeschränkungen und beteiligte sich an den Vorarbeiten der entsprechenden Vorschriften des Vertrages über die Gründung der Europäischen Gemeinschaft für Kohle und Stahl (EGKS). Daher lag es nahe, dass das BMJ anschließend Krawielicki auf eigenen Wunsch der Hohen Behörde der Montanunion in Luxemburg als einen der beiden Chefjuristen zur Verfügung stellte und damit, wie Strauß später schrieb, «auf einen seiner wertvollsten und beliebtesten Mitarbeiter verzichtete».[290] Tatsächlich war Dr. Krawielicki in mehrfacher Hinsicht eine Ausnahmeerscheinung im BMJ: europäisch orientiert und international geachtet, politisch unbelastet, ein wirklicher Verfolgter des NS-Regimes – und dennoch ohne das Streben nach Wiedergutmachung, wie er am 4. Oktober 1963 in einem Brief an Ministerialdirektor Günther Joël, den Leiter der Abteilung III für Handels- und Wirtschaftsrecht im BMJ, resigniert bemerkte: «Ich habe nie derartiges beantragt, dies aus begreiflichen Gründen. Andere haben ganz anderes durchgemacht. Sie werden verstehen, dass ich auch heute derartige Anträge nicht stellen möchte. Ich weiss ohnehin nicht, ob das Ganze irgendeinen Sinn hat.»[291]

Woher diese Resignation rührte und welche «begreiflichen Gründe» ihn veranlassten, keinen Antrag auf Wiedergutmachung zu stellen, ließ Krawielicki offen. Sicherlich war er sich der Tatsache bewusst, dass das Umfeld, in dem er sich bewegte, einen solchen Schritt nicht goutiert hätte. Zumindest wäre es der Karriere vermutlich nicht förderlich gewesen, seine Opferrolle im Dritten Reich durch ein Wiedergutmachungsverfahren zu betonen. Krawielickis Rückzug in die europäischen Institutionen nach Luxemburg bot dagegen einen eleganten Ausweg, den er nicht ungern beschritten haben dürfte.

Der Fall Kanter

Keinen Ausnahmefall, wie Krawielicki, sondern den Normalfall stellte dagegen Ernst Kanter dar, über den später (S. 322 ff.) noch ausführlicher zu sprechen sein wird. Er wurde 1951 im BMJ zum Ministerialrat ernannt und in der Abteilung II (Strafrecht) eingesetzt, bevor er 1958 am Bundesgerichtshof den Vorsitz des 3. Strafsenats übernahm. Kanter war ab 1938 am Reichskriegsgericht tätig gewesen und gehörte während des Zweiten Weltkrieges seit 1943 im besetzten Dänemark als Rechtsberater zum Stab des dortigen Befehlshabers der Wehrmacht. Als Chefrichter hatte er an mindestens 103 Todesurteilen mitgewirkt, vornehmlich gegen Widerstandskämpfer und Wehrmachtsangehörige wegen Wehrkraftzersetzung. 1947 kehrte er als Oberlandesgerichtsrat in Rheinland-Pfalz in den Justizdienst zurück und gelangte von dort ins Bundesministerium der Justiz.

Der «Fall Kanter» ist ein Beispiel dafür, wie Vorwürfe, die früh erhoben wurden und am 30. September 1959 schließlich zum vorzeitigen Ruhestand Kanters führten, sowohl von Strauß als auch von Dehler – allen Warnungen zum Trotz und entgegen eigenen Behauptungen über den Willen zu ernsthafter Überprüfung der NS-Vergangenheit ihrer Mitarbeiter – allzu lange unbeachtet blieben. So findet sich im Strauß-Nachlass ein Schreiben des Bundestagsabgeordneten und Rechtsexperten der SPD Dr. Adolf Arndt an Strauß von Ende Dezember 1951, in dem Arndt die Ernennung von Kanter zum Ministerialrat kritisierte. Ein Senatspräsident am BGH namens Karl Canter, berichtete Arndt, habe sich «in der Zeit, als er Ministerialdirektor im Hessischen Justizministerium war, wiederholt [...] um den Nachweis» bemüht, «nicht mit dem früheren Kriegsrichter Dr. Kanter identisch zu sein, gegen den wegen seines Verhaltens unter der nationalsozialistischen Gewaltherrschaft von verschiedenen Seiten schwere Vorwürfe erhoben wurden».[292] Er wisse nicht, so Arndt, ob die Vorwürfe berechtigt seien und ob der Ministerialrat Kanter im BMJ überhaupt mit dem früheren Kriegsrichter identisch sei. In jedem Fall beunruhige ihn die Ernennung Kanters außerordentlich. Er bitte deshalb um Einsichtnahme in die Personalakten.[293] Doch Strauß lehnte es ab, Arndt Akteneinsicht zu gewähren, und zog es stattdessen vor, Kanter zu schützen.[294]

Dehler hingegen, der zur gleichen Zeit vom nordrhein-westfälischen Justizministers Rudolf Amelunxen auf Landespersonalakten hingewiesen wurde, die Kanter als «einen der massgeblichen Exponenten der NS-Militärjustiz» kennzeichneten[295], zögerte nicht, seinem Düsseldorfer Amtskollegen sogleich eine Zusammenfassung der Erkenntnisse über Kanter, die dem BMJ vor dessen Abordnung aus Rheinland-Pfalz nach Bonn vorgelegen hatten, zu übersenden. Das Material, so Dehler in seinem Begleitschreiben, habe Kanter als «besonders geeignet» erscheinen lassen, «am Wiederaufbau der Rechtspflege in einem demokratischen Staat mitzuwirken». Über die fachliche Eignung des Kandidaten hinaus werde im BMJ stets auch «mit besonderer Sorgfalt [...] neben den charakterlichen Eigenschaften die politische Haltung während des NS-Regimes geprüft». Diese Prüfung erfolge «durch den Staatssekretär persönlich, in vielen Fällen auch von mir selbst». Aber, so Dehler, der Fall von Herrn Dr. Kanter lehre, dass die äussere Laufbahngestaltung eines Beamten zwischen 1933 und 1945 für seine Eignung zur Verwendung in der Bundesrepublik «für sich allein betrachtet» nicht nur nicht ausreiche, sondern «zu neuem Unbill führen» könne.[296]

Die Überprüfung der einzustellenden Beamten war demnach nur bedingt die Aufgabe der Personalreferate. Letztlich lag die Verantwortung beim Minister und seinem Staatssekretär. Besonders galt dies in politisch problematischen Fällen.[297] Deutlich wurde am Beispiel Kanters aber auch, dass Dehler damit offener umging als Strauß, der augenscheinlich bemüht war, die Grundlagen für die Entscheidungen möglichst nicht transparent werden zu lassen. Zwar hielt Arndt die Weigerung von Strauß, ihm Einsicht in die Personalakten Kanters zu gewähren, verfassungsrechtlich für bedenklich, da nach dem Grundgesetz der Bundestag zur Kontrolle der Bundesverwaltung berufen sei. Doch Strauß sicherte sich ab, indem er in einem von Personalreferent Winners verfassten internen Vermerk feststellen ließ, dass die Verantwortlichkeit der Regierung gegenüber dem Parlament dem einzelnen Abgeordneten nicht das Recht auf Einsichtnahme einräume und dass nur einem vom Bundestag eingesetzten Untersuchungsausschuss Einsicht in Personalakten gewährt werden könne.[298]

Für Arndt, der diese Rechtsauffassung gewiss nicht teilte, war jedoch der sachliche Aspekt der Angelegenheit mindestens ebenso wichtig: Da er offenbar die Unterlagen kannte, die Dehler an Amelunxen geschickt hatte, wusste er, dass sie in zentralen Punkten Lücken aufwiesen.[299] Die Amelunxen gesandte Zusammenfassung aus den Personalakten trage nur dazu bei, schrieb er deshalb an Dehler, «ein wirklich günstiges Urteil in politischer Hinsicht» über Ministerialrat Kanter zu ermöglichen. Über den Aspekt der bedenklichen Todesurteile gegen Wehrmachtsangehörige wegen Wehrkraftzersetzung lasse sich anhand des Aktenauszugs jedoch keine Klarheit gewinnen. Er werde sich daher, drohte er, «nicht in der Lage sehen, Angriffe gegen Herrn Ministerialrat Dr. KANTER aus eigener und vollständiger Erkenntnis der Tatsachen zurückzuweisen.»[300]

Der Heidelberger Kreis

Bemühungen, auf das Personal und die Politik des BMJ einzuwirken, gab es aber nicht nur aus den Reihen des Deutschen Bundestages, sondern auch von Gruppen und Einzelpersonen außerhalb der politischen Sphäre Bonns. Beispiele dafür sind der im Frühjahr 1949 gegründete Heidelberger Juristenkreis und die Rechtsanwaltskanzlei von Ernst Achenbach in Essen. Dabei war der Heidelberger Kreis vermutlich der harmlosere Teil von beiden: ein lockerer Verbund von Universitätsprofessoren, Richtern, Anwälten und Beamten aus dem Justizbereich sowie von Vertretern der evangelischen und katholischen Kirche. Treibende Kräfte waren der CDU-Bundestagsabgeordnete und Lehrstuhlinhaber für Zivilrecht an der Universität Heidelberg, Prof. Dr. Eduard Wahl, sowie der Präsident des Oberlandesgerichts Celle, Hodo von Hodenberg. Nach dem Ende der Nürnberger Prozesse und der damit verbundenen Auflösung des «Defense Center» in Nürnberg im Frühjahr 1949 scharten sie einen Kreis von Gleichgesinnten um sich, deren Ziel es war, die verurteilten deutschen Kriegsverbrecher und sonstigen NS-Täter, die in den vorangegangenen Prozessen verurteilt worden waren, freizubekommen und zu rehabilitieren.[301] Hierfür benötigte man auch das BMJ, das durch eine entsprechende Amnestiegesetzgebung dazu beitragen sollte, eine juristische Grundlage für Strafverkürzungen oder Strafaussetzungen zu schaffen.

Um für ein gemeinsames Vorgehen auf der politischen Bühne besser gerüstet zu sein, wollte man den Kontakt zwischen den Anwälten, die in den Prozessen ein hohes Maß an Kenntnissen über die Verteidigung der NS-Täter erworben hatten, nicht abreißen lassen. Professor Wahl, der im Prozess gegen die I. G. Farben 1947/48 das Mandat der Verteidigung als «Sonderberater für alle Angeklagten» innegehabt hatte und dort außerdem als Sachverständiger befragt worden war, schlug deshalb vor, an der Universität Heidelberg eine Anlaufstelle für die ehemaligen Kollegen aus Nürnberg einzurichten und sich hier auch in regelmäßigen Abständen zu treffen sowie weiterhin – wie in Nürnberg – Dokumente zu sammeln und für den Kreis zugänglich zu machen, um einen kontinuierlichen Informationsaustausch zu gewährleisten.[302]

Die Motive Wahls waren dabei durchaus redlich, und er selbst war auch politisch nicht belastet. Bereits in den 1920er Jahren ein hochgeachteter Jurist mit exzellenten Qualifikationen, Mitarbeiter am Kaiser-Wilhelm-Institut in Berlin für ausländisches und internationales Privatrecht und nach seiner Habilitation 1932 Professor in Göttingen und Heidelberg, hatte man ihn nach dem 20. Juli 1944 im Alter von 41 Jahren noch zur Wehrmacht eingezogen. Eine direkte Verbindung zu den Verschwörern war ihm zwar nicht nachzuweisen gewesen, aber politisch hatte er ihnen nahegestanden. Nach 1945 hielt er jedoch die rechtlichen Grundlagen der Nürnberger Prozesse, wie die Mehrzahl der deutschen Rechtswissenschaftler, für fragwürdig und zeigte auch menschliches Verständnis für die NS-Täter, etwa in seinem Vorwort zum Buch von August von Knieriem aus dem Jahr 1953.[303] So fand er sich nach Kriegsende «an der Seite der Angeklagten wieder», wie Frank Neubacher bemerkt hat – ebenso wie Verfahrensbeteiligte und renommierte Vertreter aus dem Bereich der Publizistik, die insbesondere in den ersten Nachkriegsjahren in zahllosen Schriften «apologetische Tendenzen» verbreiteten.[304]

Ähnliches wie über Wahl lässt sich auch über Hodo Freiherr von Hodenberg sagen, der gemeinsam mit ihm den Heidelberger Kreis koordinierte: ein promovierter Anwalt und Notar, der im Ersten Weltkrieg als Kommandeur eines Grenadier-Regiments mit dem Eisernen Kreuz I. Klasse ausgezeichnet worden war, nach 1945 der CDU beitrat, von 1945 bis 1955 Präsident des Oberlandesgerichts Celle und von 1955 bis 1959 Abgeordneter der DP/CDU-Fraktion des Niedersächsischen Landtages war. Als Rechtspositivist meinte er das Kontrollratsgesetz Nr. 10 aus grundsätzlichen Erwägungen ablehnen zu müssen und fand damit, wie Wahl, aus juristischer Überzeugung zum Heidelberger Kreis, obwohl ihn mit dem nationalsozialistischen Regime, hierin ebenfalls Professor Wahl ähnlich, nichts verbunden hatte. Dennoch hatte er nach 1945 als Oberlandesgerichtspräsident in Celle «schwer belasteten Nazis in unvorstellbarer Zahl die Rückkehr in die Justiz» ermöglicht. Er sei dabei sogar eine «Schlüsselfigur» gewesen, erklärte dazu später der Richter und justizkritische Publizist Ulrich Vultejus, der 1981 mit dem Fritz-Bauer-Preis der Humanistischen Union ausgezeichnet wurde.[305] Vultejus' Vater, seit 1945 Präsident der Rechtsanwaltskammer Celle, hatte deswegen mit Hodenberg eine ernsthafte Aussprache gehabt, in der dieser, nach seinen Motiven befragt, ihm zur Antwort gegeben hatte, die Anwaltschaft sei «schon immer eine Zufluchtsstätte für politisch Verfolgte» gewesen.[306]

Zusammen mit Professor Wahl organisierte Hodenberg nun den Heidelberger Kreis. Die Mitglieder trafen sich vierteljährlich an der Heidelberger Universität, besprachen und koordinierten die gemeinsamen Aktivitäten und verabschiedeten Papiere, mit denen sie die öffentliche Diskussion über die nach ihrer Meinung zu Unrecht Verurteilten zu beeinflussen suchten. Aber der Kreis, vor allem in Gestalt seiner aktivsten Mitglieder Otto Kranzbühler und Eduard Wahl, machte auch Eingaben an die alliierten Hohen Kommissare zur Situation der verurteilten Kriegsverbrecher und korrespondierte mit Politikern wie Gebhard Müller und Konrad Adenauer sowie Kirchenvertretern und Gewerkschaftsführern wie Hans Böckler.[307] Immer wieder ging es

II. DER AUFBAU DES BMJ 1949–1953

um die Urteile von Nürnberg und deren Rechtmäßigkeit, um den Strafvollzug im alliierten Kriegsverbrechergefängnis Spandau und um die Auslieferung von Kriegsverbrechern. Zentrale Forderungen waren aber auch Amnestie und Rehabilitierung.[308]

Bei seinen Bemühungen konnte sich der Kreis auf wichtige Persönlichkeiten stützen, über die er in seinen eigenen Reihen verfügte. Karl Geiler zählte dazu, ein Kollege Wahls aus der eigenen Fakultät, der 1945/46 vorübergehend Ministerpräsident von Groß-Hessen gewesen war, ehe er 1947 in Heidelberg zum «Persönlichen Ordinarius für Internationales Recht» berufen und im Juni 1948 zum Rektor der Universität gewählt wurde; auch er betrachtete, wie Wahl und Hodenberg, die Entnazifizierung als «das schwerste Unglück für die deutsche Demokratie».[309] Erich Kaufmann ist zu erwähnen, Professor an der Ludwig-Maximilians-Universität München, einer der führenden Staats- und Völkerrechtler der Weimarer Republik und der frühen Bundesrepublik, der auch als Rechtsberater für Völkerrechtsfragen im Bundeskanzleramt auftrat. Und kurzzeitiges Mitglied war auch der renommierte Heidelberger Strafrechtler, Rechtshistoriker, Rechtsphilosoph und Justizminister in der Weimarer Republik Gustav Radbruch, der dem Kreis allerdings nur für wenige Monate angehörte, da er bereits im November 1949 starb.

Besonders zahlreich und prominent waren in dem Kreis jedoch Verfahrensbeteiligte aus den Nürnberger Prozessen vertreten. Zu nennen sind hier vor allem Otto Kranzbühler (Verteidiger unter anderem von Karl Dönitz im Prozess gegen die Hauptkriegsverbrecher), Hellmut Becker (Verteidiger von Ernst von Weizsäcker im Wilhelmstraßen-Prozess), Hans Laternser (Verteidiger beim Internationalen Militärtribunal und von Wilhelm von Leeb im Prozess gegen das Oberkommando der Wehrmacht), Rudolf Aschenauer (Verteidiger von Otto Ohlendorf im Einsatzgruppen-Prozess) sowie Georg Froeschmann (Verteidiger von Viktor Brack im Ärzteprozess, von SS-Obergruppenführer und General der Waffen-SS Gottlob Berger im Wilhelmstraßen-Prozess und von Karl Mummenthey im Prozess gegen das Wirtschafts- und Verwaltungshauptamt der SS).[310] Neben einigen Gerichtspräsidenten gehörten dem Kreis schließlich auch zwei Beamte des Bundesjustizministeriums an: Oberregierungsrat Alfons Wahl, der im BMJ als Leiter des Referats II 5 unter anderem für Strafvollzug und Gnadenwesen zuständig war, sowie der Leiter der Zentralen Rechtsschutzstelle im BMJ, Hans Gawlik. Alfons Wahl kam dabei eine besondere Bedeutung zu, weil er als Verbindungsmann zwischen dem Kreis und dem BMJ fungierte. Er war kein Mitglied der NSDAP gewesen, hatte sich unmittelbar nach dem Krieg am Aufbau der Justiz in Stuttgart beteiligt und wirkte später, nachdem er schon in Württemberg für Gnadensachen zuständig gewesen war, auch für das BMJ in Gnadenausschüssen für Kriegsverurteilte mit.[311] Gawlik hingegen, von dem später noch ausführlich die Rede sein wird, fügte sich in das Schema der Nürnberg-Verteidiger ein. Er war dort in gleich vier Prozessen aufgetreten: beim Internationalen Militärtribunal sowie als Verteidiger von Erich Naumann im Einsatzgruppen-Prozess, von Waldemar Hoven im Ärzteprozess und von Leo Volk und Hanns Bobermin im Prozess gegen das Wirtschafts- und Verwaltungshauptamt der SS.

Die Kanzlei Achenbach und der Naumann-Kreis

Eine Verbindung bestand offenbar auch zwischen dem Heidelberger Kreis und Rechtsanwalt Ernst Achenbach in Essen, der 1947/48 in Nürnberg im I. G.-Farben-Prozess Fritz Gajewski und im Wilhelmstraßen-Prozess Ernst Wilhelm Bohle verteidigt hatte. Mit den Heidelbergern verband Achenbach nicht nur die gemeinsame Vergangenheit in Nürnberg, sondern auch der politische Wunsch, eine Generalamnestie für NS-Täter durchzusetzen. Dies gelang zwar nicht im erwünschten Ausmaß. Allerdings geht das sogenannte Straffreiheitsgesetz von 1954, also das «Gesetz über den Erlaß von Strafen und Geldbußen und die Niederschlagung von Strafverfahren und Bußgeldverfahren» vom 17. Juli 1954, auf ihre Bemühungen zurück. Das Gesetz, das in erster Linie darauf abzielte, die durch «Kriegs- und Nachkriegsereignisse geschaffenen außergewöhnlichen Verhältnisse», wie es in § 1 heißt, zu bereinigen, kam letztlich auch NS-Tätern zugute.[312]

Ernst Achenbach, der 1937 in die NSDAP eingetreten war und auch dem Nationalsozialistischen Rechtswahrerbund angehörte, hatte nach juristischem Studium und Promotion zum Dr. jur. sowie einigen Jahren im Justizdienst eine beachtliche Karriere im Auswärtigen Dienst gemacht und dabei seine Zeit hauptsächlich an der Deutschen Botschaft in Paris verbracht: zunächst, von 1936 bis Kriegsbeginn, als Attaché, danach während der deutschen Besatzung als Gesandtschaftsrat und Leiter der Politischen Abteilung. In dieser Funktion war er nicht nur ein enger Mitarbeiter des Botschafters Otto Abetz gewesen, sondern hatte sich auch mit «Judenangelegenheiten» befasst: das heißt mit der Deportation von Juden aus Frankreich. Als Robert M. W. Kempner ihm dazu bei einer Befragung im August 1947 vorhielt, in der Zeit von Abetz seien die «großen Judenverschiebungen nach Auschwitz vor sich gegangen» und er, Achenbach, müsse doch davon gewusst haben, tat er allerdings völlig ahnungslos: Die Deportationen seien allein Sache des SD gewesen; in der Botschaft – wie überhaupt im Auswärtigen Amt – habe man davon keine Kenntnis gehabt. Ja, er behauptete sogar, «ein Exponent der deutsch-französischen Versöhnungspolitik» gewesen zu sein und rückte sich überdies in die Nähe des Widerstandes, als er erklärte, die Pariser Botschaft sei «eine Art Verschwörung» gewesen, und er selbst habe den Nationalsozialisten «so lange widersprochen», bis man ihn «aus Paris abgeschoben» habe.[313]

Im April 1955, als Kempner ein weiteres Mal mit Achenbach zusammentraf, diesmal im Landtagsgebäude in Düsseldorf, um ihn zu den Hintergründen des Attentats von Herschel Grynszpan auf Gesandtschaftsrat Ernst vom Rath in Paris am 7. November 1938 zu befragen, beschrieb er ihn als «eine sehr selbstbewusste, energische Persönlichkeit, Typ eines erfolgreichen Managers».[314] Ob Kempner ihm seine Aussagen 1947 geglaubt hatte, ist angesichts der Nachfragen und Kommentare während der Vernehmung fraglich. Jetzt, 1955, billigte er Achenbach offenbar zu, durch seinen Bildungsgang und seine Frau, eine Amerikanerin, «mit angelsächsischen Verhältnissen und politischem Denken» vertraut zu sein und «sich zu dieser Form der Demokratie» zu bekennen. Er zitiert Achenbach sogar mit den Worten, «er hätte auch als Anwalt immer seine Aufgabe darin gesehen, das Recht des einzelnen gegenüber Unterdrückung, gleich von welcher Seite sie geübt wurde, zu verteidigen».[315]

Offenbar wusste Kempner immer noch nicht, wen er wirklich vor sich hatte – obwohl er es hätte wissen können. Denn Achenbach war nicht nur als Verteidiger in Nürnberg und in zahlreichen Entnazifizierungsverfahren als Anwalt aufgetreten, sondern er hatte auch Dr. Werner Best nach dessen Entlassung aus dänischer Haft 1951 als Mitarbeiter in seine Kanzlei aufgenommen. Best aber konnte für Kempner kein Unbekannter sein: bis 1940 SS-Obergruppenführer im Reichssicherheitshauptamt (RSHA), der zentralen Behörde der SS in der Berliner Prinz-Albrecht-Straße unter Heinrich Himmler und Reinhard Heydrich, danach Generalleutnant der deutschen Militärverwaltung in Frankreich in Paris, wo er Achenbach kennengelernt hatte, und schließlich von 1942 bis 1945 Bevollmächtigter des Deutschen Reiches während der deutschen Besatzung in Dänemark.[316]

Achenbach nutzte Best – und Best nutzte die Kanzlei Achenbachs –, um Initiativen zu entfalten, verurteilte NS-Kriegsverbrecher freizubekommen. Dazu forderten sie eine Generalamnestie, durch die alle NS-Täter gleichzeitig aus der Haft entlassen werden sollten, und riefen im Oktober 1951 einen «Vorbereitenden Ausschuss zur Herbeiführung der Generalamnestie» ins Leben, dem neben zahlreichen FDP- und CDU-Politikern auch Kirchenvertreter und Unternehmer angehörten. Die Möglichkeit eines umfassenden Straffreiheitsgesetzes wurde von Achenbach auch mit Bundesjustizminister Dehler besprochen.[317] Zugang zu Dehler erhielt er nicht durch seine juristische Tätigkeit, sondern vor allem durch seine Position innerhalb der FDP: als außenpolitischer Sprecher der Partei und rechte Hand des nordrhein-westfälischen Landesvorsitzenden Friedrich Middelhauve sowie Rechtsberater des Landesverbandes. Für seine Amnestiekampagne «zur Liquidation der politischen Strafsachen einer abgeschlossenen Epoche», seinen Kampf gegen die «Siegerjustiz» und die Organisation der «Kameradenhilfe» für ehemalige SS-Offiziere, die sich um Werner Best zu neuen Seilschaften formierten, waren diese politischen Verbindungen von zentraler Bedeutung.[318]

Welche Rolle Achenbach genau spielte, ist allerdings bis heute umstritten. Viel spricht dafür, dass er sein Geschick bei der Einwerbung von Industriespenden nutzte, um Einfluss auf die Personalpolitik seiner Partei zu nehmen. Zu den größten Spendern gehörte Hugo Stinnes Jr., der bereits am 20. Februar 1933 gemeinsam mit anderen Ruhrindustriellen einen Wahlfonds für die NSDAP in Höhe von drei Millionen Reichsmark bereitgestellt hatte. Als Werner Best Ende 1953 Achenbachs Kanzlei verließ, wechselte er als Justitiar und Direktoriumsmitglied zum Stinnes-Konzern. Zwei Schlüsselfiguren, die Achenbach in der nordrhein-westfälischen FDP platzierte, waren Wolfgang Diewerge, der Persönliche Referent von Middelhauve, sowie Heinz Wilke, dessen Aufgabe darin bestand, die sogenannten «Außengeschäftsführer» – also die Funktionäre der Partei auf Kreis- und Bezirksebene – auszuwählen. Wilke war im Dritten Reich hauptamtlicher Hitlerjugend-Führer gewesen, Diewerge war sogar «Blutordensträger», das heißt Beteiligter am Hitler-Putsch 1923, und Träger des Goldenen Parteiabzeichens der NSDAP. Gemeinsam sorgten beide dafür, dass zahlreiche Positionen, vor allem auf den unteren Ebenen der Partei, mit ehemaligen Nationalsozialisten besetzt wurden. Aber auch im Landtag war der Anteil ehemaliger NSDAP-Mitglieder bei der FDP mit 21,3 Prozent außergewöhnlich hoch; in der CDU lag er nur bei 6,6 Prozent.[319] Der Einfluss, den Achenbach dadurch in der nordrhein-westfälischen FDP besaß, kam schließlich auch in der Programmatik der Partei zum Ausdruck. So gelang es ihm, in seinem Landesverband das betont nationale «Deutsche Programm» durchzusetzen, das sich insbesondere gegen die Entnazifizierung richtete. Entstanden war es wiederum in seiner Kanzlei – formuliert von Werner Best, gemeinsam mit Franz Alfred Six, ehemaliger SS-Brigadeführer, Amtschef im RSHA und später Leiter der «Kulturpolitischen Abteilung» im Auswärtigen Amt, der erst kurz zuvor aus dem War Criminal Prison in Landsberg entlassen worden war und nun ebenfalls bei Achenbach arbeitete. Der Versuch, das Programm auch vom Bundesparteitag der FDP im November 1952 in Bad Ems verabschieden zu lassen, scheiterte jedoch am Widerstand der meisten anderen Landesverbände und der Parteiführung.[320]

Ebenfalls nicht restlos geklärt ist bis heute, welche Rolle Achenbach bei den Aktivitäten des sogenannten «Naumann-Kreises» spielte.[321] Diese Gruppe ehemaliger NSDAP-Mitglieder um den früheren Staatssekretär im Reichsministerium für Volksaufklärung und Propaganda und Persönlichen Referenten von Joseph Goebbels, Werner Naumann, versuchte seit 1950 offenbar gezielt, mit alten SS- und HJ-Kadern ein Netzwerk aufzubauen, um «das Gemeinwesen in allen seinen Verästelungen» zu durchdringen, wie Naumann am 1. November 1952 bei einem geheimen Treffen in Düsseldorf erklärte.[322] Der «Innere Kreis», der ausdrücklich auch Kontakte zu den politischen Parteien, vor allem zur FDP, suchte, bestand dabei aus etwa 15 besonders vertrauenswürdigen Mitarbeitern, der «Äußere Kreis» aus über 1000 Anhängern.[323]

Als sieben führende Mitglieder der Gruppe am 15. Januar 1953 von Agenten des britischen Geheimdienstes verhaftet wurden, nachdem dieser die neonazistischen Aktivitäten des Kreises bereits seit längerer Zeit beobachtet hatte, entwickelte sich der «Fall Naumann» zu einem Politikum, das sowohl das deutsch-britische Verhältnis als auch die deutsche Innenpolitik belastete, wobei die FDP in Nordrhein-Westfalen aufgrund ihrer tiefen personellen Verstrickung in den Fall am nachhaltigsten betroffen war.[324] Aber auch die deutsche Justiz geriet ins Zwielicht, als der Zweite Ferienstrafsenat des Bundesgerichtshofs das Verfahren gegen die Mitglieder der Gruppe, die im April von den Briten an die für die Strafverfolgung zuständigen deutschen Behörden übergeben worden waren, am 28. Juli 1953 einstellte. Erstaunen löste vor allem die Begründung des Gerichts aus, es bestehe kein dringender Verdacht mehr, dass eine «strafbare Verbindung oder Vereinigung» überhaupt existiert habe.[325] Nicht nur Bundeskanzler Adenauer zeigte sich im Kabinett über die Entscheidung des Gerichts «höchst befremdet».[326] Auch Dehler erklärte in der *Süddeutschen Zeitung*, die Entscheidung sei «grausam».[327] Dennoch wiederholte sich das Schauspiel, als der Sechste Strafsenat des BGH am 3. Dezember 1954 die Eröffnung eines Hauptverfahrens gegen Naumann ablehnte, weil «in den Reden und Verlautbarungen der Angeschuldigten nirgendwo zum Ausdruck gekommen sei, dass der ‹Zirkel› eine Wiedererrichtung des nationalsozialistischen Führerstaates angestrebt habe».[328]

Inzwischen hatte jedoch der Bundesvorstand der FDP eine Untersuchungskommission eingesetzt, der Fritz Neumayer, Thomas Dehler und Alfred Onnen angehörten. Sie kam zu dem Ergebnis, dass Naumann «nach wie vor der nationalsozialistischen Idee» anhänge und sich als «prädestinierter Nachfolger Hitlers» fühle.[329] BGH-Präsident Weinkauff gab zudem Dehler gegenüber zu verstehen, dass er aufgrund des von den Briten beschlagnahmten Materials keinen Zweifel habe, «dass hier ein erster gefährlicher, geschickter und überlegter Versuch gemacht» worden sei, «die Rückkehr des Nationalsozialismus vorzubereiten».[330] Achenbach hingegen bestritt den Vorwurf einer Konspiration mit Naumann und behauptete, auch nicht von dessen Absicht gewusst zu haben, «einen autoritären und radikalen nationalsozialistischen Staat zu errichten».[331] Das war natürlich glatt gelogen, denn der britische Untersuchungsbericht, der nach der Verhaftung der Naumann-Gruppe erstellt worden war, enthielt eindeutige Beweise für die Verbindung zwischen Achenbach und Naumann und für Achenbachs Absicht, die FDP politisch zu infiltrieren. So hatte er sich Naumann gegenüber ausdrücklich gegen eine Kooperation mit der rechtskonservativen, bloß rückwärtsgewandten «Plüschsofa-Partei» der DP ausgesprochen, die nur in den norddeutschen Bundesländern vertreten war und bundesweit lediglich drei bis vier Prozent erreichte, so dass von ihr, wie Achenbach meinte, «nichts zu holen» sei. Daher müsse man in der FDP vorankommen.[332]

Achenbachs Ziel war also die Unterwanderung der FDP. Dies sah auch Thomas Dehler am Ende so. Zunächst, im April 1953, hatte er sich noch überzeugt gezeigt, dass diese Gefahr für die nordrhein-westfälische FDP kaum bestehe. Nachdem ihm aber die Dokumente der britischen Ermittlungen gegen den Naumann-Kreis zur Verfügung gestellt worden waren, bemerkte er, das Studium der Akten habe ihn «manchmal geradezu daran verzweifeln lassen, dass es in Deutschland je möglich sein würde, eine vernünftige Demokratie aufzubauen».[333] Das Unternehmen Naumanns sei «sehr viel gefährlicher […], als man es hier hätte annehmen können». Naumann verfüge über einen starken Anhang mit etwa 3000 Kontaktpersonen in ganz Deutschland. Es gebe aber auch Verbindungen ins Ausland, bis nach Südamerika.[334] Vor diesem Hintergrund hielt er Achenbach, den er am 24. Januar 1953 im Bundesvorstand der FDP noch gegen Kritik verteidigt hatte, inzwischen für einen «Lügner und Schurken», wie er gegenüber Robert Strobel, dem Korrespondenten der Wochenzeitung *Die Zeit* und der *Stuttgarter Nachrichten* in Bonn, am 16. April erklärte.

Dehler wurde jetzt offenbar immer klarer, dass es in Nordrhein-Westfalen eine «Keimzelle eines wiedererstehenden Nationalsozialismus» gegeben habe, die bis nach Niedersachsen hinüberreichte.[335] Er wollte deswegen die Herausgabe des Untersuchungsberichts noch bis nach den Bundestagswahlen, die im September 1953 bevorstanden, hinauszögern, um vor den Wahlen einen Skandal zu vermeiden und weitere Einzelheiten herauszufinden. Doch der Parteivorstand beharrte darauf, dass der Bericht sofort vorgelegt werden müsse, um dem politischen Gegner im Wahlkampf keine unnötigen Angriffsflächen zu bieten. So fiel der Bericht – nicht zuletzt mit Blick auf den Wahltermin – überraschend milde aus und gipfelte in der erstaunlichen Feststellung, der nordrhein-westfälische Landesverband sei «nicht unterwandert» und «kein führendes Mitglied» der FDP habe «eine bedeutende Verbindung zum Naumann-Kreis» unterhalten.[336] Auch Dehler widersprach nicht, überließ es aber in der Sitzung des Bundesvorstandes am 7. Juni Alfred Onnen, den Bericht zu verlesen, und beteiligte sich auch an der folgenden Aussprache nur mit wenigen Zwischenbemerkungen. Zur Begründung führte er später an, die finanzielle Lage der Partei, die «von Zahlungen aus den Industriekreisen in Nordrhein-Westfalen abhängig» sei, hätte den Bundesvorstand zur Rücksichtnahme gezwungen.[337]

Mit größter Zurückhaltung behandelte der Bundesvorstand aus diesem Grund aber nicht nur Achenbach, der zu den wichtigsten Geldbeschaffern der Partei zählte, sondern auch Middelhauve, von dessen Mitschuld Dehler ebenfalls überzeugt war. Insofern wundert es nicht, dass Middelhauve sich hinter Achenbach stellte und erklärte, dessen Gesinnung als «liberaler Demokrat» stehe außer Zweifel.[338] Zwar war die Entrüstung darüber in anderen Landesverbänden der FDP und auch in der Bundespartei groß. Aber einen offenen Bruch, so kurz vor den Wahlen, wollte niemand riskieren. So musste Achenbach lediglich sein Amt als außenpolitischer Sprecher der Partei aufgeben. Ansonsten ging er gestärkt aus der Affäre hervor, da der Landesehrenrat der FDP am 20. Juni 1953 entschied, dass die ehrenrührigen Vorwürfe gegen ihn unhaltbar seien. Vier Jahre später wurde er in den Deutschen Bundestag gewählt, dem er – allen gelegentlichen Rücktrittsforderungen zum Trotz – bis 1976 angehörte. 1971 wurde er überdies mit dem Bundesverdienstkreuz 1. Klasse ausgezeichnet. Es bedurfte erst der gründlichen Recherchen von Serge und Beate Klarsfeld, um Achenbachs wirkliche Verstrickung in die Deportation französischer Juden aufzudecken.[339] Alle Dokumente, die sie 1977 publizierten, wären auch der deutschen Justiz zugänglich gewesen. Doch offenbar wollte niemand davon etwas wissen.

Erich Mende, von 1960 bis 1968 Bundesvorsitzender der FDP, bemerkte daher halb zynisch, halb ironisch in seinen Memoiren, Achenbach habe sich «auch in dieser Zeit als großer Taktiker» erwiesen, «der auf allen Hochzeiten zu tanzen wußte und zu keinem Mahl zu spät kam».[340] Auch die meisten anderen Mitglieder des Naumann-Kreises kamen glimpflich davon. Nur in wenigen Fällen trennte sich die Partei von ihren Mitarbeitern, so dass nahezu alle belasteten Funktionsträger bleiben durften.[341] Für Dehler war die durch finanzielle und wahltaktische Umstände erzwungene Erhaltung der Machtposition Middelhauves in Nordrhein-Westfalen und die damit verbundene Rückendeckung für Achenbach allerdings ein Problem. Er musste es nun hinnehmen, dass Middelhauve ihn in seiner Funktion als Bundesjustizminister in

Versammlungen immer wieder öffentlich angriff. Und selbst Achenbach, der angesichts seiner mörderischen Vergangenheit, seinem Eintreten für NS-Verbrecher und seinem Verrat an den liberalen Werten der FDP besser den Mund gehalten hätte, erklärte jetzt, dass Dehler als Justizminister für die FDP untragbar sei.[342]

4. Der Artikel 131:
Schlussstrich-Mentalität im Öffentlichen Dienst

Bereits seit 1948 war in der westdeutschen Politik und Verwaltung der Entschluss gereift, die alliierten Reformen und Säuberungen des öffentlichen Dienstes rückgängig zu machen. Die in diesem Bereich getroffenen Maßnahmen der Siegermächte wurden als fehlerhaft, ungerecht und falsch empfunden. Da rund 95 Prozent aller Beamten in den Entnazifizierungsverfahren als mehr oder weniger unbelastet eingestuft worden waren, könne, so argumentierten ihre Standesvertreter, von einer umfassenden NS-Belastung des Beamtentums nicht die Rede sein.[343] Verantwortung für das im Dritten Reich begangene Unrecht trage allein die Führung der NSDAP, während die «rechtliche und moralische Integrität der staatlichen Träger der Diktatur» gewahrt geblieben sei.[344] Und da mehr als die Hälfte der Mitglieder des Parlamentarischen Rates aus Beamten bestand, verfügten diese auch in der verfassunggebenden Versammlung über die nötige Macht, um ihre Forderungen nach einer generellen Wiedereinstellung der früheren Beschäftigten im öffentlichen Dienst durchzusetzen und diese Forderung sogar in einem eigenen Artikel im Grundgesetz zu verankern.[345]

Entstehung im Parlamentarischen Rat

So wurde ab dem 15. September 1948 im Kombinierten Ausschuss des Parlamentarischen Rates – dem Ausschuss für die Organisation des Bundes sowie dem Ausschuss für Verfassungsgerichtshof und Rechtspflege – die Beamtenrechtsfrage ausgiebig beraten. Zwar übten die Militärgouverneure der drei Westmächte immer wieder Druck auf den Rat aus, von der Tradition des Berufsbeamtentums abzuweichen.[346] Aber auch das eigens zu diesem Zweck im März 1949 erlassene Militärregierungsgesetz Nr. 15 über «Verwaltungsangehörige der Verwaltung des Vereinigten Wirtschaftsgebietes», das die Abschaffung des Berufsbeamtentums vorsah, konnte nicht verhindern, dass der Parlamentarische Rat dessen Fortsetzung beschloss.[347] So wurde die Umsetzung des Gesetzes Nr. 15 von den Ländern zunächst verschleppt und schließlich am 15. Mai 1950 durch das «Gesetz zur vorläufigen Regelung der Rechtsverhältnisse der im Dienste des Bundes stehenden Personen» faktisch aufgehoben.³⁴⁸ Letztlich stimmten die Militärgouverneure, die am 25. April 1949 noch ein weiteres Mal erfolglos intervenierten, um die Formulierung von Beamtenrechtsvorschriften durch den Parlamentarischen Rat zu unterbinden, dem Grundgesetzentwurf aber zu und akzeptierten damit auch die Verankerung des Berufsbeamtentums in Art. 33 Abs. 5 der Verfassung.³⁴⁹

Thomas Dehler scheint daran keinen entscheidenden Anteil gehabt zu haben, während Walter Strauß den Beamtenverbänden positiv gegenüberstand und maßgeblich an der Festschreibung der Rechtsstellung der Beamten im Grundgesetz mitwirkte.³⁵⁰ Tatsächlich geht der Art. 131 GG aber vor allem auf die Deutsche Partei zurück, die sich mit aller Kraft für die Wiederverwendung der alten Beamten einsetzte und am 23. November 1948 einen entsprechenden Antrag in die Beratungen des Parlamentarischen Rates einbrachte.³⁵¹ Ziel des Antrages war es, im Grundgesetz ein Wiedereinstellungsgebot zu verankern, wobei geflohene, vertriebene oder durch die sowjetische Besatzungsmacht verdrängte Beamte aus dem Osten mit Beamten gleichgestellt werden sollten, die aufgrund von Entscheidungen der westlichen Besatzungsmächte oder der Spruchkammern entlassen worden waren – und zwar ohne nochmals die NS-Belastung zu prüfen.³⁵² Dehler erklärte dagegen, wer «am 8. Mai 1945 Beamter und am Ende Beamter Hitlers» gewesen sei, habe zwar einen vermögensrechtlichen Anspruch, aber keinen «Anspruch auf ein Amt» und sprach sich deshalb dezidiert gegen eine derart umfassende Regelung aus, wie sie der Antrag der DP vorsah.³⁵³ In einem Unterausschuss, in dem Dehler und Strauß nicht vertreten waren, wurde dann an einer Lösung gearbeitet, die schließlich in Art. 131 GG mündete.³⁵⁴

Dieser Unterausschuss, der mit Willibald Mücke (SPD), Felix Walter (CDU) und Richard Ringelmann (CSU) nur aus drei Personen bestand, legte binnen eines Tages einen von Ringelmann ausgearbeiteten Entwurf vor, der im Kombinierten Ausschuss einstimmig angenommen wurde.³⁵⁵ Ringelmann hatte als Ministerialdirektor im Bayerischen Finanzministerium bereits an der Formulierung einer entsprechenden Verordnung für Bayern mitgewirkt und konnte diese Fassung nun erneut verwenden. Hatte der Art. 131 GG (damals noch Art. 143 c-1) in einer frühen Fassung noch festgestellt, wer sich am 8. Mai 1945 im öffentlichen Dienst in einem Beamten- oder Arbeitsverhältnis befunden habe, könne daraus «kein Recht auf Wiedereinstellung herleiten», stellte der Entwurf Ringelmanns nun eine Regelung der Rechtsverhältnisse zumindest in Aussicht.³⁵⁶ Der Art. 131 GG lautet danach:

«Die Rechtsverhältnisse von Personen einschließlich der Flüchtlinge und Vertriebenen, die am 8. Mai 1945 im öffentlichen Dienste standen, aus anderen als beamten- oder tarifrechtlichen Gründen ausgeschieden sind und bisher nicht oder nicht ihrer früheren Stellung entsprechend verwendet werden, sind durch Bundesgesetz zu regeln. Entsprechendes gilt für Personen einschließlich der Flüchtlinge und Vertriebenen, die am 8. Mai 1945 versorgungsberechtigt waren und aus anderen als beamten- oder tarifrechtlichen Gründen keine oder keine entsprechende Versorgung mehr erhalten. Bis zum Inkrafttreten des Bundesgesetzes können vorbehaltlich anderweitiger landesrechtlicher Regelung Rechtsansprüche nicht geltend gemacht werden.»

Zwar wurde in der neuen Formulierung zur Frage des Rechts auf Wiedereinstellung keine Aussage getroffen. Aber die Beamten waren jetzt die einzige Berufsgruppe, die im Grundgesetz ausdrücklich erwähnt wurde.[357] Außerdem wurde ein Verfassungsauftrag erteilt, die rechtlichen und finanziellen Ansprüche von Angehörigen des öffentlichen Dienstes, die ihre Posten verloren hatten, durch ein Bundesgesetz zu regeln. Der Art. 131 GG kann damit, in den Worten von Norbert Frei, durchaus als «Bollwerk» gegen die alliierten Reformbestrebungen bezeichnet werden, die auf die Abschaffung des Berufsbeamtentums drängten. Der Artikel, so Frei, habe zwar theoretisch alle Wege offen gehalten. Doch in Wirklichkeit habe der Parlamentarische Rat die Angelegenheit «bereits im Sinne der Betroffenen auf den Weg gebracht», und dank «der Rastlosigkeit und Durchschlagskraft ihrer Interessensverbände» sei die Regelung danach «rasch auf die Bonner Tagesordnung» gekommen.[358]

«Tausende Beamte rufen in ihrer Not»

Auch wenn der Parlamentarische Rat darauf verzichtete, wesentliche politische und rechtliche Aspekte zu klären, die mit einer solchen Regelung verbunden waren – etwa die Frage der Kontinuität oder Diskontinuität der Beamtenverhältnisse über den 8. Mai 1945 hinaus[359] –, bedeutete der Art. 131 GG daher mit Blick auf die NS-Vergangenheit eine politische und gesellschaftliche Weichenstellung, die auf die Wiederverwendung ehemaliger Funktionseliten abzielte. In einer ersten Berechnung ging man davon aus, dass rund 430 000 ehemalige Angehörige des öffentlichen Dienstes, einschließlich der versorgungsberechtigten Familienangehörigen sogar etwa 1,3 Millionen, einen entsprechenden Antrag auf Wiedereingliederung stellen konnten, von denen ein großer Teil angesichts der weitreichenden Durchdringung der Beamtenschaft des Dritten Reiches mit Nationalsozialisten zwangsläufig NS-belastet sein würde.[360] Im Ergebnis einer sogenannten «Zählkartenaktion», mit deren Hilfe die genaue Zahl der «131er» ermittelt werden sollte, wurden zwischenzeitlich sogar 460 000 Personen erfasst.[361] Darunter befanden sich neben den Flüchtlingen und Vertriebenen auch die entnazifizierten und bislang noch nicht wieder eingestellten Angehörigen des öffentlichen Dienstes im Westen. Lutz Niethammer hat diese Gruppe auf rund 53 000 Personen geschätzt. Ebenso einbezogen waren diejenigen Personen, die infolge der Kapitulation des Deutschen Reiches, also wegen Auflösung von Dienststellen einschließlich der Reichsbehörden oder Verwaltungen der besetzten Gebiete, ihr Beschäftigungsverhältnis verloren hatten.[362] Die Personengruppe der 131er war also sehr heterogen und reichte vom vertriebenen Postboten aus Danzig bis zu ehemaligen Beamten der Wehrmacht und des Reichssicherheitshauptamtes (RSHA).[363] Aus dem Bereich der Justiz zählten dazu auch die Mitarbeiter der aufgelösten Sondergerichte, des Volksgerichtshofs und des Reichsgerichts sowie natürlich des Reichsjustizministeriums.

Allen Betroffenen ging es nach 1945 zunächst einmal um materielle Versorgung. Denn die Situation der meisten 131er war prekär. Dies galt nicht nur für die geflüchteten und vertriebenen Beamten, sondern auch für jene, die im Zuge der Entnazifizierung in den Westzonen entlassen worden waren. Ihnen konnte es daher nicht schnell genug gehen, eine Perspektive für den beruflichen Wiedereinstieg zu erhalten. Mit deutlichen Worten machten sie auf ihre «katastrophale Notlage» aufmerksam: «Tausende von Beamten warten auf ihr Recht! Tausende Beamte rufen in ihrer Not!», hieß es etwa in einer «Denkschrift über die Notlage der entfernten Beamten, Angestellten und Arbeiter» des Beamtenschutzbundes Bayern im Dezember 1949.[364]

Neben dem ökonomischen Motiv gab es jedoch auch eine vergangenheitspolitische Dimension, die vor allem von den Entnazifizierten hervorgehoben wurde: die Wiederherstellung ihrer «Ehre», die sie nicht durch ihr eigenes Verhalten vor 1945, sondern erst durch die als diskriminierend und ungerecht empfundenen Maßnahmen der Alliierten nach Kriegsende verletzt sahen. Seit 1949 fand somit ein von den Interessenverbänden organisierter «Krieg der Worte» statt, der mittels Broschüren, Mitteilungsblätter und Denkschriften ausgetragen wurde. Die darin erhobenen Forderungen waren derart massiv, dass der Bundestagsausschuss für Beamtenrecht bereits im März 1950 Vertreter der Interessenverbände einlud, ihre Auffassungen darzulegen. Die Beamtenverbände argumentierten dabei, die Entnazifizierung sei auf dem Rücken der Beamten ausgetragen worden, weil die Alliierten in ihnen «die Unterstützer Hitlers» gesehen hätten. Dies treffe jedoch nur im Ausnahmefall zu. Daher sollten nur diejenigen Beamten, die in die Kategorien I (Hauptschuldige) und II (Belastete) eingestuft worden seien – also eine kleine Zahl –, von den Bestimmungen des zu erwartenden Gesetzes zum Art. 131 GG ausgenommen sein. Außerdem sollten die Entnazifizierten pauschal mit den Vertriebenen gleichgestellt werden; eine Differenzierung zwischen beiden Gruppen dürfe es nicht geben. Die Verbände machten sich also die Forderung der DP aus dem Parlamentarischen Rat zu eigen.[365]

Die Vorbereitungen für das G 131 begannen unmittelbar nach der Regierungsbildung im September 1949. Doch es dauerte bis zum Sommer 1950, ehe dem Bundestag ein Gesetzentwurf zugeleitet werden konnte. Dabei wurde zwischen Finanzminister Fritz Schäffer und Innenminister Gustav Heinemann bis zuletzt um die Zuständigkeit gerungen. Während Schäffer auf die finanzpolitische Natur des G 131 verwies und die Auffassung vertrat, das Gesetz sei nur aus der Finanzlage von Bund und Ländern zu begründen[366], erklärte Staatssekretär Ritter von Lex im Innenministerium, man müsse zusammen mit dem BMJ eine verfassungsrechtlich einwandfreie Lösung für das Problem der finanziellen Beteiligung «einheimischer» Beamter finden.[367] Dominierend im Gesetzgebungsverfahren waren schließlich aber materielle und sozialpolitische Aspekte. Erst danach folgten verfassungsrechtliche Gesichtspunkte.[368]

Die Rolle des BMJ

Das Justizministerium war deshalb in die Beratungen kaum einbezogen, so dass Justizminister Dehler am 1. März 1950 in einem Brief an Finanzminister Schäffer ausdrücklich darum bitten musste, künftig «eine rechtzeitige und den Beschlüssen des Kabinetts entsprechende Beteiligung» seines Ministeriums «sicherzustellen».[369] Die Tatsache, dass das BMJ offenbar auch weiterhin Eingaben zur Vorbereitung des G 131 lediglich unkommentiert an das Innenministerium weiterleitete, spricht jedoch dafür, dass sich an der bestehenden Situation wenig änderte. Somit finden sich im Bestand des BMJ keine Akten, die eigene Stellungnahmen bzw. Vorarbeiten und Entwürfe enthalten.[370]

Auch bei den Beratungen, die ab September 1950 im Beamtenrechtsausschuss des Bundestages und immer wieder auch bei den Kabinettssitzungen stattfanden, sucht man protokollierte Äußerungen des Justizministeriums, insbesondere auch von Minister Dehler, weiterhin vergeblich.[371] Es ist somit davon auszugehen, dass das Justizministerium nur am Rande in den Gesetzgebungsprozess zum G 131 involviert war. Im Beamtenrechtsausschuss war ein Vertreter des BMJ, in der Regel Ministerialrat Henning von Arnim, zwar zugegen.[372] Die Zahl der protokollierten Wortmeldungen von Arnims ist jedoch gering. Wenn er sich äußerte, geschah dies zumeist bei Fragen zur Rechtsnachfolge des Deutschen Reiches bzw. zur Rechtmäßigkeit des Ausschlusses des Klagewegs in § 77 des Gesetzentwurfs.[373] Er wohnte somit den

Ausschussberatungen bei, schaltete sich aber nur selten in die Erörterungen ein. Wenn er einen seiner wenigen Beiträge beisteuerte, unterstützte er fast immer nur bestimmte Positionen, ohne eigene Anregungen zu geben. Insbesondere über die im Hinblick auf den Umgang mit der NS-Vergangenheit wesentlichen Abschnitte des Gesetzes – die §§ 7, 8, 9, 19 und 67 – wurde ohne einen erkennbaren, protokollarisch festgehaltenen Beitrag des BMJ diskutiert und entschieden. Allerdings wurden seitens der Abgeordneten auch keine gezielten Anfragen an das Justizministerium gerichtet.

Zudem war das BMJ im Verständnis Dehlers in erster Linie ein Verfassungsministerium, und kein Gesetzgebungsministerium, so dass es die Verfassungsmäßigkeit der Gesetze überwachen, diese aber in der Regel nicht selbst ausarbeiten sollte.[374] Die Prüfung der Rechtsförmigkeit dürfe deshalb, so Dehler, keinesfalls zur Einmischung in fachliche Angelegenheiten anderer Ressorts führen.[375] Und da der Art. 131 GG dem Gesetzgeber weitgehend freie Hand ließ und der Gesetzesentwurf den tradierten Grundsätzen des Berufsbeamtentums Rechnung trug, bestand in diesem Fall aus Sicht des BMJ auch keine Notwendigkeit zu intervenieren. Das BMJ war also weder Bremser noch Antreiber, sondern blieb bemerkenswert passiv und beschränkte sich im Wesentlichen auf die Rechtsförmlichkeitsprüfung, insbesondere die Überprüfung der Verfassungsmäßigkeit. Dies änderte sich auch nicht, als das Innenministerium 1952 zur Erörterung einer Verwaltungsvorschrift zum G 131 einlud. Diese wurde zwar mit den anderen Ressorts einschließlich des Justizministeriums besprochen. Doch erneut findet sich dazu in den Akten des BMJ keine eigene Stellungnahme.[376] Das gleiche Muster wiederholte sich bei den Beratungen über Änderungen der Verwaltungsvorschriften im Herbst 1954.[377] Auch auf den vom BMJ organisierten Diskussionsabenden mit Professoren des Öffentlichen Rechts und Vertretern des BMI stand das Thema der 131er zwischen 1950 und 1957 nicht auf der Tagesordnung.[378]

Die Bedeutung, die das Finanzministerium den Beratungen beimaß, ergibt sich hingegen allein schon aus den Kosten, die bei der Anwendung des Gesetzes erwartet wurden. Erste Schätzungen gingen von etwa 520 Millionen DM jährlich aus. Die tatsächlichen Kosten lagen jedoch weit höher. Sie beliefen sich nach einer Berechnung des Finanzministeriums aus dem Jahr 1951 allein für den Bund, ohne Bahn und Post, auf rund 750 Millionen DM jährlich.[379] Der Konflikt zwischen der gewünschten Versorgung der 131er und den Schwierigkeiten der Finanzierung ließ daher auch die Diskussion über den Umgang mit der NS-Vergangenheit in den Hintergrund treten. Kritische Töne zur Willfährigkeit der Bürokratie in der NS-Zeit fehlten bei den Beratungen ebenso wie Bemerkungen zu der Frage, welche Probleme sich aus der Reintegration der alten Eliten für die demokratische Entwicklung der Bundesrepublik ergeben konnten.[380]

Ein Gesetz für die alten Eliten

Das vor diesem Hintergrund ausgearbeitete «Gesetz zur Regelung der Rechtsverhältnisse der unter Art. 131 des Grundgesetzes fallenden Personen» wurde am 10. April 1951 einstimmig, bei nur zwei Enthaltungen, vom Bundestag verabschiedet und trat nach der Veröffentlichung im Bundesgesetzblatt am 11. Mai 1951 rückwirkend zum Beginn des Haushaltsjahres am 1. April 1951 in Kraft.[381] Die Feststellung, das Gesetz sei mit breitem, parteiübergreifendem Konsens beschlossen worden, erscheint daher als Euphemismus. Tatsächlich stimmte der Bundestag praktisch geschlossen für die Übernahme von Angehörigen des öffentlichen Dienstes aus der Zeit vor 1945 in den öffentlichen Dienst der Bundesrepublik und bekundete damit – über alle Parteigrenzen hinweg – seinen politischen Willen, einen Schlussstrich unter die NS-Vergangenheit zu ziehen.

Mit dem Gesetz, dessen Bedeutung für den Aufbau des Staats- und Verwaltungsapparates der jungen Bundesrepublik kaum zu überschätzen ist, wurde praktisch rückgängig gemacht, was mit der Kapitulation der Wehrmacht, der Übernahme der obersten Regierungsgewalt durch die Alliierten und den Maßnahmen zur Entnazifizierung eingeleitet zu sein schien: der Austausch der Funktionseliten. Für die Betroffenen stellte das Gesetz jedoch einen großen Erfolg dar. Denn spätestens mit dem G 131 hatte sich die Auffassung durchgesetzt, dass die Beamtenverhältnisse und damit der Anspruch der Beamten auf Versorgung bzw. Wiedereinsetzung in ein Amt über das Ende des Deutschen Reiches hinaus grundsätzlich fortbestanden und auch nicht durch die Maßnahmen der Entnazifizierung erloschen waren.[382]

Wie sahen nun die Regelungen im Einzelnen aus? Unter das G 131 fielen alle Beamten, Angestellten und Arbeiter des öffentlichen Dienstes, die am 8. Mai 1945 in einem Dienst- oder Arbeitsverhältnis gestanden hatten.[383] Ausgeschlossen waren diejenigen, deren Beamtenverhältnis nach dem 8. Mai 1945 aus beamten- oder tarifrechtlichen Gründen bzw. durch rechtskräftigen Entnazifizierungsbescheid beendet worden war. Ebenso ausgeschlossen waren diejenigen, die am Tag der Kapitulation bei der Gestapo oder dem Forschungsamt der Luftwaffe im Dienst gestanden hatten.[384] Für diese Personen, einschließlich der Angehörigen der Waffen-SS, wurde im Schlussteil des Gesetzes allerdings eine Ausnahme geschaffen: Wer von Amts wegen dorthin versetzt worden war, konnte ebenfalls Ansprüche nach dem G 131 geltend machen. Diese Personen wurden so behandelt, als ob sie in ihrer früheren Stellung verblieben wären. Lediglich die Dienstzeit bei der Gestapo, dem Forschungsamt der Luftwaffe und der Waffen-SS blieb unberücksichtigt. Allerdings war «in besonderen Ausnahmefällen» eine Anrechnung der Dienstzeit möglich, die Entscheidung darüber oblag der obersten Dienstbehörde.[385] Selbst Gestapo-Beamte konnten also unter das G 131 fallen, wenn sie vor der Versetzung zur Gestapo bereits Beamte gewesen waren. Die Versetzung «von Amts wegen» wurde als Versetzung «wider Willen» ausgelegt, wobei eine Versetzung von Amts wegen die Regel gewesen und keineswegs mit einer Versetzung wider Willen gleichbedeutend gewesen war. So waren gerade zu Beginn der NS-Herrschaft viele Polizeibeamte zur Gestapo versetzt worden und hatten diese mit aufgebaut. Durch das G 131 erhielten sie nun einen Anspruch auf Unterbringung und Versorgung.[386]

Beamte auf Lebenszeit oder auf Zeit, die am 8. Mai 1945 im Dienst standen, galten ohne Berücksichtigung der Länge ihrer Zeit im öffentlichen Dienst als Beamte zur Wiederverwendung.[387] Bund, Länder und Gemeinden mit mehr als 3000 Einwohnern, Gemeindeverbände, Anstalten und Stiftungen des öffentlichen Rechts hatten derartige Beamte zwingend einzustellen.[388] Um die Unterbringung der 131er zu sichern und zu beschleunigen, wurde eine sogenannte «20-Prozent-Quote» in das Gesetz eingebaut. Die Höhe der Quote ergab sich aus einer Bedarfsschätzung, die berücksichtigte, dass keine zu hohe «Belastung» – gemeint war keineswegs eine «NS-Belastung» – für den Dienstherrn entstand, um zu vermeiden, dass er jegliche Flexibilität in der Personalpolitik verlor.[389] Solange die Quote nicht erreicht war, durfte auf Bundesebene nur mit Zustimmung des Bundesfinanzministeriums und des Bundesinnenministeriums ein Nicht-131er eingestellt werden.[390] Waren noch nicht 20 Prozent aller Planstellen mit einem 131er besetzt, musste jede freie, freiwerdende oder neu geschaffene Planstelle mit einem 131er besetzt werden.[391]

Ausgenommen von einer Zustimmung waren lediglich Stellen, für deren Besetzung kein geeigneter 131er zur Verfügung stand, sowie Stellen, die mit Personen besetzt wurden, die im Dritten Reich verfolgt bzw. in ihrer Karriere nachweislich aus politisch-ideologischen Gründen behindert worden waren. Gleiches galt für die Posten der Staatssekretäre, Abteilungsleiter, Leiter nachgeordneter Behörden und Richter an oberen Bundesgerichten, einschließlich des Bundesverfassungsgerichts.[392] Bei Zuwiderhandlung mussten Ausgleichsbeträge gezahlt werden, die der Bund wiederum nur für Zwecke des G 131 verwenden durfte.[393] Allerdings war es nicht erlaubt, einen Beamten auf Widerruf, Angestellten oder Arbeiter, der die persönlichen und fachlichen Leistungen erfüllte, wegen eines 131ers zu entlassen.³⁹⁴ Das 131er-Gesetz schränkte somit die Dienstherren in ihrer Personalauswahl stark ein. Zumindest galt dies, solange die 20-Prozent-Quote noch nicht erfüllt war. Umgekehrt bedeutete die Regelung für die 131er, dass sie zwar einen Anspruch auf Wiederverwendung im Staatsdienst, nicht aber einen Anspruch auf Unterbringung bei einem bestimmten Dienstherrn hatten. Bundesvertriebenenminister Dr. Hans Lukaschek erklärte deshalb bei der zweiten Lesung des G 131 im Bundestag, die Verpflichtung zur Wiederverwendung sei der «moralische Grundsatz» des 131er-Gesetzes.³⁹⁵ Allerdings galt dies nicht zwingend für die Entnazifizierten, deren Beamtenverhältnisse nicht erloschen waren und die daher bei der Wiedereinstellung auch nicht auf die 20-Prozent-Quote angerechnet wurden.³⁹⁶

Im Hinblick auf den Umgang mit der NS-Vergangenheit sind neben den §§ 4 und 67, die den Aus- und Wiedereinschluss von Gestapo-Beamten betrafen, noch die §§ 7 bis 9 und 19 relevant. § 7 sah vor, dass Ernennungen und Beförderungen, die beamtenrechtlichen Vorschriften widersprachen oder «wegen enger Verbindung zum Nationalsozialismus» vorgenommen worden waren, unberücksichtigt bleiben sollten.³⁹⁷ Zur Begründung wurde die «ungeheure Ausweitung des Staatsapparates» im Dritten Reich angeführt, die auf «das richtige Maß zurückzuschrauben» sei. Nur zwei Beförderungen binnen zwölf Jahren sollten anerkannt werden, weil man davon ausging, dass sie einer regulären Laufbahn entsprachen.³⁹⁸ Anscheinend war also doch noch ein Bewusstsein vorhanden, dass der öffentliche Dienst im NS-Regime durch die ideologischen Vorgaben und institutionellen Bedürfnisse der Nazi-Diktatur grundlegende Veränderungen erfahren hatte und zum Pfeiler eines verbrecherischen Systems geworden war, so dass er sich mit dem öffentlichen Dienst in einer freiheitlich-demokratischen Ordnung nicht mehr vergleichen ließ.

In diesem Sinne ist auch § 8 zu verstehen, der bestimmte, dass die Ergebnisse rechtskräftiger Entnazifizierungs- und Spruchkammerbescheide sowie die dadurch verfügten Einschränkungen unberührt blieben.³⁹⁹ Den völligen Ausschluss vom öffentlichen Dienst bedeutete dies aber nur für 1071 Beamte, die auch nach den Revisionsverfahren noch als Hauptschuldige oder Belastete galten und aufgrund ihres Spruchkammerbescheids von der Ausübung eines öffentlichen Amtes ausgeschlossen waren.⁴⁰⁰ Allerdings sagten die Spruchkammerbescheide oft nur wenig über die tatsächliche NS-Belastung aus, da es selbst vielen Gauleitern oder SD-Führern gelungen war, im Revisionsverfahren als Mitläufer oder sogar als Unbelastete eingestuft zu werden.⁴⁰¹

Alles in allem ermöglichte die Anwendung des G 131 somit die schnelle Reintegration des weitaus größten Teils der öffentlich Beschäftigten in die Verwaltung, die auf diese Weise rasch an Effizienz gewann und wesentlich zur Funktionsfähigkeit der deutschen Gesellschaft nach 1949 beitrug. Allerdings ist Norbert Frei zuzustimmen, der dazu erklärte, der Effizienzgewinn sei mit «politischen und moralischen Defiziten» erkauft und «auf lange Zeit mit einem Verlust an moralischer Glaubwürdigkeit bezahlt» worden. Nicht zuletzt gilt dies für den Bereich der Justiz, in dem bei der Verfolgung von NS-Straftaten «schwerste Unterlassungsschäden» zu beklagen waren.[402]

Adenauer und der Wunsch nach «Normalisierung»

Für Bundeskanzler Adenauer indessen waren im Herbst 1949 die Bildung einer stabilen Bundesregierung und der Aufbau eines funktionierenden Staats- und Verwaltungsapparates vordringlich.[403] Vor dem Hintergrund der Zerstörungen des Zweiten Weltkrieges und angesichts des sozialen Elends vieler Millionen Menschen, die nach Flucht, Vertreibung, Bombenkrieg und wirtschaftlichem Zusammenbruch hungerten und froren, sowie in einer Situation, in der Deutschland geteilt, von fremden Truppen besetzt und im Kalten Krieg zwischen Ost und West bereits wieder neuen Risiken ausgesetzt war, kam es ihm vorrangig darauf an, die politische, wirtschaftliche und gesellschaftliche Ordnung der Bundesrepublik so schnell wie möglich auf sichere Fundamente zu stellen. Und dazu bedurfte es eines effizienten öffentlichen Dienstes, der nach Adenauers Meinung nur zu gewährleisten war, wenn man sich des alten Personals bediente. Bereits in der Regierungserklärung vom 20. September 1949 bekannte er sich deshalb entschieden zur Kontinuität des deutschen Beamtentums, indem er feststellte: «Wir stehen grundsätzlich und entschlossen auf dem Boden des Berufsbeamtentums.» Durch die «Denazifizierung» sei «Unglück» und «Unheil» angerichtet worden. Zwar müssten die «wirklich Schuldigen» bestraft werden. Doch ansonsten solle die Unterscheidung zwischen «politisch Einwandfreien und Nichteinwandfreien [...] baldigst verschwinden».[404]

Die eilige Verabschiedung des G 131 war somit keine Überraschung. Ebenso wenig konnte die Tatsache erstaunen, dass die Regelungen im Interesse der Betroffenen ausfielen, da mit der CDU/CSU, der FDP und der DP gleich vier beamtenfreundliche Parteien eine parlamentarische Mehrheit besaßen und der Formulierungsvorschlag für den Art. 131 GG im Parlamentarischen Rat zudem noch auf einen Antrag der DP zurückgegangen war. Hinzu kam, dass auch Bundeskanzler Adenauer eine Personalpolitik vertrat, die NS-Belastete keineswegs von vornherein von einer Wiederverwendung ausschloss, sondern diese ausdrücklich befürwortete, wenn daraus keine politischen Risiken erwuchsen. Insofern war es naheliegend, dass die Regelung der Rechtsverhältnisse der 131er auf eine Weise erfolgte, die Fragen nach der

Vergangenheit praktisch ausblendete.[405] Adenauer selbst bemerkte dazu im September 1949 in einem Brief an den Minister für gesamtdeutsche Fragen und früheren Vorsitzenden der CDU in der Sowjetischen Besatzungszone, Jakob Kaiser, dass es Beschränkungen bei der Stellenbesetzung für ehemalige NSDAP-Mitglieder überhaupt nur für höhere Positionen geben sollte, etwa für die Ebene der Staatssekretäre, auf der «auch ein in Gruppe V eingestufter früherer PG» nicht eingestellt werden könne – «und zwar lediglich wegen des Eindrucks, den eine solche Ernennung nach außen machen würde».[406] Für alle anderen Beamten, Angestellten und Arbeiter sollte es solche Beschränkungen demnach nicht geben.

Die Interessenverbände der 131er schlossen sich dieser Auffassung gerne an. Sie argumentierten, dass die Rechte der Beamten über den Staatsformwechsel hinaus Bestand hätten und dass die «Weiterverwendung» der Beamten zudem die kostengünstigste Lösung darstelle, weil gerade langjährige Beamte über große Erfahrung und ein Höchstmaß an Kompetenz verfügten. Für den Fall einer Nicht-Wiedereinstellung der stellungslosen Beamten wurden hingegen düstere Szenarien entworfen: vom ökonomischen Niedergang des Landes bis zu gesellschaftlichen Unruhen, die angesichts Hunderttausender unversorgter Staatsdiener nicht zu vermeiden wären. Ob solche Schreckensbilder realistisch waren, ist fraglich. Allerdings präsentierte sich die Beamtenschaft, die zuvor dem NS-Regime ebenso tüchtig wie gewissenverloren dienstbar gewesen war, nun ein weiteres Mal als vermeintlich unpolitisch und nur vom Gedanken der Pflichterfüllung beseelt.[407]

In der Öffentlichkeit und auch in den parlamentarischen Beratungen wurde das Thema der 131er vorrangig unter sozialpolitischen Gesichtspunkten behandelt. Die Mitschuld, die insbesondere Spitzenbeamte und die Wehrmachtsführung an den Verbrechen des NS-Regimes trugen, spielte in der Diskussion praktisch keine Rolle. Nicht zuletzt die Vertreter der politischen Parteien, die sich offenbar die Beamten und Soldaten nicht zu Gegnern machen wollten, verzichteten auf deutliche Worte. Überdies war das Gesetz, das am Ende verabschiedet wurde, weit umfangreicher als der ursprüngliche Entwurf. So wurden darin nun die Angehörigen des Reichsarbeitsdienstes ebenso berücksichtigt wie Beamte der Gestapo oder der Protektoratsverwaltung und Angehörige der ehemaligen Reichsministerien, die jetzt nach Bonn drängten.[408] Wie groß danach die tatsächliche NS-Belastung war, die sich durch die Umsetzung des G 131 für den öffentlichen Dienst ergab, ist durch eine pauschale Betrachtung nicht zu ermitteln. Nur eine Einzelfallanalyse, bei der die Biographien der jeweiligen Personen einbezogen werden, kann deshalb, wie hier am Beispiel des BMJ, näheren Aufschluss geben.

Auswirkungen des G 131 und Personalübernahmen im BMJ

In einem Kommentar, den Henning von Arnim 1951 zum G 131 verfasste, um die Position des Bundesjustizministeriums zu verdeutlichen, erläuterte er die einzelnen Paragraphen des Gesetzes und ging auch auf das Zustandekommen des G 131 und die Absichten ein, die dabei bestanden hatten.[409] Für den Gesetzgeber, so von Arnim, habe festgestanden, dass es nicht ausreiche, «den infolge des Zusammenbruchs aus dem öffentlichen Dienst ausgeschiedenen Personen eine Versorgung bei weiterer Untätigkeit zu sichern». Vielmehr habe der Wunsch bestanden, «die noch Dienstfähigen in möglichst großem Umfang wieder in den öffentlichen Dienst zu übernehmen, ihnen eine ihrer früheren Rechtsstellung entsprechende Beschäftigung zu sichern und ihre Erfahrungen und Kenntnisse der öffentlichen Verwaltung nutzbar zu machen.» Die Wiederverwendung der alten Beamten sei somit als «die erstrebenswerteste Art der Regelung der Rechtsverhältnisse der in Art. 131 bezeichneten Personen» angesehen worden.[410]

Für die durch Entnazifizierungsverfahren aus dem Amt entlassenen Personen wurden nach der Interpretation von Arnims nur Mindestregelungen geschaffen: Da ihr Dienstherr noch vorhanden sei, habe das Gesetz «eine etwaige weitgehende Regelung seinem Ermessen überlassen».[411] Obwohl die Entnazifizierungen in jeder Zone unterschiedlich gehandhabt worden seien, müsse jedoch «aus Gründen der Rechtssicherheit an der Wirksamkeit rechtskräftiger Entnazifizierungsbescheide» festgehalten werden. Eine nochmalige Überprüfung sei bei der Durchführung des G 131 unmöglich. In der Mehrzahl der Fälle müsse daher die Aberkennung von Rechten als gerechtfertigt angesehen werden.[412]

Auch die im Gesetz vorgesehenen Einschränkungen hinsichtlich der Berücksichtigung von Ernennungen, Beförderungen und Verbesserungen des Besoldungsdienstalters, die im Dritten Reich erfolgt waren, ließen sich nach Auffassung von Arnims nicht vermeiden, sofern diese beamtenrechtlichen Vorschriften widersprächen oder durch enge Verbindung zum Nationalsozialismus zustande gekommen seien. So könne eine durch unrechtmäßige oder übermäßige Beförderungen eingetretene Erhöhung der Versorgungsbezüge «dem Bund und den öffentlichen Dienstherren im Bundesgebiet nicht zugemutet werden».[413] Insbesondere sei es dem Steuerzahler gegenüber nicht zu verantworten, die öffentlich-rechtlichen Dienstherren im Bundesgebiet für die finanziellen Lasten, die sich aus solchen unbegründeten Bevorzugungen oder groben Verstößen gegen beamtenrechtliche Vorschriften ergäben, haftbar zu machen.[414] Die dazu in den Beratungen des Gesetzes geäußerte Kritik, Beamte würden damit einer «zweiten Entnazifizierung» ausgesetzt[415], wies von Arnim zurück: Bei «sinngemäßer Anwendung der Vorschrift» sei die Befürchtung, dass diese «eine Wiederholung oder Fortsetzung der Entnazifizierung» bewirke, unbegründet. Und da die Beweislast beim Dienstherrn liege und damit der Verwaltungsrechtsweg gegeben sei, würde die Vorschrift ohnehin «nur bei einwandfrei erwiesenem Tatbestand» zur Anwendung kommen.[416]

Auffällig an der Argumentation von Arnims ist, dass er immer wieder die Unzumutbarkeit der finanziellen Lasten als Begründung vorbrachte. Die Tatsache, dass Ernennungen oder Beförderungen, die unter der NS-Diktatur erfolgt waren, möglicherweise als politisch fragwürdig einzuschätzen waren, spielte für ihn offenbar keine Rolle. Die rein formale, nur an Verfahrensweisen und beamtenrechtlichen Vorschriften orientierte Denk- und Argumentationsweise, die er damit offenbarte, erklärt hingegen, warum nicht nur von Arnim, sondern der Großteil der alten Eliten, um die es hier ging, ohne historisches Bewusstsein und moralisches Gewissen nach 1945 ebenso «funktionierten», wie sie es vor 1945 getan hatten. Die Verbrechen, an denen sie mitgewirkt hatten, waren dabei schon 1951 kein Thema mehr.

Tatsächlich dürfte bei den meisten Betroffenen, die mit dem G 131 eine neue berufliche Perspektive erhielten, ihre unmittelbare Existenzsicherung im Vordergrund gestanden haben. Bereits im Juli 1951, drei Monate nach Inkrafttreten des G 131, waren von 45 221 Planstellen in der Bundesverwaltung 10 738 mit Beamten besetzt, die unter das G 131 fielen. Die 20-Prozent-Quote war damit schon zu diesem Zeitpunkt mit 23,7 Prozent erfüllt. Beim BMJ einschließlich seines Geschäftsbereichs lag die Quote bei 29,7 Prozent (267/900).[417] Am 30. September 1953 waren von inzwischen 52 620 Beamtenplanstellen auf Bundesebene 14 893 mit 131ern besetzt. Dies entsprach einer Quote von 28,3 Prozent. Im Bereich des BMJ lag sie sogar bei 53 Prozent (513/968) und damit deutlich über dem Durchschnitt.[418] Bei 11 der 21 obersten Behörden bewegte sich die Quote über 50 Prozent, keine Bundesbehörde wies eine Quote von unter 25 Prozent auf. Allerdings ist dabei auch die Größe der jeweiligen Behörde zu beachten. So lag die Quote beim Bundesministerium für Vertriebene, Flüchtlinge und Kriegsgeschädigte bei 74,6 Prozent, was 47 von 63 Planstellen entsprach, während sie beim Bundesfinanzministerium, einschließlich nachgeordneter Behörden, nur bei 30,4 Prozent lag – allerdings bei einer Zahl von 34 420 Planstellen, so dass hier nicht weniger als 10 464 131er einen Platz gefunden hatten.[419]

Das Urteil des Bundesverfassungsgerichts zum G 131

Am 17. Dezember 1953 verkündete der Erste Senat des Bundesverfassungsgerichts (BVerfG) apodiktisch: «Alle Beamtenverhältnisse sind am 8. Mai 1945 erloschen.»[420] Die Formulierung war in der Begründung des Urteils enthalten, mit dem das Gericht an diesem Tag über das G 131 entschied. Anlass des Urteils war eine Verfassungsbeschwerde von 34 Beamten und Versorgungsempfängern – darunter 19 Hochschulangehörige –, die mit den Bestimmungen des G 131 nicht einverstanden waren. Das Verfassungsgericht wies die Beschwerde letztlich ab und bestätigte damit die Verfassungsmäßigkeit des G 131.[421]

Ausgangspunkt der Argumentation des Gerichts war der Artikel 129 der Weimarer Verfassung, in dem es hieß, die Anstellung der Beamten erfolge auf Lebenszeit, Ruhegehalt und Hinterbliebenenversorgung würden gesetzlich geregelt, die «wohlerworbenen Rechte» der Beamten seien «unverletzlich», und Beamte könnten «nur unter den gesetzlich bestimmten Voraussetzungen und Formen vorläufig ihres Amtes enthoben, einstweilen oder endgültig in den Ruhestand oder in ein anderes Amt mit geringerem Gehalt versetzt werden».[422] Da diese Bestimmungen eindeutig waren, hatte die überwältigende Mehrheit der juristischen Kommentatoren nach 1949 die Auffassung vertreten, daran habe sich auch durch den Zusammenbruch des Staates 1945 nichts geändert.[423] Dieser Meinung wurde nun vom Verfassungsgericht nachdrücklich widersprochen: Artikel 129 der Weimarer Reichsverfassung habe im «nationalsozialistischen Staat seine Verfassungskraft verloren und sie auch später nicht wiedererlangt», hieß es. Um die Beamtenverhältnisse über den Wechsel der Staatsform hinaus fortzusetzen, müsse es sich «um echte Beamtenverhältnisse im traditionell-rechtsstaatlichen Sinne» handeln. Doch die «durch das nationalsozialistische Beamtenrecht geschaffenen rechtserheblichen Tatsachen und Rechtszerstörungen» ließen sich «nicht als nur tatsächliche Behinderung der Geltung des wirklichen Rechts beiseite schieben und nachträglich ungeschehen machen».[424]

Das Verfassungsgericht nahm somit die Klage gegen das G 131 zum Anlass, grundsätzlich die Frage zu klären, ob eine Kontinuität des Beamtenstatus über die Zäsur von 1945 hinaus fortbestand. Das Gericht betrachtete dazu noch einmal die Entstehungsgeschichte des Art. 131 GG und des G 131 und legte in seiner Urteilsbegründung unter Berufung auf Protokolle und Drucksachen des Parlamentarischen Rates sowie der Ausschusssitzungen und Plenardebatten des Bundestages dar, welche Haltung die verfassunggebende Versammlung des Parlamentarischen Rates und der bundesrepublikanische

Gesetzgeber dazu eingenommen hatten.⁴²⁵ Diese Entstehungsgeschichte von Art. 131 GG und G 131 zeige, so das Gericht, dass weder im Parlamentarischen Rat noch im Bundestag «Klarheit über das Fortbestehen der früheren Beamtenverhältnisse erzielt» worden sei.⁴²⁶ Zudem lasse sich dem Wortlaut des Art. 131 GG weder entnehmen, dass «der Verfassungsgesetzgeber [...] das Fortbestehen dieser Dienstverhältnisse über den 8. Mai 1945 hinaus annahm», noch dass die Fortdauer der Dienstverhältnisse habe «fingiert» werden sollen.⁴²⁷ Mit anderen Worten: Das Verfassungsgericht fühlte sich frei in seiner Auslegung, wie die Frage der Fortgeltung oder Erlöschung der Beamtenverhältnisse nach dem Ende des Deutschen Reiches zu beantworten sei. Diese Haltung war insofern bemerkenswert, als sowohl die 1950 eingebrachten Entwürfe zum G 131 als auch die Verhandlungen im Beamtenrechtsausschuss davon ausgegangen waren, dass die Rechte der Beamten aus der Zeit vor 1945 durch den staatlichen Zusammenbruch nicht erloschen seien.

Das Gericht erklärte dazu nun, die Frage nach dem Fortbestand der Beamtenrechte dürfe nicht allein vom Artikel 129 der Weimarer Verfassung – und damit vom Bild des «unpolitischen Beamten» – ausgehen, sondern müsse die politisch-historische und staatsrechtliche Bedeutung der Ereignisse vom Mai 1945 berücksichtigen. Die Auffassung, dass es sich 1945 lediglich um einen Staatsformwechsel gehandelt habe, bleibe zu sehr «an der Oberfläche verhaftet», da sie die Ereignisse verharmlose und man außerdem bezweifeln könne, dass das Deutsche Reich nach dem 8. Mai 1945 und der Übernahme der obersten Gewalt durch die Alliierten überhaupt noch als Staat existiert hätte. Vor allem jedoch, so das Gericht, sei die «politische Neutralität des Staates» vor 1933 durch den Nationalsozialismus, zumal durch die besondere Stellung der NSDAP, aufgehoben worden. Das Gericht kam deshalb zu dem Schluss, «daß das Beamtenverhältnis selbst im ‹Dritten Reich› eine tiefgehende, sein Wesen berührende Umgestaltung erfahren» habe.⁴²⁸ Die NSDAP und namentlich Adolf Hitler, so das Gericht, hätten nach der Machtübernahme «planmässig» auf die Zerstörung des parteipolitisch neutralen Berufsbeamtentums hingearbeitet und das Beamtenverhältnis in ein «besonderes persönliches Treueverhältnis zu Hitler selbst» sowie zur NSDAP umgewandelt.⁴²⁹ Als Belege führten die Verfassungsrichter mehrere Kommentare zum Beamtenrecht, unter anderem von Ernst Rudolf Huber, das Berufsbeamtengesetz von 1933, das Deutsche Beamtengesetz von 1937 und Rundschreiben des Reichsinnenministers sowie die Rechtsprechung, unter anderem des Reichsgerichts, an.

Insbesondere das Gesetz zur Wiederherstellung des Berufsbeamtentums vom 7. April 1933, so das Gericht, habe nicht etwa der Wiederherstellung des

Berufsbeamtentums gedient, sondern der «Durchdringung des Beamtentums mit nationalsozialistischem Geist». Belege hierfür seien die Entfernung von Nicht-Ariern aus dem Beamtenapparat, also die Säuberungen aus rassischen Gründen, sowie die Bevorzugung von Parteigenossen oder die Bestimmung, wonach vor jeder Beförderung die Dienststellen der NSDAP nach der politischen Zuverlässigkeit des Beamten befragt werden mussten. Zudem seien großangelegte «politische Schulungen» durchgeführt worden.[430] Darüber hinaus beweise der seit 1934 auf Hitler persönlich abzulegende Diensteid, «daß das Beamtenverhältnis im nationalsozialistischen Staat eine Rechtsgrundlage erhalten» habe, «die vom Bestehen der in Hitler verkörperten nationalsozialistischen Herrschaftsform schlechthin abhängig war».[431]

Das Bundesverfassungsgericht zeigte damit erneut auf, wie eng die Bindung zwischen dem Beamtentum und dem nationalsozialistischen «Führerstaat» und somit auch Hitler persönlich gewesen war. Die Vorstellung von einem unpolitischen Beamtentum, die in Anknüpfung an die Weimarer Republik nach den Verbrechen des NS-Regimes zur eigenen Entlastung gern wieder beschworen wurde, war damit nach Auffassung des Gerichts eine Schimäre. Mehr noch: Auch die Frage, ob ein einzelner Beamter der NSDAP angehört oder ihr innerlich nahegestanden habe, sei «für die rechtliche Beurteilung des Beamtenverhältnisses als solches ohne Bedeutung».[432] Damit widersprach das Gericht der Auffassung, wonach die «innere Haltung» ausschlaggebend gewesen sei. Zwar hätten «viele Beamte» gemeint, «aus besonderem Pflichtgefühl heraus ‹Schlimmeres zu verhüten›», und hätten weiterhin ihren «Dienst zum Wohl der Allgemeinheit» geleistet. Doch an dem Beamtenverhältnis, das auf Hitler persönlich verpflichtet und auf dem von der NSDAP getragenen Staat gegründet gewesen sei, ändere auch die innere Haltung des einzelnen Beamten nichts.[433]

Da diese Argumentation sich auf umfassendes Quellenmaterial, wie beamtenrechtliche Kommentarliteratur, Gesetzestexte und Rundschreiben, stützte, stellte die ehemalige Präsidentin des Bundesverfassungsgerichts, Jutta Limbach, fest, das Gericht habe in diesem Fall «politische und gesellschaftliche Sachverhalte» recherchiert und «im Rahmen der Normenkontrolle politischhistorisch argumentiert». Bei der Auseinandersetzung mit der «Legende vom unpolitischen Beamtentum» sei es aber auch um die Stellung des Bundesverfassungsgerichts im deutschen Rechtsystem und insbesondere um sein Verhältnis zum Bundesgerichtshof gegangen.[434] Tatsächlich machte das Bundesverfassungsgericht mit dem Urteil zum G 131 und seiner Begründung deutlich, dass das Berufsbeamtentum durch die nationalsozialistische Herrschaft in weiten Teilen diskreditiert worden war und nach der Kapitulation der Wehrmacht bzw. der Übernahme der obersten Regierungsgewalt durch die Siegermächte im Juni 1945 nicht mehr fortbestand. Nicht die Person des einzelnen Beamten stand dabei im Mittelpunkt der Betrachtung, sondern die Institution des Beamtentums als solche. Hierin liegt auch der wesentliche Unterschied zum Gesetzgeber. Dieser hatte zwar ebenfalls zwischen Institution und Person getrennt, jedoch der vermeintlich nicht korrumpierten bzw. nicht NS-belasteten Person den Vorrang vor der NS-belasteten Institution eingeräumt. Damit hatten sich Versorgung und Rehabilitierung der Beamten gut begründen lassen, zumal – wie der Gesetzgeber im Gegensatz zum Verfassungsgericht argumentierte – die Beamtenverhältnisse den «Staatsformwechsel» überdauert hätten. Indem das Verfassungsgericht jedoch aufzeigte, wie sehr das Berufsbeamtentum durch die NS-Zeit kompromittiert war, und zugleich die Verfassungsmäßigkeit des G 131 – einschließlich des § 7 – bestätigte, billigte es auch den grundsätzlichen Ausschluss bestimmter besonders belasteter Personengruppen, etwa der Gestapo-Beamten, von den Unterbringungs- und Versorgungsleistungen und den als «zweite Entnazifizierung» gescholtenen Beförderungsschnitt.

Allerdings war das Urteil des Bundesverfassungsgerichts mit seiner empirisch unterlegten historisch-politischen Betrachtung in der juristischen Fachwelt der 1950er Jahre weithin umstritten. Zwar wurde die Entscheidung des Gerichts, die Verfassungsmäßigkeit der materiellen Ausgestaltung des G 131 zu bestätigen, begrüßt. Aber die grundlegende Kritik des Gerichts am deutschen Beamtentum stieß auf heftige Ablehnung, ja helle Empörung. Besonders der Bundesgerichtshof (BGH), der selbst in seiner großen Mehrzahl mit NS-belasteten Richtern besetzt war, bemühte sich um die Verteidigung des Beamtentums und griff das Bundesverfassungsgericht scharf an. In einem Beschluss des Großen Senats für Zivilsachen unter Mitwirkung des BGH-Präsidenten Hermann Weinkauff vom 20. Mai 1954 hieß es dazu, das Verfassungsgericht habe mit seiner Begründung lediglich ein «geschichtliches Werturteil» gefällt. Das nationalsozialistische «Wunschbild» einer parteibezogenen Beamtenschaft sei in der Realität nie verwirklicht worden. Die Beamten seien vielmehr in ihrer großen Mehrheit ebenfalls vom «Terror» betroffen gewesen. Wenn sie nun die Folgen der nationalsozialistischen Unrechtsmaßnahmen, deren «Opfer» sie gewesen seien, tragen sollten, führe dies «im praktischen Ergebnis zu einer mit rechtsstaatlichem Denken unvereinbaren Kollektivhaftung, die sich sogar auf versorgungsberechtigte Frauen und Kinder erstrecken würde». In Wirklichkeit habe das Beamtentum auch im Dritten Reich vornehmlich «verwaltende und rechtsprechende, nicht aber im eigentlichen Sinne politische Funktionen» gehabt, «also Funktionen, die der Staat als solcher immer übt und die weitgehend unabhängig sind von seiner wechselnden Erscheinungsform».[435] Daraus ergebe sich dann auch der Schluss, dass die damaligen Beamtenverhältnisse auch den Staatsformwechsel 1945/49 überdauert hätten und der Beamte in der Bundesrepublik folglich einen Anspruch auf Weiterbeschäftigung und Versorgung habe.[436]

Der Bundesgerichtshof stellte sich damit ganz auf die Seite derjenigen, die einen «konservativen Abwehrkampf gegen die These einer politisch-moralischen Mitverantwortung» der Beamtenschaft führten.[437] Er offenbarte also eine Geisteshaltung, die sich zwar juristischer Begründungen bediente, aber keineswegs nur auf juristischen Prämissen beruhte, sondern tief in den Biographien der beteiligten Richter wurzelte. Klaus-Detlev Godau-Schüttke hat dazu bemerkt, insbesondere die Wertvorstellungen und politischen Standpunkte des ersten Präsidenten des BGH, Hermann Weinkauff, seien «zum Teil restaurativen Inhalts» und «mit dem Grundgesetz unvereinbar» gewesen. Aber auch die meisten der übrigen BGH-Richter in den frühen 1950er Jahren hätten «alters- und sozialisierungsbedingt noch keine gefestigten demokratischen Vorstellungen und Überzeugungen entwickeln können». Zwar seien sie «in ihrer überwältigenden Mehrheit gute technokratische Justizjuristen» gewesen. Aber sie hätten, obwohl in ihrem Handeln und Wirken «in demokratische Rahmenbedingungen eingebettet», nicht selten «ihre restaurativen und antidemokratischen Grundhaltungen in ihre Entscheidungen einfließen [...] lassen».[438]

Das Bundesverfassungsgericht blieb jedoch bei seiner Auffassung und bekräftigte diese ein weiteres Mal am 19. Februar 1957, nachdem ein früherer Kriminalassistent gegen § 3 Ziff. 4 des 131er-Gesetzes Verfassungsbeschwerde eingelegt hatte.[439] Der Erste Senat erklärte dazu, das Gericht halte «an seiner [...] Rechtsauffassung fest, daß alle Beamtenverhältnisse zum Deutschen Reich mit dem 8. Mai 1945 erloschen sind». Die «generelle Nichtgewährung neuer Rechtsansprüche an die früheren Angehörigen der Gestapo nach dem Ausführungsgesetz zu Art. 131 GG» sei mit dem Grundgesetz vereinbar und bedeute «keine Kollektivstrafe».[440] Die durch nationalsozialistische Einflussnahme zustande gekommenen Veränderungen des Beamtenrechts als «nationalsozialistische Zierrate» abzutun, lehnte das Gericht erneut ab und sprach nun sogar von einer «für nationalsozialistische Zwecke pervertierten Verwaltung».[441] Als Belege führte das Gericht die Verfehlungen verschiedener Beamtengruppen wie Polizisten, Amtsärzte, Richter und Staatsanwälte sowie ausdrücklich auch «die Verwaltungsbeamten, insbesondere die an einflußreicher Stelle stehenden Ministerialbeamten», an.[442]

Ebenso wurde die enge Bindung der Beamten zum Nationalsozialismus in der Verwaltungspraxis oder durch die «Polenstrafrechtsverordnung» herausgearbeitet. Generalklauseln hätten gezielt Gestaltungsspielräume gelassen, wodurch Entscheidungen im Sinne des Nationalsozialismus getroffen werden konnten und auch getroffen worden seien. Diese Entscheidungen seien somit keineswegs unpolitisch gewesen. Umfassend zeigte das Gericht in diesem Zusammenhang nochmals die Mitwirkung des öffentlichen Dienstes an der Diskriminierung von Polen, Juden und anderen «Fremdvölkischen» auf. Ausdrücklich wiesen die Verfassungsrichter die Auffassung zurück, die «parteipolitisch ‹neutralen› vornationalsozialistischen Beamtenverhältnisse» hätten bis zum 8. Mai 1945 bestanden. Die nationalsozialistische Gesetzgebung habe vielmehr durch Umgestaltung bestehenden Rechts «Beamtenverhältnisse nationalsozialistischer Prägung» geschaffen.[443]

Anders als 1953 wurde dieses Urteil von 1957 mit seinen ausführlichen Begründungen in der Öffentlichkeit jedoch fast völlig ignoriert. Den vom 131er-Gesetz Betroffenen konnte es gleichgültig sein. Für sie blieben die Differenzen zwischen dem Verfassungsgericht und dem Bundesgerichtshof materiell und ideell ohne Auswirkungen. Sie waren inzwischen längst an ihre Schreibtische und auf ihre Richterstühle zurückgekehrt.

III. Der «Geist der Rosenburg»

1. Die Schatten der Vergangenheit

Als das Bundesministerium der Justiz im Herbst 1949 in die alte Polizeikaserne in der Rheindorfer Straße im Norden Bonns einzog, wo man für das BMJ provisorische Räumlichkeiten hergerichtet hatte, war allen Beteiligten klar, dass es sich nur um eine Übergangslösung handeln konnte. Die Anlage, die von außen einen unansehnlichen Eindruck machte, war zwar innen tadellos renoviert, besaß aber mit ihren hellen Wänden und weißgelackten Türen eher den Charme eines Kreiskrankenhauses als die Atmosphäre, die man von einem Ministerium erwartete. Vor allem jedoch mangelte es an Platz. Denn das BMJ belegte hier in einem der hinteren Gebäude der früheren Kaserne nur das zweite Obergeschoss, während das Erdgeschoss vom Bundesministerium für Angelegenheiten der Vertriebenen unter Hans Lukaschek und das erste Obergeschoss vom Bundesinnenministerium unter Gustav Heinemann genutzt wurden. Walter Strauß war aus diesem Grund mit einem Teil der Mitarbeiter, die überwiegend der späteren Abteilung III angehörten und wie Strauß aus dem Rechtsamt des Vereinigten Wirtschaftsgebiets in das BMJ gekommen waren, von vornherein in Frankfurt geblieben und kam nur nach Bonn, um Besprechungen abzuhalten oder Termine wahrzunehmen. Zu Weihnachten 1949 arrangierte er deshalb eine gemeinsame Feier im Rechtsamt, zu der er auch die Kolleginnen und Kollegen aus der Rheindorfer Straße einlud, um sie vor der für das Frühjahr 1950 geplanten Zusammenführung mit den Frankfurtern in einem neuen Haus besser miteinander bekannt zu machen.

Die heile Welt der Rosenburg

Der Umzug in die «Rosenburg» nach Kessenich im Süden Bonns begann Anfang Juni 1950. Als das Gebäude, das eigentlich ein Wohnhaus war und nur dem Namen und dem Aussehen nach eine Burg darstellte, 1831 auf halber Höhe am Osthang des Venusbergs errichtet worden war, hatte der noch unverstellte Blick bis zur Godesburg und zur Burgruine auf dem Drachenfels im gegenüberliegenden Siebengebirge und sogar bis zum vorderen Westerwald gereicht. Ein romantisierender kolorierter Stich aus der Zeit um 1840 zeigt, wie die Anlage damals aussah: ein kleines Schloss mit mehreren Türmen und einem turmflankierten Burgtor in idyllischer Parklandschaft, deren Mitte das Rheintal bildete. Eine Replik dieser Ansicht wurde im September 1973, als das Ministerium in ein modernes Hochhaus in Godesberg-Nord umzog, von Justizminister Gerhard Jahn zum Abschied allen Mitarbeitern zur Erinnerung an die Rosenburg überreicht – zusammen mit einem hektographierten Dankschreiben, in dem der Minister noch einmal den besonderen Geist betonte, der dieses Haus geprägt habe.

Im Frühjahr 1950 waren von der alten Anlage nur noch der Ostflügel und ein Torturm in ihrer ursprünglichen Form erhalten. Alfred Steinert, der 1949 vom Zentral-Justizamt in Hamburg ins BMJ in die Rheindorfer Straße gekommen war und einige Monate später mit seinen Kollegen in die Rosenburg umzog, hat in seinen *Erinnerungen an die frühen Jahre der Rosenburg* anschaulich festgehalten, welchen Eindruck das Haus auf ihn machte: Der «aus gelbem Backstein errichtete, zinnenbewehrte und mit Treppengiebeln versehene Altbau» habe «mit seinen gotisierten, von rotem Sandstein gerahmten Fenstern, seinem altersgrauen Schieferdach und den spitzen Dachgauben zum geschlossenen Innenhof, den man durch einen wappengeschmückten Torbau betrat», noch eine gute Vorstellung vermittelt, «wie der zur Zeit der Rheinromantik errichtete Wohnsitz einmal ausgesehen haben» mochte.[1] Allerdings waren im 20. Jahrhundert an der Süd- und Westseite des Innenhofs mehrere Gebäudeteile angefügt worden, so dass das romantische Bild nur von der Rheinseite her noch nicht wesentlich beeinträchtigt worden war. Zur Anlage gehörte ebenfalls ein ehemaliges Verwaltergebäude mit Stallungen und Wagenremise, das jetzt die Hausverwalter und Gärtner sowie das Büro der Fahrbereitschaft beherbergte. Auch nach dem Einzug des Justizministeriums wurde der Komplex in mehreren Bauabschnitten weiter verändert und durch Anbauten und Nebengebäude ergänzt.[2]

Der Reiz der Anlage ergab sich jedoch immer noch aus der verwunschenen Architektur der Burg und einem Park, der das Haus mit Wiesen und einem großen Wald umgab. Zu erreichen war die Rosenburg nur über den Rosenburgweg: eine schmale Straße, die am Ende in einen steilen und steinigen Waldweg überging, der auf den Venusberg führte. Das ganze Gelände war nach oben durch eine zwei Meter hohe Mauer und zum Rosenburgweg hin durch einen Zaun aus Eisengitterstäben gesichert. Park und Gebäude konnten zwar eingesehen werden, aber die Distanz zur Außenwelt war unverkennbar.

Schilderungen über die frühe Zeit in der Rosenburg betonen immer wieder, dass «sehr viel und auch effektiv gearbeitet» worden sei.[3] Vor allem jedoch wird das Gemeinschaftsgefühl hervorgehoben, das damals die Atmosphäre beherrscht habe. Von einem «familienartigen Zusammenhalt» ist die Rede – mit gemeinsamen Essen in der Kantine, regelmäßigen Mittagsspaziergängen auf der sogenannten «Beamtenlaufbahn», dem von Wegen durchzogenen Wiesengelände südlich des Hauptgebäudes, sowie Feiern und Festen, die den «Geist der Rosenburg» ebenso geprägt hätten wie der Leistungswille und das Pflichtbewusstsein der Mitarbeiter.[4] Gemeinsam besuchte man Lokale in der nahen Umgebung: den alten Gasthof «Zur Rosenburg», «Meuffels Eck» oder den «Karthäuser Hof». In der «Eule» in Godesberg gab es einen wöchentlichen Stammtisch für die Angehörigen aller Abteilungen, bei dem man sich untereinander näher kennenlernen konnte.[5] Dazu kamen Wein- und Schlachtfeste und Veranstaltungen zum rheinischen Karneval mit Weiberfastnacht und Prinzen- und Prinzessinnenwahl sowie jedes Jahr ein Betriebsausflug – nach Schloss Burg und Münstereifel, mit Schiffsfahrten auf Rhein und Mosel oder zur Bundesgartenschau im Essener Gruga-Park.[6] Als Thomas Dehler sich 1953 von den Mitarbeitern verabschiedete, erklärte er: «Ich glaube der Geist des Hauses war gut, und ich möchte hoffen, dass er weiter wirkt.»[7] Und noch im Dezember 1962, als Ewald Bucher, der inzwischen das Amt des Justizministers innehatte, ihm zum 65. Geburtstag gratulierte, dankte ihm Dehler handschriftlich mit einem «herzlichen Gruß an die rechtlichen Ritter der Rosenburg, mit denen ich mich für immer in der ‹Freiheit im Recht› verbunden weiß».[8]

Der besondere «Geist der Rosenburg» wird auch noch für die Zeit behauptet, in der aufgrund laufender Personalaufstockung bereits ein Teilumzug in eine Baracke im Park außerhalb des Hauptgebäudes notwendig war. Als immer mehr Mitarbeiter hinzukamen, wurde sogar eine zweite Baracke errichtet – später «Reformhaus» genannt, weil hier die Strafrechtsabteilung einzog, die sich mit der Großen Strafrechtsreform beschäftigte.[9] Schließlich mussten ganze Bereiche außerhalb des Rosenburg-Geländes untergebracht werden, zunächst die Abteilung I in einem Mietshaus in der Stadt, dann auch andere Referate und Abteilungen in insgesamt acht Außenstellen: angemieteten Dependancen, die über Bonn-Süd und Godesberg verteilt waren und in denen am Ende mehr Personen tätig waren als in der Rosenburg selbst, so dass bereits Mitte der 1960er Jahre an einen Umzug des gesamten Ministeriums unter Aufgabe der Rosenburg gedacht wurde. Diese war inzwischen allerdings ohnehin nur noch bedingt für ministerielle Zwecke geeignet. Die alte Dampfheizung und die Telefonanlage entsprachen nicht mehr den Anforderungen. Es gab nicht genügend Sitzungssäle, die Dienstzimmer waren zu klein, und die Bibliothek wurde zeitweise wegen Einsturzgefahr der Regale gesperrt. So begannen 1966 die Planungen für einen Neubau – den «Kreuzbau» in Godesberg-Nord –, in den das Ministerium 1973 umzog.[10]

Amnesie oder Amnestie?

In den Schilderungen derjenigen, die sich an ihre Zeit auf der Rosenburg von 1950 bis 1973 erinnern, spielt die Vergangenheit vor 1945 erstaunlicherweise keine Rolle. Dabei läge die Vermutung nahe, dass das Scheitern von Weimar, die zunehmende Auflösung der Demokratie mit Beginn der Präsidialkabinette 1930, der Verlust jeder Rechtsstaatlichkeit im Dritten Reich nach 1933 und die furchtbaren Verbrechen, die danach geschahen, unter den Juristen der Rosenburg beim Aufbau der neuen demokratischen Ordnung der Bundesrepublik, die doch mit der Befreiung von nationalsozialistischen Denkweisen einhergehen musste, ständig besprochen wurden. Aber so war es nicht. Die Zeit, die damals erst fünf Jahre zurücklag, wurde einfach ausgeblendet und verdrängt – als ob man sich damit nicht mehr zu beschäftigen brauchte und als ob die Mitarbeiter des BMJ, die später darüber berichteten, von kollektiver Amnesie befallen worden wären oder sich durch kollektive Selbstamnestie von jeglicher Schuld und Verantwortung freigesprochen hätten. Dieser Eindruck wird durch die zeitgenössischen Quellen bestätigt: Die Handelnden auf der Rosenburg waren nicht erst im nostalgischen Rückblick, sondern bereits zu ihrer aktiven Zeit an der Vergangenheit bemerkenswert uninteressiert.

So erklärte etwa Bundesjustizminister Richard Jaeger bei seiner Amtseinführung 1965, das BMJ gelte in Bonn «als das qualitativ beste der Ministerien», es verfüge über Mitarbeiter, «die von besonderer Qualität und von besonderer Bereitschaft des Dienstes an unserer demokratischen Staatsordnung erfüllt sind».[11] Kein Wort zur Problematik der Geschichte des Ministeriums, kein Wort zur NS-Vergangenheit – nur gegenwartsbezogene Rhetorik, wie sie für die ersten Jahrzehnte des BMJ typisch war. Auch Jaeger selbst hatte allen Grund, die Gegenwart der Vergangenheit vorzuziehen. Zwar zählte der in Berlin-Schöneberg geborene bayerische Katholik zum politischen Urgestein der Bundesrepublik: Nach seinem Eintritt in die CSU 1946 war er 1948/49 zunächst Oberbürgermeister von Eichstätt gewesen, gehörte seit 1949 dem Deutschen Bundestag und seit 1952 auch dem CSU-Landesvorstand an. 1952/53 hatte er den Bundestagsausschuss zum Schutz der Verfassung geleitet und war danach bis 1965 Vorsitzender des Verteidigungsausschusses gewesen. Außerdem hatten ihn die Abgeordneten des Bundestages seit 1953 immer wieder zu ihrem Vizepräsidenten gewählt – ein Amt, das er bis 1976 ausübte, nur unterbrochen durch das eine Jahr, in dem er von Oktober 1965 bis November 1966 als Bundesjustizminister amtierte.

Doch auch bei Jaeger gab es, wie bei vielen seiner Generation, eine Kehrseite, die auf die NS-Zeit zurückverwies: Bereits 1933 war er als Zwanzigjähriger in die SA eingetreten. Sein gesamtes Studium der Rechts- und Staatswissenschaft hatte er während der NS-Herrschaft absolviert: mit dem Referendarexamen 1936 und der Großen Juristischen Staatsprüfung nach dem Referendariat 1939. Nach kurzem Kriegsdienst war er 1940 zum Gerichtsassessor am Amtsgericht Weilheim in Oberbayern ernannt und hier 1943 auch zum Amtsgerichtsrat befördert worden. Es war eine Bilderbuchkarriere im Justizdienst des Dritten Reiches, wobei seine SA-Mitgliedschaft nicht von Nachteil gewesen sein dürfte. Einiges von diesem Denken hatte sich bei ihm wohl noch erhalten, als er sich im Januar 1951 in Landsberg, wo in der dortigen Justizvollzugsanstalt die von amerikanischen Militärgerichten verurteilten Kriegsverbrecher des Dritten Reiches einsaßen, auf einer «Protestkundgebung gegen die Unmenschlichkeit» für die Begnadigung aller zum Tode verurteilten NS-Täter einsetzte.[12] Dies hinderte ihn jedoch nicht, später für die Abschaffung des Art. 102 GG und damit für die Wiedereinführung der Todesstrafe für Mord und andere Kapitalverbrechen zu plädieren. Von Herbert Wehner musste er sich dafür im Bundestag als «Kopf-ab-Jaeger» bezeichnen lassen.

Aber Jaeger unterhielt auch regelmäßige Kontakte nach Spanien unter General Franco und Portugal unter dem Diktator Salazar – Regime, um die andere lieber einen großen Bogen machten. Das Nachrichtenmagazin *Der Spiegel* nannte ihn deshalb nicht nur einen der «aggressivsten Verfechter» der Wiedereinführung der Todesstrafe in der Bundesrepublik, sondern hielt ihn auch für einen Politiker, für den «ein Rechtsstaat auch ohne Demokratie möglich» wäre.[13] Tatsächlich war Jaeger exemplarisch für einen nicht geringen Teil des politischen Personals der frühen Bundesrepublik: mit formalem Bekenntnis zur westlichen Demokratie, aber zeitlebens von Vorstellungen geprägt, die sich vor 1945 gebildet hatten.

Wie die meisten Deutschen, so flüchteten sich auch die Mitarbeiter des BMJ, wie ihre Erinnerungen an diese Zeit zeigen, in ein «kommunikatives Beschweigen» der Vergangenheit, wie Hermann Lübbe den Vorgang für die Bundesrepublik allgemein gedeutet hat.[14] Nicht Verdrängung war dabei der Hintergrund für die große Stille nach den Jahrhundertverbrechen. Denn jeder wusste, was geschehen war, und fast jeder kannte auch die Vergangenheit des anderen – oder mindestens Teile davon. Aber jeder wusste auch: Der Nationalsozialismus hatte durch seine Ideologie und Politik den Untergang des

Deutschen Reiches heraufbeschworen. Deshalb, so Lübbe in Anlehnung an den Historiker Thomas Nipperdey, habe ein «relativ breiter Konsens über die Ablehnung und die gänzliche Distanzierung vom Nationalsozialismus» bestanden. Dieser Konsens habe aber nur funktionieren können, weil zugleich eine «Asymmetrie zwischen öffentlichem Gedenken und privatem Schweigen» den Einzelnen «vom Druck vielfältiger biographischer Verstrickungen» entlastet habe.[15] Mit anderen Worten: Es existierte ein stilles Einvernehmen, die individuelle Verstrickung in die nationalsozialistische Ideologie und den daraus hervorgegangenen Staat nicht zu thematisieren. Nur so, meinte Lübbe, sei die große Mehrheit der Deutschen sozialpsychologisch in der Lage gewesen, sich wenigstens formal in die neue demokratische Ordnung einzufügen. Nur so habe sich die Demokratie in der Bundesrepublik überhaupt erfolgreich etablieren lassen.[16]

Die «private Dekretion», das Beschweigen sowohl der zwölf Jahre der eigenen Biographie von 1933 bis 1945 als auch der entsprechenden Abschnitte in der Biographie des Nächsten, ergänzte Heinrich August Winkler 2004 in einem Vortrag zum Verhältnis von Geschichte und Politik in Deutschland Lübbes Erklärungsversuch, sei mit «der öffentlichen Verurteilung des nationalsozialistischen Regimes durch den neuen Staat und das Gros der Medien wie in der beginnenden wissenschaftlichen Aufarbeitung der jüngsten Vergangenheit» einhergegangen. Von einer «allgemeinen Verdrängung» habe also tatsächlich keine Rede sein können, wohl aber «von einer verbreiteten Weigerung [...], sich mit der eigenen Vergangenheit auseinanderzusetzen». Daraus habe sich zwangsläufig ein «widerspruchsvolles Verhältnis» zum Nationalsozialismus ergeben: «Wer sich öffentlich zum Dritten Reich bekannte, verletzte ein deutsches Tabu. Doch dasselbe tat, wer bohrende Fragen nach der Verantwortung der Zeitgenossen stellte.»[17]

In der Erinnerungsliteratur tritt dieser sozialpsychologisch nachvollziehbare Prozess nicht offen zutage, sondern verbirgt sich zumeist hinter Ersatzbeschreibungen, die sich im Fall der Rosenburg häufig als Flucht in die Arbeit darstellen: Kaum jemand ging vor 22 Uhr nach Hause, an Samstagen wurde allgemein bis 14 Uhr gearbeitet, und auch an den Sonntagen, heißt es, hätten «noch sehr viele an ihren Schreibtischen» gesessen.[18] Es sei also «wirklich unmenschlich viel gearbeitet» worden – schließlich sei man «noch nicht weit von der ‹Stunde Null› entfernt» gewesen.[19] Allerdings werden für die lange Anwesenheit am Arbeitsplatz auch nachvollziehbare Begründungen genannt: das Bedürfnis nach einer guten Versorgung und warmem Essen, da die meisten Mitarbeiter ihre Familien noch nicht nach Bonn hatten nachholen können und einige auch noch keine eigene Wohnung besaßen. Hinzu kamen ein «übergroßer Regelungsbedarf» sowie der «Wille aller Kräfte, sich in der einmaligen Chance eines Aufbaues der jungen Republik zu bewähren». Alle hätten damals «etwas schaffen» wollen, um sich und anderen ihren Leistungswillen zu beweisen. Daraus seien «Elan und Arbeitsweise der damaligen Bundesbehörden und parlamentarischen Gremien» zu erklären, wobei sich die «Einstellung von Minister, Staatssekretär und Abteilungsleitern» auf die Mitarbeiter übertragen habe – und dies habe «die Arbeit des Ministeriums noch viele Jahre bestimmt und den sogenannten ‹Geist des Hauses› geprägt».[20] Man floh also nicht nur in das «Beschweigen» der Vergangenheit, sondern entlastete sich auch durch die Arbeit, in der man Ablenkung und Vergebung suchte.

«Eine harte Prüfung für viele»: Das Straffreiheitsgesetz vom Dezember 1949

Die erste Aufgabe, die das Bundesjustizministerium nach seiner Gründung 1949 zu bewältigen hatte, war die Formulierung eines Gesetzentwurfs, der für Ordnungswidrigkeiten und kleinere Straftaten die Gewährung von Straffreiheit vorsah. Bundeskanzler Adenauer bemerkte dazu in seiner Regierungserklärung vom 20. September 1949, der Krieg und die Wirren der Nachkriegszeit hätten «eine so harte Prüfung für viele gebracht und solche Versuchungen, dass man für manche Verfehlungen und Vergehen Verständnis aufbringen» müsse. Die Bundesregierung werde deshalb «die Frage einer Amnestie» prüfen.[21] Für wie dringlich Adenauer das Thema hielt, zeigt die Tatsache, dass er es bereits sechs Tage später im Kabinett zur Diskussion stellte. Dem Einwand von Thomas Dehler, der Bund müsse hier nicht tätig werden, denn die Zuständigkeit dafür liege «klar bei den Ländern», begegnete Adenauer mit der Feststellung, eine Amnestie sei seiner Auffassung nach «kein Teil der Justiz, sondern Ausfluss der allgemeinen Staatsgewalt», so dass man dem Bund als «Träger einer übergeordneten Staatsgewalt» das Recht zugestehen müsse, Amnestien zu erlassen. Man habe, erklärte der Kanzler, «so verwirrte Zeitverhältnisse» hinter sich, dass es sich empfehle, «generell tabula rasa zu machen».[22] Dehler, der im Dezember 1947 im Bayerischen Landtag bereits selbst erklärt hatte, «viele Vergehen, die aus dem Zusammenbruch des Nationalsozialismus und aus der Übergangszeit geboren» seien, verdienten «eine milde Behandlung»[23], sah sich danach in der Pflicht, ein Amnestiegesetz auf den Weg zu bringen. Aber er wusste auch, dass die Rechtsauffassungen über die Zuständigkeit von Bund und Ländern in dieser Frage weit auseinandergingen. Fritz Schäffer, der ebenfalls «eine scharfe Auseinandersetzung mit den Ländern» befürchtete, empfahl deshalb, der Justizminister solle dem Kabinett «zweckmäßig ein Gutachten vorlegen».[24]

Dieses Gutachten hat es offenbar, folgt man den Protokollen, nie gegeben. Doch dürfte Dehler das Problem in seinem Ministerium intern zur Sprache gebracht haben und zu dem Ergebnis gekommen sein, dass der Bund eine Amnestie erlassen dürfe und das Risiko eines Rechtsstreits mit den Ländern tragbar sei. So bereitete das BMJ einen entsprechenden Gesetzentwurf vor, den Dehler am 3. Oktober 1949 nicht nur dem Staatssekretär der «Bundeskanzlei», Otto Lenz, sondern auch den Länderjustizverwaltungen zuleitete.[25] Die Amnestie sollte sich auf Delikte erstrecken, die vor dem 15. September 1949 begangen worden waren und mit einem Höchststrafmaß von einem Jahr Gefängnis beziehungsweise 10 000 DM Geldstrafe belegt waren – eine sehr weitreichende Maßnahme, wie Dehler meinte, die aber erforderlich sei, «um den mit der Konstituierung der Bundesrepublik gegebenen Neubeginn zu markieren».[26]

Das Kabinett beriet darüber erstmalig am 7. Oktober, wobei das Recht des Bundes, eine Amnestie zu erlassen, bereits nicht mehr in Frage gestellt wurde. Gegenstand der Erörterungen waren jetzt nur noch Strafart und Strafhöhe.[27] Nach Einwänden aus den Ländern[28] wurde bei einer weiteren Beratung am 18. Oktober die Grenze der Amnestie auf Freiheitsstrafen bis zu sechs Monaten, unter gewissen Umständen sogar bis auf zwölf Monate festgelegt – mit einer entsprechenden Höchstgrenze für Geldstrafen bis 5 000 DM. Weitere zehn Tage später, am 28. Oktober, wurde der in diesem Sinne revidierte Gesetzentwurf vom Kabinett beschlossen und dem Bundesrat zugeleitet.[29] Der Bundesrat schlug zwar noch einige Änderungen vor, erkannte aber mit 25 gegen 18 Stimmen die Gesetzgebungskompetenz des Bundes in dieser Frage grundsätzlich an, so dass der Bundeskanzler den Gesetzentwurf zur abschließenden Beratung an den Bundestag übersenden konnte.[30] Dort wurde das Gesetz schließlich mit «überwältigender Mehrheit», wie Bundestagspräsident Erich Köhler feststellte, beschlossen und nach Ausfertigung durch den Bundespräsidenten am 31. Dezember 1949 im Bundesgesetzblatt verkündet.[31]

Das «Gesetz über die Gewährung von Straffreiheit», wie es wörtlich hieß, war das erste Gesetz, das aufgrund einer Gesetzesinitiative des Bundesjustizministeriums erlassen wurde.[32] In einem Bericht des BMJ hieß es dazu, das Straffreiheitsgesetz solle «einen Schlussstrich unter die Verhältnisse einer wirren Zeit» ziehen, die mit der Bildung der Bundesrepublik Deutschland abgeschlossen sei.[33] Josef Schafheutle, der später die Abteilung II (Strafrecht) leitete, erklärte dazu rückblickend am 28. August 1950, das Gesetz diene der «allgemeinen Befriedung» und «inneren Entlastung» eines Volkes, das entschlossen sei, «in einer neuen Ordnung von vorne zu beginnen». Daher werde für Straftaten und Ordnungswidrigkeiten, die vor dem 15. September 1949 begangen worden seien, Straffreiheit gewährt. Verhängte Strafen würden nicht mehr vollstreckt, neue Strafverfahren nicht mehr eingeleitet. Der Umfang der gewährten Straffreiheit sei «durch kriminal- und sozialpolitische Erwägungen bestimmt».[34]

Beim Straffreiheitsgesetz ging es vor allem darum, das Vertrauen in die neue Regierung zu stärken und der Unzufriedenheit in der Bevölkerung mit der alliierten Entnazifizierungspolitik und den langwierigen Spruchkammerverfahren zu begegnen. Schon in seiner in großer Eile verfassten Regierungserklärung – während Adenauer im Bundestag bereits sprach, tippten mehrere Sekretärinnen noch die letzten Seiten des Textes ins Reine, die ihm dann aufs Rednerpult nachgereicht werden mussten – hatte der Kanzler behauptet, durch die «Denazifizierung» sei «viel Unglück und viel Unheil angerichtet worden». Natürlich müssten die «wirklich Schuldigen an den Verbrechen, die in der nationalsozialistischen Zeit und im Kriege begangen worden» seien, «mit aller Strenge» bestraft werden. Aber man dürfe «nicht mehr zwei Klassen von Menschen in Deutschland unterscheiden: die politisch Einwandfreien und die Nichteinwandfreien».[35] Adenauer versprach deshalb, ebenfalls bei den alliierten Hohen Kommissaren «vorstellig zu werden», um eine Amnestie auch für jene Strafen zu erreichen, die von alliierten Militärgerichten verhängt worden waren.[36]

Bei der parlamentarischen Beratung über das Straffreiheitsgesetz im Bundestag wurden diese Vorstellungen von sämtlichen Parteien geteilt. Alle Redebeiträge nahmen dabei fast ausschließlich Bezug auf die Zeit zwischen 1945 und 1949, obwohl mit dem Straffreiheitsgesetz grundsätzlich auch Vergehen straffrei blieben, die vor 1945 angefallen waren. Unerwähnt blieb hingegen, dass es keineswegs nur, wie die meisten Redner suggerierten, um wirtschaftliche Vergehen – also um Schwarzmarkt- und Eigentumsdelikte – ging, sondern ebenfalls um Kapitaldelikte «bis hin zur Körperverletzung mit Todesfolge oder Totschlag», die selbst dann begnadigt werden konnten, wenn sie vor 1945 von NS-Tätern begangen worden waren.[37] Die Hohen Kommissare der Alliierten drängten deshalb beim Bundeskanzler auf Klärungen und beharrten darauf, dass das Gesetz sich nicht auf Verurteilungen erstreckte, die durch Gerichte der Besatzungsmächte ausgesprochen worden waren. Außerdem dürfe das Gesetz nur auf Straftaten angewandt werden, «die nach dem 8. Mai 1945 und vor dem 15. September 1949 begangen» worden seien. «Urheber von Angriffen», die sich «gegen die freiheitliche und demokratische Staatsordnung gerichtet» hatten, sollten von Straffreiheit prinzipiell ausgenommen sein.[38] Welche Bedeutung dem Gesetz trotz dieser Einschränkungen zukam, zeigt die Tatsache, dass auf seiner Grundlage bis zum 31. Januar 1951 insgesamt 792 176 Personen begnadigt wurden. Wie viele NS-Täter darunter waren, ist amtlich nicht erfasst. Schätzungen zufolge soll es sich um eine fünfstellige Zahl handeln.[39]

Die Vereinbarkeit des Amnestiegesetzes mit dem Grundgesetz wurde indessen am 22. April 1953 vom Ersten Senat des Bundesverfassungsgerichts bestätigt.[40] In einem Normenkontrollverfahren ohne mündliche Verhandlung verwarf das Gericht die Argumentation des Amtsgerichts Marktoberdorf, Zweigstelle Obergünzdorf, das in einem Urteil vom 19. Dezember 1951 erklärt hatte, dass «der Bund für den Erlass eines Straffreiheitsgesetzes nicht zuständig» sei, weil «die Amnestie wie die Begnadigung im Einzelfall ein Akt der Rechtspflege» seien, dessen Ausübung «grundsätzlich den Ländern» vorbehalten sei.[41] Das Verfassungsgericht folgte hier der Argumentation des Bundesjustizministers, der die Zuständigkeit des Bundes aus der konkurrierenden Gesetzgebungsbefugnis des Bundes auf den Gebieten des Strafrechts und Strafvollzugs hergeleitet hatte, in deren Bereich auch die Gewährung von Straffreiheit falle. Zwar sei der Strafvollzug als Teil der Justizverwaltung an sich Ländersache. Aber der Bund habe das Recht, ihn durch Gesetz einzuschränken. Die Tatsache, dass mit dem Straffreiheitsgesetz in einzelnen Fällen die Vollstreckung einer rechtskräftig erkannten Strafe unzulässig wurde, sei «nur die notwendige Folge der mit dieser Bestimmung gewollten Änderung des materiellen Strafrechts». Zudem habe bei Erlass des Gesetzes «ein Bedürfnis nach bundeseinheitlicher Regelung im Sinne des Art. 72 Abs. 2 GG bestanden».[42]

Darüber hinaus ging das Gericht aber auch noch einmal auf das «Wesen der Amnestie» ein. Hierüber, so die Verfassungsrichter, hätten sich die Anschauungen «mit der staatsrechtlichen Entwicklung vom alten Obrigkeitsstaate zum modernen demokratischen Rechtsstaat gewandelt». Im «Volksbewusstsein» werde die Gewährung von Amnestie «nicht mehr als Ausfluss einer dem Recht vorgehenden Gnade, sondern als Korrektur des Rechts selbst» empfunden. Außerdem entspreche es «dem Wesen des modernen Rechtsstaates, dass Amnestie nicht mehr durch einen Gnadenerweis des Staatsoberhauptes, sondern gesetzlich gewährt wird».[43] Damit sei die Gewährung von Straffreiheit nicht, wie von der überkommenen Lehre vielfach angenommen werde, ein «Verwaltungsakt in Gesetzesform», sondern ein «Gesetz in materiellem Sinn». Der Bund könne daher durch Ausübung der ihm in Art. 74 Ziff. 1 GG eingeräumten Befugnisse den Bereich der Strafbarkeit und den Umfang der Strafverfolgung menschlichen Verhaltens und damit zugleich den Tätigkeitsbereich der Länder beschränken. Das Straffreiheitsgesetz sei somit verfassungsgemäß.[44]

Mit diesen Erklärungen bekannte sich das Bundesverfassungsgericht somit eindeutig zu der Auffassung, dass die Bundesregierung und der Bundestag das Recht hätten, über den Umgang mit dem Erbe der NS-Zeit zu entscheiden. Keine Aussage traf das Gericht dagegen über die politische Frage, wie dieser Umgang aussehen sollte: ob mit Hilfe von Straffreiheitsgesetzen grundsätzlich ein Beitrag zur inneren Befriedung der Gesellschaft geleistet werden sollte; oder ob sie lediglich dazu dienen sollten, einem kleinen Teil der Bevölkerung, der unter schwierigen Umständen mit dem Gesetz in Konflikt geraten war, den Start in die neue Zeit zu erleichtern.

Straffreiheit für NS-Täter: Das Amnestiegesetz von 1954

Die Sicherungen, die in das Straffreiheitsgesetz von 1949 eingebaut waren, um NS-Täter von Strafbefreiung auszunehmen, lassen den Schluss zu, dass zumindest die Absicht bestand, zwischen allgemeinen und politisch motivierten Straftaten, insbesondere von NS-Tätern, zu unterscheiden. Die Gerichte wurden dadurch bei der Strafverfolgung kleinerer Delikte entlastet und konnten sich nun mehr als bisher auf schwere Fälle, darunter vor allem auch die NS-Verbrechen, konzentrieren. Daran bestand aber zunächst offenbar wenig Interesse. Zwar herrschte allgemein die Auffassung vor, dass die «wirklichen Verbrecher vor ein Strafgericht» gehörten, wie der SPD-Abgeordnete Fritz Erler im Februar 1950 im Bundestag mit Blick auf den NS-Massenmord erklärte.[45] Doch im Vordergrund stand weiterhin die Forderung nach einem Ende der Entnazifizierung, die schon die Debatte im Vorfeld des Straffreiheitsgesetzes von 1949 bestimmt hatte, das selbst schwerste Straftaten wie Mord und Massenmord, die im Rahmen der nationalsozialistischen Vernichtungspolitik und Kriegführung begangen worden waren, einschließen sollte.[46] An dieser Forderung änderte sich auch dann nichts, als zum 1. Januar 1953 das Gesetz Nr. 13 der Alliierten Hohen Kommission in Kraft trat, das den größten Teil der Einschränkungen in der Zuständigkeit der deutschen Gerichtsbarkeit für NS-Straftaten beseitigte, so dass der Weg für eine umfassende Strafverfolgung von NS-Tätern durch deutsche Staatsanwaltschaften und Gerichte nun zumindest theoretisch frei war.[47]

Doch dafür waren grundsätzlich die Länder, nicht der Bund zuständig. Insofern hatten Thomas Dehlers Bemühungen, das Bundesjustizministerium lediglich als Gesetzgebungs- und Verfassungsministerium zu konzipieren, durchaus Früchte getragen. Die Justizverwaltung, die in der NS-Zeit vom Reich beansprucht worden war, befand sich jetzt wieder in der Zuständigkeit der Länder – mit Ausnahme der oberen Bundesgerichte, vor allem des am 1. Oktober 1950 eingerichteten Bundesgerichtshofs in Karlsruhe. Da der BGH jedoch in hohem Maße mit NS-belasteten Richtern besetzt war, ließen sich von ihm schwerlich Initiativen in der Verfolgung von NS-Verbrechen erwarten. Vielmehr sollte sich der BGH schon bald durch seine Gesetzesauslegung in den vor ihm verhandelten Revisionsverfahren als schwerwiegendes Hindernis bei der Strafverfolgung und Verurteilung von NS-Tätern erweisen.[48] Das Bundesjustizministerium leistete dieser Entwicklung Vorschub, indem es den Bundesgerichtshof in der Tradition des Reichsgerichts zur zentralen Revisionsinstanz für sämtliche Prozesse erhob, die wegen NS-Verbrechen vor Strafkammern oder Schwurgerichten verhandelt wurden.[49] Andreas Eichmüller hat deshalb zu Recht darauf hingewiesen, dass die Rechtsprechung des BGH in den folgenden Jahren, besonders in den Bereichen Täterschaft, Beihilfe, Rechtsbeugung und Befehlsnotstand, «entscheidenden Einfluss auf den Fortgang und die Ergebnisse der strafrechtlichen Verfolgung von NS-Verbrechen» ausgeübt habe und dass diese Rechtsprechung, die in nicht wenigen Fällen für die Täter, nicht zuletzt die NS-Richter, sehr günstig ausfiel, «wohl auch mit der personellen Besetzung und der Rechtstradition des Gerichts zu tun» gehabt habe.[50]

Aber auch im BMJ selbst bestand zu Beginn der 1950er Jahre wenig Interesse, die Strafverfolgung von NS-Verbrechen zu forcieren. Karl Lackner, der im BMJ von 1950 bis 1963 für das Jugendstrafrecht zuständig war, erklärte dazu rückblickend, es sei in jenen Jahren vorrangig darauf angekommen, «aus dem Dreck herauszukommen, und nicht zu gucken, wer Schuld hatte und wie man den bestrafen kann».[51] Tatsächlich plädierte sogar Dehler im November 1950 für die Aufhebung des Kontrollratsgesetzes Nr. 10, auf dessen Grundlage in der ehemals britischen und französischen Zone weiterhin Verurteilungen wegen Verbrechen gegen die Menschlichkeit möglich waren. Deutsche Gerichte hatten hier in den zwei Jahren seit Bestehen der Bundesrepublik – also in der Zeit, in der sie zur Anwendung des KRG 10 ermächtigt gewesen waren – bereits 730 Personen verurteilt, davon sechs zu lebenslangem Zuchthaus, 115 zu «zeitigem Zuchthaus», 587 zu Gefängnis und 22 zu Geldstrafen.[52] Dehler sah in diesen Urteilen einen Verstoß gegen den Gleichheitsgrundsatz, da Prozesse vor deutschen Gerichten aufgrund des eingeschränkten Geltungsbereichs des KRG 10 nur in Teilen der Bundesrepublik möglich waren. Mit der Abschaffung des KRG 10 zum 31. August 1951 wurde dann die «Rechtseinheit», auf die Dehler so großen Wert legte, hergestellt.[53]

Der eigentliche Grund für Dehler, auf die Aufhebung des Gesetzes zu drängen, war jedoch sein Wunsch, zu rechtlichen Prinzipien zurückzukehren, die durch die Besatzungsmächte außer Kraft gesetzt worden waren. Dehler bemerkte dazu in einem Schreiben an die FDP-Bürgerschaft im Hamburger

Senat vom November 1951, «der rechtsstaatliche Gesichtspunkt der Klarheit und Bestimmtheit eines Gesetzes und der fundamentale Grundsatz des abendländischen Rechts ‹nulla poena sine lege›» seien im Kontrollratsgesetz «nicht gewahrt».[54] Er machte sich damit ein zentrales Argument der Anwälte in den Nürnberger Prozessen zu eigen, die immer wieder darauf hingewiesen hatten, dass die alliierten Militärgerichte auf der Grundlage von Gesetzen urteilten, die erst nach 1945 erlassen worden seien, und sich dadurch selbst unrechtmäßig verhielten.

Für die vielen Kritiker der Strafverfolgung von NS-Verbrechen stellten allerdings nicht nur die alliierten Militärgerichtsprozesse und die Anwendung alliierten Rechts durch deutsche Gerichte ein Problem dar, sondern auch die Verurteilungen nach deutschem Recht. Sie waren der Meinung, dass die Beschuldigten zu Unrecht vor Gericht standen, weil sie im Dritten Reich nur ihre Pflicht getan hätten. Die Zahlen, um die es dabei ging, waren beträchtlich: So richteten sich die Verfahren vor der deutschen Justiz vom 8. Mai 1945 bis zum 15. März 1961 gegen insgesamt 32 578 Beschuldigte. In 12 715 Fällen wurde Anklage erhoben, rechtskräftig verurteilt wurden 5372 Personen.[55] In den meisten Fällen handelte es sich jedoch um minder schwere Delikte. Die Verfahren, in denen es um besonders schwere Straftaten ging, waren bis 1951 bereits zu 75 Prozent abgeschlossen. Das heißt: 60 von insgesamt 80 rechtskräftigen Verurteilungen zum Tode und zu lebenslangem Zuchthaus wurden von 1946 bis einschließlich 1951 ausgesprochen.[56]

Vor diesem Hintergrund verstärkte sich 1950/51 der öffentliche Druck auf die Bundesregierung und die alliierten Hohen Kommissare, einen vergangenheitspolitischen Schlussstrich zu ziehen. Vor allem die Häftlinge in Landsberg, von denen viele zum Tode verurteilt waren, rückten nun in den Mittelpunkt des Interesses. Der Heidelberger Juristenkreis, der Rat der Evangelischen Kirche in Deutschland und Teile der Presse, aber auch Justizminister Dehler meldeten sich zu Wort. Dehler regte gegenüber Manfred Klaiber, dem Chef des Bundespräsidialamts, sogar an, der Bundespräsident möge etwas zugunsten der Landsberger Häftlinge unternehmen, um eine Strafaussetzung zu erreichen.[57] Unter den Hohen Kommissaren war John J. McCloy der bevorzugte Ansprechpartner der Bundesregierung. Denn die USA erwarteten angesichts des Korea-Krieges, der im Juni 1950 mit dem Überfall des kommunistischen Nordkorea auf das westlich orientierte Südkorea begonnen hatte, einen deutschen Wehrbeitrag im Rahmen einer Europäischen Verteidigungsgemeinschaft. Daraus ließ sich ein Tauschgeschäft machen: deutsche Soldaten gegen die Freilassung der in Landsberg – das heißt in der ehemaligen amerikanischen Zone – einsitzenden Häftlinge.[58] In der Presse forderte man hingegen nicht nur eine Entscheidung zugunsten der Landsberger Häftlinge, sondern eine «allgemeine Amnestie», wie Robert Ingrim, österreichisch-amerikanischer Publizist und Kommentator regierungsfreundlicher deutscher Zeitungen am 7. Dezember 1950 in der Zeitung *Christ und Welt* schrieb. Wenige Tage später, am 16. Dezember, brachte der SPD-nahe *Mannheimer Morgen* einen Bericht über eine Denkschrift des antisemitischen Völkerrechtlers und Publizisten Friedrich Grimm, der zu den Mitarbeitern des bereits erwähnten Essener Anwalts und FDP-Politikers Ernst Achenbach gehörte und ebenfalls eine Generalamnestie forderte, da dem deutschen Volk «die Rechtsgleichheit nicht vorenthalten werden» dürfe. Die Generalamnestie müsse deshalb «so total und radikal sein wie der Krieg total war».[59]

Friedrich Grimm war in der Weimarer Republik neben seiner Lehrtätigkeit als Professor für Internationales Recht in Münster in zahlreichen Prozessen als Verteidiger für nationalistische oder republikfeindliche Straftäter aufgetreten und hatte 1929 einen Aufruf des vom NS-Ideologen Alfred Rosenberg gegründeten antisemitischen «Kampfbundes für deutsche Kultur» unterzeichnet. 1933 war er im Reichsjustizministerium an der Abfassung des Gesetzes zur Wiederherstellung des Berufsbeamtentums und des Gesetzes über die Zulassung zur Rechtsanwaltschaft beteiligt gewesen und hatte eine Theorie über den politischen Mord als «Tötung in außergewöhnlicher Zeit» entwickelt.[60] Seit 1933 Mitglied der NSDAP, gehörte er bis 1945 dem Reichstag an und bemühte sich wegen seiner guten Verbindungen zur französischen Rechten während des Zweiten Weltkrieges gemeinsam mit Ernst Achenbach um eine engere Kollaboration zwischen Deutschen und Franzosen. Nach 1945 verbrachte er deswegen mehrere Jahre in Lagern und Gefängnissen, darunter 16 Monate im Zeugengefängnis der Nürnberger Prozesse, obwohl er, wie Achenbach, behauptete, sich doch nur für die deutsch-französische Verständigung eingesetzt zu haben.[61] Nach seiner Entlassung 1949 begab sich Grimm zu Achenbach nach Düsseldorf, in dessen Kanzlei er nun gemeinsam mit Werner Best zu einem der einflussreichsten Befürworter einer Generalamnestie für nationalsozialistische Straftäter wurde.[62] Auch die Denkschrift, über die der *Mannheimer Morgen* im Dezember 1950 berichtete, war hier entstanden – vermutlich bereits Ende 1949 oder Anfang 1950.

Best, der im August 1951 aus dänischer Haft entlassen wurde, hatte allerdings auch persönliche Gründe, den Kontakt zu Achenbach zu suchen. Denn da die Staatsanwaltschaft München seit Juni 1951 gegen ihn wegen seiner Beteiligung an den Morden im Rahmen des sogenannten «Röhm-Putsches» Ende Juni und Anfang Juli 1934 ermittelte, benötigte er anwaltlichen Bei-

III. DER «GEIST DER ROSENBURG»

stand. Bei Achenbach verband er nun seine eigenen Interessen mit der allgemeinen Amnestiefrage.[63] So erinnerte Achenbach in einem Schreiben an Justizminister Dehler daran, dass der Erlass des Reichsjustizministers Gürtner vom 3. Juli 1934 den Tätern des «Röhm-Putsches» Straffreiheit gewährt hatte, und erklärte, der Gürtner-Erlass sei ebenso als gültige Amnestie anzusehen wie die Amnestien nach 1945.[64] Achenbach bat Dehler sogar ausdrücklich um Unterstützung im Fall Best, und Dehler reichte das Schreiben an seinen Freund Fritz Koch weiter, der als Staatssekretär im Bayerischen Staatsministerium der Justiz arbeitete. Damit war er gegenüber der Staatsanwaltschaft München weisungsbefugt und sähe vielleicht eine Möglichkeit, das Ermittlungsverfahren gegen Best zu beenden.[65]

Parallel zu den Bemühungen Kochs und Dehlers, die Ermittlungen gegen Best abzuwehren, gründeten Achenbach und Grimm im Oktober 1951 den «Vorbereitenden Ausschuss zur Herbeiführung einer Generalamnestie», dem im März 1952 ein «Aufruf zur Unterstützung der überparteilichen Aktion zur Herbeiführung einer Generalamnestie» folgte.[66] Die Koordination der anschließenden Kampagne mit Presseerklärungen, persönlichen Kontaktaufnahmen zu Abgeordneten des Bundestages und anderen Entscheidungsträgern in Politik, Wirtschaft, Gesellschaft und Publizistik sowie Appellen, Aufrufen und Veranstaltungen übernahm wiederum Best. Er nutzte dabei auch eigene Verbindungen, etwa zu Ministerialrat Dr. Ernst Kanter im Bundesjustizministerium, den er aus ihrer gemeinsamen Zeit während des Zweiten Weltkrieges in Dänemark kannte, als Kanter dort Kriegsgerichtsrat im Stab des Befehlshabers der Wehrmacht gewesen war.[67]

Die zentrale Forderung nach einer Generalamnestie für die NS-Täter wurde von Grimm damit begründet, dass es ein «anerkannter Grundsatz des Völker- und Naturrechtes» sei, «dass nach einem Kriege unter alle mit ihm zusammenhängenden Dinge ein Schlussstrich gezogen» werden müsse. Denn, so Grimm, die «innere Befriedung der Völker» sei «ein höheres Rechtsgut als die Sühne».[68] Ähnlich argumentierte auch Best, der zwischen einer «politischen Straftat» und «dem gemeinen, aus privaten Motiven und zum eigenen Vorteil begangenen Verbrechen» unterschied.[69] Obwohl sich sowohl der amerikanische Hohe Kommissar McCloy als auch der Bundestag strikt gegen eine Generalamnestie aussprachen, wurde diese von Achenbach und Best immer wieder ins Spiel gebracht. Achenbach setzte dabei offenbar große Hoffnungen auf Dehler, den er zunächst bat, auf die Landesjustizverwaltungen einzuwirken, damit diese größere Zurückhaltung bei der Verfolgung von NS-Straftaten übten[70], und dem er im Dezember 1952 sogar den Entwurf für ein «Gesetz zur Ergänzung des Gesetzes über die Gewährung von Straffreiheit vom

31. Dezember 1949» sandte.⁷¹ Wie sehr es Achenbach dabei um eine Amnestie für Kriegsverbrecher ging, war der mitgelieferten Begründung zu entnehmen, in der er offen erklärte, vom Straffreiheitsgesetz von 1949 hätten nur wenige Gebrauch machen können, weil «fast alle» einen «falschen Namen angenommen» hätten, «um einer Auslieferung an fremde Staaten wegen angeblicher Kriegsverbrechen zu entgehen». Jetzt komme es darauf an, auch diese «Illegalen» zu amnestieren. Dies erspare den Justizbehörden «unnötige Arbeit».⁷²

Ob die Kampagne, die Achenbach und Best mit großem Aufwand betrieben, letztlich zum Erfolg geführt hätte, ist fraglich. Auch Dehler verwies in seiner Antwort an Achenbach bereits Anfang Januar 1953 darauf, dass unter den Illegalen viele Personen seien, die «von deutscher Seite aus kriminellen Gründen gesucht» würden.⁷³ Letztlich aber bewirkte die schon beschriebene Naumann-Affäre, die wenige Wochen später begann, dass die politischen Einflussmöglichkeiten Achenbachs deutlich geringer wurden. Ein erneutes Schreiben Achenbachs an Dehler vom März 1953, in dem dieser die Ratifizierung des Deutschlandvertrages zwischen der Bundesrepublik und den Drei Mächten zum Anlass nahm, ein weiteres Mal auf eine Generalamnestie zu drängen, ließ der Justizminister daher lange unbeantwortet, während Staatssekretär Strauß Ministerialrat Kanter anwies, auch zu Best auf Distanz zu gehen.⁷⁴

Diese Zurückdrängung des Einflusses von Achenbach führte jedoch keineswegs dazu, dass die Bemühungen um ein zweites Straffreiheitsgesetz zum Erliegen kamen. Tatsächlich bestand weithin die Auffassung, dass ein solches Gesetz notwendig sei, um einen noch deutlicheren Schlussstrich als bisher unter die Vergangenheit zu ziehen, vor allem politisch motivierte Straftaten von weiterer Strafverfolgung auszunehmen und damit so etwas wie «Rechtsfrieden» zu stiften. Im Mai 1953 wurde dazu im Bundesjustizministerium auf Anregung von Strauß ein Gesetzentwurf ausgearbeitet, der die Entlassung von NS-Straftätern nach Verbüßung der Hälfte ihrer Strafe vorsah. Allerdings mussten die Straftaten «unter den besonderen Verhältnissen des Krieges oder der nationalsozialistischen Gewaltherrschaft» begangen worden sein, und die Verurteilten mussten «in einem außerordentlichen seelischen Konflikte gestanden oder aus einer falsch verstandenen Pflichtauffassung gehandelt» haben. Ausgenommen waren nur schwerer Raub, schwere Brandstiftung, Grabschändung oder Sprengstoffvergehen und Straftaten, die «aus Grausamkeit, aus ehrloser Gesinnung oder aus Gewinnsucht» begangen worden waren.⁷⁵

Zu einer näheren Beratung dieses Gesetzentwurfs kam es – unter anderem wegen der sogenannten «Platow-Affäre»⁷⁶ – vor der Bundestagswahl 1953 zwar nicht mehr. Aber nach der Wahl am 6. September, durch die Dehler sein Amt als Justizminister verlor, wurden auch unter Fritz Neumayer, der am 20. Oktober seine Nachfolge antrat, die Überlegungen fortgesetzt, ein allgemeines Straffreiheitsgesetz auf den Weg zu bringen. Vor allem Staatssekretär Strauß gehörte dabei weiterhin zu den starken Befürwortern eines solchen Gesetzes, weil er im Zusammenbruch der Ordnung 1945 eine zentrale Ursache für Gesetzesverletzungen sah, die man nicht dem Einzelnen anlasten dürfe. Gleiches galt für Dr. Josef Schafheutle, der nun die Leitung der Strafrechtsabteilung in der Nachfolge von Dr. Hans Eberhard Rotberg übernahm.

Am 17. und 18. September 1953 wurden schließlich im BMJ unter Beteiligung von Bundesanwalt Max Güde zwei Gesetzentwürfe diskutiert, die zwar keine allgemeine Amnestie für NS-Straftaten vorsahen, aber Bestimmungen über Befehlsnotstand, Standgerichtsverfahren und Denunziation enthielten.[77] Nach Gesprächen mit Vertretern der Landesjustizverwaltungen und weiteren Beratungen im BMJ – vor allem unter Beteiligung von Dr. Wilhelm Dallinger und Ernst Kanter – zeichnete sich eine allgemeine Amnestie für NS-Straftaten bis zu einer Strafhöhe von zwei bis drei Jahren ab, die lediglich den Tatbestand der Denunziation ausschloss.[78] Der abschließende Gesetzentwurf, der im Oktober 1953 vorlag, sah zwar keine Generalamnestie, wohl aber Strafbefreiung bis zu einer Höhe von drei Jahren für Straftaten vor, die unter den schwierigen Umständen der Zusammenbruchsituation zwischen dem 1. Oktober 1944 und dem 31. Juli 1945 begangen worden waren.[79]

Als Bundesjustizminister Neumayer den Gesetzentwurf am 26. Februar 1954 in den Bundestag einbrachte, erklärte er dazu, es gelte, «einen Schlussstrich zu ziehen unter eine chaotische Zeit, für die niemand von uns verantwortlich war und die Menschen zu Straftaten oder Gesetzesübertretungen geführt hat, die sie sonst niemals begangen hätten».[80] Am 15. Juli 1954 wurde das Gesetz mit großer Mehrheit vom Bundestag beschlossen. Auch die meisten SPD-Abgeordneten, die sich in einer ersten Abstimmung am 18. Juni noch dagegen entschieden hatten, stimmten nach weiteren Beratungen im Vermittlungsausschuss für die Amnestie. Der SPD-Rechtsexperte Adolf Arndt mahnte jedoch vor der Abstimmung: «Wo ernstlich eine Gewissensnot erweisbar ist, soll auch nach unserer Überzeugung Gnade vor Recht ergehen. Aber wir glauben der allgemeinen Auffassung Ausdruck zu geben, wenn wir noch einmal betonen, dass von den Gerichten gerade in diesen Fällen die Amnestiewürdigkeit mit besonderer Sorgfalt und mit dem Blick auch auf die Opfer dieser Taten reiflich zu erwägen sein wird.»[81]

Von der Anwendung des Gesetzes profitierten etwa 400 000 Personen. In fast allen Fällen wurden dabei Strafen bis zu drei Monaten erlassen.[82] Andererseits lassen sich nur 88 Fälle feststellen, in denen durch das Gesetz Strafverfahren wegen NS-Verbrechen beendet wurden.[83] Auch die Zahl der von Achenbach angesprochenen «Illegalen», die durch das Gesetz ihren Weg zurück in die Gesellschaft fanden, war – soweit sich dies angesichts der Tatsache, dass sie untergetaucht gewesen waren und daher in keiner Statistik geführt wurden, überhaupt genau feststellen lässt – mit 954 Fällen bis Ende 1954 und weiteren 97 im ersten Halbjahr 1955 bemerkenswert gering.[84] Dies ist vor allem deshalb erstaunlich, weil von den Befürwortern einer Generalamnestie, insbesondere auch Achenbach und Grimm, eine viel größere Dimension des Illegalen-Problems behauptet worden war. Die Bedeutung des Straffreiheitsgesetzes von 1954 liegt somit weniger in der Zahl der Amnestierten, als vielmehr in der politischen Signalwirkung, die von dem Gesetz ausging. Nach dem Ende der Entnazifizierung wurden nun auch bereits verurteilte Straftäter oder Täter, gegen die ermittelt wurde, amnestiert. Norbert Frei hat deshalb von einer «Verstärkung der Lähmungserscheinungen innerhalb der Justiz» und einer «Aufweichung der Ahndungsmoral» gesprochen, die mit dem Gesetz einhergegangen seien.[85]

NS-Recht als Gnadenrecht des Bundes?

Vor diesem Hintergrund verwundert es nicht, dass auch das Bundesjustizministerium vielfach einen erschreckenden Mangel an Unrechtsbewusstsein und politischem Instinkt erkennen ließ. Ein Beispiel dafür ist das Gnadenrecht. So wandte die Strafrechtsabteilung des BMJ, die Gnadenentscheidungen des Bundespräsidenten einschließlich der Gegenzeichnung durch den Justizminister vorbereiten musste, bis in die 1980er Jahre eine Verordnung aus dem Jahr 1935 an, deren ideologisches Gedankengut unverkennbar war und deren Fortgeltung unter der Herrschaft des Grundgesetzes daher hätte ausgeschlossen sein müssen. Die Legitimation dieser «Verordnung des Reichsministers der Justiz über das Verfahren in Gnadensachen» (Gnadenordnung) vom 6. Februar 1935[86] beruhte auf gängigem NS-Recht, das dem «Führer-Prinzip» verpflichtet war. So wies das Reichsstatthaltergesetz vom 30. Januar 1935 «dem Führer und Reichskanzler» ausdrücklich das Gnadenrecht zu.[87] Dieser behielt sich im Erlasswege[88] nicht nur die Begnadigung bei Todesstrafen und schwersten Straftaten, sondern auch die Niederschlagung von gerichtlichen Strafverfahren vor. Er konnte somit in jedes schwebende Strafverfahren eingreifen und den Angeklagten der Strafe entziehen. Im Übrigen wurde das Gnadenrecht in strafgerichtlichen Verfahren dem Reichsminister der Justiz übertragen. Begnadigung und Niederschlagung waren deshalb, wie der Staatsrechtler Ernst Rudolf Huber und «Kronjurist» des Dritten Reiches 1939 bemerkte, «rechtschaffende Führerakte», in denen «die oberste Gerichtsgewalt des Führers» sinnfällig hervortrete.[89]

Die Gnadenordnung diente sowohl der Vorbereitung von Gnadenentscheidungen des «Führers und Reichskanzlers» als auch des Reichsministers der Justiz. Ihr politisch-instrumentaler Charakter durchzieht das gesamte Regelwerk. In Niederschlagungssachen war auf den mutmaßlichen Willen des «Führers und Reichskanzlers» abzustellen und entsprechend zu verfahren (§ 18 Abs. 4 u. 5). Gemäß § 21 Abs. 2 der Richtlinien zur Aussetzung der Strafvollstreckung durfte diese nur gewährt werden, «wenn die begangene Verfehlung nicht durch Verdorbenheit und verbrecherische Neigung [...] veranlasst worden» war. Diese Begriffe spiegeln deutlich die NS-Ideologie der Tätertypik und Tätergesinnung wider. Gehörte der Verurteilte der NSDAP oder einer ihrer Untergliederungen an, so musste sogar unmittelbar das Amt für Gnadensachen der Kanzlei des Führers der NSDAP beteiligt werden, wenn die Angelegenheit «wegen der Stellung oder Betätigung des Verurteilten in der Bewegung oder aus sonstigen Gründen für die NSDAP von besonderem Interesse» war. Ohnehin war für die Bearbeitung der Gnadengesuche von Angehörigen der nationalsozialistischen Bewegung grundsätzlich der Chef der Kanzlei des Führers der NSDAP zuständig.

Der ideologische Hintergrund des Gnadenrechts im NS-Staat zeigte sich nicht zuletzt in den Beiträgen, die auf einer Tagung am 13. und 14. Mai 1938 in der Akademie für Deutsches Recht in München geleistet wurden.[90] Dr. Hans Frank, Reichsminister ohne Geschäftsbereich, der nach 1933 die Gleichschaltung der Justiz in Bayern und danach in ganz Deutschland organisiert hatte, betonte dort in seiner Rede, dass der Nationalsozialismus dem Begriff der Gnade und des Gnadenrechts zu einer «eigenen Formulierung» und einer besonderen Stellung im Gesamtsystem des Rechtslebens verholfen habe. Der Anspruch auf Bestrafung und das Recht, zu begnadigen, erwachse aus ein und demselben Gedankengut: dem Nationalsozialismus.[91] Roland Freisler, Staatssekretär im Reichsjustizministerium, bezeichnete die Gnade als ein Recht des Führers, das nicht an irgendwelche gesetzlichen Regelungen gebunden sei, sondern völlig frei sein müsse. Für die Ausübung des Rechts der Niederschlagung durch den Führer seien weder Erwägungen des Rechtes noch der Gnade maßgebend, sondern lediglich Erwägungen der Staatsnotwendigkeit.[92] Mit anderen Worten: Das Gnadenrecht des NS-Staates war nicht einem höheren Gedanken der Gerechtigkeit verpflichtet, sondern Ausdruck des diktatorischen «Führerwillens».

Dieses NS-Gnadenrecht war nach 1949 unbesehen in die Rechtsordnung der Bundesrepublik übernommen worden. Auch Johann-Georg Schätzler, der von 1967 bis 1984 im Bundesministerium der Justiz das Referat leitete, das für das Immunitäts- und Gnadenrecht zuständig war, nahm daran offenbar keinen Anstoß. Die Gnadenordnung von 1935 bestand deshalb bis in die 1990er Jahre als Bundesrecht fort und diente Schätzler weiterhin als Rechtsgrundlage in allen Gnadensachen des Bundes, ohne dass er ihren früheren NS-Gehalt in Frage stellte. So erklärte er noch 1992 in der 2. Auflage des von ihm herausgegebenen *Handbuchs des Gnadenrechts*, dass der Bund die Gnadenordnung von 1935 sinngemäß anwende, die damit auf Bundesebene weiter als «Verfahrensmuster» gelte.[93] In seiner Auflistung der Rechtsquellen des Gnadenrechts auf Bundesebene stand die Gnadenordnung von 1935 daher in einer Reihe mit dem Grundgesetz und der Anordnung des Bundespräsidenten über die Ausübung des Begnadigungsrechts des Bundes.[94] Als «gegenstandslos und fortgelassen» behandelte er lediglich jene Stellen, die den «Führer und Reichskanzler», die NSDAP und auch die Todesstrafe betrafen.[95] Die alten Richtlinien für die Ausübung des Gnadenrechts (§ 21) sah er zwar als «überholt» an, lobte aber deren «Anschaulichkeit» und überführte sie in seinen bereinigten Text.[96]

Diese Feststellungen offenbaren eine Haltung, die zwangsläufig Fragen aufwerfen muss. Doch auf den ersten Blick erscheint Schätzler hinsichtlich seiner Verbindungen zum NS-Regime unauffällig: Nach dem Abitur 1939 nahm er zwar ein Studium der Rechtswissenschaften auf, wurde aber 1941 zum Wehrdienst einberufen und diente bis Kriegsende als Soldat, geriet in Gefangenschaft und wurde erst im Februar 1946 entlassen. Allerdings arbeitete er danach als «Assistent in der Verteidigung Nürnberger Prozesse», wie es in seinem Personalbogen heißt.[97] Dort war er im Prozess gegen die Hauptkriegsverbrecher vor allem für die Rechtsanwälte Dr. Günther von Rohrscheid und Dr. Hans Laternser tätig. Rohrscheid war damals Verteidiger von Rudolf Hess, Laternser Verteidiger des Generalstabs und des Oberkommandos der Wehrmacht. Laternser, der später noch in weiteren NS-Prozessen auftrat – unter anderem im I.G.-Farben-Prozess und im 1. Auschwitz-Prozess von 1963 bis 1965 –, pflegte zudem Verbindungen zur politischen Rechten, war mit Gerhard Frey, dem Verleger der *National-Zeitung*, einer rechtsextremen überregionalen Wochenzeitung mit Sitz in München, befreundet und schloss sich nach dem Ende der Nürnberger Prozesse dem Heidelberger Juristenkreis an. Schätzler, der sich einige Zeit in diesem Umfeld bewegte, setzte nach dem Nürnberger Hauptkriegsverbrecherprozess sein Studium fort, legte 1952 das Zweite Staatsexamen ab und trat als Staatsanwalt in den Justizdienst von Berlin ein, dem er bis zu seiner Abordnung in das Bundesministerium der Justiz im Frühjahr 1960 angehörte. Hier erwarb er sich, nicht zuletzt durch die von ihm herausgegebenen Fachkommentare, den Ruf eines ausgewiesenen Experten auf dem Gebiet des Gnaden- und Strafrechtsentschädigungsrechts.

Insgesamt war Schätzler somit nicht belastet, auch wenn seine Arbeit in Nürnberg ihn mit Denkmustern der NS-Justiz zumindest in Kontakt gebracht hatte. Doch die Tatsache, dass er die Gnadenordnung von 1935 in der Bundesrepublik weiter anwandte, war verfassungsrechtlich bedenklich, da nach Art. 123 Abs. 1 altes Recht nur dann fortgilt, wenn es dem Grundgesetz nicht widerspricht.[98] Die Gnadenordnung erfüllt diese Voraussetzungen nicht. Ordnet man sie nach heutigen Rechtskategorien als Verwaltungsvorschrift ein, fällt sie nicht in den Anwendungsbereich von Art. 123 Abs. 1 GG, weil dieser nur Rechtsquellen, nicht aber Verwaltungsvorschriften überleitet.[99] Sieht man in der Gnadenordnung jedoch eine Rechtsquelle im Sinne der Verfassungsnorm, stellt sich die Frage, ob die «Verordnung» des Reichsjustizministers mit dem Grundgesetz vereinbar ist.[100] Die Antwort liegt auf der Hand: Da die Gnadenordnung von 1935 integraler Bestandteil des NS-Unrechtssystems war und im Widerspruch zur Idee der Gnade stand, die dem Grundgesetz zugrunde liegt[101], lässt sich diese Ordnung auch nicht verfassungskonform auslegen. Schätzlers Versuch, aus dem politischen Kontext dieses Regelwerks, das für eine «gleichgeschaltete» Justiz erlassen wurde, ein rein technisches Verfahrensrecht für das föderale Rechtssystem der Bundesrepublik herauszudestillieren, musste daher scheitern.

Somit bleibt die Frage, warum das Bundesministerium der Justiz diese NS-Verordnung offenbar noch weit über die Zeit der Rosenburg hinaus anwandte. Eine Erklärung dafür gibt es nicht. Das Ministerium selbst wies in einem Schreiben vom 2. Juli 2012, in dem es zu seiner Praxis in Gnadensachen Stellung nahm, lediglich darauf hin, «dass diese aus der Zeit des Nationalsozialismus stammende Verwaltungsvorschrift [...] seit den 1990er Jahren für Gnadenverfahren in Bundeszuständigkeit nicht mehr angewandt» werde und «mithin auch nicht mehr sinngemäß» gelte.[102] Zu ergänzen bleibt, dass es bis heute keine neue Verfahrensordnung für die strafrechtlichen Gnadensachen des Bundes gibt. Offenbar wird sie angesichts der geringen Anzahl möglicher Gnadenfälle in Bundeszuständigkeit als «entbehrlich» angesehen, zumal die bisherige Staatspraxis in Gnadenangelegenheiten und die Gnadenordnungen der Länder auch für das Vorgehen des Bundesjustizministeriums eine hinreichende Orientierung bieten.

Die Braunbuch-Diskussion

Als Thomas Dehler sich bei der feierlichen Übergabe seines Ministeramtes an Fritz Neumayer am 22. Oktober 1953 von seinen Mitarbeitern im BMJ verabschiedete, tat er dies mit nur sieben kurzen Sätzen und bewies dadurch, wie sehr es ihn schmerzte, dass Adenauer ihn nicht erneut berufen hatte.[103] Aber dass er dem Kabinett nach nur vier Jahren Amtszeit nicht mehr angehörte, verdankte er vor allem sich selbst. Theodor Heuss, der sich ihm seit Beginn der 1920er Jahre freundschaftlich verbunden fühlte, hatte ihn wiederholt belehrt, «dass die Ministerfunktion Sie zu einer stärkeren Überlegung dessen, was Sie sagen, zwingen solle, dass es sogar gar keine Schande sei – trotz Ihrer Redebegabung oder wegen Ihrer Redebegabung – bestimmte Formeln sich vorher genau aufzuschreiben.» Aber er habe, so Heuss, «in der Zwischenzeit die Erfahrung machen müssen, dass das eine unnütze Rede gewesen ist».[104] Die wiederholten rhetorischen Entgleisungen Dehlers waren jedoch nicht der eigentliche Grund für die wachsende Entfremdung zwischen Dehler und Heuss, die am Ende dazu beitrug, dass Dehler sein Amt verlor. Maßgebend für Adenauer, ihn nicht wieder ins Kabinett zu berufen, war vielmehr die Tatsache, dass es neben einer grundsätzlichen «Anti-Dehler-Stimmung» in der Union auch einen grundlegenden Konflikt Dehlers mit dem Bundesverfassungsgericht gab – wobei schließlich ebenfalls Bundespräsident Heuss eine wichtige Rolle spielen sollte.

Das Bundesverfassungsgericht war erst am 28. September 1951 gegründet worden, seine genaue Stellung im Institutionengefüge der Bundesrepublik noch ungeklärt. Bestrebungen, dem Gericht den Status eines eigenen Verfassungsorgans zu verschaffen, lehnte Dehler ab, der es vielmehr dem Justizressort unterstellen wollte. So setzte er, als die SPD im März 1953 den Antrag auf «Verselbständigung des Bundesverfassungsgerichts» stellte, zunächst die Ablehnung des Antrages in der FDP-Fraktion durch und erklärte dann im Bundestag, das Verfassungsgericht sei «kein Verfassungsorgan sui generis», sondern nur «ein Gericht».[105] Mit dieser Haltung, fügte er hinzu, befinde er sich «in der Gesellschaft des Präsidenten des Bundesverfassungsgerichts, der wohl mehr praktische Erfahrungen und mehr Überblick über die Dinge» habe «als die anderen Herren des Bundesverfassungsgerichts, die mit der praktischen Verwaltung nicht befasst sind».[106]

Tatsächlich teilte Verfassungsgerichtspräsident Hermann Höpker-Aschoff die Position des Justizministers und befand sich damit im Gegensatz zum Großteil der Verfassungsrichter, die nach völliger Unabhängigkeit strebten. Aber durch Dehlers öffentliche Bloßstellung sah sich Höpker-Aschoff im Interesse der eigenen Position nun nicht nur zum Schulterschluss mit den Kollegen gezwungen, sondern auch dazu, dem Bundespräsidenten mitzuteilen, dass sämtliche Richter des Verfassungsgerichts zurücktreten würden, wenn Dehler im Amt bliebe. Heuss ließ den Bundeskanzler daher wissen, dass er sich weigern werde, Dehler zu ernennen, wenn der Bundeskanzler ihn erneut für das Amt des Justizministers vorschlagen sollte. Adenauer hatte danach keine andere Wahl, als Dehler fallenzulassen. Dehler lastete dies später allerdings nicht Heuss oder Höpker-Aschoff, sondern Adenauer an.[107]

Als Fritz Neumayer am 22. Oktober 1953 Dehlers Nachfolge übernahm, ahnte er noch nicht, dass sich über seinem Ministerium bereits wenige Monate später die Schatten der Vergangenheit ausbreiten würden, die Dehler und Strauß, aber auch die Landesjustizverwaltungen und an der Spitze die gesamte Bundesregierung allzu lange ignoriert hatten. Dabei war Neumayer – nach einer Schilderung Eduard Drehers «ein Grandseigneur alter Schule, von hoher, imponierender Statur und ein großer Musik- und Theaterliebhaber»[108] – selbst völlig unbelastet. Er entstammte einer alten pfälzischen Juristenfamilie mit konservativ-liberaler Tradition. Bereits Neumayers Großvater und Vater hatten als Abgeordnete der Nationalliberalen Partei im Bayerischen Landtag gesessen. Fritz Neumayer selbst, 1884 geboren, hatte gut geheiratet – eine Erbin der Nähmaschinenfirma Pfaff AG, deren Aufsichtsratsvorsitzender er 1956, nach seinem Ausscheiden als Bundesjustizminister, wurde – und sich seit 1911 zunächst auf seine Tätigkeit als Rechtsanwalt in Kaiserslautern konzentriert. Erst nach dem Zweiten Weltkrieg hatte er sich politisch bei den liberalen Parteien in Rheinland-Pfalz engagiert und war so nach Gründung der FDP am 11./12. Dezember 1948 in die Partei gelangt, für die er seit 1949 im Bundestag saß.

Doch auch Neumayer, der das Justizministerium bis Oktober 1956 leitete und es dann Hans-Joachim von Merkatz von der Deutschen Partei (DP) übergab, bewies, wie zuvor Dehler, wenig Gespür für die problematischen Aspekte der deutschen Justizgeschichte. In seinen Reden ging er darauf kaum ein, und in der Führung des BMJ waren sie für ihn unerheblich. So blieb ihm offenbar auch verborgen, dass in der DDR am 7. Januar 1954, kurz vor Beginn der Berliner Außenministerkonferenz der Vier Mächte, auf der noch einmal ergebnislos über eine deutsche Wiedervereinigung beraten wurde, ein «Ausschuss für Deutsche Einheit» gebildet wurde, dem nur eine Aufgabe zugedacht war: Kampagnen gegen Nazi- und Kriegsverbrecher in der Bundesrepublik vorzubereiten, durchzuführen und zu koordinieren.[109]

Der Ausschuss war im Rang eines Staatssekretariats dem Ministerrat – also der Regierung der DDR – unterstellt, unterhielt bis zum KPD-Verbot 1956 aber auch mehrere Außenstellen in der Bundesrepublik.[110] Den Vorsitz führte Albert Norden, Sohn eines Rabbiners aus Kattowitz, der 1943 im KZ Theresienstadt ermordet worden war. Norden selbst gehörte seit 1921 der KPD an, war nach Beginn der NS-Herrschaft zur Emigration gezwungen gewesen und hatte 1933 in Paris am *Braunbuch über Reichstagsbrand und Hitlerterror,* einer Veröffentlichung der Exil-KPD, mitgearbeitet.[111] Inzwischen war Norden Professor für Neuere Geschichte an der Humboldt-Universität in Ost-Berlin, nachdem er von 1949 bis 1953 die Presseabteilung im Informationsamt der DDR geleitet hatte und deshalb für die geplante Propagandatätigkeit gegen die Bundesrepublik bestens geeignet schien.[112] Zweiter Mann im Ausschuss war Paul Verner, Leiter der Westarbeit im Zentralkomitee der SED, Sohn eines Metallarbeiters aus Chemnitz, der nach langjähriger Korrespondenten- und Redakteursarbeit bei der *Komsomolskaja Prawda* in Moskau, der *Jugendinternationale* in Skandinavien und der *Jungen Garde* in Paris 1936 über die Niederlande und Belgien nach Spanien gekommen war, wo er am Spanischen Bürgerkrieg teilgenommen hatte – allerdings nicht als Soldat, sondern als Gehilfe des Kriegskommandos der 15. Internationalen Brigade und Redakteur der Zeitung *El Voluntaria.*

Im Januar 1954, als der Ausschuss seine Arbeit aufnahm, hatte sich die Spaltung Deutschlands bereits verfestigt. Trotzdem hielt die DDR offiziell am Ziel der nationalen Einheit fest, die sie weiterhin als grundlegende Maxime ihrer Politik propagierte. Allerdings machten Walter Ulbricht als Generalsekretär des Zentralkomitees der SED und starker Mann der DDR sowie Ministerpräsident Otto Grotewohl eine deutsch-deutsche Staatengemeinschaft und erst recht eine Wiedervereinigung Deutschlands davon abhängig, dass zuvor alle «NS- und Kriegsverbrecher» sowie alle «Revanchisten» aus Politik, Wirtschaft, Justiz und Verwaltung der Bundesrepublik entfernt werden müssten.[113] Der Ausschuss unterstützte diese Forderung mit zahlreichen Dokumentationen über NS-Tätergruppen aus Staatsapparat, Justiz und Militär, die in der Bundesrepublik wieder in ihre ehemaligen Funktionen zurückgekehrt waren. Schon seit 1955 gab die DDR dazu gezielt belastendes Material über einzelne Staatsanwälte, Richter und hohe Beamte heraus, deren Tätigkeit im Dritten Reich häufig erst dadurch in der Öffentlichkeit bekannt wurde. Dahinter stand die Überlegung, wie Annette Weinke bemerkt hat, dass sich «brisante vergangenheitspolitische Themen» besonders gut eigneten, «um sie für die agitatorischen und operativen Zielsetzungen der ‹Westarbeit› auszunutzen und zuzuspitzen».[114]

Eine wichtige Rolle spielte dabei das «Staatssekretariat für Staatssicherheit» – die «Stasi» – unter Ernst Wollweber.[115] So beauftragte Wollweber am 31. Januar 1955 die mit der «Überprüfung von Unterlagen aus der Zeit des

Naziregimes» betraute Abteilung XII des Staatssekretariats, in den Akten systematisch nach Informationen über «leitende Personen aus Westdeutschland» zu suchen, die eine belastende Verbindung zum NS-Regime aufwiesen.[116] Diese Informationen, die durch Mitteilungen aus befreundeten sozialistischen Ländern, vor allem der Sowjetunion und Polen, ergänzt wurden, bildeten die Grundlage für die Propagandakampagne gegen «Hitlers Blutrichter», die seit dem Frühjahr 1957 betrieben wurde. Sie begann mit einer Pressekonferenz Albert Nordens am 23. Mai 1957, in der er eine Broschüre mit dem Titel *Gestern Hitlers Blutrichter – Heute Bonner Justiz-Elite* vorstellte.[117] In alphabetischer Reihenfolge waren darin die Namen von insgesamt 118 Richtern, Staatsanwälten und Beamten der Justizverwaltungen aufgelistet, die nicht pauschal als Kriegsverbrecher bezichtigt, sondern mit ihren konkreten Taten – darunter die Beantragung, Verhängung oder Vollstreckung von Todesurteilen – präsentiert wurden. Norden erklärte dazu auf der Pressekonferenz: «Ein Staat, der diese Richter und Staatsanwälte beschäftigt, ja, sie sogar befördert und Karriere machen lässt, anstatt sie unschädlich zu machen, hat jeden Anspruch auf den Titel Rechtsstaat verloren. Es ist ein Staat des Justizmordes und der Justizmörder.»[118] Drei Wochen später folgte eine zweite Veröffentlichung unter dem Titel *Das Terrorgesicht des Bonner Unrechtsstaates*, in dem über weitere 44 belastete Juristen berichtet wurde. Im Oktober 1957 erschien eine dritte Zusammenstellung mit 200 Namen, bis 1960 waren es dann insgesamt acht Broschüren mit einer Auflage von über 100 000 Exemplaren, in denen mehr als eintausend Juristen der nationalsozialistischen Sonder- und Standgerichte, des Volksgerichtshofs und der Wehrmachtsjustiz «enttarnt» wurden.[119]

Im Bundesjustizministerium wurde diese Entwicklung zwar beobachtet, aber als Propagandakampagne der DDR im Kalten Krieg abgetan. Exemplarisch dafür steht die Auskunft, die Staatssekretär Strauß seinem langjährigen Freund Gerhard Leibholz, Richter des Bundesverfassungsgerichts, im Juni 1957 gab, als Leibholz sich mit der Bitte an ihn wandte, ihm bei der Beantwortung einer Anfrage der beiden Physiker und Nobelpreisträger Werner Heisenberg und Max Born zu helfen, die sich über die Schrift *Gestern Hitlers Blutrichter – Heute Bonner Justiz-Elite* besorgt gezeigt hatten.[120] Born war 1933 wegen seiner jüdischen Vorfahren und pazifistischen Einstellung zwangsweise beurlaubt worden, nach Großbritannien emigriert und erst 1953 nach Deutschland zurückgekehrt. Heisenberg hatte sich immer wieder der Kritik nationalsozialistisch orientierter Physiker erwehren müssen, er fördere die «jüdisch unterwanderte» Quantenphysik und sei «Geist von Einsteins Geist». Beide verlangten also aus verständlichen Gründen Aufklärung über die Hintergründe der DDR-Vorwürfe. Doch Strauß wiegelte ab: Das «ostzonale Propagandaheft» sei zwar auch dem BMJ zugegangen, antwortete er Leibholz, werde hier jedoch «nicht zum Anlass genommen, darauf zu reagieren». Er halte es durchaus für möglich, dass einige der darin mitgeteilten Fakten zuträfen. Aber man könne «wohl nicht verlangen, dass wir auf derartige Äußerungen der Fortsetzung des nazistischen Terrors eingehen».[121] Ähnlich äußerte er sich auch in seiner Antwort an Ernst Wolf Mommsen, Vorstandsmitglied der Phönix-Rheinrohr AG, der ihn ebenfalls auf die DDR-Veröffentlichung aufmerksam gemacht hatte: Die «Behauptungen dieser Schrift» gehörten «in den Rahmen der üblichen östlichen Taktik und verfolgen offensichtlich das Ziel, Verwirrung zu stiften und dadurch die staatliche Ordnung der Bundesrepublik zu untergraben».[122]

Natürlich hatte Strauß nicht ganz Unrecht. Vor dem Hintergrund der noch immer durchlässigen innerdeutschen Grenze und einer massiven Fluchtbewegung, bei der von 1949 bis 1957 fast zwei Millionen Menschen die DDR in Richtung Bundesrepublik verlassen hatten, wollte die DDR mit ihrer Braunbuch-Kampagne die Regierung Adenauer tatsächlich diskreditieren, indem sie zu beweisen suchte, dass «die moralisch und politisch Schuldigen an den NS-Verbrechen in der Bundesrepublik an den Schalthebeln der Macht saßen und die große Masse der Funktionsträger aus dem Dritten Reich wieder öffentliche Positionen bekleidete», wie der Historiker Hermann Wentker bemerkt hat.[123] Aber die genannten Fakten waren in aller Regel – von wenigen Ausnahmen abgesehen, in denen die biographischen Angaben Fehler enthielten – nicht zu bestreiten, die Vorwürfe daher durchaus zutreffend und berechtigt. Gänzlich unbeachtet konnte man die Kampagne in der Bundesrepublik deshalb nicht lassen, wie Walter Strauß anfangs meinte. So lösten die Veröffentlichungen aus der DDR, die für die Beschuldigten zunächst kaum Folgen hatten, immer weitere Enthüllungen aus, die schließlich in Einzelfällen doch zu Rücktritten hoher Beamter und sogar eines Bundesministers führten.[124]

Das Bundesministerium der Justiz behielt die Linie, die Staatssekretär Strauß vorgegeben hatte, allerdings lange bei. So erklärte Bundesjustizminister Hans-Joachim von Merkatz (DP), der Neumayer am 16. Oktober 1956 in diesem Amt abgelöst hatte, im August 1957 auf die Frage des Auswärtigen Amts, wie man angesichts der internationalen Reaktionen auf die ostdeutschen Broschüren zu reagieren gedenke, dass man den Vorwürfen nur dann nachgehen sollte, wenn es unabhängig von sowjetzonalen Quellen Anhaltspunkte für ein vorwerfbares Verhalten gäbe. Grundsätzlich bestehe eine «Fürsorgepflicht» des Bundes für seine Juristen. Ob im Einzelfall ein Strafverfahren durchzuführen sei, sei von den zuständigen Strafverfolgungsbehörden der Länder zu prüfen.[125] Merkatz, dem man als bekennendem Monarchisten eine besondere Nähe zum National-

III. DER «GEIST DER ROSENBURG»

sozialismus kaum nachsagen konnte, blieb damit der Tradition der westdeutschen Nachkriegspolitik treu. Schon 1950 hatte er im Bundestag das «moderne Hexentreiben» der Entnazifizierung angeprangert und von ihr als «einer gefährlichen Abschweifung der westlichen Zivilisation in die Gefilde totalitärer Praxis» gesprochen, sie gar eine «Missgeburt aus totalitärem Denken und klassenkämpferischer Zielsetzung» genannt.[126] Die Pamphlete aus der DDR passten aus seiner Sicht in dieses Schema: Die Entnazifizierungspolitik der Alliierten wurde hier mit anderen Mitteln von den kommunistischen Deutschen in der DDR fortgesetzt. Ähnlich sah es auch Bundesinnenminister Gerhard Schröder (CDU), der das Auswärtige Amt Anfang 1958 wissen ließ, es würde genügen, wenn man den ostdeutschen Kampagnen mit dem Hinweis auf die rechtsstaatlichen Prinzipien der Bundesrepublik und einer eindeutigen Charakterisierung des ostzonalen Ausschusses für Deutsche Einheit beggnete.[127]

Als der öffentliche Druck immer stärker wurde, war im BMJ jedoch allmählich eine Änderung der Haltung zu erkennen. Nach der Bundestagswahl vom September 1957, bei der Adenauer mit der CDU/CSU die absolute Mehrheit erreichte, so dass die FDP und DP aus der Regierung ausschieden und Merkatz sein Amt als Bundesjustizminister schon wieder verlor, stand an der Spitze des Ministeriums nun Fritz Schäffer (CSU), der große alte Mann der Bayerischen Volkspartei. Er war 1933 aus dem Staatsdienst entlassen und nach dem 20. Juli 1944 verhaftet und in das KZ Dachau eingeliefert worden. 1945 hatte er zu den Mitbegründern der CSU gezählt, bevor Adenauer ihn 1949 zunächst zum Bundesfinanzminister und schließlich zum Justizminister machte: nach allgemeiner Einschätzung ein Mann von aufrechter Gesinnung und außergewöhnlichem Format.[128] Schon auf der 26. Justizministerkonferenz vom 23. bis 25. Oktober 1957 in Berlin brachte Schäffer das heikle Thema der DDR-Braunbücher zur Sprache.[129] Dabei stellte sich heraus, dass einzelne Landesjustizverwaltungen bereits dazu übergegangen waren, die DDR-Broschüren auszuwerten und mündliche sowie schriftliche Stellungnahmen von den dort aufgeführten Juristen anzufordern. Nun kamen der Bundesjustizminister und die Justizminister der Länder überein, dass alle Juristen, die in den Publikationen genannt waren, sich dazu äußern sollten. Bei einer Bestätigung der Vorwürfe würden dienstrechtliche Maßnahmen eingeleitet. Die Frage nach der strafrechtlichen Verantwortlichkeit wurde allerdings mit dem Hinweis ausgeklammert, dass diese ausschließlich in die Zuständigkeit der einzelnen Strafverfolgungsbehörden der Länder falle. Vor allem jedoch sollte die Angelegenheit diskret und in enger Abstimmung zwischen Bund und Ländern behandelt werden, um unnötige Unruhe unter der Gesamtheit der Justizbeamten zu vermeiden.[130]

So lag ein Jahr nach der ersten Pressekonferenz Albert Nordens noch immer keine amtliche Stellungnahme der Bundesrepublik zu den von der DDR erhobenen Vorwürfen vor. Zwischen dem Auswärtigen Amt, dem Bundesministerium der Justiz und dem Bundesinnenministerium kam es deshalb in der ersten Jahreshälfte 1958 zu heftigen Auseinandersetzungen darüber, wie man die Problematik der unbewältigten Justizvergangenheit in den Griff bekommen könne. Anfang August, nachdem Unterhausabgeordnete in Großbritannien entsprechende Anfragen an die britische Regierung gestellt hatten, wandte sich das Auswärtige Amt schließlich mit der Bitte an das BMJ, die Angelegenheit ein weiteres Mal auf der nächsten Justizministerkonferenz zu besprechen und dabei die Landesjustizminister zu ersuchen, dem Auswärtigen Amt «politisch verwertbare Ergebnisse» mitzuteilen, um die Auswirkungen der unerfreuliche Kampagne, die inzwischen auch in der Presse immer mehr Raum einnahm, eindämmen zu können.[131] Offenbar war das AA jetzt um Schadensbegrenzung bemüht, um vor allem im Ausland neuem Misstrauen in den demokratischen Aufbau der Bundesrepublik entgegenzuwirken.

Die Justizministerkonferenz, auf der das Thema diesmal ausführlich behandelt wurde, fand Anfang Oktober 1958 im niedersächsischen Bad Harzburg statt. Sie führte zur Gründung der Zentralen Stelle der Landesjustizverwaltungen in Ludwigsburg, die dort bereits vier Wochen später, auch vor dem Hintergrund des Ulmer Einsatzgruppenprozesses, am 6. November 1958 eingerichtet wurde.[132] Offenbar aufgeschreckt durch eine Große Anfrage der SPD-Fraktion im Bundestag zur Justizpolitik und den DDR-«Angriffen» gegen Angehörige der Bundesjustiz wegen ihrer früheren Amtstätigkeit im Dritten Reich, schrieb Staatssekretär Strauß am 5. Dezember 1958 einen «Vorsorglichen Vermerk» über die Wiederverwendung von Richtern und Staatsanwälten der nationalsozialistischen Zeit, in dem er feststellte, die Bundesjustizverwaltung habe «die Vorwürfe gegen die in ihrem Geschäftsbereich wiederverwendeten früheren Richter und Staatsanwälte geprüft». Die Prüfung habe ergeben, «dass kein Anlass zu irgendwelchen Maßnahmen besteht».[133]

Strauß sah also weiterhin keine Veranlassung zum Handeln und konnte sich in dieser Auffassung noch bestätigt fühlen, als der Generalsekretär des Zentralrats der Juden in Deutschland, Dr. Hendrik Georg van Dam, ihm im April 1962 ein Exemplar des von ihm gemeinsam mit Ralph Giordano herausgegebenen Buches *KZ-Verbrechen vor deutschen Gerichten*[134] zukommen ließ und im Begleitschreiben erklärte, die Publikation zeige, wie deutsche Gerichte auf der Grundlage deutschen Strafrechts «Klärung» über die schrecklichen Tatsachen gebracht und damit «die Rechtsstaatlichkeit wiederhergestellt» hätten.[135] Strauß dankte Dr. van Dam mit den Worten, das Buch könne «dazu dienen, von der deutschen Justiz ein zutreffenderes Bild zu vermitteln, als das vielfach, namentlich im Ausland, der Fall ist».[136]

In der DDR war man in diesem Punkt verständlicherweise anderer Auffassung und hielt – vor allem aus propagandistischen Gründen – die Aufklärung über die Verstrickung der westdeutschen Nachkriegsjustiz in die Verbrechen der NS-Zeit noch lange nicht für beendet. So wurden in den folgenden Jahren immer neue Erkenntnisse über einzelne Personen und deren frühere Taten veröffentlicht. Der Nachfolger von Strauß als Staatssekretär im Bundesjustizministerium, Dr. Arthur Bülow, sah sich dadurch am 15. Februar 1965 endlich zu der Verfügung veranlasst, dass nunmehr die Personalakte jedes Beamten, der für ein Amt im höheren Dienst im BMJ vorgesehen war, durch eine schriftliche Auskunft beim Berlin Document Center ergänzt werden musste. Eine solche Abfrage hatte es bis dahin nur in Einzelfällen gegeben.

Die Kampagne der DDR erreichte indessen erst jetzt ihren Höhepunkt, als Albert Norden, inzwischen Mitglied des Politbüros des ZK der SED, am 2. Juli 1965 der internationalen Presse in Ost-Berlin ein neues, äußerst umfassendes *Braunbuch* mit dem Untertitel «Kriegs- und Naziverbrecher in der Bundesrepublik. Staat, Wirtschaft, Armee, Verwaltung, Justiz, Wissenschaft» präsentierte.[137] Herausgeber war in diesem Fall nicht mehr der Ausschuss für Deutsche Einheit, sondern der «Nationalrat der Nationalen Front des Demokratischen Deutschland» in Verbindung mit dem Dokumentationszentrum der Staatlichen Archivverwaltung der DDR. Das Braunbuch listete die SS-Dienstränge und NS-Parteiämter von rund 1900 Wirtschaftsführern, Politikern und führenden Beamten der Bundesrepublik auf und enthielt zudem Faksimiles belastender Dokumente, die dazu dienten, die Angaben zu untermauern.[138] In Erklärungen der Bundesrepublik hieß es dazu erneut, die erhobenen Vorwürfe träfen nicht zu, sondern seien Teil der üblichen Verleumdungskampagnen.[139] Das Braunbuch wurde somit von der Bundesregierung zunächst als «kommunistisches Propagandawerk» abgelehnt, erregte aber international beträchtliche Aufmerksamkeit, wie zahlreiche Presseberichte zeigten. Schon nach kurzer Zeit war die erste Auflage vergriffen, so dass im Oktober 1965 ein Nachdruck erfolgte, der jetzt auch in mehreren Fremdsprachen erschien.[140]

Als skandalträchtig sollte sich besonders die zweite Auflage erweisen, die 1967 erschien. Denn darin war auch Bundespräsident Heinrich Lübke genannt, der sich «bei der Verwirklichung der geheimsten Rüstungsvorhaben der obersten Nazi-Führung» hervorgetan und «an der Ermordung vieler Hundert KZ-Häftlinge mitschuldig» gemacht habe. Der Hauptvorwurf: Lübke habe sich als «KZ-Baumeister» betätigt.[141] Tatsächlich war Lübke Vermessungsingenieur und Bauleiter beim Architektur- und Ingenieurbüro Walter Schlempp gewesen, das Albert Speer unterstand. Ob seine Unterschrift unter Bauzeichnungen eines Lagers, das vom Ministerium für Staatssicherheit der DDR als KZ-Lager identifiziert wurde, echt ist oder vom MfS gefälscht wurde, ist bis heute umstritten. Gesichert ist hingegen, dass Lübke für die «Gruppe Schlempp» sowohl bei Arbeiten in Peenemünde als auch zur Verlagerung von Flugzeugwerken in stillgelegte Bergwerkschächte bei Bernburg und Neu-Staßfurt mit etwa 2000 Häftlingen aus Außenlagern des KZ Buchenwald eingesetzt war.[142] Das neue Braunbuch, das diese Anschuldigungen enthielt, wurde vom DDR-Staatsverlag auf der Buchmesse in Frankfurt am Main sieben Tage lang präsentiert, bis der Frankfurter Amtsrichter Dr. Norbert Pawlik in Begleitung zweier Kriminalbeamter fünf Stunden vor Beendigung der Messe einen Beschlagnahme-Beschluss vorlegte, der dazu führte, dass 38 DDR-Verlage, die auf der Messe vertreten waren, ihre Stände vorzeitig abbauten.[143]

Eine dritte – und letzte – Auflage erschien 1968, bei der jetzt die politischen Lebensläufe von 21 Ministern und Staatssekretären, 100 Generalen und Admiralen, 828 hohen Justizbeamten, Staatsanwälten und Richtern, 245 leitenden Beamten des Auswärtigen Amtes sowie 297 mittleren bis hohen Beamten der Polizei und des Verfassungsschutzes – insgesamt also 1400 Täterprofile aus der Bundesrepublik und West-Berlin – im Mittelpunkt standen.[144] Dieses neue Braunbuch gehörte, wie seine Vorgänger, vom Stil und Zweck her ebenfalls in den Bereich der Propaganda.[145] Dennoch erwiesen sich die «empirischen Grundlagen» als «äußerst beständig»; die Irrtumsquote lag deutlich unter einem Prozent.[146] Bis auf einige Namensverwechslungen trafen die Angaben also im Wesentlichen zu. Bis heute ist die sogenannte «Braunbuchkartei» neben der Zentralkartei in Ludwigsburg über die NS-Ermittlungen der ehemaligen Bundesrepublik (vor dem 3. Oktober 1990), den Dateien des früheren Berlin Document Center im Bundesarchiv und der NS-Vorgangskartei des ehemaligen Ministeriums für Staatssicherheit der DDR das vierte wichtige Hilfsmittel, um die Rolle einzelner Funktionsträger des NS-Regimes zu ergründen.

Die Ausstellung «Ungesühnte Nazijustiz»

Zwei Ereignisse sorgten im Herbst 1959 zusätzlich dafür, dass die innenpolitische Diskussion über NS-Richter, die sich bis dahin, sofern sie überhaupt stattfand, weitgehend in geschlossenen Zirkeln abgespielt hatte, in eine breitere Öffentlichkeit gelangte: die Uraufführung des Kinofilms «Rosen für den Staatsanwalt» von Wolfgang Staudte mit Martin Held und Walter Giller in den

Hauptrollen[147] sowie, zeitlich fast parallel, die Eröffnung der Wanderausstellung «Ungesühnte Nazijustiz» am 27. November 1959. Diese Ausstellung war von dem Berliner Studenten Reinhard Strecker und dem Karlsruher SDS-Vorsitzenden Wolfgang Koppel mit anderen Kommilitonen im Auftrag des Sozialistischen Deutschen Studentenbundes (SDS) gestaltet worden. Von Karlsruhe aus, wo sie im Hinterzimmer einer Studentenkneipe gezeigt wurde, trat sie bis 1962 ihren Weg durch neun weitere Universitätsstädte an. Meist wurden Gaststätten und Studentenwohnheime zu Ausstellungsräumen umgestaltet. Nur in Berlin fand sich mit dem Kunsthändler Rudolf Springer ein Mäzen, der den Studenten anbot, ihre Ausstellung in seiner Galerie am Kurfürstendamm zu präsentieren, nachdem der Senat den Aufbau in einer der West-Berliner Universitäten verhindert hatte, weil die Organisatoren von «ostzonaler Seite inspiriert» seien und ihre Exponate daher einen «Akt öffentlicher Agitation zugunsten ostzonaler Studenten» darstellten.[148]

In Wirklichkeit waren der Ausstellung mehrere Petitionen an den Deutschen Bundestag vorausgegangen, in denen die personellen Kontinuitäten in Justiz und Medizin dargelegt wurden, um den Gesetzgeber zum Handeln zu bewegen. Erst als diese wirkungslos blieben, hatten Strecker und Koppel sich zur Tat entschlossen: nicht nur mit ihrer Ausstellung, in der vor allem die Sondergerichtsjustiz des NS-Staates dargestellt und Verfahrensverläufe und Urteile der Sondergerichte nachgezeichnet wurden, sondern auch mit einer Strafanzeige gegen 43 Richter und Staatsanwälte wegen Rechtsbeugung in Tateinheit mit Totschlag oder Beihilfe zum Totschlag.[149] Öffentlichkeitswirksam war aber vor allem die Ausstellung, auch wenn sie technisch laienhaft in Szene gesetzt wurde: mit einfachen Fotokopien von Verfahrensakten, Sondergerichtsurteilen und Personalakten, die auf handgeschriebenen Plakaten erläutert wurden.

Bemerkenswert war jedoch die Art und Weise, wie die Ausstellungsmacher die verschiedenen Elemente ihrer Recherchen inhaltlich miteinander verknüpft hatten. Insgesamt wurden etwa 100 Fälle dokumentiert, 140 Dokumentenmappen boten einen tiefen Einblick in den Umgang der westdeutschen Justiz mit ihrer NS-Vergangenheit.[150] Der nationalsozialistische Unrechtsstaat wurde ebenso plastisch vor Augen geführt wie die Kontinuität über 1945 hinaus, die sich in den Biographien der Richter und Staatsanwälte widerspiegelte. Erstmals wurden die Justizverbrechen des NS-Regimes offen dokumentiert und zahlreiche beteiligte Richter und Staatsanwälte benannt, die sich erfolgreich der eigenen Strafverfolgung entzogen hatten, in der Bundesrepublik weiterhin ihren Dienst versahen und damit für den demokratischen Rechtsstaat zumindest eine moralische Belastung darstellten, ihm vielleicht auch durch ihr Denken und Handeln schadeten. Die Exponate zeigten, welche Tätigkeit diese Richter und Staatsanwälte in der NS-Justiz ausgeübt hatten; sie dokumentierten den Unrechtscharakter der Verfahren und die Entstehungsgeschichte der Todesurteile, die unter Beteiligung der jeweiligen Personen ergangen waren; und Unterlagen aus der Nachkriegszeit offenbarten die aktuelle Tätigkeit dieser Personen in der westdeutschen Justiz. Schritt für Schritt konnten die Betrachter damit den Weg nachvollziehen, den diese Richter und Staatsanwälte genommen hatten, und wurden so mit der Tatsache konfrontiert, dass sie, obwohl sie maßgeblich und an verantwortlicher Stelle in der Vernichtungsmaschinerie des NS-Unrechtsregimes mitgewirkt hatten, dennoch nicht zur Rechenschaft gezogen worden waren.[151]

Dabei waren die Namen und die dazugehörigen Faksimiles der Dokumente nicht unbekannt, sondern großenteils bereits in den Braunbuch-Broschüren der DDR enthalten gewesen, die seit der ersten Pressekonferenz Albert Nordens im Mai 1957 in unregelmäßiger Folge veröffentlicht worden waren. Auch Strecker und seine Studenten-Gruppe hatten ihr Material aus Ost-Berlin bezogen, nachdem ihnen der Zugang zu westlichen Archiven verwehrt worden war. Besonders Adolf Deter, seit 1954 Mitarbeiter und ab 1955 Sekretär des Ausschusses für Deutsche Einheit, hatte das Vorhaben der Studenten unterstützt, das gut in den Rahmen der «Blutrichter»-Kampagne der DDR gegen die Bundesrepublik passte. Er legte Strecker ausgewählte Akten vor und versorgte ihn mit Kopien für seine Dokumentation.[152] Der Politik und Presse in der Bundesrepublik fiel es dadurch leicht, die Strecker-Gruppe als «Handlanger der Machthaber von Pankow» zu diskreditieren.[153] Doch der Vorwurf, die Ausstellung leiste der DDR-Propaganda Vorschub und das Material sei möglicherweise gefälscht, änderte nichts daran, dass die Glaubwürdigkeit der westdeutschen Justiz durch die Dokumentation heftiger erschüttert wurde als durch die Braunbuch-Kampagne selbst. Denn sie führte nicht nur die Auffassung ad absurdum, dass die Justiz vom Unrechtscharakter des NS-Regimes unberührt geblieben sei, sondern widerlegte auch die Behauptung der Landesjustizverwaltungen, die Justizjuristen, die nach 1945 wieder eingestellt worden waren oder einfach weiter amtierten, seien auf ihre mögliche Beteiligung an Justizverbrechen untersucht worden.

Rechtspolitiker aller Parteien verwahrten sich dennoch insbesondere gegen den Angriff auf die Richter, den sie als Tabubruch empfanden. Der SPD-Vorsitzende Erich Ollenhauer warnte die Mitglieder seiner Partei in einem Rundschreiben sogar ausdrücklich vor einem Besuch der Ausstellung. Da die Sozialdemokraten kurz vor der Bundestagswahl am 17. September 1961 nicht mit der DDR in Verbindung gebracht werden wollten, wurden zudem die Organisatoren der Ausstellung, die als Mitglieder des Sozialistischen Deutschen Studentenbundes sämtlich der SPD angehörten, aus der Partei ausgeschlossen.[154] Wohlwollender wurde die Rezeption erst, als Generalbundesanwalt Max Güde die Echtheit des Materials bezeugte, das von den Studenten präsentiert wurde. Sehr allmählich kam danach auch eine Debatte in Gang, in der die gängige Ansicht, die Urteile der NS-Justiz seien formal korrekt zustande gekommen, so dass den Staatsanwälten und Richtern nichts vorzuwerfen sei, in Frage gestellt wurde. Güde persönlich erklärte dazu: «Viele der Todesurteile von damals hätten nicht zu ergehen brauchen. Sie hätten nicht gefällt werden dürfen; selbst auf Grundlage der Gesetze, nach denen sie gefällt wurden.»[155]

Inzwischen hatte die Ausstellung bereits eine große nationale und internationale Resonanz gefunden. Neben einer umfangreichen Berichterstattung im Nachrichtenmagazin *Der Spiegel* und Berichten in regionalen und überregionalen Zeitungen in Ost- und Westdeutschland gab es viel Zuspruch aus dem europäischen Ausland und den USA.[156] Studentengruppen in England und den Niederlanden organisierten eigene Ausstellungen in Oxford, Leiden, Amsterdam und Utrecht. Zudem wurden auf Einladung eines von Barbara Castle und Sydney Silverman initiierten All-Party Committees im Frühjahr 1960 Übersetzungen des Materials im britischen House of Commons präsentiert, wo Abgeordnete die britische Regierung aufforderten, angesichts der dargelegten Fakten Druck auf die Bonner Regierung auszuüben und die Entlassung der betroffenen Richter zu fordern. Auch die Organisatoren der Ausstellung selbst erhielten im April 1960 eine Einladung in das britische Unterhaus, wo Strecker Gelegenheit hatte, den Abgeordneten die personellen Kontinuitäten der deutschen Justiz und den Unwillen zur Aufarbeitung von NS-Justizverbrechen in der Bundesrepublik darzulegen.

Lebhafte öffentliche Diskussionen, Gesetzesänderungen und das vorzeitige Ausscheiden schwer belasteter NS-Juristen aus dem Amt ließen sich nun nicht mehr vermeiden. Zahlreiche Staatsanwaltschaften in allen Teilen der Bundesrepublik nahmen Ermittlungen gegen amtierende Justizjuristen auf, und der Rechtsausschuss des Bundestages debattierte auf der Grundlage der von Strecker gesammelten Aktenkopien die Neufassung des § 116 des Deutschen Richtergesetzes (DRiG), um die vorzeitige Pensionierung politisch belasteter Richter zu ermöglichen. Die Landesregierungen von Hessen, Hamburg und Nordrhein-Westfalen versuchten in vertraulichen Verhandlungen, belastete Justizbeamte aus dem Dienst zu drängen. Trotzdem gingen bis Anfang 1961 nur 16 ehemalige Richter oder Staatsanwälte vorzeitig in den Ruhestand, während bundesweit etwa 70 schwer Belastete weiter amtierten. Adolf Arndt bezeichnete deshalb den eingeschlagenen «stillen Weg» als Fehler und gestand ein, dass der Parteiausschluss der SDS-Studenten, die in Karlsruhe die Ausstellung organisiert hatten, falsch gewesen sei.[157]

Auch nachdem im Richtergesetz am 14. Juni 1961 der § 116 eingefügt war, der es belasteten Richtern ermöglichte, auf eigenen Wunsch bei vollen Bezügen vorzeitig in den Ruhestand zu treten, machten bis zum Auslaufen der Antragsfrist am 30. Juni 1962 nur 149 Richter und Staatsanwälte von dieser Regelung Gebrauch. Denjenigen, die an unverantwortlichen Todesurteilen mitgewirkt hatten, aber die freiwillige Ruhestandsregelung bis Juni 1962 nicht nutzten, drohte der Bundestag zwar mit Amtsverlust. Ein Gesetzentwurf zur Zwangspensionierung stieß jedoch auf Bedenken und erwies sich als nicht durchsetzbar, da dazu eine Grundgesetzänderung nötig gewesen wäre, für die es im Parlament keine Mehrheit gab.

Ansätze zur Reform der Juristenausbildung

Die Braunbuch-Kampagne der DDR und die Ausstellung «Ungesühnte Nazijustiz» konnten indessen nicht ohne Auswirkungen auf die Rolle der Juristen in der Bundesrepublik bleiben. Der Präsident des Bundesgerichtshofs, Hermann Weinkauff, sprach 1960 sogar von einer «Vertrauenskrise gegenüber der Justiz» und stellte einen Ansehensverlust der Richter als Ergebnis ihrer Rolle in der NS-Zeit fest.[158] Die Äußerungen waren jedoch nicht nur auf die Aktualität bezogen, sondern stellten einen Beitrag zur grundsätzlichen Diskussion über den Umgang mit belasteten Richtern dar, die vom Inkrafttreten des § 116 DRiG bis Ende der 1960er Jahre anhielt. Weinkauff lehnte den Richter als «Techniker der Rechtsanwendung» ab und sprach sich für einen «Richter neuen Typs» aus, der «stark genug» sein solle, «aus sich heraus dem Abgleiten des Rechts in den Totalitarismus zu widerstehen».[159] Diese – damals bereits verbreitete – Ablehnung des Richters als Rechtstechniker hing auch damit zusammen, dass dieser (ebenso wie der Gesetzespositivismus) als eine der Ursachen für das Versagen der Justiz im NS-Staat galt.[160] Auch in den Beratungen der Kommission des Deutschen Richterbundes für die Große Justizreform wurde die Schaffung eines «neuen Richtertyps» diskutiert. Man fragte, ob «nach dem, was über Deutschland hinweggegangen ist, nach der völligen Erschütterung unseres sozialen Gebäudes, überhaupt noch genügen[d geeignete] Persönlichkeiten zur Verfügung» ständen.[161] Dabei wurden die Wurzeln des Problems auch in der Zeit vor 1933 gesehen, da bei der Richterausbildung versäumt worden sei, sie auf die Wahrung der demokratischen

Ordnung zu verpflichten.[162] Nicht selten wurden daher – etwa von Weinkauff, aber auch vom Sekretär der Kommission, Gerhard Marquordt – die Justiz in der Weimarer Zeit und in der NS-Zeit in einem Atemzug genannt.[163]

Somit hielt die Kommission eine Reform des Rechtsstudiums zur Ausbildung eines neuen Richtertyps für erforderlich und empfahl, dass die Justizreform «der rechtsprechenden Gewalt die ihr im Grundgesetz zugedachte Stellung verschaffen und Autorität, Kraft und Würde des Richteramtes stärken» müsse. Zudem müsse man «die Voraussetzungen dafür verbessern, daß geeignete Persönlichkeiten für das Richteramt gewonnen werden».[164] Mit der Frage, ob Justizjuristen im Amt bleiben sollten, die durch ihre Tätigkeit in der NS-Zeit, insbesondere durch die Mitwirkung an Todesurteilen, schwer belastet waren, beschäftigte sich die Kommission hingegen nicht, weil die Lösung dieses Problems sachlich zum Vorhaben des vom Grundgesetz vorgeschriebenen Erlasses eines Deutschen Richtergesetzes gehörte, an dem bereits seit Mitte der 1950er Jahren gearbeitet wurde.[165]

Auch wenn die Diskussion über den Umgang mit NS-belasteten Justizjuristen im Zusammenhang mit den genannten Reformvorhaben geführt wurde, war das BMJ daran wiederum kaum beteiligt.[166] Nach den Anstößen von außen, also der DDR-Blutrichter-Kampagne und den Reaktionen des Auslandes darauf, war es vor allem der Rechtsausschuss des Bundestages, der seit Ende 1959 eine Lösung dieser Frage vorantrieb.[167] Sie führte schließlich, wie bereits erwähnt, mit § 116 DRiG[168] (im Entwurf noch: § 111a DRiG) zu einer Regelung zum Eintritt in den Ruhestand in Sonderfällen.[169] Die Beratungen zwischen den Rechtsausschüssen des Bundestages und des Bundesrates unter Einbeziehung des BMJ, der Justizminister der Länder und Standesvertretern der deutschen Richterschaft verliefen zwar in vertraulichen Sitzungen. Allerdings hatte Adolf Arndt, der die Debatte maßgeblich prägte, bereits 1960 in der *Neuen Juristischen Wochenschrift* zu diesem Thema Stellung genommen.[170] Arndt ging davon aus, dass «eine Strafverfolgung wegen ungerechter Todesurteile [...] in der Regel daran scheitern [werde], daß eine Schuld, insbesondere ein Bewußtsein der Rechtswidrigkeit, nicht nachweisbar» sei. Die Aufgabe sei daher «auch weniger, mit der Vergangenheit zu rechten, als in der Gegenwart um eine Glaubwürdigkeit der Richter bemüht zu sein». Daher sei zu fragen, ob ein Richter aktuell seine Dienstpflicht verletze, wenn von ihm rechtlich die Einsicht gefordert werden könne, dass er die Eignung und die Unbefangenheit für sein Richteramt «durch seine Beteiligung an einem schlechthin und offensichtlich *sittlich* unverantwortlichen Todesurteil eingebüßt» habe und er trotzdem die «ihm deswegen zumutbaren Folgerungen nicht ziehen» wolle.[171] Aber eine Antwort darauf gab Arndt ebenso wenig wie der Rechtsausschuss des Bundestages, der mit § 116 DRiG auf einen freiwilligen, vorzeitigen Eintritt in den Ruhestand setzte.[172] Diesen Weg beschritten freilich, wie bereits gesagt, nur 149 Justizjuristen, so dass die Regelung insgesamt, wie so vieles im Umgang der Nachkriegsjustiz mit dem Erbe der NS-Zeit, als gescheitert angesehen werden muss.[173]

5. Die Zentrale Rechtsschutzstelle: Eine «Geheimabteilung» des BMJ?

Als der britische Journalist Tom Bower sich Anfang der 1980er Jahre in seinem Buch *The Pledge Betrayed* mit der Entnazifizierung im Deutschland der Nachkriegszeit auseinandersetzte, meinte er, eine überraschende Enthüllung mitteilen zu können: Im Bundesministerium der Justiz habe es zu Beginn der 1950er Jahre und noch lange danach eine «Geheimabteilung» gegeben, die, im Verborgenen arbeitend, praktisch nie in Erscheinung getreten und daher in der Öffentlichkeit gänzlich unbekannt sei. Ihr Name: «Zentrale Rechtsschutzstelle» (ZRS).[174] Ganz unrichtig war die Information nicht: Die Einrichtung gab es tatsächlich. Aber sie war weder geheim noch unbekannt, sondern bereits am 1. Dezember 1949 vom Bundestag beschlossen und zunächst beim BMJ angesiedelt worden, um Deutschen im Ausland, die dort als Kriegsgefangene festgehalten wurden oder wegen ihrer Taten während des Dritten Reiches angeklagt oder schon verurteilt waren, Rechtshilfe zu gewähren. Zwei Jahrzehnte lang, von 1949 bis 1953 im BMJ, anschließend bis 1968 im Auswärtigen Amt, war die ZRS danach weltweit tätig.[175] Schwerpunkt ihrer Arbeit waren aber die westlichen Staaten – vor allem Frankreich –, während die Länder hinter dem «Eisernen Vorhang», wie Polen, die Tschechoslowakei oder die Sowjetunion, sich bei der Strafverfolgung von NS-Tätern bis zuletzt konsequent gegen jede Einmischung durch die Rechtsschutzstelle verwahrten.[176]

Die Gründung der ZRS

Die Idee einer Rechtsschutzstelle war nicht neu. Schon nach dem Ersten Weltkrieg waren Bemühungen karitativer und konfessioneller Organisationen um die Freilassung von im Ausland inhaftierten Deutschen beim Auswärtigen Amt koordiniert worden. Nach dem Ende des Zweiten Weltkrieges hatten zunächst die Wohlfahrtsverbände den Rechtsschutz für die Kriegsgefangenen im Ausland organisiert. Im April und Mai 1947 wurde zudem beim Länderrat der amerikanischen Zone ein Ausschuss für Kriegsgefangenenfragen mit Sitz in Stuttgart gegründet, kurz darauf auch beim Zonenbeirat der britischen Zone in Hamburg. Im Frühjahr 1948 kam es auf Anregung des Internationalen Roten Kreuzes ebenfalls zur Bildung einer Rechtsschutzstelle des Deutschen Roten Kreuzes, wiederum mit Sitz in Stuttgart und finanziert vom Stuttgarter Länderrat. Weitere Rechtsschutzstellen des DRK entstanden in Bad Kreuznach und Hamburg, und auch der Deutsche Caritasverband in Freiburg und das Hilfswerk der Evangelischen Kirche in Deutschland – gleichfalls mit Sitz in Stuttgart – nahmen sich des Rechtsschutzes der im Ausland festgehaltenen Deutschen an.[177]

Durch die parallele Tätigkeit dieser Institutionen kam es allerdings immer wieder zu Konkurrenzsituationen und Überschneidungen, so dass eine Vereinheitlichung des Vorgehens erforderlich schien, um Doppelbearbeitungen zu vermeiden. Auf Beschluss des Länderrats wurde deshalb im Mai 1949 in Stuttgart eine «Koordinationsstelle zur Förderung des Rechtsschutzes für deutsche Gefangene im Ausland» eingerichtet. Wie der archivalischen Einführung zum Bestand der Zentralen Rechtsschutzstelle im Institut für Zeitgeschichte zu entnehmen ist, war schon diese Koordinierungsstelle nicht nur mit Kriegsgefangenenfragen befasst, sondern wertete auch das Material der Nürnberger Prozesse aus, beschaffte andere Beweisunterlagen und ließ Gutachten erstellen – offenbar mit dem Ziel, neben deutschen Kriegsgefangenen auch deutschen Kriegsverbrechern im Ausland juristisch beizustehen.[178]

Bundeskanzler Adenauer griff diese doppelte Aufgabenstellung in seiner Regierungserklärung vom 20. September 1949 auf und kündigte an, staatliche Strukturen zu schaffen, die sich «der deutschen Kriegsgefangenen und Verschleppten» – diesem «besonders ernsten und wichtigen Kapitel» – «mit größerer Stärke annehmen» würden als bisher. Außerdem wolle er sich bei den Siegermächten für die Aufhebung der Militärgerichtsurteile aus der Besatzungszeit einsetzen.[179] Schon in der Kabinettssitzung am 26. September erörterte er mit seinen Ministern die Frage, wie eine Milderung der Urteile der Militärgerichte oder vielleicht «eine grundsätzliche Revision des Bestrafungsprogramms» erreicht werden könne.[180] Dazu war bereits ein Antrag der CDU/CSU-Fraktion in Arbeit, der die Errichtung einer zentralen Rechtsschutzstelle vorsah.[181] Er wurde am 29. September von Dr. Eugen Gerstenmaier in den Bundestag eingebracht, der nicht nur Mitglied der CDU/CSU-Fraktion war, sondern auch dem Evangelischen Hilfswerk vorstand, das sich gemeinsam mit dem Deutschen Caritasverband unter dem gerade verstorbenen Prälaten Dr. Benedict Kreutz um die Gefangenenhilfe kümmerte. Beiden hatte Adenauer in seiner Regierungserklärung für diese Arbeit ausdrücklich gedankt.[182]

Der Bundestagsausschuss für das Besatzungsstatut und Auswärtige Angelegenheiten beriet mehrfach über den Antrag der CDU/CSU und empfahl schließlich am 4. November dem Parlament, «Maßnahmen in die Wege zu leiten, um die Rückkehr der in einigen Ländern zurückgehaltenen deutschen Kriegsgefangenen zu beschleunigen» und «den Rechtsschutz für diejenigen Deutschen sicher zu stellen, die in Auswirkung des Krieges im Ausland festgehalten werden, und dem Bundesministerium der Justiz bis zur Errichtung einer Bundesbehörde für Auswärtige Angelegenheiten eine zentrale Rechtsschutzstelle für alle Betroffenen und ihre Angehörigen anzugliedern».[183] Der Ausschuss war damit zwar grundsätzlich dem Antrag der CDU/CSU gefolgt, hatte ihn aber durch die Streichung der Formulierung, den «geordneten Rechtsschutz» auch für diejenigen Deutschen sicherzustellen, die «unter dem Verdacht oder unter der Anklage der Beteiligung an Kriegsverbrechen» festgehalten wurden, in einem wesentlichen Punkt verändert.[184]

Bei seinem Bericht im Plenum des Bundestages am 1. Dezember griff Gerstenmaier die Frage der Kriegsverbrecher allerdings sogleich wieder auf. Dies war umso erstaunlicher, als er persönlich unbelastet war: ein protestantischer Theologe, der als Mitglied des Kreisauer Kreises in die Pläne zum Attentat auf Hitler eingeweiht gewesen und deswegen noch am 20. Juli 1944 verhaftet worden war; erst die Amerikaner hatten ihn im Mai 1945 aus dem Zuchthaus Bayreuth befreit.[185] Aber Gerstenmaier war überzeugt, dass den im Ausland angeklagten oder verurteilen Deutschen vielfach Unrecht geschehen war. So müssten etwa die von den Kriegsgerichten verhängten Strafen «bei Anwendung objektiver Rechtsnormen als durchweg überhöht gelten». Und «die Verfahrensweise, aber auch die Objektivität der Urteile und Gerichte» könnten «auf Grund von Unterlagen ernsthaft in Zweifel gezogen werden».[186]

Die Zahl der Kriegsgefangenen schätzte Gerstenmaier noch auf etwa eine halbe Million, die fast alle in Russland festgehalten wurden. Die Zahl der Kriegsverbrecher bezifferte er auf mehr als 11 000, davon allein in Polen rund 8 000, in Frankreich und Jugoslawien jeweils 1400. In Holland, Belgien, Luxemburg, Italien, Dänemark, Griechenland, Norwegen, Österreich, Ungarn, der Schweiz und in der Türkei lagen die Zahlen deutlich niedriger – zumeist im zweistelligen oder unteren dreistelligen Bereich.[187] Für sie alle trug die Bundesrepublik ungeachtet ihrer tatsächlichen bzw. strafrechtlich relevanten Verfehlungen die Verantwortung. Die vorgeschlagene Rechtsschutzstelle beim Bundesministerium der Justiz solle daher, so Gerstenmaier, «eine geordnete Sammlung und Wahrnehmung aller Aufgaben, die die Bundesrepublik auf diesem Gebiete zu erfüllen hat, in die Hand» nehmen und «in einer befriedigenden Weise, hoffentlich bald, zum Abschluss» bringen.[188]

Hans Gawlik: Eine fatale Wahl

Der Antrag wurde vom Bundestag einstimmig angenommen, wobei die Anbindung der Rechtsschutzstelle an das BMJ nur vorübergehend sein würde, bis es wieder ein Auswärtiges Amt gab.[189] Für die Leitung der neuen Behörde fiel die Wahl auf Dr. Hans Gawlik, der Dehler Ende November 1949 von Rechtsanwalt Dr. Kurt Behling empfohlen wurde. Behling war von 1938 bis 1945 Strafverteidiger am Volksgerichtshof gewesen und kannte Dehler aus dieser Zeit persönlich. Gemeinsam hatten sie sich dort für die Begnadigung von Hans Wölfel eingesetzt, einem Mitglied des Bamberger Widerstandskreises, der am 10. Mai 1944 «wegen Wehrkraftzersetzung zum Tode und zu lebenslangem Ehrverlust» verurteilt worden war.[190] Behling hatte nach dem Krieg 1947 im Nürnberger Juristenprozess zunächst bei der Verteidigung des Staatssekretärs im Reichsjustizministerium, Franz Schlegelberger, mitgewirkt und danach in weiteren Nürnberger Prozessen die Rolle des Verteidigers übernommen: im Krupp-Prozess als *principal defense counsel* für den früheren Leiter der Finanz- und Verwaltungsabteilung der Friedr. Krupp AG, Ewald Loeser, im Prozess gegen das Oberkommando der Wehrmacht für Generalfeldmarschall Georg von Küchler und im Prozess gegen das Reichssicherheitshauptamt für SS-Oberführer Konrad Meyer.

Behling, ein gebürtiger Westpreuße, der ab 1951 die Berliner Rechtsschutzstelle leitete, um politischen Häftlingen in der DDR zu helfen, kannte Gawlik aus Nürnberg, wo dieser, wie er selbst, Verteidiger in zahlreichen Strafprozessen gewesen war: unter anderem 1945/46 im Prozess gegen die Hauptkriegsverbrecher als Verteidiger für den SD, also den Sicherheitsdienst der SS, danach im Ärzteprozess für den Lagerarzt des KZ Buchenwald Waldemar Hoven und im Einsatzgruppen-Prozess für Erich Naumann, der als ehemaliger Chef der Einsatzgruppe B in der Sowjetunion für die Durchführung der Massenmorde an den sowjetischen Juden in Weißrussland verantwortlich gewesen war.[191] 1949 hatte Gawlik sich dann dem Heidelberger Juristenkreis um Eduard Wahl und Hodo von Hodenberg angeschlossen, der sich in den folgenden Jahren um eine Revision der Militärgerichtsurteile bemühte.

Allerdings hatten Behling und Gawlik auch schon vor 1945 auf der gleichen Seite gestanden: als maßgebliche juristische Vertreter des NS-Regimes. Zwar behauptete Behling später, der Vorsitzende des Volksgerichtshofs, Roland Freisler, habe ihn 1944, als er um die Genehmigung gebeten habe, einige der Angeklagten des 20. Juli verteidigen zu dürfen, «aus politischen Gründen» nicht zugelassen.[192] Aber dies als Zeichen widerständigen Verhaltens zu werten, wie Behling es hinterher tat, ist absurd. Denn Behling musste, um überhaupt als Strafverteidiger am Volksgerichtshof tätig sein zu können, alle ideologischen Weihen des NS-Staates besitzen. Auch Gawlik war bereits am 1. Mai 1933 in die NSDAP eingetreten und in den 1930er Jahren zunächst Erster Staatsanwalt am Oberlandesgericht Breslau – ehrenamtlich auch noch als Beisitzer beim NSDAP-Gaugericht Niederschlesien – gewesen, ehe er 1942 als Staatsanwalt zum Sondergericht Breslau gewechselt war. Dort hatte er sich, wie Behling am Volksgerichtshof, ebenfalls mit politischen Strafsachen befasst.[193]

Schließlich stimmten Behling und Gawlik aber auch in ihrer grundlegenden Ablehnung der neuen völkerrechtlichen Normen überein, die durch die Nürnberger Prozesse gesetzt worden waren. Gawlik dokumentierte dies bereits durch seine Mitgliedschaft im Heidelberger Juristenkreis, Behling ließ daran auch schriftlich keinen Zweifel. So erklärte er 1949 in einem Beitrag für die *Juristische Rundschau* über die «Nürnberger Lehren», bisher habe Einigkeit darüber bestanden, «daß für Völkerrechtsverletzungen nur der schuldige Staat hafte und daß Personen, die als staatliche Organe tätig werden, nicht für sich handeln und daher grundsätzlich auch für sich keine Rechte und Pflichten übernehmen». Wenn nun die Kriegsverbrechergesetze «die Bestrafung von Einzelpersonen schlechthin» forderten, so bedeute dies «eine Wandlung, die von unabsehbarer Bedeutung» sei und bereits im Widerspruch zur berühmten Stelle in Rousseaus ‹Contrat Social› stehe, «wonach der Krieg nicht eine Beziehung von Mensch zu Mensch, sondern nur von Staat zu Staat» sei und «daher auch nur eine Staatshaftung begründen» könne.[194] Der Beitrag wurde genau zu dem Zeitpunkt publiziert, in dem Behling seine Empfehlung für Gawlik an Dehler übermittelte, wobei er darauf verweisen konnte, dass Gawlik Leiter der «Koordinierungsstelle zur Förderung des Rechtsschutzes für die deutschen Gefangenen im Ausland» beim Länderrat in Stuttgart war. Der Wechsel in die Zentrale Rechtsschutzstelle in Bonn erschien damit nicht als ungewöhnlich, so dass Dehler vielleicht zugute zu halten ist, dass er sich über die Hintergründe dieser Personalie nicht im Klaren war. Allerdings scheint er sich damit auch nicht näher befasst zu haben. Dafür spricht schon die Tatsache, dass die Ernennung Gawliks zum Leiter der ZRS in der gründlich recherchierten Biographie Dehlers von Udo Wengst nicht einmal erwähnt wird.

Neben Gawlik wurde Dr. Margarethe Bitter auf Empfehlung von Innenminister Heinemann als leitende Mitarbeiterin für die ZRS verpflichtet. Sie war zu diesem Zeitpunkt bei der Bayerischen Staatskanzlei in München tätig. Heinemann war auf sie vom deutschen Sekretär in der Flüchtlingskommission beim Ökumenischen Rat der Kirchen in Genf, Oberkirchenrat Heinrich

Kloppenburg, aufmerksam gemacht worden. Frau Bitter habe, schrieb Kloppenburg, der Heinemann aus dessen Zeit als Rechtsberater der Bekennenden Kirche und Sprecher der Synodalen des Rheinlandes in der Bekennenden Kirche kannte, an den Bundesinnenminister, «in Frankreich bei allen Stellen einen vorzüglichen Eindruck gemacht, nicht zum wenigsten wegen ihrer glänzenden Kenntnisse der französischen Sprache», und könne deshalb «bei der einzurichtenden Stelle von größter Bedeutung sein».[195] Margarethe Bitter, 1902 in Kairo geboren, hatte ab 1931 zunächst als juristische Mitarbeiterin eines Rechtsanwaltsbüros und dann als selbständige Rechtsanwältin in Ägypten gearbeitet, ehe sie während des Zweiten Weltkrieges in verschiedenen Funktionen im Auswärtigen Amt tätig gewesen war, unter anderem am deutschen Generalkonsulat in Paris.[196] Als die ZRS 1953 vom Bundesjustizministerium in das Auswärtige Amt überführt wurde, arbeitete sie dort wiederum zunächst in der Rechtsabteilung des AA, wurde noch im selben Jahr Konsulin in New York und ging 1956 als Konsulin nach Cleveland und 1960 als Generalkonsulin nach Rotterdam.

Betreuungsarbeit «in aller Stille»

Am 15. März 1950 nahm die Zentrale Rechtsschutzstelle als eine Unterabteilung des BMJ mit anfänglich 17 Mitarbeitern ihre Tätigkeit auf.[197] Hans Gawlik wurde mit der Gesamtleitung betraut, Margarethe Bitter mit der Leitung des Kriegsgefangenenreferats. Trotz der Einbindung in das BMJ arbeitete die Rechtsschutzstelle weitgehend selbständig und operierte bis zu ihrer Auflösung Ende der 1960er Jahre, wie Norbert Frei bemerkt hat, «zumeist in aller Stille und unter dem Signum ‹streng vertraulich›».[198] Die Arbeit wies in der Anfangszeit zwei Schwerpunkte auf: Zum einen ging es um die Sammlung von Nachrichten und Unterlagen über die in der Sowjetunion und anderen Ostblockstaaten noch immer zurückgehaltenen Kriegsgefangenen und das Schicksal der in diesen Staaten vermissten, verurteilten oder inhaftierten Deutschen. Zum anderen wurden ehemalige deutsche Wehrmachtsangehörige und Zivilpersonen unterstützt, die im Ausland «wegen Handlungen oder Unterlassungen im Zuge der Besetzung der fremden Länder» in Untersuchungshaft saßen oder verurteilt worden waren. Dafür bemühte sich die ZRS um Auskünfte und Beweismaterial, sorgte für die Rechtsberatung der Angeklagten und stellte ihnen geeignete Verteidiger zur Verfügung. Dies sei, so Dehler, «ein Stück praktischen Kampfes gegen die Legende von einer deutschen Kollektivschuld».[199]

Diese Darstellung spiegelte die Wirklichkeit der Arbeit in der Rechtsschutzstelle allerdings nur teilweise wider. Denn im Osten wurde die konkrete Unterstützungstätigkeit für die Kriegsgefangenen und Verurteilten auch weiterhin vor allem dem DRK und dem Evangelischen Hilfswerk überlassen, das dafür allein im ersten Halbjahr 1950 noch etwa eine halbe Million DM aus Bundesmitteln erhielt, während die ZRS sich weitgehend auf die allgemeine Dokumentation und die Betreuung der Angehörigen von Gefangenen und Vermissten beschränkte.[200] Die eigentliche Arbeit der ZRS konzentrierte sich somit auf Westeuropa und hier besonders auf Frankreich. Dabei ging es allerdings nicht mehr um Kriegsgefangene, die längst freigelassen waren, sondern um inhaftierte oder gesuchte Kriegsverbrecher. Die Zentralstelle sammelte dazu alle verfügbaren Informationen und Unterlagen, die bei einem drohenden Gerichtsverfahren der Verteidigung dienen konnten. Zu den erhobenen Vorwürfen ließ die ZRS Rechtsgutachten erstellen und kümmerte sich vor Ort um die Häftlinge. Hierfür wurden örtliche «Vertrauensanwälte» beauftragt oder deutsche Juristen entsandt.[201] In der deutschen Öffentlichkeit und Politik wurde dabei das Bild verbreitet, bei den Verfolgten handele es sich «nicht um schwer belastete NS-Verbrecher, sondern [...] um ‹Kriegsverurteilte›, die für die Niederlage des Dritten Reiches büßen müssten».[202]

Mitte 1950 wurden auf diese Weise bereits 2784 Personen betreut. Die Zahl wäre vermutlich noch weit höher gewesen, wenn sich das DRK und die kirchlichen Organisationen nicht schwer getan hätten, ihre Fälle an die ZRS abzugeben, denn der Rechtsschutz war auch für sie und die damit befassten Anwälte im In- und Ausland ein lukratives Geschäft. Für ihre Arbeit stand der Rechtsschutzstelle beim BMJ ein Sonderfonds zur Verfügung, damit sie bei Beauftragungen von Anwälten nicht von Mitteln der Justizhaushalte in den Ländern abhängig war.[203] Die Gelder dienten nicht nur der direkten Betreuung, sondern auch dazu, über die Anwälte sowie beteiligte Privatpersonen und Beamte Informationen und Hinweise über Einstellungen, Meinungen und Stimmungen sowohl in Deutschland als auch im Ausland zu erhalten.[204]

Kritik an der Tätigkeit der Zentralen Rechtsschutzstelle kam von Anfang an aus Frankreich. Wesentlichen Anteil daran hatte Thomas Dehler, der sich bereits am 1. Dezember 1949 dazu hatte hinreißen lassen, den französischen Behörden vorzuwerfen, sie betrieben «Kollektivhaftung» und erklärten jeden Angehörigen eines Truppenteils der SS oder des SD oder der Feldgendarmerie für schuldig, verurteilten sogar Dolmetscher, Schreiber, Kraftfahrer und Köche «zu härtesten Strafen».[205] Dehler erhielt dafür zwar Lob und Beifall in Deutschland, stieß aber auf Unverständnis beim französischen Hohen Kommissar André François-Poncet, das noch wuchs, als Dehler wenig später, am 11. Januar 1950, im Bundestag erneut scharfe Anklagen gegen die französische Justizpolitik richtete und zum «Fall Oradour» erklärte, hier seien «Dinge geschehen [...], die über das menschlich Erträgliche hinausgehen».²⁰⁶ Gemeint war aber nicht das Massaker, bei dem Angehörige der 2. SS-Panzerdivision am 10. Juni 1944 in dem Dorf Oradour-sur-Glane in Westfrankreich 642 Männer, Frauen und Kinder ermordet hatten, sondern die Behandlung der inzwischen inhaftierten Deutschen, deren Schuld Dehler in Abrede stellte, um abschließend zu fordern, man solle jetzt «mit diesen Dingen zu Ende kommen», alles sollte «ohne Ansehen der Person oder Sache [...] in einem ewigen Vergessen begraben sein».²⁰⁷

Entrüstet warf François-Poncet danach Dehler am 12. Januar in einer Besprechung mit Adenauer auf dem Petersberg «Brunnenvergiftung» vor. Und nachdem Dehler seine Vorwürfe gegenüber Frankreich in den folgenden Monaten mehrfach wiederholt hatte, beschwerte sich der französische Hohe Kommissar am 2. Juli 1951 auch schriftlich beim Bundeskanzler, wobei er seine Kritik nun direkt gegen die Zentrale Rechtsschutzstelle richtete, in der er offenbar das Instrument Dehlers sah, auf die Prozesse und die in Wittlich in der ehemaligen französischen Zone einsitzenden Kriegsverbrecher Einfluss zu nehmen:

> «Diese Dienststelle, die dem Bundesministerium der Justiz untersteht, macht von den Befugnissen, die den deutschen Strafvollzugsbehörden in bezug auf die von den Besatzungsgerichten verurteilten Personen zurückgegeben worden sind, Gebrauch, um insbesondere den in Wittlich in Haft gehaltenen Kriegsverbrechern Rundschreiben zuzusenden, in denen die Betreffenden aufgefordert werden, die Wiederaufnahme ihrer Prozesse zu beantragen. Die Form dieser Rundschreiben läßt erkennen, daß deren Urheber systematisch davon ausgehen, die Verurteilten als Opfer der alliierten Justiz hinzustellen. [...] Ich kann [...] in den Machenschaften der Dienststelle des Dr. Gawlik nur den ausgesprochenen Wunsch erkennen, Unruhe unter Verurteilte zu bringen, die offensichtlich ein solches Interesse nicht verdienen. Da ich andererseits in Erfahrung gebracht habe, daß die deutsche Strafvollzugsbehörde, weit davon entfernt, eine wirksame Überwachung der ihr von uns überstellten Kriegsverbrecher durchzuführen, diese Kriegsverbrecher bei der Anwendung der Strafvollzugsvorschriften in unzulässiger Weise begünstigt hat, sehe ich mich genötigt, die Strafanstalt von Wittlich zeitweilig wieder unter französische Kontrolle zu stellen.»²⁰⁸

Staatssekretär Strauß entwarf dazu eine Entgegnung, die er dem Bundeskanzler am 6. August 1951 zuleitete, während der Vortragende Legationsrat Herbert Dittmann, der für Adenauer den Neuaufbau des Auswärtigen Amts personell plante, eine Übersicht über diejenigen Deutschen erstellte, die wegen Kriegsverbrechen angeklagt oder verurteilt waren und sich noch in den «westlichen Gewahrsamsländern und in den alliierten Gefängnissen in Deutschland» in Haft befanden. Dittmann selbst hatte im Dritten Reich eine Karriere im Auswärtigen Dienst gemacht, war am 1. Dezember 1937 der NSDAP beigetreten und nach dem Krieg Richter beim Landgericht Dortmund und am Oberlandesgericht Hamm gewesen, ehe Adenauer ihn 1949 zum stellvertretenden Leiter der Verbindungsstelle des Kanzleramts mit der Alliierten Hohen Kommission ernannt hatte. In seiner neuen Funktion als Leiter der Personalabteilung des im Aufbau befindlichen AA trug er nun maßgeblich dazu bei, ehemaligen Nationalsozialisten den Wiedereintritt in den Auswärtigen Dienst zu ermöglichen.[209] Aus der Übersicht Dittmanns geht hervor, dass in den Ländern des westlichen Auslands insgesamt noch 711 Personen in Gefängnissen saßen, darüber hinaus in den alliierten Haftanstalten in Deutschland (Landsberg, Werl und Wittlich) weitere 922. Die Situation in Frankreich wurde dabei von Dittmann als «immer noch am schwierigsten» geschildert.[210]

Am 22. August 1951 teilte Adenauer – in den Formulierungen von Walter Strauß – dem französischen Hohen Kommissar mit, die Bundesregierung übe durch die Rechtsschutzstelle lediglich «ihr Recht und ihre Verpflichtung aus, den von alliierten Gerichten wegen der Begehung von Kriegsverbrechen angeklagten oder verurteilten deutschen Staatsangehörigen Rechtsschutz zu gewähren».[211] Adenauer stellte sich damit – ebenso wie Dehler – vor die Tätigkeit der Rechtsschutzstelle, ohne auf den problematischen Kern der Kritik François-Poncets einzugehen. Die Mitarbeiter der ZRS konnten deshalb davon ausgehen, dass sie in ihrer Tätigkeit mit der uneingeschränkten Rückendeckung des Bundesjustizministers und des Bundeskanzlers handelten, wenn sie den im Ausland verurteilten oder unter Anklage stehenden deutschen Kriegsverbrechern, wie schwerwiegend ihre Taten im Einzelnen auch sein mochten, beistanden. Gawlik selbst dürfte sich dadurch ermutigt gefühlt haben, am Ende sogar flüchtige Kriegsverbrecher zu warnen, wenn diese von Verhaftung bedroht waren, und sie damit letztlich der Strafverfolgung zu entziehen.

«Graue Eminenz» zum Schutz von Kriegsverbrechern?

Die Rechtsschutzstelle, die ursprünglich als Einrichtung zur Betreuung deutscher Kriegsgefangener gedacht gewesen war, entwickelte sich auf diese Weise zu einer Organisation, die systematisch verhinderte, dass Funktionsträger des Dritten Reiches, die schwerste Verbrechen begangen hatten, ihre gerechte Strafe erhielten.[212] Dabei war Hans Gawlik die Schlüsselfigur: eine «Graue Eminenz» zur Verteidigung und Rehabilitierung, ja sogar zum Schutz von NS-Tätern, die achtzehn Jahre lang unbeeinträchtigt agieren konnte und damit den Vorwurf gerechtfertigt erscheinen ließ, die Bundesrepublik betreibe ganz offiziell eine Politik der Verschleierung und Verdrängung der nationalsozialistischen Verbrechen. Zu Gawliks Person und seiner NS-Vergangenheit, aber auch zu seiner Rolle bei den Nürnberger Prozessen wurde bereits einiges gesagt. Bemerkenswert ist nur, dass Thomas Dehler und Walter Strauß seine Biographie und die dahinter stehende Überzeugung nicht zum Anlass nahmen, Gawlik von vornherein von einer Verwendung in der Rechtsschutzstelle auszuschließen. Wer als Staatsanwalt am Sondergericht Breslau für die Ausschaltung politischer Gegner des Dritten Reiches zuständig gewesen war, bei den Nürnberger Prozessen zum harten Kern der Verteidiger berüchtigter Kriegsverbrecher zählte und im Netzwerk des Heidelberger Juristenkreises ehemalige Nationalsozialisten, die ihrer Taten überführt und verurteilt worden waren, wieder salonfähig zu machen suchte, hätte in einer Führungsposition beim Bundesministerium der Justiz keinen Platz haben dürfen. Dass Dehler und Strauß – ebenso wie die Spitze des Auswärtigen Amtes – Gawlik förderten und selbst dann noch an ihm festhielten, als seine Vergangenheit von der Gegenwart längst nicht mehr zu trennen war, ist schwer zu verstehen. Im Auswärtigen Amt stieg er bis zu seinem Ausscheiden aus dem Dienst 1968 sogar zum Vortragenden Legationsrat Erster Klasse auf und erreichte damit eine Position, die in der Ministerialverwaltung dem Rang eines Ministerialrats entsprach.

Überführung ins Auswärtige Amt

Das Besatzungsstatut für die westlichen Besatzungszonen Deutschlands vom 12. Mai 1949, das die Befugnisse und Verantwortlichkeiten zwischen der künftigen deutschen Regierung und den Vier Mächten regelte, zog der Souveränität der Bundesrepublik enge Grenzen. Dazu zählte auch der Bereich der Außenpolitik, die unter die alliierten Vorbehaltsrechte fiel. Das Statut trat am 21. September 1949 in Kraft und wurde vereinbarungsgemäß nach 18 Monaten am 6. März 1951 erstmals revidiert. Danach war es der Bundesrepublik wieder möglich, ein eigenes Außenministerium zu unterhalten, so dass das BMJ im April 1951 – gemäß der parlamentarischen Festlegung vom 1. Dezember 1949 – dem neugeschaffenen AA anbot, die Zentrale Rechtsschutzstelle in seinen Geschäftsbereich zu übernehmen. Die Einigung darüber erwies sich jedoch als schwierig, weil das Vertriebenenministerium in Fragen der Kriegsgefangenen ebenfalls Zuständigkeiten besaß und bei der Übernahme Ansprüche anmeldete, während das AA forderte, dass dieses Thema ebenso wie die Betreuung der deutschen Kriegs-, Straf- und Untersuchungsgefangenen im Ausland allein vom AA bearbeitet werden sollte.[213]

Somit verblieb die ZRS zunächst im Justizministerium. Erst mit den Verhandlungen über einen «Generalvertrag» zwischen der Bundesrepublik Deutschland und den drei Westmächten im Rahmen eines möglichen deutschen Wehrbeitrages der Bundesrepublik zur geplanten Europäischen Verteidigungsgemeinschaft kam Bewegung in die Angelegenheit, denn dabei ging es auch um die deutschen Häftlinge, die sich in den Gefängnissen von Landsberg, Werl und Wittlich im alliierten Gewahrsam befanden. War man im April 1952 im BMJ noch davon ausgegangen, dass mit dem Generalvertrag die Verantwortung für diese Gefangenen künftig von den drei Westmächten auf die Bundesrepublik übertragen würde, schlug Justizminister Dehler schließlich eine Trennung des Rechtsschutzes vor: Für die verurteilten Deutschen im Ausland sollte künftig das Auswärtige Amt zuständig sein, für die Insassen in Landsberg, Werl und Wittlich das BMJ.[214] Eine Einigung ließ sich aber auch darüber nicht erzielen, bis Bundeskanzler Adenauer im November 1952 ein Machtwort sprach und entschied, dass die gesamte Rechtsschutzarbeit, einschließlich der Betreuung der Häftlinge in Landsberg, Werl und Wittlich, vom Auswärtigen Amt übernommen wurde.[215] Damit war auch der Vorschlag von Margarethe Bitter hinfällig, den politisch unbelasteten Bad Kreuznacher Rechtsanwalt Karl Roemer, der die Bundesregierung bereits in internationalen Rechtsfragen beriet und über große Auslandserfahrung verfügte, in die Rechtsschutzarbeit einzubinden.[216] Mit ihm hätte der Rechtsschutz eine Wendung zum Besseren nehmen können. Doch nun wurde die gesamte Rechtsschutzstelle unter Gawlik mit Wirkung vom 1. Februar 1953 in das Auswärtige Amt überführt. Roemer hingegen ging als erster deutscher Generalanwalt zum Gerichtshof der Europäischen Gemeinschaften nach Luxemburg.

«Zur Warnung an Kriegsverbrecher rechtlich verpflichtet»

Auch nach dem Wechsel zum AA kümmerte sich die Rechtsschutzstelle zunächst weiterhin vorrangig um «normale» Fälle, zu denen immer noch viele Kriegsgefangene zählten, aber auch Häftlinge, die von den Militärgerichten im Ausland verurteilt worden waren. Nach der Rückkehr der letzten Kriegsgefangenen 1955 wurde sie aber zunehmend zu einer Einrichtung für «Sonderfälle» – das heißt eine Institution zum Schutz von NS-Verbrechern.[217] Denn inzwischen spielte die Suche nach untergetauchten NS-Tätern eine immer wichtigere Rolle. Und da die ZRS damals als einzige deutsche Behörde über eine Materialsammlung verfügte, in der alle durch internationale Gerichte verurteilten Deutschen erfasst und sämtliche Urteile mit deren Hintergründen und Urteilsbegründungen enthalten waren, besaß sie umfangreiches Archivmaterial, das eine wertvolle Hilfe bei den Ermittlungen hätte sein können. Doch die ZRS hielt das Material zurück, funktionierte damit nun tatsächlich, wie von Tom Bower eingangs formuliert, als eine Art «Geheimabteilung» der Bundesregierung und weigerte sich sogar, der neugeschaffenen «Zentralen Stelle der Landesjustizverwaltungen zur Aufklärung nationalsozialistischer Verbrechen» in Ludwigsburg, von der noch ausführlich die Rede sein wird, ihre Unterlagen für die Strafverfolgung zur Verfügung zu stellen.[218] Sie berief sich dabei auf den juristischen Grundsatz *ne bis in idem* – «nicht zweimal in derselben Sache» – und die anwaltliche Schweigepflicht, entzog damit aber der Anklage- und Ermittlungsstelle in Ludwigsburg eine wichtige Beweismittelquelle, weil in den Prozessen natürlich auch mögliche Helfer und Helfershelfer genannt worden waren.[219] Allerdings arbeitete die ZRS der Bundesregierung immer wieder Material zu, mit dem diese ihre angeblich «aktive Rolle» bei der Verfolgung nationalsozialistischer Straftaten darstellen konnte.[220] Besonders bedeutsam wurde diese Rolle der ZRS, als die Regierung durch die «Blutrichter-Kampagne» der DDR, die Ausstellung «Ungesühnte Nazijustiz», den Prozess gegen Adolf Eichmann in Israel 1961 und den sogenannten «Globke-Prozess» vor dem Obersten Gericht der DDR im Juli 1963, in dem Hans Globke in Abwesenheit zu lebenslangem Zuchthaus verurteilt wurde, politisch zunehmend unter Druck geriet.[221] Darüber hinaus wirkte die ZRS nach antisemitischen Vorfällen in der Bundesrepublik 1960 auch an einem «Weißbuch» mit, um die Regierung zu entlasten.[222]

Selbst nach der Ergreifung Adolf Eichmanns in Argentinien 1960 und dem folgenden Prozess gegen ihn in Jerusalem, als sich die Stimmen mehrten, die der Bundesrepublik vorwarfen, die Verfolgung der NS-Täter erst spät und in zu geringem Umfang betrieben zu haben, hielt die ZRS weiterhin Beweis- und Ermittlungsmaterialien zurück. Gawlik wurde dabei von seinem langjährigen Mitarbeiter Karl Theodor Redenz unterstützt, der die ZRS seit 1964 offiziell leitete. Wie Gawlik war er einschlägig vorbelastet: Mitglied des NS-Studentenbundes und der SA seit 1930 und der NSDAP seit 1933, SS-Oberscharführer, ehrenamtlicher Mitarbeiter des SD seit 1935 und Inhaber des SA-Ehrendolchs.[223] Die Tatsache, dass Gawlik und Redenz NS-Täter, über die sie geheime Unterlagen besaßen, sogar vor der Strafverfolgung warnten, wurde allerdings erst bekannt, als in Österreich der *Linzer Turm*, ein Mitteilungsblatt der 45. Infanteriedivision «Linz und Wels», im März 1968 eine Liste mit 800 Namen von Deutschen und Österreichern veröffentlichte, die in Abwesenheit von französischen Gerichten als Kriegsverbrecher verurteilt worden waren. Denn diese Liste stammte aus der Zentralen Rechtsschutzstelle in Deutschland. Gawlik hatte sie bereits zwischen 1962 und 1964 über «Vertrauensanwälte» der Deutschen Botschaft in Paris erhalten, damit aber zunächst wenig anfangen können, weil ihm die Heimatanschriften der Verurteilten fehlten. Schließlich hatte er deshalb den Leiter der Suchdienststelle des DRK in Hamburg, Otto Ohlsen, gebeten, ihm zu helfen, die Adressen ausfindig zu machen. Ohlsen, ein ehemaliger Major im Generalstab der Wehrmacht, hatte daraufhin persönlich eine Aktion unter dem Decknamen «Warndienst West» gestartet und binnen weniger Monate bereits 280 Anschriften festgestellt.[224] Gawlik konnte die Adressen dann nutzen, um gesuchte Kriegsverbrecher, die von ihrer Verurteilung in Abwesenheit möglicherweise noch gar nichts wussten, zu warnen, damit sie bei einer Reise nach Frankreich nicht zufällig in die Falle liefen.

Da sich unter den Gesuchten auch zahlreiche Österreicher befanden, darunter viele ehemalige SS- und SD-Männer, hatte Ohlsen die Liste zudem vertraulich an die «Österreichische Gesellschaft vom Roten Kreuz» (ÖGvRK) in Wien weitergeleitet, von der aus sie durch eine Indiskretion offenbar in die Hände des *Linzer Turm* gelangt war. Dort wurde sie zufällig von Freunden Simon Wiesenthals entdeckt, dem Leiter des Dokumentationszentrums des Bundes Jüdischer Verfolgter des Naziregimes in Wien. Ihnen war der Name des ehemaligen SS-Hauptsturmführers Alois Brunner aufgefallen – einem der engsten Mitarbeiter Adolf Eichmanns im Reichssicherheitshauptamt (RSHA), der von französischen Gerichten wegen Massenmordes zweimal in Abwesenheit zum Tode verurteilt, aber nie gefasst worden war. Auf einer Übersicht von 29 NS-Verbrechern, die Wiesenthal im Jahr zuvor, am 7. Juni 1967 während des Sechs-Tage-Krieges zwischen Israel und seinen arabischen Nachbarn, im Wiener Presseclub vorgestellt hatte, stand Brunner ganz oben. Wiesenthal hatte die Namen eilig zusammengestellt und öffentlich bekannt gemacht, weil der israelische Vormarsch die Möglichkeit zu eröffnen schien, nach NS-Kriegsverbrechern zu suchen, die in arabischen Ländern Unterschlupf gefunden hatten. Angeblich hielten sich diese 29 Personen dort versteckt, darunter Brunner, der nach den Worten von Wiesenthal in Damaskus gelebt hatte und inzwischen nach Kairo übergesiedelt war.[225]

Im Gegensatz zu Wiesenthal, der sich seit vielen Jahren – oft vergeblich – bemühte, die NS-Verbrecher vor Gericht zu bringen, wollten Gawlik und Redenz die Gesuchten jedoch nur finden, um sie «über Schwierigkeiten zu unterrichten, die ihnen im Ausland drohen können», wie es dazu im Auswärtigen Amt hieß.[226] Wie sehr Gawlik, Redenz und auch Ohlsen bei ihrer Aktion um Geheimhaltung bemüht waren, zeigt die Tatsache, dass die Warnungen nicht per Post verschickt, sondern durch Vertrauensleute in den DRK-Kreisverbänden persönlich überbracht wurden. Sogar Joachim Leusch, der Stellvertreter des DRK-Suchdienst-Leiters Dr. Kurt Wagner in Bonn, war daran beteiligt, der dort einen ehemaligen Kriegsverwaltungsrat aufsuchte, um ihm mitzuteilen, dass er von einem französischen Gericht verurteilt worden war.[227] Als die Angelegenheit durch die Indiskretion des Österreichischen Roten Kreuzes aufflog, war dies allerdings weder für das DRK noch für die ZRS ein Grund, ihre Politik zu ändern. Leusch beklagte lediglich, man hätte besser «den Österreichern die Liste nicht gegeben», und auch Dr. Wagner bemerkte, er habe «ein volles gutes Rotkreuzgewissen», da die Rechtsschutzstelle die Liste vor der Übermittlung an das DRK «bereinigt» hatte. Für die DRK-Mitarbeiter sei deshalb, so Wagner, nicht erkennbar gewesen, dass es sich bei den Gesuchten um Kriegsverbrecher handelte.[228]

Wiesenthal sah das allerdings anders. Er hatte die Zentrale Stelle in Ludwigsburg im März 1968 sogleich über die Gawlik-Liste informiert und warf dem DRK «ein Verbrechen an der Idee des Roten Kreuzes» vor.[229] Das Auswärtige Amt in Bonn behauptete zwar Ende März, die Liste mit den 800 Namen, die an das Rote Kreuz gegeben worden war, um die Adressen ausfindig zu machen, sei «gleichzeitig [...] über das Bundesjustizministerium auch den zuständigen deutschen Strafverfolgungsbehörden zur Verfügung gestellt worden, damit eben die Strafverfolgung eingeleitet werden» könne. Doch bei der Ludwigsburger Zentralstelle war die Liste erst eingetroffen, als die Warnungen längst erfolgt waren. So stand hinter manchen Namen noch der Vermerk «Ist benachrichtigt», weil das Auswärtige Amt es in der Eile offenkundig übersehen oder versäumt hatte, die Vermerke zu entfernen. Dort musste man schließlich einräumen, die Liste sei tatsächlich «anfangs nicht nach Ludwigsburg geschickt worden».[230]

Gawlik selbst jedoch erklärte, niemals bestritten zu haben, Warnhinweise an deutsche Staatsbürger zu geben, die im Ausland aufgrund ihrer Taten in der NS-Zeit als Kriegsverbrecher gesucht wurden. Er sei aber immer davon ausgegangen, im Auftrag des Deutschen Bundestages gehandelt zu haben. Auch dem BMJ gegenüber, das sich durch Gawlik über die Sachlage informieren ließ, erklärte er Ende April 1968, die Rechtsschutzstelle habe deutsche Staatsangehörige bereits zu der Zeit, als sie sich noch im BMJ befunden habe, auf bestehende ausländische Urteile hingewiesen, sofern diese als «sachlich unrichtig» erschienen seien. Zu diesen «Warnungen» sei man sogar «rechtlich verpflichtet gewesen, um Regressklagen gegen den deutschen Staat abzuwenden».[231] Noch Ende der 1960er Jahre war er der Auffassung, es handele sich bei der Strafverfolgung von NS-Tätern um «Siegerjustiz», und die Taten vor 1945 seien durch das an den Deutschen während der Besatzungszeit verübte «Unrecht» mehr als ausgeglichen.[232]

Obwohl die ZRS somit durch ihre offenbar langjährig geübte Rechtsschutzpraxis sowohl die Arbeit der Ludwigsburger Zentralstelle als auch die

Strafverfolgung der Staatsanwaltschaften behinderte, führte ihr Verhalten nicht zu politischen Maßnahmen, die geeignet gewesen wären, ihr Vorgehen zu unterbinden. Selbst die Affäre von 1968 blieb ohne Konsequenzen. Gawlik und Redenz standen kurz vor ihrer Pensionierung, und die Bundesregierung wollte offenbar einen Konflikt mit dem Verband der Heimkehrer, Kriegsgefangenen und Vermissten-Angehörigen vermeiden.[233] Das Auswärtige Amt verhinderte überdies Nachforschungen in eigener Sache, indem es dafür sorgte, dass ein Ermittlungsverfahren der Bonner Staatsanwaltschaft gegen die Rechtsschutzstelle wegen Begünstigung im Januar 1969 eingestellt werden musste, nachdem das AA der Staatsanwaltschaft mitgeteilt hatte, «die Ermächtigung zu einer strafrechtlichen Untersuchung werde nicht erteilt».[234] Hans Gawlik, ein früherer brauner Staatsanwalt am Sondergericht Breslau und nach 1945 einer der NS-Verteidiger und Strafverhinderer im Nachkriegsdeutschland, dem das BMJ wie das Auswärtige Amt über zwei Jahrzehnte lang sein Schalten und Walten ermöglicht hatten und dem auf diese Weise noch 1969 der Rücken gestärkt wurde, traute sich danach sogar, dem Leiter der Ludwigsburger Zentralstelle, Adalbert Rückerl, und auch Simon Wiesenthal in einem Schreiben an das Bundesjustizministerium vorzuwerfen, sie hätten durch «unbegründete Vorwürfe» das Ansehen des Auswärtigen Amtes beschädigt.[235] Die ZRS selbst indessen war nach der Pensionierung von Gawlik und Redenz 1968 als eigenständige Organisationseinheit im AA aufgelöst worden. Ihre Aufgaben wurden 1970 von der Rechtsschutzabteilung des Auswärtigen Amtes übernommen.[236]

3. Das Bundesjustizministerium im Wandel

Die Abwiegelung berechtigter Vorwürfe, das Bestreiten eigener Versäumnisse und das fehlende Bewusstsein für Schuld und Verstrickung bei den maßlosen NS-Verbrechen besaßen in der Bundesregierung und nicht zuletzt auch im Bundesjustizministerium allerdings eine lange Tradition. Am Ende der 1950er und zu Beginn der 1960er Jahre wurde es jedoch zunehmend schwieriger, diese Tradition fortzusetzen, weil die Prozesse gegen die Täter, vor allem der Einsatzgruppen-Prozess in Ulm, der Prozess gegen Adolf Eichmann in Jerusalem und die Auschwitz-Prozesse in Frankfurt am Main, das ungeheure Ausmaß der nationalsozialistischen Verbrechen immer deutlicher hervortreten ließen und die Verantwortung nicht nur der NS-Führung, sondern auch der Funktionseliten in Politik, Justiz und Militär aufzeigten.

Der Ulmer Einsatzgruppen-Prozess

Tatsächlich hatte bis 1958 überhaupt noch kein Prozess vor deutschen Schwurgerichten stattgefunden, in dem über die nationalsozialistischen Massenmorde verhandelt worden war. Zwar waren auf der Grundlage des Kontrollratsgesetzes Nr. 10 immerhin knapp zweitausend Personen angeklagt und einige hundert verurteilt worden. Doch diese Urteile hatten überwiegend minder schweren Delikten, wie Körperverletzungen, Freiheitsberaubungen, Nötigungen oder Denunziationen, gegolten. Tötungsdelikte waren nur im Ausnahmefall, meist durch Anzeigen von Geschädigten oder deren Angehörige, verfolgt worden. Und nach der förmlichen Aufhebung des KRG 10 im Jahr 1954 hatten die Gerichte in den folgenden fünf Jahren nur noch 101 Personen wegen NS-Straftaten rechtskräftig verurteilt.

Wie absurd sich diese Bilanz vor dem Hintergrund der deutschen Verbrechen in der NS-Zeit ausnahm, wird deutlich, wenn man sich vergegenwärtigt, dass dem nationalsozialistischen Regime in Europa ohne direkte Kriegshandlungen insgesamt mindestens 13 Millionen Menschen zum Opfer gefallen waren, unter ihnen etwa sechs Millionen Juden, 3,3 Millionen sowjetische Kriegsgefangene, 2,5 Millionen christliche Polen, rund eine halbe Million Jugoslawen, mindestens 100 000 Zwangsarbeiter aus der Sowjetunion und 219 600 Sinti und Roma.[237] Die systematische Ermordung ganzer Bevölkerungsgruppen, vor allem Juden, begann bereits mit dem deutschen Einmarsch in Polen im September 1939 und wurde nach dem Überfall auf die Sowjetunion im Juni 1941 in noch größerem Umfang fortgesetzt. Vor allem vier mobile «Einsatzgruppen» der Sicherheitspolizei und des SD mit 33 000 Mann, aber auch Bataillone der Ordnungspolizei und zwei Brigaden der Waffen-SS waren daran beteiligt.[238] Wie ein Dokument der Wannsee-Konferenz vom 20. Januar 1942 ausweist, auf der 15 hochrangige Vertreter der Reichsregierung und der SS unter Vorsitz von SS-Gruppenführer Reinhard Heydrich einen Organisationsplan für die Deportation der europäischen Juden sowie den zeitlichen Ablauf für deren Tötungen festlegten, waren in allen europäischen Ländern insgesamt über elf Millionen Menschen zur Deportation und Ermordung vorgesehen.[239] Es war ein unfassbarer, beispielloser Vorgang, an dem Zehntausende von Tätern unmittelbar beteiligt waren, ohne dass die deutschen Staatsanwaltschaften sich über ein Jahrzehnt lang bemüßigt fühlten, die notwendigen rechtlichen Schritte einzuleiten, um die Straftaten zu verfolgen und vor Gericht zu bringen.

Der erste Prozess dieser Art war schließlich der «Ulmer Einsatzgruppen-Prozess» vom 28. April bis 29. August 1958 gegen zehn Angehörige des sogenannten «Einsatzkommandos Tilsit». Allerdings war auch dieser Prozess nicht das Ergebnis systematischer Ermittlungstätigkeit der deutschen Strafverfolgungsbehörden. Vielmehr kamen die Beschuldigten nur deshalb vor Gericht, weil der Hauptangeklagte Bernhard Fischer-Schweder, der frühere Polizeichef von Memel, SS-Oberführer und Träger des Goldenen Parteiabzeichens der NSDAP, die Unvorsichtigkeit begangen hatte, unter seinem richtigen Namen vor dem Amtsgericht Ulm einen Arbeitsgerichtsprozess gegen das Land Baden-Württemberg anzustrengen, nachdem er 1953 bei seiner Einstellung als Leiter des Flüchtlingslagers auf der Wilhelmsburg in Ulm falsche Angaben zu seiner Person gemacht hatte und deswegen entlassen werden sollte. Obendrein hatte er sich nach Berichten über den Vorgang in der Lokalpresse in einem Leserbrief an die *Ulmer Nachrichten* als «Freund der Juden und Polen» bezeichnet, so dass ein ehemaliger Mitarbeiter der Polizeidirektion Memel auf den Fall aufmerksam geworden war und nun Fischer-Schweder beschuldigte, im Sommer 1941 im deutsch-litauischen Grenzgebiet die Erschießung von Juden befohlen zu haben.[240]

Es ging um die Massenerschießung von 5502 Zivilisten – Männer, Frauen und Kinder –, die von einem Kommando aus Mitgliedern der örtlichen Gestapo, des Sicherheitsdienstes der SS (SD), der Schutzpolizei und litauischen Kollaborateuren im deutsch-litauischen Grenzgebiet unter der Leitung von Fischer-Schweder und im Auftrag von Reinhard Heydrich, dem Chef des Reichssicherheitshauptamtes der SS, innerhalb weniger Wochen ermordet worden waren. Zwar gab es für die Morde kaum Zeugen, weil diese schwiegen, um sich nicht selbst zu belasten, oder aufgrund ihres Aufenthaltsortes in Osteuropa für das Gericht unerreichbar waren. Doch das Mordkommando hatte über die Aktionen in «Einsatzmeldungen UdSSR» selbst Buch geführt – mit genauen Angaben über Tatorte und Opferzahlen, die nun dem Prozess zugrunde lagen. Dennoch hatten sich die zuständigen Staatsanwälte in Ulm zunächst gesträubt, tätig zu werden. Der Richter a. D. Klaus Beer, damals Referendar am Gericht in Ulm, schrieb dazu in seinen Erinnerungen, die Staatsanwälte seien «nicht bereit oder fähig» gewesen, sich ihrer Pflicht anzunehmen.[241] So war es nur ihren Vorgesetzten, dem baden-württembergischen Generalstaatsanwalt Richard Schmid und seinem Nachfolger Erich Nellmann, sowie dem hessischen Generalstaatsanwalt Fritz Bauer zu verdanken, dass der Prozess überhaupt zustande kam. Unter Hinzuziehung des Stuttgarter Richters Edmund Wetzel und unter der Leitung des Stuttgarter Oberstaatsanwalts Erwin Schüle wurden Akten der amerikanischen Dokumentationszentrale in Nürnberg und die SS-Personalakten im Berlin Document Center ausgewertet und Gutachten von Fachleuten eingeholt.

Die Ermittlungsakten der Staatsanwaltschaft umfassten schließlich mehr als 3500 Seiten. An den 60 Verhandlungstagen wurden vom Schwurgericht Ulm zudem 173 Zeugen vernommen.[242] Die deutsche Öffentlichkeit sah sich dadurch zumindest ansatzweise mit dem Ausmaß der in Osteuropa verübten NS-Gräuel konfrontiert. Von einer «Gewitterwolke über der Bundesrepublik», die plötzlich aufgestochen werde, schrieb damals der Prozessbeobachter Ralph Giordano.[243] Und der Korrespondent der *Stuttgarter Zeitung* bemerkte, in Ulm steht jetzt «eine ganze Epoche vor Gericht». Der nach Umfang und Dauer größte deutsche Strafprozess seit Kriegsende behandle «ein Verbrechen, das ohnegleichen ist: den organisierten Verwaltungsmassenmord».[244] Am Ende wurden die Täter jedoch entgegen der Forderung der Staatsanwaltschaft nicht wegen Mordes verurteilt, sondern erhielten aufgrund «gemeinschaftlicher Beihilfe zum gemeinschaftlichen Mord» statt lebenslangem Zuchthaus nur Haftstrafen zwischen 3 und 15 Jahren. Denn nach Auffassung des Gerichts waren die «Haupttäter» nicht Fischer-Schweder und seine Kumpane, sondern Hitler, Himmler und Heydrich. Die Angeklagten, so die Urteilsbegründung, hätten «ihrer inneren Einstellung nach» die Taten selbst gar nicht gewollt, sondern nur als Gehilfen gehandelt: als bloße «Werkzeuge des ‹Führers›».[245]

Die Zentralstelle in Ludwigsburg

Bereits während des Ulmer Prozesses war in der Presse wiederholt geäußert worden, dass endlich etwas geschehen müsse, um die Verfolgung von NS-Straftaten besser zu koordinieren.[246] Dieser Auffassung war auch der verantwortliche baden-württembergische Generalstaatsanwalt Erich Nellmann, der eine Woche nach der Urteilsverkündung in Ulm in einem Zeitungsinterview anregte, mit Hilfe einer zentralen Ermittlungsbehörde «Klarheit über die NS-Gewaltverbrechen» zu schaffen.[247] Die Bundesländer müssten geeignete Staatsanwälte und Polizeibeamte abordnen, die unter einem Oberstaatsanwalt, der am besten dem Generalbundesanwalt unterstellt werde, «Kriegsverbrechen, Judenmorde und KZ-Verbrechen» zentral ermitteln und damit die Strafverfolgung solcher Taten effizienter gestalten sollten.[248]

Aus dem Bundesjustizministerium war dazu jedoch wenig zu hören. Dort fühlte man sich nicht zuständig. So hieß es in einem internen Vermerk lediglich, dass der öffentliche Druck die Landesjustizverwaltungen wohl zwingen werde, «irgendwelche Maßnahmen» zu ergreifen, das BMJ selbst könne sich «angesichts der Zuständigkeiten» in dieser Frage aber zurückhalten.[249] In einem Punkt waren sich Staatssekretär Strauß und der Leiter der Abteilung

Strafrecht, Josef Schafheutle, indessen einig: Die NS-Verfahren sollten keinen «politischen Anstrich» erhalten. Daher sei die Unterstellung einer zentralen Ermittlungsbehörde unter den Generalbundesanwalt abzulehnen. Strauß und Schafheutle sahen sich in dieser Position durch eine Stellungnahme des im BMJ für Verfassungsrecht zuständigen Referatsleiters Dr. Maassen bestätigt, eine solche Unterstellung sei «verfassungsrechtlich bedenklich».[250] Der Vorschlag von Generalstaatsanwalt Nellmann wurde jedoch auch von Bundesjustizminister Fritz Schäffer begrüßt, der am 26. September 1958 in einem Schnellbrief die Errichtung einer zentralen Ermittlungsstelle auf die Tagesordnung der nächsten Justizministerkonferenz setzte, die vom 1. bis 4. Oktober in Bad Harzburg stattfand.[251] Dort wurde dann am 3. Oktober einstimmig beschlossen, nicht durch ein Gesetz, sondern lediglich durch eine Verwaltungsvereinbarung zwischen den Ländern eine zentrale Ermittlungsstelle zu gründen.[252] Der baden-württembergische Justizminister Wolfgang Haußmann schlug dazu vor, die neue Behörde in Ludwigsburg, also in der Nähe von Stuttgart, zu errichten.

Allerdings war die Entscheidung weniger Ausdruck eines neuen Verantwortungsbewusstseins als die Folge wachsenden öffentlichen Drucks.[253] Es überrascht daher nicht, dass die «Zentrale Stelle der Landesjustizverwaltungen zur Aufklärung von NS-Verbrechen», die am 1. Dezember 1958 ihre Arbeit aufnahm, sich als eine «schwache Behörde mit komplizierter Struktur» erwies.[254] Erster Leiter wurde Oberstaatsanwalt Erwin Schüle, der zuvor Staatsanwalt beim Ulmer Einsatzgruppen-Prozess gewesen war.[255] Die materiellen und personellen Ressourcen waren bescheiden. Der Stellenplan sah neben dem Leiter nur noch sechs weitere Staatsanwälte und vier Schreibkräfte vor. Die neuen Diensträume im ehemaligen Ludwigsburger Frauengefängnis an der Schorndorfer Straße mussten von den Mitarbeitern zunächst selbst hergerichtet werden. Die Kosten sollten von Anfang an möglichst gering gehalten werden, zumal man davon ausging, dass die Einrichtung angesichts der bald ablaufenden Verjährungsfristen für NS-Straftaten nur kurze Zeit bestehen würde.[256] Zudem war die Zentrale Stelle eine reine Vorermittlungsstelle, die keine exekutiven Befugnisse besaß. Dies bedeutete, dass der jeweilige Fall nach Abschluss der Vorermittlungen an die Staatsanwaltschaft abgegeben werden musste. Außerdem blieb die Zuständigkeit zunächst auf NS-Verbrechen beschränkt, die von Deutschen in den Einsatzgruppen oder in Konzentrationslagern und Ghettos begangen worden waren, die sich außerhalb des späteren Territoriums der Bundesrepublik befunden hatten. Damit entfielen systematische Ermittlungen zu NS-Verbrechen im übrigen Reichsgebiet oder zu Verbrechen der Wehrmacht.[257]

III. DER «GEIST DER ROSENBURG»

Ein Jahr nach Arbeitsaufnahme der Zentralstelle wurde diese enge Begrenzung der Aufgaben in einer Vorlage für den Bundesjustizminister sogar noch einmal ausdrücklich betont. Es hieß darin, «dass die Aufklärung von *Verbrechen durch NS-Richter* in Form rechtswidriger Urteile nicht zu den Aufgaben der Zentralen Stelle» gehöre. Diese solle sich «bei den einzelnen Tatkomplexen schwerpunktmäßig mit der *Ermittlung der Hauptverantwortlichen* befassen, nicht so sehr mit der Feststellung der kleineren Mitbeteiligten, insbesondere der untergeordneten Befehlsempfänger».[258] Die Überprüfung richterlicher Entscheidungen der NS-Zeit – mit zahllosen skandalösen Urteilen von Richtern, die zum größten Teil nach 1949 ihr Amt wieder übernommen hatten – war damit von den Ermittlungen ebenso ausgenommen wie die riesige Zahl der als «Gehilfen» behandelten NS-Täter, die doch den Kern des nationalsozialistischen Terrorsystems ausmachten.

Somit begann mit der Errichtung der Zentralstelle in der Bundesrepublik zwar eine systematische Erfassung der NS-Verbrechen. Aber es kam nur zu relativ wenigen Prozessen und Verurteilungen. Die Ludwigsburger Behörde blieb damit in ihrer Wirkung weit hinter dem zurück, was möglich und notwendig gewesen wäre. Sie erfüllte deshalb zunächst vor allem eine Legitimationsfunktion für die Politik in der Bundesrepublik, die nach der DDR-Braunbuch-Kampagne bestrebt war, die internationale Öffentlichkeit zu beruhigen.[259] Zudem wurde die Zentralstelle von den herkömmlichen Justizeinrichtungen als Fremdkörper betrachtet, so dass die Staatsanwaltschaften auf die Vorermittlungsverfahren mit einer «massenhaften Einstellungspraxis» reagierten.[260] In der Bilanz bis 2008 standen den 36 000 Ermittlungsverfahren gegen mehr als 170 000 Beschuldigte daher nur 6 656 Verurteilungen gegenüber, darunter 1147 wegen Tötungsdelikten und 172 wegen Mordes.[261] Dennoch entwickelte sich die Zentralstelle allmählich zum «Herzstück der justiziellen Ahndung von NS-Verbrechen» in der Bundesrepublik und gilt inzwischen als «weltweit größte Fahndungsstelle für NS-Verbrechen».[262] Ihr Archiv umfasst mehr als 1,6 Millionen Karteikarten. Hinzu kommt eine umfangreiche Dokumentensammlung.[263] Aus dem zeitlich befristeten Provisorium von 1958 wurde zudem eine bis heute bestehende «Dauerlösung». So heißt es in einem Beschluss der 86. Justizministerkonferenz vom Juni 2015, dass die Zentrale Stelle in Ludwigsburg «in ihrer bisherigen Form weitergeführt wird, solange Strafverfolgungsaufgaben anfallen». Ein Ende der Ermittlungstätigkeit sei «derzeit nicht absehbar».[264]

Fritz Schäffer, Ewald Bucher und die Verjährungsdebatte

Die Diskrepanz zwischen der Absicht, die Ludwigsburger Zentralstelle nur befristet anzulegen, und der fast sechs Jahrzehnte später erfolgten Erklärung, ein Ende der Ermittlungstätigkeit sei noch nicht in Sicht, erscheint auf den ersten Blick als ein Widerspruch. Tatsächlich nahte zu Beginn der 1960er Jahre der Zeitpunkt, zu dem aufgrund der damals bestehenden Verjährungsfristen die juristische Aufarbeitung von NS-Straftaten ihren Abschluss finden würde. Mord verjährte gemäß § 67 des Strafgesetzbuches in der Fassung von 1871, die bis 1969 gültig war, nach zwanzig Jahren; für weniger schwere Verbrechen, darunter auch Totschlag, die mit Strafen bis zu zehn Jahren geahndet wurden, galt eine Frist von fünfzehn Jahren, für alle anderen, mit einer geringeren Freiheitsstrafe bedrohten Taten eine Frist von zehn Jahren.[265] Fristbeginn für die Verfolgungsverjährung von NS-Taten war der 8. Mai 1945, da für sie in der Zeit des Dritten Reiches ein «Stillstand der Rechtspflege» angenommen wurde, weil NS-Täter von der NS-Justiz nicht belangt worden waren.[266] Somit näherte sich zu Beginn des Jahres 1960 der Zeitpunkt, zu dem minder schwere Verbrechen, wie Totschlag, am 9. Mai 1960 zu verjähren drohten, so dass eine Strafverfolgung nicht länger möglich war. Vor diesem Hintergrund begann schließlich eine Diskussion über die Verlängerung bzw. Aufhebung der Verjährungsfristen, die letztlich dazu führte, dass NS-Täter weiter verfolgt und bestraft werden konnten.

Ausgangspunkt war am 17. März 1960 eine Anfrage des SPD-Rechtspolitikers Adolf Arndt an die Bundesregierung im Rechtsausschuss des Bundestages, ob die Möglichkeit bestehe, die Verjährungsfristen für NS-Straftaten nachträglich zu verlängern.[267] Die Meinungen darüber gingen zunächst weit auseinander. Das BMJ war an diesem Tag im Rechtsausschuss mit einer fünfköpfigen Delegation vertreten, der neben Bundesjustizminister Fritz Schäffer auch Staatssekretär Strauß sowie Eduard Dreher, Josef Schafheutle und Erwin Saage angehörten. Dreher wies in der Aussprache darauf hin, dass «prominente Strafrechtler aus allen möglichen Sparten» eine rückwirkende Verjährungsverlängerung ablehnten, und tat damit indirekt und vielleicht ungewollt seine Absicht kund, die baldige Verjährung von NS-Straftaten anzustreben, die er 1968 mit dem Einführungsgesetz zum Ordnungswidrigkeitengesetz tatsächlich erreichte. Beihilfetaten waren damit sogar rückwirkend 1960 verjährt.[268]

Die SPD-Vertreter Adolf Arndt und Gerhard Jahn traten dagegen für eine «Verjährungsunterbrechung» im Einzelfall ein, die durch die ermittelnden Staatsanwaltschaften, insbesondere die Zentralstelle in Ludwigsburg, zu beantragen sei.[269] Zugleich legte die SPD-Fraktion im Bundestag ein «Berechnungsgesetz» vor, mit dem der Beginn der Verjährungsfrist auf den 16. September 1949 – also den Tag nach der Wahl Konrad Adenauers zum ersten Bundeskanzler der Bundesrepublik Deutschland – verschoben werden sollte, da aufgrund der Besatzungsherrschaft der «Stillstand der Rechtspflege» noch bis zur Konstituierung der ersten frei gewählten Bundesregierung fortbestanden habe. Erst danach hätten deutsche Gerichte die Möglichkeit gehabt, ihre Arbeit in vollem Umfang aufzunehmen. Im Übrigen seien die Verjährungsbestimmungen von 1871 aber auch durch das Ausmaß der NS-Verbrechen nicht zu rechtfertigen. Daher sei eine Neubewertung und Neuberechnung der Bestimmungen unbedingt erforderlich.[270]

Nach dem Vorschlag der SPD wäre Totschlag somit erst 1964 verjährt, Mord sogar erst 1969. Bundesjustizminister Schäffer hielt eine solche Verlängerung jedoch für unnötig. Zum einen sei durch die Landesjustiz «in allen Fällen, in denen der bestimmte Verdacht eines einschlägigen Verbrechens» bestehe, bereits «für die rechtzeitige Unterbrechung der Verjährung gesorgt». Zum anderen habe die Zentralstelle in Ludwigsburg «inzwischen die großen Vernichtungsaktionen der Kriegszeit systematisch erfasst und soweit vorbereitend aufgeklärt», dass die Täter «überwiegend bekannt» und die Verjährung ohnehin unterbrochen sei.[271] Das Kabinett folgte danach am 6. Mai 1960 seiner Empfehlung, «es bei dem jetzigen Rechtszustand zu belassen», ebenso wie der Rechtsausschuss des Bundestages, der am 11. Mai den Gesetzentwurf der SPD ablehnte.[272] Auch ein Änderungsantrag der SPD, der als Fristbeginn den 20. Juni 1946 vorsah, um zur Verfolgung der Totschlagsdelikte wenigstens ein Jahr mehr Zeit zu gewinnen, wurde verworfen. In der Plenarsitzung des Bundestages, in der am 24. Mai 1960 über den Gesetzentwurf und den Änderungsantrag beraten wurde, verwies Bundesjustizminister Schäffer erneut auf die «intensive Verfolgung» der nationalsozialistischen Verbrechen «sowohl durch die Besatzungsgerichte wie auch durch die deutschen Gerichte» und erklärte, es sei schon «alles Menschenmögliche» geschehen, «um die Ermittlungen so weit vorwärtszutreiben, dass die Strafverfahren unbehelligt von der Verjährung zu Ende geführt werden» könnten. Die Gefahr, dass «ein größerer Tatsachenkomplex aus diesem Bereich unentdeckt und deswegen insgesamt von der Verjährung bedroht» sei, bestehe also nicht mehr.[273] Zudem solle eine rückwirkende Änderung der Verjährungsvorschriften auch deshalb vermieden werden, weil sie «nach allen Erfahrungen der Vergangenheit» nicht der «inneren Befriedung» diene.[274]

Neben Schäffer, der hiermit die Auffassung des BMJ wiedergab, sprach sich insbesondere Ewald Bucher (FDP) gegen eine Verjährungsverlängerung aus. Als Sohn einer katholischen Familie 1914 im schwäbischen Rottenburg am

Neckar geboren, hatte Bucher, der von Dezember 1962 bis März 1965 selbst Bundesjustizminister werden sollte, von 1933 bis 1941 in Tübingen und München Rechtswissenschaften studiert und mit einer Arbeit über «Die Juristen in der Frankfurter Nationalversammlung» promoviert. Schon vor Beginn der NS-Herrschaft war er von 1931 bis 1933 Mitglied des NS-Schülerbundes gewesen. Er hatte das Goldene Parteiabzeichen der Hitler-Jugend (HJ) erhalten, war als Student drei Semester lang Mitglied der SA gewesen und schließlich 1937 der NSDAP beigetreten. Nach dem Krieg war er aufgrund seines HJ-Rangs im Entnazifizierungsprozess als belastet eingestuft worden und hatte seine Tätigkeit als Rechtsanwalt in Schwäbisch Gmünd 18 Monate lang nicht ausüben dürfen, bis die Spruchkammer ihn schließlich als Mitläufer einstufte.[275] In der Bundestagsdebatte am 24. Mai 1960 argumentierte Bucher in seiner Ablehnung einer Verjährungsverlängerung vor allem mit dem Rückwirkungsverbot nach Art. 103 Abs. 2 GG, in dem es heißt: «Eine Tat kann nur bestraft werden, wenn die Strafbarkeit gesetzlich bestimmt war, bevor die Tat begangen wurde.»[276] Die Gefahr, dass nach Ablauf der Fristen noch neue Fälle aufgedeckt würden und Täter der verdienten Strafe entgehen könnten, sei immer gegeben. Dennoch dürfe man von Artikel 103 nicht abweichen, weil er «eine Schranke gegen jede Willkür» darstelle und Rechtssicherheit schaffe, die in der NS-Zeit «sehr gering geschätzt» worden sei. Er glaube, so Bucher, «dass sich der irdische Richter in Form der Verjährungsfristen selber eine Schranke gesetzt» habe, mit der man sich «abfinden» müsse.[277]

Demgegenüber forderte der Darmstädter SPD-Abgeordnete Ludwig Metzger, der 1933 aus politischen Gründen aus dem Staatsdienst entlassen worden war, in einem leidenschaftlichen Appell, die Verjährungsfrist zu verlängern, und scheute dabei auch vor Vorwürfen gegenüber der Bundesregierung und den Ermittlungsbehörden nicht zurück. Unter Verweis auf den ehemaligen Landgerichtsrat im Reichsjustizministerium Max Merten, der während des Zweiten Weltkrieges als Kriegsverwaltungsrat in Thessaloniki am Massenmord an den griechischen Juden beteiligt gewesen war und 1959 in Athen eine 25-jährige Gefängnisstrafe erhalten hatte[278], erklärte Metzger, wenn der Bundesjustizminister behaupte, mit der Verlängerung der Verjährungsfrist würde das Vertrauen in die allgemeine Gültigkeit der strafrechtlichen Grundnormen erschüttert, so müsse man doch umgekehrt fragen, ob nicht «das Vertrauen in die, die politisch zu handeln haben, in die, die Recht zu setzen haben, erschüttert wird». Er werde «den Verdacht nicht [...] los, dass es da und dort auch einen gibt, der gar kein allzu großes Interesse daran hat, den nationalsozialistischen Verbrechen wirklich bis zum letzten nachzugehen».[279] Wörtlich fuhr Metzger dann fort:

III. DER «GEIST DER ROSENBURG»

«Wir stehen doch vor der Frage: Wollen wir sehenden Auges zulassen, daß der Zeitpunkt eintritt, wo wir mit gebundenen Händen dastehen und die Verbrecher sich über uns eins lachen und uns damit vor der ganzen Welt als unglaubwürdig hinstellen? Oder wollen wir politisch die Konsequenzen ziehen, wollen wir uns zu einer Tat aufraffen, wollen wir politisch etwas tun, was notwendig ist: Recht zu setzen, das es unmöglich macht, daß Menschen, die dieses Recht mit Füßen getreten haben, sich dann noch darauf berufen können, daß sie aus Rechtsgründen trotz ihres schweren Unrechts nicht mehr verfolgt werden können?»[280]

Doch das Parlament, in dem CDU und CSU seit der Bundestagswahl 1957 über die absolute Mehrheit verfügten, folgte nicht Metzger und der SPD, sondern lehnte sowohl den Gesetzentwurf als auch den Änderungsantrag ab. Viele Straftaten bis zur Körperverletzung mit Todesfolge aus der Zeit vor 1945 waren deshalb endgültig verjährt und die Verjährung aller NS-Mordtaten stand für 1965 in Aussicht.

Die Verjährungsdebatte lebte somit wieder auf, als zum 8. Mai 1965 die Verjährung aller Mordtaten des Dritten Reiches drohte. Erste Signale kamen diesmal aus den Ländern: vom Hamburger SPD/FDP-Senat unter dem Ersten Bürgermeister Paul Nevermann (SPD) sowie von der christlich-liberalen Landesregierung von Schleswig-Holstein unter Ministerpräsident Helmut Lemke (CDU) und Justizminister Bernhard Leverenz (FDP). In Initiativanträgen suchten Hamburg und Schleswig-Holstein die Verjährungsfrist zu verlängern. In Bonn legte der damals erst 40-jährige CDU-Abgeordnete Ernst Benda im Januar 1965 überraschend einen mit seiner Partei offenbar nicht abgestimmten Antrag vor, die Verjährungsfrist von 20 auf 30 Jahre zu verlängern. Benda, ein glänzender Jurist, der bald darauf – 1968/69 – Bundesinnenminister und von 1971 bis 1983 Präsident des Bundesverfassungsgerichts wurde, brach damit aus der Front der Gegner einer Verjährungsverlängerung in Union und FDP aus und trat wenig später sogar für eine völlige Aufhebung der Verjährung ein, als sich die SPD dafür aussprach, jegliche Verjährung für Mord und Völkermord abzuschaffen und diese Aufhebung über eine Änderung des Artikels 103 des Grundgesetzes zusätzlich verfassungsrechtlich abzusichern. Damit zeichnete sich eine überparteiliche Grundsatzdebatte ab, die am 10. März 1965 im Bundestag ausgetragen wurde.

Die Bundesregierung und insbesondere das Bundesministerium der Justiz machten dabei erneut eine wenig glückliche Figur. So hatte das BMJ unter Justizminister Ewald Bucher, der Fritz Schäffer am 14. Dezember 1962 in diesem Amt abgelöst hatte, zuvor in einem Bericht über den Stand der Ermittlungen zu den NS-Verbrechen ein weiteres Mal erklärt, ein «großer Teil der Tatkomplexe» sei inzwischen «vollständig aufgeklärt», bei den noch möglichen Prozessen gehe es nur noch um «wenig befriedigende Freisprüche» oder geringe Haftstrafen.[281] Justizminister Bucher sah deshalb keinen Grund, von seiner bisherigen Haltung abzuweichen, dass eine Verlängerung der Verjährungsfristen oder gar eine Aufhebung der Verjährung unnötig, ja mit den deutschen Rechtsgrundsätzen unvereinbar sei. In einem *Spiegel*-Gespräch mit Hermann Renner und Erich Kuby im Januar 1965 ging er sogar so weit zu erklären, es sei «rechtlich nicht möglich, die Verjährungsfrist zu verlängern». Wenn die Bundesregierung von dieser rechtlich begründeten Position abgehen würde, müsse er «als zuständiger Minister plötzlich einen gegenteiligen Standpunkt vertreten» und sich also «selber ins Gesicht schlagen. Das wäre unmöglich. Ich müßte meinen Hut nehmen.»[282]

Die öffentliche Meinung in der Bundesrepublik war in dieser Frage gespalten; offenbar gab es eine knappe Mehrheit für den Eintritt der Verjährung. Doch international hagelte es Proteste, vor allem aus Israel, den USA und der Sowjetunion. Und da die Volkskammer in Ost-Berlin bereits 1964 ein Gesetz zur Nichtverjährung von Kriegs- und nationalsozialistischen Verbrechen verabschiedet hatte, stand die Bundesrepublik auch aus dieser Richtung nach der Braunbuch-Kampagne ein weiteres Mal unter Druck.[283] Bundesjustizminister Bucher blieb hingegen bei seiner Auffassung, dass «jedes rückwirkende Gesetz im Strafrecht von Übel» sei. Außerdem sei es fraglich, ob der Gerechtigkeit durch Fristverlängerung wirklich «zum Sieg» verholfen werden könne. Schon jetzt stünden die Gerichte aufgrund fehlender Zeugen und fragmentarischer Datenlage bei NS-Verfahren vor «immer unlösbareren Aufgaben». Daher, so Bucher, habe man gar keine Wahl: «Wir müssen mit Mördern leben.»[284]

Doch diesmal sah sich das Justizministerium auf der Seite der Unterlegenen. Denn am 23. März 1965 beschloss der Bundestag nach einer weiteren Beratung im Rechtsausschuss, den Beginn der Verjährungsfrist auf den 1. Januar 1950 festzulegen. Die strafrechtliche Ahndung für NS-Morde war damit bis zum Ende des Jahres 1969 möglich. Bundesjustizminister Bucher, der sich mit seinem Votum für die Beibehaltung der bisherigen Verjährungsregelung nicht hatte durchsetzen können, trat daraufhin zurück, während das Parlament nach erneuter Diskussion am 26. Juni 1969 die Verjährung für Völkermord ganz aufhob, wie Ernst Benda und die SPD es bereits 1965 gefordert hatten. Dies galt schließlich auch für einfachen Mord, für den der Bundestag die Verjährungsfrist 1969 auf zunächst 30 Jahre verlängerte, ehe er sie am 3. Juli 1979 gänzlich aufhob.

Der Eichmann-Prozess

Welche Bedeutung der Verjährungsdiskussion zukam, bewies nicht zuletzt der Eichmann-Prozess, der im April 1961 vor dem Bezirksgericht in Jerusalem begann.[285] Denn wäre die Verjährung für Totschlag zum 9. Mai 1960 eingetreten, hätten danach nur noch Exzesstaten – also Taten aus reiner Böswilligkeit –, nicht aber die Verbrechen im Rahmen des Holocaust verfolgt werden können. Zahllose Kriegsverbrecher, die bisher straffrei ausgegangen waren, warteten deshalb im In- und Ausland auf dieses Datum, nach dem sie nichts mehr zu befürchten hatten. Bundesjustizminister Fritz Schäffer schürte diese Erwartungen sogar noch, als er am Rande der Justizministerkonferenz am 8. April 1960 in Wiesbaden auf die Frage von Journalisten, wie es nach dem 8. Mai weitergehe, antwortete: «Nach dem 8. Mai 1960 geht nichts mehr.»[286] Reinhard Strecker, der bereits die Ausstellung «Ungesühnte Nazijustiz» organisiert hatte, spielte die Aussage mit einem eigenen Kommentar den internationalen Presseagenturen zu und löste damit ein weltweites Echo aus. Auch die Tageszeitung *La Prensa* in Buenos Aires druckte die Bemerkung ab. Somit war es kein Zufall, dass genau zu diesem Zeitpunkt der ehemalige SS-Obersturmbannführer Adolf Eichmann, der mit gefälschten Papieren unter dem Tarnnamen «Ricardo Clement» in Buenos Aires lebte, Verbindung zu dem deutsch-niederländischen Journalisten Willem Sassen aufnahm, um ihn als Ghostwriter für ein geplantes Buch über seine Tätigkeit im Reichssicherheitshauptamt (RSHA) zu gewinnen.

Eichmann hatte im RSHA als rechte Hand Reinhard Heydrichs die Vertreibung und Deportation der Juden aus dem Deutschen Reich und den besetzten europäischen Ländern organisiert und war damit für die Ermordung von sechs Millionen Menschen verantwortlich. Mit Sassen, der sich nach der deutschen Besetzung der Niederlande 1940 freiwillig zur 5. SS-Panzer-Division «Wiking» gemeldet hatte, SS-Kriegsberichterstatter gewesen war und seit September 1948 in Argentinien als Journalist arbeitete, hatte er schon zwischen 1956 und 1959 zahlreiche Gespräche geführt, die auf 67 Tonbändern aufgezeichnet waren.[287] Jetzt, Anfang 1960, suchte er erneut Kontakt zu ihm, weil er nach der bevorstehenden Verjährung der NS-Straftaten mit seinen Memoiren «nun endlich die Wahrheit auftischen» und «der Geschichte Bescheid geben» wollte.[288] Und wie Eichmann, so Reinhard Strecker, hätten es «all die geflohenen Nazis» gemacht: Sie warteten auf den 8. Mai, um sich dann neu zu orientieren, vielleicht sogar nach Deutschland zurückzukehren und dort ihre «Renten und Pensionen» zu beziehen. Das sei «nur durch den Eichmann-Prozess verhindert» worden.[289]

Tatsächlich wurde Eichmann am 11. Mai 1960 vom israelischen Geheimdienst Mossad in Buenos Aires gekidnappt und nach Israel entführt, wo man ihn vor Gericht stellte und am 15. Dezember 1961 zum Tode verurteilte. Zuvor jedoch hatte Eichmann nicht nur in Argentinien, sondern nach Kriegsende zunächst auch jahrelang unter dem Decknamen «Otto Heuninger» unbehelligt in Prien am Chiemsee und in der Nähe von Celle in der Lüneburger Heide gelebt. Erst 1950 war er auf der «Klostertour» über Italien mit Unterstützung von Bischof Alois Hudal, dem Rektor von Santa Maria dell'Anima, der Nationalkirche der deutschen Katholiken in Rom, nach Argentinien gelangt. Die Tatsache, dass er sich dort aufhielt, war den deutschen Behörden zwar nicht verborgen geblieben. Sie hatten aber nichts unternommen, um seiner habhaft zu werden.[290] Auch der hessische Generalstaatsanwalt Fritz Bauer, der von Eichmanns Flucht auf der «Rattenlinie» nach Argentinien 1957 durch einen Brief des jüdischen Emigranten Lothar Hermann erfahren hatte, konnte trotz jahrelanger Bemühungen die zuständigen Stellen in der Bundesrepublik nicht zu einem Auslieferungsantrag bewegen, wie der israelische Generalstaatsanwalt Chaim Herman Cohn nach Gesprächen mit Bauer später berichtete. Weder Fritz Schäffer noch Bundeskanzler Adenauer hätten einen Prozess gegen Eichmann in Deutschland «auf sich nehmen» wollen.[291]

Wie wenig die deutschen Behörden an einer Strafverfolgung Eichmanns interessiert waren, zeigt auch der Umgang mit Ermittlungsakten der Polizeidirektion Wien, die bereits im August 1945 ein Verfahren gegen Eichmann eingeleitet hatte. Als die österreichische Regierung die Akten am 4. Juli 1956 dem Bundesministerium der Justiz übergab, nachdem die Ermittlungen in Wien ergebnislos geblieben waren, leitete das BMJ sie nicht an den Generalbundesanwalt, der eigene Ermittlungen hätte veranlassen können, sondern an den Bundesgerichtshof weiter, der seinerseits am 6. Oktober 1956 die Staatsanwaltschaft in Frankfurt am Main für zuständig erklärte.[292] Hier erwirkte Fritz Bauer, der als hessischer Generalstaatsanwalt nun mit dem Fall befasst war, zwar am 24. November 1956 einen Haftbefehl «wegen millionenfachen Mordes an Juden» gegen Eichmann, so dass dieser zumindest nicht unter die Verjährungsfrist fiel. Doch Bauers Bemühungen, die Ermittlungen gegen Eichmann zu intensivieren und seine Festnahme zu veranlassen, liefen ins Leere. So teilte das Bundeskriminalamt dem Hessischen Landeskriminalamt am 1. Juli 1957 mit, da es sich «bei den vorliegenden Straftaten um solche politischen u. rassischen Charakters» handele, sehe das BKA aufgrund einer «grundsätzlichen Entscheidung» des Generalsekretariats der Interpol in Paris vom November 1952 «keine Möglichkeit, die internationale Fahndung nach Eichmann über das Bundeskriminalamt als deutschem Zentralbüro der Interpol zu betreiben».[293] Diese Mitteilung an den hessischen Justizminister wurde an den Bundesminister der Justiz weitergeleitet, der jedoch ebenfalls untätig blieb. Noch am 26. Juli 1960 – zweieinhalb Monate nach der Ergreifung Eichmanns – war man im BMJ, wie ein Schreiben von Ministerialrat Dr. Grützner an den hessischen Justizminister erkennen lässt, ahnungslos, wann man in Deutschland das Ermittlungsverfahren gegen ihn eingeleitet hatte und «welche Möglichkeiten zur Aufenthaltsermittlung ausgenutzt» worden waren. Es sei dem BMJ, hieß es in dem Schreiben, auch «nicht bekannt, was von Seiten der Strafverfolgungsbehörden geschehen» sei, «um des Eichmann habhaft zu werden».[294]

Diese Unwissenheit war bemerkenswert. Denn Fritz Bauer ging bereits seit 1957, als Lothar Hermann, dessen Tochter sich mit dem Sohn Eichmanns angefreundet hatte, ihm aus Buenos Aires geschrieben hatte, davon aus, dass Eichmann sich in Argentinien aufhielt, und kannte sogar dessen vermutliche Adresse. So wandte er sich schließlich angesichts der deutschen «Passivität» an den Chef der Israel-Mission in Köln, Felix Elieser Shinnar. Bauer befürchtete offenbar, dass von deutscher Seite weiterhin nichts geschehen würde, um Eichmanns Auslieferung zu verlangen, oder Sympathisanten in der deutschen Justiz ihn sogar warnen könnten, so dass er erneut Gelegenheit zum Untertauchen bekäme. Von den Israelis erhoffte sich Bauer dagegen größere Entschlossenheit bei der Verfolgung Eichmanns und wurde auch nicht enttäuscht: So leitete Shinnar, der 1934 von Stuttgart nach Palästina ausgewandert war und seit 1952 im Rang eines Botschafters die Wiedergutmachungsleistungen Deutschlands an Israel abwickelte, die ihm von Bauer übermittelten Informationen sogleich an den Mossad weiter, der jetzt die Initiative ergriff.[295] In Deutschland hingegen weihte Bauer nur den mit ihm befreundeten hessischen Ministerpräsidenten Georg-August Zinn in die Angelegenheit ein, da er mit seinem Vorgehen gegen bestehende Dienstvorschriften verstieß und sich selbst schützen musste.

Hinweise an den Mossad über Eichmanns Existenz in Buenos Aires kamen aber nicht nur über Bauer von Shinnar, sondern auch von Tuviah Friedman, dem Gründer und Leiter einer Dokumentationsstelle über NS-Verbrechen in Haifa, sowie von Simon Wiesenthal, der 1947 zunächst das «Zentrum für jüdische historische Dokumentation» in Linz und 1961 im Auftrag der Israelitischen Kultusgemeinde das «Dokumentationszentrum des Bundes Jüdischer Verfolgter des Naziregimes» in Wien gegründet hatte. Friedman hatte seine Informationen indirekt – über einen Kontaktmann in New York – ebenfalls von Lothar Hermann aus Buenos Aires erhalten. Wiesenthal hatte auf dem Weg über die Familie Eichmanns dessen Aufenthaltsort in Erfahrung gebracht.[296]

Nach der Ergreifung Eichmanns und seiner Überstellung nach Israel bemühte sich nicht nur Eichmann selbst um seine Auslieferung an Deutschland. Auch Fritz Bauer stellte einen entsprechenden Antrag, der jedoch erfolglos blieb, da die Bundesregierung sich offenbar mit dem Fall nicht belasten wollte. Allerdings schlug der Präsident des Bundesnachrichtendienstes, Reinhard Gehlen, vor, gegebenenfalls einen Oberregierungsrat oder einen Regierungsdirektor aus dem Bundesjustizministerium, «dem ein Angehöriger des BND zur Seite gegeben» werde solle, nach Israel zu entsenden, um für die Bundesregierung den Eichmann-Prozess zu beobachten. Im Nachlass von Reinhold Mercker, der von 1951 bis 1956 als Leiter des Referats IV 1 für Verfassungsrecht im Bundesministerium der Justiz und von 1956 bis 1966 im Bundeskanzleramt tätig war, findet sich dazu unter dem Datum des 29. Januar 1961 eine entsprechende Vorlage für Staatssekretär Globke.[297] Mitte März 1961 brachten dafür sowohl das BMJ als auch der Präsident des Bundesverfassungsgerichts, Gebhard Müller, den Rechtsanwalt Fabian von Schlabrendorff ins Gespräch.[298] Schlabrendorff, ein Widerstandskämpfer des 20. Juli 1944, hatte während des Nürnberger Prozesses gegen die Hauptkriegsverbrecher des Dritten Reiches den Chef des amerikanischen Geheimdienstes OSS, William J. Donovan, und auch den amerikanischen Hauptankläger Robert H. Jackson beraten und schien eine geeignete Persönlichkeit zu sein, die Bundesrepublik in dieser Angelegenheit in Israel zu vertreten.[299]

Doch schließlich verzichtete man auf die Entsendung eines eigenen Vertreters, um zusätzliches Aufsehen in diesem Prozess, der ohnehin spektakulär genug war, zu vermeiden – zumal Eichmann von Robert Servatius verteidigt wurde, einem prominenten Kölner Anwalt, der bereits an mehreren Nürnberger Prozessen mitgewirkt hatte, unter anderem als Verteidiger von Fritz Sauckel im Hauptkriegsverbrecher-Prozess, von Karl Brandt im Ärzteprozess, von Paul Pleiger im Wilhelmstraßen-Prozess und von Franz Eirenschmalz im Pohl-Prozess. Servatius selbst hatte in einem Brief, der am 14. Juni 1960 von Staatsanwalt Gabriel Bach übergeben wurde, Eichmann angeboten, seine Verteidigung zu übernehmen. Der Staat Israel zahlte ihm dafür 20 000 Dollar, einen Antrag auf Kostenübernahme lehnte die Bundesrepublik ab.[300] Als sich aber nach Prozessbeginn am 11. April 1961 die Hinweise verdichteten, dass Polen die Auslieferung Eichmanns beantragen werde, erwog das Auswärtige Amt in Bonn, nach Beendigung des Verfahrens in Jerusalem selbst eine Auslieferung zu beantragen, «um auf diese Weise einen Prozess mit östlichen Vorzeichen in Warschau zu vermeiden».[301]

Überhaupt gewinnt man bei näherer Betrachtung der Umstände, die zur Festnahme Eichmanns und zu seinem Prozess führten, den Eindruck, als sei es der Bundesregierung hauptsächlich darauf angekommen, die öffentlichen Auswirkungen der Angelegenheit möglichst gering zu halten oder – besser noch – herunterzuspielen. So wandte sich Ministerialdirektor Mercker bereits vor Prozessbeginn am 17. März 1961 an seinen Amtskollegen Schafheutle von der Strafrechtsabteilung im Bundesjustizministerium mit der Frage, ob es nicht möglich sei, ein «Weißbuch» über die Verfolgung nationalsozialistischer Gewalttaten in der Bundesrepublik zu veröffentlichen, das vor allem in den USA verbreitet werden sollte.[302] Im BMJ hielt man dies offenbar ebenfalls für eine gute Idee, wobei eine von der Zentralstelle der Landesjustizverwaltungen zusammengestellte Übersicht als Vorlage dienen konnte. So verfasste der Leiter der Unterabteilung II B in der Strafrechtsabteilung des BMJ, Ministerialdirigent Dr. Wilhelm Dallinger, unter dem Datum des 29. März 1961 eine «Übersicht über die Verfolgung nationalsozialistischer Straftaten in der Bundesrepublik Deutschland», in der er zu dem verblüffenden, aber angesichts der bisherigen Haltung des BMJ wenig überraschenden Ergebnis kam, die Verfolgung dieser Straftaten sei «seit 1945 zunächst von den Besatzungsmächten und dann auch von der deutschen Justiz nachdrücklich betrieben» worden. Der größte Teil der Verfahren sei bereits 1953 abgeschlossen gewesen. Die Zahl der «heute noch feststellbaren Verdächtigen» umfasse rund 1000 Personen, 137 Beschuldigte befänden sich in Untersuchungshaft, etwa 150 seien ins Ausland geflohen. Deshalb, so Dallinger, könne «nach dem heutigen Stande der Ermittlungen» angenommen werden, «daß die noch anhängigen Verfahren in spätestens 2 bis 3 Jahren im Wesentlichen abgeschlossen sein werden».[303]

In Wirklichkeit waren die von Dallinger genannten Fakten wenig aussagekräftig. Hinter einem Gebirge von Zahlen verbarg er geschickt verklausuliert die Tatsache, dass praktisch nur die Alliierten NS-Täter verfolgt hatten. Zu den deutschen Gerichten listete er zwar – nach Jahren geordnet, mit Strafmaß und genauen Angaben über die Verteilung auf die einzelnen Bundesländer – sämtliche Fälle auf, die seit 1945 verhandelt worden waren. Aber zu den «Verfahren wegen nationalsozialistischer Verbrechen vor deutschen Gerichten» machte er nur die knappe Bemerkung, sie seien «zahlreich». Eine Gesamtzahl lasse sich nicht angeben, da hierzu «statistische Unterlagen» nicht vorlägen.[304] Anschließend verwandte er jedoch viel Mühe darauf, zu erklären, dass die deutsche Justiz bei diesen Verbrechen, «die zum Teil von den Trägern der Staatsgewalt unmittelbar begangen oder gefördert» worden seien und «in zahlreichen Fällen die Erscheinungsform organisierter Massenverbrechen» angenommen hätten, «vor einer Fülle schwieriger und zum Teil neuartiger Rechtsprobleme» gestanden habe, die eine Strafverfolgung erschwert oder unmöglich gemacht hätten.[305]

Vor dem Hintergrund des Eichmann-Prozesses, der zwei Wochen später in Jerusalem begann, und angesichts der weltweiten Berichterstattung über das Verfahren, bei dem auch die Bundesregierung mit unangenehmen Fragen über die eigene Untätigkeit in der Verfolgung dieser Straftaten konfrontiert werden würde, ergab diese Argumentation allerdings durchaus einen Sinn. Wie sehr Dallingers Bericht auf Öffentlichkeitswirkung bedacht war, zeigt ebenfalls die Tatsache, dass dazu am 28. März noch einmal eine vorbereitende Besprechung im Auswärtigen Amt stattfand, bei der auch das Presse- und Informationsamt der Bundesregierung vertreten war. In seinem Papier, das Dallinger am folgenden Tag nicht nur dem Bundeskanzleramt, sondern auch dem Presse- und Informationsamt zusandte, stellte er auf 49 Seiten detailliert die bisherige Strafverfolgung durch die früheren Besatzungsmächte und die deutsche Justiz sowie die noch anhängigen Verfahren, aber auch die «Verfolgung Eichmanns» durch «Organe der Bundesrepublik» dar.[306] Die Übersicht war mit dem Vermerk «VS-Nur für den Dienstgebrauch» als geheime Verschlusssache deklariert und damit zunächst nicht zur Veröffentlichung bestimmt. Doch im Juli 1961, nachdem der Eichmann-Prozess unter großer internationaler Aufmerksamkeit weit fortgeschritten war, erstellte Hans Gawlik auf der Grundlage des Dallinger-Papiers eine kürzere, 22-seitige Dokumentation, die in hektographierter Form einer begrenzten Öffentlichkeit – vor allem Journalisten – zugänglich gemacht werden sollte.[307]

Bedenken gegen eine solche Veröffentlichung wurden jedoch vor allem von Walter Strauß im BMJ geäußert. Denn damit, so Strauß, werde «die Weltöffentlichkeit wieder an die grauenhaften Verbrechen in Einzelheiten erinnert». Unter Umständen könnten damit sogar «die Strafaussprüche und auch die Ausübung des Gnadenrechts in einzelnen Fällen kritisiert werden».[308] Erst nachdem diese Bedenken ausgeräumt waren, indem man den Verteilerkreis eingrenzte, wurde die Dokumentation Ende November 1961 freigegeben. Allerdings wurde das Papier nur denjenigen Journalisten überlassen, die zur Urteilsverkündung im Eichmann-Prozess am 15. Dezember nach Israel reisten.[309] Dabei wurde die Absicht, die sich dahinter verbarg, auch gar nicht verschwiegen: Man wolle, hieß es ausdrücklich, dem «durch in- und ausländische Presseveröffentlichungen» entstandenen «irrigen Eindruck» entgegentreten, die Bundesrepublik habe erst «unter dem Druck der Weltmeinung» die Verfolgung nationalsozialistischer Straftaten ernsthaft betrieben.[310]

So ging die Dokumentation dezidiert auf die «Verfolgung Eichmanns und anderer leitender Personen, die an der Judenverfolgung maßgeblich beteiligt gewesen waren, durch Organe der Bundesrepublik» ein.[311] Schon seit November 1952 habe die Regierung auf der Grundlage von Berichten deutscher Auslandsvertretungen Nachforschungen über den Aufenthalt Eichmanns im Ausland veranlasst. Seit 1956 ermittle der Oberstaatsanwalt in Frankfurt am Main gegen Eichmann, der aufgrund eines vom Amtsgericht Frankfurt erlassenen Haftbefehls bis August 1960 in den Fahndungsblättern ausgeschrieben gewesen sei. Ein erstes Ermittlungsverfahren gegen ihn und die übrigen Mitglieder des Reichssicherheitshauptamtes sowie gegen die Teilnehmer der 1942 abgehaltenen Wannsee-Konferenz sei bereits 1953 in Berlin eingeleitet worden, das jedoch in Bezug auf Eichmann wegen Abwesenheit des Beschuldigten gemäß § 205 der Strafprozessordnung habe vorläufig eingestellt werden müssen.[312] Mit anderen Worten: Es war alles in bester Ordnung, man hatte sich nichts vorzuwerfen.

Bemerkenswert, ja geradezu skandalös an dieser Darstellung war nicht zuletzt die Tatsache, dass ausgerechnet Fritz Bauer, dem man seit Jahren bei seinen Ermittlungen alle nur erdenklichen Hindernisse in den Weg gelegt hatte, für die angeblich rastlosen Bemühungen der deutschen Strafverfolgungsbehörden, Eichmann zu finden und zu ergreifen, vereinnahmt wurde. In Wirklichkeit hatte Bauer zu Recht befürchtet, dass die deutschen Dienststellen bis hinauf zur Spitze der Bundesregierung kein Interesse an Eichmanns Auslieferung nach Deutschland gehabt hatten. Nur deswegen hatte er sich an Israel gewandt. Ein weiterer, nach außen nicht sichtbarer Skandal bestand zudem darin, dass Hans Gawlik mit der Aufgabe betraut worden war, diese Darstellung für die Presse zu verfassen – der Mann, der seit vielen Jahren seine Kontakte und die Zentrale Rechtsschutzstelle genutzt hatte, um deutsche NS-Verbrecher zu warnen und sie damit der Strafverfolgung zu entziehen.

Die Spiegel-Affäre 1962

Im Herbst 1962 erschütterte die sogenannte «Spiegel-Affäre» das politische Bonn. Auslöser war ein Artikel im Hamburger Nachrichtenmagazin *Der Spiegel* am 10. Oktober 1962 unter dem Titel «Bedingt abwehrbereit». Er handelte vom Generalinspekteur der Bundeswehr, Friedrich Foertsch, und dem zuvor im September abgehaltenen NATO-Stabsmanöver «Fallex 62», in dem Mängel nach einem simulierten sowjetischen Großangriff mit Nuklearwaffen auf Europa sichtbar geworden waren. Der Artikel kam zu dem Ergebnis, dass die Bundeswehr auch sieben Jahre nach Beginn der Wiederbewaffnung «noch immer die niedrigste NATO-Note» erhalte: «zur Abwehr bedingt geeignet».[313] Das für den Beitrag verwendete Material war so detailliert, dass vermutet wurde, der Verfasser müsse Zugang zu geheimen und streng geheimen

Dokumenten gehabt haben. Die Informanten hätten sich damit des Landesverrats schuldig gemacht, so dass die Bundesanwaltschaft unverzüglich mit Ermittlungen gegen den *Spiegel* und mögliche Nachrichtengeber begann. Am 26. Oktober ergingen die ersten Haft- und Durchsuchungsbefehle gegen den Herausgeber Rudolf Augstein und den für Bundeswehrthemen zuständigen Redakteur Conrad Ahlers. Die zentrale Redaktion des Nachrichtenmagazins in Hamburg und mehrere Regionalbüros wurden von Polizisten besetzt und durchsucht, etwa 30 000 Schriftstücke beschlagnahmt. Verhaftet wurden neben Augstein und Ahlers, der sich gerade in Spanien aufhielt und auf Intervention von Bundesverteidigungsminister Franz Josef Strauß beim deutschen Militärattaché in Madrid zur Rückreise veranlasst wurde, der Verlagsdirektor Detlev Becker, der Rechtsanwalt Josef Augstein und die Bundeswehr-Obersten Adolf Wicht und Alfred Martin. Die letzten Redaktionsräume des *Spiegel* wurden erst vier Wochen nach Beginn der Durchsuchungsaktion wieder freigegeben. Mehrere Ausgaben des Magazins konnten nur als Notausgaben erscheinen.[314]

Obwohl der Bundesgerichtshof letztlich im Mai 1965 die Eröffnung des Hauptverfahrens gegen Ahlers und Augstein wegen Mangels an Beweisen ablehnte und auch die meisten Ermittlungsverfahren gegen Personen, die in die Affäre verwickelt zu sein schienen, eingestellt wurden, so dass diese juristisch folgenlos blieb, löste sie politisch ein Erdbeben aus. Da die Durchsuchungen und Verhaftungen der Bundesanwaltschaft ohne Wissen des zuständigen Bundesjustizministers Wolfgang Stammberger (FDP) erfolgt und damit «etwas außerhalb der Legalität» verlaufen waren, wie Bundesinnenminister Hermann Höcherl (CSU) zugeben musste[315], entwickelte sich die Angelegenheit bald zur handfesten Regierungskrise. Die FDP fühlte sich hintergangen und brüskiert und forderte, dass zumindest die beiden Staatssekretäre im Verteidigungs- und Justizministerium, Volkmar Hopf und Walter Strauß, die rechtswidrig – offenbar auf Weisung von Verteidigungsminister Franz Josef Strauß – für die Nichtinformation Stammbergers verantwortlich waren, zurücktreten müssten. Als Bundeskanzler Adenauer, der von der Rechtmäßigkeit der Aktion überzeugt war, sich weigerte, die Rücktritte anzunehmen, beschloss die FDP, ihre Minister aus dem Kabinett zurückzuziehen, um eine Regierungsneubildung zu erzwingen. Auch Bundesjustizminister Wolfgang Stammberger schied damit am 19. November 1962 gemeinsam mit den anderen FDP-Bundesministern aus seinem Amt aus und wurde danach von 1970 bis 1978 Oberbürgermeister seiner Heimatstadt Coburg – was er, wie wiederum der *Spiegel* zu berichten wusste, ohnehin von vornherein am liebsten geworden wäre.[316]

III. DER «GEIST DER ROSENBURG»

Die Spiegel-Affäre bedeutete zwar noch nicht das Ende der Kanzlerschaft Adenauers. Doch in den Koalitionsverhandlungen vor dem Wiedereintritt der FDP in die Regierung stellten die Freien Demokraten die Bedingung, dass Adenauer zur Hälfte der Legislaturperiode – also im Herbst 1963 – zurücktreten müsse. Das Ende der Ära Adenauer war dadurch mit einem präzisen Datum versehen. Es war auch das Ende der Ära von Walter Strauß im Bundesministerium der Justiz. Strauß – «die inkarnierte Staatsverwaltung» und seit Gründung der Bundesrepublik «das graue Muster des korrekten, in der Routine sich verbrauchenden Beamten»[317] – musste das BMJ aber nicht deshalb verlassen, weil mit Ludwig Erhard ein neuer Bundeskanzler gewählt wurde, denn der Justizminister wechselte nicht: Ewald Bucher, der dieses Amt im Dezember 1962 übernommen hatte, amtierte weiter bis März 1965, als er, wie bereits geschildert, sich in der Verjährungsfrage nicht durchsetzen konnte. Walter Strauß erlebte vielmehr einen späten Sturz wegen der Spiegel-Affäre, in der er Justizminister Stammberger nicht über die Haft- und Durchsuchungsbefehle des Ermittlungsrichters am Bundesgerichtshof gegen den *Spiegel* und dessen Herausgeber und Mitarbeiter informiert hatte.[318] Zwar machte er später geltend, dass sich Verteidigungsminister Franz Josef Strauß bei der Aktion in seinem Bemühen, den Kreis der Mitwissenden möglichst gering zu halten, auf eine Weisung des Bundeskanzlers berufen habe. Zudem hatte Justizminister Stammberger mit seinem Rücktritt im Oktober 1962 bereits die politische Verantwortung für das Fehlverhalten seines Staatssekretärs übernommen, ohne selbst Vorwürfe gegenüber Walter Strauß zu erheben. Doch Anfang Februar 1963 war auch für Strauß der Zeitpunkt gekommen, von seinem Amt Abschied zu nehmen. Er wechselte nun von Bonn nach Luxemburg, wo er als Richter an den Europäischen Gerichtshof berufen worden war.

Nachfolger von Strauß als Staatssekretär im Bundesjustizministerium wurde Arthur Bülow, der bei seiner Ernennung bereits auf eine fast 14-jährige Dienstzeit im BMJ zurückblicken konnte. Er war aus der Berliner Justiz und dem Reichsjustizministerium über das Zentral-Justizamt der britischen Zone in das Bundesjustizministerium gelangt. Seit seiner Zeit im Reichsjustizministerium war er mit Hans Globke und auch mit Walter Kriege, seinem Vorgesetzen im RJM bekannt, der für Walter Strauß ein wichtiger Berater bei der Personalauswahl gewesen war. Am 1. März 1933 war Bülow der NSDAP beigetreten und galt aus Sicht des Bundes Nationalsozialistischer Deutscher Juristen e.V. als «geeigneter Richter im Dritten Reich».[319] Bülow war danach von November 1934 bis Mai 1945 ohne Unterbrechungen im Reichsjustizministerium beschäftigt gewesen, zuletzt als Ministerialrat, wo er vor allem in der Abteilung für Handels-, Verkehrs- und Öffentliches Recht tätig war.[320]

Im Sommer 1945 wurde er deswegen von den Alliierten in Gewahrsam genommen und arbeitete unter anglo-amerikanischer Aufsicht vorübergehend im Ministerial Collecting Center (MCC) in Fürstenhagen bei Kassel, wo er mit rechtlichen Forschungsarbeiten betraut war.[321] Die Spruchkammer Fulda-Stadt reihte ihn am 29. Oktober 1946 in die Gruppe der Mitläufer ein, da er «nicht mehr als nominell am Nationalsozialismus teilgenommen» und sich auch nicht als «Militarist» erwiesen habe.[322] Nur wenige Monate später ordnete der hessische Minister für politische Befreiung jedoch eine Wiederholung des Spruchkammerverfahrens gegen Bülow an, weil Recherchen in der Zentralkartei der NSDAP vom 10. Oktober 1946 ergeben hatten, dass Bülow der NSDAP bereits zum 1. Mai 1933 beigetreten war und damit nicht als Anwärter, sondern als Mitglied der Partei seit 1933 anzusehen sei.[323] Bülow reagierte auf die Klageschrift der Spruchkammer vom 6. März 1947[324] indirekt durch seinen Anwalt Max Will, der wortreich argumentierte, dass Bülow im Dritten Reich stets «das hohe Gut des Rechts verteidigt» habe, während das NS-System «die Rechtlosigkeit organisierte».[325] Will legte dazu auch eine von Walter Kriege ausgestellte Bescheinigung vor, in der es hieß, Bülow habe sich in der ganzen Zeit ihrer Bekanntschaft als ein «anständiger Charakter» erwiesen, der die Gräueltaten des Naziregimes, insbesondere der Gestapo, aufs Tiefste verabscheut habe.[326]

Auch Hans Globke gab für Bülow am 31. Mai 1947 eine eidesstattliche Erklärung ab, in der er betonte, er habe schon sehr bald nach Bülows Eintritt in das Reichsjustizministerium durch Walter Kriege erfahren, dass Bülow trotz seiner Zugehörigkeit zur NSDAP ein zuverlässiger Gegner des Nationalsozialismus sei. Er habe «zu dem Kreise von Ministerialbeamten» gehört, «die oppositionell zu der nationalsozialistischen Staatsführung eingestellt waren und ihre Stellung in den Ministerien mehr oder minder zu dem Versuch benutzten, allein oder im Zusammenspiel miteinander der nationalsozialistischen Gesetzgebung Schwierigkeiten in den Weg zu legen, wenn sie mit dem natürlichen Recht nicht in Einklang stand». Er selbst, so Globke, habe mit Bülow «mehrfach in diesem Sinn zusammengewirkt».[327] Globke stellte damit nicht nur Bülow, sondern auch sich selbst einen «Persilschein» aus. Was seine Darlegung wert war, erhellt ein Schreiben von Reichsinnenminister Wilhelm Frick an den «Stellvertreter der Führers», Rudolf Hess, vom 25. April 1938, in dem Frick erklärte, er beabsichtige, «dem Führer und Reichskanzler vorzuschlagen, die Oberregierungsräte Ritter von Lex, Krug von Nidda und Dr. Globke zu Ministerialräten zu befördern». Globke gehöre «unzweifelhaft zu den befähigsten und tüchtigsten Beamten» seines Ministeriums. Er sei «in ganz hervorragendem Maße» am Zustandekommen wichtiger Gesetze beteiligt gewesen: des Gesetzes zum Schutze des deutschen Blutes und der deutschen Ehre, des Gesetzes zum Schutze der Erbgesundheit des deutschen Volkes, des Personenstandsgesetzes und des Gesetzes zur Änderung von Familiennamen und Vornamen. Außerdem verdiene «seine Mitarbeit bei der Wiedervereinigung Österreichs mit dem Deutschen Reich anerkennend hervorgehoben zu werden». Wegen seiner früheren Zugehörigkeit zur Zentrumspartei sei Globke bisher nicht zur Beförderung zum Ministerialrat vorgeschlagen worden. Aufgrund seiner «seit der Machtergreifung durch die NSDAP bewiesenen Loyalität und steten Einsatzbereitschaft» solle man ihm nunmehr aber «durch die Beförderung zum Ministerialrat eine Anerkennung für seine ganz vorzüglichen Leistungen zu Teil werden lassen».[328]

Noch ehe die Spruchkammer Fulda-Stadt eine endgültige Entscheidung über die Einstufung Bülows fällte, hatte dieser sich bereits beim im Aufbau befindlichen Zentral-Justizamt in Hamburg beworben.[329] Er wurde zu einem Vorstellungsgespräch eingeladen, hinterließ dabei offenbar einen günstigen Eindruck und war nun ab dem 21. November 1946 als Sachbearbeiter in der Zivilrechtsabteilung des ZJA tätig. Zum 1. April 1947 wurde er zum Vortragenden Rat befördert und blieb dies bis zu seiner Abordnung an das Bundesministerium der Justiz im Oktober 1949. Ab Oktober 1948 fungierte er zudem noch als ständiger Vertreter seines Abteilungsleiters im ZJA.[330] In seinem Spruchkammerverfahren erreichte er schließlich nach mehreren Einsprüchen beim Berufungsausschuss Justiz am 9. Juni 1948 die Einreihung in Kategorie V – also in die Gruppe der Entlasteten.[331] In der Begründung hieß es, Bülow habe durch sein Verhalten im Dritten Reich «auf den Genuss beruflicher Vorteile verzichtet» und «mit anderen Amtskollegen den Grundsätzen der Humanität so weit wie möglich zur Geltung verholfen».[332] Am 3. Oktober 1949 wurde Bülow danach vom Zentral-Justizamt an das Bundesministerium der Justiz abgeordnet.

Welche Gründe dazu führten, dass Justizminister Bucher ihn 1963 nach dem Rücktritt von Walter Strauß zum Staatssekretär berief, geht aus den Akten nicht hervor. Er behielt diese Position jedoch auch unter den Nachfolgern Buchers, Karl Weber und Richard Jaeger. Minister Jaeger veranlasste 1965 für Bülow sogar die Hinausschiebung seines Ruhestandes bis zum 30. November 1967, um dessen Dienste dem BMJ weiterhin zu erhalten.[333] Von dieser Verlängerung wurde jedoch kaum Gebrauch gemacht, denn der neue Bundesjustizminister Gustav Heinemann, der am 1. Dezember 1966 sein Amt antrat, strebte bereits kurz danach die Pensionierung Bülows an, um einen politischen Neubeginn zu markieren, der sich auch im Personalwechsel an der Spitze des Ministeriums widerspiegeln sollte.[334] Nachdem Bundeskanzler Kiesinger sein Einverständnis erklärt hatte, wurde Bülow mit Ablauf des 31. Dezember 1966 in den einstweiligen Ruhestand versetzt.

Fritz Bauer und die Auschwitz-Prozesse 1963–1968

Als am 20. Dezember 1963 in Frankfurt am Main der 1. Auschwitz-Prozess begann, war dies nach dem Ulmer Einsatzgruppen-Prozess und dem Eichmann-Prozess in Jerusalem erst der dritte Prozess, bei dem es um den organisierten Massenmord an Juden und anderen Bevölkerungsgruppen ging. Den 22 Angeklagten, die in Frankfurt vor Gericht standen, wurde vorgeworfen, an den Morden im Konzentrations- und Vernichtungslager Auschwitz-Birkenau unmittelbar beteiligt gewesen zu sein. Diesem Prozess, in dem nach 183 Verhandlungstagen am 19. und 20. August 1965 die Urteile gesprochen wurden, folgten von Dezember 1965 bis Juni 1966 noch der 2. Frankfurter Auschwitz-Prozess gegen drei Angeklagte sowie der 3. Auschwitz-Prozess in Frankfurt am Main vom August 1967 bis Juni 1968 gegen zwei Angeklagte. Weitere Auschwitz-Prozesse gab es in Krakau, Erfurt und Wien. Erst seit dem Prozess gegen John Demjanjuk in München 2011 wurden etwa 50 weitere Ermittlungsverfahren eingeleitet, die erneut zu Auschwitz-Prozessen führten, unter anderem in Lüneburg (2015 gegen Oskar Gröning), Detmold (2016 gegen Reinhold Hanning), Neubrandenburg und Kiel.

Die Tatsache, dass die Auschwitz-Prozesse von 1963 bis 1968 in konzentrierter Form in Frankfurt, und nicht zersplittert als einzelne Verfahren vor verschiedenen Gerichten, stattfanden, wie die Justizverwaltungen der Länder dies gerne gesehen hätten, war vor allem auf den Einsatz zweier Personen zurückzuführen: den hessischen Generalstaatsanwalt Fritz Bauer und den Generalsekretär des Internationalen Auschwitzkomitees, Hermann Langbein.[335] Sie erreichten 1959 auf Ersuchen Bauers beim Generalbundesanwalt Max Güde eine Gerichtsstandsbestimmung nach § 13a StPO, wonach der Bundesgerichtshof entschied, dass das Landgericht Frankfurt am Main für die «Untersuchung und Entscheidung» in der Strafsache gegen das Auschwitz-Personal zuständig sein sollte. Die Vorbereitungen für den Prozess waren zu diesem Zeitpunkt bereits im Gange. Bauer selbst war daran ebenso beteiligt wie die Zentrale Stelle in Ludwigsburg und die Staatsanwaltschaft Stuttgart, wo der ehemalige Auschwitz-Häftling Adolf Rögner im März 1958 Strafanzeige gegen Wilhelm Bogner erstattet hatte – einen, wie der Untersuchungsrichter im 1. Auschwitz-Prozess Heinz Düx später erklärte, «besonders sadistischen Tötungsspezialisten dieses Vernichtungslagers».[336] Ein wichtiger Schritt zum Prozess waren allerdings sieben belastende Dokumente, die Bauer im Januar 1959 von Thomas Gnielka, einem Korrespondenten der *Frankfurter Rundschau*, erhielt: Erschießungslisten aus dem Lager Auschwitz, die ein Überlebender als «Souvenir» aus dem brennenden SS- und Polizeigericht in Breslau mitgenommen hatte. Sie waren unterzeichnet vom Lagerkommandanten Rudolf Höß und mit dem Namenskürzel seines Adjutanten SS-Hauptsturmführer Robert Mulka versehen, der in Frankfurt später der ranghöchste Angeklagte war. Die Listen enthielten präzise Angaben und konnten damit als Beweisstücke in einem Strafverfahren dienen. Die Dokumente wurden von Bauer an den BGH und nach Ludwigsburg weitergeleitet. Sie waren für ihn der Anlass, Generalbundesanwalt Güde zu ersuchen, in Vorbereitung eines Prozesses durch den BGH den Gerichtsstand bestimmen zu lassen, und legten den Grundstein für das Ermittlungsverfahren über Auschwitz, das nun begann.

Die Frankfurter Auschwitz-Prozesse sind bereits vielfach beschrieben worden und brauchen hier deshalb nicht weiter behandelt zu werden.[337] Die Rolle Bauers war seinerzeit umstritten – und ist es teilweise bis heute. Er selbst erklärte damals, in der Justiz lebe er «wie im Exil».[338] Wenn er sein Dienstzimmer verlasse, betrete er «feindliches Ausland».[339] Tatsächlich hatte sich das Klima in der Bundesrepublik seit dem Ende des Besatzungsstatuts mit dem Inkrafttreten der Pariser Verträge 1955, als die Bundesrepublik wieder ein souveräner Staat mit nur geringen Einschränkungen wurde, nochmals deutlich verändert. Das erste Gesetz zur Aufhebung von Besatzungsrecht, das am 30. Mai 1956 vom Bundestag verabschiedet wurde, beseitigte das Kontrollratsgesetz Nr. 10 und damit dessen völkerstrafrechtliche Bestimmungen. Die Schlussstrichmentalität in Bezug auf NS-Gewaltverbrechen, die bereits in den späten 1940er und frühen 1950er Jahren erkennbar gewesen war, wirkte sich nun immer mehr zum Vorteil von NS-Tätern aus. So hatte der SPD-Abgeordnete und Pfarrer Hans Merten schon 1952 in einer Bundestagsrede erklärt, «selbst einem juristischen Laien» sei klar, dass die Prozesse gegen NS-Täter «nicht dem Willen der Gerechtigkeit gedient» hätten, sondern dass sie «politische Prozesse mit einem ad hoc geschaffenen Recht» gewesen seien. Man müsse «Schluss machen mit jeder Diskriminierung von Deutschen [...], Schluss mit der Rechtspraxis, deren Grundlage von dem Willen zur Rache und zur Vergeltung diktiert» worden sei.[340]

Es war eine «Verdrängung von geschichtlicher Wahrheit und rechtsstaatlicher Verantwortung», die damals – so die ehemalige Bundesjustizministerin Herta Däubler-Gmelin – die Meinung der überwiegenden Zahl der Juristen und vieler Deutscher genau getroffen habe.[341] Anders Fritz Bauer. Einst jüngster Richter in der Weimarer Republik, als Jude 1933 ins Exil gezwungen und

1949 nach Deutschland zurückgekehrt, kennzeichnete er den Nationalsozialismus «als Bewegung eines Volkes, das nicht die Freiheit und die Menschenrechte verherrlicht, sondern die Obrigkeit, den Kasernenhof, den Drill», und sprach von «glühendem Antisemitismus der Deutschen unter der Oberfläche».[342] Damit jedoch scherte er «aus dem allgemeinen Juristenkonsens» aus.[343] In welchem Maße dies der Fall war, welche Widerstände zu überwinden waren, zeigte sich nicht zuletzt bei der Vorbereitung der Auschwitz-Prozesse, die ohne Bauer in dieser umfassenden Weise wohl nie zustande gekommen wären: Die Zuständigkeit des Landgerichts Frankfurt wurde in Frage gestellt, Richter aus der Justizverwaltung suchten das Verfahren über den Gesamtkomplex Auschwitz wieder in Einzelverfahren aufzulösen, Belastungszeugen wurden von Richtern intern als «Lügner» bezeichnet, Beamte aus der Geschäftsleitung des Landgerichts äußerten ihren Unmut über das Verfahren, Schreiben wurden tagelang zurückgehalten, die Tatortbesichtigung in Polen musste als «private Reise» durchgeführt werden.[344]

Dennoch wurde in den Auschwitz-Prozessen – mehr noch als im Ulmer Einsatzgruppen-Prozess, der sich auf eine relativ kleine Tätergruppe bezog, oder im Eichmann-Prozess, in dem nur ein Angeklagter vor Gericht stand – das erschreckende Ausmaß der deutschen Verbrechen deutlich. Dabei waren die Beschuldigten keine Teufel, die man als solche hätte identifizieren können, sondern bürgerlicher Durchschnitt: ein Arzt, Kaufleute, Handwerker, Filialleiter einer Sparkasse. «In der deutschen Gesellschaft», so Ermittlungsrichter Düx, «hatten sie millionenfache Ebenbilder. Alle waren austauschbar. Wenn die Angeschuldigten nicht in Auschwitz zum Einsatz gekommen wären, sondern statt ihrer andere, wären diese die Auschwitzmörder geworden.»[345] Allein die Vorstellung war unheimlich. Schon deshalb war die Resonanz in der deutschen und internationalen Öffentlichkeit enorm. Für Düx, vor allem aber für Bauer selbst, war die Feindseligkeit, die den Ermittlern im Auschwitz-Prozess von Seiten der Politik, Justiz und Gesellschaft in der Bundesrepublik entgegenschlug, indessen eine große Belastung. Als Düx 2013, ein halbes Jahrhundert nach dem Prozess, gemeinsam mit dem Ankläger im Eichmann-Prozess, Gabriel Bach, in einer Veranstaltung im Nürnberger Schwurgerichtssaal auftrat, war der Unterschied zwischen den beiden noch immer zu spüren, wie Jan Thiessen bemerkte: Gabriel Bach wirkte gelöst, obwohl er schreckliche Details aus seinen Vernehmungen mit Eichmann berichtete; Heinz Düx dagegen schien immer noch verbittert. Thiessen deutete den Unterschied vor allem politisch: Bach habe die volle Unterstützung der israelischen Politik, Justiz und Gesellschaft gehabt; Düx hingegen schien noch immer der aktuellen Aufmerksamkeit für Bauer, den Auschwitz-Prozess und ihn selbst zu misstrauen.[346]

Für Bauer war sein Bemühen um Gerechtigkeit für die Millionen Opfer der NS-Herrschaft mit den Auschwitz-Prozessen jedoch keineswegs beendet. Bereits 1965 hatte er die Ermordung von etwa 14 500 Menschen mit Behinderungen und psychischen Erkrankungen im Rahmen der sogenannten T4-Aktion zwischen Januar 1941 und März 1945 in der Tötungsanstalt Hadamar in Mittelhessen zum Gegenstand einer gerichtlichen Voruntersuchung vor dem Landgericht Limburg gemacht. Dabei ging es auch um die Beteiligung von Heinrich Ebersberg, der bis 1973 als Referatsleiter und Unterabteilungsleiter im Bundesjustizministerium tätig war. Vor 1945 war er im Reichsjustizministerium Persönlicher Referent von Staatssekretär Franz Schlegelberger und Justizminister Otto Georg Thierack gewesen und hatte in dieser Funktion im April 1941 an einer geheimen Besprechung teilgenommen, in der Schlegelberger den Generalstaatsanwälten und Präsidenten der Oberlandesgerichte erklärt hatte, dass Strafanzeigen aus der Bevölkerung wegen Euthanasie nicht bearbeitet und entsprechende Strafverfahren nicht eröffnet werden dürften.[347] Der Untersuchungsrichter in Limburg ließ die Hadamar-Akte jedoch zunächst einmal – entgegen den Bestimmungen der Strafprozessordnung, die ihn zur Eröffnung der Voruntersuchung verpflichteten – einundhalb Jahre unbearbeitet. Erst nach Intervention Bauers bei der zuständigen Strafkammer des Landgerichts begannen im Januar 1967 die Vernehmungen, die aber «dilatorisch und ohne Erklärungsbereitschaft» geführt wurden.[348] Auch Ebersberg wurde vernommen – allerdings nur als Zeuge. Nach dem Ableben Fritz Bauers am 30. Juni 1968 war jedoch abzusehen, dass das Verfahren zu keinem für die Angeschuldigten nachteiligen Ergebnis führen würde. Tatsächlich wurde es 1970 geräuschlos beendet. Gleiches galt für ein zweites Verfahren in Köln, bei dem Ebersberg Beschuldigter war, weil er Straftäter, die aus Sicht der NSDAP und der Polizei zu milde bestraft worden waren, zur «Sonderbehandlung» an die Gestapo hatte überstellen lassen, die häufig im Konzentrationslager endete.[349]

Bauers plötzlicher Tod im Alter von nur 65 Jahren, über dessen Umstände viel spekuliert wurde, die inzwischen aber geklärt scheinen, so dass ein Fremdverschulden wohl auszuschließen ist[350], bedeutete damit für die Strafverfolgung von NS-Tätern in der Bundesrepublik einen schweren Rückschlag. Irmtrud Wojak kommt in ihrer Biographie über Bauer zu dem Ergebnis, dass er weder amtsmüde war noch resigniert hatte. In seinem Bemühen, ein besseres, humanes Recht zu schaffen, habe er seine Umwelt zwar oft negativ eingeschätzt. Aber diese Grundstimmung sei auch «die Quelle seines Tatendrangs» gewesen. Er habe daraus eine «sachliche Leidenschaft» geschöpft, deren Intensität schließlich seine physischen Lebenskräfte aufgezehrt hätte.[351] Inzwischen ist die «Rückkehr Fritz Bauers ins kollektive Bewusstsein»[352] ein Anzeichen dafür, dass die Probleme, die es noch in den 1960er und 1970er Jahren bei der juristischen «Aufarbeitung» der NS-Verbrechen gab, nicht mehr bestehen. Da es kaum noch jemanden aus der Kriegs- und Vorkriegsgeneration gibt, der sich ernsthaft angegriffen fühlen könnte, ist es leicht geworden, die Auffassung zu vertreten, dass, wie Fritz Bauer einmal in einem Interview bemerkte, jeder, der an einem Ort systematischen Mordens wie Auschwitz eine Funktion gehabt habe, «angefangen vom kleinsten Lokführer bis zum höchsten SS-Beamten», allein schon wegen seiner Anwesenheit und seiner Funktion an diesem Ort Täter gewesen sein könnte.[353] Für die Jahre der Rosenburg galt dies noch nicht.

Wandel in der Personalpolitik

Am 15. Februar 1965 bestimmte Staatssekretär Arthur Bülow, dass vor der Ernennung von Beamten, denen mit der Ernennung ein Amt des höheren Dienstes im Bundesministerium der Justiz übertragen werden solle, die Personalakten durch eine «schriftliche Auskunft der Dokumentenzentrale in Berlin» – gemeint ist das Berlin Document Center (BDC) – zu ergänzen seien.[354] Das BDC war unmittelbar nach Kriegsende durch die US-Armee als Sammellager beschlagnahmter Dokumente aus der Zeit des Dritten Reiches eingerichtet worden und sollte sowohl der Vorbereitung der Nürnberger Kriegsverbrecherprozesse als auch der Entnazifizierung dienen. Den bedeutendsten Bestand des BDC bildete die Zentrale Mitgliederkartei der NSDAP. Daneben lagerte in den Räumlichkeiten am Wasserkäfersteig 1 in Berlin-Zehlendorf vor allem eine Vielzahl von Personalunterlagen der SS, der SA und des Rasse- und Siedlungshauptamtes der SS. Die Amerikaner verfügten damit über große Mengen an Material, das auch für die Personalpolitik der deutschen Behörden, die nach 1945 bzw. 1949 aufgebaut wurden, von größtem Interesse hätte sein müssen, um die Einstellung und Weiterbeschäftigung ehemaliger Nationalsozialisten zu verhindern – wenn man dies gewollt hätte.

Mit dem Vermerk von Staatssekretär Bülow vom 15. Februar 1965 wurde jetzt, zwanzig Jahre nach Ende des Dritten Reiches, die Abfrage für alle zu ernennenden Angehörigen des höheren Dienstes im BMJ eingeführt. Den Anlass dafür bildeten Nachprüfungen von Ernennungsvorschlägen im Bundesministerium des Innern und im Bundespräsidialamt, wie ein handschriftlicher Vermerk Bülows erkennen lässt.[355] Es bedurfte also erst eines äußeren Anlasses, um im BMJ die Regelanfrage einzuführen. Tatsächlich hatte es seit Errichtung des Bundesjustizministeriums 1949 nur in Einzelfällen Anfragen beim BDC gegeben. Staatssekretär Walter Strauß bemerkte dazu rückblickend, Auskünfte beim Document Center im Rahmen der politischen Überprüfung von Beamten seien lediglich in «Zweifelsfällen» eingeholt worden.[356] So enthalten die Generalakten zu den Anfragen beim BDC, die sich bis jetzt im Archiv des BMJ befinden, nicht einmal zehn derartige Fälle aus der Zeit vor 1965.[357] Die von Strauß angesprochenen «Zweifelsfälle» betrafen daher einen sehr übersichtlichen Personenkreis, so dass der Schluss berechtigt ist, dass eine wirkliche Überprüfung der NS-Vergangenheit einzustellender Bewerber für den Dienst des BMJ von der Hausleitung noch nicht einmal beabsichtigt war.

Seit Juni 1951 lagerten auf der Rosenburg zudem die Akten des Politischen Prüfungsausschusses des Vereinigten Wirtschaftsgebiets zu den früher für die Bizonenverwaltung tätigen Beamten Dr. Hennig von Arnim, Dr. Heinz Bergmann, Theodor Brandl, Dr. Kurt Haertel, Dr. Günther Joël, Dr. Franz Jung, Dr. Carl Friedrich Ophüls, Dr. Ellinor von Puttkammer, Dr. Walter Strauß und Dr. Klaus Woernle.[358] Dass die Akten überhaupt ins BMJ gelangten, ist auf eine Bitte von Bundesinnenminister Robert Lehr an das Personalamt des VWG zurückzuführen, die Auskünfte des Document Center über Angehörige der früheren Verwaltung des VWG, die im Bundesdienst tätig seien, an die «jetzigen Beschäftigungsbehörden» zu übersenden.[359] Das Schreiben des Personalamts, das diese Mitteilung enthält, liefert zugleich den Hinweis, dass damals nur bei einem Teil der überprüften Verwaltungsangehörigen Auskünfte beim Document Center eingeholt wurden.

Jetzt, nach Einführung der Regelanfrage im Februar 1965, forderte das Bundesjustizministerium mehrfach Hunderte von Vordrucken beim BDC an, um Anfragen zu stellen. Da das BMJ selbst über einen verhältnismäßig kleinen Personalbestand verfügte, ist somit davon auszugehen, dass auch für die im Geschäftsbereich des Ministeriums tätigen Beamten des höheren Dienstes, vor allem beim personell stark besetzten Bundespatentamt in München, ab 1965 flächendeckend eine Anfrage beim BDC gestellt wurde. In den meisten Fällen nahm man nach Eingang der BDC-Bescheide in der Abteilung Z sogleich einen Abgleich der Auskünfte mit dem Inhalt der Personalakte des betreffenden Beamten vor. Im Zweifelsfall, insbesondere dann, wenn laut BDC-Auskunft eine Mitgliedschaft bei der NSDAP vorlag, die nicht in den Personalakten vermerkt war, wurde der Beamte um eine dienstliche Erklärung gebeten. In der Regel erfolgte dann die Feststellung, dass nichts weiter zu veranlassen sei. Zu disziplinarischen Maßnahmen gegen einen Beamten allein aufgrund der Auskünfte des BDC kam es, wie die Personalakten zeigen, in keinem einzigen Fall. Zudem wurde die Klärung der Fragen, die sich beim Abgleich der Informationen des Document Center mit den Personalakten ergaben, nicht immer sofort vorgenommen, sondern zuweilen erst zu einem späteren Zeitpunkt, wenn ein besonderer Anlass vorlag. So vermerkte etwa der zuständige Personalreferent Dr. Kern zu einer entsprechenden Aufstellung über sechs Regierungsdirektoren vom Dezember 1965, die offenen Fragen sollten «im Einzelfall» geklärt werden, «wenn dazu Veranlassung besteht (z. B. Beförderung)».[360]

Der grundlegende Vermerk von Staatssekretär Bülow wurde mehr als drei Jahre später durch die Bestimmung ergänzt, dass es sich bei der Auskunft des BDC um eine «Auskunft aus jüngster Zeit» handeln müsse.[361] Das heißt, die Anfragen sollten aktuell erfolgt sein und nicht bereits längere Zeit zurückliegen. Die Entscheidung, ob im Einzelfall von dieser Anordnung abgewichen werden könne, habe sich «Herr Staatssekretär vorbehalten».[362] Gemeint ist hierbei Bülows Nachfolger im Amt des Staatssekretärs, Prof. Dr. Horst Ehmke, der jedoch von dieser Möglichkeit offenbar keinen Gebrauch machte. Wenig später, am 6. September 1968, ordnete Ehmke allerdings an, dass bei Angehörigen der Geburtsjahrgänge ab 1928 von der Einholung der Auskünfte abgesehen werden könne.[363] Bereits unter seinem Vorgänger Bülow war im November 1966 die Festlegung getroffen worden, dass die Einholung von Auskünften beim BDC unterbleiben könne, wenn der betreffende Beamte am 8. Mai 1945 das 18. Lebensjahr noch nicht vollendet hatte.[364] Unterhalb dieser Altersgrenze war eine Belastung aus der NS-Zeit aus Sicht des Bundesjustizministeriums also regelmäßig nicht zu erwarten. Dass die Regelanfrage beim BDC nicht schon früher eingeführt wurde, dürfte kein Zufall sein. Denn die Angriffe aus der DDR gegen Beamte und Richter in der Bundesrepublik erreichten erst Mitte der 1960er Jahre ihren Höhepunkt.[365] Auch der Eichmann-Prozess und die Auschwitz-Prozesse verfehlten ihre Wirkung nicht, so dass im BMJ die Sensibilität für die Belastungen aus der NS-Zeit zunahm.

Aufhebung der NS-Unrechtsurteile

Wie schwer sich nicht nur die deutsche Justiz, sondern auch die Politik in der Bundesrepublik im Umgang mit dem nationalsozialistischen Unrecht tat, zeigt – neben der verschleppten, verzögerten und in unzähligen Fällen unterlassenen Verfolgung nationalsozialistischer Verbrechen – das Beispiel der Aufhebung von NS-Unrechtsurteilen. Zwar wurde die justizielle Hinterlassenschaft der ideologisch geprägten Verfahren am Volksgerichtshof sowie an den Sondergerichten, Standgerichten und anderen Strafgerichten nach 1945 in einzelnen Besatzungszonen durch Rechtsvorschriften zur Bereinigung der Unrechtsurteile partiell geregelt, so dass zu Beginn der 1950er Jahre – übrigens nicht nur in der Bundesrepublik, sondern auch in der DDR – die Auffassung bestand, das Thema sei «praktisch erledigt», wie Bundesjustizminister Dehler bereits am 16. März 1950 vor dem Deutschen Bundestag erklärte. Mehr noch: Durch eine nachträgliche Legalisierung von Widerstandshandlungen werde «das ganze Gefüge unserer Rechtsordnung [...] in gewissem Maße gefährdet».[366]

Doch in Wirklichkeit war man von einer umfassenden justiziellen Rehabilitierung der Opfer der NS-Justiz noch weit entfernt. Daran änderte auch die Tatsache nichts, dass die Gesetze zur Wiedergutmachung nationalsozialistischen Unrechts in der Strafrechtspflege in der amerikanischen Zone aus den Jahren 1946 und 1947, die «Verordnung über die Gewährung von Straffreiheit» für NS-Verurteilte vom 3. Juni 1947 in der britischen Zone und die entsprechenden Vorschriften in der französischen Zone, ebenfalls aus dem Jahr 1947, mit Inkrafttreten des Grundgesetzes am 23. Mai 1949 gemäß Art. 125 Nr. 1 GG partielles Bundesrecht wurden. Denn es gab noch bedeutende Schwachstellen, die nach 1949 nicht beseitigt wurden: Zum einen erfolgte die Aufhebung eines Unrechtsurteils nicht grundsätzlich durch Gesetz, wie dies bei rein politischen Straftaten der Fall war, sondern in der Regel nur auf Antrag des Betroffenen. Zum anderen war der zeitliche Anwendungsbereich auf die Tathandlung und nicht auf den Zeitpunkt der Entscheidung bezogen, so dass Taten, die noch in der Weimarer Republik verübt worden waren, aber erst im Dritten Reich zu einer Verurteilung geführt hatten, von der Regelung ausgenommen waren.[367] Die daraus resultierenden Probleme wurden noch verschärft, als die Straffreiheitsverordnung der britischen Zone von 1947 bei einer Rechtsbereinigung des Bundesrechts 1968 außer Kraft gesetzt wurde.[368] Das Berliner «Gesetz zur Wiedergutmachung nationalsozialistischen Unrechts auf dem Gebiet des Strafrechts» vom 5. Januar 1951 verzichtete von vornherein auf die Aufhebung durch Gesetz, so dass hier gerichtliche Entscheidungen nur auf Antrag aufgehoben werden konnten.[369]

Immerhin verabschiedete der Bundestag am 7. August 1952 ein «Zuständigkeitsergänzungsgesetz», das bundesweit und unter vereinfachten Voraussetzungen die Aufnahme von Verfahren erlaubte, die durch Urteile der Sondergerichte und Wehrmachtsgerichte abgeschlossen worden waren. Dabei bestand der Bundesrat ausdrücklich darauf, dass auch die Sondergerichte in die Regelung einbezogen wurden, weil «vor allem bei Urteilen wegen nichtpolitischer Straftaten teilweise noch – z. B. für Spätheimkehrer – ein begründetes Interesse an der Aufhebung des Richterspruchs» bestehe.[370] Dies war umso erstaunlicher, als Dr. Wilhelm Dallinger, Referatsleiter für Strafgerichtsverfassung und Strafverfahren im BMJ, erst kurz zuvor, am 4. Juli, im Rechtsausschuss des Bundestages erklärt hatte, dass «die Urteile der Sondergerichte und ihre Folgen bereits weitgehend beseitigt» seien.[371] Dies war zwar eine glatte Lüge, mit der Dallinger, der seit 1935 im Reichsjustizministerium gearbeitet hatte, seit dem 1. Mai 1937 Mitglied der NSDAP gewesen war und in seiner Berliner Wohnung die Funktion eines sogenannten «Blockhelfers» wahrgenommen hatte, das Problem der Sondergerichtsurteile offenbar kleinreden wollte. Doch der Bundesrat war ihm nicht gefolgt, weil das Problem der Flüchtlinge und Vertriebenen, aber auch der immer noch aus der Gefangenschaft heimkehrenden Soldaten und Verschleppten eine andere Lösung verlangte.

Danach geschah bis zur Wiedervereinigung Deutschlands 1989/90 nur noch wenig. Zwar gab es im Juni 1983 einen Entschließungsantrag der SPD, der darauf abzielte, die Entscheidungen des Volksgerichtshofs «als von Anfang an nichtig» zu bezeichnen.[372] Doch dazu erklärte im Namen der Bundesregierung der Abgeordnete Erwin Marschewski am 13. Oktober 1983 im Plenum des Bundestages, er habe «bei dem Herrn Bundesjustizminister nachgefragt» und ihm sei «gesagt worden, dass im Bundeszentralregister kein einziges Urteil des Volksgerichtshofs mehr registriert» sei – auch dies eine glatte Lüge.[373] Nach langen Beratungen, in denen sich zeigte, dass CDU und CSU keine grundsätzliche Aufhebung der Urteile wollten, einigte man sich schließlich am 25. Januar 1985 auf den politischen Kompromiss einer Entschließung des Bundestages, in der die Institution des Volksgerichtshofs geächtet und seinen Entscheidungen die Verbindlichkeit abgesprochen wurde.[374] Eine Gesetzesinitiative des Bundesrates im November 1989 führte zwar am 25. Mai 1990 zum «Gesetz zur Bereinigung nationalsozialistischer Unrechtsurteile», das jedoch ein «Schnellschuss» war, um dem öffentlichen Druck zu begegnen, und sich damit als vollkommen unzureichend erwies.[375] Die Alternative wäre eine große Aufhebung der NS-Unrechtsurteile gewesen. Aber dazu hätte es umfassender Diskussionen vor allem in der CDU/CSU bedurft, zu denen 1990 keine Gelegenheit bestand, weil das Thema der Wiedervereinigung alle anderen Projekte in den Hintergrund treten ließ. So wurde zwar im Rechtsausschuss des Bundestages noch über einen weitergehenden Entwurf diskutiert, der ein gerichtliches Aufhebungsverfahren nach Antrag vorsah, das auf den objektiven Unrechtsgehalt des Urteils abstellte. Aber dieser Entwurf scheiterte am Widerstand der Länder, weil diese die bestehenden gesetzlichen Grundlagen für ausreichend hielten, um alle Fälle auch künftig erfassen zu können.

Ein besonders heikles Thema waren in diesem Zusammenhang die Urteile der NS-Militärgerichte. Während dreier Legislaturperioden, von 1990 bis 2002, wurde darüber nach Entschließungsanträgen von Abgeordneten der

SPD und von Bündnis 90/Die Grünen diskutiert, die der Meinung waren, diese Gerichte seien «Terrorinstrumente des NS-Regimes» gewesen und dass ihren Entscheidungen damit keine Rechtswirksamkeit zukomme.[376] Von der Bundesregierung war dazu jedoch regelmäßig keine Stellungnahme zu erhalten: Das Bundesverteidigungsministerium (BMVg) hüllte sich in Schweigen und verwies auf die Zuständigkeit des Bundesministeriums der Justiz, das aber ohne Kooperation des BMVg nichts zu entscheiden vermochte, so dass die Angelegenheit stets im Rechtsausschuss des Bundestages versickerte. Erst nach einer Sachverständigen-Anhörung wurde im Mai 1997 ein Formelkompromiss für eine Entschließung des Bundestages gefunden, in der es nun hieß, «dass die von der Wehrmachtsjustiz während des Zweiten Weltkrieges [...] verhängten Urteile» wegen Kriegsdienstverweigerung, Fahnenflucht und Wehrkraftzersetzung «unter Anlegung rechtsstaatlicher Wertmaßstäbe Unrecht» gewesen seien. «Anderes» gelte, «wenn bei Anlegung dieser Maßstäbe die der Verurteilung zugrundeliegende Handlung auch heute Unrecht wäre».[377] Die Entschließung war also alles andere als ein Befreiungsschlag. Vielmehr offenbarte sie nach wie vor jenes alte Denken, das den Umgang mit dem NS-Erbe seit 1945 geprägt hatte – als ob man in den Jahrzehnten zuvor nichts hinzugelernt hätte. Tatsächlich stand inzwischen der Ruf des deutschen Soldaten auf dem Spiel, seitdem 1995 eine Ausstellung des Hamburger Instituts für Sozialforschung zum Thema «Vernichtungskrieg. Verbrechen der Wehrmacht 1941 bis 1944» für kontroverse Diskussionen sorgte und den Mythos der «unbefleckten Wehrmacht», die vom NS-Regime klar unterschieden werden müsse, in Frage stellte. Eine Stellungnahme der Bundeswehr bzw. des Bundesverteidigungsministeriums zu den Urteilen der NS-Militärgerichte hätte hier für zusätzlichen Zündstoff gesorgt und war somit kaum zu erwarten.

So kam es am 25. August 1998 lediglich zum Gesetz zur Aufhebung nationalsozialistischer Unrechtsurteile in der Strafrechtspflege, das nunmehr den Anspruch erhob, ein «Schlussstrichgesetz» im positiven Sinne des Wortes zu sein.[378] Vor allem seine Generalklausel, dass durch das Gesetz «verurteilende strafgerichtliche Entscheidungen, die unter Verstoß gegen elementare Gedanken der Gerechtigkeit nach dem 30. Januar 1933 zur Durchsetzung oder Aufrechterhaltung des nationalsozialistischen Unrechtsregimes aus politischen, militärischen, rassischen, religiösen oder weltanschaulichen Gründen ergangen sind, aufgehoben» würden, erhielt viel Lob. Tatsächlich lässt sich der Paradigmenwechsel, der mit diesem Gesetz einherging, nicht bestreiten. Insofern bedeutete das Gesetz einen großen Fortschritt gegenüber dem bisherigen Mangel an Regelungen. Die Frage bleibt, ob sich dahinter nicht ein neuer

Mythos verbirgt, der davon ausgeht, dass jetzt «alles in Ordnung» sei. Die Auseinandersetzung mit dem verbrecherischen Erbe der NS-Zeit ist jedoch nicht durch die Buchstaben eines Gesetzes allein herzustellen, sondern bedarf eines Mentalitätswandels in Politik, Justiz und Gesellschaft, der nach 1945 allzu lange auf sich warten ließ.

Sozialdemokratische Justizpolitik nach 1966

Am 1. Dezember 1966 wurde Richard Jaeger als Bundesminister der Justiz durch Gustav Heinemann abgelöst.[379] Knapp zweieinhalb Jahre später, am 26. März 1969, übernahm Horst Ehmke, bis dahin Heinemanns Staatssekretär, den Ministerposten.[380] Das handschriftliche Konzept Heinemanns für seine Antrittsrede im BMJ vom 2. Dezember 1966 macht deutlich, welche Marschroute er als «Herr der Rosenburg» einschlagen würde: Nötig sei eine Arbeit «aus offenem Geist» für die Bedingungen und Notwendigkeiten einer modernen Gesellschaft.[381] Dabei müsse es ein doppeltes Bewusstsein geben: Zum einen könne der Rechtsstaat nur in der freiheitlichen Demokratie gedeihen. Zum anderen würden alle Gesetze «draußen im Namen des Volkes judiziert».[382] Bei der Eröffnung des 47. Deutschen Juristentages im September 1968 erklärte er, es sei entscheidend, dass neues Recht «mit richtigem Maße und guter Überlegung» geboren werde. Dazu brauche der Gesetzgeber und brauche vor allem die Regierung «die Mitarbeit aller, das Bundesministerium der Justiz insbesondere den Rat aller Juristen». Diskussion sei ein Wesenselement der Demokratie.[383]

Die Bandbreite der Themen, die Heinemann als Bundesjustizminister zu bearbeiten gedachte, reichte vom Gesetzentwurf zum Unehelichenrecht über die Reform des Strafvollzugs bis zum Komplex Verjährung, zu dem er erklärte, man wolle die Verjährung für Mord und Völkermord «überhaupt hinfällig [..] machen, nicht nur im Hinblick auf sogenannte NS-Verbrechen, sondern ganz allgemein».[384] Auf die Frage, ob eine Aufhebung der Verjährung auch rückwirkend gelten solle, antwortete Heinemann, alle noch nicht abgelaufenen Verjährungen in Bezug auf Mord oder Völkermord sollten nicht mehr verjähren. Wo jedoch eine Verjährung bereits eingetreten sei, werde es «keinerlei Wiederaufleben der Strafverfolgung» geben.[385]

Inwieweit die neuen politischen Akzente, die vom ersten sozialdemokratischen Bundesminister der Justiz gesetzt wurden, auch von einem Wandel in der Personalpolitik begleitet waren, ließ sich zumindest in der Anfangsphase noch nicht übersehen. So verlieh Klaus Rudolf Dreher im Juli 1967 in der *Süddeutschen Zeitung* der Enttäuschung vieler Sozialdemokraten Ausdruck, dass die neuen Minister personalpolitisch «zu zögernd, zu tastend und zu vorsichtig» agierten. Eine «Parteibuchwirtschaft», so Dreher, habe die SPD in Bonn jedenfalls nicht eingeführt.[386] Walter Strauß hingegen meinte rückblickend – nicht ohne Missfallen –, zu seiner Zeit sei nach der Zugehörigkeit eines Beamten zu einer Partei nicht gefragt worden; man habe es bisweilen nur von außen erfahren. In den 1970er Jahren, so legt es Strauß nahe, aber sei die Auswahl der Beamten zunehmend nach parteipolitischen Gesichtspunkten erfolgt.[387] Außerdem habe das «außerordentliche Ansteigen der Stellenvermehrungen» bis 1975 zu einer starken Belastung des Bundeshaushalts geführt: Während am Ende seiner Amtszeit als Staatssekretär dem BMJ nur 137 Beamte angehört hätten, seien es 13 Jahre später schon 365 gewesen.[388]

Tatsächlich machte sich die stärkere parteipolitische Orientierung des BMJ, die ebenfalls zu einem erheblichen Personal- und Richtungswechsel führte, den viele sich bereits 1949 gewünscht hatten, bald immer stärker bemerkbar. Ein Anzeichen dafür war die Bildung einer zunehmend einflussreichen «Betriebsgruppe» der SPD, die bald auch entsprechende Organisationen von Anhängern bzw. Mitgliedern der Unionsparteien und der FDP nach sich zog. Diese Entwicklung führte zu einer Politisierung der Beamtenschaft, die es zuvor nicht gegeben hatte und mit der sich manche aktuellen und ehemaligen Mitarbeiter des Hauses, wie Strauß, nicht anfreunden mochten.

Eine wichtige Aufgabe in der Amtszeit von Heinemann als Bundesjustizminister war neben der Verfolgung nationalsozialistischer Straftaten der Umgang mit dem Rechtsextremismus, vor allem der Nationaldemokratischen Partei Deutschlands (NPD).[389] Eine zeitgemäße Rechtspolitik, notierte er dazu im April 1967, dürfe nicht nur gegenwartsorientiert sein, sondern müsse sich auch mit der Vergangenheit befassen.[390] Heinemann selbst, der von 1926 bis 1928 in Essen zunächst Rechtsanwalt und dann von 1929 bis 1949 Justitiar und Direktor der Rheinischen Stahlwerke gewesen war, hatte sich im Dritten Reich als überregionaler Rechtsberater in der Bekennenden Kirche engagiert und war dort auch Sprecher der Synodalen, also der Kirchenabgeordneten, gewesen. Der NSDAP hatte er nicht angehört, wohl aber dem Nationalsozialistischen Rechtswahrerbund (NSRB) und der Nationalsozialistischen Volkswohlfahrt (NSV) – vermutlich um seinen Lehrauftrag für Berg- und Wirtschaftsrecht an der Universität Köln aufrechterhalten und seine Tätigkeit bei den Rheinischen Stahlwerken fortsetzen zu können.[391] Allerdings hatte er als Anwalt, gemeinsam mit dem Juniorpartner in seiner Essener Anwaltskanzlei, Diether Posser, auch Max Merten vertreten, der 1952 zu den Gründungsmitgliedern der Gesamtdeutschen Volkspartei (GVP) gezählt hatte und dem in Griechenland eine Beteiligung an NS-Verbrechen zur Last gelegt wurde. Als man ihm deswegen 1959 in Griechenland den Prozess machte, flog Posser nach Athen, wo er das Verfahren beobachtete und für verschiedene deutsche Zeitungen kommentierte.[392]

Die Rechtspolitik, die Heinemann 1966 einleitete und die nach seiner Wahl zum Bundespräsidenten im April 1969 von Horst Ehmke und danach im Rahmen der sozialliberalen Koalition unter Willy Brandt und Helmut Schmidt von Gerhard Jahn und Hans-Jochen Vogel fortgesetzt wurde, zielte auf weitreichende Reformen, die denjenigen in anderen Bereichen in nichts nachstanden. Ein rechtspolitischer Kongress der SPD hatte dafür 1965 die programmatischen Grundlagen geschaffen, zu denen die Neuerung von Recht und Rechtspflege sowie die Ablösung des Obrigkeitsstaates zugunsten demokratischer Vorstellungen gehörten. Auf dem Nürnberger Parteitag der SPD wurde danach 1968 eine «Rechtspolitische Plattform» verabschiedet, der zufolge sozialdemokratische Rechtspolitik «das soziale Leben mit den Mitteln des Rechts nach den Leitbildern einer besseren sozialen Ordnung» gestalten und «die in der Verfassung niedergelegten Menschen- und Bürgerrechte zur vollen Entfaltung» bringen sollte.[393]

Zu den grundlegenden Reformvorhaben gehörten – nur wenige Jahre nach dem Ausscheiden Franz Massfellers aus dem BMJ 1964, der dort seit 1949 die familienrechtliche Kontinuität vom Reichsjustizministerium zum Bundesjustizministerium verkörpert hatte – eine Reform des Ehe- und Familienrechts mit dem Abbau autoritärer Strukturen und der Verwirklichung des Gleichheitsgrundsatzes, eine Liberalisierung des Adoptionsrechts, die Ersetzung des Begriffs «elterliche Gewalt» durch den Begriff «elterliche Sorge» und eine Erweiterung der Zuständigkeit der Vormundschaftsgerichte, aber auch eine Änderung des Namensrechts in Ehe und Familie. Im Gesellschaftsrecht sollte es mehr Mitbestimmung für die Arbeitnehmer geben, der Verbraucherschutz sollte verbessert, das Mietrecht geändert werden. Im Straf- und Strafverfahrensrecht ging es nicht nur um die Inkraftsetzung der Großen Strafrechtsreform, die seit 1954 von der Großen Strafrechtskommission vorbereitet worden war.[394] Vielmehr sollte es auch eine Liberalisierung des Demonstrationsstrafrechts sowie eine Reform des Sexualstrafrechts geben, bei der etwa die Straftatbestände Kuppelei und Zuhälterei, Homosexualität, sexueller Missbrauch Abhängiger und die Herstellung und Verbreitung pornographischer Schriften und Abbildungen grundlegend neu geregelt werden sollten, um, wie der Parlamentarische Staatssekretär im Bundesjustizministerium, Dr. Alfons Bayerl, erklärte, von der unzeitgemäßen Anschauung Abschied zu nehmen, «der Staat habe mit Kriminalpolitik und Strafrecht für die Moral auf Erden zu sorgen».[395]

III. DER «GEIST DER ROSENBURG»

Mit diesen neuen inhaltlichen Akzentsetzungen begann Mitte der 1960er Jahre – schon mit dem Regierungsantritt der Großen Koalition am 1. Dezember 1966 und der Amtsübernahme durch Justizminister Heinemann – ein Wandel der Rechts- und Gesellschaftspolitik, der auch das Bundesministerium der Justiz selbst erfasste. Der Generationswechsel, der 1973 schließlich für jedermann sichtbar durch den Auszug des BMJ aus der Rosenburg symbolisiert wurde, bedeutete zugleich einen Mentalitäts- und Gesinnungswandel, der sich in die allgemeine Veränderung des politischen Koordinatensystems der Bundesrepublik im Übergang von den 1960er zu den 1970er Jahren einfügte.

ZWEITER TEIL

Abteilungen und Sachfragen

I. Die allgemeine Personalentwicklung 1949–1973

1. Auswertung der Personaldatenbank

Mit 67 planmäßigen Beamtenstellen war das Bundesministerium der Justiz bei seiner Errichtung 1949 das kleinste Bundesministerium. Am Ende des Untersuchungszeitraums 1973 waren es zwar schon 250 Stellen, aber damit war es immer noch ein sehr kleines Haus.[1] Die folgende Auswertung beschränkt sich im Wesentlichen auf das Leitungspersonal: Abteilungsleiter, Unterabteilungsleiter und Referatsleiter (seinerzeit hießen sie noch Referenten). Bei den damals sogenannten Hilfsreferenten (heute Referenten) fand hingegen ein häufiger Wechsel statt, da es sich in der Mehrzahl um Personen handelte, die aus den Ländern nur für einen Zeitraum von zwei bis vier Jahren abgeordnet waren. Diese Gruppe wurde deshalb nicht in die Untersuchung einbezogen.

Insgesamt wurden 258 Personalakten eingesehen. Die folgende Auswertung konzentriert sich jedoch auf alle bis einschließlich 1927 geborenen Mitarbeiter – rund 170. Diese waren bei Kriegsende 1945 mindestens 18 Jahre alt, hatten ihre Schulzeit im nationalsozialistischen Deutschland absolviert, konnten in NS-Jugendorganisationen aktiv gewesen sein und waren in der Regel beim Arbeitsdienst und bei der Wehrmacht gewesen. Das Hauptinteresse der Untersuchung galt jedoch denjenigen Personen, die im ersten Jahrzehnt des 20. Jahrhunderts geboren waren. Sie hatten ihre juristische Ausbildung vor dem Krieg abgeschlossen und waren schon im Nationalsozialismus als Juristen tätig, bevor sie nach 1945 in die Landesjustizverwaltungen und schließlich in das Bundesministerium der Justiz gelangten.

Aus den Personalakten ergeben sich jeweils die Prüfungsleistungen im ersten und zweiten juristischen Staatsexamen sowie das Datum und die Note einer möglichen Promotion. Akribisch aufgelistet sind der berufliche Werdegang vor Eintritt in das Bundesjustizministerium und Beförderungen im Haus oder außerhalb des Hauses, etwa zum Bundesrichter am Bundesgerichtshof (BGH). Von besonderem Interesse war für diese Untersuchung die Nennung von Mitgliedschaften in der NSDAP, ihren Gliederungen oder angeschlossenen Verbänden wie SA, Nationalsozialistisches Kraftfahrkorps (NSKK), Nationalsozialistisches Fliegerkorps (NSFK) oder, für Juristen besonders relevant, im

Nationalsozialistischen Rechtswahrerbund (NSRB). Neben diesen Mitgliedschaften sind aber auch Ämter, etwa das Amt eines Blockleiters, sowie Arbeits-, Wehr- und Kriegsdienst einschließlich der Rekrutierungsdaten und militärischen Auszeichnungen und gegebenenfalls das Datum der Rückkehr aus der Kriegsgefangenschaft verzeichnet. Schließlich machen die Personalakten ebenfalls Angaben zur Entnazifizierung und zu den Spruchkammerverfahren sowie zu der Kategorie, in welche die Betroffenen eingeordnet wurden. Diese Angaben lassen Rückschlüsse sowohl auf die Qualifikation der Mitarbeiter als auch auf ihre NS-Belastung im formellen Sinne einer Mitgliedschaft und im Sinne von Aktivitäten innerhalb der NS-Organisationen zu. Auch eine frühere juristische Tätigkeit der untersuchten Personen, vor allem im Reichsjustizministerium, kann für die Bewertung relevant sein. Für die Rekrutierungspolitik des frühen Bundesjustizministeriums ist außerdem von Belang, wie der Wiedereinstieg in die Justiz zwischen 1945 und 1949 gelang.

Personelle Entwicklung und Qualifikationen

Zu Beginn verfügte das Ministerium über fünf Abteilungen mit 34 Referaten, in denen insgesamt 34 Juristen und eine Juristin beschäftigt waren. Seit 1957 umfassten die Abteilungen I (Bürgerliches Recht) und III (Wirtschaftsrecht) je elf bis zwölf Referate, während die Abteilung II (Strafrecht und Verfahren) zur Bewältigung der seit Mitte der 1950er Jahre geplanten Großen Strafrechtsreform personell erheblich aufgestockt wurde und mit 15 bzw. ab 1959 mit 16 Referaten die größte Abteilung darstellte. Die Abteilung IV (Öffentliches Recht) enthielt kontinuierlich etwa 14 Referate, während die allgemeine Verwaltungsabteilung Z von sechs auf schließlich zwölf Referate anwuchs. 1964 waren aufgrund der zunehmenden Zahl an Referaten bereits 73 Personen als Abteilungsleiter, Unterabteilungsleiter und Referatsleiter beschäftigt; die Zahl der leitenden Mitarbeiter hatte sich also mehr als verdoppelt. Zum Ende der Rosenburgzeit umfasste der Personalstamm schließlich 93 Personen. Dies entsprach nahezu einer Verdreifachung der ursprünglichen Mitarbeiter.

Wenn Minister Dehler und Staatssekretär Strauß behaupteten, die fachliche Qualifikation sei für die Aufnahme in den ministeriellen Dienst das ausschlaggebende Kriterium gewesen[2], so wird dies durch die Akten belegt. Von den 170 Personen, die für diese Untersuchung näher betrachtet wurden, waren 155 Volljuristen, von denen 94 eine Examensnote von vollbefriedigend bis sehr gut – also ein «Prädikat» – im Staatsexamen nachweisen konnten: Acht hatten ihr Examen mit der Note «sehr gut» abgeschlossen (5 Prozent), 66 mit «gut» (43 Prozent) und 20 mit «vollbefriedigend» (13 Prozent). Über

60 Prozent der als Referatsleiter oder Abteilungs- bzw. Unterabteilungsleiter im BMJ tätigen Volljuristen besaßen also ein Prädikatsexamen. Wenn man bedenkt, dass in der Regel nur etwa 15 Prozent der Examenskandidaten die Note «vollbefriedigend» und besser erreichen, bedeutete dies – allein auf die Examensnote bezogen – eine einzigartige Ansammlung von Spitzenjuristen.

Nimmt man die Promotion als Gradmesser für Qualität hinzu, wird dieses Bild weiter bestätigt. So fanden sich unter den 155 Volljuristen insgesamt 90 promovierte Mitarbeiter sowie zwei weitere, denen ein Doktortitel honoris causa verliehen wurde. Dies entspricht einer Promotionsquote von 58 Prozent. Dabei ist allerdings zu bedenken, dass juristische Dissertationen in den 1920er bis 1940er Jahren in der Regel kaum 100 Seiten umfassten und in dem drei Jahre dauernden Referendariat nebenher abgefasst werden konnten. Umgekehrt darf jedoch nicht übersehen werden, dass die technischen Hilfsmittel zur Anfertigung eines Manuskripts noch sehr beschränkt waren und der Zugang zu Quellen und Literatur vor allem in der frühen Nachkriegszeit erhebliche Probleme bereitete. Bei den 90 Promotionen konnte in 17 Fällen kein Datum festgestellt werden. 28 Promotionsverfahren wurden nach 1945 durchgeführt, 19 in der Zeit vor 1933. Damit wurden mindestens 28 Personen in der Zeit zwischen 1933 und 1945 promoviert, bei denen angesichts der «Gleichschaltung» der Universitäten die Gefahr bestand, dass in ihren Schriften nationalsozialistische Rechtsanschauungen wiedergegeben wurden. Die Dissertationen dieser Personen wurden deshalb so weit wie möglich eingesehen und enthielten teilweise tatsächlich Passagen, die dem «neuen Rechtsdenken» huldigten. Allerdings fanden sich auch Schriften, die in einem durchaus liberalen Geist abgefasst waren.

NS-Mitgliedschaften

Von den 170 untersuchten Personen gehörten 90 – also 53 Prozent – der NSDAP an. Keiner der betrachteten BMJ-Mitarbeiter war der Partei vor der «Machtergreifung» beigetreten, aber immerhin 23 hatten ihre Mitgliedschaft bereits 1933 erworben. Der überwiegende Teil (34) konnte jedoch erst zum 1. Mai 1937 in die Partei eintreten, nachdem die Parteiführung die Aufnahmesperre für Neumitglieder gelockert hatte, die am 19. April 1933 eingeführt worden war, um einen Ansturm opportunistisch motivierter Aufnahmeanträge nach der Machtübernahme zu vermeiden.[3] Die übrigen Mitarbeiter des BMJ, die der NSDAP angehört hatten, waren erst nach dem 1. Mai 1937 in die Partei gelangt. Alle Parteimitglieder waren zugleich im Nationalsozialistischen Rechtswahrerbund (NSRB) bzw. bis 1936 in dessen

I. DIE ALLGEMEINE PERSONALENTWICKLUNG 1949–1973

Vorläufer, dem Bund Nationalsozialistischer Deutscher Juristen (BNSDJ), organisiert.

34 Personen, das heißt 20 Prozent des untersuchten Personals, waren zudem Mitglieder der SA. Auch hier konnte kein Beitritt vor 1933 ausgemacht werden. Allerdings traten 27 Personen der SA bereits 1933 bei, von denen wiederum 19 erst 1937 in die NSDAP aufgenommen wurden. Die Mitgliedschaft in der SA stellte damit nach der Aufnahmesperre der NSDAP offenbar eine passende Alternative dar, um zum Ausdruck zu bringen, dass man die nationalsozialistischen Ziele teilte – oder hoffte, von einem sichtbaren Treuebeweis bei der eigenen juristischen Karriere zu profitieren.

Mitgliedschaften bei der SS gab es nur sechs. Bezogen auf die Gesamterhebung entspricht dies einem Anteil von 3,5 Prozent. Von den sechs SS-Mitgliedern traten in den Jahren 1936 bis 1939 drei wieder aus. Ein Antrag wurde angeblich zurückgezogen. Eine Person behauptete, bis 1939 nur «förderndes Mitglied» gewesen zu sein. Ein Mitglied erklärte, für den SD der SS gearbeitet zu haben.[4] Insgesamt spielten frühere SS-Mitgliedschaften bei den Mitarbeitern im Bundesjustizministerium nach 1949 somit kaum eine Rolle.

Dieses Bild lässt sich mit Blick auf die gesamte Rosenburgzeit weiter differenzieren, in einen chronologischen Verlauf einpassen und in Bezug auf die jeweilige Größe des Ministeriums darstellen.[5] Dazu wurden fünf Stichproben gezogen: 1950, 1957, 1963, 1969 und 1973. Demnach waren 1950 35 Personen als Abteilungsleiter oder Referatsleiter im Ministerium tätig. 18 davon (51 Prozent) waren Mitglieder der NSDAP gewesen, 11 (29 Prozent) hatten der SA angehört. Von den vier Abteilungsleitern (die Abteilung Z wurde zu dieser Zeit noch von Staatssekretär Strauß persönlich geleitet) war jedoch nur einer Parteimitglied gewesen. 1957 wiesen 55 Personen eine formelle NS-Belastung auf: 42 (76 Prozent) waren bei der NSDAP und 18 (33 Prozent) bei der SA gewesen, wobei keiner der Abteilungsleiter der NSDAP angehört hatte. Allerdings waren drei der acht Unterabteilungsleiter in der Partei gewesen. 1963 haben wir es dann mit 73 Personen zu tun, von denen 40 (55 Prozent) der NSDAP und 16 (22 Prozent) der SA angehört hatten. Bei den Abteilungsleitern waren nun zwei (ab 1966 drei) von fünf und bei den Unterabteilungsleitern sogar sechs von zehn Mitgliedern der Leitungsebene des Ministeriums ehemalige Parteimitglieder. 1969 ist von 78 Personen auszugehen, von denen 29 (37 Prozent) der NDSAP und elf (14 Prozent) der SA angehört hatten. Unter den Abteilungsleitern waren zu diesem Zeitpunkt noch drei und unter den elf Unterabteilungsleitern fünf Mitglieder der NSDAP gewesen. Beim Abschied von der Rosenburg 1973 hatten von den 93 Personen, um die es sich nach den genannten Kriterien jetzt handelte, immer noch 20, also 22 Prozent, über ein NSDAP-Parteibuch verfügt. Sieben, also 8 Prozent, waren in der SA gewesen. Drei von sechs Abteilungsleitern und vier von zwölf Unterabteilungsleitern hatten der NSDAP angehört.

In einer Verlaufsgrafik lässt sich dies wie folgt darstellen:

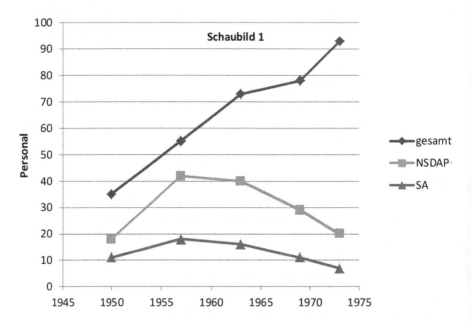

Die Graphik zeigt den überproportionalen Anstieg ehemaliger Partei- und SA-Mitglieder in den Reihen der leitenden BMJ-Mitarbeiter während der 1950er Jahre. Ab den frühen 1960er Jahren nahm die «Belastung» mit ehemaligen Parteimitgliedern dann kontinuierlich ab. Frei von ehemaligen Parteimitgliedern war das Ministerium aber erst mit der Pensionierung der Unterabteilungsleiter Marquordt und Dr. Franta 1978 und von Abteilungsleiter Dr. Schmidt-Räntsch 1986.

Mitarbeiter Reichsjustizministerium

Ein weiteres Kriterium bei der Rekrutierung des Personals für das BMJ nach 1949 war ministerielle Erfahrung. Dies wurde teilweise offen erklärt[6], lässt sich aber auch statistisch nachweisen. Bezogen auf die Gesamtzahl von 170 Personen finden sich 27 ehemalige Mitarbeiter des Reichsjustizministeriums (16 Prozent). Davon wurden allerdings acht bereits 1949 ins BMJ übernommen, 1950 kamen weitere acht hinzu, die übrigen elf wurden bis 1955 eingestellt. Alle ehemaligen Mitarbeiter des Reichsjustizministeriums hatten dem Nationalsozialistischen Rechtswahrerbund angehört, auch das Nicht-Parteimitglied Schafheutle. Grafisch lässt sich dies wie folgt darstellen:

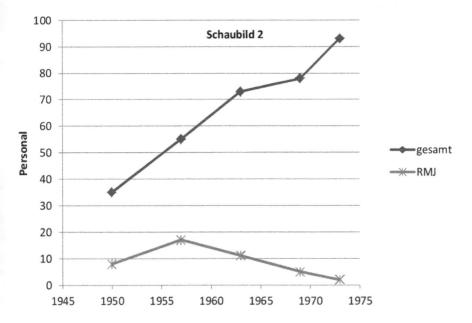

Ein Kriterium für eine mögliche NS-Belastung ist – neben der Mitgliedschaft in der NSDAP oder in NS-Organisationen – eine Tätigkeit im Bereich der politischen Justiz oder der Militärjustiz des Dritten Reiches. Insgesamt konnten 16 Personen mit einer derartigen Vorbeschäftigung festgestellt werden. Dies entspricht einer Quote von etwa 10 Prozent der Gesamtzahl der leitenden Mitarbeiter des BMJ. Sechs davon waren an Sondergerichten tätig gewesen, einer als Ermittlungsrichter am Volksgerichtshof und neun in der Militärjustiz. Die Zahlen der Mitarbeiter, die im Reichsjustizministerium und in der politischen Justiz aktiv gewesen waren, können jedoch nicht einfach addiert werden, da auch Wechsel in den Karrieren stattfanden. So waren mindestens drei der neun Juristen in der Militärjustiz auch im Reichsjustizministerium beschäftigt.

Kriegsteilnahme

Ein weiterer Faktor, der für das Personal auf der Rosenburg relevant war, betraf die aktive Kriegsteilnahme. Von den 170 untersuchten Personen waren 107 Kriegsteilnehmer. Dies entspricht einer Quote von 63 Prozent. Dabei fällt im nachfolgenden Schaubild auf, dass die Zahl der Kriegsteilnehmer lange stark anstieg und erst Mitte der 1960er Jahre wieder abfiel. So waren 1950 von 35 Personen 20 – also 57 Prozent – bei der Wehrmacht gewesen. 1957 waren es 40 von 55 (73 Prozent) und 1963 49 von 73 (67 Prozent). Danach ging die Zahl zurück. Aber auch 1969 waren von 78 untersuchten Mitarbeitern immer noch 42 (54 Prozent) und 1973 noch 28 von 93, also 30 Prozent, ehemalige Wehrmachtsangehörige. Grafisch dargestellt ergibt sich daraus folgendes Bild:

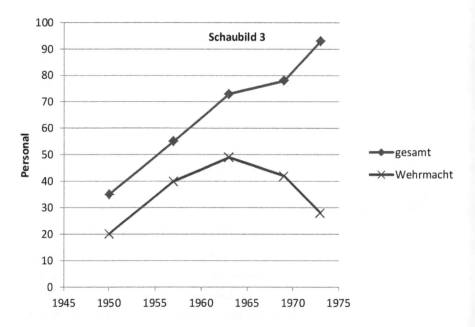

Übernahme aus den Zonenverwaltungen und 131er

Ein wesentlicher Faktor für die Übernahme in den Dienst des Bundesjustizministeriums war eine vorherige Beschäftigung in den deutschen Zonenverwaltungen nach 1945. Dabei gibt es einige auffällige «Durchmarschierer», die als ehemalige Mitarbeiter des Reichsjustizministeriums Aufnahme in den Zonenverwaltungen gefunden hatten und dann auf die Rosenburg wechselten. Dass die Tätigkeit in der Zonenverwaltung relevant war, ergibt sich aus zwei Umständen: Zum einen waren administrative Erfahrungen in hohem Maße erwünscht. Zum anderen hatte Staatssekretär Strauß in der Verwaltung für Wirtschaft und im Rechtsamt der Bizone in Frankfurt an leitender Stelle gearbeitet und kannte daher zahlreiche Personen, die für eine Tätigkeit im BMJ in Frage kamen oder Empfehlungen aussprechen und

I. DIE ALLGEMEINE PERSONALENTWICKLUNG 1949–1973

Hinweise geben konnten. In den Anfangsjahren wurden daher insgesamt 25 Personen aus den Zonenverwaltungen rekrutiert. 1950 kamen von 35 Referatsleitern immerhin elf, also 31 Prozent, unmittelbar aus der Zonenverwaltung.

Bedeutsam war auch die Regelung des 131er-Gesetzes zur Wiedereingliederung ehemaliger Mitarbeiter des öffentlichen Dienstes vor 1945. Hier finden wir im BMJ insgesamt 36 Personen, die auf Grundlage dieser Regelung eingestellt wurden. Sechs Referatsleiter kamen schon 1950 (17 Prozent) in das Ministerium, 1957 waren es sogar 18 von 55, das heißt 33 Prozent.

NS-Strafverfahren

Schließlich ist noch die Frage zu beantworten, gegen wie viele Mitarbeiter des Ministeriums Strafverfahren wegen NS-Verbrechen eingeleitet wurden. Insgesamt gab es zehn Verfahren, was angesichts der geringen Größe des BMJ zu Beginn der 1950er Jahre als eine nicht unbeträchtliche Zahl erscheint. Doch in den meisten Fällen wurden die Verfahren, die in der Regel auf Strafanzeigen von Privatpersonen zurückgingen, rasch eingestellt. Nur in einem Fall – beim Referatsleiter Heinrich Ebersberg – hätte sich Ende der 1960er Jahre möglicherweise ein anderes Ergebnis ergeben. Hier half dann aber die Verjährung, wie noch zu zeigen sein wird.[7]

2. Der weitere Geschäftsbereich des BMJ: Der Bundesgerichtshof

Die Aufgabenbereiche

In Artikel 96 Abs. 1 des Grundgesetzes in der Fassung vom 23. Mai 1949 hieß es: «Für das Gebiet der ordentlichen, der Verwaltungs-, der Finanz-, der Arbeits- und Sozialgerichtsbarkeit sind obere Bundesgerichte zu errichten.»[8] Ziel war es dabei, die Einheitlichkeit der Rechtsprechung in der Bundesrepublik zu wahren oder, soweit sie durch die Teilung in Besatzungszonen nach 1945 beseitigt worden war, wiederherzustellen.

Die Tatsache, dass Probleme entstehen können, wenn die Rechtswege nicht in höchster Instanz bei einem einzelnen Gericht zusammenlaufen, wurde bereits geschildert.[9] Dies war der Grund, weshalb die britische Militärregierung 1947 einen Obersten Gerichtshof für die Britische Zone geschaffen hatte. Seit 1949 soll nun der Bundesgerichtshof (BGH) als oberster Gerichtshof der ordentlichen Gerichtsbarkeit, wie es heute in Art. 95 Abs. 1 GG heißt, die Einheitlichkeit der Rechtsprechung über Revisionen (oder Beschwerden) gegen Urteile der Land- und Oberlandesgerichte wahren und über Rechtsfragen von grundsätzlicher Bedeutung entscheiden.[10]

Um die Einheitlichkeit der Rechtsprechung zu ermöglichen, sind die Oberlandesgerichte, die höchsten Gerichte der Länder, verpflichtet, ein Verfahren auszusetzen, wenn sie von der Entscheidung eines anderen Oberlandesgerichts oder des Bundesgerichtshofs abweichen wollen. Sie müssen dann die Angelegenheit dem BGH vorlegen, der anschließend – für das OLG verbindlich – die Rechtsfrage entscheidet.[11] Nach dem gleichen Prinzip funktionieren die sogenannten Großen Senate beim Bundesgerichtshof, die nur zusammentreten, wenn zwischen einzelnen Senaten des BGH in einer bestimmten Frage Uneinigkeit besteht.

Den sehr viel größeren Raum nimmt in der Arbeit des BGH indessen sein zweites Tätigkeitsfeld ein: die Entscheidung über Revisionen oder Beschwerden gegen die Urteile der Land- und Oberlandesgerichte.[12] Revisionen sind ein Rechtsmittel, mit dem allein die rechtliche Bewertung des Geschehens durch das Instanzgericht angegriffen werden kann.[13] Der BGH rollt den Fall also nicht noch einmal neu auf, tritt damit nicht erneut in die Beweisaufnahme ein, sondern prüft nur, ob das Instanzgericht das Recht richtig angewandt hat. Die Beweisaufnahme erfolgt somit durch die Untergerichte, die feststellen, was geschehen ist, und den Fall rechtlich bewerten. Der BGH überprüft nur diese rechtliche Bewertung, dies allerdings verbindlich als letzte Instanz. So wird deutlich, dass am Ende auch dieses zweite Betätigungsfeld des BGH der Einheitlichkeit der Rechtsprechung dient, denn in bedeutenden Fällen entscheidet über die Auslegung des Rechts immer der Bundesgerichtshof, der jedoch nur in Straf- und Zivilsachen zuständig ist.

Zwar war 1949 noch beabsichtigt, ein einheitliches oberstes Bundesgericht zu schaffen, was die anfängliche Bezeichnung des BGH als «oberes Bundesgericht» erklärt. Aber dieses Gericht hätte nur bei Divergenzen in der Rechtsprechung zwischen den oberen Bundesgerichten entscheiden sollen – aufgrund der dort behandelten unterschiedlichen Rechtsmaterien ein höchst seltener Fall.[14] Dementsprechend war der BGH von Beginn an als das konzipiert, was er heute auch dem Namen nach ist: das höchste deutsche Gericht in Zivil- und Strafsachen.

Die Errichtung des BGH

Ein solches oberstes Rechtsmittelgericht bestand freilich auch schon vor 1945: das Reichsgericht in Leipzig. Seine Aufgaben entsprachen in etwa denen des BGH. Da verwundert es nicht, dass bei der Konzeption des Bundesgerichtshofs Struktur und Funktionsweise des Reichsgerichts in vielen Köpfen noch präsent waren. Erstaunlich ist jedoch die Vehemenz, mit der in den ersten Jahren des Bundesgerichtshofs das Reichsgericht immer wieder zum Fixpunkt aller Ziele und Idealvorstellungen eines höchsten Gerichts wurde. Dass dies von vornherein eine rückwärtsgewandte Ideologie begründete, spielte offenbar ebenso wenig eine Rolle wie der Umstand, dass das Leipziger Gericht sich in den Jahren des Nationalsozialismus in höchstem Maße belastet hatte.[15] So sprach selbst Bundesjustizminister Thomas Dehler bei der Eröffnung des Bundesgerichtshofs am 8. Oktober 1950 von der «reichen Tradition des Reichsgerichts» und erklärte:

> «Mein Wunsch ist, daß der Geist dieses Gerichts auch die Arbeit des Bundesgerichtshofs durchwaltet [...]. Die berufenen Übermittler jener reichen Tradition des Reichsgerichts werden die Beamten und Richter dieses Gerichts und die Beamten der Reichsanwaltschaft sein müssen, die die Stürme der letzten 15 Jahre ungebrochen – körperlich, geistig und charakterlich ungebrochen – überstanden haben und nun als Mitglieder des Bundesgerichtshofs berufen wurden.»[16]

Auch Hermann Weinkauff, der erste Präsident des BGH, betonte diese Kontinuität, indem er von den Richtern und Beamten des Reichsgerichts als den «Brüdern» sprach, die er bald wieder an seiner Seite zu sehen wünsche, wie er in seiner Eröffnungsansprache sagte: «Noch fehlen allerdings Brüder, die ihren Platz in unserer Mitte haben sollten. Wir vergessen sie nicht. Wir denken an sie. Niemand wäre glücklicher als wir, wenn sie bald gemeinsam mit uns an dem gemeinsamen deutschen Recht mitarbeiten könnten.»[17] Und Walter Strauß ging 1954 im Rahmen einer Feier zum 75. Gründungstag des Reichsgerichts, die beim BGH stattfand, sogar noch einen Schritt weiter, indem er den Bundesgerichtshof als «identisch» mit dem Reichsgericht und als dessen «Wiederkehr» begriff:

> «Sie feiern heute nicht den 75. Geburtstag eines vergangenen Gerichts, das allerdings in höchstem Maße einer solchen Feier wert wäre, nein, sie feiern die 75. Wiederkehr des Gründungstages ihres eigenen Gerichts. [...] Genau so, wie unsere Bundesrepublik keine Neugründung, sondern eine nicht nur historische, sondern unmittelbar rechtliche Fortsetzung des deutschen Reiches darstellt [...], so sehen wir den BGH nicht als eine rechtshistorische Fortsetzung des RG an, sondern betrachten ihn als identisch mit dem RG. Die fünf Jahre 1945 bis 1950 bedeuteten demgegenüber nur ein tragisches Justitium.»[18]

In Wirklichkeit bestand die Kontinuität zumindest in personeller Hinsicht nur zum Teil.[19] So waren bereits Ende August 1945 38 zum Teil schwer belastete Mitglieder des Reichsgerichts von der sowjetischen Geheimpolizei verhaftet und in den Lagern Mühlberg an der Elbe und später Buchenwald interniert worden, wo 34 von ihnen umkamen.[20] Das waren etwa ein Drittel der Mitglieder des Reichsgerichts. Zudem waren viele ehemalige Richter des Reichsgerichts inzwischen bereits zu alt, um für eine Tätigkeit als Bundesrichter in Frage zu kommen.[21] Unter den 100 Personen, die beim Aufbau des BGH von 1950 bis 1953 ernannt wurden, befanden sich demnach nur sechs ehemalige Richter des Reichsgerichts sowie vier Reichsanwälte und zwei Rechtsanwälte am Reichsgericht.[22] Klaus-Detlev Godau-Schüttke, der 2005 immerhin 69 Personalakten dieser 100 Mitarbeiter einsehen und auswerten konnte, hat festgestellt, dass unter ihnen 27 (etwa 40 Prozent) der NSDAP angehört hatten und neun (13 Prozent) im Dritten Reich rassischen Verfolgungen ausgesetzt gewesen waren.[23] Da von den 100 Ernennungen zwischen 1950 und 1953 im selben Zeitraum 14 wieder ausschieden, waren zum 30. Juni 1953 noch 86 Richterinnen und Richter am BGH tätig, die fünf Straf- und sechs Zivilsenate bildeten. Nur drei der Ernannten waren Frauen.[24]

Die genannten Zahlen sind allerdings irreführend, weil sie nur einen Ausschnitt der tatsächlichen NS-Belastung des Bundesgerichtshofs erfassen. In Wirklichkeit war die Belastung wesentlich höher, wie die Datenbank *Karrieren und Kontinuitäten deutscher Justizjuristen vor und nach 1945* zeigt.[25] Daraus geht hervor, dass 1953 72 Prozent der BGH-Richter bereits in der NS-Justiz tätig gewesen waren. Diese Zahl stieg bis 1956 auf 79 Prozent, während sie ab 1964 mit 70 Prozent wieder zu sinken begann. In den Strafsenaten des BGH war die Anzahl ehemaliger NS-Richter noch höher. Sie erreichte hier 1962 mit 80 Prozent den höchsten Wert.[26] Dagegen lag die Zahl der BGH-Richter, die in der NS-Zeit emigriert gewesen oder aus politischen Gründen aus dem Justizdienst entfernt worden waren, nur bei insgesamt fünf Prozent.[27]

Die Ära Weinkauff

Auch der erste Präsident des Bundesgerichtshofs, Hermann Weinkauff, kam vom Reichsgericht.[28] Nach seiner freiwilligen Teilnahme am Ersten Weltkrieg und nach Abschluss seiner Ausbildung 1922 war er zunächst unter anderem Gerichtsassessor im Bayerischen Justizministerium gewesen, bevor er 1935 sein erstes Ziel, Hilfsrichter am Reichsgericht zu werden, erreichte. 1937 wurde er dort zum Reichsgerichtsrat ernannt und blieb bis 1945 an dem Gericht tätig, nachdem dessen Präsident, Erwin Bumke, seine Bitte um Freistellung für den Kriegsdienst abgelehnt hatte.[29] Nach Kriegsende floh Weinkauff aus Leipzig über Heidelberg zurück nach Bayern, wo er im November 1945 eine Anstellung als Richter am Amtsgericht Schrobenhausen erhielt, bis die amerikanische Besatzungsmacht ihn nur sechs Tage später aufgrund seiner ehemaligen Stellung am Reichsgericht für einige Monate internierte.[30]

Nach seiner Entlassung kehrte Weinkauff am 1. April 1946 als Präsident des gerade wiedereröffneten Landgerichts Bamberg in den bayerischen Justizdienst zurück, engagierte sich hier in der evangelischen Kirche und wurde Mitglied der von Thomas Dehler gegründeten Bamberger Juristischen Gesellschaft.[31] Im April 1949 lehnte er eine ihm angebotene Richterstelle am Obersten Gerichtshof für die Britische Zone in Köln ab, obwohl die Position ihn sehr gereizt hätte. Aber sowohl die Bayerische Staatsregierung als auch Dehler hatten ihm zur Ablehnung geraten, da seine Verwendung auf Bundesebene zu diesem Zeitpunkt bereits beabsichtigt war.[32] So wurde Weinkauff am 9. September 1949 zunächst – als Nachfolger Dehlers – Oberlandesgerichtspräsident in Bamberg und brach unmittelbar danach zu einer mehrmonatigen Studienreise in die USA auf, während der Dehler in Bayern die Abordnung Weinkauffs nach Bonn vorbereitete.[33] Zwar gelang es Dehler nicht, Weinkauff zu seinem Staatssekretär zu machen, weil die CDU für diesen Posten auf Walter Strauß beharrte. Doch als Präsidenten des Bundesgerichtshofs konnte er ihn durchsetzen.[34]

Eine wichtige Voraussetzung dafür war die Tatsache, dass man Weinkauff im Spruchkammerverfahren am 5. Mai 1947 als «nicht betroffen» eingestuft hatte. Auch Dehler bezeichnete ihn in einem Brief an den bayerischen Justizminister Josef Müller ausdrücklich als «unbelastet».[35] Tatsächlich hatte Weinkauff zwar der Nationalsozialistischen Volkswohlfahrt (NSV) und dem Bund Nationalsozialistischer Deutscher Juristen (BNSDJ) angehört, aus dem 1936 der Nationalsozialistische Rechtswahrerbund (NSRB) hervorgegangen war. Aber er war nie Mitglied der NSDAP gewesen.[36] Und am Reichsgericht hatte man ihn nach vorübergehender Tätigkeit am 3. Strafsenat zum 1. Zivilsenat versetzt, weil er sich, wie Weinkauff dazu in einem Brief an das Bayerische Staatsministerium der Justiz erklärte, den immer weiteren Strafrechtsverschärfungen im NS-Regime widersetzt habe.[37]

Ob diese Begründung, mit der Weinkauff sich selbst in die Nähe des Widerstandes rückte, zutraf, ist allerdings fraglich. In Wirklichkeit dürfte seine Versetzung eher mit der Arbeitsüberlastung des 1. Zivilsenats zu tun gehabt haben.[38] Auch die Annahme, dass Weinkauff aufgrund seiner Versetzung zum Zivilsenat an der Rechtsprechung zum Blutschutzgesetz, das in die

Zuständigkeit des 3. Strafsenats fiel, nicht beteiligt war, ist offenbar falsch.[39] Denn er hatte daran sehr wohl Anteil.[40] So prüfte Weinkauffs 1. Zivilsenat im September 1936 im Rahmen einer Revision gegen ein Urteil des Landgerichts Erfurt die Frage, was einen Menschen «zum Juden mache».[41] Die Antwort des Reichsgerichts: Dies könne «nur nach objektiven Merkmalen beurteilt werden.»[42] Der Angeklagte, der nach dem Urteil des Landgerichts seit 1926 regelmäßig Geschlechtsverkehr mit einer «deutschblütigen» Frau gehabt hatte, war im November 1935 aus der jüdischen Synagogengemeinde aus- und in die evangelische Kirche eingetreten. Er habe sich außerdem, erklärte er, nie als Jude gefühlt und nie nach jüdischem Ritus gelebt. Darauf komme es aber nicht an, bemerkte dazu das Reichsgericht und verwies auf Hans Globkes Kommentar zu den im September 1935 erlassenen Nürnberger Rassengesetzen.[43] Darin hieß es, allein der Umstand, dass jemand jüdische Kultussteuern gezahlt habe, mache ihn zum Juden. Die Revision wurde deshalb vom Reichsgericht verworfen, so dass der Angeklagte zu neun Monaten Gefängnis und, worauf Godau-Schüttke zu Recht hinweist, zur fortdauernden und lebensgefährlichen Stigmatisierung als Jude verurteilt wurde.[44] Weinkauffs Unterschrift ist als letzte auf dem Urteilsumdruck verzeichnet. Dies bedeutet, dass er in dieser Angelegenheit der Berichterstatter war – das heißt derjenige Richter, der die Entscheidung und den Urteilstext vorbereitete.

Der zweite Präsident Heusinger

Nachdem Weinkauff 1960 auf eigenen Wunsch aus dem Amt des BGH-Präsidenten ausgeschieden war – offenbar verärgert über das Bundesjustizministerium, dem er vorwarf, den Bundesgerichtshof nicht mit dem nötigen Respekt zu behandeln –, wurde Bruno Heusinger sein Nachfolger.[45] Auch Heusinger hatte bereits vor 1945 Karriere gemacht, war 1930 Oberlandesgerichtsrat geworden und 1933 in das Justiz- und Finanzministerium des Freistaats Braunschweig eingetreten, wo Justiz- und Finanzminister Friedrich Alpers zu seinen wichtigsten Förderern zählte. Alpers war Mitglied der NSDAP seit 1929, der SA seit 1930 und der SS seit 1931: ein überzeugter Nationalsozialist, der nicht nur für zahlreiche Verbrechen in Braunschweig mitverantwortlich zeichnete, dafür nach Beschwerden aus der NSDAP wegen Gewaltexzessen sogar zweimal vorübergehend als SS-Führer suspendiert worden war, sondern 1933 auch maßgeblich zur Gleichschaltung der Braunschweiger Anwaltskammer beigetragen hatte. Außerdem gehörte er zu denjenigen, die Hitler 1932 zur Einbürgerung in das Deutsche Reich verhalfen. Sie war nur möglich, weil im Freistaat Braunschweig seit 1930 die NSDAP an der Regierung beteiligt war und mit Dietrich Klagges auch den Innenminister stellte. Zur Vorbereitung der Einbürgerung hatte sich Hitlers juristischer Berater Hans Frank am 17. Februar 1932 im Braunschweiger «Café Lück» mit mehreren Politikern getroffen, unter ihnen offenbar auch Friedrich Alpers.[46]

Alpers nun hatte Heusinger es wesentlich zu verdanken, dass er am 1. Juni 1933 zum Präsidenten des Oberlandesgerichts Braunschweig ernannt wurde, nachdem er sich bei der Umsetzung des Gesetzes zur Wiederherstellung des Berufsbeamtentums im Sinne der Partei ausgezeichnet hatte. Als er jedoch bei Alpers gegen nazistische Gewalttaten in Braunschweig protestierte und sogar unter Hinweis auf die richterliche Unabhängigkeit seinen Gehorsamseid auf den «Führer» vorübergehend verweigerte, wurde er degradiert und auf die Stelle eines Senatspräsidenten im Oberlandesgericht versetzt. Sein Konflikt mit den Machthabern hatte allerdings lediglich auf seiner Ablehnung der pöbelnden NS-Funktionäre beruht; von ihnen hatte sich der bildungsbürgerlich geprägte Heusinger abgestoßen gefühlt. Seine ideelle Begeisterung für den neuen Staat und dessen politisches Programm blieb indessen ungebrochen. So gewann er als Senatspräsident am OLG offenbar bald wieder das Vertrauen seiner Vorgesetzten in seine politische Zuverlässigkeit, wie ihm sein Nachfolger im Amt des OLG-Präsidenten 1937 bescheinigte. Weitere Karriereschritte machte er bis Kriegsende aber nicht.[47] Nach 1945 dürfte ihm seine Degradierung geholfen haben, 1948 erneut zum Präsidenten des OLG Braunschweig ernannt zu werden und 1955 das gleiche Amt in Celle zu übernehmen. Von dort wechselte er 1960 an den BGH und wurde schließlich der zweite Präsident dieses Gerichts.

Vor diesem personellen Hintergrund, der sich nicht nur in der Spitze des Gerichts, sondern in seiner gesamten Zusammensetzung bis etwa zur Mitte der 1960er Jahre zeigte, verwundert es nicht, dass besonders die BGH-Richter in den fünf (zwischen 1954 und 1956 sechs[48]) Strafsenaten bei Justizverbrechen ein geradezu unheimliches Verständnis für die NS-Terrorjustiz offenbarten – deutlich geworden etwa in dem bereits geschilderten Fall gegen Huppenkothen und Thorbeck.[49] Darüber hinaus sorgten sie noch 1968 durch die Gehilfenrechtsprechung dafür, dass im Wesentlichen nur Exzesstaten, nicht aber die Teilnahme am NS-Massenmord bestraft werden konnten.[50] Erst Mitte der 1990er Jahre übte der BGH deutliche Selbstkritik, als er einräumte, «eine Vielzahl ehemaliger NS-Richter» hätte «strafrechtlich wegen Rechtsbeugung in Tateinheit mit Kapitalverbrechen zur Verantwortung gezogen werden müssen». Darin, dass dies nicht geschehen sei, liege «ein folgenschweres Versagen bundesdeutscher Strafjustiz».[51] Einen wesentlichen Anteil an dieser Entwicklung habe «die Rechtsprechung des Bundesgerichtshofs» gehabt; diese Rechtsprechung sei «auf erhebliche Kritik gestoßen, die der Senat als berechtigt erachtet».[52]

Gleichberechtigung von Mann und Frau

Neben dem weitgehenden Versagen in der Aufarbeitung der NS-Verbrechen[53] gab es aber noch andere Bereiche, in denen das Gericht eine problematische Rolle spielte. Beispiele dafür sind die Rechtsprechung der Strafsenate in Staatsschutzfällen und der Kommunistenverfolgung sowie in der Strafbarkeit der Homosexualität.[54] Ähnliches gilt für die Zivilsenate, bei denen die Entschädigungszahlungen an NS-Opfer sowie das Thema der Gleichberechtigung von Mann und Frau besonders zweifelhaft waren. So heißt es in Art. 3 Abs. 1 des Grundgesetzes, dass alle Menschen «vor dem Gesetz gleich» sind. Absatz 2 lautet dann: «Männer und Frauen sind gleichberechtigt.»[55] Der programmatische Satz und seine Stellung im ersten Abschnitt des Grundgesetzes machen deutlich, dass die Verfassung in der Frage der Gleichberechtigung ein echtes, individuell berechtigendes Grundrecht sieht. Der Verfassungskonvent in Herrenchiemsee, der dort vom 10. bis 23. August 1948 – übrigens ohne Beteiligung einer Frau –, einen Grundgesetzentwurf vorbereitete, war noch nicht so weit gegangen. Erst der Parlamentarische Rat, dem vier weibliche Mitglieder angehörten, nahm die genannte Formulierung auf Initiative von Elisabeth Selbert nach mehreren Ablehnungen im Ausschuss für Grundsatzfragen schließlich in die Verfassung auf.[56]

An der mangelnden Verwirklichung der Gleichberechtigung in der gesellschaftlichen Wirklichkeit, aber auch in den einzelnen Gesetzen der Bundesrepublik änderte sich dadurch zunächst aber wenig. So gab es im deutschen Recht zahlreiche Normen, die dem Grundsatz der Gleichberechtigung diametral zuwiderliefen. Anders gesagt: Mit der Verabschiedung des Grundgesetzes waren weite Teile des Familienrechts verfassungswidrig. Der Parlamentarische Rat beschloss daher, dem Gesetzgeber eine Frist einzuräumen, innerhalb derer das einfache Recht dem Grundgesetz angepasst werden sollte. Letzteres bestimmte in Art. 117 Abs. 1, dass das Recht, das der Gleichberechtigung der Geschlechter widersprach, zwar bis zu dieser Anpassung in Kraft bleiben solle, längstens jedoch bis zum 31. März 1953. Damit griff das Grundgesetz zur schärfsten Waffe, die ihm zu Gebote stand, um den männlich dominierten Bundestag zum baldigen Handeln zu zwingen.[57] Tatsächlich kam der Bundestag erst 1957 seiner Pflicht nach und erließ ein (erstes) Gesetz, um das Familienrecht dem Grundgesetz anzupassen. Offenbar hatte auch der im Bundesjustizministerium für das Familienrecht zuständige Referatsleiter

Franz Massfeller es versäumt oder bewusst unterlassen, entsprechende Initiativen anzuregen oder zu ergreifen.[58]

Allerdings sind Rechtsnormen in ihrer Anwendung unterschiedlich auslegbar. Dies gilt auch für Verfassungsnormen. So klar sich Art. 3 Abs. 2 GG liest, so leicht fiel es dem 1. Zivilsenat des BGH unter Hermann Weinkauff, die Vorschrift in ihr Gegenteil zu verkehren. Dazu muss man wissen, dass ein Gericht, wenn es im Rahmen eines bestimmten Verfahrens ein Gesetz anwenden müsste, das es für verfassungswidrig hält, gezwungen ist, das Verfahren auszusetzen und die Sache dem Bundesverfassungsgericht vorzulegen. Das Verfassungsgericht muss dann über die Verfassungswidrigkeit der Norm entscheiden. Dieses Verfahren nennt sich konkrete Normenkontrolle und stellt eine der wichtigsten Funktionen eines Verfassungsgerichts im Rahmen der Gewaltenteilung gemäß Art. 100 GG dar. Denn während die einfachen Gerichte das Gesetz so anzuwenden haben, wie es die Legislative erlässt, soll ein Verfassungsgericht das Gesetz an der Verfassung messen und den Gesetzgeber insoweit kontrollieren.[59] Bis 1956 sah das Verfahrensrecht vor, dass diese Vorlage über das «zuständige obere Bundesgericht» an das Bundesverfassungsgericht zu leiten war, wobei das obere Bundesgericht die Möglichkeit zu eigener Stellungnahme haben sollte.[60] Wollte also ein Zivilgericht eine konkrete Normenkontrolle durchsetzen, konnte sich der Bundesgerichtshof gutachterlich dazu äußern. Im Präsidium des Bundesgerichtshofs hatte Hermann Weinkauff zudem durchgesetzt, dass der 1. Zivilsenat, dem er vorstand, für die Erstellung dieser Gutachten zuständig sein sollte.[61]

Ausgangspunkt des Verfahrens vor dem 1. Zivilsenat war der Fall einer Ehefrau, die im April 1953 im Rahmen eines Eherechtsstreits beim zuständigen Oberlandesgericht Frankfurt ihren Mann zur Zahlung eines Prozesskostenvorschusses verpflichten wollte.[62] Dazu wäre er nach der bisherigen Regelung über den Güterstand der Verwaltung und Nutznießung auch verpflichtet gewesen, da die Ehefrau aufgrund des frauenfeindlichen Familienrechts über keine eigenen Mittel verfügte, um für die Kosten ihres Eherechtsstreits aufzukommen. Die bisherige Regelung stand jedoch in offensichtlichem Widerspruch zu Art. 3 Abs. 2 GG und schien damit nach dem Willen von Art. 117 Abs. 1 GG seit dem 1. April 1953 nichtig zu sein. Die Ehefrau sollte deshalb nun auch keinen Anspruch mehr gegen ihren Mann haben, die Kosten für sie zu tragen. Das Oberlandesgericht jedoch wollte das alte Familienrecht entgegen Art. 117 GG weiter anwenden und den Ehemann zur Zahlung verpflichten und argumentierte dabei mit den übergeordneten Zielen der Verfassung. Es behauptete also einen Verstoß von Art. 117 gegen höhere Prinzipien der Verfassung und legte die Sache über den BGH dem Bundesverfassungsgericht vor.⁶³ Wichtig war dabei der Zeitpunkt der Verfahrenseröffnung durch das Oberlandesgericht. Er lag unmittelbar nach dem in Art. 117 GG genannten Stichtag 31. März 1953, bis zu dem das Recht, das der Gleichberechtigung der Geschlechter widersprach, in Kraft bleiben sollte. Spätestens jetzt musste deshalb eine Anpassung des Rechts erfolgen.

Nun erstattete der 1. Zivilsenat unter Weinkauff sein Gutachten.⁶⁴ Er beschränkte sich dabei jedoch nicht auf die Rechtsfrage, ob Art. 117 Abs. 1 GG gültig sei oder nicht, sondern prüfte zugleich noch «den Grundsatz von der Gleichberechtigung von Mann und Frau».⁶⁵ Das Ergebnis: Bei der Frage nach der Gleichberechtigung könne nicht so getan werden, als ob der Unterschied zwischen den Geschlechtern nicht bestehe. Mann und Frau seien streng verschieden «in ihrer seinsmäßigen, schöpfungsmäßigen Zueinanderordnung» zu sich und dem Kind in der Ordnung der Familie. Diese sei von Gott gestiftet und daher für den menschlichen Gesetzgeber «undurchbrechbar». Wörtlich hieß es in dem Gutachten:

> «Der Mann zeugt Kinder, die Frau empfängt, gebiert und nährt sie und zieht die Unmündigen auf. [...] An dieser fundamentalen Verschiedenheit kann das Recht nicht doktrinär vorübergehen, wenn es nach der Gleichberechtigung der Geschlechter in der Ordnung der Familie fragt. Demgemäß bezeugen die christlichen Kirchen, unter sich völlig übereinstimmend und in völliger Übereinstimmung mit der klaren Aussage der Heiligen Schrift Alten und Neuen Testamentes [...] und mit der uralten Ehe- und Familienordnung der Völker, nach der von Gott gestifteten Ordnung der Familie sei der Mann ihr ‹Haupt›.»⁶⁶

Das alles führte den Senat zu dem Ergebnis, dass der Art. 3 Abs. 2 GG zwar die Gleichberechtigung der Geschlechter in der Ordnung der Familie vorsehe, aber keine «doktrinäre Gleichberechtigung» verlange, wo die Schöpfung selbst unaufhebbare Verschiedenheiten gesetzt habe. Das alles mag, worauf Godau-Schüttke zu Recht hinweist, nicht nur der nationalsozialistischen Weltanschauung, sondern auch den Vorstellungen konservativer und kirchlicher Kreise vor und nach 1945 entsprochen haben.⁶⁷ Es widersprach jedoch elementar dem Geist des Grundgesetzes. Das Bundesverfassungsgericht trat der Argumentation des BGH deshalb mit aller Deutlichkeit entgegen, ohne dessen Meinung allerdings mit einem Wort zu erwähnen, und kam zu dem Ergebnis, in Ehe und Familie seien Mann und Frau gleichberechtigt.⁶⁸ In der Sache folgte es übrigens nicht der Rechtsauffassung des Oberlandesgerichts, sondern hielt die Gültigkeit von Art. 117 Abs. 1 und damit die Nichtigkeit des Güterstandes der Verwaltung und Nutznießung aufrecht. Die so entstehende Lücke sei durch die Gerichte zu füllen.⁶⁹

Dies wiederum blieb deren Aufgabe, bis der Gesetzgeber endlich tat, was ihm von der Verfassung aufgetragen worden war. Das «Gesetz über die Gleichberechtigung von Mann und Frau auf dem Gebiet des Bürgerlichen Rechts» war deshalb das wichtigste Reformvorhaben der Abteilung für Zivilrecht des Bundesministeriums der Justiz in der frühen Phase der Bundesrepublik.[70] Dafür wurde eigens ein Referat eingerichtet, das von Maria Hagemeyer, der einzigen Frau, die in der Zivilrechtsabteilung bis 1970 ein eigenes Referat führte[71], geleitet wurde.[72] Innerhalb kürzester Zeit legte Hagemeyer eine aus drei Teilen bestehende Denkschrift zur Umsetzung des Auftrags aus Art. 3 Abs. 2 GG vor.[73] Obwohl beide Kirchen die Denkschrift stark kritisierten[74], diente sie als Grundlage für einen vom Bundesjustizministerium im März 1952 vorgelegten Gesetzesentwurf, der von einem kleinen Team in der Abteilung Zivilrecht unter der Leitung von Franz Massfeller (beteiligt waren neben Hagemeyer noch Franz Josef Finke und Dietrich Reinicke) ausgearbeitet wurde.[75] Diesem Entwurf war jedoch ebenso wenig Erfolg beschieden wie zwei weiteren Vorlagen, die ihm noch nachfolgten.[76] Erst am 18. Juni 1957 wurde das Gleichberechtigungsgesetz vom Bundestag verabschiedet, das am 1. Juli 1958 endlich in Kraft trat.[77]

Der Umgang mit Entschädigungsansprüchen: Sinti und Roma

So sehr die Verzögerungen bei der Umsetzung des Verfassungsauftrags aus Art. 3 Abs. 2 GG im Familienrecht einen rechtspolitischen Affront bedeuteten, der allerdings nicht nur dem Bundesgerichtshof, sondern auch dem Bundesjustizministerium und sogar dem Deutschen Bundestag anzulasten war, so sehr erscheint die Vokabel «Skandal» angemessen, um eine Entscheidung des IV. Zivilsenats des BGH im Jahr 1956 zu beschreiben.[78] Denn in einem Urteil zum Wiedergutmachungsanspruch eines sogenannten «Zigeunermischlings» nach § 1 des Bundesentschädigungsgesetzes berief sich der Senat unmittelbar auf die NS-Rassenideologie. Zuvor hatten die zuständigen Behörden Entschädigungsansprüche von Roma und Sinti in den 1950er Jahren regelmäßig mit der Begründung abgelehnt, dass «Zigeuner» nicht aus rassischen Gründen verfolgt, sondern aufgrund ihrer «asozialen und kriminellen Haltung» inhaftiert worden seien.[79] Teile der Kommentarliteratur hatten diese Auffassung ebenfalls gebilligt, und auch der Bundesgerichtshof bestätigte nun diese Verwaltungspraxis in einem Grundsatzurteil vom 7. Januar 1956.[80]

In diesem konkreten Fall handelte es sich um einen bereits 1940 verhafteten und nach Polen deportierten Kläger. Vor dem «Auschwitz-Erlass» vom 16. Dezember 1942, mit dem die Deportation der innerhalb des Deutschen

Reiches lebenden Sinti und Roma angeordnet worden war, um sie vollständig zu vernichten, könnten Maßnahmen gegen «Zigeuner», so der IV. Zivilsenat, «ihrem Wesen nach nicht als spezifisch rassenverfolgende angesehen werden». Die Maßnahmen hätten sich vielmehr «noch im Rahmen polizeilicher Vorbeugungs- und Sicherungsmaßnahmen» gehalten.[81] Dabei hatte bereits der «Erlass zur Bekämpfung der Zigeunerplage» vom 6. Juni 1936 den betroffenen Personenkreis als ein «dem deutschen Volkstum fremdes Zigeunervolk» definiert und damit rassisch ausgegrenzt.[82] Zudem waren auch in der NS-Literatur zu den einschlägigen Gesetzen, etwa im Kommentar von Wilhelm Stuckart und Hans Globke zum Reichsbürgergesetz von 1936, «Zigeuner», die danach ebenso wie Juden keine Reichsbürger mehr waren, als «artfremd» eingeordnet worden.[83] Gleichwohl heißt es im Urteil von 1956:

> «Daraus darf aber nicht geschlossen werden, daß alle Maßnahmen die von den natsoz. Gewalthabern gegen Zigeuner in der Verfolgungszeit ergriffen wurden, solche sind, die in dem nach § 1 Abs. 1 BEG notwendigen Sinn aus Gründen der Rasse ergriffen wurden. [...] Faßt man zunächst den Runderlaß des Reichsführers SS und Chefs der Deutschen Polizei v. 8. 12. 1938 [...] ins Auge, dann läßt gerade er jedoch erkennen, daß trotz des Hervortretens rasseideologischer Gesichtspunkte nicht die Rasse als solche der Grund für die darin getroffenen Anordnungen bildet, sondern die bereits erwähnten asozialen Eigenschaften der Zigeuner, die auch schon früher Anlaß gegeben hatten, die Angehörigen dieses Volkes besonderen Beschränkungen zu unterwerfen.»

Und weiter wird im Urteil behauptet:

> «Sie [die Zigeuner] neigen, wie die Erfahrung zeigt, zur Kriminalität, besonders zu Diebstählen und Betrügereien, es fehlen ihnen vielfach die sittlichen Antriebe der Achtung von fremdem Eigentum, weil ihnen wie primitiven Urmenschen ein ungehemmter Okkupationstrieb zu eigen ist.»[84]

Somit sei in der «Verbringung in das Lager» keine «*rassische* Verfolgungsmaßnahme zu sehen», sondern nur einer der «ungezählte[n] unmenschliche[n] Gewaltakte» der «natsoz. Gewalthaber».[85]

Das Urteil ist unterschrieben von Senatspräsident Guido Schmidt (von 1932 bis 1945 Richter am Oberlandesgericht Schleswig-Holstein, seit 1937 NSDAP-Mitglied, seit 1951 Bundesrichter) und den Richtern Walther Ascher (1933 aufgrund jüdischer Abstammung aus dem Justizdienst entlassen, seit 1947 wieder in der Justiz tätig), Dr. Wilhelm Kregel (ehemals Oberlandesgericht Celle, seit 1951 Bundesrichter), Dr. Fritz von Werner (seit 1922 Rechtsanwalt, kein NSDAP-Mitglied, seit 1951 Bundesrichter) und Kurt Wüstenberg (ehemals Oberlandesgericht Bamberg, seit 1952 Bundesrichter).[86] Der

Senat weist also keine besonders auffällige NS-Belastung auf. Sogar der Vertreter einer Opfergruppe wirkte an dem Urteil mit, das deshalb umso weniger zu verstehen ist und eine ideologische Grundhaltung in der NS-Tradition widerspiegelt, die damals offensichtlich noch in weiten Teilen des Bundesgerichtshofes bestand.[87]

Zwar korrigierte der IV. Zivilsenat dieses Urteil bereits Ende 1963 dahingehend, dass bei der Verfolgung der «Zigeuner» seit 1938 auch «rassenpolitische Gründe mit ursächlich» gewesen seien.[88] Eine Distanzierung von den Ausführungen sieben Jahre zuvor fand jedoch nicht statt.[89] Auch der Gesetzgeber reagierte auf das Grundsatzurteil von 1956 und gewährte durch eine Änderung des Bundesentschädigungsgesetzes zwanzig Jahre nach Kriegsende allen Personen, deren Anträge aufgrund dieser BGH-Rechtsprechung zurückgewiesen worden waren, ein Neuantragsrecht, wobei die Geltendmachung dieses Rechts zeitlich begrenzt wurde.[90] Erst am 12. März 2015 distanzierte sich die Präsidentin des Bundesgerichtshofs, Bettina Limperg, anlässlich eines Besuchs des Zentralrats Deutscher Sinti und Roma unmissverständlich von dieser Rechtsprechung, nachdem einer ihrer Vorgänger, Günter Hirsch, das Versagen des Bundesgerichtshofs in der Aufarbeitung des NS-Justizunrechts schon deutlich benannt und sich bei den Angehörigen entschuldigt hatte.[91]

3. Der Geschäftsbereich des BMJ: Der Generalbundesanwalt

Grundsätzlich sind für die Durchführung der Gesetze die Länder zuständig. Auch die Justiz ist generell Sache der Länder (Art. 30, 83 und 92 GG), die auf der Grundlage des Gerichtsverfassungsgesetzes (GVG) Gerichte und bei den Gerichten jeweils Staatsanwaltschaften einrichten. Anders ist dies im Bereich Staatsschutz und Völkerstrafrecht, der nach Art. 96 Abs. 5 GG in der Verantwortung des Bundes liegt (näher ausgeführt in § 120 GVG). Diese Bundeszuständigkeit ist verständlich, denn hierbei geht es um die innere Sicherheit der Bundesrepublik Deutschland beziehungsweise um auswärtige Interessen. Die Erfüllung dieses Auftrags obliegt – seit der Einführung des Staatsschutzstrafrechts mit dem 1. Strafrechtsänderungsgesetz im Jahr 1951[92] – der Staatsanwaltschaft des Bundes, die beim Bundesgerichtshof angesiedelt ist und vom Generalbundesanwalt (GBA) geleitet wird. Ansonsten ist sie eine ganz normale Staatsanwaltschaft, welche die Ermittlungen führt und die Anklage vor Gericht vertritt. Nach ihrem «Chef» wird die Behörde insgesamt «Der Generalbundesanwalt beim Bundesgerichtshof» oder auch «Bundesanwaltschaft» genannt. Neben der erstinstanzlichen Tätigkeit im Bereich Staatsschutz und Völkerstrafrecht ist die Bundesanwaltschaft auch noch für Revisionsverfahren zuständig, bei denen die Revision zum Bundesgerichtshof geht. Der Generalbundesanwalt hat also mit dafür Sorge zu tragen, dass das Strafgesetzbuch und die Strafprozessordnung durch die Gerichte der Länder ordnungsgemäß angewendet werden.

Die Bundesanwaltschaft ist hierarchisch aufgebaut (§ 146 GVG) und steht unter der Aufsicht und Leitung des Bundesjustizministers. Dieser bestimmt nach § 149 GVG gemeinsam mit dem Bundesrat, wer Generalbundesanwalt und Bundesanwalt wird, und kann im Zweifel «seinem» Staatsanwalt auch Weisungen erteilen (§ 147 Nr. 1 GVG). Der GBA gehört mithin zum Geschäftsbereich des Bundesjustizministeriums. Er ist also einerseits ein Organ der Rechtspflege, andererseits aber zugleich Teil der Exekutive und damit eine politisch und rechtlich gleichermaßen bedeutsame wie einflussreiche Person. Die Auswahl des Generalbundesanwalts und seiner Mitarbeiter – der sogenannten Bundesanwälte – ist deshalb stets eine sensible Angelegenheit, da die dort tätigen Personen den Rechtsstaat und die Demokratie an vorderster juristischer Front verteidigen sollen. Dies wurde bereits in den frühen Jahren der Bundesrepublik deutlich, als die NS-Vergangenheit und der Kalte Krieg gleichzeitig eine Belastung für die demokratische Ordnung darstellten. So erklärte der hessische Ministerpräsident Georg-August Zinn 1953 in einem Brief an Bundesjustizminister Thomas Dehler, in diese Behörde müssten «doch vorzugsweise Beamte [...] berufen werden, die hundertprozentig hinter dem demokratischen Staat stehen».[93]

Die Bundesanwaltschaft ist heute in drei Abteilungen untergliedert. Die Abteilung R ist zuständig für die Revisionen, die Abteilung TE für Terrorismus und die Abteilung S für Spionage (bis 1978 waren die beiden letztgenannten in einer Abteilung für Staatsschutzstrafrecht zusammengefasst). 1953 arbeiteten in der Behörde sechs Bundesanwälte und neun Oberstaatsanwälte. Am Ende der Rosenburgzeit 1972 waren es 15 Bundesanwälte und zehn Oberstaatsanwälte.[94] Heute sind dort etwa 90 Staatsanwälte tätig.[95] Aufgabenstellung und Struktur der Bundesanwaltschaft sind dem historischen Vorbild der Reichsanwaltschaft verpflichtet. Nach der ursprünglichen Fassung des Gerichtsverfassungsgesetzes vom 27. Januar 1877 übten der «Ober-Reichsanwalt» und die «Reichsanwälte» die Rolle der Staatsanwaltschaft beim Reichsgericht aus.[96] Mit dem Vereinheitlichungsgesetz von 1950 wurde lediglich das Wort «Reich» durch «Bund» ersetzt, so dass vom «Oberbundesanwalt beim Bundesgerichtshof» gesprochen wurde. Erst 1957 wurde die Bezeichnung «Generalbundesanwalt» eingeführt.[97]

Das Personal des GBA

Der Generalbundesanwalt rekrutierte sein Personal zumeist aus den Landesjustizverwaltungen. In einigen Fällen wurden Mitarbeiter der Abteilung Strafrecht des BMJ als Bundesanwälte nach Karlsruhe entsandt.[98] Diese waren zwar ministeriell erprobt, aber politisch nicht immer unumstritten, wie besonders der Fall Ernst Kanter zeigt.[99] Zu Problemen führte jedoch gleich mehrfach die Ernennung der Generalbundesanwälte, obwohl es davon im Untersuchungszeitraum bis 1974 nur vier gab.

Der erste Generalbundesanwalt von der Gründung der Behörde bis 1956 war Carl (genannt «Carlo») Wiechmann. Geboren am 5. März 1886 in Stettin, gehörte er der Generation an, die in ihrer juristischen Karriere bereits vor der nationalsozialistischen «Machtergreifung» weit fortgeschritten war.[100] Wiechmann hatte nach seinem zweiten Examen 1912 in Berlin verschiedene Stationen am Landgericht Altona, als Staatsanwalt in Köln und schließlich im preußischen Justizministerium durchlaufen, bevor er 1931 zum Generalstaatsanwalt beim Kammergericht in Berlin ernannt worden war. 1933 hatte man ihn, anders als die meisten anderen preußischen Generalstaatsanwälte, nicht in den einstweiligen Ruhestand versetzt, sondern zum Senatspräsidenten am Kammergericht im Bereich der Zivilgerichtsbarkeit berufen. Nach dem Krieg war er dann zunächst Senatspräsident am Oberlandesgericht Celle gewesen, ehe er am 7. Oktober 1950 in Karlsruhe die Position des Oberbundesanwalts übernahm. Er behielt das Amt über seinen 70. Geburtstag hinaus bis zum 31. März 1956 und starb drei Jahre nach seinem Ausscheiden.

Wie politisch exponiert der Posten war, wurde schon daran deutlich, dass das Bundeskabinett gleich mehrfach die Pensionierung Wiechmanns hinausschob, weil man keine personelle Alternative sah und ihn daher für unersetzlich hielt. In seine Amtszeit fielen die bereits angesprochene Naumann-Affäre (vgl. S. 151 ff.) und auch die sogenannte «Vulkan-Affäre», bei der im April 1953 aufgrund eines Dossiers des Bundesamtes für Verfassungsschutz in einer Operation mit dem Decknamen «Vulkan» 38 Westdeutsche wegen Wirtschaftsspionage für die DDR verhaftet wurden. Einige von ihnen hatten tatsächlich für das «Institut für Wirtschaftswissenschaftliche Forschung» in Ost-Berlin gearbeitet, das Spione und Agenten anwarb und ausbildete. Aber die meisten waren ehrbare Kaufleute, die lediglich über Geschäfte im Rahmen des «Interzonenhandels» mit der DDR Gespräche geführt hatten. Wiechmann, ein überzeugter Antikommunist, und Bundesanwalt Max Güde hatten allzu leichtfertig den vagen Angaben des Verfassungsschutzes geglaubt, die sich später als falsch herausstellten. Nach und nach musste man die Verhafteten deshalb wieder auf freien Fuß setzen. Für einen Stahlkaufmann aus Essen kam die Rehabilitation jedoch zu spät; er hatte sich inzwischen in seiner Zelle erhängt.[101] Für die Verhaftungen musste sich die Bundesregierung im Mai 1955 entschuldigen.[102]

Die Ära Güde

Bundesanwalt Max Güde, der in der «Vulkan-Affäre» die Anklage vertreten hatte und später zugeben musste, dass die Überprüfung der Angaben des Verfassungsschutzes vor den Verhaftungen «mangelhaft» gewesen sei[103], löste 1956 Wiechmann als Generalbundesanwalt ab. Nach dem Assessorexamen 1927 hatte er zunächst als Staatsanwalt und Amtsrichter in Bruchsal gearbeitet und danach von August 1933 bis 1945 als Amtsgerichtsrat in einem Ein-Mann-Amtsgericht in der kleinen Gemeinde Wolfach im Schwarzwald gedient. Er war Mitglied in einigen Untergliederungen der NSDAP gewesen – der Nationalsozialistischen Volkswohlfahrt (seit 1933) und dem Nationalsozialistischen Rechtswahrerbund (seit 1934) – und hatte seit 1941 auch der Partei selbst angehört. Allerdings scheint er den Beurteilungen zufolge als strenger Katholik, der sich offenbar «nicht restlos von den Bindungen des politischen Katholizismus freimachen» konnte[104], der NSDAP ein Dorn im Auge geblieben zu sein. Einige Versetzungs- und Beförderungsgesuche, so an das Landgericht Freiburg oder Heidelberg, blieben daher erfolglos.[105] In Wolfach konnte er hingegen aus Sicht der Partei wenig Schaden anrichten und durfte hier sogar Konflikte austragen, als er sich beispielsweise einer Inspektion seines Amtsgerichts durch den Kreisleiter der NSDAP widersetzte.[106]

Nach dem Krieg wurde Güde von der französischen Militärregierung am 3. Mai 1946 ohne Sanktion in den deutschen Justizdienst übernommen.[107] Er kam nach Konstanz und half dort beim Wiederaufbau der Staatsanwaltschaft, bis er am 1. Oktober 1950 einer der drei ersten Bundesanwälte beim Bundesgerichtshof wurde. Beim Oberbundesanwalt, wie der Generalbundesanwalt damals noch hieß, stieg er rasch auf und wurde 1953 Leiter der Abteilung ZS. Von dort wechselte er 1955 kurzzeitig zum Bundesgerichtshof, wo er als Senatspräsident beim 4. Strafsenat (Verkehrsstrafrecht) amtierte, ehe er ein Jahr später, am 1. April 1956, selbst zum Oberbundesanwalt ernannt wurde.

In seinem neuen Amt zeigte Güdes Selbstsicherheit allerdings bald «erste Narben», wie *Der Spiegel* im Herbst 1956 bemerkte. Und bereits im Frühjahr 1957 prophezeite Güde selbst: «Ich werde in diesem Amt keine 65 Jahre. Im Gegensatz zu meinem Vorgänger (Dr. Wiechmann) [...] habe ich aber keine

Angst vor dem Ruhestand. Ich gehe dann in die Politik.»[108] Da er ein offenes Wort pflegte, eckte er häufig an. Dass er mit Reinhard Strecker vom Sozialistischen Deutschen Studentenbund (SDS), dem Organisator der Karlsruher Ausstellung «Ungesühnte Nazijustiz» 1959, in seinen Amtsräumen sprach, wurde in konservativen Kreisen kritisch registriert.[109] Und auch für seine Vorstellungen von einem liberalen Strafrecht fand er keineswegs überall Verständnis. Auseinandersetzungen gab es insbesondere mit den Vorsitzenden des 3. Strafsenats, Friedrich-Wilhelm Geier und Heinrich Jagusch.[110] Auch Bundesinnenminister Gerhard Schröder (CDU) sah in den Vorstellungen Güdes aus Furcht vor kommunistischer Unterwanderung eine Bedrohung.[111] So strebte Güde zur Bundestagswahl 1961 ein politisches Mandat an, wie er es 1957 vorhergesagt hatte, und wurde in Zeitungen wie *Christ und Welt* und *Münchner Merkur* bereits als neuer Bundesjustizminister gehandelt.[112] Nachdem die Karlsruher CDU ihn im Juni 1961 als Direktkandidaten für den Bezirk Karlsruhe-Stadt nominiert hatte, schied Güde am 26. September 1961 aus dem Amt des Generalbundesanwalts aus und wurde zwei Tage später als Direktkandidat ohne Listenplatz in den Bundestag gewählt, wo er die nächsten zwei Legislaturperioden zu den führenden Rechtspolitikern der CDU zählte. Besonders auffallend war sein Engagement im Rechtsausschuss und im Sonderausschuss für die Strafrechtsreform, mit dem er sich nun auch selbst für höhere Aufgaben ins Spiel zu bringen suchte.[113]

Wolfgang Fränkel: «Schicksal, nicht Schuld ...»?[114]

Ein geeigneter Nachfolger Güdes als Generalbundesanwalt schien zunächst Paulheinz Baldus zu sein. Die Idee kam vermutlich von Abteilungsleiter Schafheutle im BMJ, der Baldus aus der Strafrechtsabteilung des Reichsjustizministeriums kannte. Baldus, der im Dritten Reich auch in der Präsidialkanzlei des «Führers» und während des Krieges als Feldkriegsgerichtsrat Dienst getan hatte, war 1951 als Bundesrichter an den Bundesgerichtshof gekommen, wo er 1956 Senatspräsident geworden war und inzwischen dem 2. Strafsenat vorsaß. Auf der Rosenburg schätzte man ihn als Mitglied der Großen Strafrechtskommission. Tatsächlich wäre er bereit gewesen, das Amt des GBA zu übernehmen. Er hatte aber ein Herzleiden und verzichtete daher aus gesundheitlichen Gründen auf eine Nominierung.[115]

Nach der Bundestagswahl 1961, bei der die Union die absolute Mehrheit, die sie 1957 errungen hatte, wieder verlor, so dass sie zur Bildung einer Koalition mit der FDP gezwungen war, fiel dem neuen Justizminister Wolfgang Stammberger (FDP) die Aufgabe zu, den Posten des Generalbundesanwalts zu besetzen. Zwischenzeitlich hatte Wolfgang Fränkel als dienstältester Bundesanwalt in Karlsruhe die Geschäfte geführt und seine Sache offenbar so gut gemacht, dass Stammberger ihm jetzt das Amt des Generalbundesanwalts anbot, das Fränkel am 23. März 1962 übernahm. Allerdings stand er schon wenige Monate später wieder vor dem Rücktritt, als der Ausschuss für Deutsche Einheit in der DDR die Schrift «Von der Reichsanwaltschaft zur Bundesanwaltschaft – Wolfgang Fränkel, Neuer Generalbundesanwalt» veröffentlichte.[116]

Die gründlich recherchierte, 130-seitige Arbeit basierte auf den Akten der Reichsanwaltschaft und des Reichsgerichts, die sich in der DDR befanden.[117] Daraus ergab sich, dass Fränkel seit dem 1. Mai 1933 Mitglied der NSDAP und als Hilfsarbeiter bei der Reichsanwaltschaft beschäftigt gewesen war. Eine solche Tätigkeit wurde zwar häufig nicht als schwerwiegende Belastung eingestuft. Aber im Fall Fränkel sah dies anders aus. Denn er war bei der Reichsanwaltschaft vorranging für die Bearbeitung sogenannter «Nichtigkeitsbeschwerden» zuständig gewesen. Dabei handelte es sich um ein Sonderrechtsbehelf der Staatsanwaltschaft gegen rechtskräftige Urteile eines Amtsrichters, der Strafkammer oder eines Sondergerichts. Während dem Verurteilten selbst kein Rechtsbehelf zur Verfügung stand, konnte die Staatsanwaltschaft zu Ungunsten des Verurteilten das Reichsgericht anrufen. Die am 21. Februar 1940 eingeführte Nichtigkeitsbeschwerde war somit ein typisch nationalsozialistischer Rechtsbehelf zur Verkürzung rechtsstaatlicher Angeklagtenrechte.[118]

Fränkel hatte bei der Bearbeitung dieser Nichtigkeitsbeschwerden, von denen annähernd 1000 über seinen Schreibtisch gegangen waren und über die er sogar publiziert hatte[119], großen Ehrgeiz entwickelt und in mehreren Dutzend Fällen die Todesstrafe beantragt.[120] Dabei ging es in der Regel um Fälle, in denen das Sondergericht bereits eine hohe Zuchthausstrafe verhängt hatte, die Staatsanwaltschaft aber der Meinung war, die Strafe sei nicht ausreichend. Ein Beispiel dafür war das Verfahren gegen Adolf Frena vor dem Sondergericht Innsbruck.[121] Der Angeklagte hatte als Küchenarbeiter in einem Lager der Deutschen Arbeitsfront die Essensration der Arbeiter verkürzt und die Reste einem Bauern verkauft und war dafür ohne Anwesenheit eines Verteidigers wegen § 4 der «Volksschädlingsverordnung» zu fünf Jahren Zuchthaus verurteilt worden. Der Vertreter der Staatsanwaltschaft, Eduard Dreher, von dem später noch die Rede sein wird, hatte acht Jahre Zuchthaus beantragt. In der Nichtigkeitsbeschwerde beim Reichsgericht war vom Reichsanwalt daraufhin moniert worden, das Sondergericht habe es versäumt zu prüfen, ob hier nicht ein besonders schwerer Fall nach § 1 Abs. 1 der Kriegswirtschaftsverordnung vorläge, der wegen der besonderen Verwerflichkeit die Todesstrafe erfordere. Das Sondergericht war zwar in der zweiten Verhandlung, in der ein Verteidiger zugegen gewesen war, bei seiner Linie geblieben, hatte den Beschuldigten nun aber zu sieben Jahren Zuchthaus verurteilt.

Fränkel konnte also nachgewiesen werden, dass er die Position innegehabt hatte, die ihm von der DDR-Publikation vorgeworfen wurde, und hatte darin offenbar auch vielfach die Todesstrafe gefordert. In Karlsruhe und in Bonn gab man sich schockiert und ahnungslos, was die Tätigkeit Fränkels in Sachen Nichtigkeitsbeschwerden anbetraf. Man hatte davon angeblich nichts gewusst. Wie wenig glaubhaft dies war, geht schon daraus hervor, dass der damalige Vorgesetzte Fränkels, Reichsanwalt Dr. Kirchner, und ein weiterer ehemaliger Sachbearbeiter der Reichsanwaltschaft, Dr. Hörchner, 1962 ebenfalls Senatspräsidenten am Bundesgerichtshof waren: Zusammenhänge, die von dem Journalisten Ernst Müller-Meiningen in einem Leitartikel der *Süddeutschen Zeitung* vom 11. Juli 1962 genüsslich aufgedeckt wurden.[122] Am 24. Juli 1962, kaum vier Monate nach seinem Amtsantritt, musste Fränkel deshalb seinen Posten wieder räumen und sah sich zudem einem Disziplinarverfahren und einem Ermittlungsverfahren der Staatsanwaltschaft Karlsruhe wegen des Vorwurfs des Anstellungsbetrugs gegenüber, weil er bei seiner Ernennung wichtige Umstände über seine Amtsführung bei der Reichsanwaltschaft fahrlässig verschwiegen habe.[123]

Doch die Streitigkeiten endeten für Fränkel juristisch letztlich folgenlos. Die Staatsanwaltschaft Karlsruhe stellte das Verfahren am 30. Januar 1967 nach § 170 Abs. 2 StPO ein, da Fränkel nicht zu widerlegen sei, dass er sich bei der Vielzahl der von ihm bearbeiteten Fälle an keinen einzigen noch erinnern könne. Auch im Bundesjustizministerium schien nur geringes Interesse zu bestehen, die Vorwürfe gegen ihn aufzuklären, wie allein die Tatsache bewies, dass Gerhard Marquordt von Justizminister Bucher zum Leiter der Untersuchungskommission bestellt wurde. Denn Marquordt war selbst alles andere als ein unbeschriebenes Blatt: SA-Mitglied seit 1934, zuletzt im Rang eines Scharführers, und Mitglied der NSDAP.[124] 33 Fälle von Nichtigkeitsbeschwerden, an denen Fränkel beteiligt gewesen war, wurden schließlich untersucht, mehrere Zeugen befragt, darunter auch der BGH-Richter Kirchner. Nach drei Jahren erging durch das Dienstgericht des Bundes am Bundesgerichtshof nach fünftägiger, nichtöffentlicher Hauptverhandlung unter dem Vorsitz von Senatspräsident Paulheinz Baldus am 16. Juli 1965 das Urteil: Freispruch. Die Urteilsbegründung wurde nicht veröffentlicht. Die Pressestelle des BGH verfasste nur eine kurze, nichtssagende Verlautbarung.[125]

Tatsächlich war es Fränkel gelungen, das Dienstgericht mit Hilfe ausführlicher Tagebucheinträge zwischen 1937 und 1943 davon zu überzeugen, dass er ein «überzeugter Gegner des nationalsozialistischen Regimes» gewesen sei.[126] So stellte das Gericht die «allgemeine Überzeugung des Beschuldigten» fest, «daß der Staat in der Not des Krieges gegen unverbesserliche Hangtäter auch mit äußersten Mitteln einschreiten dürfe.»[127] Im Einzelfall habe Fränkel dabei nicht zu einer «übermäßig scharfen (nicht vertretbaren) Handhabung der Strafrechtspflege» geneigt.[128] Fränkel verstarb am 29. November 2010 im Alter von 105 Jahren. Seine eigene Schuld am Versagen der Justiz in der NS-Zeit hat er bis zuletzt geleugnet.[129]

Ludwig Martin: Das geringere Übel?

Nach dem Rücktritt von Fränkel durften sich Bundesregierung und Bundesanwaltschaft eine erneute Blamage bei der Besetzung der Position des Generalbundesanwalts nicht leisten. Heinrich Jagusch, der Vorsitzende des Staatsschutz-Senats am BGH, ein wütender Antikommunist, den Walter Strauß gerne in diesem Amt gesehen hätte, kam deshalb nicht in Frage. Als Max Güde, der seit dem Vorjahr als CDU-Bundestagsabgeordneter die Rechtspolitik seiner Partei mit zu gestalten suchte, erfuhr, dass der Staatssekretär im BMJ ihn nominieren wollte, überzeugte er Strauß, einen eher besonnenen Bundesrichter zu ernennen: Ludwig Martin.[130] Dieser hatte in München Rechtswissenschaft und an der Päpstlichen Universität Gregoriana in Rom Philosophie studiert. Danach war er 1937 in den bayerischen Justizdienst eingetreten und 1939 – ohne Mitglied der NSDAP zu sein – zum Staatsanwalt ernannt worden. Wie sein Vorgänger Fränkel hatte er dann bei der Reichsanwaltschaft in Leipzig gearbeitet, war aber schon wenige Monate später zur Wehrmacht eingezogen worden, so dass man ihm keine besondere Nähe zum NS-Regime unterstellen konnte. Auch aus der DDR kamen diesmal keine Vorwürfe.[131]

Tatsächlich war Martin nach der Rückkehr aus der Kriegsgefangenschaft bei seiner Entnazifizierung als «nicht betroffen» eingestuft worden und hatte sogleich eine Stelle als Amtsrichter in Sonthofen erhalten. Von dort war er nach einer kurzen Zwischenphase in der Abteilung Öffentliches Recht des Bundesjustizministeriums am 1. Januar 1951 an die Bundesanwaltschaft gelangt und am 28. Mai 1952 zum Bundesanwalt ernannt worden. Weitere Erkundigungen, die das BMJ in diesem Zusammenhang über ihn einholte, hatten ebenfalls seine Unbedenklichkeit erwiesen.[132] 1953 war Martin schließlich als Bundesrichter zum Bundesgerichtshof gewechselt, wo er am 1.

und 4. Strafsenat arbeitete. Als Beisitzer war er dabei auch an dem Skandalurteil vom 19. Juni 1956 gegen Otto Thorbeck und Walter Huppenkothen beteiligt gewesen (s. S. 19 f.). Ansonsten hatte Martin wenig von sich reden gemacht: ein unauffälliger Mann, von dem man auch im Amt des Generalbundesanwalts erwarten konnte, dass er Skandalen möglichst aus dem Wege ging.[133]

So wurde Martin am 7. April 1963 als Nachfolger Wolfgang Fränkels zum Generalbundesanwalt ernannt. Justizminister Bucher wies bei seiner Amtseinführung auf die zahlreichen Probleme hin, die ihn erwarteten. Vor allem nannte Bucher dabei die «dunklen Schatten», die wegen Fränkel noch immer auf der Bundesanwaltschaft lasteten, und das «allzu grelle Licht der sogenannten Spiegel-Affäre», die sogar zu einer ernsten Regierungskrise geführt hatte.[134] Doch Martin wurde seinem Ruf gerecht: Bis zu seinem Eintritt in den Ruhestand 1974, also elf Jahre und damit ungewöhnlich lange, blieb er im Amt und sorgte für ungewohnte Kontinuität. Er verdankte dies allerdings auch dem Umstand, dass die SPD, die ab 1966 mit Gustav Heinemann als Justizminister in der Großen Koalition und Horst Ehmke als Staatssekretär die Verantwortung auf der Rosenburg übernommen hatte, keine Alternative zu ihm aufbieten konnte. Zwar wäre sie Martin gerne losgeworden, der nach seinem Amtsantritt 1963 in der Spiegel-Affäre weiter hatte ermitteln lassen. Doch jede Person – so Ehmke 2013 in einem Zeitzeugengespräch –, zu der ihm damals die Akten vorgelegt worden seien, habe eine «braune Weste» gehabt.[135]

4. Das Bundesverfassungsgericht

Das Bundesverfassungsgericht gehört heute wie selbstverständlich zu den wichtigen Kontrollinstanzen der deutschen Politik und erfüllt im Wesentlichen zwei Funktionen: Es entscheidet in Fällen des Streits zwischen verschiedenen Organen des Bundes und der Länder und wacht über die Einhaltung der Grundrechte. Damit erinnert das Gericht nicht nur an den Staatsgerichtshof der Weimarer Republik, sondern es wird dadurch auch für den einzelnen Bürger zugänglich, der mit der sogenannten Verfassungsbeschwerde das Gericht anrufen kann, wenn er sich oder seine Grundrechte durch einen staatlichen Akt verletzt sieht. Nicht wenige staatliche Maßnahmen werden somit durch Entscheidungen des Gerichts entscheidend umgestaltet oder scheitern ganz. Dass das Gericht dabei immer wieder in die politische Sphäre eingreift, ist unvermeidlich. Es wird auf diese Weise aber auch zu einer bedeutenden

Institution und ist aus dem Staatsgefüge der Bundesrepublik nicht mehr wegzudenken.

Gründung und Wahl der Verfassungsrichter 1951

Dies alles war bei der Gründung der Bundesrepublik keine Selbstverständlichkeit. Im Parlamentarischen Rat war man sich zwar von Beginn an einig, einen Verfassungsgerichtshof zu schaffen. Aber darüber, wie dieses Gericht zu organisieren war, wer hier zu entscheiden hatte und welche Position es im Geflecht der geteilten Staatsgewalten einnehmen sollte, gab es zunächst keine Verständigung.[136] Hier zeigte sich, dass unmittelbare historische Vorläufer nicht existierten, so dass man weder über ein Modell noch über einschlägige Erfahrungen verfügte.

Der Konvent von Herrenchiemsee hatte dem geplanten Gericht in Artikel 98 seines Verfassungsentwurfs durchaus weitreichende Kompetenzen zugeschrieben. Es sollte praktisch alles tun, was es heute tatsächlich tut. Dementsprechend fasste der Entwurf das Gericht auch als Verfassungsorgan auf, das gleichrangig neben dem Bundespräsidenten, dem Bundestag, dem Bundesrat und der Bundesregierung stehen sollte. Im Parlamentarischen Rat konnte man sich zu einer so weitgehenden Unabhängigkeit und derart weitreichenden Kompetenzen aber nicht mehr durchringen. Daher wurde ein eigener Abschnitt über das Bundesverfassungsgericht gar nicht erst in das Grundgesetz aufgenommen. Stattdessen fügte man das Verfassungsgericht in den Abschnitt «Rechtsprechung» ein, wobei die Abgeordneten die politische Dimension eines solchen Gerichts keineswegs verkannten. Walter Strauß und vor allem Thomas Dehler setzten sich vielmehr dafür ein, das Bundesverfassungsgericht deutlich vom obersten Bundesgericht zu trennen, dessen Schaffung damals noch beabsichtigt war. Dehler wollte sogar eine Doppellösung: ein klassisches, reines «Rechts-Gericht» und ein «Gericht der politischen Sphäre». Der Vorrang sollte dabei dem Rechts-Gericht gebühren, da es, wie Dehler meinte, nicht den Makel politischer Entscheidungen trage.[137] Ähnlich unentschlossen war man auch hinsichtlich der notwendigen Qualifikation der Richter.[138]

Am Ende regelte das Grundgesetz neben den Entscheidungskompetenzen, aus denen man die Möglichkeit der Verfassungsbeschwerde allerdings wieder herausstrich, nur die Wahl der Verfassungsrichter. Sie sollten je zur Hälfte vom Bundestag und vom Bundesrat gewählt werden. Alle weiteren Bestimmungen wurden einem Bundesgesetz überlassen, das jedoch erst 1951 zustande kam. Es dauerte deshalb nach dem Inkrafttreten des Grundgesetzes noch mehr als zwei Jahre, bis das Verfassungsgericht sich konstituieren konnte.[139] Basis des Gesetzgebungsverfahrens waren ein Entwurf aus der Bundestagsfraktion der SPD, der hauptsächlich von Adolf Arndt stammte, und eine Vorlage aus dem Bundesjustizministerium, die auf den Persönlichen Referenten Dehlers, Willi Geiger, zurückging.[140] Gestritten wurde vor allem über die Details, zu denen sich das Grundgesetz ausgeschwiegen hatte: Wie viele Richter müssten in wie vielen Spruchkörpern am Gericht tätig sein? Wie kamen ihre Entscheidungen zustande? Sollten Minderheitsvoten möglich sein? Sollte es einen Bundesanwalt geben? Und wo würde das Gericht seinen Sitz erhalten?[141]

Schließlich entstand am 12. März 1951 ein sogenanntes «Zwillingsgericht», das aus zwei gleichberechtigten Senaten besteht, die jeweils unterschiedliche Zuständigkeiten besitzen.[142] Wenn die Zuständigkeit strittig ist oder wenn es abweichende Meinungen gibt, muss das Plenum aller Verfassungsrichter entscheiden. Jeder Senat setzte sich ursprünglich aus zwölf Richtern zusammen, von denen wiederum vier aus der Zahl der Bundesrichter zu wählen waren; 1963 wurde die Zahl der Richter in den Senaten auf acht gesenkt. Die Bundesrichter wurden ursprünglich vom Plenum des Bundesrates und einem Wahlmännerausschuss des Bundestages gewählt.[143] Das indirekte Wahlverfahren im Bundestag wurde von Bundestagspräsident Dr. Norbert Lammert bei der Feierstunde zum 65. Jahrestag des Grundgesetzes am 23. Mai 2014 allerdings als «beider Verfassungsorgane unwürdig» kritisiert, weil das Parlament erst nachträglich vom Wahlausschuss über die Wahl der Verfassungsrichter unterrichtet werde.[144] Durch Gesetz vom 24. Juni 2015 wurde das Wahlverfahren deshalb geändert, so dass die Wahl der Richter im Bundestag jetzt ebenfalls durch das Plenum mit Zwei-Drittel-Mehrheit erfolgt.[145] Thomas Dehler und auch Bundeskanzler Adenauer hielten indessen schon die ursprünglichen Regelungen für wenig glücklich. Es sei, so Adenauer 1952 vor dem CDU-Bundesvorstand, ein «schweres Verschulden», dem Parlament die Richterwahl anvertraut zu haben.[146] Tatsächlich bewirkten die Zwillingskonstruktion und das auf Konsens ausgerichtete Wahlverfahren, das eine Zwei-Drittel-Mehrheit in Bundestag und Bundesrat voraussetzte, einen Einigungszwang der großen Parteien, der zu traditionell politisch unterschiedlich ausgerichteten Spruchkörpern führte: Der Erste Senat gilt bis heute als «Roter Senat», der Zweite Senat als eher konservativ.

Außerdem führten Arndt und Geiger 1951 das Instrument der Verfassungsbeschwerde wieder ein, das vom Parlamentarischen Rat – entgegen den Empfehlungen des Verfassungskonvents – unberücksichtigt gelassen worden war.[147] Sie schufen damit für die oberen Bundesgerichte die Möglichkeit, sich in Verfahren gutachterlich zu äußern, in denen das Verfassungsgericht über die Verfassungsmäßigkeit von Gesetzen entschied.[148] Äußerst ambivalent blieb das Gesetz, was den Status des Gerichts anbetraf. Der § 1 stellte dazu lediglich fest, das Bundesverfassungsgericht sei «ein allen übrigen Verfassungsorganen gegenüber selbständiger und unabhängiger Gerichtshof des Bundes».[149] Die Betonung des Gerichtscharakters sollte die Zuordnung des Gerichts zur Rechtsprechung verdeutlichen und es so von den eigentlichen Verfassungsorganen abgrenzen.

Zwischen Mai und Juli 1951 erarbeiteten Unterkommissionen des Bundesrates und des Wahlmännerausschusses des Bundestages schließlich eine gemeinsame Kandidatenliste für die Wahl der Verfassungsrichter, die stetig anwuchs. Ziel war es, ein Tableau von Bewerbern zu finden, das für die Bundesregierung und für die Länderkammer, aber auch für die Opposition annehmbar war. Eine Frau in die Auswahl einzubeziehen, wurde erstmals am 14. Juni 1951 diskutiert. Mit Erna Scheffler stand dafür eine geeignete Kandidatin zur Verfügung. Die Direktorin des Verwaltungsgerichts Düsseldorf hatte im Jahr zuvor auf dem Deutschen Juristentag in Frankfurt ein Referat über «Die Stellung der Frau in Familie und Gesellschaft im Wandel der Rechtsordnung seit 1918» gehalten, mit dem sie sich vor allem in SPD-Kreisen für das Amt empfohlen hatte.[150] Bis 1963 blieb sie die einzige Verfassungsrichterin, und obwohl ihr mit Wiltraut Rupp-von Brünneck eine Frau im Amt nachfolgte, sollte es noch bis 1986 dauern, bevor erstmals zwei Frauen gleichzeitig am Bundesverfassungsgericht tätig waren. Der von Bundesjustizminister Dehler stark protegierte Willi Geiger fand am 22. Juni 1951 ebenfalls seinen Weg auf die Kandidatenliste.[151] Die Wahl selbst verzögerte sich allerdings noch bis zum Herbst, weil man sich nicht auf einen Präsidenten einigen konnte.[152]

Für den Präsidentenposten hatte das BMJ zunächst den ehemaligen Justizminister Württemberg-Badens, Josef Beyerle (CDU), vorgesehen, der jedoch unter Verweis auf seinen schlechten Gesundheitszustand ablehnte. Der ebenfalls in Betracht gezogene Staatspräsident von Württemberg-Hohenzollern, Gebhard Müller, zog seine Kandidatur schließlich zurück, weil er seine bis 1. Oktober 1951 dauernde Amtsperiode als Staatspräsident noch zu Ende führen wollte. So kam der FDP-Bundestagsabgeordnete Hermann Höpker-Aschoff ins Gespräch, von dessen Ernennung Bundeskanzler Adenauer sich eine Beruhigung der FDP-Forderungen nach einer stärkeren Repräsentanz in der Regierung versprach. Zwar lehnte die CDU/CSU-Fraktion ihn zunächst ab, weil er nicht der Union angehörte. Doch sie begründete ihre Ablehnung nach außen interessanterweise mit Höpker-Aschoffs Tätigkeit als Hauptreferent für die Einziehung polnischen und jüdischen Vermögens bei der Haupttreuhandstelle Ost von 1943 bis 1945.[153] Er sei demnach politisch zu sehr belastet. Doch als mehrere andere Kandidaten – unter ihnen BGH-Präsident Hermann Weinkauff, der Präsident des Obersten Gerichtshofs für die Britische Zone, Ernst Wolff, sowie der Hochschullehrer und Rechtsberater für völkerrechtliche Fragen im Bundeskanzleramt, Erich Kaufmann – sich ebenfalls als nicht durchsetzbar erwiesen, kehrte Adenauer – die Kritik aus der eigenen Fraktion diesmal übergehend – wieder zu Höpker-Aschoff zurück, so dass der Wahl der Verfassungsrichter am 4. September durch den Wahlmännerausschuss und am 6. September durch den Bundesrat nun nichts mehr im Wege stand.[154]

Willi Geiger: Der «heimliche Vorsitzende» des Zweiten Senats[155]

Unter den Verfassungsrichtern, die jetzt gewählt wurden, befand sich auch Willi Geiger, der im Bundesjustizministerium das Bundesverfassungsgerichtsgesetz entworfen hatte. Geiger war (und ist) eine umstrittene Figur. Seine Verstrickungen in das NS-Regime waren weitgehend bekannt, wurden aber von seinen Bamberger Freunden, unter ihnen nicht zuletzt Thomas Dehler, von Anfang an heruntergespielt. Die abschließende Bewertung fällt nicht immer leicht. Sein Lebenslauf weist jedoch zahlreiche Stationen auf, die für mehr sprechen als ein bloßes «Mitschwimmen» im NS-System. So hatte er nach dem Zweiten Staatsexamen 1936 seine 1941 veröffentlichte Dissertation über «Die Rechtstellung des Schriftleiters» verfasst, in der er sich mit dem Schriftleitergesetz vom 7. Oktober 1933 beschäftigte und zu dem Schluss gelangte, das Gesetz sei ein großes Verdienst der nationalsozialistischen Revolution, da die Presse unbedingt eingeschränkt werden müsse.[156] Besonders kritisiert wurden später die darin enthaltenen antisemitischen Äußerungen. Der ehemalige deutsche Rechtsanwalt Dr. Ernst Linz, der während der NS-Zeit nach Israel ausgewandert war, stellte im August 1966 sogar Geigers Treue zum Grundgesetz in Frage, weil er ihn für einen «rabiaten Antisemiten» hielt, der «zu einem Teil Auschwitz möglich gemacht» habe.[157] Tatsächlich hatte Geiger in seiner Arbeit wörtlich erklärt, das Schriftleitergesetz habe «mit einem Schlag den übermächtigen, volksschädigenden und kulturzersetzenden Einfluss der jüdischen Rasse auf dem Gebiet [der Presse] beseitigt.»[158]

In seiner Antwort an Rechtsanwalt Linz tat der damalige Präsident des Bundesverfassungsgerichts, Gebhard Müller, die Äußerungen jedoch als unbedeutend ab: Geiger habe sich im Alter von erst 27 Jahren das Thema ja nicht selbst ausgesucht, sondern es auf Anregung von Professor Wilhelm Laforet bearbeitet. Und die Schrift selbst gehe nur «von den Motiven des damaligen Gesetzgebers aus» und erläutere lediglich «auf dieser Grundlage das Gesetzgebungswerk nach den üblichen Auslegungsmethoden».[159] Wer Geigers Dissertation liest, wird dieser Argumentation indessen kaum folgen können.[160] Denn der politische Tenor, der in der Arbeit zum Ausdruck kommt, ist weithin nationalsozialistisch und antisemitisch. Auch Müllers Hinweis, die Studie reihe sich in eine Vielzahl derartiger Publikationen ein und habe sogar eine negative Rezension erhalten, ist abwegig. Denn die Besprechung stammte von Dr. Otto Redelberger, Regierungsassessor bei Heinrich Gareis, dem Regierungspräsidenten von Oberbayern. Redelberger, selbst ein überzeugter Rassist, hatte Geigers Publikation jedoch nicht wegen ihres nationalsozialistischen Inhalts kritisiert, sondern weil sie zu liberal sei.[161] Es ist daher Bundesrichter Gregor Geller zuzustimmen, der Präsident Müller mit den Worten kritisierte, aus seinem Schreiben gewinne man «den Eindruck, daß Sie die peinliche Schrift [Geigers] als eine Art ‹Jugendsünde› entschuldigen wollen».[162]

Wie sehr Geiger sich in das NS-System einfügte, zeigt die Tatsache, dass er am 1. Mai 1938 zum Landgerichtsrat in Bamberg ernannt und am 20. Juni 1940 an die Staatsanwaltschaft des Sondergerichts Bamberg abgeordnet wurde, bei der er bis zu seiner Einberufung zur Wehrmacht 1943 tätig war.[163] Aus seiner Zeit am Sondergericht sind mehrere Fälle bemerkenswert. So legte Geiger im Bericht zu einer Nichtigkeitsbeschwerde dar, dass die Kammer die Persönlichkeit des Angeklagten nicht genügend gewürdigt hätte, und führte aus, der Angeklagte sei «Zigeunerstämmling und seiner ganzen Art nach, in Sprache, Geste und Haltung, ein typischer Vertreter dieses Stammes». Besonders ausgeprägt seien bei ihm «die bei jeder Vernehmung, auch in der HV (Hauptverhandlung) erkennbare händlerische Gewandtheit und Lügenhaftigkeit».[164] Sein erstes Todesurteil erreichte Geiger 1941 in einem Prozess gegen einen polnischen Landarbeiter, der mit einem Messer auf eine Gruppe junger Männer losgegangen war. Deswegen war er wegen versuchten Mordes und schwerer Körperverletzung angeklagt und als «Volksschädling» und Gewohnheitsverbrecher zum Tode verurteilt und hingerichtet worden.[165] Insgesamt sind fünf Fälle überliefert, in denen Geiger die Todesstrafe erwirkte.[166] Darunter ist der Fall gegen einen 22-jährigen polnischen Arbeiter wegen sexueller Handlungen an einem minderjährigen Mädchen. Ein Gnadengesuch des «volksfremden» Juden wurde von Geiger abgelehnt. Er wohnte der Hinrichtung in München-Stadelheim selbst bei und ordnete nach der Vollstreckung an, die Öffentlichkeit durch Plakate und Pressenotizen davon in Kenntnis zu setzen.[167]

Wie sehr Geiger damit dem nationalsozialistischen Rechtsverständnis und den Wünschen seiner Vorgesetzten entsprach, unterstreicht eine Beurteilung durch den damaligen Präsidenten des Oberlandesgerichts Bamberg, Dr. Ernst Dürig, der am 7. Januar 1943 über Geiger schrieb, hervorzuheben sei «seine sehr ersprießliche Tätigkeit im Dienste der Staatsanwaltschaft, besonders beim Sondergericht, wo er sich in mehreren großen Strafprozessen als Vertreter der Anklage durch klaren, wirkungsvollen und geschickten Vortrag hervorgetan» habe.[168] Geiger selbst hingegen behauptete nach Kriegsende von sich, er habe am Sondergericht «nicht Recht gesprochen für die Partei oder den nationalsozialistischen Staat», sondern für sein Volk, «das nie mit jener Partei und jenem Staat identisch» gewesen sei.[169]

Bereits als Rechtsreferendar am Amtsgericht Pirmasens lernte Geiger Hans Winners kennen, mit dem er schließlich auch am Sondergericht Bamberg zusammenarbeitete.[170] Der eine verfasste die Anklageschriften, der andere übernahm die Sitzungsvertretungen.[171] In einem der Fälle stellte Thomas Dehler das Gnadengesuch.[172] Die beruflichen Beziehungen zwischen Dehler, seinem späteren Persönlichen Referenten Geiger und seinem Personalreferenten Winners begannen also bereits in den frühen 1940er Jahren. Seit dieser Zeit war Geiger zudem Referendargemeinschaftsleiter und Mitglied des Prüfungsamts für die vereinfachte große Staatsprüfung.[173] Darüber hinaus hielt er politische Vorträge, so 1938/39 eine ganze Vortragsreihe über «Rechtsfragen des Alltags», «Große Deutsche im Ausland»[174] und die «Geopolitik Europas»[175], die auch das Thema «Politischer Rückblick, Politische Ausschau» umfasste.[176] In dem nach 1945 im Zuge der Entnazifizierung auszufüllenden Fragebogen war davon allerdings nicht die Rede. Vielmehr behauptete Geiger ausdrücklich, er habe nie politische Vorträge gehalten – wohl weil er wusste, dass sie als Zeichen seines besonderen Einsatzes im Sinne des NS-Regimes zu deuten waren. Tatsächlich hatte eine Beurteilung durch das Landgericht Bamberg vom 3. Januar 1939 ausdrücklich darauf Bezug genommen. Die von Geiger bearbeiteten Entscheidungen, heißt es darin, zeigten «gute Erkenntnis alles Wesentlichen, aufgeschlossenen Sinn für die Rechtsprobleme der Gegenwart, nationalsozialistisches Rechtsdenken, scharfe und logische Herausarbeitung der rechtlichen Gesichtspunkte». Sein umfangreiches Wissen stelle er «bereitwillig in den Dienst der Ausbildung der Referendare (Kurse über öffentliches Recht) und der Allgemeinheit (Vorträge im Volksbildungswerk über rechtliche und politische Themen)».[177]

Geiger war Mitglied der NSDAP[178] und der SA. Vor seinem Eintritt in die SA war er zudem beim «Stahlhelm – Bund der Frontsoldaten» gewesen, einem der zahlreichen Wehrverbände der Weimarer Republik, der als bewaffneter Arm der Deutschnationalen Volkspartei (DNVP) galt. Angeblich war er dort nur eingetreten, um aus der «Schutzhaft» entlassen zu werden, in die er als Mitglied der Bayerischen Volkspartei im Juni 1933 gemeinsam mit seinem Vater eingeliefert worden war, weil diese Partei mit katholischer Stammwählerschaft sich gegenüber der NSDAP in Bayern zunächst zu behaupten vermocht hatte und daher von den Nationalsozialisten als Bedrohung empfunden wurde.[179] Jedenfalls gelangte Geiger auf diese Weise auch in die SA, in die der «Stahlhelm» am 5. Februar 1934 als Organisation übergeleitet wurde.[180] Bis März 1936 verrichtete Geiger ständig Dienst beim Sturm 3/9 in Würzburg, dessen Truppführer ihm bescheinigte, «ein brauchbarer SA-Mann» und «weltanschaulich gefestigt» zu sein.[181] 1937 wurde er Rottenführer und möglicherweise später Scharführer.[182] Neben seinem Referendariat arbeitete er zudem als Schulungs- und Pressereferent der SA in der Bayerischen Ostmark.[183] Als ihm 1945 vorgeworfen wurde, seinen Rang in der SA im politischen Fragebogen nicht angegeben zu haben, erklärte er, dieser wäre ihm entfallen.[184]

Seine «Vergesslichkeit» brachte Geiger indessen ein Verfahren wegen Fragebogenfälschung ein, in dem er beschuldigt wurde, sich nur als Rottenführer und nicht als Scharführer bezeichnet zu haben.[185] Der Unterschied war beträchtlich, denn der Rang eines «Rottenführers» entsprach in der Wehrmacht demjenigen eines Obergefreiten, während ein «Scharführer» einem Unteroffizier gleichkam. Um Scharführer zu werden, musste Geiger daher besondere Führereigenschaften beweisen.[186] Tatsächlich ist den Akten zu entnehmen, dass er Ende 1940 an einem Führerausbildungslehrgang der SA in Schliersee teilnahm.[187] Das Verfahren gegen Geiger wurde jedoch eingestellt, weil «Erläuterungen» des Beschuldigten nach Auffassung des Gerichts ergeben hatten, dass er seine Angaben im Fragebogen ohne Unterlagen und «ausreichende Vorstellungen über die Bedeutung der Befragung aus dem Gedächtnis heraus gemacht» habe. Außerdem hatte Geiger seinen Freund Winners als Zeugen benannt, der gegen Kriegsende Geigers SA-Uniform bei der Stoffsammlung abgegeben hatte, die «keinen Stern, sondern Litzen am Spiegel» gehabt habe. Damit schien bewiesen, dass Geiger nur Rottenführer gewesen sei.[188]

Zu den nachsichtigen Richtern in diesem Verfahren am Landgericht Bamberg gehörte Landgerichtspräsident Weinkauff, der spätere Präsident des Bundesgerichtshofes, der außerdem im Juli 1947 beim Oberlandesgericht Bamberg den Antrag stellte, Willi Geiger wieder in den Justizdienst aufzunehmen. Er bescheinigte ihm in diesem Zusammenhang nicht nur große fachliche Kenntnisse, sondern behauptete auch, Geiger sei ein ausgesprochener Gegner des Nationalsozialismus gewesen.[189] Da dies nicht mit der NSDAP-Mitgliedschaft Geigers seit 1937 zusammenpasste, berief dieser sich nach 1945 stets darauf, die Partei habe ihm doch 1936 ein «negatives

Zeugnis» ausgestellt. Die «Familie Geiger», so hatte es darin geheißen, zeige «wenig Sympathie für das 3. Reich». Aus «dieser Umgebung heraus» könne «ein besonderes Eintreten für den nationalsozialistischen Staat von dem Vg. (Volksgenossen, d. Verf.) Willi Geiger zunächst jedenfalls noch nicht erwartet werden». Es dürfe sich daher «empfehlen, bei der Einstellung von Anwärtern für den Justizdienst Parteigenossen vorzuziehen».[190]

Aus diesem Schreiben den Schluss zu ziehen, Geiger sei politisch verfolgt gewesen, wie dies in einem Gutachten des Vorprüfungsausschusses beim Landgericht Bamberg vom 5. Juli 1946 geschah[191], ist jedoch abwegig. Denn ein politisch Verfolgter hätte kaum, wie Geiger 1938, an einem Gauschulungslehrgang der NSDAP teilgenommen.[192] Dies setzte vielmehr eine deutlich bekundete Nähe zum Regime und zur Partei voraus. Doch in Geigers Entnazifizierungsverfahren spielten sowohl die Feststellungen des Vorprüfungsausschusses am Oberlandesgericht Bamberg als auch die zu seinen Gunsten angeführten Zeugen eine entscheidende Rolle. Vor allem Geigers Freund und Kollege Winners bezeugte dabei immer wieder seine angebliche Gegnerschaft zum Nationalsozialismus.[193] Ob es sich bei Winners um einen glaubwürdigen Entlastungszeugen handelte, darf allerdings aus heutiger Sicht bezweifelt werden, wie an früherer Stelle bereits ausgeführt wurde.[194] Geigers anti-nationalsozialistische Einstellung wurde aber auch von Thomas Dehler bestätigt, der angab, Geiger seit 1937 durch verschiedene Tätigkeiten an den Gerichten in Bamberg zu kennen.[195]

So wurde Geiger, allen berechtigten Zweifeln, ja Gewissheiten über seine Rolle im Dritten Reich zum Trotz, am 17. April 1947 von der Spruchkammer Bamberg-Stadt in die Gruppe der «Entlasteten» eingereiht.[196] Mehr noch: Seine Kontakte und engen Verflechtungen verhalfen ihm sogar dazu, dass er bereits am 16. August 1947 seine Tätigkeit als Landgerichtsrat am Oberlandesgericht Bamberg wieder aufnehmen konnte.[197] Ab April 1948 war er zugleich Mitglied des Landesjustizprüfungsamtes, im Februar 1949 wurde er zum Oberlandesgerichtsrat ernannt, und nur wenige Monate später, im Oktober 1949, folgte er Dehler auf dessen Wunsch ins Bundesministerium der Justiz nach Bonn. Dort war er zunächst Leiter des Personalreferats und Referent für Verfassungsrecht und Staatskirchenrecht, bevor er im September 1950 zum Ministerialrat und nur einen Monat später, im Oktober 1950, zum Bundesrichter am Bundesgerichtshof ernannt wurde.[198]

Diese atemberaubende Karriere wurde gekrönt, als Geigers Name schließlich auch noch auf der Liste der Kandidaten für das Bundesverfassungsgericht erschien. Seine Wahl wurde von der Bundesregierung, der CDU/CSU-Fraktion und der Bayerischen Staatsregierung getragen und noch dadurch befördert, dass sein Doktorvater, Wilhelm Laforet, Ältester des Wahlmännerausschusses des Bundestages war.[199] So wurde Geiger im September 1951 neben seiner Tätigkeit beim Bundesgerichtshof zusätzlich zum Bundesverfassungsrichter ernannt und erreichte damit eine einmalige Stellung im deutschen Rechtswesen: Er war und blieb der einzige Richter, der für beide Gerichtshöfe zur gleichen Zeit tätig war. Erst nachdem 1961 § 70 des Deutschen Richtergesetzes (DRiG) in Kraft getreten war, musste Geiger seine Tätigkeit für den Bundesgerichtshof ruhen lassen, da das Gesetz feststellte, beide richterlichen Tätigkeiten seien miteinander unvereinbar.[200] Seine Arbeit am Bundesverfassungsgericht setzte Geiger jedoch noch eineinhalb Jahrzehnte fort. Erst im November 1977 trat er in den Ruhestand.

Die weiteren Richter der ersten Stunde

Die weiteren Richter, die im September 1951 zu «Hütern der Grundrechte» gewählt wurden, waren nicht in gleichem Maße belastet wie Geiger. Immerhin drei von ihnen hatten jedoch der NSDAP angehört, darunter der Präsident Höpker-Aschoff.[201] Er war 1910 in Westfalen in den preußischen Justizdienst eingetreten, war 1921 während der Weimarer Republik im Freistaat Preußen Mitglied des Preußischen Landtages und 1925 preußischer Finanzminister geworden und hatte von 1930 bis 1932 sogar für kurze Zeit dem Deutschen Reichstag angehört.[202] Über seine Tätigkeit im Dritten Reich gibt es widersprüchliche Angaben. Häufig wird darauf verwiesen, dass er nach 1933 zunächst keiner politischen Tätigkeit nachgegangen sei und zurückgezogen gelebt habe.[203] Allerdings geriet er durch seine Mitarbeit bei der von Theodor Heuss herausgegebenen Zeitschrift *Die Hilfe* und mit seiner 1936 erschienenen Schrift *Unser Weg durch die Zeit* in Konflikt mit dem NS-Regime, das die Auslieferung seines Buches kurz nach dessen Erscheinen unterband.[204] Über seine genaue Tätigkeit ab 1940 bei der Haupttreuhandstelle Ost, die für die Beschlagnahme und Verwaltung des Besitzes von polnischen Staatsbürgern und osteuropäischen Juden in den «eingegliederten Ostgebieten» zuständig war, ist bis heute wenig bekannt. Er selbst hat dazu erklärt, dass er diese Tätigkeit nur aufgrund einer nationalsozialistischen Verordnung aufgenommen habe.[205] Ein wirklich sicheres Urteil über seine Person ist auf dieser Grundlage kaum möglich. Eine schwere Belastung durch seine Tätigkeit vor 1945 lässt sich damit aber wohl nicht begründen.

Im Vergleich zu anderen Bundeseinrichtungen waren NS-Belastungen im Bundesverfassungsgericht ohnehin eher die Ausnahme als die Regel.[206] So finden sich unter den 24 Richtern, die 1951 berufen wurden, neun Personen,

Abb. 1: «Übernahme» des Landgerichts Dortmund durch die SA am 4. März 1933.

Abb. 2: Dr. Franz Schlegelberger (2. v. l.), von 1931 bis 1941 Staatssekretär im Reichsjustizministerium und 1941/42 kommissarischer Reichsjustizminister, war der ranghöchste Angeklagte im Nürnberger Juristenprozess 1947. Das Bild zeigt ihn bei der Übergabe der Amtsgeschäfte an den neuen Reichsjustizminister Dr. Otto Georg Thierack am 26. August 1942. Im Bild links der Präsident des Volksgerichtshofs, Dr. Roland Freisler, rechts der neue Staatssekretär im Reichsjustizministerium, Dr. Curt Rothenberger.

Abb. 3: Die Rosenburg in Bonn-Kessenich, von 1950 bis 1973 Hauptsitz des Bundesministeriums der Justiz.

Abb. 4: Bundesjustizminister Dr. Thomas Dehler 1949.

Abb. 5: Dr. Willi Geiger, bis 1951 Persönlicher Referent Dehlers und Leiter des Verfassungsreferats im BMJ. Ab 1951 Senatspräsident am Bundesgerichtshof und gleichzeitig von 1951 bis 1977 Richter des Bundesverfassungsgerichts. Hier eine Aufnahme aus dem Jahr 1951.

Abb. 6: Dr. Walter Strauß, Staatssekretär im Bundesministerium der Justiz 1949–1963.

Abb. 7: Dr. Hans Winners, hier eine Aufnahme aus der Personalakte des Reichsjustizministeriums. Als Leiter der Abteilung Z war er bis 1976 für die Personalpolitik im BMJ mitverantwortlich.

Abb. 8: Dr. Werner Best.

Abb. 9: Dr. Ernst Achenbach.

Abb. 10: Von 1963 bis 1968 fanden in Frankfurt am Main drei sogenannte «Auschwitzprozesse» statt, in denen SS-Männer des nationalsozialistischen KZ Auschwitz angeklagt waren. Hier ein Foto aus dem ersten Prozess von 1963 bis 1965.

Abb. 11: Bundesjustizminister Dr. Gustav Heinemann und Staatssekretär Prof. Dr. Horst Ehmke nach der Regierungsbildung der Großen Koalition im Dezember 1966.

Abb. 12: Der Buchumschlag des Kommentars zum Blutschutz- und Ehegesundheitsgesetz von 1937, an dem Franz Maßfeller, damals Mitarbeiter im Reichsjustizministerium und später Referatsleiter Familienrecht im BMJ, mitwirkte.

Abb. 13: Max Merten werden zu Prozessbeginn im Gerichtssaal in Athen im März 1959 die Handschellen abgenommen.

Abb. 14: Der langjährige Leiter der Abteilung Strafrecht im Bundesjustizministerium, Dr. Josef Schafheutle.

Abb. 15: Dr. Eduard Dreher, im Dritten Reich Erster Staatsanwalt am Sondergericht Innsbruck, im BMJ Generalreferent für die «Große Strafrechtsreform» und Unterabteilungsleiter Abteilung Strafrecht.

Abb. 16: Verleihung des Großen Bundesverdienstkreuzes mit Stern an Dr. Ernst Geßler, den Leiter der Abteilung Handels- und Wirtschaftsrecht im BMJ, anlässlich seiner Verabschiedung durch Bundesjustizminister Gerhard Jahn am 31. März 1970.

Abb. 17: Walter Roemer, von 1950 bis 1968 Leiter der Abteilung Öffentliches Recht im Bundesministerium der Justiz.

Abb. 18: Dr. Richard Jaeger (CSU), von 1965 bis 1966 Bundesminister der Justiz.

Abb. 19: Der CDU-Abgeordnete Prof. Ernst Benda am 10. März 1965 während der Debatte im Deutschen Bundestag über die Verjährung von NS-Morden.

die nationalsozialistischen Verfolgungen ausgesetzt waren. Beispiele dafür sind Erna Scheffler, Bernhard Wolff und Vizepräsident Rudolf Katz. Erna Scheffler hatte wegen ihrer jüdischen Abstammung im Dritten Reich im Untergrund gelebt, Katz und Wolff waren aus demselben Grund zur Emigration gezwungen gewesen. Auch Gerhard Leibholz und Georg Fröhlich hatten fliehen müssen. Gerhard Heiland, Wilhelm Ellinghaus, Martin Drath und Erwin Stein waren nach der Machtergreifung entlassen worden; Steins jüdische Ehefrau hatte 1943 Selbstmord begangen, um der Deportation zu entgehen. Die anderen Richter waren im Dritten Reich einer unauffälligen, nicht zwingend problematischen Betätigung nachgegangen.

Willi Geiger behauptete später, der Grund für den hohen Anteil an Emigranten unter der Richterschaft in den frühen Jahren des Bundesverfassungsgerichts sei darauf zurückzuführen gewesen, dass man dieser Gruppe, die in anderen Bundesorganen kaum Karrierechancen gehabt hatte, eine Art Wiedergutmachung habe zuteil werden lassen wollen.[207] In Wirklichkeit dürfte der Grund darin bestanden haben, dass das Bundesverfassungsgericht keinen Vorläufer im Deutschen Reich hatte. Daher gab es auch kein Gericht und keine Behörde, deren Personal man hätte übernehmen können, wie es in anderen Einrichtungen der Fall war.

Die Selbstemanzipation des Gerichts

Am 8. September 1951 nahm das Bundesverfassungsgericht in Karlsruhe seine Arbeit auf. Dabei war dessen Status zu dieser Zeit noch weitgehend ungeklärt, so dass darüber umgehend ein Streit zwischen der Bundesregierung und dem Gericht ausbrach.[208] Während das Bundesjustizministerium die Dienstaufsicht über das Gericht beanspruchte und dessen Etat weiterhin als Untertitel im Haushalt des BMJ führen wollte, legte Gerhard Leibholz im Namen der Richterschaft des Verfassungsgerichts eine Denkschrift vor, in der er argumentierte, das Gericht sei ein mit höchster Autorität ausgestattetes Verfassungsorgan, so dass sich insbesondere eine Dienstaufsicht durch ein Ministerium verbiete. Daher sei auch ein eigener Posten im Bundeshaushalt für seinen Etat einzurichten.[209] Völlig einig waren sich die Richter in dieser Frage jedoch nicht. So unterstützten Höpker-Aschoff und Geiger, die wussten, wem sie ihr Amt verdankten, die Politik des Ministeriums, während die übrigen Richter für völlige Unabhängigkeit plädierten.[210] Am Ende setzte sich nach einer langen, teilweise heftig geführten Auseinandersetzung die Position der Mehrheit der Richter durch. Damit wurde der Grundstein für die Rolle gelegt, die das Gericht heute ausfüllt.

Bundesjustizminister Dehler hingegen betrachtete den Machtzuwachs des Verfassungsgerichts mit Sorge. Nachdem das Gericht in der Kontroverse um die deutsche Wiederbewaffnung am 8. Dezember 1952 die von deutscher Seite erfolgte Unterzeichnung des Vertrages zur Errichtung einer Europäischen Verteidigungsgemeinschaft als möglicherweise nicht verfassungsgemäß bezeichnet hatte, scheute er daher auch vor drastischen Worten nicht zurück. Das Gericht, erklärte er am 11. Dezember, sei «in einer erschütternden Weise von dem Wege des Rechts abgewichen» und habe «dadurch eine ernste Krise geschaffen».[211] Und vor dem Bundestag fügte Dehler am 4. März 1953 gar hinzu, er fürchte «eine Art Diktatur des Bundesverfassungsgerichts», denn dieses habe sich «gegen den Geist der Verfassung versündigt, zu deren Hüter es berufen» worden sei.[212]

Tatsächlich ging es in dieser Frage um eine grundsätzliche Richtungsentscheidung, bei der das Verfassungsgericht nun eine eigene Position bezog: Während Bundeskanzler Adenauer im Rahmen seiner Politik der Westintegration eine Beteiligung der Bundesrepublik an der Europäischen Verteidigungsgemeinschaft (EVG) mit einem eigenen Wehrbeitrag anstrebte, war die Opposition der Meinung, die Verfassung lasse ein solches Vorgehen nicht zu. Die SPD-Fraktion hatte daher am 31. Januar 1952 beim Bundesverfassungsgericht ein Gutachten beantragt, ob eine deutsche Beteiligung an einer bewaffneten Streitmacht ohne Änderung des Grundgesetzes förmlich und sachlich mit der Verfassung vereinbar sei.[213] Der Justizkrimi, in dem die Bundesregierung und vor allem Justizminister Dehler mehrfach versuchten, das Verfassungsgericht zu manipulieren, wird an anderer Stelle ausführlich beschrieben.[214] Am Ende erwiesen sich die Verfassungsrichter jedoch als stärker und errangen einen derart eindrucksvollen «Sieg», dass die Auseinandersetzung nicht nur dazu beitrug, die Unabhängigkeit des Gerichts in der politischen Ordnung der Bundesrepublik fest zu verankern, sondern auch dazu, dass Dehler nach der Bundestagswahl 1953 nicht mehr auf die Rosenburg zurückkehren durfte.[215]

In der Rechtsprechung gingen die Verfassungsrichter ebenfalls selbständige Wege und machten durch eine Reihe bedeutender Entscheidungen aus dem Grundrechtekatalog der Verfassung die sogenannte «objektive Werteordnung» der Bundesrepublik, die heute eine Selbstverständlichkeit ist und nicht mehr in Frage gestellt wird.[216] Wurden die Grundrechte ehedem als reine Abwehrrechte gegen den Staat verstanden, die nur in konkreten Fällen staatliche Eingriffe in die Rechte Einzelner verhindern sollten, ergibt sich nach dem vom Bundesverfassungsgericht über die Jahre geschaffenen neuen Verständnis aus der Zusammenschau aller Grundrechte der Rahmen der Rechtsordnung schlechthin. Sie strahlen in alle Bereiche des Lebens aus, wirken auf alle Rechtsgebiete und sind damit das Fundament gesellschaftlichen Zusammenlebens – in ihrer Einhaltung kontrolliert vom Bundesverfassungsgericht selbst. Das Gericht sieht deshalb im besten Sinne Gustav Radbruchs das Recht als Inbegriff der generellen Anordnung für das menschliche Zusammenleben, das nur den Sinn hat, der Gerechtigkeit zu dienen. Mit dieser Haltung hat sich das Gericht, das keinen direkten Vorläufer besaß, aber an lange richterliche Traditionen anknüpfen konnte, von der Politik emanzipiert und sich durch seine Entscheidungspraxis hohen gesellschaftlichen Respekt verschafft.[217]

II. Abteilungen und Karrieren im BMJ

Das Bundesministerium der Justiz gliederte sich nach seiner Gründung 1949 zunächst in vier Sachabteilungen und eine Verwaltungsabteilung. 1970 kam noch die Abteilung R (Rechtspflege) hinzu, so dass das BMJ danach sechs Abteilungen umfasste.[1] Die Abteilungen, in denen jeweils sachlich zusammengehörende Aufgaben wahrgenommen werden, sind wiederum in Unterabteilungen und Referate gegliedert. Die Leitung der Abteilung obliegt in der Regel einem «politischen Beamten» oder einer «politischen Beamtin» im Rang eines Ministerialdirektors oder einer Ministerialdirektorin; lediglich die Verwaltungsabteilung Z wurde bis 1953 von Staatssekretär Walter Strauß selbst geführt. Unterhalb der Hausleitung (Minister bzw. Ministerin und Staatssekretäre) ist die Abteilungsleitung die oberste fachliche Entscheidungsinstanz für den jeweiligen Aufgabenbereich. Sie überwacht und koordiniert die Arbeiten innerhalb der Abteilung und bildet das Scharnier zwischen der politischen Leitung des Ministeriums und der Fachebene. Die organisatorischen Grundeinheiten und Träger der Sacharbeit sind jedoch die Referate, die von einem Referatsleiter des «höheren Dienstes» geführt werden.

Von der Verwaltungsabteilung Z war bereits im Zusammenhang mit ihrem langjährigen Leiter Dr. Hans Winners die Rede.[2] Die folgenden Ausführungen beschränken sich daher auf die vier Abteilungen für Bürgerliches Recht (bis 1970 einschließlich der Rechtspflege), Strafrecht, Wirtschafts- und Handelsrecht sowie Öffentliches Recht. Da diese Abteilungen diejenigen Bereiche darstellten, die für die Mitarbeiter den wesentlichen funktionalen Rahmen ihrer Tätigkeit bildeten und in denen sich die Sacharbeit des Ministeriums vollzog, vermittelt ihre Analyse somit einen ersten Einblick in den Zusammenhang zwischen personellen Strukturen und inhaltlichen Orientierungen, ehe im nachfolgenden Teil der Untersuchung auf einzelne Sachthemen eingegangen wird.

1. Die Abteilung I: Bürgerliches Recht

Die Abteilung I Bürgerliches Recht* war in der Gründungsphase des Bundesjustizministeriums mit zehn Referaten die größte der fünf Abteilungen und wurde 1953 in zwei Unterabteilungen – Bürgerliches Recht und Zivilverfahren – aufgeteilt.[3] Seit 1957 umfasste sie elf bis zwölf Referate, wobei 1956/57 Teile des Arbeitsrechts der Abteilung IV (Öffentliches Recht) zugewiesen wurden. Nach der Einrichtung der Abteilung R umfasste die Abteilung I nur noch das Bürgerliche Recht mit zwei Unterabteilungen und insgesamt neun Referaten.

Das Leitungspersonal

In der Abteilung I waren bis zur Abspaltung des Bereichs Rechtspflege 1970 insgesamt 30 Juristen in leitender Funktion, das heißt als Abteilungs-, Unterabteilungs- oder Referatsleiter, tätig. Aus dieser Gruppe hatten 17 (nicht ganz 60 Prozent) vor 1945 bereits längere Zeit in einem Reichsministerium, in der Justiz oder in der Verwaltung gearbeitet, während 13 Personen über keine oder nur über eine sehr kurze Berufserfahrung in der NS-Zeit verfügten.[4] Von den 17 Juristen der Abteilung I mit Berufserfahrung vor 1945 waren acht (also fast die Hälfte) frühere Mitarbeiter des Reichsjustizministeriums (RJM) und gehörten damit zur Funktionselite der NS-Bürokratie.[5] Diese Gruppe war auch relativ homogen, denn alle Mitarbeiter stammten aus der sogenannten Kriegsjugendgeneration und hatten, von einer Ausnahme abgesehen, in der zivil- oder wirtschaftsrechtlichen Abteilung des Reichsjustizministeriums gearbeitet.

Diese Zahlen, die sich auf den gesamten Zeitraum von 1949 bis 1970 beziehen, haben allerdings nur begrenzten Aussagewert. Denn bezogen auf den Neuaufbau 1949/50 ergibt sich ein völlig anderes Bild. So zeigt der Organisationsplan des Ministeriums vom November 1950, dass vier der sechs Referatsleiter der Abteilung I unmittelbar aus dem Reichsjustizministerium kamen.[6] Ein weiterer, Karl-Friedrich Wilhelm, hatte als Ministerialbeamter im Reichsarbeitsministerium Erfahrungen gesammelt und leitete im BMJ nun das Referat «Arbeitsvertragsrecht».[7] Nur das Referat I 10, das vornehmlich den Verfassungsauftrag aus Artikel 3 Abs. 2 GG zur Gleichberechtigung von Mann

---

* Die folgende Darstellung beruht zum Teil auf den Vorarbeiten von Eva Schumann, die hierzu demnächst auf gleicher Quellengrundlage eine ausführliche Studie vorlegen wird.

und Frau umsetzen sollte, wurde mit einer Person besetzt, die keine ministerielle Vorerfahrung besaß: Dr. Maria Hagemeyer. Sie war 1927 als erste Frau in Deutschland am Landgericht Bonn zur Richterin ernannt und nach der Machtübernahme der Nationalsozialisten, wie alle Richterinnen, wieder entlassen worden. Da sie auf diese Weise mit der NS-Justiz nichts zu tun gehabt hatte, wurde sie nach 1945 sogleich wieder als Landgerichtsrätin eingesetzt und aus dieser Position heraus 1950 für vier Jahre an das Bundesjustizministerium abgeordnet, um den Gesetzentwurf für die Gleichberechtigung der Frau vorzubereiten.[8]

Aber auch der erste Leiter der Abteilung I, Georg Petersen, besaß keine einschlägige Berufserfahrung als Ministerialbeamter in einem Reichsministerium. Er hatte von 1929 bis 1945 zu der kleinen, rund 20-köpfigen Gruppe der am Reichsgericht zugelassenen Rechtsanwälte gehört[9] und war 1933/34 Mitglied einzelner, der NSDAP angeschlossener Verbände sowie förderndes Mitglied der SS geworden.[10] In die Partei selbst war er jedoch nicht eingetreten, da er in seiner Stellung als Anwalt am Reichsgericht eines solchen karrierefördernden Schritts offenbar nicht mehr bedurfte. Tatsächlich war die Stelle als Rechtsanwalt am Reichsgericht ausgesprochen lukrativ. So gab Petersen im Januar 1946 im Fragebogen der britischen Militärregierung an, dass er in der NS-Zeit von 1933 bis 1944 jährlich als Rechtsanwalt zwischen 140 000 und 180 000 Reichsmark (und damit das Zehnfache eines Reichsgerichtsrats) verdient habe.[11] Zu seinen Aufträgen gehörten dabei auch gesellschaftsrechtliche Fälle, in denen er mit Hilfe der NS-Rassenideologie erfolgreich die Interessen seiner Mandanten durchsetzte. Ein Fall betraf den Ausschluss eines Mitgesellschafters einer OHG, dessen Frau jüdischer Herkunft war. In anderen Fällen ging es zum Beispiel um die Kürzung von Ruhegehältern jüdischer Vorstandsmitglieder großer Unternehmen.[12]

Nach dem Krieg trug die fehlende Parteimitgliedschaft dazu bei, dass Petersen bereits zum 1. Dezember 1945 mit Genehmigung der britischen Militärregierung in Hamburg als Oberlandesgerichtsrat beim Hanseatischen Oberlandesgericht eingestellt wurde, von wo er zum 1. Oktober 1946 in das Zentral-Justizamt der britischen Zone wechselte.[13] Auch die Tatsache, dass er nach seiner Tätigkeit im Zentral-Justizamt die Wahl hatte, Rechtsanwalt beim Bundesgerichtshof oder sogar – nach den Vorstellungen von Walter Strauß – Senatspräsident beim BGH zu werden[14], bevor Bundesjustizminister Dehler ihn im Januar 1950 als Abteilungsleiter in das BMJ holte, hatte offenbar mit seiner vermeintlich «sauberen Weste» zu tun, die allerdings keineswegs so rein war, wie es auf den ersten Blick schien.[15]

Insgesamt hängt die starke NS-Belastung des BMJ in den frühen Jahren also damit zusammen, dass in den ersten Jahren bevorzugt ehemalige Mitarbeiter des Reichsjustizministeriums eingestellt wurden. In der Abteilung I waren dies Arthur Bülow und Heinrich von Spreckelsen 1949, Franz Massfeller, Georg Grohmann und Hermann Weitnauer 1950 sowie Erwin Saage, Max Merten und Gerd Rinck von 1951 bis 1954. Die engen Verbindungen, die zwischen ihnen vor 1945 bestanden hatten, werden bei einem Blick auf den Geschäftsverteilungsplan des Reichsjustizministeriums von 1941 deutlich: Gerd Rinck war damals in der Abteilung V des RJM (Handels-, Verkehrs- und Wirtschaftsrecht) Mitarbeiter von Arthur Bülow in den Arbeitsgebieten «Hinterlegungswesen» und «Luftrecht» gewesen, Hermann Weitnauer und Max Merten hatten in der Abteilung IV (Bürgerliches Recht und bürgerliche Rechtspflege) mit dem stellvertretenden Abteilungsleiter Werner Vogels im Bereich des Konkursrechts zusammengearbeitet.[16]

Bezogen auf die ganze hier behandelte Gruppe von 30 Personen in der Zeit von 1949 bis 1970 war der Anteil ehemaliger RJM-Mitarbeiter in der Abteilung I mit 27 Prozent ebenfalls deutlich höher als im BMJ insgesamt (16 Prozent). Dies dürfte damit zusammenhängen, dass die im Zivil- oder Wirtschaftsrecht tätigen Mitarbeiter des Reichsjustizministeriums nach 1945 – im Gegensatz etwa zu ehemaligen Mitarbeitern der strafrechtlichen Abteilung – als weniger stark belastet galten. Sie wurden deshalb, von einer Ausnahme abgesehen, nach 1949 auch wieder in Referaten eingesetzt, die ihren einstigen Tätigkeitsgebieten entsprachen.[17] Die einschlägige Berufserfahrung aus dem RJM spielte somit bei der Stellenbesetzung eine entscheidende Rolle. Personelle Kontinuitäten traten keineswegs zufällig und vereinzelt auf, sondern waren die Folge bewusster Entscheidungen der Hausleitung, das heißt des Ministers und seines Staatssekretärs.

Zudem waren weitere fünf Referatsleiter und ein Abteilungsleiter während der NS-Zeit als Juristen in der Verwaltung oder Justiz – in einem Fall auch zeitweise an einem Sondergericht – tätig gewesen[18], wobei hier ebenfalls vereinzelt Kontinuitäten im Inhalt der Sacharbeit zu beobachten sind. Dies war etwa bei Walter Kraegeloh der Fall, der vor 1945 in den Stadtverwaltungen Gera und Posen Dezernent für Fürsorgerecht gewesen war und von 1951 bis 1954 im BMJ Referatsleiter für Arbeitsrecht und öffentliches Fürsorgerecht wurde. Insgesamt lässt sich für das leitende Personal der Abteilung I in der Gründungsphase von 1949 bis 1954 somit festhalten, dass nahezu alle Beschäftigten bereits in der NS-Zeit Karriere gemacht hatten.

Umgang mit der NS-Belastung

Vor diesem Hintergrund überrascht es nicht, dass die NS-Belastung des Leitungspersonals in der Abteilung I ebenfalls besonders hoch war und deutlich über dem Durchschnitt des Ministeriums lag.[19] So betrug der Anteil ehemaliger NSDAP-Mitglieder in leitenden Funktionen des BMJ bis 1970 insgesamt etwa 53 Prozent, in der Abteilung I jedoch rund 65 Prozent.[20] Übertroffen wurde dieser Wert lediglich von der Abteilung III mit 72,2 Prozent. Auch im Vergleich mit anderen Bundesministerien und zentralen Einrichtungen des Bundes sind diese Zahlen bemerkenswert hoch. Nur im Bundeskriminalamt war der Anteil mit 75 Prozent noch höher.[21] Vor allem diejenigen Mitarbeiter, die aus dem Reichsjustizministerium gekommen waren, wiesen eine starke NS-Belastung auf. Bis auf Franz Massfeller hatten alle der NSDAP angehört. Alle waren zudem Mitglieder in anderen NS-Organisationen und in Ausschüssen der Akademie für Deutsches Recht gewesen: Arthur Bülow in den Ausschüssen für Luftrecht und Luftschutzrecht sowie im Ausschuss für bürgerliche Rechtspflege, Max Merten im Ausschuss für bürgerliche Rechtspflege, Franz Massfeller im Ausschuss für Jugendrecht.[22] Mit Ausnahme von Gerd Rinck hatten zudem alle ehemaligen RJM-Juristen an den bekannten NS-Kommentaren von *Pfundtner/Neubert* (Bülow, Grohmann, Massfeller, Merten, Saage und Weitnauer), *Schlegelberger/Vogels* (Bülow, Massfeller, Merten, Saage, von Spreckelsen und Weitnauer) und *Freisler/Grauert* (Massfeller und Saage) mitgearbeitet.[23] Besonders beeindruckend ist in dieser Hinsicht die Publikationsliste Franz Massfellers. Sie umfasst rund 150 Veröffentlichungen zum Personenstands- und Familienrecht, die sich vorwiegend mit den neuen NS-Gesetzen beschäftigten. Darunter finden sich neben zahlreichen kürzeren Urteilsanmerkungen auch umfangreiche Kommentierungen, etwa zum Blutschutz- und Ehegesundheitsgesetz im Kommentar von *Gütt/Linden/Massfeller*, zum Personenstandsrecht im Kommentar von *Brandis/Massfeller* sowie zum neuen Ehegesetz von 1938 in zwei Kommentaren, die von Massfeller allein stammen.[24] So erstaunt es auch nicht, dass von den 19 sogenannten «Braunbuch-Juristen» des Bundesjustizministeriums allein fünf der Abteilung I zuzuordnen waren: Arthur Bülow, Franz Massfeller, Erwin Saage, Heinrich von Spreckelsen und Hermann Weitnauer.[25]

Für die Einstellungspraxis des BMJ spielte die NS-Belastung zumindest in den Anfangsjahren jedoch offenbar keine Rolle, sofern die Bewerber erfolgreich «entnazifiziert» waren, gegebenenfalls noch Bekenntnisse ihrer «inneren Distanz» zum NS-Regime abgelegt hatten und eine fachliche Tätigkeit im Bereich des Zivilrechts vor 1945 nachweisen konnten. Selbst bei biographischen Auffälligkeiten in den Personalfragebögen – etwa bei einem Einsatz in leitender Funktion in der Verwaltung der besetzten Gebiete – wurden keine Nachforschungen angestellt. Dieses passive Verhalten des Ministeriums lässt darauf schließen, dass eine Auseinandersetzung mit der NS-Zeit ausdrücklich nicht gewünscht war, um den «Neuanfang» nicht mit einer Vergangenheitsdiskussion zu belasten.

Ein prominenter Fall ist in dieser Hinsicht Erwin Saage, Leiter der Abteilung I von 1963 bis 1970, der im Oktober 1939 nach Krakau zur Regierung des Generalgouvernements – also in die von den Deutschen besetzten polnischen Gebiete – abgeordnet worden war, wo er als Leiter der Zivilrechtsabteilung in der Hauptabteilung Justiz eine wichtige Funktion mit erheblichen Macht- und Entscheidungsbefugnissen ausgeübt hatte. Die zivile Besatzungsverwaltung unterstand Hans Frank, Hitlers Rechtsanwalt, der nach 1933 zunächst die Gleichschaltung der Justiz in Bayern und dann in ganz Deutschland organisiert hatte. Außerdem war er der Gründer der Akademie für Deutsches Recht gewesen. Jetzt sollte er dazu beitragen, das Generalgouvernement «judenrein» zu machen und darüber hinaus noch die dort lebenden zwölf Millionen Polen zu «vertreiben», um Deutschen hier die Ansiedlung zu ermöglichen, wie er in einer Rede am 26. März 1941 erklärte.[26] Die deutsche Herrschaft im Generalgouvernement gehörte damit zu den furchtbarsten Ausprägungen des nationalsozialistischen Terrors überhaupt. Auch gegen Saage wurden deshalb Mitte der 1960er Jahre Vorermittlungen wegen Beteiligung an NS-Verbrechen eingeleitet. Aber die Nachforschungen verliefen, wie so oft bei den «Funktionseliten», im Sande, so dass er auch seinen Posten als Abteilungsleiter I im BMJ behielt.[27] Selbst eine nachgewiesene Leitungsposition in der Verwaltung der besetzten Gebiete führte also nicht dazu, jemanden aus der Hierarchie im Bundesjustizministerium zu entfernen.

Im Hinblick auf die relativ große Zahl der ehemaligen Mitarbeiter des Reichsjustizministeriums in der Abteilung I lässt sich zudem feststellen, dass alle Angehörigen dieser Gruppe eine über die rein sachliche Tätigkeit im RJM hinausgehende Anbindung an die NS-Ideologie aufwiesen. Dies ist durch entsprechende Publikationen oder Mitwirkung an Projekten der Akademie für Deutsches Recht sowie in vier Fällen auch durch eine dienstliche Tätigkeit im Zusammenhang mit der Verwaltung der besetzten Gebiete belegt.[28] Daraus erklärt sich, warum die alten Verbindungen aus der Zeit vor 1945 dazu verhalfen, dass sogar schwerstbelastete Mitarbeiter im BMJ eingestellt, befördert und bei ruchbar gewordenen Vorwürfen im Dienst gehalten wurden.[29] Denn die ehemaligen Mitarbeiter des RJM dürften nicht nur gegenseitig gut über die jeweilige NS-Belastung informiert gewesen sein, sondern sie waren auch durch das gemeinsame Interesse, über die Vergangenheit zu schweigen und keine Nachfragen zuzulassen, um ihre Karriere nicht zu gefährden und mit der früheren Zeit nicht weiterhin konfrontiert zu werden, miteinander verbunden. Nicht zuletzt galt dies in den Fällen, in denen ehemalige RJM-Mitarbeiter dazu beigetragen hatten, das deutsche Besatzungsregime in den von der Wehrmacht eroberten Gebieten politisch und juristisch zu stützen. Tatsächlich waren daran die meisten ehemaligen Mitarbeiter des RJM beteiligt gewesen. Ein Beispiel dafür ist Hermann Weitnauer, der bereits am 2. August 1940, gemeinsam mit Franz Massfeller und Max Merten, an einer Besprechung im RJM über die «Einführung des Zivilrechts in den eingegliederten Ostgebieten» und am 28. Januar 1943 auch an der Konferenz über die «Eheschließung von deutschen Staatsangehörigen mit Angehörigen eines fremden Volkstums im Gebiet des Reichskommissariats Ostland» teilgenommen hatte.[30] Franz Massfeller war darüber hinaus als Vertreter des RJM am 6. März 1942 und am 27. Oktober 1942 an den Folgebesprechungen zur Wannsee-Konferenz über die «Endlösung der Judenfrage» beteiligt gewesen.[31]

Franz Massfeller: Die personifizierte Kontinuität im Familienrecht

Als Massfeller am 16. Januar 1950 als Oberregierungsrat z. Wv. («zur Wiederverwendung») in das Bundesministerium der Justiz eintrat, war seine Teilnahme an den Folgebesprechungen zur Wannsee-Konferenz hier noch nicht bekannt. Man wusste jedoch, dass er am Kommentar zum Blutschutz- und Ehegesundheitsgesetz mitgewirkt hatte, und verlangte deshalb eine Stellungnahme. Massfeller kam dieser Aufforderung am 19. April 1950 mit einer nichtssagenden Erklärung nach, in der er seine angeblich ablehnende Haltung gegenüber dem Nationalsozialismus bekundete, und fügte als Belege zwei Entlastungsschreiben des CDU-Politikers Josef Hermann Dufhues und des Staatssekretärs im Bundeskanzleramt, Otto Lenz, bei. Über deren Wert ließ sich allerdings streiten: Dufhues war mit Massfeller in der katholischen Studentenverbindung «Guestfalia» aktiv gewesen, Lenz ein ehemaliger Kollege aus dem Reichsjustizministerium. Doch im BMJ gab man sich mit den wenig aussagekräftigen Leumundszeugnissen zufrieden: Massfeller, der zu diesem Zeitpunkt bereits eingestellt war, behielt seine Position und wurde am 23. August 1951 zum Ministerialrat befördert und zum Beamten auf Lebenszeit ernannt.[32]

Wie wenig «Persilscheine», mit denen NS-belastete Personen durch prominente Bekannte von ihrer Vergangenheit «reingewaschen» wurden, tatsächlich wert waren, zeigte sich auch im Fall Massfeller, als der «Bund der Verfolgten des Naziregimes» im Oktober 1952 die Schrift *Das «Wannsee-Protokoll» zur Endlösung der Judenfrage* veröffentlichte.[33] Aus dem darin enthaltenen Material ergab sich, dass zahlreiche Angehörige der früheren Ministerialbürokratie bei den Verbrechen der NS-Regierung mitgewirkt hatten – Massfeller im Besonderen an den schon genannten zwei Folgebesprechungen zur Wannsee-Konferenz. Der Bund der Verfolgten des Naziregimes stellte deshalb Strafantrag gegen ihn wegen Anstiftung zum Mord. Doch Bundesjustizminister Dehler forderte Massfeller lediglich zur Stellungnahme auf – und gab sich wiederum mit dessen Einlassung zufrieden, er habe bei den Besprechungen im Auftrag des Reichsjustizministeriums eine «Verzögerungstaktik» betrieben, um Schlimmeres zu verhindern.[34] Dafür konnte er wiederum einen Zeugen benennen: Franz Schlegelberger, den ehemaligen Staatssekretär im RJM, der Massfellers Aussage am 3. Juli 1953 bestätigte. Allerdings war Schlegelberger nicht nur dessen Vorgesetzter im Reichsjustizministerium gewesen, sondern auch im Nürnberger Juristenprozess zu lebenslanger Haft verurteilt worden.[35] Thomas Dehler und Walter Strauß indessen sahen darin offenbar keinen Grund, die Glaubwürdigkeit der Aussagen in Frage zu stellen und eigene Nachforschungen zu veranlassen, sondern ließen die Angelegenheit auf sich beruhen.[36] Strauß kommunizierte sie sogar unverzüglich nach außen, indem er in einem Schreiben an einen Rechtsanwalt in Bad Godesberg, der beim BMJ angefragt hatte, ob Massfeller an den beiden Konferenzen teilgenommen habe, bemerkte, dem Bundesjustizministerium sei

> «bekannt, dass Herr Ministerialrat Massfeller an zwei ‹Wannsee-Besprechungen› am 6.3. und 27.10.1942 teilgenommen hat. Durch eingehende Nachforschungen steht einwandfrei fest, dass seine Aufgabe sich darin erschöpfte, die Bedenken, die das Reichsjustizministerium, das damals noch unter der Leitung von Herrn Staatssekretär Dr. Schlegelberger stand, gegen die beabsichtigte ‹Lösung der Judenfrage› hatte, geltend zu machen und Herrn Dr. Schlegelberger über den Verlauf der Besprechungen zu informieren. Es besteht guter Grund zu der Annahme, dass Herr Ministerialrat Massfeller diese Aufgabe mit Geschick gelöst hat und infolge seiner Tätigkeit das Reichsjustizministerium die beabsichtigten Maßnahmen hat verzögern können, bis das Reichsjustizministerium unter die Leitung von Thierack kam.»[37]

Erst acht Jahre später, als das SED-Zentralorgan *Neues Deutschland* am 27. Mai 1961 einen Beitrag mit dem Titel «Franz Maßfeller – der Globke des Nazijustizministeriums» veröffentlichte und Massfeller in der Broschüre *Eichmann, Henker, Handlanger, Hintermänner* in dem Kapitel «Der Bonner Staat – Paradies für Judenmörder und Kriegsverbrecher» ebenfalls namentlich genannt wurde, änderte das BMJ seine Haltung. Ein wesentlicher Grund dafür dürfte aber die Tatsache gewesen sein, dass der Fall Massfeller nun auch in der westdeutschen Presse Schlagzeilen machte. Zwar stellte sich das BMJ nach außen weiterhin vor seinen Mitarbeiter. Doch intern geriet dieser immer mehr unter Druck, wie seine vierseitige dienstliche Äußerung zu den Vorwürfen mit Datum vom 21. April 1963 zeigt.[38] Und als Staatssekretär Bülow anschließend eine weitere Beförderung Massfellers verhinderte, trat dieser 1964 auf eigenen Wunsch vorzeitig in den Ruhestand.[39]

Bis zu diesem Zeitpunkt ist die Bedeutung Massfellers im BMJ und besonders in der Abteilung I kaum hoch genug zu veranschlagen. Jahrzehntelang repräsentierte er die Gesetzgebung und deren Kommentierung im deutschen Familienrecht, das er zugleich beeinflusste und lenkte. Dabei reichte sein langer Arm zurück bis zur «Machtergreifung» Hitlers und der Bildung des «Kabinetts der nationalen Erhebung» aus NSDAP und DNVP am 30. Januar 1933. Denn Massfeller, der nach seinem Zweiten Examen 1929 in Berlin zunächst als «Hilfsarbeiter» im preußischen Justizministerium tätig gewesen war, nutzte nun seine Chance, um sich in der Zivilabteilung im Familienrechtsreferat zu profilieren und zu einem ausgewiesenen Experten auf diesem Gebiet zu entwickeln.[40] Als der Katholische Beamtenverein, dem er seit 1930 angehört hatte, Mitte 1933 aufgelöst wurde, schloss er sich auch dem nationalsozialistisch orientierten Reichsbund der Deutschen Beamten (RDB) an. Der Nationalsozialistischen Volkswohlfahrt trat er 1935 bei, dem Nationalsozialistischen Rechtswahrerbund 1936 und dem Nationalsozialistischen Fliegerkorps 1937.

Mitglied der NSDAP wurde er jedoch nicht. Ob man ihn angesichts seines katholischen Hintergrundes überhaupt aufgenommen hätte, ist fraglich. Ob er dazu aufgefordert wurde, geht aus den Akten nicht hervor. Fragen der Personalverwaltung in den 1930er Jahren nach seiner Mitgliedschaft beantwortete er jedenfalls dahingehend, dass er kein Mitglied der NSDAP sei, jedoch «den angeschlossenen Verbänden NSV und RDB» angehöre.[41] Seiner Karriere tat dies offenbar keinen Abbruch. So wurde er 1937 zum Oberlandesgerichtsrat am OLG Hamm, mit Dienstort Berlin, berufen und am 1. März 1942 zum Oberregierungsrat im Reichsjustizministerium befördert. Seit Februar 1942 war er zudem ehrenamtlicher Mitarbeiter im Reichskuratorium für das deutsche Fachschrifttum.[42] Damit hatte er allerdings die Grenze seiner Karriere im NS-Staat erreicht, zumal er im Februar 1943 zum «aktiven Kriegsdienst» einberufen wurde – zunächst als Kraftfahrer und Schreiber an der Ostfront und dann in gleicher Funktion in Italien, wo er mit dem Dienstgrad eines Obergefreiten in amerikanische Kriegsgefangenschaft geriet.

Im Bundesministerium der Justiz betraute man Massfeller, der im Dezember 1949 im Spruchkammerverfahren vom Berufungsausschuss Justiz in

Hamburg als «nicht betroffen» eingestuft worden war, Anfang 1950 mit den gleichen Aufgaben, die er zuvor im RJM wahrgenommen hatte: als Referent für Familien-, Personenstands- und Jugendrecht. Wiederum verfasste er nun, wenn auch unter neuen politisch-rechtlichen Rahmenbedingungen, eine große Zahl von Aufsätzen und Kommentaren – insgesamt mindestens 83. Sie dienten erneut, wie in den 1930er und 1940er Jahren, der Erläuterung von Gesetzentwürfen und Gesetzesänderungen, an denen er selbst mitgewirkt hatte. Die Beiträge erschienen zumeist in der *FamRZ* (Zeitschrift für das gesamte Familienrecht mit Betreuungsrecht, Erbrecht, Verfahrensrecht, Öffentlichem Recht) und in der *StAZ* (Zeitschrift für Standesamtswesen, Familienrecht, Staatsangehörigkeitsrecht, Personenstandsrecht und internationales Privatrecht des In- und Auslands).[43] Zu den Gesetzgebungsprojekten, die seine Handschrift trugen, gehörten das Gesetz über die Anerkennung freier Ehen rassisch und politisch Verfolgter vom 23. Juni 1950, das Gesetz über den Erlass von Strafen und Geldbußen und die Niederschlagung von Strafverfahren und Bußgeldverfahren (Straffreiheitsgesetz) vom 17. Juli 1954, die Gesetze zur Regelung von Fragen der Staatsangehörigkeit vom 22. Februar 1955 und 17. Mai 1956 sowie die Novelle zum Personenstandsgesetz vom 18. Mai 1957 und das Gesetz zur Vereinheitlichung und Änderung familienrechtlicher Vorschriften vom 11. August 1961.

Auch das «Gesetz über die Gleichberechtigung von Mann und Frau auf dem Gebiete des bürgerlichen Rechts» (Gleichberechtigungsgesetz) vom 18. Juni 1957, mit dem das in Artikel 3 Abs. 2 GG formulierte Grundrecht auf Gleichberechtigung von Männern und Frauen in einfaches bürgerliches Recht – vor allem in das Familienrecht – übertragen werden sollte, entstand unter seiner Regie. Der erste, schon erwähnte Entwurf aus dem Jahr 1952[44] war dem Anspruch des Grundgesetzes allerdings nicht gerecht geworden, sondern hatte, etwa im Hinblick auf das weiterbestehende Alleinentscheidungsrecht des Mannes innerhalb der Ehe, immer noch den Geist der dreißiger Jahre geatmet und deshalb den Bundestag nicht passiert, war also nie in Kraft getreten. Inwieweit Massfeller bei diesem Entwurf neben der unmittelbar verantwortlichen Referatsleiterin Dr. Maria Hagemeyer seinen Einfluss geltend gemacht hatte, bedarf noch einer näheren Untersuchung. Dabei wäre unter anderem zu fragen, ob der Entwurf nur dem allgemeinen Zeitgeist der frühen 1950er Jahre entsprach, der zu diesem Zeitpunkt noch nicht auf der Höhe des Grundgesetzes angelangt war, oder ob Massfellers personifizierte Kontinuität im Familienrecht inhaltlich Früchte getragen hatte.[45] Denn auch das Gleichberechtigungsgesetz vom Juni 1957, das nach heftigen Auseinandersetzungen schließlich zum 1. Juli 1958 in Kraft trat[46], wies immer noch, wie Lore Maria Peschel-Gutzeit später in Anspielung auf Art. 3 Abs. 2 GG bemerkt hat, «erkennbare und erkannte erhebliche Verfassungsverstöße» auf.[47] Gleichwohl ehrte das BMJ Massfeller, der 1966 bei einem Verkehrsunfall tödlich verunglückt war, für seine «ausgezeichneten Kenntnisse, seine Schaffenskraft und seine Gewissenhaftigkeit», die ihn zu «höchsten Leistungen» befähigt hätten, mit denen er sich «großen Verdienst erworben» habe.[48]

Heinrich von Spreckelsen und Hermann Weitnauer

Ähnlich belastet wie Massfeller waren auch Heinrich von Spreckelsen und Hermann Weitnauer. Über die Mitarbeit von Spreckelsens – gemeinsam mit Ernst Geßler – bei der «Ausschaltung des Judentums aus Handel und Gewerbe» ist an anderer Stelle schon einiges gesagt worden.[49] Bei Hermann Weitnauer ging es vor allem um seine Tätigkeit im Reichsministerium für die besetzten Ostgebiete (dem sogenannten «Ostministerium») seit 1941. Er hatte allerdings auch schon zuvor als Mitarbeiter des RJM an Besprechungen teilgenommen, bei denen es um die Rechtspflege in den Ostgebieten, etwa um die «Einführung des Zivilrechts in den eingegliederten Ostgebieten» und um die «Judengesetzgebung», ging.[50] Die Tatsache, dass Weitnauer am 29. Januar 1942 im Anschluss an die Wannsee-Konferenz vom 20. Januar an der vom Ostministerium ausgerichteten «Konferenz über Juden im Osten» beteiligt gewesen war, konnte seit 1961 in der von Robert M. W. Kempner verfassten Publikation *Eichmann und Komplizen* von jedermann nachgelesen werden.[51] Gegenstand der Tagung war der «Entwurf einer Verordnung über die Bestimmung des Begriffs ‹Jude› in den besetzten Ostgebieten» gewesen, wobei es um eine Erweiterung des Begriffs im Verhältnis zu den Nürnberger Gesetzen gegangen war.[52] Die Einzelheiten der «Verordnung über die Bestimmung des Begriffs ‹Jude›» waren kurz vor Weihnachten 1941 unter Beteiligung Weitnauers bei Erhard Wetzel, dem Sachbearbeiter für Rassefragen in der Hauptabteilung I des Ostministeriums, vorbesprochen worden.[53]

Zu diesen Vorgängen, die dem BMJ 1963 etappenweise bekannt wurden[54], gab Weitnauer Ende 1964 drei wenig überzeugende Stellungnahmen ab, in denen er erklärte, an die Besprechung am 29. Januar 1942 und an die Vorbesprechung im Dezember 1941 mit der Bestimmung des Begriffs «Jude» habe er keine Erinnerung mehr. Gleiches behauptete er auch für die Konferenz über die «Eheschließung von deutschen Staatsangehörigen mit Angehörigen eines fremden Volkstums im Gebiet des Reichskommissariats Ostland» am 28. Januar 1943. Eine von ihm entworfene Stellungnahme und eine weitere von ihm paraphierte Äußerung zum Entwurf einer Verordnung über die Bestimmung des Begriffs «Jude» belegten aber, dass er an der Ausarbeitung der eherechtlichen Vorschriften für die besetzten Gebiete durchaus beteiligt war.[55]

Das Bekanntwerden dieser Vorgänge stand in zeitlichem Zusammenhang mit dem Wahlvorschlag Weitnauers zum Bundesrichter am Bundesgerichtshof[56] und führte schließlich im Februar 1965 zur Zurückstellung des Wahlvorschlags – eine Entscheidung, die der damalige Bundesjustizminister Ewald Bucher, Staatssekretär Arthur Bülow und der BGH-Präsident Bruno Heusinger gemeinsam trafen.[57] Nachdem Ende April 1965 das Bundesarchiv dem BMJ ein weiteres Schriftstück – die Verfügung vom 18. Februar 1942 zur «Bestimmung des Begriffs Jude», das ebenfalls die Paraphe Weitnauers trug – übermittelt hatte, verwies Weitnauer Anfang Mai 1965 nochmals darauf, dass sich seine «Beteiligung an der Sache allein unter zivilrechtlichen [...] Gesichtspunkten ergeben» habe und ihm der «Zusammenhang zwischen dem Verordnungsentwurf und der sogenannten Wannsee-Konferenz [...] weder bekannt noch erkennbar» gewesen sei.[58] Ende Mai 1965 teilte Weitnauer dann mit, dass er einen bevorstehenden Ruf an die Universität Heidelberg annehmen wolle, wo er am 23. September 1965 zum ordentlichen Professor für Bürgerliches Recht, Arbeitsrecht und internationales Privatrecht ernannt wurde. Dort war auch sein alter RJM-Kollege Wolfgang Hefermehl tätig, und Karl Lackner war erst im Jahr zuvor aus dem BMJ ebenfalls dorthin gewechselt.[59]

Die Vorgänge um Massfeller, von Spreckelsen und Weitnauer lassen somit erkennen, dass sich der Umgang mit der NS-Belastung in den 1960er Jahren allmählich veränderte. Während Anfang der 1950er Jahre in dieser Hinsicht kaum Fragen gestellt worden waren, erschien die NS-Belastung nun doch als Problem.[60] So stellte sich bei der Überprüfung der Personalfragebögen seit Mitte der 1960er Jahre unter Rückgriff auf die Unterlagen im Berlin Document Center heraus, dass es in der Abteilung I drei Beamte gab – Walter Holtgrave, Burkhard Klingsporn und Günther Schmidt-Räntsch –, die sogar falsche Angaben zur NSDAP-Mitgliedschaft gemacht hatten.[61] Der Fall von Ministerialdirektor Dr. Günther Schmidt-Räntsch, dem Leiter der Abteilung I seit 1971, ist dabei besonders bemerkenswert, weil er einen wesentlichen Beitrag beim Zustandekommen des Deutschen Richtergesetzes geleistet hatte, in dem es in § 19 Abs. 1 Ziff. 3 hieß, eine Ernennung zum Richter sei unter anderem dann zurückzunehmen, wenn sie durch «arglistige Täuschung» herbeigeführt wurde.[62] Dr. Schmidt-Räntsch hatte dazu sogar einen Kommentar verfasst, der noch heute als Standardwerk gilt und in dem er erklärte, eine «arglistige Täuschung» liege «regelmäßig» dann vor, «wenn die zuständige Behörde eine Auskunft ausdrücklich verlangt hatte» und Tatsachen verschwiegen worden seien.⁶³ Mit anderen Worten: Eine Entlassung sei in einem solchen Fall zwingend und nicht zu umgehen.

Schmidt-Räntsch selbst nun hatte im Juni 1948 anlässlich seiner Bewerbung als Gerichtsreferendar auf einem Fragebogen erklärt, dass er zu keiner Zeit Mitglied der NSDAP gewesen sei, sondern lediglich als Verwaltungsführer der Hitler-Jugend und der Deutschen Studentenschaft angehört habe.⁶⁴ Diese Erklärung lag ausweislich der Personalakte seiner Ernennung zum Gerichtsassessor und zum Landgerichtsrat zugrunde und fand in dieser Form auch Eingang in die Personalbögen der Justizverwaltung Hamburgs und später des BMJ.⁶⁵ Als das Bundesjustizministerium anlässlich seiner Verabschiedung in den Ruhestand 1986 erwog, dem Bundespräsidenten vorzuschlagen, dem altgedienten Abteilungsleiter den Verdienstorden der Bundesrepublik Deutschland zu verleihen⁶⁶, und dazu routinemäßig eine Auskunft beim Berlin Document Center anforderte, stellte sich jedoch heraus, dass Schmidt-Räntsch am 1. September 1939 in die NSDAP eingetreten war und die Mitglieds-Nummer 7 111 133 erhalten hatte.⁶⁷ Gleichwohl vertrat das Protokollreferat die Auffassung, dass keine Erkenntnisse vorlägen, die Bedenken gegen die Verleihung des Verdienstordens an den ausscheidenden Abteilungsleiter begründen könnten.⁶⁸ Am 12. November 1986 wurde Dr. Schmidt-Räntsch danach das Große Verdienstkreuz des Verdienstordens der Bundesrepublik Deutschland verliehen.⁶⁹

Doch wie soll man diesen Vorgang bewerten? Letztlich handelte es sich um einen tragischen Fall. Dr. Schmidt-Räntsch war der letzte Abteilungsleiter, der, als er 1986 in den Ruhestand ging, noch der Kriegsgeneration angehört hatte. Nach einer schweren Kriegsverwundung hatte er 1944 sein Jurastudium aufgenommen und war nach dem Zweiten Staatsexamen 1951 in den richterlichen Dienst der Freien und Hansestadt Hamburg übernommen worden. Vier Jahre später war er dann als junger Landgerichtsrat an das Bundesministerium der Justiz gewechselt: ein schwer Kriegsversehrter, der bei seiner Verwundung ein Bein verloren hatte, dem kein NS-Verbrechen zur Last gelegt werden konnte, der sich in mehr als dreißig Dienstjahren im BMJ nichts hatte zuschulden kommen lassen, der vielmehr ein vorzüglicher, untadeliger Referent und Abteilungsleiter gewesen war und der doch sein halbes Leben lang ein dunkles Geheimnis bewahrt hatte, um nicht alles zu verlieren, wofür er seit seinem Eintritt in den Justizdienst lebte. Man kann ermessen, welche Ängste ihn geplagt haben müssen, dass eines Tages herauskommen würde, was er in seinem Kommentar 1962 in nüchterner Präzision beschrieben hatte und nicht zuletzt auf ihn selbst zutraf: «das Hervorrufen oder Aufrechterhalten eines Irrtums durch Vorspiegelung falscher oder Unterdrückung wahrer Tatsachen».⁷⁰

Der Skandal um Max Merten

Trotz der eigentlich klaren Sachlage führte der Fall Schmidt-Räntsch somit zu Recht nicht zu einem Eklat, denn er war Ausdruck einer menschlich verständlichen Konfliktsituation, in der sich nach dem Ende des NS-Regimes Millionen Deutsche befanden. Der Unterschied zu dem Skandal, der sich von 1952 bis 1960 um den Leiter des Referats Zwangsvollstreckung im BMJ, Max Merten, abspielte, könnte jedenfalls größer kaum sein. Merten kam, wie eine ganze Reihe anderer Mitarbeiter, die in dieser Zeit ins BMJ gelangten, aus dem Reichsjustizministerium, wo er seit 1938 ebenfalls im Bereich Zwangsvollstreckung gearbeitet hatte.[71] Dies wurde im BMJ aber offenbar nicht als Problem angesehen, denn Anfang 1952, als Merten eingestellt wurde, wusste man nicht nur von dieser Tätigkeit, sondern auch von der Tatsache, dass er seit Sommer 1942 Militärverwaltungsrat für Nordgriechenland gewesen war.[72] Allerdings war Merten deshalb vor der Einstellung von dem für Personalangelegenheiten zuständigen Referenten Hans Winners aufgefordert worden, zu seiner Tätigkeit in Griechenland Stellung zu nehmen. Merten hatte daraufhin Bundesjustizminister Dehler einen dreiseitigen Lebenslauf gesandt, in dem er sich als Retter von rund 13 000 Juden ausgegeben hatte. Zudem hatte er eine Abschrift des Entnazifizierungsbescheides der Spruchkammer Bad Aibling vom 8. September 1948 vorgelegt, in dem er als «entlastet» eingestuft worden war.[73]

Was Winners und auch Dehler nicht ahnten: Merten war ein wirklicher Kriegsverbrecher. Denn seit Oktober 1942 hatte er sich als Leiter der Abteilung «Verwaltung und Wirtschaft» im Stab des Befehlshabers Saloniki-Ägäis (Nordgriechenland) an Zwangsmaßnahmen gegen die jüdische Bevölkerung beteiligt, die zunächst zur Kennzeichnung mit dem gelben Davidsstern sowie zur Umsiedlung, Ghettoisierung und Vermögenseinziehung geführt und schließlich mit der von dem Eichmann-Mitarbeiter Dieter Wisliceny organisierten Deportation der griechischen Juden aus Thessaloniki geendet hatten.[74] Etwa 45 000 bis 50 000 Menschen waren dabei nach Auschwitz und Bergen-Belsen abtransportiert worden, wo die meisten von ihnen ums Leben kamen.[75] Dem BMJ wären diese Zusammenhänge – wiederum ohne erkennbare eigene Nachforschungen – vermutlich verborgen geblieben, wenn es nicht am 20. September 1952 von einer griechischen Regierungsdelegation unter der Leitung von Generalstaatsanwalt Dr. Andreas Toussis eine Liste erhalten hätte, auf der die Namen von 21 Personen verzeichnet waren, die beschuldigt wurden, an den Judendeportationen aus Thessaloniki beteiligt gewesen zu sein. Unter ihnen befand sich unter der Ziffer 4 auch ein «Dr. Mertin» (sic).[76]

Am 26. September 1952 fand deshalb ein Gespräch zwischen Max Merten und dem damaligen Leiter der Abteilung I, Georg Petersen, statt, dessen Inhalt nicht überliefert ist. In der Personalakte findet sich lediglich ein Schreiben von Merten, in dem er Petersen zwei Tage später mitteilte, dass die «Folgerungen» aus ihrer «eingehenden vertraulichen Besprechung» ihn zwängen, in seinem eigenen Interesse und im Interesse seiner Familie «auf eine weitere Tätigkeit im Bundesjustizministerium zu verzichten».[77] Mit Ablauf des 27. September 1952 wurde Merten daraufhin aus dem Dienstverhältnis beim BMJ entlassen.[78]

Der Fall Merten war damit jedoch für das BMJ keineswegs ausgestanden. Vielmehr sollte Merten die deutschen Behörden und auch das BMJ noch bis zu seinem Tod 1971 beschäftigen.[79] Denn als Merten, der inzwischen wieder als Rechtsanwalt in Berlin tätig war, im Frühjahr 1957 nach Griechenland reiste, um in Athen in der Rückerstattungsangelegenheit eines früher in Griechenland ansässigen Auslandsdeutschen auszusagen, wurde er festgenommen. Zuvor hatte die Deutsche Botschaft ihm auf Anfrage versichert, dass er seine Aussage gefahrlos machen könne, weil die Fahndung nach deutschen Kriegsverbrechern, die Anfang der 1950er Jahre von der griechischen Regierung im Interesse guter Handelsbeziehungen mit der Bundesrepublik und in der Hoffnung auf Entschädigungszahlungen eingestellt worden war, immer noch ausgesetzt sei. Die Bundesregierung hatte seinerzeit um eine «schnelle und möglichst geräuschlose Erledigung» der Kriegsverbrecherfrage gebeten und zugesagt, die notwendigen Verfahren gegen mutmaßliche Kriegsverbrecher selbst einzuleiten. Als diese Bedingung bis 1957 nicht erfüllt worden war, hatte die griechische Regierung den Fahndungsstopp zum 31. März 1957 aufgehoben und vier Wochen vor der Aufhebung sowohl die Bundesregierung als auch die Deutsche Botschaft in Athen von diesem Schritt in Kenntnis gesetzt. Merten hatte davon allerdings nichts erfahren. So wurde er am 26. April 1957 nach seinem Eintreffen in Griechenland verhaftet und nach fast zweijähriger Untersuchungshaft vom Sondermilitärgericht für Kriegsverbrecher in Athen im März 1959 zu einer Haftstrafe von 25 Jahren verurteilt.

Was an diesem Vorgang am meisten erstaunt, ist jedoch die Tatsache, dass das Bundesministerium der Justiz, dem Merten jetzt gar nicht mehr angehörte, in dem er vielmehr fünf Jahre zuvor – vom Frühjahr bis zum Herbst 1952 – nur für wenige Monate tätig gewesen war, nach der Verhaftung Mertens eigens einen hochrangigen Mitarbeiter nach Athen entsandte, um über den Fall zu verhandeln: den Unterabteilungsleiter II B in der Abteilung Strafrecht, Ernst Kanter. Dieser führte dabei vom 22. bis 31. Juli 1957 mehrere Gespräche – mit Merten selbst, vor allem jedoch mit Generalstaatsanwalt

Dr. Andreas Toussis und Rechtsanwalt Matsoukas, der die Interessen Mertens in Athen vertrat. Matsoukas gegenüber verlieh er dabei seiner Meinung Ausdruck, die Vorwürfe gegen Merten seien unbegründet. Als alter Zivil- und Militärrichter habe er eingehende Kenntnisse der Besatzungsverhältnisse und wisse, dass die Funktion eines Kriegsverwaltungsrats, wie Merten sie ausgeübt habe, nichts mit Hinrichtungen, Deportationen oder Judenverfolgung zu tun gehabt hätte.[80]

Mit Generalstaatsanwalt Toussis verhandelte Kanter allgemein über die Lösung der Kriegsverbrecherfrage, setzte sich aber auch dafür ein, Max Merten nach Deutschland zu überstellen.[81] Über weitere Einzelheiten des Gesprächs lässt sich nur spekulieren. Die Entsendung eines Unterabteilungsleiters nach Griechenland zur Regelung eines Falles, der einen Mitarbeiter betraf, der dem Ministerium bereits seit fünf Jahren nicht mehr angehörte, ist jedoch ebenso bemerkenswert wie verdächtig. Zwei Erklärungen bieten sich dafür an: Entweder wollte das BMJ den Fall nutzen, um die Kriegsverbrecherfrage mit Griechenland grundsätzlich zu klären, nachdem das Auswärtige Amt in dieser Hinsicht – auch nach Meinung des BMJ – «versagt» hatte. Oder führende Mitarbeiter des BMJ fürchteten, dass Merten den griechischen Behörden unangenehme biographische Details seiner früheren Kollegen aus dem Reichjustizministerium und damit auch aus dem Bundesjustizministerium mitteilen könnte, so dass eine rasche Rückführung Mertens nach Deutschland als beste Lösung erschien. Tatsächlich wurde Merten 1959 zwar verurteilt, aber bereits acht Monate später, im November 1959, nach Deutschland überstellt, wo man ihn nach wenigen Tagen aus der Haft entließ.[82]

Wie berechtigt die Befürchtungen waren, dass Merten bisher unbekannte Informationen zur NS-Vergangenheit seiner früheren Kollegen preisgeben könnte, sollte sich in den folgenden Jahren noch zeigen, als Merten, der sich zu Unrecht verfolgt und verurteilt sah, in mehreren Strafverfahren bereitwillig als Zeuge aussagte[83] und zugleich zahlreiche Personen mit Strafanzeigen oder verleumderischen Behauptungen überzog, die er stets mit Hilfe der Medien verbreiten ließ. Die Angriffe richteten sich unter anderem gegen den Staatssekretär im Kanzleramt, Hans Globke[84], den griechischen Premierminister Konstantinos Karamanlis und den griechischen Innenminister Dimitrios Makris, aber auch gegen das BMJ und Ernst Kanter, denen Mertens Anwalt Diether Posser Versäumnisse bei der Verfolgung deutscher Kriegsverbrecher vorwarf. Nur aufgrund dieser Nachlässigkeiten habe Griechenland den seiner Ansicht nach unschuldigen Max Merten verhaftet, angeklagt und verurteilt.[85]

Max Merten steht damit exemplarisch für die Versäumnisse des Bundesjustizministeriums bei der Einstellung ehemaliger NS-Juristen in der Abteilung I, auch wenn sein Fall besonders öffentlichkeitswirksam war und damit spektakulärer erschien als andere Fälle. In Wirklichkeit war er keineswegs eine Ausnahme, sondern nur einer von mehreren stark belasteten ehemaligen RJM-Mitarbeitern, die zu Beginn der 1950er Jahre ins BMJ gelangten. Während Merten allerdings schon nach wenigen Monaten wieder ausschied, übten Massfeller, Saage, von Spreckelsen und Weitnauer über viele Jahre hinweg eine leitende Funktion aus und prägten damit eineinhalb oder sogar zwei Jahrzehnte lang die Arbeit in der Abteilung I.[86] Bei immerhin einem von ihnen – Erwin Saage – führte die Beteiligung an Unrechtshandlungen während des Dritten Reiches sogar noch während seiner Dienstzeit im BMJ zu Vorermittlungen wegen NS-Verbrechen: eine Peinlichkeit für ein Ministerium, das als «Hüterin des Rechts» angetreten war und sich nun nachsagen lassen musste, in allzu vielen Fällen alten Tätern ein neues Dach geboten zu haben.

2. Die Abteilung II: Strafrecht

Die Abteilung II für Strafrecht und Strafverfahrensrecht besaß in den Anfangsjahren des Bundesjustizministeriums nach 1949 ebenso wie die Abteilung I eine besondere Bedeutung. Während es in der Abteilung I vor allem um die Wiederherstellung eines einheitlichen rechtsstaatlichen Gerichtsverfassungs- und Verfahrensrechts ging[87], genoss in der Abteilung II die Bereinigung des Strafrechts oberste Priorität, um nationalsozialistisches Gedankengut zu beseitigen und rechtsstaatliche Sicherungen wiederherzustellen. Diesem Ziel dienten vor allem das Gesetz zur Vereinheitlichung des Strafverfahrensrechts vom 12. September 1950, das 3. Strafrechtsänderungsgesetz vom 4. August 1953 sowie das Jugendgerichtsgesetz vom 4. August 1953.[88] Zentrale Themen im Katalog der Abteilung II waren ebenfalls die Frage der strafrechtlichen Aufarbeitung der nationalsozialistischen Gewaltverbrechen, die Behandlung der von den alliierten Militärgerichten verurteilten NS-Täter sowie der Umgang mit den Wirtschaftsstraftaten und kleineren Vergehen beim Zusammenbruch des Dritten Reiches und in der Besatzungszeit. Als dringlich galten schließlich auch die Verabschiedung eines Staatsschutzstrafrechts, die mit dem 1. Strafrechtsänderungsgesetz vom 30. August 1951 erfolgte, sowie die seit langem überfällige Reform des Strafgesetzbuchs und der Strafprozessordnung.[89]

Struktur und Mitarbeiter

Unter Bundesjustizminister Dehler bestand die Abteilung II zunächst aus sieben Referaten.[90] Abteilungsleiter war zu dieser Zeit Dr. Hans Eberhard Rotberg. Nach Dehlers Abschied 1953, am Beginn der Ära Neumayer, wurde die Abteilung auf elf leitende Mitarbeiter erweitert und in zwei Unterabteilungen aufgeteilt: mit sechs Referaten für Materielles Strafrecht und vier Referaten für Prozessrecht und Internationales Strafrecht. Neuer Abteilungsleiter wurde jetzt Dr. Josef Schafheutle, nachdem Dr. Rotberg 1952 zum Richter am Bundesgerichtshof in Karlsruhe ernannt worden war. Unter Minister Fritz Schäffer wuchs die Abteilung 1957 auf 12 Referate in zwei Unterabteilungen mit 20 Mitarbeitern an.[91] In der Amtszeit von Ewald Bucher entwickelte sie sich 1964 mit dem Abteilungsleiter sowie 21 Referatsleitern zur stärksten Abteilung im BMJ. Dabei drängte inzwischen eine deutlich jüngere Generation ins Amt. Ihre Angehörigen waren nach 1920 geboren, hatten Kriegsdienst geleistet und ihr Studium erst nach 1945 zum Abschluss gebracht. Dazu gehörte etwa Erich Göhler, der von 1936 bis 1943 in der Hitler-Jugend, dann beim Arbeitsdienst, in der Wehrmacht und schließlich bis 1. Juli 1945 in Kriegsgefangenschaft gewesen war. Eine ähnliche Karriere hatten auch Ernst Götz, Erich Corves, Johann-Georg Schätzler und Paul-Günter Pötz durchlaufen, so dass von den 22 Abteilungs- bzw. Referatsleitern jetzt bereits fünf aus der jüngeren Generation zu Referatsleitern aufgestiegen waren. 1965, unter Minister Richard Jaeger, bestanden in der Abteilung II dann schließlich drei Unterabteilungen mit 24 bzw. 26 Referaten, wobei eine ganze Unterabteilung – die Unterabteilung R – sich unter der Leitung von Dr. Schafheutle ausschließlich mit der geplanten großen Strafrechtsreform beschäftigte.[92]

Mit dem Regierungswechsel am 1. Dezember 1966, als das BMJ während der Großen Koalition aus CDU/CSU und SPD mit Minister Gustav Heinemann und Staatssekretär Horst Ehmke erstmals eine sozialdemokratische Leitung erhielt, wandelten sich auch die Struktur und das Personal der Abteilung. Drei Unterabteilungen beschäftigten sich jetzt mit Materiellem Recht, Prozess- und Gerichtsverfassungsrecht sowie Wehrstrafrecht und Internationalem Strafrecht. Schafheutle, seit zwölf Jahren Leiter der Abteilung II, wurde abgelöst und zunächst durch Hermann Maassen und später durch den erheblich jüngeren Hans-Joachim Krüger ersetzt. Auch auf der Ebene der Referatsleiter machte sich der Generationswechsel bemerkbar: Hartmuth Horstkotte, Helmut Wulf, Horst Janiszewski, Hans-Joachim Krüger und Hermann Krauth waren zwischen 1920 und 1931 geboren und beim Reichsarbeitsdienst, bei der Wehrmacht und in Kriegsgefangenschaft oder Flakhelfer gewesen und hatten mit der NSDAP auch altersbedingt nichts mehr zu tun gehabt. Dies galt indessen nicht für Franz Schlichter, der zwar – 1923 geboren – ebenfalls zu dieser Generation gehörte, aber 1941 noch in die NSDAP eingetreten war.[93]

Zum Ende der Rosenburgzeit unter Minister Gerhard Jahn und Staatssekretär Günther Erkel, die ihr Amt nach Bildung der sozialliberalen Koalition im Herbst 1969 übernahmen, kam 1970 noch eine weitere Strukturreform hinzu: Durch die Schaffung der Abteilung R wurde das Strafprozessrecht aus der Abteilung II abgezogen und in «die R» verlegt. Mit Eduard Dreher, der 1969 auf eigenen Wunsch vorzeitig aus dem Dienst ausgeschieden war, hatte der letzte verbliebene Mitarbeiter aus der Anfangszeit des Ministeriums das Haus verlassen. Lediglich die «Gruppe Wehrstrafrecht», die unmittelbar dem Abteilungsleiter unterstand, reichte nun mit Joachim Schölz, Carl-Heinz Schönherr und Elmar Thurn in ihrer Struktur und personellen Zusammensetzung noch bis in die 1950er Jahre zurück.[94]

Herkunft und NS-Belastung

Von den 43 Personen, die von 1949 bis zum Ende des Untersuchungszeitraums zu Beginn der 1970er Jahre insgesamt in der Abteilung II tätig waren, wiesen 27, also 62,8 Prozent, eine frühere Mitgliedschaft in der NSDAP auf; sechs hatten der SA angehört (Hans-Heinrich Jescheck, Wilhelm Kielwein, Theodor Kleinknecht, Hans Lüttger, Joachim Schölz und Georg Schwalm). Von den acht Abteilungs- bzw. Referatsleitern, die bereits 1949/50 in der Abteilung II gearbeitet hatten, waren vier, also die Hälfte, NSDAP-Mitglieder gewesen (Hans Eberhard Rotberg, Wilhelm Dallinger, Wilhelm Herlan und Werner Munzinger); drei hatten der SA angehört. In den folgenden Jahren verschob sich diese Relation jedoch deutlich in Richtung NS-Belastung. So betrug der Anteil 1957 nicht weniger als 76,9 Prozent, da nun zehn von 13 Abteilungs- bzw. Referatsleitern der NSDAP angehört hatten: neben dem schon genannten Dallinger waren dies jetzt auch noch Eduard Dreher, Heinrich Grützner, Hans-Heinrich Jescheck, Ernst Kanter, Karl Lackner und Heinrich Meyer. Nur Josef Schafheutle, Alfons Wahl und Hans Marmann waren keine Parteimitglieder gewesen. 1963 wiesen dann noch 54,5 Prozent (zwölf von 22 Mitarbeitern der Leitungsebene) eine frühere NSDAP-Mitgliedschaft auf, 1969 waren es noch 36,4 Prozent (acht von 22) und 1973 noch 27,8 Prozent (fünf von 18). Beim Auszug aus der Rosenburg waren Erich Göhler, August Robert von der Linden, Joachim Schölz, Elmar Thurn, Carl-Heinz Schönherr und Heinrich Grützner in der Abteilung II die einzigen noch verbliebenen NSDAP-Mitglieder. Die frühere SA-Mitgliedschaft blieb von 1949 bis 1969 weitgehend konstant und lag durchgehend bei etwa 30 Prozent.

Die Herkunft der Mitarbeiter der Abteilung II war allerdings unterschiedlicher als in der Abteilung I, in der die meisten Mitarbeiter aus dem Reichsjustizministerium gekommen waren. So wiesen in der Abteilung II 1949/50 zunächst nur Schafheutle und Dallinger eine RJM-Vergangenheit auf. 1954 kam noch Georg Schwalm hinzu, der vor 1933 Landgerichtsrat in Dresden gewesen war, 1933 in das sächsische Justizministerium abgeordnet wurde, aber bereits 1935 wieder in sein Richteramt zurückkehrte. Wilhelm Kielwein, seit 1953 im BMJ, war von 1941 bis 1944 im dienstlichen Auftrag des RJM in den besetzten Ostgebieten als Staatsanwalt in Riga und Rowno tätig gewesen, besaß jedoch keine unmittelbare ministerielle Erfahrung – im Gegensatz zu Margarethe Bitter, die früher Rechtsanwältin in Ägypten gewesen war und im Krieg für das Auswärtige Amt gearbeitet hatte, wohin sie 1953, als die Zentrale Rechtsschutzstelle vom BMJ ins AA überführt wurde, nach einigen schwierigen Diskussionen auch wieder zurückkehrte.[95]

Ansonsten kam der überwiegende Teil der Mitarbeiter aus dem Justizdienst. Abteilungsleiter Rotberg war Richter in der Zivilgerichtsbarkeit gewesen, Joachim Schölz und Ernst Kanter hingegen Kriegsrichter bzw. «Generalrichter». Wilhelm Herlan und Eduard Dreher hatten es in der NS-Zeit bis zum Oberstaatsanwalt gebracht, Heinrich Grützner war Erster Staatsanwalt beim Kammergericht Berlin gewesen, Hans Marmann Staatsanwalt bei der Staatsanwaltschaft Berlin, Heinrich Meyer Staatsanwalt in Heiligenstadt, Karl-Heinz Nüse Staatsanwalt beim Landgericht Berlin und bei der Reichsanwaltschaft am Reichsgericht. Aus der Justiz bzw. der Justizverwaltung im weiteren Sinne kamen Heinz Behrens, Wilhelm Kielwein, Theodor Kleinknecht, Karl Lackner, Hans Lüttger, Werner Munzinger, Heinz Schmatloch und – mit der genannten Einschränkung – Georg Schwalm. Alfons Wahl, der Jüngste in dieser Gruppe, hatte zwar bereits 1943 das Assessorexamen abgelegt, war aber erst am 1. Juli 1945 in den Justizdienst eingetreten.

Eine große Ausnahme in der Abteilung II bildete Dietrich Lang-Hinrichsen: ein Katholik jüdischer Herkunft, der nach seinem 2. Examen in Berlin seit 1927 als Gerichtsassessor im Oberlandesgerichtsbezirk Breslau gearbeitet hatte, wo er auch kommissarisch als Richter und bei Anwälten sowie als Assistent von Prof. Johannes Nagler an der Universität Breslau tätig gewesen war. Aufgrund seiner jüdischen Abstammung war Lang-Hinrichsen jedoch zum 1. November 1933 gemäß § 3 des Gesetzes zur Wiederherstellung des Berufsbeamtentums in den Ruhestand versetzt worden und anschließend nach Brasilien ins Exil gegangen, wo er nach einem mehrjährigen Studium als

Professor an Kollegs und Handelsakademien gelehrt hatte. 1951 war er nach Deutschland zurückgekehrt und hatte hier kurz an der Ost-Berliner Humboldt-Universität unterrichtet, bevor er eine Professur für Strafrecht, Strafprozessrecht, Rechtsphilosophie und Internationales Privatrecht an der Juristischen Abteilung der erweiterten Hochschule in Bamberg erhalten hatte. Von dort war er schließlich zum 1. März 1953 als «131er» an das BMJ abgeordnet worden.[96] Lang-Hinrichsen zählte also zu den ganz wenigen Personen, die nach 1949 von «außen», in diesem Fall sogar aus der Emigration, in das Bundesjustizministerium gelangten. Allerdings war seine Zeit hier zu kurz, um nennenswerte Spuren zu hinterlassen, da er bereits im Juli 1954 zum Bundesrichter am Bundesgerichtshof ernannt wurde, ehe man ihn 1964 als Ordinarius für Strafrecht und Strafprozessrecht an die Johannes Gutenberg-Universität Mainz berief.[97]

Alle Fäden in Händen: Josef Schafheutle

Die dominierende Figur in der Abteilung II war indessen von 1950 bis 1967 – mit einer kurzen Unterbrechung vom Herbst 1951 bis August 1953 – Dr. Josef Schafheutle. Ruppig im Ton und fordernd im Umgang, oft mit rot angelaufenem Kopf, galt er im BMJ bald als eine Instanz, die unanfechtbar schien.[98] Bis zu seiner Versetzung in den einstweiligen Ruhestand unter Bundesjustizminister Heinemann am 31. Januar 1967 regierte er mit mächtiger Hand und betrieb eine aktive Personalpolitik, die weit über das Ministerium hinausreichte.

Der Weg ins BMJ wurde Schaftheutle im Februar 1950 durch Dr. Walter Kriege geebnet, wie Schafheutle selbst ein früherer Mitarbeiter des Reichsjustizministeriums, der Staatssekretär Walter Strauß, aber auch den damaligen Referenten und späteren Staatssekretär im Bundeskanzleramt, Hans Globke, häufig in Personalfragen beriet. Schafheutle war erst drei Wochen zuvor, am 16. Januar 1950, aus dem sowjetischen «Speziallager Nr. 7» – dem ehemaligen Konzentrationslager Sachsenhausen – entlassen worden, wo er seit 1946 wegen seiner früheren Tätigkeit im Reichsjustizministerium eingesessen hatte.[99] Am 6. Februar 1950 teilte ihm Staatssekretär Strauß mit, dass man ihn gerne in das Bundesjustizministerium berufen wolle, weil dem BMJ «gerade in der Aufbauzeit an der Mitarbeit erfahrener und eingearbeiteter Kräfte besonders gelegen» sei.[100] Schafheutle sagte zu, erbat sich aber nach seiner 40 Monate währenden Inhaftierung noch Zeit für eine mehrmonatige Rekonvaleszenz.[101] So wurde er zunächst nur als beamtete Hilfskraft eingestellt, bis zum 31. Mai 1950 zur Wiederherstellung der Gesundheit beurlaubt und schließlich am 26. September 1950 zum Ministerialrat ernannt.[102]

Von den acht Personen, die Schafheutle in der Abteilung II umgaben, hatten vier der NSDAP angehört: der Abteilungsleiter Hans Eberhard Rotberg, der während der NS-Zeit Richter in der Zivilgerichtsbarkeit gewesen war, Dr. Wilhelm Dallinger, den Schafheutle bereits aus dem Reichsjustizministerium kannte, Wilhelm Herlan, der es unter dem NS-Regime bis zum Oberstaatsanwalt gebracht hatte, und Dr. Werner Munzinger, der bei Kriegsende am Oberlandesgericht in Karlsruhe tätig gewesen war. Hinzu kamen Heinz-Dietrich Stoecker, zuletzt Gerichtsassessor im Kammergericht, sowie die bereits genannten Alfons Wahl und Margarethe Bitter.

Eine besonders profilierte Persönlichkeit unter den Referatsleitern war Wilhelm Dallinger. Er war seit 1935 im Reichsjustizministerium im strafrechtlichen Bereich tätig gewesen und hatte dort an der Reform des Strafgesetzbuches und des Strafvollstreckungsgesetzes mitgearbeitet.[103] Sein Lehrer und Gönner, Prof. Franz Exner von der Universität München, hatte ihm am 27. März 1935 in einem Empfehlungsschreiben für das RJM bescheinigt, ein «politisch durchaus zuverlässiger und nationalsozialistisch gesinnter junger Mann» zu sein, den nur seine angespannte Finanzsituation davon abhalte, sich in nationalsozialistischen Verbänden zu betätigen.[104] So war Dallinger der NSDAP zwar erst am 1. Mai 1937 beigetreten, nachdem der Aufnahmestopp gelockert worden war, hatte dann aber das Amt eines «Blockhelfers» wahrgenommen – also eine ehrenamtliche Tätigkeit als Funktionär am untersten Ende der NS-Hierarchie, der vom Ortsgruppenleiter berufen wurde und dem «Blockleiter» zuarbeiten sollte, um 40 bis 60 Haushalte mit rund 170 Personen im Sinne der Partei zu überwachen.

Im BMJ, wo Dallinger am 14. November 1949 seinen Dienst antrat[105], stieg er rasch auf. 1950 war er bereits Regierungsdirektor, 1951 Ministerialrat und 1958 Ministerialdirigent und als Nachfolger von Dr. Ernst Kanter, der zum Bundesrichter berufen worden war, Leiter der Unterabteilung II B. Inhaltlich war er durchgängig für Strafgerichtsverfassung und Strafverfahren einschließlich der Strafvollstreckung und ab 1954 außerdem für die Modernisierung der Strafgesetzgebung zuständig. Darüber hinaus gehörten die Rechtsvergleichung sowie der Kontakt zu internationalen strafrechtlichen Vereinigungen zu seinen Spezialgebieten, da er schon im Reichsjustizministerium die Verbindung zum italienischen Justizministerium gepflegt hatte und dafür sogar nach Kriegsbeginn vom RJM «unabkömmlich» gestellt worden war.[106] Als er im April 1942 dann doch zum Kriegsdienst eingezogen wurde, setzte man ihn als Dolmetscher für Italienisch in Nordafrika ein, wo er schließlich in amerikanische Kriegsgefangenschaft geriet.[107] Unter Juristen erlangte Dallinger seine größte Bekanntheit durch die Sammlung und Auswertung der Entscheidungen des Bundesgerichtshofs. Die Rechtsprechungsübersichten, die er noch bis 1976 in der *Monatsschrift für Deutsches Recht* (MDR) veröffentlichte, fanden weithin Beachtung.[108]

Wilhelm Herlan leitete 1950/51 in der Abteilung II das Referat II 6 für strafrechtliche Einzelsachen sowie für Auslieferungswesen und internationale Angelegenheiten – also einen Bereich, dem für die Strafverfolgung von NS-Tätern im Ausland erhebliche Bedeutung zukam. Ob er sich dafür eignete, lässt sich jedoch bezweifeln. Denn nachdem er am 1. Oktober 1933 zum Staatsanwalt ernannt worden war, hatte er vom 1. Dezember 1933 bis zum 15. Mai 1935 in der SA im Reitersturm gedient, war danach dem Nationalsozialistischen Kraftfahrkorps (NSKK) – einer paramilitärischen Unterorganisation der NSDAP – und am 1. Mai 1937 der NSDAP selbst beigetreten.[109] Die Beurteilungen aus den 1940er Jahren bescheinigten ihm eine «zuverlässige und aufrechte Gesinnung» und eine «nationalsozialistische Grundeinstellung».[110] Nach Beginn des «Unternehmens Barbarossa», dem deutschen Angriff auf die Sowjetunion, hatte man ihn als Staatsanwalt im Osten eingesetzt, wofür er nach eigener Aussage vom damaligen badischen Generalstaatsanwalt und späteren Oberreichsanwalt beim Volksgerichtshof Ernst Lautz, der 1947 im Nürnberger Juristenprozess zu zehn Jahren Haft verurteilt wurde, auf Anforderung des Reichsjustizministeriums empfohlen worden war. Herlan hatte zunächst in Riga als Leiter der Staatsanwaltschaft und von Ende 1942 bis 1944 in Rowno in der Ukraine als Oberstaatsanwalt beim dortigen Obergericht gearbeitet.[111] Worin genau seine Tätigkeit bestand, geht aus seiner Personalakte nicht hervor. Es ist jedoch unwahrscheinlich, dass er nicht mit der Partisanenbekämpfung zu tun hatte und mit harten Strafen auf Bagatelldelikte reagierte, auch wenn ein ehemaliger Rechtsanwalt aus Lettland ihm in seinem Spruchkammerverfahren «Fairness und Humanität im dienstlichen Verhalten» attestierte.[112] Im BMJ spielte Herlan indessen keine prominente Rolle, da er bereits 1951 zur Bundesanwaltschaft wechselte und 1954 Bundesanwalt beim Bundesgerichtshof wurde.

Ernst Kanter: «Vertrauensmann der Militärjustiz»

Völlig anders verhält es sich dagegen mit Ernst Kanter. Wie an anderer Stelle bereits erwähnt, war er während des Zweiten Weltkrieges Generalrichter beim Oberbefehlshaber der deutschen Truppen im besetzten Dänemark gewesen, wo Dutzende Todesurteile über seinen Schreibtisch gegangen waren.[113] Dennoch stieg er im BMJ, dem er seit 1951 angehörte, bis zum Unterabteilungsleiter auf, bevor er 1958 an den Bundesgerichtshof berufen wurde.

II. ABTEILUNGEN UND KARRIEREN IM BMJ

Thomas Dehler schrieb über ihn, er sei «stolz darauf», in seiner Umgebung «einen Mann zu wissen, der während der NS-Zeit bei ständiger persönlicher Gefährdung eine selten vorbildliche Haltung bewiesen» habe.[114] Doch Kanter war eine höchst umstrittene Figur, an der sich das Ringen um den richtigen und gerechten Maßstab zur Bewertung der Vergangenheit auf besonders eindrückliche Weise zeigte.[115]

Zum Zeitpunkt der «Machtergreifung» der Nationalsozialisten war Kanter Amts- und Landgerichtsrat in Koblenz, bereits am 1. Mai 1933 trat er der NSDAP bei[116], ließ sich aber schon bald von der ordentlichen Gerichtsbarkeit beurlauben und wechselte zur Wehrmachtsjustiz. Im Reichskriegsministerium kletterte er die Beförderungsleiter konsequent nach oben, wurde schließlich 1938 Reichskriegsgerichtsrat in Berlin und ab 1. November 1942 «Generalrichter» im besetzten Dänemark, wo er bis zum 1. Mai 1945, also bis kurz vor der Kapitulation der deutschen Wehrmacht, amtierte.[117] Als Generalrichter war Kanter in Dänemark die höchste kriegsrichterliche Instanz. Er hatte über alle Urteile der Wehrgerichte zu befinden und pflegte auch zu Werner Best, dem deutschen «Reichsbevollmächtigten» in Dänemark, enge Verbindungen.[118] Dennoch wurde Kanter nach Kriegsende nicht festgesetzt, sondern unter dem 8. Britischen Corps vom 6. Mai 1945 bis zum 1. März 1946 als Chefrichter für die in Schleswig-Holstein untergebrachten Verbände der internierten deutschen Wehrmacht eingesetzt und am 28. Juli 1947 mit Genehmigung der britischen Militärregierung als beauftragter Richter am Landgericht Köln zugelassen, nachdem der Entnazifizierungs-Hauptausschuss Bergisch-Gladbach ihn in die Kategorie V («Entlastet») eingestuft hatte.[119] Im rheinland-pfälzischen Neustadt an der Haardt erhielt er schließlich zum 1. April 1950 als Oberlandesgerichtsrat wieder eine Lebenszeitanstellung, bevor er ein Jahr später, am 1. April 1951, als Ministerialrat in das Bundesministerium der Justiz berufen wurde.[120]

Diese Wiederverwendung Kanters im Dienst der Bundesrepublik stieß jedoch schon früh auf Kritik. So erklärte der Justizminister von Nordrhein-Westfalen, Rudolf Amelunxen, Dehler gegenüber bereits im Januar 1952, nachdem er augenscheinlich auf die frühere Tätigkeit Kanters aufmerksam geworden war, dieser habe in der Militärjustiz des nationalsozialistischen Staates eine «außergewöhnliche Laufbahn zu verzeichnen» gehabt und «dabei offensichtlich bis zuletzt sein Amt in einer Weise geführt […], die ihn den damaligen Machthabern genehm erscheinen ließ». Als ein «Vertrauensmann der damaligen Militärjustiz» sei er deshalb «alles andere als ein Vorbild für die Rechtspflege in einem demokratischen Staat».[121] Dehler solle ihn deshalb wieder entlassen. Doch dieser stellte sich vor Kanter: Man dürfe sich von der äußeren Laufbahngestaltung eines Beamten zwischen 1933 und 1945 nicht irreführen lassen, sondern müsse «hinter dem äußeren Anschein nach den Maßstäben der uns möglichen Gerechtigkeit die für eine Ministerialverwendung in Betracht kommenden Personen nach ihrem während jener Zeit bewiesenen tatsächlichen dienstlichen und menschlichen Verhalten [...] beurteilen».[122]

Als Kanter ein Jahr später als Bundesanwalt beim Generalbundesanwalt im Gespräch war, gab es erneut Kritik. Diesmal war es der hessische Ministerpräsident Georg-August Zinn, der im Mai 1953 an Dehler schrieb, die Bundesanwaltschaft sei doch dazu berufen, «unseren demokratischen Staat zu schützen, indem sie die Ermittlung und Aufklärung staatsfeindlicher Umtriebe durchführt». Und bei «aller Würdigung des Verhaltens des Herrn Dr. K in der nationalsozialistischen Zeit» glaube er nicht, dass Kanter «als früherer Reichskriegsgerichtsrat und Generalrichter nunmehr dazu berufen» sei, «in der Stellung als Bundesanwalt sich für den Schutz unserer Demokratie einzusetzen».[123] In diesem Fall folgte das BMJ der Empfehlung und verzichtete darauf, Kanter als Bundesanwalt vorzuschlagen, um eine öffentliche Diskussion über seine frühere Tätigkeit in der Wehrmachtsjustiz, die auch für das Ministerium politisch belastend gewesen wäre, zu vermeiden.

Dies bedeutete jedoch nicht, dass man auf Kanter verzichten wollte. Denn dieser hatte sich bereits Ende Mai 1951 als sehr nützlich erwiesen, als er erfolgreich mit der dänischen Regierung in Kopenhagen über die Begnadigung der «verurteilten deutschen Kriegsgefangenen in Dänemark» verhandelt hatte, und sollte im Juli 1957 noch zu einer ähnlichen Mission nach Griechenland aufbrechen, um mit dem dortigen Generalstaatsanwalt den Fall Max Merten, von dem bereits die Rede war, zu besprechen.[124] Ein halbes Jahr später, am 10. Februar 1958, wurde Kanter dann zum Vorsitzenden des 3. Strafsenats des Bundesgerichtshofs ernannt. Diesmal verlief die Wahl ohne Probleme oder gar öffentliche Kritik, obwohl dem 3. Strafsenat im BGH eine besondere Bedeutung zukam, weil er für politische Straftaten zuständig war.[125] In den Akten Kanters findet sich deshalb eine ausführliche Begründung seiner Eignung als Bundesrichter, wobei er als Gegner des Nationalsozialismus mit Verbindungen zum Widerstand, namentlich Admiral Wilhelm Canaris, General Hans Oster, Hans von Dohnanyi und Dr. Karl Sack, dargestellt wurde.[126] Doch als Kanter im September 1958 im Passarge-Prozess gegen drei Funktionäre der verbotenen kommunistischen Jugendorganisation FDJ den Vorsitz führte, titelte das SED-Zentralorgan *Neues Deutschland* am 11. September: «Bonn hetzt Nazi-Blutrichter Kanter auf DDR-Bürger».[127] Damit begann eine Diskussion über seine Rolle in der Militärjustiz des Dritten Reiches, die schließlich dazu führte, dass Kanter ein Jahr später, zum 1. Oktober 1959, um vorzeitige Versetzung in den Ruhestand bat.[128]

Dallinger und Kanter bildeten also die Achse, die in den 1950er Jahren auf der Ebene der Referatsleiter das Bild der Abteilung II prägte und durch Abteilungsleiter Schafheutle sowie Eduard Dreher, von dem noch ausführlich die Rede sein wird, ergänzt wurde. Angesichts ihrer Vergangenheit und der hervorgehobenen Rolle, die sie im Dritten Reich gespielt hatten und an die sie nun, als überzeugungsstarke Persönlichkeiten, im Bundesjustizministerium wieder anknüpften, fällt es nicht schwer, sich die Stimmung vorzustellen, die damals auf der Rosenburg im Hinblick auf die NS-Vergangenheit herrschte. Ein «neuer Geist», wie man ihn vor allem von einem Justizministerium in der neuen freiheitlich-rechtsstaatlichen Ordnung der Bundesrepublik hätte erwarten müssen, war unter diesen Bedingungen kaum denkbar.

«Kommunistische Angriffe»

Bevor Schafheutle 1953 zum Leiter der Abteilung II aufstieg, verließ er im Herbst 1951 jedoch vorübergehend das BMJ, um beim Badischen Oberlandesgericht in Freiburg die Position des Generalstaatsanwalts zu übernehmen. Als im März 1952 durch den Zusammenschluss der Länder Baden, Württemberg-Baden und Württemberg-Hohenzollern das neue Bundesland Baden-Württemberg entstand und das OLG Freiburg mit dem OLG Karlsruhe vereinigt wurde, musste er sich allerdings binnen kurzer Zeit schon wieder um eine neue Tätigkeit bemühen. So kehrte er nach einem Gespräch mit Bundesjustizminister Dehler am 19. August 1953 als Ministerialdirektor und Abteilungsleiter auf die Rosenburg zurück, um die Vakanz zu füllen, die Hans Eberhard Rotberg, der bisherige Leiter der Abteilung II, hinterlassen hatte, als er 1952 als Bundesrichter an den Bundesgerichtshof gewechselt war.[129] Auch Schafheutle war kurzzeitig als Senatspräsident beim Bundesgerichtshof und als Bundesverfassungsrichter im Gespräch gewesen.[130] Doch wie bei Kanter gab es bei Schafheutle ebenfalls Bedenken wegen seiner Vergangenheit. So hatte der SPD-Bundestagsabgeordnete Dr. Otto Heinrich Greve den Richterwahlausschuss für den Bundesgerichtshof darauf hingewiesen, dass Schafheutle in einem 1937 von Roland Freisler herausgegebenen Band über den *Volksrichter in der neuen deutschen Strafrechtspflege* gefordert hatte, dass die Auslese der «Volksrichter im Einklang mit den politischen und weltanschaulichen Grundlagen des Dritten Reiches stehen» und der neue Staat «auf dem Gedanken der unbeschränkten Führerverantwortlichkeit» beruhen müsse.[131] Schafheutles Erklärung, dass er zur Mitarbeit an dem Sammelband genötigt worden sei, die Schriftleitung gemäß Freislers Richtlinien seinen Beitrag zensiert habe und die Ausführungen die amtliche Auffassung der damaligen Leitung der Reichsjustizverwaltung und nicht seine eigene Meinung wiedergegeben hätten, überzeugte den Wahlausschuss jedoch nicht.[132] So blieb ihm die angestrebte Position beim BGH versagt, und er kehrte in das Bundesjustizministerium zurück.

Schafheutles fachliche Eignung für die dortige Führungsposition stand außer Frage. Nach Studium, Referat und Promotion – abgeschlossen jeweils mit der Bestnote «sehr gut» bzw. «summa cum laude» – hatte er zunächst in Baden eine Justizkarriere absolviert und danach seit Juni 1933 in der Strafrechtsabteilung des Reichsjustizministeriums Erfahrungen gesammelt.[133] Während des Krieges war er in der Wehrmacht beim Gericht der Division Nr. 143, in der Unterabteilung Justiziare der Heeresrechtsabteilung beim Oberkommando des Heeres und schließlich seit 1. Mai 1944 als Oberfeldrichter tätig gewesen. Aber er war kein ehemaliger Parteigenosse, hatte sich vielmehr angeblich «dem wiederholt ausgeübten Druck, in die NSDAP einzutreten, immer wieder zu entziehen» gewusst, wie er 1953 an Dehler schrieb.[134] Außerdem galt er als einstiger Häftling der sowjetischen Besatzungsmacht im früheren KZ Sachsenhausen praktisch als ein politisch Verfolgter des kommunistischen Regimes in Ostdeutschland. Die «Enthüllungen» des SPD-Abgeordneten Dr. Greve fielen demgegenüber kaum ins Gewicht, wie Dehler und Strauß offenbar meinten, so dass der Wiedereinstellung Schafheutles nichts im Wege stand. Tatsächlich erreichte dieser in den kommenden Jahren eine nahezu unangreifbare Machtposition im BMJ, und er selbst wurde nicht müde, seine ostdeutsche Hafterfahrung zur Festigung seiner Glaubwürdigkeit einzusetzen – etwa wenn er im Rahmen seiner Personalpolitik Empfehlungsschreiben verfasste, um Mitarbeiter seines Vertrauens in geeignete Positionen zu vermitteln.

Ab 1960 erschienen dann jedoch mehrere Publikationen, die Schafheutles Image als Nicht-Nazi und politisch Verfolgter der Kommunisten in Frage stellten: zunächst, am 14. Oktober 1960, die vom Ausschuss für Deutsche Einheit in der DDR herausgegebene Schrift *Hitlers Kriegsrichter und Wehrstrafexperten im Dienste der Bonner Kriegsvorbereitungen*, in der er als Mitarbeiter des Oberkommandos der Wehrmacht erwähnt wurde, dann, am 8. November 1961, die Broschüre *Blutjuristen Hitlers – Gesetzgeber Adenauers*, die im August 1962 auch von der Vereinigung demokratischer Juristen Deutschlands veröffentlicht wurde und in der es hieß, Schafheutle habe an «Nazibestimmungen» über den Hoch- und Landesverrat, an der Einrichtung des Volksgerichtshofs und an den Bestimmungen über gefährliche Gewohnheitsverbrecher mitgewirkt.[135] 1963 schließlich brachte der Ausschuss für

Deutsche Einheit eine weitere Broschüre mit dem Titel *Freislers Geist in Bonns Gesinnungsstrafrecht* heraus, in der die Vorwürfe gegen ihn sinngemäß wiederholt wurden.[136]

Die «Enthüllungen» Greves 1953 waren somit nur ein Vorgeschmack auf die schweren Vorwürfe gewesen, die jetzt laut wurden.[137] Schafheutle wurde deshalb von Minister Wolfgang Stammberger am 10. September 1962 aufgefordert, sich zu seiner Tätigkeit im Reichsjustizministerium zu erklären, kam dieser Aufforderung jedoch – krankheitsbedingt, wie es hieß – nicht nach. Erst am 19. Juli 1965 reichte er unter der Betreffzeile «Kommunistische Angriffe» eine 36 Seiten lange Stellungnahme ein.[138] Akribisch genau beschrieb er darin in der Form eines gerichtlichen Schriftsatzes die Tätigkeiten, die ihm im Reichsjustizministerium übertragen worden waren und für welche Veröffentlichungen er verantwortlich gewesen war. Für alles benannte er Zeugen oder legte Dokumente vor, stilisierte sich selbst als überzeugten Antikommunisten, der in seiner bisherigen Tätigkeit im Bundesjustizministerium dafür gesorgt habe, dass das Strafrecht zur Bekämpfung von Kommunisten konsequent eingesetzt worden sei, um die freiheitlich-demokratische Grundordnung zu schützen. Das politische Ziel der DDR bestehe deshalb darin, so Schafheutle, ihn als politischen Gegner zu beseitigen. Der Bundesminister der Justiz als Dienstherr sei deshalb nunmehr nach § 79 Satz 2 des Bundesbeamtengesetzes von 1965 verpflichtet, sich schützend vor ihn zu stellen und eine entsprechende Erklärung abzugeben.[139]

Schafheutle und die NS-Vergangenheit

Doch was hatte Schafheutle wirklich im Reichsjustizministerium getan? War er an der Ausarbeitung des politischen Strafrechts beteiligt gewesen? Und hatte er neben Franz Gürtner, Roland Freisler, Otto Thierack und Ernst Lautz das Strafprozessrecht des Dritten Reiches mit entworfen? Aus dem Geschäftsverteilungsplan des Reichsjustizministeriums vom 22. Oktober 1934 geht hervor, dass Schafheutle in der Abteilung II das Referat 11 (Mitarbeit an der Strafprozessreform, Gebühren- und Kostengesetze) innehatte.[140] In dieser Eigenschaft war er Mitglied der amtlichen Strafprozesskommission, der als weitere Mitglieder unter anderem Roland Freisler, Otto Thierack, Ernst Lautz, Emil Niethammer, Landgerichtsdirektor i. R. Löwe, Rudolf Lehmann, Professor Dahm und Ernst Schäfer angehörten.[141] Die Beratungen dieser Kommission wurden mit dem «Entwurf einer Strafverfahrensordnung und einer Friedensrichter- und Schiedsmannsordnung» am 1. Mai 1939 abgeschlossen.[142] Der Bericht dieser Kommission wurde später vom BMJ aufgegriffen und zur Vorbereitung der kleinen Strafprozessreform 1964 herangezogen.[143] Schafheutle selbst gibt an, im RJM zuvor vom Abteilungsleiter Ernst Schäfer den Auftrag erhalten zu haben, den Entwurf einer Strafrechtsnovelle auszuarbeiten.[144] Daraus gingen das Gesetz gegen gefährliche Gewohnheitsverbrecher und über Maßregeln der Sicherung und Besserung vom 24. November 1933[145] sowie das dazugehörige Ausführungsgesetz vom gleichen Tage hervor, die beide am 1. Januar 1934 in Kraft traten.[146]

Außerdem war Schafheutle ab 1934 Vertreter des Referats Strafvollzugsreform, Jugendgerichtsgesetz, Kriminal- und Gefängnisstatistik, das von Ministerialrat Hauptvogel geleitet wurde. Zudem wirkte er an der Zweiten Verordnung zur Durchführung des Gesetzes über die Gewährung von Straffreiheit vom 1. Februar 1938[147] und an der Verordnung zur Änderung der Militärstrafgerichtsordnung und des Einführungsgesetzes vom 5. September 1936 mit.[148] An der Neufassung der Hoch- und Landesverratsvorschriften war er nach eigenen Aussagen nicht beteiligt.[149] Der Geschäftsverteilungsplan von 1939 zeigt jedoch, dass er im Referat 8 für das Kriegsstrafverfahrensrecht zuständig war. Zwar behauptete er später, an sogenannten Mobilmachungsgesetzen, wie der Kriegsstrafverfahrensordnung, selbst nicht mitgearbeitet zu haben.[150] In der Zeitschrift der Akademie für Deutsches Recht äußerte er sich gleichwohl zum Strafverfahren im Kriege, indem er schrieb, für «den Kampf gegen Verbrecher, Saboteure und böswillige Elemente, die sich durch ihr Verhalten außerhalb der Kampffront des Volkes stellen», müsse «die Strafrechtspflege ihre Waffen bereit stellen und die Abwehr gegen sie schlagkräftig und entschlossen führen».[151] Soweit sich die Taten Schafheutles im Reichsjustizministerium auf der Grundlage der Akten und anhand seiner Veröffentlichungen rekonstruieren lassen, ist somit festzustellen, dass er die verbrecherischen nationalsozialistischen Gesetze zwar nicht initiierte oder prägte, aber zumindest maßgeblich an der Gesetzgebung im Bereich des Gewohnheitsverbrechergesetzes und des Strafverfahrensrechts beteiligt war und im Konzert der damals führenden Ministeriumsmitarbeiter mitspielte. Außerdem hatte er die Vereinfachungsverordnung zum Strafverfahren mit strammer Kriegsrhetorik verteidigt.

Auch Schafheutles Behauptung, kein Mitglied der NSDAP gewesen zu sein, ist nur vordergründig richtig. Tatsächlich war er nicht in der Partei – aber nicht, weil *er* nicht wollte, sondern weil *die Partei* ihn nicht wollte. Aktenkundig wurde dies im April 1942, als Schafheutle Feldkriegsgerichtsrat im Oberkommando der Wehrmacht und seine Beförderung zum Ministerialrat überfällig war. Im OKW erfuhr er, dass die Beförderung ausblieb, weil der Leiter der Parteikanzlei der NSDAP, Martin Bormann, ihn als politisch unzuverlässig eingestuft hatte. Am 22. April 1942 schrieb Schafheutle daher an den Reichsjustizminister und setzte sich auf sechs Seiten gegen den Vorwurf zur Wehr, in seiner Studentenzeit intensive Beziehungen zum politischen Katholizismus unterhalten zu haben, in der Führung der Zentrumsjugend aktiv gewesen zu sein und sich deswegen nicht «um Anschluss an die Bewegung bemüht» zu haben. «Diesen Behauptungen», so Schafheutle, trete er «mit allem Nachdruck entgegen.» Er sei nie Mitglied der Zentrumspartei gewesen, habe zum politischen Katholizismus weder starke noch schwache, sondern gar keine Beziehung unterhalten und sei zwar früher Mitglied einer katholischen Studentenvereinigung gewesen, aber dort habe man schon vor der Machtübernahme auch erklärte Nationalsozialisten aufgenommen. Außerdem habe er sich bereits 1934, vor Einführung der allgemeinen Wehrpflicht, freiwillig zur Wehrmacht gemeldet und 1935 den Fahneneid auf den Führer geleistet. Und als die ersten Gerüchte über eine Lockerung der Mitgliedersperre der NSDAP bekannt geworden seien, habe er sich unverzüglich um Aufnahme in die Partei bemüht und am 16. September 1936 einen entsprechenden Aufnahmeantrag abgeschickt, ja sich sogar, als dieser ohne Antwort geblieben sei, im Sommer 1939 an Staatssekretär Freisler gewandt, damit dieser die Aufnahme in die Partei vermittle.[152] Doch die Parteikanzlei blieb hart und lehnte eine Mitgliedschaft Schafheutles in der NSDAP ab, denn dieser sei «in zentrümlichem Geist erzogen und aufgewachsen», seine Familie gelte in Baden «als stockkatholisch».[153]

Vor diesem Hintergrund ist es wenig erstaunlich, dass die «kommunistischen Angriffe» aus der DDR, die sich allesamt als zutreffend erwiesen, es immer schwerer machten, Schafheutle weiter in seiner bisherigen Position zu belassen. Sein Ende im BMJ kam jedoch erst mit dem Regierungswechsel im Dezember 1966. So schrieb der neue Bundesjustizminister Gustav Heinemann (SPD) am 18. Januar 1967 an Bundeskanzler Kurt Georg Kiesinger (CDU), Dr. Schafheutle sei «bei seinen gesundheitlichen Verhältnissen den außerordentlich starken Anforderungen der Leitung der strafrechtlichen Abteilung nicht mehr hinreichend gewachsen» und habe sich deshalb «mit der Versetzung in den einstweiligen Ruhestand einverstanden» erklärt.[154] In Wirklichkeit war er aber inzwischen vor allem politisch nicht mehr genehm.[155] Die Entscheidung, seinen vorzeitigen Abschied zu nehmen, wurde ihm allerdings leicht gemacht, indem man ihm einen besoldeten Sonderauftrag für die weitere Mitwirkung an der Reform des Strafrechts zukommen ließ. Man nutzte also weiterhin seine Expertise im Strafrecht und seine reichhaltige Erfahrung im Bereich der Gesetzesformulierung, aber die politische Verantwortung musste er abgeben.[156]

Die ungekrönte Ministerialkarriere: Eduard Dreher

Schafheutles Nachfolger als Leiter der Abteilung II stand indessen schon lange bereit: Dr. Eduard Dreher – der Doyen des Strafrechts, die unanfechtbare Instanz strafrechtlichen Wissens, der Kommentator des Strafgesetzbuches schlechthin, dem es weder an fundierter Sachkenntnis noch an Selbstbewusstsein mangelte. Die Führungsposition in der Abteilung II schien für ihn geradezu maßgeschneidert. Dennoch blieb ihm der Aufstieg versagt. Ein Grund dafür war der Regierungswechsel selbst, der sich im BMJ stärker bemerkbar machte als in anderen Häusern. Denn in diesem Ministerium hatte es bisher nur konservative Minister der CDU, CSU, DP und FDP gegeben. Die Übernahme der Hausleitung durch den Sozialdemokraten Heinemann bedeutete deshalb eine Veränderung, die sich bald auch personell auswirkte. Zeitzeugen berichten, die Mitarbeiter seien in dieser Zeit «unglaublich zerstritten» gewesen.[157] Besonders unter den Abteilungsleitern und Unterabteilungsleitern habe Chaos geherrscht. Und Staatssekretär Bülow sei nicht in der Lage gewesen, für Ordnung zu sorgen. Erst Horst Ehmke, seit 1963 Inhaber des Lehrstuhls für Öffentliches Recht an der Universität Freiburg, der am 2. Januar 1967 Bülow als Staatssekretär im BMJ ablöste, habe «mit eiserner Hand» und «ausufernden Versetzungsverfügungen» durchgegriffen.[158] Ehmke selbst beschrieb die Situation später in seinen Erinnerungen verständlicherweise anders: Vor allem die jüngeren Mitarbeiter hätten sich «über den frischen Wind» gefreut.[159]

Eduard Dreher hingegen blies der Wind nun ins Gesicht. Er war zwar nicht der einzige Jurist im Ministerium mit einer braunen Vergangenheit. Aber für Heinemann wie für Ehmke war die Tatsache, dass es «in den Akten der älteren Generation [...] aus der Nazi-Zeit noch viele braune Flecken» gab, wie Ehmke notierte[160], ein ebenso hinreichender wie überzeugender Grund, den Generationswechsel zu beschleunigen – obwohl Ehmke selbst seit dem 29. April 1944 ebenfalls der NSDAP angehört hatte.[161] Dreher musste deshalb das Ministerium jetzt ebenso verlassen wie vorher Josef Schafheutle. Zwar war er 1951 auf Empfehlung des hessischen SPD-Abgeordneten Adolf Arndt ins BMJ berufen worden, für den Ehmke von 1952 bis 1956 als wissenschaftlicher Assistent im Bundestag gearbeitet hatte.[162] Doch inzwischen war über Dreher aus der Zeit vor 1945 vieles bekannt geworden, was Arndt seinerzeit noch nicht hatte wissen können. Vor allem galt dies für seine Tätigkeit als Staatsanwalt am Sondergericht Innsbruck, wo er in mehreren Fällen für die Verhängung der Todesstrafe in Bagatellfällen verantwortlich gewesen war.

Derartige «Sondergerichte» hatte es in Deutschland auch vor 1933 schon mehrfach gegeben, um auf politische Unruhen zu reagieren und bestimmte Straftatbestände aus der Kompetenz der ordentlichen Gerichtsbarkeit herauslösen. Nach der sogenannten Reichstagsbrandverordnung vom 28. Februar 1933 und der «Heimtückeverordnung» vom 21. März 1933 waren jedoch im gesamten Deutschen Reich für alle Oberlandesgerichtsbezirke Sondergerichte eingeführt worden, deren Zuständigkeit und Bedeutung im Laufe der Jahre immer weiter gewachsen war. 1942 gab es insgesamt 74 solcher Gerichte, die inzwischen etwa drei Viertel aller Strafverfahren erledigten und sich auch bei geringfügigen Delikten durch Verhängung langjähriger Zuchthausstrafen und Todesstrafen auf der Basis des «gesunden Volksempfindens» auszeichneten. Die Sondergerichte waren damit ein zentraler Bestandteil des nationalsozialistischen Unrechtsstaates und Ausdruck der NS-Justizverbrechen.

Dreher, Sohn eines Kunstmalers und Professors an der Dresdner Kunstakademie – mit einer schöngeistigen Art, die sich auch in privaten Kunst- und Literaturtreffen in seinem Haus äußerten[163] – hatte also gewusst, worauf er sich einließ, als er sich 1940, angeblich «aus Liebe zu den Bergen», an das Sondergericht Innsbruck hatte versetzen lassen, nachdem er im Anschluss an sein Referendariat in Dresden 1933 in die sächsische Justiz übernommen und am 1. August 1938 zum Staatsanwalt ernannt worden war. Denn in Innsbruck war er nun als Ermittler oder Sitzungsvertreter Teil der Sondergerichtsjustiz, die ganz im Sinne der NS-Justiz tätig wurde. An welchen Fällen bzw. Urteilen er dort mitgewirkt hatte, war im Bundesministerium der Justiz jedoch zunächst nicht bekannt, als man ihn am 1. Oktober 1951 einstellte. So konnte er dort lange Zeit reüssieren. Am 14. Februar 1952 wurde er Oberregierungsrat, kaum 14 Monate später, am 28. April 1953, bereits Ministerialrat. Er übernahm das Referat für das «sachliche Strafrecht», wie es damals hieß, und war anschließend der große und unangefochtene Koordinator der Strafrechtsreform, die mit der Einsetzung der Großen Strafrechtskommission durch Fritz Neumayer 1954 begann.[164] Doch dann, Anfang 1959, als Dreher auf Vorschlag des BMJ zum Bundesrichter ernannt werden sollte, wurde der erste Fall aus Innsbruck ruchbar.[165]

Dabei ging es um Anton Rathgeber, einen 62-jährigen Kaffeebrenner, dem vorgeworfen worden war, 1943/44 viermal in fliegerbeschädigten Gebäuden geplündert zu haben. Obwohl bei Plünderungen die Anwendung der «Volksschädlingsverordnung» nicht zwingend vorgeschrieben war, hatte Dreher Rathgeber als «Volksschädling» angeklagt, weil Rathgeber als Wiederholungstäter eine Straftat «in Richtung der Volksschädlingsverordnung» begangen habe. Und Rathgeber war zum Tode verurteilt und hingerichtet worden. All dies ging aus den Akten hervor, die das BMJ aus Wien angefordert und Dreher vorgehalten hatte.[166] Doch in seiner Stellungnahme vom 6. November 1959[167] wies Dreher den gegen ihn erhobenen Vorwurf zurück, dass die Anwendung von § 1 der Volksschädlingsverordnung und § 2 des Reichsstrafgesetzbuches rechtsstaatswidrig gewesen sei, denn es könne «doch nicht bezweifelt werden, dass die Analogie zuungunsten des Täters nicht schlechthin als rechtsstaatswidrig oder sogar als typisches Zeichen einer Diktatur anzusehen» sei.[168] Ein Gutachten von Abteilungsleiter Schafheutle kam ebenfalls zu dem Ergebnis, dass Dreher juristisch nichts vorzuwerfen sei. In einer Besprechung im BMJ in Anwesenheit von Minister Fritz Schäffer (CSU) wurde deshalb davon abgesehen, Maßnahmen gegen Dreher zu ergreifen, wie aus einer Aktennotiz vom 27. April 1960 hervorgeht.[169] Allerdings belegte das juristische Vorgehen Drehers in diesem Fall seine Bereitschaft, den Willen des nationalsozialistischen Gesetzgebers durchzusetzen, da es ihm nur möglich gewesen war, zu einer Verurteilung und zur Todesstrafe zu kommen, indem er die Volksschädlingsverordnung analog angewandt hatte – was er selbst nach der damaligen Rechtslage nicht hätte tun müssen. Die Gelegenheit, Bundesrichter zu werden, war für Dreher damit verwirkt.

Stattdessen kamen 1962 neue Verdächtigungen auf: Im Fall Josef Knoflach ging es um einen 56-jährigen Mann, der nachts in ein Bauernhaus eingestiegen war und zum wiederholten Mal Brot, Zucker und Speck gestohlen hatte. Dreher hatte dafür als staatsanwaltschaftlicher Sitzungsvertreter die Todesstrafe für gefährliche Gewohnheitsverbrecher nach § 1 des Gesetzes zur Änderung des RStGB von 1941 und nach der Gewaltverbrecherverordnung gefordert.[170] Wieder wurden die Akten aus Wien herbeigeschafft, wieder begutachtete Schafheutle, wieder nahm Dreher Stellung, wieder hörte Staatssekretär Strauß Dreher an, und wieder folgte eine Besprechung mit dem Minister, in der wieder kein Fehlverhalten festgestellt wurde.[171] Das gleiche Procedere wiederholte sich 1965, als ein Artikel in der *Frankfurter Rundschau* auf einen weiteren Fall aufmerksam machte.[172] Diesmal ging es um Karoline Hauser, die Kleiderkartenpunkte gestohlen und damit gegen die Kriegswirtschaftsverordnung (KWVO) verstoßen hatte.[173] Zwar konnte nach § 1 Abs. 1 S. 2 KWVO in besonders schweren Fällen von kriegsschädigendem Verhalten die Todesstrafe verhängt werden. Doch hier war sie keineswegs zwingend, wie selbst die Richter des Sondergerichts feststellten, die in Frau Hauser zwar ebenfalls einen «Volksschädling» sahen, aber die Todesstrafe ablehnten, weil nach ihrer Ansicht kein besonders schwerer Fall vorlag, zumal die Frau geständig war.[174] Doch Dreher beantragte die Todesstrafe diesmal gleich doppelt: als Sitzungsvertreter in der Hauptverhandlung am 15. April

II. ABTEILUNGEN UND KARRIEREN IM BMJ 333

1942 und nach einer Aufhebung des Urteils durch das Reichsgericht in einer neuerlichen Hauptverhandlung – angeblich auf höhere Weisung.

Die genauen Vorgänge ließen sich im Fall Hauser, die letztlich «nur» 15 Jahre Zuchthaus für ihre Straftat erhielt, nicht mehr restlos aufklären, da die Akten nicht beizubringen waren.[175] Aber diesmal wurde gegen Dreher am 14. August 1968 von Gidon Rynar, der sich selbst als «Entnazifizierer» bezeichnete, Strafanzeige wegen Mitwirkung an den Todesurteilen gegen Knoflach und Hauser erstattet.[176] Das Verfahren wurde allerdings am 24. September 1968 von der Staatsanwaltschaft Bonn nach § 170 Abs. 2 StPO eingestellt, und Staatssekretär Ehmke entschied im Dezember 1968, dass keine weiteren Maßnahmen gegen Dreher angezeigt seien.[177] Ehmke teilte dies Dreher aber nicht persönlich mit, sondern ließ es ihm durch Abteilungsleiter Krüger ausrichten.[178]

Somit waren 1959, 1962 und 1965 drei Fälle aufgedeckt worden, in denen Dreher am Sondergericht in Innsbruck eine politische Grundhaltung und ein Rechtsverständnis bekundet hatte, die ganz offensichtlich nationalsozialistisch geprägt waren. Alle drei Fälle waren im BMJ geprüft und jeweils unter Einbeziehung der Hausleitung diskutiert worden, ohne dass sie für Dreher zu persönlichen Konsequenzen geführt hätten. Allerdings kam im BMJ offenbar niemand auf die Idee, vor Ort nach weiteren Fällen zu suchen. Eine genauere Sichtung der Akten in Innsbruck zeigt indessen, dass Dreher von 1940 bis 1944 als Sitzungsvertreter vor dem Sondergericht insgesamt 17 Mal die Todesstrafe beantragte. Einer dieser Fälle betraf Maria Pircher, der vorgeworfen wurde, einen fremden Koffer, den die Eigentümerin zur Sicherstellung vor Luftangriffen in einem Dorf nahe Innsbruck zur Aufbewahrung gegeben hatte, aufgebrochen und daraus Kleider im Wert von etwa 400 Reichsmark entwendet zu haben.[179] Sie wurde nach § 4 der Volksschädlingsverordnung und nach § 20a Reichsstrafgesetzbuch angeklagt, und da sie wegen Diebstahls vorbestraft war, beantragte Dreher in der Hauptverhandlung am 20. Dezember 1943, die kaum zwei Stunden dauerte, für die Angeklagte als «Volksschädling», «Rückfalldiebin» und «gefährliche Gewohnheitsverbrecherin» die Todesstrafe. Das Gericht folgte dem Antrag, und Maria Pircher wurde am 18. Februar 1944 in München-Stadelheim durch den Scharfrichter Reichhart hingerichtet. Die Unterlagen über die Vollstreckung des Todesurteils tragen die Unterschrift eines Mannes, der später im Bundesjustizministerium jahrelang die Abteilung IV (Öffentliches Recht) leiten sollte: Walter Roemer. Er war als Erster Staatsanwalt am Landgericht München I unter anderem für die Exekutionen in Stadelheim zuständig, wo auch die Hinrichtungen für das Sondergericht Innsbruck durchgeführt wurden. Auch wenn Dreher und Roemer zu diesem Zeitpunkt vermutlich nichts voneinander wussten, trugen sie damit an verschiedenen Stellen zur Aufrechterhaltung des Terrorregimes der NS-Justiz bei und zählten später trotzdem zu den einflussreichsten Mitarbeitern im Bundesministerium der Justiz auf der Rosenburg.

Besonders irritierend aus der Innsbrucker Zeit Drehers ist jedoch der Fall Leimberger.[180] Der Angeklagte saß wegen verschiedener Diebstahlsdelikte in Untersuchungshaft. Als er am 24. November 1942 mit einem weiteren Häftling von einem Polizisten in eine andere Haftanstalt verlegt werden sollte, stach er mit einem im Haftzimmer aufgefundenen Messer den Polizisten nieder, so dass dieser verstarb. Kaum zwei Stunden nach der Tat, die am Vormittag um 10:30 Uhr stattgefunden hatte, wurde er festgesetzt. Dreher als zuständiger Staatsanwalt wurde sofort tätig. Rasch wurde eine Obduktion der Leiche anberaumt und das Verfahren vor dem Sondergericht Innsbruck eingeleitet. Um 20 Uhr stand das Todesurteil fest. Vom Tatzeitpunkt bis zur Verurteilung waren noch keine zehn Stunden vergangen. Am folgenden Tag wurde in aller Eile die abschlägige Gnadenentscheidung des Reichsjustizministeriums eingeholt. Leimberger, der zwischenzeitlich nach München-Stadelheim verbracht worden war, wurde am 27. November 1942 um 17:30 Uhr enthauptet.

Dieses Verfahren ist ein besonders drastisches Beispiel für die nationalsozialistische Sondergerichtsbarkeit. Selbst wenn man in Rechnung stellt, dass die Tat nach § 211 StGB als Mord einzustufen und die Todesstrafe damals die rechtmäßige und akzeptierte Sanktionsfolge für heimtückische Tötung war, hätte die Verurteilung nicht in dieser Schnelligkeit erfolgen dürfen. Hier muss sogar vermutet werden, dass es sich um ein «Nicht-Urteil» handelte, weil es unter Missachtung sämtlicher Verfahrenssicherheiten zustande kam. Unter dieser Voraussetzung hatte Dreher sich möglicherweise als Teilnehmer oder sogar als Mittäter eines Tötungsdelikts des Gerichts strafbar gemacht, weil er die Hinrichtung persönlich mit Vorsatz und unerbittlicher Konsequenz betrieben hatte. Wäre dieses Verfahren publik geworden, als Dreher noch im BMJ tätig war, hätte es ihn in erhebliche Erklärungsnöte gebracht, denn der spätere Vorzeigejurist im Bundesjustizministerium war damit in der «Panzertruppe» der Sondergerichte im Sinne Roland Freislers angekommen, der 1939 zu diesen Gerichten erklärt hatte: «Sie müssen ebenso schnell sein wie die Panzertruppe, sie sind mit ebenso großer Kampfkraft ausgestattet. [...] Sie müssen denselben Drang und dieselbe Fähigkeit haben, den Feind aufzusuchen, zu finden und zu stellen, und sie müssen die gleiche durchschlagende Treff- und Vernichtungssicherheit gegenüber dem erkannten Feind haben.»[181]

Drehers Behauptung, dem NS-Regime distanziert gegenübergestanden zu haben, wobei er sich immer wieder auf das Spruchkammerverfahren in Garmisch-Partenkirchen berief, in dem er als «Mitläufer» eingestuft worden war, ist damit gänzlich unglaubwürdig.[182] Dies gilt selbst dann, wenn man unterstellt, dass die dienstliche Beurteilung seines Vorgesetzten am Sondergericht Innsbruck vom 17. Juni 1943, er halte Dreher «auf politischem Gebiete für vollkommen überzeugungstreu und verlässlich», von übertriebener Freundlichkeit getragen war.[183] Allein die Tatsache, dass Dreher in Innsbruck als Ermittler oder Sitzungsvertreter in 246 von 389 Verfahren wegen Verbrechen beteiligt war, die am dortigen Sondergericht von 1940 bis 1945 durchgeführt wurden, und dafür am 1. Oktober 1943 mit der Beförderung zum Ersten Staatsanwalt am Oberlandesgericht Innsbruck belohnt wurde, zeigt, dass Dreher nicht nur ein «fleißiger» Staatsanwalt, sondern ein überzeugter Nationalsozialist war, der freiwillig den Weg zum Sondergericht gesucht und dort ein Betätigungsfeld gefunden hatte, das seiner politischen Neigung entsprach. Ebenso wenig glaubwürdig ist Drehers Erklärung, die er in einer dienstlichen Stellungnahme vom 24. Januar 1959 abgab, mit der NSDAP «Probleme» gehabt zu haben, weil er sich geweigert habe, als Gauleiter in Sachsen zu fungieren. In Wirklichkeit bescheinigte ihm die sächsische Gauleitung der NSDAP am 17. Dezember 1937, er betätige «sich aktiv in der NSV als Sachbearbeiter für Jugendhilfe und Statistik», gegen seine «nat.-soz. Zuverlässigkeit» bestünden keine Bedenken.[184]

Man fragt sich, wie Dreher seine Auffassungen, die er vor 1945 vertreten hatte, nach 1949 mit einem freiheitlich-demokratischen Verständnis von Recht und Gesetz in Einklang bringen konnte. In den 1950er Jahren hatte er damit offenbar kein Problem. Auch seiner Reputation tat die Vergangenheit keinen Abbruch. Erst die wiederholten Anschuldigungen seit 1959 setzten ihm persönlich zu, wie Zeitzeugen, die ihn in dieser Zeit im Ministerium erlebten, im Rückblick erklärten. 1969 schied er deshalb auf eigenen Wunsch vorzeitig aus dem Dienst aus.[185] Von Einsicht oder gar Reue fehlte bei ihm aber auch jetzt noch jede Spur. Allerdings war seine Position inzwischen nicht nur durch die öffentliche Kritik, sondern auch durch den Regierungswechsel vom Dezember 1966 und den Beginn der Großen Koalition mit der Übernahme der Hausleitung durch die SPD erschüttert worden. Die Abteilung II galt nun insgesamt als veraltet und konservativ. Dreher, der sich lange Hoffnungen auf die Nachfolge Schafheutles als Abteilungsleiter gemacht hatte, war damit ebenso wie Schafheutle selbst, der bereits am 31. Januar 1967 vorzeitig in den Ruhestand gegangen war, politisch untragbar geworden.[186]

So wurde nicht Dreher der Nachfolger von Schafheutle, sondern der unwesentlich jüngere Dr. Hermann Maassen[187], der im Jahr darauf, am 2. September 1968, von dem SPD-Mitglied Dr. Hans-Joachim Krüger abgelöst wurde, der erst 1966 unter Anwendung von Ausnahmevorschriften in der Bundeslaufbahnverordnung als Ministerialdirigent von der Hanseatischen Justiz in Hamburg ins Bundesjustizministerium übernommen worden war.[188] Dreher empfand diese Personalentscheidungen als Kränkung und nahm «ungekrönt» – das heißt ohne die Position eines Abteilungsleiters im BMJ oder eines Bundesrichters beim Bundesgerichtshof erreicht zu haben – seinen Abschied.[189] Bevor er in den Ruhestand ging, war unter seiner Mitwirkung am 1. Oktober 1968 allerdings noch das sogenannte «Einführungsgesetz zum Ordnungswidrigkeitengesetz» (EGOWiG) in Kraft getreten, nach dem in Verbindung mit dem Urteil des Bundesgerichtshofs vom 20. Mai 1969 unter Anwendung des § 50 Abs. 2 StGB a. F. Beihilfetaten an NS-Gewaltverbrechen rückwirkend 1960 verjährt waren.[190] Damit war auch Dreher vor Strafverfolgung sicher. Ob er das alles inszeniert hatte, wird an anderer Stelle noch zu erörtern sein.[191] Er blieb damit jedenfalls über seine Zeit im BMJ hinaus eine Symbolfigur für das Erbe der NS-Zeit und wurde, als er 1996 starb, von Bundesjustizminister Edzard Schmidt-Jortzig mit einem offiziellen Nachruf bedacht, in dem die Zeit vor 1950 nicht vorkam – als sei Dreher erst mit dem Eintritt in das BMJ 1951 überhaupt Jurist geworden.

3. Die Abteilung III: Wirtschaftsrecht

Die Abteilung III ist im Bundesministerium der Justiz für Handelsrecht, das Recht der gewerblichen Wirtschaft und der Landwirtschaft sowie für gewerblichen Rechtsschutz und das Urheberrecht zuständig. Die Abteilung, die bis 1964 von Günther Joël geleitet wurde, bestand in den Anfangsjahren nur aus fünf Referaten: für Handels-, Gesellschafts- und Wirtschaftsrecht, für Bank- und Börsenrecht sowie für Währungsrecht. Am Beginn der zweiten Legislaturperiode wurden 1953 unter Justizminister Fritz Neumayer auch hier zwei Unterabteilungen eingerichtet. Die Unterabteilung A hatte ihren Schwerpunkt im Bereich des Handels- und Gesellschaftsrechts sowie im Bankenrecht und wurde von Ernst Geßler geleitet, der 1964 Joël als Abteilungsleiter nachfolgte und diese Position bis zum Ende des Untersuchungszeitraums 1970 behielt. Die Unterabteilung B, die für das Organisationsrecht, Landwirtschaftsrecht, gewerblichen Rechtsschutz und das Urheber- und Verlagsrecht zuständig war, leitete Joël selbst. Als Geßler 1964 Abteilungsleiter wurde, übernahm Dr. Rudolf Fleischmann die Unterabteilung A, während die Unterabteilung B danach kurzzeitig von Ministerialrat Heinrich Ebersberg geleitet wurde.

Struktur und Herkunft des Personals

Die Abteilung III hatte von 1949 bis 1973 insgesamt 18 Abteilungs- und Referatsleiter, die alt genug waren, um eine eigene «NS-Vergangenheit» zu besitzen. Davon hatten 13 (72,2 Prozent) der NSDAP angehört[192], sieben (38,9 Prozent) der SA.[193] Eine Person (Klaus Woernle) hatte sich der Reiter-SS angeschlossen, die als «elitärer Reiterverein» zum großen Teil aus deutsch-national gesinnten Personen bestand und mit der übrigen SS nicht ohne weiteres gleichzusetzen war.[194] Hinzu kamen zahlreiche Mitgliedschaften in angeschlossenen Verbänden, darunter allein zehn im Nationalsozialistischen Rechtswahrerbund (NSRB). Alle achtzehn Personen hatten Militärdienst geleistet, einer (Rudolf Fleischmann) war als Kriegsgerichtsrat an Todesurteilen beteiligt gewesen.

Da die betreffenden Personen nicht alle gleichzeitig, sondern oft nacheinander in der Abteilung III tätig waren und auch nicht zu jeder Zeit eine Position als Abteilungsleiter, Unterabteilungsleiter oder Referatsleiter innehatten, ergeben sich allerdings im Wechsel der Jahre unterschiedliche Konzentrationen von Parteimitgliedern auf der Leitungsebene. So hatten 1950 lediglich vier von sechs Mitarbeitern (66,6 Prozent) der NSDAP angehört, 1957 waren es jedoch sieben von neun (77,8 Prozent). Danach ging die NS-Belastung allmählich zurück. 1963 waren nur noch acht von 12 Mitarbeitern (66,7 Prozent) NSDAP-Mitglieder gewesen, 1969 immer noch sechs von 13 (46,2 Prozent) und 1973 noch 4 von 11 (36,4 Prozent). Insgesamt war die Abteilung III mit 72,2 Prozent jedoch deutlich stärker belastet als die anderen Abteilungen – mehr noch als die Abteilung I – und erreichte 1957 mit 77,8 Prozent ehemaliger NSDAP-Mitgliedschaften sogar einen absoluten Spitzenwert.

Ministerielle Vorerfahrungen aus dem ehemaligen Reichsjustizministerium wiesen dagegen nur drei Personen auf: Ernst Geßler war von 1934 bis Kriegsende im Bereich Handels- und Gesellschaftsrecht sowie im Öffentlichen Recht, später auch im Aktienrecht sowie im GmbH- und Bilanzrecht tätig gewesen. Ulrich Meyer-Cording hatte von 1939 bis Kriegsende im Bereich Wirtschaftsrecht gearbeitet, Gerhard Schneider von 1934 bis 1937 im Bereich Gewerblicher Rechtsschutz und Urheberrecht.

Die Abteilungsleiter Günther Joël und Ernst Geßler

Die beiden prägenden Figuren in der Abteilung III waren die beiden Abteilungsleiter Günther Joël (bis 1964) und Ernst Geßler. Günther Joël, der Sohn von Curt Joël – von 1920 bis 1931 Staatssekretär und anschließend bis 1932 Reichsjustizminister in der Weimarer Republik –, ist nicht zu verwechseln mit seinem Namensvetter Karl Günther Joël, der seit 1933 als NSDAP-Mitglied Chef der Zentralstaatsanwaltschaft im Reichjustizministerium und dort ab 1937 Referent in der Abteilung Strafrechtspflege gewesen war, aber auch als Verbindungsmann des Ministeriums zur SS, zum SD und zur Gestapo fungiert hatte.[195] Die Namensgleichheit führte in den 1960er Jahren zu mehreren anonymen Eingaben an das Bundesjustizministerium, in denen Joëls Entlassung gefordert wurde.[196] In Wirklichkeit hatte Abteilungsleiter Joël jedoch jüdische Vorfahren und war wie Staatssekretär Walter Strauß zum Protestantismus konvertiert.[197] Zwar hatten die Nationalsozialisten ihn deshalb als «Mischling I. Grades» diskriminiert. Durch seine Tätigkeit als Syndikus bei der Dresdner Bank galt er aber als kriegswirtschaftlich wichtig, so dass er nicht zur Zwangsarbeit bei der paramilitärisch organisierten Bautruppe der «Organisation Todt» herangezogen wurde, wie ein sogenannter «Führer-Erlass» vom März 1943 «über den umfassenden Einsatz von Männern und Frauen für Aufgaben der Reichsverteidigung» dies für «jüdische Mischlinge 1. Grades und jüdisch versippte Personen» vorsah.[198]

Nach 1945 arbeitete Joël zunächst als Notar und dann im Verwaltungsamt für Wirtschaft der Bizone.[199] Obwohl er als Verfolgter und Gegner des Regimes eigentlich nicht entlastungsbedürftig war, musste er trotzdem das Entnazifizierungsverfahren durchlaufen, in dem er in Dr. Ernst Leese und Georg Butz, ehemaligen Mitarbeitern der Dresdner Bank, einflussreiche Fürsprecher hatte, die seine berufliche Benachteiligung in der NS-Zeit bezeugten.[200] 1949 wechselte Joël in das Rechtsamt der Verwaltung des Vereinigten Wirtschaftsgebiets, von wo aus Walter Strauß ihn schließlich in das Bundesjustizministerium mitnahm.[201]

Die inhaltliche Arbeit der Abteilung III ist an anderer Stelle bereits ausführlich beschrieben worden.[202] Günther Joël pflegte dabei als Abteilungsleiter einen Führungsstil, der sich deutlich von demjenigen anderer Abteilungsleiter unterschied. So mischte er sich kaum in die Sacharbeit seiner Referenten ein[203] und trat auch nicht, wie andere Ministeriumsmitarbeiter, durch eine lebhafte Veröffentlichungstätigkeit hervor; lediglich einige Herausgeberschaften sind von ihm zu verzeichnen.[204] In der Personalpolitik hielt er sich, im Gegensatz etwa zu Josef Schafheutle, ebenfalls stark zurück, wobei er sich offenbar nicht grundsätzlich gegen die Aufnahme ehemaliger Parteimitglieder sperrte. Darüber, ob bzw. inwieweit persönliche Erfahrungen bei dieser Haltung, ähnlich wie bei Walter Strauß, eine Rolle spielten, lässt sich nur spekulieren. Denn vor der bereits erwähnten Zwangsarbeit bei der «Organisation Todt» war Joël nicht zuletzt vom «alten Kämpfer» Carl Lüer, einem Vorstandsmitglied der Dresdner Bank und seit 1927 Mitglied der NSDAP, bewahrt worden.[205] Fest steht, dass Joël es zumindest zuließ, dass seine Abteilung schon bald in hohem Maße von ehemaligen NSDAP-Mitgliedern durchsetzt war. Als Walter Strauß sich im November 1962 wegen der «Spiegel»-Affäre gezwungen sah, seine Tätigkeit als Staatssekretär ruhen zu lassen, nahm Joël als dienstältester Abteilungsleiter für einige Monate kommissarisch dessen Aufgaben wahr. 1964 wurde Joël pensioniert. Die übliche Ordensverleihung zur Pensionierung lehnte er ab.[206]

An der Seite Joëls – und ihm in der ministeriellen Hierarchie als Unterabteilungsleiter unterstellt – agierte fünfzehn Jahre lang ein Mann, der bereits im April 1933 in die NSDAP eingetreten war, im Dritten Reich stets als überzeugter Nationalsozialist gegolten hatte und die Abteilung sehr viel nachhaltiger prägte als sein direkter Vorgesetzter: Ernst Geßler. Von ihm war an anderer Stelle bereits ausführlich die Rede, so dass sich hier nähere Ausführungen zu seiner Biographie erübrigen.[207] Für die Abteilung III ist indessen von Bedeutung, dass Geßler, der wie Joël bereits 1949 in das Bundesjustizministerium gekommen war, jetzt dessen Nachfolge als Abteilungsleiter antrat und in dieser Funktion blieb, bis er 1970 in den Ruhestand ging. Diese Kontinuität war umso erstaunlicher, als man an Geßler vor 1945 vor allem seine politische Zuverlässigkeit gelobt hatte – etwa wenn der Berliner Kammergerichtspräsident Heinrich Hölscher 1934 betonte, Geßler sei «überzeugter Nationalsozialist und dem neuen Staat tiefinnerlich verbunden». Oder wenn der Potsdamer Landgerichtspräsident Theodor Herold über ihn schrieb, sein «freudiges Bekenntnis zum Nationalsozialismus und neuen Staat» sei «ungekünstelt und echt».[208]

So hatte Geßler im Reichsjustizministerium rasch Karriere gemacht, war bis zum Referatsleiter für Kapitalgesellschaftsrecht und Bilanzrecht aufgestiegen und hatte auch intensiv an den Kommentaren seines Staatssekretärs Franz Schlegelberger mitgewirkt.[209] Dennoch war er 1948 im Entnazifizierungsverfahren in Braunschweig als «entlastet» eingestuft worden, nachdem es ihm gelungen war, eine ganze Reihe privater Leumundszeugnisse beizubringen, die ihm eine angebliche innere Gegnerschaft zum Nationalsozialismus bescheinigten.[210] Besonders hilfreich war offenbar eine Stellungnahme von Reinhard Freiherr von Godin gewesen, der im Frühjahr 1944 vom Volksgerichtshof unter Roland Freisler wegen Wehrkraftzersetzung zum Tode verurteilt, aber nicht hingerichtet worden war.[211] Godin, ein «Viertel-Jude» und renommierter Aktienrechtler, hatte bestätigt, dass Geßler in keiner Weise mit den damaligen Machthabern sympathisiert, sondern eine baldige Beendigung des aussichtslosen Krieges gewünscht habe.[212]

Geßler konnte danach 1948 in das Zentral-Justizamt für die britische Zone in Hamburg eintreten, wo er Walter Strauß als besonders befähigter Jurist auffiel, der ihn wegen seiner langjährigen Mitarbeit im Reichsjustizministerium und seiner Sachkenntnis und gesetzestechnischen Erfahrung nach Frankfurt in das Rechtsamt des Vereinigten Wirtschaftsgebiets holen wollte.[213] Dazu kam es aber nicht mehr, da Geßler bereits am 1. Oktober 1949 im Bundesjustizministerium seinen Dienst antrat.[214] Erstaunlich daran ist, dass Geßlers Karriere im BMJ schnörkellos blieb, obwohl er zu unterschiedlichen Zeiten, zuletzt vor allem durch die Braunbuch-Kampagne der DDR, mit seiner Vergangenheit konfrontiert wurde. Er selbst erklärte dazu 1964 gegenüber Minister Bucher, er halte es für unter seiner Würde, zu den Behauptungen, die einem Rufmord gleichkämen, «Stellung zu nehmen».[215]

Thieracks persönlicher Referent im BMJ: Heinrich Ebersberg

Der einzige Fall, in dem ein Mitarbeiter des Bundesjustizministeriums wegen seiner NS-Vergangenheit «degradiert» wurde, betraf den Unterabteilungsleiter B (Handels- und Wirtschaftsrecht) und Referatsleiter für das Wirtschaftsverwaltungsrecht und Energierecht in der Abteilung III, Heinrich Ebersberg. Als er 1969 zum Ministerialdirigenten befördert werden sollte und die Hausleitung sich, wie in solchen Fällen üblich, noch einmal die Personalakten – darunter auch die geheimen Reichsjustizakten – vorlegen ließ, nahmen Minister Heinemann und Staatssekretär Ehmke nicht nur Abstand von der Ernennung, sondern entzogen ihm auch die Position des Unterabteilungsleiters. Ebersberg blieb aber bis zu seiner Pensionierung 1973 Referatsleiter. Zwar gab es gegen ihn 1969/70 ein umfangreiches Ermittlungsverfahren und auch ein Disziplinarverfahren. Doch das Strafverfahren wurde wegen des Verjährungseintritts durch das Einführungsgesetz zum Ordnungswidrigkeitengesetz von 1968 bereits am 27. Mai 1970 eingestellt, das Disziplinarverfahren auf Weisung von Staatssekretär Maassen nur wenig später, im Juni 1970.[216] Allerdings wäre die Fortsetzung des Disziplinarverfahrens auch nach der Einstellung des Ermittlungsverfahrens möglich gewesen, weil die Verjährung hier nicht gilt und der gegen Ebersberg erhobene Vorwurf, gegenüber dem Dienstherrn hinsichtlich seiner Tätigkeit im Reichsjustizministerium die Unwahrheit gesagt zu haben, kaum zu bestreiten war. Von der Abteilung Z wurde jedoch vorgeschlagen, keine Maßnahmen disziplinarrechtlicher Art zu ergreifen, da Ebersberg nicht nachgewiesen werden könne, dass er tatsächlich vorsätzlich gelogen habe.[217]

Dabei war der «Fall Ebersberg» überaus gravierend. Denn Ebersberg, der von Zeitzeugen als «schöngeistiger, feiner Herr» beschrieben wird[218], war bereits 1933 im Rang eines Sturmführers bei der SA aktiv gewesen und 1937 auch der NSDAP beigetreten. Hinzu kamen Mitgliedschaften in der Nationalsozialistischen Volkswohlfahrt und im Nationalsozialistischen Rechtswahrerbund. Der Staatssekretär im Reichsjustizministerium Franz Schlegelberger, den Ebersberg offenbar zufällig 1936 anlässlich eines Genesungsurlaubs in Herrenalb im Schwarzwald kennenlernte[219], hatte dann dafür gesorgt, dass er im Oktober 1938 an das Reichsjustizministerium abgeordnet wurde, wo er stets in SA-Uniform erschien.[220] Im Ministerium hatte Ebersberg zunächst Schlegelberger und nach dessen Ausscheiden auch Minister Otto Thierack als persönlicher Referent gedient und war inhaltlich insbesondere für die «Korrektur nicht genügender Justizurteile» verantwortlich gewesen. Dabei waren aufgrund der Entscheidung des Ministers vermeintlich nicht genügend bestrafte und nicht mehr besserungsfähige Verurteilte der Gestapo zum «Sondereinsatz» übergeben worden. Justizminister Thierack hatte dazu 1942 erklärt, die Gefangenen sollten in Frontnähe zum Minenräumen eingesetzt werden oder im Arbeitsdienst umkommen, da es nicht sein könne, wie der «Führer» ihm gesagt habe, dass die Besten an der Front fielen, während die «Minderwertigen» und Schwerverbrecher in der Heimat sicher verwahrt würden.[221] Ebersberg behauptete dazu später, die Entscheidung über die Korrektur der Justizurteile habe immer der Minister allein getroffen, er selbst habe stets nur referiert, niemals votiert, und auch nicht gewusst, dass «Sondereinsatz» den sicheren Tod bedeutete.[222]

Diese Hintergründe waren im BMJ offenbar schon bei der Einstellung Ebersbergs 1954 nicht völlig unbekannt gewesen. Zumindest wusste man um seine exponierte Position bei Schlegelberger und Thierack. Staatssekretär Strauß und Unterabteilungsleiter Geßler hatten sich deswegen gegenüber dem Staatssekretär im Bundesinnenministerium, Ritter von Lex, rechtfertigen müssen und Ebersberg als verdeckten Widerstandskämpfer im Reichsjustizministerium beschrieben, da er in mehreren Fällen nach dem 20. Juli die Todesstrafe abgewendet habe.[223] Auch Rechtsanwalt Kurt Behling, der am Volksgerichtshof und in mehreren Nürnberger Prozessen als Strafverteidiger tätig gewesen war, hatte Ebersbergs Rolle im Reichsjustizministerium positiv gedeutet: Viele seiner damaligen Mandanten würden «ihm das Leben und die Freiheit verdanken».[224] Dies alles war zwar wenig plausibel, da Ebersberg an zentraler Stelle auf der Leitungsebene des RJM tätig gewesen war. Und man wusste auch, welche Rolle insbesondere Thierack in der deutschen Justiz gespielt hatte, der beispielsweise 1942 zum Umgang mit Polen, Russen, Juden und «Zigeunern» in einem Schreiben an Martin Bormann bedauernd festgestellt hatte, dass «die Justiz nur in kleinem Umfange dazu beitragen» könne, «Angehörige dieses Volkstums auszurotten».[225] Es ist kaum anzunehmen, dass einem persönlichen Referenten des Ministers solche Vorgänge verborgen bleiben konnten. Ähnlich unglaubwürdig war Ebersbergs Aussage, er habe nicht gewusst, was mit «Sondereinsatz» und «Sonderbehandlung» gemeint war.

Als 1969 die Staatsanwaltschaft Köln gegen ihn ermittelte, wählte er daher nicht zufällig Egon Kubuschok zu seinem Verteidiger, der im Nürnberger Hauptkriegsverbrecherprozess den ehemaligen Reichskanzler Franz von Papen und im Juristenprozess auch Schlegelberger vertreten hatte. Tatsächlich gelang es Kubuschok, die Einstellung des Verfahrens zu erwirken, weil man Ebersberg nicht nachweisen könne, dass er von der Absicht gewusst habe, die Gefangenen umzubringen. Selbst wenn sein Beitrag objektiv als Beihilfe zum Mord einzuordnen wäre, hätte ihm der Tötungsvorsatz gefehlt, so dass ohnehin nur eine Anklage wegen Beihilfe zum Totschlag in Betracht gekommen wäre, die jedoch nach Inkrafttreten des Einführungsgesetzes zum Ordnungswidrigkeitengesetz seit dem 9. Mai 1960 verjährt war.[226] Ebersberg kam also die Verabschiedung des Gesetzes unmittelbar zugute.

Die Tatsache, dass Ebersberg am 23./24. April 1941 Staatssekretär Schlegelberger zur Konferenz der deutschen Oberlandesgerichtspräsidenten und Generalstaatsanwälte begleitet hatte, in der Schlegelberger die Verfolgung von Strafanzeigen gegen Beteiligte an der Euthanasie-Aktion T4 untersagt hatte, war hingegen gar nicht erst Gegenstand des Verfahrens gewesen, obwohl diese Zusammenhänge ebenfalls längst bekannt waren.[227] Denn Ebersberg hatte im Sommer 1968 vor dem Landgericht Limburg als Zeuge in der Voruntersuchung zu einem vom hessischen Generalstaatsanwalt Fritz Bauer initiierten großen Euthanasie-Prozess ausgesagt und war dabei von einem Mitarbeiter des BMJ begleitet worden, um seinen Auftritt zu beobachten.[228] Gleichwohl erklärte das BMJ nach dem Tod Ebersbergs 1976 in einem von Staatssekretär Günther Erkel unterzeichneten Nachruf, Herr Ebersberg habe seit 1938 «als Richter und Ministerialbeamter in vielseitiger Verwendung der deutschen Justiz gedient» und «bis zum Kriegsende in schwerer Zeit anspruchsvolle Aufgaben zu erfüllen» gehabt.[229]

4. Die Abteilung IV: Öffentliches Recht

Die Abteilung IV war bei der Gründung des BMJ 1949 die einzige Abteilung, mit deren Einrichtung Justizminister Dehler und Staatssekretär Strauß über die Struktur des Reichsjustizministeriums der Weimarer Republik hinausgingen. Denn dort hatte es eine Abteilung für Öffentliches Recht noch nicht gegeben.[230] Der organisatorische Akzent, den Dehler damit setzte, war eng mit seiner Absicht verbunden, das Bundesjustizministerium anstelle des Bundesinnenministeriums zum eigentlichen Verfassungsministerium der Bundesrepublik Deutschland zu machen. Vor diesem Hintergrund kam der Abteilung IV für das gesamte Haus eine spezielle Bedeutung zu, weil ihre Zuständigkeit für das Verfassungsrecht dem Ministerium eine besondere Verantwortung und dem BMJ im Kreis der übrigen Ressorts ein starkes Gewicht verleiht. So wurde dem Bundesminister der Justiz nach § 26 Abs. 2 der Geschäftsordnung der Bundesregierung schon 1951 ein Widerspruchsrecht im Bundeskabinett zugestanden, wenn er Gesetzentwürfe oder Maßnahmen der Bundesregierung als mit dem Grundgesetz unvereinbar ansah.[231] Daran hat sich bis heute nichts geändert, so dass das Justizministerium neben dem Bundesministerium des Innern innerhalb der Bundesregierung als Hüter der Verfassung anzusehen ist.

In den Aufbaujahren der Bundesrepublik war diese Rolle des Ministeriums jedoch noch bedeutender als heute, weil es darum ging, der neuen Verfassungsordnung in der Gesetzgebungsarbeit Geltung zu verschaffen und ein allgemeines Verfassungsbewusstsein zu bilden, das es zu diesem Zeitpunkt noch gar nicht geben konnte. Auf die Rechtsprechung des Bundesverfassungsgerichts, das erst im Herbst 1951 seine Arbeit aufnahm, konnte man damals noch nicht zurückgreifen. Umso wichtiger waren die Verfassungsjuristen der Abteilung IV, die sich bei ihrer täglichen Arbeit stets vor Augen führen mussten, dass es das zentrale Anliegen aller an der Entstehung des Grundgesetzes beteiligten Kräfte gewesen war, sich bewusst von der Unrechtsherrschaft des Nationalsozialismus abzusetzen. Das NS-Regime hatte also, wie das Bundesverfassungsgericht 2009 selbst formuliert hat, für unsere Verfassung eine «gegenbildlich identitätsprägende Bedeutung».[232] Daher waren für die Abteilung IV Beamte mit einer ausgeprägten politischen und rechtlichen Sensibilität gefragt, die vom Geist der jungen Verfassung durchdrungen waren.[233]

Die Einrichtung einer eigenständigen Abteilung IV für Öffentliches Recht erschien 1949 aber auch deshalb gerechtfertigt, weil dessen Bedeutung als selbständiges Rechtsgebiet schon während der ersten Hälfte des 20. Jahrhunderts ständig gewachsen war. Nach 1945 waren außerdem viele juristische Folgeprobleme des Zweiten Weltkrieges öffentlich-rechtlicher Natur. Dementsprechend war mehr als die Hälfte der 1950 gebildeten Referate der Abteilung IV mit Fragen befasst, die das Erbe der NS-Herrschaft, des Krieges und der anschließenden Besatzung, etwa das Besatzungsrecht oder das Recht der Rückerstattung und Wiedergutmachung, betrafen. Bis zur Einrichtung des Auswärtigen Amtes 1951 enthielt die Abteilung IV des BMJ auch diejenigen Referate, aus denen dann die Rechtsabteilung des Bundesaußenministeriums hervorging.[234]

Hohe Kontinuität in Struktur und Personal

Die Entwicklung der Abteilung IV war bis in die frühen 1970er Jahre hinein sowohl strukturell als auch personell von hoher Kontinuität geprägt. Abteilungsleiter blieb bis zu seiner Pensionierung für fast zwei Jahrzehnte Walter Roemer. Danach trat ab September 1968 für ein halbes Jahr Dr. Hermann Maassen an seine Stelle, der lange als Referats- und Unterabteilungsleiter in der Abteilung IV, kurzzeitig aber auch als Abteilungsleiter in der Strafrechtsabteilung II, tätig gewesen war. Maassen avancierte jedoch bereits im Frühjahr 1969 zum Staatssekretär im BMJ, nachdem Bundesjustizminister Gustav Heinemann zum Bundespräsidenten gewählt worden war und der bisherige Staatssekretär im BMJ, Horst Ehmke, seine Nachfolge als Justizminister angetreten hatte. In der Leitung der Abteilung IV wurde damit der Weg für das «Eigengewächs» Kai Bahlmann frei, der bereits seit 1961 der Abteilung angehörte.

Strukturell wurde die Abteilung 1953 in zwei Unterabteilungen gegliedert. Während die Unterabteilung A, die zunächst in Personalunion von Roemer und später von Dr. Maassen geleitet wurde, verfassungs- und völkerrechtliche Fragen behandelte, befasste sich die bis zu seiner Pensionierung 1960 von Dr. Henning von Arnim geführte Unterabteilung B mit dem Verwaltungsrecht. 1964 wurde diese Unterabteilung dann von Wilhelm Bertram mit einem völker- und europarechtlichen Schwerpunkt übernommen. Hinzu kam jetzt noch die Unterabteilung C unter Franz Jung, die sich insbesondere mit Teilgebieten des Besonderen Verwaltungsrechts, aber auch mit dem Recht der Rückerstattung und Wiedergutmachung beschäftigte. Mit Beginn der Großen Koalition 1966 erfolgten schließlich zahlreiche Personalwechsel, bei denen Egon Lohse, Kai Bahlmann und Georg Diller jeweils Leitungsfunktionen übernahmen.

NS-Belastung und personelle Entwicklung von 1950 bis 1973

Insgesamt waren im Untersuchungszeitraum von 1949 bis 1973 28 Mitarbeiter als Abteilungsleiter, Unterabteilungsleiter und Referatsleiter beschäftigt. 15 von ihnen – also 53,6 Prozent – waren Mitglieder der NSDAP gewesen[235], vier hatten der SA angehört[236], zehn dem Nationalsozialistischen Rechtswahrerbund.[237] Mitgliedschaften in anderen NS-Organisationen gab es vielfach – zum Teil in mehreren Organisationen gleichzeitig. Eine SS-Mitgliedschaft war bei keinem der Mitarbeiter in der Abteilung IV auszumachen.

Wie in den anderen Abteilungen stieg die NS-Belastung auch in der Abteilung IV in den 1950er Jahren kontinuierlich an. Während 1950 von elf Mitarbeitern nur fünf der NSDAP angehört hatten (45,5 Prozent), waren es 1957 zehn von 19, also 52,6 Prozent.[238] Danach war die Quote – auch dies eine Parallele zu den übrigen Abteilungen – wieder rückläufig. 1963 lag sie wieder bei 40 Prozent (acht von 20 Mitarbeitern), 1969 bei 42,1 Prozent (acht von 19) und 1973 schließlich bei 30 Prozent (sechs von 20). Mit diesen Werten bewegte sich die Abteilung IV stets unter dem Durchschnitt des BMJ und besonders deutlich unter den Werten der Abteilung I, die – mit Ausnahme des Jahres 1957, als der höchste Wert in der Abteilung II gemessen wurde – stets die am stärksten NS-belastete Abteilung darstellte.

Eine ministerielle Vorerfahrung gab es nur in vier Fällen: Carl Friedrich Ophüls, Wilhelm Bertram, Franz Jung und Ernst Wohlfahrt. In erster Linie ist jedoch Ophüls zu nennen, der seit dem 29. März 1933 dem NS-Rechtswahrerbund angehörte, am 1. Mai 1933 der NSDAP beitrat, am 1. April 1936 auch der Nationalsozialistischen Volkswohlfahrt und vom 1. Mai 1940 bis zum 8. Mai 1945 als Landgerichtsdirektor in der Reichsjustizverwaltung im Reichsjustizministerium tätig war. Wilhelm Bertram, der von 1924 bis 1933 der Deutschnationalen Volkspartei (DNVP) angehört hatte, am 1. Mai 1937 der NSDAP beitrat und in den 1930er Jahren am Kammergericht und als Staatsanwalt beim Landgericht Berlin arbeitete, wurde von 1939 bis 1945 an das Auswärtige Amt abgeordnet, wo er sich früh auf Völkerrecht und Internationale Gerichtsbarkeit spezialisierte – ein Gebiet, das er später auch in der Abteilung IV vertrat. Franz Jung war von 1939 bis 1945 als Regierungsrat im Reichsministerium für Ernährung und Landwirtschaft tätig, während Ernst Wohlfahrt zwar von 1939 bis 1942 dem Auswärtigen Amt angehörte, jedoch nicht im Amt selbst, sondern als Attaché im Auswärtigen Dienst Verwendung fand.

Der Herrscher: Walter Roemer

Kaum ein Ministerialbeamter prägte die Arbeit des Bundesjustizministeriums in den ersten beiden Jahrzehnten so sehr wie Walter Roemer, der die wichtige Abteilung IV fast zwanzig Jahre leitete. Dass er dieser Abteilung, in der es darauf ankam, ein neues Verfassungsverständnis zu gewinnen und sich vom NS-Unrechtsregime so deutlich wie nur möglich abzugrenzen, so lange vorstehen konnte, erscheint aus heutiger Sicht allerdings schwer verständlich. Zwar war er nicht politisch in das nationalsozialistische Regime und dessen Organisationen verstrickt gewesen. Er gehörte weder der NSDAP an, noch hatte er sich über das in diesem Berufsbild häufig zu beobachtende Maß hinaus in nationalsozialistischen Unter- und Nebenverbänden engagiert. Aber als Erster Staatsanwalt am Landgericht München I und Leiter der Vollstreckungsabteilung hatte er unter anderem auch die Vollstreckung von Todesurteilen anzuordnen, Hinrichtungen zum Teil persönlich beizuwohnen und schließlich deren Vollzug zu melden. Da unter den Hingerichteten ebenfalls politische Häftlinge des nationalsozialistischen Regimes, darunter prominente Repräsentanten des Widerstandes, gewesen waren, wurde Roemer dies später immer wieder vorgeworfen. Alle Zeitzeugen, die für die vorliegende Untersuchung befragt wurden, kannten diesen Vorwurf.[239]

Ansonsten war gegen Roemer nichts vorzubringen. Auch wenn ihm in den Beurteilungen vor 1945 durchgängig bestätigt wurde, dass er die Gewähr dafür biete, «jederzeit rückhaltlos für den nationalen Staat» einzutreten[240], hatte er sich von Aktivitäten im Sinne des NS-Regimes ferngehalten und deswegen nach dem Ende des Dritten Reiches am 1. Dezember 1945 offenbar problemlos Aufnahme im Bayerischen Staatsministerium der Justiz gefunden. Dort war er mit Dienstantritt vom Ersten Staatsanwalt zum Ministerialrat befördert worden – ein Schritt, der, wie es hieß, längst überfällig gewesen war und nur aufgrund seiner Nicht-Mitgliedschaft in der NSDAP bisher unterblieben sei.[241] Im Rahmen seiner Entnazifizierung erklärte Roemer selbst im Mai 1946 im Fragebogen der Militärregierung zu seiner NS-Vergangenheit, er sei Sachbearbeiter, dann Abteilungsvorsteher einer unpolitischen Abteilung und später Leiter der Gnadenabteilung gewesen. Bereits im April 1943 seien ihm als Nicht-Parteigenossen dann die Aufsichts- und Zeichnungsrechte des Abteilungsvorstehers wieder entzogen worden.[242] Als Ergebnis der Überprüfung durch den öffentlichen Kläger bei der Spruchkammer München wurde er daher im November 1946 als «nicht betroffen» entlastet.[243] Zu seiner Rolle als Vollstreckungsstaatsanwalt übergab er den US-Militärbehörden bereits im Sommer 1945 eine Erklärung, in der er diese Funktion zugab. Da es darin auch um die Versuche des Reichsjustizministeriums ging, auf die Vollstreckung von Todesurteilen Einfluss zu nehmen, wurde Roemer schließlich am 24. April 1947 sogar gerichtsöffentlich als Zeuge im Nürnberger Juristenprozess vernommen.[244]

Spätestens jetzt war seine Tätigkeit am Landgericht München I somit nicht mehr unbekannt. Nach seinen eigenen Erklärungen war es bei den Hinrichtungen jedoch ganz überwiegend um Schwerkriminelle gegangen, auch wenn sich unter den Verurteilten insbesondere gegen Ende des Zweiten Weltkriegs zunehmend Widerstandskämpfer gegen das NS-Regime befunden hatten, die vom Volksgerichtshof zum Tode verurteilt worden waren, unter ihnen zahlreiche Widerstandskämpfer aus dem In- und Ausland, besonders aus Frankreich.[245] Diese Selbstrechtfertigung Roemers wurde jedoch erstmals erschüttert, als der

Münchener Scharfrichter Johann Reichhart, der unter anderem die Geschwister Scholl hingerichtet hatte, sich in seinem Spruchkammerverfahren, in dem er im August 1947 als Hauptschuldiger zu zehn Jahren Arbeitslager verurteilt wurde, mit dem naheliegenden Argument verteidigte, lediglich ausführendes Werkzeug gewesen zu sein, während die eigentliche Verantwortung bei anderen liege.[246]

Philipp Auerbach, seit 1946 Staatskommissar im Bayerischen Staatsministerium des Innern für rassisch, religiös und politisch Verfolgte, bat deshalb Roemer im Oktober 1947 um Aufklärung der gegen ihn «vorgebrachten Beschuldigungen».[247] Roemer antwortete, als Leiter der «Strafvollstreckungs- und Begnadigungsabteilung» sei er mit der Vollstreckung aller Urteile «vom Todesurteil bis zur kleinen Geldstrafe» sowie mit Gnadengesuchen befasst gewesen. Insgesamt habe er während des Krieges etwa 25 Hinrichtungen, hauptsächlich von Kriminellen, wie Mördern, «Verdunkelungs- und Luftkriegsdieben» und Berufsverbrechern, beigewohnt. Aber, so Roemer, in den letzten Kriegsmonaten habe er auch die Vollstreckung von 134 politischen Urteilen des Volksgerichtshofs vereitelt, indem er «entgegen allen Weisungen» Vollstreckungen habe absetzen lassen und telegraphische Aufforderungen nicht beantwortet oder unter Ausflüchten umständlich schriftlich beantwortet habe, um einen Zeitgewinn von Wochen zu erreichen.[248]

Da Auerbach sich mit diesen Antworten offenbar zufrieden gab, kam es nicht zu einer näheren Untersuchung der Vorwürfe, die in der Öffentlichkeit ohnehin kaum wahrgenommen wurden. Allerdings blieb Reichhart von nun an ein Risiko für Roemer, da er vor allem mit der Frage rechnen musste, wie hoch der Prozentsatz «der kriminellen und der politischen Todesurteile» war und welche Rolle Roemer bei der Hinrichtung der Geschwister Scholl gespielt hatte. Dennoch erhielt Roemer im Herbst 1949 eine Anfrage von Thomas Dehler, in das gerade entstehende Bundesministerium der Justiz nach Bonn überzuwechseln. Zwar lehnte Roemer zunächst ab. Doch als Dehler, der nach Artikel 36 GG verpflichtet war, «Beamte aus allen Ländern in angemessenem Verhältnis zu verwenden» – also auf landsmannschaftliche Ausgewogenheit zu achten –, das Angebot 1950 wiederholte, um die bayerische Fraktion in seinem Ministerium zu stärken, sagte Roemer schließlich zu. Zum 1. August 1950 trat er seinen Dienst im BMJ an, wo er nun die Abteilung IV aufbaute und Dehler ihn am 14. September 1950 zum Ministerialdirektor machte.[249]

«Bei keiner dieser Hinrichtungen zugegen»

Im September 1954 wurden dann erneut Vorwürfe laut, als der frühere NS-Staatsrechtslehrer Otto Koellreutter, der als scharfer Kritiker der Entnazifizierung bekannt war, auf dem 2. Internierten-Treffen in Landau/Pfalz in einem Vortrag mit dem Titel «Die Entnazifizierung, eine Sünde wider Recht und Ehre» den Vorwurf erhob, dass man «sehr oft die kleinen Parteigenossen» verurteile und die großen laufen lasse. Wörtlich erklärte Koellreutter, der Scharfrichter, der die Geschwister Scholl hingerichtet habe, sei «von einer bayerischen Spruchkammer deswegen zu zehn Jahren Arbeitslager verurteilt» worden; der Vollzugsstaatsanwalt, auf dessen Anordnung der Scharfrichter habe handeln müssen, sei hingegen «heute sehr hoher Beamter im Bundesjustizministerium».[250] Damit war natürlich Roemer gemeint, und es dauerte nicht lange, bis die Vorwürfe das BMJ erreichten, da der Vortrag Koellreutters auch in einer kleinen Broschüre verbreitet worden war, die der Vorsitzende des Bundestagsausschusses zum Schutze der Verfassung, Walter Menzel (SPD), im Dezember 1954 an Staatssekretär Strauß sandte.[251] Menzel ersuchte zudem Bundesjustizminister Neumayer persönlich um Auskunft, ob die Behauptung «des Herrn Professor Otto Koellreutter» richtig sei.[252]

Strauß forderte daraufhin Roemer zur Stellungnahme auf, der Ende Dezember 1954 in einem siebenseitigen Schreiben seine Tätigkeit als Vollstreckungsstaatsanwalt in allen Einzelheiten darlegte.[253] Ausführlich ging Roemer auch auf den Fall der Geschwister Scholl ein und erklärte dazu, dass die Staatsanwaltschaft München I mit dem Strafverfahren gegen sie «nicht das Geringste zu tun» gehabt habe. Allerdings sei die Vollstreckung der Todesurteile von seiner Abteilung «vorbereitet und der schriftliche Vollstreckungsauftrag an den Scharfrichter» von ihm unterschrieben worden. Die Hinrichtung selbst hingegen sei nicht von ihm, «sondern von dem im Turnus gerade anstehenden Staatsanwalt geleitet» worden. Was die Geschwister Scholl selbst anbetreffe, so glaube er sich zu erinnern, «daß bei diesen die Vollstreckung nicht von der Staatsanwaltschaft München I, sondern von der Reichsanwaltschaft beim Volksgerichtshof [...] geleitet wurde». Jedenfalls sei er selbst, so Roemer, «bei keiner dieser Hinrichtungen zugegen gewesen».[254]

Staatssekretär Strauß, aber auch Menzel, der vom Inhalt des Schreibens in Kenntnis gesetzt wurde, und Justizminister Neumayer empfanden diese Erklärungen als ausreichend, wie sie übereinstimmend feststellten.[255] Doch als Menzel Ende Januar den Bundestagsausschuss zum Schutze der Verfassung über den Sachverhalt informierte, beschloss dieser überraschend, am 11. März den Bundesjustizminister und seinen Staatssekretär noch einmal persönlich zu den Hintergründen anzuhören. Damit wurde die Angelegenheit praktisch publik, wie ein Artikel der *Frankfurter Rundschau* zeigte, der Anfang März noch vor der Sitzung des Bundestagsausschusses erschien. Vom Ministerium wurden deshalb in aller Eile mehrere Ehrenerklärungen hochgestellter Persönlichkeiten für Roemer eingeholt, die Anfang März binnen weniger Tage eingingen. Der frühere bayerische Ministerpräsident Hans Ehard behauptete, Roemer sei «alles andere, nur kein Nationalsozialist» gewesen und habe «viele vor der Vollstreckung der Todesstrafe bewahrt». «Nicht einmal die Amerikaner», die doch sonst so kritisch gewesen seien, hätten 1945 gegen seine weitere Verwendung im bayerischen Justizministerium Einwände erhoben.[256] Anton Konrad, bis März 1954 Präsident des Bayerischen Obersten Landesgerichts, stellte fest, Roemer habe zu dem Kreis von Richtern und Staatsanwälten gehört, die den Nationalsozialismus abgelehnt hätten.[257] Wilhelm Hoegner, seit 1954 bayerischer Ministerpräsident, schilderte, wie Roemer ihm im Sommer 1945 ein Bündel von Briefen bzw. Abschriften von Briefen mit letztwilligen Verfügungen hingerichteter Belgier und Franzosen übergeben habe, die Roemer im Keller seiner Wohnung eingemauert hatte. Er selbst, so Hoegner, habe diese Schriftstücke nach Rücksprache mit Ehard und Konrad der amerikanischen Militärregierung ausgehändigt. Wären sie von den Nationalsozialisten entdeckt worden, wäre Roemer zweifellos hingerichtet worden.[258] Adolf Arndt (SPD) wandte sich Anfang März 1955 an seinen Fraktionskollegen Menzel und an Roemer. Nach seiner Überzeugung, so Arndt, sei es «sinnlos und unanständig», Roemer aus der Tatsache, dass er damals «auch als Vollstreckungs-Staatsanwalt tätig sein musste», heute einen Vorwurf zu machen. Wörtlich erklärte er gegenüber Roemer: «Die Angriffe auf Sie empören mich.»[259]

Schließlich setzte sich auch Robert Scholl, der Vater von Sophie und Hans Scholl und früherer Oberbürgermeister von Ulm, in einem Schreiben an Staatssekretär Strauß für Roemer ein. In dem anrührenden Brief beschrieb er, wie es ihm am 22. Februar 1943 gelungen war, in den Prozess gegen seine Kinder einzudringen, und wie er angesichts der fehlenden Verteidigung durch den bestellten Offizialverteidiger versucht habe, zum Richtertisch vorzudringen, um seine Kinder selbst zu verteidigen. Auch seine Versuche, bis zur letzten Minute eine Begnadigung zu erreichen, seien erfolglos geblieben. Letztlich zweifle er nicht daran, dass die Anordnung zur Hinrichtung vom Oberreichsanwalt ausgegangen sei und dass es dazu «eines bayerischen Staatsanwalts» gar nicht mehr bedurft hätte.[260]

Der Bundestagsausschuss zum Schutze der Verfassung sah danach keine Veranlassung mehr, sich im Rahmen seiner Zuständigkeit weiter mit der Angelegenheit zu befassen, nachdem Bundesjustizminister Neumayer erklärt hatte, Roemer habe die demokratische Grundordnung nicht nur nicht gefährdet, sondern sei in besonders hervorragendem Maße geeignet, diese Grundordnung zu schützen.[261] In eine inhaltliche Beratung über die erhobenen Vorwürfe trat der Ausschuss damit gar nicht erst ein. Wieder einmal schien die Angelegenheit erledigt, bis die Wochenzeitschrift *Revue* im März 1958 in einer Artikelserie unter der Überschrift «Vollstreckt» Vorwürfe des früheren Scharfrichters Reichhart veröffentlichte, die Justiz hätte viele Möglichkeiten gehabt, Vollstreckungen aufzuschieben und unschuldige Menschen zu retten, diese Chance aber nicht genutzt. Wenn es nach dem Leiter der Münchener Vollstreckungsstelle gegangen wäre, dann hätte er, so Reichhart, noch Mitte April 1945 «in Frack und Zylinder neben dem Fallbeil stehen» müssen.[262] Als eine Bürgerin die Artikelserie zum Anlass nahm, beim Bayerischen Staatsministerium der Justiz nachzufragen, um welchen Staatsanwalt, der nach dem Bericht «eine große Nachkriegskarriere» angetreten habe, es sich denn handele, antwortete das Ministerium ausweichend, aber zutreffend, der betreffende Erste Staatsanwalt sei nicht mehr im bayerischen Justizdienst tätig, und leitete die Anfrage in einem persönlichen Schreiben an Bundesjustizminister Fritz Schäffer weiter, der jedoch – soweit ersichtlich – keine weitere Reaktion für erforderlich hielt.[263]

«Mörder der Geschwister Scholl»

Allerdings war die Angelegenheit damit noch immer nicht ausgestanden. Denn Anfang der 1960er Jahre wurden neue Vorwürfe laut. Auslöser war diesmal ein Artikel der *Leipziger Zeitung* vom 8. Oktober 1960, der Roemer in drastischen Formulierungen als «Mörder der Geschwister Scholl» bezeichnete und auf seine Position als Ministerialdirektor im BMJ hinwies. Die Staatsanwaltschaft Oldenburg leitete daraufhin eine Ablichtung des Artikels an die Staatsanwaltschaft München I weiter, so dass nun erstmals die konkrete Möglichkeit bestand, dass gegen Roemer ein Strafverfahren eingeleitet wurde. Der Generalstaatsanwalt beim Oberlandesgericht München wandte sich daraufhin im Januar 1961 an das Bayerische Justizministerium und bat um genaue Angaben zu den Richtern und Anklagevertretern, die am Urteil gegen die Geschwister Scholl beteiligt gewesen seien, sowie zum Urteil selbst.[264] Das BMJ teilte dazu dem Bayerischen Justizministerium auf Anfrage mit, dass sich das Todesurteil des Volksgerichtshofes gegen die Geschwister Scholl nach Mitteilung des Berliner Justizsenators unter den Urteilen befinde, die kürzlich in Berlin auf einem Trümmergrundstück in einem Panzerschrank aufgefunden worden seien. Vorsitzender in dem Verfahren sei der bei einem Luftangriff am 3. Februar 1945 ums Leben gekommene Präsident des Volksgerichtshofs, Roland Freisler, gewesen; die Anklage habe Reichsanwalt Albert Weyersberg vertreten, dessen Verbleib unklar sei. Ministerialdirektor Roemer sei «nach seiner dienstlichen Äußerung an der Vollstreckung dieses Urteils nicht beteiligt» gewesen. Die Vollstreckung des Urteils sei «seines Wissens unmittelbar von dem Oberreichsanwalt oder seinem Vertreter geleitet worden».[265]

Die nunmehr aus der DDR lancierten Vorwürfe gegen Roemer betrafen allerdings nicht nur die Geschwister Scholl, sondern auch das Verfahren gegen den tschechoslowakischen Staatsangehörigen Zdenek Saba.[266] Der erst 19-jährige Saba war am 25. März 1943 vom Volksgerichtshof zum Tode verurteilt worden, weil er sich «im September 1942 an die Reichsgrenze begeben hatte, um im Ausland in die Tschechische Legion einzutreten und mit der Legion für die Wiederherstellung eines selbständigen tschechischen Staates gegen das Reich zu kämpfen». Nachdem Saba zunächst noch einen Aufschub hatte erreichen können, war das Urteil schließlich am 22. Oktober 1943 in Stadelheim vollstreckt worden.[267] In einem strafrechtlichen Ermittlungsverfahren gegen den damaligen Anklagevertreter vor dem Volksgerichtshof, Karl Bruchhaus, war der Fall bereits einmal überprüft und das Urteil vom Generalstaatsanwalt in Düsseldorf wegen eines «unerträglichen Missverhältnisses zur Schwere der Tat und der Schuld des Täters» als rechtswidrig eingestuft worden.[268] Trotzdem sah der Generalstaatsanwalt beim Oberlandesgericht München im April 1961 keine Veranlassung, gegen Roemer «ein Ermittlungsverfahren wegen Verbrechen wider das Leben einzuleiten», da feststehe, dass bei Todesurteilen des Volksgerichtshofs mit dem Vollstreckungsauftrag immer nur eine Ausfertigung des Urteilstenors übersandt worden sei. Roemer habe somit nicht ersehen können, welcher Sachverhalt der Verurteilung im Einzelnen zugrunde gelegen habe und ob die Rechtsanwendung auf den festgestellten Sachverhalt zutreffend gewesen sei. Es erscheine «völlig ausgeschlossen, dass er auch nur mit der Möglichkeit eines Unrechtsurteils gerechnet und trotzdem das Urteil vollstreckt» habe. Es sei deshalb auch unerheblich, ob die Auffassung des Generalstaatsanwalts in Düsseldorf zutreffe, das Urteil gegen Saba sei rechtswidrig.[269]

Die staatsanwaltliche Ermittlung hatte für Roemer also keine weiteren Konsequenzen. Das Gleiche wiederholte sich vier Jahre später, als das rheinland-pfälzische Justizministerium den Bundesjustizminister über ein Ermittlungsverfahren wegen des Verdachts der Rechtsbeugung gegen den früheren Oberlandesgerichtsrat Lenhardt informierte, der als Vertreter des Oberreichsanwalts am Todesurteil des Volksgerichtshofs vom 15. Dezember 1944 gegen den Benediktiner-Pater Josef Pontiller mitgewirkt hatte.[270] Das Urteil war am 9. Februar 1945 in München-Stadelheim vollstreckt worden, wobei Roemer als Erster Staatsanwalt beim Landgericht München I den Vollstreckungsbericht vom 13. Februar unterzeichnet hatte. Diesmal war es der Oberstaatsanwalt in Koblenz, der davon Abstand nahm, hinsichtlich des «Ersten Staatsanwalts Roemer» etwas zu veranlassen, wie das rheinland-pfälzische Justizministerium dem BMJ mitteilte. Auch der Rechtsausschuss des Deutschen Bundestages, dem die Angelegenheit zu Gehör kam, unternahm nichts. Zwar forderte er Einsicht in die Personalunterlagen Roemers. Diese kam jedoch nicht zustande, weil die Forderung Staatssekretär Bülows, zuvor anhand des Vollstreckungsberichts zu prüfen, ob die dortige Unterschrift Roemers mit der Unterschrift des Ministerialdirektors Roemer identisch sei, nicht erfüllt werden konnte, da der Rechtsausschuss die Ablichtung des Originaldokuments bereits wieder zurückgesandt hatte. Danach verlief die Angelegenheit im Sande – und für Roemer ergaben sich erneut keine strafrechtlichen oder sonstigen Konsequenzen.[271]

Allerdings nahm die Staatsanwaltschaft beim Landgericht München I, Roemers ehemaliger Behörde, die verschiedenen Vorwürfe, die inzwischen gegen ihn erhoben worden waren, im April 1965 zum Anlass, ihn in Bonn ausführlich zu seiner Tätigkeit während der NS-Zeit zu befragen. Roemer wurde hier vor allem mit den Äußerungen des Scharfrichters Reichhart konfrontiert, den Roemer als «sehr aufgeregten Mann» bezeichnete.[272] In einem ergänzenden Schreiben an den Münchner Staatsanwalt Dr. Hatzelmann nahm Roemer zudem Stellung zu den sogenannten «NN-Fällen» – also zu den Verfahren des Volksgerichtshofs gegen französische Widerstandskämpfer auf der Grundlage des «Nacht- und Nebel-Erlasses» vom 7. Dezember 1941, der geheime Richtlinien für die Verfolgung von Straftaten gegen das Reich oder die Besatzungsmacht in den besetzten Gebieten enthielt.[273] Roemer erklärte dazu, keiner der damaligen Münchener Staatsanwälte hätte sich bei diesen Fällen «jemals zu einer ‹illegalen› Vollstreckung, d. h. vor einem rechtskräftigen Urteil, während eines schwebenden Wiederaufnahmeverfahrens oder vor Ablehnung der Begnadigung hergegeben».[274] Mit anderen Worten: Er selbst wie auch die anderen Staatsanwälte an den Münchener Gerichten hätten sich nichts zuschulden kommen lassen, sondern nur auf der Basis geltender Gesetze – streng nach Recht und Gesetz – ihre Pflicht als Vollstreckungsstaatsanwälte getan.

Vorwürfe von Simon Wiesenthal

Ein letztes Mal war Roemers Rolle während der NS-Zeit schließlich Gegenstand öffentlicher Diskussionen, als sein Name im Februar 1966 in einer Veröffentlichung Simon Wiesenthals genannt wurde.[275] Wiesenthal bezog sich dabei auf ein Todesurteil, das 1943 gegen Franziska Angermeier wegen Brandstiftung verhängt worden war, ohne dass die Beweislage eindeutig gewesen sei. Nachforschungen, die dazu nun im BMJ angestellt wurden, ergaben wenige Wochen später, dass Roemer bereits in einer im Frühjahr 1963 in Ost-Berlin veröffentlichten Broschüre mit dem Titel «Freisler's Geist in Bonn's Gesinnungsstrafrecht» im Zusammenhang mit dem Urteil gegen Angermeier genannt worden war.[276] In der Broschüre sei ein Bericht des Oberstaatsanwalts beim Landgericht München I an das Reichsjustizministerium aus dem Mai 1943 über die Vollstreckung der Todesstrafe abgedruckt, in dem Roemer als Sachbearbeiter angegeben sei. Auch in einer Liste beschuldigter Juristen in dem 1963 im Eigenverlag als Typoskript erschienenen Werk *Justiz im Zwielicht* des Autors Wolfgang Koppel war Roemer wegen Beteiligung am Fall Angermeier unter Nennung seiner jetzigen Stellung im BMJ erwähnt worden.[277]

Doch Wiesenthal ging Anfang Mai 1966 noch einen Schritt weiter, als er in seiner Funktion als Leiter des jüdischen Dokumentationszentrums in Wien Roemer in einer Versammlung in Rotterdam als Beispiel für prominente Vertreter der Nazi-Rechtsprechung benannte, die inzwischen in der Bundesrepublik öffentliche Ämter bekleideten. Roemer habe, so Wiesenthal, als Staatsanwalt während des Krieges die Todesstrafe für eine Anzahl deutscher Widerstandskämpfer der «Weißen Rose» gefordert und der Hinrichtung beigewohnt.[278] Die Vorwürfe wurden unter anderem von der Deutschen Presse-Agentur (dpa) verbreitet, so dass danach in der *Frankfurter Allgemeinen Zeitung* am 7. Mai 1966 ein Artikel mit der Überschrift «Wiesenthal beschuldigt einen Bonner Justizbeamten» erschien, in dem wiederum Roemers Name – wenn auch falsch geschrieben – genannt wurde.[279] Das BMJ reagierte darauf mit einer Pressemitteilung, dass Roemer entgegen Wiesenthals Behauptung nicht am Verfahren gegen die Geschwister Scholl als Ankläger beteiligt gewesen sei und auch nicht an der Vollstreckung mitgewirkt habe. Dies sei «in eingehenden Prüfungen» bereits früher eindeutig festgestellt worden.[280] Diese Pressemitteilung führte nun wiederum zu kleineren Artikeln zunächst in der Tageszeitung *Die Welt* und dann auch in der FAZ, in denen darauf hingewiesen wurde, dass das Ministerium die Vorwürfe gegen Roemer zurückgewiesen habe.[281] Auch der Bankier Harry

Philippi, der als Gegner des NS-Regimes 1942 festgenommen und 1945 aus dem KZ Buchenwald befreit worden war, verwandte sich in einem Brief an Wiesenthal für Roemer.[282]

Die Vorwürfe waren nun jedoch einer breiten Öffentlichkeit bekannt, so dass der Fall Roemer auch politisch genutzt werden konnte, wie der ehemalige Bundestagsabgeordnete Heinrich Ritzel auf dem SPD-Parteitag in Dortmund im Juni 1966 bewies, der dort unter dem Beifall der Delegierten ausrief: «Solange im Bundesjustizministerium noch ein Beamter sitzt, der als Staatsanwalt in dem Verfahren gegen die Geschwister Scholl mitgewirkt hat, ist mein Mißtrauen gegenüber dieser Ministerialbürokratie berechtigt.»[283] Unterdessen befasste sich nach Wiesenthals Vorwürfen gegen Roemer unter anderem auch Fabian von Schlabrendorff mit der Angelegenheit und kam im Wesentlichen zu einem Ergebnis, das Roemers eigener Darstellung entsprach. Schlabrendorff hatte seit 1942 zu den Verschwörern gegen Hitler gezählt, war nach dem 20. Juli 1944 verhaftet worden und arbeitete inzwischen als Rechtsanwalt und Notar in Wiesbaden, bevor er 1967 Richter des Bundesverfassungsgerichts wurde. Sein Wort besaß deshalb besonderes Gewicht, als er im Oktober 1966 an SPD-Politiker Emil Henk – wie Schlabrendorff ein Hitler-Gegner und Widerstandskämpfer gegen den Nationalsozialismus, der im KZ Osthofen inhaftiert gewesen war und später an Treffen des Kreisauer Kreises teilgenommen hatte – schrieb, die Anschuldigungen Wiesenthals seien «eine Verunglimpfung, die gebührend zurückweisend [sic] nicht Aufgabe des Dr. Roemer, sondern Aufgabe von uns Verfolgten ist».[284]

Der Brief Schlabrendorffs wurde im Dezember 1966 von einem Bundestagsabgeordneten auch an Bundesjustizminister Heinemann weitergeleitet, der spätestens jetzt mit dem Fall näher vertraut war. Roemer hingegen, der am 27. August 1967 sein 65. Lebensjahr vollendete und deshalb eigentlich Ende August hätte in den Ruhestand treten sollen, blieb dem Ministerium weiter erhalten. Im Juli 1967 wurde seine Pensionierung auf Antrag von Staatssekretär Horst Ehmke von der Bundesregierung mit Zustimmung des Bundespersonalausschusses um ein Jahr auf den 31. August 1968 hinausgeschoben.[285] Da die Arbeiten an der Notstandsverfassung, die gerade dem Bundestag zur Beratung vorlag, noch nicht beendet waren, wurde Roemers weitere Mitarbeit an diesem Gesetzgebungsvorhaben im Ministerium als «im dringenden Bundesinteresse liegend» angesehen. Ehmke kannte Roemer aus der Zeit der «Spiegel»-Affäre und hatte ihn dort als vertrauenswürdigen Gesprächspartner kennen und schätzen gelernt.[286] Als Roemer schließlich im August 1968 aus dem Dienst ausschied, dankte ihm Justizminister Heinemann, dass er sich «bei Errichtung der Bundesrepublik Deutschland zur

Verfügung gestellt» habe, «um in führender Stellung am Wiederaufbau des Rechtsstaats mitzuwirken». In «nimmermüder Hingabe» habe er «der Justiz vorbildlich gedient».[287] Zudem erhielt Roemer noch einen Werkvertrag bis Ende März 1969 für die Erstellung eines wissenschaftlichen Gutachtens «über die nach den bisherigen Erfahrungen aus der Mitgliedschaft der Bundesrepublik in den Europäischen Gemeinschaften sich ergebenden verfassungsrechtlichen Probleme und über sonstige vom Bundesministerium der Justiz vorgelegte Fragen der Verfassungsreform». Als er am 15. November 1985 starb, übersandte Minister Hans A. Engelhard (FDP) der Witwe des Verstorbenen zwar ein Kondolenzschreiben. Von der zunächst erwogenen Veröffentlichung einer Todesanzeige für Roemer in der Presse wurde jedoch abgesehen, da man offenbar befürchtete, mit einer solchen Würdigung in der Öffentlichkeit noch einmal die alten Vorwürfe gegen den umstrittenen früheren Abteilungsleiter in Erinnerung zu rufen.

Bei dieser Diskussion wäre es letztlich nicht mehr darum gegangen, ob Roemer an der Vollstreckung der Todesurteile gegen Hans und Sophie Scholl beteiligt gewesen war. Hier stand seit langem fest, dass Reichsanwalt Albert Weyersberg selbst als Leiter der Strafvollstreckung fungiert hatte, wie das vorliegende Vollstreckungsprotokoll zur Hinrichtung von Sophie Scholl vom 22. Februar 1943 beweist. Ebenso zweifelsfrei erwiesen war jedoch die Tatsache, dass Roemer in einer beträchtlichen Zahl anderer Fälle nicht nur verurteilte Gewaltverbrecher, sondern auch politische Widerstandskämpfer gegen den Nationalsozialismus aus dem In- und Ausland in Stadelheim unter das Fallbeil geführt hatte. Dies hätte zwangsläufig zu der Frage führen müssen, ob Bundesjustizminister Dehler 1949 gut beraten war, eine Person mit einer derartigen Vergangenheit zum Leiter einer Abteilung im BMJ zu ernennen, die sich als Hüterin der Verfassung verstand. Aber auch alle Nachfolger Dehlers hätten sich nachträglich fragen lassen müssen, warum sie einen Mann mit dieser Belastung über zwei Jahrzehnte hinweg auf dieser herausgehobenen Position beließen, obwohl die Art der Belastung inzwischen eindeutig erwiesen war.

Insofern ist der Fall Roemer nur ein weiteres Beispiel dafür, wie sehr nach 1949 der Wunsch, ja die Entschlossenheit, einen Schlussstrich unter die NS-Vergangenheit zu ziehen, die Tätigkeit auch im BMJ prägte. Tatsächlich führte der Versuch, Verständnis für die Täter aufzubringen und ihnen den Weg zurück in die Gesellschaft zu ebnen, zu Personalentscheidungen, bei denen die Millionen Opfer, die sich nicht mehr wehren konnten, in den Hintergrund gedrängt wurden – wie die Widerstandskämpfer der «Weißen Rose» oder die unter dem «Nacht- und Nebel-Erlass» aus dem Ausland nach

Deutschland gebrachten Gegner des NS-Regimes, die Scharfrichter Reichhart unter der Leitung Roemers in Stadelheim hingerichtet hatte. Allerdings wäre es auch aus Sicht Roemers klüger gewesen, die Position, die Dehler ihm 1949 und 1950 anbot, auch beim zweiten Mal abzulehnen und nicht an verantwortlicher Stelle im Bundesministerium der Justiz über die Einhaltung der Unantastbarkeit der Menschenwürde, die Abschaffung der Todesstrafe und das konstitutive Widerstandsrecht zu wachen.

Hermann Maassen und Kai Bahlmann

Nach der Pensionierung Roemers wurden die Aufgaben des Leiters der Abteilung IV ab September 1968 Hermann Maassen übertragen, der seit 1933 Mitglied des «Stahlhelm» und seit 1937 der NSDAP gewesen war, dort allerdings kein Amt ausgeübt hatte. Da Maassen bereits 1969 zum Staatssekretär im BMJ aufstieg, wurde jedoch bald eine weitere Nachbesetzung in der Abteilungsleitung erforderlich. Kai Bahlmann, der Nachfolger Maassens, gehörte dann bereits einer anderen Generation an als seine Amtsvorgänger. Geboren 1927, war er bei Kriegsende gerade 18 Jahre alt gewesen und damit schlicht zu jung, um eine hervorgehobene Position oder Funktion im NS-Regime einnehmen zu können. Er zählte also zu denjenigen, die typischerweise im Deutschen Jungvolk bzw. in der Hitler-Jugend aktiv gewesen waren, als Luftwaffenhelfer Dienst getan hatten und kurz vor Kriegsende noch Soldat geworden waren, um an den hoffnungslosen Abwehrschlachten des schon verlorenen Krieges teilzunehmen. So war es auch Bahlmann ergangen, der im Oktober 1946 aus der Kriegsgefangenschaft zurückkehrte und erst danach seine juristische Ausbildung in Köln und Düsseldorf absolvierte.

Er repräsentierte jedoch noch in anderer Hinsicht einen Wandel im Bundesjustizministerium, der sich nun, in den 1970er Jahren, immer stärker bemerkbar machte: Bahlmann war SPD-Mitglied, entstammte einem sozialdemokratischen Milieu und ließ daran auch im Dienst keinen Zweifel aufkommen. Er beschränkte sich nicht mehr darauf, als Abteilungsleiter ein vermittelndes Bindeglied zwischen der fachlichen Ebene der Referate und der politischen Hausleitung zu sein, sondern suchte als kreativer Kopf selbst politische Akzente zu setzen. Dies führte nicht selten zu Spannungen und Konflikten mit den politisch verantwortlichen Ministern – allen voran Hans-Jochen Vogel, der ebenfalls der SPD angehörte. Wie bereits an früherer Stelle dargestellt, hatte Parteipolitik in früheren Jahren – besonders unter Staatssekretär Strauß – im BMJ keine nennenswerte Rolle gespielt. Das Verständnis eines «unpolitischen Beamtentums» war dabei mit dem Wunsch einhergegangen, die NS-Zeit möglichst nicht mehr thematisieren zu müssen oder – anders formuliert – die NS-Justizverbrechen hinter der Fassade des vermeintlich unpolitischen Beamten zu verbergen.[288] Kai Bahlmann war eines der ersten Beispiele dafür, dass eine neue Generation von Beamten in der freiheitlichen Atmosphäre der Bundesrepublik kein Problem mehr darin sah, ihre parteipolitischen Präferenzen offen zu bekennen, und damit auch ein Zeichen setzte, dass die personelle Kontinuität zum Dritten Reich, die vorher bestanden hatte, zu Ende ging.

III. Das NS-Erbe und die Gesetzgebung in der Bundesrepublik

Die bisherige Untersuchung hat gezeigt, dass das personelle Erbe des Dritten Reiches im Bundesministerium der Justiz bis in die frühen 1970er Jahre in größerem Umfang nachwirkte, während einzelne Mitarbeiter noch später – im Fall von Dr. Günther Schmidt-Räntsch sogar erst 1986 – ausschieden. Über einen Zeitraum von mehr als zwei Jahrzehnten waren damit in leitenden Funktionen des BMJ Mitarbeiter tätig, von denen ein großer Teil aus dem Reichsjustizministerium übernommen worden war und über die Hälfte der NSDAP, der SA und in einigen Fällen sogar der SS angehört hatte. Daher liegt die Frage nahe, ob diese personelle Verflechtung zwischen der NS-Zeit und der Zeit nach 1949 sich auch inhaltlich auf die Gesetzgebung in der Bundesrepublik auswirkte. Anhand von sieben Themen soll deshalb exemplarisch gezeigt werden, welche sachlichen Folgen sich aus der personellen Kontinuität ergaben und auf welche Weise die Arbeit des Bundesjustizministeriums davon beeinflusst wurde.

Ein erster Bereich betrifft die Strafrechtsreform, die von 1954 bis 1969 vor allem in der Abteilung II des BMJ breiten Raum einnahm und von einer eigens dafür eingesetzten «Großen Strafrechtskommission» ausgiebig erörtert wurde. Weitere Aspekte, die mit Blick auf die Haltung und Rolle des BMJ behandelt werden, sind das Staatsschutzstrafrecht und das Jugendstrafrecht. Ein ausführliches Kapitel ist danach der Verabschiedung des sogenannten Einführungsgesetzes zum Ordnungswidrigkeitengesetz von 1968 gewidmet, das im Hinblick auf den Umgang mit der NS-Vergangenheit besonders umstritten ist, weil es zur Verjährung von NS-Verbrechen beitrug. Eine große Zahl von NS-Tätern, gegen die bereits Anklage erhoben worden war, ging damit straffrei aus. Maßgeblich an der Formulierung des Gesetzes beteiligt war im Bundesjustizministerium Eduard Dreher, der als Erster Staatsanwalt am Sondergericht Innsbruck im Dritten Reich zahlreiche Todesurteile beantragt hatte und somit in hohem Maße durch seine Rolle in der NS-Justiz als belastet galt. Daher lag der Verdacht nahe, dass hinter dem Gesetz ein «perfider Plan» steckte, um NS-Täter vor Strafe zu schützen – und dass Dreher vielleicht sogar im eigenen Interesse gehandelt haben könnte.

Weiterhin geht es um die Mitwirkung des Bundesjustizministeriums beim streng geheimen «V-Buch», das Bestimmungen für den «Verteidigungsfall», also für den Fall eines Krieges, enthielt und durch einfaches Recht essentielle Grundrechte außer Kraft setzen sollte, sowie um die Aufhebung der Erbgesundheitsurteile, bei der sich der Gesetzgeber und die zuständigen Ministerien – das Bundesjustizministerium und das Bundesfinanzministerium – erstaunlich schwertaten, obwohl die Beseitigung des NS-Unrechts in diesem besonders tragischen Bereich, in dem es um die Sterilisation behinderter Menschen und damit um einen tiefen Eingriff in die Grund- und Menschenrechte ging, eigentlich eine Selbstverständlichkeit hätte sein sollen. Abschließend folgt noch ein Kapitel über «verbotene Pläne alter Wehrmachtsrichter», die nach Gründung der Bundeswehr auch die Wehrstrafgerichtsbarkeit wiedereinführen wollten und dabei in hohem Maße auf nationalsozialistische Vorstellungen zurückgriffen.

1. Die Strafrechtsreform

Die Strafrechtsreform, bei der das Strafrecht der Bundesrepublik, das teilweise noch auf dem Gedankengut des 19. Jahrhunderts beruhte, von nationalsozialistischen Vorstellungen befreit und hinsichtlich seines Rechtsverständnisses an die Erfordernisse eines modernen liberalen Rechtsstaates angepasst werden sollte, fand bis 1974 in mehreren Gesetzen ihren Niederschlag und sollte nicht nur zu einer seit langem als notwendig angesehenen Gesamtreform des Strafrechts führen, sondern auch zur Eliminierung von Vorschriften, die nationalsozialistisches Denken widerspiegelten.[1] Besondere Beachtung verdienen dabei die Diskussionen über die Todesstrafe, den strafrechtlichen Schutz des Lebens und die Strafbarkeit der Homosexualität. Zu einem vorläufigen Abschluss kamen die Reformbestrebungen allerdings erst mit dem 6. Strafrechtsreformgesetz aus dem Jahr 1998.[2] Einzelne Aspekte sind bis heute umstritten. Dazu zählt insbesondere der Mordparagraph 211 StGB, der in der Verantwortung des damaligen Staatssekretärs im RJM und späteren Präsidenten des Volksgerichtshofs, Roland Freisler, formuliert wurde.

Wiederherstellung des Analogieverbots durch die Alliierten

Die Reformbedürftigkeit des Strafrechts insgesamt war indessen bereits unstrittig, als das BMJ 1949 mit seiner Arbeit begann.[3] Denn das bisherige Strafrecht basierte immer noch auf dem Reichsstrafgesetzbuch (RStGB) vom 15. Mai 1871, das maßgeblich auf dem Strafgesetzbuch für den Norddeutschen Bund fußte, das am 31. Mai 1870 in Kraft getreten war.[4] Während der NS-Zeit hatte dann jedoch ein neues Denken im Strafrecht Einzug gehalten, das mit rechtsstaatlichen Maßstäben unvereinbar war. Das «Gewohnheitsverbrechergesetz» von 1933 war dafür ebenso ein Beispiel wie die «Volksschädlingsverordnung» von 1939. Aber auch die Aufhebung des sogenannten «Analogieverbots» vom 28. Juni 1935, durch das dem Richter mit § 2 RStGB alle Freiheiten an die Hand gegeben worden waren, bedeutete einen klaren Verstoß gegen international gültige Prinzipien. Denn darin hieß es:

> «Bestraft wird, wer eine Tat begeht, die das Gesetz für strafbar erklärt oder die nach dem Grundgedanken eines Strafgesetzes und nach gesundem Volksempfinden Bestrafung verdient. Findet auf die Tat kein bestimmtes Strafgesetz unmittelbar Anwendung, so wird die Tat nach dem Gesetz bestraft, dessen Grundgedanke auf sie am besten zutrifft.»[5]

Das Analogie*ver*bot war also durch ein Analogie*ge*bot ersetzt worden.[6] Ein Kernprinzip des aufgeklärten Strafrechts *nullum crimen, nulla poena sine lege* («kein Verbrechen, keine Strafe ohne Gesetz») war damit ausgehebelt. Nach diesem Gesetzlichkeitsgrundsatz, der für den modernen Staat von entscheidender Bedeutung ist, weil er dem Einzelnen Rechtssicherheit im Strafrecht garantiert, kann nur ein formelles Gesetz, durch das der Gesetzgeber ein bestimmtes Verhalten zur Straftat erklärt, die Strafbarkeit einer Handlung begründen. Somit ist im Strafrecht der Wortlaut einer Sanktionsnorm entscheidend. Dieser Wortlaut muss in verständlicher und bestimmter Art und Weise das verbotene und strafbewehrte Verhalten nennen (Bestimmtheitsgebot). Eine Bestrafung «nach gesundem Volksempfinden» oder die Bestrafung einer Tat in analoger Rechtsauslegung nach einem mehr oder weniger willkürlich ausgewählten Gesetz, «dessen Grundgedanke auf sie am besten zutrifft», ist demnach unzulässig.

Vor diesem Hintergrund verwundert es nicht, dass der § 2 RStGB bereits am 30. Januar 1946 durch das Kontrollratsgesetz Nr. 11 aufgehoben wurde.[7] In Art. 103 Abs. 2 GG wurde danach – in deutlicher Ablehnung der nationalsozialistischen Gesetzgebung[8] – das Bestimmtheitsgebot normiert, das beides

III. DAS NS-ERBE UND DIE GESETZGEBUNG IN DER BUNDESREPUBLIK 361

umfasst: die Wortlautgrenze und das Analogieverbot. Hinzu tritt mit dem sogenannten Rückwirkungsverbot noch der Aspekt der zeitlichen Geltung, so dass es in Artikel 103 Abs. 2 GG heißt: «Eine Tat kann nur bestraft werden, wenn die Strafbarkeit gesetzlich bestimmt war, bevor die Tat begangen wurde.» Damit soll sichergestellt werden, dass der Rechtsunterworfene erkennen kann, welches Verhalten mit Strafe bedroht ist. Abgesichert wird aber auch das Demokratieprinzip, da dem Gesetzgeber und nicht dem Richter die Festsetzung obliegt, was strafbar ist. So hat es auch das Bundesverfassungsgericht immer wieder festgestellt.[9]

Die Wiederherstellung des Analogieverbots war demnach bereits durch den Alliierten Kontrollrat erfolgt. Das Bestimmtheitsgebot und das Rückwirkungsverbot waren im Grundgesetz verankert. Für die Mitarbeiter des BMJ, die sich ab 1954 der «Großen Strafrechtsreform» widmeten und sogar mit dem Ziel einer Neuverkündung des Strafgesetzbuches antraten, blieben dennoch viele Felder übrig, die einer Änderung bedurften. Dabei ging es keineswegs nur um eine Anpassung an die neuen gesellschaftlichen und rechtlichen Rahmenbedingungen in der zweiten Hälfte des 20. Jahrhunderts, sondern auch um die Überwindung von NS-Traditionen, die sich in der Gesetzgebung und nicht zuletzt in der Rechtsprechung entwickelt hatten.[10] Angesichts dieser Bedeutung des Vorhabens wurden alle «Reformreferate» in einer Unterabteilung II R zusammengefasst.[11] Leiter des Generalreferats für die Strafrechtsreform war seit 1954 Eduard Dreher, und er blieb dies bis zu seinem vorzeitigen Ausscheiden aus dem Amt im Jahr 1969. Nicht minder einflussreich war Abteilungsleiter Josef Schafheutle, der über sein vorzeitiges Dienstende hinaus an der Reform mitwirkte. Beide Protagonisten waren durch ihre Vorgeschichte in der NS-Zeit erheblich belastet.[12] Ob sie vor diesem Hintergrund geeignet waren, die Reform voranzutreiben, darf bezweifelt werden. Ähnliches galt für Georg Schwalm, der während der NS-Zeit als Ausbilder am Landgericht Leipzig in seiner Funktion als Arbeitsgemeinschaftsleiter Referendaren das Analogie*ge*bot zu vermitteln hatte. Tatsächlich stand am Ende kein «großer Wurf», sondern eine Reform, die weit hinter den ursprünglichen Vorstellungen zurückblieb. Mit ihrer «ewigen Reform» wurde die Abteilung II von den anderen Abteilungen schließlich sogar schon belächelt.[13]

«Bereinigung» des StGB und Gesamtreform

Der erste Schritt der Strafrechtsreform bestand in einer angestrebten «Bereinigung» des Strafgesetzbuchs. Dazu gehörten die Angleichung von Landesgesetzen, die sich in den «Zwischenjahren» von 1945 bis 1949 teilweise auseinanderentwickelt hatten, und die Beseitigung von Vorschriften, die nationalsozialistischen Ursprungs waren. Diese als besonders dringlich empfundenen Schritte wurden daher der Reform gleichsam vorgezogen. Allerdings ging man dabei «ziemlich sparsam» vor, wie Karl Lackner später selbstkritisch bemerkte, da man in vielen Fällen keinen «Schnellschuss» wagen wollte und die Bestimmungen unberührt ließ, wenn der Zustand noch drei oder vier Jahre erträglich schien.[14] Vor diesem Hintergrund muss die Gesetzesbegründung irritieren, dass «Änderungen des Strafgesetzbuchs durch die Gesetzgebung der nationalsozialistischen Zeit anerkannt» würden, soweit der Entwurf nicht eingreife – was er allzu häufig nicht tat.[15] Selbst wenn man unterstellt, dass niemand damit rechnete, dass die Reform zwanzig Jahre dauern würde, verlieh man dem 3. Strafrechtsänderungsgesetz von 1953 damit eher legitimatorischen Charakter; eine reinigende Wirkung konnte davon kaum ausgehen.[16] Vielmehr erhielten Nazi-Gesetze dadurch einen demokratischen Segen, der bis heute dazu führt, dass Formulierungen des NS-Gesetzgebers noch immer Schwierigkeiten bereiten.[17]

Da Minister Dehler offenbar ahnte oder sogar wusste, welche Defizite das «Bereinigungsgesetz» besaß, kündigte er auf dem Deutschen Juristentag 1953 eine Gesamtreform des Strafrechts an, die noch im selben Jahr mit der Beauftragung von 18 «führenden deutschen Strafrechtslehrern» begann, die Gutachten zu den Grundfragen der Strafrechtsreform erstellen sollten.[18] Parallel dazu wurde das «Schönke Institut» in Freiburg beauftragt, rechtsvergleichende Gutachten über die wichtigsten Themen des Allgemeinen Teils und des Besonderen Teils des StGB zu erstellen.[19] Dehlers Nachfolger im Amt des Justizministers, Fritz Neumayer (FDP), richtete dann die «Große Strafrechtskommission» ein, die aus 24 Mitgliedern bestand und am 6. April 1954 zu ihrer konstituierenden Sitzung zusammentrat. Bei der Auswahl der Mitglieder wurde ausschließlich auf Erfahrung und Renommee gesetzt; NS-Belastung spielte keine Rolle, wie Karl Lackner 2010 im Rückblick bemerkte, als er erklärte, seiner Auffassung nach hätten im öffentlichen Dienst keine starken NS-Belastungen vorgelegen. Lediglich bei den Rechtsanwälten habe man aufpassen müssen, da dort eine Zulassung nur bei erheblicher Belastung verweigert worden sei.[20]

Bei den Beratungen der Kommission war das Ministerium je nach Thema in wechselnder Besetzung mit mehreren Referenten anwesend. Schafheutle,

III. DAS NS-ERBE UND DIE GESETZGEBUNG IN DER BUNDESREPUBLIK 363

Dreher und Lackner waren so gut wie immer beteiligt. Bei wichtigen Themen nahmen selbst Minister Neumayer und Staatssekretär Strauß an den Sitzungen teil. Die Ministerialbeamten besaßen in der Kommission zwar kein Stimmrecht. Dies hinderte sie aber nicht daran, sich in die Diskussion einzuschalten.[21] Die letzte Sitzung fand am 19. Juni 1959 statt – mehr als fünf Jahre nach der konstituierenden Sitzung. Die in der Folge erarbeiteten Gesetzentwürfe erlangten zwar noch Kabinettsreife (Entwurf 1960), wurden aber in der auslaufenden 3. Legislaturperiode vom Bundestag nicht mehr beraten.[22]

Nach der Bundestagswahl 1959, als zunächst Wolfgang Stammberger (FDP) und ab 1963 dann Ewald Bucher, ebenfalls FDP, das Amt des Bundesjustizministers übernahmen, wurden die Vorschläge der Kommission mit den Bundesländern beraten und in einen gemeinsamen Entwurf eingearbeitet, der Anfang 1962 als «Entwurf 1962» (E 62) präsentiert wurde.[23] Es handelte sich dabei um den Gesamtentwurf eines neuen Strafgesetzbuchs mit ausführlichen Begründungen im Umfang von 711 Seiten. Alles war mit der Expertenkommission und den Bundesländern abgestimmt und hätte eigentlich nur noch vom Bundestag verabschiedet werden müssen. Am 28. März 1963 begründete Minister Bucher den Entwurf im Bundestag, der ihn in Erster Lesung an den Rechtsausschuss überwies. Doch nun zeigte sich, dass diejenigen, die daran gearbeitet hatten – keineswegs nur im Bundesjustizministerium –, einen Weg eingeschlagen hatten, der politisch anfechtbar war. Vor allem die SPD, die ebenfalls eine Reform wünschte und für notwendig hielt, aber auch zahlreiche Wissenschaftler kritisierten den Entwurf als zu konservativ.[24]

Die Kritik bezog sich vor allem auf die kriminalpolitische Grundausrichtung des Entwurfs, der von einem Vorrang des Sühnegedankens, der Vergeltung und der Abschreckung als Hauptzweck der Strafe geprägt war.[25] Die Resozialisierung und die Spezialprävention spielten dagegen eine nur untergeordnete Rolle.[26] So sollte etwa die Zuchthausstrafe als besonders stigmatisierende Form der Freiheitsentziehung mit härteren Vollzugsbedingungen beibehalten werden, obwohl ihr entehrender Charakter die Resozialisierung des Straftäters erwiesenermaßen erschwerte.[27] Als problematisch erschien auch die Ausrichtung des Besonderen Teils des Strafgesetzbuchs an einem christlich-naturrechtlichen Sittengesetz, die ausufernde Strafandrohungen bei Verstößen gegen die Sittlichkeit zur Folge hatte.[28] Diese starr rückwärtsgewandte Haltung überraschte insofern, als im Rahmen der sogenannten «kleinen Reform» des Strafprozessrechts von 1964 unter der Leitung von Theodor Kleinknecht durchaus liberale Ansätze verfolgt und unter Rückgriff auf Reformvorschläge aus den Jahren 1909 und 1919 durchgesetzt worden waren.[29]

Eine Gruppe jüngerer Strafrechtswissenschaftler unter Federführung des Tübinger Professors Jürgen Baumann und seines Göttinger Kollegen Claus Roxin legte deshalb 1966 zum Entwurf von 1962 einen «Alternativentwurf» vor, der ein stark gewandeltes Verständnis des Strafrechts aufwies.[30] Dieser Alternativentwurf wurde am 17. November 1967 von der FDP, die sich inzwischen in der Opposition befand, in den Bundestag eingebracht und dort an den Rechtsausschuss überwiesen. Er trat damit in Konkurrenz zum Regierungsentwurf von 1962.[31] Wie groß das Interesse daran war, zeigt die Tatsache, dass Baumann und Roxin von der SPD eingeladen wurden, den Entwurf in ihrer Bundestagsfraktion vorzustellen, wobei sie prominente Unterstützung erhielten: durch Fritz Bauer.[32] Im Rechtsausschuss führte die Abstimmung der beiden Entwürfe schließlich zu einem Kompromiss: So wurden die dogmatischen Stärken des Regierungsentwurfs von 1962 im Allgemeinen Teil des Strafgesetzbuchs weitgehend übernommen, während die kriminalpolitische Ausrichtung des Alternativentwurfs im Besonderen Teil stärker zur Geltung kam. Die grundlegende Reform des Sanktionensystems trat danach mit dem 1. Strafrechtsreformgesetz vom 25. Juni 1969 am 1. September 1969 bzw. 1. April 1970 in Kraft, das 2. Strafrechtsreformgesetz vom 4. Juli 1969, das den vollständigen neuen Allgemeinen Teil enthielt, am 1. Januar 1975.[33] Zu einer Reform des gesamten Besonderen Teils kam es aber letztlich nicht.[34] Bis heute stammen die Grundlagen des Besonderen Teils aus dem Jahr 1871.[35]

Diskussion über die Todesstrafe

In bewundernswerter Klarheit erklärt das Grundgesetz in Artikel 102: «Die Todesstrafe ist abgeschafft.» Es formulierte damit einen neuen humanitären Maßstab und setzte eine bis dahin weithin akzeptierte Sanktion für höchstes Unrecht, vor allem für Mord, außer Kraft. Zwar wurde bereits beim Erlass des Strafgesetzbuchs 1871 in der Tradition der Paulskirchen-Verfassung von 1849 darüber gestritten, ob nicht auf die Todesstrafe verzichtet werden könne.[36] Doch der Reichstag entschied sich nach einem persönlichen Appell Bismarcks mit knapper Mehrheit für ihre Beibehaltung.[37] In der Weimarer Republik legte Reichsjustizminister Gustav Radbruch 1922 einen Reformentwurf vor, der keine Todesstrafe mehr vorsah. Aber sein Entwurf wurde nie Gesetz. Die sukzessive Ausweitung der Todesstrafe durch den nationalsozialistischen Gesetzgeber und die Exzesse der Kriegsgerichte führten schließlich dazu, dass die Siegermächte des Zweiten Weltkrieges im Militärregierungsgesetz Nr. 1 vom 20. Juni 1945 die Anwendbarkeit der Todesstrafe auf die-

III. DAS NS-ERBE UND DIE GESETZGEBUNG IN DER BUNDESREPUBLIK 365

jenigen Fälle beschränkten, in denen diese auch schon vor 1933 angedroht gewesen war. Zugleich machten die Alliierten selbst – etwa in den Nürnberger Prozessen – weiterhin von der Todesstrafe Gebrauch.

Vor diesem Hintergrund fand 1948/49 die Debatte im Parlamentarischen Rat statt. Natürlich stand sie in erster Linie unter dem Eindruck des Justizterrors und der exzessiven Anwendung der Kapitalstrafe in der NS-Zeit. Aber diejenigen, die forderten, die Todesstrafe abzuschaffen, führten dabei nicht nur humanitäre Gründe an.[38] So kam der Vorschlag zur Abschaffung vom Vorsitzenden der Gruppe der Deutschen Partei, Hans-Christoph Seebohm, der damit auch das Ziel verband, den Alliierten ihre eigene Praxis, weiterhin NS-Täter hinzurichten, vor Augen zu führen. Die Abschaffung der Todesstrafe sei deshalb, so Seebohm, «insbesondere nach den Erlebnissen der letzten Jahre, nicht nur der Zeit bis 1945, sondern auch der Zeit seit 1945, eine unbedingte Notwendigkeit».[39] Und als das Grundgesetz in Kraft getreten war, verwies auch Bundeskanzler Adenauer 1950 in diesem Sinne gegenüber dem amerikanischen Hohen Kommissar John J. McCloy auf den zitierten Artikel 102, um weitere Hinrichtungen von NS-Tätern zu verhindern. McCloy bestand jedoch darauf, dass angesichts des Massenmordes der Nationalsozialisten eine geringere Strafe für die Hauptkriegsverbrecher und ihre Helfershelfer unzureichend gewesen wäre, um dem Gerechtigkeitsbedürfnis der zivilisierten Weltordnung Genüge zu tun.[40]

So fanden am 7. Juli 1951 kurz nach Mitternacht in der Haftanstalt Landsberg noch einmal Hinrichtungen statt, als sieben von amerikanischen Militärgerichten verurteilte Kriegsverbrecher trotz umfangreicher Gnadenappelle aus Gesellschaft und Politik exekutiert wurden, unter ihnen Otto Ohlendorf, SS-Gruppenführer und Befehlshaber der Einsatzgruppe D sowie Amtschef im Reichssicherheitshauptamt (RSHA), und Hans Schmidt, SS-Hauptsturmführer und Adjutant des Lagerkommandanten des KZ Buchenwald. Die Tatsache, dass bei der Vollstreckung dieser Todesurteile auch Vizekanzler Franz Blücher und der spätere Justizminister Fritz Schäffer anwesend waren, unterstreicht die politische Bedeutung des Vorgangs und dessen vergangenheitspolitische Dimension, die auch in den Äußerungen Seebohms und Adenauers bereits zum Ausdruck gekommen war, später jedoch offenbar in Vergessenheit geriet.[41] Denn als der Erste Senat des Bundesverfassungsgerichts in seiner Entscheidung zur lebenslangen Freiheitsstrafe aus dem Jahr 1977 auf die Abschaffung der Todesstrafe verwies, bezog er sich ausschließlich auf den Missbrauch dieser Strafform in der Zeit des Nationalsozialismus und ließ die Bemühungen nach 1945, die Hinrichtung von NS-Tätern zu verhindern, unerwähnt.[42]

Angesichts der Diskussionen, die im Parlamentarischen Rat zur Abschaffung der Todesstrafe geführt hatten, und der Bemühungen, die Vollstreckung von Todesurteilen gegen Kriegsverbrecher durch die Alliierten zu verhindern, erscheint es umso erstaunlicher, dass selbst der Artikel 102 GG augenscheinlich für das BMJ keinen Grund darstellte, nicht über die Wiedereinführung der Todesstrafe nachzudenken. Tatsächlich wurde diese Frage in der 108. Sitzung der Großen Strafrechtskommission am 17. Oktober 1958 ausführlich und sehr emotional erörtert. Eingebettet in die Diskussion um die Reform der Staatsschutzdelikte, war für die Beratung des Themas zwar lediglich ein Nachmittag vorgesehen. Doch war es eine besondere Sitzung, an der neben den Kommissionsmitgliedern auch der Präsident des Bundesamts für Verfassungsschutz, Hubert Schrübbers, Ministerialrat Heinz Neudeck vom Bundesverteidigungsministerium und die Bundesrichter Heinrich Jagusch und Günther Willms teilnahmen. Auch das Bundesjustizministerium war hochrangig und umfassend vertreten: mit Minister Schäffer, Staatssekretär Strauß und weiteren zwölf Mitarbeitern, unter ihnen Josef Schafheutle, Eduard Dreher, Joachim Schölz, Georg Schwalm und Richard Sturm. Gesprochen wurde allgemein über die Wiedereinführung der Todesstrafe vor allem für Mord. Die Niederschrift der Diskussion wurde in einem Sonderband zusammengefasst. Einen Gesetzesvorschlag gab es allerdings nicht.

Die Sitzung begann mit einer ebenso blamablen wie unverständlichen Erklärung des Bundesjustizministers Fritz Schäffer: Als Ressortminister könne er nicht Stellung nehmen, sondern müsse erst die Meinung des Kabinetts einholen, wenn ein entsprechendes Ergebnis der Kommission vorläge.[43] Mit anderen Worten: Der zuständige Minister wollte sich in dieser grundsätzlichen Frage, deren Diskussion in der Kommission er von vornherein hätte verhindern sollen, nicht festlegen, sondern nach einem Votum der Kommission zunächst das Kabinett befragen und erst danach Position beziehen. Schäffer entzog sich also der ihm auferlegten Verantwortung, obwohl er als «Verfassungsminister» im Sinne Thomas Dehlers die Richtung hätte vorgeben müssen, die durch Artikel 102 GG längst feststand. Außerdem erscheint es als befremdlich, ja abenteuerlich, dass der zuständige Ressortminister dem Kabinett auf der Grundlage des Votums einer Kommission, die vom BMJ zur eigenen Beratung eingesetzt worden war, eine Änderung des Grundgesetzes – sofern die Kommission in diesem Sinne entschiede – vorschlagen wollte. Mehr noch: Schäffer hatte offenbar auch den Mitarbeitern des Ministeriums in dieser Frage ein Redeverbot erteilt, da sie sich diesmal nicht zu Wort meldeten, obwohl sie sich ansonsten – ungeachtet ihrer ausschließlich beratenden Funktion in der Kommission – nie zurückhielten. Dabei lag bereits eine Stellungnahme aus dem Ministerium vor:

Eduard Dreher hatte sich zu dem Thema schon ausführlich literarisch geäußert und durchblicken lassen, dass er durchaus an die abschreckende Wirkung der Todesstrafe glaube.[44]

In einem ersten einleitenden Grundsatzreferat sprach sich der Präsident des Berliner Kammergerichts, Dr. Alfred Skott, für die Wiedereinführung der Todesstrafe aus. Der Nationalsozialismus, erklärte er, könne als «einmalige exzeptionelle geschichtliche Situation nicht für alle Zeiten richtungsgebend sein».[45] Insofern sei die Entscheidung im Parlamentarischen Rat «damals ... noch unter dem frischen Eindruck eines zwar ungeheuerlichen, aber immerhin episodischen Erlebnisses, nämlich des von dem nationalsozialistischen Regime mit der Todesstrafe getriebenen fürchterlichen Mißbrauchs» entstanden.[46] Außerdem habe das Grundgesetz ohnehin nur einen vorläufigen Charakter[47] und die Volksmeinung befürworte die Todesstrafe.[48] Gar nicht verzichtbar sei sie im Kriegsfall oder im Staatsnotstand. Kein Staat könne zur «Aufrechterhaltung der Manneszucht» darauf verzichten, worüber doch Einigkeit bestehen dürfte.[49]

In einem zweiten Grundsatzreferat erklärte hingegen der Göttinger Strafrechtsprofessor Paul Bockelmann, dass es sich bei Artikel 102 GG um eine Fundamentalentscheidung handele, die als endgültig angesehen werden müsse.[50] Die Todesstrafe entspringe einem antiquierten, ja primitiven Rachebedürfnis, das eines Rechtsstaates unwürdig sei. Eines der größten Probleme sei dabei die Irreparabilität der Vollstreckung bei einem Fehlurteil. Die oft behauptete Abschreckungswirkung lasse sich empirisch nicht belegen.[51] Auch für den Fall eines Staatsnotstandes lehnte Bockelmann die Todesstrafe ab. Er halte es, erklärte er, «für indiskutabel, eine Verfassungsreform, die uns den erforderlichen Schutz gegen Notstände geben soll, damit zu beginnen, daß man erst einmal die Todesstrafe wieder einführt.»[52] Immer wieder griff Bockelmann bei seiner Stellungnahme auf Erfahrungen zurück, die er selbst während der Naziherrschaft als Kriegsrichter gemacht hatte – etwa wenn er von einem kurz vor der Exekution als falsch erkannten Urteil berichtete –, und schloss seine Ausführungen mit der Bemerkung, es mache ihm Angst, wenn er sich vor Augen führe, wie schnell er selbst sich als Kriegsgerichtsrat daran gewöhnt habe, Hinrichtungen zu leiten.[53] Generalbundesanwalt Max Güde bemerkte danach, er sei zwar nicht grundsätzlich gegen die Todesstrafe. Allerdings dürfe sie der «gegenwärtigen Juristengeneration» nicht an die Hand gegeben werden, da die gesamte Gesellschaft «in der Nazizeit jeden Maßstab verloren» habe.[54]

In der Abstimmung über die Frage, ob die Aufnahme der Todesstrafe in den Entwurf des neuen Strafgesetzbuches für notwendig gehalten werde, sprach sich die Kommission am Ende mit 19:4 Stimmen eindeutig gegen die

Wiedereinführung der Todesstrafe aus.[55] Das Ergebnis darf aber nicht darüber hinwegtäuschen, dass mehrere Gegner der Todesstrafe diese im Falle eines Notstandes oder in einem Kriegsfall für unverzichtbar ansahen.[56] Auch in den vom Bundesjustizministerium vorgelegten «Entwurf 1962» wurde die Todesstrafe nicht aufgenommen. Hier verwies man schlicht auf Artikel 102 GG, von dem der Gesetzgeber auszugehen habe. Damit wandte man sich wieder der Position Thomas Dehlers zu, der als entschiedener Gegner der Todesstrafe zahlreiche Eingaben an das Ministerium, in denen ihre Wiedereinführung gefordert worden war, mit persönlichen Ablehnungsschreiben beantwortet hatte.[57] Auch im weiteren parlamentarischen Prozess kehrte das Thema Todesstrafe nicht mehr auf die Tagesordnung zurück.[58] Das Grundgesetz wurde in diesem Punkt jetzt nicht mehr in Frage gestellt.[59]

Allerdings gab es dazu auch unter den Bundesjustizministern unterschiedliche Auffassungen. Fritz Neumayer beispielsweise hatte sich ab 1955 mehrfach öffentlich für die Todesstrafe ausgesprochen – ebenso wie Fritz Schäffer, der sogar das ablehnende Votum der Großen Strafrechtskommission ausdrücklich bedauerte.[60] Auch Richard Jaeger, der sich Anfang der 1950er Jahre für die Begnadigung der Landsberger Kriegsverbrecher eingesetzt hatte, war ein starker Befürworter der Todesstrafe und musste es sich, wie bereits geschildert, gefallen lassen, dafür von Herbert Wehner im Bundestag als «Kopfab-Jaeger» bezeichnet zu werden.[61] Hans-Joachim von Merkatz hingegen und auch Ewald Bucher, der vehement die Verjährung der NS-Verbrechen forderte, traten als Gegner der Todesstrafe auf. Im Bundesjustizministerium hatte man indessen bereits Bewerbungen von Personen entgegengenommen, die sich als Scharfrichter zur Verfügung stellen wollten, wie Georg Schwalm – selbst ein Gegner der Todesstrafe – einem Journalisten der Fernsehsendung «Report» gegenüber erklärte.[62] Als die Sendung am 16. November 1964 vom Westdeutschen Rundfunk ausgestrahlt wurde, war die Bestürzung innerhalb der Bundesregierung groß, so dass Bundeskanzler Ludwig Erhard anschließend allen Bundesbehörden verbot, öffentlich zu dem Thema Stellung zu nehmen.[63] Bundesjustizminister Heinemann war es schließlich, der 1967 kategorisch feststellte, man dürfe «nicht müde werden, unserem Volke immer wieder zu sagen, daß Henker und Fallbeil keine geeigneten Mittel sind, um die Probleme unserer Gesellschaft in der Mitte des zwanzigsten Jahrhunderts zu lösen».[64] Entsprechende Eingaben an das Bundesjustizministerium wurden nun routinemäßig im Sinne Heinemanns mit Standardschreiben beantwortet.[65]

III. DAS NS-ERBE UND DIE GESETZGEBUNG IN DER BUNDESREPUBLIK

Der strafrechtliche Schutz des Lebens

Eine Kernmaterie jedes Strafrechts stellt der Schutz des Lebens dar. Über die genaue Bestimmung dessen, was unter «Mord», was unter «Totschlag» zu verstehen ist und mit welchen Strafen sie belegt werden sollen, wird, wie eingangs dargestellt, bis heute gestritten. Auch in der Großen Strafrechtskommission nach 1954 wurde viel Zeit auf die entsprechenden Paragraphen 211 und 212 des Strafgesetzbuches verwandt. Die Bemühungen um eine Neudefinition der Tötungsdelikte waren jedoch nicht von Erfolg gekrönt. Vor allem die Mitarbeiter des Bundesjustizministeriums lehnten die vorgetragenen Alternativvorschläge ab und trugen so letztlich dazu bei, eine Reform zu verhindern. Im schon erwähnten 6. Strafrechtsreformgesetz von 1998 wich man dem vermeintlich schwierigen und kontroversen Thema weiterhin aus. Und noch auf der Justizministerkonferenz im November 2013 gab es einen Vorstoß Schleswig-Holsteins, lediglich den Wortlaut der Normen zu bereinigen. Erst 2014 wurden politische Stimmen laut, die einen Abschied von der NS-Gesetzgebung forderten, da bei den Mordmerkmalen – «aus Habgier», «heimtückisch oder grausam» oder «aus niedrigen Beweggründen» – Motive genannt würden, die auf eine Bestrafung der Gesinnung hinausliefen, anstatt die Tat nach objektiven Maßstäben zu definieren. Auch die Beschreibung von Tätertypen – «Mörder» oder «Totschläger» – seien vom Ungeist der NS-Zeit geprägt und mit einem modernen Strafrechtsverständnis nicht vereinbar. Im Mai 2014 wurde daher im Justizministerium erneut eine Kommission eingesetzt, um über eine Reform der Gesetze zu Tötungsdelikten zu beraten, die 2016 ihre Ergebnisse vorlegte.[66] Die politischen Beratungen dazu sind noch nicht abgeschlossen.

Bereits in der ursprünglichen Fassung des Reichsstrafgesetzbuches von 1871 wurde in Anlehnung an den französischen *Code pénal* von 1810 und das Preußische Strafgesetzbuch von 1851 zwischen Totschlag als einfacher Form der Tötung (§ 212 RStGB) und Mord als Tötung mit Überlegung (§ 211 RStGB), für den zwingend die Höchststrafe, das heißt die Todesstrafe, verhängt werden musste, unterschieden.[67] So hieß es in der bis zum 4. September 1941 gültigen Fassung des Reichsstrafgesetzbuches in § 211 wörtlich: «Wer vorsätzlich einen Menschen tötet, wird, wenn er die Tötung mit Überlegung ausgeführt hat, wegen Mordes mit dem Tode bestraft.» Der § 212 RStGB lautete entsprechend: «Wer vorsätzlich einen Menschen tötet, wird, wenn er die Tötung nicht mit Überlegung ausgeführt hat, wegen Totschlags mit Zuchthaus nicht unter fünf Jahren bestraft.»

Das Merkmal der «Überlegung» ist zwar in der Gesellschaft intuitiv als besonders schlimme Form der vorsätzlichen Tötung verankert. In der forensischen Praxis bereitet es im Einzelfall aber Schwierigkeiten und war deshalb auch in der Wissenschaft schon seit der Wende zum 20. Jahrhundert umstritten. Als der nationalsozialistische Gesetzgeber den Mordtatbestand 1941 änderte und die psychologisierende Unterscheidung durch eine materielle Kasuistik ersetzte, formte er den Tatbestand jedoch nach der Tätertypenlehre um.[68] Demnach galt als Mörder, «wer aus Mordlust, zur Befriedigung des Geschlechtstriebs, aus Habgier oder sonst aus niedrigen Beweggründen, heimtückisch oder grausam oder mit gemeingefährlichen Mitteln oder um eine andere Straftat zu ermöglichen oder zu verdecken, einen Menschen tötet» (§ 211 Abs. 2 RStGB). Die Todesstrafe war die regelmäßige Rechtsfolge. Nur «in besonderen Ausnahmefällen» konnte von ihr abgesehen werden (§ 211 Abs. 3 RStGB).

Nun mag man sich fragen, warum diese Umstellung so gravierend war. Ein umstrittenes Konzept zur Identifizierung der Tötungsfälle, welche die höchste Strafe verdienen, wurde doch lediglich durch ein anderes ersetzt. Eine Orientierung an der Person des Täters schien auch nicht gänzlich abwegig oder unangemessen, denn im Rahmen der Strafzumessung hatte die Frage der Täterpersönlichkeit schon immer eine Rolle gespielt. Doch der nationalsozialistische Gesetzgeber verband mit der Novelle von 1941 mehr als eine bloße Umformulierung. Zur Erläuterung schrieb dazu Erich Schmidt-Leichner noch 1941 in der *Deutschen Justiz*: «Heute ist die Frage nach dem Tätertyp zum entscheidenden Tatbestands-Zentralproblem geworden. Die Bejahung oder Verneinung eines Tätertyps soll für die Begründung der Strafbarkeit selbst entscheidende Bedeutung haben.»[69] Die Tätertypenlehre habe den großen Vorteil, dass durch sie «die oft bedrückende Enge des Tatbestandes bei der Rechtsanwendung des Einzelfalls» durchbrochen werden könne.[70] Der Einzelfall sollte anhand des Tätertyps gelöst werden und nicht anhand lästiger Rechtsprinzipien. In der Kriegswirtschaftsverordnung, der Volksschädlingsverordnung und der Gewaltverbrecherverordnung hatten sich zuvor bereits die Weite und Unbestimmtheit der neuen Formulierungen gezeigt, die es dem nationalsozialistischen Richter ermöglichten, das für die «Volksgemeinschaft» wichtige und erhaltenswerte Leben von dem «verbrecherischen Leben», das ausgelöscht werden konnte, zu unterscheiden. Die Tätertypenlehre besaß damit zwei Seiten: Sie dehnte die Strafen zu Lasten der zu «eliminierenden» Personen aus und schränkte zugleich die Strafen zugunsten der «würdigen Volksgenossen» ein. Der Tätertyp war demnach normativ und nicht durch rechtstatsächliche, kriminologische Eigenschaften zu bestimmen. Dabei warnte Schmidt-Leichner zugleich vor einer zu starken wissenschaftlichen Durchdringung der Tätertypenlehre: Die Praxis brauche harte Vorgaben und keine ständig neu dargebotenen Formulierungen wissenschaftlicher Provenienz. Gerade für den «Gedanken des Tätertyps, dessen Wesen nicht so sehr im rechtlich konstruktiven Verstehen als in einem rechtskünstlerischen Erfassen» liege, gelte das Goethe-Wort: «Wenn Ihr's nicht fühlt, Ihr werdet's nicht erjagen.»[71]

Die Tätertypenlehre war demnach das Einfallstor für ideologische Strafrechtsanwendung. Die Tat als solche trat in den Hintergrund und diente nur als Anlass für die mit strafprozessualen Mitteln inszenierte Diskriminierung ganzer Tätergruppen. Die Tätertypenlehre war also nicht nur eine harmlose methodische Handreiche mit einer vielleicht etwas übertriebenen Betonung des Täters und seiner Gesinnung, sondern das zentrale Mittel zur Durchsetzung der nationalsozialistischen Ideologie im Strafrecht.

Nach dem Ende des Nationalsozialismus ließ der Alliierte Kontrollrat die seit 1941 geltende Fassung der §§ 211 und 212 – trotz der Tätertypik – im Strafgesetzbuch bestehen. Deutsche Gerichte, die unter alliierter Besatzung ihre Urteile fällten, konnten damit weiterhin die Todesstrafe verhängen – was in einer gewissen Zahl von Fällen auch tatsächlich geschah. Bestrebungen, den Tatbestand eng auszulegen und zusätzlich zu den 1941 definierten Mordmerkmalen noch die Kategorie der «Überlegung» aus der Gesetzesfassung vor 1941 zu verlangen, wurden vom Obersten Gerichtshof für die Britische Zone, der von 1948 bis 1950 faktisch die höchste Autorität in der deutschen Justiz bildete, jedoch abgelehnt, weil er in § 211 StGB kein nationalsozialistisches Gedankengut sah.[72] Auch der Bundesgerichtshof, dessen Richter zum weit überwiegenden Teil eine NS-Vergangenheit aufwiesen, führte diese Rechtsprechung zu § 211 StGB fort, so dass die nationalsozialistische Tätertypenkasuistik überdauerte. So hieß es in einer richtungweisenden Entscheidung vom 9. November 1951, dass das Gesetz «zwei selbständige Tatbestände mit verschiedenem Unrechtsgehalt» aufstelle, weil es in § 211 von «dem Mörder» und in § 212 von «dem Totschläger» spreche.[73] Auf diese Idee konnte der Bundesgerichtshof indessen nur kommen, weil sich deren Richter von der Tätertypenlehre noch nicht verabschiedet hatten. Allerdings hält der Bundesgerichtshof bis heute an dieser Unterscheidung fest. Im Kapitel über das Einführungsgesetz zum Ordnungswidrigkeitengesetz wird noch darüber zu sprechen sein, welche Auswirkungen diese Rechtsprechung auf die Verfolgung von NS-Verbrechen hatte.

Die gesamte Diskussion über die Mordmerkmale ist indessen voller Widersprüche und Meinungswechsel. Eine einheitliche Linie war auch bei den Vertretern des Bundesjustizministeriums in der Großen Strafrechtskommission nicht zu erkennen. Trotz vieler Sitzungen und jahrelanger Debatten blieben die Reformbemühungen daher bereits im Ansatz stecken. Im abschließenden Regierungsentwurf von 1962 fand sich zwar eine Differenzierung beim Tatbestand des Totschlags, der nunmehr neben der einfachen vorsätzlichen Tötung die Affekttat und die Mitleidstötung als Privilegierung vorsehen sollte. Doch beim Tatbestand Mord wurde für die absoluten Mordmerkmale Mordlust, Erregung oder Befriedigung des Geschlechtstriebs, Habgier und Ermöglichungsabsicht sowie – alternativ – für die Tötung aus Überlegung weiterhin die zwingende lebenslange Zuchthausstrafe angedroht. Mit diesen Vorschlägen ging man in die weiteren Verhandlungen und erreichte – nichts. Am Ende war das Bundesjustizministerium von dieser Lösung offenbar selbst nicht mehr überzeugt und gab eine Reformierung der Tötungsdelikte auf. Die Tätertypenlehre nationalsozialistischer Prägung blieb dem Strafrecht damit an entscheidender Stelle erhalten – ein folgenschwerer Fehler.

Strafbarkeit der Homosexualität

Das Reichsstrafgesetzbuch von 1871 enthielt in § 175 eine Vorschrift, nach der die «widernatürliche Unzucht» zwischen zwei Männern mit Gefängnis zu bestrafen war. Auch wenn schon Ende des 19. Jahrhunderts im Zuge neuer medizinischer und psychologischer Forschungen zu den Ursachen und sozialen Folgen von Homosexualität sowohl über eine Liberalisierung als auch über eine Verschärfung des § 175 nachgedacht wurde, kam es im Kaiserreich und ebenfalls in der Weimarer Republik nicht zu einer Novellierung des Gesetzes.[74] Erst der nationalsozialistische Gesetzgeber verschärfte auf der Grundlage von Entwürfen des Reichsjustizministeriums und der Amtlichen Strafrechtskommission zum 1. September 1935 die Strafbarkeit für Homosexualität erheblich. Reichsluftfahrtminister Hermann Göring, der 1934 im Falle des Todes von Hitler offiziell zu dessen Nachfolger bestimmt worden war, hatte diese Verschärfung gefordert, um die «seuchenartige Ausbreitung im Interesse der sittlichen Gesunderhaltung des Volkes» zu unterbinden.[75] Schwule Männer wurden als «Volksfeinde» angesehen – unter anderem weil sie vermeintlich die Geburtenrate Deutschlands gefährdeten.

Nach Verkündung der Novelle am 26. Juni 1935, aber noch vor ihrem Inkrafttreten, änderte das Reichsgericht seine Rechtsprechung bereits dahingehend ab, dass das Erfordernis einer beischlafähnlichen Handlung schrittweise aufgegeben und durch die sehr viel weiter definierte «Unzuchthandlung», wie es das Gesetz von 1935 vorsah, abgelöst wurde. Demnach erfüllte also nicht erst eine «Imitation» des heterosexuellen Geschlechtsakts den Tatbestand der Homosexualität, sondern jede Form von Unzucht, Oralverkehr, wechselseitige Onanie, bis hin zur wollüstigen Umarmung oder auch Handlungen ohne jede Berührung, da schon die Verletzung des allgemeinen Schamgefühls als objektiv anstößig angesehen wurde.[76] Ebenfalls bereits 1934 wurde dazu ein Sonderdezernat der Gestapo gebildet, dem am 10. Oktober 1936 im Zuge der Neuorganisation der Kriminalpolizei die Gründung der «Reichszentrale zur Bekämpfung der Homosexualität und Abtreibung» beim Reichskriminalpolizeiamt folgte, die auf Geheiß von Reichsführer SS Heinrich Himmler hauptsächlich Daten über Homosexuelle sammelte, um sie besser verfolgen zu können. Umerziehung oder Vernichtung durch Arbeit waren dabei das politische Ziel.[77] Homosexuellen Angehörigen der SS und der Polizei drohte ab 15. November 1941 sogar die Todesstrafe.[78]

Die Zahl der Verurteilungen nach § 175 StGB stieg nun sprunghaft an. Während 1934 noch 948 Personen rechtskräftig verurteilt worden waren, erhöhte sich diese Zahl 1935 bereits auf 2 106, 1936 auf 5 321, 1937 auf 8 271 und 1938 auf 8 562 Personen.[79] Die systematische Diskriminierung von Homosexuellen durch Polizei und Justiz hatte begonnen und wurde nach Anfang des Krieges zusätzlich von den Wehrmachtsgerichten betrieben.[80] Auch Eduard Dreher nahm an der Verfolgung als Staatsanwalt am Sondergericht Innsbruck teil und erwirkte beispielsweise 1944 in einem Fall eine Verurteilung wegen Unzucht zwischen Männern zu vier Jahren Zuchthaus.[81] Hans Frank, der Präsident der Akademie für Deutsches Recht, der im Nürnberger Hauptkriegsverbrecherprozess zum Tode verurteilt wurde, bezeichnete die Juni-Novelle 1935 als «Markstein auf dem Wege zu einem nationalsozialistischen Strafrecht».[82] Dennoch hob der Alliierte Kontrollrat keinen der Homosexuellen-Paragrafen auf.[83] Einige der Oberlandesgerichte – so in Oldenburg, Braunschweig und Kiel[84] – betrachteten diese Normen jedoch bereits 1946 und 1947 als typisch nationalsozialistisches Unrecht und verneinten ihre Anwendbarkeit. Die Oberlandesgerichte Düsseldorf und Frankfurt hingegen sahen darin kein weltanschauliches Problem und wendeten die Vorschriften weiterhin an.[85] Schließlich bestätigte auch der Oberste Gerichtshof für die Britische Zone die Gültigkeit der Vorschriften und berief sich hierbei auf Entwürfe zur Reform des Reichsstrafgesetzbuches aus den Jahren 1925 und 1927, wobei er dem Gesetz seine kriminalpolitische Berechtigung bescheinigte.[86]

Tatsächlich blieben die §§ 175 und 175a RStGB aus dem Jahr 1935 auch nach Inkrafttreten des Grundgesetzes in der Bundesrepublik Deutschland geltendes Recht. Sie wurden durch die ersten Reformgesetze nicht angetastet und erhielten damit formal sogar eine demokratische Legitimation.[87] Der Bundesgerichtshof fand die Vorschriften ebenfalls unbedenklich.[88] Tendenzen in der Rechtsprechung der Oberlandesgerichte, die Homosexuellen-Paragrafen eng auszulegen, erteilten die Bundesrichter ebenfalls eine Abfuhr, indem sie dazu ganz offen erklärten, dass eine Rückkehr zur Interpretation des Gesetzes von vor 1935, in der die Vornahme beischlafähnlicher Handlungen als Voraussetzung für die Strafbarkeit verlangt worden war, ausgeschlossen sei. «Diese Ansicht», heißt es in einem Urteil des BGH vom 13. März 1951, entferne sich «zu weit von der Tatsache, daß das Gesetz geändert worden ist, und vom Wortsinn der neuen Fassung.»[89] Wohlgemerkt: Der Bundesgerichtshof sprach hier vom Gesetzgeber von 1935, dessen Willen jetzt, 1951, noch immer zur Durchsetzung verholfen wurde. Als Zweck der Vorschrift wurde auf eine Entscheidung des Reichsgerichts Bezug genommen, in der formuliert worden war, der «Grund für diese Strafbestimmungen» liege «in dem Interesse der Gesamtheit, die körperliche und geistige Gesundheit des Volkes auch auf dem Gebiete der geschlechtlichen Betätigung zu erhalten und vor Abirrungen zu bewahren».[90]

Das Grundgesetz war hier offenbar machtlos. Weder die allgemeine Handlungsfreiheit gemäß Artikel 2 noch der Gleichheitsgrundsatz nach Artikel 3 des Grundgesetzes waren nach Ansicht des Bundesverfassungsgerichts verletzt.[91] Homosexuelle Betätigung verstoße gegen das Sittengesetz, so der Erste Senat, und es könne nicht eindeutig festgestellt werden, dass jedes öffentliche Interesse an ihrer Bestrafung fehle.[92] Damit waren auch die Bemühungen des OLG Braunschweig, das anfänglich den §§ 175 und 175a RStGB von 1935 skeptisch gegenübergestanden hatte und ihre Anwendung einzuschränken suchte, gescheitert. Nach 1953 hatte die Staatsanwaltschaft in einem Verfahren zugunsten des Angeklagten mit der Behauptung Revision eingelegt, die Bestrafung nur der männlichen Homosexualität verstoße gegen Artikel 3 Grundgesetz.[93] Generalstaatsanwalt in Niedersachen war damals übrigens Fritz Bauer.

Es gab aber auch gewichtige Stimmen, die Zweifel hegten, ob die einfache Homosexualität nach § 175 StGB strafbar sein sollte. Dazu gab es 1950 seitens der Deutschen Gesellschaft für Sexualforschung eine Eingabe an den Bundestag, und auch der 39. und 47. Deutsche Juristentag sowie die Strafrechtslehrertagung von 1965 und der Strafrechtsausschuss der deutschen Rechtsanwaltskammer empfahlen mehrmals die Aufhebung. International setzte sich ebenfalls mehr und mehr die Ansicht durch, dass Homosexualität normales Sexualverhalten darstelle. Selbst die Kirchen forderten die Abschaffung der Strafbarkeit der einfachen Homosexualität. Doch Liberalisierungstendenzen im Bereich des Sittlichkeitsstrafrechts hatten im Bundesjustizministerium und speziell in der für Strafrecht zuständigen Abteilung II keine Anhänger, obwohl in den vorbereitenden Gutachten zur großen Strafrechtsreform rechtsvergleichende Übersichten zeigten, dass in der

Mehrheit der untersuchten Rechtsordnungen die einfache Homosexualität nicht strafbar war. Allenfalls zum Schutz von Jugendlichen ließen sich Strafvorschriften finden. Dazu wurden auch Gutachten zu Fragen mit ärztlichem Einschlag angefordert, wobei das Bundesjustizministerium die Freiburger «Gesellschaft Deutscher Neurologen und Psychiater» nicht befragte, die im BMJ offenbar durch ihre bereits 1952 erhobene Forderung, die Strafbarkeit abzuschaffen, als diskreditiert galt.[94]

In der Großen Strafrechtskommission, in der sich die Diskussion darauf konzentrierte, ob die einfache Homosexualität, also einverständliche sexuelle Handlungen unter Männern, strafbar sein sollte, hielten die Vertreter des BMJ strikt an ihrem Postulat der Strafbarkeit fest und führten dabei immer neue Argumente ins Feld, die angeblich auf empirisch festgestellten Tatsachen beruhten – etwa mit der phantastischen Bemerkung von Karl Lackner, «das Problem» werde «immer bedeutsamer, je mehr man in die kühleren Regionen der Erde» komme. So habe man aus Schweden gehört, dass die Aufhebung der Strafbarkeit keine Veränderung in der öffentlichen Meinung gebracht habe, sondern dass weiterhin Homosexualität gesellschaftlich geächtet sei und damit auch weiterhin «Cliquenbildung und Erpressung» an der Tagesordnung seien.[95] Die Gefahr homosexueller Cliquenbildung wurde kurioserweise immer wieder beschworen. Sie habe sich schon im Kaiserreich im Fall Eulenburg und auch im preußischen Heer gezeigt. Selbst im Dritten Reich habe sich, wie Walter Strauß bemerkte, über die SA «eine immer größer werdende Gruppe Homosexueller vieler maßgebender Parteiämter, nach 1933 auch Staatsämter, bemächtigt». Darüber sei «sogar ein Mann wie Hitler bestürzt» gewesen, dessen «Hauptanliegen» es beim sogenannten Röhm-Putsch vom 30. Juni 1934 gewesen sei, «diese Clique auszuschalten, weil sie für Hitler und die Partei immer bedrohlicher» geworden sei. Ausdrücklich sprach Strauß in diesem Zusammenhang von Homosexuellen als Menschen mit einer «abartigen Natur».[96]

Dennoch empfahl die Kommission schließlich mit neun zu acht Stimmen, den Tatbestand der einfachen Homosexualität aus dem Gesetz zu streichen. Da die Mehrheit denkbar knapp ausgefallen war, sollte trotzdem eine Neuformulierung des Paragrafen 175 für den Fall erarbeitet werden, dass die Politik sich für die Beibehaltung entschied.[97] Einig war man sich immerhin darin, dass eine Einschränkung der Strafbarkeit auf beischlafähnliche Handlungen erfolgen müsse.[98] Im Alternativentwurf war dagegen nur eine Vorschrift zum Schutz der Jugend vorgesehen, wenn bei männlichen Minderjährigen zwischen 14 und 18 Jahren sexuelle Handlungen von einiger Erheblichkeit vorgenommen wurden. Auch im anschließenden parlamentarischen Prozess machte sich danach die Tatsache bemerkbar, dass die Zustimmung zur Strafbarkeit der einfachen Homosexualität schwand.[99] Bereits mit dem 1. Strafrechtsreformgesetz von 1969 wurde sie nicht mehr unter Strafe gestellt. Das BMJ bemerkte dazu in eigenartiger Begründung, dass die betroffenen Männer eine «irreversible Prägung» aufwiesen; diesen Personen Enthaltsamkeit aufzuerlegen, könne nicht Sinn des Strafgesetzes sein.[100] Die weitergehenden Vorschriften selbst aber wurden noch beibehalten und erst am 11. Juni 1994 endgültig aufgehoben.

2. Das Staatsschutzstrafrecht nach 1949

Das Thema Staatsschutz, das hier nicht in aller Ausführlichkeit behandelt werden kann, ist in seiner politischen Dimension in doppelter Hinsicht relevant: Zum einen ist das Bundesjustizministerium für die gesetzgeberische Tätigkeit auf diesem Gebiet verantwortlich. Zum anderen spielt der Staatsschutz auch in seiner praktischen Anwendung im BMJ eine große Rolle, denn die Strafverfolgung ist hier ausnahmsweise keine Angelegenheit der Länder, sondern des Bundes. Zuständig dafür ist der Generalbundesanwalt.[101]

Staatsschutz im NS-Staat

Unter Staatsschutzstrafrecht versteht man diejenigen Strafnormen, deren Aufgabe es ist, den Bestand, die Sicherheit und die verfassungsmäßige Ordnung des Staates zu schützen.[102] Vor allem handelt es sich dabei um Hochverrat und Landesverrat. Hochverrat bedeutet einen Angriff auf den inneren Bestand des Staates, seine verfassungsmäßigen und territorialen Grundlagen. Landesverrat bezieht sich auf die äußere Sicherheit des Staates, vor allem auf den Schutz von «Staatsgeheimnissen». Bereits das Reichsstrafgesetzbuch von 1871 stellte diese Normen an den Anfang des Besonderen Teils des Strafgesetzbuches (§§ 80 ff.) und hob damit ihre Bedeutung im Gefüge des strafrechtlichen Schutzes hervor. Anders formuliert: Der Schutz des Staates war für das staatliche Strafrecht dem Schutz des individuellen Lebens vorrangig, der erst in den §§ 211 ff. RStGB verankert war. Diese Systematik, die bis heute gilt, auch wenn die Werteordnung des Grundgesetzes dem Individuum einen höheren Stellenwert einräumt, wirft bereits ein bezeichnendes Licht auf den gesellschaftlichen Zusammenhang, der seit dem 19. Jahrhundert zwischen Gemeinschaft und Individuum besteht.

Im nationalsozialistischen Verständnis der Volksgemeinschaft verschärfte sich dieses Spannungsverhältnis weiter. So hieß es bei Leopold Schäfer, Hans

Richter und Josef Schafheutle 1934 in einer Schrift über *Die Strafgesetznovellen von 1933 und 1934*, die «neue Wertung für das Verhältnis des einzelnen zum Volke» lasse «den Angriff gegen den Bestand der Volksgemeinschaft als das schwerste Verbrechen erscheinen, das die Rechtsordnung überhaupt» kenne. Die erstarkte Staatsgewalt sehe deshalb «in der Wachsamkeit gegenüber Angriffen auf ihren inneren und äußeren Bestand und in der Bereitstellung einer wirksamen Abwehr ihre erste Aufgabe». Aus diesen beiden Gesichtspunkten ergäben sich die «Verschärfungen der Strafen, vor allem die Androhung der Todesstrafe, und die Schaffung neuer Tatbestände».[103] Diese Neuerungen wurden im «Gesetz zur Änderung von Vorschriften des Strafrechts und des Strafverfahrens» vom 24. April 1934 eingeführt, in dem verschiedene nationalsozialistische Sofortmaßnahmen in das Strafgesetzbuch integriert wurden.[104] Damit änderte sich auch der Blick auf das Staatsschutzstrafrecht insgesamt, denn der Angriff auf Staat und Partei wurde mit einem Angriff auf das Volk gleichgesetzt. Der Täter beging also nicht nur eine Straftat gegen den Staat, sondern auch einen Treuebruch gegenüber seinem Volk. Und dies rechtfertigte selbstverständlich – zumal bei deutschen Tätern – die schwerste Strafe.[105] Auch in diesem Fall, wie bereits bei den Paragrafen zu Totschlag und Mord, wandelte sich im Nationalsozialismus der Strafgrund, bei dem es jetzt im Wesentlichen nur noch auf die Einstellung des Täters zum Staat, also auf seine Gesinnung, ankam.[106]

Eine bedeutsame Veränderung gab es auch in der Gerichtsverfassung. Hier führte das Gesetz vom April 1934 einen neuen Spruchkörper ein: den Volksgerichtshof, der später zum Inbegriff nationalsozialistischer Terrorjustiz wurde. Der Volksgerichtshof war nunmehr für hoch- und landesverräterische Tätigkeit in erster und letzter Instanz zuständig. Unter den 18 000 Verurteilten wurden über 5 000 mit dem Tode bestraft. Darunter waren die Mitglieder der Widerstandsgruppe der «Weißen Rose» und des 20. Juli 1944.[107] Erst mit dem «Gesetz zur Aufhebung nationalsozialistischer Unrechtsurteile in der Strafrechtspflege» von 1998 wurden die Unrechtsurteile des Volksgerichtshofs pauschal annulliert.[108]

Reformen nach 1949

Im Volksgerichtshof hatte sich in besonderem Maße die nationalsozialistische Willkürherrschaft ausgedrückt. Es verwundert daher nicht, dass die alliierten Siegermächte dem Staatsschutzstrafrecht skeptisch gegenüberstanden.[109] Allerdings wollten sie die unter nationalsozialistischer Herrschaft entstandenen Gesetze nicht vollständig und pauschal aufheben, sondern individuelle Lösungen suchen und solche Gesetze identifizieren, die massiv diskriminierende Wirkungen hatten.[110] So wurde durch das Kontrollratsgesetz Nr. 1 vom September 1945 zunächst nur das «Gesetz zur Änderung von Vorschriften des Strafrechts und des Strafverfahrens» vom 24. April 1934 aufgehoben, um die vor dem 30. Januar 1933 geltende Rechtslage wiederherzustellen.[111] Wenige Monate später hoben die Besatzungsmächte mit dem Kontrollratsgesetz Nr. 11 dann aber auch alle anderen Normen auf, die den Staatsschutz betrafen.

Dieser radikale Schritt wurde von deutscher Seite stark kritisiert. Schließlich könne sich die neu entstehende Demokratie, hieß es, gegen Angriffe von außen und von innen nun nicht mehr zur Wehr setzen.[112] Die Reform des sogenannten Staatsschutzstrafrechts war deshalb 1949 eine der vordringlichsten Aufgaben im Bundesjustizministerium. Ein eigenes Referat gab es dafür zunächst nicht. Zuständig war daher das Referat für materielles Strafrecht unter Referatsleiter Josef Schafheutle. Weitgehenden Einfluss nahm in den Anfangsjahren auch Abteilungsleiter Hans Eberhard Rotberg, ein hervorragender Jurist, der auf eine Promotion an der Universität Würzburg verweisen konnte und von 1928 bis 1932 zunächst als Assessor im Preußischen Justizministerium gearbeitet hatte, bevor er an das Amtsgericht und später an das Landgericht Koblenz gewechselt war. Dort war er nebenamtlich in der Referendarausbildung tätig gewesen und hatte Vorlesungen an der Universität Bonn abgehalten. Der NSDAP war er am 1. Juli 1940 beigetreten. Diese hatte ihn aber als zentrumsnah eingestuft und bei Beförderungen immer wieder zurückgestellt, bis er 1943 schließlich doch Landgerichtsdirektor in Bonn geworden war. Nach Kriegsende hatte er im rheinland-pfälzischen Justizministerium die Gesetzgebungsabteilung geleitet, war 1948 zum Senatspräsidenten am Oberlandesgericht Koblenz ernannt worden und schließlich 1950 in das Bundesjustizministerium gekommen, wo er bald zum Ministerialdirigenten und Leiter der Abteilung II befördert worden war, bevor er am 7. April 1952 zum Bundesrichter ernannt wurde und zunächst den Vorsitz des 4. Senats übernahm, bevor er von 1963 bis 1967 dem für Staatsschutz zuständigen 3. Strafsenat vorsaß.[113]

Nach Rotbergs Weggang von der Rosenburg im Jahr 1952 wurde für den ehemaligen Wehrrichter Ernst Kanter[114] ein eigenes Staatsschutzreferat eingerichtet. Nachdem Kanter zum 10. Februar 1958 Senatspräsident des 3. Strafsenats des Bundesgerichtshofes geworden war, wurde seine Stelle im BMJ von Hans Lüttger übernommen, der das Staatsschutzreferat fast zehn Jahre lang leitete und daher auch maßgeblich prägte. Lüttger hatte, wie Kanter, eine nicht unbeachtliche NS-Vergangenheit. Er war zwar zu jung (Jahrgang 1915), um eine größere Karriere zu machen, war aber bereits im November 1933 in die SA eingetreten[115], gehörte seit 1937 ebenfalls der NSDAP an und hatte sein gesamtes Studium und seine Referendarzeit während des Dritten Reiches absolviert.[116] Nach dem Krieg war er bis 1955 zum Oberstaatsanwalt beim Oberlandesgericht Köln aufgestiegen, bevor er 1957 auf die Bonner Rosenburg gekommen war. Hier war er bis zu seinem Wechsel 1967 als ordentlicher Professor an die Freie Universität Berlin immer im Bereich des Staatsschutzes tätig und ab 1959 auch für die Kommunikation mit dem Generalbundesanwalt zuständig. Der in der 3. Auflage des Braunbuches der DDR veröffentlichten Behauptung, er sei als Kriegsgerichtsrat beim Gericht der Division zur besonderen Verwendung 406 aufgeführt, begegnete er mit dem Hinweis, dass dieser Eintrag nicht der Wahrheit entspreche, wie man seinem Wehrpass und der Personalakte entnehmen könne.[117] Tatsächlich enthält die Personalakte keinen Anhaltspunkt für eine solche Funktion, so dass davon auszugehen ist, dass sich die Autoren des Braunbuches in diesem Fall geirrt oder bewusst die Unwahrheit geschrieben haben.

Der Einfluss des Grundgesetzes auf das Staatsschutzstrafrecht

Die Dringlichkeit, den Bestand des Staates durch das Strafrecht zu schützen, lässt sich daran ablesen, dass im Grundgesetz selbst die Strafbarkeit wegen Hochverrats in Artikel 143 GG niedergelegt wurde. Der Vorgang, in einer Verfassung unmittelbar eine Strafvorschrift vorzusehen, ist durchaus ungewöhnlich. In einer «kleinen Lösung» wurde deshalb ausschließlich der Hochverrat geregelt und – auch aus Rücksicht auf die Alliierten – auf eine Regelung des Landesverrats verzichtet.[118] Zwar wurde die Vorschrift des Artikels 143 GG nie angewandt. Auf ein Staatsschutzstrafrecht *in toto* zu verzichten, kam aber offenbar 1949 nicht in Betracht. So wies etwa Bundesjustizminister Dehler im Bundestag darauf hin, dass das Staatsschutzstrafrecht als Präventivnotwehrmaßnahme zum Schutz der Freiheit gegenüber den «Feinden der Demokratie» unerlässlich sei.[119] Bei der Umsetzung der im Grundgesetz vorgesehenen Bestimmungen galt der verfassungsrechtliche Rahmen jedoch noch nicht als so verbindlich, wie wir das heute gewöhnt sind. Vielmehr vertrat Abteilungsleiter Rotberg während der Beratung des Rechtsausschusses die Position, «es sei niemand gezwungen, in den engen oder weiten Grenzen des Grundgesetzes zu bleiben». Wenn es für richtig gehalten werde, könne «der Rahmen des Grundgesetzes zweifellos weiter gespannt werden».[120]

Das Bedürfnis, die neu gegründete Demokratie der Bundesrepublik vor äußeren und inneren Angriffen zu schützen, ist nachvollziehbar. Jeder Staat benötigt gesetzliche Mittel, um der Einflussnahme von außen, aber auch radikalen Kräften im Innern adäquat begegnen zu können. Die Diskussion um das erste Strafrechtsänderungsgesetz, in dem es um die Verankerung eines Staatsschutzstrafrechts ging, stand dabei einerseits unter dem Eindruck des Korea-Krieges, der im Juni 1950 begann und zu der Befürchtung führte, ein kommunistischer Angriff, wie er in Korea vom Norden auf den Süden des Landes erfolgt war, könne in Deutschland aus der DDR gegenüber dem Westen stattfinden.[121] Andererseits sprach aber auch das Aufkeimen neonazistischer Umtriebe für rasches Handeln, das nicht zuletzt von der SPD gefordert wurde. Insbesondere der Freispruch Wolfgang Hedlers, eines Bundestagsabgeordneten der Deutschen Partei, durch das Landgericht Kiel spielte dabei eine Rolle. Ihm waren Beleidigung, üble Nachrede, Verleumdung, Verunglimpfung des Andenkens Verstorbener und Anreizung zum Rassenhass vorgeworfen worden, nachdem er in einer öffentlichen Rede am 26. November 1949 im «Deutschen Haus» in Einfeld bei Neumünster Widerstandskämpfer gegen den Nationalsozialismus als Vaterlandsverräter bezeichnet, die Kriegsschuld Deutschlands angezweifelt und die Vernichtung der Juden gutgeheißen hatte.[122] Die nationale und internationale Kritik an der «braunen» Richterschaft, die durch dieses Urteil ausgelöst wurde, veranlasste Bundesjustizminister Dehler zu einer Verteidigungsrede für die deutschen Richter, mit der er nun seinerseits in die Schusslinie der Kritik geriet.[123] Die SPD-Fraktion im Deutschen Bundestag legte danach am 15. Februar 1950 den Entwurf für ein «Gesetz gegen die Feinde der Demokratie» vor, der maßgeblich auf den SPD-Rechtsexperten Adolf Arndt zurückging.[124] Im Bundesministerium der Justiz reagierte man darauf wenige Monate später mit einem Regierungsentwurf zur Änderung des Strafgesetzbuches (E 1950), der nach ausführlichen Beratungen im Rechtsausschuss des Bundestages in 20 Sitzungen von Februar bis Juli 1951 noch einmal nachhaltig verändert wurde und schließlich zur gesetzlichen Verankerung eines Staatsschutzstrafrechts führte.[125]

Friedensverrat

Untergliedern lässt sich das Staatsschutzstrafrecht in vier Blöcke: Friedensverrat, Hochverrat, Staatsgefährdung und Landesverrat. Das Grundgesetz sieht in Artikel 26 Abs. 1 Satz 2 vor, dass das friedliche Zusammenleben der Völker zu schützen und insbesondere die Vorbereitung eines Angriffskrieges unter Strafe zu stellen ist. Mit dem Entwurf 1950 unterbreitete das Bundesjustizministerium auch einen entsprechenden Gesetzesvorschlag, der die Strafbarkeit des Angriffskrieges an der Spitze des neuen Staatsschutzstrafrechts platzierte. Dabei wurde ausdrücklich auf das Kontrollratsgesetz Nr. 10 Bezug genommen, das seinerseits das Statut des Nürnberger Militärgerichtshofs aufgriff.[126] Eine der umstrittensten Normen der Nürnberger Prozesse wurde damit im Grunde legitimiert.

In den parlamentarischen Beratungen des Entwurfs 1950 wurde der Verfassungsauftrag des Artikels 26, der kaum eindeutiger hätte ausfallen können und der diesmal vom Bundesjustizministerium ernst genommen worden war, jedoch kritisiert, verschoben und dann nicht wieder aufgegriffen.[127] Der CDU-Abgeordnete Prof. Eduard Wahl, einer der führenden Vertreter des konservativen Heidelberger Kreises[128], deutete schon als Berichterstatter an, dass sich seiner Auffassung nach aufgrund der Korea-Krise die politische Meinung zur Strafbarkeit des Angriffskrieges geändert habe.[129] Adolf Arndt stimmte indirekt zu, indem er erklärte, dass eine genaue Bestimmung der Tatbestände, die einen Angriffskrieg markieren könnten, praktisch unmöglich sei; sie wurden daraufhin aus dem Entwurf gestrichen.[130] Erst mit der Novelle von 1968 – fast 20 Jahre nach Verabschiedung des Grundgesetzes – wurde der Verfassungsauftrag des Artikels 26 Abs. 1 Satz 2 GG durch die Einführung der §§ 80 und 80a StGB erfüllt.[131]

Hoch- und Landesverrat

Nachdem Friedensverrat als Tatbestand im Regierungsentwurf 1950 gestrichen worden war, trat Hochverrat in § 80 StGB an die Spitze des Besonderen Teils des Strafgesetzbuchs. Hier wurde jetzt die schon erwähnte Vorschrift des Artikels 143 GG in ein einfaches Gesetz umgewandelt.[132] Dabei nahm man den Schutz der Verfassungen und der Gebiete der Länder neben dem Bund mit in den Wortlaut des Gesetzes auf.[133] Gestritten wurde allerdings um die Reichweite der Norm[134] und das zu schützende Rechtsgut.[135] Auch die Umschreibung der Tathandlung war umstritten. Während man im Ministerium eine engere Version befürwortet hätte, entschied man sich am Ende für eine ähnliche Fassung wie vor 1945. Abteilungsleiter Rotberg führte dazu aus, «man habe diese Frage mit Mitgliedern des Bundesgerichtshofes und der Bundesanwaltschaft und gerade solchen Herren eingehend erörtert, die die frühere Reichsgerichtspraxis mitgetragen haben oder jedenfalls genau über sie unterrichtet sind».[136] Sehr deutlich zeigte sich daran die Kontinuität der Rechtsauffassungen vor 1945 und nach 1949.

Gleiches gilt für den Landesverrat, bei dem auch unmittelbar auf die Gesetzesfassung von 1934 mit einer extrem weiten Auslegung der Tatbestände zurückgegriffen wurde. In § 100e StGB in der Fassung von 1951 wurde demnach bereits der Kontakt zu einem fremden Geheimdienst als Vorbereitungshandlung für einen Landesverrat unter Strafe gestellt. Der Wortlaut «außerhalb des räumlichen Geltungsbereichs dieses Gesetzes» deutete an, dass damit vor allem die für die DDR tätigen Agenten gemeint waren.[137] Der Abgeordnete Walter Fisch (KPD) kritisierte daher zu Recht, dass mit dieser Vorschrift jeder getroffen werden sollte, der mit Organisationen oder Institutionen aus der «sowjetbesetzten Zone» in Beziehung stand.[138] Insbesondere galt dies für die KPD, die enge Verbindungen zur SED und zur DDR unterhielt. Das Einfallstor für eine überbordende antikommunistische Rechtsprechung war damit aufgestoßen.

Neue Tatbestände: Staatsgefährdung

Hochverrat liegt immer nur dann vor, wenn der Täter gewaltsam handelt oder mit Gewalt droht. Der «Kalte Krieg» zwischen Ost und West wurde indessen mit Methoden ausgetragen, die unterhalb der Gewaltschwelle lagen. Dabei wurde versucht, «die Widerstandskraft der gegnerischen Bevölkerung auf dem Wege der Desorganisation und seelischen Zermürbung, also ohne unmittelbare Gewaltanwendung, niederzuringen», wie es in der Gesetzesbegründung des Bundesjustizministeriums hieß.[139] Somit erschien es logisch, einen Abschnitt über «Staatsgefährdung» in das Gesetz einzufügen, bei dem jedoch bereits der Begriff zu Bedenken Anlass gab, weil die Formulierung «Abwehr kommunistischer staatsgefährdender Gewaltakte» aus der Zeit des Nationalsozialismus stammte.[140] Dennoch griff das Bundesjustizministerium unter Federführung von Schafheutle den Begriff auf und führte den Abschnitt «Staatsgefährdung» am 17. Mai 1951 in die Beratungen über das Staatsschutzstrafrecht ein.[141]

Näherer Erörterung bedarf in diesem Zusammenhang die Vorschrift über verfassungsverräterische Vereinigungen in § 90a StGB 1951. Die Vorschrift stellte den Versuch dar, die Artikel 9 Abs. 2 GG (Vereinigungsverbot) und 21 Abs. 2 GG (Parteienverbot) in einer gemeinsamen strafrechtlichen Vorschrift umzusetzen. Als besonders problematisch wurde dabei die Frage beurteilt, wer berufen sein könnte, die Verfassungswidrigkeit einer Partei festzustellen: das Bundesverfassungsgericht oder das Strafgericht.[142] Abteilungsleiter Schafheutle aus dem BMJ vertrat die Auffassung, dass die Feststellung der Verfassungswidrigkeit beim Strafgericht bleiben solle, die Strafverfolgung aber bis zur endgültigen Entscheidung durch das Bundesverfassungsgericht ausgesetzt werden müsse, wie dies schließlich in § 90a Abs. 3 des Strafgesetzbuches von 1951 vorgesehen wurde.[143] Die gesamte Beratung war nicht nur auf Seiten der

Regierungsvertreter, sondern auch bei den Abgeordneten von CDU/CSU, SPD und FDP von dem Wunsch geprägt, rechtliche Grundlagen zur strafrechtlichen Verfolgung der KPD – einer zu diesem Zeitpunkt legalen, im Bundestag vertretenen Partei – zu schaffen. Insofern war es kein Zufall, dass der Vertreter des Bundesinnenministeriums den Abgeordneten nahelegte, «kein übertriebenes Maß an Ängstlichkeit bei der Ausarbeitung des Tatbestandes walten zu lassen, weil sonst die Aufgabe des Innenministeriums übermäßig erschwert werde».[144] Der Vorwurf des Abgeordneten Fisch gegenüber Schafheutle, dass dieser es dem Richter nur leicht machen wolle, gegen die KPD vorzugehen, indem mögliche Beweisschwierigkeiten durch niedrige Anforderungen schon im Vorfeld umgangen werden sollten, war deshalb nachvollziehbar und berechtigt.[145] Tatsächlich brachte die Regierung nicht einmal drei Monate nach Inkrafttreten des 1. Strafrechtsänderungsgesetzes am 22. November 1951 einen Verbotsantrag gegen die KPD beim Bundesverfassungsgericht ein.

Nachdem das Bundesverfassungsgericht 1956 entschieden hatte, die KPD zu verbieten, wurde der § 90a StGB das strafrechtliche Mittel zur Kommunistenbekämpfung schlechthin. Dabei wurden nicht nur Personen bestraft, die sich zum Kommunismus bekannten und für die Aufhebung des Parteiverbotes eintraten, sondern auch jene, die von 1951 bis 1954 in öffentlichen Ämtern als gewählte Volksvertreter für die KPD tätig gewesen waren. Die rechtliche Basis für dieses Vorgehen fand sich in § 90a Abs. 3 StGB, dem zufolge der Bundesgerichtshof unter Vorsitz des Senatspräsidenten Friedrich-Wilhelm Geier in mehreren Fällen entschied, dass es sich hier nicht um einen Verstoß gegen das Rückwirkungsverbot handle, da den Betroffenen seit 1951 hätte klar sein müssen, dass die Partei, für die sie tätig waren, gegen die Verfassung verstoße – eine auch in rechtlicher Hinsicht ungeheuerliche, aber für den «Geier-Senat» nicht untypische Argumentation.[146]

Erst 1961 stellte das Bundesverfassungsgericht im Prinz-Max-Palais in Karlsruhe endlich klar, dass § 90a Abs. 1 und 3 StGB gegen das Parteiprivileg des Artikels 21 GG verstießen.[147] Jede parteioffizielle Tätigkeit von Mitgliedern und Funktionären einer Partei, die auf erlaubten Mitteln basiere, sei vom Parteiprivileg geschützt, solange kein gegenteiliges Urteil des Bundesverfassungsgerichts vorliege, hieß es nun in der Entscheidung des Gerichts vom 21. März 1961.[148] Dieses Urteil, das nicht zuletzt dem BMJ vorwarf, mit Teilen des 1. Strafrechtsänderungsgesetzes gegen das Rückwirkungsverbot verstoßen zu haben, hatte sich schon seit einiger Zeit angebahnt. Noch bevor die Vorahnung zur Gewissheit wurde, holte das BMJ daher die Staatsschutzreferenten der Ministerien und der Länder zu geheimen Besprechungen zusammen, um Lösungen zu sondieren.[149]

Besonders prekär war der Umgang mit sogenannten «antiquierten Verfahren», bei denen die Betätigung zur Unterstützung der KPD zeitlich vor dem durch das Verfassungsgericht ausgesprochenen KPD-Verbot vom 17. August 1956 lag. Statistisch gesehen betraf dies sechzig Personen, die nach § 90a StGB verurteilt worden waren.[150] Allerdings waren nur zwei Personen ausschließlich wegen § 90a belangt worden. Alle anderen hatte man auch noch wegen Hochverrats oder Mitgliedschaft in einer kriminellen Organisation verurteilt. Beim Umgang mit schwebenden Verfahren war man sich nach der Entscheidung des Bundesverfassungsgerichts hingegen schnell einig, dass hier ein Freispruch erfolgen müsse.[151] Danach galt es, die Verurteilungen wegen § 90a StGB für die antiquierten Verfahren zu beseitigen. Der für den Staatsschutz zuständige 3. Strafsenat des Bundesgerichtshofs, der inzwischen nicht mehr unter dem Vorsitz von Geier, sondern unter dem des liberaleren Hans Eberhard Rotberg tagte, folgte weitgehend der Auffassung von Hans Lüttger, dass in diesem Fall nicht der Rechtssicherheit, sondern der «Wiederherstellung der materiellen Gerechtigkeit» der Vorzug gegeben werden müsse.[152]

Prozessuale Besonderheiten des Staatsschutzstrafrechts

Staatsschutz ist auch in der praktischen Durchführung etwas Besonderes. Im Kapitel über den Generalbundesanwalt wurde schon festgestellt, dass Staatsschutz materielle Bundesgerichtsbarkeit ist.[153] Hier wirkt sich nun aus, dass der Bund nach Artikel 95 GG in Strafsachen nur über ein Gericht verfügt: den Bundesgerichtshof. So wurde der Bundesgerichtshof zwangsläufig auch die erste und letzte Instanz in Staatsschutzsachen gemäß § 134 Gerichtsverfassungsgesetz.[154] Für den einstufigen Instanzenzug wurde allerdings angeführt, dass die Befähigung der Richter des obersten Gerichts über alle Zweifel erhaben und es deshalb unerheblich sei, ob sie in erster oder zweiter Instanz zur Entscheidung berufen seien, «weil sorgfältiger nicht geprüft und scharfsinniger nicht geurteilt werden könne.»[155] Diese Einzelzuständigkeit nur eines Gerichts für Staatsschutzsachen hatte natürlich ein infames Vorbild: den Volksgerichtshof. Adolf Arndt lehnte deshalb diese Zuständigkeitsregelung ab und forderte bereits vor Verabschiedung des Gesetzes die schnellstmögliche Änderung des Instanzenzuges.[156]

Die Tatsache, dass auch ein Senat des Bundesgerichtshofs irren kann, zeigte sich besonders im Umgang mit Staatsschutzfällen.[157] Zwei Entscheidungen des 3. Strafsenats aus dem Jahr 1960 sollen dafür als Beispiele dienen: das Urteil vom 23. September gegen Kellner[158] und das Urteil vom 4. Oktober gegen Esterle.[159] In beiden Fällen führte Senatspräsident Heinrich Jagusch den

Vorsitz. In den Verfahren entwickelte er entgegen dem Antrag des Generalbundesanwalts den Begriff der «Gesamtorganisation» und kriminalisierte damit handstreichartig alle Vereinigungen, die in einem «artverwandten politischen Raum» mit der SED standen. Ziel war es, jegliche Kontaktaufnahme zwischen Ost und West zu unterbinden.[160] In einem langen Vermerk kritisierte der Vorsitzende Jagusch zudem, dass die Strafverfolger nicht bereit seien, den Vorgaben des Bundesgerichtshofs in ausreichendem Maße zu folgen, und verlangte, dass die Urteile des BGH von den Staatsanwaltschaften strikt umgesetzt werden müssten.[161]

Gegen diese Rechtsprechung äußerte der Staatsschutzreferent Hans Lüttger im Bundesjustizministerium unter Berufung auf Artikel 103 Abs. 2 GG verfassungsrechtliche Bedenken, weil der Vereinigungsbegriff nicht ausreichend bestimmt sei.[162] In einer vom BMJ einberufenen geheimen Besprechung mit den Landesjustizministern und Generalbundesanwalt Max Güde – der 3. Strafsenat sollte von dieser Besprechung offenbar nichts erfahren[163] – wurden diese Bedenken vorgetragen. Auch der Generalbundesanwalt äußerte sich kritisch gegenüber dem Vorgehen der Bundesrichter.[164] Ganz offensichtlich hatte Senatspräsident Jagusch jegliches Gespür für Verhältnismäßigkeit verloren. Dies schien sich auch daran zu zeigen, dass er in einem nicht nur unangebrachten, sondern rechtswidrigen und für das Ansehen des Gerichts schädlichen Schritt den Ost-Berliner Rechtsanwalt Dr. Friedrich Karl Kaul grundsätzlich als Verteidiger vor dem Bundesgerichtshof in allen Fällen ausschließen wollte[165] und indirekt an die Präsidenten der Staatsschutzsenate an den Oberlandesgerichten und an die Generalstaatsanwälte der Länder appelliert hatte, es ihm gleich zu tun und Kaul als Verteidiger in Staatsschutzsachen nicht zuzulassen.[166] Im Fall Esterle hatte Kaul auf Druck des Senats sein Mandat bereits niedergelegt.[167]

Die Stimmung war somit vergiftet, der 3. Strafsenat zu einer nicht unerheblichen politischen Belastung geworden. Bundesjustizminister Schäffer kam deshalb einer Bitte des Präsidenten des Bundesgerichtshofs, Bruno Heusinger, nach und lud Jagusch und weitere Mitglieder des 3. Strafsenats am 10. November 1960 zu einer Besprechung auf die Rosenburg ein.[168] In dem viereinhalbstündigen Gespräch, in dem es hoch herging, wies Jagusch immer wieder darauf hin, dass er sich in einer Linie mit seinem Vorgänger Geier befinde, aber mit Generalbundesanwalt Güde in grundlegenden Fragen nicht übereinstimme. Er halte die von Güde in Staatsschutzsachen vertretene «mittlere Linie» für verfehlt und sehe auch keine Möglichkeit, die Differenzen zu bereinigen. Er werde sich, so Jagusch wörtlich, «keinen Augenblick früher überzeugen lassen, bevor er nicht einen ‹neuen Kurs› bei der Bundesanwaltschaft sehe».[169] Jagusch zeigte sich also uneinsichtig und vertrat seine radikale Linie auch Minister Schäffer gegenüber mit unerbittlicher Konsequenz. Schäffer traf sich danach auf der Rosenburg noch einmal heimlich mit Heusinger und Generalbundesanwalt Güde, um einen Ausweg zu finden. Aber es gab keine Lösung.[170]

So war es nicht Jagusch, der sein Amt niederlegte, sondern Güde: Nach der Bundestagswahl am 17. September 1961 zog er für die CDU in den Bundestag ein. Er hatte als Generalbundesanwalt das eingelöst, was er bei seinem Amtsantritt versprochen hatte: «das rechte Maß zu halten».[171] Ob er nach den Querelen mit Senatspräsident Jagusch amtsmüde war, lässt sich nicht abschließend klären. Die Auseinandersetzung dürfte für ihn jedoch zermürbender gewesen sein als bislang angenommen.[172] Nach seinem Rücktritt lautete jedenfalls sein vernichtendes Urteil, die «heutige politische Justiz» judiziere «aus dem gleichen gebrochenen Rückgrat heraus, aus dem das Sondergerichtswesen (Hitlers) zu erklären ist».[173]

Erst ein Jahr später, als die «Nationale Front des demokratischen Deutschland» eine Broschüre mit dem Titel «Die unbewältigte Vergangenheit des Dr. Heinrich Jagusch. Großinquisitor gegen Frieden und Demokratie» lancierte, wurde Jagusch zum 1. Januar 1963 vom Vorsitz des 3. Senats abgezogen und mit der Leitung des 4. Strafsenats betraut. Erst jetzt setzte auch bei ihm offenbar ein Umdenken ein, als er im Zusammenhang mit der «Spiegel»-Affäre die Problematik der Landesverratsbestimmungen und ihrer weiten Auslegung erkannte. Ausgerechnet im *Spiegel* veröffentlichte er nun anonym zwei Artikel, in denen er sich kritisch mit den Landesverratsvorschriften auseinandersetzte: In dem Beitrag «Handel mit Verrätern» wandte er sich gegen die für ihn nicht zu rechtfertigende Haftentlassung des Ostagenten Günter Hofé und erklärte, es wäre «unheilvoll», wenn es «in unseren Staatsanwaltschaften ‹Führernaturen› gäbe, die ‹nach ihrem Rechtsgewissen› selber bestimmten, wann sie Anklage erheben wollen».[174] Und in seinem Artikel «Droht ein neuer Ossietzky-Fall?» unter dem Pseudonym «Judex» zog er Parallelen zum Verfahren gegen den *Spiegel* und bemängelte, dass im Reformentwurf der Bundesregierung zum Strafgesetzbuch aus dem Jahr 1962 keine Neufassung des § 100 StGB (Vorsätzlicher Landesverrat) enthalten sei. Auch die Große Strafrechtskommission habe «den Punkt unbegreiflicherweise – mangels erkannter Aktualität? – nicht erörtert». Hier zeige sich «ein merkwürdiges Versagen des Sinnes für das rechtspolitisch Notwendige und politisch allein Angemessene». Dies könne «eine Justiz-Zerreißprobe schlimmsten Ranges erzeugen».[175]

Tatsächlich hatte der anhand von § 90a StGB beschriebene Wahn, in dem sich in den 1950er Jahren die Verfolgung von KPD-Mitgliedern vollzog, längst auf den weit gefassten Begriff der «Staatsgefährdung» übergegriffen. So waren die Bedrohungslage aus dem Osten, die Spionagetätigkeit seitens der SED und die Propagandaanstrengungen der DDR generell als reale Gefahr wahrgenommen worden, gegen die das Strafrecht in Stellung gebracht werden musste.[176] In der VS-Registratur des Bundesjustizministeriums finden sich daher Dutzende von Akten über einzelne Strafverfahren wegen Staatsgefährdung.[177] Die Dimensionen verdeutlicht ein Vermerk vom 23. November 1964 unter dem Titel «Abwehr unsachlicher Angriffe von Presse, Rundfunk und Fernsehen in der Bundesrepublik Deutschland auf das Staatsschutzstrafrecht». Hintergrund war eine «Panorama»-Sendung des Norddeutschen Rundfunks, in der behauptet worden war, von 1951 bis 1961 habe es zwischen 150 000 und 200 000 Ermittlungsverfahren wegen Staatsschutzdelikten gegeben.[178] Der zuständige Referent des BMJ, Hans Lüttger, war daraufhin aufgefordert worden, belastbare Zahlen zu liefern, und schrieb dazu nun in seinem Vermerk, er habe vom Generalbundesanwalt die Auskunft erhalten, allein 1963 seien etwa 10 222 Ermittlungsverfahren anhängig gewesen.[179] Hochgerechnet bedeutete dies, dass die «Panorama»-Redakteure nicht ganz falsch gelegen hatten. Lüttger bemerkte jedenfalls zu den Pressereaktionen auf die Sendung in seinem Vermerk, die SED betrachte die Sendung des NDR «als einen der größten Propagandaerfolge gegen die BRD».[180]

An dieser Entwicklung hatte Jagusch maßgeblichen Anteil gehabt. Denn immerhin hatte er von März 1954 bis Ende 1962 dem für Staatsschutzsachen zuständigen 6. Strafsenat angehört, der nach einer internen Umstrukturierung ab 1956 die Bezeichnung 3. Strafsenat trug. Seit Oktober 1959 war er sogar dessen Vorsitzender gewesen, bevor man ihn zum 1. Januar 1963 in den 4. Senat abgeschoben hatte, der sich unter anderem mit dem Straßenverkehrsrecht beschäftigte. Ob ihn danach das «schlechte Gewissen» plagte, das ihn, wie es später hieß, «in enorme Selbstzweifel» stürzte und an den Rand einer Depression brachte, ist schwer zu beurteilen.[181] Das Bild, das sich von seiner Person aus den VS-Akten und seiner Personalakte ergibt, ist indessen nicht das eines «unangepassten Kollegen» oder gar eines «politisch sensiblen» Juristen, der den anderen BGH-Richtern den Spiegel vorhielt und schließlich gestürzt wurde, weil er gegen den Korpsgeist verstieß. Vielmehr war er selbst lange Zeit ein Träger des «alten Geistes» gewesen, der in den 1950er und 1960er Jahren im BGH immer noch vorherrschte.[182]

So hatte er, obwohl er in der Weimarer Republik als einfacher Bankangestellter zunächst SPD-Mitglied gewesen war, seine Hoffnungen nach 1933 früh auf die NSDAP gesetzt, hatte in der Gaurechtsberatungsstelle der Deutschen Arbeitsfront gearbeitet und es im NSKK zum Rang eines Oberscharführers gebracht. Weil er seine NSDAP-Mitgliedschaft (Mitgliedsnummer: 5 371 705) nach 1945 jedoch verschwiegen hatte, war er bereits 1946 in Braunschweig in die Justiz und 1948 in den Strafsenat des Obersten Gerichtshofs für die Britische Zone gelangt, bevor er gemeinsam mit Friedrich-Wilhelm Geier, einem Kollegen am Obersten Gerichtshof, im Januar 1951 zum Bundesrichter am Bundesgerichtshof ernannt worden war. Über viele Jahre hinweg war er dann ein besessener Kommunistenverfolger gewesen, der erheblich dazu beitrug, dass das Staatsschutzstrafrecht komplett aus dem Ruder lief und die «Spiegel»-Affäre erst möglich wurde. Als Vorsitzender des 3. Strafsenats hatte er kaum liberales Denken oder Transparenz zugelassen. Erst spät hatte bei ihm dann ein Umdenken stattgefunden – immerhin.[183] Wenigstens dies hatte er vielen seiner BGH-Kollegen voraus.

Die Beiträge, die Jagusch 1964 im *Spiegel* veröffentlichte, waren Teil dieses Umdenkens. Allerdings brachten sie ihn persönlich in größte Schwierigkeiten. Denn dass sich hinter dem Pseudonym «Judex» in Wirklichkeit Jagusch verbarg, konnte nicht lange verborgen bleiben – zumal der *Spiegel* selbst in einer redaktionellen Anmerkung vom Verfasser als von einem «prominenten deutschen Strafrechtler» gesprochen hatte. Als Jagusch Präsident Heusinger gegenüber die Urheberschaft leugnete, wurde ein Disziplinarverfahren wegen Falschaussage gegen ihn eröffnet. Zugleich hielt man ihm nun vor, auch bei seiner Einstellung in den Justizdienst 1946 über seine NSDAP-Mitgliedschaft unrichtige Angaben gemacht zu haben. Beide Vorwürfe waren berechtigt. Auf eigenen Antrag wurde der schwer kriegsbeschädigte Jagusch deshalb am 28. Februar 1965 vorzeitig in den Ruhestand versetzt. Das Disziplinarverfahren wurde 1967 nicht zuletzt wegen seines schlechten Gesundheitszustands eingestellt. Jagusch starb 1987 im Alter von 79 Jahren.

Die Reform 1968

Das Staatsschutzstrafrecht von 1951 hatte somit seine Bewährungsprobe nicht bestanden. Dafür gab es verschiedene Gründe. Der Versuch, die neuen Methoden des Kalten Krieges in Straftatbestände zu gießen, hatte zu «wachsweichen Paragrafen» geführt, die es an präzisen Tatbestandsmerkmalen fehlen ließen, wie Professor Eduard Wahl (CDU), der 1951 Berichterstatter im Bundestag gewesen war, später einräumen musste.[184] Hinzu kam ein von Verfolgungswahn getriebener Strafsenat am Bundesgerichtshof, der in einem Verfahren ohne Rechtsmittel glaubte, frei walten zu können. Dass Änderungen unumgänglich waren, wurde spätestens 1960 klar, als der Bundesgerichtshof DDR-Sportverbände zu verfassungsfeindlichen Organisationen erklärte. Denn damit wäre der gesamtdeutsche Sportaustausch zum Erliegen gekommen.[185]

Gleichzeitig war die Auseinandersetzung mit der SED und dem KPD-Verbot noch nicht zu Ende. Weiterhin kamen Hunderte SED-Funktionäre mit politischem Auftrag in die Bundesrepublik, um hier an Veranstaltungen teilzunehmen. Allein 1966 wurden 380 Funktionäre gezählt, die an 115 Veranstaltungen kommunistisch beeinflusster Organisationen teilnahmen, sowie 225 Funktionäre, die zu 70 Veranstaltungen «demokratischer Organisationen» fuhren.[186] Sorge bereitete dem Bundesamt für Verfassungsschutz und dem Generalbundesanwalt auch die Gründung eines «Initiativausschusses für die Wiederzulassung der KPD» durch bekannte KPD-Funktionäre 1967. Offenbar war die Situation so angespannt, dass selbst Bundesjustizminister Gustav Heinemann sich veranlasst sah, sich in einem Beitrag für die *Juristenzeitung* zur «Wiederzulassung der KPD» zu äußern.[187] Für ihn kam eine Aufhebung des Verbots zwar nicht in Frage. Er zeigte sich jedoch offen für neue politische Lösungen, so dass die bereits seit längerer Zeit erwartete «Neukonstituierung» der KPD unter der Bezeichnung «Deutsche Kommunistische Partei» (DKP) nicht nur keine Überraschung mehr darstellte, sondern auch als politisch unvermeidlicher Vorgang hingenommen wurde.[188]

Ein sehr viel größeres Problem bedeutete hingegen auf der anderen Seite des politischen Spektrums das starke Anwachsen der 1964 gegründeten rechtsextremen «Nationaldemokratischen Partei Deutschlands» (NPD). Sie war bereits bei der Bundestagswahl 1965 auf 2,0 Prozent der Stimmen gekommen und ein Jahr später in die Landesparlamente von Hessen und Bayern, 1967 auch in die Landtage von Bremen, Rheinland-Pfalz, Niedersachsen und Schleswig-Holstein eingezogen. Die wirtschaftliche Rezession in der Bundesrepublik seit Mitte der 1960er Jahre sowie die Polarisierung der Gesellschaft während der Großen Koalition mit einer starken «Außerparlamentarischen Opposition» und der sogenannten Studentenbewegung von 1968 hatten zu diesem Aufstieg beigetragen. Für die Bundestagswahl am 28. September 1969 wurde daher Schlimmes befürchtet: der Einzug von Neonazis in den Bundestag. In der Kabinettssitzung vom 23. April 1969 weitete man folgerichtig die Diskussion über ein Verbot der DKP, das ungeachtet der ablehnenden Haltung der SPD und Bundesjustizminister Heinemanns von Bundesinnenminister Ernst Benda gefordert wurde, auf den Gesamtkomplex Radikalismus aus und verständigte sich darauf, die DKP vorerst weiter nur zu beobachten und hinsichtlich der NPD die Bundestagswahl abzuwarten.[189]

Umso bedeutsamer erschien vor diesem Hintergrund die Neufassung des Staatsschutzstrafrechts, die mit dem 8. Strafrechtsänderungsgesetz vom

25. Juni 1968 erfolgt war.[190] Die Initiative dazu war wieder von der SPD ausgegangen, die zu Beginn der 5. Legislaturperiode 1965 einen entsprechenden Entwurf in den Bundestag eingebracht hatte, der am 16. Juni 1966 von der Regierung mit einem eigenen Entwurf beantwortet worden war.[191] Beide Entwürfe wurden dann im Sonderausschuss für die Strafrechtsreform unter Vorsitz von Max Güde in insgesamt 53 Sitzungen ausführlich beraten und nicht unerheblich verändert.[192] Zwei Leitlinien waren dabei maßgebend: (1) eine stärkere Präzisierung der Tatbestände, die dem Bestimmtheitsgrundsatz nach Artikel 103 Abs. 2 GG Rechnung trug, und (2) der Abbau von Bestimmungen, die «begrüßenswerte Kontakte zwischen den Menschen aus beiden Teilen Deutschlands oder die geistige Auseinandersetzung mit dem Kommunismus behindern» würden.[193] Zugleich wurde der Rechtsprechung des 3. Strafsenats des Bundesgerichtshofs eine deutliche und berechtigte Abfuhr erteilt.[194] Zusätzlich zu den Veränderungen im materiellen Recht wurde das Legalitätsprinzip im Hinblick auf die Strafverfolgung aufgeweicht.[195] Nach § 153c StPO in der Fassung von 1968 kann der Generalbundesanwalt nunmehr von der Verfolgung der Staatsschutzdelikte absehen, wenn überwiegende öffentliche Interessen einer solchen Verfolgung entgegenstehen.[196] Auch dies war als Reaktion auf die Eskapaden des Vorsitzenden Richters Jagusch zu verstehen, der die Strafverfolger auf seine excessive Auslegung der Staatsgefährdungstatbestände hatte verpflichten wollen.[197] Schließlich wurde ebenfalls noch die Frage der Zuständigkeit gelöst, indem man nach einer Grundgesetzänderung[198] durch Gesetz vom 8. September 1969 die Oberlandesgerichte in erster Instanz in Staatsschutzsachen für zuständig erklärte.[199] Die Strafverfolgung verblieb aber beim Generalbundesanwalt. Für die Revision war weiterhin der 3. Strafsenat am Bundesgerichtshof zuständig.[200]

Diese Neuerungen führten zu einer deutlichen Abnahme von Strafverfolgungen und zu einer Beruhigung der zuvor sehr aufgeregten Situation. Nicht zuletzt die Mitarbeiter des Bundesjustizministeriums hatten in Anlehnung an die Zeit vor 1945 und auf dem Hintergrund des Kalten Krieges bei der Formulierung des Staatsschutzstrafrechts von 1951 harte Maßnahmen vorgeschlagen, um eine lückenlose Strafverfolgung zu gewährleisten, und damit den Rechtsstaat teilweise vor große Bewährungsproben gestellt. Mehrfach waren dadurch sogar Skandale provoziert worden. Erst in den 1960er Jahren ließ sich eine gewisse Mäßigung feststellen, wobei die maßgeblichen Mitarbeiter im Staatsschutzbereich konstatierten, dass das «demokratische Selbstbewusstsein» in Deutschland inzwischen gewachsen sei, so dass man auch im Staatsschutzstrafrecht «Mut zur Lücke» beweisen könne.[201]

3. Die Reform des Jugendstrafrechts

Das Jugendstrafrecht ist ein besonderer Teil des Strafrechts. Es betrifft Personen, die keine Kinder mehr sind, also bereits das Alter der Strafmündigkeit erreicht haben, aber auch noch nicht wie Erwachsene behandelt werden können und sollen. Delikte, die in diesem Alter zwischen 14 und 18 Jahren begangen werden, haben häufig den Charakter einer vergleichsweise harmlosen und vorübergehenden Entgleisung. Typischerweise handelt es sich um Straftaten wie Ladendiebstahl, Sachbeschädigung oder Körperverletzung. Man spricht in diesem Zusammenhang auch von der «Episodenhaftigkeit der Jugendkriminalität».[202] Die Einordnung in das soziale Umfeld und gesellschaftliche Leben muss vom Jugendlichen erst noch gelernt werden. Ihm wie einem Erwachsenen mit der ganzen Härte des Strafrechts entgegenzutreten, könnte für seine Sozialisation einen negativen Effekt auslösen. Im Reichsstrafgesetzbuch vor 1945 war dies schon allein deshalb ein Problem, weil es keine Geringfügigkeitsgrenze kannte und es Richtern nicht gestattet war, unter bestimmten Umständen von der Strafe abzusehen.

Das Reichsjugendgerichtsgesetz 1923

Prominenter «Erfinder» der Erkenntnis, dass diese besondere Entwicklungsstufe im menschlichen Leben sich auf die Konzeption des Strafrechts auswirken muss, ist der große Strafrechtsdenker des ausgehenden 19. und beginnenden 20. Jahrhunderts, Franz von Liszt.[203] Mit seiner berühmten Antrittsrede als Rektor der Universität Marburg 1886 öffnete er das Strafrecht für präventives Denken.[204] Zuvor war bereits seine Schrift *Der Zweckgedanke im Strafrecht* aus dem Jahr 1882 von dem Gedanken geprägt gewesen, dass ein reines Vergeltungsstrafrecht mit den Ursachen von Kriminalität nicht angemessen umgeht. Sicherung, Besserung und Abschreckung des Einzeltäters sollte das Ziel des Strafrechts sein. Für den jugendlichen Straftäter, der noch in besonderer Weise beeinflusst werden kann, müssten insbesondere Erziehung und Besserung in den Vordergrund treten.[205]

Das erste Gesetz, das in Deutschland diese Sondersituation von Jugendlichen aufgriff, war das am 16. Februar 1923 verabschiedete Reichsjugendgerichtsgesetz (RJGG). Bereits seit längerem von der Jugendbewegung gefordert, wurde es maßgeblich von Gustav Radbruch, dem damaligen Reichsminister der Justiz, geprägt.[206] Radbruch wollte auf dem von Franz von Liszt vorgezeichneten Weg weitergehen und die Vergeltungsstrafe durch eine Besserungsstrafe ersetzen.²⁰⁷ «Erziehung statt Strafe» lautete die Grundidee. Danach soll der Vollzug des Strafrechts in besonderer Weise auf den Erziehungszweck der Strafe gerichtet sein, den Jugendlichen im Alter von 14 bis 18 Jahren zu ordnungsgemäßer Lebensführung anhalten und deshalb auch durch ambulante Erziehungsmaßnahmen oder, wenn eine Freiheitsstrafe unerlässlich schien, in speziellen «Jugendgefängnissen» abgeleistet werden.²⁰⁸ Dieses neue Jugendstrafrecht geriet aber rasch in die Kritik, weil ihm mangelnde Wirksamkeit vorgeworfen und den Richtern Unfähigkeit oder Unwille unterstellt wurde, das neue Gesetz anzuwenden.²⁰⁹

Ab 1933 standen dann für die nationalsozialistischen Machthaber die Formung und Disziplinierung der Kinder und Jugendlichen im Sinne der nationalsozialistischen Ideologie und der Befehls- und Gehorsamsstruktur gegenüber dem «Führer» und der NSDAP im Vordergrund. Die Jugendbewegung des ersten Drittels des 20. Jahrhunderts wurde ebenso wie alle anderen gesellschaftlichen Gruppierungen unter den Hakenkreuzfahnen der Hitler-Jugend (HJ) gleichgeschaltet. Baldur von Schirach, Mitglied der NSDAP seit 1925 und seit 1929 Führer des Nationalsozialistischen Studentenbundes sowie seit 1931 Reichsjugendführer der NSDAP, wurde am 17. Juni 1933 zum Jugendführer des Deutschen Reiches ernannt und betrachtete das Jugendstrafrecht folgerichtig als Mittel, um jugendliche Delinquenten im Sinne des Nationalsozialismus zu «gemeinschaftsbewussten und gemeinschaftsverbundenen Volksgenossen» zu erziehen.²¹⁰ Unterstützt durch die Protagonisten der sogenannten Kieler Schule, die eine nur dem «Führer» und der nationalsozialistischen Ideologie verpflichtete Rechtswissenschaft forderten, sollte nun auch das Jugendstrafrecht wieder umgestaltet werden. Friedrich Schaffstein, einer der Vorreiter der Kieler Schule, hatte sich bereits 1932/33 gemeinsam mit Georg Dahm in seiner Streitschrift *Liberales oder autoritäres Strafrecht* gegen die moderne Strafrechtsschule im Sinne Franz von Liszts und Gustav Radbruchs gewandt und sich zu einer völkischen Gesamtbewegung bekannt.²¹¹ Das Strafrecht, so hatte er dort erklärt, müsse «überindividuellen Werten» als Teil einer völkischen Gesamtbewegung verpflichtet sein. «Abschreckung» und «Unschädlichmachung» seien daher die wichtigsten Aufgaben des Strafrechts.²¹² Speziell zum Jugendstrafrecht forderte Schaffstein, das deutsche Volk solle bei «nicht vorwiegend anlagemäßiger» Straffälligkeit zwar «nicht von vorneherein von der Rückgewinnung [...] seines Nachwuchses absehen». Aber es müsse eine «Auslese» stattfinden, so dass das Jugendstrafrecht nur bei denjenigen Jugendlichen angewendet werden solle, bei denen Erziehung nach ihrer Persönlichkeit noch Erfolg verspreche.²¹³ Dem «Erziehungsoptimismus des Liberalismus» wurde damit in der nationalsozialistischen Idee des Jugendstrafrechts der Auslesegedanke entgegengesetzt, der noch durch den Rassegedanken als Schranke der Erziehung ergänzt wurde, um «jede Kräfteverschwendung an erbbiologisch Minderwertige» zu vermeiden.[214]

Nach dem Krieg gelang es Friedrich Schaffstein, der ab 1941 das Institut für Strafrecht an der Reichsuniversität Straßburg geleitet hatte, nicht sofort, erneut einen Lehrstuhl zu erhalten. 1954 wurde er aber schließlich an die Universität Göttingen berufen, wo er bis zu seiner Emeritierung 1969 lehrte. 1959 erschien in 1. Auflage sein Jugendstrafrechtslehrbuch, das bis heute in der 15. Auflage von 2014 – 13 Jahre nach seinem Tod – seinen Namen trägt. Der von allen als liebenswürdig beschriebene Herr schaffte es schließlich, zum Doyen des Jugendstrafrechts aufzusteigen. Im Bonner Bundesjustizministerium, wo er mit jedem Jugendstrafrechtsreferenten das Gespräch suchte, wurde er nach Belieben vorgelassen. Alle fünf Jahre erhielt er vom Bundesjustizminister ein Glückwunschtelegramm zu seinen «runden» Geburtstagen, bis in den 1990er Jahren schließlich etwas gründlicher nach seiner Vergangenheit geforscht wurde, wie ein Zeitzeuge berichtete.[215] Seit diesem Zeitpunkt blieben die ministeriellen Geburtstagskarten aus. Schaffstein selbst distanzierte sich vom Nationalsozialismus erst spät und nur in Nuancen. So erklärte er 1965 in einem Beitrag der *Monatsschrift für Kriminologie und Strafrechtsreform* lediglich, die Ideale des Nationalsozialismus seien ein «Irrtum» gewesen. Zwar habe der Nationalsozialismus der Jugend «über sie selbst hinausweisende Ziele» vermittelt und damit eine «erhebliche» Reduzierung der Jugendkriminalität bewirkt. Gleichzeitig hätten diese Ziele aber zum Krieg und zu den Verbrechen von Auschwitz geführt. Der «Mangel an Begeisterungsfähigkeit und die Skepsis, die man der modernen Jugend» zuschreibe, seien daher «missbrauchsanfälligen idealistischen Aufschwüngen» vorzuziehen.[216] Eine überzeugende Distanzierung sieht anders aus, denn Schaffstein bezeugte damit eine Wertblindheit gegenüber den politisch-ideologischen Zielen des Nationalsozialismus, die selbst für damalige Verhältnisse erstaunlich anmutet.

Der Weg zum RJGG 1943

Angesichts des Eifers der neuen Elite nach 1933 unter Baldur von Schirach und der Reichsjugendführung, ihre nationalsozialistischen Vorstellungen auch im Jugendstrafrecht durchzusetzen, wurde das Reichsjustizministerium rasch zum willigen Helfer marginalisiert. Parteieinrichtungen übernahmen nun bei der Erarbeitung eines neuen Jugendgerichtsgesetzes zusehends die Regie.[217] So wurde Schaffstein die Leitung des Unterausschusses für Jugendstrafrecht an der Akademie für Deutsches Recht übertragen, wo er ein neues Jugendstrafrecht mit klaren Zielen vorbereiten sollte: Erziehung der «geeigneten» Jugendlichen im Sinne des Nationalsozialismus; Eliminierung «nicht geeigneter» straffälliger Jugendlicher, die als unerziehbar galten; Verschärfung des Jugendgerichtsgesetzes durch Absenkung der Strafmündigkeit; Einführung des Zuchtmittels «Arrest» als Sanktionsmöglichkeit zwischen Erziehung und Haft, ohne dass die Person als vorbestraft galt; sowie Abschaffung von Bewährungsstrafen nach Einführung des Jugendarrestes.[218] Die Umsetzung dieser Ziele erfolgte erst vergleichsweise spät. Viele von ihnen konnten aber aufgrund der «knappen, wertneutralen Formulierungen» des Reichsjugendgesetzes von 1923 ohne Gesetzesänderung durchgesetzt werden.[219] Durch die Verordnung zur Ergänzung des Jugendgerichtsgesetzes vom 4. Oktober 1940 wurde das ursprüngliche Konzept «Erziehung statt Strafe» durch ein «Kurz-aber-hart»-Konzept abgelöst: Wasser und Brot sowie ein hartes Lager, Zwangsarbeit und Isolation sollten die Jugendlichen wieder «auf Spur» bringen.[220] Dazu enthielt die Verordnung zwei wichtige Neuerungen: Der Jugendarrest wurde als Zuchtmittel neu eingeführt, während zugleich die Möglichkeit der Aussetzung der Strafe zur Bewährung abgeschafft wurde. Eine kurze, aber heftige Intervention wurde unter erzieherischen Gesichtspunkten als «gesünder und jugendgemäßer» angesehen als eine lange Bewährungsfrist.[221] Der Jugendarrest sollte damit die Lücke zwischen Erziehungsmaßregel und Strafe füllen.[222]

In dem neuen Jugendgerichtsgesetz (JGG), das 1943 verabschiedet wurde, blieb das Strafmündigkeitsalter grundsätzlich bei 14 Jahren (§ 3 JGG 1943), wurde aber auf zwölf Jahre herabgesetzt, wenn «der Schutz des Volks wegen der Schwere der Verfehlung eine strafrechtliche Ahndung» forderte. Die Begriffe, die hier Verwendung fanden, tragen erkennbar starke nationalsozialistische Züge.[223] Zudem war die Geltung des Gesetzes auf Deutsche beschränkt. «Sonderbehandlungen», etwa nach der «Polenstrafrechtsverordnung», waren daher von vornherein indirekt im Gesetz angelegt. Schließlich wurde auch der Unterschied zwischen Strafrecht und Polizeirecht aufgelöst, so dass jugendliche Straftäter ohne richterliche Anordnung in einem «Polizeilichen Jugendschutzlager», also einem Jugend-KZ, untergebracht werden konnten.[224]

Das Faktotum des Ministeriums: Karl Lackner

Nach Kriegsende, als die Zivilverwaltung auf den Alliierten Kontrollrat überging und die Entnazifizierung des deutschen Rechts sofort ein zentrales Thema darstellte, wurde nicht nur das Strafrecht insgesamt als reformbedürftig angesehen, sondern auch das Jugendstrafrecht. Für wie dringlich die Reformbedürftigkeit und die Bedeutung des Jugendstrafrechts gehalten wurden, zeigt nicht zuletzt die Tatsache, dass der Alliierte Kontrollrat dafür sogar einen Gesetzesentwurf ausarbeitete.[225] Auch im Bundesjustizministerium wurde diese Dringlichkeit vom ersten Tage an gesehen, so dass in der strafrechtlichen Abteilung 1949 eigens ein Referat für Jugendstrafrecht und Jugendstrafverfahren eingerichtet wurde. Der dafür zuständige Referent war in den ersten zwei Jahren Dr. Werner Munzinger. 1952 wurde das Thema dann kurzzeitig dem allgemeinen Referat des sachlichen Strafrechts unter dem neu in das BMJ eingetretenen Dr. Eduard Dreher zugewiesen, bevor es bis 1963 unter die Obhut von Dr. Karl Lackner kam, der sogleich die politisch besonders dringliche Novellierung des Jugendgerichtsgesetzes in Angriff nahm.

Lackner war seit 1933 in der Hitler-Jugend als Jungzugführer aktiv gewesen und am 1. Mai 1937 auch der NSDAP beigetreten.[226] Nach dem Studium in Bonn hatte er seinen Dienst in der Wehrmacht absolviert, zuletzt in Dänemark.[227] Ob er schon dort auf Ernst Kanter traf, ist unklar; jedenfalls war Kanter später zeitweilig sein Ausbilder im Referendariat und Kammervorsitzender am Landgericht Köln, als Lackner dort Gerichtsassessor war.[228] Die Entnazifizierung hatte er als «Entlasteter» überstanden[229] und war bereits Mitte 1950 von Hans Eberhard Rotberg, dem Leiter der Strafrechtsabteilung im Bundesjustizministerium, für eine Tätigkeit im BMJ ausgewählt worden. Am 1. November 1950 trat Lackner dort in der Abteilung II seinen Dienst an, aus dem er allerdings 1964 ausschied, um einem Ruf auf eine ordentliche Professur an der Universität Heidelberg zu folgen. Im BMJ war Lackner ab 1953 für das jugendstrafrechtliche Referat zuständig, übernahm aber stets auch Aufgaben im Bereich der allgemeinen Strafrechtsreform.[230] Kriminalpolitisch und weltanschaulich bewegte er sich hier im Kreis der konservativen Kräfte um Schafheutle, Dreher und Dallinger. Auch wenn er zu den Jüngeren zählte, fühlte er sich ihnen dennoch selbst nach seinem Ausscheiden aus dem BMJ generationell eng verbunden.[231]

Neben Lackner beschäftigte sich im BMJ auch Wilhelm Dallinger mit jugendstrafrechtlichen Themen. Formal war er zwar nie der zuständige Referatsleiter. Aber er vertrat Lackner einige Male in Ausschusssitzungen im Bundestag. Und nach der Verabschiedung des Jugendgerichtsgesetzes 1953 verfassten Dallinger und Lackner gemeinsam einen Beck'schen Kurzkommentar zum JGG, in dessen Vorwort auf die Feststellung Wert gelegt wird, dass beide Autoren gleichermaßen für das Werk verantwortlich seien.[232]

Das Jugendgerichtsgesetz von 1953

Wie in anderen Bereichen der Strafrechtsreform, so wurde auch im Jugendstrafrecht nach 1949 die Entscheidung getroffen, auf eine vollständige Neufassung zu verzichten und stattdessen nur das bestehende Reichsgesetz zu ändern. In diesem Fall geschah dies indessen in der vollen Überzeugung, dass das Jugendgerichtsgesetz von 1943 im Grunde ein gutes Gesetz war. «Nach übereinstimmender Auffassung in Rechtsprechung und Rechtslehre», hieß es dementsprechend in der Begründung des Referentenentwurfs vom März 1952, stelle «das RJGG von 1943 ein Gesetzeswerk dar, das die bisher fortschrittlichste Kodifikation des Jugendstrafrechts in Deutschland enthält.»[233] Von Dallinger und Lackner wurde das 1943er Gesetz sogar als «besondere Verbesserung» im Sinne einer kontinuierlichen Fortentwicklung gegenüber dem 1. Jugendgerichtsgesetz von 1923 gefeiert.[234] Denn 1943 sei ein selbständiges Erziehungsstrafrecht geschaffen worden, das dem Gesetz von 1923 in vieler Hinsicht überlegen sei. Das Gesetz von 1943 werde weitgehend den «besonderen Bedürfnissen der Jugend gerecht» und beruhe «überwiegend nicht» auf «Ideen des Nationalsozialismus».[235]

Diese Auffassungen waren indessen nur zu erklären, wenn diejenigen, die sich solcher Argumente bedienten, von den Ideen der nationalsozialistischen Erziehung der Jugendlichen im Sinne der Vorstellungen Baldur von Schirachs und der Reichsjugendführung grundsätzlich überzeugt gewesen waren. Tatsächlich spricht manches dafür, dass in den Mängeln der Reform des Jugendstrafrechts mit am deutlichsten zum Ausdruck kommt, dass die Kontinuität des Personals sich in den Inhalten der Politik spiegelt. Denn hier wirkten ja nicht nur Lackner und Dallinger, sondern im politisch-akademischen Raum war auch Friedrich Schaffstein ein mächtiger Verhinderer einer wirklichen Reform, so dass Justizminister Dehler bei der ersten Beratung des Referentenentwurfs im Bundestag am 23. April 1952 erklären musste, ihm komme es vor allem anderen darauf an, das Jugendgerichtsgesetz von seinem «nationalsozialistischen Beiwerk» zu befreien.[236] Den Erziehungsgedanken wollte allerdings selbst Dehler nicht aufgeben, der in dieser Hinsicht seine nationalkonservative Grundhaltung nicht verbergen konnte. Wie Lackner und Dallinger sah er in der Jugenderziehung einen zentralen Zweck des Gesetzes. Zumindest sollte nun jedoch dezidiert auf die Rechtsstaatlichkeit des Jugendverfahrens geachtet werden.[237]

Die parlamentarischen Beratungen

Im Bundestag, vor allem im Unterausschuss «Jugendgerichtsgesetz» unter der Leitung des Abgeordneten der Deutschen Partei Hans Ewers, wurde diese Herangehensweise insgesamt gebilligt, so dass man auf eine Generalberatung verzichtete.[238] Am Ende wurde dann aber doch stärker in das Gesetz eingegriffen als zunächst geplant, so dass Staatssekretär Walter Strauß im Juni 1953 im Rechtsausschuss des Bundestages zutreffend von einer Neufassung unter der neuen Bezeichnung «Jugendgerichtsgesetz» sprechen konnte.[239]

Die wesentlichen Änderungen gegenüber dem Gesetz von 1943 lassen sich in aller Kürze zusammenfassen: Zunächst wurden Vorschriften über die Beteiligung von NS-Organisationen eliminiert. Die Strafmündigkeitsgrenze wurde wieder auf 14 Jahre festgesetzt, Ausnahmen wurden gestrichen, Rechtsmittelbeschränkungen aufgehoben. In der Gesetzesbegründung wurde dazu ausgeführt, dass manche Vorschriften auch «die Freistellung der Behörden von rechtlichen Bindungen und die autoritäre Behandlung der Staatsbürger in einer heute nicht mehr vertretbaren Weise anstreben».[240] Neu eingeführt wurde der Umgang mit Heranwachsenden, die zum Tatzeitpunkt zwar das 18., nicht aber das 21. Lebensjahr vollendet haben und die Abteilungsleiter Hans Eberhard Rotberg lieber «Halbstarke» genannt hätte.[241] Wieder eingeführt wurde die Strafaussetzung zur Bewährung.[242] Damit hätte es konsequenterweise auch nahe gelegen, die Notwendigkeit des Jugendarrests in den frühen 1950er Jahren in Frage zu stellen. Das Bundesjustizministerium sowie die Mehrheit der Abgeordneten des Unterausschusses Jugendgerichtsgesetz waren jedoch dafür, den Jugendarrest beizubehalten, weil er einen «bedeutsamen seelischen Eindruck – eine Schockwirkung – auf die Jugendlichen ausübe».[243] Der Jugendarrest wurde also in der frühen Bundesrepublik noch immer für eine gute Idee gehalten, obwohl man ihn in der Fachliteratur auch als «Verrat an dem Gesetz von 1923» bezeichnete.[244] «Kurz, aber schmerzhaft» auf Jugendliche einzuwirken, wie es im Dritten Reich propagiert worden war, erschien offenbar auch den zuständigen Mitarbeitern des BMJ, Dallinger und Lackner, noch als geeignete Strategie, um Jugendliche in dem von der Gesellschaft gewünschten Maße zu erziehen.[245]

Während beim Jugendarrest die erzieherische Wirkung durch die Maßnahme selbst eintreten soll, kommt Jugendstrafe dann in Betracht, wenn über einen längeren Zeitraum auf den Jugendlichen erzieherisch eingewirkt werden muss. Zulässig sind nach dem Willen des Gesetzes sowohl «Schuldstrafe» als auch «Erziehungsstrafe».[246] Dabei stellt die Gesetzesbegründung die Erziehung klar in den Vordergrund. Die Schuldstrafe sei nur – gleichsam flankierend – erforderlich, wenn der Jugendliche nicht erziehungsfähig oder -bedürftig sei. Dies führte beinahe zwangsläufig zu «Erziehungs-Exzessen», denen auch der Bundesgerichtshof erlag, der 1955 urteilte, die Dauer einer Jugendstrafe dürfe sogar das Höchstmaß der im Einzelfall nach allgemeinem Strafrecht zulässigen Freiheitsstrafe übersteigen.[247] Dies bedeutete, dass Jugendliche unter Umständen strenger und härter bestraft werden konnten als erwachsene Straftäter – eine Entwicklung, die nicht nur rechtlich problematisch war, sondern auch die Frage nach dem Geist hinter der Reform des Jugendstrafrechts aufwarf.[248]

Schlimmer noch: Das Jugendgerichtsgesetz von 1953 kannte auch die Jugendstrafe von unbestimmter Dauer (§ 19 JGG). Dabei ging es um Verfehlungen, die wegen der «schädlichen Neigungen» des Jugendlichen eine Strafe von höchstens vier Jahren rechtfertigten, bei denen aber unklar war, wieviel Zeit für die erzieherische Einflussnahme erforderlich sein würde – ein Konzept, das sowohl von Karl Lackner als auch von Eduard Dreher im Unterausschuss energisch befürwortet wurde. Es bedurfte daher eines einfachen Abgeordneten – des Unterausschussvorsitzenden Hans Ewers, der bemerkenswerterweise der rechtskonservativen Deutschen Partei angehörte –, um gegen diese Bestimmung völlig zu Recht «schwerste rechtsstaatliche Bedenken» geltend zu machen, da für den Jugendlichen unklar sei, wieviel Zeit er in Haft verbringen müsse. Doch Ewers konnte sich mit seiner Auffassung nicht durchsetzen. Der Erziehungsgedanke wurde damit ein weiteres Mal über das Prinzip der Rechtsstaatlichkeit gestellt.[249] Allerdings war die Quote der verhängten unbestimmten Jugendstrafen im Laufe der Zeit rückläufig. Während 1952 noch 22,2 Prozent der verhängten Jugendstrafen unbestimmt waren, betrug ihr Anteil 1985 nur noch 1,2 Prozent.[250] Neuere Forschungsansätze zeigen zudem, dass Ewers mit seiner Kritik an der unbestimmten Jugendstrafe Recht hatte.[251] Abgeschafft wurde die Jugendstrafe von unbestimmter Dauer letztlich aber erst 1990.[252]

Jugendstrafrechtspolitik auf der Rosenburg

Zum Verhalten des Bundesjustizministeriums im Bereich des Jugendstrafrechts ist festzuhalten, dass das BMJ bei den Beratungen in den Bundestagsausschüssen stets deutlich Position bezog, immer mit großer Kompetenz und Macht vertreten war und massiv Einfluss nahm. So ist auch die Aussage von Karl Lackner zu verstehen, er habe das Jugendgerichtsgesetz 1953 durch den

Ausschuss «geboxt».²⁵³ Die Mitarbeiter des BMJ verstanden sich also nicht als Berater des Gesetzgebers oder technische Experten, die den politischen Willen in Paragrafen überführten. Sie hatten vielmehr eine Agenda und wollten diese auch durchsetzen. Dabei zeigten sich die personellen Kontinuitäten vom Dritten Reich zur Bundesrepublik mit den entsprechenden inhaltlichen Auswirkungen nicht nur im Ministerium, sondern in besonders drastischer Weise ebenfalls in der Wissenschaft. Friedrich Schaffstein hatte den Jugendarrest «erfunden» und die Jugendstrafe von unbestimmter Dauer in der NS-Zeit mit entwickelt. In der Bundesrepublik trug er dann dazu bei, dass der Jugendarrest gar nicht und die unbestimmte Jugendstrafe erst spät abgeschafft wurde.²⁵⁴

4. Die «kalte Amnestie»: Parlamentarische Panne oder perfider Plan?

In den bisherigen Ausführungen war bereits mehrfach von den schwerwiegenden Versäumnissen bei der strafrechtlichen Verfolgung von NS-Verbrechen in den 1950er und 1960er Jahren die Rede. Zum Teil waren diese Versäumnisse das Ergebnis bewusst herbeigeführter politischer Entscheidungen, wie bei den Straffreiheitsgesetzen von 1949 und 1954, mit denen dem verbreiteten Wunsch in Politik und Gesellschaft Rechnung getragen wurde, einen «Schlussstrich» unter die NS-Vergangenheit zu ziehen. In manchen Fällen trugen Personen in Schlüsselstellungen dazu bei, die Strafverfolgung zu behindern oder unmöglich zu machen, wie Hans Gawlik in der Zentralen Rechtsschutzstelle zunächst im Bundesministerium der Justiz und dann im Auswärtigen Amt. Und besonders häufig waren die Mängel eine Folge des nationalsozialistischen Erbes bei Staatsanwaltschaften und Gerichten, das zu einer außergewöhnlichen Zurückhaltung in der Verfolgung von NS-Tätern und zu einer bemerkenswerten Milde bei deren Verurteilung führte. Eine vollständige Amnestie aller politisch begründeten NS-Straftaten, wie sie etwa im Umfeld des Essener Rechtsanwalts und FDP-Politikers Ernst Achenbach und vom Heidelberger Juristenkreis, zu dem sich überwiegend ehemalige Verteidiger der Nürnberger Kriegsverbrecherprozesse zusammengefunden hatten, gefordert wurde, kam jedoch nicht zustande. Mehr noch: Die 1965 nach heftigen Diskussionen im Bundestag und in der deutschen und internationalen Öffentlichkeit beschlossene Verlängerung der Verjährungsfrist für NS-Morde bis 1969 sowie die Debatte um die weitere Verlängerung dieser Frist bis 1979 schienen sogar zu signalisieren, dass ein Umdenken erfolgte und nunmehr die ernsthafte Ermittlung von NS-Verbrechen breitere gesellschaftliche Akzeptanz fand, die sich letztlich auch auf die Strafverfolgung und Rechtsprechung auswirken würde.

Das Einführungsgesetz zum Ordnungswidrigkeitengesetz von 1968

Vor diesem Hintergrund verabschiedete der Deutsche Bundestag am 24. Mai 1968 ein Gesetz, dessen vermeintliche Harmlosigkeit bereits im Titel zum Ausdruck kam: das Einführungsgesetz zum Ordnungswidrigkeitengesetz (EGOWiG). Wie sein Name schon sagt, war das EGOWiG gleichsam ein flankierendes Gesetz: eine Sammlung von Begleitvorschriften zu einem weiteren Gesetz, nämlich dem neuen Ordnungswidrigkeitengesetz. Mit diesem wiederum folgte der Gesetzgeber einer Linie, die er bereits seit der Verabschiedung des Ordnungswidrigkeitengesetzes im März 1952 verfolgt hatte: der Entkriminalisierung leichter Delikte.[255] Weniger schwere Straftaten waren damit in «Ordnungswidrigkeiten» umgewandelt worden und wurden fortan mit Bußgeldern statt mit Strafen geahndet.

Mit der Unterscheidung zwischen Kriminalstrafrecht und Verwaltungsstrafrecht hatte man bereits im Wirtschaftsstrafrecht der Bizone von 1947 bis 1949 gute Erfahrungen gemacht.[256] Nun sollten auch andere Bereiche des Strafrechts davon profitieren. In der Begründung des Gesetzes vom März 1952 hieß es dazu, Ordnungswidrigkeiten hätten, anders als das «ethisch vorwerfbare Unrecht einer Kriminaltat», einen «sittlich unbedeutsamen Unrechtsgehalt». Deshalb solle der «Ungehorsam gegen Verwaltungsvorschriften» von den typischen, meist entehrenden Folgen eines Kriminaldelikts freigestellt werden.[257] Auch wenn wir dies heute anders formulieren würden und die «entehrenden Folgen» von Straftaten weitgehend abgeschafft sind, hat sich diese Unterscheidung tief in unser Rechtsverständnis eingeprägt. Der Hauptanwendungsfall des Ordnungswidrigkeitenrechts sind dabei Verstöße gegen Straßenverkehrsregeln, die durch das Einführungsgesetz von 1968 in das Ordnungswidrigkeitenrecht überführt wurden.[258] Ziel der Neufassung des Ordnungswidrigkeitengesetzes im Jahr 1968 war es nun, Nebenstrafrecht und Ordnungswidrigkeitenrecht, die auf verschiedene Gesetze verteilt waren, so weit wie möglich zu vereinheitlichen und dadurch zu entlasten. Das ist ein normaler gesetzgeberischer Vorgang, so dass es nicht überrascht, dass im Einführungsgesetz zum «kleinen Strafrecht» auch das «große Strafrecht», also das Strafgesetzbuch, geändert wurde, um künftig für allgemeine Regelungen auf das StGB verweisen zu können.

III. DAS NS-ERBE UND DIE GESETZGEBUNG IN DER BUNDESREPUBLIK

Ein solches Einführungsgesetz erfüllt einen wichtigen Zweck. In ihm fasst der Gesetzgeber alle erforderlichen Änderungen in allen möglichen Vorschriften zusammen, die durch eine Reform – also hier durch den Erlass des neuen Ordnungswidrigkeitengesetzes – notwendig werden. In unserem Fall war eine dieser zur Harmonisierung für erforderlich gehaltenen Vorschriften in Art. 1 Nr. 6 EGOWiG enthalten: eine Änderung des § 50 Abs. 2 StGB. Gut ein Jahr nach Erlass des EGOWiG erklärte der 5. Strafsenat des Bundesgerichtshofs, aus dieser Änderung folge zwingend eine Verkürzung der Verjährungsfristen in bestimmten Fällen der Beihilfe zum Mord, wodurch eine unabsehbare Zahl von NS-Verbrechen plötzlich verjährt war. Massenhafte Einstellungen von Kriegsverbrecherverfahren waren die Folge, so dass die Täter straffrei ausgingen. Zwar ist es nicht möglich, die Zahl dieser durch das EGOWiG verursachten Einstellungen genau zu beziffern, da die Zentrale Stelle in Ludwigsburg kein «Ausgangsbuch» führte, welchen Fall man an welche Staatsanwaltschaft abgegeben hatte, und nachträgliche Anfragen an die Landesjustizverwaltungen und Staatsanwaltschaften ohne nennenswerte Rückläufe blieben.[259] Klar ist aber, dass es sich um eine beträchtliche Zahl handelte – wobei ebenfalls zu berücksichtigen ist, dass die Ermittlungen in einer unübersehbaren Zahl von Fällen noch gar nicht begonnen hatten.

Nun freilich bleibt zu fragen, ob die Strafrechtsexperten in der Abteilung II des Bundesjustizministeriums, allen voran Unterabteilungsleiter Eduard Dreher, diese Verjährungsfolge absichtlich herbeigeführt hatten – eine Frage, die der Berliner Rechtssoziologe Hubert Rottleuthner in der provokanten Zuspitzung «Hat Dreher gedreht?» prägnant zusammenfasste.[260] Die Geschichte um das EGOWiG stellt sich somit als Drama dar, bei dem einige der Akteure, die daran von ministerieller Seite mitwirkten, nicht nur ein erhebliches persönliches Interesse an der Verjährung der Nazi-Verbrechen besaßen, sondern sich auch fragen lassen mussten, wie ausgerechnet sie, die über langjährige, teilweise bis in die NS-Zeit zurückreichende Erfahrung in der Formulierung von Gesetzen verfügten, derart weitreichende Folgen übersehen haben sollten.

Sinn und Zweck eines Ordnungswidrigkeitenrechts

Einen ersten Referentenentwurf für das Ordnungswidrigkeitengesetz legte der für die Reform der Strafgesetzgebung zuständige Referatsleiter in der Abteilung II, Dr. Karl Lackner, im August 1962 vor, bei dem er auf Vorarbeiten Eduard Drehers aus dem Jahr 1960 aufbaute.[261] In § 9 dieses Referentenentwurfs wird dabei für Ordnungswidrigkeiten ein sogenannter Einheitstäter normiert, während im Strafrecht zwischen «Täter» und «Teilnehmer» unterschieden wird. Unter Geltung des Einheitstäterprinzips sind alle an einer Tat Beteiligten Täter; erst bei Festsetzung der Strafhöhe spielt der Grad ihrer Beteiligung eine Rolle. Das Differenzierungsmodell unterscheidet hingegen von vornherein nach verschiedenen Beteiligungsformen – «Täter», «Anstifter» und «Gehilfe».[262] Die Strafbarkeit eines Teilnehmers leitet sich in diesem Fall von der des Haupttäters ab. Über die Sinnhaftigkeit der jeweiligen Zurechnungssysteme lässt sich streiten. Tatsache ist aber, dass der Gesetzgeber im Strafgesetzbuch ein nach Täterschaft und Teilnahme differenzierendes System vorsieht, das bis 1968 auch im Ordnungswidrigkeitenrecht galt.

Ein Problem, das sich in beiden Systemen stellt, ist die Frage, wie mit einer Situation umzugehen ist, in der einer der Beteiligten ein besonderes persönliches Merkmal aufweist, das bei einem anderen Beteiligten nicht vorliegt. Das Strafgesetzbuch stellte hierfür in § 50 Abs. 2 eine Lösung zur Verfügung, sofern verschiedene Straftatbestände existierten, um beide Fälle abzudecken. Wer also, ohne selbst Polizist zu sein, einem Polizisten hilft, eine Körperverletzung zu begehen, wird selbst nur wegen Beihilfe zur Körperverletzung gemäß § 223 StGB bestraft. Der Polizist hingegen verfällt der höheren Strafdrohung für Körperverletzung im Amt gemäß § 340 StGB. Das Merkmal der Beamteneigenschaft nennt man demgemäß ein strafschärfendes Merkmal – es verschärft die Strafe für Körperverletzung, wenn der Täter Amtsträger ist.

Von einem strafbegründenden Merkmal spricht man hingegen, wenn das Gesetz eine Tat überhaupt nur dann für strafbar erklärt, sofern der Täter das Merkmal in seiner Person aufweist. Eine Rechtsbeugung nach § 339 StGB etwa kann nach dem Wortlaut des Gesetzes nur ein Richter begehen. Wer nicht Richter ist, kann nicht Täter einer Rechtsbeugung sein. Wohl aber kann er einem Richter helfen, das Recht zu beugen. Da seine Strafbarkeit für diese Beihilfe sich von derjenigen des Haupttäters ableitet, wird auch er nach § 339 bestraft. Bis 1968 konnte § 50 Abs. 2 hier nicht helfen, da es keinen «Rückfalltatbestand» für Nicht-Richter gab. Diese systematische Ungerechtigkeit, die die Höhe der Strafe eines Gehilfen allein von dem zufälligen Umstand abhängig machte, ob das besondere persönliche Merkmal, das er ja ohnehin nicht aufwies, strafbegründend oder strafschärfend war, wurde bereits Ende des 19. Jahrhunderts kritisiert. Der seither immer wieder diskutierte Lösungsansatz liegt auf der Hand: Gibt es keinen solchen «Rückfalltatbestand», so entnimmt man die Strafe des Gehilfen eben weiterhin dem Tatbestand, nach dem auch der Haupttäter bestraft wird, mildert sie aber – im Vergleich zu der des Haupttäters – ab. So hatten es auch die Große Strafrechtskommission und das BMJ in ihrem E 1962 vorgesehen, in dem es in § 33 Abs. 1 hieß: «Fehlen besondere persönliche Merkmale (§ 14 Abs. 1), welche die Strafbarkeit des Täters begründen, beim Teilnehmer (Anstifter oder Gehilfe), so ist dessen Strafe nach § 64 Abs. 1 zu mildern.»

Als sich nun im Bundesministerium der Justiz die Idee festigte, im neuen Ordnungswidrigkeitenrecht den Einheitstäter einzuführen, konnte man also für die Regelung dieses problematischen Falles nicht einfach auf das Strafgesetzbuch verweisen, denn da war er ja gerade noch nicht geregelt. Die gewählte Lösung war durchaus naheliegend: Zöge man die Strafrechtsreform in diesem Punkt vor, so könnte man im neuen OWiG technisch sauber auf das StGB verweisen. Die Entscheidung zu dieser Vorabreform erfolgte in einer Abteilungsbesprechung im Juli 1964 zwischen Josef Schafheutle, Eduard Dreher, Karl Lackner, Georg Schwalm und Erich Göhler.[263]

Tatsächlich war die Neufassung von § 50 Abs. 2 StGB also eine sinnvolle, ja notwendige und seit langem überfällige Änderung im Strafgesetzbuch. Entsprechend war diese Gleichsetzung von strafbegründenden und strafmodifizierenden besonderen persönlichen Merkmalen im gesamten Reformprozess, in der Länderkommission, im Sonderausschuss Strafrechtsreform des Bundestages ebenso wie im Alternativentwurf stets sehr begrüßt worden. In der Sache herrschte also völliger Konsens, und die Einführung des Einheitstäters im Ordnungswidrigkeitenrecht war auch durchaus ein passender Anlass, die Ungleichbehandlung zu beseitigen und das Strafgesetzbuch in diesem Punkt zu ändern.[264]

Auswirkungen auf die Verjährung

Auf die politische Unbedenklichkeit der Vorschrift und die allgemeine Zustimmung, die sie in sämtlichen Reformgremien fand, wurde auch im Nachhinein immer wieder hingewiesen.[265] Dieser Hinweis indes verdeckt den Umstand, dass der E 1962, so wie er beraten wurde, einen Vorschlag für eine Gesamtreform darstellte, der mögliche Wechselwirkungen von vornherein bedachte. Eine davon war die Dauer der Verjährungsfrist. Letztere hängt von der angedrohten Strafe ab – eine schwere Straftat verjährt also erst nach einer längeren Frist als eine leichte. Um nun jegliche Auswirkung auf die Dauer der Verjährungsfristen auszuschließen, benötigte der E 1962 in seinem § 127 Abs. 3 lediglich einen Satz: «Die Frist richtet sich nach der Strafdrohung des Gesetzes, dessen Tatbestand die Tat verwirklicht, ohne

Rücksicht auf Schärfungen oder Milderungen, die nach den Vorschriften des Allgemeinen Teils oder für besonders schwere und minder schwere Fälle vorgesehen sind.» Dieser zusätzliche Einschub hätte jegliche Schwierigkeit mit der Verjährung verhindert. Die Tatsache, dass er – aus welchen Gründen auch immer und von wem auch immer zu verantworten – nicht enthalten war, bedeutete einen «technischen» Fehler, der zu den genannten weitreichenden Folgen führen sollte. Beim Ordnungswidrigkeitenrecht selbst hatte man im Übrigen an das Problem gedacht und in § 145 Abs. 2 EGOWiG die Verjährung angesprochen. Dort wurde für die in den §§ 20 und 21 OWiG aufgenommene Regelung der Verjährungsfristen im Bereich der Ordnungswidrigkeiten eine Überleitungsvorschrift eingefügt.

Der Fehler hätte sich jedoch immer noch beheben lassen. Ja, er hätte sogar behoben werden müssen, als Referatsleiter Göhler die Entwürfe des Ordnungswidrigkeitengesetzes und des Einführungsgesetzes zum Ordnungswidrigkeitengesetz, bevor sie dem Bundeskabinett zur Beschlussfassung vorgelegt wurden, im Juni 1966 noch einmal in einer letzten Abstimmungsrunde zur Diskussion stellte, an der im Bundesjustizministerium mehr als 30 Referate in allen vier Fachabteilungen beteiligt waren. So gut wie jeder Mitarbeiter der Abteilung II (Strafrecht) erhielt einen Abdruck. In Referat II R 1, dem Generalreferat für die Strafrechtsreform, wurden insbesondere die Vorschriften der Artikel 1 Nr. 6 und Artikel 154 Abs. 2 geprüft.[266] Die lapidare Antwort lautete: «Keine Einwendungen. Die vorgeschlagene Änderung entspricht dem § 33 E 1962.»[267] Am 15. Juni 1966 wurde der Entwurf daraufhin per Schnellbrief, gezeichnet von Unterabteilungsleiter Dreher, an die Landesjustizverwaltungen und an verschiedene Bundesministerien geschickt. Am 20. Juli 1966 sandten Göhler und Janiszewski die Entwürfe des Ordnungswidrigkeitengesetzes und des Einführungsgesetzes mit den jeweiligen Begründungen an Bundesjustizminister Jaeger. In dem entsprechenden Vorlagevermerk wurde § 50 StGB jedoch mit keiner Silbe erwähnt.[268] Im Januar 1967 – nunmehr mit Gustav Heinemann als Bundesjustizminister und Horst Ehmke als Staatssekretär – erfolgte die erste Lesung des Gesetzes im Bundestag. Der Minister, der den Entwurf persönlich vorstellte, sprach dabei viel über Ordnungswidrigkeiten und die Reform des Straßenverkehrsrechts.[269] Auch die neue Hausleitung sah in den Gesetzeskonvoluten kein Problem, da sie erwarten konnte und offenbar darauf vertraute, von den Experten im Haus auf eventuelle Probleme der Gesetzesvorlagen aufmerksam gemacht zu werden. Horst Ehmke erinnerte sich später, dass im Fall des Einführungsgesetzes jedoch keinerlei Hinweise in diese Richtung erfolgt waren – von ausdrücklichen Warnungen ganz abgesehen.[270]

III. DAS NS-ERBE UND DIE GESETZGEBUNG IN DER BUNDESREPUBLIK

Als am 12. Oktober 1967 der Rechtsausschuss des Bundestags über das Einführungsgesetz beriet, waren aus dem BMJ Referatsleiter Göhler und sein Mitarbeiter Buddendiek anwesend.[271] Artikel 1 Nr. 6 des Einführungsgesetzes, also die Änderung von § 50 StGB, wurde «in der Fassung des Regierungsentwurfs angenommen». Kein weiterer Kommentar, keine Nachfrage.[272] Zur Basis seiner Beratungen hatte der Rechtsausschuss die Vorschläge des Sonderausschusses für die Strafrechtsreform gemacht.[273] Dort hatten Göhler und Eduard Dreher die Vorschrift am 13. April 1967 vorgestellt und ebenfalls die einstimmige Billigung des Ausschusses erhalten.[274] Die Frage des Abgeordneten Martin Hirsch, ob der Sonderausschuss die Vorschrift schon beraten habe, wurde von Dreher bejaht: Sie sei dort unstreitig gewesen.[275] Das ist in der Sache richtig, lässt aber außer Acht, dass der Sonderausschuss mit dem Entwurf von 1962 ein Gesamtregelwerk beriet, das auch Begleitvorschriften zur Verjährung wie den § 127 Abs. 3 aufwies, die im Einführungsgesetz zum Ordnungswidrigkeitengesetz nicht mehr enthalten waren – wie gesagt: aus welchen Gründen und auf wessen Veranlassung auch immer. Im März und April 1968 fanden schließlich die zweite und dritte Lesung im Bundestag statt.[276] Am 24. Mai 1968 wurde das Einführungsgesetz zum Gesetz über Ordnungswidrigkeiten verabschiedet, das danach im Bundesgesetzblatt verkündet wurde und am 1. Oktober 1968 in Kraft trat.[277]

Die Vorahnung

Somit war ein überaus komplexes Gesetz mit vielen kleineren und größeren Regelungen und Details in der Welt, das unter anderem auch eine minimale und in der Sache unumstrittene Änderung des Strafgesetzbuches im Hinblick auf die Bestrafung des «Teilnehmers» an einer Straftat enthielt. «Vergessen» hatte man indessen eine Bestimmung, die Auswirkungen dieser Änderung auf die Verjährung definitiv ausschloss.[278] Die Bundesländer, der Bundesgerichtshof, der Generalbundesanwalt, mehrere Bundesministerien, der Bundestag und sein Rechtsausschuss, der Bundesrat und sein Rechtsausschuss, und natürlich die Strafrechtsexperten im Bundesjustizministerium – sie alle hatten über das neue Gesetz beraten. Aber hatte niemand von ihnen den Fehler bemerkt?

Um zu verstehen, vor welchem Hintergrund sich diese Entwicklung vollzogen hatte, ist ein Blick auf den damaligen Stand der Strafverfolgung von NS-Verbrechen erforderlich, die lange Zeit mehr als schleppend verlaufen war. Mitte der 1960er Jahre, insbesondere nach den Auschwitz-Prozessen, schien sich in dieser Hinsicht ein Wandel zu vollziehen. Denn nach der Errichtung der Zentralen Stelle der Landesjustizverwaltungen zur Aufklärung nationalsozialistischer Verbrechen in Ludwigsburg, die systematisch Informationen über Kriegsverbrechen sammelte und ihre Erkenntnisse an die zuständigen Staatsanwaltschaften weiterleitete, waren inzwischen in ganz Deutschland NS-Strafverfahren anhängig. So wurde in Berlin gegen ehemalige Mitarbeiter des Reichssicherheitshauptamtes ein großes Verfahren vorbereitet, das ein exemplarischer Prozess gegen sogenannte «Schreibtischtäter» werden sollte. Die Ludwigsburger Zentralstelle hatte einen Fall an die Staatsanwaltschaft in Kiel abgegeben, in dem es um die Räumung der Ghettos in Krakau und Bochnia ging und in dem am 18. März 1967 Anklage gegen Wilhelm Kunde, Hermann Heinrich und Franz-Joseph Müller erhoben wurde.[279] Unter großen Schwierigkeiten wurden dabei Zeugen in Israel und den USA ausfindig gemacht, und Vertreter der Kammer fuhren eigens nach Polen, um den Ort der Verbrechen in Augenschein zu nehmen. Nachdem das Verfahren gegen Kunde 1967 aus gesundheitlichen Gründen eingestellt worden war, wurde Heinrich am 19. März 1968 als Gehilfe der Massenverbrechen und der Exzesstaten von Kunde zu sechs Jahren Zuchthaus verurteilt; Müller erhielt als Täter von sechs einzelnen Mordhandlungen eine lebenslange Zuchthausstrafe.[280] Aber die Verteidigung legte Revision ein, so dass der Fall vor dem 5. Strafsenat des Bundesgerichtshofs landete. Um diese strafrechtliche Aufarbeitung der Nazi-Verbrechen, die noch viele weitere Verfahren betraf, abschließen zu können, hatte man 1965 im Bundestag erbittert um die Verlängerung der 20-jährigen Verjährungsfrist für Mord gestritten und schließlich den Beginn der Verjährungsfrist vom Ende des Krieges 1945 auf das Jahr nach der Gründung der Bundesrepublik – also auf den 1. Januar 1950 – verschoben, um weiterhin NS-Täter ermitteln und bestrafen zu können.[281]

Doch jetzt drohte das Einführungsgesetz zum Ordnungswidrigkeitengesetz den weitaus größten Teil der Verfahren praktisch über Nacht zunichte zu machen. Aber war man sich dessen an verantwortlicher Stelle, insbesondere im Bundesjustizministerium, bewusst? Die Antwort ergibt sich aus einem Gespräch, das am Rande des 47. Deutschen Juristentages geführt wurde, der vom 17. bis 20. September 1968 in Nürnberg stattfand. Anders als 1966 in Essen stand die Verfolgung von NS-Verbrechen in Nürnberg nicht auf der Tagesordnung. Thema der Strafrechtlichen Abteilung, die unter dem Vorsitz von Werner Sarstedt, dem Vorsitzenden des 5. Strafsenats des BGH, stand, waren vielmehr die Grenzen des Sexualstrafrechts. Im Rahmenprogramm gab es, neben Ausflügen nach Rothenburg ob der Tauber und in die Fränkische Schweiz, Besichtigungen des Germanischen Nationalmuseums, des Verkehrsmuseums, des Versandhauses Quelle, der Grundig-Werke und einer

Spielwarenfabrik. Das Reichsparteitagsgelände oder der Schwurgerichtssaal im Justizpalast waren hingegen nicht von Interesse. Am Rande der Sitzungen aber nahm Bundesrichter Rudolf Schmitt vom 5. Strafsenat des BGH den Landgerichtsdirektor Hartmuth Horstkotte, Hilfsreferent bei Ministerialrat Sturm in der Unterabteilung II A des Bundesjustizministeriums, die Ministerialdirigent Dreher unterstand, zur Seite und wies ihn darauf hin, dass in dem vor dem 5. Strafsenat des BGH anhängigen Revisionsverfahren in Sachen Hermann Heinrich und Franz-Joseph Müller, das von der Justiz in Kiel nach Karlsruhe überwiesen worden war, die Neufassung des § 50 Abs. 2 StGB Auswirkungen auf die Mordverjährung haben könnte. Horstkotte leitete diese Bemerkung sogleich an seinen Referatsleiter Sturm weiter, der ebenfalls in Nürnberg anwesend war.

In einem Vermerk, den er erst neun Monate später, am 10. Juni 1969 – offenbar unter dem Eindruck der inzwischen eingetretenen rechtlichen Katastrophe –, abfasste, erklärte Sturm dazu: «Ich war über diese Mitteilung überrascht und beunruhigt, da soweit mir bekannt, im Gesetzgebungsverfahren zum EWOWiG (sic!) eine solche Auswirkung von niemandem gesehen worden war.»[282] Unmittelbar nach seiner Rückkehr aus Nürnberg nach Bonn habe er seinem Unterabteilungsleiter Dreher den Sachverhalt geschildert und «seine Prüfung der Rechtsfrage» am 26. September 1968 – also ebenfalls erst mit Verspätung, etwa eine Woche nach der Information, die Landgerichtsdirektor Horstkotte von Bundesrichter Schmitt erhalten hatte – in einem Vermerk niedergelegt.[283] Tatsächlich beschrieb der Ministerialrat darin die rechtliche Lage präzise: Es komme darauf an, wie der Bundesgerichtshof die Mordmerkmale auslege. Sehe er in der 1. Gruppe der Merkmale besondere persönliche Merkmale im Sinne des neuen § 50 Abs. 2 StGB, so komme dem Teilnehmer die dort angeordnete obligatorische Milderung zugute. Dies werde dann zu der Konsequenz führen, dass sich der Strafrahmen verschiebe und die Verjährung nur noch 15 Jahre betrage.[284] Ministerialrat Sturm verwies sodann auf die Entscheidungen BGHSt 1, 368 und BGHSt 17, 215, aus denen hervorging, dass der Bundesgerichtshof Beweggründe, Absichten und ähnliche innere Merkmale als solche ansieht, die weniger den Täter als die Tat charakterisierten. Das für die Nazi-Morde relevante Merkmal des niedrigen Beweggrundes (Rassenhass) hielt der BGH für tatbezogen. Sturm wies aber auch darauf hin, dass der einflussreiche Kommentar von Schönke und Schröder in § 211 Rn. 31 die Merkmale der 1. und der 3. Gruppe für personales Unrecht hielt: «Die Entwicklung der Rechtsprechung in dieser Frage sollte sorgfältig verfolgt werden», schrieb er dazu und stellte abschließend fest, dass die kaum vier Tage später eintretende Rechtsänderung für die Täter beim Mord und für diejenigen Teilnehmer, die in ihrer eigenen Person die Mordmerkmale erfüllten, ohne Bedeutung sei.[285]

Mit der Bitte um Kenntnisnahme und unter Anregung einer mündlichen Besprechung der Problemlage wurde der Vermerk am 27. September 1968 an Dreher und Abteilungsleiter Krüger weitergeleitet. Dreher notierte darauf handschriftlich: «M. E. ist kaum zu erwarten, daß der BGH von seiner bisherigen Rspr. abweicht.» Abteilungsleiter Krüger zeichnete den Vermerk am 30. September und regte eine mündliche Besprechung in der Woche ab dem 7. Oktober, also eine Woche nach Inkrafttreten des Einführungsgesetzes, an. Wenig später, am 27. November 1968, schrieb ein besorgter schleswig-holsteinischer Justizminister an das Bundesjustizministerium und an alle Landesjustizverwaltungen und äußerte die Befürchtung, dass aufgrund der Einführung des § 50 Abs. 2 n.F. durch Artikel 1 Nr. 6 des EGOWiG in das StGB die NS-Mordgehilfen wegen Verjährungseintritts nicht mehr bestraft werden könnten. Er fügte seinem Schreiben das von der Kieler Justiz so hart erarbeitete Urteil in Sachen Heinrich und Müller bei, das dem 5. Strafsenat zur Revision vorlag, und machte damit deutlich, welche Konsequenzen sich für diesen Fall – aber damit auch für alle anderen Fälle von Beihilfe zum Mord – nun ergeben konnten.[286]

Am selben Tag wurde die gleiche Befürchtung vom Leiter der Zentralen Stelle in Ludwigsburg, Oberstaatsanwalt Adalbert Rückerl, geäußert, als dieser beim Arbeitskreis Rechtswesen der SPD-Bundestagsfraktion zu Gast war. Er hielt einen Vortrag zu den Ergebnissen einer Moskau-Reise von Mitarbeitern der Zentralen Stelle, die «viele neue Tatorte und Täter zum Vorschein gebracht» habe. Rückerl sprach dann aber auch über die Bestrafung der NS-Schreibtischtäter und führte aus, dass wegen des § 50 StGB n. F. jeder, der sich auf einen Befehl berufe und dem damit keine eigenen niedrigen Beweggründe nachgewiesen werden könnten, nur noch wegen Beihilfe zum Totschlag bestraft werden könne, die jedoch bereits seit 1960 verjährt sei.[287] Martin Hirsch, der Vorsitzende des Arbeitskreises, merkte dazu an, dass mit Artikel 1 Nr. 6 des EGOWiG eine Vorwegnahme der Strafrechtsreform erfolgt sei, die vom Sonderausschuss Strafrechtsreform beschlossen sei und dass im Rechtsausschuss niemand die Konsequenzen für die NS-Schreibtischtäter gesehen habe, die nun offenbar «zwangsläufig entstehen» würden.[288] Öffentlich erklärte er später noch, dass der Paragraf «bewusst, vorsätzlich und einstimmig» so beschlossen worden sei und ein demokratisch zustande gekommenes Gesetz eben jedem, auch NS-Tätern, zugute käme.[289]

In der Abteilung II des BMJ wurde der Sachverhalt inzwischen weiter intensiv geprüft, zumal am 6. Dezember 1968 ein Schreiben von Robert Kempner im Bundeskanzleramt einging, das dem Bundesjustizministerium zur Kenntnis gebracht wurde und in dem Kempner im Hinblick auf die Verjährungssituation darauf hinwies, dass im Ausland negative Schlagzeilen zu befürchten seien. Er selbst, so Kempner, gehe aber von einem Versehen des Gesetzgebers aus.[290] Die von Ministerialrat Sturm bereits am 26. September 1968 niedergelegten Argumente[291] wurden hinterfragt und die Rechtsprechung des Bundesgerichtshofs durchleuchtet.[292] Am 17. Dezember beantwortete Abteilungsleiter Krüger das Schreiben aus Kiel mit dem Hinweis, der BGH habe immer Mord und Totschlag als zwei eigenständige Unrechtstatbestände angesehen; die Mordmerkmale seien «rein objektiv» zu verstehen.[293] Das Problem war nun also erkannt. Es drohte die «kalte Verjährung». Am 19. Dezember 1968 berichteten die *Süddeutsche Zeitung* und *Die Welt* über die «Panne».[294] «Wir haben uns die Haare gerauft», beschrieb der damalige Staatssekretär Horst Ehmke später die Situation.[295] Jetzt konnte man aber nur noch versuchen, über den Generalbundesanwalt auf den Bundesgerichtshof Einfluss zu nehmen, um zu retten, was kaum noch zu retten war.[296]

Der Kampf vor dem Bundesgerichtshof

Am 6. Dezember 1968 fand der erste nachweisbare Kontakt zwischen dem Bundesjustizministerium und dem Generalbundesanwalt in Sachen EGOWiG statt. Eduard Dreher besprach die Angelegenheit mit Bundesanwalt Schumacher, da Generalbundesanwalt Ludwig Martin im Urlaub war.[297] Man war sich einig, dass die Mordmerkmale tatbezogen seien. Bundesanwalt Lange sei bereits mit der Ausarbeitung der Problematik betraut, neige aber offensichtlich der Meinung zu, die bisherige Rechtsprechung des Bundesgerichtshofs sei falsch und die Anwendung von § 50 Abs. 2 StGB zwingend.[298] In Berlin hatte währenddessen das Kammergericht im Rahmen einer Haftprüfung im Zusammenhang mit dem Verfahren gegen ehemalige Mitarbeiter des Reichssicherheitshauptamts ebenfalls die Frage der Verjährung zu beantworten und führte dazu am 6. Januar 1969 aus, dass eine Verjährung vom Gesetz nicht intendiert sein könne und dass auch der Bundesgerichtshof die Mordmerkmale bislang als objektiv und tatbezogen ausgelegt habe.[299]

Generalbundesanwalt Martin versuchte diese Ansicht des Kammergerichts vor dem BGH zu stärken, argumentierte scharf gegen die Verjährung und begründete dies mit der Tatbezogenheit der Mordmerkmale, die er jedenfalls im Falle staatlich organisierten Massenmordes für «unwiderlegbar» hielt, indem er erklärte, der «niedrige Beweggrund des Rassenhasses, der die Einrichtung einer riesigen Vernichtungsmaschinerie veranlasst» habe, lasse «nicht nur die Täter, sondern auch die Taten gefährlicher erscheinen».[300] Ziel Martins war es, die Frage beim Bundesgerichtshof vom Großen Senat für Strafsachen behandeln zu lassen, der für grundlegende Fragen zuständig ist, aber auch dann beteiligt werden muss, wenn die Senate sich in einer bestimmten Rechtsfrage nicht einig werden. Der Generalbundesanwalt selbst besaß allerdings keine Möglichkeit, den Großen Senat für Strafsachen anzurufen.[301] Immerhin gelang es ihm jedoch, beim 4. Strafsenat im Fall Altenloh und Errelis, in dem es um eine Revisionsentscheidung über die Verjährungsfrage wegen der Räumungen des Ghettos Bialystok und des Ghettos I in Grodno ging, am 28. Februar 1969 eine Vertagung zu erwirken.[302]

Das Bundesjustizministerium trat nach außen indes sehr bestimmt auf, obwohl man zu diesem Zeitpunkt bereits ahnte, dass der Bundesgerichtshof das EGOWiG zum Anlass nehmen würde, sämtliche Fälle von NS-Mordbeihilfe für verjährt zu erklären. So behauptete das BMJ in der Antwort auf zwei Anfragen der SPD-Bundestagsabgeordneten Fritz Sänger und Kurt Mattick vom 14. Januar 1969, dass die Gesetzesänderung keine Auswirkungen auf die Bestrafung von NS-Mordtätern habe.[303] Das war zwar richtig, ließ aber unerwähnt, dass nur wenige NS-Verbrecher als «Täter», sondern fast alle als «Gehilfen» eingestuft wurden. Der dann folgende Hinweis, dass auch bei NS-Mordgehilfen, die die Mordmerkmale in eigener Person erfüllten, keine Auswirkungen zu befürchten seien, und «Schreibtischtäter in maßgeblicher Stellung in aller Regel in eigener Person ‹aus niedrigen Beweggründen› gehandelt» hätten und daher strafbar blieben wie bisher, war jedoch eine fatale Fehleinschätzung, denn der Nachweis «niedriger Beweggründe» beim Gehilfen gelang später regelmäßig nicht mehr – der Angeklagte musste sich nur darauf berufen, Befehle befolgt zu haben.[304] Die Ironie wollte es, dass im Entwurf des Antwortschreibens an die beiden Abgeordneten in dieser Passage zunächst «straffrei» gestanden hatte und das «-frei» dann durch ein «-bar» ersetzt werden musste.[305]

Zu den Gehilfen, die selbst kein Mordmerkmal in eigener Person erfüllten, sondern lediglich wussten, dass der Haupttäter «heimtückisch», «grausam» oder «aus niedrigen Beweggründen» handelte, hieß es in dem Schreiben schließlich, die Rechtsprechung beziehe diese Merkmale «samt und sonders auf die Tat und nicht auf die Person des Täters». Das gelte, «um es noch einmal zu sagen, auch für das Merkmal der niedrigen Beweggründe».[306] Bundesjustizminister Heinemann erklärte dazu sogar, es bestehe «kein Anlaß, anzunehmen, dass die Rechtsprechung nunmehr diesen

Begriff anders als bisher auslegen» werde.[307] Diese Äußerung wurde allerdings als unstatthafte Einmischung in die Unabhängigkeit der Gerichte gedeutet, so dass im Ministerium sogleich die Suche nach dem Schuldigen begann, der die Ausdrucksweise auf dem Sprechzettel des Ministers augenscheinlich verschärft hatte. Dabei landete man bei Dreher, der sich nun rechtfertigen musste und in einem Vermerk vom 28. Januar 1969 erklärte, dass er den Entwurf der Antwort von Ministerialrat Sturm gelesen habe; darin sei die Passage jedoch nicht enthalten gewesen. Er wisse auch nicht, wer die Veränderung vorgenommen habe.[308] Drehers Vermerk endete mit der Bitte an den Minister um eine Besprechung. Ob diese stattgefunden hat, ist den Akten nicht zu entnehmen. Horst Ehmke zufolge ist davon aber nicht auszugehen. Er selbst habe nicht mit Dreher, sondern allenfalls mit Abteilungsleiter Krüger gesprochen.[309] Zwei Tage später musste sich Dreher erneut rechtfertigen. Diesmal ging es um eine Meldung der Deutschen Presse-Agentur vom 29. Januar 1969, in der von Angriffen der *Juristischen Arbeitsblätter* berichtet und dem Ministerium «beklagenswert dürftige Arbeit» vorgeworfen wurde.[310] Dreher verwies nun auf frühere Vermerke, klang aber zunehmend hilflos. Am Ende notierte Ehmke auf dem Vermerk Drehers: «Überzeugt mich nicht recht. Ich sehe die Sache aber als erledigt an.»[311]

Weitere Besprechungen folgten – interne wie externe. Richard Sturm und Detlev Hartig von Bülow fassten die Rechtsprechung des Bundesgerichtshofs hinsichtlich der besonderen persönlichen Merkmale und die Diskussionen in der Großen Strafrechtskommission zusammen.[312] Dreher lud die Bundesanwälte Schumacher und Westram für den 30. Januar 1969 zu einer Besprechung nach Bonn, zu der er auch Generalbundesanwalt Martin hinzuzog.[313] Die *Süddeutsche Zeitung* berichtete an diesem Morgen, der Generalstaatsanwalt der DDR, Josef Streit, habe der Bundesrepublik einen «flagranten Völkerrechtsbruch» vorgeworfen und § 50 StGB als «Schutzklausel für Naziverbrecher» bezeichnet.[314] Bundesanwalt Westram betonte später in der Besprechung gleichwohl, er halte es für unwahrscheinlich, dass der Bundesgerichtshof ohne Klärung durch den Großen Senat von der Ansicht abweichen werde, die der 5. Strafsenat bereits in seiner Entscheidung vom 22. Mai 1962 angedeutet hatte: dass nämlich die «niedrigen Beweggründe» als «tatbezogene Tatbestandsmerkmale» auszulegen seien.[315] Ausgerechnet Dreher selbst hatte seinerzeit diese Entscheidung des BGH zustimmend kommentiert.[316]

Die Entscheidung

Die Entscheidung lag nun aber in den Händen des 5. Strafsenats des BGH in Berlin. Die Vergangenheit der einzelnen Mitglieder des Senats ließ indessen von vornherein nichts Gutes erwarten. Der Vorsitzende Werner Sarstedt, einer der einflussreichsten deutschen Strafjuristen seiner Zeit, war seit 1951 Mitglied des 5. Senats und seit 1956 dessen Präsident. Er hatte seine Justizkarriere am 1. Mai 1939 als Landgerichtsrat in Lüneburg begonnen und war 1944 zum Oberlandesgerichtsrat in Celle befördert worden.[317] Diese Vergangenheit tat seiner Akzeptanz auch in kritischen Kreisen der deutschen Justiz jedoch keinen Abbruch. So schrieb er nach 1979, als die Tagebücher von Barbara Just-Dahlmann veröffentlicht wurden, das Vorwort.[318] Sie hatte nicht nur als Mitarbeiterin der Zentralstelle in Ludwigsburg, sondern auch als Person des öffentlichen Lebens die Verfolgung von NS-Taten energisch vorangetrieben. Im Rahmen des 46. Deutschen Juristentages 1966 in Essen hatte Sarstedt zuvor unter anderem mit Fritz Bauer und Adalbert Rückerl die «Königsteiner Erklärung» initiiert, die ein entschiedeneres Vorgehen im Bereich der NS-Verfahren forderte und insbesondere die allzu häufige Annahme von Beihilfe anstelle von Täterschaft kritisierte.[319]

Unter den Beisitzern im Senat waren mindestens drei NS-belastet: Karl Siemer war SA-Scharführer gewesen und 1939 Landgerichtsrat in Kiel geworden, wo er – jedenfalls formal – noch 1942 tätig war.[320] Rudolf Schmitt, der, wie oben beschrieben, Landgerichtsdirektor Horstkotte auf dem Nürnberger Juristentag vorgewarnt hatte, dass der BGH eine Entscheidung treffen würde, die dem Bundesjustizministerium nicht gefallen konnte, war 1933 in die NSDAP und in die Marine-SA eingetreten und war seit 1937 Landgerichtsrat in Berlin gewesen.[321] Allein über die Vergangenheit Adolf Schmidts, der 1952 Bundesrichter geworden war, ist nichts bekannt. Rudolf Börker schließlich, der als Berichterstatter das Urteil maßgeblich vorbereitete, war 1933/34 NSDAP-Blockleiter gewesen und seit 1936 Landgerichtsrat in Magdeburg.[322] Das Kriminalamt Magdeburg hatte am 11. August 1948 ein Ermittlungsverfahren gegen ihn vorläufig eingestellt, weil er sich in Braunschweig und damit in der «westlichen Zone» aufhielt. Börker war in dem Verfahren beschuldigt worden, von 1942 bis 1945 als Kriegsgerichtsrat der Luftwaffe in Riga, Athen und Kreta tätig gewesen zu sein.[323] Als solcher saß er 1944 nachweislich auch im Luftgau III, Bereich Dresden, einem Feldkriegsgericht vor, das unter seiner Leitung mindestens ein Todesurteil fällte: Der 18 Jahre alte Flieger Horst Gaffga wurde als «Volksschädling» wegen Fahnenflucht und fortgesetzten Betruges zum Tode, zum Verlust der Wehrwürdigkeit und zum Verlust der bürgerlichen Ehrenrechte auf Lebenszeit verurteilt.[324] Als Oberstabsrichter hatte Börker 1945 auch Hinrichtungen geleitet.[325] Dies alles hatte aber auch in seinem Fall die Fortsetzung seiner Karriere in der Bundesrepublik nicht behindert: Ab 1953 war er beim Generalbundesanwalt tätig, 1954 wurde er Richter am Bundesgerichtshof.

Als Berichterstatter in der Revisionsentscheidung im Fall Heinrich und Müller hatte Börker nun die Hauptverhandlung vorzubereiten. Dies bedeutete, dass er die Eingaben von Anklage und Verteidigung durchgehen und Lösungsvorschläge für sich stellende Rechtsfragen erarbeiten musste. Dies geschah, wie in solchen Fällen üblich, in Form eines Votums – gewissermaßen eine vorbereitete Urteilsbegründung. Konnte er die Kollegen von seiner Auffassung überzeugen, so wurde sein Votum zum Urteil des Senats. Konnte er seine Rechtsansicht hingegen nicht durchsetzen, musste er ein neues Votum ausarbeiten, das die Mehrheitsmeinung im Senat widerspiegelte.

Am 28. April 1969 fertigte er sein Votum in der Sache Heinrich an, das er den Kollegen zuerst vorlegte. Die Revision Müllers wollte er zu diesem Zeitpunkt offenbar noch verwerfen, das Verfahren gegen Heinrich aber abtrennen und einzeln entscheiden. Zu Heinrich hielt er fest, die Verjährungsfrist sei abgelaufen, das Verfahren einzustellen. Die Argumentation des Generalbundesanwalts wies er zurück: Die abstrakte Betrachtung von Gehilfen- und Haupttat sei peinlich und das Völkermordargument passe nicht, denn nicht der niedrige Beweggrund der Täter, sondern nur die Art seiner Verwirklichung trügen das äußere Bild der Tat. Dass innere Merkmale wie Beweggründe ohne ihre äußere Verwirklichung weder juristische Relevanz entfalten noch überhaupt erkennbar sind, spielte für ihn keine Rolle. Die Verweisung an den Großen Senat lehnte er ebenfalls ab, da man «manns genug sein» müsse, diese klare und einfache Frage, die nur aus politischen Gründen hochgespielt werde, selbst zu entscheiden.[326] Die Kollegen des 5. Strafsenats des Bundesgerichtshofs stimmten dieser Argumentation zu, so dass das Urteil gegen Heinrich am 20. Mai die von Börker vorgesehene Form erhielt.[327] Am Ende wurde das Verfahren gegen Hermann Heinrich also eingestellt, was im Ergebnis einem Freispruch gleichkam. Ihm selbst konnten niedrige Beweggründe nicht nachgewiesen werden, und seine Beihilfe war damit aufgrund des beschriebenen Mechanismus verjährt.[328]

Das Verfahren gegen Müller wurde separat entschieden. Hier musste Börker nacharbeiten, weil der Senat der Revision stattgeben wollte. Grund dafür war die fehlerhafte Vereidigung von Zeugen, die Börker zunächst nicht hatte beanstanden wollen. Weil aber Müller – über den allgemeinen Vernichtungsplan hinaus – auch auf eigene Faust getötet hatte und in Kiel entsprechend als

Täter verurteilt worden war, kam ihm die neue Rechtsprechung nicht zugute. Wegen der fehlerhaften Vereidigung wichtiger Zeugen wurde die Sache dennoch zur erneuten Verhandlung an das Landgericht Kiel zurückverwiesen, was am Ende zu einer milderen Strafe führte: Am 10. Juli 1970 wurde Müller zu 12 Jahren Zuchthaus verurteilt.[329]

In der Begründung ihrer Entscheidung bezüglich Heinrich führten die Bundesrichter zunächst aus, dass § 211 StGB ein selbständiger Tatbestand sei und die Mordmerkmale daher die Strafbarkeit begründeten, so dass – wenn überhaupt – § 50 Abs. 2 StGB zur Anwendung komme. Die «Habgier» und damit alle «niedrigen Beweggründe» hätten als besondere persönliche Merkmale zu gelten. Diese Auffassung beruhe auf einem Beschluss der Großen Strafrechtskommission, so dass auch die Gesetzesgeschichte keine andere Auslegung zulasse. Am Ende zählte nur das plakative und letztlich inhaltsleere Zitat der Bundesrichterkollegin Koffka: «Ein Motiv des Täters liegt in seiner Person und nirgends anders».[330] Zwar gestanden die Richter ein, dass diese Interpretation zu einem ungereimten Ergebnis führe, da nicht einzusehen sei, warum der Gehilfe zu einem «heimtückischen» Mord (tatbezogenes Merkmal!) schwerer bestraft werde als derjenige, der an «einer aus Rassenhass begangenen Tötung» mitwirke und dabei wisse, dass sie «ein Beitrag zur Ausrottung einer ganzen Volksgruppe» sei. Das sei «in der Tat nicht einzusehen», doch, so der 5. Strafsenat wörtlich:

> «Das ungereimte Ergebnis hat seinen Grund darin, daß ‹bei den Vorarbeiten zum EGOWiG offensichtlich übersehen worden ist, welche Konsequenzen die Neugestaltung des § 50 für die Verjährung hat, insbesondere für das Problem der Verjährung der Teilnahme am Mord› (Horst Schröder JZ 1969, 132). Die ungleichen Folgen, die die Neuregelung für die Beihilfe zu verschiedenen Arten des Mordes hat, können daher bei der Auslegung nicht berücksichtigt werden.»[331]

Die Bundesrichter versteckten sich an dieser entscheidenden Stelle also hinter dem Zitat eines einzigen Kommentators – Horst Schröder – und behaupteten schulterzuckend, dass sie den Fehler des Ministeriums bei der Gesetzesgenese nicht korrigieren könnten. Eine Seite zuvor hatten sie noch behauptet, aus der Gesetzesgeschichte lasse sich kein anderes Ergebnis begründen. Nun gestanden sie aber doch zu – versteckt in dem Zitat –, dass bei der Gesetzgebung ein «offensichtlicher» Fehler passiert sei. Die Richter erkannten auch die aus ihrer Rechtsprechung resultierende Ungerechtigkeit durch die Ungleichbehandlung offensichtlich gleicher Umstände und gingen auf die weiteren Argumente des Generalbundesanwalts, etwa zur abstrakten Betrachtung von Beihilfe und Täterschaft bei Festsetzung der Verjährungsfrist oder zur Parallele der Tötungen aus Rassenhass zum Völkermord, entweder gar nicht ein oder wischten sie fast schon spöttisch vom Tisch: Auf die «niedrigen Beweggründe» in § 211 Abs. 2 StGB treffe dies alles nicht zu.[332]

Damit stand also fest, dass alle Taten von Gehilfen verjährt waren, wenn dem Gehilfen keine eigenen niedrigen Beweggründe nachgewiesen werden konnten. Dieses Ergebnis kam durch die Kombination der Gehilfenrechtsprechung und der spezifischen Auslegung der niedrigen Beweggründe als besondere persönliche Merkmale mit der differenzierten und nicht abstrakten Betrachtung in der Verjährungsfrage zustande. Der 5. Strafsenat hatte damit bewusst nicht die Entscheidung des 4. Senats abgewartet oder eine Klärung durch den Großen Senat unterstützt, sondern selbst entschieden und damit eine Gelegenheit genutzt, die ihm von den Verfassern des Einführungsgesetzes zum Ordnungswidrigkeitengesetz geboten worden war.

Die Folgen der Katastrophe

Das Kind war also in den Brunnen gefallen. Am Tag nach der Entscheidung verlangte der Staatssekretär im Bundesjustizministerium sofort eine Erläuterung des Sachverhalts. Das Referat II B 5 in Person des Referatsleiters Albrecht Götz und des Hilfsreferenten Stewen verfasste noch am selben Tag einen Vermerk und gab den Sachverhalt und die Strafzumessungserwägungen für den nicht verurteilten Heinrich wieder.[333] Bundesjustizminister Horst Ehmke, der am 26. März 1969 Gustav Heinemann in diesem Amt abgelöst hatte, wollte auch noch einmal über das Zustandekommen des EGOWiG informiert werden. Referatsleiter Göhler musste in mehreren Vermerken zusammenstellen, wer alles vor der Verabschiedung des Gesetzes angehört worden war, wie sich diese Stellen zu § 50 StGB verhalten hatten[334] und wie das Gesetzgebungsverfahren im Einzelnen abgelaufen war.[335] Der ehemalige Referatsleiter Sturm musste zudem die Argumentation der Bundesrichter darstellen und gestand dabei zu, dass die Auslegung der niedrigen Beweggründe als besondere persönliche Merkmale durch den Bundesgerichtshof vertretbar war.[336] Allerdings kritisierte er den Umgang mit dem Völkermordargument des Generalbundesanwalts als schwächste Stelle der Entscheidung und auch den Umgang mit den unterschiedlich langen Verjährungsfristen für die Gehilfen als neben der Sache liegend.[337]

Die Vermerke gingen allesamt an die Hausleitung, die reagieren musste. Denn die Empörung in der nationalen und internationalen Presse war groß. Die diplomatischen Vertretungen der Bundesrepublik in Israel, den USA und anderen Staaten erhielten Protestnoten und mussten sich erklären. Per

Schnellbrief aus dem Auswärtigen Amt warnte Hans Gawlik vor einer radikalen Verschlechterung der Beziehungen zu Israel.[338] Die Angelegenheit wurde noch zusätzlich dadurch politisch heikel, dass die 1965 beschlossene Aufschiebung des Verjährungsbeginns durch die Neuberechnung Ende 1969 auslief. Hier stand also eine erneute Entscheidung des Parlaments an. Dabei sprach sich Minister Ehmke dafür aus, die Verjährung für Mord endgültig aufzuheben und somit klare Verhältnisse zu schaffen.[339] Er bat den Leiter der Zentralen Stelle, Oberstaatsanwalt Adalbert Rückerl, für den 29. Mai zur Besprechung nach Bonn, der die Lage allerdings nicht so dramatisch einschätzte. Die neue Rechtsprechung zu § 50 Abs. 2 StGB werde dazu führen, dass die Gerichte stärker andere Mordmerkmale als den Rassenhass als niedrigen Beweggrund berücksichtigen müssten. In der Vergangenheit habe man sich vielfach damit zufrieden gegeben, dieses eine Merkmal festzustellen. Aber schließlich seien viele dieser NS-Morde auch heimtückisch und grausam durchgeführt worden. Weitreichend werde die Entscheidung nur hinsichtlich der Auswirkungen auf die «Schreibtischtäter» sein. Diese würden sich nun in der Regel mit dem Argument herausreden können, dass sie gar nicht gewusst hätten, wie diese Taten konkret durchgeführt wurden. Konzentrationslager- und Einsatzgruppenfälle werde man also weiterführen können. In den Verfahren gegen Beamte des Reichssicherheitshauptamtes oder des Oberkommandos der Wehrmacht seien jedoch Einstellungen zu erwarten.[340]

Mit dem 9. Strafrechtsänderungsgesetz vom 26. Juni 1969 wurde schließlich die Verjährung für Mord und Völkermord auf Drängen der CDU/CSU-Fraktion immer noch nicht ganz aufgehoben, aber mit einer Zwei-Drittel-Mehrheit im Bundestag immerhin auf 30 Jahre verlängert.[341] In Israel hieß es dazu, Deutschland tue zwar vordergründig so, als erfülle es die Erwartungen. Im Hintergrund werde aber durch das EGOWiG und die Gehilfenrechtsprechung eine faktische Amnestie eingeführt.[342] Im Bundesjustizministerium verfiel man deshalb auf den Gedanken, Adalbert Rückerl nach Israel zu entsenden, der dort hoch geschätzt war, mehrere Vorträge hielt und Interviews gab. Die Deutsche Botschaft berichtete danach, die Reise sei ein durchschlagender Erfolg gewesen. Die aufgebrachte Stimmung habe sich beruhigt, und die Diskussion sei versachlicht worden.[343] Auch das Auswärtige Amt war begeistert.[344]

Der 5. Strafsenat blieb unterdessen bei seiner Rechtsprechung zu den besonderen persönlichen Merkmalen – aller öffentlichen Kritik und allen fachlichen Einwänden zum Trotz.[345] Immerhin wurde durch die anderen Senate des BGH die Rechtsprechung bestätigt, dass wenigstens die Heimtücke und die Grausamkeit tatbezogene Merkmale seien und daher § 50 Abs. 2 StGB hier nicht zur Anwendung komme.[346] Damit wurde künftig nach tatbezogenen und täterbezogenen Mordmerkmalen differenziert. Letztere sind besondere persönliche Merkmale, die nach § 50 Abs. 2 jeder Gehilfe in eigener Person aufweisen muss. Niedrige Beweggründe wurden bei Gehilfen aber in keinem der Fälle festgestellt. Der «normale» Befehlsempfänger handelte selbst dann nicht aus niedrigen Beweggründen im Sinne des Gesetzes, wenn er von der Rassenideologie der Nazis wusste und den Befehl für rechtswidrig hielt. Schreibtischtäter finden wir unter den Angeklagten nun ohnehin keine mehr.

Hat Dreher «gedreht»?

Doch wie ist der Vorgang insgesamt zu bewerten: War es eine gesetzgeberische Panne? Gab es eine Verschwörung im Bundesjustizministerium, um das Einführungsgesetz ohne den entscheidenden einschränkenden Satz zur Frage der Verjährung durch alle Gremien und über alle parlamentarischen Hürden zu bringen? Oder war es gar Eduard Dreher allein, der seine strafrechtliche Kompetenz nutzte, um alle NS-Gehilfen vor Strafverfolgung zu bewahren? Horst Ehmke ist bis heute der Auffassung, dass das Gesetz nicht mehrfach über Jahre hinweg durch alle Abteilungen und zahllose Referate des BMJ gegangen sein konnte, ohne dass irgendjemand die Konsequenz für die Verjährung bemerkte.[347] Endgültig lassen sich die gestellten Fragen jedoch nicht beantworten. Weder in den Akten, die sich heute noch im BMJ befinden, noch in den Sachakten im Bundesarchiv oder der Gesetzesdokumentation im Bundestag findet sich ein Vermerk oder ein anderer Hinweis darauf, dass es sich hier um einen perfiden Plan, ja um eine ausgeklügelte Verschwörung mit der Strafrechtsabteilung des BMJ als konspirativem Zentrum handelte. Das ist allerdings wenig überraschend. Denn wer würde ein solches Vorhaben für die Nachwelt dokumentieren?

Indes bestehen unübersehbare Anhaltspunkte, dass zumindest Eduard Dreher dabei eine Schlüsselrolle spielte. Er galt damals als einer der führenden deutschen Strafrechtler, der langjährige Erfahrung auf dem Gebiet der Gesetzgebung mit einer fundierten wissenschaftlichen Expertise verband. Wie kein anderer Angehöriger der Strafrechtsabteilung kannte er sich mit den «Baustellen» und rechtlichen Fragestellungen der legislativen Agenda aus. Dabei waren ihm sowohl die großen Linien als auch die rechtlichen Einzelaspekte und die in politischer Hinsicht neuralgischen Punkte vertraut. Nach Jahren in der Großen Strafrechtskommission dürften ihm insbesondere auch die Verjährungsproblematik und der Kontext des § 50 Abs. 2 StGB geläufig gewesen sein. Anders als die in ihren jeweiligen Zuständigkeiten befangenen Referatsleiter, Referenten und Sachbearbeiter seiner Unterabteilung musste er zudem im Abstimmungsprozess des EGOWiG schon von Amts wegen den Überblick über die Verästelung und Verzahnung dieses Regelwerks behalten. Da er ein filigraner Denker mit Sinn für das Detail war, bestehen keine Zweifel an seiner Fähigkeit, diese Aufgabe meisterhaft zu erfüllen. Schließlich hatte er selbst 1960 Vorarbeiten zu dem Gesetzentwurf geleistet.

Doch selbst wenn es zutreffen würde, dass die Mitarbeiter im Ministerium hinsichtlich der möglichen Verjährungsfolge der durch das EGOWiG bewirkten Änderung des StGB lange Zeit ahnungslos waren, so wurden sie doch nachweislich am 17. September 1968 bösgläubig. Denn als Bundesrichter Schmitt aus dem 5. Strafsenat des BGH an diesem Tag den Ministeriumsmitarbeiter Horstkotte von der Senatsmeinung in Bezug auf die Verjährung unterrichtete, war das EGOWiG noch nicht in Kraft. Bis zum Inkrafttreten am 1. Oktober 1968 blieben noch 13 Tage Zeit – und damit hätte das Gesetz im parlamentarischen Prozess noch aufgehalten oder durch eine einfache Ergänzung entschärft werden können. Denn mit der seit langem vorliegenden Formulierung «Die Frist richtet sich nach der Strafdrohung des Gesetzes, dessen Tatbestand die Tat verwirklicht, ohne Rücksicht auf Schärfungen oder Milderungen, die nach den Vorschriften des Allgemeinen Teils oder für besonders schwere und minder schwere Fälle vorgesehen sind» wäre die Verjährungswirkung bei der Strafbarkeit des Gehilfen abgewandt worden. Man hätte eine entsprechende Vorlage am 25. September 1968 vormittags in der Kabinettssitzung beraten und nachmittags in der um 14 Uhr beginnenden 185. Sitzung des Bundestages durch einen Initiativantrag von Abgeordneten in das Parlament einbringen können. Zwei Sitzungstage später, am Freitag, den 27. September 1968, wäre dann noch ausreichend Zeit gewesen, die drei erforderlichen Lesungen abzuhalten. Da die Vorschrift im Sonderausschuss Strafrechtsreform bereits abschließend beraten war, hätte es in der Sache auch keinen Bedarf gegeben, den Rechtsausschuss erneut zu beteiligen; eine Beteiligung des Bundesrates, die nach Artikel 76 Abs. 2 GG vorgeschrieben ist, wäre damit umgangen worden.[348] Angesichts der Eilbedürftigkeit des Vorgangs hätte ein solches Verfahren vermutlich sowohl im parlamentarischen als auch im außerparlamentarischen Raum die notwendige Zustimmung gefunden. Bei anderer Gelegenheit wurde im Übrigen tatsächlich so verfahren.[349]

Aus Sicht der Strafrechtsabteilung des BMJ waren diese Einzelheiten indessen irrelevant. Hier wäre es die Pflicht der Verantwortlichen – insbesondere des Referatsleiters Dr. Sturm, des Unterabteilungsleiters Dr. Dreher und des

III. DAS NS-ERBE UND DIE GESETZGEBUNG IN DER BUNDESREPUBLIK 419

Abteilungsleiters Hans-Joachim Krüger – gewesen, sofort am 17. oder 18. September 1968 die Hausleitung über die gesetzgeberische Fehlleistung und die vorhersehbare Rechtsprechung des Bundesgerichtshofs zu informieren. Es kann kein Zweifel bestehen, dass Bundesjustizminister Heinemann und Staatssekretär Ehmke sogleich politische Schritte eingeleitet hätten, um in den zur Verfügung stehenden zwei Wochen noch zu einer parlamentarischen Lösung des Problems zu kommen. Den Minister nicht in Kenntnis gesetzt zu haben, bedeutete einen groben Pflichtverstoß, der letztlich auf das BMJ als Ganzes zurückfällt.

Abteilungsleiter Krüger traf dabei noch die geringste Schuld. Er war erst im Mai 1967 auf persönliche Anforderung von Staatssekretär Ehmke aus der Justizverwaltung Hamburg gekommen, wo er zuletzt Leiter der Gefängnisbehörde gewesen war. Er besaß daher wenig ministerielle Erfahrung und schien insgesamt mit seiner Aufgabe in Bonn überfordert. Zum Abteilungsleiter Strafrecht im BMJ war er sogar erst am 2. September 1968 aufgestiegen – also ziemlich genau zwei Wochen vor dem entscheidenden Hinweis aus Nürnberg. Richard Sturm, als Referatsleiter für das Strafgesetzbuch Allgemeiner Teil, hatte sich zumindest korrekt verhalten, als er nach der Mitteilung seines Kollegen Horstkotte über das Gespräch mit Bundesrichter Schmitt sogleich seinen Vorgesetzten, den Leiter der Unterabteilung II A Eduard Dreher, unterrichtet hatte. Danach hatte er allerdings unerklärlicherweise neun Tage verstreichen lassen, ehe er am 27. September einen entsprechenden schriftlichen Vermerk anfertigte, den er über Dreher an Abteilungsleiter Krüger leitete, wobei Dreher auf dem Vermerk handschriftlich den abwiegelnden Kommentar hinzufügte, es sei «kaum zu erwarten, dass der BGH von seiner bisherigen Rechtsprechung» abweiche. Mit anderen Worten: Man müsse sich keine Sorgen machen. Danach war es wenig verwunderlich, dass der unerfahrene, überforderte Abteilungsleiter keinen Grund sah, Alarm zu schlagen.

So fällt am Ende doch wieder alles auf Dreher zurück. Zwar hätten viele ein persönliches Interesse daran gehabt, die Gesetzgebung in der Weise zu lenken, wie es hier geschah. Aber nur Dreher, von dem bereits 1959, 1962 und 1965 drei Fälle bekannt geworden waren, in denen seine Beteiligung an fragwürdigen Todesurteilen am Sondergericht Innsbruck erwiesen war, und gegen den erst einen Monat zuvor, am 14. August 1968, in Bonn Strafanzeige wegen Mitwirkung an den Todesurteilen gegen Knoflach und Hauser erstattet worden war, besaß aufgrund seiner Position in der Strafrechtsabteilung des BMJ die Mittel, auf die Gestaltung eines Gesetzes in der erforderlichen Weise einzuwirken, so dass die Verjährungsformel in dem Gesetz am Ende nicht mehr enthalten war. Die Anschuldigungen, die gegen ihn wegen seiner

Tätigkeit am Sondergericht Innsbruck erhoben worden waren, bedeuteten dabei für ihn nicht nur in strafrechtlicher Hinsicht eine Gefahr, sondern waren auch seinem persönlichen Renommee und seiner dienstlichen Stellung abträglich. Allerdings war der für ihn potentiell gefährlichste Fall zu diesem Zeitpunkt noch gar nicht entdeckt: der Fall Leimberger, bei dem Dreher im November 1942 binnen weniger Stunden nach der Tat ein Todesurteil erwirkt und zur Vollstreckung gebracht hatte, so dass es sich verfahrensrechtlich womöglich um ein «Nicht-Urteil» handelte, bei dem Dreher sich als Teilnehmer oder sogar als Mittäter eines Tötungsdelikts des Gerichts strafbar gemacht hatte.[350] Dreher hatte also allen Grund, auf die Verabschiedung des EGOWiG zu drängen, und ebnete daher in der entscheidenden Beratung des Rechtsausschusses des Bundestages durch eine formal zwar richtige, aber sachlich ergänzungsbedürftige und insoweit verfälschende Antwort auf die pointierte Frage des Abgeordneten Martin Hirsch den Weg zur parlamentarischen Annahme des § 50 Abs. 2 StGB.

Ebenso bemerkenswert ist sein Verhalten nach der parlamentarischen Verabschiedung des Gesetzes. Da Abteilungsleiter Krüger noch nicht eingearbeitet und daher kaum in der Lage war, die Meldung von Ministerialrat Sturm aus Nürnberg richtig einzuordnen und ihre ganze Tragweite zu erkennen, hätte Dreher als Unterabteilungsleiter persönlich die Initiative zur Information der Hausleitung ergreifen müssen. Dann wäre für Justizminister Heinemann und Staatssekretär Ehmke noch ausreichend Zeit gewesen, durch eine kurzfristige politisch-parlamentarische Initiative die Verjährungsentscheidung des BGH, die Dreher selbst wiederum zweifellos längst antizipiert hatte, noch im letzten Augenblick zu unterlaufen. Spielte Dreher also auf Zeitgewinn, bei dem es um weniger als zwei Wochen ging, um jeglichen Versuch der Bundesregierung unmöglich zu machen, die BGH-Entscheidung noch zu verhindern? Tatsache ist, dass er die schriftliche Stellungnahme von Ministerialrat Sturm abwartete, die dieser erst einige Tage später seinen Vorgesetzten in der Abteilung zuleitete, den Vermerk sogar noch mit einer handschriftlichen Randnotiz versah, die von der Gefahrenlage ablenkte und Abteilungsleiter Krüger, der in der Abteilung nicht verwurzelt war, die Genesis des Gesetzes nicht kannte und dem Dreher fachlich unbestrittenermaßen überlegen war, offenbar so sehr beruhigte, dass er die fällige Dienstbesprechung erst zu einem Termin ansetzte, als das Gesetz bereits in Kraft getreten war. Ein Schelm, der Böses dabei denkt. Letztlich war jedoch Dreher der einzige, der ein Motiv, die Mittel und die Gelegenheit besaß, in einer Weise auf die Gesetzgebung einzuwirken, dass am Ende die meisten Fälle von Mordbeihilfe aus der NS-Zeit verjährt waren.

5. Streng geheim: Das V-Buch

Als am 23. Oktober 1954 die Pariser Verträge unterzeichnet wurden, mit denen die Bundesrepublik im Mai 1955 der NATO beitrat und dafür – von wenigen Ausnahmen abgesehen – die staatliche Souveränität zurückerhielt, blieben in Artikel 5 Abs. 2 des Deutschlandvertrages sogenannte «alliierte Vorbehaltsrechte» in Kraft. Die USA, Großbritannien und Frankreich nahmen damit für sich das Recht in Anspruch, im Falle einer Gefährdung ihrer in Deutschland stationierten Streitkräfte selbst tätig zu werden und die notwendigen Maßnahmen zu ergreifen, um ihre Streitkräfte zu schützen. In Artikel 5 des Deutschlandvertrages hieß es dazu, diese «von den Drei Mächten bisher innegehabten oder ausgeübten Rechte» würden erst «erlöschen, sobald die zuständigen deutschen Behörden entsprechende Vollmachten durch die deutsche Gesetzgebung erhalten haben und dadurch in Stand gesetzt sind, wirksame Maßnahmen zum Schutz der Sicherheit dieser Streitkräfte zu treffen, einschließlich der Fähigkeit, einer ernstlichen Störung der öffentlichen Sicherheit und Ordnung zu begegnen».[351]

Seit 1958 beriet man daher im Bundestag, in den politischen Parteien und in der Öffentlichkeit über die Verabschiedung von «Notstandsgesetzen», wobei es den Bundesinnenministern Gerhard Schröder und Hermann Höcherl sowie dem Mitglied des Rechtsausschusses des Bundestages Ernst Benda in drei Anläufen 1960, 1963 und 1965 nicht gelang, ihre jeweiligen Entwürfe einer Notstandsverfassung im parlamentarischen Verfahren durchzusetzen. Denn für die Grundgesetzänderung war eine Zwei-Drittel-Mehrheit erforderlich, die nur unter Mitwirkung der SPD hätte zustande kommen können, die diese jedoch verweigerte. So blieb die Aufgabe unerledigt, bis die Große Koalition sich 1966 das Ziel setzte, die alliierten Vorbehaltsrechte durch eine eigene Gesetzgebung abzulösen. Die Gegner einer Notstandsverfassung sahen darin seit der ersten Vorlage eines entsprechenden Gesetzentwurfs im Bundestag am 20. April 1960 durch Bundesinnenminister Schröder zwar eine ernstzunehmende Gefahr, weil sie einen Missbrauch fürchteten und auf das warnende Beispiel der Weimarer Republik verwiesen. Allen innenpolitischen Protesten zum Trotz wurde die Notstandsverfassung jedoch im Mai 1968 vom Bundestag verabschiedet, so dass die sogenannten «Notstandsgesetze» am 28. Juni 1968 in Kraft treten konnten.[352]

Ein «Kriegsbuch» für den Notfall

Parallel zu dieser Entwicklung, die sich über ein Jahrzehnt hinzog, fassten das Bundeskanzleramt und das Bundesinnenministerium im Sommer 1959 den Plan, zur Vorbereitung einer Notstandsgesetzgebung unter der Federführung von Innenminister Schröder ein «Kriegsbuch» zusammenzustellen, in dem alle erforderlichen Notverordnungen zur Regelung des Lebens in der Bundesrepublik im Kriegsfall enthalten sein sollten. Besonders heikel daran war der Umstand, dass das Grundgesetz bis dahin keine Notstandsregelungen vorsah. Zur Verabschiedung von Gesetzen musste daher immer der parlamentarische Weg eingehalten werden. Selbst im Kriegsfall hätten Verordnungen nach Artikel 80 GG nur dann von der Bundesregierung erlassen werden können, wenn es dazu eine gesetzliche Ermächtigung gegeben hätte, in der Inhalt, Zweck und Ausmaß der Verordnung hinreichend bestimmt gewesen wären. Zudem verlangte die föderale Struktur des Grundgesetzes, dass die Kompetenzverteilung zwischen Bund und Ländern berücksichtigt und, soweit erforderlich, der Bundesrat an den Entscheidungen beteiligt wurde.

Dies alles sollte nun im Ausnahmezustand keine Rolle mehr spielen.[353] Was mit dem geplanten «Kriegsbuch» in letztlich 45 sogenannten Schubladenverordnungen vorbereitet wurde, war also ein glatter Verfassungsbruch.[354] Nach den Worten von Bundesinnenminister Schröder sollten diese Verordnungen zwar «erst nach Verkündung des Ausnahmezustandes in Kraft gesetzt werden». Um jedoch «eine rechtzeitige Durchführung der auf Grund der Verordnungen zu treffenden Maßnahmen» zu gewährleisten, müssten alle Texte «in der erforderlichen Anzahl» gedruckt und «bei geeigneten Behörden unter Verschluß» gelagert werden.[355] So geschah es: Als 1964 alle Verordnungen vorlagen, wurden sie als Sonderausgaben des Bundesgesetzblattes gedruckt und eingelagert. Allerdings wurde auf Drängen des Staatssekretärs im Bundeskanzleramt, Dr. Hans Globke, der Name geändert: Statt «Kriegsbuch» hieß es nun «Verteidigungsbuch» (V-Buch).[356]

Da es für den «legislativen Teil» des V-Buches keine Grundlage in der Verfassung gab und der Inhalt außerdem zur Beunruhigung der Öffentlichkeit führen konnte, war das Projekt streng geheim.[357] Es durfte daher noch nicht einmal in der Runde der Abteilungsleiter im Bundesinnenministerium zur Sprache kommen.[358] Im Bundesjustizministerium fand hingegen am 14. August 1959 eine Besprechung bei Ministerialrat Dr. Goßrau statt, zu der Ministerialrat Dr. Ebisch aus dem Bundeswirtschaftsministerium und Ministerialrat Dr. Nitschke vom Bundeslandwirtschaftsministerium in die Rosenburg kamen, um eine «Notwirtschaftsstrafverordnung» vorzubereiten, die dafür gedacht war, im Notstandsfall sofort auf eine staatlich gelenkte Wirtschaft umstellen zu können. Das geltende Wirtschaftsstrafrecht reiche dafür nicht aus, hieß es, sondern müsse durch zusätzliche Straf- und Bußgeldtatbestände ergänzt werden. Dabei solle man sich am Wirtschaftsstrafgesetz von 1949 orientieren.[359]

Tatsächlich lag bereits nach vier Tagen ein 35 Paragrafen umfassender Entwurf vor.[360] Das Wirtschaftsstrafgesetz von 1949, das dabei als Vorlage diente, fußte seinerseits auf der Verbrauchsregelungsstrafverordnung in der Fassung von 1941, der Kriegswirtschaftsverordnung in der Fassung von 1942, der Preisstrafrechtsverordnung und des Bewirtschaftungsnotgesetzes von 1947. Wenigstens die Kriegswirtschaftsverordnung war den Juristen mit Sondergerichtserfahrung bestens bekannt. Allein Eduard Dreher hatte am Sondergericht Innsbruck Dutzende von Verfahren wegen verbotener Schwarzschlachtungen zur Anklage gebracht.[361]

«Ermächtigung mit Gesetzeskraft»: Das Versagen des BMJ als Hüterin der Verfassung

Im Innenministerium war inzwischen bereits ein erster Satz von Notverordnungen gesammelt worden, die im «Verteidigungsbuch» zusammengefasst werden sollten. Am 8. Oktober 1959 tagte zum ersten Mal das Redaktionskomitee, das von Oberregierungsrat Dr. Eichstädt koordiniert wurde. Ansprechpartner im Justizministerium war Dr. Henning von Arnim in der Abteilung IV.[362] Bereits in der Einleitung des V-Buchs fand sich der Satz: «Auf Grund der ihr erteilten Ermächtigung verordnet die Bundesregierung mit Gesetzeskraft ...»[363] Woher genau die Ermächtigung kam, die überdies begrifflich ungute Erinnerungen weckte, erschien der Redaktion offenbar nicht wichtig. Zumindest schwieg sie sich darüber aus.

Im Dezember 1959 übersandte das Bundesjustizministerium seinerseits fünf Entwürfe für das V-Buch an das Innenministerium. Neben dem Wirtschaftsstrafrecht gehörten dazu eine Notverordnung über Maßnahmen auf dem Gebiet der Rechtspflege, eine Ergänzung des Strafrechts für den V-Fall sowie eine Wehrstrafgerichtsordnung und ein Wehrstrafgesetz.[364] Zwar wies Abteilungsleiter Roemer in seinem Begleitschreiben bei der Übersendung der Verordnungen an das Innenministerium darauf hin, dass der Artikel 80 GG eingehalten werden müsse und die Verordnungen erst mit Verkündung des Spannungs- bzw. Verteidigungsfalls in Kraft treten könnten. Im Innenministerium hatte man in dieser Hinsicht allerdings weniger Bedenken.[365] Da man ohnehin im Geheimen operierte und erst im V-Fall die Verordnungen aus der Schublade geholt würden, erschien Artikel 80 GG eher als hinderlich.

Im Bundesjustizministerium war allen Beteiligten jedoch bewusst, dass es sich bei dem Entwurf der Notwirtschaftsverordnung um einen Schnellschuss handelte, der letztlich keinen Bestand haben würde. Dem Entwurf fehle «die Schlagkraft, auf die in Notzeiten nun einmal nicht verzichtet werden» könne, «und zwar sowohl materiell- als auch verfahrensrechtlich».[366] Dennoch lieferte die Bundesdruckerei am 15. Oktober 1962 zehn Probedrucke des Bundesgesetzblattes mit der Sonderausgabe Nr. 7 aus, in der die Notverordnung über das Wirtschaftsstrafrecht enthalten war.[367] Die erste Schublade konnte danach mit 20 000 Exemplaren, die bei der Bundesdruckerei in Auftrag gegeben wurden, gefüllt werden.[368] Im Bundesinnenministerium war man damit zufrieden und verfügte sogleich die Vernichtung aller Akten zu den Vorgängen, die zur Notverordnung geführt hatten.[369] In der Registratur im Keller der Rosenburg kam diese Verfügung jedoch offenbar nicht an, so dass die Unterlagen zu den Vorgängen dort überlebten.

In mehrtägigen Tagungen in Münstereifel und Bad Tönisstein, an denen auch mehrere Mitarbeiter aus den Abteilungen II und III des Bundesjustizministeriums teilnahmen, wurde anschließend weiter mit den Vertretern des Wirtschafts- und des Landwirtschaftsministeriums an den Notverordnungen gearbeitet. Im November 1963 lag dann eine druckreife Neufassung vor, zu der von Ministerialrat Göhler noch ein «Kurzkommentar» entworfen wurde, der im Notstandsfall die Bevölkerung über die neuen Maßnahmen der öffentlichen Bewirtschaftung und die Strafbewehrungen informieren sollte.[370] Bemerkenswert sind auch die Ideen zu Notstandsmaßnahmen auf dem Gebiet der Rechtspflege, die jetzt von Ministerialrat Marquordt aus der Abteilung I und Ministerialrat Kleinknecht aus der Abteilung II entwickelt wurden.[371] In diesem Fall wies Staatssekretär Strauß bei der Übersendung der Unterlagen an das Innenministerium in seinem Anschreiben sogar persönlich noch einmal darauf hin, dass man im Justizministerium davon ausgehe, dass die Regelungen in der Notverordnung erst in Kraft treten würden, wenn «die Gerichte in ihrer ordentlichen Besetzung tatsächlich nicht mehr tätig werden können».[372]

Tiefe Einschnitte in die Gerichtsverfassung

In der Tat enthielt der «Entwurf einer Notverordnung über Maßnahmen auf dem Gebiet der Rechtspflege» krasse Einschnitte in die Gerichtsverfassung. Organisatorisch wurde die Gerichtsverfassung ganz in die Hand der jeweiligen Landesjustizminister gelegt; wenn diese nicht erreichbar waren, sollten sie in die Kompetenz der jeweiligen Gerichtspräsidenten übergehen (Art. 1 § 1 Not-VO Rechtspflege). Richter konnten nach Belieben des jeweiligen Ministers eingesetzt werden (Art. 1 § 2 Not-VO Rechtspflege). Das Recht auf den gesetzlichen Richter (Art. 101 Satz 1 GG) war damit abgeschafft, der Weg zu Ausnahmegerichten geebnet. Dazu gehörte auch, dass Richter aller Gerichtszweige auf Anordnung des dienstaufsichtsführenden Ministers zur Wehrgerichtsbarkeit abgestellt werden konnten.[373] In der Zivilgerichtsbarkeit (Art. 2 Not-VO Rechtspflege) entschied nur noch der Einzelrichter. Berufungen wurden beim Oberlandesgericht zusammengefasst, die weitere Beschwerde wurde praktisch abgeschafft. Im Strafrecht (Art. 3 Not-VO Rechtspflege) wurde die Laienbeteiligung gestrichen, bei den Landgerichten nur noch eine Strafkammer aufrechterhalten. Die Staatsanwaltschaft konnte die Verfolgung auf einzelne Taten beschränken, um das Verfahren zu straffen. Ebenso konnten Verfahren wegen Vergehen vorläufig eingestellt werden, sobald es weder im öffentlichen noch im Interesse des Verletzten war, das Verfahren alsbald durchzuführen. Die Strafverfolgung wurde also auf ruhigere Zeiten verschoben. In ähnlicher Weise konnte auch die Strafvollstreckung verschoben werden. Dies eröffnete die Möglichkeit, Verurteilte erst noch zum Wehrdienst heranzuziehen.[374] Die gerichtliche Voruntersuchung wurde gestrichen. Eine Hauptverhandlung konnte bis zu einer Freiheitsstrafe von sechs Monaten auch ohne den Angeklagten durchgeführt werden. Diese Einführung von Strafverfahren *in absentia* bedeutete einen dramatischen Einschnitt in die deutsche Tradition des Strafprozesses.

Darüber hinaus waren noch viele weitere Regelungsmaterien vom Bundesjustizministerium federführend zu bearbeiten.[375] Darunter fielen etwa Vorschriften über die Verkündung von Notverordnungen, die Behandlung feindlichen Vermögens, die Abwesenheitspflegschaft, Mieterschutz sowie Fristen im Wechsel- und Scheckrecht und im gewerblichen Rechtsschutz. Ein weiterer wichtiger Punkt waren Gesetze im Zusammenhang mit der Einführung der Wehrstrafjustiz, also das Wehrstrafgesetz, die Wehrstrafgerichtsordnung und ein entsprechendes Einführungsgesetz.[376] Daneben gab es Verordnungen aus anderen Ressorts. So war die Erhöhung der Einkommensteuer um pauschal 20 Prozent ebenso geplant wie die Kontrolle von Rundfunkanstalten durch die Bundesregierung. Der Maßnahmenkatalog von Polizei und Verfassungsschutz wurde drastisch ausgeweitet. Es sollte sogar die Möglichkeit bestehen, Personen in polizeilichen Gewahrsam zu nehmen, die aufgrund ihres früheren Verhaltens verdächtig waren, den Ausnahmezustand auszunutzen, um Straftaten zu begehen. Nach 1933 hatte man dafür die Bezeichnung «Schutzhaft» erfunden. Das BMJ hatte damit bei der ersten wirklichen Bewährungsprobe seiner Rolle als «Hüter der Verfasssung» versagt. Offenbar hatte auch die für den Schutz der Verfassung zuständige Abteilung IV die Auffassung vertreten, dass die Not kein Gebot kenne. Nicht zuletzt warf die Behandlung des V-Buchs ein bezeichnendes Schlaglicht auf die Person des Abteilungsleiters, Ministerialdirektor Roemer.

Das Geheimnis wird gelüftet

Die Formulierung der Notverordnungen war bis etwa 1964 weitgehend abgeschlossen. Entsprechende Sonderdrucke der Bundesgesetzblätter waren eingelagert und hätten jederzeit ausgeliefert werden können.[377] Doch dann fand am 2. Mai 1966 in Ost-Berlin eine Pressekonferenz statt, in der eine Broschüre mit dem Titel *Notstandsgesetze – das Ende von Demokratie und Sicherheit. Was die Bonner Regierung den Bundesbürgern verschweigt. Eine Dokumentation* verteilt wurde.[378] Zwei Monate später, am 31. Juli 1966, veröffentlichte die Wochenzeitschrift Stern den Beitrag «Ein Spion stahl Bonn die Geheimgesetze», der zu einer kleinen Anfrage der SPD-Fraktion im Bundestag führte.[379] Vor allem im Bundesinnenministerium war die Aufregung groß. Wie hatte es zu dieser Enthüllung kommen können? Wer war der Verräter, der den Inhalt der Schubladengesetze preisgegeben hatte?[380] Denn dabei ging es ja nicht nur um deren Existenz als solche. Da man sich in Ost-Berlin auch über den Inhalt der einzelnen Notverordnungen erstaunlich gut informiert zeigte, war es der DDR offensichtlich gelungen, zumindest in Teilen die Sonderausgaben der Bundesgesetzblätter zu erhalten.[381]

Im Bundestag versuchte Innenminister Paul Lücke (CDU), die Angelegenheit herunterzuspielen.[382] Er wies darauf hin, dass die «sowjetzonale Regierung bereits seit Jahren über diktatorische Notstandsvollmachten» – ohne jegliche rechtsstaatliche Sicherungen – verfüge. Die Methoden, deren sich der sowjetzonale Unrechtsstaat bediene, würde auch die Bundesrepublik «zu einem intensiven und ununterbrochenen Abwehrkampf gegen Spionage, Infiltration und Subversion» zwingen. Die Bundesregierung widme sich dieser Aufgabe «mit besonderer Sorgfalt». Im Übrigen werde man der «Zwölfer-Kommission», bestehend aus Bundestagsabgeordneten aller Fraktionen und Vertretern des Bundesrates, die Entwürfe zur Einsicht zur Verfügung stellen.[383]

Man war also aufgeflogen. Darauf gab es im Grunde nur eine Antwort: die Auflösung des V-Buches. So geschah es schließlich – wenn auch erst ein Jahr später.[384] Die gesamten Sonderausgaben der Verordnungsentwürfe wurden vernichtet, die betreffenden Kennziffern gestrichen.[385] Zuvor versuchte die Regierung allerdings noch zu retten, was nicht mehr zu retten war. So schrieb das Bundesinnenministerium an die Länderressorts und die Bundesbehörden, auch wenn nun bekannt sei, dass es Schubladengesetze gebe, sei der Inhalt weiterhin geheim zu halten. Die Überarbeitung stehe unmittelbar bevor. Bei der dabei erfolgenden «Bereinigung des V-Buchs» könne die Existenz «einzelner, besonders hochgespielter Entwürfe, die nicht oder nicht mehr bestehen, ausdrücklich verneint» werden – eine glatte Aufforderung zur offenen Lüge.[386] Danach wurden die einzelnen Ressorts per Schnellbrief aus dem Bundesinnenministerium aufgefordert, zu überlegen, welche Notverordnungen eventuell auch als sogenannte «Friedensgesetze» erlassen werden könnten. Dann würde man sich die – immer riskante – Geheimhaltung sparen und wäre dennoch im Notstandsfall mit bereits bestehenden Gesetzen gerüstet.[387]

Umdenken unter Heinemann

Auch im BMJ verfolgte man trotz des Eklats um das V-Buch den Aufbau der Wehrstrafgerichtsbarkeit zunächst weiter. Bei einigen Verordnungen einigte man sich auf deren Streichung. Das Kriegswirtschaftsstrafrecht und die Maßnahmen auf dem Gebiet der Rechtspflege sollten zwar weitergeführt werden. Deren Eignung als «Friedensgesetze» wurde jedoch verneint. Der Koordinator in der Abteilung IV notierte dazu, eine «offene Behandlung dieser Entwürfe in ihrer gegenwärtigen Fassung in den gesetzgebenden Körperschaften» werde «zu lebhaften Auseinandersetzungen in Parlament und Öffentlichkeit führen». Denn der erste Entwurf schaffe ein Kriegswirtschaftsstrafrecht mit erheblichen Strafandrohungen, der zweite greife tief in Aufbau und Verfahren der Gerichtsbarkeit ein, gehe von einem «inzwischen wohl überholten Kriegsbild aus» und bedürfe daher «der Umarbeitung und Zerlegung in mehrere nach der jeweiligen Lage in Kraft zu setzende Teile».[388]

Das «überholte Kriegsbild», das auch im Rahmen der Vorbereitungen einer Wehrstrafgerichtsbarkeit eine Rolle spielte[389], war zweifellos eine Folge der Tatsache, dass in den 1960er Jahren im BMJ noch viele Ministerialbeamte mit einschlägigen Erfahrungen aus dem Zweiten Weltkrieg beschäftigt waren. Sie bemühten sich daher im Wesentlichen darum, Regelungen für Kriegsszenarien in die Notstandsgesetze einzubringen, die ihnen aus eigener Anschauung bekannt waren. Doch nicht nur das Kriegsbild hatte sich inzwischen geändert, sondern auch die Politik. So betonte der neue Bundesjustizminister Gustav Heinemann am 18. Mai 1967 in einer internen Besprechung zur «Bereinigung des V-Buchs», dass auch in den Bereichen Wehrstrafgerichtsbarkeit, Wirtschaftsstrafrecht und Rechtpflege unbedingt der Eindruck vermieden werden müsse, dass neue Schubladengesetze erstellt würden. Hier solle man deshalb ebenfalls Friedensgesetze erlassen.[390] Zwar beschwerte sich der Parlamentarische Staatssekretär im Innenministerium, Ernst Benda, danach noch, dass die Auflösung des V-Buchs an der schleppenden Umwandlung der Verordnungen in Friedensgesetze im Justizministerium scheitere.[391] Doch wenige Monate später wurde die Idee des V-Buchs endgültig aufgegeben.[392]

Eine Notstandsregelung auf gesetzlicher Grundlage

Der Grund dafür war allerdings nicht die Einsicht, dass es solcher Vorkehrungen für einen Notstand nicht mehr bedürfe, sondern, wie einleitend bereits beschrieben, die Gelegenheit, im Rahmen der seit Dezember 1966 bestehenden Großen Koalition, die im Bundestag über die nötige Zwei-Drittel-Mehrheit verfügte, um Verfassungsänderungen durchzusetzen, eine umfassende Notstandsgesetzgebung auf den Weg zu bringen und damit auch die alliierten Vorbehaltsrechte gemäß Artikel 5 Abs. 2 des Deutschlandvertrages vom 26. Mai 1952 in der Fassung vom 23. Oktober 1954 durch eine eigene Gesetzgebung abzulösen. Der sogenannte «Benda-Entwurf» vom 17. März 1965, der seinerzeit im Rechtsausschuss des Bundestages lange vorbereitet worden war und über die Parteigrenzen hinweg Zustimmung gefunden hatte, bot dafür einen geeigneten Ausgangspunkt. Zwar hatte es dagegen von Anfang an Proteste gegeben, die ihren Höhepunkt am 11. Mai 1968, inmitten der Bundestagsberatungen über die Notstandsverfassung, mit einem Sternmarsch auf Bonn mit einigen Zehntausend Teilnehmern erreichten. Doch obwohl es den Veranstaltern – dem Kuratorium «Notstand der Demokratie» und der «Kampagne für Demokratie und Abrüstung» – gelang, so viele Teilnehmer zu mobilisieren, war es für sie enttäuschend, dass der Funke nicht auf die Bevölkerung übersprang und die geplante «breite Volksbewegung» nicht zustande kam. Die Spruchbänder der Demonstranten, die aus Kiesinger und Brandt leibhaftige Kriegshetzer machen wollten, stießen nur auf Unverständnis. Sogar die Gewerkschaften, die bei einer vorangegangenen Veranstaltung am 30. Oktober 1966 auf dem Frankfurter Römerberg noch in vorderster Front mitmarschiert waren, zogen diesmal eine eigene Demonstration vor. Da diese am selben Tag und nicht allzu weit von Bonn entfernt, in Dortmund, abgehalten wurde, konnte man getrost von einer «Gegendemonstration» sprechen.[393]

Vier Tage später, am 15./16. Mai 1968, fand im Bundestag die zweite Lesung der Notstandsverfassung statt. Dem Parlament lag dazu ein neuer Text vor, der vor allem Änderungswünsche der SPD berücksichtigte. Als Berichterstatter des Rechtsausschusses erklärte der CDU-Abgeordnete Dr. Carl Otto Lenz, es sei nicht wahr, dass damit der «Weg zur Diktatur bereitet» werde. Der Entwurf halte «unter parlamentarischen und rechtsstaatlichen

Gesichtspunkten jeden Vergleich mit jeder Vorsorgeregelung für den Notfall aus», die es auf der Welt gebe.[394] Am 30. Mai wurde die Notstandsverfassung schließlich in dritter Lesung nach einer ganztägigen Debatte mit 384 gegen 100 Stimmen und 1 Enthaltung verabschiedet. Der Bundesrat stimmte ihr am 14. Juni einmütig zu. Zwar kam es während der Schlussberatungen in Bundestag und Bundesrat noch einmal in mehreren Städten – so in Berlin, Frankfurt, Freiburg, Hamburg, Göttingen und München – zu Demonstrationen. Aber danach legte sich die Aufregung erstaunlich schnell.

6. Die Aufhebung der Erbgesundheitsurteile

Eines der frühesten Gesetze der Regierung Hitler war das «Gesetz zur Verhütung erbkranken Nachwuchses» (GzVeN) vom 14. Juli 1933, das sich über weite Strecken an einen entsprechenden preußischen Gesetzentwurf von 1932 anlehnte. Es bestimmte in seiner Generalklausel, dass ein Erbkranker unfruchtbar gemacht werden konnte, «wenn nach den Erfahrungen der ärztlichen Wissenschaft mit großer Wahrscheinlichkeit zu erwarten» war, dass seine Nachkommen «an schweren körperlichen und geistigen Erbschäden leiden» würden.[395] Darunter fielen unter anderem geistige und körperliche Behinderung, Epilepsie, Blind- und Taubheit sowie schwerer Alkoholismus. Antragsbefugt vor den Erbgesundheitsgerichten, die bei den Amtsgerichten angesiedelt waren und über diese Fälle entschieden, waren Amts- und Anstaltsärzte sowie die gesetzlichen Vertreter der Betroffenen, aber auch staatliche Fürsorgeeinrichtungen.

Rassenhygiene und Vernichtung

Das Gesetz legte den Grundstein für die eugenische und rassenhygienische Ausrichtung des NS-Staates und war Grundlage für eine schrittweise Entgrenzung, die über die Zwangssterilisation unerwünschter Menschen zur Vernichtung unheilbar Kranker und verhasster Menschen einer «krankhaften» Rasse, womit neben Sinti und Roma vor allem die Juden gemeint waren, führte. Abtreibung aus eugenischer Indikation wurde bereits im März 1934 – also zwei Monate nach Inkrafttreten des Gesetzes – vom Hamburger Erbgesundheitsgericht unter Berufung auf einen «übergesetzlichen Notstand» freigegeben. Die Rechtsprechung der Erbgesundheitsgerichte führte danach über die «unbegrenzte Auslegung» der Generalklausel zu Zwangssterilisationen aller missliebigen «Asozialen». Schließlich wurde in den Anstalten für körperlich und geistig Behinderte mit der sogenannten «Euthanasie» auch die Schwelle zum Mord überschritten, indem «erbkranke» Menschen als «lebensunwert» abgestempelt und, wie in der «Aktion T4», ermordet oder in Konzentrationslagern unmenschlichen medizinischen Versuchen unterzogen wurden.[396]

Das Gesetz zur Verhütung erbkranken Nachwuchses stand in engem Zusammenhang mit drei weiteren Gesetzeswerken, die den Sektor negativer Eugenik betrafen: dem «Gesetz gegen gefährliche Gewohnheitsverbrecher und über Maßregeln der Sicherung und Besserung» vom 24. November 1933[397], dem «Gesetz zum Schutze des deutschen Blutes und der deutschen Ehre» (Blutschutzgesetz) vom 15. September 1935[398] und dem «Gesetz zum Schutze der Erbgesundheit des deutschen Volkes» (Ehegesundheitsgesetz) vom 18. Oktober 1935.[399] Das «Gewohnheitsverbrechergesetz» regelte nicht nur die Zwangseinweisung von Straftätern in Heil- und Pflegeanstalten, Arbeitshäuser und Trinkerheilanstalten sowie die Strafverschärfung für Rückfalltäter und die Sicherungsverwahrung, sondern ermöglichte auch die Kastration «gefährlicher Sittlichkeitsverbrecher». Das «Blutschutzgesetz» untersagte die Eheschließung und den außerehelichen Geschlechtsverkehr zwischen Juden und Staatsangehörigen «deutschen oder artverwandten Blutes», so dass allein aufgrund dieses Gesetzes, das die Rechtsgleichheit der Staatsbürger aufhob, bis 1940 1911 Personen wegen «Rassenschande» rechtskräftig verurteilt wurden. Und das Ehegesundheitsgesetz verbot bereits die Eheschließung, wenn einer der Ehepartner an einer Erbkrankheit im Sinne des Gesetzes zur Verhütung erbkranken Nachwuchses oder an einer geistigen Störung litt.

Franz Massfeller: «Im Dienst einer großen Sache»

Der im Reichsjustizministerium zuständige Referent für das Erbgesundheitsgesetz, der das Gesetz auch rege mit Beiträgen in juristischen Zeitschriften begleitete, war Franz Massfeller.[400] Bei der Präsentation der Ergebnisstatistik in der *Deutschen Justiz* 1935 lobte er vor dem Hintergrund von 56 244 reichsweit durch Erbgesundheitsgerichte angeordneten Sterilisierungen die «an der Durchführung des Gesetzes Beteiligten, Richter wie Ärzte», die «ihre ganze Kraft in den Dienst einer großen Sache gestellt» hätten und bemüht gewesen seien, «dazu beizutragen, daß die Erbkrankheiten *möglichst bald* vom deutschen Volke gebannt werden».[401] Massfeller schaute zudem auf die «naturgemäß» bald zurückgehenden Fallzahlen, «bis unsere Nachfahren dereinst einmal den vollen Erfolg und die segensreichen Auswirkungen des Gesetzes verkünden können.»[402] Zusammen mit Arthur Gütt und Herbert Linden gab

III. DAS NS-ERBE UND DIE GESETZGEBUNG IN DER BUNDESREPUBLIK 431

Massfeller dann noch einen Kommentar zum Blutschutz- und Ehegesundheitsgesetz sowie zu den Folgegesetzen zum Gesetz zur Verhütung erbkranken Nachwuchses heraus. Als zuständiger Leiter des Familienrechtsreferats und Verantwortlicher für das Fachgebiet «Verhütung erbkranken Nachwuchses» wurde er überdies zu den Folgekonferenzen zur «Endlösung der Judenfrage» – den sogenannten «Wannsee-Konferenzen» – am 6. März und 27. Oktober 1942 entsandt.[403]

Nach dem Ende des Dritten Reiches wurde das Gesetz zur Verhütung erbkranken Nachwuchses in der sowjetischen Besatzungszone sowie in Hessen, Bayern und Baden-Württemberg bereits 1945/46 aufgehoben. In der britischen Zone konnte sich der Rechtsausschuss der Zonenverwaltung jedoch nicht zu einer generellen Aufhebung des Erbgesundheitsgesetzes und der nach ihm gefassten Urteile entschließen. Zur Regelung der Rechtslage bestimmte eine Verordnung des Zentral-Justizamtes in Hamburg vom 18. Juli 1947 lediglich, dass die «Verfahren in Erbgesundheitssachen» an den Amtsgerichten wiederaufgenommen werden sollten.[404] In den übrigen Ländern galt das Gesetz fort – ab 1949 allerdings nur unter dem Vorbehalt des Artikels 123 Abs. 1 GG im Rahmen seiner Vereinbarkeit mit dem Grundgesetz.

Franz Massfeller wurde nach seinem Eintritt in das Bundesministerium der Justiz am 16. Januar 1950 erneut im Referat für Familienrecht und Personenstandswesen eingesetzt und machte sich auch hier den Gedanken des Gesetzes zur Verhütung erbkranken Nachwuchses in den zahlreichen Aufsätzen, die er jetzt wieder schrieb, stark zu eigen.[405] Die Vermutung liegt daher nahe, dass er ebenfalls dazu beigetragen haben könnte, die Aufhebung der Erbgesundheitsurteile im BMJ zu verhindern oder zumindest zu verzögern. Tatsache ist jedenfalls, dass das Gesetz in der Bundesrepublik fortbestand und dass das für die Freiwillige Gerichtsbarkeit zuständige Referat ebenso in der Abteilung I des BMJ angesiedelt war wie das Referat von Massfeller.

Erst am 5. Mai 1988 wurden daher vom Bundestag die aufgrund des Gesetzes zur Verhütung erbkranken Nachwuchses vorgenommenen Zwangssterilisierungen als Unrecht festgestellt und geächtet.[406] Eine darüber hinausgehende, von der Fraktion Die Grünen beantragte Nichtigkeitserklärung des Gesetzes wurde mit dem Hinweis auf eine fehlende Gesetzgebungskompetenz des Bundes nicht zur Abstimmung gestellt.[407] Zuvor hatte der Referatsleiter IV B 2 im BMJ – also der für Verfassungsfragen zuständigen Abteilung Öffentliches Recht –, Jürgen Jekewitz, unter dem Datum des 9. Oktober 1987 einen Vermerk verfasst, der dem Bundestag als Stellungnahme des BMJ bekannt war und dessen Haltung bis zur Konzeption des «Gesetzes zur Aufhebung von Sterilisationsentscheidungen der ehemaligen Erbgesundheitsgerichte» von 1998 prägte.[408] Jekewitz vertrat darin die auf die strenge Gewaltenteilung gestützte Ansicht, dass das Parlament keine Entscheidungen der rechtsprechenden Gewalt aufheben könne.[409] In den anderen beteiligten Bundesministerien für Gesundheit und Finanzen bestanden zwar unterschiedliche Ansichten. Letztlich führten sie aber stets zu dem gleichen skandalösen Ergebnis: dass man nicht handeln müsse – und dies auch gar nicht könne. So wurde etwa im Bundesgesundheitsministerium die Auffassung vertreten, der Bund habe hier nur eine «mangelnde» Gesetzgebungskompetenz, weil Landesgesetze die Weitergeltung des Gesetzes bestimmten.[410] Eine Fortgeltung auf Bundesebene habe es infolge des Gesetzes über die Sammlungen des Bundesrechts vom 10. Oktober 1958 ohnehin nur für zwei Paragrafen des Zwangssterilisierungsgesetzes gegeben, die 1969 und 1974 bereits stückweise durch andere Gesetze außer Kraft gesetzt worden seien.[411] Eine Aufhebung des Erbgesundheitsgesetzes durch Bundesgesetz erschien deshalb für das Bundesrecht unnötig und für das Landesrecht kompetenzwidrig.

Die Entwicklung nach 1990

Im Zuge der Wiedervereinigung und der endgültigen Ablösung des Besatzungsrechts wurde dann jedoch am 25. Mai 1990 ein Gesetz zur Beseitigung nationalsozialistischer Unrechtsurteile erlassen.[412] Dabei gerieten auch die Urteile der Erbgesundheitsgerichte wieder in den Blick, zu denen der Bundestag am 31. März 1995 aufgrund einer einstimmigen Empfehlung des Petitionsausschusses beschloss, die Petition des Bundesverbandes Psychiatrie-Erfahrener e. V. an die Bundesregierung weiterzuleiten und ein entsprechendes Gesetzgebungsverfahren anzustrengen. Der Petitionsausschuss hatte in seiner Empfehlung allerdings – wie Jekewitz in seinem Vermerk vom Oktober 1987 – unter Hinweis auf verfassungsrechtliche Bedenken festgestellt, dass «die Entscheidungen der Erbgesundheitsgerichte nicht generell durch Gesetz für ungültig erklärt werden» könnten, selbst wenn die nach dem Erbgesundheitsgesetz vorgenommenen Zwangssterilisierungen vom Bundestag als NS-Unrecht geächtet worden seien. Der Ausschuss empfahl daher eine ähnliche Regelung wie im Gesetz zur Beseitigung nationalsozialistischer Unrechtsurteile vom 25. Mai 1990, in dem den Oberlandesgerichten die Aufhebungsentscheidung für die Urteile zugewiesen worden war.

In einer interministeriellen Besprechung auf Arbeitsebene zwischen dem Bundesjustizministerium, dem Bundesgesundheitsministerium und dem Bundesfinanzministerium am 24. Januar 1996 wurde die Frage der Zuständigkeit des BMJ, die lange umstritten gewesen war, «kurz erörtert» und dann allgemein akzeptiert. Der Vertreter des BMJ, Dr. Ulrich Boeter, vertrat in der Besprechung die Ansicht, dass Sterilisationen nach Artikel 3 Absatz 5 der ersten Verordnung zur Ausführung des Erbgesundheitsgesetzes kein «Zwang» im Sinne der Petition gewesen seien. Denn das Verfahren sah ein «Dahinwirken» des Amts- oder Gerichtsarztes auf den zu Sterilisierenden oder einen gesetzlichen Vertreter vor, damit einer von ihnen den Antrag, also die Einwilligung, auf Zwangssterilisation stellte. Erst wenn das Bemühen des Arztes nicht erfolgreich war, hatte «er selbst den Antrag zu stellen», was den Tatbestand unmittelbaren Zwangs erfüllt habe. Ministerialrat Otto Löffler vom Bundesministerium der Finanzen stimmte dieser Einschätzung zu und sah deswegen ebenfalls keine Notwendigkeit, auf die Petition mit einer Novellierung des Gesetzes zu reagieren.[413]

Referatsleiter Boeter nahm in der Sitzung auch Bezug auf zwei in der Akte des BMJ zur Novellierung des Erbgesundheitsgesetzes befindliche, nicht betitelte Übersichten unbekannter Herkunft, in denen die Gesetzgebungspraxis zur zwangsweisen und freiwilligen Unfruchtbarmachung in verschiedenen europäischen Ländern sowie in Kanada und einzelnen Bundesstaaten der USA dargestellt war. Aufgrund der Daten der Gesetze, die darin aufgeführt sind und spätestens 1935 in Kraft waren, und der Wortwahl in den Gesetzen, in denen Begriffe wie «Sittlich-Entartete», «Gewohnheitsverbrecher» und «Personen mit angeborener Kriminalität» verwendet wurden, ist es verwunderlich, dass diese Übersichten, die auf einer Schreibmaschine getippt und offensichtlich vor 1945 erstellt worden waren, ihren Weg in die BMJ-Akte von 1996 gefunden hatten.

Tatsächlich waren die parallelen Entwicklungen in anderen Ländern der Welt vor und nach 1945 stets ein Argument für Zwangssterilisationen gewesen und hatten auch die Diskussion um das Erbgesundheitsgesetz vom Juli 1933 bestimmt. Vor 1933 war damit die deutsche Position gegenüber dem Ausland gerechtfertigt worden. Nach 1945 sollten sie beweisen, dass das Gesetz keinen genuin nationalsozialistischen Charakter besaß. Um die Gültigkeit des Gesetzes zu brechen, hätte es jedoch, so die rechtspolitische Prämisse, eines Beweises bedurft, dass das Gesetz eine genuin nationalsozialistische Regelung darstellte. Insofern lieferten die beiden Übersichten, die sich gewiss nicht zufällig in der BMJ-Akte von 1996 befanden, zwar gute Argumente, um nicht nur auf die «historische Entwicklung» des Erbgesundheitsgesetzes zu verweisen, das seinen Ursprung bereits im preußischen Justizministerium gehabt habe, sondern auch die Tatsache herauszustellen, dass das Gesetz in ähnlicher Form schon in fünf anderen europäischen Ländern sowie in Kanada und 28 Staaten der USA zu finden gewesen sei. Andererseits verstellten die Hinweise auf ausländische Gesetze den Blick dafür – und sollten dies wohl auch –, dass das Erbgesundheitsgesetz von 1933 eindeutig und ohne jeden Zweifel der Durchsetzung der nationalsozialistischen Rassenideologie gedient hatte. Dies war aus ministerieller Sicht ein vorwerfbarer Fehler, der nur damit zu erklären war, dass das Fachreferat des BMJ hier offenbar den Versuch unternahm, die Diskussion über eine Novellierung des Erbgesundheitsgesetzes bzw. die Aufhebung der Urteile, die auf seiner Grundlage gefällt worden waren, in eine bestimmte Richtung zu lenken.

Dr. Boeter befand sich hierbei auf der Fachebene jedoch im Konsens mit Ministerialrat Löffler vom BMF, der in einem korrigierten Protokoll zu der Besprechung vom 24. Januar 1996 noch einmal ausdrücklich hervorhob, dass zumindest alle nicht-zwangsweisen Sterilisationen im «Zeitgeist auch außerhalb Deutschlands» gelegen hätten. Die entsprechenden Gesetze hätten deshalb Bestand, so dass das Bundesfinanzministerium «kein umfassendes Negativurteil aller Entscheidungen der Erbgesundheitsgerichte» wünsche.[414] Diese Haltung des Bundesfinanzministeriums war im Übrigen nicht darauf zurückzuführen, dass bei einer Aufhebung aller Urteile hohe Entschädigungszahlungen erwartet wurden; tatsächlich war die geschätzte Zahl der möglichen Anträge eher gering. Vielmehr entsprach die starre Linie, die Löffler hier offenbarte, der Tradition des Bundesfinanzministeriums, Wiedergutmachungsanträge von Zwangssterilisationsopfern streng zu handhaben, ja sogar teilweise auf den eugenischen Nutzen für die Opfer zu verweisen.[415]

Entscheidung unter Schmidt-Jortzing

Im Juli 1996 zeigte sich dann aber, dass Boeters Linie, in der Frage des Erbgesundheitsgesetzes auf Kontinuität zu setzen, eine generelle Aufhebung der Urteile zu vermeiden und die Entscheidung im Einzelfall den Oberlandesgerichten zu überlassen, innerhalb des BMJ mindestens umstritten war. Eine Ministervorlage Boeters erntete daher mehrere kritische Anmerkungen.[416] Minister Edzard Schmidt-Jortzig und Staatssekretär Heinz Lanfermann, beide FDP und erst seit dem Frühjahr 1996 im Amt, drängten in einer Dienstbesprechung vielmehr auf eine «einfachere, pauschalere Regelung». Der Leiter der Unterabteilung Rechtspflege, Reinhard Schubert, und der Leiter der Unterabteilung IV A, Dr. Lutz Gusseck, sowie der zuständige Leiter des Verfassungsreferats IV A 2, Privatdozent Dr. Christof Gramm, zweifelten sogar die Wertung des Vermerks von Jekewitz aus dem Jahr 1987 an. Alle forderten die Aufhebung der Urteile durch ein Gesetz und nicht auf dem Umweg über ein Aufhebungsverfahren.[417]

Dr. Gusseck empfahl daraufhin Justizminister Prof. Schmidt-Jortzig, die verfassungsrechtliche Stellungnahme von Dr. Jekewitz nicht weiter zu verfolgen. Zudem konkretisierte er seine Kritik am bisherigen Vorgehen mit einem Verweis auf die aktuellen Forschungsergebnisse und erklärte, dass die Verschärfung des «schon fragwürdigen Vorentwurfs» ein «Ausdruck nationalsozialistischer Ideologie» sei.[418] Die internen Meinungsverschiedenheiten kulminierten im Frühjahr 1997 unter dem Eindruck des bevorstehenden Endes der Legislaturperiode, als ein Entwurf aus dem Referat Boeters wiederum nur eine Aufhebung derjenigen Beschlüsse vorsah, die eine Sterilisierung angeordnet hatten, während die Urteile zu den Sterilisierungen, die «auf eigenen Antrag hin» – wenn auch unter dem Druck des Gesetzes – erfolgt waren, nicht aufgehoben werden sollten.[419] Der Unterabteilungsleiter R A, Schubert, legte dazu einen Alternativentwurf vor, der auch von Dr. Gusseck unterstützt wurde und letztlich in das «Gesetz zur Aufhebung nationalsozialistischer Unrechtsurteile in der Strafrechtspflege und von Sterilisationsentscheidungen der ehemaligen Erbgesundheitsgerichte» mündete, das der Bundestag am 25. August 1998 annahm und das am 1. September 1998 in Kraft trat.[420] Aus diesem sogenannten Artikelgesetz gingen dann das «Gesetz zur Aufhebung von Sterilisationsentscheidungen der ehemaligen Erbgesundheitsgerichte» und das «Gesetz zur Aufhebung nationalsozialistischer Unrechtsurteile in der Strafrechtspflege» hervor. Der Aufhebung der Sterilisationsurteile folgte am 24. Mai 2007 schließlich die Ächtung des «Gesetzes zur Verhütung erbkranken Nachwuchses» durch Beschluss des Bundestages. Eine Aufhebung des Gesetzes, wie sie die Fraktion Die Linke beantragt hatte, wurde wohl zutreffend mit dem Hinweis im Rechtsausschuss abgelehnt, dass das Gesetz bereits ungültig sei.[421] Der ganze Vorgang zeigte indessen, wie umstritten der Sachverhalt im BMJ bis zuletzt war. Noch Jahrzehnte nach dem Ende des Dritten Reiches bestand offenbar eine mangelnde Sensibilität in der Bewertung des NS-Erbgesundheitsgesetzes.

7. Die Wehrstrafgerichtsbarkeit:
Verbotene Pläne alter Wehrmachtrichter

Wehrmachtrichter hatten im Zweiten Weltkrieg über 30 000 Todesurteile zu verantworten – mehr als die gesamte zivile politische NS-Justiz, bestehend aus den Sondergerichten, den politischen Senaten und dem Volksgerichtshof. Rund 20 000 der von Wehrmachtrichtern verhängten Todesurteile wurden auch vollstreckt.[422] Dieser Blutrausch war den Zeitgenossen noch sehr präsent, als 1956 mit der Bundeswehr wieder eine deutsche Armee aufgestellt wurde, und führte zu einer verbreiteten Skepsis gegenüber einer neuen Militärjustiz, bei der man alles andere als überzeugt war, dass sie überhaupt eingerichtet werden sollte.[423] Allerdings verhalfen diese Vorbehalte nicht dazu, die Opfer der NS-Wehrmachtjustiz zu entschädigen. Selbst eine Rehabilitierung der Opfer erfolgte in mehreren Schritten erst zwischen 1998 und September 2009, als mit den «Kriegsverrätern» der letzten Gruppe der aus politischen Gründen verfolgten Wehrmachtsoldaten ihre Würde zurückgegeben wurde – wenn auch zumeist nur noch posthum.[424]

Das Netzwerk der Wehrmachtrichter

Ungeachtet der Bedenken, die gegen die Militärjustiz bestanden, war in der «Himmeroder Denkschrift», mit der ehemalige höhere Wehrmachtoffiziere nach einer Tagung im Kloster Himmerod, einer Zisterzienserabtei in der Eifel, vom 5. bis 9. Oktober 1950 im Auftrag von Bundeskanzler Adenauer Wege aufzeigten, wie ein Wehrbeitrag der Bundesrepublik zum westlichen Verteidigungsbündnis aussehen konnte, auch die Militärgerichtsbarkeit als notwendiges Element enthalten.[425] Im September 1951 erhielt der damalige Oberstaatsanwalt beim Landgericht Darmstadt, Martin Rittau, vom Amt Blank, der Vorgängerinstitution des Bundesministeriums der Verteidigung, den Auftrag, einen Entwurf zu einem neuen Militärstrafgesetzbuch vorzulegen.[426] Rittau war ein erfahrener Wehrmachtrichter, zuletzt als Generalrichter beim Reichskriegsgericht, sowie ein führender Kommentator des früheren Militärstrafgesetzbuches (MStGB). Es verwundert daher nicht, dass er das MStGB des Zweiten Weltkrieges und die Kriegssonderstrafrechtsverordnung (KSSVO) zur Grundlage seiner Überlegungen machte.[427] Im Amt Blank war Elmar Brandstetter der zuständige Referent und spätere Unterabteilungsleiter, ein ehemaliger Kriegsgerichtsrat in Innsbruck, der 1939 nach Berlin an das Oberkommando des Heeres abgeordnet worden war, von dem er als «Fliegender Armeerichter» und Oberfeldrichter in Wien eingesetzt wurde. Außerdem war er Mitherausgeber des *Handbuchs für Wehrrecht* (2. Aufl. 1939) und über die gesamte Laufzeit von 1936 bis 1944 Mitherausgeber der «Zeitschrift für Wehrrecht». 1957 wurde er dann Bundeswehrdisziplinaranwalt beim Wehrdienstsenat des Bundesdisziplinarhofs in München.[428]

Tatsächlich bestand in der frühen Bundesrepublik ein ganzes Netzwerk ehemaliger Wehrmachtrichter aus der Zeit des Nationalsozialismus, die sich regelmäßig trafen und gegenseitig halfen: Dr. Herbert Arndt, Kriegsrichter bei der Wehrmacht (allerdings fast immer für seine Tätigkeit am Sondergericht Kiel beurlaubt), war Mitglied der NSDAP seit 1. Mai 1933, Autor des 1944 erschienenen Bandes *Wehrmachtsstrafrecht* und des 1958 publizierten Werks *Grundriß des Wehrstrafrechts*. 1953 wurde er zum Bundesrichter am Bundesgerichtshof gewählt, was er bis zu seiner Pensionierung 1974 blieb.[429] Dr. Otto Grünewald war Chef der Heeresjustiz, ab 1944 im Rang eines Generalrichters, und ab Februar 1953 für das Referat 7 (Militärstrafrecht) in der Abteilung III des Amts Blank tätig, wo er als einer der deutschen Vertreter bei den EVG-Verhandlungen in Paris fungierte. Ab September 1957 war er dann Bundesrichter am Bundesdisziplinarhof am Wehrdisziplinarsenat in München.[430] Professor Dr. Eberhard Schmidt, der das Bundesministerium der Justiz nicht nur in Wehrstrafsachen, sondern auch als Mitglied der Großen Strafrechtskommission beriet, war seit 1921 Professor in Breslau, Jena und Hamburg gewesen. In einer Rede vom 11. November 1933 als Prorektor der Universität Hamburg hatte er das «Bekenntnis der Professoren an den Universitäten und Hochschulen zu Adolf Hitler und dem nationalsozialistischen Staat» unterstützt. Er war zeitweilig Feldkriegsgerichtsrat bei einem Gericht des Ersatzheeres in Leipzig und ständiger Mitarbeiter der «Zeitschrift für Wehrrecht» gewesen. 1945 wurde er zunächst zum Professor für Strafrecht und Strafprozessrecht in Göttingen und dann als Nachfolger Gustav Radbruchs nach Heidelberg berufen.[431] Der Professor für Strafrecht Dr. Erich Schwinge war von 1941 bis 1945 Feldkriegsgerichtsrat beim Gericht der Division 188 in Wien und hierbei an mindestens 18 Todesurteilen beteiligt. Er gilt als der wichtigste Kommentator des Militärstrafgesetzbuches und der KSSVO. Im Nürnberger Hauptkriegsverbrecherprozess war er als Mitarbeiter des Verteidigers Hans Laternser tätig und unterstützte auch die Verteidigung von Generalfeldmarschall Kesselring 1947 in Venedig. Als Strafrechtsprofessor in Marburg verteidigte er in den 1950er Jahren zudem rund 100 Wehrmachtoffiziere und Führer der Waffen-SS, die wegen Kriegsverbrechen angeklagt waren. Dafür war er unter den Studierenden in Marburg offenbar bekannter als für seine Vorlesungen. Zudem beriet er das Bundesverteidigungsministerium in Sachen Wehrstrafgesetz und kann insgesamt als wichtiger Lobbyist für die Verharmlosung der NS-Militärjustiz angesehen werden.[432] Professor Dr. Ulrich Stock schließlich war seit 1. Mai 1933 Mitglied der NSDAP und ab 1935 Kriegsgerichtsrat. 1936 wurde er Mitarbeiter in der Abteilung Wehrrecht im Reichskriegsministerium, und von 1936 bis 1941 war er Richter am Reichskriegsgericht. Es folgten Stationen als Professor in Berlin und Marburg bis 1945 sowie ab 1948 in Saarbrücken und Würzburg. Auch Stock war ständiger Mitarbeiter bei der «Zeitschrift für Wehrrecht», die von 1936 bis 1944 von der Akademie für Deutsches Recht herausgegeben wurde. Ab 1960 saß Stock dann im Vorstand des Instituts für Wehrrecht der Universität Würzburg und war Berater des Bundesverteidigungsministeriums in Sachen Wehrstrafgesetz.[433]

Die ehemaligen Kriegsrichter waren aber nicht nur persönlich vernetzt, sondern fanden sich seit 1952 auch regelmäßig zu Kameradschaftstreffen zusammen, die vor allem in Hannover und Marburg stattfanden. Für die Heeresrichter wurden diese Treffen vom ehemaligen Richter am Reichskriegsgericht, Heeresgruppenrichter der Heeresgruppe Süd und Mitarbeiter der Reichskriegsanwaltschaft Hanns Dombrowski organisiert, der nach dem Krieg als Leitender Verwaltungsgerichtsdirektor bei den Bundesdisziplinarkammern wiederverwendet wurde.[434] Zu den Treffen kamen teilweise über 200 ehemalige Heeresrichter, darunter der ehemalige Chef der Abteilung Wehrrecht, Rudolf Lehmann, und der Leiter der Abteilung Recht des Amtes Blank, Eberhard Barth. Mit Barth, der 1957 den «Kameraden Heeresrichtern» die Grüße von Bundesverteidigungsminister Franz Josef Strauß überbrachte, erhielten diese Treffen zumindest den Anschein einer offiziellen Veranstaltung.[435] In Wirklichkeit dienten sie vor allem zur Koordinierung der Lobbyarbeit und zu Überlegungen für die Verteidigung der ehemaligen Kriegsrichter gegen angeblich ungerechtfertigte «Angriffe»[436] sowie zur Arbeit am Geschichtsbild über die Wehrmachtjustiz.[437] Das Bundesjustizministerium besaß dabei in den Anfangsjahren nur eine Beobachterrolle. Einzelne Mitarbeiter des Ministeriums waren unter den alten Kameraden aber durchaus bekannt.[438]

Ein neues Wehrstrafrecht für die Bundeswehr?

Die Frage indessen, ob es im Zuge des Aufbaus der Bundeswehr auch ein neues Wehrstrafrecht geben sollte, war weithin umstritten. Zwar betonte Bundesverteidigungsminister Theodor Blank am 27. Juni 1955 in einer Regierungserklärung zur Wiederbewaffnung noch einmal, dass die Einrichtung einer Militärstrafjustiz prinzipiell erforderlich sei.[439] Doch dazu bedurfte es einer Grundgesetzänderung, um durch eine Anpassung des Artikels 96 GG dem Bund die Kompetenz zur Errichtung einer Militärjustiz zu übertragen.[440] Dabei stellte sich im Rechtsausschuss des Bundestages und im mitberatenden Verteidigungsausschuss nicht nur die Frage, ob man überhaupt Wehrgerichte benötige, sondern auch, ob diese nur für den Kriegsfall vorzusehen seien oder ob Soldaten ihrer Jurisdiktion auch bereits im Frieden unterworfen sein sollten.[441] Umstritten war auch, welches Ressort in dieser Angelegenheit zuständig sein sollte: das Verteidigungsministerium oder das Justizministerium.

Mit der Übertragung der Zuständigkeit vom Verteidigungs- auf das Justizministerium erhofften sich die Ausschussmitglieder eine zivile Anbindung der Wehrstrafgerichte, um zu verhindern, dass sich die Armee auch in ihrer eigenen Gerichtsbarkeit zu stark verselbständigte und am Ende ein «Staat im Staate» entstand.

Bei den umfangreichen Diskussionen über die erforderliche Grundgesetzänderung im Verteidigungs- und im Rechtsausschuss setzte von Seiten des Bundesjustizministeriums vor allem Josef Schafheutle wiederholt unmissverständliche Akzente. In längeren Ausführungen bezog er nicht nur Position für eine Kriegsgerichtsbarkeit im Frieden, da man nur so ausreichend qualifiziertes Personal erhalten könne, sondern forderte im Februar 1956 auch, die Kriegsgerichtsbarkeit im Ernstfall ebenfalls auf Zivilpersonen «in besetzten Gebieten» zu erweitern[442] – ein verräterischer *lapsus linguae*, der angesichts der immer wieder betonten Rolle der Bundeswehr als reiner Verteidigungsarmee vielfach mit Befremden und Verärgerung aufgenommen wurde. Adolf Arndt warf Schafheutle deswegen sogar «außenpolitische *Hasardspielereien*» vor.[443] Am Ende wurde jedoch lediglich die Einrichtung einer Wehrstrafgerichtsbarkeit für den Verteidigungsfall beschlossen, die überdies dem Geschäftsbereich des Bundesjustizministeriums zugeordnet sein sollte.[444] Der Bundestag und der Bundesrat schlossen sich dieser Auffassung am 6. und 16. März 1956 an.[445] Das Wehrstrafgesetz wurde danach am 19. März 1956 verkündet und trat am 20. März 1956 in Kraft.[446]

Damit war die Bundesregierung, insbesondere das BMVg, in zweifacher Hinsicht im Parlament gescheitert: Zum einen konnten Militärstrafgerichte nicht schon im Frieden eingerichtet werden. Zum anderen ressortierten sie beim BMJ, so dass die Richter auch im Verteidigungsfall einen zivilen Status behalten und keine Uniform tragen würden. Nachdem alle Bemühungen um eine Revision dieser Bestimmungen gescheitert waren[447], entwickelten die beteiligten Referate im Verteidigungs- und Justizministerium die Idee, die Abgeordneten des Rechts- und des Verteidigungsausschusses durch ein Planspiel von der Notwendigkeit einer Änderung des Grundgesetzes zu überzeugen. Alles war minutiös vorbereitet und mit Dramatik gespickt: Das Planspiel sollte vier Stunden dauern und mit dem Szenario eines Überfalls durch Truppen des Warschauer Paktes den Parlamentariern möglichst bildhaft vor Augen führen, dass schon im Spannungsfall ein ziviler Richter hoffnungslos überfordert wäre und «nahezu zwingend zu falschen Entscheidungen» kommen würde. Ausgewählt waren sechs Fälle, darunter ein Sabotage-Szenario im Spannungsfall, Schwierigkeiten beim Truppenaufmarsch, Fahnenflucht, Meuterei infolge psychologischer Kampfführung durch den

Gegner und ein Fall des Ungehorsams bei der Durchführung kriegerischer Maßnahmen.[448]

Das Vorhaben, dem zumindest einige der angesprochenen Abgeordneten aufgeschlossen gegenüberstanden[449], scheiterte jedoch daran, dass man befürchtete, von dem Planspiel werde insgesamt eine eher negative Wirkung auf die Entscheidungsträger im Bundestag ausgehen. So enthielt eines der Szenarios die Weigerung eines Majors, Artillerie mit Atomsprengköpfen gegen feindliche Panzerverbände einzusetzen, obwohl die deutsche Zivilbevölkerung den entsprechenden Gefechtsbereich noch nicht geräumt hatte, so dass der Einsatz erhebliche zivile Opfer mit sich gebracht hätte.[450] Der Staatssekretär im Verteidigungsministerium notierte dazu in einer handschriftlichen Randbemerkung, die vorgeschlagenen Beispiele seien «z. T. nicht verwendbar», der A-Waffen-Einsatz sei «eine Sache für sich», damit könne man doch «das Planspiel nicht belasten».[451] Obwohl das Wort «atomare Artillerie» nun durch «schwere Artillerie» ersetzt wurde, änderte sich an der Problematik des Planspiels nichts. Zu groß erschien unter den Parlamentariern die Skepsis gegenüber Militärgerichten. So konnten die Befürworter einer Grundgesetzänderung nur auf eine Neuregelung im Rahmen der Notstandsverfassung hoffen, über die ja bereits seit längerem nachgedacht wurde.[452]

Das Wehrstrafgesetz

Für die Einrichtung einer Militärgerichtsbarkeit musste Einvernehmen in drei Bereichen erzielt werden: über Straftatbestände, Gerichte und Strafverfahren. Dazu wurde zunächst, wie bereits erwähnt, ein Wehrstrafgesetz (WStG) vorbereitet, das problemlos in Friedenzeiten erlassen werden konnte, während hinsichtlich einer Wehrstrafgerichtsordnung (WStGO) mit Regelungen für den Gerichtsaufbau und das Verfahren, das man eigentlich nur für den Verteidigungsfall brauchte, umstritten war, ob es auch als Friedensgesetz erlassen werden sollte. Der fertige Entwurf eines Wehrstrafgesetzes wurde dem BMJ bereits im März 1956 vom Bundesverteidigungsministerium übersandt, wobei sogleich deutlich war, dass er sich weitgehend an dem Militärstrafgesetzbuch aus dem Jahr 1940 orientierte, das 1946 durch das Kontrollratsgesetz Nr. 34 aufgehoben worden war.[453] Im Begleitschreiben erklärte das Verteidigungsministerium dazu, der Entwurf von 1940 biete abgesehen von den überhöhten Strafdrohungen «eine wichtige Grundlage» für den Entwurf, der jedoch auch «den Versuch einer den besonderen Verhältnissen der Bundeswehr und der Entwicklung der strafrechtlichen Gesetzgebung und Rechtsprechung angepassten, neuen Regelung des Wehrstrafrechts» unternehme.[454] Im BMJ ordnete Justizminister Neumayer eine genaue Prüfung an, mit der er Karl Lackner, Georg Schwalm, Heinrich Meyer und Eduard Dreher beauftragte.[455] Hinzugezogen wurden als Wehrrechtsexperten aber auch die bereits erwähnten Professoren Eberhard Schmidt, Erich Schwinge und Ulrich Stock.[456] Zwar verliefen die interne Abstimmung und auch die Beratungen mit den Landesjustizverwaltungen zunächst problemlos.[457] Doch schließlich äußerte Eduard Dreher am 18. Oktober 1956 gegenüber seinem Abteilungsleiter Schafheutle Bedenken, «ob man das Militärstrafgesetzbuch 1940 überhaupt erwähnen sollte». Da es sich nicht nur um eine Fassung aus der NS-Zeit, sondern noch dazu aus der Kriegszeit handele, befürchte er «Schwierigkeiten in der Öffentlichkeit und in der parlamentarischen Behandlung».[458] Dreher sah also kein Problem in der Kontinuität selbst, wollte aber vermeiden, dass die bestehende inhaltliche Kongruenz öffentlich gemacht wurde.

Der Entwurf passierte den Bundestag und den Bundesrat danach ohne nennenswerte Probleme. Das Gesetz wurde am 30. März 1957 von Bundespräsident Theodor Heuss unterzeichnet und trat am 30. April 1957 in Kraft. Eduard Dreher, Karl Lackner und Georg Schwalm machten sich im Übrigen sogleich an die Arbeit, das Gesetz zu kommentieren, wobei sie auch auf die Rechtsprechung des Reichsmilitärgerichts und des Reichskriegsgerichts zurückgriffen. Bei der Verwendung von Literatur, die vor 1945 erschienen war, hielt man sich jedoch zurück, da das Wehrstrafgesetz «das Militärstrafrecht in der Tat auf eine neue Grundlage gestellt» habe.[459] Die 2. Auflage dieses Kommentars, die 1975 erschien, wurde dann von Joachim Schölz bearbeitet, der im BMJ das Referat für das Wehrstrafrecht geleitet hatte.

Die Flucht des BMJ aus der Verantwortung

Besondere Bedeutung wurde danach der Wehrstrafgerichtsordnung beigemessen, die als ausgesprochen heikle Angelegenheit galt, weil es darum ging, standgerichtsähnliche Verfahren zu verhindern. Außerdem sollten Gerichtsentscheide nicht mehr der Bestätigung durch den militärischen Gerichtsherrn bedürfen. Und im Vergleich zur Wehrmachtgerichtsbarkeit sollten die Rechte der Verteidigung deutlich gestärkt werden.[460] Nachdem auch hier im Verteidigungsministerium einige Vorentwürfe gefertigt worden waren, an denen aus dem BMJ Wilhelm Dallinger beteiligt gewesen war, übernahm ab 1956 das BMJ die Federführung bei der Ausarbeitung des Gesetzentwurfs. Man wollte sich dabei im Grundsatz an die zivile Strafprozessordnung anlehnen, war aber durchaus bereit, analog der Vereinfachungsverordnung von 1942 eine «Verschlankung» des Prozessrechts durchzuführen.[461]

Das anstehende Bundesgesetz sollte, wie Verteidigungsminister Franz Josef Strauß im Verteidigungsausschuss des Bundestages im April 1959 erklärte, in erster Linie die Gerichtsverfassung und in zweiter Linie das Verfahren regeln.[462] Dieses Ziel war auch Gegenstand einer Chefbesprechung zwischen Strauß und Bundesjustizminister Schäffer am 8. Juli 1959 im Verteidigungsministerium, bei der man sich einig war, dass das Gesetz von der bestehenden Fassung des Grundgesetzes ausgehen, jedoch so formuliert sein sollte, dass das Justizministerium durch das Verteidigungsministerium ersetzt werden konnte. Die «Federführung» würde dann beim Verteidigungsministerium liegen, während das BMJ nur noch «beteiligt» sein würde.[463] Da eine Änderung des Artikels 96a GG aus politischen Gründen vorerst nicht erreichbar war, sollte diese Änderung «erst im Rahmen der allgemeinen Notstandsgesetzgebung in dem Sinne erwirkt werden, daß die Wehrstrafgerichte zum Geschäftsbereich des BMVtdg gehören».[464]

Hinsichtlich der Wehrstrafgerichtsordnung konnte diese Vereinbarung dahingehend interpretiert werden, dass man nicht beabsichtigte, sie im Frieden dem Parlament vorzulegen. Man probte also einen offenen Verfassungsbruch – ganz zu schweigen von der eklatanten Missachtung des Willens des Bundestages, der in der Vereinbarung zwischen Strauß und Schäffer zum Ausdruck kam. Tatsächlich aber wurde ja bereits parallel an einem Gesetz und an einer entsprechenden Notverordnung gearbeitet, wie die Ausführungen zum V-Buch gezeigt haben.[465] Drei Monate später lag dann für das V-Buch die «Notverordnung über die Verfassung und das Verfahren der Wehrstrafgerichte in einem Verteidigungsfall (WStGO)» mit Stand vom 10. September 1962 vor, die als geheimer Sonderdruck des Bundesgesetzblatts von der Bundesdruckerei vervielfältigt und dezentral an verschiedenen Orten der Bundesrepublik für den Ernstfall eingelagert wurde.[466] Die weiteren Arbeiten an dem Gesetz blieben letztlich unvollendet, da sich das Grundgesetz nicht ändern ließ und die Unterstützung für geheime «Schubladengesetze» merklich abnahm.[467] Die Entwürfe, die zwischen dem Verteidigungsministerium und dem Justizministerium abgestimmt wurden, fielen nun jedoch zunehmend radikaler aus.[468] Und auch die Wehrgerichte entfernten sich, erkennbar etwa bei der Diskussion um den Kombattantenstatus der Wehrrichter, immer mehr von dem zivilen Status, den sie nach dem Willen des Bundestages ursprünglich erhalten sollten.[469]

Personalpolitik für die Wehrstrafgerichtsbarkeit: Joachim Schölz

Ungeachtet der Probleme, die bei der Erarbeitung einer Wehrstrafgerichtsordnung und einer Wehrstrafgerichtsverfassung bestanden, fiel dem Bundesjustizministerium mit dem Gesetz zur Ergänzung des Grundgesetzes vom 19. März 1956, das den Aufbau der Bundeswehr ermöglichte, vermeintlich die Aufgabe zu, für den Verteidigungsfall Wehrstrafgerichte vorzubereiten. Es heißt dort in dem neu eingefügten Artikel 96a wörtlich: «Der Bund kann Wehrstrafgerichte für die Streitkräfte als Bundesgerichte errichten.»[470] Das «Nähere» sollte durch ein Gesetz geregelt werden, so dass der Gesetzgeber auf jeden Fall in der Verantwortung blieb. Die «Kann»-Bestimmung des Grundgesetzes verpflichtete die Bundesregierung also keineswegs zwingend zur Aufnahme der Vorbereitungen. Allerdings wurde sie im BMJ als Legitimation verstanden, um Vorbereitungen für die Errichtung von Wehrstrafgerichten zu treffen. Dazu brauchte man zunächst in der Abteilung II geeignetes Personal und später auch geeignete Richter. Ob der Artikel 96a somit als willkommene Gelegenheit für eine politisch gewünschte Neuorientierung der Wehrstrafgerichtsbarkeit genutzt wurde, sei dahingestellt. In jedem Fall spielte dabei das erwähnte Netzwerk der ehemaligen Wehrstrafrichter eine Rolle, die sich nach einer Durststrecke von zehn Jahren nun wieder im Aufwind sahen.

Im BMJ wurde 1957 Joachim Schölz eigens zu dem Zweck eingestellt, als Referatsleiter das Projekt der Wehrstrafgerichte zu leiten. Wie er ausgewählt wurde, ist nicht ganz klar. Vielleicht halfen ihm frühere Kontakte zu den ehemaligen Kriegsrichtern der Wehrmacht Ernst Kanter und Georg Schwalm, die nun im BMJ wichtige Positionen bekleideten. Vielleicht war es aber auch Josef Schafheutle selbst, der auf seinen ehemaligen Kameraden in der Abteilung Wehrrecht des OKW zurückgriff. Jedenfalls hatte er Schölz schon im Zentral-Justizamt für die Britische Zone, wo dieser unter anderem für Strafverfahrensrecht zuständig war, ein schönes Dienstleistungszeugnis ausgestellt und eine Verwendung im Ministerium empfohlen.[471] In den 1950er Jahren blieb Schölz dann der einzige Referatsleiter, dessen Aufgabengebiet ausdrücklich die Wehrstrafgerichtsbarkeit (WSG) umfasste.[472] Die Zahl der geplanten WSG-Referate war unterdessen bis Oktober 1963 auf fünf gestiegen. Im September 1965 waren dafür sogar acht Referate vorgesehen. Allerdings ließ sich diese Planung nicht realisieren. Im Dezember 1965 gab es schließlich vier WSG-Referate in der Abteilung II und eines in der Abteilung Z.[473] Zwischen Juli 1967 und Anfang 1974 bestanden nur noch vier WSG-Referate, wobei die drei in der Abteilung II bestehenden Referate zur «Gruppe Wehrstrafrecht» zusammengefasst und – ohne formal eine Unterabteilung darzustellen – direkt dem Abteilungsleiter unterstellt wurden.[474] Mit dem altersbedingten Ausscheiden von Schölz wurde diese Gruppe wieder aufgelöst und die Zahl der Referate in der Abteilung II auf zwei reduziert.[475]

Nach dem Studium der Rechtswissenschaften und dem zweiten Staatsexamen am 30. Juni 1934 leistete Schölz ab 1. November 1934 – noch vor Einführung der Wehrpflicht[476] – für fünf Monate aktiven Wehrdienst, um am 1. April 1935 in den Heeresjustizdienst übernommen zu werden.[477] Zuvor war er bereits zum 1. Mai 1933 der NSDAP beigetreten.[478] Am 1. Juli 1935 wurde er zum Kriegsrichter ernannt und arbeitete unter anderem am Gericht der 1. Panzer-Division in Weimar, zuletzt als Divisionsrichter, also als dienstaufsichtsführender Richter des Gerichts.[479] 1939 wechselte er in die Abteilung Wehrrecht im Oberkommando der Wehrmacht (OKW-WR) und blieb dort bis nach Kriegsende,[480] wobei er zwischenzeitlich mehrfach kurz als Kriegsrichter an ein Feldkriegsgericht abgeordnet wurde. Nach dem Zweiten Weltkrieg wurde er am 15. März 1946 Rechtsreferent bei der Militärregierung in Kiel und gelangte von dort am 3. Februar 1947 in das Zentral-Justizamt für die britische Zone. Nachdem er am 23. Juli 1948 als Mitläufer (Kategorie IV) entnazifiziert und am 20. Dezember 1948 wieder zum Beamten auf Lebenszeit ernannt worden war, arbeitete er unter anderem in der Justizverwaltung Hamburgs und als Verwalter der Deutschen Kriegsversicherungs-Gemeinschaft, bis er zum 1. Mai 1957 an das BMJ abgeordnet und zum 21. August 1957 als Ministerialrat übernommen wurde. Bis zu seiner Pensionierung am 31. Januar 1974 blieb er danach im BMJ die zentrale Figur der Wehrstrafgerichtsbarkeitsreferate.

In einer Beurteilung vom 24. Juni 1957 schrieb Abteilungsleiter Schafheutle über ihn, Schölz habe «durch seine frühere Tätigkeit umfassende Spezialkenntnisse im Bereich des materiellen und formellen Wehrstrafrechts erworben, aber ebenso auch eingehende Erfahrungen in der richterlichen Tätigkeit und in der Gesetzgebungsarbeit gesammelt». Er habe sich auf allen bisherigen Dienstposten voll bewährt und sei insbesondere den Anforderungen der Arbeit im Bereich der strafrechtlichen Gesetzgebung in jeder Hinsicht gerecht geworden. Das gelte vor allem für seine Tätigkeit im Oberkommando der Wehrmacht, die «referatsmäßig der ihm im Bundesjustizministerium gestellten Aufgabe am nächsten» komme.[481] Da Schafheutle angesichts seiner eigenen Vergangenheit wusste, welche Funktion die Abteilung Wehrrecht im Zweiten Weltkrieg tatsächlich besaß, verwundert es durchaus, dass er die dortige Tätigkeit von Schölz nicht nur nicht hinterfragte, sondern diese gerade als besondere Qualifikation bezeichnete, sich erneut mit der Kriegsgerichtsbarkeit zu beschäftigen.[482]

Erstaunlicherweise stießen sich die Verantwortlichen im BMJ auch nicht an einer positiven Äußerung des ehemaligen Chefs der Abteilung Wehrrecht im OKW, Ministerialdirektor Dr. Rudolf Lehmann, über Schölz vom 30. November 1942.[483] Hätte man dies getan, wäre man vermutlich auf eine Einlassung Lehmanns vom 28. Dezember 1946 gestoßen, der im Zusammenhang mit seiner Strafverfolgung im 12. Nürnberger Nachfolgeprozess erklärt hatte, «Oberfeldrichter Schölz» aus der Abteilung Wehrrecht sei an der Ausarbeitung des «Nacht- und Nebel-Erlasses» vom 7. Dezember 1941 beteiligt gewesen, der geheime Richtlinien für die Verfolgung von Straftaten gegen das Reich oder die Besatzungsmacht in den besetzten Gebieten enthielt.[484] Schölz selbst legte dem BMJ andererseits am 6. Dezember 1957 Unterlagen zu einem (angeblichen) Dienststrafverfahren gegen ihn vor, das der Oberstkriegsgerichtsrat des Dienstaufsichtsbezirks 1 (Berlin) 1938 gegen ihn betrieben haben sollte. Er suggerierte mit der Weitergabe dieses Vorgangs unter der Überschrift «Dienststrafvergehen», dass er innerhalb der Wehrmachtjustiz angeeckt sei, ja Renitenz bewiesen habe – ein Vorgehen, das in den 1950er Jahren dem Mythos einer oppositionellen und sogar widerständigen Wehrmachtjustiz durchaus entsprach. Ein genauerer Blick verrät indessen, dass Schölz die Vorermittlungen 1938 selbst angeregt hatte und die angeblichen Vorwürfe so unbedeutend waren, dass die Angelegenheit innerhalb weniger Tage erledigt gewesen war.[485]

Jahre später, 1968, wurde zudem bekannt, dass Schölz 1943 zwei wegen Fahnenflucht angeklagte Soldaten auch wegen «Kriegsverrats» zum Tode verurteilt und in einer kurzen Notiz jegliche Begnadigung vorsorglich abgelehnt hatte.[486] In der für die Überprüfung dieses Vorwurfs zuständigen Abteilung I des BMJ bestanden zwar Zweifel, ob mit einer Fahnenflucht durch Überlaufen zum Feind stets auch der Tatbestand des Kriegsverrats verwirklicht war. Dies sei aber, hieß es, für das Todesurteil im konkreten Fall nicht ursächlich gewesen. Die Todesstrafe sei vielmehr damit begründet gewesen, dass eine abschreckende Wirkung habe erzielt werden müssen, um andere Soldaten davon abzuhalten, zum Feind überzulaufen. Daher sei das Urteil nach den damaligen Maßstäben nicht exzessiv gewesen.[487] Der begutachtende Mitarbeiter des BMJ, Fritz Riedel, bezog sich also auf die gängige Rechtspraxis an der Ostfront des Jahres 1943 und sah sich in seiner Einschätzung bestätigt, nachdem der Fall zunächst dem Leiter der Unterabteilung I A, Dr. Heinrich von Spreckelsen, und anschließend durch Abteilungsleiter Winners auch Staatsekretär Ehmke und Minister Heinemann zur Kenntnis gebracht worden war, bevor man die Angelegenheit ohne weitere Veranlassung zu den Akten gab.[488]

Allerdings war der Name Schölz schon Mitte der 1960er Jahre aufgetaucht, als die Zentrale Stelle der Landesjustizverwaltungen zur Aufklärung nationalsozialistischer Verbrechen, die seit 1964 für Straftaten oberster Reichsbehörden im Deutschen Reich zuständig geworden war, im Januar 1965 Ermittlungen gegen Angehörige des OKW und des OKH eingeleitet und dafür Unterlagen aus den Nürnberger Nachfolgeprozessen im Staatsarchiv Nürnberg gesichtet hatte.[489] Dabei war man auch auf die bereits erwähnte Eidesstattliche Erklärung des angeklagten früheren Generaloberstabsrichters Lehmann (Dokumente NOKW 567) gestoßen, der Ende 1946 den amerikanischen Ermittlern zu Protokoll gegeben hatte, dass Schölz bei der Abfassung des «Nacht- und Nebel-Erlasses» mitgewirkt habe.[490] Dieser Erlass war im Hauptkriegsverbrecherprozess und auch im Nürnberger Juristenprozess ein entscheidendes Thema gewesen.[491] Doch nach Eintreffen der Eidesstattlichen Erklärung Lehmanns in der Zentralen Stelle im Juli 1967 dauerte es noch über zehn Jahre, bis Schölz zu dem Sachverhalt befragt wurde. Die Staatsanwaltschaft beim Landgericht Kassel, wohin die Sache von Ludwigsburg aus abgegeben worden war, hatte zwar im August 1972 ein Verfahren gegen einen der Hauptbeschuldigten, Erich Lattmann, eingetragen, der zur Zeit der Ausarbeitung des NN-Erlasses Leiter der Gruppe Rechtswesen im Oberkommando des Heeres gewesen war.[492] Schölz aber wurde dazu erst am 25. April 1978 in seiner Wohnung vernommen – allerdings nicht als Beschuldigter, sondern als Zeuge. Er hatte also ausreichend Zeit, sich auf die Vernehmung vorzubereiten, und hatte eine zweiseitige handschriftliche Erklärung vorbereitet, in der er daran erinnerte, dass neben Hitler und Keitel auch militärische Amtschefs immer wieder Erlasse und Befehle unter rein militärischen Aspekten durchgesetzt hatten, gegen die es von Seiten der Rechtsabteilungen angeblich keine Möglichkeit zum Einschreiten gab, auch wenn schwerste rechtliche Bedenken bestanden.[493]

Es war die altbekannte, immer wieder vorgebrachte Exkulpationsrhetorik, die auch Schölz hier anwandte. Er wurde zwar kurz darauf noch einmal vernommen, doch die Staatsanwaltschaft stellte das Verfahren am 16. Dezember 1983 nach § 170 Abs. 2 StPO ein, weil «kein Verdächtiger ermittelt» werden konnte.[494] Sie übernahm damit die exkulpierenden Angaben aus der 1970 erschienenen Dissertation von Herman Dieter Betz, der die Verantwortung für den NN-Erlass und seine Durchführung allein Hitler und Himmler zusprach.[495] Die Staatsanwaltschaft argumentierte dabei ausdrücklich, auf Grund der «komplexen Arbeitsstruktur der Wehrmacht» sei eine weitere «Mitautorschaft» nicht mehr nachzuvollziehen, und die Abteilung Wehrrecht habe insbesondere die Geheimhaltung im NN-Erlass erfolglos bekämpft.[496]

Diese Sicht wurde nun, «um Wiederholungen zu vermeiden», umstandslos auf Schölz übertragen, der damit erneut ungeschoren davonkam.[497]

Im BMJ hingegen wurde das Referat Wehrstrafgerichtsbarkeit schließlich von anderen Referaten und Abteilungen teils belächelt, teils als «übersteigert» empfunden. Ein Zeitzeuge, der sich nach kurzer Zeit in der WSG schnell wieder versetzen ließ, erklärte zu seinem raschen Wechsel, dass er nicht mit Menschen habe zusammenarbeiten wollen, die «wohl abends mit einem Gebet eingeschlafen» seien, «Gott möge schnell den Dritten Weltkrieg ausbrechen lassen, um endlich die Wehrstrafgerichte errichten zu können».[498]

Gesucht: Geeignete Wehrrichter

Zur Vorbereitung des Verteidigungsfalls musste jedoch nicht nur veranlasst werden, dass die rechtlichen Grundlagen und Strukturen für eine Wehrstrafgerichtsbarkeit vorhanden waren, sondern man musste auch dafür sorgen, dass mit Beginn der kriegerischen Auseinandersetzungen ausreichend Personal bereit stand, um die dann unmittelbar einzurichtenden Wehrstrafgerichte personell zu bestücken. Die Frage des Personals für die Wehrstrafgerichte wurde daher im Verteidigungsausschuss schon 1955 angesprochen, als der Ausschussvorsitzende Jaeger darauf hinwies, dass man als Richter nicht nur ehemalige Militärrichter verpflichten solle.[499] Dies bedeutete im Umkehrschluss aber auch, dass man geneigt war, ehemalige Wehrmachtrichter wiederzuverwenden bzw. sie nicht a priori auszuschließen.

In den ersten Überlegungen vom 15. Januar 1959, die Ministerialrat Schölz zu diesem Thema anstellte, spielte dieser Punkt aber keine Rolle. Er bekräftigte vielmehr, dass man, um bei Eintritt eines V-Falles funktionierende Wehrstrafgerichte gewährleisten zu können, auf jeden Fall Richter, Staatsanwälte und Urkundsbeamte aus den Landesjustizverwaltungen heranziehen müsse. Auf der Grundlage des Grundgesetzes könne das aber nur auf freiwilliger Basis geschehen.[500] Zusätzlich könne man jedoch, so Schölz, gegebenenfalls auch die Wehrdienstgerichte für die Wehrstrafgerichtsbarkeit im Verteidigungsfall verwenden.[501] Damit war letztlich die Rekrutierung des Personals für die Wehrstrafgerichte in groben Zügen konzipiert: Zum einen sollten sich Richter und Staatsanwälte aus den Landesjustizverwaltungen (ohne Berlin) auf freiwilliger Basis zur WSG abordnen lassen; zum anderen würden die Truppendienstrichter, einschließlich der Rechtsberater der Bundeswehr, sowie Freiwillige aus dem Geschäftsbereich des BMJ die Richter und Staatsanwälte der Wehrstrafgerichte stellen.

Als die Ländervertreter am 8. November 1961 auf der Rosenburg erstmals mit diesen Plänen konfrontiert und gebeten wurden, für den Verteidigungsfall auf der Grundlage einer geheimen Notverordnung geeignetes Justizpersonal zu suchen, waren sie jedoch einigermaßen überrascht.[502] Spontan äußerten sie erhebliche Bedenken, da sich niemand freiwillig zur Verfügung stellen werde, solange man nicht zumindest irgendeinen Besoldungsanreiz schaffe. Diese Einschätzung erwies sich allerdings als falsch. Tatsächlich gab es in den Landesjustizverwaltungen genügend Richter und Staatsanwälte, die bereit waren, in der Militärjustiz tätig zu werden und sich auf entsprechende Listen setzen zu lassen, die an das BMJ gesandt wurden.[503] Diese Listen wurden ausgewertet und die in Frage kommenden Richter und Staatsanwälte zu einer ersten sogenannten Informationstagung eingeladen, bei der sie nicht nur geschult, sondern auch persönlich überprüft wurden. Über eine Verwendung der Betreffenden wurde erst danach entschieden.[504]

Die Unterlagen zu 1187 Meldungen zeigen, dass von den 635 älteren Richtern und Staatsanwälten, die ausgewählt wurden, 59 (9,3 Prozent) der NSDAP angehört hatten, während 235 (37 Prozent) ehemalige Kriegsrichter in der Wehrmacht oder Waffen-SS gewesen waren.[505] Eine Mitgliedschaft in der NSDAP oder eine Tätigkeit in der Wehrmachtjustiz stellte mithin keinen Ausschlussgrund für eine Wiederverwendung als Militärrichter dar. Vielmehr ging man im BMJ davon aus, dass entsprechende Belastungen schon bei der Einstellung in den Justizdienst in der Landesjustizverwaltung geprüft worden waren. Andererseits hieß es zur Meldung des Oberlandesgerichtsrates Dr. Fritz Hodes aus Frankfurt, er sei «wegen nicht restlos geklärter Vorwürfe aus Anlass seiner Mitwirkung an Todesurteilen zur ‹WSG› nicht geeignet». Bei einer derartigen Vorgeschichte schien zumindest die Gefahr zu bestehen, dass die Wehrstrafgerichtsbarkeit sich aus der DDR angreifbar machte.[506]

Ein Problem bestand darin, dass es unmöglich war, bereits im Frieden Erfahrungen in der Militärjustiz zu sammeln, wenn es gar keine Militärgerichte gab. Daher wurde ein Konzept entwickelt, mit dem nicht nur die vorgesehenen Wehrstrafrichter und Wehranwälte in der Sache geschult, sondern darüber hinaus auch Kontakte zur Bundeswehr hergestellt werden sollten. So nahmen an 20 Erstinformationstagungen für Richter und Staatsanwälte, die zwischen 1962 und 1974 durchgeführt wurden, 554 Personen teil. Die Tagungen fanden an unterschiedlichen Orten statt und dauerten jeweils eine Woche.[507] Das Programm wurde vom BMJ in enger Kooperation mit dem Verteidigungsministerium inhaltlich vorbereitet und umfasste eine Einführung in die einschlägigen Gesetze oder Gesetzentwürfe, Referate zum Soldatengesetz, zur Disziplinar- und Beschwerdeordnung der Bundeswehr, zum Kriegsvölkerrecht, zum Kriegsbild und zur militärischen Struktur der Bundeswehr.[508] Darüber hinaus wurde stets ein Truppenbesuch arrangiert und ein «militärisches Planspiel» durchgeführt.[509] Wer als Wehrrichter und Wehranwalt übernommen wurde, wurde einer entsprechenden militärischen Einheit zugeteilt.[510] Mit Kontaktbesuchen und Einladungen zu geselligen Treffen der Einheiten der Bundeswehr sollten sie die zukünftigen Kameraden kennenlernen.[511] Die spätestens 1971 einsetzenden Diskussionen um Erkennungsmarken, die in großer Stückzahl hergestellten Rangabzeichen für Angehörige der WSG, das geplante Tragen von Uniformen und Kampfanzügen, der Druck von Dienstausweisen sowie die anhaltenden und ausführlichen Debatten über einen Kombattantenstatus der WSG-Angehörigen und über die Frage, ob sich Wehrstrafrichter an Kampfhandlungen beteiligen könnten oder gar müssten, lassen deutliche Zweifel am zivilen Charakter der auf diese Weise durch das BMJ vorbereiteten Wehrstrafgerichte aufkommen.[512] Ein ähnlicher Eindruck entsteht auch bei den Berichten über die vom Bundesverteidigungsministerium nicht immer begrüßte Teilnahme der Wehrstrafrichter bei NATO-Manövern und anderen Wehrübungen.[513]

Das Ende

Nachdem die Hoffnung auf einen erfolgreichen Abschluss der Vorbereitungen einer Wehrstrafgerichtsbarkeit im Verteidigungsfall wegen der tiefgreifenden und unlösbaren Differenzen zwischen Verteidigungsministerium und Justizministerium schon Ende der 1970er Jahre schwere Rückschläge erhalten hatte, wurden 1982 nach einer örtlichen Prüfung der Mittelverwendung des Haushaltskapitels 07 08 (Wehrstrafgerichtsbarkeit) für die Jahre 1970 bis 1981 durch den Bundesrechnungshof alle Hoffnungen zerschlagen, dass sich die Situation zugunsten der Wehrstrafgerichtsbarkeit ändern könnte. Auf 24 Seiten listete der Prüfbericht vom 20. Dezember 1982 eine große Zahl von Beanstandungen auf, die den Eindruck bekräftigten, hier fließe viel Energie, Geld und die Arbeitskraft von Mitarbeitern zweier Ministerien in ein Projekt, das jeglicher Realität entbehre.[514]

Doch erst 17 Jahre später kam das endgültige Aus für die Wehrstrafgerichtsbarkeit, nachdem der inzwischen zuständige Referatsleiter, Wolfgang Kück, bereits viele Jahre lang nur noch Stillstand verwaltet hatte. Als Kück am 21. Januar 1999 der damals erst seit knapp drei Monaten im Amt befindlichen Bundesjustizministerin Herta Däubler-Gmelin nach deren Aufforderung von Ende November 1998 über den Sachstand der Wehrstrafgerichtsbarkeit berichtete, rechnete er vor, dass seit 1984 alle Haushaltsmittel nur noch gesperrt veranschlagt und fortschreitend auf 10 000 DM reduziert worden seien. Daraufhin veranlasste Ministerin Däubler-Gmelin für das Haushaltsjahr 1999 eine

Summe von 0 DM mit dem Ziel, den Titel im Haushalt ganz zu streichen. Jetzt, so Kück, hänge das weitere Vorgehen von der politischen Grundsatzentscheidung ab, «ob auf die Errichtung einer Wehrstrafgerichtsbarkeit des Bundes verzichtet werden» solle.[515] Die knappe und klare Entscheidung der Ministerin lautete: «Ja!»[516] Ministerin Däubler-Gmelin war also nicht die Totengräberin der Wehrstrafgerichtsbarkeit, sondern stellte ihr mit ihrer Entscheidung nur noch den Totenschein aus.

Der entsprechende Vermerk wurde am 27. Mai 1999 ohne weitere Veranlassung zu den Akten gegeben. Am 16. August 2001 rief Regierungsdirektor Zimmermann aus dem Verteidigungsministerium im BMJ an und erklärte, dass auch aus seiner Sicht die Wehrstrafgerichtsbarkeit «politisch mausetot» sei. Daraufhin wurde die Arbeit daran eingestellt.[517]

Schlussbetrachtungen

Der Übergang vom Dritten Reich zur Bundesrepublik war eine Zeit des Neubeginns, aber auch der Kontinuität. Der Bereich der Justiz bildete hierbei keine Ausnahme. Dies galt für die Staatsanwaltschaften und Gerichte ebenso wie für die akademische Ausbildung des juristischen Nachwuchses an den Universitäten und nicht zuletzt für das Bundesministerium der Justiz selbst. Am Beispiel des BMJ auf der Rosenburg in Bonn-Kessenich lässt sich diese Doppelgesichtigkeit besonders gut beobachten: Die Minister, Staatssekretäre und Ministerialbeamten wirkten am Aufbau der freiheitlich-demokratischen Ordnung der Bundesrepublik und an der Entwicklung des neuen Rechtsstaates mit. Aber ihre Tätigkeit war in vieler Hinsicht mit der Hypothek der nationalsozialistischen Unrechtsjustiz belastet.

Insgesamt ist der Neuaufbau zweifellos gelungen. Die Institutionen und die Rechtsprechung haben funktioniert, während die Hinterlassenschaften der NS-Zeit im Laufe der Jahre immer mehr in den Hintergrund rückten. In der Erinnerung der Mitarbeiter auf der Rosenburg war die Aufbauphase nach 1949 deshalb zwar eine arbeitsreiche, aber auch eine erfolgreiche Zeit, in der sie mit großem persönlichen Einsatz und unermüdlichem Engagement an der Formulierung der Gesetze – teilweise auch an deren kommentierender Auslegung – und damit an der inneren Ausgestaltung der neuen Demokratie mitwirkten. Von außen betrachtet, besaß «die Rosenburg» ebenfalls einen guten Ruf: Der ministerielle Apparat galt als kenntnisreich und erfahren. Die Beamten waren Spitzenkräfte ihres Faches mit großem Renommee. Sie berieten die Politik und trugen mit ihren technisch meist grundsoliden Gesetzentwürfen maßgeblich dazu bei, den politischen Willen in abstrakte Rechtssätze zu gießen und ihn damit im parlamentarischen Verfahren durchsetzbar zu machen.

Aber diese vordergründige Erfolgsgeschichte, die nicht zu bestreiten ist, hatte auch eine dunkle Kehrseite: Als Bundesjustizminister Thomas Dehler und Staatssekretär Walter Strauß das neue Bundesjustizministerium 1949 sachlich und personell aufbauten, taten sie dies in Anlehnung an Strukturen des früheren Reichsjustizministeriums. Zugleich übernahmen sie zahlreiche Mitarbeiter, die teilweise schon vor 1933 im Justizdienst tätig gewesen waren, vielfach aber erst im Dritten Reich Karriere gemacht hatten. Das Bundesministerium der Justiz war deshalb von vornherein in personeller Hinsicht belastet. Der Grad der Belastung nahm in den führenden Positionen der Abteilungen und Referate aufgrund von Beförderungen bis in die späten 1950er Jahre hinein sogar noch zu und wurde erst seit den 1960er Jahren allmählich geringer. Die Zahl der ehemaligen NSDAP-Mitglieder lag im Untersuchungszeitraum durchschnittlich bei weit über 50 Prozent und in manchen Abteilungen des Ministeriums teilweise sogar bei über 70 Prozent. Wichtiger noch als die Mitgliedschaft in NSDAP oder SA war jedoch die Tatsache, dass viele führende Mitarbeiter vor 1945 in den Ministerien des NS-Staates direkt an der Umsetzung des «Führerwillens» beteiligt gewesen waren. Andere hatten durch ihre Tätigkeit an Gerichten – unter anderem an den «Sondergerichten» des Dritten Reiches oder Gerichten in den «besetzten Gebieten» und in der Militärgerichtsbarkeit – die verbrecherischen Gesetze, die im früheren Reichsjustizministerium vorbereitet und auf den Weg gebracht worden waren, angewandt und damit ebenfalls schwere persönliche Schuld auf sich geladen.

Die Frage, weshalb Dehler und Strauß gerade diese Personen für ihr Ministerium auswählten und darauf verzichteten, gezielt Remigranten anzuwerben oder von vornherein nach unbelasteten Mitarbeitern zu suchen, ist schwer zu beantworten. Beide waren selbst gänzlich «unbelastet»: Dehler war mit einer Jüdin verheiratet; Strauß entstammte einem jüdischen Elternhaus. Beide waren im Dritten Reich Diskriminierungen ausgesetzt gewesen; Strauß hatte nur mit Mühe überlebt. Trotzdem scheuten sie sich nicht, NS-belastete Mitarbeiter einzustellen. Ihre wichtigsten Auswahlkriterien waren fachliche Kompetenz und ministerielle Erfahrung. Hinzu kamen persönliche Bekanntschaften und in geringerem Maße politische Empfehlungen. Auch die «Netzwerke» von Dehler in Bamberg und Strauß in der Wirtschaftsverwaltung und im Rechtsamt der Bizone in Frankfurt am Main spielten eine Rolle. Politische Belastungen aus der NS-Zeit hingegen traten deutlich dahinter zurück. Sie waren zwar immer ein Thema und wurden häufig intern erörtert. Soweit sich erkennen lässt, führten sie aber nur selten dazu, dass einem gewünschten Mitarbeiter die Einstellung versagt wurde.

Dehler wie Strauß ging es also in erster Linie um die Arbeitsfähigkeit des Ministeriums, die ihrer Meinung nach nur zu gewährleisten war, wenn seine Angehörigen über die nötige fachliche Kompetenz und Erfahrung verfügten. In seiner Ansprache anlässlich der Amtsübergabe von Bundesjustizminister Hans-Joachim von Merkatz an seinen Nachfolger Fritz Schäffer am 30. Oktober 1957 sprach Strauß deshalb ausdrücklich von einem «Schatz an Erfahrungen», den man «aus den vergangenen Jahrzehnten, ungeachtet des dutzendjährigen Reiches», in die Arbeit des BMJ mitgebracht habe, und erklärte dazu wörtlich: «Ein nicht unerheblicher Teil von uns ist früher schon in der reichsministeriellen Arbeit tätig gewesen, und ich glaube, wenn wir nicht diese Kollegen und ihre Erfahrungen gehabt hätten, wären wir nicht in der Lage gewesen, die Arbeit der vergangenen acht Jahre zu erfüllen.»[1] Bei anderen Gelegenheiten führte Strauß zudem häufig das Bild des «unpolitischen Beamten» an, den es doch gerade im Dritten Reich nicht gegeben hatte – und den es auch danach nicht gab, weil er ein Mythos war: eine imaginäre Denkfigur, die zumindest auf ministerieller Ebene gar nicht existieren konnte, weil Politiknähe und Politikberatung zum Wesen und zu den Kernaufgaben der Ministerialverwaltung gehören.

Was Strauß meinte, war indessen etwas anderes: Er bezog sich auf die Tatsache, dass die handwerklichen Fähigkeiten der Juristen sich rasch an die jeweiligen politischen Gegebenheiten und Wünsche anpassen lassen und dass die juristische Tätigkeit damit im Grunde von dem jeweiligen Regime unabhängig ist – vorausgesetzt, dass der Jurist nicht über ein eigenes Gewissen verfügt. Zwar gilt diese Aussage für viele Berufe. Doch Juristen erfüllen im staatlichen Gefüge eine zentrale Funktion, indem sie an der Formulierung von Gesetzen mitwirken – ohne diese politisch unmittelbar verantworten zu müssen – und als Staatsanwälte und Richter an der Durchsetzung des Rechts maßgeblich beteiligt sind. Sie sind damit «Techniker der Macht» und tragen zur Herrschaftssicherung und Stabilisierung politischer Regime bei. Im Dritten Reich war diese «Instrumentalisierung» der Juristen weithin, ja nahezu vollständig gelungen – ob aus innerer Überzeugung, pragmatischem Karrierewillen oder unter Anpassungsdruck, wurde nach 1949 allzu oft nicht mehr hinterfragt.

Es überrascht demnach nicht, dass Dehler und Strauß und auch die ihnen nachfolgenden Minister und Staatssekretäre bei der Auswahl der Mitarbeiter nach ministerieller Vorerfahrung suchten. Denn die juristischen Fertigkeiten, die im Bundesjustizministerium von den Beamten verlangt wurden, unterschieden sich in der Form kaum von denjenigen, die im Reichsjustizministerium für erforderlich gehalten worden waren. Zynisch könnte man sagen, dass es für den juristischen «Handwerker» gleichgültig ist, ob er ein Gesetz zum Verbot von «Mischehen» formuliert oder ein Gesetz zur Gleichstellung des nichtehelichen Kindes mit den ehelichen Kindern im Erbrecht. Tatsächlich taten manche Mitarbeiter auf der Rosenburg genau dies: Sie hatten im Dritten Reich das «Gewohnheitsverbrechergesetz» formuliert und bestimmten nun die Diskussion um die Strafrechtsreform. Sie hatten an der Reform des Jugendstrafrechts 1943 mitgewirkt und waren jetzt federführend bei der Reform des Jugendgerichtsgesetzes von 1953. Sie waren als Kriegsrichter in der Wehrmacht oder in der Kriegsgerichtsbarkeit des Dritten Reiches tätig gewesen und planten nun ein neues Wehrstrafrecht für die Bundeswehr. Ähnliches galt im Familienrecht, im Zwangsvollstreckungsrecht oder im Gesellschaftsrecht der Unternehmen.

Dabei wiesen die meisten Ministerialbeamten eine durchweg konservative Einstellung auf, die häufig auf Traditionen der alten Beamtenschaft vor 1933 basierte und die NS-Diktatur nur als Phase eines «irregeleiteten» Rechtsverständnisses begriff. Tatsächlich ließ sich in der Formulierung der neuen Gesetze «braunes» Gedankengut kaum ausmachen. Dies wurde schon allein dadurch verhindert, dass die parlamentarische Kontrolle funktionierte und die allgemeinen Rahmenbedingungen, unter denen die Bundesrepublik Teil der westlichen Wertegemeinschaft geworden war, nicht mehr zuließen, dass politisch diskreditierte Rechtsgrundsätze einfach fortgeschrieben wurden. So fanden sich allenfalls einzelne Anknüpfungspunkte an frühere Vorstellungen, die aber nicht zwangsläufig nur auf den persönlichen NS-Erfahrungen derjenigen beruhten, die an der Formulierung der entsprechenden Gesetze in der Bundesrepublik mitwirkten, sondern oft auch dem «Zeitgeist» entsprachen, der sich in der deutschen Gesellschaft von den 1930er Jahren bis zur Mitte der 1960er Jahre kaum geändert hatte und erst danach neuen Werten wich, die sich dann auch in der Gesetzgebung bemerkbar machten.[2] Daher weist die Gesetzgebung der 1950er Jahre in manchen Bereichen, etwa im Familienrecht oder im Jugendstrafrecht, Tendenzen auf, die eher in die Zeit vor 1945 zurückweisen als im Sinne einer Anpassung des Rechts an moderne gesellschaftliche Vorstellungen zu wirken. Aber vielfach fehlte es auch an der nötigen politisch-historischen Sensibilität, um nationalsozialistische Denkmuster zu erkennen – und damit zu vermeiden. Dies zeigte sich etwa im Umgang mit dem Gnadenrecht, bei dem die Gnadenordnung des «Führers» von 1935 einfach beibehalten wurde, weil man sie als Verwaltungsvorschrift offenbar für unproblematisch hielt.

Auf ganz besondere Weise kam die innere Verbundenheit mit dem Dritten Reich indessen bei der Verfolgung von NS-Straftätern zum Ausdruck, die von der deutschen Justiz geradezu verhindert wurde – begleitet und gefördert nicht zuletzt vom Bundesjustizministerium, das auf Drängen der Bundesregierung und unter dem Druck der deutschen Öffentlichkeit die Straffreiheitsgesetze von 1949 und 1954 vorbereitete, nach denen bis 1958 praktisch alle NS-Straftäter freikamen bzw. von weiterer Strafverfolgung verschont blieben. Der Ulmer Einsatzgruppen-Prozess 1958 und die Auschwitz-Prozesse in den 1960er Jahren sowie die jahrzehntelangen Verzögerungen bei der Aufhebung der NS-Unrechtsurteile, bei denen die Entscheidungen des Volksgerichtshofs und der Standgerichte erst mit Bundesgesetz vom 28. Mai 1998 bzw. 17. Mai 2002 und die Kriegsverratsfälle sogar erst im September 2009 aufgehoben wurden, sind Beispiele für die Schwierigkeiten im strafrechtlichen Umgang mit der NS-Vergangenheit. Zudem wurde die in mehreren Phasen diskutierte Frage der Verjährung durch die sogenannte «kalte Verjährung» konterkariert, bei der durch das Einführungsgesetz zum Ordnungswidrigkeitengesetz vom 24. Mai 1968 die Beihilfestrafbarkeit herabgesetzt wurde, so dass Beihilfe zu nationalsozialistischen Gewaltverbrechen rückwirkend zum 9. Mai 1960 verjährt war. Zehntausende Täter, gegen die bereits Strafverfahren eingeleitet waren oder gegen die noch Verfahren hätten eröffnet werden müssen, gingen damit straffrei aus. Weitere düstere Kapitel sind die Einrichtung der «Zentralen Rechtsschutzstelle», die NS-Straftäter vor Strafverfolgung warnte, sowie die lange verschleppte und erst in den 1990er Jahren erfolgte Aufhebung der Erbgesundheitsurteile.

Bei all diesen Entwicklungen war das Bundesministerium der Justiz maßgeblich beteiligt. Dass dies so war, ist vor allem mit der Wiederverwendung der alten Eliten zu erklären. Das BMJ bildete damit jedoch keine Ausnahme. Vielmehr war es das Bestreben der Bundesregierung insgesamt, auf erfahrenes Verwaltungspersonal zurückzugreifen, um den Übergang vom Dritten Reich zur Bundesrepublik funktional so reibungslos wie möglich verlaufen zu lassen. Insbesondere der öffentliche Dienst sollte dadurch auf den neuen Staat verpflichtet werden.[3] Auch wenn damit zugleich eine «Integrationsleistung» erbracht wurde, die sich für die innere Stabilität der Bundesrepublik als nützlich erwies, waren die Folgen absehbar: So lässt sich anhand des BMJ in den 1950er und 1960er Jahren zeigen, dass sich die NS-Belastung einzelner Abteilungen im Inhalt der Referentenentwürfe für die Gesetzgebung widerspiegelte. Das in dem vorliegenden Band näher behandelte Staatsschutzstrafrecht und die Wehrstrafjustiz sind dafür nur zwei Beispiele.

Die Nutzung der alten Funktionseliten für den Wiederaufbau nach 1949 hatte jedoch ebenfalls Auswirkungen auf das Binnenklima zwischen den Mitarbeitern. So führte im Falle des BMJ die Tatsache, dass zahlreiche Angehörige eine erhebliche NS-Belastung aufwiesen und zwischen 1945 und 1949 unter starken Rechtfertigungsdruck geraten waren, auf der Rosenburg zu einer Atmosphäre, in der die Vergangenheit hintergründig stets präsent blieb, obwohl sie vordergründig praktisch nie thematisiert wurde. Selbst die Vertreter der jüngeren, historisch nicht belasteten Generation, die ihre erfahrenen Abteilungsleiter und Referenten als einflussreiche Juristen bewunderten und deren Namen ihnen häufig schon aus dem Studium und als Kommentatoren bekannt waren, fügten sich in diese psychologische Grundstimmung ein, über die jedoch gar nicht oder nur hinter vorgehaltener Hand gesprochen wurde.

Allerdings ließ sich die Vergangenheit nie ganz verdrängen. Zunächst musste sie bei Einstellungen zumindest berücksichtigt werden. Dann zwangen propagandistische Enthüllungen aus der DDR zu Reaktionen. Und schließlich waren es Strafanzeigen gegen Mitarbeiter des Ministeriums, die interne Ermittlungen seitens der Abteilung Z, insbesondere durch das Personalreferat, auslösten. Die Vorwürfe wurden also ernst genommen, aber durchweg als «kommunistische Angriffe» abgetan und verworfen. Eine wirklich kritische Prüfung fand nicht statt; die betroffenen Personen wurden lediglich um Stellungnahmen gebeten, die von anderen Ministeriumsmitarbeitern zusammengefasst und ausgewertet wurden – zumeist von Josef Schafheutle, der indessen selbst schwer belastet war. Negative Konsequenzen ergaben sich daher aus den Vorwürfen kaum. Nur in einem Fall (Heinrich Ebersberg) unterblieb als Folge der Untersuchung eine Beförderung. Eine weitere Person (Max Merten) verließ aus eigenem Antrieb das Ministerium, nachdem sich die gegen ihn erhobenen Vorwürfe erhärtet hatten. Im Fall von Eduard Dreher mag die NS-Vergangenheit ebenfalls ein Hindernis bei der Beförderung gewesen sein; aktenkundig ist dies aber nicht.

Als das Bundesministerium der Justiz 1973 die Rosenburg verließ und in den gläsern-transparenten «Kreuzbau» in Bad Godesberg umzog, hatte sich die «Bonner Republik» längst etabliert, das Zusammenwirken zwischen Bundestag, Bundesregierung und Bundesverfassungsgericht hatte sich eingespielt, NS-belastetes Personal war auch im BMJ allein aus Altersgründen weitgehend ausgeschieden. Doch die Schatten der Vergangenheit existierten noch immer, wie die Auseinandersetzungen um die Rolle der Wehrmacht im Zweiten Weltkrieg oder die Diskussion um die Wiedergutmachung für die Opfer von Zwangsarbeit und NS-Unrechtsjustiz beispielhaft bewiesen. Die Unterlassungen aus den Anfangsjahren der Bundesrepublik, als die «Schlussstrich»-Mentalität und das Verlangen nach staatlicher Normalität zur Exkulpation vieler NS-Täter geführt hatten, trugen dazu ebenso bei wie die Tatsache, dass die «Aufarbeitung» der NS-Vergangenheit – nicht zuletzt in den verantwortlichen Ministerien und Behörden der Bundesrepublik – allzu lange auf sich warten ließ.

Auch diejenigen früheren «Schreibtischtäter», die sich nach 1949 im Bundesjustizministerium wiedergefunden hatten, waren der strafrechtlichen Verfolgung entgangen. Nur in Einzelfällen hatten sich hinreichende Anhaltspunkte für Ermittlungsverfahren ergeben; zu einer Anklage kam es aber nie. Die Sorge vor Strafverfolgung ließ sich indessen auch bei vielen BMJ-Mitarbeitern beobachten. Das «EGOWiG» von 1968, in dessen Folge NS-Mordbeihilfe weitgehend für verjährt erklärt wurde, muss deshalb für sie ein Anlass zu besonderer Erleichterung gewesen sein. Zu dieser Zeit hatten die meisten von ihnen ihre Arbeit auf der Rosenburg jedoch bereits getan und dazu beigetragen, dass die Bundesrepublik Deutschland sich bis heute im justiziellen Umgang mit der NS-Vergangenheit schwere Versäumnisse vorwerfen lassen muss.

Nach dem Erscheinen der 1. Auflage des vorliegenden Buches zeigte sich das Bundesjustizministerium indessen entschlossen, aus den bedrückenden Erkenntnissen der «Akte Rosenburg» Schlussfolgerungen zu ziehen und unverzüglich gesetzliche Maßnahmen auf den Weg zu bringen, um die juristische Ausbildung zu ergänzen. Angehende Juristinnen und Juristen sollten künftig dazu angehalten werden, nicht nur Rechtsanwendung zu lernen, sondern auch mehr als bisher über die rechtsethischen Grundlagen ihres zukünftigen Berufs nachzudenken. Politische Rückendeckung erhielt das Ministerium vom Ausschuss für Recht und Verbraucherschutz des Deutschen Bundestages, der am 9. November 2016 auf der Grundlage eines Berichts des Ministeriums über die Forschungsergebnisse des Rosenburg-Projekts eingehend über die daraus zu ziehenden rechtspolitischen Konsequenzen beriet. Fraktionsübergreifend war man sich dabei einig, dass Lehren zu ziehen seien und in der Juristenausbildung zwingend die Aufgabe festgeschrieben werden müsse, das rechtsethische Bewusstsein der heranwachsenden Studentengenerationen zu fördern.

Ein Diskussionsentwurf, den das Ministerium am 12. September 2017 einer Bund-Länder-Arbeitsgruppe zuleitete, die einen legislativen Handlungsbedarf erörtern sollte, sah zwei materiell-rechtliche Ergänzungen von § 5a des Deutschen Richtergesetzes vor: die Bedeutung der ethischen Grundlagen des Rechts für die berufliche Praxis zu berücksichtigen und die Pflichtfächer künftig «unter Einbeziehung des deutschen Justizunrechts des 20. Jahrhunderts» zu vermitteln. Die geplante Neuregelung stieß bei den Landesjustizverwaltungen und den Vertretern der juristischen Fakultäten in der Arbeitsgruppe allerdings auf erheblichen Widerstand. Dieser konnte erst überwunden werden, als 2019 eine Reihe rechtsextremistischer Anschläge in der Bundesrepublik die Bedeutung des Gesetzesprojekts in einem neuen Licht erscheinen ließ und bei den Ländern zu einem Sinneswandel führte. Der Ausschuss zur Bekämpfung von Rechtsextremismus und Antisemitismus des Bundeskabinetts nahm schließlich in seiner Sitzung vom 25. November 2020 eine entsprechende Ergänzung der Juristenausbildung in seinen Maßnahmenkatalog auf und setzte damit bei Bund und Ländern eine legislative Dynamik in Gang.

Im Januar 2021 wurde dazu vom Bundesjustizministerium ein Referentenentwurf versandt, der an einen Kompromissvorschlag des Deutschen Juristen-Fakultätentages vom 18. Juni 2018 anknüpfte. Wenig später beschloss der

Bundesrat in Abstimmung mit dem Bundesjustizministerium auf Antrag des Landes Nordrhein-Westfalen einen eigenen, auf der gleichen Linie liegenden Gesetzesantrag, um das Gesetzgebungsverfahren zu beschleunigen. Seine endgültige Gestalt nahm das Gesetz in der Beschlussempfehlung des Ausschusses für Recht und Verbraucherschutz vom 9. Juni 2021 an, zu der das Bundesjustizministerium wiederum Formulierungshilfe leistete. Auf Betreiben der CDU/CSU-Fraktion wurde dabei das zwischenzeitlich in den Verhandlungen ausgeklammerte Unrecht der DDR als juristisches Anschauungsobjekt wieder eingefügt. Die «Lex Rosenburg» wurde vom Deutschen Bundestag in seiner Plenarsitzung vom 10. Juni 2021 verabschiedet und am 2. Juli 2021 im Bundesgesetzblatt verkündet.[4]

Seit dem 1. Januar 2022 erfolgt die Vermittlung der Pflichtfächer in der juristischen Ausbildung nunmehr unter Berücksichtigung der ethischen Grundlagen des Rechts und «in Auseinandersetzung mit dem nationalsozialistischen Unrecht und dem Unrecht der SED-Diktatur». Künftigen Juristinnen und Juristen, die alle eine hohe Verantwortung für den Rechtsstaat übernehmen, soll damit die Fähigkeit zur kritischen Reflexion des Rechts und seines Missbrauchspotentials vermittelt werden. Die jüngere deutsche Rechtsgeschichte, die eine Vorstellung davon bietet, wie leicht sich das Recht bei entsprechenden politischen Bedingungen missbrauchen lässt, ist damit zwingend ein Thema der juristischen Ausbildung und Gegenstand universitärer und staatlicher Prüfungen.

ANHANG

Anmerkungen

Einleitung

1 Eduard Dreher, Erinnerungen an die Frühzeit des Bundesjustizministeriums, in: Personalrat des BMJ (Hrsg.), *Der Geist der Rosenburg. Erinnerungen an die frühen Jahre des Bundesministeriums der Justiz*, Bonn 1991, S. 15.
2 Eckart Conze/Norbert Frei/Peter Hayes/Moshe Zimmermann, *Das Amt und die Vergangenheit. Deutsche Diplomaten im Dritten Reich und in der Bundesrepublik.* Unter Mitarbeit von Annette Weinke und Andrea Wiegeshoff, München 2010.
3 Imanuel Baumann/Herbert Reinke/Andrej Stephan/Patrick Wagner, *Schatten der Vergangenheit. Das BKA und seine Gründungsgeneration in der frühen Bundesrepublik*, Köln 2011.
4 Constantin Goschler und Michael Wala, «*Keine neue Gestapo». Das Bundesamt für Verfassungsschutz und die NS-Vergangenheit*, Reinbek 2015.
5 Koalitionsvertrag zwischen CDU, CSU und SPD, «Deutschlands Zukunft gestalten», 18. Legislaturperiode, 2013, S. 130. Eine Übersicht über die Tätigkeit der verschiedenen Kommissionen bieten Christian Mentel und Niels Weise, *Die Zentralen Deutschen Behörden und der Nationalsozialismus. Stand und Perspektiven der Forschung*, München und Potsdam 2016.
6 Vgl. hierzu ausführlich Manfred Görtemaker, In eigener Sache. Das BMJ und seine Beiträge zur Aufarbeitung der NS-Vergangenheit, in: Manfred Görtemaker und Christoph Safferling (Hrsg.), *Die Rosenburg. Das Bundesministerium der Justiz und die NS-Vergangenheit – eine Bestandsaufnahme*, Göttingen 2013, S. 17–42.
7 Arnulf Baring (in Zusammenarbeit mit Manfred Görtemaker), *Machtwechsel. Die Ära Brandt-Scheel*, Stuttgart 1982, S. 21.
8 BGBl. I 2007, S. 2614 Art. 4 Gesetz zur Bereinigung des Besatzungsrechts § 1 (2).
9 Vgl. hierzu Oliver Schröm und Andrea Röpke, *Stille Hilfe für braune Kameraden. Das geheime Netzwerk der Alt- und Neonazis*, 2. Aufl., Berlin 2002.
10 Görtemaker und Safferling (Hrsg.), *Die Rosenburg*, passim.
11 Zur Ära Gürtner siehe vor allem Lothar Gruchmann, *Justiz im Dritten Reich 1933–1940. Anpassung und Unterwerfung in der Ära Gürtner*, 3. Aufl., München 2001. Vgl. auch Ekkehard Reitter, *Franz Gürtner. Politische Biographie eines deutschen Juristen*, Berlin 1976. Zur Ära Thierack siehe Sarah Schädler, *«Justizkrise» und «Justizreform» im Nationalsozialismus. Das Reichsjustizministerium unter Reichsjustizminister Thierack (1942–1945)*, Tübingen 2009.
12 Eine ähnliche Ausstellung folgte nach der Wiedervereinigung Deutschlands, wiederum im Auftrag des BMJ, zum Thema «Im Namen des Volkes? Über die Justiz im Staat der SED». Sie ging auf eine Anregung von Richtern, Staatsanwälten und Bürgerrechtlern in den neuen Bundesländern zurück und zeigte mit über 200 reproduzierten Schriftstücken, Graphiken und Fotos auf 75 Tafeln den Missbrauch der Justiz ohne unabhängige Richter in der SED-Diktatur. Die Ausstellung wurde 1994 in Berlin eröffnet und danach bis 1999 in zahlreichen Städten, vornehmlich in Ostdeutschland, aber auch in Braunschweig und Karlsruhe, gezeigt. Seither ist sie dauerhaft in der Gedenkstätte Moritzplatz in Magdeburg zu sehen. Siehe hierzu Bundesministerium der Justiz (Hrsg.), *Im Namen des Volkes? Über die Justiz im Staat der SED.* Zwei Bände: Dokumentenband und Katalog, Leipzig 1996.
13 Ingo Müller, *Furchtbare Juristen. Die unbewältigte Vergangenheit unserer Justiz*, München 1987 (7., überarb. Neuaufl., Berlin 2014).
14 Norbert Frei, *Vergangenheitspolitik. Die Anfänge der Bundesrepublik und die NS-Vergangenheit*, München 1996.

15 Marc von Miquel, *Ahnden oder amnestieren? Westdeutsche Justiz und Vergangenheitspolitik in den sechziger Jahren*, Göttingen 2004.
16 Jörg Friedrich, *Freispruch für die Nazi-Justiz. Die Urteile gegen NS-Richter seit 1948. Eine Dokumentation*, Reinbek 1983 (überarb. u. erg. Ausg. Berlin 1998; ders., *Die kalte Amnestie. NS-Täter in der Bundesrepublik*, Frankfurt am Main 1984 (erw. Neuausg. Berlin 2007).
17 Hubert Rottleuthner, *Karrieren und Kontinuitäten deutscher Justizjuristen vor und nach 1945*, Berlin 2010. Siehe ebenfalls Hubert Rottleuthner, Hat Dreher gedreht? Über Unverständlichkeit, Unverständnis und Nichtverstehen in Gesetzgebung und Forschung, in: *Rechtshistorisches Journal*, Bd. 20, 2001, S. 665–679; überarbeitete Fassung in Kent D. Lerch (Hrsg.), *Die Sprache des Rechts*. Bd. 1: *Recht verstehen*, Berlin und New York 2004, S. 307–320.
18 Christian Lange, Die justizielle NS-Aufarbeitung – Täter, Opfer, Justiz, in: *Die Rosenburg. 4. Symposium. Vorträge gehalten am 21. Oktober 2014 im Foyer der Bibliothek des Bundesgerichtshofs in Karlsruhe*, Berlin 2015, S. 22 f.
19 Urteil des BGH gegen Thorbeck, in: BGH, 19. Juni 1956 – 1 StR 50/56, NStZ 1996, S. 485, Abt. C I.
20 BGH, 19. Juni 1956 – 1 StR 50/56, Abt. C II 1 b.
21 Ralph Giordano, *Die zweite Schuld oder Von der Last Deutscher zu sein*, Hamburg 1987.
22 Gustav Radbruch, Gesetzliches Unrecht und übergesetzliches Recht, in: *Süddeutsche Juristenzeitung* (SJZ) 1946, S. 105–108.
23 Ebd.
24 Vgl. Lange, Die justizielle NS-Aufarbeitung, S. 22.
25 Urteil im Nürnberger Juristenprozess, in: BArch All. Proz. 1, XVII, S1 S. 56.
26 Wörtlich erklärte Taylor dort: «The temple of justice must be reconsecrated.» Zit. nach: United States Printing Office, *Trials of War Criminals before the Nuremberg Military Tribunals under Control Council Law No. 10, Vol. III*, Washington DC, 1951, S. 34.
27 Vgl. den Überblick von Gerhard Paul (Hrsg.), *Die Täter der Shoah. Fanatische Nationalsozialisten oder ganz normale Deutsche?*, Göttingen 2002, S. 17. Siehe auch Peter Longerich, Tendenzen und Perspektiven der Täterforschung, in: *Aus Politik und Zeitgeschichte*, H. 14–15/2007, S. 3–7; sowie Wolfgang Gippert, Neue Tendenzen in der NS-Täterforschung, in: *Zukunft braucht Erinnerung*, Online-Portal, 27. September 2006.
28 Paul, *Die Täter der Shoah*, S. 20.
29 Daniel Jonah Goldhagen, *Hitlers willige Vollstrecker. Ganz gewöhnliche Deutsche und der Holocaust*, Berlin 1996. Vgl. dazu auch Julius H. Schoeps (Hrsg.), *Ein Volk von Mördern? Die Dokumentation zur Goldhagen-Kontroverse um die Rolle der Deutschen im Holocaust*, Hamburg 1996.
30 Christopher R. Browning, *Ordinary Men. Reserve Police Battalion 101 and the Final Solution in Poland*, New York 1992 (dt: *Ganz normale Männer. Das Reserve-Polizeibataillon 101 und die «Endlösung» in Polen*, Hamburg 1993); Karin Orth, *Die Konzentrationslager-SS. Sozialstrukturelle Analysen und biographische Studien*, Göttingen 2000; Michael Wildt, *Generation des Unbedingten. Das Führungskorps des Reichssicherheitshauptamtes*, Hamburg 2002; Klaus-Michael Mallmann, Vom Fußvolk der «Endlösung». Ordnungspolizei, Ostkrieg und Judenmord, in: *Tel Aviv Jahrbuch für deutsche Geschichte* 16 (1997), S. 355–391.
31 Zum Streit um die Wehrmachtsausstellung siehe Christian Hartmann u. a., *Verbrechen der Wehrmacht. Bilanz einer Debatte*, München 2005.
32 Gerhard Paul und Klaus-Michael Mallmann, Sozialisation, Milieu und Gewalt. Fortschritte und Probleme der neueren Täterforschung, in: Paul Mallmann und Gerhard Paul (Hrsg.), *Karrieren der Gewalt. Nationalsozialistische Täterbiographien*, Darmstadt 2004, S. 1–32.
33 Paul, *Die Täter der Shoah*, S. 62. Vgl. hierzu auch: Täterforschung als Kulturgeschichte. Ein neuer Blick auf die Ludwigsburger Akten, in: *Mitteilungen aus dem Bundesarchiv*, Themenheft 2008.
34 Gerhard Hirschfeld, *Karrieren im Nationalsozialismus. Funktionseliten zwischen Mitwirkung und Distanz*, Frankfurt am Main und New York 2004, S. 10.

35 Ebd.
36 Ebd., S. 11.
37 Max Frisch, *Tagebuch 1946–1949*, Frankfurt am Main 1950, S. 286 (Eintrag Hamburg, November 1948).

ERSTER TEIL

I. Justiz unter der Besatzungsherrschaft

1 Berliner Deklaration in Anbetracht der Niederlage Deutschlands und der Übernahme der obersten Regierungsgewalt hinsichtlich Deutschlands vom 5. Juni 1945, in: Ingo von Münch (Hrsg.), *Dokumente des geteilten Deutschland. Quellentexte zur Rechtslage des Deutschen Reiches, der Bundesrepublik Deutschland und der Deutschen Demokratischen Republik*. Mit einer Einführung, 2., unveränd. Aufl., Stuttgart 1976, S. 19–24.
2 Vgl. hierzu die Aufzeichnungen von zwei Mitgliedern der britischen Kontrollkommission in der britischen Zone im besetzten Deutschland: Michael Balfour und John Mair, *Four-Power Control in Germany and Austria, 1945–1946*, London 1956. Michael Balfour war von 1945 bis 1947 Director of Public Relations and Information Services.
3 Vgl. John Charmley, *Churchill. Das Ende einer Legende*, Berlin und Frankfurt am Main 1993, S. 617. Siehe auch Robert Rhodes James, *Anthony Eden. A Biography*, New York u. a. 1986, S. 285.
4 Vgl. Hermann Graml, *Die Alliierten und die Teilung Deutschlands. Konflikte und Entscheidungen 1941–1948*, Frankfurt am Main 1985, S. 31 ff.
5 Reparationen und Politische Zerstückelung. Memorandum des britischen Schatzkanzlers, 7. März 1945, in: Hans-Adolf Jacobsen, *Der Weg zur Teilung der Welt. Politik und Strategie 1939–1945*, 2. Aufl., Koblenz 1979, S. 404–407.
6 Wortlaut des Verhandlungsprotokolls vom 2. August 1945, das auch als «Potsdamer Abkommen» bezeichnet wird, in: Foreign Relations of the United States (FRUS), *The Conference of Berlin (The Potsdam Conference) 1945*, Washington, DC, 1960, Bd. II, S. 1478 ff (Nr. 1383). Vgl. auch Ernst Deuerlein, *Deklamation oder Ersatzfrieden? Die Konferenz von Potsdam 1945*, Stuttgart u. a. 1970, S. 185 f.
7 *Amtsblatt des Kontrollrats in Deutschland*, Ergänzungsblatt Nr. 1, 1946, S. 15.
8 *Teheran-Jalta-Potsdam. Die sowjetischen Protokolle von den Kriegskonferenzen der «Großen Drei»*, hrsg. u. eingel. von Alexander Fischer, 3. Aufl., Köln 1985, S. 184 f.
9 Wortlaut der Direktive JCS 1067/6 vom 26. April 1945 in: FRUS 1945/III, S. 369–511.
10 Vgl. Proklamation Nr. 1 des Alliierten Kontrollrates betreffend die Errichtung des Kontrollrates vom 30. August 1945, in: *Dokumente des geteilten Deutschland*, S. 51 f.
11 Siehe hierzu bes. Matthias Etzel, *Die Aufhebung von nationalsozialistischen Gesetzen durch den Alliierten Kontrollrat 1945–1948* (= Beiträge zur Rechtsgeschichte des 20. Jahrhunderts, Bd. 7), Tübingen 1992.
12 Kontrollratsgesetz Nr. 2 (Auflösung und Liquidierung der Naziorganisationen) vom 10. Oktober 1945, in: *Amtsblatt des Kontrollrats in Deutschland*, Nr. 1, 29. Oktober 1945, S. 19–21. Durch Gesetz Nr. 58 vom 30. August 1947 wurde schließlich noch die 63. Organisation hinzugefügt: die «Reichsgruppe der öffentlich bestellten Vermessungsingenieure».
13 Vgl. Gunther Mai, *Der Alliierte Kontrollrat in Deutschland 1945–1948. Alliierte Einheit – deutsche Teilung?* (= Quellen und Darstellungen zur Zeitgeschichte, Bd. 36), München 1995.
14 Vgl. Melvyn P. Leffler, *The Struggle for Germany and the Origins of the Cold War* (= German Historical Institute, Occasional Paper No. 16), Washington DC, 1996.
15 Siehe hierzu vor allem die Argumentation von John Gimbel, *Amerikanische Besatzungspolitik in Deutschland 1945–1949*, Frankfurt am Main 1971, S. 35 ff. Vgl. auch F. Roy Willis, *The French in Germany, 1945–1949*, Stanford, CA, 1962. Die obstruktive «Vetopolitik» Frankreichs im Alliierten Kontrollrat wird in jüngerer Zeit allerdings neu bewertet. Vgl. Rainer Hudemann, Frankreich und der Kontrollrat 1945–1947, in: Klaus Manfrass und Jean-Pierre Rioux (Hrsg.), *France-Allemagne 1944–1947. Akten des deutsch-französischen Historikerkolloquiums, Baden-Baden, 2.–5. Dezember 1986*, Paris 1990, S. 97–118. Demnach hätte Frankreich ein «bureaux alliées» unter alliierter

Führung akzeptiert. Siehe ebenfalls Elisabeth Kraus, *Ministerien für das ganze Deutschland? Der Alliierte Kontrollrat und die Frage gesamtdeutscher Zentralverwaltung* (= Studien zur Zeitgeschichte, Bd. 37), München 1990.
16 Vgl. Alexander Fischer, *Sowjetische Deutschlandpolitik im Zweiten Weltkrieg 1941–1945*, Stuttgart 1975, S. 83 ff. Siehe auch R. C. Raack, *Stalin's Drive to the West, 1938–1945. The Origins of the Cold War*, Stanford, CA, 1995.
17 Vgl. Norman M. Naimark, *Die Russen in Deutschland. Die Sowjetische Besatzungszone 1945 bis 1949*, Berlin 1999, S. 17 f.
18 Vgl. hierzu auf der Grundlage russischer Quellen: Gerhard Wettig, *Bereitschaft zu Einheit in Freiheit? Die sowjetische Deutschland-Politik 1945–1955*, München 1999, S. 110 ff. Siehe auch ders., *Stalin and the Cold War in Europe. The Emergence and Development of East-West Conflict, 1939–1953*, Lanham u. a. 2008, S. 69 ff. u. 89 ff. Vgl. auch Lothar Kettenacker, Die anglo-amerikanischen Planungen für die Kontrolle Deutschlands, in: *Kalter Krieg und Deutsche Frage. Deutschland im Widerstreit der Mächte 1945–1952*, hrsg. von Josef Foschepoth (= Veröffentlichungen des Deutschen Historischen Instituts London, Bd. 16), Göttingen und Zürich 1985.
19 Vgl. Alois Riklin, *Das Berlinproblem. Historisch-politische und völkerrechtliche Darstellung des Viermächtestatus*, Köln 1964, S. 74. Eine Darstellung aus östlicher Sicht bietet Gerhard Keiderling, Die Alliierte Kommandantur der Stadt Berlin. Von der EAC 1944/45 bis zum Ende der Viermächteverwaltung 1948, in: *Jahrbuch für Geschichte*, Bd. 35, (Ost-)Berlin 1987, S. 565–615.
20 Vgl. Rainer Hudemann u. a., *Grenz-Fall. Das Saarland zwischen Frankreich und Deutschland 1945–1960*, Saarbrücken 1998.
21 Angeklagt waren 24 Personen. Das Verfahren gegen Gustav Krupp von Bohlen und Halbach stellte der Gerichtshof jedoch mit Beschluss vom 15. November 1946 wegen Verhandlungsunfähigkeit ein. Der Leiter der Deutschen Arbeitsfront, Robert Ley, entzog sich am 25. Oktober 1945 durch Selbstmord dem Prozess. Siehe hierzu vor allem Klaus Kastner, *Die Völker klagen an. Der Nürnberger Prozess 1945–1946*, Darmstadt 2005; ders., *Von den Siegern zur Rechenschaft gezogen. Die Nürnberger Prozesse*, Nürnberg 2001; Herbert Reginbogin und Christoph Safferling (Hrsg.), *Die Nürnberger Prozesse. Völkerstrafrecht seit 1945*, München 2006; Telford Taylor, *The Anatomy of the Nuremberg Trials* und Whitney R. Harris, *Tyrannen vor Gericht*, Berlin 2008.
22 Dieses Dreimächteabkommen über Grausamkeiten war eine von vier Deklarationen, die auf der Moskauer Konferenz unterzeichnet wurden. Zwei weitere betrafen den Umgang der Alliierten mit Österreich und Italien, die verbleibende, die auch von China, das ebenfalls auf der Konferenz vertreten war, unterzeichnet wurde, bekräftigte die Absicht der Unterzeichner, die Achsenmächte zur bedingungslosen Kapitulation zu zwingen und so schnell wie möglich mit den Vereinten Nationen eine internationale Organisation zu gründen, die zukünftig für den Erhalt des Weltfriedens sorgen sollte.
23 So bestimmte es Artikel 1 des Londoner Abkommens. Das Kriterium wurde aber zur Abschichtung zweier Gruppen von Kriegsverbrechern bereits in der Moskauer Deklaration verwendet: Gemäß dem Dreimächteabkommen über Grausamkeiten sollten deutsche Kriegsverbrecher denjenigen Ländern überstellt werden, in denen sie ihre Taten begangen hatten. Diejenigen, deren Taten sich geographisch nicht zuordnen ließen, sollten durch eine gemeinsame Entscheidung der alliierten Mächte bestraft werden.
24 *Der Nürnberger Prozess. Das Protokoll des Prozesses gegen die Hauptkriegsverbrecher vor dem Internationalen Militärgerichtshof 14. November 1945–1. Oktober 1946*, 42 Bde., Nürnberg 1947–1949, Bd. I, S. 8. Auf CD-Rom: Digitale Bibliothek, Bd. 20, Berlin 1999. – Folgende Länder schlossen sich dem Londoner Viermächte-Abkommen vom 8. August 1945 an: Belgien, Niederlande, Luxemburg, Dänemark, Norwegen, Griechenland, Polen, Tschechoslowakei, Jugoslawien, Australien, Neuseeland, Indien, Abessinien, Honduras, Panama, Haiti, Venezuela, Uruguay und Paraguay.
25 Christoph Safferling, *Internationales Strafrecht*, Berlin und Heidelberg 2012, S. 51 f.
26 Vgl. zur Verschwörung Christoph Safferling, Die Strafbarkeit wegen «Conspiracy» in Nürnberg und ihre Bedeutung für die Gegenwart, in: *Kritische Vierteljahresschrift* 2010, S. 65–82.

27 Zu den Nürnberger Nachfolgeprozessen in den Jahren 1946 bis 1949 siehe Bengt von zur Mühlen und Andreas von Klewitz (Hrsg.), *Die 12 Nürnberger Nachfolgeprozesse 1946–1949*, Berlin-Kleinmachnow 2000. Vgl. auch Kim C. Priemel und Alexa Stiller (Hrsg.), *NMT. Die Nürnberger Militärtribunale zwischen Geschichte, Gerechtigkeit und Rechtschöpfung*, Hamburg 2013.

28 Vgl. Adalbert Rückerl, *NS-Verbrechen vor Gericht. Versuch einer Vergangenheitsbewältigung*, Heidelberg 1982.

29 *Das Urteil von Nürnberg*. Mit einem Vorwort von Jörg Friedrich, 6. Aufl., München 2005, S. 19. Vgl. hierzu die Aufzeichnungen von Zeitzeugen und Prozessbeteiligten: Hilary Gaskin (Hrsg.), *Eyewitnesses at Nuremberg*, London 1990; Gustave M. Gilbert, *Nürnberger Tagebuch. Gespräche der Angeklagten mit dem Gerichtspsychologen*, Frankfurt am Main 1962; Carl Haensel, *Das Gericht vertagt sich. Aus dem Tagebuch eines Nürnberger Verteidigers*, Hamburg 1950; Douglas M. Kelly, *22 Cells in Nuremberg*, New York 1947; Robert M. W. Kempner, *Ankläger einer Epoche. Lebenserinnerungen*, Frankfurt am Main u. a. 1983; sowie Airey Neave, *Nuremberg. A Personal Record of the Trial of the Major Nazi War Criminals in 1945–46*, London 1978. Besonders aufschlussreich ist bis heute Telford Taylor, *Die Nürnberger Prozesse. Hintergründe, Analysen und Erkenntnisse aus heutiger Sicht*, München 1994.

30 Vgl. im Detail zu den Tatvorwürfen und verschiedenen Ansätzen zur Verteidigung Christoph Safferling und Philipp Graebke, Strafverteidigung im Nürnberger Hauptkriegsverbrecherprozess. Strategien und Wirkung, in: *Zeitschrift für die gesamte Strafrechtswissenschaft* 123 (2011), S. 47–81.

31 Vgl. Safferling, *Internationales Strafrecht*, § 4 Rn. 30.

32 Zur Geschichte des Völkerstrafrechts vgl. ebd., S. 44 ff., sowie ders. und Herbert Reginbogin (Hrsg.), *The Nuremberg Trials: International Criminal Law Since 1945/Die Nürnberger Prozesse: Völkerstrafrecht seit 1945*, München 2006.

33 Christoph Safferling, Lernen von Nürnberg. Die Relevanz des Nürnberger Hauptkriegsverbrecherprozesses für das moderne Völkerstrafrecht, in: *Rechtsgeschichte* 14 (2009), 148–167, und ders., Der Nürnberger Prozess, in: Martin Löhnig u. a. (Hrsg.), *Krieg und Recht. Die Ausdifferenzierung des Rechts von der ersten Haager Friedenskonferenz bis heute*, Regensburg 2014, S. 87–98.

34 International Military Tribunal (Hrsg.). Trial of the Major War Criminals before the International Military Tribunal. Nuremberg 14 November 1945 – 1 October 1946, Vol. II, Nuremberg 1947 (Protokolle des IMT, Bd. 2) S. 99.

35 Vgl. Christoph Safferling, Nürnberg und die Zukunft des Völkerstrafrechts. Die Bedeutung des Nürnberger Hauptkriegsverbrecherprozesses 70 Jahre nach seinem Beginn, in: *Juristenzeitung* 2015, S. 1061–1068.

36 Siehe Ludwig Eiber und Robert Sigl (Hrsg.), *Dachauer Prozesse. NS-Verbrechen vor amerikanischen Militärgerichten in Dachau 1945–1948*, Göttingen 2007.

37 Heinz Boberach, Strafrechtliche Verfolgung von NS-Verbrechen, in: *Deutschland unter alliierter Besatzung*, S. 184 f.

38 Die Liste mit 43 035 Namen von Verstorbenen wurde am 16. Januar 2007 vom Präsidenten des DRK, Rudolf Seiters, dem Museum «Haus am Checkpoint Charlie» in Berlin übergeben.

39 Vgl. hierzu vor allem Bettina Greiner, *Verdrängter Terror. Geschichte und Wahrnehmung sowjetischer Speziallager in Deutschland*, Hamburg 2010. Siehe auch Jan von Flocken und Michael Klonovsky, *Stalins Lager in Deutschland 1945–1950*, Berlin 1991, sowie Peter Reif-Spirek und Bodo Ritscher (Hrsg.), *Speziallager in der SBZ*, Berlin 1999.

40 Sergej Mironenko u. a. (Hrsg.), *Sowjetische Speziallager in Deutschland 1945–1950*. Bd. 1: *Studien und Berichte*, Berlin 1998.

41 In § 1 Abs. 2 des Strafrechtlichen Rehabilitierungsgesetzes in der Fassung der Bekanntmachung vom 17. Januar 1999, zuletzt geändert durch Art. 1 des Gesetzes vom 22. Dezember 2014, heißt es dementsprechend wörtlich: «Mit wesentlichen Grundsätzen einer freiheitlichen rechtsstaatlichen Ordnung unvereinbar sind die Entscheidungen des Landgerichts Chemnitz, Außenstelle Waldheim, aus dem Jahr 1950 («Waldheimer Prozesse»).»

42 Boberach, S. 185. Vgl. Wolfgang Eisert, *Die Waldheimer Prozesse. Der stalinistische Terror 1950. Ein dunkles Kapitel der DDR-Justiz*, Esslingen und München 1993.
43 Siehe hierzu ausführlich Rudi Beckert, *Die erste und letzte Instanz. Schau- und Geheimprozesse vor dem Obersten Gericht der DDR*, Goldbach 1995, S. 76 ff; sowie Franz-Josef Kos, Politische Justiz in der DDR. Der Dessauer Schauprozess vom April 1950, in: *Vierteljahrshefte für Zeitgeschichte*, Jg. 44 (1996), H. 3, S. 395 ff. Vgl. auch Hilde Benjamin, Erinnerungen an die Konzernprozesse im Jahre 1950, in: *Beiträge zur Geschichte der Arbeiterbewegung*, 11. Jg. (1969), S. 968.
44 Rudolf Wassermann, in: *Deutsche Richterzeitung*, 1994, S. 285.
45 Vgl. hierzu vor allem Marianne Brentzel, *Die Machtfrau. Hilde Benjamin 1902-1989*, Berlin 1997, und Andrea Feth, *Hilde Benjamin. Eine Biographie*, Berlin 1995. Siehe ebenfalls Heike Amos, Kommunistische Personalpolitik in der Justizverwaltung der SBZ/DDR (1945-1953). Vom liberalen Justizfachmann Eugen Schiffer über den Parteifunktionär Max Fechner zur kommunistischen Juristin Hilde Benjamin, in: Gerd Bender, *Recht im Sozialismus. Analysen zur Normdurchsetzung in osteuropäischen Nachkriegsgesellschaften (1944/45-1989)*, Frankfurt am Main 1999. Vgl. auch Andrea Feth, Hilde Benjamin (1902-1989) in: *Neue Justiz*, H. 2/2002, S. 64-67.
46 Vgl. Marie Ollendorf, *Zielvorgabe Todesstrafe. Der Fall Jennrich, der 17. Juni 1953 und die Justizpraxis in der DDR*, Halle 2013.
47 Siehe hierzu vor allem André Gursky, Erna Dorn: «KZ-Kommandeuse» und «Rädelsführerin» von Halle. Rekonstruktion einer Legende, in: Hermann-Josef Rupieper (Hrsg.), «... und das Wichtigste ist doch die Einheit». *Der 17. Juni 1953 in den Bezirken Halle und Magdeburg*, Münster u. a. 2003, S. 350-380. Vgl. auch Jens Ebert und Insa Eschebach (Hrsg.), «Die Kommandeuse». *Erna Dorn zwischen Nationalsozialismus und Kaltem Krieg*, Berlin 1994.
48 Siehe hierzu ausführlich Hermann Wentker, *Justiz in der SBZ/DDR 1945-1953. Transformation und Rolle ihrer zentralen Institutionen*, München 2001; sowie Hubert Rottleuthner unter Mitarbeit von Andrea Baer u. a., *Steuerung der Justiz in der DDR. Einflussnahme der Politik auf Richter, Staatsanwälte und Rechtsanwälte*, Köln 1994.
49 Vgl. Helga A. Welsh, Deutsche Zentralverwaltung für Justiz (DJV), in: Martin Broszat und Hermann Weber (Hrsg.), *SBZ-Handbuch. Staatliche Verwaltungen, Parteien, gesellschaftliche Organisationen und ihre Führungskräfte in der Sowjetischen Besatzungszone Deutschlands 1945-1949*, 2. Aufl., München 1993, S. 224. Siehe auch Hilde Benjamin, Der Volksrichter in der Sowjetzone, in: *Neue Justiz*, 1. Jg. (1947), S. 14.
50 Siehe hierzu ausführlich Ruth-Kirsten Rößler, Aspekte der Personalentwicklung und der Personalpolitik in der Justiz der Sowjetischen Besatzungszone und der Frühen DDR, in: Peter Hübner (Hrsg.), *Eliten im Sozialismus. Beiträge zur Sozialgeschichte der DDR*, Köln u. a. 1999, S. 138 ff.
51 Vgl. *Volksrichter in der SBZ/DDR 1945 bis 1952. Eine Dokumentation*, hrsg. u. eingel. von Hermann Wentker (= Schriftenreihe der Vierteljahrshefte für Zeitgeschichte, Bd. 74), München 1997. Die Entwicklung im Land Sachsen beschreibt exemplarisch Julia Pfannkuch, *Volksrichterausbildung in Sachsen 1945-1950*, Frankfurt am Main u. a. 1993.
52 Siehe hierzu ausführlich Falco Werkentin, *Politische Strafjustiz in der Ära Ulbricht. Vom bekennenden Terror zur verdeckten Repression*, 2., überarb. Aufl., Berlin 1997.
53 Vgl. Hans Hattenhauer, *Über Volksrichterkarrieren*, Göttingen 1995.
54 Das Programm hieß: «Korrektur nicht genügender Justizurteile». Vgl. Einstellungsverfügung Staatsanwaltschaft Köln 30. 10. 1970 - 24 Js 88/68.
55 Das belegt für den Landgerichtsbezirk Ulm die Arbeit von Karl Ulrich Scheib, *Justiz unterm Hakenkreuz. Strafjustiz im Nationalsozialismus bei der Staatsanwaltschaft Ulm und den Gerichten im Landgerichtsbezirk Ulm*, Ulm 2012.
56 Zur Kieler Schule vgl. Martin Otto, Die Kieler Schule, in: *NJW-Aktuell*, H. 35/2005, S. XVIII ff. Siehe auch Jörn Eckert, Was war die Kieler Schule?, in: Franz Jürgen Säcker, *Recht und Rechtslehre im Nationalsozialismus*, Baden-Baden 1992; sowie Bernd Rüthers, *Entartetes Recht. Rechtslehren und Kronjuristen im Dritten Reich*, 2. Aufl., München 1989.

57 United States Government Printing Office, *Trials of War Criminals before the Nuremberg Military Tribunals under Control Council Law No. 10, Vol. III*, Washington DC, 1951, S. 33.
58 Die Namensgebung in der US-amerikanischen Tradition folgt in diesem Fall der alphabetischen Reihenfolge der Nachnamen. Josef Altstötter war Ministerialdirektor und Leiter der Abteilung für Bürgerliches Recht im RJM.
59 Der ursprünglich Mitangeklagte Carl Westphal, vormals Ministerialrat im RJM, beging in der Untersuchungshaft in Nürnberg Selbstmord. Der Angeklagte Karl Engert, SS-Oberführer und ehemaliger Vizepräsident des Volksgerichtshofs, der im Herbst 1942 als Ministerialdirektor in das Reichsministerium der Justiz wechselte, wo er als Leiter der Geheimen Sonderabteilung XV im Rahmen der sogenannten Asozialen-Aktion über die Abgabe von Zuchthausgefangenen an Konzentrationslager entschied, wurde wegen Krankheit für nicht verhandlungsfähig erklärt. Er starb 1951. Vgl. United States Government Printing Office, *Trials of War Criminals before the Nuremberg Military Tribunals under Control Council Law No. 10, Vol. III*, S. 3.
60 Hierbei handelte es sich um den Angeklagten Hans Petersen, der allerdings freigesprochen wurde.
61 Vgl. zu dieser sogenannten Sperrwirkung Thomas Vormbaum, Die «strafrechtliche Aufarbeitung» der nationalsozialistischen Justizverbrechen in der Nachkriegszeit, in: Manfred Görtemaker und Christoph Safferling (Hrsg.), *Die Rosenburg. Das Bundesministerium der Justiz und die NS-Vergangenheit – eine Bestandsaufnahme*, Göttingen 2013, S. 158 ff., sowie Schmedding, in: Dölling/Duttge/Rössner (Hrsg.), *Gesamtes Strafrecht. StGB – StPO – Nebengesetze. Handkommentar*, 3. Aufl., Baden-Baden 2013, § 339, Rn. 11.
62 Im amerikanischen Original lautete der Satz: «The dagger of the assassin was concealed beneath the robe of the jurist.» United States Government Printing Office, *Trials of War Criminals before the Nuremberg Military Tribunals under Control Council Law No. 10, Vol. III*, S. 985.
63 Vgl. Telford Taylor, *The Anatomy of the Nuremberg Trials. A Personal Memoir*, New York 1992, (dt.: *Die Nürnberger Prozesse. Hintergründe, Analysen und Erkenntnisse aus heutiger Sicht*, München 1994).
64 Was das Gericht bereits am 11. Juli 1947 anordnete und auch im Urteil wiederholte. Siehe United States Government Printing Office, *Trials of War Criminals before the Nuremberg Military Tribunals under Control Council Law No. 10, Vol. III*, S. 956; vgl. allerdings auch das separate Votum des Richters Blair, der die Gerichtsbarkeit des Tribunals auch über die Verschwörung zur Begehung von Kriegs- und Menschlichkeitsverbrechen für gegeben hielt, ebd., S. 1198. Zum Konzept der Conspiracy vgl. Safferling, Die Strafbarkeit wegen «Conspiracy», in: *Kritische Vierteljahresschrift für Gesetzgebung und Rechtswissenschaft*, 2010, S. 65–82.
65 United States Government Printing Office, *Trials of War Criminals before the Nuremberg Military Tribunals under Control Council Law No. 10, Vol. III*, S. 1076 f.
66 Vgl. ebd., S. 973; die Übersetzung oben im Text folgt derjenigen der britischen Militärregierung, die sich abgedruckt findet bei Lore Maria Peschel-Gutzeit (Hrsg.), *Das Nürnberger Juristen-Urteil von 1947. Historischer Zusammenhang und aktuelle Bezüge*, Baden-Baden 1996, S. 55.
67 Dazu Christiane Wilke, Fall 3: Juristen vor Gericht, Recht auf dem Prüfstand und das Erbe der ‹Zivilsation›, in: Priemel und Stiller (Hrsg.), *NMT*, S. 288 u. 299 ff.
68 Deutlich: «Das Argument, daß eine Befolgung der deutschen Gesetze eine Verteidigung gegen die Beschuldigung darstellt, beruht auf einer irrigen Auffassung von der grundlegenden Theorie, die unserem gesamten Verfahren zugrunde liegt», United States Government Printing Office, *Trials of War Criminals before the Nuremberg Military Tribunals under Control Council Law No. 10, Vol. III*, S. 983; die Übersetzung folgt auch hier derjenigen der britischen Militärregierung, die sich abgedruckt findet bei Peschel-Gutzeit (Hrsg.), *Das Nürnberger Juristen-Urteil von 1947*, S. 65.
69 United States Government Printing Office, *Trials of War Criminals before the Nuremberg Military Tribunals under Control Council Law No. 10, Vol. III*, S. 1025; die Übersetzung oben im Text folgt derjenigen der britischen Militärregierung, die sich abgedruckt findet bei Peschel-Gutzeit (Hrsg.), *Das Nürnberger Juristen-Urteil von 1947*, S. 95.

70 United States Government Printing Office, *Trials of War Criminals before the Nuremberg Military Tribunals under Control Council Law No. 10, Vol. III*, S. 1064.
71 RGBl. 1941 I, S. 759 ff.
72 United States Government Printing Office, *Trials of War Criminals before the Nuremberg Military Tribunals under Control Council Law No. 10, Vol. III*, S. 1065.
73 Ebd., S. 1066.
74 Ebd., S. 1078.
75 Ebd., S. 1081.
76 Einstellungsverfügung StA Köln 30. Oktober 1970 – 24 Js 88/68, in: PA Ebersberg, P 11 – E 21, Bl. 72, 92. Vgl. zu Ebersberg auch unten S. 340 ff.
77 Gesetz vom 14. Juli 1933, RGBl. I, S. 529, in Kraft getreten am 1. Januar 1934.
78 Internationaler Militärgerichtshof Nürnberg, *Der Nürnberger Prozeß gegen die Hauptkriegsverbrecher*, Nürnberg 1947, Bd. 10, S. 700 ff. Vgl. dazu Whitney R. Harris, *Tyrannen vor Gericht. Das Verfahren gegen die deutschen Hauptkriegsverbrecher nach dem Zweiten Weltkrieg in Nürnberg 1945–1946* (= Juristische Zeitgeschichte, Bd. 11), Berlin 2008, S. 213 ff.
79 Das moderne Völkerstrafrecht kennt den Verbrechensvorwurf des «Verschwindenlassens» als Verbrechen gegen die Menschlichkeit. Vgl. etwa Art. 7 Abs. 1 IStGHSt. Dieser Tatbestand bezieht sich historisch gesehen vor allem auf eine Praxis südamerikanischer Diktaturen.
80 United States Government Printing Office, *Trials of War Criminals before the Nuremberg Military Tribunals under Control Council Law No. 10, Vol. III*, S. 1025.
81 Vom 17. August 1938, in Kraft getreten am 26. August 1939.
82 Vom 5. September 1939, RGBl. I, S. 1679.
83 Das Gesetz gegen heimtückische Angriffe auf Staat und Partei und zum Schutz der Parteiuniformen vom 20. Dezember 1934, RGBl. I, S. 1269.
84 United States Government Printing Office, *Trials of War Criminals before the Nuremberg Military Tribunals under Control Council Law No. 10, Vol. III*, S. 1026; die Übersetzung oben im Text folgt derjenigen der britischen Militärregierung, die sich abgedruckt findet bei Peschel-Gutzeit (Hrsg.), *Das Nürnberger Juristen-Urteil von 1947*, S. 96.
85 Gesetz gegen gefährliche Gewohnheitsverbrecher und über Maßregeln der Sicherung und Besserung vom 24. November 1933, in: RGBl. I, S. 995.
86 United States Government Printing Office, *Trials of War Criminals before the Nuremberg Military Tribunals under Control Council Law No. 10, Vol. III*, S. 1026.
87 Ebd., S. 1027; die Übersetzung oben im Text folgt derjenigen der britischen Militärregierung, die sich abgedruckt findet bei Peschel-Gutzeit (Hrsg.), *Das Nürnberger Juristen-Urteil von 1947*, S. 97.
88 United States Government Printing Office, *Trials of War Criminals before the Nuremberg Military Tribunals under Control Council Law No. 10, Vol. III*, S. 1081. Die Übersetzung folgt derjenigen der britischen Militärregierung, die sich abgedruckt findet bei Peschel-Gutzeit (Hrsg.), *Das Nürnberger Juristen-Urteil von 1947*, S. 142.
89 Kim C. Priemel und Alexa Stiller, Wo Nürnberg liegt. Zur historischen Verortung der Nürnberger Militärtribunale, in: Priemel und Stiller (Hrsg.), *NMT*, S. 9, 50.
90 Vgl. hierzu Michael Förster, *Jurist im Dienst des Unrechts. Leben und Werk des ehemaligen Staatssekretärs im Reichsjustizministerium Franz Schlegelberger, 1876–1970*, Baden-Baden 1995.
91 Siehe Sarah Schädler, *«Justizkrise» und «Justizreform» im Nationalsozialismus. Das Reichsjustizministerium unter Reichsjustizminister Thierack (1942–1945)*, Tübingen 2009.
92 United States Government Printing Office, *Trials of War Criminals before the Nuremberg Military Tribunals under Control Council Law No. 10, Vol. III*, S. 1086.
93 Kubuschok und Behling werden in der Rosenburgzeit bei der Rekrutierung des Personals sowie bei der Strafverteidigung von BMJ-Angehörigen noch eine Rolle spielen.
94 Ein besonderes Beispiel ist hier der im Juristenprozess erwähnte Fall des Markus Luftgas, eines Hamburger Juden, der wegen des Diebstahls von Eiern von einem Kattowitzer Sondergericht zu zweieinhalb Jahren Gefängnis verurteilt wurde und den Schlegelberger nach

Intervention Hitlers der Gestapo überstellen ließ. Vgl. United States Government Printing Office, *Trials of War Criminals before the Nuremberg Military Tribunals under Control Council Law No. 10, Vol. III*, S. 1048. Ein deswegen später angestrengtes Ermittlungsverfahren der Flensburger Staatsanwaltschaft wurde vom Landgericht Flensburg am 14. April 1959 beendet.

95 Schlegelberger hatte an der am 4. Dezember 1941 in Kraft getretenen Verordnung über die Strafrechtspflege gegen Polen und Juden in den eingegliederten Ostgebieten mitgewirkt. Dort war etwa die Todesstrafe für «deutschfeindliche Gesinnung» vorgesehen.
96 United States Government Printing Office, *Trials of War Criminals before the Nuremberg Military Tribunals under Control Council Law No. 10, Vol. III*, S. 1083.
97 Zit. in: Ebd., S. 1084.
98 Zit. nach: Peschel-Gutzeit (Hrsg.), *Das Nürnberger Juristen-Urteil von 1947*, S. 145.
99 Siehe hierzu Hennig von Alten, *Recht oder Unrecht? Der Verwaltungsrechtsstreit des Staatssekretärs a. D. Prof. Dr. Dr. h. c. Franz Schlegelberger um seine beamtenrechtlichen Versorgungsbezüge*, Norderstedt 2009.
100 Siehe Christiane Kohl, *Der Jude und das Mädchen*, Hamburg 1997. Das Buch ist die Vorlage für den Film «Leo und Claire» von Joseph Vilsmaier.
101 Verordnung gegen Volksschädlinge vom 5. September 1939, RGBl. I 1939, S. 1679.
102 Az Nr. Sg Nr. 351/41; Registriernummer der Gerichtsakten 1b SG 1074/41. Vgl. Ilse Staff (Hrsg.), *Justiz im Dritten Reich*, Hamburg 1964, S. 194 ff.
103 United States Government Printing Office, *Trials of War Criminals before the Nuremberg Military Tribunals under Control Council Law No. 10, Vol. III*, S. 1152; die Übersetzung oben im Text folgt derjenigen der britischen Militärregierung, die sich abgedruckt findet bei Peschel-Gutzeit (Hrsg.), *Das Nürnberger Juristen-Urteil von 1947*, S. 201.
104 BGH, Urteil vom 21. Juli 1970 – 1 StR 119/69. Vgl. *Neue Juristische Wochenschrift* 1971, S. 571.
105 Ebd.
106 Ebd.
107 Nr. 291, Hauptakten komplett 5, S. 804 f.; 818; 823, in: Staatsarchiv Nürnberg, StA Nürnberg-Fürth 2004-01; Nr. 287, S. 7d, in: Ebd.
108 Ebd.
109 Vgl. Ernst Klee, *Das Personenlexikon zum Dritten Reich. Wer war was vor und nach 1945?*, 2. Aufl., Frankfurt am Main 2007, S. 360. Das Sterbedatum – 21. Januar 1979 – ist hier allerdings falsch angegeben.
110 Aussage Roemer, S. 2656, in: Staatsarchiv Nürnberg, Rep 501, XVI Ae 34.
111 Aussage Roemer S. 2661, in: Ebd.
112 Aussage Roemer S. 2666, in: Ebd.
113 Peschel-Gutzeit (Hrsg.), *Das Nürnberger Juristen-Urteil von 1947*.
114 Erstes Gesetz zur Aufhebung des Besatzungsrechts vom 30. Mai 1956, BGBl. I, S. 437.
115 Peter Reichel, *Vergangenheitsbewältigung in Deutschland. Die Auseinandersetzung mit der NS-Diktatur von 1945 bis heute*, München 2001, S. 25.
116 Dazu Günter Hirsch auf dem 2. Rosenburg-Symposium in Nürnberg.
117 Vgl. Hubert Rottleuthner, Das Nürnberger Juristenurteil und seine Rezeption in Deutschland – Ost und West, in: *Neue Justiz*, H. 12 (1997), S. 617–623. (1?)
118 P. A. Steiniger und K. Leszczynski (Hrsg.), *Fall 3. Das Urteil im Juristenprozess*, (Ost-)Berlin 1969, S. 35.
119 Ebd., S. 17.
120 Ebd., S. 35.
121 Ebd., S. 35.
122 Deuerlein, *Deklamation oder Ersatzfrieden?*, S. 184.
123 Kontrollratsdirektive Nr. 24 «Entfernung von Nationalsozialisten und Personen, die den Bestrebungen der Alliierten feindlich gegenüberstehen, aus Ämtern und verantwortlichen Stellungen» vom 12. Januar 1946, in: *Amtsblatt des Kontrollrats in Deutschland*, S. 98.
124 Frederick Taylor, *Exorcising Hitler. The Occupation and Denazification of Germany*, London u. a. 2011, S. 253 f.

125 Combined Chiefs of Staff Directive 551 (CCS 551), in: U.S. Army Civil Affairs School, *Planning for the Occupation of Germany*, Fort Gordon, GA, S. 62.
126 Walter M. Hudson, *The U.S. Military Government and Democratic Reform and Denazification in Bavaria, 1945–47*, Fort Leavenworth, KS, 2001, S. 3.
127 George F. Kennan, The Ambassador in the Soviet Union (Harriman) to the Secretary of State, 28. Juli 1944, in: Foreign Relations of the United States (FRUS), *Diplomatic Papers 1944. Europe*, S. 897.
128 SHAEF, Office of Staff, Directive for Military Government in Germany Prior to Defeat or Surrender, 9. November 1944, National Archives and Records Administration (NARA), RG 331, 11505, G-5, OPS-Germany-Country Unit, SHAEF, G-5, Information Branch, Entry 54. Vgl. hierzu auch Klaus-Dietmar Henke, *Die amerikanische Besetzung Deutschlands* (= Quellen und Darstellungen zur Zeitgeschichte, Bd. 27), 2. Aufl., München 1996, S. 579.
129 SHAEF, Directive for Military Government in Germany, Part I, Chapter I, Introductory.
130 Äußerung Franklin D. Roosevelts vom August 1944, überliefert von Henry Morgenthau. Zit. nach: John Morton Blum, *Roosevelt and Morgenthau. A Revision and Condensation from The Morgenthau Diaries*, Boston, MA, 1970, S. 577.
131 Henry Morgenthau Jr., *Germany is Our Problem. A Plan for Germany*, New York und London 1945.
132 The Policy of Hate, in: *Time*, 2. Oktober 1944.
133 Wortlaut der Direktive JCS 1067/6 vom 26. April 1945 in: FRUS 1945/III, S. 369–511.
134 Abgedruckt in: United States Department of State, *Documents on Germany 1944–1985*, 4. Aufl., Washington DC, 1985, S. 124 ff.
135 Auch in der Anklagebehörde unter Telford Taylor befand sich mit Josiah E. DuBois ein ehemaliger Morgenthau-Mitarbeiter, der im Prozess gegen die I.G. Farben die Verwicklung der deutschen Wirtschaft in die Aggressionspolitik der Nazis nachweisen und hohe Industrielle dafür bestrafen wollte. Im Ergebnis hatte er damit keinen Erfolg. Vgl. Stephan Lindner, Das Urteil im I.G.-Farben-Prozess, in: Priemel und Stiller (Hrsg.), *NMT*, S. 405–433.
136 Bernard Bernstein, Oral History Interview, 23. Juli 1975, in: Harry S. Truman Library, Independence, Missouri.
137 Zit. nach: Robert Murphy, *Diplomat Among Warriors*, London 1964, S. 251.
138 Taylor, *Exorcising Hitler*, S. 255.
139 Robert Murphy an Secretary of State, 1. Mai 1945, in: FRUS, *European Advisory Commission, Austria, Germany (1945)*, S. 937.
140 Vgl. hierzu Norbert Frei, *Vergangenheitspolitik. Die Anfänge der Bundesrepublik und die NS-Vergangenheit*, München 1996. Siehe auch Clemens Vollnhals (Hrsg.), *Entnazifizierung. Politische Säuberung und Rehabilitierung in den vier Besatzungszonen 1945–1949*, München 1991. Regionalgeschichtliche Studien behandeln die Entwicklung in Bayern und Hessen: Lutz Niethammer, *Die Mitläuferfabrik. Die Entnazifizierung am Beispiel Bayerns*, Bonn u.a. 1982; Armin Schuster, *Die Entnazifizierung in Hessen 1945–1954. Vergangenheitspolitik in der Nachkriegszeit*, Wiesbaden 1999. Die gesamtdeutsche Situation beleuchtet Annette Weinke, *Die Verfolgung von NS-Tätern im geteilten Deutschland. Vergangenheitsbewältigungen 1949–1969 oder Eine deutsch-deutsche Beziehungsgeschichte im Kalten Krieg*, Paderborn u.a. 2002.
141 Hermann J. Rupieper, Amerikanische Besatzungspolitik, in: Wolfgang Benz (Hrsg.), *Deutschland unter alliierter Besatzung 1945–1949/55*, Berlin 1999, S. 38.
142 Vgl. Ernst von Salomon, *Der Fragebogen*, Hamburg 1951.
143 OMGUS, Monthly Report of the Military Governor for March 1946, in: Institut für Zeitgeschichte, MA 560.
144 Nach der Volkszählung in allen vier Besatzungszonen vom 29. Oktober 1946. Vgl. Deutscher Städtetag, *Statistisches Jahrbuch Deutscher Gemeinden*, Schwäbisch Gmünd 1949.
145 Noland Norgaard, Eisenhower Claims 50 Years Needed to Re-Educate Nazis, in: *The Oregon Statesman*, 13. Oktober 1945, S. 2.
146 Vollnhals, *Entnazifizierung*, S. 13.
147 Ebd., S. 14. OMGUS, Monthly Report of the Military Governor for March 1945, in: IfZArch, MA 560.

148 Gesetz Nr. 104 zur Befreiung von Nationalsozialismus und Militarismus vom 5. März 1946, in: *Regierungsblatt für Württemberg-Baden 1946*, S. 71 ff. Vgl. Fritz Ostler, Das Gesetz zur Befreiung von Nationalsozialismus und Militarismus vom 5. März 1946 und sein Vollzug. Persönliche Erfahrungen und Erinnerungen, in: *Neue Juristische Wochenschrift* 1996, S. 821–825.

149 Zit. nach: J. K. Korman, *U. S. Denazification Policy in Germany, 1944–1950*, o.O. 1952, S. 73.

150 Military Government Gazette Germany, British Zone of Control, S. 608 ff. In der französischen Zone wurden dazu in Baden die «Landesverordnung über die Befreiung von Nationalsozialismus und Militarismus» vom 29. März 1947, in Rheinland-Pfalz die «Landesverordnung zur politischen Säuberung» vom 17. April 1947 und in Württemberg-Hohenzollern die «Rechtsanordnung zur politischen Säuberung» vom 25. April 1947 erlassen.

151 Geregelt in Art. 14 ff. des Gesetzes Nr. 104 zur Befreiung von Nationalsozialismus und Militarismus vom 5. März 1946; daneben drohte Art. 65 Freiheits- und Geldstrafe für falsche Angaben im Fragebogen an, wobei in einigen Fällen zusätzlich auf den Verlust der bürgerlichen Ehrenrechte erkannt werden konnte.

152 Dies ergab sich aus Art. 22 des Befreiungsgesetzes. Wären hingegen die Sühnemaßnahmen ihrem Rechtscharakter nach Strafen gewesen, so wäre eine sog. Doppelbestrafung spätestens mit Inkrafttreten des Grundgesetzes gemäß Art. 103 Abs. 3 ausgeschlossen gewesen.

153 Vollnhals, *Entnazifizierung*, S. 17 ff.

154 Vgl. Niethammer, *Die Mitläuferfabrik*, S. 617 ff.

155 Vgl. Ian D. Turner, Denazification in the British Zone, in: Ders. (Hrsg.), *Reconstruction in Post-War Germany. British Occupation Policy and the Western Zones 1945–1955*, Oxford 1989, S. 263.

156 Zahlenangaben gemäß einer Aufstellung des Bundesministeriums des Innern (Stand: 28. Februar 1950). Zit. nach: Irmgard Lange, *Entnazifizierung in Nordrhein-Westfalen. Richtlinien, Anweisungen, Organisation*, Siegburg 1976, S. 59.

157 Vollnhals, *Entnazifizierung*, S. 33.

158 Vgl. Henke, *Die amerikanische Besetzung Deutschlands*, S. 49.

159 Statistical Report, 6. November 1946, in: NARA, Record Group 260, AGTS 122/24.

160 Vgl. Klaus-Dietmar Henke, *Politische Säuberung unter französischer Besatzung. Die Entnazifizierung in Württemberg-Hohenzollern*, Stuttgart 1981, S. 43.

161 Vollnhals, *Entnazifizierung*, S. 42.

162 Zahlenangaben nach: Hans-Jörg Ruhl (Hrsg.), *Neubeginn und Restauration. Dokumente zur Vorgeschichte der Bundesrepublik Deutschland 1945–1949*, München 1982, S. 279 f.

163 Gesetz zur Beendigung der Entnazifizierung vom 17. März 1951, in: Gesetz- und Verordnungsblatt für Schleswig-Holstein, Nr. 12, 1951. Vgl. etwa auch das Gesetz zum Abschluß der Entnazifizierung im Lande Niedersachsen vom 18. Dezember 1951, Niedersächsiches Gesetz- und Verordnungsblatt 1951, S. 231 f.

164 Vgl. hierzu ausführlich Manfred Wille, *Entnazifizierung in der Sowjetischen Besatzungszone Deutschlands 1945–1948*, Magdeburg 1993. Siehe auch Timothy R. Vogt, *Denazification in Soviet-Occupied Germany. Brandenburg, 1945–1948*, Cambridge und London 2000.

165 Stellungnahme des Stellvertreters des Parteivorsitzenden der Sozialistischen Einheitspartei Deutschlands, Walter Ulbricht, Zur Auflösung der Entnazifizierungskommissionen, in: *Neues Deutschland*, 28. Februar 1948.

166 Clemens Vollnhals, Entnazifizierung. Politische Säuberung unter alliierter Herrschaft, in: Hans-Erich Volkmann (Hrsg.), *Ende des Dritten Reiches – Ende des Zweiten Weltkriegs. Eine perspektivische Rückschau*, München 1995, S. 383 ff.

167 Zahlenangaben nach: Ruth-Kirsten Rössler, Aspekte der Personalentwicklung und der Personalpolitik in der Justiz der Sowjetischen Besatzungszone und der Frühen DDR, in: Peter Hübner (Hrsg.), *Eliten im Sozialismus. Beiträge zur Sozialgeschichte der DDR*, Köln u. a. 1999, S. 144.

168 Direktive der Militärregierung zur Verwaltung in der Amerikanischen Zone, undatiert, in: The National Archives (Kew), FO 1060/977.

169 Vgl. Administration of Justice Branch, in: NARA, OMGUS 17/199–1/20; Statistik, 15. Oktober 1945, in: The National Archives (Kew), FO 1060/1035.

170 Siehe hierzu das ebenso umfangreiche wie gründliche Werk von Edith Raim, *Justiz zwischen Diktatur und Demokratie. Wiederaufbau und Ahndung von NS-Verbrechen in Westdeutschland 1945–1949* (= Quellen und Darstellungen zur Zeitgeschichte, Bd. 96), München 2013.
171 Planning Instruction «Control of German Ordinary Courts», 13. Februar 1945, in: The National Archives (Kew), FO 1060/951.
172 Raim, *Justiz zwischen Diktatur und Demokratie*, S. 36.
173 Ebd., S. 30. Vgl. auch Joachim Groß, *Die deutsche Justiz unter französischer Besatzung 1945–1949. Der Einfluss der französischen Militärregierung auf die Wiedererrichtung der deutschen Justiz in der französischen Besatzungszone*, Baden-Baden 2007, S. 39.
174 Zahlenangaben nach: Raim, *Justiz zwischen Diktatur und Demokratie*, S. 44.
175 German Courts Inspectorate (A. Brock) an Director, Ministry of Justice Control Branch, 16. Dezember 1946, in: The National Archives (Kew), FO 1060/1025.
176 Karl Loewenstein, Reconstruction of the Administration of Justice in American-Occupied Germany, in: *Harvard Law Review*, Vol. 61 (1948), S. 440.
177 Vgl. Markus Lang, *Karl Loewenstein. Transatlantischer Denker der Politik*, Stuttgart 2007; sowie Robert Chr. van Ooyen, (Hrsg.), *Verfassungsrealismus. Das Staatsverständnis von Karl Loewenstein*, Baden-Baden 2007.
178 Oberst Moller (Deputy Chief Legal Division, Herford), Ansprache auf der Tagung der Chefs der obersten Justizbehörden der britischen und amerikanischen Zone in Bad Godesberg, 16./17. Juli 1946, in: BArch Z 21/1309.
179 Raim, *Justiz zwischen Diktatur und Demokratie*, S. 71.
180 Ebd., S. 90 ff.
181 Vgl. Udo Wengst, *Thomas Dehler 1897–1967. Eine politische Biographie*, München 1997, S. 79.
182 Ebd., S. 80. Abdruck des Memorandums in: Hans Schütz, *Justitia kehrt zurück. Der Aufbau einer rechtsstaatlichen Justiz nach dem Zusammenbruch 1945*, Bamberg 1987, S. 65–69.
183 Progress Report in respect of German Ordinary Courts in US Zone 15 June 1945, in: The National Archives (Kew), FO 1060/1024.
184 Colonel Dawson, Eröffnungsrede, 10. September 1945, in: NARA, OMGWB 12/136–3/42; Raim, *Justiz zwischen Diktatur und Demokratie*, S. 82.
185 Zur Bedeutung und Problematik des OLG Hamm im Dritten Reich vgl. Hans-Eckhard Niermann, *Die Durchsetzung politischer und politisierter Strafjustiz im Dritten Reich. Ihre Entwicklung aufgezeigt am Beispiel des OLG-Bezirks Hamm* (= Schriftenreihe «Juristische Zeitgeschichte», Bd. 3), Düsseldorf 1995. Diese Arbeit entstand im Rahmen eines Forschungsprojekts unter Leitung des Münsteraner Historikers Hans-Ulrich Thamer zur Justiz im Dritten Reich am Beispiel des OLG-Bezirks Hamm. Zur Justiz und NS-Verfolgungspraxis siehe auch Hans-Ulrich Thamer, NS-Justiz- und Täterforschung. Neuere Ansätze der NS-Forschung, in: Joachim Arntz u. a. (Hrsg.), *Justiz im Nationalsozialismus. Positionen und Perspektiven*, Hamburg 2006, S. 21 ff.
186 Raim, *Justiz zwischen Diktatur und Demokratie*, S. 87.
187 Ebd., S. 129.
188 Die Gründung erfolgte durch die Verordnung Nr. 98 der britischen Militärregierung, in: Amtsblatt der Militärregierung Deutschland. Britisches Kontrollgebiet 1947, S. 572, zit. nach: Hinrich Rüping, Das «kleine Reichsgericht». Der Oberste Gerichtshof für die Britische Zone als Symbol der Rechtseinheit, in: *Neue Zeitschrift für Strafrecht* 2000, S. 355 ff. Fn. 8.
189 Verordnung Nr. 218 der Britischen Militärregierung, in: Amtsblatt der Hohen Alliierten Kontrollkommission, S. 618, zit. nach: Rüping, Das «kleine Reichsgericht», in: *Neue Zeitschrift für Strafrecht* 2000, S. 355 ff. Fn. 69.
190 Gemäß Art. 8 III Ziffer 88 des Gesetzes zur Wiederherstellung der Rechtseinheit auf den Gebieten der Gerichtsverfassung, der bürgerlichen Rechtspflege, des Strafverfahrens und des Kostenrechts, BGBl. I 1950, S. 455 ff. Anhängige Verfahren gingen gemäß Art. 8 III Ziffer 110 ebenfalls auf den BGH über.
191 Vgl. zur Kontinuität von Bundesgerichtshof und Reichsgericht auch unten S. 269 ff.

192 Vgl. zum OGHBrZ insgesamt Michael Stolleis, Oberster Gerichtshof für die Britische Zone und Deutsches Obergericht für die Bizone. Justizpolitische Weichenstellungen in der Phase des Übergangs, in: *Das Parlament*, 37. Jg. (1987), 8. August 1987, S. 8; Rüping, Das «kleine Reichsgericht», in: *Neue Zeitschrift für Strafrecht* S. 355–359; sowie Justizministerium des Landes Nordrhein-Westfalen (NRW) und Internationales Forschungs- und Dokumentationszentrum Kriegsverbrecherprozesse der Philipps-Universität Marburg (Hrsg.), *Verbrechen gegen die Menschlichkeit – Der Oberste Gerichtshof der Britischen Zone* (= Schriftenreihe Juristische Zeitgeschichte Nordrhein-Westfalen, Bd. 19), Düsseldorf 2011.

193 Dem Reichsgericht wurde zwar 1934 die Zuständigkeit für Hoch- und Landesverratsfälle entzogen, die nun an den am 24. April 1934 eingerichteten Volksgerichtshof überging. In welchem Umfang auch das Reichsgericht in das nationalsozialistische Unrechtsregime verstrickt war, zeigte sich jedoch nicht nur am Todesurteil gegen Marinus van der Lubbe, dem vorgeworfen wurde, den Reichstagsbrand gelegt zu haben, sondern auch im Bereich des Zivilrechts, in dem das Gericht 1935 noch vor Erlass der Nürnberger Rassengesetze urteilte, «dass bei der grundlegenden Bedeutung der Rassenfrage im nationalsozialistischen Staat die Heranbildung des jungen Menschen arischer Abstammung zu einem art- und rassebewussten Volksgenossen einen untrennbaren Bestandteil des Erziehungswerkes bildet und dass diese Heranbildung nicht gewährleistet ist, wenn zwar die Pflegemutter, nicht aber der Pflegevater arischer Abstammung ist». Die Tatsache, dass der Ehepartner Jude war, wurde damit frühzeitig als Eheanfechtungsgrund gewertet. Zit. nach: RGZ 147, 65, 68. Vgl. hierzu auch grundlegend Gruchmann, *Justiz im Dritten Reich 1933–1940*.

194 Brief der Militärregierung von Nordrhein-Westfalen an das nordrhein-westfälische Justizministerium, 14. Januar 1947, in: BArch Koblenz, Z 21/95.

195 Raim, *Justiz zwischen Diktatur und Demokratie*, S. 278.

196 Vgl. Gesetz Nr. 4 («Umgestaltung des deutschen Gerichtswesens»), 30. Oktober 1945, in: *Amtsblatt des Kontrollrats in Deutschland*, Nr. 2, 30. November 1945, S. 26 f.; sowie Direktive Nr. 24 («Entfernung von Nationalsozialisten und Personen, die den Bestrebungen der Alliierten feindlich gegenüberstehen, aus Ämtern und verantwortlichen Stellungen»), 12. Januar 1946, in: *Amtsblatt des Kontrollrats in Deutschland*, Nr. 5, 31. März 1946, S. 98 ff.

197 Raim, *Justiz zwischen Diktatur und Demokratie*, S. 279.

198 Charles Fahy (Director Legal Division OMGUS) an Deputy Chief Legal Branch US Forces European Theater, 12. September 1945, in: NARA, OMGUS 17/199–2/22.

199 Report on Legal and Judicial Affairs, OMGUS, 7. Oktober 1947, in: NARA, OMGUS 11/5–21/1.

200 Frei, *Vergangenheitspolitik*, S. 54 ff.

201 Jahresbericht (1.7.1947–30.6.1948), German Courts Branch, OMGBY, in: NARA, OMGUS 17/197–1/28; Raim, *Justiz zwischen Diktatur und Demokratie*, S. 325.

202 Siehe hierzu Ulrike Jordan, Die Remigration von Juristen und der Aufbau der Justiz in der britischen und amerikanischen Besatzungszone, in: Claus-Dieter Krohn und Patrik von zur Mühlen (Hrsg.), *Rückkehr und Aufbruch nach 1945. Deutsche Remigranten im öffentlichen Leben Nachkriegsdeutschlands*, Marburg 1997, S. 305–320.

203 Protokoll Besprechung Legal Division Militärregierung Hannover und OLG-Präsident von Celle, 16. November 1945, in: The National Archives (Kew), FO 1060/1028.

204 Legal Instruction No. 100, 18. September 1946, in: The National Archives (Kew), FO 1060/1025.

205 Raim, *Justiz zwischen Diktatur und Demokratie*, S. 419.

206 Ebd., S. 420 f.

207 Ebd., S. 421.

208 Briefentwurf für Major Brown (Chief German Justice Branch OMGWB) als Antwort auf eine Anfrage des Anwaltsvereins Karlsruhe, 7. Oktober 1946, in: NARA, OMGWB 17/142–2/9.

209 Raim, *Justiz zwischen Diktatur und Demokratie*, S. 442.

210 Ebd., S. 443.

211 Ebd., S. 499.
212 Vgl. hierzu Raim, *Justiz zwischen Diktatur und Demokratie*, S. 520.
213 Militärregierungsamtsblatt Nr. 13, S. 306.
214 Anweisung der Militärregierung Baden. Generaldirektion der Justiz in Baden-Baden, vom 2. Mai 1946, Amtsblatt der Landesverwaltung Baden, Französisches Besatzungsgebiet, 1. August 1946, S. 49.
215 Vgl. hierzu Raim, *Justiz zwischen Diktatur und Demokratie*, S. 555 ff.
216 BGBl. I 1956, S. 437; vgl. dazu Raim, *Justiz zwischen Diktatur und Demokratie*, S. 604 ff.
217 Andreas Eichmüller, Die Strafverfolgung von NS-Verbrechen durch westdeutsche Justizbehörden seit 1945 – Eine Zahlenbilanz, in: *Vierteljahrshefte für Zeitgeschichte*, 56. Jg. (2008), S. 626.

II. Der Aufbau des BMJ 1949–1953

1 Zu Dehler vgl. ausführlich Udo Wengst, *Thomas Dehler 1897–1967. Eine politische Biographie*, München 1997.
2 Zu Strauß siehe vor allem Friedemann Utz, *Preuße, Protestant, Pragmatiker. Der Staatssekretär Walter Strauß und sein Staat* (= Knut Wolfgang Nörr u. a. (Hrsg.), Beiträge zur Rechtsgeschichte des 20. Jahrhunderts, Bd. 40), Tübingen 2003.
3 Vgl. Karl Rohe, *Das Reichsbanner Schwarz Rot Gold. Ein Beitrag zur Geschichte und Struktur der politischen Kampfverbände zur Zeit der Weimarer Republik*, Düsseldorf 1966.
4 Wengst, *Thomas Dehler 1897–1967*, S. 41. Siehe hierzu ausführlich Jürgen C. Hess, «*Das ganze Deutschland soll es sein*». *Demokratischer Nationalismus in der Weimarer Republik am Beispiel der Deutschen Demokratischen Partei*, Stuttgart 1978, sowie ders., *Theodor Heuss vor 1933. Ein Beitrag zur Geschichte des demokratischen Denkens in Deutschland*, Stuttgart 1973.
5 Vgl. Wengst, *Thomas Dehler 1897–1967*, S. 28.
6 Ebd., S. 43 f.
7 Artikel «Rassenschande in Coburg», in: *Der Stürmer*, Nr. 4, Januar 1937, in: ADL, N 1–758.
8 Thomas Dehler an Ludger Westrick, 22. Juni 1964, in: ADL, N 1 – 1992.
9 Willi Geiger, Begegnungen mit Thomas Dehler, in: Wolfram Dorn u. Friedrich Henning (Hrsg.), *Thomas Dehler, Begegnungen – Gedanken – Entscheidungen*, Bonn 1978, S. 94 f.
10 Wengst, *Thomas Dehler 1897–1967*, S. 60.
11 Verordnung zur Durchführung des Deutschen Beamtengesetzes, RGBl. I 1937, S. 669 ff.
12 Wengst, *Thomas Dehler 1897–1967*, S. 62.
13 Ebd., S. 62 f.
14 Der Begriff der «Wehrwürdigkeit» wurde durch das Wehrgesetz vom 21. Mai 1935 eingeführt und bedeutete, dass jemand für würdig angesehen wurde, der Volksgemeinschaft als Soldat zu dienen. Umgekehrt konnten Vorbestrafte und Nichtarier als «wehrunwürdig» eingestuft werden. «Wehrunwürdige» galten somit nicht länger als Teil der Volksgemeinschaft und mussten befürchten, dass ihnen bestimmte Rechte, die ihnen als «Volksgenossen» zustanden, genommen wurden.
15 Zu den letzten Kriegsjahren siehe ausführlich Wengst, *Thomas Dehler 1897–1967*, S. 71 ff.
16 Fritz Koch an Thomas Dehler, 18. Dezember 1941, in: ADL, N 53–263.
17 Thomas Dehler, Betrifft: Freigabe der Wohnung Hainstraße 21/I, 26. April 1945, in: ADL, N 1–664.
18 Hans Robinsohn, Selbstmord einer Demokratie. Betrachtungen zu zwanzig Monaten deutscher Geschichte, in: BArch N 1296, Nr. 29/30 (NL Robinsohn, Hans).
19 Wengst, *Thomas Dehler 1897–1967*, S. 68 ff.
20 Thomas Dehler an Hans Robinsohn, 3. Januar 1950, in: ADL, N 1 – 1032.
21 Vgl. Franz W. Seidler, *Die Organisation Todt. Bauen für Staat und Wehrmacht 1938–1945*, Koblenz 1987; sowie Blaine Taylor, *Hitler's Engineers: Fritz Todt and Albert Speer. Master Builders of the Third Reich*, Philadelphia, PA, 2010.

22 Der Lack ist ab, in: *Der Spiegel*, 24. Januar 1962, S. 34.
23 Harro Jenss, *Hermann Strauß. Internist und Wissenschaftler in der Charité und im Jüdischen Krankenhaus Berlin*. Mit einem Beitrag von Peter Reinicke über Elsa Strauß, Wegbereiterin der Krankenhaussozialarbeit (= Hermann Simon (Hrsg.), Jüdische Miniaturen, Bd. 95), Berlin 2010, S. 25.
24 Ebd., S. 38, Anm. 91.
25 Peter Reinicke, Elsa Strauß. Wegbereiterin der Krankenhaussozialarbeit in Deutschland, in: Ebd., S. 46–56.
26 Hermann Strauß, Schreiben an Georg Petersen, 4. September 1957, in: IfZArch, ED 94 Bestand Staatssekretär Dr. Walter Strauß, Bd. 213a. Vgl. auch Utz, *Preuße, Protestant, Pragmatiker*, S. 13.
27 Ebd., S. 35, Anm. 4.
28 Ebd., S. 16.
29 Der Reichswirtschaftsminister an den Preußischen Justizminister, 13. April 1928, in: BMJ PA Strauß, P 11 – St 2, Beiakte Preußisches Justizministerium, Bl. 4.
30 BMJ PA Strauß, P 11 – St 2, Bl. 51 f., Erklärung von MD a. D. Paul Josten vom 16. 7. 1952.
31 Utz, *Preuße, Protestant, Pragmatiker*, S. 25–32.
32 Abschrift eines Schreibens des Reichswirtschaftsministers an den Preußischen Justizminister, 25. Juli 1931, in: BMJ PA Strauß, P 11 – St 2, Beiakte Preußisches Justizministerium, Bl. 19.
33 Der Reichswirtschaftsminister an den Preußischen Justizminister, 2. Dezember 1932, in: BMJ PA Strauß, P 11 – St 2, Beiakte Preußisches Justizministerium, Bl. 34.
34 Der Kammergerichtspräsident an den Preußischen Justizminister betr. GAss Dr. Walter Strauß, 12. Dezember 1932, in: BMJ PA Strauß, P 11 – St 2, Beiakte Preußisches Justizministerium, Bl. 35.
35 Schreiben an den Reichswirtschaftsminister betr. den GAss Dr. Walter Strauß (Entwurf), 20. Dezember 1932, auf das Schreiben vom 2. Dezember 1932, in: BMJ PA Strauß, P 11 – St 2, Beiakte Preußisches Justizministerium, Bl. 37.
36 Der Preußische Justizminister an den Kammergerichtspräsidenten (gez. Dr. Nadler), 27. Juli 1933, in: BMJ PA Strauß, P 11 – St 2, Beiakte Preußisches Justizministerium, Bl. 40, Auszugsweise Abschrift aus II c 2844 a.
37 Der Preußische Justizminister an den Kammergerichtspräsidenten (gez. Dr. Nadler), 13. März 1934 (Durchschlag), in: BMJ PA Strauß, P 11 – St 2, Beiakte Preußisches Justizministerium, Bl. 41.
38 Der Preußische Justizminister an GAss Walter Strauß in Berlin-Wannsee, Stölpchenweg 11 (gez. Dr. Nadler), 20. September 1934 (Durchschlag), in: BMJ PA Strauß, P 11 – St 2, Beiakte Preußisches Justizministerium, Bl. 42.
39 Gesetz zur Wiederherstellung des Berufsbeamtentums vom 7. April 1933, RGBl. I 1933, S. 175 ff.
40 Zu § 3 Nr. 3 Abs. 3 der Dritten Verordnung zur Durchführung des Gesetzes zur Wiederherstellung des Berufsbeamtentums vom 6. 5. 1933, RGBl. I 1933, 245 ff. Die Vorschrift stellte unter anderem die Teilnahme an den Kämpfen «gegen Spartakisten» der Teilnahme als Frontkämpfer im Weltkrieg gleich. § 3 Abs. 2 des Gesetzes zur Wiederherstellung des Berufsbeamtentums schloss hingegen die Anwendung von § 3 Abs. 1 unter anderem auf Weltkriegs-Frontkämpfer aus.
41 Der Reichs- und Preußische Justizminister an sieben GAss, u. a. an Strauß, 10. November 1934 (Durchschlag), in: BMJ PA Strauß, P 11 – St 2, Beiakte Preußisches Justizministerium, Bl. 43.
42 Utz, *Preuße, Protestant, Pragmatiker*, S. 37.
43 Bonhoeffer war in den USA Gast von Henry Smith Leiper, dem Geschäftsführenden Sekretär der amerikanischen Sektion des Ökumenischen Rates für praktisches Christentum, der die Bekennende Kirche in Deutschland in ihrem Kampf gegen den Nationalsozialismus unterstützte.
44 Walter Strauß an Egbert Munzer, 17. März 1947, in: IfZArch, ED 94 Bestand Staatssekretär Dr. Walter Strauß, Bd. 364.
45 Vgl. ebd. Siehe auch Utz, *Preuße, Protestant, Pragmatiker*, S. 38.

46 Vgl. hierzu Jürgen Bevers, *Der Mann hinter Adenauer. Hans Globkes Aufstieg vom NS-Juristen zur Grauen Eminenz der Bonner Republik*, Berlin 2009; sowie Erik Lommatzsch, *Hans Globke (1898–1973). Beamter im Dritten Reich und Staatssekretär Adenauers*, Frankfurt am Main 2009.
47 Walter Strauß an Egbert Munzer, 17. März 1947, in: IfZArch, ED 94 Bestand Staatssekretär Dr. Walter Strauß, Bd. 364. Vgl. auch Utz, *Preuße, Protestant, Pragmatiker*, S. 38.
48 Bei Generalfeldmarschall Erhard Milch, von 1933 bis 1945 Staatssekretär im Reichsluftfahrtministerium und zugleich Generalinspekteur der Luftwaffe sowie von 1941 bis Juli 1944 Generalluftzeugmeister, ist die «Arisierung» durch Globke verbürgt, der in diesem Fall offenbar auf Weisung von Hermann Göring handelte. Gespräch d. Verf. mit Werner Globke, dem Sohn von Hans Globke, 15. März 2016.
49 Vgl. hierzu Hermann Strauß, *Autobiographische Notizen und Aufzeichnungen aus dem Ghetto Theresienstadt*, Berlin 2014.
50 Utz, *Preuße, Protestant, Pragmatiker*, S. 44.
51 Walter Strauß an British Authorities, 22. Juli 1945, in: IfZArch, ED 94 Bestand Staatssekretär Dr. Walter Strauß, Bd. 366.
52 Lutz Niethammer, *Die Mitläuferfabrik. Die Entnazifizierung am Beispiel Bayerns*, 2. Aufl., Berlin und Bonn 1982, S. 137.
53 Thomas Dehler, Rede auf dem Vierten Bundesparteitag der FDP zu Bad Ems, 21. November 1952, in: *Theodor Heuss: Lieber Dehler! Briefwechsel mit Thomas Dehler*. Hrsg. u. kommentiert von Friedrich Henning. Mit einem Geleitwort von Hildegard Hamm-Brücher (= Der politische Liberalismus in Bayern. Studienreihe des Thomas-Dehler-Instituts, Bd. 2), München und Wien 1983, S. 89.
54 Josef Ertl, Thomas Dehler – ein fränkischer Liberaler, in: Wolfram Dorn und Dr. Friedrich Henning (Hrsg.), *Thomas Dehler. Begegnungen – Gedanken – Entscheidungen*, Bonn 1978, S. 39.
55 Der Generalkläger nach Artikel 52 des Gesetzes zur Befreiung von Nationalsozialismus und Militarismus (Befreiungsgesetz) war für Anträge am Kassationshof für die Spruchkammern und die Dienstaufsicht über die Ankläger an den Spruchkammern zuständig. Die Überprüfung von Spruchkammerentscheidungen war nach Artikel 52 hingegen allein dem Minister vorbehalten. Es heißt darin, der Minister für politische Befreiung könne sich «jede Entscheidung zur Nachprüfung vorlegen lassen». Halte der öffentliche Kläger eine rechtskräftige Entscheidung der Kammer für offensichtlich verfehlt oder im Widerspruch mit den Zielen dieses Gesetzes stehend, so habe er sie «dem Minister für politische Befreiung zur Nachprüfung vorzulegen». Der Minister konnte die Entscheidung dann aufheben oder die erneute Durchführung des Verfahrens anordnen und dabei den Fall an eine andere Spruchkammer verweisen.
56 Peter Jakob Kock, Alfred Loritz – Mischung aus Karl Valentin und Adolf Hitler, in: *Maximilianeum. Aus dem Bayerischen Landtag*, München 1999, S. 27 ff. So hatte Loritz beispielsweise 1949 die Behauptung aufgestellt, für das Bürgerbräu-Attentat auf Hitler verantwortlich gewesen zu sein, während Georg Elser – der eigentliche Attentäter – nur eine Nebenrolle als «Kurier» gespielt habe.
57 Dehler erwies sich hier nach Schilderung einer Mitarbeiterin bald als «ein sehr beliebter Chef». Als er Minister in Bonn geworden sei, habe «das ganze OLG» getrauert. Siehe Helene Sonntag, Rückblick auf die Entstehungsgeschichte des Bundesministeriums der Justiz, in: *Der Geist der Rosenburg*, S. 38.
58 Geiger, Begegnungen mit Thomas Dehler, S. 96.
59 Wengst, *Thomas Dehler 1897–1967*, S. 95 ff.
60 Zu Geigers Biographie vgl. S. 291 ff.
61 Utz, *Preuße, Protestant, Pragmatiker*, S. 67.
62 Ebd., S. 68 f.
63 Vgl. Staatssekretär Dr. Walter Strauß, Vorwort – Der Länderrat und seine Bedeutung während des Interregnums 1945–1949, in: Lia Härtel, *Der Länderrat des amerikanischen Besatzungsgebietes*, hrsg. im Auftrag der Ministerpräsidenten von Bayern, Hessen, Württemberg-Baden und des Präsidenten des Senats der Freien Hansestadt Bremen vom Direktorium des Länderrats, Stuttgart und Köln 1951. S. VII–XXV. Siehe auch Tilman Pünder,

Das bizonale Interregnum. Die Geschichte des Vereinigten Wirtschaftsgebiets 1946–1949. Mit einem Vorwort von Prof. Dr. Ludwig Erhard und einer Einführung von Dr. Hermann Pünder, Waiblingen 1966, S. 40–43.

64 Utz, *Preuße, Protestant, Pragmatiker*, S. 75.

65 Gedanken über die Aufgaben und Möglichkeiten der Zweizonen-Wirtschaftsverwaltung. Vervielfältigte Durchschrift, 12. August 1947. Abgedr. unter der Überschrift «Denkschrift des hessischen Staatssekretärs Dr. Walter Strauß vom 12. 8. 1947 über die allgemeine Entwicklung seit der Kapitulation sowie über Organisation und Aufgaben der bizonalen Wirtschaftsverwaltung» in: Walter Vogel, *Westdeutschland 1945–1950. Der Aufbau von Verfassungs- und Verwaltungseinrichtungen über den Ländern der drei westlichen Besatzungszonen*, Teil II (= Schriftenreihe des Bundesarchivs, Bd. 12), Boppard am Rhein 1964, S. 397–411, hier bes. S. 400.

66 Betriebsversammlung in Melitta am 17. 10. 1947 (Abschrift), in: IfZArch, ED 94 Bestand Staatssekretär Dr. Walter Strauß, Bd. 57, S. 2. Entsprechend dieser Haltung teilte er der hessischen CDU, die ihm – offenbar in der Erwartung, dass er als CDU-Mitglied auch vorrangig CDU-Mitglieder einstellen werde – eine Bewerberliste für die Bizonenverwaltung übersandt hatte, am 1. Dezember schroff mit, die Zugehörigkeit oder Nichtzugehörigkeit zu einer bestimmten Partei könne ihm «niemals Veranlassung geben, einen Bewerber zu bevorzugen oder aber abzulehnen». Siehe Walter Strauß an das Hessische Landessekretariat der CDU, 1. Dezember 1947, in: IfZArch, ED 94 Bestand Staatssekretär Dr. Walter Strauß, Bd. 59.

67 Walter Strauß an Hans Petri, 5. Oktober 1947, in: IfZArch, ED 94 Bestand Staatssekretär Dr. Walter Strauß, Bd. 59.

68 Protokoll der Zentralabteilung vom 4. November 1947 über die Besprechung vom 3. November 1947, 11.30 h, in: IfZArch, ED 94 Bestand Staatssekretär Dr. Walter Strauß, Bd. 364.

69 Ebd.

70 Walter Strauß, Die Personalpolitik in den Bundesministerien zu Beginn der Bundesrepublik Deutschland, in: Dieter Blumenwitz u. a. (Hrsg.), *Konrad Adenauer und seine Zeit. Politik und Persönlichkeit des ersten Bundeskanzlers. Beiträge von Weg- und Zeitgenossen*, Stuttgart 1976, S. 275–282, hier S. 279.

71 Walter Strauß an Hans Quassowski, 3. März 1948, in: IfZArch, ED 94 Bestand Staatssekretär Dr. Walter Strauß, Bd. 59.

72 Gesetz über das Rechtsamt des Vereinigten Wirtschaftsgebiets vom 20. Juli 1948, WiBl. 1948, S. 77. Utz, *Preuße, Protestant, Pragmatiker*, S. 126.

73 Zur Zusammenarbeit mit Strauß vgl. Hermann Pünder, *Von Preußen nach Europa. Lebenserinnerungen*, Stuttgart 1968, S. 335.

74 Walter Strauß, Tätigkeitsbericht vom 29. Dezember 1948, in: IfZArch, ED 94 Bestand Staatssekretär Dr. Walter Strauß, Bd. 73.

75 Siehe hierzu die Personalakte Henning von Arnims in: BMJ PA Arnim, P 11 – A 3.

76 Vgl. hierzu die Personalakte von Carl Friedrich Ophüls, in: BMJ PA Ophüls, P 11 – O 1.

77 Zu Kurt Haertel siehe dessen Personalakte in: BMJ PA Haertel, P 51 – H 110.

78 Vgl. hierzu Pünder, *Das bizonale Interregnum*, S. 162–164. Siehe auch Utz, *Preuße, Protestant, Pragmatiker*, S. 141–144.

79 Nähere Angaben zu Rudolf Harmening in: BArch Z 11/376. Ursprünglich Regierungsrat und später Oberregierungsrat im Reichsjustizministerium, war Harmening seit 1933 im Reichsernährungsministerium tätig gewesen, wo er 1934 zum Ministerialdirektor befördert wurde. Zeitgleich war er Vizepräsident des Reichserbhofgerichts. Ab Mai 1947 wurde er im ZJA in Hamburg beschäftigt, wo er sich mit Wirtschaftsrecht befasste. Im Entnazifizierungsverfahren zunächst in Kategorie III als Belasteter eingestuft (20. 2. 1948 in Hamburg), erreichte er allerdings im Berufungsverfahren die Feststellung seiner Entlastung (Kategorie V, 14. 4. 1948).

80 Siehe S. 58 ff.

81 Protokoll einer Sitzung des Wirtschaftsrats, undatiert, in: IfZArch, ED 94 Bestand Staatssekretär Dr. Walter Strauß, Bd. 73.

82 Günther Joël war der Sohn des langjährigen Staatssekretärs im Reichsjustizministerium

und Reichsjustizministers von 1930 bis 1932, Curt Joël, und ist nicht zu verwechseln mit Karl Günther Joël, der als Ministerialrat im RJM von 1933 bis 1943 unter anderem mit den Nacht- und Nebel-Aktionen betraut war und im Nürnberger Juristenprozess 1947 zu zehn Jahren Haft verurteilt wurde.

83 So die Einschätzung von Utz, *Preuße, Protestant, Pragmatiker*, S. 181.
84 Zu Höpker-Aschoff, dem späteren ersten Präsidenten des Bundesverfassungsgerichts, vgl. S. 296.
85 Wengst, *Thomas Dehler 1897–1967*, S. 123 f.
86 Zit. nach: Utz, *Preuße, Protestant, Pragmatiker*, S. 240.
87 Wengst, *Thomas Dehler 1897–1967*, S. 124.
88 Stenographischer Bericht über die Verhandlungen des Bayerischen Landtags, IV. Band, 110. Sitzung, 19./20. Mai 1949, S. 105.
89 Ebd.
90 Peter Jakob Kock, *Der Bayerische Landtag. Eine Chronik*, 5., akt. Aufl., München 2006, S. 60.
91 Herbert Ruscheweyh an Thomas Dehler, 21. September 1949, in: ADL, N 1-965; Wengst, *Thomas Dehler 1897–1967*, S. 137.
92 Utz, *Preuße, Protestant, Pragmatiker*, S. 244.
93 Ebd., S. 277. So hieß es bis 1968 in Art. 95 Abs. 3 GG, über die Berufung der Richter des Obersten Bundesgerichts entscheide der Bundesjustizminister gemeinsam mit einem Richterwahlausschuss, der aus den Landesjustizministern und einer gleichen Anzahl von Mitgliedern besteht, die vom Bundestag gewählt werden. Auf die Richter der oberen Bundesgerichte fand Art. 95 Abs. 3 mit der Maßgabe Anwendung, dass an die Stelle des Bundesjustizministers und der Landesjustizminister die für das jeweilige Sachgebiet zuständigen Minister traten.
94 Reiner Pommerin, Die Mitglieder des Parlamentarischen Rates. Porträtskizzen des britischen Verbindungsoffiziers Chaput de Saintonge, in: *Vierteljahrshefte für Zeitgeschichte*, 1988, H. 3, S. 557–588, hier S. 584. Vgl. hierzu auch Walter Strauß, Aus der Entstehungsgeschichte des Grundgesetzes, in: Carsten Peter Claussen (Hrsg.), *Neue Perspektiven aus Wirtschaft und Recht. Festschrift für Hans Schäffer zum 80. Geburtstag am 11. April 1966*, Berlin 1966, S. 343–365.
95 Franz Alt, Schon Adenauer brauchte Strauß, in: *Der Spiegel*, Nr. 36, 1979, S. 38.
96 Thomas Dehler an Fritz Stiller, 22. August 1949, in: ADL, N 1-974; Wengst, *Thomas Dehler 1897–1967*, S. 138.
97 Zit. nach: Udo Wengst, *Auftakt zur Ära Adenauer. Koalitionsverhandlungen und Regierungsbildung 1949*, Düsseldorf 1985, S. 40, Anm. 41.
98 Siehe hierzu vor allem Ingo Nathusius, *Am rechten Rand der Union. Der Weg der Deutschen Partei bis 1953*, Mainz 1992. Vgl. auch Hermann Meyn, *Die Deutsche Partei. Entwicklung und Problematik einer national-konservativen Rechtspartei nach 1945*, Düsseldorf 1965, sowie Deutsche Partei (Hrsg.), *Heinrich Hellwege 1908–1958. Reden und Schriften. Festschrift zum 50. Geburtstag Heinrich Hellweges*, Braunschweig 1958.
99 Peter Koch, *Konrad Adenauer. Eine politische Biographie*, Reinbek 1985, S. 233 f.
100 Hans-Peter Schwarz, *Die Ära Adenauer. Gründerjahre der Republik 1949–1957*. Mit einem einleitenden Essay von Theodor Eschenburg, Stuttgart und Wiesbaden 1981, S. 37.
101 Thomas Dehler an W. M. Guggenheimer, 15. September 1949, in: ADL, N 1-33.
102 Geiger, Begegnungen mit Thomas Dehler, S. 98 f.
103 Walter Strauß an Thomas Dehler, 19. September 1949, in: ADL, N 1-1702.
104 Anlage 1 zum Protokoll der 9. Sitzung am 9. 1. 1950 des Ausschusses für Rechtswesen und Verfassungsrecht, in: Deutscher Bundestag, 23. Ausschuss, Kurzprotokoll der 9. Sitzung des Ausschusses für Rechtswesen und Verfassungsrecht am 9. Januar 1950 (DB 337-1.50), S. 1.
105 Ebd., S. 12.
106 Ebd.
107 Bericht über die Arbeit des Bundesjustizministeriums vom 21. September 1949 bis zum 31. August 1950, Bonn, 31. August 1950, in: IfZArch, ED 94 Bestand Staatssekretär Dr. Walter Strauß, Bd. 155, S. 1.

108 Anlage 1 zum Protokoll der 9. Sitzung des Ausschusses für Rechtswesen und Verfassungsrecht, 9. Januar 1950, in: IfZArch, ED 94 Bestand Staatssekretär Dr. Walter Strauß, Bd. 155, S. 1.
109 Ebd., S. 4.
110 Ebd., S. 2.
111 Ebd., S. 6 f.
112 Vgl. Karlmann Geiß u. a. (Hrsg.), *Festschrift aus Anlaß des fünfzigjährigen Bestehens von Bundesgerichtshof, Bundesanwaltschaft und Rechtsanwaltschaft beim Bundesgerichtshof*, Köln 2000.
113 Die Zustimmung erfolgte mit dem Gesetz über den Sitz des Bundesverfassungsgerichts vom 4. Mai 1951, BGBl. I 1951, S. 288. Vgl. hierzu ausführlich Heinz Laufer, *Verfassungsgerichtsbarkeit und politischer Prozess. Studien zum Bundesverfassungsgericht der Bundesrepublik Deutschland*, Tübingen 1968, S. 137 ff. Vgl. ebenfalls Wengst, *Thomas Dehler 1897–1967*, S. 144 ff. Zum Bundesverfassungsgericht vgl. Rolf Lamprecht, *Ich gehe bis nach Karlsruhe. Eine Geschichte des Bundesverfassungsgerichts*, München und Hamburg 2011; sowie Jutta Limbach (Hrsg.), *Das Bundesverfassungsgericht. Geschichte – Aufgabe – Rechtsprechung*, Heidelberg 2000. Siehe auch Jutta Limbach, *Das Bundesverfassungsgericht*, München 2001.
114 Willi Geiger, Begegnungen mit Thomas Dehler, S. 94 ff.; Wengst, *Thomas Dehler 1897–1967*, S. 60. Die Personalakte Geigers im Bundesarchiv weist ihn erstmals 1936 als Assessor in Bamberg aus. Siehe Personalbogen, in: BArch ZB II 1687 A. 15. Zu Geigers Biographie siehe S. 291 ff.
115 Wengst, *Thoms Dehler 1897–1967*, S. 99.
116 Thomas Dehler, Note vom 29. September 1950 an Georg Petersen: «Ich bitte, Herrn Kollegen Dr. Willi Geiger dem Richterwahlausschuss von uns aus in Vorschlag zu bringen.» In: ADL, Bestand Thomas Dehler, N1–2212.
117 Thomas Dehler, Note an Walter Strauß, 26. August 1950, in: ADL, Bestand Thomas Dehler, N1–2212.
118 BMJ PA Elsenheimer, P 11 – E 16, mit Beiakte Bayer. StMdJ. Die enge Beziehung der beiden wird dadurch belegt, dass Elsenheimers Tochter Carla den Vater von Hans Winners betreute.
119 Thomas Dehler, Schreiben an den Bundesminister für besondere Aufgaben, Ludger Westrick, Bundeskanzleramt, 22. Juni 1964, in: BMJ PA Winners, P11 – W19, Bd. 1, Bl. 104.
120 Aufbau des BMJ unter Gesichtspunkt der Konfession, Stand 21.03.1953, in: ADL, Bestand Thomas Dehler, N1–2209.
121 Siehe unten S. 270 ff. Vgl. auch Daniel Herbe, *Hermann Weinkauff (1894–1981). Der erste Präsident des Bundesgerichtshofs* (= Beiträge zur Rechtsgeschichte des 20. Jahrhunderts, Bd. 55), Tübingen 2008.
122 Ertl, Thomas Dehler – ein fränkischer Liberaler, S. 40.
123 Das ist nicht Vati, in: *Der Spiegel*, 19. August 1953, S. 11.
124 Hans Thier, Die Anfänge der Rosenburg aus der Perspektive eines Flohs, in: *Der Geist der Rosenburg*, S. 206
125 Alfred Steinert, Erinnerungen 1949–1953, in: Ebd., S. 194.
126 Thier, Die Anfänge der Rosenburg aus der Perspektive eines Flohs, S. 209.
127 Eduard Dreher, Erinnerungen an die Frühzeit des Bundesjustizministeriums, in: *Der Geist der Rosenburg*, S. 23.
128 Geiger, Begegnungen mit Thomas Dehler, S. 99.
129 Wengst, *Thomas Dehler 1897–1967*, S. 141.
130 Protokoll der Sitzung der FDP-Bundestagsfraktion, 26. Oktober 1949, in: ADL, N 37–11.
131 Dreher, Erinnerungen an die Frühzeit des Bundesjustizministeriums, in: *Der Geist der Rosenburg*, S. 23.
132 Wengst, *Thomas Dehler 1897–1967*, S. 141.
133 Thomas Dehler an Konrad Adenauer, 4. März 1950, Stiftung Bundeskanzler-Adenauer-Haus, Bestand III/21; Wengst, *Thomas Dehler 1897–1967*, S. 141 f.
134 Geiger, Begegnungen mit Thomas Dehler, S. 100.
135 Art. 133 GG lautet: «Der Bund tritt in die Rechte und Pflichten der Verwaltung des Ver-

einigten Wirtschaftsgebietes ein.» Literatur zum Thema der Übernahme von Zonenpersonal in das BMJ gibt es bislang nicht. Udo Wengst hat in seiner Studie zum Staatsaufbau der Bundesrepublik aber den Rahmen für den Umgang mit dem Personal der Zonenbehörden und den Aufbau der Bundesministerien benannt. Siehe Udo Wengst, *Staatsaufbau und Regierungspraxis 1948–1953. Zur Geschichte der Verfassungsorgane der Bundesrepublik Deutschland* (= Beiträge zur Geschichte des Parlamentarismus und der politischen Parteien, Bd. 74), Düsseldorf 1984.
136 Wengst, Staatsaufbau, S. 135.
137 Strauß, Die Personalpolitik in den Bundesministerien zu Beginn der Bundesrepublik Deutschland, S. 276.
138 2. Kabinettssitzung am 20. September 1949 TOP 3 (Kabinettsprotokolle der Bundesregierung online). Vgl. auch Wengst, Staatsaufbau, S. 138.
139 2. Kabinettssitzung am 20. September 1949 TOP 3 (Kabinettsprotokolle der Bundesregierung online).
140 Wengst, Staatsaufbau, S. 177.
141 Ebd., S. 138.
142 19. Kabinettssitzung am 4. November 1949 TOP B (Kabinettsprotokolle der Bundesregierung online).
143 Ebd. Vgl. Wengst, Staatsaufbau, S. 140.
144 Bericht von Dr. Kriege, Dr. Globke, Dr. Keßler vom 19. 1. 1949, in: BArch B 136/4676, Vgl. auch Wengst, Staatsaufbau, S. 140 f.
145 BMdI an den StS des Innern im BKAmt vom 16. 11. 1950 betr. Verwendung der Beamten des Personalamts der früheren Verwaltung des Vereinigten Wirtschaftsgebietes, in: BArch B 141/826, Bl. 114.
146 Ebd.
147 Winners an den AL IV vom 23. 11. 1950, in: BArch B 141/826, Bl. 88.
148 Gutachterliche Äußerung zu der von Herrn Dr. Winners im Schreiben vom 23.11.50 aufgeworfenen Frage der Verpflichtung des Bundes zur Übernahme von Beamten des Vereinigten Wirtschaftsgebiets (§ 22 des Beamtenrechtsänderungsgesetzes), in: BArch B 141/826, Bl. 91–94.
149 RGBl. I 1933, S. 433. § 22 enthält eine Vorschrift über den Übergang einer Körperschaft des öffentlichen Rechts in eine andere Körperschaft und legt fest, dass die Beamten in ihrem jeweiligen Status in die neue Körperschaft übergehen.
150 Gutachterliche Äußerung zu der von Herrn Dr. Winners im Schreiben vom 23.11.50 aufgeworfenen Frage der Verpflichtung des Bundes zur Übernahme von Beamten des Vereinigten Wirtschaftsgebiets (§ 22 des Beamtenrechtsänderungsgesetzes), in: BArch B 141/826, Bl. 93–94.
151 Vermerk Dr. Geigers vom 27. 1. 1951 betr. Verpflichtung des Bundes zur Übernahme von Beamten des Vereinigten Wirtschaftsgebietes, in: BArch B 141/826, Bl. 95–98.
152 Dehler an den BMdI und den BMdF vom 27. 2. 1951 betr. die Rechtsverhältnisse der Beamten des Vereinigten Wirtschaftsgebiets, in: BArch B 141/826, Bl. 100–107. In der Akte B 141/826 (Bl. 109) ist zudem eine handschriftliche Äußerung von StS Strauß auf einer Notiz vom 5. 3. 1951 überliefert: «Die Ausführungen des Gutachtens sind mit Inhalt & Zweck von Art. 132 Abs. 1 & Art. 133 GG sowie mit den Grundsätzen des deutschen Beamtenrechts unvereinbar und dürften m.E. vom BM. d. Inneren niemals gebilligt werden.» Es ist unklar, auf welches Gutachten sich diese Äußerung von Strauß bezieht. Wegen der zeitlichen Nähe könnte es sich um den von Geiger gezeichneten Vermerk vom 27. 1. 1951 oder auch um das Schreiben Dehlers vom 27. 2. 1951 handeln.
153 Steinert, Erinnerungen 1949–1953, in: *Der Geist der Rosenburg*, S. 180 f.
154 Strauß, Die Personalpolitik in den Bundesministerien zu Beginn der Bundesrepublik Deutschland, S. 276.
155 Ebd., S. 277.
156 Walter Strauß an Hans Schäffer, 23. September 1949, in: NL Walter Strauß, Bd. 365.
157 «Verzeichnis der Angehörigen der früheren Verwaltung des Vereinigten Wirtschaftsgebietes im höheren Dienst, die jetzt im BMJ tätig sind», in: BArch B 141/826, Bl. 127. Das Verzeichnis war einem von Dr. Winners gezeichneten Schreiben an das Personalamt

der Verwaltung des Vereinigten Wirtschaftsgebiets vom 16. Mai 1951 als Anlage beigegeben.
158 Schreiben vom Personalamt der Verwaltung des Vereinigten Wirtschaftsgebietes an sämtliche Oberste Bundesbehörden vom 2. April 1951 betr. Auskünfte des Document Center, in: BArch B 141/826, Bl. 123.
159 Karl-Heinz Biederbick und Wolf Recktenwald, *Das Bundesministerium der Justiz* (= Ämter und Organisationen der Bundesrepublik Deutschland, Bd. 13), Frankfurt am Main u. a. 1967, S. 17.
160 P 94 Sammelakte, Zentral-Justizamt für die Britische Zone – Abwicklungsstelle an das Bundesjustizministerium, 16. Mai 1950, in: BArch B 141/105071.
161 P 94 – St 1 Wilhelm Stelzer, Herrn Amtsrat Wilhelm Stelzer im Hause, in: BArch B 141/105072. Vgl. hierzu auch Sonntag, Rückblick in die Entstehungsgeschichte des Bundesministeriums der Justiz, in: *Der Geist der Rosenburg*, S. 39 f.
162 Alfred Steinert, Erinnerungen 1949–1953, in: *Der Geist der Rosenburg*, S. 71.
163 Ebd., S. 70.
164 Vgl. P 94 F 4 Heinrich Faclamm; in: BArch B 141/105071; P 94 – Sch 1 – Schierholt, in: BArch B 141/105072, Blatt 63; sowie P 94 T 1 – Tinkler, in: BArch B 141/195972.
165 Heinrich von Spreckelsen, Das Anfangsjahr im Bundesministerium der Justiz, in: *Der Geist der Rosenburg*, S. 68.
166 Lothar Gruchmann, *Justiz im Dritten Reich 1933–1940. Anpassung und Unterwerfung in der Ära Gürtner*, 3. Aufl., München 2001, S. 276.
167 Vgl. Joachim Lilla, *Staatsminister, leitende Verwaltungsbeamte und (NS-) Funktionsträger in Bayern 1918 bis 1945*, in: Bayerische Landesbibliothek Online.
168 Ansprache des scheidenden Staatssekretärs Strauß, o. D., in: IfZArch, ED 94 Bestand Staatssekretär Dr. Walter Strauß, Bd. 377.
169 Wilhelm Stuckart und Hans Josef Maria Globke, *Kommentare zur deutschen Rassengesetzgebung. Bd. 1. Reichsbürgergesetz vom 15. September 1935. Gesetz zum Schutze des deutschen Blutes und der deutschen Ehre vom 15. September 1935. Gesetz zum Schutze der Erbgesundheit des deutschen Volkes (Ehegesundheitsgesetz) vom 18. Oktober 1935. Nebst allen Ausführungsvorschriften und den einschlägigen Gesetzen und Verordnungen*, München 1936. – Ursprünglich sollten Stuckart und Globke den Kommentar gemeinsam verfassen. Aufgrund einer Erkrankung Stuckarts musste Globke die Arbeit jedoch allein bewältigen, so dass Stuckart nur die Einleitung beisteuerte. Siehe hierzu Lommatzsch, *Hans Globke*, S. 47. Vgl. auch Cornelia Essner, *Die «Nürnberger Gesetze» oder Die Verwaltung des Rassenwahns 1933–1945*, Paderborn 2002.
170 Vgl. hierzu ausführlich Michael Wagner-Kern, *Staat und Namensänderung. Die öffentlich-rechtliche Namensänderung in Deutschland im 19. und 20. Jahrhundert* (= Beiträge zur Rechtsgeschichte des 20. Jahrhunderts, Bd. 35), Tübingen 2002, S. 214 ff.
171 Lommatzsch, *Hans Globke*, S. 107.
172 Vgl. Lommatzsch, *Hans Globke*, S. 163.
173 Bevers, *Der Mann hinter Adenauer*, S. 105.
174 Vgl. Lommatzsch, *Hans Globke*, S. 373. Konrad Kardinal von Preying, Bischof von Berlin, Erklärung, 18. Januar 1946, Anlage zum Fragebogen des Military Government of Germany, 17. Juli 1947, in: Hessisches Staatsarchiv Darmstadt (HStAD), NW 1079–5476; Jakob Kaiser, Eidesstattliche Erklärung, 31. Dezember 1945, Anlage zum Fragebogen des Military Government of Germany, 17. Juli 1947, in: HStAD, NW 1079–5476; Otto Lenz, Eidesstattliche Erklärung, 3. Januar 1946, Anlage zum Fragebogen des Military Government of Germany, 17. Juli 1947, in: HStAD, NW 1079–5476.
175 Zwischenzeitlich hatte sich auch Finanzminister Fritz Schäffer um Globke als Staatssekretär bemüht. Doch Globke entschied sich für das Kanzleramt.
176 Gerd Bucerius, Was ist mit den Nazis in Bonn?, in: *Die Zeit*, 29. Januar 1960.
177 Arnulf Baring, *Außenpolitik in Adenauers Kanzlerdemokratie. Bonns Beitrag zur Europäischen Verteidigungsgemeinschaft* (= Schriften des Forschungsinstituts der Deutschen Gesellschaft für Auswärtige Politik, Bd. 28), München und Wien 1969, S. 5.
178 Konrad Adenauer an Jakob Kaiser, 9. Oktober 1949, in: ACDP, NL Hans Globke, 01-070-052/3.

179 Wengst, *Staatsaufbau*, S. 144.
180 Im Oktober 1949 hatte der Bundeskanzler sogar noch gefordert, das Kabinett müsse die Stellenbesetzung bis hinunter zum Oberregierungsrat beraten, was zum einen wegen der Frage des Nachwuchses, zum anderen wegen der Übernahme der Angehörigen der bizonalen Verwaltungen nötig sei. Siehe dazu 11. Kabinettssitzung am 11. Oktober 1949 TOP 5d (Kabinettsprotokolle der Bundesregierung online).
181 Karl Gumbel, Hans Globke. Anfänge und erste Jahre im Bundeskanzleramt, in: Klaus Gotto (Hrsg.), *Der Staatssekretär Adenauers. Persönlichkeit und politisches Wirken Hans Globkes* (Veröffentlichung der Konrad-Adenauer-Stiftung, Archiv für Christlich-Demokratische Politik). Stuttgart 1980, S. 80.
182 Vermerk Reinhold Mercker, 22. Mai 1958, in: ACDP, NL Reinhold Mercker, 01-274-001/2.
183 *Der Spiegel*, Nr. 24, 1966.
184 Zur Charakterisierung der Person von Otto Lenz vgl. Baring, *Außenpolitik in Adenauers Kanzlerdemokratie*, S. 8 ff.
185 Gumbel, Hans Globke, S. 73.
186 Konrad Adenauer, *Erinnerungen 1955–1959*, Stuttgart 1967, S. 497.
187 Strauß, Die Personalpolitik in den Bundesministerien zu Beginn der Bundesrepublik Deutschland, S. 282. Gespräch d. Verf. mit Werner Globke, dem Sohn von Hans Globke, 15. März 2016.
188 Gumbel, Hans Globke, S. 94.
189 Ebd., S. 95.
190 Ebd.
191 *Hamburger Abendblatt*, 13. April 1963. Die Zeitung nennt 1949 als Startpunkt der Runde, während das Nachrichtenmagazin «Der Spiegel» davon spricht, die Runde habe sich erst in den 1950er Jahren formiert. Vgl. *Der Spiegel*, Nr. 24, 1966.
192 Franz Thedieck, Hans Globke und die «Gewerkschaft der Staatssekretäre», in: Klaus Gotto (Hrsg.), *Der Staatssekretär Adenauers. Persönlichkeit und politisches Wirken Hans Globkes* (Veröffentlichung der Konrad-Adenauer-Stiftung, Archiv für Christlich-Demokratische Politik). Stuttgart 1980, S. 144–159.
193 Thedieck, Hans Globke, S. 150 f.
194 Wengst, *Thomas Dehler 1897–1967*, S. 95.
195 Thomas Dehler, Stellungnahme zu dem Gesetz über die Säuberung von Nationalsozialismus und Militarismus, 12. März 1946, in: ADL, N 1-343. Siehe auch Wengst, *Thomas Dehler 1897–1967*, S. 87.
196 «Verfehlte Polemik», in: *Die Neue Zeitung*, 5. September 1950. Zit. nach: Ebd., S. 197.
197 Zit. nach: Ebd., S. 82 f.
198 Vorschlagsliste zur Besetzung des Oberlandesgerichts Bamberg und Liste mit Richtern des OLG-Bezirks Bamberg, in: ADL, Bestand Dehler, N1-456, S. 40-44.
199 Zit. nach: Niethammer, *Die Mitläuferfabrik*, S. 427 ff. Vgl. hierzu auch Protokoll der Besprechung des bayerischen Justizministers mit den Oberlandesgerichtspräsidenten vom 29. November 1948, in: ADL, Bestand Thomas Dehler, N1-456, S. 3. Dehler erklärte dort wörtlich: «Bei der Beurteilung der politischen Persönlichkeit dürfen wir uns nicht auf den Inhalt der Spruchkammerakten verlassen. Man kann sich bei anderen Richtern Rat erholen. In allen Fällen, in denen ich ungünstige Urteile erhalten und berichtet habe, bekam ich später von den betreffenden Beamten schwere Vorwürfe, weil ich ein Todesurteil über sie spräche. Wir nehmen eine zusätzliche Entnazifizierung vor, weil die allgemeine versagt hat. Aber wir sind in der Gefahr, dabei ebenfalls Schiffbruch zu erleiden.»
200 Handschriftlicher Zettel, o. Verf., undatiert, in: ADL, Bestand Thomas Dehler, N1-3059. Vgl. hierzu unten S. 306 ff.
201 Schreiben an RA Wiedner vom 11. 10. 1950, in: ADL, Bestand Thomas Dehler, N1-1046.
202 Thomas Dehler an Bundestagsvizepräsident Hermann Schäfer (FDP), 14. Oktober 1950, in: ADL, Bestand Thomas Dehler, N1-1049.
203 Der Staatssekretär des Innern im Bundeskanzleramt an sämtliche Bundesminister (gez. Dr. Globke), 8. Mai 1950, in: BArch B 136/5116.
204 Der BMdJ an den Staatssekretär des Innern im Bundeskanzleramt, 20. Mai 1950, mit

einer Übersicht zum Rundschreiben des Staatssekretärs des Innern im Bundeskanzleramt vom 8. 5. 1950 - BK 1741/50 mit Stand vom 15. 5. 1950, in: BArch B 136/5116.
205 Ebd. Im mittleren Dienst waren hingegen kaum ehemalige Parteimitglieder zu finden, unter den Mitarbeitern im einfachen Dienst gab es kein einziges ehemaliges NSDAP-Mitglied. Zur detaillierten Auswertung der personellen Zusammensetzung vgl. Teil II, Kapitel I, S. 260 ff.
206 Zusammenstellung [des Bundeskanzleramts] der Mitglieder der früheren NSDAP für alle Ministerien, in: BArch B 136/5116.
207 Der BMdI an den Bundeskanzler, 25. August 1950, in: BArch B 136/5130.
208 BArch B 126/10739 und Bundeskanzleramt, Kabinettskorrespondenz 1949-1963.
209 93. Kabinettssitzung am 31. August 1950 TOP 15: Besetzung von Abteilungsleiterstellen in den obersten Bundesbehörden mit früheren Mitgliedern der NSDAP, in: Kabinettsprotokolle der Bundesregierung online.
210 Ebd.
211 Vermerk (Gumbel) für die 93. Kabinettssitzung am 31. 8. 1950, 29. August 1950, in: BArch B 136/5130.
212 Ebd.
213 Der BMdI an sämtliche Bundesminister vom 20. 12. 1950 betr. Ernennung von Beamten des höheren Dienstes der obersten Bundesbehörden, hier: Besetzung von Abteilungsleiterstellen usw. in den obersten Bundesbehörden mit früheren Mitgliedern der NSDAP, in: BArch B 136/5130.
214 115. Kabinettssitzung am 6. Dezember 1950 TOP 16, in: Kabinettsprotokolle der Bundesregierung online.
215 Der BMdI an den Staatssekretär des Innern im Bundeskanzleramt vom 21. 12. 1950 betr. Ernennung von Beamten des höheren Dienstes der obersten Bundesbehörden, hier: Beförderung von Mitgliedern der früheren NSDAP, in: BArch B 136/5130.
216 Vermerk für die Kabinettssitzung betr. Ernennungen von Beamten des höheren Dienstes der obersten Bundesbehörden, hier: Beförderung von Mitgliedern der früheren NSDAP (gez. Platz), 15. Januar 1951, in: BArch B 136/5130.
217 Nachtrag vom 18. 1. 1951 zum Vermerk für die Kabinettssitzung betr. Ernennung von Beamten des höheren Dienstes der obersten Bundesbehörden, hier: Beförderung von Mitgliedern der früheren NSDAP (gez. Platz), in: BArch B 136/5130.
218 Der Staatssekretär im BMI an MD Dr. Globke vom 19. 2. 1951 mit Anlage «Betrifft: Prüfung der Ernennungen von Beamten des höheren Dienstes in den obersten Bundesbehörden gemäß Kabinettsbeschluß vom 4. 7. 1950», in: BArch B 136/5130.
219 Ebd.
220 136. Kabinettssitzung am 16. März 1951 TOP 4, in: Kabinettsprotokolle der Bundesregierung online.
221 Ebd.
222 RGBl. I 1936, S. 89.
223 Der BMdJ an den Staatssekretär des Innern im Bundeskanzleramt vom 5. 6. 1950 betr. Ernennung von Beamten des höheren Dienstes, in: BArch B 136/5130.
224 So die genaue Bezeichnung in den Anfangsjahren des BMJ. Die Bezeichnung wechselte später wiederholt, ebenso wie die Zuordnung innerhalb der Abteilung Z, die zwischen Z 2, Z 3 und Z 4 schwankte.
225 Siehe vor allem S. 97 u. 109.
226 Note Dehler an Strauß, 26. August 1950, in: ADL, N1-2212.
227 Minister Dehler an StS Konrad vom 27. 7. 1950, in: BMJ PA Winners, P 11 - W 19, Beiakte OLG Bamberg, Bl. 125 f.
228 Diese Aussage geht aus der Begründung der Spruchkammer hervor. Siehe dazu: Die Spruchkammer III Bamberg-Stadt, Spruch im schriftlichen Verfahren, 31. 5. 1947 (Abschrift), in: BMJ PA Winners, P 11 - W 19, Beiakte OLG Bamberg, Aktenheft [zu Bl. 120] betr. Gesuch des Amtsgerichtsrats Dr. Hans Winners, Bamberg um Wiederverwendung.
229 Gutachten des Vorprüfungsausschusses bei dem Landgericht Bamberg vom 28. 6. 1946, Az. 3/46 (Abschrift, in: BMJ PA Winners, P 11 - W 19, Beiakte OLG Bamberg, Aktenheft

[zu Bl. 120] betr. Gesuch des Amtsgerichtsrats Dr. Hans Winners, Bamberg um Wiederverwendung. – Das Gutachten ist gezeichnet von Oberlandesgerichtsrat Wehrl, Oberamtsrichter Sauter und Rechtsanwalt Wehrl.
230 Ergänzungs-Fragebogen für Richter, Staatsanwälte, Notare und Rechtsanwälte o. D., aber mit Eintragungen von Winners, in: BMJ PA Winners, P 11 – W 19, Beiakte OLG Bamberg, Aktenheft [zu Bl. 120] betr. Gesuch des Amtsgerichtsrats Dr. Hans Winners, Bamberg um Wiederverwendung.
231 Die Spruchkammer III Bamberg-Stadt: Spruch im schriftlichen Verfahren, 31. 5. 1947 (Abschrift), in: BMJ PA Winners, P 11 – W 19, Beiakte OLG Bamberg, Aktenheft [zu Bl. 120] betr. Gesuch des Amtsgerichtsrats Dr. Hans Winners, Bamberg um Wiederverwendung. Siehe auch Gutachten des Vorprüfungsausschusses bei dem Landgericht Bamberg vom 28. 6. 1946, Az. 3/46 (Abschrift), in: BMJ PA Winners, P 11 – W 19, Beiakte OLG Bamberg, Aktenheft [zu Bl. 120] betr. Gesuch des Amtsgerichtsrats Dr. Hans Winners, Bamberg, um Wiederverwendung.
232 Ebd.
233 Beurteilung über Winners, undatiert, in: BMJ PA Winners, P 11 – W 19, Beiakte OLG Bamberg, Blattsammlung «Dienstliche Beurteilung».
234 Zu Spalte 17, gez. Der Oberstaatsanwalt, i. V. Erster Staatsanwalt, Bamberg, 26. 4. 1941, in: BMJ PA Winners, P 11 – W 19, Beiakte OLG Bamberg, Bl. 69.
235 Vorschlag zu Spalte 17 der Personal- und Befähigungsnachweisung, gez. Der OStA Bamberg vom 2. 12. 1942, in: BMJ PA Winners, P 11 – W 19, Beiakte OLG Bamberg, Blattsammlung «Dienstliche Beurteilung». Vgl. auch Dienstliche Beurteilung für den GAss Dr. Hans Winners der Staatsanwaltschaft b. LG Würzburg vom 18. 3. 1943, gez. der OStA, i.V. StA, in: BMJ PA Winners, P 11 – W 19, Beiakte OLG Bamberg, Blattsammlung «Dienstliche Beurteilung».
236 Die Spruchkammer III Bamberg-Stadt: Spruch im schriftlichen Verfahren, 31. 5. 1947 (Abschrift), in: BMJ PA Winners, P 11 – W 19, Beiakte OLG Bamberg, Aktenheft [zu Bl. 120] betr. Gesuch des Amtsgerichtsrats Dr. Hans Winners, Bamberg um Wiederverwendung.
237 Der Reichsminister der Justiz an den Leiter der Partei-Kanzlei in München vom 11. 10. 1943 (Durchschlag), in: BMJ PA Winners, P 11 – W 19, Beiakte RJM, Bl. 39 (VS+RS). NSDAP-Partei-Kanzlei an den Reichsminister der Justiz vom 3. 11. 1943 betr. Ernennungen (auszugsweise Abschrift), in: BMJ PA Winners, P 11 – W 19, Beiakte RJM, Bl. 40.
238 Der Reichsminister der Justiz an den Amtsgerichtsrat Dr. Hans Winners vom 7. 1. 1944, in: BMJ PA Winners, P 11 – W 19, Beiakte RJM, Bl. 42.
239 Winners an das Bayerische Staatsministerium der Justiz vom 29. 8. 1947 betr. Wiederbeschäftigung im Justizdienst, in: BMJ PA Winners, P 11 – W 19, Beiakte OLG Bamberg, Aktenheft [zu Bl. 120] betr. Gesuch des Amtsgerichtsrats Dr. Hans Winners, Bamberg um Wiederverwendung. – Der OLG-Präsident in Bamberg an das Bayerische Staatsministerium der Justiz vom 11. 10. 1947 betr. den Amtsgerichtsrat Dr. Hans Winners, Bamberg, in: BMJ PA Winners, P 11 – W 19, Beiakte OLG Bamberg, Bl. 120.
240 Der OLG-Präsident an den LG-Präsidenten in Bamberg vom 26. 9. 1949 betr. Personalverhältnisse, in: BMJ PA Winners, P 11 – W 19, Beiakte OLG Bamberg, Bl. 124.
241 Dehler an den Bundesminister für besondere Aufgaben, Dr. Ludger Westrick, Bundeskanzleramt, vom 22. 6. 1964 betr. Beförderung des Ministerialdirigenten Dr. Hans Winners im Bundesministerium der Justiz, in: BMJ PA Winners, P 11 – W 19, Bl. 104 (im Umschlag). Der versiegelte Umschlag trägt die Aufschrift: «Dieser Umschlag darf nur mit Genehmigung des Herrn Ministers oder Staatssekretärs geöffnet werden. [gez.] Bülow 3/7.64.»
242 Strauß, Die Personalpolitik in den Bundesministerien zu Beginn der Bundesrepublik Deutschland, S. 279.
243 Ebd.
244 Ebd.
245 Ebd., S. 278.
246 Ebd., S. 282.

247 Ebd. Strauß verweist hier zudem darauf, dass «in Anlehnung an eine alte Übung» alle Anträge vom Ministerialrat an aufwärts dem Kabinett vorgelegt worden seien, «wo es jedoch kaum zu Gegenvorstellungen» gekommen sei.
248 Schreiben von Staatssekretär Dr. Strauß an Staatssekretär Ritter von Lex, 3. Oktober 1950, in: BMJ PA Geßler, P 11 – G 2, Bd. 1, Bl. 29–30.
249 Ebd.
250 BMJ PA Geßler, P 11 – G 2, Beiakte des Preußischen Justizministeriums, Bl. 30–37, o. T. u. o. D.
251 Schreiben von Staatssekretär Dr. Strauß an Staatssekretär Ritter von Lex, 3. Oktober 1950, in: BMJ PA Geßler, P 11 – G 2, Bd. 1, Bl. 29–30.
252 Ebd.
253 BMJ, Generalakten betr. Höherer Dienst, Auskünfte beim Berlin Document Center, Bd. 2: (P-Z) + Allg., gesonderter Umschlag, Az. 220 BMJ – 10 (1), Vermerk von Dr. Kern vom 3. August 1965 betr. Auskünfte, hier: Bundesarchiv über MD Prof. Dr. Geßler, MDgt Dr. von Spreckelsen und MR Ebersberg.
254 Erklärung zum Inhalt der im Bundesarchiv verwahrten Geheimakten des RJM (gez. Hage), 30. Juli 1965, in: BMJ, Generalakten betr. Höherer Dienst, Auskünfte beim Berlin Document Center, Bd. 2: (P-Z) + Allg., gesonderter Umschlag, Az. 220 BMJ – 10 (1).
255 Ebd.
256 Ebd.
257 Ebd.
258 BMJ, Generalakten betr. Höherer Dienst, Auskünfte beim Berlin Document Center, Bd. 2: (P-Z) + Allg., gesonderter Umschlag, Az. 220 BMJ – 10 (1), Vermerk von Dr. Kern vom 3. August 1965 betr. Auskünfte, hier: Bundesarchiv über MD Prof. Dr. Geßler, MDgt Dr. von Spreckelsen und MR Ebersberg. In dem Vermerk von Dr. Kern, der in der Abteilung Z für Personalangelegenheiten der Beamten des höheren Dienstes zuständig war, hieß es dazu, die Unterrichtung der Betroffenen erfolge «gesondert».
259 BMJ PA Geßler, P 11 – G 2, Beiakte Bew 65, gesonderter Umschlag, Vfg. z.U. Prof. Dr. Bülow vom 4. August 1965. Einem Vermerk von MR Kern vom 7. Oktober 1965 zufolge wurde auch MR Ebersberg unterrichtet, die Unterrichtung von Mdgt von Spreckelsen wurde vorbereitet. Siehe dazu: BMJ, Generalakten betr. Höherer Dienst, Auskünfte beim Berlin Document Center, Bd. 2: (P-Z) + Allg., gesonderter Umschlag, Az. 220 BMJ – 10 (1), Vermerk von Dr. Kern vom 7. Oktober 1965 betr. Auskünfte, hier: Bundesarchiv über MD Prof. Dr. Geßler, MDgt Dr. von Spreckelsen und MR Ebersberg.
260 BMJ PA Geßler, P 11 – G 2, Beiakte Bew 65, gesonderter Umschlag, Vfg. z.U. Prof. Dr. Bülow vom 4. August 1965.
261 BMJ PA Ernst Geßler, P 11 – G 2, Beiakte Bew 65, gesonderter Umschlag, MD Prof. Dr. Geßler an den BMdJ vom 12. August 1965 betr. Geheimakten des früheren Reichsjustizministeriums.
262 Ebd.
263 Vgl. hierzu Achim Reimer, *Stadt zwischen zwei Demokratien. Baden-Baden von 1930 bis 1950* (Forum Deutsche Geschichte 7), München 2005.
264 Vermerk von Kuno Ruppert vom 24. Februar 1938 zum Entwurf eines «Gesetzes über den Grunderwerb in Kurorten und Bädern», BArch R3001 Nr. 24082, Bl. 9 f.
265 Hans-Heinrich Lammers an Reichs- und Preußischen Minister des Innern vom 8. Oktober 1937, BArch R3001 Nr. 24082, Bl. 5.
266 Gesetz zur Sicherung der Reichsgrenze vom 17. August 1937, RGBl. I 1937, S. 905.
267 Geßler an Ruppert vom 22. Februar 1938, in: BArch R3001 Nr. 24082, Bl. 8–8v.
268 Schreiben von Sindermann an den Vizepräsidenten des Bundestags Dr. Jaeger vom 26. Januar 1960 betr. Antisemitische Vorfälle und Renazifizierung des BMJ, in: BArch B 141/428079.
269 Schreiben von Sindermann an Staatssekretär Strauß vom 25. September 1958, in: Personal 220 BMJ Allg. 1–12, zu 220 BMJ – Allg. 1 betr. Beschwerde des Joachim Sindermann, Bl. 1–2.
270 Schreiben des BMdJ an Sindermann vom 13. Oktober 1958, in: Personal 220 BMJ Allg. 1–12, zu 220 BMJ – Allg. 1 betr. Beschwerde des Joachim Sindermann, Bl. 5.

271 Schreiben von Sindermann an Staatssekretär Strauß vom 8. November 1958, in: Personal 220 BMJ Allg. 1–12, zu 220 BMJ – Allg. 1 betr. Beschwerde des Joachim Sindermann, Bl. 6–7.
272 Ebd. Hier irrt Sindermann, denn Dr. Richter blieb während der NS-Zeit Ministerialrat und wurde nicht zum Ministerialdirigenten befördert. Dafür wurde ihm schließlich sogar Wiedergutmachung gewährt, indem man seine Beförderung nach 1949 mit Wirkung vom 1. Oktober 1943 nachholte.
273 Schreiben von Sindermann an den BMdJ Schäffer vom 28. November 1958, in: Personal 220 BMJ Allg. 1–12, zu 220 BMJ – Allg. 1 betr. Beschwerde des Joachim Sindermann, Bl. 11.
274 Vfg. des BMJ vom 8. Dezember 1958: Schreiben an Sindermann auf dessen Schreiben vom 28. November 1958, in: Personal 220 BMJ Allg. 1–12, zu 220 BMJ – Allg. 1 betr. Beschwerde des Joachim Sindermann, Bl. 12.
275 Schreiben von Sindermann an den Vizepräsidenten des Bundestags Dr. Jaeger vom 26. Januar 1960 betr. Antisemitische Vorfälle und Renazifizierung des BMJ, in: BArch B 141/428079.
276 Personal 220 BMJ Allg. 1–12, zu 220 BMJ – Allg. 1 betr. Beschwerde des Joachim Sindermann, Bl. 1–6, BMJ an die Vorsitzende des Ausschusses für Petitionen des Deutschen Bundestages vom 17. März 1960 betr. Eingabe des Joachim Sindermann (Abschrift).
277 BArch B 237/279, Bl. 1–12, Verfassungsbeschwerde und Antrag auf Erlass einer einstweiligen Anordnung von Sindermann an den Zweiten Senat des BVerfG vom 26. Februar 1960.
278 BArch B 237/279, Bl. 25–31, BVerfG – 2 BvR 309/60 –, Entscheidung vom 19. Juli 1960.
279 Diese Information entstammt einem Brief von Walter Strauß an den Bundespersonalausschuss vom 3. Juli 1950, in dem Strauß anregte, Krawielicki beschleunigt zum Ministerialrat zu befördern, BMJ PA Krawielicki, P 11 – K 10, Bl. 12 f.
280 Vgl. Akten des Württ./Bad. Wirtschaftsministerium, Personalbogen, in: BMJ PA Krawielicki, P 11 – K 10.
281 Vgl. den Vorgang Akten des Württ./Bad. Wirtschaftsministerium, Bl. 9–19, in: BMJ PA Krawielicki, P 11 – K 10.
282 Abschrift des Einstellungsbeschlusses, Akten des Württ./Bad. Wirtschaftsministerium, Bl. 31, in: BMJ PA Krawielicki, P 11 – K 10.
283 Der Wirtschaftsminister sorgte deshalb dafür, dass Krawielicki rasch als Oberregierungsrat auf Lebenszeit verbeamtet wurde, vgl. Brief an Staatsministerium vom 24. März 1947, Akten des Württ./Bad. Wirtschaftsministerium, Bl. 40, in: BMJ PA Krawielicki, P 11 – K 10.
284 Das Ministerium für politische Befreiung hatte angefragt, ob Krawielicki als Vorsitzender einer Spruchkammer abgestellt werden könnte. Der Wirtschaftsminister antwortete abschlägig. Brief vom 3. Juni 1947, Akten des Württ./Bad. Wirtschaftsministerium, Bl. 51, in: BMJ PA Krawielicki, P 11 – K 10.
285 Akten des Württ./Bad. Wirtschaftsministerium, Bl. 55, in: BMJ PA Krawielicki, P 11 – K 10.
286 BMJ PA Krawielicki, P 11 – K 10, Beiakte Württembergisch-Badisches Wirtschaftsministerium, Bl. 74, Schreiben des Wirtschaftsministeriums Württemberg-Baden an das Staatsministerium in Stuttgart vom 9. März 1948 betr. Ernennung des Oberregierungsrats Dr. Krawielicki beim Wirtschaftsministerium zum Regierungsdirektor.
287 Robert Krawielicki zum Gedächtnis, von Walter Strauß, in: *Juristenzeitung* 1966, S. 283.
288 BMJ PA Krawielicki, P 11 – K 10, Bl. 12 f., Vfg. eines Schreibens des BMJ an den Bundespersonalausschuss beim Bundesministerium des Innern vom 3. Juli 1950.
289 Ebd.
290 Robert Krawielicki zum Gedächtnis, von Walter Strauß, in: *Juristenzeitung* 1966, S. 283.
291 Krawielicki an Joël vom 4. Oktober 1963, in: BMJ PA Krawielicki, P 11 – K 10, Bl. 114–117.
292 Adolf Arndt an Walter Strauß, 27. Dezember 1951, in: IfZArch, ED 94, Bestand Staatssekretär Dr. Walter Strauß, Bd. 220.
293 Ebd.

294 Adolf Arndt an Walter Strauß, 20. Februar 1952, in: Ebd.
295 Rudolf Amelunxen an Thomas Dehler (Persönlich), 24. Januar 1952, in: Ebd.
296 Thomas Dehler an Rudolf Amelunxen, 13. Februar 1952, in: Ebd.
297 Vgl. Strauß, Die Personalpolitik in den Bundesministerien, S. 279.
298 Vermerk von Winners vom 4. März 1952, in: IfZArch, EJ 94 Bestand Staatssekretär Walter Strauß, Bd. 220.
299 Rudolf Amelunxen, der selbst dem Zentrum angehörte, war Justizminister in der Regierung von Fritz Steinhoff (SPD).
300 NL Bd. 220, Adolf Arndt an Walter Strauß, 20. Februar 1952.
301 Siehe hierzu vor allem Günter Buchstab, Die Nürnberger Prozesse und der Heidelberger Kreis (1949–1955), in: Peter R. Weilemann u. a. (Hrsg.), *Macht und Zeitkritik. Festschrift für Hans-Peter Schwarz zum 65. Geburtstag*, Paderborn 1999, S. 61–74. Vgl. auch Frank M. Buscher, Bestrafen und Erziehen, in: Norbert Frei (Hrsg.), *Transnationale Vergangenheitspolitik*, Göttingen 2006, S. 94–139, S. 132.
302 Norbert Frei, *Vergangenheitspolitik. Die Anfänge der Bundesrepublik und die NS-Vergangenheit*, München 1996, S. 163 ff.
303 Eduard Wahl, Vorwort, in: August von Knieriem, *Nürnberg. Rechtliche und menschliche Probleme*, Stuttgart 1953. Siehe hierzu ebenfalls ACDP 01–237 (Bestand Eduard Wahl), AO 051/1–3.
304 Frank Neubacher, *Kriminologische Grundlagen einer internationalen Strafgerichtsbarkeit. Politische Ideen- und Dogmengeschichte, kriminalwissenschaftliche Legitimation, strafrechtliche Perspektiven*, Tübingen 2005, S. 161 f. Prominente Beispiele für Publikationen von Verfahrensbeteiligten sind vor allem Otto Kranzbühler, Nürnberg als Rechtsproblem, in: *Um Recht und Gerechtigkeit. Festgabe für Erich Kaufmann zu seinem 70. Geburtstage*, Stuttgart 1950, S. 219–237, und Hans Laternser, *Verteidigung deutscher Soldaten. Plädoyers vor alliierten Gerichten*, Bonn 1950. Kranzbühler, Laternser und Kaufmann gehörten alle zum «Heidelberger Kreis».
305 Der Preis für «Verdienste um die Humanisierung, Liberalisierung und Demokratisierung des Rechtswesens» wurde 1968 von der Humanistischen Union gestiftet, zu deren Mitbegründern Fritz Bauer zählte. Mit seiner Verleihung sollen Frauen und Männer gewürdigt werden, die «unbequem und unerschrocken der Gerechtigkeit und Menschlichkeit Geltung verschaffen».
306 Ulrich Vultejus, Celle im Nationalsozialismus. Ein historischer Stadtrundgang, in: Werner Holtfort u. a., *Hinter den Fassaden. Geschichten aus einer Deutschen Stadt*, Göttingen 1982, S. 87.
307 Siehe Otto Kranzbühler an das Büro des Bundespräsidenten (von Herwarth), 29. Oktober 1949, in: BArch B 122/644. Kranzbühler übersandte von Herwarth den «Entwurf einer Adresse an den amerikanischen Hohen Kommissar» vom 15. September 1949 sowie eine 13seitige «Gesprächsunterlage zur Begründung des Schreibens der Bundesregierung an die Hohen Kommissare». Siehe ebenfalls Schreiben Gebhard Müller an Bundeskanzler Konrad Adenauer, 27. Oktober 1949 (betr. Erlaß einer Amnestie für Deutsche, die von alliierten Militärgerichten verurteilt worden sind), in: BArch B 122/644.
308 ACDP 01–237 (Bestand Eduard Wahl), AO 051/3.
309 Stefanie Weis, *Leben und Werk des Juristen Karl Hermann Friederich Julius Geiler*, Hamburg 2013; sowie Klaus-Peter Schroeder, *«Eine Universität für Juristen und von Juristen». Die Heidelberger Juristische Fakultät im 19. und 20. Jahrhundert*, Tübingen 2014, S. 584–601.
310 Vgl. Buscher, Bestrafen und Erziehen, S. 132.
311 Vgl. Vermerk AA Abt. V Ref. 6 Dr. Truckenbrodt vom 31. 8. 1953, in: BArch B 305/53, Bl. 393 ff. An dieser Besprechung nahmen für das BMJ außerdem Jescheck, Wohlfahrt und Marmann teil. – Die Namensgleichheit von Alfons Wahl mit dem CDU-Bundestagsabgeordneten Prof. Dr. Eduard Wahl, der gemeinsam mit dem Präsidenten des Oberlandesgerichts Celle, Hodo von Hodenberg, dem Heidelberger Juristenkreis vorstand, war offenbar rein zufällig. Eine verwandtschaftliche Beziehung bestand nicht. Gespräch d. Verf. mit dem Sohn von Eduard Wahl, Dr. Bernhard Wahl, 30. März 2016.
312 Vgl. hierzu Christoph Safferling,... daß es sich empfiehlt, generell tabula rasa zu ma-

chen... Die Anfänge der Abteilung II-Strafrecht im BMJ, in: Manfred Görtemaker und Christoph Safferling (Hrsg.), *Die Rosenburg. Das Bundesministerium der Justiz und die NS-Vergangenheit – Eine Bestandsaufnahme*, Göttingen 2013, S. 169–203.

313 Vernehmung des Dr. Achenbach durch Dr. Robert M. W. Kempner, 19. August 1947, in: IfZArch 1948/56, ZS 596-3, S. 2 f. u. 9.
314 Ebd.
315 Ebd.
316 Vgl. hierzu die grundlegende Studie von Ulrich Herbert, *Best. Biographische Studien über Radikalismus, Weltanschauung und Vernunft 1903–1989*, Bonn 1996. Zur Entwicklung in Frankreich vgl. auch Serge Klarsfeld, *Vichy–Auschwitz. Die Zusammenarbeit der deutschen und französischen Behörden bei der Endlösung der Judenfrage in Frankreich*, Nördlingen 1989.
317 Carmen Smiatacz, *Ein gesetzlicher «Schlussstrich»? Der juristische Umgang mit der nationalsozialistischen Vergangenheit in Hamburg und Schleswig-Holstein 1945–1960*, Hamburg 2014, S. 103 f.
318 Vgl. Michael C. Klepsch, Nahtloser Übergang in neue Führungspositionen. Alte Nazis in den nordrhein-westfälischen Landtagsfraktionen von CDU und FDP, in: *60 Jahre Landtag Nordrhein-Westfalen. Das vergessene braune Erbe*, Düsseldorf 2009, S. 10.
319 Ebd., S. 8.
320 Vgl. Jürgen Dittberner, *Die FDP. Geschichte, Personen, Organisation, Perspektiven. Eine Einführung*, Wiesbaden 2005, S. 35 f.
321 Grundlegend hierzu Beate Baldow, *Episode oder Gefahr? Die Naumann-Affäre*, FU-Dissertation, Berlin 2012. Vgl. ebenfalls Frei, *Vergangenheitspolitik*, S. 361 ff.
322 Text der Rede in: Arrest of Naumann. Documents impounded on 14. Jan. 53, 5. März 1953, in: National Archives (Kew), FO 371/103907. Vgl. Baldow, *Episode oder Gefahr?*, S. 2.
323 Ebd., S. 2 f.
324 Ebd., S. 3 f.
325 Vgl. hierzu *Frankfurter Allgemeine Zeitung*, 29. Juli 1953, S. 1.
326 Baldow, *Episode oder Gefahr?*, S. 277.
327 *Süddeutsche Zeitung*, 30. Juli 1953, S. 2.
328 Baldow, *Episode oder Gefahr?*, S. 298. Vgl. auch Frei, *Vergangenheitspolitik*, S. 391.
329 Bericht für den Gesamtvorstand von Neumayer, Dehler, Onnen, 5. Juni 1953, in: ADL, N1-2937.
330 Der Präsident des BGH an den BMdJ (Persönlich), 3. Juni 1953, in: ACDP, Nachlass Hans Globke, 01-070-059/5.
331 Ernst Achenbach, Stellungnahme zu dem Bericht der Herren Neumayer, Dehler und Onnen an den Gesamtvorstand der Bundespartei vom 5. 6. 1953 über die Lage im Landesverband Nordrhein-Westfalen, 16. Juni 1953, in: ADL, N1-2937.
332 Untersuchungsbericht, 18. März 1953 (Progress Report No. 6), in: National Archives (Kew), FO 371/ 103907. Vgl. auch Baldow, *Episode oder Gefahr?*, S. 252.
333 Hans-Peter Schwarz, *Akten zur Auswärtigen Politik der Bundesrepublik Deutschland 1953*, S. 338.
334 Ebd., S. 337.
335 Robert Strobel, Informationsbericht, 16. April 1953, in: IfZArch, ED 329/5; Wengst, *Thomas Dehler 1897–1967*, S. 178 f.
336 Ebd., S. 179.
337 Ebd., S. 180.
338 Friedrich Middelhauve an Franz Blücher, 18. Juni 1953, in: BArch NL 80/259/066–067.
339 Serge Klarsfeld (Hrsg.), *Die Endlösung der Judenfrage in Frankreich* (Dokumentationszentrum für Jüdische Zeitgeschichte), Paris 1977, S. 17. Dort heißt es u. a. über eine Besprechung zwischen Botschafter Abetz, Obersturmführer Dannecker, Gesandtschaftsrat Achenbach und Legationsrat Zeitschel, man solle «den Militärbefehlshaber in Frankreich [...] veranlassen, mit sofortiger Wirkung dem SD Vollmachten zur Inhaftierung aller Juden zu geben und darüber hinaus bei einem etwa schlagartigen Einsatz für einige Tage entsprechende Truppen zur Verfügung zu stellen».

340 Erich Mende, *Die neue Freiheit. Zeuge der Zeit 1945-1961*, Bergisch Gladbach 1986, S. 348.
341 Baldow, *Episode oder Gefahr?*, S. 266.
342 Schreiben Thomas Dehler an Friedrich Middelhauve, 15. Juni 1953, in: ADL, N1-839.
343 Hans Hattenhauer, *Geschichte des deutschen Beamtentums*, 2. Aufl., Köln u. a. 1993, S. 473.
344 Joachim Perels, *Entsorgung der NS-Herrschaft. Konfliktlinien im Umgang mit dem Hitler-Regime*, Hannover 2004, S. 140.
345 Frei, *Vergangenheitspolitik*, S. 68-70.
346 Michael-Frank Feldkamp, *Der Parlamentarische Rat 1948-1949. Die Entstehung des Grundgesetzes*, Göttingen 2008, S. 79, 122 ff. u. 163 ff.; Curt Garner, Schlußfolgerungen aus der Vergangenheit? Die Auseinandersetzung um die Zukunft des deutschen Beamtentums nach dem Ende des Zweiten Weltkrieges, in: Hans-Erich Volkmann (Hrsg.), *Das Ende des Dritten Reiches*, München 1995, S. 642 ff.; Jörg Grotkopp, *Beamtentum und Staatsformwechsel. Die Auswirkungen der Staatsformwechsel 1918, 1933 und 1945 auf das Beamtenrecht und die personelle Zusammensetzung der deutschen Beamtenschaft*, Frankfurt am Main 1992, S. 224 f; Memorandum der Militärgouverneure zum Grundgesetz vom 22. November 1948. Dazu auch: Parlamentarischer Rat, Bd. 13/I, S. VII-XIV, XLII-LI.
347 Text in: Gesetz- und Verordnungsblatt des Wirtschaftsrats des Vereinigten Wirtschaftgebiets 1948, Beilage 2, S. 1.
348 BGBl. Nr. 25 vom 15. Juni 1950, S. 207. Vgl. auch Lutz Niethammer, *Deutschland danach. Postfaschistische Gesellschaft und nationales Gedächtnis*, Bonn 1999, S. 378.
349 Vgl. Feldkamp, *Der Parlamentarische Rat 1948-1949*, S. 186-201; Grotkopp, *Beamtentum und Staatsformwechsel*, S. 242.
350 Vgl. Wolfgang Langhorst, *Beamtentum und Artikel 131 des Grundgesetzes. Eine Untersuchung über die Bedeutung und Auswirkungen der Gesetzgebung zum Artikel 131 des Grundgesetzes unter Einbeziehung der Position der SPD zum Berufsbeamtentum*, Frankfurt am Main 1994, S. 68-89, sowie Jörg-Christof Bauer, *Der Beitrag der FDP-Fraktion im Parlamentarischen Rat zur Ausarbeitung des Grundgesetzes* (= Rechtsgeschichtliche Studien, Bd. 56), Hamburg 2013, S. 198 f.
351 27. Sitzung des Ausschusses für die Organisation des Bundes am 6. Dezember 1948, abgedruckt in: Parlamentarischer Rat, Bd. 13/II, Dok. Nr. 37, S. 950; Hans-Christoph Seebohm (DP), 40. Sitzung des Hauptausschusses am 14. Januar 1949, abgedruckt in: Parlamentarischer Rat, Bd. 14/II, Dok. Nr. 40, S. 1209.
352 Bauer, *Der Beitrag der FDP-Fraktion im Parlamentarischen Rat zur Ausarbeitung des Grundgesetzes*, S. 199 f.
353 30. Sitzung des Ausschusses für die Organisation des Bundes am 13. Januar 1949, abgedruckt in: Parlamentarischer Rat, Bd. 13/II, Nr. 44, S. 1090. Siehe die Stellungnahmen im Hauptausschuss, in denen der Anspruch außer Zweifel stand: 40. Sitzung des Hauptausschusses am 14. Januar 1949, abgedruckt in: Parlamentarischer Rat, Bd. 14/II, Dok. Nr. 40, S. 1218-1220.
354 Bauer, *Der Beitrag der FDP-Fraktion im Parlamentarischen Rat zur Ausarbeitung des Grundgesetzes*, S. 200 f.
355 Vgl. Parlamentarischer Rat, Bd. 13/I, S. L, LXXXI u. LXXXIX. Siehe auch 30. Sitzung des Ausschusses für die Organisation des Bundes am 12. Januar 1949, abgedruckt in: Parlamentarischer Rat, Bd. 13/II, Dok. Nr. 44, S. 1087-1088, sowie 31. Sitzung des Ausschusses für die Organisation des Bundes am 14. Januar 1949, abgedruckt in: Parlamentarischer Rat; Bd. 13/II, Dok. Nr. 46, S. 1101 ff.
356 Artikel 143 c-1, «Grundgesetz» (Entwurf) vom 10. Dezember 1948.
357 Art. 33 Abs. 5 GG lautet: «Das Recht des öffentlichen Dienstes ist unter Berücksichtigung der hergebrachten Grundsätze des Berufsbeamtentums zu regeln und fortzuentwickeln.» Art. 33 Abs. 4 GG lautet: «Die Ausübung hoheitsrechtlicher Befugnisse ist als ständige Aufgabe in der Regel Angehörigen des öffentlichen Dienstes zu übertragen, die in einem öffentlich-rechtlichen Dienst- und Treueverhältnis stehen.»
358 Frei, *Vergangenheitspolitik*, S. 71.

359 Vgl. hierzu ausführlich Grotkopp, *Beamtentum und Staatsformwechsel*, S. 226 u. 242. Siehe auch Hans Hattenhauer, *Geschichte des deutschen Beamtentums*, 2. Aufl., Köln u. a. 1993, S. 474 f. Vgl. ebenfalls Michael Kirn, *Verfassungsumsturz oder Rechtskontinuität? Die Stellung der Jurisprudenz nach 1945 zum Dritten Reich. Insbesondere die Konflikte um die Kontinuität der Beamtenrechte und Art. 131 Grundgesetz*, Berlin 1972, S. 121 f.; sowie Perels, *Entsorgung der NS-Herrschaft*, S. 141.
360 Frei, *Vergangenheitspolitik*, S. 70.
361 BArch B 106 / 7643, Statistisches Amt des Vereinigten Wirtschaftsgebiets an den Bundesminister des Innern vom 21. 02. 1950, Blatt 279–282. Zur Durchführung der Zählkartenaktion und einem Muster siehe: PA-DBT 4000 I/156 Bd. A 1, Dok. Nr. 33, Anlage: Der Bundesminister des Inneren II/3–430/49 vom 17. 12. 1949.
362 Frei, *Vergangenheitspolitik*, S. 70–71. Vgl. auch Niethammer, *Deutschland danach*, S. 376.
363 Michael Wildt, *Generation des Unbedingten. Das Führungskorps des Reichssicherheitshauptamtes*, Hamburg 2003, S. 841 ff. u. 869. Wie Wildt feststellt, war die Kontinuität von Angehörigen des RSHA jedoch weit weniger umfänglich als bei anderen Institutionen.
364 Beamtenschutzbund e.V. Landesverband Bayern, Denkschrift über die Notlage der entfernten Beamten, Angestellten und Arbeiter in Bayern vom 18. Dezember 1949, in: PA-DBT 4000 I/156, Bd. B 2, Nr. 7, S. 1.
365 Frei, *Vergangenheitspolitik*, S. 71–73.
366 BMdF an Herrn BMdI (persönlich), 16. Mai 1950, in: BArch B 106/31 802, H. 2, Bl. 195; sowie BMdF an Herrn StS Ritter von Lex, 1. Juni 1950, in: BArch B 106/31 802, H. 2, Bl. 176–179.
367 StS Ritter von Lex an den Herrn BMdF Fritz Schäffer, 4. Juni 1950, in: BArch B 106/31 802 Heft 2, Bl. 180–183.
368 Zur Entstehungsgeschichte des G 131 und dem Gesetzgebungsprozess siehe Udo Wengst, *Beamtentum zwischen Reform und Tradition. Beamtengesetzgebung in der Gründungsphase der Bundesrepublik Deutschland 1948–1953*, Düsseldorf 1988, S. 152–222.
369 BMdJ an den Herrn BMdF, 1. März 1950, in: BArch B 106/7644, Bl. 264–272. Das Schreiben findet sich auch in BArch B 136 / 505, Bl. 137–145.
370 Vorbereitung und Beratung des G 131: Stellungnahmen von Verbänden und Beratungen des Beamtenrechtsausschusses, Laufzeit 1949–1955, in: BArch B 106/31802, Heft 2, Bl. 152–154.
371 100. Kabinettssitzung am 29. September 1950 TOP 7, in: Kabinettsprotokolle der Bundesregierung online; 102. Kabinettssitzung am 6. Oktober 1950 TOP 1, in: Kabinettsprotokolle der Bundesregierung online; 126. Kabinettssitzung am 30. Januar 1951 TOP C, in: Kabinettsprotokolle der Bundesregierung online.
372 Siehe dazu die Anwesenheitslisten des Beamtenrechtsausschusses der Ersten Legislaturperiode: PA-DBT 3114 A 1/25, Kurzprotokolle des Beamtenrechtsausschusses, I. Wahlperiode (4 Bde.).
373 § 77 G 131 (1951), BGBl. I Nr. 22 vom 13. Mai 1951, S. 319: «(1) Den unter Artikel 131 des Grundgesetzes fallenden Personen stehen außer den Ansprüchen nach diesem Gesetz Ansprüche aus ihrem früheren Dienst- oder Arbeitsverhältnis gegen den Bund oder andere im Bundesgebiet befindliche öffentlich-rechtliche Dienstherren, auch für die Zeit vor dem Inkrafttreten dieses Gesetzes, nicht zu. Das gleiche gilt für die in § 3 bezeichneten Personen. (2) Die gesetzlichen Vorschriften über die Wiedergutmachung nationalsozialistischen Unrechts und über die Sicherung des Dienst- und Arbeitsverhältnisses der Heimkehrer, die bei öffentlich-rechtlichen Dienstherren im Bundesgebiet beschäftigt waren, bleiben unberührt.»
374 Horst Dreier, Das Bundesministerium der Justiz und die Verfassungsentwicklung der frühen Bundesrepublik Deutschland, in: Görtemaker und Safferling (Hrsg.), *Die Rosenburg*, S. 93 ff.
375 14. Kabinettssitzung am 21. Oktober 1949 TOP 4 (Kabinettsprotokolle der Bundesregierung online).
376 BArch B 106 / 31897, Blatt 86, 176.
377 BArch B 106 / 31898, Blatt 212.

378 Diskussionsabende der Professoren des öffentlichen Rechts und der Vertreter des BMI und des BMJ, in: BArch B 141/1034, 1035, 1036, 1037.
379 Bundesfinanzministerium, Ausgaben des Bundes (ohne Bahn und Post) für das Rechnungsjahr 1951 auf Grund des Gesetzentwurfs zu Art. 131 GG nach den Beschlüssen des Beamtenrechts-Ausschusses vom 29.03.1951, 5. April 1951, in: StenBer, Bd. 6, 130. Sitzung, S. 4986, 4989, 5004, 5009. Siehe auch 131. Sitzung am 6. April 1951, S. 5026; PA-DBT 4000 I/156, Bd. B 1, Nr. 12.
380 Norbert Frei konstatiert daher, dass die Einstimmigkeit, mit der das G 131 behandelt und beschlossen worden sei, «auf einer Art kollektiver Selbsttäuschung» beruht habe. Siehe Frei, *Vergangenheitspolitik*, S. 76 ff., Zitat S. 83.
381 Gesetz zur Regelung der Rechtsverhältnisse der unter Artikel 131 des Grundgesetzes fallenden Personen vom 11. Mai 1951, in: BGBl. I Nr. 22 vom 13. Mai 1951, S. 307–322. Im Folgenden abgekürzt G 131 (1951), BGBl. I. Siehe auch 132. Sitzung am 10. April 1951, in: Verhandlungen des Deutschen Bundestages, I. Wahlperiode 1949. Stenographische Berichte, Bd. 6, Bonn 1951, S. 5110.
382 Vgl. Perels, *Entsorgung der NS-Herrschaft*, S. 125 u. 141; Kirn, *Verfassungsumsturz oder Rechtskontinuität?*, S. 113 ff.
383 § 1 G 131.
384 § 3 G 131.
385 § 67 G 131.
386 Frei, *Vergangenheitspolitik*, S. 79–80.
387 §§ 5, 10 G 131.
388 § 11 G 131.
389 Vgl. BT-Drucks. I/1306 vom 31. August 1950, S. 35; PA-DBT 4000 I/156, Bd. A 4, Nr. 7, 49. Sitzung am 05.10.1950, S. 17.
390 § 14 G 131.
391 § 15 G 131.
392 § 16 G 131.
393 §§ 17, 18 G 131.
394 § 76 G 131.
395 Dr. Hans Lukaschek (BMVt/CDU), StenBer, Bd. 6, 130. Sitzung am 5. April 1951, S. 4989 (B).
396 Vgl. *Gesetz zur Regelung der Rechtsverhältnisse der unter Artikel 131 des Grundgesetzes fallenden Personen. Für den praktischen Gebrauch erläutert von Dr. Georg Anders, Ministerialdirigent im Bundesministerium des Innern* (= Kohlhammer Kommentare), 2. neu bearb. u. vermehrte Aufl., Stuttgart u. a. 1952, S. 20; *Gesetz zur Regelung der Rechtsverhältnisse der verdrängten Beamten und Berufssoldaten (Gesetz nach Artikel 131 des Grundgesetzes). Erläutert von Dr. Henning von Arnim, Ministerialrat im Bundesjustizministerium*, Berlin und Frankfurt am Main 1951, S. 14, 54.
397 § 7 G 131.
398 Vgl. BT-Drucks. I/1306 vom 31.08.1950, S. 5–6; Zitate S. 31, 34.
399 § 8 G 131.
400 Hattenhauer, *Geschichte des deutschen Beamtentums*, S. 473; Niethammer, *Deutschland danach*, S. 376.
401 Ulrich Herbert, Justiz und NS-Vergangenheit in der Bundesrepublik 1945–1970, in: Görtemaker und Safferling (Hrsg.), *Die Rosenburg*, S. 47.
402 Frei, *Vergangenheitspolitik*, S. 100.
403 Vgl. Dominik Geppert, *Die Ära Adenauer*, 2. Aufl., Darmstadt 2007, S. 75 ff.
404 Konrad Adenauer (CDU/Bundeskanzler), StenBer, Bd. 1, 5. Sitzung am 20.09.1949, S. 26f, Zitate S. 27 (A),(B).
405 Wengst, *Staatsaufbau*, S. 89 ff.
406 Konrad Adenauer an Jakob Kaiser, 9. Dezember 1949, in: Konrad Adenauer, *Briefe 1949–1951*. Bearbeitet von Hans Peter Mensing, Berlin 1985, S. 144.
407 Frei, *Vergangenheitspolitik*, S. 73 f. u. 88–90.
408 Ebd., S. 79 f.
409 Henning von Arnim, *Gesetz zur Regelung der Rechtsverhältnisse der verdrängten Beam-*

ten und Berufssoldaten (Gesetz nach Artikel 131 des Grundgesetzes). Erläutert von Dr. Henning von Arnim, Ministerialrat im Bundesjustizministerium, Berlin und Frankfurt am Main 1951. Im Folgenden: Arnim, *Kommentar zum G 131*.

410 Ebd., S. 13 u. 55.
411 Ebd., S. 14.
412 Ebd., S. 14, 48, Zitat S. 48.
413 Ebd., S. 14.
414 Ebd., S. 46–47.
415 Ernst-August Farke (DP) PA-DBT 4000 I/156 Bd. A 4, Nr. 6, 48. Sitzung am 4. Oktober 1950, S. 2; Herwart Miessner (FDP), StenBer, Bd. 6, 130. Sitzung am 5. April 1951, S. 4995. Josef Ferdinand Kleindinst (CSU) widersprach dieser Auffassung. Siehe hierzu ebd., Bd. A 5, Nr. 28, 76. Sitzung am 19. Dezember 1950, S. 29; Kleindinst (CSU/Berichterstatter), StenBer, Bd. 6, 130. Sitzung am 5. April 1951, S. 4992 (B)–(C).
416 Arnim, *Kommentar zum G 131*, S. 47.
417 Diese Zahl bezieht sich auf die Zahl der planmäßigen Beamten in der Bundesjustizverwaltung (für 1951 sind 919 Stellen ausgewiesen). Das BMJ hat 1951 lediglich 80 planmäßige Beamte. Übersicht über das Personalsoll in der Bundesjustizverwaltung in den Rechnungsjahren 1949–1959, Stand: 1. April 1959, Bl. 41–42.
418 Die Zahl 968 bezieht sich auf die planmäßigen Beamten im Geschäftsbereich des BMJ. Das BMJ selbst hat 1953 lediglich 102 planmäßige Beamte. Vgl. 220 BMJ-Allg. 19 Haushalt 1959, Bd. 2, Übersicht über das Personalsoll in der Bundesjustizverwaltung in den Rechnungsjahren 1949–1959, Stand 1. April 1959, Bl. 41 f.
419 Vgl. Langhorst, *Beamtentum und Artikel 131 des Grundgesetzes*, S. 192 f.
420 BVerfG Urt. v. 17. Dezember 1953 – 1 BvR 147/52, in: Entscheidungen des Bundesverfassungsgerichts Bd. 3, S. 58.
421 Vgl. BVerfGE 3, 58, S. 71 f.
422 Die Verfassung des Deutschen Reiches («Weimarer Reichsverfassung»), 11. August 1919, in: Reichsgesetzblatt 1919, S. 1383 ff. Siehe auch Ernst Rudolf Huber, *Dokumente zur Deutschen Verfassungsgeschichte*, Bd. 4, S. 15 ff.
423 Vgl. Frei, *Vergangenheitspolitik*, S. 93; Kirn, *Verfassungsumsturz*, passim.
424 BVerfGE 3, 58, S. 58.
425 Siehe dazu ausführlich: BVerfGE 3, 58, S. 77–85.
426 BVerfGE 3, 58, S. 85.
427 BVerfGE 3, 58, S. 76.
428 Vgl. BVerfGE 3, 58, S. 85 f. u. 88–94.
429 Ebd.
430 Vgl. BVerfGE 3, 58, S. 94–97.
431 BVerfGE 3, 58, S. 101.
432 Ebd.
433 Vgl. BVerfGE 3, 58, S. 114.
434 Jutta Limbach, Der Konflikt zwischen Bundesverfassungsgericht und dem Bundesgerichtshof über den Fortbestand der Beamtenverhältnisse nach 1945, in: Matthias Mahlmann (Hrsg.), *Gesellschaft und Gerechtigkeit. Festschrift für Hubert Rottleuthner*, Baden-Baden 2011, S. 221 f.
435 BGH, Beschluss v. 20. Mai 1954 – GSZ 6/53, in: Entscheidungen des Bundesgerichtshofs in Zivilsachen, Bd. 13, S. 265–319.
436 Frei, *Vergangenheitspolitik*, S. 95. Zur Auseinandersetzung mit dem methodischen Vorgehen des BVerfG siehe auch Limbach, Der Konflikt, S. 221 u. 225 ff.
437 Vgl. Frei, *Vergangenheitspolitik*, S. 96.
438 Klaus-Detlev Godau-Schüttke, *Der Bundesgerichtshof. Justiz in Deutschland*, Berlin 2005, S. 19. Godau-Schüttke konnte für sein Buch, in dem es vornehmlich um Hermann Weinkauff, aber auch um einige Richter des 1. Zivilsenats des BGH geht, erstmals Personalakten des BGH einsehen.
439 BVerfG, Entscheidung v. 19. Februar 1957 – 1 BvR 357/52, in: Entscheidungen des Bundesverfassungsgericht, Bd. 6, S. 132.
440 Ebd.

441 BVerfG 6, 132, S. 152 u. 195 f.
442 BVerfG 6, 132, S. 184.
443 Vgl. BVerfG 6, 132, S. 142 ff. u. 150.

III. Der «Geist der Rosenburg»

1 Alfred Steinert, Erinnerungen 1949-1953, in: *Der Geist der Rosenburg*. Bonn 1991, S. 109.
2 Ebd., S. 110 f.
3 Eduard Dreher, Erinnerungen an die Frühzeit des Bundesjustizministeriums, in: *Der Geist der Rosenburg*, S. 20 f.
4 Ebd., S. 16; Steinert, Erinnerungen 1949-1953, S. 146; Manfred Deiters, Aus der Frühzeit der Rosenburg, in: *Der Geist der Rosenburg*, S. 12; Erich Corves, Aus der Rosenburgzeit, in: Ebd., S. 6.
5 Karl-Friedrich Wilhelm, Erinnerungen aus meiner Rosenburger Zeit (1950-1957), in: *Der Geist der Rosenburg*, S. 219 f.
6 Ebd., S. 219.
7 Feier anlässlich der Übergabe der Amtsgeschäfte, in: ADL, Bestand Thomas Dehler, N1-3059.
8 Thomas Dehler an Ewald Bucher, Dezember 1962, in: BArch NL 1087.
9 Bernhard Spiegel, Palazzo und Palais – Burg und Kreuzbau, in: *Der Geist der Rosenburg*, S. 55.
10 Ebd., S. 58.
11 Steinert, Erinnerungen 1949-1953, S. 20.
12 Jens Christian Wagner, «Juden raus!» Landsberg am Lech, Januar 1951. Eine Demonstration zugunsten von NS-Kriegsverbrechern gerät zu einer antisemitischen Kundgebung, in: *Die Zeit*, Nr. 5, 27. Januar 2011.
13 Altes Eisen, in: *Der Spiegel*, Nr. 6, 1984, S. 95.
14 Hermann Lübbe, *Vom Parteigenossen zum Bundesbürger. Über beschwiegene und historisierte Vergangenheiten*, München 2007, S. 32.
15 Ebd., S. 81. Thomas Nipperdey, Diskussionsvotum Schlussveranstaltung, in: Martin Broszat u. a. (Hrsg.), *Deutschlands Weg in die Diktatur. Internationale Konferenz zur nationalsozialistischen Machtübernahme im Reichstagsgebäude zu Berlin. Referate und Diskussionen. Ein Protokoll*, Berlin 1983, S. 369 f.
16 Lübbe, *Vom Parteigenossen zum Bundesbürger*, S. 18-20. Wörtlich heißt es dort: «Diese gewisse Stille war das sozialpsychologisch und politisch nötige Medium der Verwandlung unserer Nachkriegsbevölkerung in die Bürgerschaft der Bundesrepublik Deutschland.» Im öffentlichen Schutz dieser Stille und der «öffentlich unwidersprechlichen normativen Geltungen im Verhältnis zum Nationalsozialismus» habe sich «die Einrichtung in die Staatlichkeit der zweiten deutschen Demokratie» vollzogen.
17 Heinrich August Winkler, Aus der Geschichte lernen? Zum Verhältnis von Historie und Politik in Deutschland nach 1945 (Vortrag gehalten am 26. März 2004 auf dem Symposium «Vom Nutzen und Nachteil der Historie für die Politik – Geschichte und deutsche Politik nach 1945» zum 85. Geburtstag von Helmut Schmidt in Hamburg), in: ZEIT.de, 30. März 2004.
18 Sonntag, Rückblick auf die Entstehungsgeschichte des Bundesministeriums der Justiz, S. 42.
19 Deiters, Aus der Frühzeit der Rosenburg, S. 9.
20 Steinert, Erinnerungen 1949-1953, S. 99 f.; Sonntag, Rückblick auf die Entstehungsgeschichte des Bundesministeriums der Justiz, S. 42.
21 Deutscher Bundestag, 1. Wahlperiode, 5. Sitzung. Stenographisches Protokoll, 20. September 1949, S. 27. Siehe hierzu ebenfalls Andreas Eichmüller, *Keine Generalamnestie. Die strafrechtliche Verfolgung von NS-Verbrechen in der frühen Bundesrepublik* (= Quellen und Darstellungen zur Zeitgeschichte, Bd. 93), München 2012, S. 36 ff.
22 Bundeskabinett 7. Sitzung, 26. September 1949. Wortprotokoll, in: *Die Kabinettsprotokolle der Bundesregierung*, Bd. 1/1949, bearb. von Ulrich Enders und Konrad Reiser, Boppard am Rhein 1982.

23 Udo Wengst, *Thomas Dehler 1897–1967. Eine politische Biographie*, München 1997, S. 157.
24 Bundeskabinett 7. Sitzung, 26. September 1949. Wortprotokoll, in: *Die Kabinettsprotokolle der Bundesregierung*, Bd. 1/1949.
25 Thomas Dehler an den Staatssekretär der Bundeskanzlei, 3. Oktober 1949, in: BArch B 136/553.
26 *Die Kabinettsprotokolle der Bundesregierung*, Bd. 1/1949, S. 107. Vgl. auch Wengst, *Thomas Dehler 1897–1967*, S. 157.
27 10. Kabinettssitzung, 7. Oktober 1949, TOP 6, in: Kabinettsprotokolle 1949 (Online).
28 So schrieb der bayerische Staatsminister der Justiz, Josef Müller, am 8. Oktober an Dehler, die Straffreiheit solle «auf reine Wirtschaftsdelikte beschränkt» werden. Wolle man darüber hinaus «eine generelle Straffreiheit gewähren, die aus dem politischen Gesichtspunkt der Konstituierung der Deutschen Bundesrepublik zu rechtfertigen» sei, so müsse die Grenze «wohl bei 3 Monaten Gefängnis» liegen. Sonst würden auch «ausgesprochene Verbrecher» sowie Personen, die «wegen schweren Landfriedensbruchs und ähnlicher Delikte aus Anlass der Ausschreitungen gegen Juden im Jahre 1938 verurteilt» worden seien oder Strafen zu erwarten hätten, von der Amnestie erfasst werden. Die «Amnestierung dieses Personenkreises», so Justizminister Müller, erscheine ihm aber «rechtlich und politisch untragbar». Der Vorschlag von Württemberg laute ähnlich, Hessen und das Zentral-Justizamt für die britische Zone schlügen sechs Monate vor. Vgl. Josef Müller an den Bundesminister der Justiz, 8. Oktober 1949, in: BArch B 141/4283.
29 13. Kabinettssitzung, 18. Oktober 1949, TOP 5, sowie 16. Kabinettssitzung, 28. Oktober 1949, in: Kabinettsprotokolle 1949 (Online).
30 Übersendungsschreiben des Bundeskanzlers an den Bundestag mit Anlagen (BT-Drucks. 251), 30. November 1949, in: BArch B 136/553.
31 Deutscher Bundestag, 1. Wahlperiode, 23. Sitzung, 9. Dezember 1949, Stenographisches Protokoll, S. 667. Siehe auch Kurzprotokoll der 6. Sitzung des Ausschusses für Rechtswesen und Verfassungsrecht, 7. Dezember 1949, in: BArch B 141/4284.
32 Gesetz über die Gewährung von Straffreiheit vom 31. Dezember 1949, in: BGBl. 1950, S. 37. Bericht für das Presse- und Informationsamt der Bundesregierung über die wichtigsten Tätigkeitsbereiche des Bundesjustizministeriums während des ersten Jahres des Bestehens der Bundesrepublik (undatiert), in: IfZArch, ED 94, Bestand Staatssekretär Dr. Walter Strauß, Bd. 155, S. 2.
33 Bericht über die Arbeit des Bundesjustizministeriums vom 21. September 1949 bis zum 31. August 1950, Bonn, 31. August 1950, in: IfZArch, ED 94, Bestand Staatssekretär Dr. Walter Strauß, Bd. 155, S. 2.
34 Zusammenfassender Bericht über die Tätigkeit der Abteilung II seit Gründung des Bundesjustizministeriums, Bonn, 28. August 1950, gez. Abt. II i. V. Schafheutle (abgezeichnet durch Dehler 28/8), in: IfZArch, ED 94, Bestand Staatssekretär Dr. Walter Strauß, Bd. 155, S. 1.
35 Deutscher Bundestag, 1. Wahlperiode, 5. Sitzung. Stenographisches Protokoll, 20. September 1949, S. 27.
36 Ebd.
37 Torben Fischer und Matthias N. Lorenz (Hrsg.), *Lexikon der «Vergangenheitsbewältigung» in Deutschland. Debatten- und Diskursgeschichte des Nationalsozialismus nach 1945*, Bielefeld 2007, S. 93.
38 Bundeskanzler Konrad Adenauer an den Geschäftsführenden Vorsitzenden der Alliierten Hohen Kommission, André François-Poncet, 30. Dezember 1949, in: BArch B 141/4284.
39 Zahlenangaben nach: Fischer und Lorenz (Hrsg.), *Lexikon der «Vergangenheitsbewältigung» in Deutschland*, S. 93.
40 BVerfG, Beschluss v. 22. April 1953 – BvL 18/52, in: Entscheidungen des Bundesverfassungsgerichts Bd. 2, S. 213.
41 BVerfGE 2, 213, S. 216.
42 BVerfGE 2, 213, S. 216.
43 BVerfGE 2, 213, S. 219.

44 BVerfGE 2, 213, S. 221 ff.
45 Deutscher Bundestag, 1. Wahlperiode, 40. Sitzung, 23. Februar 1950. Stenographisches Protokoll, S. 1347.
46 So verabschiedete der «Bundestagsausschuss zum Schutze der Verfassung» am 6. Oktober 1950 Empfehlungen, in denen er zwar einerseits für die weitere «Durchführung von Strafverfahren wegen individueller Verbrechen», andererseits aber zugleich für die Beendigung der Entnazifizierung plädierte. Vgl. Deutscher Bundestag, 1. Wahlperiode, Drucksache 1440, 6. Oktober 1950.
47 Vgl. hierzu ausführlich Eichmüller, *Keine Generalamnestie*, S. 42 ff.
48 Vgl. hierzu bes. die kritischen Betrachtungen von Klaus-Dieter Godau-Schüttke, *Der Bundesgerichtshof. Justiz in Deutschland*, Berlin 2005.
49 Gesetz zur Wiederherstellung der Rechtseinheit auf dem Gebiet der Gerichtsverfassung, der bürgerlichen Rechtspflege, des Strafverfahrens und des Kostenrechts vom 12. September 1950, in: BGBl. 1950, Nr. 40, S. 455.
50 Eichmüller, *Keine Generalamnestie*, S. 48.
51 Thomas Horstmann und Heike Litzinger, *An den Grenzen des Rechts. Gespräche mit Juristen über die Verfolgung von NS-Verbrechen*, Frankfurt am Main und New York 2006, S. 160.
52 Aufzeichnung «Die Verfolgung nationalsozialistischer Straftaten durch Staatsanwaltschaften und Gerichte im Gebiet der Bundesrepublik Deutschland seit 1945» (VS-Nur für den Dienstgebrauch), undatiert (1961), in: BArch B 305/48, Bl. 266.
53 Vgl. Verordnung Nr. 234 der britischen Militärregierung vom 31. August 1951, in: *Amtsblatt der Alliierten Hohen Kommission*, S. 1138; Verordnung Nr. 171 der französischen Militärregierung vom 31. August 1951, in: *Amtsblatt der Alliierten Hohen Kommission*, S. 1137. Das KRG 10 selbst wurde allerdings erst durch § 2 des Ersten Gesetzes zur Aufhebung des Besatzungsrechts vom 30. Mai 1956 (Bundesgesetzblatt I, S. 437) aufgehoben.
54 Thomas Dehler an die FDP-Bürgerschaft im Hamburger Senat, 12. November 1951, in: BArch B 141/3226, zit. nach: Eichmüller, *Keine Generalamnestie*, S. 63.
55 Ebd., Bl. 267.
56 Ebd., Bl. 271. Bei den leichteren Fällen war das Verhältnis ähnlich. Allerdings sind in der Statistik des BMJ hierzu nur 1611 Urteile – das heißt rund 30 Prozent der Gesamtzahl – erfasst.
57 Thomas Dehler an Manfred Klaiber, 27. November 1950, in: ADL, N1/2201.
58 Vgl. hierzu ausführlich Frei, *Vergangenheitspolitik*, S. 190 ff.
59 «Robert Ingrim» war nur ein Pseudonym. Ingrim hieß mit richtigem Namen Franz Robert Klein. Vgl. *Christ und Welt*, 7. Dezember 1950; sowie *Mannheimer Morgen*, 16. Dezember 1950, zit. nach: Ebd., S. 209.
60 Friedrich Grimm, *Politischer Mord und Heldenverehrung*, Berlin 1938, S. 32.
61 Vgl. Friedrich Grimm, *Mit offenem Visier. Aus den Lebenserinnerungen eines deutschen Rechtsanwalts*. Als Biographie bearbeitet von Hermann Schild, Leoni 1961.
62 Vgl. Ulrich Herbert, *Best. Biographische Studien über Radikalismus, Weltanschauung und Vernunft 1903–1989*, Bonn 2001, S. 454. In der Kanzlei Achenbachs arbeitete außerdem Dr. jur. Elisabeth Gombel, die Verteidigerin von Ernst Wilhelm Bohle, dem langjährigen Chef der Auslandsorganisation der NSDAP, der am 11. April 1949 im sogenannten Wilhelmstraßen-Prozess zu fünf Jahren Haft verurteilt wurde.
63 Zu Verlauf und Ergebnis des Ermittlungserfahrens siehe ausführlich Herbert, *Best*, S. 448 ff.
64 Ernst Achenbach an Thomas Dehler, 6. September 1951, in: ADL, NL Dehler N1–1054.
65 Thomas Dehler an Fritz Koch, 7. September 1951, in: ADL, NL Dehler N1–1054.
66 Vgl. Friedrich Grimms an Ernst Achenbach, 2. September 1951 (Anhang eines Schreibens von Achenbach an Dehler), in: ADL, Nachlass Dehler N1–1054.
67 Zur direkten Verbindung zwischen Best und Kanter vgl. Herbert, *Best*, S. 445 ff.
68 So Friedrich Grimm im Prozess gegen zwei Angehörige des Judenreferats der Gestapo Weimar vor dem Schwurgericht beim Landgericht Darmstadt im April 1952, in: *Allgemeine Wochenzeitung der Juden in Deutschland*, 25. April 1952; sowie *Frankfurter All-*

gemeine Zeitung, 17. April 1952. Vgl. auch *Kölnische Rundschau*, 9. Juli 1954. Ausführlich hierzu Eichmüller, *Keine Generalamnestie*, S. 106.

69 Denkschrift «Gesichtspunkte zur Liquidation der politischen Strafsachen einer abgeschlossenen Epoche», in: Frei, *Vergangenheitspolitik*, S. 106. Vgl. hierzu auch Werner Best an Ernst Kanter, 15. November 1952, in: BArch B 141/4338.

70 Ernst Achenbach an Thomas Dehler, 3. November 1952, in: BArch B 141/4338. Achenbach sprach dabei von einem «Kurztreten» der Justiz.

71 Ernst Achenbach an Thomas Dehler, 8. Dezember 1952, in: BArch B 141/4338.

72 Ebd. So auch Frei, *Vergangenheitspolitik*, S. 108.

73 Thomas Dehler an Ernst Achenbach, 9. Januar 1953, in: BArch B 141/4338.

74 Herbert, *Best*, S. 470, 637 (Fn. 218).

75 Alfons Wahl, Vermerk und Entwurf eines Straffreiheitsgesetzes, 18. Mai 1953, in: IfZArch, ED 094, Bd. 166b.

76 Robert Kurt Albert Platow, «ein talentierter und gewitzter Nachrichtenhändler», wie der «Spiegel» damals schrieb, war der Herausgeber eines Wirtschaftsinformationsdienstes, der in seinem *Platow Brief* 1951 den Referentenentwurf für ein geplantes Kartellgesetz veröffentlicht hatte. Da er sich das Material kaum auf legalem Wege beschafft haben konnte, lag nach Meinung der Staatsanwaltschaft der Verdacht des Geheimnisverrats nahe. Die Ermittlungen gegen Platow und seinen Mitarbeiter Arno Wegrich führten schließlich zum Vorwurf der aktiven Bestechung und Verleitung zu strafbarer Handlung im Amt. Umgekehrt sollten aber auch fünfzehn Bundesbedienstete vor Gericht, die Platow geholfen hatten, an das Material zu kommen. Im Sommer 1953 wuchs sich die Affäre zu einem handfesten Skandal aus, als alle Fraktionen des Bundestages mit Ausnahme der KPD am 29. Juli ein Amnestiegesetz beschlossen, um die Beschuldigten von weiterer Strafverfolgung auszunehmen, und Bundesjustizminister Dehler sich wegen rechtlicher Bedenken weigerte, die «Lex Platow» zu unterzeichnen, und in einem Aktenvermerk notierte, das Gesetz sei «verfassungswidrig». Vgl. Kollision in Karlsruhe, in: *Der Spiegel*, 12. Januar 1955, S. 16 ff.

77 Vgl. Eichmüller, *Keine Generalamnestie*, S. 113.

78 Ebd., S. 114.

79 Bundesgesetzblatt I 1954, S. 204.

80 Deutscher Bundestag, 2. Wahlperiode, 17. Sitzung, 26. Februar 1954, S. 587.

81 Deutscher Bundestag, 2. Wahlperiode, 41. Sitzung, 15. Juli 1954. Stenographisches Protokoll, S. 1927.

82 Angaben des Statistischen Bundesamtes, in: BArch B 141/4357; Frei, *Vergangenheitspolitik*, S. 127.

83 Eichmüller, *Keine Generalamnestie*, S. 113. Eichmüller bezieht sich hier auf Ergebnisse von Erhebungen des Instituts für Zeitgeschichte.

84 Angaben des Statistischen Bundesamtes, in: BArch B 141/4357.

85 Frei, *Vergangenheitspolitik*, S. 128 f.

86 *Deutsche Justiz* (DJ) 1935, S. 203 ff, geändert durch Verfügungen des Reichsministers der Justiz vom 11. August 1936 (DJ S. 1220), 21. Dezember 1936 (DJ S. 24), 25. März 1937 (DJ S. 491), 10. Juni 1938 (DJ S. 925), 9. Januar 1939 (DJ S. 96) und 16. Dezember 1943 (DJ S. 585).

87 Reichsgesetzblatt I, Nr. 7, 1935, S. 65.

88 Erlass des Führers und Reichskanzlers über die Ausübung des Gnadenrechts vom 1. Februar 1935, in: RGBl I, S. 74 f.

89 Ernst Rudolf Huber, *Verfassungsrecht des Großdeutschen Reiches*, 2. Aufl., Hamburg 1939, S. 281 (1. Aufl. 1937).

90 Tagung des Amtes für Gnadensachen in der Kanzlei des Führers der NSDAP. 13. und 14. Mai 1938 in der Akademie für Deutsches Recht, Berlin 1938. – Der Tagungsband war als «Geheim – Nur für den Dienstgebrauch» eingestuft.

91 Ebd., S. 91.

92 Ebd., S. 97.

93 Johann-Georg Schätzler, *Handbuch des Gnadenrechts. Gnade – Amnestie – Bewährung*, 2., neu bearb. u. erw. Aufl., München 1992, S. 274.

94 Ebd., S. XIII u. 229 ff.
95 Ebd., S. 274.
96 Ebd., S. 80.
97 BMJ PA Schätzler, P 11 – Sch 104.
98 So Stephan Rixen/Hansgeorg Birkhoff/Michael Lemke, Gnadenrecht, Ein Handbuch, in: *Die Öffentliche Verwaltung* (DÖV) 2012, S. 851 f.
99 Thomas Giegerich, in: Maunz/Dürig, *Grundgesetz. Kommentar seit 1958* (Loseblattsammlung), München 1958 ff.: 76. EL, Art. 123, Rn. 20; Wolff, in: Mangoldt/Klein/Starck, *Das Bonner Grundgesetz. Kommentar seit 1953*, 6. Aufl., Bd. 3, München 2010, Art. 123 Rn. 13; sowie Hans D. Jarass, in: Jarass/Pieroth, *Grundgesetz. Kommentar seit 1989*, 13. Aufl., München 2014, Art. 123 Rn. 5.
100 Giegerich, in: Maunz/Dürig, Art. 123, Rn. 40 ff.
101 Das BVerfG konnte in seinem Beschluss v. 23. April 1969 – 2 BvR 552/63, in: BVerfGE 25, 352 eine Verfassungswidrigkeit des Gnadenrechts indes nicht festellen; es erwähnte dabei die NS-Gnadenordnung mit keinem Wort. Lediglich ein Minderheitenvotum forderte eine Willkürkontrolle für Gnadenentscheidungen (BVerfGE 25, 352 [ab S. 363]).
102 Az. II A 3–4250II – 23 281/2012.
103 Feier anlässlich der Übergabe der Amtsgeschäfte, 22. Oktober 1953, in: ADL, Bestand Thomas Dehler, N1–3059.
104 Theodor Heuss an Thomas Dehler (Nur persönlich!), 25. November 1952, in: *Theodor Heuss: Lieber Dehler!*, S. 84 u. 86.
105 Kurzprotokoll der Sitzung der FDP-Bundestagsfraktion vom 24. März 1953, in: ADL, Nr. A 40–733; Deutscher Bundestag, 1. Wahlperiode, 276. Sitzung, 25. Juni 1953, S. 13721. – Der Haushalt des Bundesministeriums der Justiz wies in diesem Jahr Einnahmen in Höhe von knapp 23,4 Millionen DM auf, von denen der Löwenanteil mit mehr als 21 Millionen DM auf Einnahmen des Deutschen Patentamts entfiel. Zahlenangaben nach: Ebd., S. 13719.
106 Ebd., S. 13721.
107 Arnulf Baring merkte dazu an, so sehr Dehler als Justizminister im ersten Kabinett Adenauer «ein kritikloser Bewunderer und blinder Parteigänger des Bundeskanzlers gewesen» sei, so sehr habe er «seit seiner Entfernung aus der Regierung [...] den früher verehrten Adenauer immer mehr mit der Erbitterung eines menschlich tief Enttäuschten» betrachtet. Vgl. Baring, *Machtwechsel*, S. 35.
108 Dreher, Erinnerungen an die Frühzeit des Bundesjustizministeriums, in: *Der Geist der Rosenburg*, S. 26. Dort heißt es weiter: «Ein Haus im Münchner Herzogpark, in dem erlesene Kunstwerke versammelt waren, und ein Traumhaus auf Capri, mit herrlicher Aussicht hoch über den Faraglioni gelegen, waren für Neumayer und seine kultivierte Frau, die aus der Nähmaschinendynastie Pfaff stammte, das angemessene Ambiente. Im Justizministerium war Neumayer der Mann der großen Strafrechtsreform.»
109 Siehe hierzu ausführlich Annette Weinke, *Die Verfolgung von NS-Tätern im geteilten Deutschland. Vergangenheitsbewältigungen 1949–1969 oder Eine deutsch-deutsche Beziehungsgeschichte im Kalten Krieg*, Paderborn u. a. 2002, S. 76–100. Vgl. auch von Miquel, *Ahnden oder amnestieren?*, S. 23–81, sowie Michael Lemke, Kampagnen gegen Bonn. Die Systemkrise der DDR und die West-Propaganda der SED 1960–1963, in: *Vierteljahrshefte für Zeitgeschichte*, 41. Jg. (1993), H. 2, S. 153–174. Der «Ausschuss für deutsche Einheit» pflegte ebenfalls enge Kontakte mit vergleichbaren Institutionen anderer sozialistischer Länder. Vgl. auch Sitzung des Politbüros, Protokoll 28/53, 26. Mai 1953, in: SAPMO-BArch NY 30, J IV 2/2/282, Bl. 11 f.
110 Vgl. hierzu Michael Lemke, *Einheit oder Sozialismus? Die Deutschlandpolitik der SED 1949–1961*, Köln und Weimar 2001, S. 314. Die eigentliche Verantwortung für den Ausschuss lag jedoch bei Walter Ulbricht und Friedrich Ebert Jr., dem Sohn des ehemaligen Reichspräsidenten und seit 1946 Oberbürgermeister von Ost-Berlin und ebenfalls Mitglied des Politbüros des ZK der SED. Siehe Beschluss des Politbüros, Arbeitsprotokoll 4/54, 15. Januar 1954, in: SAPMO-BArch J IV 2/2A/326.
111 *Livre Brun sur l'incendie du Reichstag et le terreur hitlerienne*. Mit einem Vorwort von Lord Marley, Paris 1933.

112 Siehe hierzu unter anderem Norbert Podewin, *Albert Norden. Der Rabbinersohn im Politbüro*, 2. Aufl., Berlin 2003; Andreas Herbst u. a. (Hrsg.), *So funktionierte die DDR*. Bd. 1: *Lexikon der Organisationen und Institutionen*, Hamburg 1985, S. 83 f. Vgl. auch Gabriel Baumgartner und Dieter Hebig (Hrsg.), *Biographisches Handbuch der SBZ/DDR 1945–1990*, München 1997, Bd. 2, S. 604 f.
113 Vgl. Weinke, *Die Verfolgung von NS-Tätern*, S. 76. Zur Deutschlandpolitik der DDR siehe auch Christoph Kleßmann, *Zwei Staaten, eine Nation. Deutsche Geschichte 1955–1970*, Bonn 1988, sowie Wilfried Loth, *Ost-West-Konflikt und deutsche Frage*, München 1989.
114 Weinke, *Die Verfolgung von NS-Tätern*, S. 77.
115 Am 24. November 1955 erhielt das Staatssekretariat für Staatssicherheit seinen Status als «Ministerium für Staatssicherheit» (MfS) zurück und wurde zusätzlich dadurch aufgewertet, dass nun auch die Auslandspionage der DDR, die sogenannte Hauptverwaltung Aufklärung, unter Markus Wolf in das MfS integriert wurde. Erich Mielke, der heute oft allein mit dem MfS identifiziert wird, übernahm dessen Leitung erst 1957, die er dann bis zum 7. November 1989 beibehielt.
116 BStU, MfS SdM 1920, S. 16. Vgl. auch Karsten Jedlitschka und Philipp Springer (Hrsg.), *Das Gedächtnis der Staatssicherheit. Die Kartei- und Archivabteilung des MfS*, Göttingen 2015. Aufschlussreich ist hierin vor allem der Beitrag von Philipp Springer über die Entwicklung, Struktur und Funktion der Abteilung XII, S. 25–150, hier bes. S. 48 ff.
117 Vgl. hierzu ausführlich von Miquel, *Ahnden oder amnestieren?*, S. 29 f.; sowie Weinke, *Die Verfolgung von NS-Tätern*, S. 76. Zur «Blutrichterkampagne» und ihren einzelnen Phasen siehe bes. Sonja Boss, *Unverdienter Ruhestand. Die personalpolitische Bereinigung belasteter NS-Juristen in der westdeutschen Justiz* (= Hubert Rottleuthner (Hrsg.), Justizforschung und Rechtssoziologie, Bd. 7), Berlin 2009, S. 31 ff.
118 Rede Nordens auf der Pressekonferenz vom 23. Mai 1957, in: BArch B 141/50449, zit. nach: Miquel, *Ahnden oder amnestieren?*, S. 29.
119 Siehe ebd., S. 29 f.
120 Gerhard Leibholz an Walter Strauß, 11. Juni 1957, in: IfZArch, EB 94 Bestand Staatssekretär Dr. Walter Strauß.
121 Walter Strauß an Gerhard Leibholz, 5. Juli 1957, in: Ebd.
122 Walter Strauß an Ernst Wolf Mommsen, 27. September 1957, in: Ebd.
123 Hermann Wentker, Die gesamtdeutsche Systemkonkurrenz und die durchlässige innerdeutsche Grenze. Herausforderung und Aktionsrahmen für die DDR in den fünfziger Jahren, in: Dierk Hoffmann u. a. (Hrsg.), *Vor dem Mauerbau. Politik und Gesellschaft in der DDR der fünfziger Jahre*, München 2003, S. 71. Zahlenangaben zur Fluchtbewegung aus der DDR in den Westen nach: Presse- und Informationsamt des Landes Berlin, *Die Mauer und ihr Fall*, 7. Aufl., Berlin 1996. Die genaue Zahl der Flüchtlinge von 1949 bis 1957 betrug 1 984 343.
124 Vgl. Conze u. a., *Das Amt*, S. 18. Beispiele dafür waren der Generalbundesanwalt Wolfgang Fränkel, der am 24. Juli 1962 in den einstweiligen Ruhestand versetzt wurde, und der Bundesminister für Vertriebene Hans Krüger, der am 17. Januar 1964 zunächst auf eigenen Wunsch suspendiert wurde und am 31. Januar seinen Rücktritt einreichte.
125 Hier und nachfolgend Weinke, *Die Verfolgung von NS-Tätern*, S. 79–82.
126 Deutscher Bundestag, 1. Wahlperiode, 40. Sitzung, 23. Februar 1950. Stenographisches Protokoll, S. 1337.
127 BArch B 141/33726. Vgl. auch von Miquel, *Ahnden oder amnestieren?*, S. 36.
128 Dreher, Erinnerungen an die Frühzeit des Bundesjustizministeriums, in: *Der Geist der Rosenburg*, S. 29 f.
129 Vgl. Boss, Unverdienter Ruhestand, S. 62.
130 Ebd.
131 Ebd., S. 62 f.
132 Siehe hierzu ausführlich S. 225 ff. Vgl. ebenfalls Annette Weinke, *Eine Gesellschaft ermittelt gegen sich selbst. Die Geschichte der Zentralen Stelle in Ludwigsburg 1958–2008*, Darmstadt 2008; Rüdiger Fleiter, Die Ludwigsburger Zentrale Stelle – eine Strafverfolgungsbehörde als Legitimationsinstrument? Gründung und Zuständigkeit 1958 bis 1965,

in: *Kritische Justiz*, 35. Jg., 2002, S. 253–272; Heike Krösche, «Die Justiz muss Farbe bekennen». Die öffentliche Reaktion auf die Gründung der Zentralen Stelle der Landesjustizverwaltungen 1958, in: *Zeitschrift für Geschichtswissenschaft*, Bd. 56, 2008, H. 4, S. 338–357; Hans H. Pöschko (Hrsg.), *Die Ermittler von Ludwigsburg. Deutschland und die Aufklärung nationalsozialistischer Verbrechen*, hrsg. im Auftrag des Fördervereins Zentrale Stelle e. V., Berlin 2008.

133 Walter Strauß, Vorsorglicher Vermerk zur Wiederverwendung von Richtern und Staatsanwälten der nationalsozialistischen Zeit, 5. Dezember 1958, in: BArch B 141/50451 Angriffe gegen Angehörige der Bundesjustiz wegen ihrer früheren Amtstätigkeit (1933–1945), Materialband 2 (Betr. Große Anfrage der Fraktion der SPD betr. Fragen der Justizpolitik), Bl. 29.

134 Hendrik Georg van Dam und Ralph Giordano (Hrsg.), *KZ-Verbrechen vor deutschen Gerichten. Dokumente aus den Prozessen gegen Sommer (KZ Buchenwald), Sorge, Schubert (KZ Sachsenhausen), Unkelbach (Ghetto in Czenstochau)*, Frankfurt am Main 1962.

135 Van Dam an Strauß v. 6. April 1962, in: IfZArch, ED 94 Bestand Staatssekretär Dr. Walter Strauß, Bd. 210.

136 Strauß an van Dam v. 13. April 1962, in: Ebd.

137 Nationalrat der Nationalen Front des Demokratischen Deutschland und dem Dokumentationszentrum der Staatlichen Archivverwaltung der DDR (Hrsg.), *Braunbuch. Kriegs- und Naziverbrecher in der Bundesrepublik. Staat, Wirtschaft, Armee, Verwaltung, Justiz, Wissenschaft*, Ost-Berlin 1965.

138 Aus dem Bereich des BMJ werden dabei insgesamt 26 Mitarbeiter genannt: Wilhelm Bertram, Arthur Bülow, Wilhelm Dallinger, Eduard Dreher, Heinrich Ebersberg, Georg Elsenheimer, Rudolf Fleischmann, Willi Geiger, Ernst Geßler, Gerrit von Haeften, Josef Herzog, Friedrich Jung, Ernst Kanter, Theodor Kleinknecht, Walter Kraegeloh, Hans Lüttger, Franz Massfeller, Karl-Heinz Nüse, Walter Roemer, Hans Eberhard Rotberg, Erwin Saage, Josef Schafheutle, Joachim Schölz, Georg Schwalm, Heinrich von Spreckelsen, Hermann Weitnauer. Genannt werden auch vier Justizminister: Richard Jaeger, Hans-Joachim von Merkatz, Fritz Neumayer und Fritz Schäffer.

139 Weinke, *Die Verfolgung von NS-Tätern*, S. 78 f.

140 In seiner 3. Auflage enthielt das «Braunbuch» sogar über 2300 Namen. Im Gegenzug erschienen in West-Berlin und in der Bundesrepublik nun auch ähnliche Veröffentlichungen, die die nationalsozialistische Vergangenheit von Staats- und Parteifunktionären der DDR offenlegten. So veröffentlichte der «Untersuchungsausschuss Freiheitlicher Juristen» (UFJ) – eine 1949 in West-Berlin gegründete Organisation mit dem Ziel, rechtsstaatswidrige Verhältnisse in der DDR offenzulegen – im Juli 1965 unter dem Titel «Ehemalige Nationalsozialisten in Pankows Diensten» erstmals eine Liste von 75 ehemaligen NSDAP-Mitgliedern im Staatsdienst der DDR.

141 *Braunbuch: Kriegs- und Naziverbrecher in der Bundesrepublik*. Siehe auch Jens-Christian Wagner, Der Fall Lübke, in: *Die Zeit*, Nr. 30, 19. Juli 2007.

142 Eine kritische Biographie Heinrich Lübkes steht noch aus. Die quellengesättigte Biographie von Rudolf Morsey, *Heinrich Lübke. Eine politische Biographie*, Paderborn 1996, wird diesem Anspruch nur bedingt gerecht. Vgl. hierzu Dirk van Laak, Adrette Fassade. Rudolf Morsey stilisiert Heinrich Lübke zum tragischen Helden, in: *Die Zeit*, Nr. 52, 20. Dezember 1996.

143 Vgl. Was möglich ist, in: *Der Spiegel*, H. 44, 23. Oktober 1967, S. 76.

144 Ein 2002 erschienener Reprint war schnell vergriffen. Siehe Norbert Podewin (Hrsg.): *Braunbuch. Kriegs- und Naziverbrecher in der Bundesrepublik und in Berlin (West)*. Reprint der Ausgabe von 1968, Berlin 2002.

145 Götz Aly bezeichnete den Band sogar als «politische Pornografie». Götz Aly, Rezension, in: *Süddeutsche Zeitung*, 9. August 2002.

146 Ebd.

147 Der Film wurde 1960 gegen den Willen des Bundesinnenministers mit dem Bundesfilmpreis ausgezeichnet. Vgl. von Miquel, *Ahnden oder amnestieren?*, S. 50 f.

148 Stephan A. Glienke, Studenten gegen Nazi-Richter, in: *Spiegel Online*, 24. Februar 2010.

149 Vgl. Ralph Giordano, Die zweite Schuld, in: Ders., *Nationalsozialismus und Justiz. Die Aufarbeitung von Gewaltverbrechen damals und heute*, Münster 1993, S. 87; sowie Michael Kohlstruck, Das zweite Ende der Nachkriegszeit. Zur Veränderung der politischen Kultur um 1960, in: Gary S. Schaal und Andreas Wöll (Hrsg.), *Vergangenheitsbewältigung. Modelle der politischen und sozialen Integration in der westdeutschen Nachkriegsgeschichte*, Baden Baden 1997, S. 118.

150 Vgl. den hektographierten Ausstellungskatalog von Wolfgang Koppel, *Ungesühnte Nazijustiz. Hundert Urteile klagen ihre Richter an*, Karlsruhe 1960.

151 Vgl. hierzu ausführlich Gottfried Oy und Christoph Schneider, *Die Schärfe der Konkretion. Reinhard Strecker, 1968 und der Nationalsozialismus in der bundesdeutschen Historiografie*, 2., korr. Aufl., Münster 2014; Stephan A. Glienke, *Die Ausstellung «Ungesühnte Nazijustiz» (1959-1962). Zur Geschichte der Aufarbeitung nationalsozialistischer Justizverbrechen*, Baden-Baden 2008; Weinke, *Die Verfolgung von NS-Tätern*, S. 101-108; sowie Michael Kohlstruck, Reinhard Strecker - «Darf man seinen Kindern wieder ein Leben in Deutschland zumuten?», in: Claudia Fröhlich und Michael Kohlstruck (Hrsg.), *Engagierte Demokraten. Vergangenheitspolitik in kritischer Absicht*, Münster 1999, S. 185-212. - Mit seiner Ausstellung rüttelte Reinhard Strecker die deutsche Gesellschaft auf. Anlässlich seines 85. Geburtstags wurde er dafür im Oktober 2015 mit dem Bundesverdienstkreuz ausgezeichnet. «Besser spät als nie», bemerkte dazu der Journalist Christoph David Piorkowski im Berliner «Tagesspiegel». Siehe NS-Justiz-Aufklärer Reinhard Strecker. Wider die Politik des Vergessens, in: *Tagesspiegel online*, 14. Oktober 2015.

152 von Miquel, *Ahnden oder amnestieren?*, S. 50 ff. Die Ausstellung präsentierte davon nur eine «willkürliche Auswahl» von Kopien aus Personalakten (35 Schnellhefter) und NS-Strafakten (105 Schnellhefter) sowie Personallisten des Volksgerichtshofs, Hinrichtungslisten der Haftanstalt Brandenburg und eine Vielzahl schockierender Todesurteile. Siehe hierzu Weinke, *Die Verfolgung von NS-Tätern*, S. 101.

153 *Badische Neueste Nachrichten*, 30. November 1959.

154 Miquel, *Ahnden oder amnestieren?*, S. 50 ff.

155 Marc von Miquel, «Juristen: Richter in eigener Sache», in: Norbert Frei (Hrsg.), *Karrieren im Zwielicht. Hitlers Eliten nach 1945*, Frankfurt am Main 2001, S. 211.

156 Zur Rezeption im Ausland, insbesondere in Großbritannien, siehe eingehend Stephan A. Glienke, «Solche Sache schadet doch im Ausland...» Der Umgang mit dem Nationalsozialismus - Differenzen zwischen der Bundesrepublik Deutschland und Großbritannien, in: Jörg Calließ (Hrsg.), *Die Geschichte des Erfolgsmodells BRD im internationalen Vergleich* (= Loccumer Protokolle 24/05), Rehburg-Loccum 2006, S. 35-61.

157 von Miquel, «Juristen: Richter in eigener Sache», S. 216.

158 Hermann Weinkauff, Warum und Wie Große Justizreform?, in: Gerhard Erdsiek (Hrsg.), *Juristen-Jahrbuch*, Bd. 1, 1960, S. 5 ff.

159 Ebd., S. 10 ff.

160 Vgl. hierzu etwa die Leitsätze der Kommission des Deutschen Richterbundes für die Große Justizreform, in: *DRiZ* 1959, S. 346-350. Dort hieß es im Leitsatz B.1: «Es kommt darauf an, geistig und charakterlich hochstehende Persönlichkeiten heranzubilden und für das Richteramt zu gewinnen. Studium und Vorbereitungsdienst sind auf dieses Ziel auszurichten. Bei der Prüfung und Bewertung sind strenge Maßstäbe anzulegen.» Zit. nach: *DRiZ* 1960, S. 33-44. Im Leitsatz B.1 wurde weiter erklärt: «Die Reform muß schon bei Studium und Vorbereitungsdienst einsetzen. Insbesondere ist der Gefahr zu begegnen, daß bloße Rechtstechniker herangebildet werden.» In diesem Sinne argumentierte auch Gerhard Marquordt, Der Bericht der Kommission zur Vorbereitung einer Reform der Zivilgerichtsbarkeit, in: Gerhard Erdsiek (Hrsg.), *Juristen-Jahrbuch*, Bd. 2, 1961/1962, S. 127.

161 Referat von Helmut Coing, zit. nach: André Book, *Die Justizreform in der Frühzeit der Bundesrepublik, Die Beratungen der Kommission zur Vorbereitung einer Reform der Zivilgerichtsbarkeit in den Jahren 1955 bis 1961*, Frankfurt am Main 2005, S. 81.

162 Ebd., S. 82 ff.

163 Weinkauff, Warum und Wie Große Justizreform?, S. 7; Marquordt, Der Bericht der

Kommission, S. 121–143. Dort heißt es, man könne den Vorschlägen und Zielen der Befürworter einer Großen Justizreform nur gerecht werden, wenn man sich «die Geschichte der letzten Jahrzehnte, die Stellung der Justiz in der Weimarer Republik und die Erfahrungen aus der Zeit des Nationalsozialismus vor Augen» führe (S. 127). Nicht ganz unbedeutend ist in diesem Zusammenhang der Hinweis, dass Kommissionssekretär Marquordt bereits am 4. Mai 1933 in die SA eingetreten war, in der er bis 1945, seit Januar 1939 im Rang eines Scharführers, tätig war. Seit dem 1. Mai 1937 gehörte er zudem der NSDAP an.

164 Bundesjustizministerium (Hrsg.), *Bericht der Kommission zur Vorbereitung einer Reform der Zivilgerichtsbarkeit*, Bonn 1961, S. 65 f. und 504. Dazu auch André Book, *Die Justizreform in der Frühzeit der Bundesrepublik. Die Beratungen der Kommission zur Vorbereitung einer Reform der Zivilgerichtsbarkeit in den Jahren 1955 bis 1961*, Frankfurt am Main 2005, S. 86 f.

165 Entwurf eines Deutschen Richtergesetzes vom 9. Juli 1958, in: BT-Drucks. III/516, S. 27 (zu den Arbeiten seit 1949) sowie insb. die vom BMJ herausgegebene «Referenten-Denkschrift zur Vorbereitung eines Richtergesetzes» (Köln 1954).

166 Der vom BMJ federführend vorbereitete Entwurf eines Deutschen Richtergesetzes vom 9. Juli 1958 (BT-Drucks. III/516) sah noch keine Regelung für NS-belastete Justizjuristen vor. Lediglich für die im Dritten Reich entlassenen und «wiedergutmachungsberechtigten Richter» sollte in § 109a des Entwurfs (nach einer Intervention durch den Bundesrat) eine Regelung zur Berechnung des Dienstalters (Berücksichtigung der «Zwangspause» in der NS-Zeit) aufgenommen werden (BT-Drucks. III/516, S. 75, 77).

167 Dazu Boss, *Unverdienter Ruhestand*, S. 31 ff., 53 ff.

168 Deutsches Richtergesetz vom 8. Sept. 1961, BGBl. I 1961, S. 1665–1683 (S. 1682). Das Gesetz trat am 1. Juli 1962 in Kraft, während § 116 DRiG bereits am 15. September 1961 in Kraft getreten war.

169 Schriftlicher Bericht des Rechtsausschusses (12. Ausschuss) über den von der Bundesregierung eingebrachten Entwurf eines Deutschen Richtergesetzes, in: BT-Drucks. III/2785, S. 1, 24, 27, 66. Die Beratungen der Rechtsausschüsse des Bundestages und des Bundesrates fanden von Oktober 1959 bis Mai 1961 statt. Die Regelung des § 111a DRiG-E (= § 116 DRiG) ging auf einen Vorschlag des Justizministers von Niedersachsen und auf Anregungen des Deutschen Richterbundes zurück. Zu den Beratungen siehe auch Dieter Gosewinkel, Politische Ahndung an den Grenzen des Justizstaats. Die Geschichte der nationalsozialistischen Justiz im Deutschen Richtergesetz von 1961, in: Norbert Frei u. a. (Hrsg.), *Geschichte vor Gericht, Historiker, Richter und die Suche nach Gerechtigkeit*, München 2000, S. 60–71; Boss, *Unverdienter Ruhestand*, S. 75 ff., 125 ff., 140 ff., 192 ff.

170 Dazu insgesamt Gosewinkel, Politische Ahndung an den Grenzen des Justizstaats, S. 62 f.; Boss, *Unverdienter Ruhestand*, S. 48 ff.; BT-Drucks. III/2785, S. 24.

171 Adolf Arndt, Strafrechtliche Verantwortlichkeit ehemaliger Richter an Sondergerichten, in: *Neue Juristische Wochenschrift* 1960, S. 1140 f.

172 Schriftlicher Bericht des Rechtsausschusses (12. Ausschuss) über den von der Bundesregierung eingebrachten Entwurf eines Deutschen Richtergesetzes, BT-Drucks. III/2785, Entschließungsantrag des Ausschusses vom 9. Juni 1961, S. 27. Dort heißt es: «Der Bundestag erwartet, daß jeder Richter und Staatsanwalt, der wegen seiner Mitwirkung an Todesurteilen mit begründeten Vorwürfen aus der Vergangenheit rechnen muß, sich seiner Pflicht bewußt wird, jetzt aus dem Dienst auszuscheiden, um die klare Trennung zwischen der Vergangenheit und Gegenwart zu sichern. Die rechtsstaatliche Justiz kann sich um der Glaubwürdigkeit der Justiz unter der neuen Ordnung des freiheitlich-demokratischen Rechtsstaates willen unter keinen Umständen mit den Verfehlungen der nationalsozialistischen Zeit in Verbindung bringen lassen.» Nach § 116 DRiG konnten nur Richter und Staatsanwälte, die in der Zeit vom 1. September 1939 bis 9. Mai 1945 als Richter oder Staatsanwalt in der Strafrechtspflege an einer «unvertretbaren Entscheidung» mitgewirkt hatten, einen Antrag auf Versetzung in den Ruhestand stellen. Der Antrag konnte in der Zeit zwischen dem 15. September 1961 (§ 126 DRiG) und dem 30. Juni 1962 (§ 116 II DRiG) gestellt werden. Dazu insgesamt Günther Schmidt-Räntsch, *Deutsches Richtergesetz. Kommentar*, 1. Aufl., München 1962, § 116, S. 520 ff.

173 Dazu Boss, *Unverdienter Ruhestand*, S. 197 ff., 266 ff. Kritische Reaktionen gab es aus der Presse. Vgl. Tausend Haken, in: *Der Spiegel*, Nr. 29, 18. Juli 1962, S. 28–30.
174 Tom Bower, *The Pledge Betrayed. America and Britain and the Denazification of Postwar Germany*, Garden City 1982, S. 364.
175 Großes Interesse an der Arbeit der Zentralen Rechtsschutzstelle bestand auch in Japan, wie aus einem Schreiben «über die wegen angeblicher Kriegsverbrechen in Haft befindlichen japanischen Staatsangehörigen» hervorgeht, das der Zentralstelle vom Auswärtigen Amt am 8. Januar 1953 übermittelt wurde. Dem Schreiben war ein Fragenkatalog der japanischen Botschaft beigefügt, in dem detailliert um Auskunft über die deutsche Vorgehensweise bei dieser Problematik gebeten wurde. Vgl. Schreiben des AA an die ZRS mit Anhang v. 8. Januar 1953, in: BArch B 305/49, Bl. 166–171.
176 Die Schwierigkeiten hinsichtlich der Länder hinter dem «Eisernen Vorhang» wurden erstmals eingehender im Bundestag am 26. Juli 1950 debattiert. Vgl. Deutscher Bundestag, 1. Wahlperiode, 79. Sitzung, 26. Juli 1950, S. 2839C-2841B. Siehe auch Bernhard Brunner, *Der Frankreich-Komplex. Die nationalsozialistischen Verbrechen in Frankreich und die Justiz der Bundesrepublik Deutschland*, Frankfurt am Main 2007, S. 116.
177 Vgl. Bestand Zentrale Rechtsschutzstelle (Bearbeiter: Archivoberinspektor Schlütter), Bonn, 23. Mai 1972, in: IfZArch, Bestand Zentrale Rechtsschutzstelle, 7838/90, S. 1.
178 Ebd.
179 Deutscher Bundestag, 1. Wahlperiode, 5. Sitzung, 20. September 1949. Stenographisches Protokoll, S. 28.
180 Bundeskabinett (BK), 7. Sitzung, 26. September 1949, S. 181.
181 Antrag der Fraktion der CDU/CSU, 29. September 1949, in: Deutscher Bundestag, 1. Wahlperiode 1949, Drucksache Nr. 60.
182 Deutscher Bundestag, 1. Wahlperiode, 5. Sitzung, 20. September 1949. Stenographisches Protokoll, S. 28.
183 Mündlicher Bericht des Ausschusses für Besatzungsstatut und Auswärtige Angelegenheiten (7. Ausschuß) über den Antrag der Fraktion der CDU/CSU – Nr. 60 der Drucksachen –, 4. November 1949, in: Deutscher Bundestag, 1. Wahlperiode 1949, Drucksache Nr. 165. – Zwei Tage zuvor, am 2. November, hatten auch die 11 Abgeordneten der «Deutschen Konservativen Partei – Deutschen Rechtspartei (DKP-DRP)» unter Dr. Franz Richter und Adolf von Thadden im Bundestag den Antrag gestellt, «beim Bundesminister für Justiz eine besondere Rechtsschutzabteilung einzurichten, die den fortdauernden Rechtsschutz aller Deutscher wahrzunehmen hat, die von Gerichten fremder Staaten verurteilt sind oder von fremden Behörden in Gewahrsam gehalten werden, um noch wirklich oder angeblich zur gerichtlichen Aburteilung zu gelangen.» Ihr Antrag war somit ganz auf diejenigen Deutschen im Ausland abgestellt, die wegen Kriegsverbrechen verurteilt oder angeklagt waren. Vgl. *Der Spiegel*, 5. März 1952, S. 28. Interessant war hierbei, dass der Abgeordnete Franz Richter unter falschem Namen im Bundestag agierte. Richter hieß in Wahrheit Fritz Rößler und war ein ehemaliger Gauhauptstellenleiter der NSDAP.
184 Vgl. hierzu den Wortlaut des Antrages der Fraktion der CDU/CSU, 29. September 1949, in: Deutscher Bundestag, 1. Wahlperiode 1949, Drucksache Nr. 60.
185 Vgl. Marion Dönhoff, Eugen Gerstenmaier, in: *Die Zeit*, 17. August 1950.
186 Deutscher Bundestag, 1. Wahlperiode, 19. Sitzung, 1. Dezember 1949. Stenographisches Protokoll, S. 544.
187 Ebd.
188 Ebd., S. 545.
189 Vgl. Konrad Adenauer und Theodor Heuss, *Unter vier Augen. Gespräche aus den Gründerjahren 1949–1959*, Berlin 1997, S. 522.
190 Siehe hierzu ausführlich Wengst, *Thomas Dehler 1897–1967*, S. 71.
191 Darüber hinaus hatte Gawlik noch in zahlreichen weiteren Prozessen mitgewirkt. So hatte er im Wilhelmstraßen-Prozess (Fall 11) den Vizepräsidenten der Deutschen Reichsbank, Emil Puhl, vertreten, der mit einer geringen Haftstraße davonkam, und im Südost-Generäle-Prozess (Fall 7) General Ernst Dehner, der für seine Rolle beim Krieg gegen die Zivilbevölkerung in Jugoslawien zu sieben Jahren Haft verurteilt wurde. Im Pohl-Prozess (Fall 4) gegen das Wirtschafts- und Verwaltungshauptamt der SS hatte Gawlik als

Rechtsbeistand von Hanns Bobermin und Leo Volk agiert, die ebenfalls für Tausende von Morden verantwortlich waren. Und im Prozess gegen Verantwortliche des Rasse- und Siedlungshauptamtes der SS (RuSHA) hatte er Otto Schwarzenberger verteidigt, der im Stabshauptamt des Reichskommissars für die Festigung deutschen Volkstums (RKFDV) das Amt V (Finanzverwaltung) geleitet und dabei mutmaßlich weitreichende Kenntnisse über die Übersiedlungspolitik des RKFDV besessen hatte. Vgl. Priemel und Stiller, *NMT*, S. 113 f.

192 Freisler verstand ihn nicht, in: *Der Spiegel*, Nr. 51, 20. Dezember 1947, S. 18.

193 Siehe hierzu Klaus Marxen, *Das Volk und sein Gerichtshof. Eine Studie zum nationalsozialistischen Volksgerichtshof* (= Juristische Abhandlungen, Bd. 25), Frankfurt am Main 1994.

194 Kurt Behling, Nürnberger Lehren, in: *Juristische Rundschau*, Bd. 1949, H. 16, S. 502.

195 Heinrich Kloppenburg an Gustav Heinemann, 11. November 1949, in: IfZArch, ED 449/11. Kloppenburg selbst hatte kurzzeitig der NSDAP angehört, ehe er 1934 Vorstandsmitglied des Pfarrernotbundes und Leiter der Bekennenden Kirche von Oldenburg geworden war. Vgl. Hannelore Braun, Heinrich Ferdinand Kloppenburg, in: *Biographisch-Bibliographisches Kirchenlexikon*, Bd. 4, Herzberg 1992, Sp. 73–78. Siehe auch «Jubelgeläut Wochen nach Kriegsbeginn», in: *Kreiszeitung Wesermarsch*, 3. August 2012. Der Artikel beruht auf einer Meldung des Evangelischen Pressedienstes (epd) vom 1. September 2009.

196 Lebenslauf Margarethe Bitter, 16. Januar 1953, in: IfZArch, ED 449/11.

197 Vgl. Bestand Zentrale Rechtsschutzstelle (Bearbeiter: Archivoberinspektor Schlütter), Bonn, 23. Mai 1972, in: IfZArch, Bestand Zentrale Rechtsschutzstelle, 7838/90, S. 1.

198 Frei, *Vergangenheitspolitik*, S. 188. Siehe auch Ingrid Peisker, *Vergangenheit, die nicht vergeht. Eine psychoanalytische Zeitdiagnose zur Auseinandersetzung mit dem Nationalsozialismus*, Gießen 2005, S. 546.

199 Deutscher Bundestag, 1. Wahlperiode, 133. Sitzung, 11. April 1951. Stenographisches Protokoll, S. 5128.

200 Frei, *Vergangenheitspolitik*, S. 188, Fn. 83.

201 Zur genauen Vorgehensweise am Beispiel Frankreichs vgl. Brunner, *Der Frankreich-Komplex*, S. 116 f.

202 Ebd., S. 117.

203 Rechtsanwalt Sander an Hans Gawlik mit «Vorschlag zur Lösung des Kriegsverbrecherproblems», 13. Dezember 1951, in: BArch B305/49, Bl. 382.

204 Vgl. hierzu u. a. ZRS an US-Botschaft, 23. August 1954, in: BArch B 305/49, Bl. 32; Rechtsanwalt Burchard-Motz an Hans Gawlik, 7. März 1952, in: BArch B 305/51, Bl. 29; Bundespräsidialamt (Bott) an Margarethe Bitter, 15. März 1951, in: BArch B 305/304, Bl. 33.

205 Deutscher Bundestag, 1. Wahlperiode, 19. Sitzung, 1. Dezember 1949. Stenographische Protokolle, S. 545.

206 Deutscher Bundestag, 1. Wahlperiode, 26. Sitzung, 11. Januar 1950. Stenographische Protokolle, S. 782. Dehler nahm hier Bezug auf eine Interpellation der SPD vom 9. Dezember 1949, was seitens der Bundesregierung unternommen worden sei, um den Gefangenen in Frankreich Hilfe zuteil werden zu lassen. Darin wurde der SPD-Vorsitzende Kurt Schumacher mit seinen Worten vom 15. November 1949 zitiert, «in der Psychose der Vergeltung nach der Liquidation des Hitlerkrieges seien in Frankreich eine große Anzahl von militärgerichtlichen Urteilen gegen deutsche Kriegsgefangene gefällt worden, die wohl nicht immer den Tatsachenbestand gerecht beurteilt hätten, in der großen Überzahl der Fälle aber im Strafmaß, das gleich nach Jahrzehnten bemessen worden sei, *über das menschlich Erträgliche hinausgegangen* seien.» (Hervorh. d. Verf.), Ebd., S. 781.

207 Ebd., S. 782 f. Dehler behauptete wörtlich: «Wo sind die Schuldigen? Soweit Feststellungen getroffen worden sind, sind sie tot oder verschollen, übrig geblieben sind fünf kleine Leute, fünf junge Menschen, die zum größten Teil bei dem Vorgang noch minderjährig waren, die durch einen Befehl in ein Kommando hineingestellt worden sind, denen man – abgesehen von einem – gar nicht nachweisen kann, dass sie gehandelt haben.»

208 Zit. in: *Akten zur auswärtigen Politik der Bundesrepublik Deutschland 1951*, hrsg. im

ANMERKUNGEN ZU S. 216–221 503

Auftrag des Auswärtigen Amts vom Institut für Zeitgeschichte, München 1999, S. 417, Fn. 35.
209 Vgl. hierzu Hans-Jürgen Döscher, *Seilschaften. Die verdrängte Vergangenheit des Auswärtigen Amts*, Berlin 2005, S. 291.
210 Aufzeichnung des Vortragenden Legationsrats Dittmann, 10. Juli 1951, in: *Akten zur auswärtigen Politik der Bundesrepublik Deutschland 1951*, S. 410 ff.
211 Ebd., Dokument 126, S. 417.
212 Vgl. Bernhard Brunner, Lebenswege der deutschen Sipo-Chefs in Frankreich nach 1945, in: Ulrich Herbert (Hrsg.), *Wandlungsprozesse in Westdeutschland. Belastung, Integration, Liberalisierung 1945–1980*, 2. Aufl., Göttingen 2003, S. 214.
213 Conze u. a., *Das Amt*, S. 463 f.
214 BArch B 305/84, Bl. 9–10, 12–13, 27–28, 39. Siehe auch Conze u. a., *Das Amt*, S. 464 f.
215 Aufzeichnung, 29. November 1952, in: BArch B 305/84, Bl. 2. Zur Entscheidung Adenauers vgl. Conze u. a., *Das Amt*, S. 465.
216 BArch B 305/84, Bl. 9–13, 33–36; Aufzeichnung Bitter v. 26. November 1952, in: IfZArch, ED 449/16, Bl. 145–149; Eilbrief Bitter an Roemer betreffs Einladung in die «Rosenburg», 1. September 1952, in: IfZArch, ED 449/16, Bl. 150.
217 Vgl. hierzu die kurze Charakterisierung der ZRS in: Weinke, *Eine Gesellschaft ermittelt gegen sich selbst*, S. 194. Siehe auch Brunner, *Der Frankreich-Komplex*, S. 116 f.
218 Siehe S. 225 ff.
219 Weinke, *Eine Gesellschaft ermittelt gegen sich selbst*, S. 31 ff.
220 Vgl. hierzu Ulrich Brochhagen, *Nach Nürnberg. Vergangenheitsbewältigung und Westintegration in der Ära Adenauer*, Hamburg 1994.
221 Siehe Klaus Bästlein, «Nazi-Blutrichter als Stützen des Adenauer-Regimes». Die DDR-Kampagnen gegen NS-Richter und Staatsanwälte, die Reaktionen der bundesdeutschen Justiz und ihre gescheiterte «Selbstreinigung» 1957–1968, in: Helga Grabitz u. a. (Hrsg.), *Die Normalität des Verbrechens*, Berlin 1994, S. 408–443; Henry Leide, *NS-Verbrecher und Staatssicherheit. Die geheime Vergangenheitspolitik der DDR*, 3. Aufl., Göttingen 2007; sowie «Im deutschen Staat des Friedens und des Rechts. Weltgericht über Globke», in: *Neues Deutschland*, 9. Juli 1963, S. 1.
222 Siehe Aufklärungsmaterial bezüglich der antisemitischen Vorfälle in der Bundesrepublik, 10. März 1960, in: BArch B 305/46, Bl. 342 f.; Entwurf Materialsammlung «Die Verfolgung nationalsozialistischer Straftaten im Gebiet der Bundesrepublik Deutschland seit 1945», Dezember 1963, in: BArch B 305/48, Bl. 155–235; Bericht «Die Verfolgung nationalsozialistischer Straftaten durch Staatsanwaltschaften und Gerichte im Gebiet der -Bundesrepublik Deutschland seit 1945», o. D. (vermutlich um 1963), in: BArch B 305/48, Bl. 259–280.
223 Zur NS-Vergangenheit von Redenz vgl. Conze u. a., *Das Amt*, S. 465, sowie Weinke, *Eine Gesellschaft ermittelt gegen sich selbst*, S. 129, 133 u. 195. Beim Eintritt in das von Eugen Gerstenmaier geleitete Evangelische Hilfswerk hatte er zu seiner Vergangenheit allerdings ebenso falsche Angaben gemacht wie bei der Übernahme in den Dienst des Auswärtigen Amts.
224 Die Aktion wurde bereits hinlänglich beschrieben. Vgl. Brunner, *Der Frankreich-Komplex*, S. 228 ff.; Conze u. a., *Das Amt*, S. 679 ff.; Stefan Schomann, *Im Zeichen der Menschlichkeit. Geschichte und Gegenwart des Deutschen Roten Kreuzes*, München 2013. Eine ausführliche Darstellung der Affäre «Warndienst West» findet sich auch bei Weinke, *Eine Gesellschaft ermittelt gegen sich selbst*, S. 129–135.
225 Vgl. Tom Segev, *Simon Wiesenthal. Die Biographie*, München 2010, S. 265.
226 Ist benachrichtigt, in: *Der Spiegel*, Nr. 16, 1968, S. 51.
227 Ebd., S. 52.
228 Ebd., S. 51.
229 Vgl. Simon Wiesenthal, *Recht, nicht Rache. Erinnerungen*, Frankfurt am Main und Berlin 1988, S. 309.
230 Ist benachrichtigt, in: *Der Spiegel*, Nr. 16, 1968, S. 53.
231 Protokoll des BMJ zum Treffen mit Dr. Hans Gawlik, 14. Mai 1968, in: BArch B 141/10, Bd. 30542; Conze u. a. *Das Amt*, S. 680.

232 Ebd.
233 Ebd.
234 Conze u. a. *Das Amt*, S. 681.
235 Hans Gawlik an BMJ, 26. August 1969, in: PA-AA B 83, Bd. 55.
236 Vgl. Ulrich Keitel, Das Auswärtige Amt im Zwielicht oder Wieviel Angriffsfläche bietet das Auswärtige Amt?, in: *Hessischer Rundfunk*, 17. August 1968.
237 Hellmuth Auerbach, «Kriegserklärungen» der Juden an Deutschland, in: Wolfgang Benz (Hrsg.), *Legenden, Lügen, Vorurteile. Ein Wörterbuch zur Zeitgeschichte*, München 1992, S. 122 ff. Vgl. hierzu auch Reinhard Henkys, *Die nationalsozialistischen Gewaltverbrechen. Geschichte und Gericht*, Stuttgart und Berlin 1964.
238 Jonathan C. Friedman, *The Routledge History of the Holocaust*, Oxford 2011, S. 159.
239 Gedenk- und Bildungsstätte Haus der Wannsee-Konferenz (Hrsg.), *Die Wannsee-Konferenz und der Völkermord an den europäischen Juden*. Katalog der ständigen Ausstellung. Berlin 2006, S. 210. Vgl. hierzu auch Wolf Kaiser, Die Wannsee-Konferenz. SS-Führer und Ministerialbeamte im Einvernehmen über die Ermordung der europäischen Juden, in: Heiner Lichtenstein und Otto R. Romberg (Hrsg.), *Täter – Opfer – Folgen. Der Holocaust in Geschichte und Gegenwart*, 2. Aufl., Bonn 1997, S. 24–37; sowie Norbert Kampe und Peter Klein (Hrsg.), *Die Wannsee-Konferenz am 20. Januar 1942. Dokumente, Forschungsstand, Kontroversen*, Köln 2013.
240 Vgl. Franziska Augstein, Strafverfolgung von NS-Verbrechern. Richter, Mörder und Gehilfen, in: *Süddeutsche Zeitung*, 7. Mai 2010.
241 Klaus Beer, *Auf den Feldern von Ulm. In den wechselnden Winden von Adenauer bis Willy Brandt*. Mit einem Geleitwort von Ivo Gönner, Ulm 2008.
242 *Die Mörder sind unter uns: Der Ulmer Einsatzgruppenprozess 1958*. Katalog zur Ausstellung im Stadthaus Ulm, 16. Februar bis 13. Juli 2008, hrsg. v. Haus der Geschichte Baden-Württemberg, Stuttgart 2008.
243 Andreas Mix, Als Westdeutschland aufwachte, in: *Spiegel Online*, 27. April 2008. Vgl. Claudia Fröhlich, Der «Ulmer Einsatzgruppen-Prozess» 1958. Wahrnehmung und Wirkung des ersten großen Holocaust-Prozesses, in: Jörg Osterloh und Clemens Vollnhals (Hrsg.), *NS-Prozesse und deutsche Öffentlichkeit. Besatzungszeit, frühe Bundesrepublik und DDR*, Göttingen 2011, S. 233–262.
244 In Ulm steht eine ganze Epoche vor Gericht, in: *Stuttgarter Zeitung*, 4. Juni 1958.
245 Zit. nach: Mix, Als Westdeutschland aufwachte.
246 Eichmüller, *Keine Generalamnestie*, S. 195.
247 Erich Nellmann, Zentrale Ermittlungsbehörde muss Klarheit über NS-Verbrechen schaffen, in: *Stuttgarter Zeitung*, 3. September 1958.
248 Ebd.
249 Vermerk Ministerialrat Gossrau, 18. September 1959, in: BArch B 141/33770.
250 Vermerk der Abteilung IV 1, 22. September 1958, in: BArch B 141/33770.
251 Rüdiger Fleiter, Die Ludwigsburger Zentrale Stelle – eine Strafverfolgungsbehörde als Legitimationsinstrument? Gründung und Zuständigkeit 1958 bis 1965, in: *Kritische Justiz* 35 (2002), H. 2, S. 258.
252 Vorlage für den Bundesjustizminister vom 4. Dezember 1959, in: *Mitteilungen aus dem Bundesarchiv*, H. 3/2008; Eichmüller, *Keine Generalamnestie*, S. 202 f.
253 Fröhlich, Der «Ulmer Einsatzgruppen-Prozess» 1958, S. 255; Gerhard Pauli, Die zentrale Stelle der Landesjustizverwaltungen zur Verfolgung nationalsozialistischer Gewaltverbrechen in Ludwigsburg – Entstehung und frühe Praxis, in: Justizministerium des Landes Nordrhein-Westfalen (Hrsg.), *Die Zentralstellen zur Verfolgung nationalsozialistischer Gewaltverbrechen. Versuch einer Bilanz*, Düsseldorf 2001, S. 46.
254 Fleiter, Die Ludwigsburger Zentrale Stelle, S. 267. Vgl. auch Hans H. Pöschko, *Die Ermittler von Ludwigsburg. Deutschland und die Aufklärung nationalsozialistischer Verbrechen*, Berlin 2008.
255 Annette Weinke, «Bleiben die Mörder unter uns?». Öffentliche Reaktionen auf die Gründung und Tätigkeit der Zentralen Stelle Ludwigsburg, in: Osterloh und Vollnhals (Hrsg.), *NS-Prozesse und deutsche Öffentlichkeit*, S. 263–282.
256 Eichmüller, *Keine Generalamnestie*, S. 210.

257 Annette Weinke, *Eine Gesellschaft ermittelt gegen sich selbst. Die Geschichte der Zentralen Stelle Ludwigsburg 1958–2008*, Darmstadt 2008, S. 28. Erst ab 1964 durften sich die Ermittlungen auch auf Straftaten innerhalb des früheren Deutschen Reiches erstrecken.
258 Vorlage für den Bundesjustizminister vom 4. Dezember 1959, in: *Mitteilungen aus dem Bundesarchiv*, H. 3/2008. (Hervorhebungen im Dokument).
259 Weinke, *Eine Gesellschaft ermittelt gegen sich selbst*, S. 168.
260 Fleiter, Die Ludwigsburger Zentrale Stelle, S. 253 f. Siehe auch Ursula Solf, *Reflexionen einer Staatsanwältin. Nationalsozialistisches Unrecht und seine juristische Aufarbeitung*, Berlin 2015.
261 Andreas Eichmüller, Die Strafverfolgung von NS-Verbrechen durch westdeutsche Justizbehörden seit 1945. Eine Zahlenbilanz, in: *Vierteljahrshefte für Zeitgeschichte*, H. 4, 2008, S. 639.
262 *Mitteilungen aus dem Bundesarchiv*, H. 3/2008; Kurt Schrimm und Joachim Riedel, 50 Jahre Zentrale Stelle in Ludwigsburg. Ein Erfahrungsbericht über die letzten zweieinhalb Jahrzehnte, in: *Vierteljahreshefte für Zeitgeschichte*, H. 4, 2008, S. 525.
263 Vgl. Schrimm und Riedel, 50 Jahre Zentrale Stelle in Ludwigsburg, S. 526 f. Siehe auch Andreas Kunz, NS-Gewaltverbrechen, Täter und Strafverfolgung. Die Unterlagen der Zentralen Stelle der Landesjustizverwaltung in Ludwigsburg, in: *Zeithistorische Forschungen*, 4 (2007), S. 233–245.
264 Beschluss TOP II.1 der 86. Konferenz der Justizministerinnen und Justizminister der Länder (Frühjahrskonferenz) am 17. und 18. Juni 2015 in Stuttgart, in: *Mitteilungen aus dem Bundesarchiv* 3/2008.
265 Gesetz, betreffend die Redaktion des Strafgesetzbuches für den Norddeutschen Bund als Strafgesetzbuch für das Deutsche Reich, 15. Mai 1871, RGBl. 1871, S. 127–205.
266 Vgl. § 5 Abs. 1 des Ersten Gesetzes zur Aufhebung des Besatzungsrechts vom 30. Mai 1956, BGBl. I 1956, S. 437.
267 Deutscher Bundestag, 99. Sitzung des Rechtsausschusses, 17. März 1960. Stenographisches Protokoll, in: Parlamentsarchiv des Deutschen Bundestages.
268 Vgl. hierzu ausführlich das Kapitel «Die kalte Amnestie – parlamentarische Panne oder perfider Plan?», S. 399. Siehe auch Monika Frommel, Taktische Jurisprudenz – die verdeckte Amnestie von Schreibtischtätern 1969 und die Nachwirkungen der damaligen Rechtsprechung bis heute, in: Matthias Mahlmann (Hrsg.), *Gesellschaft und Gerechtigkeit. Festschrift für Hubert Rottleuthner zum 65. Geburtstag*, Baden-Baden 2011, S. 458 ff.
269 Deutscher Bundestag, 99. Sitzung des Rechtsausschusses, 17. März 1960. Stenographisches Protokoll, in: Parlamentsarchiv des Deutschen Bundestages.
270 Entwurf eines Gesetzes über die Berechnung strafrechtlicher Verjährungsfrist, in: Deutscher Bundestag, Drucksache 3/1738. Vgl. hierzu die Kabinettsvorlage des BMJ vom 25. April 1960 (4000/6–0 – 20 192/60), in: BArch B 141/25661 und B 136/3159. Weitere Unterlagen hierzu in: BArch B 141/25660 und 25662.
271 Deutscher Bundestag, 104. Sitzung des Rechtsausschusses, 11. Mai 1960. Stenographisches Protokoll, in: Parlamentsarchiv des Deutschen Bundestages.
272 Zum Gesetzentwurf der SPD-Fraktion erklärte Bundesjustizminister Schäffer unmittelbar, der Entwurf sei «verfassungsrechtlich, rechtsstaatlich und rechtspolitisch bedenklich». Siehe 106. Kabinettssitzung, 6. Mai 1960, in: BArch Edition «Die Kabinettsprotokolle der Bundesregierung» online.
273 Deutscher Bundestag, 3. Wahlperiode, 117. Sitzung, 24. Mai 1960. Stenographisches Protokoll, S. 6686 A und C.
274 Ebd., S. 6687 A.
275 Ewald Bucher an Hans Frederik (Humboldt-Verlag GmbH), 11. Dezember 1964, in: BArch N-1087. Siehe auch Hermann Schreiber, «Stichwort: weißhaarig und katholisch», in: *Der Spiegel*, Nr. 24, 10. Juni 1964, S. 19.
276 Vgl. zum Rückwirkungsverbot S. 360.
277 Deutscher Bundestag, 3. Wahlperiode, 117. Sitzung, 24. Mai 1960. Stenographisches Protokoll, S. 6692.
278 Siehe hierzu ausführlich S. 313 ff.

279 Deutscher Bundestag, 3. Wahlperiode, 117. Sitzung, 24. Mai 1960. Stenographisches Protokoll, S. 6695 B.
280 Ebd., S. 6695 C.
281 Bundestag-Drucksache IV/3124.
282 «Es ist unser Schicksal, mit Kaduks zu leben», in: *Der Spiegel*, Nr. 5, 27. Januar 1965, S. 22.
283 Vgl. ebenfalls das Interview von Rudolf Augstein mit dem Philosophen Karl Jaspers, das «Der Spiegel» am Tag der Parlamentsdebatte abdruckte. «Für Völkermord gibt es keine Verjährung», in: *Der Spiegel*, Nr. 11, 10. März 1965, S. 49 ff.
284 Deutscher Bundestag, 4. Wahlperiode, 170. Sitzung. Stenographisches Protokoll, S. 8534 A.
285 Vgl. Hannah Arendt, *Eichmann in Jerusalem. Ein Bericht von der Banalität des Bösen*. Mit einem einleitenden Essay und einem Nachwort zur aktuellen Ausgabe von Hans Mommsen, München und Zürich 2011 (Erstausgabe: *Eichmann in Jerusalem. A Report on the Banality of Evil*, New York 1963). Arendts Bewertung, Eichmann sei kein «Dämon» oder «Ungeheuer», sondern ein «normaler Mensch» gewesen, der als «Schreibtischtäter» nur Befehlen gehorcht und seine Pflicht getan hätte, war von Anfang an umstritten und gilt heute als widerlegt. Siehe bes. Avner Werner Less, *«Lüge! Alles Lüge». Aufzeichnungen des Eichmann-Verhörers*. Rekonstruiert von Bettina Stangneth, Zürich und Hamburg 2012, S. 220 ff. Ähnlich auch David Cesarani, *Adolf Eichmann. Bürokrat und Massenmörder*, Berlin 2004, bes. S. 360 ff. u. 483 ff. – Auch der stellvertretende Ankläger im Prozess gegen Eichmann 1961 in Jerusalem und spätere Richter am Obersten Gericht Israels, Gabriel Bach, bestätigte, dass Eichmann einen großen persönlichen Anteil an der praktischen Verfolgung der Juden besaß und keineswegs nur «Schreibtischtäter» war. Gespräch d. Verf. mit Gabriel Bach, 5. Februar 2013. Siehe hierzu auch Gabriel Bach, Der Prozess gegen Adolf Eichmann, in: *Die Rosenburg, 2. Symposium. Die Verantwortung von Juristen im Aufarbeitungsprozess*, hrsg. vom Bundesministerium der Justiz und der Unabhängigen Wissenschaftlichen Kommission beim BMJ zur Aufarbeitung der NS-Vergangenheit, Berlin 2013, S. 23 ff.
286 Kurzprotokoll der Justizministerkonferenz in Wiesbaden, 8. April 1960, in: BArch B 141/25661. Vgl. hierzu Reinhard Strecker, Ringvorlesung am 4. Mai 1988, in: Siegward Lönnendonker und Jochen Staadt (Hrsg.), *1968 – Vorgeschichte und Konsequenzen. Dokumentation der Ringvorlesung vom Sommersemester 1988 an der Freien Universität Berlin*, Berlin 1988.
287 Vgl. Bettina Stangneth, *Eichmann vor Jerusalem. Das unbehelligte Leben eines Massenmörders*, Zürich 2011. Zu den «Memoiren» Eichmanns siehe Irmtrud Wojak, *Eichmanns Memoiren. Ein kritischer Essay*, Frankfurt am Main 2001. Das Buch basiert auf den Aufzeichnungen, die Eichmann 1961 im Gefängnis in Israel verfasste, sowie auf den Abschriften der Tonbandprotokolle von Willem Sassen.
288 Zit. nach: Irmtrud Wojak, *Fritz Bauer 1903–1968. Eine Biographie*, München 2009, S. 292.
289 «Es war eine Bombe». Interview mit Reinhard Strecker, in: *junge Welt*, 6. März 2009.
290 Nach Angaben der Bundesregierung erhielt das Bundesamt für Verfassungsschutz (BfV) erstmals im Februar 1958 den Hinweis, dass Eichmann unter dem Namen «Clement» in Argentinien lebte. Das Auswärtige Amt wurde darüber am 11. April 1958 vom BfV informiert. Der Bundesnachrichtendient (BND) besaß aber offenbar bereits 1952 entsprechende Anhaltspunkte, wie ein Fernschreiben des BND an das Landesamt für Verfassungsschutz Rheinland-Pfalz vom 8. September 1959 zeigt, in dem es heißt: «SS-Führer Eichmann Adolf soll sich nach Karteinotierungen von 1952 in Ägypten und später in Argentinien aufgehalten haben. Wo sich sein derzeitiger Wohnsitz befindet, ist hier nicht bekannt.» Siehe Deutscher Bundestag, 18. Wahlperiode, Drucksache 18/4783, 30. April 2015 (Antwort der Bundesregierung auf die Kleine Anfrage der Fraktion DIE LINKE – Drucksache 18/4628).
291 Siehe hierzu ausführlich Wojak, *Fritz Bauer 1903–1968*, S. 292 f. Vgl. auch Georg Bönisch, Nazi-Jäger Fritz Bauer. Kämpfer gegen das Vergessen, in: *Spiegel Online*, 19. März 2009. Chaim Cohn stammte aus Lübeck, war von 1950 bis 1960 zunächst Generalstaatsanwalt und ab 1960 Richter am Obersten Gerichtshof Israels.

292 In der Antwort des BMJ auf eine Kleine Anfrage von BÜNDNIS 90/DIE GRÜNEN vom 18. März 2013 im Deutschen Bundestag (BT-Drucks. 17/12884) hieß es dazu, ein «Ermittlungsverfahren des GBA gegen Eichmann» könne «nicht festgestellt werden». Es lägen auch keine Akten zu dem Fall «Adolf Eichmann» mehr vor. Zwar sei 1960 unter dem Aktenzeichen 3 APR 68/60 ein sogenannter APR-Vorgang geführt worden. Die betreffenden Akten seien allerdings gemäß den geltenden Aufbewahrungsfristen vernichtet worden. Siehe Vermerk BMJ (Referat II B 4), 23. April 2013.
293 Der Hessische Minister der Justiz an den Bundesminister der Justiz, 10. August 1960. Das Schreiben bezieht sich auf einen Bericht von Generalstaatsanwalt Fritz Bauer.
294 Der Bundesminister der Justiz (Referat II 10, MinR Dr. Grützner) an den Hessischen Minister der Justiz, 26. Juli 1960.
295 Vgl. Zvi Aharoni und Wilhelm Dietl, *Der Jäger. Operation Eichmann. Was wirklich geschah*, Stuttgart 1996.
296 Vgl. Wiesenthal, *Recht, nicht Rache*, S. 106 f.
297 Reinhold Mercker, Vorlage für den Staatssekretär betr. Deutscher Beobachter beim Eichmann-Prozess, 26. Januar 1960 [gemeint ist 1961], in: ACDP, NL Reinhold Mercker, 01-274-002/2. Vgl. Werner Renz (Hrsg.): *Interessen um Eichmann. Israelische Justiz, deutsche Strafverfolgung und alte Kameradschaften*, Frankfurt am Main und New York 2012.
298 Reinhold Mercker, Vorlage für den Staatssekretär, 18. März 1961, in: ACDP, NL Reinhold Mercker, 01-274-002/3.
299 Zu seiner Rolle am 20. Juli 1944 siehe Fabian von Schlabrendorff, *Offiziere gegen Hitler*, Zürich 1946. Von 1967 bis 1975 war er zudem Richter des Bundesverfassungsgerichts.
300 Robert Pendorf, Der Verteidiger Eichmanns, in: *Die Zeit*, 5. Mai 1961.
301 Reinhold Mercker, Vorlage für den Staatssekretär, 25. April 1961, in: ACDP, NL Reinhold Mercker, 01-274-002/3.
302 Reinhold Mercker an das Bundesministerium der Justiz, z. Hd. MD Schafheutle, betr. Bundesrepublik und der Eichmann-Prozess, 17. März 1961, in: ACDP, NL Reinhold Mercker, 01-274-002/3.
303 Wilhelm Dallinger an das Presse- und Informationsamt der Bundesregierung z. Hd. von Frau Bauch, 29. März 1961, in: BArch B 136/4916; Übersicht über die Verfolgung nationalsozialistischer Straftaten in der Bundesrepublik Deutschland (Anlage zum Schreiben des BMJ vom 29. März 1961), in: BArch B 136/4916, S. 22.
304 Übersicht über die Verfolgung nationalsozialistischer Straftaten in der Bundesrepublik Deutschland (Anlage zum Schreiben des BMJ vom 29. März 1961), in: BArch B 136/4916, S. 4.
305 Ebd., S. 5.
306 Wilhelm Dallinger an das Presse- und Informationsamt der Bundesregierung z. Hd. von Frau Bauch, 29. März 1961, in: BArch B 136/4916; Übersicht über die Verfolgung nationalsozialistischer Straftaten in der Bundesrepublik Deutschland (Anlage zum Schreiben des BMJ vom 29. März 1961), in: BArch B 136/4916.
307 Hans Gawlik, Auswärtiges Amt, an das Bundeskanzleramt z. Hd. Herrn ORR Baden, 18. Juli 1961, in: BArch B 136/4916.
308 Diese Aussagen sind von Ministerialrat Reinhold Mercker im Bundeskanzleramt überliefert, der sie seinem Vorgesetzten, Staatssekretär Globke, am 8. August mitteilte. Siehe Reinhold Mercker, Vorlage für den Staatssekretär betr. Übersicht über die Verfolgung nationalsozialistischer Straftaten in der Bundesrepublik Deutschland seit 1945, 8. August 1961, in: ACDP, NL Reinhold Mercker, 01-274-002/3. Einem Vermerk des Referatsleiters Hans-Leo Stolzhäuser im Bundeskanzleramt zufolge teilte Globke offenbar diese Bedenken. Siehe Hans-Leo Stolzhäuser, Vermerk vom 18. Oktober 1961, in: BArch B 136/4916.
309 Vermerk (AA, Referat 3), 18. Oktober 1961, in: BArch B 136/4916; sowie Vermerk (AA, Referat 3), 30. November 1961, in: BArch B 136/4916.
310 «Die Verfolgung nationalsozialistischer Straftaten durch Staatsanwaltschaften und Gerichte im Gebiet der Bundesrepublik Deutschland seit 1945, unter Mitwirkung der Landesjustizverwaltungen zusammengestellt im Bundesjustizministerium», in: BArch B 136/4916, S. 2.

311 BArch B 136/4916, Anlage «Übersicht über die Verfolgung nationalsozialistischer Straftaten in der Bundesrepublik Deutschland», S. 48 f.
312 Ebd.
313 «Bedingt abwehrbereit», in: *Der Spiegel*, 10. Oktober 1962, S. 32–53.
314 Siehe hierzu David Schoenbaum, *Die Affäre um den Spiegel. Ein Abgrund von Landesverrat*, Berlin 2002; Martin Doerry und Hauke Janssen (Hrsg.), *Die Spiegel-Affäre. Ein Skandal und seine Folgen*, München 2013; sowie Georg Bönisch und Klaus Wiegrefe, «Ein Abgrund von Lüge», in: *Der Spiegel*, Nr. 38, 17. September 2012, S. 64–85.
315 Zit. nach: Jürgen Seifert (Hrsg.), *Die Spiegelaffäre. Bd. 2: Die Reaktion der Öffentlichkeit*, Olten und Freiburg i. Br. 1966, S. 107.
316 «Der Lack ist ab», in: *Der Spiegel*, Nr. 4, 24. Januar 1962, S. 26.
317 Ebd.
318 Vgl. Friedemann Utz, *Preuße, Protestant, Pragmatiker. Der Staatssekretär Walter Strauß und sein Staat* (= Beiträge zur Rechtsgeschichte des 20. Jahrhunderts, Bd. 40), Tübingen 2003, S. 502–509.
319 BMJ PA Bülow, P 11 – B 6, Beiakte Kammergericht Berlin, Bl. 167, BNSDJ, Gau Kammergerichtsbezirk, Personalamt an den Landgerichtspräsidenten in Berlin v. 21. 11. 1933 betr. Amts- und Landrichter Dr. Arthur Bülow.
320 BArch N 1387/7, Lebenslauf des Dr. iur. Arthur Bülow v. 3. 1. 1946.
321 Legal Division, Zonal Executive Offices Control Commission for Germany (British Element), Herford, 65 HQ, CCG, B. A. O. R. an Mr. J. Lee, A/Controller, MO. J. Branch, 15. August 1946, in: BMJ PA Bülow, P 11 – B 6, Beiakte ZJA, Mappe 52301/3.
322 Spruch gegen Arthur Bülow, 29. Oktober 1946, in: BArch N 1387/7, Spruchkammer Fulda-Stadt, Az. Fst. 306.
323 Großhessisches Staatsministerium, Der Minister für politische Befreiung, 12. Februar 1947, in: BArch N 1387/7.
324 Großhessisches Staatsministerium, Der Minister für politische Befreiung, Der öffentliche Kläger bei der Spruchkammer Fulda-Stadt an die Spruchkammer Fulda-Stadt, 6. März 1947, in: BArch N 1387/7.
325 Rechtsanwalt und Notar Max Will an die Spruchkammer Fulda-Stadt, 22. März 1947, in: BArch N 1387/7.
326 BArch N 1387/7, Abschrift einer Bescheinigung von Dr. Walter Kriege für Bülow v. 3. 8. 1947.
327 Hans Globke, Eidesstattliche Erklärung für Arthur Bülow, 31. Mai 1947, in: BArch N 1387/7.
328 Der Reichs- und Preußische Minister des Innern an den Stellvertreter des Führers, 25. April 1938, S. 1 f.
329 Der Präsident des ZJA (gez. Dr. Koch) an Arthur Bülow, 7. November 1946, in: BMJ PA Bülow, P 11 – B 6, Beiakte ZJA, Bl. 25.
330 Vorlage von Winners über den Staatssekretär an den Minister, 5. Januar 1953, mit Anlage, in: Ebd. Bd. 1, Bl. 56.
331 Beglaubigte Abschrift des Beschlusses in der Berufungssache des Dr. Arthur Bülow seitens des Berufungsausschusses Justiz für die Ausschaltung von Nationalsozialisten, 9. Juni 1948, in: BArch N 1387/7.
332 Ebd.
333 Richard Jaeger an Hans Winners, 22. Dezember 1965, in: BMJ PA Bülow, P 11 – B 6, Bd. 2, Bl. 187.
334 Der BMdJ an den Chef des Bundeskanzleramts vom 8. Dezember 1966 betr. Staatssekretär im Bundesministerium der Justiz Professor Dr. Arthur Bülow, hier: Versetzung in den einstweiligen Ruhestand, in: Ebd., Bd. 2, Bl. 214.
335 Siehe hierzu Brigitte Halbmayr, *Zeitlebens konsequent – Hermann Langbein 1912–1995. Eine politische Biografie*, Wien 2012.
336 Heinz Düx, Der Auschwitzprozess in Frankfurt/Main, in: *Die Rosenburg, 2. Symposium. Die Verantwortung von Juristen im Aufarbeitungsprozess*, S. 41.
337 Vgl. Devin O. Pendas, *Der Auschwitz-Prozess. Völkermord vor Gericht*, München 2013; Gerhard Werle und Thomas Wandres, *Auschwitz vor Gericht. Völkermord und bundes-*

deutsche Strafjustiz, München 1995; Irmtrud Wojak, «*Gerichtstag halten über uns selbst...*» *Geschichte und Wirkung des ersten Frankfurter Auschwitz-Prozesses*, Frankfurt am Main 2001. Siehe auch Raphael Gross und Werner Renz (Hrsg.), *Der Frankfurter Auschwitz-Prozess (1963–1965). Kommentierte Quellenedition*, 2 Bde., Frankfurt am Main und New York 2013.

338 Zit. nach: Rudolf Wassermann, Fritz Bauer (1903–1968), in: Peter Glotz und Wolfgang R. Langenbucher (Hrsg.), *Vorbilder für Deutsche. Korrektur einer Heldengalerie*, München und Zürich 1974, S. 296.
339 «Feindliches Ausland», in: *Der Spiegel*, Nr. 31, 31. Juli 1995, S. 42.
340 Deutscher Bundestag, 1. Wahlperiode, 230. Sitzung, 17. September 1952. Stenographisches Protokoll, S. 10499 u. 10501.
341 Herta Däubler-Gmelin, Fritz Bauer – herausragender Jurist und Sozialdemokrat, in: *Fachbuch Journal*, H. 6, 2014, S. 10.
342 Zit. nach: Düx, Der Auschwitzprozess in Frankfurt/Main, S. 45 f.
343 Ingo Müller, Der strafrechtliche Umgang mit der NS-Vergangenheit, in: Republikanischer Anwältinnen- und Anwälteverein, *Infobrief*, Nr. 94, 2005. Zur Person Bauers vgl. auch Ronen Steinke, *Fritz Bauer oder Auschwitz vor Gericht*. Mit einem Vorwort von Andreas Voßkuhle, München u. a. 2014.
344 Düx, Der Auschwitzprozess in Frankfurt/Main, S. 47.
345 Ebd., S. 48.
346 Jan Thiessen, Fritz Bauer – zur schwierigen Rezeption eines Lebenswerks, in: *Juristenzeitung*, Nr. 22, 2015, S. 1078 f.
347 Ebd., S. 1079. Protokoll der Besprechung in: Werner Schubert (Hrsg.), *Das Reichsjustizministerium und die höheren Justizbehörden in der NS-Zeit (1935–1944). Protokolle und Mitschriften der Arbeitstagungen der Reichsjustizminister mit den Präsidenten der Oberlandesgerichte, des Volksgerichtshofs, des Reichsgerichts sowie mit den Generalstaatsanwälten* (= Rechtshistorische Reihe, Bd. 455), Frankfurt am Main u. a. 2015, S. 179 ff.
348 Düx, Der Auschwitzprozess in Frankfurt/Main, S. 52.
349 Thiessen, Fritz Bauer – zur schwierigen Rezeption eines Lebenswerks, S. 1079 f.
350 Siehe hierzu die gründliche Untersuchung von Dieter Schenk, Die Todesumstände von Generalstaatsanwalt Fritz Bauer (1903–1968), in: *Einsicht*, H. 8, 2012, S. 38–43.
351 Ebd., S. 43; sowie Wojak, *Fritz Bauer 1903–1968*, S. 437.
352 Erardo C. Rautenberg, Die Bedeutung des Generalstaatsanwalts Dr. Fritz Bauer für die Auseinandersetzung mit dem NS-Unrecht, in: *Forschungsjournal Soziale Bewegungen*, H. 4, 2015, S. 1.
353 Cilly Kugelmann und Micha Brumlik, Interview mit Fritz Bauer für «Meorot – Zeitschrift der Zionistischen Jugend in Deutschland», zit. nach: *Rückkehr in Feindesland? Fritz Bauer in der deutsch-jüdischen Nachkriegsgeschichte*, hrsg. im Auftrag des Fritz Bauer Instituts von Katharina Rauschenberger (Jahrbuch 2013 zur Geschichte und Wirkung des Holocaust), Frankfurt am Main und New York 2013, S. 223 ff.
354 Vermerk von StS Bülow, 15. Februar 1965, in: BMJ, Generalakten betr. höherer Dienst, Az. 220 BMJ-0, Bd. 1, Bl. 4.
355 Ebd. Wörtlich notierte Bülow über seinem Vermerk: «Anlass: Nachprüfung im BMI u. im Bundespräsidialamt».
356 Strauß, Die Personalpolitik in den Bundesministerien zu Beginn der Bundesrepublik Deutschland, in: Blumenwitz u. a. (Hrsg.), *Konrad Adenauer und seine Zeit*, S. 279.
357 BMJ, Generalakten betr. höherer Dienst, Auskünfte Berlin Document Center, Az. 220 BMJ – 10 (1), 3 Bde. Es sind dies die Vorgänge zu Dr. Hans Arnold, Wilhelm Bertram, Dr. Wilhelm Dallinger, Georg Diller, Dr. Helga Eckstein, Dr. Rudolf Franta, Dr. Ernst Kern, Dr. Egon Lohse, Dr. Richard Sturm.
358 Personalamt der Verwaltung des Vereinigten Wirtschaftsgebiets an das BMJ, 14. Juni 1951 betr. Akten des P.P.A. und Auskünfte des Document Center, in: BArch B 141/826, Bl. 139.
359 Personalamt der Verwaltung des Vereinigten Wirtschaftsgebietes an sämtliche Oberste Bundesbehörden v. 2. 4. 1951 betr. Auskünfte des Document Center, in: BArch B 141/826, Bl. 123.

360 Vermerk Dr. Kern betr. Auskünfte aus dem Berlin Document Center, hier: Aufstellung vom 3. Dezember 1965 betr. die Regierungsdirektoren Dr. Eckardt, Dr. Holtgrave, Dr. Schmidt-Räntsch, Klingsporn, Krieger und Dr. Deiters, 3. Dezember 1965, in: BMJ, Generalakten betr. höherer Dienst, Auskünfte Berlin Document Center, Az. 220 BMJ – 10 (1), Bd. 2, Bl. 12 f.
361 Vermerk Dr. Kern, 15. August 1968 betr. Höherer Dienst, hier: Ernennungsverfahren; in: BMJ, Generalakten betr. höherer Dienst, Az. 220 BMJ-0, Bd. 4, Bl. 303b.
362 Ebd.
363 Vermerk Ohlsson, 6. September 1968 betr. Höherer Dienst; in: BMJ, Generalakten betr. höherer Dienst, Az. 220 BMJ-0, Bd. 4, Bl. 303c.
364 Vermerk Dr. Kern, 14. November 1966 betr. Höherer Dienst im BMJ, hier: Einholung von Auskünften beim BDC vor der Ernennung von Beamten, denen ein Amt des höheren Dienstes beim BMJ übertragen werden soll, in: BMJ, Generalakten betr. höherer Dienst, Auskünfte Berlin Document Center, Az. 220 BMJ – 10 (1), Bd. 2.
365 Siehe hierzu S. 201 f.
366 Deutscher Bundestag, 1. Wahlperiode, 47. Sitzung, 16. März 1950. Stenographisches Protokoll, S. 1612. In der DDR galt bis zur Souveränitätsübertragung 1954 der Befehl Nr. 228 der Sowjetischen Militäradministration vom 30. Juli 1946 zur Regelung gerichtlicher Maßnahmen «zwecks Rehabilitierung der Antifaschisten». In der SBZ wurden auf dieser Grundlage bis 1949 insgesamt 1854 Urteile aufgehoben. Siehe Schreiben des Ministers der Justiz vom 4. November 1949 an die Rechtsabteilung der SMAD, in: BArch DP 1 Ministerium der Justiz/Verwaltungsarchiv, Bd. 318, Bl. 523. Da eine Nachfolgeregelung von der DDR nicht erlassen wurde, war eine juristische Rehabilitierung seit 1954 nicht mehr möglich. Für den Bereich der drei westlichen Besatzungszonen liegen genaue Zahlen nicht vor.
367 Vgl. hierzu Gerd J. Nettersheim, Die Aufhebung von Unrechtsurteilen der NS-Strafjustiz, in: Ernst-Walter Hanack u. a. (Hrsg.), *Festschrift für Peter Riess zum 70. Geburtstag am 4. Juni 2002*, Berlin und New York 2002, S. 936.
368 Gesetz über die Sammlung des Bundesrechts vom 10. Juli 1958, in: BGBl. I 1958, S. 437, sowie Gesetz über den Abschluss der Sammlung des Bundesrechts vom 28. Dezember 1968, in: BGBl. I 1968, S. 1451.
369 Verordnungsblatt für Berlin 1951, S. 31.
370 BT-Drucks. 1/3313, Anlage 2, S. 15.
371 Protokoll der 198. Sitzung des (23.) Ausschusses für Rechtswesen und Verfassungsrecht des Deutschen Bundestages, 4. Juli 1952, S. 4.
372 BT-Drucks. 10/116.
373 Deutscher Bundestag, 10. Wahlperiode, 28. Sitzung, 13. Oktober 1983. Stenographisches Protokoll, S. 1883 ff.
374 BT-Drucks. 10/2368, sowie Deutscher Bundestag, 10. Wahlperiode, 118. Sitzung, 25. Januar 1985. Stenographisches Protokoll, S. 8767 C.
375 BGBl. I 1990, S. 966.
376 BT-Drucks. 12/6220, 12/6418, 13/353, 13/354.
377 BT-Drucks. 13/7669.
378 BT-Drucks. 13/10013, S. 6. Siehe auch Bundesrat, 722. Sitzung, 6. März 1998. Stenographisches Protokoll, S. 83; sowie Bundesrat, 727. Sitzung, 19. Juni 1998. Stenographisches Protokoll, S. 307. Vgl. ebenfalls Deutscher Bundestag, 13. Wahlperiode, 221. Sitzung, 4. März 1998. Stenographisches Protokoll, S. 20203; sowie Deutscher Bundestag, 13. Wahlperiode, 238. Sitzung, 28. Mai 1998. Stenographisches Protokoll, S. 21956.
379 Vgl. Thomas Flemming, *Gustav W. Heinemann. Ein deutscher Citoyen. Biographie*, Essen 2014; sowie Jörg Treffke, *Gustav Heinemann. Wanderer zwischen den Parteien. Eine politische Biographie*, Paderborn 2009.
380 Rolf Zundel, Das umstrittene Wunderkind, in: *Die Zeit*, 21. März 1969. Siehe auch Karlheinz Bentele (Hrsg.), *Metamorphosen. Annäherungen an einen vielseitigen Freund. Für Horst Ehmke zum Achtzigsten*, Bonn 2007.
381 Handschriftliches Konzept für die Antrittsrede im BMJ, 2. Dezember 1966, in: AdsD, NL Gustav Heinemann, Nr. 0165.
382 Ebd.

383 Begrüßungsansprache von Bundesjustizminister Dr. Dr. G. W. Heinemann bei der feierlichen Eröffnung des 47. Deutschen Juristentages am 17. September 1968, in: AdsD, NL Gustav Heinemann, Nr. 0125.
384 Unkorrigiertes Manuskript der Pressekonferenz am 23. August 1967 im SPD-Fraktionssaal im Bundeshaus mit Sprecher BMdJ Dr. Dr. Heinemann, in: AdsD, NL Gustav Heinemann, Nr. 0118.
385 Ebd. Zur beabsichtigten Justizreform und Liberalisierung der Rechtspolitik unter Heinemann vgl. Ulrich Frank-Planitz, Rosenburg im neuen Glanz. Gustav Heinemann hat sich viel vorgenommen, in: *Christ und Welt*, 10. März 1967.
386 Klaus Rudolf Dreher, Bonner Ministerien unter SPD-Führung. Nur wenige Parteifreunde kommen zum Zug. Die neuen sozialdemokratischen Kabinettsmitglieder treiben eine behutsame Personalpolitik, in: *Süddeutsche Zeitung*, 16./17./18. Juli 1967, S. 6. Siehe auch AdsD, NL Gustav Heinemann, Nr. 0399.
387 Strauß, Die Personalpolitik in den Bundesministerien zu Beginn der Bundesrepublik Deutschland, S. 280.
388 Ebd., S. 281 f.
389 Rundfunkaufnahme (Deutsche Welle), 29. März 1967: BMdJ Heinemann zu Fragen der Verfolgung nationalsozialistischer Straftaten und eines verfassungsmäßigen Verbots der NPD, in: AdsD, NL Gustav Heinemann, Nr. 0167.
390 Gustav Heinemann, Gedanken zu dem Thema Zeitgemäße Rechtspolitik, 7. April 1967, in: AdsD, NL Gustav Heinemann, Nr. 0169. Diese Haltung wurde sowohl von Gabriel Bach, dem stellvertretenden Ankläger im Prozess gegen Adolf Eichmann, als auch von Justizminister Yaakov Shapira nach einem Besuch Heinemanns in Israel 1968 gewürdigt, wobei insbesondere Bach Heinemann und dessen Frau in einem sehr persönlich gefärbten Brief dankte. Vgl. Gabriel Bach an Gustav Heinemann und dessen Frau, 21. Dezember 1968, sowie The Minister of Justice, Jerusalem, an Gustav Heinemann, Dezember 1968, in: AdsD, NL Gustav Heinemann, Allgemeine Korrespondenz, Nr. 98.
391 Vgl. hierzu den Vortrag «Der Christ in der öffentlichen Verwaltung», gehalten am 8. Mai 1947 auf der Tagung der Evangelischen Akademie in Hermannsburg, in: AdsD, NL Gustav Heinemann, Nr. 086, Maschinenschriftl. Manuskript, S. 15. Siehe auch Treffke, *Gustav Heinemann*, S. 272, Fn. 158.
392 Reiner Burger, Die Märchen des Max Merten, in: *Frankfurter Allgemeine Sonntagszeitung*, Nr. 15, 12. April 2015, S. 2. Vgl. auch Wolfgang Breyer, *Dr. Max Merten. Ein Militärbeamter der deutschen Wehrmacht im Spannungsfeld zwischen Legende und Wahrheit*, Inauguraldissertation, Mannheim 2003.
393 Zit. nach: Jens A. Brückner, Die Rechtspolitik der sozial-liberalen Koalition, in: Gert-Joachim Glaeßner u. a. (Hrsg.), *Die Bundesrepublik in den siebziger Jahren. Versuch einer Bilanz*, Opladen 1984, S. 179.
394 Siehe hierzu ausführlich S. 359 ff.
395 Zit. nach: Brückner, Die Rechtspolitik der sozial-liberalen Koalition, S. 189. Siehe auch «Kein Mensch kann im Schlag so was machen». SPIEGEL-Gespräch mit Dr. Alfons Bayerl über die Reform des Sexualstrafrechts, in: *Der Spiegel*, Nr. 35, 24. August 1970, S. 30 f.

ZWEITER TEIL

I. Die allgemeine Personalentwicklung 1949–1973

1 Dazu Jan Schröder, Das Bundesministerium der Justiz und die Justizgesetzgebung 1949–1989, in: Bundesministerium der Justiz (Hrsg.), *40 Jahre Rechtspolitik im freiheitlichen Rechtsstaat*, Bonn 1989, S. 12, 26 f., 40.
2 Siehe S. 99.
3 Vollständig aufgehoben wurde die Aufnahmesperre erst am 10. Mai 1939. Die Anordnung vom 19. April 1933 war vom Reichsschatzmeister der NSDAP, Franz Xaver Schwarz, erlassen worden und am 1. Mai 1933 in Kraft getreten. Diejenigen, die im Frühjahr 1933 in die NSDAP eintraten, wurden in Parteikreisen häufig nicht als glaubwürdige, überzeugte NSDAP-Anhänger betrachtet, sondern galten als «Konjunkturritter» und wurden in Anlehnung an die Revolution vom März 1848 abwertend als «Märzgefallene» bezeichnet.

4 Hierbei handelte es sich um den Leiter der Abteilung II und späteren BGH-Richter Hans Eberhard Rotberg. Diese Geschichte wird im Rahmen seiner Biographie näher erläutert. Siehe S. 378.
5 Vgl. dazu auch die Ausführungen von Joachim Rückert, Einige Bemerkungen über Mitläufer, Weiterläufer und andere Läufer im Bundesministerium der Justiz nach 1949, in: Görtemaker und Safferling (Hrsg.), *Die Rosenburg*, S. 66 ff.
6 Siehe etwa die Biographien von Dallinger, Ebersberg, Geßler und Schafheutle.
7 Siehe hierzu «Der Fall Ebersberg», S. 340 ff.
8 BGBl. I 1949, S. 1–19.
9 Siehe S. 78.
10 BVerfG, Beschluss vom 2. Februar 1960 – 2 BvF 5/58, in: *Entscheidungen des Bundesverfassungsgerichts*, Bd. 10, S. 285, 295.
11 Vgl. § 121 Abs. 2 GVG.
12 §§ 133, 135 GVG. In Zivilsachen entscheidet er demgemäß auch über die Sprungrevision, die Rechtsbeschwerde und die Sprungrechtsbeschwerde. Auch in Strafsachen entscheidet er in einigen Fällen über das Rechtsmittel der Beschwerde.
13 §§ 337 StPO, 545 ZPO.
14 Demgemäß hat man 1968 dieses nie errichtete oberste Bundesgericht durch den Gemeinsamen Senat der (nun) obersten Gerichtshöfe des Bundes ersetzt. Die Änderung erfolgte durch Art. 1 Nr. 2 Abs. 3 des Sechsten Gesetzes zur Änderung des Grundgesetzes vom 18. Juni 1968, BGBl. I 1968, S. 657 f. – Ein Beispiel für einen Fall, in dem eine Entscheidung dieses Gemeinsamen Senats notwendig war, wäre sein Beschluss vom 5. April 2000 – GmS-OGB 1/98. Hier entschied er, dass in bestimmten Fällen die Übermittlung eines Schriftsatzes per Computerfax an ein Gericht genügt, um die Formerfordernisse zu wahren. Dies in allen Gerichtszweigen einheitlich zu regeln, ist offenkundig von Vorteil.
15 Vgl. Eva Schumann, Fortwirken von NS-Juristen in der Bundesrepublik, in: Bundesministerium der Justiz und für Verbraucherschutz und Unabhängige Wissenschaftliche Kommission beim Bundesministerium der Justiz und für Verbraucherschutz (Hrsg.), *Die Rosenburg. 3. Symposium*, Berlin 2013, S. S. 88 ff., sowie Bernd Rüthers, *Die unbegrenzte Auslegung. Zum Wandel der Privatrechtsordnung im Nationalsozialismus*, 7. Aufl., Tübingen 2012.
16 Festschrift zur Eröffnung des Bundesgerichtshofs in Karlsruhe, 8. Oktober 1950, ohne Seitenangabe, zit. nach: Christian Fischer, Bundesgerichtshof als Reichsgericht? Zum Aufbau des oberen Bundesgerichtes der ordentlichen Gerichtsbarkeit und zu seiner frühen Zivilrechtsprechung, in: Christian Fischer und Walter Pauly (Hrsg.), *Höchstrichterliche Rechtsprechung in der frühen Bundesrepublik*, Tübingen 2015, S. 43–64, S. 48.
17 Zit. nach: Klaus-Detlev Godau-Schüttke, *Der Bundesgerichtshof. Justiz in Deutschland*, Berlin 2005, S. 145.
18 Zit. nach: Fischer, Bundesgerichtshof als Reichsgericht?, in: Fischer und Pauly (Hrsg.), *Höchstrichterliche Rechtsprechung in der frühen Bundesrepublik*, S. 45.
19 Ebd., S. 47. Siehe auch Godau-Schüttke, *Der Bundesgerichtshof*, S. 158.
20 Daniel Herbe, *Hermann Weinkauff (1894–1981). Der erste Präsident des Bundesgerichtshofs* (= Beiträge zur Rechtsgeschichte des 20. Jahrhunderts, Bd. 55), S. 60 und Fn. 232 sowie S. 102 f.
21 Seit der Änderung von § 19a DRiG zum 1. Oktober 1972 lautet die Bezeichnung «Richter am Bundesgerichtshof».
22 Fischer, Bundesgerichtshof als Reichsgericht?, in: Fischer und Pauly (Hrsg.), *Höchstrichterliche Rechtsprechung in der frühen Bundesrepublik*, S. 56; Godau-Schüttke, *Der Bundesgerichtshof*, S. 158 ff. Auf die sich daraus ergebende Gesamtzahl von zwölf Personen bezieht sich Rolf Lamprecht, Der unrühmliche Start des Bundesgerichtshofs, in: *Neue Juristische Wochenschrift* 2015, S. 2941–2944.
23 Vgl. für diese und weitere sehr viel detailliertere Erhebungen, insbesondere auch für die Darstellung von Einzelbiographien, Godau-Schüttke, *Der Bundesgerichtshof*, S. 285 ff.
24 Fischer, Bundesgerichtshof als Reichsgericht?, in: Fischer und Pauly (Hrsg.), *Höchstrichterliche Rechtsprechung in der frühen Bundesrepublik*, S. 56. Bei der Auswahl der Rechtsanwälte am BGH wurde ähnlich verfahren wie bei der Auswahl der Richter.

Auch hier knüpfte man an die Tradition des Reichsgerichts an, ohne dass dies zu einer vollständigen personellen Kontinuität geführt hätte. Siehe hierzu Norbert Gross, Die Anwaltschaft beim Bundesgerichtshof, in: Deutscher Anwaltverein (Hrsg.), *Anwälte und ihre Geschichte. Zum 140. Gründungsjahr des Deutschen Anwaltvereins*, Tübingen 2011, S. 369–392.

25 Rottleuthner, *Karrieren und Kontinuitäten deutscher Justizjuristen vor und nach 1945.*
26 Hubert Rottleuthner, Krähenjustiz, in: Dick de Mildt (Hrsg.), *Staatsverbrechen vor Gericht. Festschrift für Christiaan Frederik Rüter zum 65. Geburtstag*, Amsterdam 2003, S. 166 ff.
27 Johannes Feest, Die Bundesrichter. Herkunft, Karriere und Selektion der juristischen Elite, in: Wolfgang Zapf (Hrsg.), *Beiträge zur Analyse der deutschen Oberschicht* (= Studien und Berichte aus dem Soziologischen Seminar der Universität Tübingen), Tübingen 1964, S. 104 f.
28 Vgl. zum Folgenden und zu Weinkauffs Biographie im Detail Herbe, *Hermann Weinkauff (1894–1981)*, sowie Godau-Schüttke, *Der Bundesgerichtshof*, S. 21 ff. u. 217 ff.
29 Herbe, *Hermann Weinkauff (1894–1981)*, S. 44.
30 Godau-Schüttke, *Der Bundesgerichtshof*, S. 100.
31 Ebd., S. 100, und Herbe, *Hermann Weinkauff (1894–1981)*, S. 71 u. 78 f.
32 Godau-Schüttke, *Der Bundesgerichtshof*, S. 102, und Herbe, *Hermann Weinkauff (1894–1981)*, S. 80 ff.
33 Ebd., S. 82.
34 Godau-Schüttke, *Der Bundesgerichtshof*, S. 103 ff., und Herbe, *Hermann Weinkauff (1894–1981)*, S. 84 ff.
35 Zit. nach: Godau-Schüttke, *Der Bundesgerichtshof*, S. 103. Siehe auch Herbe, *Hermann Weinkauff (1894–1981)*, S. 77.
36 Ebd., S. 49.
37 So Weinkauff in einem Brief an das Bayerische Staatsministerium der Justiz, ebd., S. 191.
38 Vgl. ebd., S. 50 f.
39 So ebd., S. 49, und noch Godau-Schüttke, *Der Bundesgerichtshof*, S. 45 mit Fn. 165.
40 Vgl. Klaus-Detlev Godau-Schüttke, Blut und Roben, in: *Die Zeit*, 1. Oktober 2015.
41 LG Erfurt, Beschluss vom 21. März 1936 – Az. 9 Qs. 68/36, in: Thüringisches Staatsarchiv Gotha, Staatsanwaltschaft Erfurt, Nr. 466.
42 RG, Urteil vom 2. September 1936 – Az. 3 D 445/36, in: Thüringisches Staatsarchiv Gotha, Bestand Staatsanwaltschaft Erfurt, Nr. 466, S. 3.
43 Stuckart/Globke, *Kommentare zur deutschen Rassengesetzgebung*, München 1936.
44 Godau-Schüttke, Blut und Roben, in: *Die Zeit*, 1. Oktober 2015.
45 Vgl. Godau-Schüttke, *Der Bundesgerichtshof*, S. 266 ff.
46 Vgl. Ulrich Menzel, *Die Steigbügelhalter. Annotierte Chronik zur Einbürgerung Hitlers in Braunschweig* (= Blaue Reihe. Forschungsberichte aus dem Institut für Sozialwissenschaften der Technischen Universität Braunschweig, Nr. 114), Braunschweig 2014, S. 109 f.
47 Ebd., S. 271.
48 Zum 6. Strafsenat vgl. S. 387 f.
49 Siehe S. 19 ff.
50 Siehe hierzu den Abschnitt über das Einführungsgesetz zum Ordnungswidrigkeitengesetz von 1968 (EGOWiG), S. 400 ff.
51 BGH, Urteil vom 16. November 1995 – 5 StR 747/94, in: *Entscheidungen des Bundesgerichtshofs in Strafsachen*, Bd. 41, S. 247 ff., Abs. 8.
52 Ebd., Abs. 77.
53 BGH, Urteil vom 16. November 1995 – 5 StR 747/94, in: *Entscheidungen des Bundesgerichtshofs in Strafsachen*, Bd. 41, S. 317, 339: «Einen wesentlichen Anteil an dieser Entwicklung hatte nicht zuletzt die Rechtsprechung des Bundesgerichtshofs. Diese Rechtsprechung ist auf erhebliche Kritik gestoßen, die der Senat als berechtigt erachtet.»
54 Vgl. S. 372 ff.
55 1994 wurde noch ein Satz 2 angefügt: «Der Staat fördert die tatsächliche Durchsetzung der Gleichberechtigung von Frauen und Männern und wirkt auf die Beseitigung bestehen-

der Nachteile hin». Vgl. Art. 1 Nr. 1 a) des Gesetzes zur Änderung des Grundgesetzes vom 27. Oktober 1994, BGBl. I 1994, S. 3146 ff.
56 Vgl. zur Entstehungsgeschichte der Norm Lerke Osterloh und Angelika Nußberger, in: Sachs, *Grundgesetz. Kommentar*, 7. Aufl., München 2014, Art. 3 Rn. 226 f.
57 Zu Beginn der 1. Wahlperiode hatte der Bundestag 28 weibliche Mitglieder. Dies entsprach 6,8 Prozent der Abgeordneten. Vgl. Michael F. Feldkamp und Christa Sommer, *Parlaments- und Wahlstatistik des Deutschen Bundestages 1949–2002/03*, Berlin 2003, S. 16.
58 Zur Rolle von Franz Massfeller vgl. S. 304.
59 Vgl. Hans-Georg Dederer, in: Maunz/Dürig, *Grundgesetz-Kommentar*, 75. Ergänzungslieferung, München September 2015, Art. 100 Rn. 14.
60 § 80 Abs. 1 BVerfGG a.F.; BVerfG, Beschluss vom 20. März 1952 – 1 BvL 14/52, in: *Entscheidungen des Bundesverfassungsgerichts*, Bd. 1, S. 202, 204.
61 Vgl. Godau-Schüttke, *Der Bundesgerichtshof*, S. 241 f.
62 Eine ausführliche Darstellung des Vorgangs in: Ebd., S. 240 ff.
63 OLG Frankfurt, Beschluss vom 22. April 1953 – 3 U 51/53, in: *Neue Juristische Wochenschrift* 1953, S. 746 ff. Vgl. auch die Schilderung bei Godau-Schüttke, *Der Bundesgerichtshof*, S. 240 ff.
64 Der Inhalt des Gutachtens wird wiedergegeben in: Ebd., S. 246 ff.
65 Zit. nach: Ebd., S. 246.
66 Zit. nach: Ebd., S. 247.
67 Ebd., S. 249.
68 BVerfG, Urteil vom 18. Dezember 1953 – 1 BvL 106/53, in: *Entscheidungen des Bundesverfassungsgerichts*, Bd. 3, S. 225, 242.
69 Ebd., S. 237.
70 Für die Recherchen zu dem Folgenden danken wir Frau Prof. Dr. Eva Schumann.
71 Die Aussage von Joachim Rückert, dass es zwischen 1950 und 1970 keine einzige leitende Frau gab, ist nicht richtig. Vgl. Rückert, Einige Bemerkungen über Mitläufer, Weiterläufer und andere Läufer im Bundesministerium der Justiz nach 1949, in: Görtemaker und Safferling (Hrsg.), *Die Rosenburg*, S. 64. Neben Maria Hagemeyer sind noch Margarethe Bitter von der Zentralen Rechtsschutzstelle (dazu S. 212 ff. u. 319) und Helga Eckstein zu nennen, die in den 1960er Jahren das Referat «Völkerrechtliche Verträge» in der Abteilung IV leitete.
72 Nach den Organisationsplänen des BMJ vom November 1950 und März 1952 wurde das Referat «Gleichberechtigung von Mann und Frau» von Maria Hagemeyer geleitet, während es in der Literatur teilweise etwas ungenau heißt, dass sie lediglich in das entsprechende Referat «berufen» worden sei. Vgl. etwa Marion Röwekamp, *Juristinnen – Lexikon zu Leben und Werk*, Baden-Baden 2005, S. 124.
73 Maria Hagemeyer, *Denkschrift über die zur Anpassung des geltenden Familienrechts an den Grundsatz der Gleichberechtigung von Mann und Frau (Art. 3 Abs. 2 GG) erforderlichen Gesetzesänderungen*, Teile 1–3, Köln 1951. Vgl. weiter zur Ausarbeitung des Entwurfs Schröder, Das Bundesministerium der Justiz und die Justizgesetzgebung 1949–1989, in: BMJ (Hrsg.), *40 Jahre Rechtspolitik im freiheitlichen Rechtsstaat*, S. 23 f.
74 Vgl. Heike Vaupel, *Die Familienrechtsreform in den fünfziger Jahren im Zeichen widerstreitender Weltanschauungen*, Baden-Baden 1999, S. 123 ff.
75 Siehe hierzu Gabriele Müller-List, Gleichberechtigung als Verfassungsauftrag. Eine Dokumentation zur Entstehung des Gleichberechtigungsgesetzes vom 18. Juni 1957, in: Kommission für Geschichte des Parlamentarismus und der politischen Parteien (Hrsg.), *Dokumente und Texte*, Bd. 7, Düsseldorf 1995, S. 38 ff.
76 Entwurf eines Gesetzes über die Gleichberechtigung von Mann und Frau auf dem Gebiete des bürgerlichen Rechts und über die Wiederherstellung der Rechtseinheit auf dem Gebiete des Familienrechts (Familienrechtsgesetz) vom 23. Oktober 1952, in: BT-Drucks. 1/3802; Entwurf eines Gesetzes über die Gleichberechtigung von Mann und Frau auf dem Gebiete des bürgerlichen Rechts vom 29. Januar 1954, in: BT-Drucks. 2/224. An der Gestaltung der Entwürfe und auch bei den parlamentarischen Verhandlungen wirkte Petersen maßgeblich mit. Siehe BMJ PA Petersen, P 11 – P 5, Bl. 138.

77 Gesetz über die Gleichberechtigung von Mann und Frau auf dem Gebiete des bürgerlichen Rechts vom 18. Juni 1957, in: BGBl. I 1957, S. 609 ff. Dazu insgesamt Christine Franzius, *Bonner Grundgesetz und Familienrecht. Die Diskussion um die Gleichberechtigung von Mann und Frau in der westdeutschen Zivilrechtslehre der Nachkriegszeit (1945–1957)*, Frankfurt am Main 2005, S. 58 ff.
78 Vgl. hierzu Schumann, Fortwirken von NS-Juristen in der Bundesrepublik, in: BMJV und UWK (Hrsg.), *Die Rosenburg. 3. Symposium*, S. 113 ff.
79 Vgl. Runderlass des Innenministers von Baden-Württemberg vom 22. Februar 1950, zit. nach: Volker Hedemann, *«Zigeuner!» – Zur Kontinuität der rassistischen Diskriminierung in der alten Bundesrepublik*, Hamburg 2007, S. 191. Dazu auch Christian Reimesch, *Vergessene Opfer des Nationalsozialismus? Zur Entschädigung von Homosexuellen, Kriegsdienstverweigerern, Sinti und Roma und Kommunisten in der Bundesrepublik Deutschland*, Berlin 2003, S. 126 f.
80 Vgl. etwa Ingeborg Becker u. a., *Bundesentschädigungsgesetz. (Bundesergänzungsgesetz) zur Entschädigung für Opfer der nationalsozialistischen Verfolgung (BEG) vom 18. Sept. 1953*, Berlin u. a. 1955, S. 48 ff. Aber anders: Viktor Grimpe, *Bundesentschädigungsgesetz. Bundesergänzungsgesetz zur Entschädigung für Opfer der nationalsozialistischen Verfolgung (BEG) vom 18. September 1953*, Siegburg 1953, S. 63. BGH, Urteil vom 7. Januar 1956 – IV ZR 273/55.
81 Ebd.
82 Runderlass des Reichs- und Preußischen Ministers des Inneren vom 6. Juni 1936, in: Ministerial-Blatt des Reichs- und Preußischen Ministeriums des Innern 1936, Sp. 785.
83 Stuckart-Globke, *Kommentare zur deutschen Rassengesetzgebung*, München 1936, Bd. 1, § 2 ReichsbürgerG, S. 53 ff., insb. S. 55.
84 BGH, Urteil vom 7. Januar 1956 – IV ZR 273/55.
85 Ebd.
86 Dazu Godau-Schüttke, *Der Bundesgerichtshof*, S. 295 ff.
87 Darauf weist Henning Radtke hin, in: BMJV und UWK (Hrsg.), *Die Rosenburg. 4. Symposium*, S. 76.
88 BGH, Urteil vom 12. Februar 1964 – IV ZR 129/63, in: *Monatsschrift für Deutsches Recht* 1964, S. 491.
89 Dazu auch Romani Rose, Die Opfergruppe der Sinti und Roma in der Bundesrepublik, in: BMJV und UWK (Hrsg.), *Die Rosenburg. 4. Symposium*, S. 63–71.
90 Art. IV Nr. 1 Abs. 2 und 4 des Zweiten Gesetzes zur Änderung des Bundesentschädigungsgesetzes (BEG-Schlußgesetz) vom 14. September 1965, BGBl. I 1965, S. 1315 ff., 1335.
91 Vgl. Pressemitteilung des BGH vom 12. März 2015. Vgl. auch Günter Hirsch, Die bundesdeutsche Justiz und die Aufarbeitung von NS-Justizunrecht, in: BMJV und UWK (Hrsg.), *Die Rosenburg. 3. Symposium*, S. 56–69.
92 Strafrechtsänderungsgesetz vom 30. August 1951, BGBl. I 1951, S. 739.
93 Georg-August Zinn an Thomas Dehler, 28. Mai 1953, in: BMJ PA Kanter, P 11 – K 20, Bd. I, Bl. 91. Der hessische Ministerpräsident zeigte sich hier verärgert, dass Dehler den ehemaligen NS-Generalrichter Kanter zum Bundesanwalt ernennen lassen wollte. Siehe dazu ausführlich S. 280 u. 324.
94 Zahlenangaben nach: Ludwig Martin, Die Bundesanwaltschaft beim Bundesgerichtshof, in: *Deutsche Richterzeitung* 1975, S. 316.
95 Daten von www.generalbundesanwalt.de/de/organisation.php (zuletzt besucht:15. März 2016).
96 Gerichtsverfassungsgesetz vom 27. Januar 1877, RGBl. 1877, S. 41 ff.
97 Bundesbesoldungsgesetz vom 27. Juli 1957, BGBl. I 1957, S. 993 ff., 1040.
98 Wilhelm Herlan, Heinrich Wunder, Heinz Schmatloch, Hermann Krauth, Werner Krüger, Wolfgang Gottwaldt und Alfons Wahl sind die uns bekannten Namen im Zeitraum von 1950 bis 1970.
99 Bei Ernst Kanter scheiterte der Wechsel zum Generalbundesanwalt am Einspruch des Bundesrats. Zur Biographie Kanters vgl. S. 143 u. 322 ff.
100 Vgl. dazu Malte Wilke, *Staatsanwälte als Anwälte des Staates? Die Strafverfolgungs-*

praxis von Reichsanwaltschaft und Bundesanwaltschaft vom Kaiserreich bis in die frühe Bundesrepublik (= Beiträge zu Grundfragen des Rechts, Bd. 16), Göttingen 2015, S. 227 ff.

101 Vgl. Ehrenerklärung später, in: *Der Spiegel*, Nr. 29, 14. Juli 1954, S. 8 f. Siehe auch Uwe Wesel, Chronik einer Behörde – Spitzel, Wanzen, Bomben, in: *Die Zeit*, Nr. 5, 26. Januar 2012.
102 Vgl. Malte Wilke, *Staatsanwälte als Anwälte des Staates?*, S. 256 f.
103 Der Hauptverbandsplatz, in: *Der Spiegel*, Nr. 4, 20. Januar 1954, S. 7.
104 Vgl. etwa die Beurteilungen des OLG Karlsruhe vom 12. Februar 1939 oder vom 11. April 1938, in: BMJ PA Güde, P 41 – G 2, Beiakte RJM, Bl. 10 ff.
105 Bewerbungen vom 25. Januar 1938 (Freiburg) und vom 1. Dezember 1938 (Heidelberg), in: BMJ PA Güde, P 41 – G 2, Beiakte RJM, Bl. 10 ff. In der Personalakte (Bl. 9) befindet sich eine Verfügung aus dem Reichsjustizministerium von Staatssekretär Schlegelberger vom 26. November 1940, wonach Güde auf eigenen Wunsch zum 1. Januar 1941 an das Amtsgericht Heidelberg versetzt werde. Weitere Hinweise finden sich in der Akte nicht. Eine Tätigkeit in Heidelberg wird auch in späteren Personalbögen nicht erwähnt.
106 Gebrochenes Rückgrat, in: *Der Spiegel*, Nr. 28, 5. Juli 1961, S. 25.
107 Vgl. BMJ PA Güde, P 41 – G 2, Personalbogen.
108 Gebrochenes Rückgrat, in: *Der Spiegel*, Nr. 28, 5. Juli 1961, S. 22.
109 Volker Tausch, *Max Güde (1902–1984). Generalbundesanwalt und Rechtspolitiker* (= Juristische Zeitgeschichte: Abteilung 4, Leben und Werk. Biographische Beiträge zur juristischen Zeitgeschichte, Bd. 5), Baden-Baden 2002, S. 112.
110 Vgl. S. 385 ff. Siehe auch Gebrochenes Rückgrat, in: *Der Spiegel*, Nr. 28, 5. Juli 1961, S. 21.
111 Vgl. ebd., S. 22, 28, 31.
112 Ebd., S. 21.
113 Über seine eigenen Ambitionen vgl. Tausch, *Max Güde*, S. 157.
114 Aussage Thomas Dehler über Wolfgang Fränkel. Vgl. Rechtspflichten hat er nicht verletzt. Thomas Dehler zum Fall des Generalbundesanwalts, in: *Süddeutsche Zeitung*, 20. Juli 1962. Vgl. auch von Miquel, *Ahnden oder Amnestieren?*, S. 118.
115 Vgl. dazu Godau-Schüttke, *Der Bundesgerichtshof*, S. 88.
116 Ausschuß für Deutsche Einheit und der Vereinigung Demokratischer Juristen Deutschlands (Hrsg.), *Von der Reichsanwaltschaft zur Bundesanwaltschaft. Wolfgang Fränkel – Neuer Generalbundesanwalt. Eine Dokumentation*, Berlin (Ost) 1962.
117 Beilage in der BMJ PA Fränkel, P 41 – F 3. Vgl. hierzu von Miquel, *Ahnden oder Amnestieren?*, S. 104 f.
118 Verordnung über die Zuständigkeit der Strafgerichte, die Sondergerichte und sonstige strafverfahrensrechtliche Vorschriften vom 21. Februar 1940, RGBl. I 1940, S. 405 ff. Zeitgenössisch erläutert etwa von Roland Freisler, Nichtigkeitsbeschwerde, in: *Deutsche Justiz* 1940, S. 341 ff.
119 Wolfgang Fränkel, Die Nichtigkeitsbeschwerde in der Praxis, in: *Deutsches Recht* 1941, S. 2305 ff.
120 Festgestellt durch das Disziplinargericht, BGH Urteil vom 16. Juli 1965 – RiSt 2/64, UA, S. 16, in: BMJ PA Fränkel, P 41 – F 3, Disziplinarheft, Bd. 4, Bl. 230 – Rückseite.
121 Verfahren gegen Adolf Frena, in: Tiroler Landesarchiv Innsbruck, Bestand Sondergericht beim LG Innsbruck, KLs 39/1943.
122 Ernst Müller-Meiningen, Stammberger teilt Fränkel das Untersuchungsergebnis mit, in: *Süddeutsche Zeitung*, 11. Juli 1962. Vgl. Godau-Schüttke, *Der Bundesgerichtshof*, S. 90 f. mit Fn. 367.
123 Vgl. Vermerk zur Einstellungsverfügung vom 18. Mai 1967, in BMJ PA Fränkel, P 41 – F 3, Disziplinarheft, Bd. 4, Bl. 263. An einen Fall konnte er sich interessanterweise doch erinnern: das Todesurteil gegen einen SA-Einheitsführer wegen Plünderungen im Krieg. Siehe auch Wilke, *Staatsanwälte als Anwälte des Staates?*, S. 238.
124 Ewald Bucher an Gerhard Marquordt, 6. August 1963, in: BMJ PA Fränkel, P 41 – F 3, Handakte BMJ, Bl. 1.
125 In: BMJ PA Fränkel, P 41 – F 3, Disziplinarheft, Bd. 4 Bl. 214 f. Einzelheiten bei von

Miquel, *Ahnden oder Amnestieren?*, S. 120 f. Mitgewirkt hatten an dem Urteil noch die Bundesrichter Dotterweich und Dr. Hensberger sowie die Bundesanwälte Herlan und Dr. Kammerer. Vertreter des GBA war Dr. Westram.
126 Festgestellt durch das Disziplinargericht, BGH Urteil vom 16. Juli 1965 – RiSt 2/64, UA S. 16, in: BMJ PA Fränkel, P 41 – F 3, Disziplinarheft, Bd. 4, Bl. 236.
127 Ebd., Bl. 249 (Rückseite).
128 Ebd., Bl. 250 (Rückseite).
129 Wilke, *Staatsanwälte als Anwälte des Staates?*, S. 240.
130 Dazu von Miquel, *Ahnden oder Amnestieren?*, S. 119 f. Zur Kontroverse Jagusch-Güde siehe S. 385 f.
131 Martin selbst hatte dem BMJ gegenüber die Erklärung abgegeben, dass er weder in staatsanwaltschaftlicher noch in richterlicher Eigenschaft je an einem Verfahren vor einem Sondergericht oder Kriegsgericht mitgewirkt habe, in: BMJ PA Martin, P 41 – M 4, Bd. 1, Bl. 143.
132 Ebd., Bl. 16–20.
133 Vgl. Gerhard Ziegler, Der neue «General» in Karlsruhe, in: *Die Zeit*, 1. März 1963.
134 Ewald Bucher, Einzig und allein Diener des Rechts, in: *Neue Deutsche Beamtenzeitung* 13/1963, S. 92.
135 Zeitzeugengespräch mit Bundesminister a. D. Prof. Dr. Horst Ehmke am 10. Oktober 2013.
136 Vgl. zu den Beratungen insgesamt Heinz Laufer, *Verfassungsgerichtsbarkeit und politischer Prozess. Studien zum Bundesverfassungsgericht der Bundesrepublik Deutschland*, Tübingen 1968, S. 50 ff., sowie Wengst, *Staatsaufbau und Regierungspraxis*, S. 77 ff.
137 Ebd. S. 78 f., und Laufer, *Verfassungsgerichtsbarkeit und politischer Prozess*, S. 50 ff.
138 Wengst, *Staatsaufbau und Regierungspraxis*, S. 78.
139 Gesetz über das Bundesverfassungsgericht vom 12. März 1951, BGBl. I 1951, S. 243 ff. Zum Entwurf des Juristischen Ausschusses der Ministerpräsidenten vom 27. Juli 1949 siehe Reinhard Schiffers, *Grundlegung der Verfassungsgerichtsbarkeit. Das Gesetz über das Bundesverfassungsgericht vom 12. März 1951*, Düsseldorf 1984, S. XIV f. Vgl. auch Laufer, *Verfassungsgerichtsbarkeit und politischer Prozess*, S. 95.
140 Wengst, *Staatsaufbau und Regierungspraxis*, S. 227.
141 Vgl. hierzu im Detail Schiffers, *Grundlegung der Verfassungsgerichtsbarkeit*, S. XVI ff., sowie Laufer, *Verfassungsgerichtsbarkeit und politischer Prozess*, S. 101 ff.
142 Gerd Morgenthaler, in: Volker Epping und Christian Hillgruber (Hrsg.), *Beck'scher Online-Kommentar Grundgesetz*, 27. Edition, Stand: 01. 12. 2015, Art. 94 Rn. 9.
143 Wengst, *Staatsaufbau und Regierungspraxis*, S. 227.
144 Lammert wünscht mehr Transparenz bei Verfassungsrichter-Wahl, in: *Frankfurter Allgemeine Zeitung*, 23. Mai 2014.
145 BGBl. I 2015, S. 973.
146 Zit. nach: Norbert Frei, Transformationsprozesse. Das Bundesverfassungsgericht als vergangenheitspolitischer Akteur in den Anfangsjahren der Bundesrepublik, in: Michael Stolleis (Hrsg.), *Herzkammern der Republik. Die Deutschen und das Bundesverfassungsgericht*, München 2011, S. 64 f. Vgl. auch Wengst, *Thomas Dehler 1897–1967*, S. 155.
147 Vgl. § 90 ff. BVerfGG 1951. In das Grundgesetz wurde die Verfassungsbeschwerde erst durch das Neunzehnte Gesetz zur Änderung des Grundgesetzes vom 29. Januar 1969 aufgenommen, siehe BGBl. I 1969, S. 97. Erst dadurch wurde die Verfassungsbeschwerde der Disposition des einfachen Gesetzgebers entzogen. Vgl. hierzu Horst Dreier, Das Bundesministerium der Justiz und die Verfassungsentwicklung in der frühen Bundesrepublik Deutschland, in: Görtemaker und Safferling (Hrsg.), *Die Rosenburg*, S. 98.
148 Vgl. § 80 Abs. 1 BVerfGG 1951. Damit wurde dies für die konkrete Normenkontrolle gemäß Art. 100 GG angeordnet.
149 In diesem Punkt hatte sich die Regierung gegen Bundesrat und Opposition durchgesetzt, die das Bundesverfassungsgericht sogleich zum selbständigen Verfassungsorgan erklären wollten. Vgl. Wengst, *Staatsaufbau und Regierungspraxis*, S. 316 f.
150 Erna Scheffler, *Die Stellung der Frau in Familie und Gesellschaft im Wandel der Rechtsordnung seit 1918*, Frankfurt am Main und Berlin 1970. Vgl. Wengst, *Staatsaufbau und Regierungspraxis*, S. 231.

151 Bei den Veränderungen, die es noch gab, blieb die politische Zuordnung der Kandidaten stets erhalten. Vgl. ebd., S. 233 und 240 ff.
152 Vgl. zum Folgenden ebd., S. 233 ff.
153 Siehe hierzu Frank Spieker, *Hermann Höpker Aschoff. Vater der Finanzverfassung* (= Schriften zur Verfassungsgeschichte, Bd. 66), Berlin 2004, S. 50; Wengst, *Staatsaufbau und Regierungspraxis*, S. 237 Anm. 67 unter Verweis auf die *Frankfurter Allgemeine Zeitung*, 22. Januar 1954; sowie Michael Stolleis, *Geschichte des öffentlichen Rechts in Deutschland. Vierter Band. Staats- und Verwaltungsrechtswissenschaft in West und Ost 1945–1990*, München 2012, S. 148, Anm. 190.
154 Am 9. September 1951 setzte das Gericht die Volksabstimmung vorübergehend aus. Eine Entscheidung sei noch nicht möglich, da die Richter zu spät gewählt worden seien. BVerfG, Beschluss vom 9. September 1951 – Az. 2 BvQ 1/51, in: *Entscheidungen des Bundesverfassungsgerichts*, Bd. 1, S. 1, 2.
155 Dreier, Das Bundesministerium der Justiz und die Verfassungsentwicklung in der frühen Bundesrepublik Deutschland, in: Görtemaker und Safferling (Hrsg.), *Die Rosenburg*, S. 96.
156 Sein Doktorvater war Prof. Dr. Wilhelm Laforet, ordentlicher Professor für öffentliches Recht an der Universität Würzburg und später Vorsitzender des Rechtsausschusses des Deutschen Bundestages bei der Debatte über das erste Strafrechtsänderungsgesetz. Vgl. das Protokoll des Rechtsausschusses des Bundestages 1/87 vom 14. Februar 1951.
157 Dr. Ernst Linz an den Präsidenten des Bundesverfassungsgerichts, eingegangen am 26. August 1966, in: PA BGH Geiger, I G 87, Zusatzakte zu den Personalakten, Bl. 1.
158 Willi Geiger, *Die Rechtsstellung des Schriftleiters nach dem Gesetz vom 4. Oktober 1933*, Darmstadt 1940, S. 40.
159 Der Präsident des Bundesverfassungsgerichts an Dr. Ernst Linz, 9. September 1966, in: PA BGH Geiger, I G 87, Zusatzakte zu den Personalakten, Bl. 2, S. 2.
160 Weitere Auszüge aus der Dissertation finden sich in Dreier, Das Bundesministerium der Justiz und die Verfassungsentwicklung in der frühen Bundesrepublik Deutschland, in: Görtemaker und Safferling (Hrsg.), *Die Rosenburg*, S. 95 ff.
161 Oskar Redelberger, Führung und Verwaltung, in: *Deutsche Verwaltung* 18 (1941), S. 244. Zu Redelbergers eigenen Schriften vgl. z. B. Oskar Redelberger, Kapitel I – Das Volk als Gemeinschaft, in: Carl Johanny und Oskar Redelberger, *Volk, Partei, Reich*, Berlin u. a. 1941, S. 17. Gareis war ebenfalls Mitglied der NSDAP und der SS.
162 Bundesverfassungsrichter Gregor Geller an den Präsidenten des Bundesverfassungsgerichts, 27. Januar 1967, in: PA BGH Geiger, I G 87, Zusatzakte zu den Personalakten, ohne Paginierung, S. 3.
163 Ergänzungs-Fragebogen, in: BMJ PA Geiger, P 11 – G 1, Beiakte LGRat in Bamberg, OLGRat am OLG Bamberg 16. Februar 1949.
164 Bericht zur Nichtigkeitsbeschwerde, in: Staatsarchiv Bamberg K105, SG 1186.
165 Staatsarchiv Bamberg K105, SG 1578. Der Akte des Vorprüfungsausschusses liegt ausschließlich das Protokoll in Kurzform bei, aus dem nicht einmal der Sachverhalt hervorgeht. Vgl. Anlage zum Gutachten des Vorprüfungsausschusses bei dem Landgericht Bamberg vom 5. Juli 1946, in: Bewerbungsakte Bundesrichter Geiger, Bew XIII/111, Anl. 1.
166 Verfahren am Sondergericht Bamberg, Az. des Sondergerichts: SG 161/41, in: Staatsarchiv Bamberg K105, SG 1578. Vgl. weiter SG 40/42; SG 228/42; SG 219/42; SG 285/42 (2).
167 Hierzu die Auflistung in dem Brief vom 30. März 1978 an das Bundesverfassungsgericht, in: PA BVerfG Geiger, P 1 – G 1, verschlossener Umschlag in der Akte.
168 Beurteilung durch den Oberlandesgerichtspräsidenten Dr. Dürig vom 7. Januar 1943, Gesamturteil: «lobenswert», in: BMJ PA Geiger, P 11 – G 1, Beiakte LGRat in Bamberg, OLGRat am OLG Bamberg 16. Februar 1949.
169 Willi Geiger an den Oberlandesgerichtspräsidenten in Bamberg vom 8. Dezember 1945, in: BMJ PA Geiger, P 11 – G 1, Beiakte LGRat in Bamberg, OLGRat am OLG Bamberg 16. Februar 1949.
170 Bestätigung betreffend Landgerichtsrat Dr. Willi Geiger in Bamberg, gez. Dr. Hans Win-

ANMERKUNGEN ZU S. 293–295   519

ners, AGRat bei der StA beim LG Bamberg, 12. Dezember 1945, in: BMJ PA Geiger, P 11 – G 1, Beiakte LGRat in Bamberg, OLGRat am OLG Bamberg 16. Februar 1949, Anlage 4.
171 Staatsarchiv Bamberg K 105, SG 1386.
172 Staatsarchiv Bamberg K 105, SG 1436.
173 Personal- und Befähigungsnachweisung, in: BMJ PA Geiger, P 11 – G 1, Beiakte LGRat in Bamberg, OLGRat am OLG Bamberg 16. Februar 1949.
174 Willi Geiger an den Oberlandesgerichtspräsidenten in Bamberg vom 8. Dezember 1945, in: BMJ PA Geiger, P 11 – G 1, Beiakte LGRat in Bamberg, OLGRat am OLG Bamberg 16. Februar 1949.
175 Fragebogen der Besatzungsmächte, in: BMJ PA Geiger, P 11 – G 1, Beiakte LGRat in Bamberg, OLGRat am OLG Bamberg 16. Februar 1949.
176 Willi Geiger an LGPräs Bamberg, in: BMJ PA Geiger, P 11 – G 1, Beiakte PA BayStMdJ Geiger.
177 Äußerung über Befähigung durch den LGPräs, in: BMJ PA Geiger, P 11 – G 1, Beiakte PA LG Bamberg Geiger, G 1112.
178 Willi Geiger an den Landgerichtspräsidenten, 15. November 1937, in: BMJ PA Geiger, P 11 – G 1, Beiakte PA LG Bamberg Geiger, G 1112.
179 Geiger war vom 23. Juni bis 7. Juli 1933 in Schutzhaft. Siehe BMJ PA Geiger, P 11 – G 1, Beiakte Akten des Präs. des OLG Bamberg, Personalakten, Vermerk in seinem Referendariatszeugnis zur Unterbrechung des Vorbereitungsdienstes. Bezüglich seines Vaters siehe Bestätigung durch Kriminalinspektor Schwartz, Pirmasens, 24. März 1946, in: BMJ PA Geiger, P 11 – G 1, Beiakte LGRat in Bamberg, OLGRat am OLG Bamberg 16. Februar 1949.
180 Siehe handschriftlichen Lebenslauf, in: BMJ PA Geiger, P 11 – G 1, Beiakte Personalakte Willi Geiger des Präsidenten des OLG Bamberg.
181 Dienstleistungs-Zeugnis der SA der NSDAP, Sturm 3/9 Würzburg vom 6. März 1936, in: BMJ PA Geiger, P 11 – G 1, Beiakte Personalakte Willi Geiger des Präsidenten des OLG Bamberg.
182 BArch BDC, Willi Geiger, Personalbogen RJM I p 25 G 1112. Allerdings wurde er 1940 als SA-Rottenführer zu einem Lehrscheinlehrgang abkommandiert. Vgl. SA der NSDAP, Schreiben vom 19. September 1940, in: BMJ PA Geiger, P 11 – G 1, Beiakte PA BayStMdJ Geiger.
183 Die Gauleitung Bayerische Ostmark der NSDAP bestätigte in einer politischen Beurteilung Geigers vom 10. Februar 1938, er versehe «bei der SA das Amt eines Schulungs- und Pressereferenten», und bezeichnete ihn als «politisch zuverlässlich» (sic), in: PA BGH Geiger, I G 87, Beiakte Bew 68-BOG.
184 Willi Geiger an den Oberlandesgerichtspräsidenten Bamberg und die Militärregierung Bamberg, 2. August 1945, in: BMJ PA Geiger, P 11 – G 1, Beiakte LGRat in Bamberg, OLGRat am OLG Bamberg 16. Februar 1949.
185 Bezeichnenderweise hatte Geiger in seinem ersten Fragebogen angegeben: «ich glaube Scharführer». Später unterließ er dies jedoch. Siehe Fragebogen, in: BMJ PA Geiger, P 11 – G 1, Beiakte LGRat in Bamberg, OLGRat am OLG Bamberg 16. Februar 1949.
186 Nationalsozialistische Deutsche Arbeiterpartei/Sturmabteilung, *Handbuch der SA*, Berlin 1939, S. 48.
187 Willi Geiger an Oberlandesgerichtspräsidenten in Bamberg, 23. September 1940, in: BMJ PA Geiger, P 11 – G 1, Beiakte PA BayStMin Geiger.
188 LG Bamberg, Beschluss vom 11. Januar 1947 – Qs 1/47, in: BMJ PA Geiger, P 11 – G 1, Beiakte LGRat in Bamberg, OLGRat am OLG Bamberg 16. Februar 1949.
189 Landgerichtspräsident Hermann Weinkauff an den Oberlandesgerichtspräsidenten in Bamberg, 8. Juli 1947, in: BMJ PA Geiger, P 11 – G 1, Beiakte LGRat in Bamberg, OLGRat am OLG Bamberg 16. Februar 1949. LG Bamberg, Beschluss vom 11. Januar 1947 – Qs 1/47, in: BMJ PA Geiger, P 11 – G 1, Beiakte LGRat in Bamberg, OLGRat am OLG Bamberg 16. Februar 1949.
190 Gauleitung Mainfranken der NSDAP an den Präsidenten des OLG Bamberg, 12. Mai 1936, in: BMJ PA Geiger, P 11 – G 1, Beiakte Akten des Präs. des OLG Bamberg, Personalakten.

191 Gutachten des Vorprüfungsausschuss bei dem Landgericht Bamberg, 5. Juli 1946, in: Bewerbungsakte Bundesrichter Geiger, Bew XIII/111.
192 BArch BDC, Willi Geiger, Personalbogen RJM I p 25 G 1112.
193 Bestätigung betreffend Landgerichtsrat Dr. Willi Geiger in Bamberg, gez. Dr. Hans Winners, AGRat bei der StA beim LG Bamberg, 12. Dezember 1945, in: BMJ PA Geiger, P 11 – G 1, Beiakte LGRat in Bamberg, OLGRat am OLG Bamberg 16. Februar 1949, Anl. 4. Siehe auch Vermerk Weinkauff vom 21. Juni 1946, in: BMJ PA Geiger, P 11 – G 1, Beiakte PA LG Bamberg Geiger, G 1112.
194 Siehe hierzu das Kapitel «Hans Winners und die Abteilung Z», S. 109 u. 128 ff.
195 Landrat Dehler, 12. Dezember 1945, in: BMJ PA Geiger, P 11 – G 1, Beiakte LGRat in Bamberg, OLGRat am OLG Bamberg 16. Februar 1949, Anl. 6.
196 Spruchkammer I, Bamberg-Stadt, Spruch vom 17. April 1947 – II/712/537/47, in: BMJ PA Geiger, P 11 – G 1, Beiakte PA BayStMdJ Geiger.
197 Schreiben Oberlandesgerichtspräsident Dehler an Bayerisches Staatsministerium der Justiz, 11. Juli 1947, in: BMJ PA Geiger, P 11 – G 1, Beiakte PA BayStMdJ Geiger. Dehler verweist darin auch auf die Befürwortung der Wiedereinstellung durch den Landgerichtspräsidenten Weinkauff.
198 Bayerisches Staatsministerium der Justiz: Ernennung von Mitgliedern des Landesjustizprüfungsamtes vom 13. April 1948, in: BMJ PA Geiger, P 11 – G 1, Beiakte PA BayStMdJ Geiger; Antrag auf Beförderung gestellt durch OLGPräs. Dehler am 23. August 1949, in: BMJ PA Geiger, P 11 – G 1, Beiakte PA BayStMin Geiger; Schreiben OLGRat Geiger an Staatsministerium der Justiz vom 10. Mai 1950, in: BMJ PA Geiger, P 11 – G 1, Beiakte PA BayStMin Geiger und PA BVerfG Geiger, P 1 – G 1, Bl. 2; Vorschlag des Bundesministers der Justiz Dehler zum Bundesrichter vom 4. Oktober 1950, in: PA BVerfG Geiger, P 1 – G 1, Beiakte Personalakten Prof. Dr. Geiger, Willi, Az. P 41 – G 3, Bl. 1.
199 Richard Ley, Willi Geiger †, in: *Neue Juristische Wochenschrift* 1994, S. 1050.
200 Willi Geiger an den Präsidenten des BGH und an das Bundesjustizministerium, 16. September 1961, in: PA BVerfG Geiger, P 1 – G 1, Beiakte Personalakten Prof. Dr. Geiger, Willi, Az. P 41 – G 3, Bl. 41.
201 Wengst, *Staatsaufbau und Regierungspraxis*, S. 243.
202 Vgl. zu seiner Biographie Stolleis, *Geschichte des öffentlichen Rechts in Deutschland. Vierter Band*, S. 148, und Thomas Aders, *Die Utopie vom Staat über den Parteien. Biographische Annäherungen an Hermann Höpker Aschoff (1883–1954)*, Frankfurt am Main u. a. 1994, sowie Spieker, *Hermann Höpker Aschoff*, S. 19 ff., und Theodor Ritterspach, Hermann Höpker-Aschoff. Der erste Präsident des Bundesverfassungsgerichts, in: *Jahrbuch des öffentlichen Rechts der Gegenwart. Neue Folge*, Jg. 32 (1983), S. 55–62, S. 55 ff.
203 Stolleis, *Geschichte des öffentlichen Rechts in Deutschland. Vierter Band*, S. 148. Völlig unkritisch ist Spieker, *Hermann Höpker Aschoff*, S. 46–50, bes. S. 50 Fn. 182, sowie Ritterspach, Hermann Höpker-Aschoff, S. 59.
204 Spieker, *Hermann Höpker Aschoff*, S. 49.
205 Ebd., S. 50.
206 Vgl. zum Folgenden und insgesamt zu den Biographien der Mitglieder des Verfassungsgerichts Stolleis, *Geschichte des öffentlichen Rechts in Deutschland. Vierter Band*, S. 148 ff.
207 So Geiger in einem Gespräch mit Udo Wengst. Vgl. Wengst, *Staatsaufbau und Regierungspraxis*, S. 244, Fn. 114.
208 Vgl. hierzu ausführlich Walter Pauly, Der unaufhaltsame Aufstieg des Bundesverfassungsgerichts. Selbstinszenierung eines Verfassungsorgans, in: Fischer und Pauly (Hrsg.), *Höchstrichterliche Rechtsprechung in der frühen Bundesrepublik*, S. 3 ff. Siehe auch Stolleis, *Geschichte des öffentlichen Rechts in Deutschland. Vierter Band*, S. 155 ff., sowie Wengst, *Staatsaufbau und Regierungspraxis*, S. 316 ff., und Laufer, *Verfassungsgerichtsbarkeit und politischer Prozess*, S. 254 ff.
209 Höpker-Aschoff im Auftrage des Plenums des BVerfG, *Jahrbuch des öffentlichen Rechts der Gegenwart. Neue Folge*, Bd. 6 (1957), S. 144 ff. Siehe dazu auch Etienne François, Das Bundesverfassungsgericht und die deutsche Rechtskultur: ein Blick aus Frankreich, in: Stolleis (Hrsg.), *Herzkammern der Republik*, S. 59.

210 Pauly, Der unaufhaltsame Aufstieg des Bundesverfassungsgerichts, in: *Fischer und Pauly (Hrsg.), Höchstrichterliche Rechtsprechung in der frühen Bundesrepublik*, S. 5 f.
211 Wengst, *Thomas Dehler 1897–1967*, S. 214. Siehe hierzu auch Dreier, Das Bundesministerium der Justiz und die Verfassungsentwicklung in der frühen Bundesrepublik Deutschland, in: Görtemaker und Safferling (Hrsg.), *Die Rosenburg*, S. 107 ff.
212 Deutscher Bundestag, 1. Wahlperiode 1949. Stenographische Berichte, Bd. 15, 1953, S. 12105.
213 Vgl. BVerfG, Beschluss des Plenums vom 8. Dezember 1952 – 1 PBvV 1/52, in: *Entscheidungen des Bundesverfassungsgerichts*, Bd. 2, S. 79.
214 Dreier, Das Bundesministerium der Justiz und die Verfassungsentwicklung in der frühen Bundesrepublik Deutschland, in: Görtemaker und Safferling (Hrsg.), *Die Rosenburg*, S. 109 ff.
215 Vgl. dazu S. 194 ff.
216 BVerfG, Urteil vom 16. Januar 1957 – Az. 1 BvR 253/56 (Elfes), in: *Entscheidungen des Bundesverfassungsgerichts*, Bd. 6, S. 32 ff.; BVerfG, Urteil vom 15. Januar 1958 – Az. 1 BvR 400/51 (Lüth), in: *Entscheidungen des Bundesverfassungsgerichts*, Bd. 7, S. 198 ff. Zum Konzept der objektiven Werteordnung vgl. auch Horst Dreier, in: Dreier, *Grundgesetz. Kommentar*, Bd. 1, 2. Aufl, Tübingen 2008, Vorb. Art. 1 Rn. 82. Zur vergangenheitspolitischen Dimension dieses Urteils sowie zur vergangenheitspolitischen Bedeutung des Bundesverfassungsgerichts insgesamt siehe Frei, Transformationsprozesse, in: Stolleis (Hrsg.), *Herzkammern der Republik*, S. 78 ff.
217 Vgl. dazu auch François, Das Bundesverfassungsgericht und die deutsche Rechtskultur, in: Stolleis (Hrsg.), *Herzkammern der Republik*, S. 61.

II. Abteilungen und Karrieren im BMJ

1 Seit der Zusammenlegung des Justizministeriums mit dem Verbraucherschutz nach der Bundestagswahl 2013 gliedert sich das jetzt sogenannte «Bundesministerium der Justiz und für Verbraucherschutz» in die Abteilungen Justizverwaltung (Z), Rechtspflege (R), Bürgerliches Recht (I), Strafrecht (II), Handels- und Wirtschaftsrecht (III), Verfassungs- und Verwaltungsrecht, Völker- und Europarecht (IV) sowie Verbraucherpolitik (V). Siehe hierzu auch das Kapitel zur Personalentwicklung, S. 367 f.
2 Vgl. S. 128 ff. In der Abteilung Z waren im Untersuchungszeitraum insgesamt 21 Mitarbeiter tätig, die vor 1927 geboren waren. Von diesen 21 Personen hatten 12 der NSDAP, sechs der SA und einer der SS angehört. Eine weitere Person behauptete, zwar einen Aufnahmeantrag bei der SS gestellt, aber später zurückgezogen zu haben. Fünf Mitarbeiter wurden aus dem früheren Reichsjustizministerium übernommen. Die Belastung mit ehemaligen NSDAP-Mitgliedern betrug hier 1950 42,8 Prozent, 1957 57,1 Prozent, 1963 62,5 Prozent, 1969 50 Prozent und 1973 ebenfalls 50 Prozent.
3 Die genauen Bezeichnungen wechselten: Bis 1952 hieß die Abteilung «Bürgerliches Recht, Verfahrensrecht und Arbeitsrecht», danach bis 1954 «Bürgerliches Recht, Zivilverfahren», von 1954 bis 1970 «Bürgerliches Recht und Verfahren» und ab 1970 bis zum Ende des Untersuchungszeitraums nur noch «Bürgerliches Recht».
4 Die Referatsleiter Hans Arnold, Bernhard Bölling, Walter Holtgrave, Erich Kaufmann, Burkhard Klingsporn, Anton Knopp, Florian Messerer, Günther Schmidt-Räntsch und Rudi Voelskow hatten das Zweite Staatsexamen erst nach 1945 abgelegt. Weiter sind Gerhard Marquordt und Wilfried von Schack zu nennen, die zwar noch in der NS-Zeit das Referendariat absolviert hatten, jedoch aufgrund ihres aktiven Wehrdienstes keine weitere Berufserfahrung mehr sammeln konnten. Auch Ludwig Jansen und Dietrich Reinicke waren aufgrund ihrer Kriegsteilnahme nur kurze Zeit in der Justiz tätig.
5 Karl Peter Wilhelm Münzel wird hier nicht zur Gruppe der ehemaligen RJM-Mitarbeiter gerechnet. Er war seit 1938 hauptamtlicher Prüfer im Reichsjustizprüfungsamt beim RJM (Prüfungsstelle Stuttgart).
6 Es gab zwar insgesamt zehn Referate. Dr. Weitnauer, Dr. von Spreckelsen, Dr. Bülow und Dr. Grohmann leiteten jedoch jeweils zwei Referate.
7 Karl-Friedrich Wilhelm war 1934/35 an das Reichsarbeitsministerium abgeordnet und

dort seit 1936 im Referat «Arbeitsverhältnisse der Arbeiter und Angestellten im öffentlichen Dienst» tätig.
8 Vgl. *Der Spiegel*, Nr. 50, 9. Dezember 1991, S. 288. Siehe auch «Jung und anmutig», in: *Die Zeit*, 10. Juli 1998. Maria Hagemeyer gehörte damit auch nach dem Zweiten Weltkrieg noch zu einer kleinen Minderheit. So waren bis 1960 in juristischen Berufen weniger als vier Prozent Frauen tätig. Insbesondere galt dies für den Richterberuf, zu dem der Richter des Bundesverfassungsgerichts Karl Heck noch 1957 erklärte, der Richter sei «ein Mittelding zwischen Mönch und Offizier, groß in entsagender Pflichterfüllung, gering in schöpferischer Tätigkeit, zu der er nicht erzogen wird, und zu der sein Beruf, so wie er verstanden und ihm vorgelebt wird, ihm wenig Gelegenheit gibt [...] streng, genau, ernst, pflichtbewusst, einer wie der andere». Zit. nach: Andreas Hänlein, Richter des BVerfG a. D. Dr. Karl Heck, in: *Neue Juristische Wochenschrift* 1996, 3131 f.
9 BMJ PA Petersen, P 11 – P 5, Beiakte LJV Hamburg, Bl. 4 ff., 9 ff., 22.
10 Petersen war Mitglied im NSRB und in der NSV sowie in den NS-Organisationen Reichsluftschutzbund und NS-Reichskriegerbund. Zu seiner ideologischen Haltung bemerkte Reichsgerichtspräsident Bumke am 16. August 1944 in einer Beurteilung, Petersen sei «ein besonderer Kenner des Patent- und Gebrauchsmusterrechtes sowie des Handels- und Seerechts» und politisch «nicht hervorgetreten». Es sei jedoch «anzunehmen, daß er sich rückhaltlos für den nationalsozialistischen Staat einsetzt». BMJ PA Petersen, P 11 – P 5, Beiakte RJM (unpag.).
11 BMJ PA Petersen, P 11 – P 5, Beiakte Hanseatisches OLG (Fragebogen). Zum Vergleich: Nach der Reichsbesoldungsordnung B vom März 1937 betrug das Gehalt des Reichsgerichtspräsidenten 24 000 RM und das eines Reichsgerichtsrats 16 000 RM.
12 Dazu Jan Thiessen, Wirtschaftsrecht und Wirtschaftsrechtler im Schatten der NS-Vergangenheit, in: Görtemaker und Safferling (Hrsg.), *Die Rosenburg*, S. 292.
13 BMJ PA Petersen, P 11 – P 5, Beiakte Hanseatisches OLG, Bl. 1 ff. u. 23.
14 BMJ PA Petersen, P 11 – P 5, Bl. 35 f.; Beiakte ZJA, Bl. 34.
15 Ebd., Bl. 36 (Vermerk von Petersen vom 19. Januar 1950).
16 RJM Geschäftsverteilungsplan (Stand Frühjahr 1941), in: Gruchmann, *Justiz im Dritten Reich 1933–1940*, Anlage 2: S. 1191 ff., 1198, 1201.
17 Siehe hierzu die Geschäftsverteilungspläne des RJM von 1934 und 1941. Abgedr. in: Ebd., Anlage 1: S. 1149, 1160 f., und Anlage 2: S. 1170, 1182, 1191, 1201.
18 In der Justiz waren tätig: Aloys Böhle-Stamschräder, seit 1931 Gerichtsassessor/Richter im OLG-Bezirk Hamm, seit 1937 Richter und seit 1947 Direktor am LG Bochum, 1953–1969 Leiter des Referats Zwangsvollstreckung in der Abt. I; Franz-Josef Finke, seit 1930 Gerichtsassessor/Richter im OLG-Bezirk Köln, seit 1935 Richter am LG Saarbrücken (zeitweise auch als Sonderrichter), seit 1948 Richter am OLG Koblenz, seit 1951 Abordnungen an den BGH und das BMJ (dort 1954–1956 Referatsleiter im Bereich des Familienrechts), 1959–1973 Richter am BGH; zu Gerhard Erdsiek seit 1929 im preußischen Justizdienst, im Januar 1943 auf eigenen Wunsch «beurlaubt», seit 1945 Oberlandesgerichtsrat in Celle, seit 1948 zusätzlich Vizepräsident des OLG Celle, von 1957–1962 Leiter der Abt. I; Maria Hagemeyer, seit Ende der 1920er Jahre Richterin am LG Bonn, seit 1950 am OLG Köln, 1950–1953 Abordnung an das BMJ und Leiterin des Referats «Gleichberechtigung von Mann und Frau»; Fritz Riedel, seit 1936 in der bayrischen Justiz tätig, seit 1948 Richter am OLG München und seit 1954 Leiter in verschiedenen Referaten der Abt. I und seit 1963 Leiter der Unterabteilung Verfahrensrecht.
19 Zur Problematik des Begriffs «NS-Belastung» und zu seiner Einordnung im jeweiligen zeitlichen und räumlichen Kontext siehe Frank Bösch und Andreas Wirsching, *Abschlussbericht der Vorstudie zum Thema «Die Nachkriegsgeschichte des Bundesministeriums des Innern (BMI) und des Ministeriums des Innern der DDR (MdI) hinsichtlich möglicher personeller und sachlicher Kontinuitäten zur Zeit des Nationalsozialismus»*, Stand: 29. Okt. 2015, S. 7 f.
20 Auch in anderen Bereichen erreichte die Abteilung I Spitzenwerte. So lag der Anteil promovierter Juristen im BMJ insgesamt bei etwa 30 Prozent (Bezugsgröße sind auch hier die in der Personaldatenbank erfassten 170 Personen), während in der Abteilung I mit 22 Personen 73 Prozent aller Juristen in leitender Funktion promoviert waren.

21 Bösch und Wirsching, *Abschlussbericht*, S. 24 f.
22 Werner Schubert (Hrsg.), *Akademie für Deutsches Recht 1933–1945. Protokolle der Ausschüsse*, Bd. 6: *Zivilprozeß und Gerichtsverfassung. Ausschüsse der Akademie für Deutsches Recht und «Ämter» des Reichsjustizministeriums von 1934–1944*, Frankfurt am Main 1997, S. 93 f., 102, 131 ff.; Bd. 21: *Freiwillige Gerichtsbarkeit und Zivilprozess II. Ausschüsse für Freiwillige Gerichtsbarkeit (1935–1939) und für Bürgerliche Rechtspflege (1937–1942)*, Frankfurt am Main 2013, S. XX, 313, 354; Bd. 11: *Ausschuß für Jugendrecht, Arbeitsgemeinschaften für Jugendarbeitsrecht und Jugendstrafrecht (1934–1941)*, Frankfurt am Main 2001, S. XVIII, 51.
23 Hans Pfundtner und Reinhard Neubert (Hrsg.), *Das neue Deutsche Reichsrecht. Ergänzbare Sammlung des geltenden Rechts seit dem Ermächtigungsgesetz mit Erläuterungen*, Berlin 1933–1943; Franz Schlegelberger und Werner Vogels, *Erläuterungswerk zum Bürgerlichen Gesetzbuch und zum neuen Volksrecht*, Berlin 1939–1942; Roland Freisler und Ludwig Grauert (Hrsg.), *Das neue Recht in Preussen, Ergänzbare Sammlung des geltenden preussischen Rechts seit dem Reichsermächtigungsgesetz*, Berlin 1933–1941.
24 Arthur Gütt/Herbert Linden/Franz Massfeller, *Blutschutz- und Ehegesundheitsgesetz. Gesetz zum Schutze des deutschen Blutes und der deutschen Ehre und Gesetz zum Schutze der Erbgesundheit des deutschen Volkes nebst Durchführungsverordnungen sowie einschlägigen Bestimmungen*, München 1936 (2. Aufl. München 1937); Ernst Brandis/Franz Massfeller, *Das neue Personenstandsgesetz vom 3. November 1937 und Ausführungsvorschriften. Mit einem Anhang: Auszug aus dem neuen Ehegesetz*, Berlin 1938; Franz Massfeller, *Das neue Ehegesetz vom 6. Juli 1938 und seine Ausführungsvorschriften sowie die Familienrechtsnovelle vom 12. April 1938*, Berlin 1938; Franz Massfeller, *Das großdeutsche Ehegesetz vom 6. Juli 1938 und seine Ausführungsvorschriften sowie die Familienrechtsnovelle vom 12. April 1938*, Berlin 1938 (2. Aufl. Berlin 1939).
25 Vgl. von Miquel, *Ahnden oder amnestieren?*, S. 385 f. Dort sind 19 Juristen aus dem BMJ genannt. Mit acht Juristen ist der Anteil nur in der Abteilung II (Strafrecht und Strafverfahren) noch höher, wobei die Abteilung in den 1960er Jahren auch deutlich größer war als die Abteilung I.
26 Wörtlich erklärte Frank vor den Leitern des Arbeitsbereichs Generalgouvernement der NSDAP in Krakau, es müsse «unser Ziel sein, dass wir dieses Land völlig dem deutschen Volkstum erobern». Das Generalgouvernement werde «in absehbarer Zeit von Juden völlig befreit sein». Außerdem sei «klar entschieden, dass das GG in Zukunft ein deutscher Lebensbereich sein wird. Wo heute 12 Millionen Polen wohnen, sollen einmal 4 bis 5 Millionen Deutsche wohnen. Das GG muss ein so deutsches Land werden wie das Rheinland.» Zit. nach: Werner Präg und Wolfgang Jacobmeyer (Hrsg.), *Das Diensttagebuch des deutschen Generalgouverneurs in Polen*, Stuttgart 1975, S. 338 f.
27 Wolfgang Curilla, *Der Judenmord in Polen und die deutsche Ordnungspolizei 1939–1945*, Paderborn 2011. Vgl. auch Bogdan Musial, *Deutsche Zivilverwaltung und Judenverfolgung im Generalgouvernement. Eine Fallstudie zum Distrikt Lublin 1939–1944* (= Deutsches Historisches Institut Warschau. Quellen und Studien, Bd. 10), Wiesbaden 1999.
28 Für Einzelheiten sei auf die geplante Monographie von Prof. Dr. Eva Schumann zur Abteilung I verwiesen, die voraussichtlich 2017 in einer eigenen «Rosenburg-Reihe» bei Vandenhoeck & Ruprecht in Göttingen erscheinen wird.
29 So wurde etwa Hermann Weitnauer von Ernst Geßler und Heinrich von Spreckelsen für eine Einstellung in das BMJ empfohlen. Siehe BMJ PA Weitnauer, P 11 – W 17, Bl. 1 f.
30 Einführung des Zivilrechts in den eingegliederten Ostgebieten, Besprechung im Reichsjustizministerium, 2. August 1940, in: Hans Günter Hockerts und Michael Hollmann (Hrsg.), *Akten der Reichskanzlei. Regierung Hitler 1933–1945. Die Regierung Hitler*, Bd. VII: 1940 (bearb. von Friedrich Hartmannsgruber), Berlin 2015, Nr. 155a, S. 509–514; BMJ PA Weitnauer, P 11 – W 17, Sonderheft, Bl. 39–55.
31 BArch Ludwigsburg B 162/21490, Bl. 413, 416.
32 Dazu insgesamt BMJ PA Massfeller P 11 – M 9, Bl. 8 ff., 12 ff., 17, 19, 37.

33 Bundesvorstand des BVN (Hrsg.), *Das «Wannsee-Protokoll» zur Endlösung der Judenfrage und einige Fragen an die, die es angeht*, Düsseldorf 1952.
34 Ebd.
35 Bereits im Januar 1951 wurde Schlegelberger allerdings wegen «Haftunfähigkeit» aus dem Kriegsverbrechergefängnis Landsberg entlassen. Er lebte danach noch bis Dezember 1970 in Flensburg. Vgl. Michael Förster, *Jurist im Dienst des Unrechts. Leben und Werk des ehemaligen Staatssekretärs im Reichsjustizministerium Franz Schlegelberger 1876–1970*, Baden-Baden 1995. Siehe auch S. 52 ff.
36 Das vom «Bund der Verfolgten des Naziregimes» angestrengte Ermittlungsverfahren gegen Massfeller wurde ebenfalls eingestellt. BMJ PA Massfeller, P 11 – M 9, Bl. 92 ff.; BArch Ludwigsburg B 162/21490, Bl. 419 ff. Dazu auch Cora Ciernoch-Kujas, *Ministerialrat Franz Massfeller 1902–1966*, Berlin 2003, S. 151 ff.
37 BMJ PA Massfeller, P 11 – M 9, Briefumschlag mit Dokumenten zu diesem Vorgang im Anschluss an Bl. 39; darin: Schreiben von Walter Strauß an RA Hans C. Boedeker (Bad Godesberg), 4. Juli 1953.
38 Dazu insgesamt Massfeller Bew 63, Bl. 6 ff., 22 ff., 38 ff.
39 Dazu Ciernoch-Kujas, *Ministerialrat Franz Massfeller 1902–1966*, S. 186 ff.
40 Vgl. ebd., S. 13.
41 Ebd., S. 15. Siehe auch BMJ PA Massfeller, P 11 – M 9, Personalbogen.
42 Ciernoch-Kujas, *Ministerialrat Franz Massfeller 1902–1966*, S. 17.
43 Zahlenangabe in: Nachruf auf Massfeller, in: *StAZ* 1966, S. 218. Vgl. auch Ciernoch-Kujas, *Ministerialrat Franz Massfeller 1902–1966*, S. 156.
44 Siehe S. 277.
45 Vgl. dazu auch Dieter Schwab, Entwicklungen im Familienrecht vor und nach 1945, in: Görtemaker und Safferling (Hrsg.), *Die Rosenburg*, S. 318 ff.
46 BGBl. I 1957 S. 609.
47 Lore-Maria Peschel-Gutzeit, *Die Entwicklung des Familienrechts in der BRD. Vortrag auf der Tagung «Die Frau ist frei geboren und bleibt dem Manne gleich. Die Entwicklung der Gleichberechtigung im geteilten und geeinten Deutschland»*, Friedrich-Ebert-Stiftung, 1. März 2008, Manuskript, S. 3. Zur Problematik des Gesetzes siehe auch Mechthild Koreuber und Ute Mager (Hrsg.), *Recht und Geschlecht. Zwischen Gleichberechtigung, Gleichstellung und Differenz*, Baden-Baden 2004.
48 BMJ PA Massfeller, P 11 – M 9, Nachruf, o. Bl.
49 Vgl. Kapitel 2, S. 136 ff.
50 Hans Günter Hockerts und Michael Hollmann (Hrsg.), *Akten der Reichskanzlei, Regierung Hitler 1933–1945, Die Regierung Hitler*, Bd. VI: 1939 (bearb. von Friedrich Hartmannsgruber), München 2012, Nr. 2: Kommissarische Besprechung im Reichsjustizministerium vom 5. Januar 1939 (Judengesetzgebung auf dem Gebiet des Vollstreckungsrechts), S. 2–6.
51 Robert M. W. Kempner, *Eichmann und Komplizen*, Zürich u. a. 1961, S. 165 f. Bereits aus einer Veröffentlichung des Jahres 1958 ergab sich die Teilnahme Weitnauers an einer Sitzung im Ostministerium am 4. Februar 1942 über «Fragen der Eindeutschung, insbesondere in den baltischen Ländern». Vgl. Helmut Heiber, Der Generalplan Ost, in: *Vierteljahrshefte für Zeitgeschichte* 1958, S. 295 ff. Im Protokoll der Sitzung, das von Erhard Wetzel verfasst wurde, heißt es unter anderem: «Es sei zu erwägen, ob nicht [...] zweckmäßigerweise die rassisch unerwünschten Teile der Bevölkerung verschrottet werden könnten.» (S. 295)
52 BMJ PA Weitnauer, P 11 – W 17, Sonderheft, Bl. 6–13, 21–31.
53 Ebd., Bl. 68–70.
54 Weitnauer Bew. 64, Bl. 6 ff., 20 ff.
55 BMJ PA Weitnauer, P 11 – W 17, Sonderheft, Bl. 56 f., 71–73, 78 f. (Stellungnahmen Weitnauers vom 1. Okt. 1964, vom 26. Okt. 1964 und vom 13. Dez. 1964).
56 Ebd., Bl. 176. Bereits im Juni 1961 hatte Weitnauer gegenüber Staatssekretär Walter Strauß sein Interesse an einer Verwendung als Bundesrichter beim BGH geäußert. Für Anfang 1964 ergibt sich aus den Akten dann auch ein Interesse Weitnauers an einer Verwendung beim Bundesfinanzhof. Siehe Weitnauer Bew. 64, Bl. 1, 47 f., 51 ff., 62.

ANMERKUNGEN ZU S. 311–314

57 BMJ PA Weitnauer, P 11 – W 17, Sonderheft, Bl. 75 f., 78–80, 82 f., 85 f. Aus einem Vermerk vom 10. Februar 1965 ergibt sich, dass Heusinger am Vortag telefonisch folgendes mitgeteilt hat (Bl. 85): «Er sei sich auch mit Herrn Staatssekretär dahin einig gewesen, daß die Angelegenheit in der gegenwärtigen Atmosphäre vielleicht nicht sehr geeignet sei, im Richterwahlausschuß erörtert zu werden.»

58 BMJ PA Weitnauer, P 11 – W 17, Sonderheft, Bl. 91 f., 95 f. (Stellungnahme Weitnauers vom 3. Mai 1965, Zitat auf Bl. 96).

59 Ebd., Bl. 151, 164.

60 Ebenso wie Massfeller wurden auch von Spreckelsen (seit 1962 Ministerialdirigent) und Weitnauer (seit 1953 Ministerialrat) bis zum Ruhestand (1970 bei von Spreckelsen) bzw. bis zum Austritt aus dem BMJ (1965 bei Weitnauer) nicht mehr befördert.

61 Generalakten, Höh. Dienst, Auskünfte Berlin Document Center, Bd. 2 (P-Z) & Allg., AZ 220 BMJ-10 (1), Bl. 6, 12 f.

62 Deutsches Richtergesetz vom 8. September 1961, BGBl. I 1961, S. 1665.

63 Günther Schmidt-Räntsch, *Deutsches Richtergesetz*, München 1962 (6. Aufl. 2009), hier: 2., neu bearb. Aufl., München 1973, § 19 Rn. 8, S. 148.

64 Hanseatisches Oberlandesgericht Hamburg, PA Dr. Günther Schmidt-Räntsch – 1 Sch3652 –, in: BMJ PA Schmidt-Räntsch, P 11 – Sch 75.

65 Vorschlag zur Erennung zum Gerichtsassessor vom 18. Februar 1953, in: Hanseatisches Oberlandesgericht Hamburg, PA Dr. Günther Schmidt-Räntsch – 1 Sch 3652 – S. 120; Vorschlag zur Ernennung zum Landgerichtsrat vom 23. November 1953 sowie Personalbogen von Dezember 1953, in: Ebd., S. 138.

66 Vermerk Z A 1 vom 23. Oktober 1986, in: BMJ – Sonderakte Verleihung des Verdienstordens an Dr. Schmidt-Räntsch – 1106 I (325).

67 Ebd.

68 Vermerk des Referats ZB 5 – BÜM 110 – vom 28. Oktober 1986, in: Ebd.

69 Schreiben des Chefs des Bundespräsidialamtes an den Bundesminister der Justiz vom 12. 11. 1986 – Az. OK/3/05, in: Ebd.

70 Schmidt-Räntsch, *Deutsches Richtergesetz*, S. 148.

71 PA RJM, in: BArch R 3001/68149, Bl. 78, BArch B 305/1088, Bl. 80 (Rückseite).

72 BMJ PA Merten, P 15 – M 45, Personalbogen, Bl. 6.

73 Max Merten an Bundesjustizminister Thomas Dehler, 3. Januar 1952, in: BMJ PA Merten, P 15 – M 45, Personalbogen, Bl. 5, sowie «Mein Lebenslauf», 3. Januar 1952, Bl. 6–8; sowie Entnazifizierungsbescheid, in: Ebd., Bl. 9 f. Siehe auch Staatsarchiv München, Spruchkammer Bad Aibling, Spruchkammern, Karton 1163, Bl. 15, Bl. 17 ff., 27.

74 Anklage- und Eröffnungsbeschluss Nr. 1/1958 der Richterlichen Ratskammer erster Instanz beim Griechischen Nationalen Büro für Kriegsverbrecher vom 24. März 1958, in: BStU, MfS ZAIG 27615, Bl. 86–151 (insb. Bl. 143 ff.); Urteil Nr. 1/1959 des Sondermilitärgerichts für Kriegsverbrecher in Athen vom 5. März 1959, in: BArch ALL PROZ 21/243 (unpag.).

75 Vgl. Anestis Nessou, *Griechenland 1941–1944. Deutsche Besatzungspolitik und Verbrechen gegen die Zivilbevölkerung – eine Beurteilung nach dem Völkerrecht*, Göttingen und Osnabrück 2009, 297 f. – Dieter Wisliceny wurde 1948 in der Tschechoslowakei als Kriegsverbrecher zum Tode verurteilt und hingerichtet. Siehe dazu Ernst Klee, *Das Personenlexikon zum Dritten Reich. Wer war was vor und nach 1945*, 5. Aufl., Frankfurt am Main 2015, S. 682.

76 Schnellbrief von Ernst Kanter aus dem BJM an das Auswärtige Amt betr. Verhaftung des Rechtsanwalts Dr. Max Merten in Athen vom 4. Juli 1957, in: BArch B 305/1042 (unpag.); Memorandum des Auswärtigen Amtes vom 9. Juli 1957, in: BArch B 305/1041, Bl. 104. – Drei Tage zuvor, am 17. September 1952, hatte der Leiter des Königlichen Griechischen Nationalen Kriegsverbrecherbüros an den Oberstaatsanwalt beim Landgericht Bonn bereits einen Antrag auf Einleitung der Strafverfolgung gegen die 21 Beschuldigten gestellt. Siehe hierzu BArch B 305/1041, Bl. 270, 279.

77 Max Merten an Georg Petersen, 28. September 1952, in: BMJ PA Merten, P 15 – M 45, Bl. 60.

78 Ebd., Bl. 65.

79 In den Beständen des Bundesarchivs Koblenz sind zum Fall Merten über 100 Akten (mit durchschnittlich ca. 250 Blatt) überwiegend aus dem BMJ und dem Auswärtigen Amt, aber vereinzelt auch aus dem Bundeskanzleramt vorhanden. Bestände zum Fall Merten finden sich unter anderem auch im Bundesarchiv Ludwigsburg, im Archiv des Bundesbeauftragten für die Unterlagen des Staatssicherheitsdienstes der ehemaligen Deutschen Demokratischen Republik (BStU) und im Archiv des amerikanischen Auslandsnachrichtendienstes CIA.

80 Vgl. Ernst Kanter, Vermerk über die Reise nach Griechenland, in: BMJ VS 9250/202/57, Bl. 18–26. Hinweise zu den Besprechungen Kanters in Athen sind auch vom Pressereferenten des BMJ, Hans Thier, überliefert, dem Merten nach seiner Rückkehr im August 1957 über die Reise berichtete. Siehe BMJ VS 9250–202/57, Bl. 17–26.

81 Vermerk über eine Besprechung von Vertretern des BMJ mit dem griechischen Generalstaatsanwalt Toussis am 31. Juli 1958 (betr. u. a. auch eine Auslieferung Mertens), in: BArch B 141/21899, Bd. 2, Bl. 316–319.

82 Urteil Nr. 1/1959 des Sondermilitärgerichts für Kriegsverbrecher in Athen vom 5. März 1959, in: BArch ALL PROZ 21/243. Zur Freilassung Mertens siehe Beschluss des LG Berlin vom 16. November 1959, in: BArch B 141/21900, Bd. 1, Bl. 93 f. – Zwar war auf Antrag der Berliner Staatsanwaltschaft im Oktober 1957 ein Ermittlungsverfahren gegen Merten wegen Kriegsverbrechen in Griechenland eröffnet worden. Das Verfahren verlief jedoch ergebnislos und wurde schließlich 1968 eingestellt.

83 Zum Beispiel Zeugenaussage Max Merten in der Strafsache gegen Adolf Eichmann vom 29. bis 31. Mai 1961 in Berlin, in: BArch ALL PROZ 6/10, Bl. 2–29.

84 Merten behauptete, Globke habe zusammen mit Franz Massfeller die von Merten geplante Rettung von 10 000 bis 20 000 griechischen Juden verhindert. Siehe auch Massfeller Bew 63, Bl. 3. Die gegen Globke und Massfeller eingeleiteten Strafverfahren wurden im Mai 1961 wegen Haltlosigkeit der Vorwürfe eingestellt. Siehe BArch B 141/21802, Bd. 2, Bl. 195–274 (Einstellungsvermerk der Staatsanwaltschaft Bonn vom 23. Mai 1961).

85 BArch B 141/21899, Bd. 2, Bl. 645 f. Alle Verfahren wurden jedoch ebenfalls eingestellt.

86 Von Spreckelsen war von 1949 bis 1970 in der Abteilung I tätig und seit 1963 Unterabteilungsleiter. Saage, der dem Ministerium von 1951 bis 1970 angehörte, war seit 1963 Abteilungsleiter. Massfeller (1950–1964) und Weitnauer (1950–1965) waren Referatsleiter.

87 Siehe dazu beispielhaft das «Gesetz zur Wiederherstellung der Rechtseinheit auf dem Gebiete der Gerichtsverfassung, der bürgerlichen Rechtspflege, des Strafverfahrens und des Kostenrechts» vom 12. September 1950, BGBl. I 1950, S. 455.

88 BGBl. I 1950, S. 631; I 1953, S. 735; I 1953, S. 751.

89 BGBl. I 1951, S. 739.

90 Materielles Strafrecht (Josef Schafheutle), Strafgerichtsverfassung und Strafverfahren (Wilhelm Dallinger), Jugendstrafrecht (Werner Munzinger), Nebenstrafrecht (Heinz-Dietrich Stoecker), Strafvollzug (Alfons Wahl), Internationales Strafrecht (Wilhelm Herlan) sowie Allgemeine Fragen des Rechtsschutzes deutscher Gefangener im Ausland (Margarethe Bitter). Aus dem zuletzt genannten Referat sollte später die Zentrale Rechtsschutzstelle (ZRS) hervorgehen. Vgl. hierzu S. 208 ff.

91 Die erste Unterabteilung wurde von Schafheutle selbst geleitet. Die Referatsleiter waren Dr. Eduard Dreher, Dr. Georg Schwalm, Dr. Herbert Tröndle, Dr. Karl Lackner, Dr. Hans Lüttger, Dr. Friedrich Kaul, Joachim Schölz und Dr. Eberhard Goßrau. Die zweite Unterabteilung unterstand Dr. Wilhelm Dallinger. Hier waren die Referatsleiter Dr. Theodor Kleinknecht, Dr. Heinrich Grützner, Dr. August Robert von der Linden und Heinz Schmatloch. Hinzu kamen drei Referate, die unmittelbar Schafheutle als Abteilungsleiter unterstellt waren und von Alfons Wahl, Dr. Josef Herzog und Dr. Peter Raisch geleitet wurden. Von den 13 Abteilungs- und Referatsleitern waren nur Schafheutle, Tröndle und Wahl keine NSDAP-Parteimitglieder.

92 An der Reform wurde seit 1954 intensiv gearbeitet, unter anderem im Rahmen einer Großen Strafrechtskommission, die aus 24 Mitgliedern bestand und bis 1959 tagte. Mehrere Gesetzentwürfe wurden eingehend diskutiert, darunter ein Entwurf aus dem Jahr 1962. Vgl. Bundestags-Drucksache IV/650. Die ersten beiden Strafrechtsreformgesetze wurden

jedoch erst 1969 verabschiedet. Siehe BGBl. I 1969, S. 645 und S. 717. Vgl. hierzu ausführlich S. 359 ff.
93 Zur Politik der Großen Koalition 1966–1969 vgl. Joachim Samuel Eichhorn, *Durch alle Klippen hindurch zum Erfolg. Die Regierungspraxis der ersten Großen Koalition (1966–1969)*, München 2009.
94 Vgl. S. 435.
95 Das Auswärtige Amt hatte sich zunächst geweigert, Frau Dr. Bitter wieder zu übernehmen – ebenso wie die Bayerische Staatskanzlei, die sie für ihren Dienst bei der ZRS ursprünglich beurlaubt hatte, denn Dr. Bitter galt als «schwierige Persönlichkeit». Staatssekretär Walter Hallstein vom AA erklärte dazu, Bitter habe sich «für die Arbeit im Ausland als ‹wenig geeignet› erwiesen». Angeblich mangelte es ihr an dem «nötigen Takt und Fingerspitzengefühl». Siehe Aktenvermerk AA vom 20. August 1951 und Aufzeichnung AA vom 29. August 1951, in: IfZArch, ED 449/11, Bl. 19–22. Vgl. außerdem Conze u. a., *Das Amt*, S. 464. Vgl. hierzu ebenfalls S. 213.
96 Siehe hierzu Justus Krümpelmann, Dietrich Lang-Hinrichsen zum Gedächtnis, in: *Zeitschrift für die gesamte Strafrechtswissenschaft*, Bd. 88, H. 1 (Januar 1976), S. 1–5.
97 Die «Professor Dr. Dietrich Lang-Hinrichsen-Stiftung» vergibt hier noch immer Stipendien an begabte Studierende und Promovierende der Rechtswissenschaften.
98 Diese Einschätzungen zur Persönlichkeit wurden der Kommission von Zeitzeugen übermittelt. Vgl. Zeitzeugen-Gespräche d. Verf. mit Bundesanwalt a.D. Dr. Josef Fabry, 11. Oktober 2013, und mit dem Vorsitzenden Richter am Oberlandesgericht i. R. Dr. Eckart von Bubnoff, 15. Oktober 2013.
99 Personalangaben vom 8. Februar 1950, BMJ PA Schafheutle, P 11 – Sch 15, Bd. 1, Bl. 2; sowie Josef Schafheutle an Walter Strauß, 17. Februar 1950, in: Ebd., Bl. 8. Vgl. Josef Schafheutle an Lehmann, 26. August 1950, in: BArch N 1608.
100 Walter Strauß an Josef Schafheutle, 6. Februar 1950, in: BMJ PA Schafheutle, P 11 – Sch 15, Bd. 1, Bl. 7.
101 Josef Schafheutle an Walter Strauß, 17. Februar 1950, in: Ebd., Bl. 8. Ärztliches Attest, 25. Februar 1950, in: BMJ PA Schafheutle, P 11 – Sch 15, Bl. 10.
102 Einstellungsschreiben vom 2. März 1950, in: Ebd., Bl. 11 u. Bl. 36.
103 Zur Biographie Dallingers vgl. auch Joachim Rückert, Einige Bemerkungen über Mitläufer, Weiterläufer und andere Läufer im Bundesministerium der Justiz nach 1949, in: Görtemaker und Safferling (Hrsg.), *Die Rosenburg*, S. 60–87.
104 Franz Exner, Empfehlungsschreiben für Wilhelm Dallinger, 27. März 1935, in: BMJ PA Dallinger, P 11 – D 1.
105 Willi Geiger, Vermerk, 3. November 1949, in: BMJ PA Dallinger, P 11 – D 1, Bl. 13.
106 Siehe Schreiben des RJM vom 5. Juni 1940, in: Ebd., Bl. 77.
107 Beiakte zur BMJ PA Dallinger, in: Ebd., Bl. 107.
108 «BGH bei Dallinger MDR 19XX» war dabei eine Standardzitierformel. Die letzte Rechtsprechungsübersicht findet sich in Wilhelm Dallinger, Aus der Rechtsprechung des Bundesgerichtshofs in Strafsachen, in: *Monatsschrift für Deutsches Recht* 1976, S. 13–17.
109 BMJ PA Herlan, P 41 – H 10, Bl. 128.
110 Herlans Beurteilung des Generalstaatsanwalts in Karlsruhe vom 1. Februar 1940, in: Ebd., Bl. 126.
111 Vgl. die Einlassung von Herlan, in: Ebd., Bl. 138.
112 Vgl. Ebd., Bl. 130–135.
113 Siehe auch S. 143 f.
114 Thomas Dehler an Rudolf Amelunxen, 13. Februar 1952, in: BMJ PA Kanter, P 11 – K 20, Bl. 59.
115 PA Kanter, in: BArch PERS 101/48830, Bl. 2, S. 4.
116 Zu seinem Motiv heißt es in seiner Personalakte beim BMJ, Kanter sei «als überzeugter Katholik der NSDAP auf Veranlassung seines Landgerichtspräsidenten, eines Zentrumsangehörigen, beigetreten, der es als Gewissenspflicht bezeichnete, auf diesem Wege dem für Deutschland zu befürchtenden Unheil entgegenzutreten.» Anlage zum Vorschlagsbogen vom 19. November 1957, in: BMJ PA Kanter, P 11 – K 20, Bd. II, Bl. 6.

117 Ebd., Bl. 1. Siehe auch Vorschlagsbogen v. 19.11.1957, in: BMJ PA Kanter, P 11 – K 20, Bd. II, Bl. 1, sowie PA Kanter, Fernschreiben Chef der Heeresjustiz an OKH v. 22.03.1945, in: BA-MA H2/32088.
118 Vgl. Ulrich Herbert, *Best. Biographische Studien über Radikalismus, Weltanschauung und Vernunft. 1903–1989*, 2. Aufl., Bonn 1996, S. 445.
119 «Clearance Certificate» v. 03.07.1947, in: PA OLG Köln Kanter, in: BArch PERS 101/48333, o. Bl. Siehe auch Befürwortung der Übertragung einer Amtsgerichtsratsstelle beim Amtsgericht Köln durch den Landgerichtspräsidenten, 15. Januar 1948, in: PA OLG Köln Kanter, in: BArch PERS 101/48333, Bl. 54. Auch der Oberlandesgerichtspräsident stellte ihm am 8. April 1948 ein positives Zeugnis aus, in: PA OLG Köln Kanter, BArch PERS 101/48333, Bl. 59 f.
120 So der Personalbogen Kanter, in: BMJ PA Kanter, P 11 – K 20, und PA Kanter BArch PERS 101/48830, Bl. 3. Zuvor hatte er sich bereits am 21. November 1947 um ein freies Notariat in Traben-Trarbach beworben. Siehe Ernst Kanter an Justizministerium Rheinland-Pfalz, 21. November 1947, in: PA BGH Kanter, in: BArch PERS 101/48332, Bl. 1.
121 Rudolf Amelunxen an Thomas Dehler, 24. Januar 1952, in: BMJ PA Kanter, P 11 – K 20, Bd. I, Bl. 56.
122 Thomas Dehler an Rudolf Amelunxen, 13. Februar 1952, in: Ebd., Bd. I, Bl. 59. Vor seiner Antwort an Amelunxen hatte Dehler sich die Akte Kanters noch einmal genau durcharbeiten lassen. In einem 16-seitigen Vermerk wurde dabei das Leben Kanters detailliert nachvollzogen. Siehe Vermerk, 4. Februar 1952, in: Ebd., Bl. 58.
123 Georg-August Zinn an Thomas Dehler, 28. Mai 1953, in: Ebd., Bl. 91.
124 Siehe S. 313 f.
125 Ernennungsurkunde, in: BMJ PA Kanter, P 11 – K 20, Bd. II, Bl. 23.
126 Vorschlagsbogen und Anlage v. 19.11.1957, in: BMJ PA Kanter, P 41 – K 28, Bl. 1 ff, insbesondere Bl. 6.
127 Vgl. dazu von Miquel, *Ahnden oder Amnestieren?*, S. 62.
128 Hermann Weinkauff an BMJ, 16. Juli 1959, in: BMJ PA Kanter, P 11 – K 20, Bd. II, Bl. 40.
129 Dehler notierte dazu am 26. Mai 1953 in einem als «Geheim» gekennzeichneten Vermerk: «Herr Dr. S hat mich heute besucht. Er ist bereit, als Abteilungsleiter II bei uns tätig zu werden. Unter Abwägung aller Umstände halte ich es für richtig, auf ihn zurückzugreifen. Ich habe ihm endgültigen Bescheid in Aussicht gestellt, sobald ich mit Herrn Dr. Strauß die Angelegenheit besprochen habe.» Vermerk Thomas Dehler, 26. Mai 1953, in: BMJ PA Schafheutle, P 11 – Sch 15, Bd. 1, Bl. 72. Ernennungsurkunde vom 19. August 1953, in: Ebd., Bl. 77; Brief Schafheutle an Lautz, 30. Oktober 1954, in: BArch N 1608.
130 Hans Winners an Josef Schafheutle, 3. November 1952, in: BMJ PA Schafheutle, P 11 – Sch 15, Bd. 1, Bl. 68.
131 Josef Schafheutle, Die Auslese der Volksrichter, in: Roland Freisler (Hrsg.), *Der Volksrichter in der neuen deutschen Strafrechtspflege* (= Beiträge zur Rechtserneuerung, Bd. 3), Berlin 1937, S. 115–133, S. 125.
132 Thomas Dehler an Josef Schafheutle, 12. Januar 1953, in: BMJ PA Schafheutle, P 11 – Sch 15, Bd. 1, Bl. 78.
133 Ebd., Bl. I–IV.
134 Josef Schafheutle an Thomas Dehler, 15. Januar 1953, in: Ebd., Bl. 79–79d.
135 *Neues Deutschland*, 8. November 1961.
136 Ausschuss für Deutsche Einheit, *Freislers Geist in Bonns Gesinnungsstrafrecht: Die Experten der faschistischen Terrorjustiz sind die Fabrikanten der westdeutschen «Strafrechtsreform». Die Bonner Justizbürokratie ist ein Hort belasteter Nazis und Kriegsverbrecher. Eine Dokumentation*, Ost-Berlin 1963.
137 Vgl. zum Folgenden den zusammenfassenden Vermerk vom 22. März 1965, BMJ PA Schafheutle, P 11 – Sch 15, Sonderheft, Bl. 34 ff.
138 Josef Schafheutle an BMJ, 19. Juli 1965, in: Ebd., Bl. 41 ff.
139 Ebd., Bl. 75. Siehe auch Bundesbeamtengesetz vom 6. November 1965, in: BGBl. I 1965, 1776 ff (heute § 78 Bundesbeamtengesetz). – Die «Rechtfertigungsschrift» Schafheutles findet sich in der Personalakte und wurde nicht öffentlich gemacht, auch wenn es eine entsprechende Anfrage aus der CDU/CSU-Bundestagsfraktion gab. Siehe hierzu Georg

Elsenheimer, Vermerk, 23. Juli 1965, mit handschriftlicher Festlegung von Staatssekretär Bülow, dass nach telefonischer Rücksprache mit dem Minister die Schrift nicht herausgegeben werde, in: BMJ PA Schafheutle, P 11 – Sch 15, Sonderheft, Bl. 80.
140 BMJ PA Schafheutle, P 11 – Sch 15, Bl. 76 f. Vgl. hierzu auch Ingo Müller, *Furchtbare Juristen*, München 1987, S. 267.
141 Schafheutle wirkte auch an einem entsprechenden Bericht mit. Siehe Josef Schafheutle, Beschlagnahme, Durchsuchung und Untersuchung, in: Franz Gürtner (Hrsg.), *Das kommende deutsche Strafverfahren. Bericht der amtlichen Strafprozeßkommission*, Berlin 1935, S. 280–305.
142 Vgl. BMJ PA Schafheutle, P 11 – Sch 15, Bl. 45.
143 Vgl. Gesetz zur Änderung der Strafprozeßordnung und des Gerichtsverfassungsgesetzes vom 19. Dezember 1964, in: BGBl. I 1964, S. 1067.
144 Vgl. BMJ PA Schafheutle, P 11 – Sch 15, Bl. 42.
145 Gesetz gegen gefährliche Gewohnheitsverbrecher und über Maßregeln der Sicherung und Besserung vom 24. November 1933, RGBl. I 1933, S. 955 ff.
146 Ausführungsgesetz zu dem Gesetz gegen gefährliche Gewohnheitsverbrecher und über Maßregeln der Sicherung und Besserung vom 24. November 1933, RGBl. I 1933, S. 1000 ff.
147 Zweite Verordnung zur Durchführung des Gesetzes über die Gewährung von Straffreiheit vom 1. Februar 1938, RGBl. I 1938, S. 458 f. Siehe hierzu auch Josef Schafheutle, Straffreiheitsgesetz und Freispruch: Bemerkungen zur Zweiten Durchführungsverordnung zum Straffreiheitsgesetz vom 1. Mai 1938 (RGBl. I, 458), in: *Juristische Wochenschrift* 1938, S. 1380–1383.
148 Verordnung zur Änderung des Militärstrafgerichtsordnung und des Einführungsgesetzes vom 5. September 1936, RGBl. I 1936, S. 718 ff.
149 Gesetz zur Änderung von Vorschriften des Strafrechts und des Strafverfahrens vom 24. März 1934, RGBl. I 1934, S. 341. Diese Aussage wiederholte Schafheutle in einem Brief an Dreher zur Entstehungsgeschichte von § 353 c RStGB. Siehe Josef Schafheutle an Eduard Dreher, 18. Dezember 1951, in: BArch N 1608–2.
150 Vgl. BMJ PA Schafheutle, P 11 – Sch 15, Bl. 49.
151 Josef Schafheutle, Die Strafrechtspflege im Kriege, in: *Zeitschrift der Akademie für Deutsches Recht* 1939, S. 600–602.
152 Josef Schafheutle an Reichsminister der Justiz, 22. April 1942, in: BMJ PA Schafheutle, P 11 – Sch 15, Bl. 110. Der kommissarische Justizminister Franz Schlegelberger, der das Schreiben Schafheutles an Bormann weiterleitete, fügte ergänzend hinzu, Schafheutle habe sich auch nach seiner Anschauung als ein «dem Gedankengut des Nationalsozialismus aufgeschlossener, verständnisvoller und aufrechter Beamter gezeigt». Siehe Franz Schlegelberger an Martin Bormann, 14. Mai 1942, in: Ebd., Bl. 117 ff.
153 Partei-Kanzlei an RJM, 12. September 1942, in: Ebd., Bl. 122; Partei-Kanzlei an RJM, 25. Februar 1943, in: Ebd., Bl. 125.
154 Ebd., Bd. 2, Bl. 199.
155 So auch die Andeutungen bei Eduard Dreher, Erinnerungen an die Frühzeit des Bundesjustizministeriums, in: *Der Geist der Rosenburg*, S. 15, 19; Zeitzeugen-Gespräch d. Verf. mit dem Vorsitzenden Richter OLG i. R. Dr. Eckart von Bubnoff, 15. Oktober 2013.
156 Ebd. Von Bubnoff war häufig in den Sitzungen des Sonderausschusses Strafrechtsreform anwesend.
157 Gespräch mit von Bubnoff wie Fn. 155.
158 So etwa in der BMJ PA Krüger, P 11 – K 139, Bl. 75. Vgl. auch Zeitzeugen-Gespräch d. Verf. mit Bundesminister a. D. Prof. Dr. Horst Ehmke, 10. Oktober 2013.
159 Horst Ehmke, *Mittendrin. Von der Großen Koalition zur Deutschen Einheit*, Berlin 1994, S. 47.
160 Ebd., S. 46.
161 Deutscher Bundestag, 17. Wahlperiode, Drucksache 17/8134 vom 14. Dezember 2011. Siehe auch Malte Herwig, *Die Flakhelfer. Wie aus Hitlers jüngsten Parteimitgliedern Deutschlands führende Demokraten wurden*, München 2013. Das Buch basiert auf der Mitgliederkartei der NSDAP aus dem Jahr 1945. Neben Horst Ehmke sind dort unter

anderem Hans-Dietrich Genscher, Erhard Eppler, Günter Grass, Walter Jens, Siegfried Lenz, Hermann Lübbe und Niklas Luhmann als NSDAP-Mitglieder verzeichnet.

162 Bei der Empfehlung von Adolf Arndt spielte offenbar die von Dreher 1947 verfasste Schrift *Über die gerechte Strafe* eine entscheidende Rolle, in der Dreher ähnliche Auffassungen wie kurz zuvor Arndt vertreten und damit dessen Aufmerksamkeit erregt hatte. Vgl. Eduard Dreher, *Über die gerechte Strafe. Eine theoretische Untersuchung für die deutsche strafrechtliche Praxis* (= Schriften der Süddeutschen Juristenzeitung, H. 5), Heidelberg 1947; Adolf Arndt, Das Strafmaß, in: *Süddeutsche Juristenzeitung* 1946, S. 30–31.

163 Zeitzeugen-Gespräch d. Verf. mit Ministerialdirigent a. D. Paul-Günter Pötz, 13. März 2013. Vgl. auch BMJ PA Dreher, P 11 – D 14, sowie Karl Lackner, Eduard Dreher zum 70. Geburtstag, in: Hans-Heinrich Jescheck (Hrsg.), *Festschrift für Eduard Dreher zum 70. Geburtstag. Am 29. April 1977*, Berlin u. a. 1977, S. 1–7.

164 BMJ PA Dreher, P 11 – D 14, Bl. 77.

165 Vorschlag des BMJ vom 19. Januar 1959, in: BMJ Dreher Bew 65, Bd. 1, Bl. 5–8.

166 Schreiben des BMJ vom 13. April 1959, in: Ebd., Bl. 20.

167 Überschrieben mit «Ergänzung der Stellungnahme, die Herr Ministerialdirektor Dr. Schafheutle am 22. 9. 1959 zu meinem Verhalten als Staatsanwalt in dem Strafverfahren gegen Anton Rathgeber ins Innsbruck abgegeben hat».

168 BMJ PA Dreher, P 11 – D 14, Bl. 188.

169 Vermerk Dr. Richter, 27. April 1960, in: BMJ Dreher Bew 65, Bd. 1, Bl. 43; Gutachten Schafheutle, 22. September 1959, in: Ebd., Bl. 80–89.

170 Gesetz zur Änderung des RStGB vom 4. September 1941, RGBl. I 1941, S. 549; Verordnung gegen Gewaltverbrecher vom 5. Dezember 1939, RGBl. I 1939, S. 2378. In diesem Fall wurde die Todesstrafe schließlich in eine Zuchthausstrafe von acht Jahren umgewandelt. Vgl. Erlass des RJM Thierack, 2. Oktober 1943, in: BMJ Dreher Bew 65, Bd. 1, Bl. 196.

171 Walter Strauß an Josef Schafheutle, 21. August 1962, in: Ebd., Bl. 67; Stellungnahme Dreher zum Fall Knoflach, 14. Juni 1963, in: Ebd., Bl. 97; Vermerk Strauß, 21. März 1962, in: Ebd., Bl. 58.; Vermerk Besprechung Minister, Staatssekretär, AL Z Winners, am 29. Juni 1963, in: Ebd., Bl. 111.

172 Vermerk Bülow vom 27. November 1964 zur Aktenanforderung aus Wien, in: Ebd., Bl. 122; Stellungnahme Drehers vom 1. Dezember 1964, in: Ebd., Bl. 128 mit dem Inhalt, dass er keine Erinnerung an den Fall Hauser habe.

173 Kriegswirtschaftsverordnung vom 4. September 1939 (KWVO), RGBl. I 1939, S. 1609.

174 Siehe Anlageheft Ib zu Dreher Bew 65, Bl. 255 ff; sowie Tiroler Landesarchiv Innsbruck, Bestand Sondergericht beim LG Innsbruck, KLs 39/1943.

175 Bemühungen, die staatsanwaltschaftliche Handakte aus Wien bzw. aus den Beständen des Reichsjustizministeriums in Ost-Berlin zu erhalten, waren in diesem Fall vergeblich. Vgl. Stellungnahme Dreher, 18. Mai 1965, in: Dreher Bew 65, Bd. 1, Bl. 143.

176 StA Bonn, 8 Js 333/68.

177 Schreiben des LOStA Klaas an die Verf., 25. März 2015, Az 1410 E – 70/15.

178 Vermerk Krüger, 13. Dezember 1968, in: Dreher Bew 65, Bd. 1, Bl. 216.

179 Tiroler Landesarchiv Innsbruck, Bestand Sondergericht beim LG Innsbruck, KLs 148/1943.

180 Tiroler Landesarchiv Innsbruck, Bestand Sondergericht beim LG Innsbruck, KLs 167/1942.

181 Reichsjustizministerium, Tagung am 24. Oktober 1939, in: BArch R 22/4158.

182 Spruch der Spruchkammer Garmisch-Partenkirchen, 11. Juli 1947 – A 15–3/303/46; in: BMJ PA Dreher, P 11 – D 14, Bl. 21.

183 Ebd.

184 Dreher Bew 65, Bd. 1, Bl. 10/11.

185 So die Beschreibung seiner Persönlichkeit durch den Vorsitzenden Richter am Oberlandesgericht i. R. Dr. Eckart von Bubnoff im Zeitzeugen-Gespräch d. Verf. am 15. Oktober 2013. Ebenso Ministerialdirigent a.D. Paul-Günter Pötz im Zeitzeugen-Gespräch d. Verf. am 13. März 2013.

186 Vgl. Karl Lackner, «Insofern war ich kein Fortschrittsmensch», in: Thomas Horstmann und Heike Litzinger (Hrsg.), *An den Grenzen des Rechts. Gespräche mit Juristen über die Verfolgung von NS-Verbrechen*, Frankfurt am Main 2006, S. 166. Siehe auch Ministerialrat a. D. Paul-Günter Pötz im Zeitzeugen-Gespräch d. Verf. am 13. März 2013.
187 Verfügung Ehmke vom 1. Februar 1967, in: BMJ PA Maassen, P 11 – M 36, Bl. 253.
188 Verfügung Ehmke vom 2. September 1968, in: BMJ PA Krüger, P 11 – K 139. – Nach § 9 III Nr. 2 BLV-1961 (Verordnung über die Laufbahn der Bundesbeamten, BGBl. I 1961, S. 1174 ff.) muss seit der letzten Beförderung mindestens ein Jahr vergangen sein. Dies war hier nicht der Fall, da Krüger in der Justizverwaltung in Hamburg erst kurz zuvor die Stelle eines Leitenden Oberregierungsrates bekleidet hatte. Die rasche Beförderung musste deshalb gesondert begründet werden.
189 Lackner, «Insofern war ich kein Fortschrittsmensch», in: Horstmann und Litzinger (Hrsg.), *An den Grenzen des Rechts*, S. 166. Vgl. dazu auch Hanns Dünnebier, Eduard Dreher zum 80. Geburtstag, in: *Neue Juristische Wochenschrift* 1987, S. 1065. Dünnebier meinte damals noch, die Gründe für die Nichtbeförderung könnten «nach heutiger Beurteilung» nicht tragen. Nach nochmals fast 30 Jahren scheinen die Gründe jedoch mehr als tragfest. Selbst Karl Lackner bemerkte 1987, dass das BMJ eine solche Beförderung «auch gar nicht hätte wagen können». Ebd., S. 1065,
190 BGH Urteil vom 20. Mai 1969 – 5 StR 658/68, in: *Entscheidungen des Bundesgerichtshofes in Strafsachen*, Bd. 22, S. 375 ff.
191 Siehe hierzu ausführlich S. 399 ff.
192 Hans-Friedrich Caspers, Manfred Deiters, Heinrich Ebersberg, Ulrich Eckhardt, Rudolf Fleischmann, Rudolf Franta, Ernst Geßler, Kurt Haertel, Ulrich Kohlbrügge, Albrecht Krieger, Ulrich Meyer-Cording, Gerhard Schneider und Klaus Woernle.
193 Caspers, Ebersberg, Franta, Geßler und Meyer-Cording, die allesamt auch der NSDAP angehört hatten. Lediglich Arno Schulz war Mitglied der SA, aber nicht der NSDAP gewesen.
194 So wurde die Reiter-SS nach 1945 als einzige aktive SS-Organisation nicht als verbrecherisch im Sinne des Statuts für den Internationalen Militärgerichtshof eingestuft, obwohl Mitglieder der Reiter-SS, vor allem im Umfeld von Hermann Fegelein, ebenfalls an Kriegsverbrechen beteiligt gewesen waren.
195 Günther Joël wurde deshalb im Nürnberger Juristenprozess 1947 angeklagt und zu zehn Jahren Haft verurteilt, jedoch am 1. Februar 1951 vorzeitig aus der Haft in Landsberg entlassen. Anschließend war er Wirtschaftsberater in Düsseldorf bei Flick. Vgl. dazu Ernst Klee, *Das Personenlexikon zum Dritten Reich. Wer war was vor und nach 1945*, 2. Aufl., Frankfurt am Main 2007, Eintrag Joël.
196 BMJ PA Joël, P 11 – J 7, Bd. 2, Bl. 259 und Bl. 260.
197 Klaus-Detlev Godau-Schüttke, *Rechtsverwalter des Reiches. Staatssekretär Doktor Curt Joël* (= rechtshistorische Reihe, Bd. 12), Frankfurt am Main u. a. 1981, S. 221.
198 Arbeitsamt Berlin an KG-Präsidenten, 25. März 1944, in: PA LG Berlin Joël, Brandenburgisches Landeshauptarchiv, Rep. 4 A Nr. 7982, nach Bl. 8.
199 Lebenslauf, in: BMJ PA Joël, P 11 – J 7, Bd. 1, Bl. 1.
200 BMJ PA Joël, P 11 – J 7, Beihefter mit Fragebogen der Military Government of Germany, Fragebogen, S. 9.
201 BMJ PA Joël, P 11 – J 7, Bd. 1, Bl. V, 15.
202 Vgl. hierzu Jan Thiessen, Wirtschaftsrecht und Wirtschaftsrechtler im Schatten der NS-Vergangenheit, in: Görtemaker und Safferling (Hrsg.), *Die Rosenburg*, S. 204–295.
203 Vgl. Bruno Kropff, Reformbestrebungen im Nachkriegsdeutschland und die Aktienrechtsreform von 1965, in: Walter Bayer (Hrsg.), *Aktienrecht im Wandel*, Bd. 1: *Entwicklung des Aktienrechts*, Tübingen 2007, S. 722.
204 Günther Joël (Hrsg.), *Das Recht der gewerblichen Wirtschaft*, Loseblattsammlung, Berlin und Bielefeld 1949 ff. Gemeinsam mit Kurt Haertel und Eberhard Schmidt gab er eine Textausgabe des Gesetzes zur Vereinfachung des Wirtschaftsstrafrechts von 1949 heraus, bei der aber Eberhard Schmidt die Einleitung geschrieben hatte. Vgl. Günther Joël und Kurt Haertel (Hrsg.), *Gesetz zur Vereinfachung des Wirtschaftsstrafrechts (Wirtschaftsstrafgesetz)*, Heidelberg 1949.

205 Zu Carl Lüers Vergangenheit und Karriere siehe Johannes Bähr, *Die Dresdner Bank in der Wirtschaft des Dritten Reichs*, München 2006, S. 120 f.
206 BMJ PA Joël, P 11 – J 7, Bd. 2, Bl. 258.
207 Siehe S. 134–138, 336–340.
208 BMJ PA Geßler, P 11 – G 2, Bd. Kammergericht 5 G 213 Zeugnisheft, Bl. 29, 31, 32; Zeugnis des Potsdamer Landgerichtspräsidenten Theodor Herold vom 4. Mai 1934, in: Ebd., Bl. 22v.
209 Ernst Geßler, §§ 86–100, 235–287 AktG, in: Franz Schlegelberger u. a. (Hrsg.), *Aktiengesetz vom 30. Januar 1937*, Berlin 1937; Ernst Geßler, §§ 105–177, 335–342 HGB, in: Franz Schlegelberger (Hrsg.), *Handelsgesetzbuch in der ab 1. Oktober 1937 geltenden Fassung (ohne Seerecht)*, Berlin 1939.
210 Entnazifizierungs-Hauptausschuss für die besonderen Berufsgruppen für den Verwaltungsbezirk Braunschweig, Entnazifizierungs-Entscheidung im schriftlichen Verfahren vom 16. November 1948, in: BMJ PA Geßler, P 11 – G 2, Bd. 1, Bl. 5.
211 Reinhard Freiherr von Godin, in: Reinhard Freiherr von Godin und Hans Wilhelmi (Hrsg.), *Gesetz über Aktiengesellschaften und Kommanditgesellschaften auf Aktien (Aktiengesetz)*, 2. Auflage, Berlin 1950, S. V.
212 Eidesstattliche Erklärung von Reinhard Freiherr von Godin vom 30. Juli 1946, in: BMJ PA Geßler, P 11 – G 2, Bd. 1, Bl. 11.
213 Walter Strauß an Kurt Oppler, 2. Juli 1949, in: Ebd., Bl. 1.
214 Vgl. Thiessen, Wirtschaftsrecht und Wirtschaftsrechtler im Schatten der NS-Vergangenheit, in: Görtemaker und Safferling (Hrsg.), *Die Rosenburg*, S. 271 ff.
215 Ernst Geßler an Ewald Bucher, 27. Oktober 1964, in: BMJ PA Geßler, P 11 – G 2, Bd. 2, Bl. 141 f.
216 Hermann Maassen an Heinrich Ebersberg, 30. Juni 1971, in: BMJ PA Ebersberg, P 11 – E 21, Bl. 118.
217 Vermerk Gass v. Mai 1971, in: Ebd., Bl. 111–117.
218 Aussage von Ministerialrat Voelskow im Gespräch mit den Autoren am 11. 10. 2013.
219 Das ergibt sich aus dem Einstellungsbeschluss der StA Köln v. 30. Oktober 1970, in: BMJ PA Ebersberg, P 11 – E 21, Bl. 72, 93.
220 Aussage von Ministerialrat a. D. Rudi Voelkow, in: Zeitzeugen-Gespräch d. Verf., 11. Oktober 2013.
221 Vgl. die Feststellungen des Landgerichts Wiesbaden in der Strafsache gegen Marx u. a., Urteil vom 24. März 1952 – 2 Ks 2/51, UA, S. 13. Darauf beruft sich der Einstellungsbeschluss der Staatsanwaltschaft Köln vom 30. Oktober 1970, in: BMJ PA Ebersberg, P 11 – E 21, Bl. 74.
222 Ebd., Bl. 72, 94.
223 Walter Strauß an Ritter von Lex, 12. Juli 1954, in: Ebd., Bl. 34.
224 Kurt Behling an Dr. Richter (Abteilung Z), 8. Februar 1954, in: Ebd., Bl. 3 f.
225 Otto Thierack an Martin Bormann, 13. Oktober 1942, zit. nach: Sarah Schädler, *«Justizkrise» und «Justizreform» im Nationalsozialismus. Das Reichsjustizministerium unter Reichsjustizminister Thierack (1942–1945)*, Tübingen 2009, S. 276.
226 Einstellungsbeschluss der Staatsanwaltschaft Köln vom 30. Oktober 1970, in: BMJ PA Ebersberg, P 11 – E 21, Bl. 72, 107 ff.
227 Dazu ausführlich Gruchmann, *Justiz im Dritten Reich 1933–1940*, S. 527 ff.; Anika Burkhardt, *Das NS-Euthanasie-Unrecht vor den Schranken der Justiz. Eine strafrechtliche Analyse* (= Beiträge zur Rechtsgeschichte des 20. Jahrhunderts, Bd. 85), Tübingen 2015, S. 102 ff.
228 Zu diesem Verfahren vgl. Irmtrud Wojak, *Fritz Bauer 1903–1968. Eine Biographie*, München 2009, S. 380.
229 Ebersberg war zum 31. Dezember 1973 auf eigenen Antrag vorzeitig in den Ruhestand versetzt worden und am 21. Januar 1976 im Alter von 64 Jahren in Bonn verstorben. Nachruf in: BMJ PA Ebersberg, P 11 – E 21, o. Bl.
230 Vgl. Karl-Heinz Biederbick und Wolf Recktenwald, *Das Bundesministerium der Justiz*, Frankfurt am Main und Bonn 1967, S. 30 f.
231 Geschäftsordnung der Bundesregierung (GOBReg) vom 11. Mai 1951 (GMBl. S. 137.)

232 Vgl. den sogenannten «Wunsiedel-Beschluss», Bundesverfassungsgericht, Beschluss vom 4. November 2009 – 1 BvR 2150/08, in: *Entscheidungen d. Bundesverfassungsgerichts*, Bd. 124, S. 300, Rdnr. 65).
233 Siehe hierzu vor allem Justin Collings, *Democracy's Guardians. A History of the German Federal Constitutional Court 1951–2001*, Oxford 2015. Vgl. auch Michael Stolleis (Hrsg.), *Herzkammern der Republik. Die Deutschen und das Bundesverfassungsgericht*, München 2011.
234 Biederbick und Recktenwald, *Das Bundesministerium der Justiz*, S. 30.
235 NSDAP-Mitglieder waren Wilhelm Bertram, Erich Bülow, Helga Eckstein, Wilhelm von Grolmann, Franz Jung (seit 1. Mai 1933), Egon Lohse, Reinhold Mercker (seit 1. Mai 1933), Josef Mühlenhöver, Carl Friedrich Ophüls (seit 1. Mai 1933), Bruno Sonnabend, Hans Thier, Herbert Wendlberger, Hans Wilden, Karl Friedrich Wilhelm und Ernst Wohlfahrt.
236 SA-Mitglieder waren Franz Jung, Reinhold Mercker (SA-Truppführer von 1933 bis 1943), Karl Friedrich Wilhelm (SA-Rottenführer) und Ernst Wohlfarth (Mitglied 1933–1934).
237 Zum NS-Rechtswahrerbund gehörten Henning von Arnim (1937–1943), Ingeborg Becker, Heinz Bergmann (1938–1945), Wilhelm Bertram (1933–1945), Wilhelm von Grolmann (seit 1933), Franz Jung (1938–1945), Reinhold Mercker, Carl Friedrich Ophüls (seit 1933), Walter Roemer (seit 1933) und Hans Thier (seit 1944).
238 Bezogen auf die Abteilungsleiter und Referatsleiter lag die Zahl 1957 sogar bei 61,5 Prozent.
239 So zum Beispiel Ministerialdirigent a. D. Paul-Günter Pötz im Zeitzeugen-Gespräch d. Verf. am 13. März 2013, sowie der Vorsitzende Richter am Oberlandesgericht i. R. Dr. Eckart von Bubnoff im Zeitzeugen-Gespräch d. Verf. am 15. Oktober 2013.
240 BMJ PA Roemer, P 11 – R 12.
241 Akten des Staatsministeriums der Justiz, Roemer Walter, in: BMJ PA Roemer, P 11 – R 12.
242 Military Government of Germany, Fragebogen gez. 9. 5. 1946, nicht paginiert, in: BMJ PA Roemer, P 11 – R 12, Bd. 1.
243 BMJ PA Roemer, P 11 – R 12, Bd. 1.
244 Vgl. Vernehmungsprotokoll Roemers vom 24. April 1947 im Rahmen des Nürnberger Juristenprozesses, in: BMJ PA Roemer, P 11 – R 12, Bd. 1.
245 Separater, ursprünglich verschlossener Umschlag, in: BMJ PA Roemer, P 11 – R 12. 1944 beantragte Roemer deshalb zu seinem «persönlichen Schutze» den Erwerb einer Schusswaffe und gab zur Begründung an, dass er sich in seinem Amt als Vollstreckungs- u. Gnadenstaatsanwalt an einer «exponierten Stelle» befinde. Siehe Staatsanwaltschaft München I, PA Roemer, S. 49 f., in: BMJ PA Roemer, P 11 – R 12.
246 Die Strafe wurde später wesentlich abgesenkt, unter anderem bereits im Dezember 1948 auf nur noch zwei Jahre Arbeitslager und im Dezember 1949 dann auf eineinhalb Jahre Arbeitslager, die Reichhart durch seine bisherige Haft bereits abgesessen hatte. Vgl. auch *Tod durch das Fallbeil. Der deutsche Scharfrichter Johann Reichhart (1893–1972)*, 2. Aufl., Regensburg 2012, insbes. S. 95 ff.
247 Staatskommissar Philipp Auerbach an Walter Roemer, 16. Oktober 1947 (Streng vertraulich), in: BMJ PA Roemer, P 11 – R 12, Bd. 1.
248 Walter Roemer an Staatskommissar Philipp Auerbach, 15. Oktober 1947 [sic!], in: BMJ PA Roemer, P 11 – R 12, Bd. 1.
249 Vgl. Bundesminister der Justiz an Walter Roemer, 14. September 1950, in: BMJ PA Roemer, P 11 – R 12, Bd. 1. Zuvor hatte Roemer bereits im Frühjahr 1948 das Angebot erhalten (und abgelehnt), das Amt eines Obergerichtsrats (Richters) beim Obergericht für das Vereinigte Wirtschaftsgebiet – also der Bizone – zu übernehmen. Siehe Walter Roemer an Herbert Ruscheweyh, 13. April 1948, in: BMJ PA Roemer, P 11 – R 12, Bd. 1.
250 Otto Koellreutter, Die Entnazifizierung eine Sünde wider Recht und Ehre, S. 11. Enthalten in: BMJ PA Roemer, P 11 – R 12 – Umschlag «Betr. MinDir Roemer».
251 Deutscher Bundestag – Ausschuss zum Schutze der Verfassung, Der Vorsitzende an Strauß, 17. Dezember 1954, in: BMJ PA Roemer, P 11 – R 12 – Umschlag «Betr. MinDir Roemer».
252 Deutscher Bundestag – Ausschuss zum Schutze der Verfassung, Der Vorsitzende (Walter Menzel) an Bundesjustizminister Fritz Neumayer, 13. Dezember 1954, in: BMJ PA Roemer, P 11 – R 12 – Umschlag «Betr. MinDir Roemer».

253 Walter Roemer an Staatssekretär Walter Strauß, 29. Dezember 1954, in: BMJ PA Roemer, P 11 – R 12 – Umschlag «Betr. MinDir Roemer».
254 Ebd.
255 Vermerk Staatssekretär Strauß, 7. Januar 1955, in: BMJ PA Roemer, P 11 – R 12 – Umschlag «Betr. MinDir Roemer».
256 Hans Ehard an Walter Strauß, 8. März 1955, in: BMJ PA Roemer, P 11 – R 12 – Umschlag «Betr. MinDir Roemer». Eine Formulierung im Schreiben Ehards bestätigt, dass Strauß an den früheren Präsidenten des Bayerischen Oberlandesgerichts, Konrad, herangetreten war, um Hinweise über Roemers Verhalten zu erhalten.
257 Bayerisches Staatsministerium der Justiz an Walter Menzel, 28. Februar 1955, in: BMJ PA Roemer, P 11 – R 12 – Umschlag «Betr. MinDir Roemer».
258 Der Bayerische Ministerpräsident an Staatssekretär Strauß, 5. März 1955, in: BMJ PA Roemer, P 11 – R 12 – Umschlag «Betr. MinDir Roemer».
259 Adolf Arndt an Walter Roemer, 4. März 1955, in: BMJ PA Roemer, P 11 – R 12 – Umschlag «Betr. MinDir Roemer».
260 Robert Scholl an Walter Strauß, 3. Februar 1955, in: BMJ PA Roemer, P 11 – R 12 – Umschlag «Betr. MinDir Roemer». Viel spricht dafür, dass der Brief tatsächlich vom 3. März 1955 stammt.
261 Vermerk Strauß – Neumayer, 14. März 1955 – vertraulich, in: BMJ PA Roemer, P 11 – R 12 – Umschlag «Betr. MinDir Roemer».
262 Vollstreckt – Der Henker hat das letzte Wort, in: Revue, Nr. 10, 8. März 1958, u. Nr. 11, 15. März 1958.
263 G. S.-B. an Bayerisches Justizministerium, 8. September 1958, in: BMJ PA Roemer, P 11 – R 12 – Umschlag «Betr. MinDir Roemer». Bayerisches Staatsministerium der Justiz an Bundesminister der Justiz Schäffer vom 19. September 1958, in: Ebd.
264 Generalstaatsanwalt beim Oberlandesgericht München an Bayerisches Staatsministerium der Justiz, 18. Januar 1961, in: BMJ PA Roemer, P 11 – R 12 – Umschlag «Betr. MinDir Roemer».
265 Bundesminister der Justiz an Bayerisches Staatsministerium der Justiz, 27. Januar 1961, in: BMJ PA Roemer, P 11 – R 12 – Umschlag «Betr. MinDir Roemer».
266 Generalstaatsanwalt beim Oberlandesgericht München an Bayerisches Staatsministerium der Justiz, 27. April 1961, in: BMJ PA Roemer, P 11 – R 12 – Umschlag «Betr. MinDir Roemer».
267 Vgl. auch Irene Stuiber, *Hingerichtet in München-Stadelheim. Opfer nationalsozialistischer Verfolgung auf dem Friedhof am Perlacher Forst*, Norderstedt 2004, S. 73 f.
268 Generalstaatsanwalt beim Oberlandesgericht München an Bayerisches Staatsministerium der Justiz, 27. April 1961, S. 3 f., in: BMJ PA Roemer, P 11 – R 12 – Umschlag «Betr. MinDir Roemer». Das Verfahren gegen Bruchhaus wurde allerdings eingestellt, da sich nicht hinreichend feststellen ließ, dass dieser den Antrag auf Verhängung der Todesstrafe gestellt hatte.
269 Generalstaatsanwalt beim Oberlandesgericht München an Bayerisches Staatsministerium der Justiz, 27. April 1961, S. 5, in: BMJ PA Roemer, P 11 – R 12 – Umschlag «Betr. MinDir Roemer».
270 Rheinland-Pfälzisches Ministerium der Justiz an Bundesminister der Justiz, 3. Februar 1965, in: BMJ PA Roemer, P 11 – R 12 – Umschlag «Betr. MinDir Roemer».
271 Vermerk «Herr St. hat Auftrag gegeben [...]», undatiert, in: BMJ PA Roemer, P 11 – R 12 – Umschlag «Betr. MinDir Roemer».
272 Vermerk über die Bekundungen des Herrn Ministerialdirektors im Bundesjustizministerium Dr. Römer vom 13. April 1965, in: BMJ PA Roemer, P 11 – R 12, Bd. 1–112 Js 9/64 N – u – N-Fälle.
273 Unter Bezug auf den «Nacht- und Nebel-Erlass» wurden insgesamt rund 7000 Personen aus Frankreich, den Niederlanden, Belgien, Luxemburg und Norwegen, die des Widerstandes gegen die deutsche Besatzungsmacht verdächtig waren, heimlich, das heißt bei Nacht und Nebel, nach Deutschland verbracht, von jeder Verbindung mit ihren Angehörigen abgeschnitten und vom Volksgerichtshof abgeurteilt. Vgl. hierzu Lothar Gruchmann, «Nacht- und Nebel»-Justiz. Die Mitwirkung der Strafgerichte an der Bekämpfung des

ANMERKUNGEN ZU S. 352–360 535

Widerstandes in den besetzten westeuropäischen Ländern 1942–1944, in: *Vierteljahrshefte für Zeitgeschichte*, 29. Jg. (1981), H. 3, S. 342 ff.
274 Roemer an Staatsanwalt Dr. Hatzelmann v. 17. April 1965, in: BMJ PA Roemer, P 11 – R 12, Bd. 1. Roemer bezog sich dabei auf den Vermerk über seine Aussagen vom 13. April, der im zwischenzeitlich übersandt worden war.
275 Vermerk AL Z vom 14. Februar 1966, in: BMJ PA Roemer, P 11 – R 12, Bd. 1.
276 Vermerk Z B 3 vom 8. März 1966, in: BMJ PA Roemer, P 11 – R 12, Bd. 1.
277 Auszug aus dem Buch «Justiz im Zwielicht», in: BMJ PA Roemer, P 11 – R 12, Bd. 1.
278 Bundespresseamt fsnr 3896 vom 6. Mai 1966, in: BMJ PA Roemer, P 11 – R 12, Bd. 1.
279 Wiesenthal beschuldigt einen Bonner Justizbeamten, in: *Frankfurter Allgemeine Zeitung*, 7. Mai 1966; auch in: BMJ PA Roemer, P 11 – R 12, Bd. 1.
280 Der Bundesminister der Justiz, Pressemitteilung vom 6. Mai 1966, in: BMJ PA Roemer, P 11 – R 12, Bd. 1.
281 BMJ PA Roemer, P 11 – R 12, Bd. 1, enthät: Die Welt v. 07. 05. 1966 «Vorwürfe gegen Römer in Bonn zurückgewiesen»; Frankfurter Allgemeine Zeitung v. 10. 05. 1966 «Bundesjustizministerium weist Beschuldigungen zurück».
282 Simon Wiesenthal an Harry Philippi, 31. Mai 1966, in: BMJ PA Roemer, P 11 – R 12, Bd. 1. – Zu Harry Philippi vgl. Barbara Fait, Die Kreisleiter der NSDAP – nach 1945, in: Martin Broszat u. a. (Hrsg.), *Von Stalingrad zur Währungsreform. Zur Sozialgeschichte des Umbruchs in Deutschland* (= Quellen und Darstellungen zur Zeitgeschichte, Bd. 26), 3. Aufl., München 1990, S. 265 ff.
283 Brandt feiert sein Comeback, in: *Münchener Abendblatt – 8-Uhr-Blatt*, 4./5. Juni 1966, S. 2, in: BMJ PA Roemer, P 11 – R 12, Bd. 1. Das BMJ reagierte darauf wiederum mit offiziellen Schreiben sowohl an die Zeitung als auch an Ritzel, in denen darauf hingewiesen wurde, dass die Vorwürfe unberechtigt seien, da Roemer im Verfahren gegen die Geschwister Scholl weder als Ankläger tätig gewesen sei noch bei deren Hinrichtung mitgewirkt habe. Siehe BMJ an Abendzeitung, 20. Juni 1966, in: BMJ PA Roemer, P 11 – R 12, Bd. 1, sowie BMJ an Heinrich Ritzel, 24. Juni 1966, in: Ebd. Siehe auch Heinrich Ritzel an Bundesminister der Justiz, 22. Juli 1966, sowie BMJ an Heinrich Ritzel, 5. August 1966, in: Ebd.
284 Fabian von Schlabrendorff an Emil Henk, 6. Oktober 1966, in: BMJ PA Roemer, P 11 – R 12, Bd. 1.
285 BMJ PA Roemer, P 11 – R 12, Bd. 1.
286 Zeitzeugen-Gespräch d. Verf. mit Bundesminister a. D. Prof. Dr. Horst Ehmke am 10. Oktober 2013.
287 Entwurf BMJ vom 26. August 1968, in: BMJ PA Roemer, P 11 – R 12, Bd. 1.
288 Vgl. S. 98 f. sowie 168 ff.

*III. Das NS-Erbe und die Gesetzgebung
in der Bundesrepublik*

1 Siehe hierzu Friedrich-Christian Schroeder, Die Entnazifizierung des deutschen Strafrechts, in: Martin Löhnig (Hrsg.), *Zwischenzeit. Rechtsgeschichte der Besatzungsjahre*, Regenstauf 2011, S. 211. Vgl. auch Jürgen Welp, Die Strafgesetzgebung der Nachkriegszeit (1945–1953), in: Thomas Vormbaum und Jürgen Welp (Hrsg.), *Das Strafgesetzbuch*, Supplement-Band 1: *130 Jahre Strafgesetzgebung – eine Bilanz*, Baden-Baden 2004, S. 163 ff.
2 Vgl. BT-Drucks. 13/7164, S. 18, wo explizit auf diese Abschlussfunktion hingewiesen wird.
3 Zu den Ursprüngen der Reform und ihrer Einordnung in die lange Reihe früherer Reformversuche vgl. Uwe Scheffler, Das Reformzeitalter 1953–1975, in: Thomas Vormbaum und Jürgen Welp (Hrsg.), *Das Strafgesetzbuch. Supplement-Band 1. 130 Jahre Strafgesetzgebung – eine Bilanz*, Baden-Baden 2004, S. 174–257, S. 177 ff., der auch sonst einen umfassenden Überblick über die Große Strafrechtsreform gibt.
4 Strafgesetzbuch für das Deutsche Reich vom 15. Mai 1871, RGBl. 1871, S. 127.
5 Gesetz zur Änderung des Strafgesetzbuchs vom 28. Juni 1935, RGBl. I 1935, S. 839 ff.

6 Erich Schmidt-Leichner, Bemerkungen zur Lehre vom Tätertyp, in: *Deutsche Justiz* 1941, S. 653.
7 Amtsblatt des Kontrollrats in Deutschland 1946, S. 55. Vgl. dazu auch Safferling, «... daß es sich empfiehlt, generell tabula rasa zu machen...», in: Görtemaker und Safferling (Hrsg.), *Die Rosenburg*, S. 172 ff.
8 Helmuth Schulze-Fielitz, in: Dreier, *Grundgesetz. Kommentar*, 2. Aufl., Tübingen 2008, Art. 103 I Rn. 5; Christoph Degenhart, in: Sachs, *Grundgesetz. Kommentar*, 6. Aufl., München 2011, Art. 103 Rn. 74.
9 BVerfG, Beschluss vom 17. Januar 1978 – 1 BvL 13/76, in: *Entscheidungen des Bundesverfassungsgerichts*, Bd. 47, S. 109, 120; BVerfG, Beschluss vom 10. Januar 1995 – 1 BvR 718/89 u. a., in: *Entscheidungen des Bundesverfassungsgerichts*, Bd. 92, S. 1, 13 ff.
10 Vgl. dazu Safferling, «... daß es sich empfiehlt, generell tabula rasa zu machen ...», in: Görtemaker und Safferling (Hrsg.), *Die Rosenburg*, S. 197.
11 Dies ergibt sich aus dem Organigramm unter Minister Dr. Karl Weber von 1966.
12 Vgl. hierzu S. 320, 327 ff. u. 330 ff.
13 Zeitzeugen-Gespräch d. Verf. mit Ministerialdirektor a. D. Prof. Dr. Walter Rolland, 19. März 2013.
14 Karl Lackner, Insofern war ich kein Fortschrittsmensch, in: Thomas Horstmann und Heike Litzinger (Hrsg.), *An den Grenzen des Rechts. Gespräche mit Juristen über die Verfolgung von NS-Verbrechen*, Frankfurt am Main und New York 2006, S. 163.
15 BT-Drucks. 1/3713, S. 19.
16 Drittes Strafrechtsänderungsgesetz, in: BGBl. I 1953, S. 735 ff.
17 Vgl. hierzu etwa Joachim Vogel, Einflüsse des Nationalsozialismus auf das Strafrecht, in: *Zeitschrift für die gesamte Strafrechtswissenschaft* 115 (2003), S. 666.
18 Vgl. dazu schon Eduard Dreher, Das Dritte Strafrechtsänderungsgesetz, in: *Juristenzeitung* 1953, S. 421; Lackner, Insofern war ich kein Fortschrittsmensch, in: Horstmann und Litzinger (Hrsg.), *An den Grenzen des Rechts*, S. 163; sowie Scheffler, Das Reformzeitalter, in: Vormbaum und Welp, *Das Strafgesetzbuch*, S. 178 f. Die Gutachten sind zu finden unter: Bundesminister der Justiz (Hrsg.), *Materialien zur Strafrechtsreform*, 1. Bd: *Gutachten der Strafrechtslehrer*, Bonn 1954. Vgl. auch Vormbaum, *Einführung in die moderne Strafrechtsgeschichte*, S. 239.
19 Diese finden sich in: Bundesminister der Justiz (Hrsg.), *Materialien zur Strafrechtsreform*, 2. Bd: *Teil 1. Allgemeiner Teil*, Bonn 1954; Bundesminister der Justiz (Hrsg.), *Materialien zur Strafrechtsreform*, 2. Bd.: *Teil 2. Besonderer Teil*, Bonn 1955. Schafheutle bedankte sich dafür noch im Rahmen einer Ansprache zur 25-Jahrfeier des Instituts 1963. Vgl. Josef Schafheutle, Ansprache zur 25-Jahrfeier des Freiburger Instituts für ausländisches und internationales Strafrecht und zur Eröffnung des Internationalen Kolloquiums der Association Internationale de Droit Pénal, in: *Zeitschrift für die gesamte Strafrechtswissenschaft* 76 (1964), S. 510–513.
20 Karl Lackner, in: Eric Hilgendorf (Hrsg.), *Die deutschsprachige Strafrechtswissenschaft in Selbstdarstellungen* (= Juristische Zeitgeschichte. Abteilung 4. Leben und Werk, Bd. 12), Berlin u. a. 2010, S. 269, 292. Zur Besetzung der Kommission siehe auch Richard Lange, Neuaufnahme der Strafrechtsreform, in: *Zeitschrift für die gesamte Strafrechtswissenschaft* 66 (1954), S. 167 ff., und Scheffler, Das Reformzeitalter, in: Vormbaum und Welp (Hrsg.), *Das Strafgesetzbuch*, S. 179 f.
21 Vgl. Friedemann Utz, *Preuße, Protestant, Pragmatiker. Der Staatssekretär Walter Strauß und sein Staat* (= Knut Wolfgang Nörr u. a. (Hrsg.), Beiträge zur Rechtsgeschichte des 20. Jahrhunderts, Bd. 40), Tübingen 2003, S. 477.
22 So jedenfalls der Justizminister Nordrhein-Westfalens Flehinghaus im Rahmen der Beratungen des E 1962 im Bundesrat. Vgl. den Bericht über die 248. Sitzung des Bundesrates am 12./13. Juli 1962, S. 137 B.
23 BT-Drucks. 4/650.
24 Adolf Müller-Emmert, Die Strafrechtsreform, in: Kurt Madlener u. a. (Hrsg.), *Strafrecht und Strafrechtsreform. Referate und Diskussionen eines Symposiums der Alexander-von-Humboldt-Stiftung, Bonn-Bad Godesberg, veranstaltet vom 7.-12. Okt. 1973 in Ludwigsburg*, Köln u. a. 1974, S. 22; sowie Adolf Müller-Emmert und Horst Friedrich,

Die kriminalpolitischen Grundzüge des neuen Strafrechts nach den Beschlüssen des Sonderausschusses für die Strafrechtsreform, in: *Juristenzeitung* 1969, S. 245.
25 Entwurf eines Strafgesetzbuches (StGB) E 1962, BT-Drucks. 4/650, S. 164.
26 Vgl. Claus Roxin, *Strafrecht. Allgemeiner Teil, Bd. I*, 4. Aufl., München 2006, § 4 Rn. 18. Siehe ausführlich schon Claus Roxin, Strafzweck und Strafrechtsreform, in: Jürgen Baumann (Hrsg.), *Programm für ein neues Strafgesetzbuch. Der Alternativ-Entwurf der Strafrechtslehrer*, Frankfurt am Main 1969, S. 75–92.
27 Siehe Begründung E 1962, S. 164.
28 Roxin, *Strafrecht AT, Bd. I*, § 4 Rn. 19.
29 Vgl. Vermerk Rieß vom 31. Juli 1985 zur Frage eines Glückwunschschreibens des Ministers zum 75. Geburtstag von Kleinknecht, in: BMJ PA Kleinknecht, P 11 – K 49, nach Bl. 111 (o. Pg.). Siehe auch Peter Rieß, Das Strafprozeßänderungsgesetz 1964 – Vergängliches und Bleibendes, in: Karl Heinz Gössel (Hrsg.), *Strafverfahren im Rechtsstaat. Festschrift für Theodor Kleinknecht zum 75. Geburtstag am 18. August 1985*, München 1985, S. 355–378.
30 Vgl. Ulrich Weber, in: Eric Hilgendorf (Hrsg.), *Die deutschsprachige Strafrechtswissenschaft in Selbstdarstellungen*, Berlin u. a. 2010, S. 647. Den Entwurf veröffentlichte Baumann in: *Entwurf eines Strafgesetzbuches. Allgemeiner Teil* (= Recht und Staat in Geschichte und Gegenwart. Eine Sammlung von Vorträgen aus dem Gebiet der gesamten Staatswissenschaften, Heft 274/275), Tübingen 1963.
31 BT-Drucks. 5/2285.
32 Jürgen Baumann, «So, wie es lief, war es schlimm», in: Horstmann und Litzinger (Hrsg.), *An den Grenzen des Rechts*, S. 136.
33 Erstes Gesetz zur Reform des Strafrechts v. 25. Juni 1969, in: BGBl. I 1969, S. 645 ff. Zu einer detaillierten Analyse der Strafrechtsreformgesetze und etlicher anderer Änderungen des StGB vgl. Scheffler, Das Reformzeitalter, in: Vormbaum und Welp (Hrsg.), *Das Strafgesetzbuch*, S. 187 ff.; Zweites Gesetz zur Reform des Strafrechts vom 4. Juli 1969, in: BGBl. I 1969, S. 717 ff.
34 So wurde im 3. Strafrechtsreformgesetz vom 20. Mai 1970 lediglich das Demonstrationsstrafrecht neu gefasst. Vgl. Drittes Gesetz zur Reform des Strafrechts vom 20. Mai 1970, in: BGBl. I 1970, S. 505 ff. Im 4. Strafrechtsreformgesetz änderte man das Sexualstrafrecht. Siehe Viertes Gesetz zur Reform des Strafrechts vom 23. November 1973, in: BGBl. I 1973, S. 1725. Das 5. Strafrechtsreformgesetz vom 18. Juni 1974 brachte schließlich eine Neufassung des Abtreibungsrechts. Siehe Fünftes Gesetz zur Reform des Strafrechts vom 18. Juni 1974, in: BGBl. I 1974, S. 1297. Die Abtreibungsreform trat allerdings nie in Kraft, da die dort niedergelegte Fristenlösung vom Bundesverfassungsgericht für verfassungswidrig erklärt wurde. Vgl. BVerfG, Urteil vom 25. Februar 1975 – 1 BvF 1/74 u. a., in: *Entscheidungen des Bundesverfassungsgerichts*, Bd. 39, S. 1 ff.
35 Roxin, *Strafrecht AT, Bd. I*, § 4 Rn. 42.
36 In § 139 der Paulskirchen-Verfassung war der Verzicht auf die Todesstrafe vorgesehen. Vgl. Jescheck und Weigend, *Strafrecht AT*, S. 752 mit Fn. 4.
37 Vgl. Werner Schubert, Die Quellen zum Strafgesetzbuch von 1870/71. Zugleich ein Beitrag zur Entstehung der Bestimmungen über den Irrtum, den Versuch, die Teilnahme und die Notwehr, in: *Goltdammer's Archiv für Strafrecht* 1982, S. 196.
38 Dazu im Detail: Bernhard Düsing, *Die Geschichte der Abschaffung der Todesstrafe in der Bundesrepublik Deutschland*, Offenbach am Main 1952, S. 278 ff.; sowie Yvonne Hötzel, *Debatten um die Todesstrafe in der Bundesrepublik Deutschland von 1949 bis 1990*, Berlin und New York 2010, S. 12 ff.
39 Vgl. Norbert Frei, *Vergangenheitspolitik. Die Anfänge der Bundesrepublik und die NS-Vergangenheit*, München 1996, S. 173.
40 Thomas Alan Schwartz, Die Begnadigung deutscher Kriegsverbrecher. John J. McCloy und die Häftlinge von Landsberg, in: *Vierteljahrshefte für Zeitgeschichte* 1990, S. 382. Schwartz verweist in Fn. 24 auf Unterlagen in den National Archives in Washington DC, u. a. auf einen Brief John J. McCloys an Konrad Adenauer vom 24. April 1950. Siehe auch Brief John J. McCloy an Konrad Adenauer, 18. April 1950, in: BArch B 305/142, abgedruckt in: Ernst Würzburger, *Der letzte Landsberger. Amnestie, Integ-*

ration und die Hysterie um die Kriegsverbrechen in der Adenauer-Ära, Holzminden 2015, S. 294 f.
41 Würzburger, Der letzte Landsberger, S. 192.
42 BVerfG, Urteil vom 21. Juni 1977 – 1 BvL 14/76, in: Entscheidungen des Bundesverfassungsgerichts, Bd. 45, S. 187, 226. Vgl. auch Jescheck und Weigend, Strafrecht AT, S. 752.
43 Große Strafrechtskommission/Bundesministerium der Justiz, Niederschriften über die Sitzungen der Grossen Strafrechtskommission, Bd. 11: Beratungen zur Todesstrafe, 108. Sitzung, Bonn 1959, S. 7.
44 Vgl. Eduard Dreher, Für und wider die Todesstrafe, in: Zeitschrift für die gesamte Strafrechtswissenschaft 70 (1958), S. 543 ff u. 553 ff.
45 Große Strafrechtskommission, Niederschriften, Bd. 11, S. 9.
46 Ebd., S. 8.
47 Ebd.
48 Zu Umfragewerten aus den 1950er Jahren vgl. Dreher, Für und wider die Todesstrafe, in: Zeitschrift für die gesamte Strafrechtswissenschaft 70 (1958), S. 548.
49 Große Strafrechtskommission, Niederschriften, Bd. 11, S. 13.
50 Ebd., S. 15.
51 Vgl. hierzu die sehr ausführliche qualitative Metaanalyse von Christian Tobias Folter, Die Abschreckungswirkung der Todesstrafe. Eine qualitative Metaanalyse, Münster 2013. Der Autor kommt zu dem wohlbegründeten Ergebnis, dass sich die Abschreckungswirkung empirisch nicht belegen lasse, und stellt fest, dass die Befürworter der Todesstrafe hier eine Bringschuld hätten.
52 Große Strafrechtskommission, Niederschriften, Bd. 11, S. 21.
53 Ebd., S. 23.
54 Ebd., S. 26 f.
55 Darin enthalten sind die Stimmen zweier Mitglieder, die bei der Diskussion abwesend waren, ihre Ablehnung aber zuvor in schriftlichen Stellungnahmen kundgetan hatten. Siehe Große Strafrechtskommission, Niederschriften, Bd. 11, S. 7 und S. 28.
56 Ebd., S. 28. Vgl. dazu auch die Übersicht, in: BArch BW 1 Nr. 66734, sowie die Umdrucke R 152–156 und 158–168, alle im Anhang zu Große Strafrechtskommission, Niederschriften, Bd. 11.
57 Hötzel, Debatten um die Todesstrafe, S. 114 mit Nachweisen. Zur ausführlichen Begründung seiner ablehnenden Haltung vgl. Thomas Dehler, in: Armand Mergen (Hrsg.), Dokumentation über die Todesstrafe. Mit einer rechtsvergleichenden Darstellung des Problems der Todesstrafe in aller Welt, Darmstadt u. a. 1963, S. 110–120.
58 In der 4. Wahlperiode wurde in der 8. Sitzung des Sonderausschusses für die Strafrechtsreform am 28. November 1963 von Georg Schwalm auf das Ergebnis der Abstimmung in der Großen Strafrechtskommission verwiesen und die Sache damit für erledigt angesehen. Siehe Beratungen des Sonderausschusses Strafrechtsreform, WP 4, Sitzung 8, S. 42. Dies bestätigte der Vorsitzende Güde in der 10. Sitzung am 12. Dezember 1963 und lehnte eine Debatte über eine mögliche Verfassungsänderung ab. Vgl. Beratungen des Sonderausschusses Strafrechtsreform, WP 4, Sitzung 10, S. 183.
59 E 1962, Begründung S. 163.
60 Hötzel, Debatten um die Todesstrafe, S. 199 ff., bei Fn. 155 und 160.
61 Vgl. Zeitzeugen-Gespräch d. Verf. mit dem Vorsitzenden Richter am Oberlandesgericht i. R. Dr. Eckart von Bubnoff am 15. Oktober 2013. Vgl. auch Würzburger, Der letzte Landsberger, S. 159. Siehe hierzu ebenfalls S. 177.
62 Vgl. Georg Schwalm, in: Armand Mergen (Hrsg.), Dokumentation über die Todesstrafe, S. 629 f.
63 Vgl. Hötzel, Debatten um die Todesstrafe, S. 242 ff.
64 Die Zeit, Nr. 38, 22. September 1967.
65 Vgl. Hötzel, Debatten um die Todesstrafe, S. 242 ff.
66 Vgl. BT-Drucks. 54/14. Zum Inhalt siehe Der Spiegel, H. 13, 26. März 2016. Vgl. auch Heiko Maas, «Wir müssen den Mordparagrafen ändern». Interview mit Heribert Prantl und Robert Rossmann, in: Süddeutsche Zeitung, 8. Februar 2014, S. 6.

67 Zur Entwicklungsgeschichte vgl. Christoph Safferling, Die Prämeditationslehre zur Unterscheidung zwischen Mord und Totschlag, in: Britta Bannenberg u. a. (Hrsg.), *Über allem: Menschlichkeit. Festschrift für Dieter Rössner*, Baden-Baden 2015, S. 910 ff.
68 Vgl. dazu auch Monika Frommel, Die Bedeutung der Tätertypenlehre bei der Entstehung des § 211 StGB im Jahre 1941, in: *Juristenzeitung* 1980, S. 559 ff.
69 Schmidt-Leichner, Bemerkungen zur Lehre vom Tätertyp, in: *Deutsche Justiz* 1941, S. 653.
70 Ebd.
71 Ebd., S. 653, 655. Ähnlich argumentierte auch Roland Freisler, *Wiedergeburt strafrechtlichen Denkens*, Berlin 1940, S. 8.
72 OLG Frankfurt, Urteil vom 12. August 1947 – Ss 92/47, in: *Höchstrichterliche Entscheidungen in Strafsachen*, Bd. 1, S. 67 ff. Dahinter steht das Militärregierungsgesetz Nr. 1 vom 30. Juni 1945, das die Anwendung der Todesstrafe auf diejenigen Fälle beschränkte, für die sie auch schon vor 1933 angedroht gewesen war. OGHBrZ, Urteil vom 24. August 1948 – StS 55/48, in: *Entscheidungen des Obersten Gerichtshofs für die Britische Zone*, Bd. 1, S. 81 ff., mit zustimmender Anmerkung von Helmuth von Weber, in: *Süddeutsche Juristenzeitung* 1949, Sp. 58–60. Weber sieht die Unterschiede zwischen dem § 211 StGB 1871 und dem § 211 StGB 1941 nur im Bereich der Dogmatik verortet, wohingegen die Tatbestände unter kriminologischen Gesichtspunkten identisch seien.
73 BGH, Urteil vom 9. November 1951 – 2 StR 296/51, in: *Entscheidungen des Bundesgerichtshofes in Strafsachen*, Bd. 1, S. 368, 370. Eine über das sprachliche Argument hinausgehende Überlegung ist nicht erkennbar.
74 Vgl. Anonymus, § 175 des deutschen Strafgesetzbuches und die Urningsliebe (mit einem Nachwort von Richard von Krafft-Ebing), in: *Zeitschrift für die gesamte Strafrechtswissenschaft* 12 (1892), S. 34.
75 Gruchmann, *Justiz im Dritten Reich 1933–1940*, S. 854.
76 Vgl. zum Beispiel den Fall des Reichsgerichts, Urteil vom 9. Januar 1939 – 2 D 268/38, in: *Entscheidungen des Reichsgerichts in Strafsachen*, Bd. 73, S. 78, 80; bestätigt in Reichsgericht, Urteil vom 2. Februar 1940 – 4 D 734/39, in: *Entscheidungen des Reichsgerichts in Strafsachen*, Bd. 74, S. 77.
77 Armin Bergmann, Homosexualität/Homosexuelle, in: Wolfgang Benz u. a. (Hrsg.), *Enzyklopädie des Nationalsozialismus*, Stuttgart 1997, S. 518 f.
78 Angeordnet durch den geheimen Erlass des Führers zur Reinhaltung von SS und Polizei, abgedr. in: Günther Grau und Claudia Schoppmann, *Homosexualität in der NS-Zeit. Dokumente einer Diskriminierung und Verfolgung*, 2. Aufl., Frankfurt am Main 2004, S. 244.
79 Gruchmann, *Justiz im Dritten Reich 1933–1940*, S. 854. Die Zahl von 1934 umfasste noch Sodomie-Fälle.
80 Ebd., S. 854, Fn. 28.
81 Verfahren gegen Robert Gredeler, in: Tiroler Landesarchiv Innsbruck, Bestand Sondergericht beim LG Innsbruck, KLs 121/1944.
82 Vgl. Gruchmann, *Justiz im Dritten Reich 1933–1940*, S. 855.
83 Orlik Andreas Frank, *Die Strafbarkeit homosexueller Handlungen*, Hamburg 1997, S. 81.
84 OLG Oldenburg, Urteil vom 15. April 1946, in: *Süddeutsche Juristenzeitung* 1946, S. 96 f.; OLG Braunschweig, Urteil vom 7. Juni 1946 – Ss 5/46, in: *Süddeutsche Juristenzeitung* 1946, S. 119 f.; OLG Kiel, Urteil vom 22. Januar 1947 – Ss 208/46, in: *Deutsche Rechts-Zeitschrift* 1947, S. 198.
85 OLG Düsseldorf, Urteil vom 10. Oktober 1947 – Ss 147/47, in: *Monatsschrift für Deutsches Recht* 1948, S. 59; OLG Frankfurt, Urteil vom 15. September 1948 – Ss 41/48, in: *Monatsschrift für Deutsches Recht* 1949, S. 186.
86 Vgl. OGH BrZ, Urteil vom 2. November 1948 – 575 28/48, in: *Entscheidungen des Obersten Gerichtshofes für die Britische Zone in Strafsachen*, Bd. 1, S. 126 ff.
87 Vgl. dazu auch Dreher, Das Dritte Strafrechtsänderungsgesetz, in: *Juristenzeitung* 1953, S. 422.

88 BGH, Urteil vom 13. März 1951 – 1 StR 1/51, in: *Entscheidungen des Bundesgerichtshofes in Strafsachen*, Bd. 1, S. 80, 81.
89 Ebd., S. 80, 82.
90 BGH, Urteil vom 11. Februar 1955 – 2 StR 404/54, in: *Entscheidungen des Bundesgerichtshofes in Strafsachen*, Bd. 7, S. 231, 233.
91 BVerfG, Urteil vom 18. November 1954 – 1 BvR 550/52, in: *Entscheidungen des Bundesverfassungsgerichts*, Bd. 4, S. 110 ff., 110.
92 BVerfG, Urteil vom 10. Mai 1957 – 1 BvR 550/52, in: *Entscheidungen des Bundesverfassungsgerichts*, Bd. 6, S. 389 ff., 389.
93 OLG Braunschweig, Urteil vom 2. Oktober 1953 – Ss 125/53, in: *Neue Juristische Wochenschrift* 1953, S. 1929–1931.
94 Vgl. hierzu eingehend: Christian Schäfer, *Widernatürliche Unzucht. §§ 175, 175a, 175b, 182 a. F. StGB. Reformdiskussion und Gesetzgebung seit 1945*, Berlin 2006, S. 132 m. Fn. 33.
95 Große Strafrechtskommission/Bundesministerium der Justiz, *Niederschriften über die Sitzungen der Grossen Strafrechtskommission*, Bd. 8: Besonderer Teil, 76. – 90. Sitzung, Bonn 1959, S. 227 f.
96 Große Strafrechtskommission, *Niederschriften*, Bd. 8, S. 236. In Wirklichkeit war der «Röhm-Putsch» eine Erfindung der NS-Propaganda. Einen derartigen «Putsch» hat es nie gegeben. Auch die seit langem bekannte Homosexualität Röhms war nur ein Vorwand, um den Führer der ganz auf die nationalsozialistische Revolution fixierten SA, die zu einer Gefahr für Hitlers staatliche Position, insbesondere gegenüber der Reichswehr, zu werden drohte, leichter beseitigen zu können.
97 Große Strafrechtskommission, *Niederschriften*, Bd. 8, S. 236. Das Procedere wiederholte sich in der zweiten Lesung, wobei sich diesmal eine nicht mehr ganz so knappe Mehrheit von 13 zu 10 Stimmen gegen die Aufnahme eines Grundtatbestandes der Homosexualität aussprach. Siehe Große Strafrechtskommission, *Niederschriften*, Bd. 13, S. 552.
98 Vgl. die Aussprache in Große Strafrechtskommission, *Niederschriften*, Bd. 13, S. 37 ff. So auch schon zuvor § 364 der Vorläufigen Zusammenstellung der Beschlüsse der Unterkommissionen in seiner ersten Alternative sowie Große Strafrechtskommission, *Niederschriften*, Bd. 8, Umdrucke J 78 und U 78.
99 *Beratungen des Sonderausschusses Strafrechtsreform*, WP 5, Sitzung 130, S. 2623 f.
100 BT-Drucks. V/4094, S. 30 f.
101 Siehe dazu S. 279 ff.
102 Hans-Joachim Rudolphi, in: *Systematischer Kommentar zum Strafgesetzbuch*, 6. Aufl. Köln 2001, Vor § 80 Rn. 2.
103 Leopold Schäfer/Hans Richter/Josef Schafheutle, *Die Strafgesetznovellen von 1933 und 1934*, Berlin 1934, S. 133.
104 Gesetz zur Änderung von Vorschriften des Strafrechts und des Strafverfahrens vom 24. April 1934, RGBl. I 1934, S. 341. Vgl. hierzu Gruchmann, *Justiz im Dritten Reich 1933–1940*, S. 844 f.
105 Vgl. etwa Adolf Schönke, *Strafgesetzbuch für das Deutsche Reich*, München 1942, Vorbem. § 80 Anm. I. Bei ausländischen Tätern konnte auch auf lebenslanges Zuchthaus erkannt werden. Vgl. § 89 RStGB 1934 und dazu Schäfer/Richter/Schafheutle, *Die Strafgesetznovellen von 1933 und 1934*, S. 146, Anm. 5.
106 Vgl. Gruchmann, *Justiz im Dritten Reich 1933–1940*, S. 847.
107 Zuvor waren diese Fälle auch in nur einer Instanz vom Reichsgericht behandelt worden. Durch die Gründung des Volksgerichtshofs «befreite» man nun das Reichsgericht von erstinstanzlicher Tätigkeit. Vgl. hierzu die Erläuterungen von Schäfer/Richter/Schafheutle, *Die Strafgesetznovellen von 1933 und 1934*, S. 165 f.
108 Gesetz zur Aufhebung nationalsozialistischer Unrechtsurteile in der Strafrechtspflege und von Sterilisationsentscheidungen der ehemaligen Erbgesundheitsgerichte vom 25. August 1998, BGBl. I 1998, S. 2501 ff.
109 Ausführlich zum Wolf-Komitee siehe Etzel, *Die Aufhebung von nationalsozialistischen Gesetzen durch den Alliierten Kontrollrat*, S. 3 ff.
110 Die gesamte Liste findet sich in: Ebd., S. 56 f. Dazu auch Safferling, «... daß es sich emp-

fiehlt, generell tabula rasa zu machen...», in: Görtemaker und Safferling (Hrsg.), *Die Rosenburg*, S. 170 ff.
111 Gesetz zur Änderung von Vorschriften des Strafrechts und des Strafverfahrens vom 24. April 1934, RGBl. I 1934, S. 341.
112 So etwa der hessische Justizminister Georg-August Zinn. Siehe Etzel, *Die Aufhebung von nationalsozialistischen Gesetzen durch den Alliierten Kontrollrat*, S. 84. Auch unter den Alliierten war das Vorgehen nicht unumstritten. Es diente indes dem willkommenen Ziel, dafür zu sorgen, dass deutsche Kollaborateure der Besatzungsmächte vor deutschen Gerichten nicht wegen Landesverrats verfolgt werden konnten. Zur Unvereinbarkeit von Besatzungsinteressen und deutschem Recht siehe Hans Mittelbach, Strafrechtlicher Schutz der Besatzungsinteressen, in: *Deutsche Richterzeitung* 1950, S. 51–55. Vgl. auch Otto Backes, *Rechtsstaatsgefährdungsdelikte und Grundgesetz*, Köln u. a. 1970, S. 13. Backes geht davon aus, dass die Besatzungsmächte keine Notwendigkeit für eine Staatsschutzgesetzgebung im besetzten Deutschland sahen.
113 Siehe BMJ PA Rotberg, P 11 – R 3.
114 Siehe S. 143 f.
115 Nach eigenem Bekunden, um als Katholik überhaupt zum Hochschulstudium zugelassen zu werden. Vgl. seinen Lebenslauf, in: PA OLG Köln Lüttger, Beiakte zur BMJ PA Lüttger, P 11 – L 53, Bl. 288.
116 Personalbogen, in: BMJ PA Lüttger, P 11 – L 53.
117 Hans Lüttger an Rektor Ewald Harndt, 5. Dezember 1968, in: PA FU Berlin Lüttger, Bl. 27.
118 Friedrich-Christian Schroeder, *Der Schutz von Staat und Verfassung im Strafrecht. Eine systematische Darstellung, entwickelt aus Rechtsgeschichte und Rechtsvergleichung* (= Münchener Universitätsschriften: Reihe der Juristischen Fakultät, Bd. 9), München 1970, S. 176 f.
119 Deutscher Bundestag, Stenographisches Protokoll, 12. September 1950, S. 3105–3110. Ähnlich auch Josef Schafheutle, Das Strafrechtsänderungsgesetz: Materielles Strafrecht, in: *Juristenzeitung* 1951, S. 609–620.
120 Stenographisches Protokoll des Bundestagsausschusses für Rechtswesen und Verfassungsrecht, 1/89, 21. Februar 1951, S. 16.
121 Laufhütte und Kuschel, in: *Strafgesetzbuch. Leipziger Kommentar*, Vor § 80 Rn. 8.
122 Vgl. dazu Reinhard Schiffers, *Zwischen Bürgerfreiheit und Staatsschutz. Wiederherstellung und Neufassung des politischen Strafrechts in der Bundesrepublik Deutschland 1949–1951*, Düsseldorf 1989, S. 94 f. Siehe auch Frei, *Vergangenheitspolitik*, S. 309.
123 Vgl. Eichmüller, *Keine Generalamnestie*, S. 30. Hedler wurde im Übrigen am 20. Juli 1951 zu neun Monaten Haft verurteilt, nachdem die Staatsanwaltschaft Rechtsmittel gegen das Urteil eingelegt hatte. Revision und Verfassungsbeschwerde seitens Hedlers blieben ohne Erfolg. Vgl. Frei, *Vergangenheitspolitik*, S. 324.
124 BT-Drucks. I/563, 15.02.1950. Siehe hierzu auch Frei, *Vergangenheitspolitik*, S. 320.
125 Entwurf eines Gesetzes zur Änderung des Strafgesetzbuches vom 4. September 1950, BT-Drucks. 1/1307.
126 Vgl. BT-Drucks. 1/1307, S. 30.
127 Hierzu insgesamt Schroeder, *Der Schutz von Staat und Verfassung im Strafrecht*, S. 185.
128 Siehe ausführlich S. 145 ff.
129 Kurzprotokoll des Bundestagsausschusses für Rechtswesen und Verfassungsrecht, 1/87, 14. Februar 1951, S. 5.
130 Ebd., S. 7; sowie 1/89 vom 21. Februar 1951, S. 2, 4; und 1/91 vom 1. März 1951, S. 2.
131 Krauth/Kurfess/Wulf, Zur Reform des Staatsschutz-Strafrechts durch das Achte Strafrechtsänderungsgesetz, in: *Juristenzeitung* 1968, S. 578. In der Wissenschaft ist allerdings umstritten, ob damit dem Verfassungsauftrag hinreichend nachgekommen wurde. Vgl. etwa Stefanie Schmahl, in: Sodan, *Grundgesetz. Kommentar*, 3. Aufl., München 2015, Art. 26 Rn. 12; oder Lackner/Kühl, *Strafgesetzbuch. Kommentar*, 28. Aufl., München 2014, § 80 Rn. 1.
132 So der Regierungsentwurf zu § 87 E 1950, in: BT-Drucks. 1/1307, S. 32.

133 Generell verweist auf dieses Problem auch von Weber, 38. Deutscher Juristentag, 15. September 1950, S. E5.
134 Vgl. etwa: Stenographisches Protokoll des Bundestagsausschusses für Rechtswesen und Verfassungsrecht, 1/94, 15. März 1951, S. 23,7, Abg. Ewers (DP).
135 Siehe ebd., 1/95, 4. April 1951, S. 7, Rotberg (BMJ). Zur Reichsgerichtsrechtsprechung siehe «Denkschrift über den Hochverrat in der Rechtsprechung des Reichsgerichts und des Staatsgerichtshofs zum Schutze der Republik», in: BT-Ausschuss-Drucksache 1/24.
136 Stenographisches Protokoll des Bundestagsausschusses für Rechtswesen und Verfassungsrecht, 1/96, 11. April 1951, S. 23,11, Rotberg (BMJ).
137 Hans Mittelbach identifiziert den Kern der Vorschrift, der sich seiner Auffassung nach gegen Beziehungen zum Staatssicherheitsdienst (SD) und zum Ministerium für Staatssicherheit der DDR (MfS) richtete. Siehe Hans Mittelbach, Landesverräterischer Nachrichtendienst (§ 100e StGB), in: *Neue Juristische Wochenschrift* 1957, S. 649.
138 Stenographisches Protokoll des Bundestagsausschusses für Rechtswesen und Verfassungsrecht, 1/118, 28. Juni 1951, S. 38 ff., Abg. Fisch (KPD).
139 BT-Drucks. 1/1307, S. 34.
140 Vgl. u.a. Schroeder, *Der Schutz von Staat und Verfassung im Strafrecht*, S. 151 f.
141 Ebd., S. 186.
142 Das Bundesministerium des Innern machte in einem Schreiben an das Bundesministerium der Justiz deutlich, dass es gelte, widersprechende Entscheidungen von Strafgerichten und Bundesverfassungsgericht zu verhindern. Schreiben BMI an BMJ, in: BArch B 141/3037, S. 34 ff.
143 Stenographisches Protokoll des Bundestagsausschusses für Rechtswesen und Verfassungsrecht, 1/112, 7. Juni 1951, S. 30 f., Schafheutle (BMJ).
144 Ebd., S. 116,15, Lechner (BMI).
145 Stenographisches Protokoll des Bundestagsausschusses für Rechtswesen und Verfassungsrecht, 1/116, 26. Juni 1951, S. 116,14, Abg. Fisch (KPD).
146 Siehe unter anderem die später durch das Bundesverfassungsgericht (BVerfG, Entscheidung vom 21. März 1961–2 BvR 27/60) aufgehobene Entscheidung des Bundesgerichtshofs vom 3. April 1957 – 3 StR 4/57.
147 Von 1951 bis 1969 war das Bundesverfassungsgericht in Karlsruhe im Prinz-Max-Palais untergebracht, bevor es 1969 in den vom Berliner Architekten Paul Baumgarten entworfenen eigenen Bau am Schlossplatz umzog.
148 BVerfG, Entscheidung vom 21. März 1961 – 2 BvR 27/60. Die Vertreter der Beschwerdeführer waren die Rechtsanwälte Ammann, Heinemann und Posser, Gründer und Mitglieder der Vereinigung der Verteidiger in politischen Strafsachen.
149 Die Dokumente und Protokolle wurden allesamt als Verschlusssache geführt.
150 BMJ, 4021/6, Bl. 57.
151 Ebd., Bl. 45.
152 Ebd., Bl. 85 ff.; Willi Geiger, *Gesetz über das Bundesverfassungsgericht. Vom 12. März 1951. Kommentar*, Berlin u.a. 1952, § 79 (1) BVerfGG, Anm. 2; BGH, Urteil vom 9. Mai 1963 – 3 StR 19/63, in: *Entscheidungen des Bundesgerichtshofes in Strafsachen*, Bd. 18, S. 339.
153 Monika Jachmann, in: Maunz/Dürig, *Grundgesetz-Kommentar*, 63. Ergänzungslieferung, München Oktober 2011, Art. 96 Rn. 56.
154 Von Dallinger, Das Strafrechtsänderungsgesetz. Gerichtsverfassung und Strafverfahren, in: *Juristenzeitung* 1951, S. 620 f. wird das nicht einmal im Ansatz hinterfragt.
155 Siehe Bundesminister der Justiz, *Denkschrift zur Entschließung des Bundestages vom 11. Juli 1951 über die Zuziehung von Schöffen oder Geschworenen und die Schaffung eines zweiten Rechtszuges in Hoch- oder Landesverratssachen*, S. 6.
156 Stenographisches Protokoll des Bundestagsausschusses für Rechtswesen und Verfassungsrecht, 1/87, 14. Februar 1951, S. 10, Abg. Arndt (SPD). Änderungsantrag der Fraktion der SPD, Umdruck Nr. 269 vom 9. Juli 1951 zur 158. Sitzung, in: Parlamentsarchiv des Deutschen Bundestages I 212/A 1b, S. 41.
157 Vgl. hierzu Walter Wagner und Günther Willms, Der 6. Strafsenat – Legende und Wirk-

lichkeit, in: Gerda Krüger-Nieland (Hrsg.), *25 Jahre Bundesgerichtshof am 1. Oktober 1975*, München 1975, S. 265-272.
158 BGH, Urteil vom 23. September 1960 – 3 StR 28/60, in: *Entscheidungen des Bundesgerichtshofes in Strafsachen*, Bd. 15, S. 155 ff.
159 BGH, Urteil vom 4. Oktober 1960 – 1 StE 3/60, in: Ebd., S. 167 ff.
160 Vgl. Vermerk Hans Lüttger vom 20. Oktober 1960 über ein Gespräch mit dem Senatsvorsitzenden Jagusch, in: BMJ, 4021/7 Bd. 1, Bl. 179 ff.
161 Heinrich Jagusch an Fritz Schäffer, 21. November 1960, in: BMJ, 4021/7 Bd. 1, Bl. 125 ff.
162 Vermerk Hans Lüttger, 10. Dezember 1960, in: Ebd., Bl. 194 ff.
163 Vgl. Vermerk Hans Lüttger vom 22. Dezember 1960 zu dieser Besprechung, in: Ebd., Bl. 205 f.
164 Generalbundesanwalt an BMJ, 21. Dezember 1960, in: Ebd., Bl. 209 ff.
165 Vgl. Vermerk Hans Lüttger, 18. November 1960, in: Ebd., Bl. 160 ff.
166 Vgl. Brief des Senatspräsidenten Jagusch an die Präsidenten der Staatsschutzsenate der Oberlandesgerichte, die Vorsitzenden der Staatsschutzkammern, die Generalstaatsanwälte vermittelt durch den Generalbundesanwalt vom 17. Oktober 1960, in: Ebd., Bl. 141 ff.
167 Brief v. 17. Oktober 1960, in: Ebd., Bl. 141 f. Siehe hierzu den Brief des Generalbundesanwalts an den Vorsitzenden des 3. Strafsenats vom 20. Juli 1960, in: Ebd., Bl. 156 ff.
168 Vermerk Lüttger, 18. November 1960, in: Ebd., Bl. 85 ff.
169 Ebd., Bl. 85, 97.
170 Fritz Schäffer an Bruno Heusinger, 28. November 1960, in: Ebd., Bl. 137.
171 Gebrochenes Rückgrat, in: *Der Spiegel*, Nr. 28, 1961, S. 22.
172 Andeutungsweise nur Volker Tausch, *Max Güde (1902-1984). Generalbundesanwalt und Rechtspolitiker* (= Juristische Zeitgeschichte: Abteilung 4, Leben und Werk. Biographische Beiträge zur juristischen Zeitgeschichte, Bd. 5), Baden-Baden 2002, S. 156 mit Fn. 23 u. 24.
173 Zit. nach: Malte Wilke, *Staatsanwälte als Anwälte des Staates? Die Strafverfolgungspraxis von Reichsanwaltschaft und Bundesanwaltschaft vom Kaiserreich bis in die frühe Bundesrepublik* (= Beiträge zu Grundfragen des Rechts, Bd. 16), Göttingen, 2015, S. 233.
174 Heinrich Jagusch, Handel mit Verrätern, in: *Der Spiegel*, Nr. 37, 9. September 1964, S. 18.
175 Heinrich Jagusch, Droht ein neuer Ossietzky-Fall?, in: *Der Spiegel* Nr. 45, 4. November 1964, S. 37.
176 Ausgangspunkt war hier das sogenannte «Fünf-Broschüren-Urteil» des BGH vom 28. April 1952 – StE 3/52, unveröffentlicht. Zusammenfassung des Urteils in: Walter Wagner, Aus der Rechtsprechung in Staatsschutzverfahren – Hochverrat, in: *Goltdammer's Archiv für Strafrecht* 1960, S. 4-20, S. 11 B 1. Danach waren bereits Entgegennahme und Besitz von politischen Broschüren aus der DDR strafbar.
177 In den Akten findet sich eine am 1. Oktober 1976 erfolgte Zusammenstellung aller Verfahren gegen Mitglieder der KPD und verwandter Organisationen. Die Liste umfasst 26 Seiten mit 148 Personen, gegen die häufig mehrere Verfahren durchgeführt wurden. Vermerk Harms vom 1. Oktober 1976, in: BMJ, 1050 E (3), Bd. 3, Bl. 72 ff.
178 Vgl. Hans Lüttger, Vermerk «Abwehr unsachlicher Angriffe von Presse, Rundfunk und Fernsehen in der Bundesrepublik auf das Staatsschutzstrafrecht und auf die Praxis des strafrechtlichen Staatsschutzes (Panorama-Sendungen)», 23. November 1964, in: BMJ, 1270/1 IV.
179 Ebd.
180 Ebd.
181 Vgl. Antrag von BMJ Heinemann an das Dienstgericht des Bundes auf Einstellung des Disziplinarverfahrens gegen Jagusch v. 27. 04. 1967, in: BMJ PA Jagusch, P 41 – J 2, Bl. 131, 138 f.
182 So aber Rolf Lamprecht, Der unrühmliche Start des Bundesgerichtshofs, in: *Neue Juristische Wochenschrift* 2015, S. 2941-2944. Details zum Lebenslauf von Heinrich Jagusch verdanken wir Herrn Christian Pöpken.
183 Vgl. dazu auch Diether Posser, *Anwalt im Kalten Krieg. Ein Stück deutscher Geschichte in politischen Prozessen 1951-1968*, 2. Aufl., München 1991, S. 406 f.
184 Reiche Auswahl, in: *Der Spiegel* Nr. 46, 10. November 1965, S. 37.

185 Generalbundesanwalt Güde hatte beantragt, die Verfolgung der Sportler Otto Göschel und Karl-Horst Ellermann einzustellen. Der BGH hatte das abgelehnt. Vgl. dazu die Ausarbeitung des Generalbundesanwalts zur Tätigkeit sowjetzonaler Delegationen in der Bundesrepublik vom 18. Oktober 1960, in: BMJ, 4021/7, Bl. 41–56.

186 BMI, Niederschrift über die Sitzung des Koordinierungsausschusses zur Bekämpfung verfassungsfeindlicher Bestrebungen am 28. April 1967, in: BMJ, 1054 E 1–5, Bd. 1, Bl. 26, 34.

187 Gustav Heinemann, Wiederzulassung der KPD?, in: *Juristenzeitung* 1967, S. 425–426.

188 Bekanntgabe der «Neukonstituierung» am 26. September 1968 auf einer Pressekonferenz in Frankfurt am Main. Vgl. Bundesminister des Inneren, Kabinettsache, Schnellbrief an den Chef des Bundeskanzleramtes, Maßnahmen gegen die DKP, Februar 1969, in: BMJ, 1050 E (3), Bd. 2, Bl. 122, 123.

189 Vermerk Franz Karl Schlichter, 13. Mai 1969, in: BMJ, 1050 E (3), Bd. 3, Bl. 53 m. Anlagen. Vgl. auch Bundesamt für Verfassungsschutz, Vermerk «Deutsche Kommunistische Partei», 18. Oktober 1968, in: BMJ, 1050 E (3), Bd. 1, Bl. 56, 58 f.

190 Achtes Strafrechtsänderungsgesetz vom 25. Juni 1968, in: BGBl. I 1968, S. 741 ff.

191 BT-Drucks. 5/102. Der Regierungsentwurf wurde in der 32. Kabinettssitzung am 22. Juni 1966 verabschiedet (Kabinettsprotokolle 1966, S. 253).

192 Schriftlicher Bericht des Sonderausschusses, in: BT-Drucks. 5/2860, S. 1.

193 Ebd. Vgl. auch Krauth/Kurfess/Wulf, Zur Reform des Staatsschutz-Strafrechts durch das Achte Strafrechtsänderungsgesetz, in: *Juristenzeitung* 1968, S. 577–582, S. 578.

194 BT-Drucks. 5/2860, S. 5.

195 Krauth u. a., Zur Reform des Staatsschutz-Strafrechts durch das Achte Strafrechtsänderungsgesetz, in: *Juristenzeitung* 1968, S. 731–738, S. 733.

196 Siehe hierzu auch Schroeder, *Der Schutz von Staat und Verfassung im Strafrecht*, S. 226.

197 Hans Lüttger hatte das Vorgehen von Jagusch schon kritisiert, ohne ihn allerdings beim Namen zu nennen. Vgl. Hans Lüttger, Lockerung des Verfolgungszwanges bei Staatsschutzdelikten?, in: *Juristenzeitung* 1964, S. 569–576.

198 Sechsundzwanzigstes Gesetz zur Änderung des Grundgesetzes (Artikel 96), in: BGBl. I 1969, S. 1357.

199 Gesetz zur allgemeinen Einführung eines zweiten Rechtszuges in Staatsschutz-Strafsachen, in: BGBl. I 1969, S. 1582 ff.

200 Vgl. BT-Drucks. 5/4086, S. 6.

201 Krauth u. a., Zur Reform des Staatsschutz-Strafrechts durch das Achte Strafrechtsänderungsgesetz, in: *Juristenzeitung* 1968, S. 577–582, S. 577, S. 577 f.

202 Wolfgang Heinz, *Jugendkriminalität in Deutschland. Kriminalstatistische und kriminologische Befunde* (Internet-Veröffentlichung im Konstanzer Inventar Kriminalitätsentwicklung, Universität Konstanz), Juli 2003, S. 70.

203 Nicht zu verwechseln mit dem Klaviervirtuosen und Komponist Franz Liszt (* 22. 10. 1811; † 31. 07. 1886), der ein Cousin und sein Taufpate war.

204 Franz von Liszt, *Die Reform des Juristischen Studiums in Preussen. Rede gehalten bei Antritt des Rektorates an der Universität Marburg am 17. Oktober 1886*, Berlin 1886.

205 Franz von Liszt, *Der Zweckgedanke im Strafrecht*, Berlin 1882/83.

206 Franz Streng, *Jugendstrafrecht*, 3. Aufl., Heidelberg u. a. 2012, Rn. 36 f.

207 Dieses sogenannte «Marburger Programm», das Franz von Liszt nach Antritt seiner Professur in Marburg 1882 formulierte und bei seiner Antrittsrede als Rektor 1886 noch einmal in seinen Grundzügen vorstellte, ist abgedruckt in: Franz von Liszt, Der Zweckgedanke im Strafrecht, in: *Zeitschrift für die gesamte Strafrechtswissenschaft* 3 (1883), S. 126–179.

208 Laubenthal u. a., *Jugendstrafrecht*, 2. Aufl., Berlin u. a. 2015, Rn. 28.

209 Zusammenfassend Jan Schady, *Die Praxis des Jugendstrafrechts in der Weimarer Republik. Die Umsetzung des Jugendgerichtsgesetzes von 1923 im Spiegel der Statistiken und Akten* (= Kieler rechtswissenschaftliche Abhandlungen: Neue Folge, Bd. 42), Baden-Baden 2003, S. 33–40.

210 Vgl. International Military Tribunal (Hrsg.), *Trial of the Major War Criminals before the International Military Tribunal. Nuremberg 14 November 1945 – 1 October 1946,*

Vol. XXII, Nuremberg 1947 (Protokolle des IMT, Bd. 22), S. 642. Vgl. auch Heinz Kümmerlein, *Reichsjugendgerichtsgesetz. Vom 6. November 1943; mit den ergänzenden Rechts- und Verwaltungsvorschriften auf dem Gebiet des Jugendstrafrechts, Jugendhilferechts und des strafrechtlichen Jugendschutzes. Textausgabe mit kurzen Erläuterungen*, München u. a. 1944, S. 12.

211   Georg Dahm und Friedrich Schaffstein, *Liberales oder autoritäres Strafrecht*, Hamburg 1933, S. 11, 17.
212   Ebd., S. 17 f.
213   Friedrich Schaffstein, *Die Erneuerung des Jugendstrafrechts* (= Volk und Recht, Bd. 3), Berlin 1933, S. 6. Vgl. auch Kümmerlein, *Reichsjugendgerichtsgesetz*, S. 13.
214   Vgl. auch Friedrich Schaffstein, Die Bedeutung des Erziehungsgedankens im Strafvollzug, in: *Zeitschrift für die gesamte Strafrechtswissenschaft* 55 (1936), S. 276–290.
215   Gespräch d. Verf. mit Ministerialdirigent a. D. Prof. Horst Viehmann am 25. September 2014.
216   Friedrich Schaffstein, Die Jugendkriminalität in der industriellen Wohlstandsgesellschaft, in: *Monatsschrift für Kriminologie und Strafrechtsreform* 48 (1965), S. 53–67, bes. S. 67.
217   Lukas Pieplow, Die Einführung des Jugendarrests in Deutschland. Kontinuität oder Zäsur? Der Bericht über die Festsitzung der Akademie für Deutsches Recht am 6. November 1940, in: *Zeitschrift für Jugendkriminalrecht und Jugendhilfe* 2014, S. 112.
218   Kümmerlein, *Reichsjugendgerichtsgesetz*, S. 5. Zu den Zielen siehe auch Roland Freisler, Zur Einführung des Jugendarrests, in: Akademie für Deutsches Recht (Hrsg.), *Zur Einführung des Jugendarrestes. Abgekürzter Bericht über die Festsitzung der Akademie für deutsches Recht am 6. November 1940 und die Jugendgerichtstagung im Reichsjustizministerium am 7. November 1940*, Berlin 1941, S. 42–50, S. 44 f.
219   Kümmerlein, *Reichsjugendgerichtsgesetz*, S. 4. Man wollte zunächst die groß angelegte Strafrechtsreform abwarten, die dann jedoch nie zustande kam.
220   Rudolf Marx, Vollzug des Jugendarrestes, in: Akademie für Deutsches Recht (Hrsg.), *Zur Einführung des Jugendarrestes. Abgekürzter Bericht über die Festsitzung der Akademie für deutsches Recht am 6. November 1940 und die Jugendgerichtstagung im Reichsjustizministerium am 7. November 1940*, Berlin 1941, S. 42–50 u. 81–88.
221   Artur Axmann, Zur Einführung des Jugendarrests, in: Akademie für Deutsches Recht (Hrsg.), *Zur Einführung des Jugendarrestes*, S. 37.
222   Vgl. Ernst Schäfer, Jugendarrest und Strafe, in: Akademie für Deutsches Recht (Hrsg.), *Zur Einführung des Jugendarrestes. Abgekürzter Bericht über die Festsitzung der Akademie für deutsches Recht am 6. November 1940 und die Jugendgerichtstagung im Reichsjustizministerium am 7. November 1940*, Berlin 1941, S. 52. Schäfer begründet die Einführung sehr juristisch systematisch und lässt damit die mit dem Arrest intendierte Diskriminierung unter den Tisch fallen.
223   Bei Wilhelm Dallinger und Karl Lackner, *Jugendgerichtsgesetz. Mit den ergänzenden Rechts- und Verwaltungsvorschriften des Bundes und der Länder. Kommentar*, München 1955, Einführung S. 49 wird dies als einziger Einschlag nationalsozialistischen Denkens im Bereich der Jugendgefängnisstrafe angesehen.
224   Dazu Streng, *Jugendstrafrecht*, Rn. 38.
225   In englischer Sprache unter dem Titel «Allied Control Authority Juvenile Court Act» abgedruckt bei Etzel, *Die Aufhebung von nationalsozialistischen Gesetzen durch den Alliierten Kontrollrat*, S. 208–222.
226   Lackner, in: Hilgendorf (Hrsg.), *Die deutschsprachige Strafrechtswissenschaft in Selbstdarstellungen*, S. 269, 283.
227   Eduard Dreher, Karl Lackner zum 70. Geburtstag, in: Wilfried Küper u. a. (Hrsg.), *Festschrift für Karl Lackner zum siebzigsten Geburtstag am 18. Februar 1987*, Berlin u. a. 1987, S. 1–10, S. 1. Bei Dreher ist der 10. Januar 1940 als Eintritt in die Wehrmacht angegeben. In der Personalakte wird das Eintrittsdatum mit 12. Januar 1940 angegeben. In: BMJ PA Lackner, P 11 – L 10, Bl. 4.
228   Vgl. die ausgezeichnete Beurteilung Lackners durch Kanter am 10. Februar 1949, in: PA LG Köln I L 55 Bl. 145 f., Beiakte zur BMJ PA Lackner, P 11 – L 10.

229 So die Angaben in seiner Personalakte nach dem Spruch des Entnazifizierungshauptausschusses des Regierungsbezirks Köln in Bonn vom 30. April 1948, in: BMJ PA Lackner, P 11 – L 10, Personalbogen, Bl. IV.
230 Dazu im Kapitel Strafrechtsreform, S. 359.
231 Vgl. Lackner, Insofern war ich kein Fortschrittsmensch, in: Horstmann und Litzinger (Hrsg.), *An den Grenzen des Rechts*, S. 151.
232 Dallinger und Lackner, *Jugendgerichtsgesetz*, München 1955 (2. Aufl., München und Berlin 1965). Später tat Lackner, als hätte er den Kommentar allein verfasst. Siehe Lackner, Insofern war ich kein Fortschrittsmensch, in: Horstmann und Litzinger (Hrsg.), *An den Grenzen des Rechts*, S. 149, 162. So falsch muss das aber auch gar nicht sein. Immerhin war Dallinger ein Meister des Delegierens. Siehe Zeitzeugen-Gespräch d. Verf. mit Bundesanwalt a. D. Dr. Josef Fabry am 11. Oktober 2013.
233 Die folgenden Passagen sind der Gesetzesbegründung entnommen: BT-Drucks. 1/3264 vom 31. März 1952, S. 35.
234 Dallinger und Lackner, *Jugendgerichtsgesetz*, Einführung, S. 45.
235 Ebd.
236 Vgl. Erste Beratung des Entwurfs eines Gesetzes zur Änderung des RJGG, Stenographisches Protokoll des Bundestages, 1/205, 23. April 1952, S. 8851 f. Siehe hierzu auch Friedrich Schaffstein, *Jugendstrafrecht. Eine systematische Darstellung*, Stuttgart 1959, S. 24. Schaffstein spricht von einer kontinuierlichen Weiterentwicklung in den Jahren 1933 bis 1945, «abgesehen von manchen Einzelheiten», ohne den Nationalsozialismus mit einer Silbe zu erwähnen.
237 Zusammenfassend zum Erziehungsgedanken im Jugendstrafrecht: Streng, *Jugendstrafrecht*, Rn. 15–23.
238 Protokoll des Unterausschusses JGG, 1/1, 29. Oktober 1952, S. 1. Das BMJ wurde in dieser Sitzung vertreten durch Dallinger und Maassen.
239 Stenographisches Protokoll des Bundestagsausschusses für Rechtswesen und Verfassungsrecht, 1/264, 5. Juni 1953, S. 7.
240 BT-Drucks. 1/3264 vom 31. März 1952, S. 38 f.
241 Eduard Dreher, Erinnerungen an die Frühzeit des Bundesjustizministeriums, in: *Der Geist der Rosenburg*, S. 18.
242 BT-Drucks. 1/3264 vom 31. März 1952, S. 38 f.
243 Vgl. Protokoll des Unterausschusses JGG, 1/1, 19. Oktober 1952, zu § 7. Ebenso Protokoll 1/2, 11. November 1952, zu § 7, vorgetragen von Dreher als Vertreter des BMJ. Zustimmend auch der Bundesrat, BR-Drucksache Nr. 50/52, S. 62, Aussagen des Berichterstatters Bleibtreu.
244 Lukas Pieplow, Erziehungsgedanke – noch einer, in: Frank Neubacher und Michael Kubink (Hrsg.), *Kriminologie – Jugendkriminalrecht – Strafvollzug. Gedächtnisschrift für Michael Walter* (= Kölner Kriminalwissenschaftliche Schriften, Bd. 59), Berlin 2014, S. 348.
245 Dallinger und Lackner, *Jugendgerichtsgesetz*, Einführung, S. 46.
246 BT-Drucks. 3264 vom 31. März 1952, S. 40 f.
247 BGH, Urteil vom 25. Februar 1955 – 2 StR 556/54, in: *Monatsschrift für Deutsches Recht* 1955, S. 372 f.
248 Zur Kritik an dieser Entwicklung vgl. Streng, *Jugendstrafrecht*, Rn. 19.
249 Protokoll des Unterausschusses JGG, 1/4, 10. Dezember 1952, S. 2 f. Das führte im Übrigen zu fast schon grotesk anmutenden Konsequenzen, wenn etwa nach § 52 JGG der Versuch unternommen wurde, auf die unbestimmte Jugendstrafe die U-Haft anzurechnen. Vgl. etwa BGH, Entscheidung vom 29. November 1956 – 4 StR 350/56, in: *Entscheidungen des Bundesgerichtshofes in Strafsachen*, Bd. 10, S. 21 ff.
250 Die Zahlen nach Horst Viehmann, Anmerkung zu OLG Hamm, Urteil vom 11. März 1987 – 2 Ss 29/87, in: *Neue Zeitschrift für Strafrecht* 1988, S. 43–45.
251 Vgl. Ulrich Eisenberg, *Jugendgerichtsgesetz: JGG*, 18. Aufl., München 2015, § 19 Anm. 17, 18; Streng, *Jugendstrafrecht*, Rn. 426. Das wurde aber auch nach der Abschaffung noch bezweifelt, etwa von Friedrich Schaffstein und Werner Beulke, *Jugendstrafrecht*, 9. Aufl., Stuttgart 1987, § 23 III. Bedauern über die Abschaffung zeigt Alexander Böhm, Zur Änderung des Jugendgerichtsgesetzes, in: *Neue Juristische Wochenschrift* 1991, S. 537.

252 Erstes Gesetz zur Änderung des Jugendgerichtsgesetzes vom 30. August 1990 (1. JGG-ÄndG), BGBl. I 1990, S. 1853, in Kraft seit 1. Dezember 1990.
253 Lackner, Insofern war ich kein Fortschrittsmensch, in: Horstmann und Litzinger (Hrsg.), *An den Grenzen des Rechts*, S. 162.
254 In Schaffstein und Beulke, *Jugendstrafrecht*, Rn. 464, werden immer noch die Vorzüge der Jugendstrafe von unbestimmter Dauer gepriesen.
255 Gesetz über Ordnungswidrigkeiten vom 25. März 1952, BGBl. I 1952, S. 177 ff.
256 Gesetz der Verwaltung des Vereinigten Wirtschaftsgebietes zur Vereinfachung des Wirtschaftsstrafrechts (Wirtschaftsstrafgesetz) vom 26. Juli 1949, WiGBl. 1949, S. 193. Dieses Gesetz wurde vom Bundestag bis 31. März 1951 auf das gesamte Bundesgebiet ausgedehnt. Siehe Gesetz zur Erstreckung und zur Verlängerung der Geltungsdauer des Wirtschaftsstrafgesetzes vom 29. März 1950, BGBl. I 1950, S. 78.
257 BT-Drucks. 1/210 vom 28. März 1951, S. 14. Der Entwurf beruft sich auf die Arbeit von James Goldschmidt, *Das Verwaltungsstrafrecht. Eine Untersuchung der Grenzgebiete zwischen Strafrecht und Verwaltungsrecht auf rechtshistorischer und rechtsvergleichender Grundlage*, Berlin 1902.
258 Vgl. BT-Drucks. 5/1319, S. 51. Siehe hierzu auch BArch B 141/17485, Umstellung von Straftatbeständen des Straßenverkehrsrechts auf Ordnungswidrigkeiten, Bd. 1. Zur Verbindung mit der Großen Strafrechtsreform vgl. Schreiben von Walter Strauß an das Bundesverkehrsministerium vom 5. Dezember 1957, in: BArch B 141/17485, Bl. 44-48.
259 Gespräch d. Verf. mit dem Leiter der Zentralen Stelle, Oberstaatsanwalt Schrimm, am 28. August 2015. In einem Vermerk des BMJ aus dem Jahr 1969 heißt es auf der Grundlage einer Extrapolation der Zahlen aus den Jahren 1966 bis 1968, dass die Gerichte bei Geltung des § 50 Abs. 2 StGB alter Fassung bei 43 Prozent aller NS-Verbrechen und 65 Prozent aller Verurteilungen möglicherweise ein Urteil wegen Beihilfe zum Mord gefällt hätten. Allerdings wird zugleich darauf hingewiesen, dass es bei dieser Schätzung natürlich nicht möglich sei zu berücksichtigen, ob die Gerichte eventuell ein tatbezogenes Mordmerkmal hätten feststellen können. Vermerk Götz vom 30. Mai 1969, in: BArch B 141/403654, Bl. 136.
260 Hubert Rottleuthner, Hat Dreher gedreht? Über Unverständlichkeit, Unverständnis und Nichtverstehen in Gesetzgebung und Forschung, in: *Rechtshistorisches Journal*, 2001, S. 665-679.
261 BArch B 141/17493, Bl. 41 ff.
262 Vgl. heute §§ 25, 26, 27 StGB.
263 BArch B 141/403654, Bl. 188.
264 Ebenso die nachgereichte Begründung von Göhler am 6. Juni 1969 an Bundesjustizminister Gustav Heinemann, in: BArch B 141/403654, Bl. 187.
265 So etwa Göhler am 6. Juni 1969 an Bundesjustizminister Gustav Heinemann, in: BArch B 141/403654, Bl. 188.
266 In der damaligen Entwurfsfassung waren das noch Art. 2 Nr. 6 und Art. 142 Abs. 2. Vgl. Vermerk Göhler vom 5. Juni 1966, in: BArch B 141/85574, Bl. 159-167.
267 BArch B 141/403702, Bl. 108.
268 Vorlagevermerk vom 20. Juli 1966, in: BArch B 141/403654, Bl. 193 ff.
269 Entwurf für Ministerrede und Sprechzettel, in: BArch B 141/85547, Bl. 72 ff.
270 Zeitzeugen-Interview d. Verf. mit Bundesminister a. D. Prof. Dr. Horst Ehmke am 13. Oktober 2013.
271 Stenographisches Protokoll des BT-Rechtsausschusses, 5/53, 12. Oktober 1967.
272 Ebd., S. 37.
273 Ebd., S. 30.
274 *Beratungen des Sonderausschusses Strafrechtsreform*, WP 5, Sitzung 57, S. 1094 f.
275 Stenographisches Protokoll des BT-Rechtsausschusses, 5/41, 20. April 1967, S. 22.
276 BArch B 141/85550.
277 Einführungsgesetz zum Gesetz über Ordnungswidrigkeiten (EGOWiG) vom 24. Mai 1968, BGBl. I 1968, S. 503 ff. In der Sitzung des Unterausschusses des Rechtsausschusses im Bundesrat vom 2. April 1968 hatte ein Vertreter Baden-Württembergs angeregt, das Inkrafttreten auf den 1. Januar 1969 zu verschieben, da eine Anpassung weiterer Vor-

schriften nicht bis zum Oktober erfolgen könne. Der Antrag wird von der Mehrheit im Bundesrat aber abgelehnt. Ein zweiter Versuch am 17. April 1968 scheitert ebenso, in: BArch B 141/403711, Bl. 30.

278 So auch Eduard Dreher, Anmerkung zu BGH, Urteil vom 15. Juli 1969–5 StR 704/68, in: *Juristische Rundschau* 1970, S. 146.

279 Anklageschrift vom 18. März 1967 – 2 Js 10/67 = 2 Ks 1/67; Ergänzung der Anklageschrift vom 26. September 1966 – 2 Ks 4/66, in: Landesarchiv Schleswig-Holstein, Abt. 352.3 Nr. 16564.

280 Landgericht Kiel, Urteil vom 19. März 1969 – 2 Ks 4/66; abgedr. in: Christiaan F. Rüter und Dick W. De Mildt (Hrsg.), *Justiz und NS-Verbrechen. Sammlung deutscher Strafurteile wegen Nationalsozialistischer Tötungsverbrechen 1945–1999*, Bd. 27, Amsterdam 2003, Lfd. Nr. 667.

281 Gesetz über die Berechnung strafrechtlicher Verjährungsfristen vom 13. April 1965, BGBl. I 1965, S. 315. Für verfassungsgemäß erklärt vom BVerfG, Entscheidung vom 26. Februar 1969 – 2 BvL 15/68, in: *Entscheidungen des Bundesverfassungsgerichts*, Bd. 25, S. 269 ff., mit dem Argument, dass auf Grund des formellen Charakters der Verjährungsvorschriften kein Verstoß gegen Art. 103 Abs. 2 GG (Rückwirkungsverbot) festgestellt werden könne.

282 Vermerk Sturm vom 10. Juni 1969, angefertigt nach mündlichem Auftrag von Staatssekretär Ehmke vom Vortag, in: BArch B 141/403654, Bl. 201.

283 Ebd.

284 Vermerk Sturm vom 26. September 1968, in: BArch B 141/403653, Bl. 17–20.

285 Ebd.

286 Schnellbrief Zinzly vom 27. November 1968, in: BArch B 141/403653, Bl. 2 f.

287 Protokoll der 79. Sitzung des AK Rechtswesen der SPD-Bundestagsfraktion vom 27. November 1968, in: BArch B 141/25747, Bl. 41.

288 Ebd., Bl. 46.

289 Kalte Verjährung, in: *Der Spiegel*, Nr. 3, 1969, S. 58 f.

290 Schreiben Kempners vom 6. Dezember 1968, in: BArch B 141/403653, Bl. 35–37.

291 Vermerk Sturm vom 26. September 1968, in: BArch B 141/403653, Bl. 17–20.

292 Vermerk von Bülow vom 3. Dezember 1968, in: BArch B 141/403653, o. Bl.; Vermerk Sturm vom 11. Dezember 1968, in: BArch B 141/403653, o. Bl.

293 Vorbereitet hatte dieses Schreiben Sturm. Siehe Vermerk vom 11. Dezember 1968, in: BArch B 141/403653, Bl. 11 ff. Siehe auch Vermerk Sturm vom 17. Dezember 1968, in: BArch B 141/403653, o. Bl.

294 *Süddeutsche Zeitung*, Nr. 304, 19. Dezember 1968, S. 4; *Die Welt*, Nr. 296, 19. 12. 1968, S. 6.

295 Zeitzeugen-Interview d. Verf. mit Bundesminister a. D. Prof. Dr. Horst Ehmke, 13. Oktober 2013.

296 So auch die Empfehlung von Sturm. Siehe Vermerk Sturm vom 11. Dezember 1968, in: BArch B 141/403653, o. Bl.

297 Vermerk Dreher vom 6. Dezember 1968, in: BArch B 141/403653, o. Bl.

298 Vgl. dazu Annette Weinke, *Eine Gesellschaft ermittelt gegen sich selbst. Die Geschichte der Zentralen Stelle Ludwigsburg 1958–2008*, Darmstadt 2008, S. 135.

299 Kammergericht, Beschluss vom 6. Januar 1969 – 1 Ars 63/68, in: *Juristische Rundschau* 1969, S. 63, 64.

300 Der Generalbundesanwalt, Die Stellungnahme des Generalbundesanwalts zur Verjährung der Beihilfe zum Mord aus niedrigen Beweggründen, in: *Neue Juristische Wochenschrift* 1969, S. 1157–1159.

301 Ludwig Martin, Die Bundesanwaltschaft beim Bundesgerichtshof, in: *Deutsche Richterzeitung* 1975, S. 317.

302 Vgl. Sitzungsprotokoll der Hauptverhandlung vom 28. Februar 1969, in: Landesarchiv Nordrhein-Westfalen Detmold D 21 A/6197, Bl. 309. Vgl. auch Solche Tücken, in: *Der Spiegel*, Nr. 22, 1969. Der Fall wurde erst am 5. Februar 1970 entschieden. Siehe BGH Urteil vom 5. Februar 1970 – 4 StR 272/68, in: *Entscheidungen des Bundesgerichtshofes in Strafsachen*, Bd. 23, S. 224 (Vorinstanz LG Bielefeld). Hier nahm der Senat das objek-

tive Mordmerkmal der Grausamkeit an, so dass § 50 Abs. 2 StGB nicht zur Anwendung kam. Dabei fällt der denkwürdige Satz: «Denn solche Massenvernichtungen konnten nur grausam durchgeführt werden.»

303 Dringende mündliche Anfragen vom 14. Januar 1969, in: BArch B 141/403653, Bl. 89 f.
304 Ebd.
305 Anlage 1 zum Vermerk von Sturm vom 15. Januar 1969, in: BArch B 141/403653, Bl. 90, 92.
306 Ebd., Bl. 90, 93.
307 Vgl. Deutscher Bundestag, 5. Wahlperiode, 208. Sitzung. Stenographisches Protokoll, 16. Januar 1969, S. 11261 f.
308 Vermerk Dreher vom 28. Januar 1969, in: BArch B 141/403653, Bl. 127.
309 Zeitzeugen-Interview d. Verf. mit Bundesminister a. D. Prof. Dr. Horst Ehmke, 13. Oktober 2013.
310 Vermerk Dreher vom 30. Januar 1969, in: BArch B 141/403653, Bl. 130 f.
311 Vermerk Dreher vom 11. Februar 1969, in: BArch B 141/503653, Bl. 132.
312 Vermerk Sturm/von Bülow vom 27. Januar 1969, in: BArch B 141/403653, Bl. 133 ff.
313 Schreiben Dreher an Bundesanwalt Schumacher vom 22. Januar 1969, in: BArch B 141/403653, Bl. 126.
314 Auszug aus dem Presse- und Informationsspiegel Nr. 21/69 vom 30. Januar 1969, in: BArch B 141/403653, Bl. 136.
315 Niederschrift vom 7. Februar 1969, in: BArch B 141/403653, Bl. 147. Der dort ebenfalls enthaltene Protokollentwurf (Bl. 141-146) wurde von Dreher persönlich erheblich ergänzt. Siehe auch BGH, Urteil vom 22. Mai 1962-5 StR 4/62, in: *Neue Juristische Wochenschrift* 1962, S. 2209.
316 Ebd., S. 2209 f.
317 Hubert Rottleuthner, *Karrieren und Kontinuitäten deutscher Justizjuristen vor und nach 1945*, S. 109.
318 Werner Sarstedt, Vorwort, in: Barbara Just-Dahlmann, *Tagebuch einer Staatsanwältin*, Stuttgart 1979.
319 Dem Kreis gehörten freilich auch Erich Schmidt-Leichner und Anton Roesen an. Die Erklärung findet sich in: BArch N 1415 Nr. 2. Vgl. zum Ganzen auch Horstmann und Litzinger, *An den Grenzen des Rechts*, S. 9 ff.
320 BMJ PA Caspers, P 11 – C 1.
321 Ebd.
322 Ebd.
323 BArch DO 1, Nr. 24772, Bl. 89 und RS.
324 Urteil vom 29. Juni 1944 – 2 K. St.L. 976/44. Das Urteil wurde vom Gerichtsherrn, Generaloberst Loerzer, abgemildert. Gaffga wurde danach an einen Zuchthauszug einer Feldstrafgefangenenabteilung überstellt – eine Strafmilderung, die er angesichts der Ausfallraten solcher Einheiten von oftmals über 80 Prozent pro Monat nicht überlebt haben dürfte. BA-MA Feldstrafgefangenen-Abteilung 4, Akte 2, ohne Pag.
325 Wie etwa die des Gefangenen Leo Segieth am 19. März 1945, BArch RM 123/17047, Bl. 86.
326 BArch B 283 Nr. 5217, letzte Mappe in der Akte (nicht paginiert). Seine Auseinandersetzung mit der Argumentation des GBA beginnt auf S. 16.
327 5. StR 658/68; in: BArch B 283 Nr. 5217, Bl. 109.
328 BGH, Urteil vom 20. Mai 1969 – 5 StR 658/68, in: *Entscheidungen des Bundesgerichtshofes in Strafsachen*, Bd. 22, S. 375 ff.
329 LG Kiel, Ost v. 10. Juli 1970 – 2 Ks 4/66, in: Landesarchiv Schleswig-Holstein, Abt. 352.3 Nr. 16553, Bl. 1 ff.
330 Else Koffka, Ist § 50 Abs. 2 StGB n. F. auf den Gehilfen anwendbar, wenn der Haupttäter aus dem Gehilfen bekannten niedrigen Beweggründen tötet, die beim Gehilfen fehlen?, in: *Juristische Rundschau*, 1969, S. 41-42, S. 42. Dreher weist in seiner Kritik zu Recht darauf hin, dass auch sonstige subjektive Voraussetzungen bis hin zum Vorsatz ausschließlich in der Person des Täters zu finden sind. Nichtsdestoweniger ist deren Tatbezogenheit seit jeher allgemein anerkannt. Für die Auslegung von § 50 Abs. 2 StGB hilft der Satz also

nicht weiter. Siehe Dreher, Anmerkung zu BGH, Urteil vom 15. Juli 1969 – 5 StR 704/68, in: *Juristische Rundschau* 1970, S. 147.
331 BGH, Urteil vom 20. Mai 1969 – 5 StR 658/68, in: *Entscheidungen des Bundesgerichtshofes in Strafsachen*, Bd. 22, S. 375, 381.
332 BGH, Urteil vom 20. Mai 1969 – 5 StR 658/68, in: *Entscheidungen des Bundesgerichtshofes in Strafsachen*, Bd. 22, S. 375, 380.
333 Vermerk Götz vom 21. Mai 1969, in: BArch B 141/403654, Bl. 103–105, und BArch B 131/25612, Bl. 73.
334 Vermerk Göhler vom Mai 1969 (ohne genaue Datumsangabe), in: BArch B 141/403654, Bl. 158, und Vermerk Göhler vom 2. Juni 1969, in: BArch B 141/103654, Bl. 156–157.
335 Vermerk Göhler vom 6. Juni 1969, in: BArch B 141/403654, Bl. 187–190.
336 Vermerk Sturm vom 23. Mai 1969, in: BArch B 141/403655, Bl. 163–169.
337 Vermerk Sturm vom 27. Mai 1969, in: BArch B 141/403654, Bl. 99–102.
338 Schnellbrief AA gezeichnet von Gawlik, in: BArch B 141/403654, Bl. 123–127 u. Bl. 148–151.
339 Vgl. Vermerk Götz vom 29. Mai 1969, in: BArch B 141/403655, Bl. 63.
340 Vgl. ebd., Bl. 63–68.
341 Die endgültige Aufhebung erfolgte erst 1979 durch das Sechzehnte Strafrechtsänderungsgesetz vom 16. Juli 1979, BGBl. I 1979, S. 1046.
342 Vgl. Schreiben AA an BMJ mit Fernschreiben der Deutschen Botschaft in Tel Aviv vom 27. Juni 1969, in: Barch B 141/89183 (o. Bl.).
343 Schreiben der Deutschen Botschaft an das Auswärtige Amt vom 23. September 1969, in: BArch B 141/89183 (o. Bl.).
344 Schreiben Auswärtiges Amt an BMJ vom 4. Juli 1969, in: BArch B 141/89183 (o. Bl.).
345 Vgl. Dreher, Anmerkung zu BGH, Urteil vom 15. Juli 1969 – 5 StR 704/68, in: *Juristische Rundschau* 1970, S. 145 f. Dreher verteidigte hier auch nach seinem Ausscheiden aus dem BMJ die Rettungsversuche der Generalbundesanwalts. Er attestierte den Bundesrichtern argumentative Unredlichkeit und warf ihnen mittelbar vor, die «sogenannte gesetzgeberische Panne» bewusst ausgenutzt zu haben. Siehe auch BGH Urteil vom 5. Februar 1970 – 4 StR 272/68, in: *Entscheidungen des Bundesgerichtshofes in Strafsachen*, Bd. 23, S. 244 ff.
346 BGH Urteil vom 15. August 1969 – 1 StR 197/68, in: *Entscheidungen des Bundesgerichtshofes in Strafsachen*, Bd. 23, S. 103 ff., sowie BGH Urteil vom 27. Oktober 1969 – 2 StR 636/68, in: *Entscheidungen des Bundesgerichtshofes in Strafsachen*, Bd. 23, S. 123 ff.
347 Zeitzeugen-Interview d. Verf. mit Bundesminister a. D. Prof. Dr. Horst Ehmke, 13. Oktober 2013.
348 Die 328. Sitzung des Bundesrates wäre erst am 4. Oktober 1968 gewesen.
349 Ein Beispiel für ein solches Verfahren ist das Energiesicherungsgesetz von 1973 (BGBl. I 1973, S. 1585), das innerhalb von vier Tagen durch das Kabinett und den Bundestag gebracht wurde. Zwar hätte der Bundesrat das Verfahren im Nachhinein vor dem Bundesverfassungsgericht rügen können. Aber die Änderung des materiellen Rechts hätten die Verfassungsrichter zweifellos bestehen lassen, auch wenn der Formverstoß gerügt worden wäre. Vgl. dazu Michael Kirn, Die Umgehung des Bundesrates bei ganz besonders eilbedürftigen Regierungsvorlagen, in: *Zeitschrift für Rechtspolitik* 1974, S. 1–5.
350 Siehe hierzu ausführlich S. 334.
351 BGBl. II 1955, S. 306 ff.
352 Siebzehntes Gesetz zur Ergänzung des Grundgesetzes («Notstandsgesetze») vom 24. Juni 1968, in: BGBl. I 1968, S. 709.
353 Die Deutsche Notstandsgesetzgebung verkündet durch den Bundesinnenminister vom 2. November 1961, in: BArch Zwischenlager Hangelar B 106/201318, Bl. 268, 269.
354 Übersicht über die Sonderausgaben des Bundesgesetzblattes vom 24. Juni 1964, in: BArch Zwischenlager Hangelar B 106/201318, Bl. 376 ff.
355 Die Deutsche Notstandsgesetzgebung verkündet durch den Bundesinnenminister vom 2. November 1961, in: BArch Zwischenlager Hangelar B 106/201318, Bl. 268, 271.
356 Brief des Staatssekretärs im Bundeskanzleramt vom 10. November 1959, in: BArch Zwischenlager Hangelar B 106/201318, Bl. 240.

357 Schreiben BMI an Lohse, in: BMJ, 120 (175), Bl. 54.
358 AL VII BMI an Ref. VII 2a vom 12. Oktober 1959, in: BArch Zwischenlager Hangelar B 106/201318, Bl. 246.
359 Vgl. dazu Vermerk Goßrau vom 17. August 1959, in: BMJ, 1200 (151), Bl. 1-6.
360 Entwurf Notwirtschaftsstrafverordnung, in: BMJ, 1200 (151), Bl. 9 ff.
361 Siehe zu Drehers Zeit am Sondergericht Innsbruck S. 330 ff.
362 Einladung zur Sitzung, in: BArch Zwischenlager Hangelar B 106/201318, Bl. 3.
363 Vgl. etwa Entwurf einer Notverordnung zur Änderung und Ergänzung des Wehrstrafgesetzes vom 27. November 1962, in: BMJ 1200 (178), Bd. 1, Bl 7.
364 Brief Roemer an BMI vom 8. Dezember 1959, in: BArch Zwischenlager Hangelar B 106/201318, Bl. 121 ff.
365 Vermerk zur Ansicht des BMJ vom 17. Dezember 1959, in: BArch Zwischenlager Hangelar B 106/201318, Bl. 123.
366 Vermerk Goßrau vom 21. Juni 1961, in: BMJ, 1200 (151), Bd. 1, B. 62 ff.
367 Lieferschein vom 15. Oktober 1962, in: BMJ, 1200 (151), Bd. 2, Bl. 106.
368 Brief Hage an Bundesdruckerei vom 9. November 1962, in: BMJ, 1200 (151), Bd. 2, Bl. 109.
369 Brief Eichstädt (BMI) und Lohse (BMJ) vom 20. Mai 1963, in: BMJ, 1200 (151), Bd. 4, Bl. 45.
370 Vermerk Göhler vom 14. November 1963, in: BMJ, 1200 (151), Bd. 5, Bl. 33; sowie Vermerk Göhler vom 26. November 1963, in: BMJ, 1200 (151), Bd. 5, Bl. 39, gezeichnet von Dreher, Schölz und Lohse, mit Anlage Bl. 42.
371 Vermerk vom 26. Oktober 1959, in: BMJ, 1200 (100), Bd. 1, Bl. 139.
372 Entwurf des Schreibens an das Bundeskanzleramt in Vermerk vom 26. Oktober 1959, in: BMJ, 1200 (100), Bd. 1, Bl. 139, 140.
373 Vgl. den Sprechzettel für Herrn Minister von Kleinknecht und Marquordt vom 5. November 1959, 26. Oktober 1959, in: BMJ, 1200 (100), Bd. 1, Bl. 187.
374 Vgl. ebd., Bl. 187, 191.
375 Zeitweilig fielen hier 14 Verordnungen in den Geschäftsbereich des BMJ. Vgl. Stand der legislativen Notstandsplanung im Bereich des BMJ, in: BMJ, 9054/4-1, Bd. 1.
376 Vgl. hierzu im Einzelnen S. 435 ff.
377 Vgl. Bericht des BMI an Bundeskanzleramt vom 23. Januar 1964, in: BArch Zwischenlager Hangelar, B 106/202828, Bl. 279.
378 Broschüre, in: BArch Zwischenlager Hangelar, B 106/202827, Bl. 5-48.
379 BT-Drucks. 5/851. Siehe auch Gerhard E. Gründler, Ein Spion stahl Bonn die Geheimgesetze, in: *Stern*, H. 19, 1966, S. 83-85. Eine ausführliche Fassung ist abgedruckt in: Ders., Die Bürokraten proben den Notstand. Der Geist der Bonner Verwaltung in den Schubladengesetzen, in: *Frankfurter Hefte*, 1966, S. 597-608.
380 Vermerk BMI vom 5. Mai 1966, in: BArch Zwischenlager Hangelar B 106/202827, Bl. 64-72.
381 Ebd., Bl. 64, 65 f. Hier wird akribisch aufgelistet, woher die Informationen stammen konnten.
382 Antwort auf die Kleine Anfrage der SPD-Fraktion vom 1. August 1966, in: BT-Drucks. 5/856.
383 Ebd., S. 2.
384 Schreiben Staatssekretär Gumbel (BMI) an Staatssekretär Ehmke (BMJ) vom 10. Oktober 1967, in: BArch Zwischenlager Hangelar B 106/202827, Bl. 635.
385 Als Beleg findet sich in den Akten ein Schreiben des Innenministers von Rheinland-Pfalz an das BMI vom 13. Oktober 1967, in: BArch Zwischenlager Hangelar B 106/202827, Bl. 643.
386 Schreiben vom RD Dr. Schmidt (BMI) an die Innenminister der Länder und die Bundesbehörden vom 17. April 1967, in: BArch Zwischenlager Hangelar B 106/202827, Bl. 238.
387 Vermerk Lohse zur Bereinigung des Verteidigungsbuches vom 9. März 1967, in: BMJ, 1200 (151), Bd. 5, Bl. 47 f.
388 Ebd., Bl. 47, 48.
389 Vgl. hierzu S. 435 ff.

390 Vermerk Dr. Schäfer vom 19. Mai 1967 über die tags zuvor bei Minister und Staatssekretär abgehaltene Besprechung zur «Bereinigung des V-Buchs», in: BMJ, 1200 (151), Bd. 5, Bl. 54 ff.
391 Vermerk Buhrow, 4. Oktober 1967, in: BMJ, 1200 (151), Bd. 5, o. Bl.
392 Vgl. auch Vermerk Dr. Schäfer, Auflösung des V-Buchs, 23. Oktober 1967, in: BMJ, 1200 (151), Bd. 5, o. Bl.
393 Zur Rolle der SPD und der Gewerkschaften siehe bes. Michael Schneider, *Demokratie in Gefahr? Der Konflikt um die Notstandsgesetze. Sozialdemokratie, Gewerkschaften und intellektueller Protest (1958-1968)*, Bonn 1986. Vgl. auch Boris Spernol, *Notstand der Demokratie. Der Protest gegen die Notstandsgesetze und die Frage der NS-Vergangenheit*, Essen 2008.
394 Deutscher Bundestag, 5. Wahlperiode, 174. Sitzung, 15. Mai 1968. Stenographisches Protokoll, S. 9313.
395 RGBl. I 1933, S. 529.
396 Siehe hierzu vor allem Michael Burleigh (Hrsg.), *Tod und Erlösung. Euthanasie in Deutschland 1900-1945*, Zürich 2002. Vgl. auch Henry Friedlander, *Der Weg zum NS-Genozid. Von der Euthanasie zur Endlösung*, Berlin 2002.
397 RGBl. I 1933, S. 995.
398 RGBl. I 1935, S. 1146.
399 RGBl. II 1935, S. 295.
400 Allein aus den Jahren von 1933 bis 1936 konnten zwölf Beiträge nachgewiesen werden, in denen sich Massfeller vor allem um die «fachgerechte» Ausführung seines Gesetzes kümmerte.
401 Franz Maßfeller, Die Auswirkungen des Gesetzes zur Verhütung erbkranken Nachwuchses, in: *Deutsche Justiz*, 97. Jg. (1935), 1. Halbjahr, Ausgabe A, Nr. 21, 24. Mai 1935, S. 780 ff. (Hervorh. wie im Original.)
402 Ebd.
403 Vgl. Wolf Kaiser, Die Wannsee-Konferenz. SS-Führer und Ministerialbeamte im Einvernehmen über die Ermordung der europäischen Juden, in: Heiner Lichtenstein und Otto R. Romberg (Hrsg.), *Täter-Opfer-Folgen. Der Holocaust in Geschichte und Gegenwart*, 2. Aufl., Bonn 1997, S. 24-37.
404 Verordnungsblatt für die Britische Zone, S. 110.
405 Siehe hierzu ausführlich S. 434 ff.
406 BT-Drucks. 11/1714. Entschließung auf Empfehlung des Rechtsausschusses.
407 BT-Drucks. 11/143.
408 Bundesarchiv, Zwischenarchiv Hoppegarten, B 141/445838, Bd. 2, Vermerk Richterin am Amtsgericht Gref vom 7. Juni 1996, Anlage 3: Vermerk Ministerialrat Dr. Jekewitz vom 9. Oktober 1987, S. 24.
409 Zeitzeugen-Interview d. Verf. mit Dr. Lutz Gusseck, 30. April 2016.
410 Zentralregistratur des BMJ, Az. 1101/28 II – 460296/97, Schreiben des BM für Gesundheit an den Petitionsausschuss des Deutschen Bundestages vom 13. Juli 1994, betr. die Eingabe der Frau Elvira Manthey vom 11. April 1994.
411 Gesetz über die freiwillige Kastration und andere Behandlungsmethoden vom 15. August 1969, in: BGBl. I 1969, S. 1143; 5. Gesetz zur Reform des Strafrechts vom 18. Juni 1974, in: BGBl. I 1974, S. 1297.
412 BGBl. I 1990, S. 966.
413 Bundesarchiv, Zwischenarchiv Hoppegarten, B 141/445837, Bd. 1, Schreiben an BMF und BMG vom 5. Februar 1996 mit Anlage Protokoll über die Dienstbesprechung am 24. Januar 1996 im BMJ. Die Protokollantin Gref, Richterin am Amtsgericht und Mitarbeiterin im Referat Boeters, bezeichnete das Vorgehen des Arztes, durch eigene Antragstellung «unmittelbaren Zwang» auszuüben, im Protokoll als «mittelbaren Zwang».
414 Bundesarchiv, Zwischenarchiv Hoppegarten, B 141/445837, Bd. 1, Schreiben des BMF an das BMJ und das BMG vom 12. Februar 1996, Anhang Gesetzliches Verfahren zur Aufhebung von Entscheidungen nach dem GzVeN vom 14. Juli 1933.
415 Interview mit Bettina Lange-Klein vom 29. April 2016. Frau Lange-Klein war 1974-1977

ANMERKUNGEN ZU S. 434–437   553

bei der SPD-Fraktion im Deutschen Bundestag tätig und mit zahlreichen Petitionen konfrontiert, die das beschriebene Bild von der Wiedergutmachungspraxis des Bundesfinanzministeriums wiedergeben und sich in ihrem privaten Archiv befinden.

416 Bundesarchiv, Zwischenarchiv Hoppegarten, B 141/445838, Bd. 2, Vermerk Gref vom Juli 1996 (erstes Zeichen vom 9. Juli 1996).
417 Ebd., S. 4.
418 Bundesarchiv, Zwischenarchiv Hoppegarten, B 141/445838, Bd. 2, Vermerk Gref vom 16. Januar 1997, Anlage 4: Vermerk Gusseck vom 29. November 1996, S. 17.
419 Bundesarchiv, Zwischenarchiv Hoppegarten, B 141/445840, Bd. 4, Gesetzentwurf Boeter, Gref (Stand: 20. März 1997).
420 Bundesarchiv, Zwischenarchiv Hoppegarten, B 141/445840, Bd. 4, Gesetzentwurf Unterabteilungsleiter R A (Stand: 8. April 1997); Bundesarchiv, Zwischenarchiv Hoppegarten, B 141/445841, Bd. 4a, Vermerk Gusseck vom 9. April 1997; BGBl. I 1998, S. 2501.
421 Beschlussempfehlung und Bericht des Rechtsausschusses, BT-Drucks. 16/5450, S. 5.
422 Zum Vergleich: Im Ersten Weltkrieg waren es im deutschen Heer und Marine ganze 150 Todesurteile gegen deutsche Soldaten, von denen 48 vollstreckt wurden und im Zweiten Weltkrieg sprachen Kriegsgerichte der US Army 730 Todesurteile aus, von denen 146 vollstreckt wurden. Bryant/Kirschner: Politik und Militärjustiz, in: Ulrich Baumann u. a. (Hrsg.), *«Was damals Recht war ...». Ausstellungskatalog*, Berlin 2008, S. 75.
423 Vgl. etwa die Aussagen von Paul Bockelmann zur Todesstrafe in der Großen Strafrechtskommission, oben S. 367.
424 Vgl. Gesetz zur Aufhebung nationalsozialistischer Unrechtsurteile in der Strafrechtspflege v. 25. 08. 1998, BGBl. I 1998, S. 2501, Gesetz zur Änderung des Gesetzes zur Aufhebung nationalsozialistischer Unrechtsurteile in der Strafrechtspflege v. 23. 07. 2002, BGBl. I 2002, S. 2714 und Zweites Gesetz zur Änderung des Gesetzes zur Aufhebung nationalsozialistischer Unrechtsurteile in der Strafrechtspflege v. 24. 09. 2009, BGBl. I 2009, S. 3150.
425 Himmeroder Denkschrift, S. 45, in: BArch RW9 Nr. 3119a. Vgl. auch Hans-Jürgen Rautenberg und Norbert Wiggershaus, *Die Himmeroder Denkschrift vom Oktober 1950. Politische und militärische Überlegungen für einen Beitrag der Bundesrepublik Deutschland zur westeuropäischen Verteidigung*, Karlsruhe 1985, S. 1 ff.
426 BArch BW 1 Nr. 10000.
427 Vgl. Martin Rittau, Vorlage über Einleitende Bestimmungen für einen Entwurf des Militärstrafgerichtsbuchs vom 14. September 1951, S. 4, in: BArch BW 1 Nr. 10000. Der Kommentar Rittaus zum Militärstrafgesetzbuch erfuhr zwischen 1926 und 1943 vier Auflagen und war einer der wichtigsten Kommentare während des Zweiten Weltkrieges.
428 Vgl. Dieter Krüger, *Das Amt Blank. Die schwierige Gründung des Bundesministeriums für Verteidigung* (= Einzelschriften zur Militärgeschichte, Bd. 38), Freiburg 1993, S. 48, 81, 204 und 234. Siehe auch Ernst Klee, *Das Personenlexikon zum Dritten Reich. Wer war was vor und nach 1945?*, Frankfurt am Main 2003, S. 71, Norbert Podewin (Hrsg.), *Braunbuch. Kriegs- und Naziverbrecher in der Bundesrepublik und in Berlin (West)*, Nachdruck der 3. Aufl., Berlin 2002, S. 150 und die Titelblätter der Zeitschrift für Wehrrecht.
429 Vgl. u. a. Arndt BMJ Bew 68, BVerfG A-G, Arndt, Dr. Herbert Wilhelm.
430 Grünewald bezeichnet sich noch 1954 als «Generalrichter z. Wv.» (zur Wiederverwendung). Vgl. z. B. BArch BW 9, Nr. 968, Bl. 35. Siehe auch BArch BW 9, Nr. 677, Bl. 53–55 und BArch BW 9, Nr. 698, Bl. 2–9 und Bade, «Als Hüter wahrer Disziplin ...», in: Joachim Perels und Wolfram Wette (Hrsg.), *Mit reinem Gewissen. Wehrmachtsrichter in der Bundesrepublik und ihre Opfer*, Berlin 2011, S. 133, sowie Vgl. Hessisches Staatsarchiv Marburg 274 Kassel, Nr. 1127, Bd. 6, Bl. 118–120.
431 *Bekenntnis der Professoren an den Universitäten und Hochschulen zu Adolf Hitler und dem nationalsozialistischen Staat*, o. O., o. J. [Dresden 1934], S. 22–24. Vgl. BArch B 141, Nr. 26871, Bl. 154.
432 Vgl. hierzu ausführlich Detlef Garbe, Der Marburger Militärjurist Prof. Erich Schwinge, in: Albrecht Kirschner (Hrsg.), *Deserteure, Wehrkraftzersetzer und ihre Richter. Marburger Zwischenbilanz zur NS-Militärjustiz vor und nach 1945* (= Veröffentlichungen

der Historischen Kommission für Hessen, Bd. 74), Marburg 2010, S. 109–130; Universitätsarchiv Marburg 305 f., Nr. 1677, Bl. 2 f. Zeitzeugen-Interview d. Verf. mit Ministerialdirektor a. D. Prof. Dr. Walter Rolland am 19. März 2013 und Ministerialrat a. D. Rudi Voelskow am 10. Oktober 2013. Zu Schwinges Rolle beim BMVg vgl. BArch B 141/20983, Bl. 24. Die Einladung von 1956 ging noch vom BMVg aus. Nachdem die Federführung ins BMJ übergegangen war, findet sich keine entsprechende Einladung an Schwinge mehr.

433 BArch B 141/20983, Bl. 24. Siehe hierzu auch Haase, Die Richter am Reichskriegsgericht und ihre Nachkriegskarrieren, in: Perels und Wette (Hrsg.), *Mit reinem Gewissen*, S. 217 f.

434 Vgl. Haase, Die Richter am Reichskriegsgericht und ihre Nachkriegskarrieren, in: Perels und Wette (Hrsg.), *Mit reinem Gewissen*, S. 201–214.

435 Vgl. Bade, «Als Hüter wahrer Disziplin...», in: Perels und Wette (Hrsg.), *Mit reinem Gewissen*, S. 134.

436 Siehe z. B. die Debatten im hessischen Landtag 1960. Vgl. Bade, «Als Hüter wahrer Disziplin...», in: Perels und Wette (Hrsg.), *Mit reinem Gewissen*, S. 136 f. und Haase, Die Richter am Reichskriegsgericht und ihre Nachkriegskarrieren, in: Perels und Wette (Hrsg.), *Mit reinem Gewissen*, S. 213 f.

437 Deutlichster Ausdruck hierfür ist das von Otto Peter Schweling verfasste und von Erich Schwinge bearbeitete und 1977 in Marburg herausgegebene Werk *Die deutsche Militärjustiz in der Zeit des Nationalsozialismus*, Marburg 1977. Dazu auch: Michael Stolleis, «Hart aber gerecht», in: Michael Stolleis (Hrsg.), *Recht im Unrecht. Studien zur Rechtsgeschichte des Nationalsozialismus* (= Suhrkamp-Taschenbuch Wissenschaft, Bd. 1155), Frankfurt am Main 1994, S. 221–232.

438 Beispielsweise fragte Otto Peter Schweling am 31. Oktober 1962 bei Josef Schafheutle an, ob dieser seine Erfahrungen als Kriegsrichter für das Buchprojekt «Die deutsche Militärjustiz in der Zeit des Nationalsozialismus» mitteilen würde. Schafheutle lehnte durch Schreiben vom 10. Juli 1963 mit der Begründung ab, dass er nur wenige Monate in den Jahren 1940 und 1941 als Kriegsrichter tätig gewesen sei. Vgl. BArch N 1608, Bd. 2, Bl. 201 ff. und 215.

439 Vgl. Stenographisches Protokoll des Bundestages, 2/92, 27. Juni 1955, S. 5219.

440 Wortgleich: BT Drucksache 2/124 (CDU/CSU-, GB/BHE- und der DP-Fraktion) und 2/125 (FDP-Fraktion).

441 Vgl. Stenographisches Protokoll des Bundestages, 2/9, 14. Januar 1954, S. 245. Vermerk Dallingers vom 25. Oktober 1955, Ergänzung v. 26./27. 10. 1955, in: BArch B 141/26871, Bl. 36 f.

442 Vgl. Protokoll der 112. Sitzung des Ausschusses für Rechtswesen und Verfassungsrecht am 22. Februar 1956, S. 26–29, in: Parlamentsarchiv des Deutschen Bundestages Gesetzesdokumentation II/231, Nr. 36. Siehe auch Protokoll der 108. Sitzung des Ausschusses für Rechtswesen und Verfassungsrecht am 9. Februar 1956, S. 11 f., in: Parlamentsarchiv des Deutschen Bundestages Gesetzesdokumentation II/231, Nr. 33.

443 Vgl. z. B. die Äußerung Dr. Karl von Buchkas von der CDU, Protokoll der 112. Sitzung des Ausschusses für Rechtswesen und Verfassungsrecht am 22. Februar 1956, S. 26, in: Parlamentsarchiv des Deutschen Bundestages Gesetzesdokumentation II/231, Nr. 36.

444 Protokoll der 114. Sitzung des Ausschusses für Rechtswesen und Verfassungsrecht am 24. Februar 1956, S. 35–37, in: Parlamentsarchiv des Deutschen Bundestages Gesetzesdokumentation II/231, Nr. 39.

445 390 Ja-Stimmen, 20 Nein-Stimmen, keine Enthaltung. Vgl. Stenographisches Protokoll des Bundestages, 2/132, 6. März 1956, S. 6849. Im Bundesrat war das Ergebnis sogar einstimmig. Vgl. Protokoll der 155. Sitzung des Bundesrates vom 16. März 1956, S. 82, in: Parlamentsarchiv des Deutschen Bundestages Gesetzesdokumentation II/231, Nr. 49.

446 Vgl. Gesetz zur Ergänzung des Grundgesetzes vom 19. März 1956, BGBl. I 1956, S. 111–113.

447 Das zeigen alleine schon die 16 aus dem BMJ überlieferten umfangreichen Akten mit entsprechenden Titeln, in: BArch B 141 Nrn. 88 128 bis 88 142 und 4 Bände mit Az. 9020/1 WSG im Ordner 204 der im BMJV verwahrten WSG-Sachakten sowie zahlreiche weitere

Dokumente in anderen Akten, etwa zum Haushalt. Vgl. u. a. BMJ, WSG-Sachunterlagen, Order 196, Az. 5121(3 WSG, Bl. 1 f. und 5 f. Siehe hierzu auch die Vermerke von Ministerialrat Schölz vom 21. und 28. März 1962, in: BArch B 141/88128, Bl. 9–11.

448 Vgl. Vermerk des BMVg vom 2. September 1965, in: BArch BW 1, Nr. 66 738 mit Anlagen (jeweils o. Bl.).

449 Vgl. u. a. Vermerk BMVg VR II 8 zu einer Besprechung von Vertretern des BMJ und des BMVg mit Abgeordneten zur WSG am 22. Oktober 1964 im BMJ vom 26. Oktober 1964, in: BArch BW 1, Nr. 66 407 und Schreiben des Chefs des Bundeskanzleramts an diverse Ministerien vom 16. Februar 1965, in: BArch BW 1, Nr. 155568.

450 Vgl. u. a. Vermerk des BMVg vom 21. Mai 1968, in: BArch BW 1, Nr. 66409.

451 Marginalie vom 2. Januar 1965 auf dem Vermerk vom 20. November 1964, in: BArch BW 1, Nr. 66738.

452 Siehe hierzu S. 421 ff. Vgl. auch Vermerk RD Diller v. 27. 11. 1963, in: BArch B 141/88128, Bl. 149. Das in den Unterlagen häufig als «große Lösung» benannte Konzept beinhaltete die Errichtung von Wehrstrafgerichten im Frieden, während die «kleine Lösung» die Errichtung der Wehrstrafgerichte im Spannungsfall – also ebenfalls noch vor dem Verteidigungsfall – vorsah. Abgesehen von der Zeit unter Verteidigungsminister Helmut Schmidt bevorzugte das BMVg stets die «große Lösung», das BMJ hingegen die «kleine Lösung». Vgl. u. a. Schreiben Verteidigungsminister Helmut Schmidt an Justizminister Gerhard Jahn vom 6. Februar 1970 und Schreiben Minister Jahn an Minister Schmidt vom 14. Oktober 1970, beide in: BArch BW 1, Nr. 155570.

453 Vermerk Lackners vom 15. November 1955, in: BArch B 141/20983, Bl. 8 ff.

454 Erläuternde Begründungen zum Entwurf eines Wehrstrafgesetzes (WStG), mit Stand vom 23. März 1956, in: BArch B 141/20985, Bl. 73.

455 Vermerk Dreher vom 14. Juni 1956, in: BArch B 141/20893, Bl. 19 f., und Vermerk Meyer vom 15. Juni 1956, in: BArch B 141/20893, Bl. 21.

456 Vgl. Protokoll der Besprechung vom 15. September 1956, in: BArch B 141/20893, Bl. 68 ff.

457 Vgl. Niederschrift über diese Besprechung vom 19. September 1956, in: BArch B 141/20984, Bl. 5 ff., hier B. 8. Es nahmen Vertreter aller Bundesländer außer Berlin teil. Das Saarland war damals noch kein Bundesland. Grünewald als einer der Vertreter des BMVg wird mit dem Titel «Reichskriegsgerichtsrat a. D.» aufgeführt.

458 Vermerk Dreher vom 18. Oktober 1956, in: BArch B 141/20989, Bl. 29.

459 Eduard Dreher/Karl Lackner/Georg Schwalm, Wehrstrafgesetz. Kommentar, München 1958, S. VI.

460 So Helmut Schmidt im Verteidigungsausschuss am 13. Oktober 1955. Siehe Stenographisches Protokoll der 51. Sitzung des Sicherheitsausschusses vom 13. Oktober 1955, S. 53, in: Parlamentsarchiv des Deutschen Bundestages 3119, A2/6 – Prot. 51. Siehe auch die Äußerungen Schmidts im Verteidigungsausschuss vom 26. Oktober 1955, in: Stenographisches Protokoll der 53. Sitzung des Sicherheitsausschusses vom 26. Oktober 1955, S. 61, in: Parlamentsarchiv des Deutschen Bundestages 3119, A2/6 – Prot. 53.

461 Gemeint ist die Verordnung zur weiteren Vereinfachung der Gerichtsverfassung, der bürgerlichen Rechtspflege und des Kostenrechts (Dritte Vereinfachungsverordnung) vom 16. Mai 1942, RGBl. I 1942, S. 333. Vermerk Grünberg vom 3. Dezember 1954, S. 2, in: BArch BW 9, Nr. 3481, Bl. 119.

462 Vgl. Sprechzettel vom 23. April 1959, in: BArch BW 1, Nr. 66406, Bd. 1, Bl. 121.

463 Vermerk vom 8. Juli 1959, in: BArch BW 1, Nr. 66406, Bd. 2, Bl. 11.

464 Ebd., Bl. 12.

465 Siehe hierzu S. 421 f. Vgl auch «Vorläufiger Referentenentwurf eines Gesetzes über die Verfassung und das Verfahren der Wehrstrafgerichte in einem Verteidigungsfall (Wehrstrafgerichtsordnung)» vom 1. Juni 1962, in: BArch B 141/20960, Bl. 20–118. Die Kommission beschäftigte sich in sieben von zehn Sitzungen mit dem Entwurf, vgl. BArch BW 1, Nrn. 66411, 66732, 66734, 66736 und 155555.

466 Vgl. BMJ, VS-Registratur, Az. 1200 (176), Bd. 1.

467 Mit Stand vom 28. Juni 1966 waren dies 35 Richter. Vgl. Vermerk Erdmann vom 28. Juni 1966, in: BMJ, WSG-Ordner 204, Az. 9020/1 WSG, Bd. 1, Bl. 11-13.

468 Vgl. beispielsweise die Vermerke Dillers (BMJ IV A 3) vom 10. November 1967, Schäfers (BMJ IV A 4) vom 23. November 1967 und Bahlmanns (BMJ IV A 2) vom 24. November 1967, alle in: BArch B 141/88131, Bl. 164 ff., sowie den zusammenfassenden Vermerk von Schölz vom 8. Januar 1968, in: BArch B 141/88131, Bl. 1 ff.

469 Vgl. Schreiben VR II 8, Wirmer, an BMJ vom 15. Februar 1968, in: BArch BW 1, Nr. 155591. Dazu auch Schreiben Drehers an das BMVg vom 7. März 1968, in: BArch BW 1, Nr. 155591.

470 Gesetz zur Ergänzung des Grundgesetzes vom 19. März 1956, in: BGBl. I, S. 112.

471 Vgl. Fernsprechverzeichnis des OKW mit Stand vom 1. Juni 1943, in: BArch RW 4, Nr. 784, Bl. 29; Dienstleistungszeugnis des Zentral-Justizamtes für die Britische Zone für Joachim Schölz vom 22. Oktober 1949, S. 1 f., in: BMJ PA Schafheutle, P 11 – Sch 15, Personalakte A des OLG Hamburg.

472 Zu den Personalplanungen ab 1961 vgl. BArch B 141/483636.

473 Vgl. Organigramme des BMJ vom 15. Oktober 1959, 16. Oktober 1963 (Planungen), 10. September 1965 (Planungen) und Dezember 1965.

474 Vgl. Organigramme des BMJ zwischen April 1970 und 1974.

475 Vgl. Organigramme des BMJ vom August 1970 und Januar 1975.

476 § 2 Gesetz für den Aufbau der Wehrmacht v. 16. 03. 1935, RGBl. I 1935, S. 375.

477 Soweit nicht anders angegeben, stammen die personenbezogenen Daten aus dem der Personalakte des BMJ vorgehefteten Personalbogen, in: BMJ PA Schölz, P 11 – Sch 91.

478 Vgl. BArch R 9361 I, Nr. 3192, und BMJ, Generalakten Höherer Dienst, Auskünfte Berlin Document Center, Bd. 2.

479 Vgl. Hessisches Staatsarchiv Marburg 274 Kassel, Nr. 1127/6, Bl. 130 und BMJ, Generalakten Höherer Dienst, Auskünfte Berlin Document Center, Bd. 2.

480 Vgl. Schreiben OKW-Chef WR/Führungsstab A an die WVST/Org Abt. (H) vom 13. Mai 1945, in: BArch RW2, Nr. v.48, Bl. 30.

481 Dienstliche Beurteilung Schölz von Schafheutle vom 24. Juni 1957, S. 1, in: BMJ PA Schölz, P 11 – Sch 91, Beurteilungsheft, Bl. 1.

482 Es finden sich dazu keinerlei Hinweise in der Personalakte.

483 Erwähnt im Dienstleistungszeugnis des Zentral-Justizamtes für die Britische Zone für Joachim Schölz vom 22. Oktober 1949, S. 1, in: BMJ PA Schölz, P 11 – Sch 91, Personalakte A des OLG Hamburg. Die Äußerung Lehmanns selbst konnte bislang nicht gefunden werden.

484 Vgl. Bayerisches Staatsarchiv Nürnberg, KV-Anklage, Dokument NOKW 567, S. 5.

485 Vgl. BMJ PA Schölz, P 11 – Sch91, Bl. 64.

486 BMJ PA Schölz, P 11 – Sch 91, Sonderheft, Heftstreifen mit Kopien aus der Verfahrensakte StL 83/43 des FKG der 57. Div. (gegen den Luxemburger Firmin Wildgen), Bl. 21 und 22 und Heftstreifen mit Kopien aus der Verfahrensakte StL 85/43 des FKG der 57. Div. (gegen den Österreicher Adalbert Waldmann), Bl. 26 und 27. Siehe hierzu auch die beiden auf das Urteil folgenden Notizzettel mit Datum vom 22. Juni 1943 bzw. mit nicht lesbarem Datum aus dem Jahr 1943 in den Heftstreifens mit Kopien aus den Verfahrensakten.

487 Riedel, Gutachten vom 14. Mai 1968, S. 2, in: BMJ PA Schölz, P 11 – Sch 91, Sonderheft (unpaginiert).

488 Schreiben an Winners vom 15. Mai 1968, in: BMJ PA Schölz, P 11 – Sch 91, Sonderheft (unpaginiert); Vermerk Dr. Kern vom 16. Mai 1968 mit den entsprechenden Zeichnungen, in: BMJ PA Schölz, P 11 – Sch 91, Sonderheft (unpaginiert).

489 BArch B 162/4050, Bl. 13; Schreiben des Staatsarchivs Nürnberg vom 27. Juli 1967, in: Hessisches Staatsarchiv Marburg 274 Kassel, Nr. 1127/9, Bl. 91 ff. Zur Zuständigkeit der Zentralen Stelle in Ludwigsburg vgl. Schreiben des Justizministeriums Baden-Württemberg v. 02. 02. 1965, in: Generalakten ZSt LB Nr. 41/1/47. Weiterhin jedoch blieb der Zentrale Stelle die Zuständigkeit für die Vorermittlungen bei Kriegsverbrechen entzogen und die Vorermittlungen gegen die Verbrechen des Reichssicherheitshauptamtes verblieben beim Generalstaatsanwalt beim Kammergericht Berlin. Vgl. auch BArch B 162/4050, Bl. 60.

490 Zentrale Stelle, Schlussvermerk 412 VI AR-Z 72/72 vom 23. Juni 1972, S. 55 f., in: Hessisches Staatsarchiv Marburg 274 Kassel, Nr. 1127, Bd. 5, Bl. 61 f. Näheres auch bei Lothar

Gruchmann, Nacht- und Nebel-Justiz, in: *Vierteljahrshefte für Zeitgeschichte* 1981, S. 342 ff., und Schlussvermerk 412 VI AR-Z 72/72 der Zentralen Stelle, in: Hessisches Staatsarchiv Marburg 274 Kassel, Nr. 1127, Bd. 5, Bl. 7 ff.

491 Siehe hierzu S. 49 ff.

492 Vgl. BArch B 162 Nr. 4053, Bl. 580, und Hessisches Staatsarchiv Marburg 274 Kassel, Nr. 1127/5, Bl. 3.

493 Papier Schölz, S. 2, in: Hessisches Staatsarchiv Marburg 274 Kassel, Nr. 1127/6, Umschlag Bl. 112.

494 Vgl. Hessisches Staatsarchiv Marburg 274 Kassel, Nr. 1127/7, Bl. 49.

495 Vgl. Herman Dieter Betz, *Das OKW und seine Haltung zum Landkriegsvölkerrecht im Zweiten Weltkrieg*, Dissertation, Würzburg 1970. Zum NN-Erlass vgl. S. 253 ff. Die Arbeit ist geprägt von der damals noch gängigen Exkulpationsrhetorik einer «sauberen Wehrmacht» und einer «renitenten» wenn nicht gar «oppositionellen Wehrmachtsjustiz» (S. 253–278).

496 Hessisches Staatsarchiv Marburg 274 Kassel, Nr. 1127/7, Bl. 56.

497 Ebd., Bl. 63.

498 Gesprächsvermerk Albrecht Kirschner vom 28. August 2013.

499 Vgl. Stenographisches Protokoll der 51. Sitzung des Sicherheitsausschusses vom 13. Oktober 1955, S. 46, in: Parlamentsarchiv des Deutschen Bundestages 3119, A2/6 – Prot. 51.

500 Vgl. Vermerk Schölz vom 15. Januar 1959, S. 1 f., in: BArch B 141/26871, Bl. 188 f.

501 Vgl. Vermerk Schölz v. 12. Mai 1959, S. 2, in: BArch B 141/26871, Bl. 124.

502 Vgl. Niederschrift über die Besprechung über die zivile Notstandsplanung am 8. November 1961 im Bundesjustizministerium, BMJ, VS 9043/1 Bd. 1, 76 ff.

503 Entsprechende Vereinbarungen waren nicht zu finden. Berlin war in diese Planungen nicht einbezogen.

504 Vgl. Vermerk Erdmann vom 8. Mai 1963, S. 3, in: BMJ, Ordner 72, Az. 220 (1) WSG, Bl. 3.

505 Vgl. die Listen in BMJ Sachakten, Ordner 71 und 88 sowie 160 WSG-Personalakten. Es wurden die dort vermerkten Informationen ausgewertet, eine Überprüfung auf Vollständigkeit und Korrektheit nicht vorgenommen. 1970 waren die damals ältesten eingeplanten Wehrrichter und Wehranwälte aus dem Geburtsjahrgang 1910, die beiden Jüngsten wurden 1936 geboren. Rund 75 Prozent der damals 318 Vorgesehenen stammten aus den Jahrgängen bis einschließlich 1927, 25 Prozent waren später geboren. Vgl. Vermerk Behncke (BMJ ZA 3) vom 27. April 1970, in: BMJ, WSG-Sachordner 73, Az. 220 (21) WSG.

506 Zur Überprüfung der Meldungen wurden auch Publikationen der Braunbuchkampagne aus der DDR herangezogen. Vgl. BMJ, Ordner 72, Az. 220 (11) WSG, und BArch B 141/15529 bis 15534.

507 Stand 1. November 1974. Vgl. BMJ, WSG-Sachordner 93, Az. 220/3(5) WSG, Bl. 1.

508 Vgl. u. a. BArch B 141, Nrn. 21 003 bis 21032; BMJ, WSG-Sachordner 67, Az. 214/1 WSG; WSG-Sachordner 93–96, Az. 220/3 – 1 WSG bis 220/3 – 8 WSG; BArch BW 1, Nr. 66417.

509 Vgl. z. B. die Programme der 1. Informationstagung in Hamburg im Dezember 1962, in: BArch B 141/21008, Bl. 37 f., und der 7. Informationstagung in Marburg im Juni 1963, in: BArch B 141/21020, Bl. 66 f.

510 Vgl. u. a. BArch B 141/105270.

511 Für die konkrete Durchführung vor Ort vgl. u. a. BArch BH 26 Nrn. 816, 818 und 819.

512 So auch Vermerk BMVg, Org. 1 vom 24. Januar 1967, in: BArch BW 1 Nr. 32 401 (im zweiten Hefter). Anders Dr. Schiffer vom BMI (V I 1) in seinem Schreiben an das BMJ und das BMVg vom 20. Januar 1970, in: BArch BW 1, Nr. 129395, Bl. 1–5, hier Bl. 2.

513 Vgl. u. a. BMJ, WSG-Sachordner 7, Az. 126/1WSG, BMJ, WSG-Sachordner 8, Az. 126/1 E-1 WSG, BArch B141 Nr. 483636, Bl. 26.

514 Prüfbericht des Bundesrechnungshofs vom 20. Dezember 1982, S. 68, in: BMJ, Ordner 142, Az. 527/1-1.

515 Vgl. Vermerk Kück vom 21. Januar 1999, in: BMJ, WSG-Ordner ohne Nr. «WSG Allgemein» ab 1982.

516 Ebd., S. 8, mit Marginalie Däubler-Gmelin vom 27. Januar 1999.
517 Vgl. Vermerk Schnigula vom 16. August 2001 (hier auch das Zitat) sowie Schreiben des BMVg an das BMJ vom 24. August 2001, beide in: BMJ, WSG-Ordner ohne Nr. «WSG Allgemein» ab 1982.

Schlussbetrachtungen

1 Staatssekretär Dr. Strauß, Ansprache anlässlich der Amtsübergabe am 30. Oktober 1957, in: Ansprachen aus Anlaß von Amtsübergaben (Minister, Staatssekretäre) im Bundesministerium der Justiz Bonn 1953–1971, Bonn o. J., Maschinenschriftl. Manuskript, S. 3 f.
2 Vgl. hierzu die Untersuchung von Elisabeth Noelle-Neumann, *Werden wir alle Proletarier? Wertewandel in unserer Gesellschaft*, Zürich 1978, S. 8 u. 10 ff. Noelle-Neumann bemerkt darin auf der Grundlage demoskopischer Untersuchungen, dass die «bürgerlichen Werte», die sich seit Anfang des 18. Jahrhunderts kaum geändert hatten, erst in der Zeit zwischen 1967 und 1972 einem neuen Werteverständnis in der deutschen Gesellschaft gewichen seien.
3 Der Artikel 131 GG und das dazugehörige Gesetz, das die Wiedereinstellung der Angehörigen des öffentlichen Dienstes regelte und 1950 mit allen Stimmen des Bundestages bei nur zwei Enthaltungen verabschiedet wurde, ist dafür ein Beleg. Die Nutzung der Funktionseliten, auch wenn sie in hohem Maße als belastet galten, war also politisch gewollt – nicht nur von der Bundesregierung unter Bundeskanzler Adenauer, sondern auch vom Deutschen Bundestag.
4 Siehe hierzu ausführlich Gerd J. Nettersheim, «Lex Rosenburg» und Juristenausbildung. Das Versagen einer Juristengeneration als Lehrstück, in: Neue Juristische Wochenschrift, 75. Jg. (2022), H. 15, S. 1075–1080. Vgl. ebenfalls Christoph Safferling, Lex Rosenburg: Überfällig oder überflüssig?, in: ZDRW. Zeitschrift für Didaktik der Rechtswissenschaft, 6. Jg. (2029), H. 1, S. 62–75.

Quellen- und Literaturverzeichnis

1. Ungedruckte Quellen

Archiv der sozialen Demokratie (AdsD), Bonn-Bad Godesberg
Nachlass Gustav Heinemann

Archiv des Bundesbeauftragten für die Unterlagen des Staatssicherheitsdienstes der ehemaligen Deutschen Demokratischen Republik (BStU), Berlin

MfS, HA II	Spionageabwehr
MfS, HA VI	Grenzkontrollen, Reise- und Tourismusverkehr
MfS, HA VII	Ministerium des Innern, Deutsche Volkspolizei
MfS, HA VIII	Beobachtung, Ermittlung, Durchsuchung, Festnahme
MfS, HA IX	Ermittlungs- bzw. Untersuchungsorgan
MfS, HA IX/11	Aufklärung von Nazi- und Kriegsverbrechen, Bestand «NS-Archiv», Personen- und Sachanfragen (u. a. zu Bauer, Bucher, Bülow, Dreher, Ebersberg, Ehmke, Gawlik, Geiger, Globke, Heinemann, Jaeger, Jahn, Kanter, Maassen, Massfeller, Merkatz, Roemer, Rotberg, Schäffer, Schafheutle, Schölz, Stammberger, Strecker, Winners)
MfS, HA X	Internationale Verbindungen
MfS, HA XX	Staatsapparat, Kultur, Kirchen, Untergrund
MfS, HA XXI	Innere Abwehr im MfS
MfS, SED-Kreisleitung	
SdM	Sekretariat des Ministers
ZAIG	Zentrale Auswertungs- und Informationsgruppe
ZA	Akten der General- bzw. Bezirksstaatsanwaltschaften
ZA, UV 83	Untersuchungsvorgang Prozeß gegen Hans Globke

Archiv des Instituts für Zeitgeschichte (IfZArch), München

7838/90	Bestand Zentrale Rechtsschutzstelle
ED 94	Nachlass Walter Strauß
ED 329	Sammlung Robert Strobel, vertr. Informationsberichte
ED 449	Nachlass Margarethe Bitter

Archiv des Liberalismus (ADL), Gummersbach
Bestand Thomas Dehler, N1

Archiv für Christlich-Demokratische Politik (ACDP), Sankt Augustin

01-070	Nachlass Hans Globke
01-274	Nachlass Reinhold Mercker
01-237	Nachlass Eduard Wahl

Archiv für Christlich-Soziale Politik (ACSP), München
Nachlass Richard Jaeger
Nachlass Fritz Schäffer
Nachlass Josef Müller
Nachlass Franz Josef Strauß

Bayerisches Hauptstaatsarchiv (BayHStA), München
MSo Sonderministerium
MJu Ministerium der Justiz
Stk-1 Staatskanzlei
Nachlass Margarethe Bitter

Brandenburgisches Landeshauptarchiv (BLHA), Potsdam
Rep. 4A Kammergericht Berlin, Allg.
Rep. 4A Kammergericht, Personalia
Rep. 12C Staatsanwaltschaft beim Sondergericht Berlin

Bundesarchiv, Außenstelle Ludwigsburg (BArch)
B 162 Zentrale Stelle der Landesjustizverwaltungen zur Aufklärung nationalsozialistischer Verbrechen

Bundesarchiv Berlin-Lichterfelde (BArch)
DO 1 Ministerium des Innern
DP 1 Ministerium der Justiz/Verwaltungsarchiv
PK Parteikorrespondenz
R 16 Reichsnährstand
R 601 Präsidialkanzlei
R 3001 Reichsjustizministerium
R 3012 Reichsjustizprüfungsamt
R 3601 Reichsministerium für Ernährung und Landwirtschaft
R 3901 Reichsarbeitsministerium
R 9361-II Sammlung Berlin Document Center (BDC): Personenbezogene Unterlagen der NSDAP/Parteikorrespondenz
R 9361-III Sammlung Berlin Document Center (BDC): Personenbezogene Unterlagen der SS und SA
R 9361-VIII KARTEI Sammlung Berlin Document Center (BDC): Personenbezogene Unterlagen der NSDAP. – Mitgliederkartei. – Zentralkartei
R 9361-IX KARTEI Sammlung Berlin Document Center (BDC): Personenbezogene Unterlagen der NSDAP. – Mitgliederkartei. – Gaukartei

Bundesarchiv Koblenz (BArch)
ALLPROZ 6 Eichmann-Prozess
ALLPROZ 21 Prozesse gegen Deutsche im europäischen Ausland: Handakten von Rechtsanwälten
B 106 Bundesministerium des Innern
B 122 Bundespräsidialamt
B 126 Bundesministerium der Finanzen
B 136 Bundeskanzleramt
B 141 Bundesministerium der Justiz
B 237 Bundesverfassungsgericht
B 283 Bundesgerichtshof
B 305 Zentrale Rechtsschutzstelle
KLE 811 Josef Schafheutle
N 168 Nachlass Fritz Schäffer
N 210 Nachlass Karl Zimmermann
N 1147 Nachlass Hans Ritter von Lex
N 1387 Nachlass Arthur Bülow
N 1087 Nachlass Ewald Bucher
N 1415 Nachlass Helmut Just/Barbara Just-Dahlmann
PERS 101 Personalakten von Beschäftigten im öffentlichen Dienst (Heinrich von Spreckelsen, Walter Strauß, Rudolf Franta, Henning von Arnim, Ernst Kanter, Hans Eberhard Rotberg, Gerhard Schneider)

QUELLEN- UND LITERATURVERZEICHNIS

Z 11	Personalamt des Vereinigten Wirtschaftsgebietes
Z 13	Direktorialkanzlei des Verwaltungsrates des Vereinigten Wirtschaftsgebietes
Z 21	Zentral-Justizamt für die britische Zone
Z 22	Rechtsamt der Verwaltung des Vereinigten Wirtschaftsgebietes

Bundesarchiv-Militärarchiv (BArch), Freiburg i. Br.

BH 26	Territorialkommandos Nord und Süd
BW 1	Bundesministerium der Verteidigung – Leitung, zentrale Stäbe und zivile Abteilungen, Disziplinar- und Beschwerdewesen Bundeswehr
BW 9	Deutsche Dienststellen zur Vorbereitung der Europäischen Verteidigungsgemeinschaft
PERS 6	Personalunterlagen von Angehörigen der Wehrmacht und ihrer Vorläufer sowie der Waffen-SS (Werner Berthold, Ewald Bucher, Hans Gawlik, Ernst Kanter, Heinrich Meyer, Günther Schmidt, Walter Sturm)
PERS 15	Verfahrensakten von Gerichten der Reichswehr und der Wehrmacht
RM 123	Marinegerichte
RW 2	Oberkommando der Wehrmacht/Chef des OKW (mit Wehrmachtrechtsabteilung)
RW 4	OKW/Wehrmachtführungsstab
RS (ehem. BDC)	Waffen-SS

Unterlagen der Feldstrafgefangenen-Abteilung 4

Bundesarchiv, Zwischenarchiv Berlin-Hoppegarten (BArch)

B 141	Bundesministerium der Justiz

Bundesarchiv, Zwischenarchiv Sankt Augustin-Hangelar (BArch)

B 106	Bundesministerium des Innern

Bundesministerium der Justiz und für Verbraucherschutz, Berlin

Bewerbungsakten der Bundesrichter (Bew-Akten)
Generalpersonalakten Höherer Dienst
Personalakten
Schriftgutverwaltung
VS-Registratur
WSG-Akten

Hessisches Staatsarchiv Marburg

274	Staatsanwaltschaft Kassel

Landesarchiv Nordrhein-Westfalen, Abteilung Ostwestfalen-Lippe, Detmold

D 21	Staatsanwaltschaft Bielefeld

Landesarchiv Schleswig-Holstein, Schleswig

Abt. 352.3 Landgericht und Staatsanwaltschaft Kiel

Parlamentsarchiv des Deutschen Bundestages (PA-DBT)

3109	Rechtsausschuss
3119	Verteidigungsausschuss
4000	Gesetzesdokumentationen

Staatsarchiv Bamberg

K 105	Staatsanwaltschaft beim Landgericht Bamberg

Staatsarchiv München

K 2530	Spruchkammerakten

Staatsarchiv Nürnberg
Nürnberger Prozesse, KV-Anklage, Dokumente

Stiftung Archiv der Parteien und Massenorganisationen der DDR im Bundesarchiv (SAPMO-BArch), Berlin
NY　　　Nachlässe und Erinnerungen
DY 30　　Politbüro des ZK der SED (Protokolle) 1949–1989

Tiroler Landesarchiv Innsbruck
KLs　　　Sondergericht beim LG Innsbruck

Universitätsarchiv der Freien Universität Berlin
Personalakten

Universitätsarchiv Marburg
305a　　Rektor und Senat
305f　　Universitätsleitung/Präsidium

2. Zeitzeugen-Interviews

Dr. Eckart von Bubnoff, 15. Oktober 2013
Dr. Klaus Dau, 16. Juni 2015
Prof. Dr. Horst Ehmke, 10. Oktober 2013
Dr. Josef Fabry, 11. Oktober 2013
Gerhard Fieberg, 14. Oktober 2015
Dr. Lutz Gusseck, 30. April 2016
Dr. Oskar Katholnigg, 20. März 2013
Prof. Dr. Karl Kunert, 14. Oktober 2015
Joachim Leschek, 29. April 2014
Fritz Lüke, 20. März 2013
Dr. Klaus Miebach, 16. Juni 2015
Norbert Odenbach, 25. und 27. März 2014
Klaus Otto, 7. Mai 2014
Wilfried Persch, 24. September 2014
Dr. Paul-Günter Pötz, 13. März 2013
Prof. Dr. Walter Rolland, 19. März 2013
Kurt Schrimm, 28. August 2015
Wilhelm Siebels, 24. September 2014
Helene Sonntag, 10. Oktober 2013
Manfred Stückrath, 24. September 2014
Dr. Peter Sympher, 10. Oktober 2013
Elmar Thurn, 26. Januar 2015
Prof. Horst Viehmann, 25. September 2014
Rudi Voelskow, 10. und 11. Oktober 2013
Dr. Klaus Wichmann, 25. September 2014
Thomas Will, 11. März 2015

3. Gedruckte Quellen

Absolon, Rudolf: Das Wehrmachtstrafrecht im 2.Weltkrieg. Sammlung der grundlegenden Gesetze, Verordnungen und Erlasse, Kornelimünster 1958.
Ammann, Walter u. Diether Posser: 2. Denkschrift über Probleme der Justiz in politischen Strafsachen, Heidelberg 1957.

Ausschuß für Deutsche Einheit (Hrsg.): Schwarzbuch. Verschwörung gegen Deutschland, Berlin (Ost) 1955.
–: Braunbuch. Bundesrepublik – Paradies für Kriegsverbrecher, Berlin (Ost) 1956.
–: Nazi-Richter im Bonner Dienst, Berlin (Ost) 1956.
–: Militaristische, antisemitische, nazistische Bücher und Filme in der Bundesrepublik, Berlin (Ost) 1956.
–: Rassenschande – Rassenschänder: Hans Globke, Berlin (Ost) 1956.
–: Judenmörder und Kriegsverbrecher an den Hebeln der Macht, Berlin (Ost) 1956.
–: Wer regiert in Bonn? Die wahren Herren der Bundesrepublik, Berlin (Ost) 1956.
–: Gestern Hitlers Blutrichter – Heute Bonner Justiz-Elite, Berlin (Ost) 1957.
–: Hitlers Sonderrichter – Stützen der Adenauer-Regierung, Berlin (Ost) 1957.
–: 600 Nazi-Juristen im Dienste Adenauers, Berlin (Ost) 1958.
–: Wir klagen an. 800 Nazi-Blutrichter, Stützen des Adenauer-Regimes, Berlin (Ost) 1959.
–: 1000 Sonder- und Kriegsrichter im Dienste der deutschen Militaristen. Bonner Regierung deckt Hitlers Massenmörder, Berlin (Ost) 1959.
–: Freiheit und Demokratie im Würgegriff von 1000 Blutrichtern. Dokumente entlarven weitere 2000 Adenauer-Juristen als Büttel Hitlers, Berlin (Ost) 1959.
–: Hitlers Kriegsrichter und Wehrstrafexperten im Dienste der Bonner Kriegsvorbereitungen, Berlin (Ost) 1960.
–: Globke und die Ausrottung der Juden. Über die verbrecherische Vergangenheit des Staatssekretärs im Amt des Bundeskanzlers Adenauer, Berlin (Ost) 1960.
–: Belohnte Mörder. 165 neue Namen ehemaliger Sonder- und Kriegsrichter, Berlin (Ost) 1961.
–: Blutjuristen Hitlers – Gesetzgeber Adenauers, Berlin (Ost) 1961.
–: Der aufhaltsame Aufstieg des Dr. Hans Maria Globke, Berlin (Ost) 1961.
–: Vereinigung demokratischer Juristen Deutschlands (Hrsg.). Von der Reichsanwaltschaft zur Bundesanwaltschaft. Wolfgang Fränkel. Neuer Generalbundesanwalt, Berlin (Ost) 1962.
–: Globkes braune Notstandsexekutive. Das Bonner Geheimkabinett der Staatssekretäre – ein Exklusivverein belasteter Nazis und Antisemiten, Berlin (Ost) 1963.
–: Bürokrat des Todes. Eine Dokumentation über die Blutschuld des höchsten Bonner Staatsbeamten bei der Ausrottung der Juden, Berlin (Ost) 1963.
Vereinigung demokratischer Juristen (Hrsg.): Freislers Geist in Bonns Gesinnungs-Strafrecht. Die Experten der faschistischen Terrorjustiz sind die Fabrikanten der westdeutschen «Strafrechtsreform». Die Bonner Justizbürokratie ist ein Hort belasteter Nazis und Kriegsverbrecher, Berlin (Ost) 1963.
Bauer, Fritz: Im Namen des Volkes. Die strafrechtliche Bewältigung der Vergangenheit, in: Helmut Hammerschmidt (Hrsg.): Zwanzig Jahre danach, München u. a. 1965, S. 301–314.
Baumann, Jürgen: Entwurf eines Strafgesetzbuches. Allgemeiner Teil (= Recht und Staat in Geschichte und Gegenwart. Eine Sammlung von Vorträgen aus dem Gebiet der gesamten Staatswissenschaften, H. 274/275), Tübingen 1963.
Becker, Ingeborg u. a.: Bundesentschädigungsgesetz (Bundesergänzungsgesetz) zur Entschädigung für Opfer der nationalsozialistischen Verfolgung (BEG) vom 18. Sept. 1953, Berlin u. a. 1955.
Brandis, Ernst u. Franz Massfeller: Das neue Personenstandsgesetz vom 3. November 1937 und Ausführungsvorschriften. Mit einem Anhang: Auszug aus dem neuen Ehegesetz, Berlin 1938.
Bundesminister der Justiz: Denkschrift zur Entschließung des Bundestages vom 11. Juli 1951 über die Zuziehung von Schöffen oder Geschworenen und die Schaffung eines zweiten Rechtszuges in Hoch- oder Landesverratssachen, Bonn 1951.
Dallinger, Wilhelm u. Karl Lackner (Hrsg.): Jugendgerichtsgesetz. Mit den ergänzenden Rechts- und Verwaltungsvorschriften des Bundes und der Länder. Kommentar, München 1955.
– u. Walter Sommer: Verordnung über die Vollstreckung von Freiheitsstrafen wegen einer während des Krieges begangenen Tat. Vom 11. Juni 1940 (RGBl. I, S. 877), in: Roland Freisler u. a. (Hrsg.), Deutsches Strafrecht. Bd. 1: Erläuterungen zu den seit dem 1.9.1939 ergangenen strafrechtlichen und strafverfahrensrechtlichen Vorschriften, Berlin 1941, S. 686–717.
Der Geist der Rosenburg. Erinnerungen an die frühen Jahre des Bundesministeriums der Justiz, hrsg. vom Personalrat, Bonn 1991.

Die Haltung der beiden deutschen Staaten zu den Nazi- und Kriegsverbrechen. Eine Dokumentation, Berlin (Ost) 1965.
Dreher, Eduard: Geschäftsregierung und Reichsverfassung, Dissertation, Leipzig 1932.
–: Über die gerechte Strafe. Eine theoretische Untersuchung für die deutsche strafrechtliche Praxis (= Schriften der Süddeutschen Juristenzeitung, H. 5), Heidelberg 1947.
–: Karl Schäfer in der Großen Strafrechtskommission, in: Ders. (Hrsg.), Festschrift für Karl Schäfer zum 80. Geburtstag, Berlin 1980, S. 5–12.
– u. Hermann Maassen: Strafgesetzbuch mit Erläuterungen und den wichtigsten Nebengesetzen, München 1954.
– u. Otto Schwarz: Strafgesetzbuch. Mit Nebengesetzen und Verordnungen, 32. Aufl., München 1970.
– u. Lackner, Karl/Schwalm, Georg: Wehrstrafgesetz. Kommentar, München 1958.
Eichler, Alfred/Schmidt, Georg/Dallinger, Wilhelm: Strafvollzugsordnung. Vereinheitlichung der Dienst- und Vollzugsvorschriften für den Strafvollzug im Bereich der Reichsjustizverwaltung, in: Hans Pfundtner und Reinhard Neubert (Hrsg.), Das neue Deutsche Reichsrecht, Berlin 1941, S. 1–95.
Erdsiek, Gerhard: Vom Recht des Staatsbürgers. Grundsätzliche Betrachtungen über das Verhältnis von Gesetz und Recht und die geistigen Ursachen des staatlichen Zusammenbruchs, in: Ders. (Hrsg.), Recht und Zeit (= Rechtswissenschaftliche Studien zu Gegenwartsfragen, H. 4), Schloss Bleckede an der Elbe 1948.
Franta, Rudolf: Die Unterlassungsdelikte nach alter und neuer Rechtsauffassung, München 1938.
Freisler, Roland: Das neue Strafrecht als nationalsozialistisches Bekenntnis, in: Franz Gürtner und Roland Freisler (Hrsg.), Das neue Strafrecht. Grundsätzliche Gedanken zum Geleit, 2. Aufl., Berlin 1936.
Geiger, Willi: Die Rechtsstellung des Schriftleiters nach dem Gesetz vom 4. Oktober 1933, Dissertation, Darmstadt 1940.
–: Gesetz über das Bundesverfassungsgericht. Vom 12. März 1951. Kommentar, Berlin u. a. 1952.
Godin, Hans von: Strafjustiz in rechtloser Zeit. Mein Ringen um Menschenleben in Berlin 1943–45, Berlin 1990.
Grimm, Friedrich: Unrecht im Rechtsstaat. Tatsachen und Dokumente zur politischen Justiz dargestellt am Fall Naumann, Tübingen 1957.
Güde, Max: Justiz im Schatten von Gestern. Wie wirkt sich die totalitäre Vergangenheit auf die heutige Rechtsprechung aus?, Hamburg 1959.
Gütt, Arthur/Linden, Herbert/Massfeller, Franz: Blutschutz- und Ehegesundheitsgesetz, Gesetz zum Schutze des deutschen Blutes und der deutschen Ehre und Gesetz zum Schutze der Erbgesundheit des deutschen Volkes nebst Durchführungsverordnungen sowie einschlägigen Bestimmungen, 2. Aufl., München 1937.
Hagemeyer, Maria: Denkschrift über die zur Anpassung des geltenden Familienrechts an den Grundsatz der Gleichberechtigung von Mann und Frau (Art. 3 Abs. 2 GG) erforderlichen Gesetzesänderungen, T. 1–3, Köln 1951.
Hodes, Fritz: Disziplinarstrafordnung für das Heer, 4. Aufl., Berlin 1942.
–: Wehrdisziplinarordnung mit Durchführungsvorschriften. Kommentar, Köln und Berlin 1957.
International Military Tribunal. Nuremberg 14 November 1945–1 October 1946, Vol. I, Nuremberg 1947 (Protokolle des IMT, Bd. 1).
Joël, Günther (Hrsg.): Der Grundsatz der Spezialität im deutschen Auslieferungsrecht, Breslau 1925.
–: Das Recht der gewerblichen Wirtschaft, Loseblattsammlung, Berlin und Bielefeld ab 1949.
– u. Kurt Haertel (Hrsg.): Gesetz zur Vereinfachung des Wirtschaftsstrafrechts (Wirtschaftsstrafgesetz), Heidelberg 1949.
Justiz und NS-Verbrechen. Sammlung deutscher Strafurteile wegen nationalsozialistischer Tötungsverbrechen 1945–1966. Bearb. von Adelheid L. Rüter-Ehlermann und C. F. Rüter, 22 Bde., Amsterdam 1968–1981.

Kleinknecht, Theodor: Die Berufsuntersagung nach § 421 des Strafgesetzbuches, Dissertation, Erlangen 1935.
Koppel, Wolfgang: Justiz im Zwielicht. Dokumentation: NS-Urteile, Personalakten, Katalog beschuldigter Juristen, Karlsruhe 1963.
– (Hrsg.): Ungesühnte Nazijustiz. Hundert Urteile klagen ihre Richter an, Karlsruhe 1960.
Kriege, Walter u. Arthur Bülow: Kommentar zur Hinterlegungsordnung vom 10. März 1937 mit Nebenbestimmungen, München 1937.
Kümmerlein, Heinz: Reichsjugendgerichtsgesetz. Vom 6. November 1943, mit den ergänzenden Rechts- und Verwaltungsvorschriften auf dem Gebiet des Jugendstrafrechts, Jugendhilferechts und des strafrechtlichen Jugendschutzes. Textausgabe mit kurzen Erläuterungen, München u. a. 1944.
Massfeller, Franz: Das großdeutsche Ehegesetz vom 6. Juli 1938 und seine Ausführungsvorschriften sowie die Familienrechtsnovelle vom 12. April 1938, 2. Aufl., Berlin 1939.
Norden, Albert: Das ganze System ist braun. Kriegs- und Naziverbrecher in der Bundesrepublik, Berlin (Ost) 1965.
Olshausen, Justus von: Kommentar zum Strafgesetzbuch für das Deutsche Reich, 12. Aufl., Berlin, 1942.
Peschel-Gutzeit, Lore Maria (Hrsg.): Das Nürnberger Juristen-Urteil von 1947. Historischer Zusammenhang und aktuelle Bezüge, Baden-Baden 1996.
Podewin, Norbert (Hrsg.): Braunbuch. Kriegs- und Naziverbrecher in der Bundesrepublik und in Berlin (West), Nachdruck der 3. Aufl., Berlin 2002.
Potrykus, Gerhard: Kommentar zum Jugendgerichtsgesetz. Mit ergänzenden Gesetzen, Verordnungen und Verwaltungsvorschriften auf dem Gebiete des Jugendstrafrechts, der Jugendpflege und des strafrechtlichen Jugendschutzes, 2. Aufl., Nürnberg 1952.
Radbruch, Gustav: Entwurf eines Allgemeinen Deutschen Strafgesetzbuches (1922). Mit einem Geleitwort von Bundesjustizminister Dr. Thomas Dehler und einer Einleitung von Professor Dr. Eberhard Schmidt, Tübingen 1952.
Rittau, Martin: Militärstrafgesetzbuch in der Fassung der Bekanntmachung vom 16. Juni 1926 (RGBl. I S. 275). Mit besonderer Berücksichtigung der Rechtsprechung des Reichsmilitärgerichts und des Reichsgerichts in Strafsachen. Mit 4 Anhängen und Sachregister (= Bücher für Recht, Verwaltung und Wirtschaft, Bd. 34), Berlin 1926.
–: Wehrstrafgesetz. Vom 30. März 1957. Mit Einführungsgesetz (= Sammlung Guttentag, Bd. 196), Berlin 1958.
Rüter, Christiaan F. u. Dick W. de Mildt (Hrsg.): Justiz und NS-Verbrechen. Sammlung (west-)deutscher Strafurteile wegen nationalsozialistischer Tötungsverbrechen 1945–2012, 49 Bde., Amsterdam und München 1968–2012.
–: DDR-Justiz und NS-Verbrechen. Sammlung (ost-)deutscher Strafurteile wegen nationalsozialistischer Tötungsverbrechen 1945–1998, 14 Bde., Amsterdam und München 2002–2009.
Schafheutle, Josef: Gesellschaftsbegriff und Erwerb in das Gesellschaftsvermögen, Dissertation, Freiburg 1931.
–: Beschlagnahme, Durchsuchung und Untersuchung, in: Franz Gürtner (Hrsg.), Das kommende deutsche Strafverfahren. Bericht der amtlichen Strafprozeßkommission, Berlin 1935, S. 280–305.
Schaffstein, Friedrich: Die Erneuerung des Jugendstrafrechts (= Volk und Recht, Bd. 3), Berlin 1933.
–: Jugendstrafrecht. Eine systematische Darstellung, Stuttgart 1959.
Schäfer, Ernst u. Hans von Dohnanyi: Nachtrag. Die Strafgesetzgebung der Jahre 1931–1935, in: Reinhard Frank, Das Strafgesetzbuch für das Deutsche Reich, 18. Aufl., Tübingen 1936.
Schäfer, Leopold/Richter, Hans/Schafheutle, Josef: Die Strafgesetznovellen von 1933 und 1934, Berlin 1934.
Schölz, Joachim: Wehrstrafgesetz. Kommentar, 2. Aufl., München 1975.
Schönke, Adolf: Strafgesetzbuch für das Deutsche Reich, München 1942.
Schwalm, Georg: Der Vollstreckungseid. Systematische Darstellung des dem Vollstreckungsverfahren dienenden Offenbarungseides der §§ 807, 883 ZPO, der §§ 298, 338 RAbgO, des § 125 KO, des § 61 VglO und des Offenbarungseides des § 83 FGG sowie die Bestrebungen zu ihrer Reform (= Leipziger rechtswissenschaftliche Studien, Bd. 46), Leipzig 1930.

Schwinge, Erich: Militärstrafgesetzbuch, Berlin 1936.
Stuckart, Wilhelm u. Hans Globke: Kommentare zur deutschen Rassengesetzgebung. Bd. 1: Reichsbürgergesetz vom 15. September 1935. Gesetz zum Schutze des deutschen Blutes und der deutschen Ehre vom 15. September 1935. Gesetz zum Schutze der Erbgesundheit des deutschen Volkes (Ehegesundheitsgesetz) vom 18. Oktober 1935. Nebst allen Ausführungsvorschriften u. d. einschläg. Gesetzen u. Verordnungen, München und Berlin 1936.
Thurn, Elmar: Lebenserinnerungen aus den Jahren 1921–1969, o. O., o. J. (2008).
Wagner, Walter (Hrsg.): Hochverrat und Staatsgefährdung. Urteile des Bundesgerichtshofes, Bd. II, Karlsruhe 1958.

4. Periodika

Bulletin des Presse- und Informationsamtes der Bundesregierung
Das Parlament
Das Wertpapier
Der Spiegel
Deutsche freiwillige Gerichtsbarkeit
Deutsche Juristen-Zeitung
Deutsche Justiz
Deutsche Justiz-Statistik
Deutsche Rechtspflege
Deutsche Rechtszeitung
Deutsche Richterzeitung
Deutsches Gemein- und Wirtschaftsrecht
Deutsche Gerichtsvollzieherzeitung
Deutsches Recht
Deutsche Verwaltung
Die Welt
Die Zeit
Frankfurter Allgemeine Zeitung
Goltdammer's Archiv für Strafrecht
Jahrbuch des öffentlichen Rechts der Gegenwart
Jahrbuch des deutschen Rechts
Juristen-Jahrbuch
Juristenzeitung
Juristische Arbeitsblätter
Juristische Rundschau
Juristische Wochenschrift
Monatsschrift für Deutsches Recht
Monatsschrift für Kriminologie und Strafrechtsreform
Neue Deutsche Beamtenzeitung
Neue Juristische Wochenschrift
Neue Justiz
Neue Zeitschrift für Wehrrecht
Parlamentarisch-politischer Pressedienst
Rechtshistorisches Journal
Süddeutsche Zeitung
Süddeutsche Juristenzeitschrift
Vierteljahrshefte für Zeitgeschichte
Zeitschrift der Akademie für Deutsches Recht
Zeitschrift für die gesamte Strafrechtswissenschaft
Zeitschrift für Rechtspolitik

5. Ausgewählte Darstellungen

Aly, Götz u. Susanne Heim: Das Zentrale Staatsarchiv in Moskau (Sonderarchiv). Rekonstruktion und Bestandsverzeichnis verschollen geglaubten Schriftguts aus der NS-Zeit, Düsseldorf 1993.

Arntz, Joachim u. a. (Hrsg.): Justiz im Nationalsozialismus. Positionen und Perspektiven, Hamburg 2006.

Bade, Claudia: «Als Hüter wahrer Disziplin...», in: Joachim Perels und Wolfram Wette (Hrsg.): Mit reinem Gewissen. Wehrmachtrichter in der Bundesrepublik und ihre Opfer, Berlin 2011.

Bästlein, Klaus: «Nazi-Blutrichter als Stützen des Adenauer Regimes». Die DDR-Kampagnen gegen NS-Richter und -Staatsanwälte, die Reaktionen der bundesdeutschen Justiz und ihre gescheiterte «Selbstreinigung» 1957–1968, in: Helge Grabitz u. a. (Hrsg.): Die Normalität des Verbrechens. Bilanz und Perspektiven der Forschung zu den nationalsozialistischen Gewaltverbrechen, Berlin 1994, S. 408–443.

Baumann, Jürgen: «So, wie es lief, war es schlimm», in: Thomas Horstmann und Heike Litzinger, An den Grenzen des Rechts. Gespräche mit Juristen über die Verfolgung von NS-Juristen, Frankfurt am Main 2006, S. 122–148.

Baumann, Ulrich u. a. (Hrsg.): «Was damals Recht war ...». Soldaten und Zivilisten vor Gerichten der Wehrmacht, Ausstellungskatalog, Berlin 2008.

Beitzke, Günther: Arthur Bülow, in: Juristen im Portrait. Verlag und Autoren in 4 Jahrzehnten. Festschrift zum 225jährigen Jubiläum des Verlages C. H. Beck, München 1988, S. 205–214.

Bergemann, Hans u. Simone Ladwig-Winters: Richter und Staatsanwälte jüdischer Herkunft in Preußen im Nationalsozialismus. Eine rechtstatsächliche Untersuchung, Köln 2004.

Bevers, Jürgen: Der Mann hinter Adenauer. Hans Globkes Aufstieg vom NS-Juristen zur Grauen Eminenz der Bonner Republik, Berlin 2009.

Biederbick, Karl-Heinz u. Wolf Recktenwald: Das Bundesministerium der Justiz, Frankfurt am Main und Bonn 1967.

Böckstiegel, Karl-Heinz u. Ottoarndt Glossner (Hrsg.): Festschrift für Arthur Bülow zum 80. Geburtstag, Köln u. a. 1981.

Billing, Werner: Das Problem der Richterwahl zum Bundesverfassungsgericht. Ein Beitrag zum Thema «Politik und Verfassungsgerichtsbarkeit», Berlin 1969.

Birn, Ruth Bettina: Die Strafverfolgung nationalsozialistischer Verbrechen, in: Hans-Erich Volkmann (Hrsg.), Ende des Dritten Reiches – Ende des Zweiten Weltkriegs, München 1995, S. 393–418.

Book, André: Die Justizreform in der Frühzeit der Bundesrepublik. Die Beratungen der Kommission zur Vorbereitung einer Reform der Zivilgerichtsbarkeit in den Jahren 1955 bis 1961, Frankfurt am Main u. a. 2005.

Boss, Sonja: Unverdienter Ruhestand, Die personalpolitische Bereinigung belasteter NS-Juristen in der westdeutschen Justiz, Berlin 2009.

Breyer, Wolfgang: Dr. Max Merten – ein Militärbeamter der deutschen Wehrmacht im Spannungsfeld zwischen Legende und Wahrheit, Dissertation, Mannheim 2003.

Brochhagen, Ulrich: Nach Nürnberg. Vergangenheitsbewältigung und Westintegration in der Ära Adenauer, Hamburg 1994.

Bundesminister der Justiz (Hrsg.): 75 Jahre Reichsjustizgesetze, Bonn 1954.

Burkhardt, Anika: Das NS-Euthanasie-Unrecht vor den Schranken der Justiz. Eine strafrechtliche Analyse (= Beiträge zur Rechtsgeschichte des 20. Jahrhunderts, Bd. 85), Tübingen 2015.

Ciernoch-Kujas, Cora: Ministerialrat Franz Massfeller 1902–1966, Berlin 2003.

Conze, Eckart/Frei, Norbert/Hayes, Peter/Zimmermann, Moshe: Das Amt und die Vergangenheit. Deutsche Diplomaten im Dritten Reich und in der Bundesrepublik. Unter Mitarbeit von Annette Weinke und Andrea Wiegeshoff, München 2010.

–: Die Suche nach Sicherheit. Eine Geschichte der Bundesrepublik Deutschland von 1949 bis in die Gegenwart, München 2009.

Diestelkamp, Bernhard: Die Justiz nach 1945 und ihr Umgang mit der eigenen Vergangenheit, in: Ders. u. Michael Stolleis (Hrsg.), Justizalltag im Dritten Reich, Frankfurt am Main 1988, S. 131–150.

Eichmüller, Andreas: Keine Generalamnestie. Die strafrechtliche Verfolgung von NS-Verbrechern in der frühen Bundesrepublik, München 2012.
Ertl, Josef: Thomas Dehler – ein fränkischer Liberaler, in: Wolfram Dorn und Dr. Friedrich Henning (Hrsg.), Thomas Dehler. Begegnungen – Gedanken – Entscheidungen, Bonn 1978.
Etzel, Matthias: Die Aufhebung von nationalsozialistischen Gesetzen durch den Alliierten Kontrollrat 1945–1948 (= Beiträge zur Rechtsgeschichte des 20. Jahrhunderts, Bd. 7), Tübingen 1992.
Essner, Cornelia: Die «Nürnberger Gesetze» oder Die Verwaltung des Rassenwahns 1933–1945, Paderborn 2002.
Fischer, Christian: Bundesgerichtshof als Reichsgericht? Zum Aufbau des oberen Bundesgerichtes der ordentlichen Gerichtsbarkeit und zu seiner frühen Zivilrechtsprechung, in: Ders. und Walter Pauly (Hrsg.), Höchstrichterliche Rechtsprechung in der frühen Bundesrepublik, Tübingen 2015, S. 43–64.
Fischer, Torben u. Matthias N. Lorenz (Hrsg.): Lexikon der «Vergangenheitsbewältigung» in Deutschland. Debatten- und Diskursgeschichte des Nationalsozialismus nach 1945, Bielefeld 2007.
Förster, Michael: Jurist im Dienst des Unrechts. Leben und Werk des ehemaligen Staatssekretärs im Reichsjustizministerium Franz Schlegelberger 1876–1970, Baden-Baden 1995.
François, Etienne: Das Bundesverfassungsgericht und die deutsche Rechtskultur. Ein Blick aus Frankreich, in: Michael Stolleis (Hrsg.), Herzkammern der Republik. Die Deutschen und das Bundesverfassungsgericht, München 2011, S. 52–63.
Franzius, Christine: Bonner Grundgesetz und Familienrecht. Die Diskussion um die Gleichberechtigung von Mann und Frau in der westdeutschen Zivilrechtslehre der Nachkriegszeit (1945–1957), Frankfurt am Main 2005.
Frei, Norbert: Vergangenheitspolitik. Die Anfänge der Bundesrepublik und die NS-Vergangenheit, München 2012.
–: Die Rückkehr des Rechts. Justiz und Zeitgeschichte nach dem Holocaust – eine Zwischenbilanz, in: Arnd Bauerkämper/Martin Sabrow/Bernd Stöver (Hrsg.), Doppelte Zeitgeschichte. Deutsch-deutsche Beziehungen 1945–1990, Bonn 1998, S. 417–431.
– (Hrsg.): Karrieren im Zwielicht. Hitlers Eliten nach 1945, Frankfurt am Main 2001.
– u. van Laak, Dirk/Stolleis, Michael (Hrsg.): Geschichte vor Gericht. Historiker, Richter und die Suche nach Gerechtigkeit, München 2000.
Freudiger, Kerstin: Die juristische Aufarbeitung von NS-Verbrechen, Tübingen 2002.
Friedrich, Jörg: Die kalte Amnestie. NS-Täter in der Bundesrepublik, erw. Neuausg., Berlin 2007.
–: Freispruch für die Nazi-Justiz. Die Urteile gegen NS-Richter seit 1948. Eine Dokumentation, überarb. u. erg. Ausg., Berlin 1998.
Fröhlich, Claudia: Der «Ulmer Einsatzgruppen-Prozess» 1958. Wahrnehmung und Wirkung des ersten großen Holocaust-Prozesses, in: Jörg Osterloh und Clemens Vollnhals (Hrsg.), NS-Prozesse und deutsche Öffentlichkeit. Besatzungszeit, frühe Bundesrepublik und DDR, Göttingen 2011, S. 233–262.
–: Fritz Bauer – Ungehorsam und Widerstand sind ein «wichtiger Teil unserer Neubesinnung auf die demokratischen Grundwerte», in: Claudia Fröhlich u. Michael Kohlstruck (Hrsg.), Engagierte Demokraten. Vergangenheitspolitik in kritischer Absicht, Münster 1999, S. 95–105.
Garbe, Detlef: Der Marburger Militärjurist Prof. Erich Schwinge, in: Albrecht Kirschner (Hrsg.), Deserteure, Wehrkraftzersetzer und ihre Richter. Marburger Zwischenbilanz zur NS-Militärjustiz vor und nach 1945 (= Veröffentlichungen der Historischen Kommission für Hessen, Bd. 74), Marburg 2010, S. 109–130.
–: «In jedem Einzelfall... bis zur Todesstrafe». Der Militärstrafrechtler Erich Schwinge. Ein deutsches Juristenleben, Hamburg 1989.
Giordano, Ralph: Die zweite Schuld oder Von der Last ein Deutscher zu sein, Hamburg und Zürich 1987.
Glienke, Stephan A.: Die Ausstellung «Ungesühnte Nazijustiz» (1959–1962). Zur Geschichte der Aufarbeitung nationalsozialistischer Justizverbrechen, Baden-Baden 2008.
Godau-Schüttke, Klaus-Detlev: Der Bundesgerichtshof. Justiz in Deutschland, Berlin 2005.

–: Die Heyde/Sawade-Affaire. Juristen und Mediziner in Schleswig-Holstein decken den NS-Euthanasiearzt Prof. Dr. Werner Heyde und bleiben straflos, in: Helge Grabitz u. a. (Hrsg.), Die Normalität des Verbrechens. Bilanz und Perspektiven der Forschung zu den nationalsozialistischen Gewaltverbrechen, Berlin 1994, S. 444–479.

–: Rechtsverwalter des Reiches. Staatssekretär Doktor Curt Joël (= Rechtshistorische Reihe, Bd. 12), Frankfurt am Main u. a. 1981.

Görtemaker, Manfred: Geschichte der Bundesrepublik Deutschland. Von der Gründung bis zur Gegenwart, München 1999.

– u. Christoph Safferling (Hrsg.): Die Rosenburg. Das Bundesministerium der Justiz und die NS-Vergangenheit. Eine Bestandsaufnahme, Göttingen 2013.

Götz, Albrecht: Bilanz der Verfolgung von NS-Straftaten, Köln 1986.

Goschler, Constantin: Wiedergutmachung. Westdeutschland und die Verfolgten des Nationalsozialismus 1945–1954, München 1992.

– u. Michael Wala: «Keine neue Gestapo». Das Bundesamt für Verfassungsschutz und die NS-Vergangenheit, Hamburg 2015.

Gosewinkel, Dieter: Adolf Arndt. Die Wiederbegründung des Rechtsstaats aus dem Geist der Sozialdemokratie (1945–1961), Bonn 1991.

Gotto, Klaus (Hrsg.): Der Staatssekretär Adenauers. Persönlichkeit und politisches Wirken Hans Globkes, Stuttgart 1980.

Greve, Michael: Der justizielle und rechtspolitische Umgang mit den NS-Gewaltverbrechen in den sechziger Jahren, Frankfurt am Main 2001.

–: Generalamnestie als völkerrechtliches Postulat, Köln und Opladen 1951.

Grimpe, Viktor: Bundesentschädigungsgesetz. Bundesergänzungsgesetz zur Entschädigung für Opfer der nationalsozialistischen Verfolgung (BEG) vom 18. Sept. 1953, Siegburg 1953.

Groß, Joachim: Die deutsche Justiz unter französischer Besatzung 1945–1949. Der Einfluss der französischen Militärregierung auf die Wiedererrichtung der deutschen Justiz in der französischen Besatzungszone, Baden-Baden 2007.

Gruchmann, Lothar: Justiz im Dritten Reich 1933–1940. Anpassung und Unterwerfung in der Ära Gürtner (= Quellen und Darstellungen zur Zeitgeschichte, Bd. 28), 3. Aufl., München 2001.

Haase, Norbert: Die Richter am Reichskriegsgericht und ihre Nachkriegskarrieren, in: Joachim Perels (Hrsg.), Mit reinem Gewissen. Wehrmachtrichter in der Bundesrepublik und ihre Opfer, Berlin 2011, S. 200–219.

Herbe, Daniel: Hermann Weinkauff (1894–1981). Der erste Präsident des Bundesgerichtshofs (= Beiträge zur Rechtsgeschichte des 20. Jahrhunderts, Bd. 55), Tübingen 2008.

Herbert, Ulrich: Best. Biographische Studien über Radikalismus, Weltanschauung und Vernunft. 1903–1989, 2. Aufl., Bonn 1996.

Hirsch, Günter: Die bundesdeutsche Justiz und die Aufarbeitung von NS-Justizunrecht, in: Bundesministerium der Justiz und für Verbraucherschutz und Unabhängige Wissenschaftliche Kommission beim Bundesministerium der Justiz und für Verbraucherschutz (Hrsg.), Die Rosenburg. 3. Symposium, Berlin 2013, S. 56–69.

Hirschfeld, Gerhard: Karrieren im Nationalsozialismus. Funktionseliten zwischen Mitwirkung und Distanz, Frankfurt am Main und New York 2004.

Horstmann, Thomas u. Heike Litzinger: An den Grenzen des Rechts. Gespräche mit Juristen über die Verfolgung von NS-Verbrechen, Frankfurt am Main und New York 2006.

Hötzel, Yvonne: Debatten um die Todesstrafe in der Bundesrepublik Deutschland von 1949 bis 1990, Berlin und New York 2010.

Im Namen des Deutschen Volkes. Justiz und Nationalsozialismus. Katalog zur Ausstellung des Bundesministers der Justiz, Köln 1989.

Isensee, Josef: Vergangenheitsbewältigung durch Recht. Drei Abhandlungen zu einem deutschen Problem, Berlin 1992.

Just-Dahlmann, Barbara u. Helmut Just: Die Gehilfen. NS-Verbrechen und die Justiz nach 1945, Frankfurt am Main 1988.

Kempner, Robert M. W.: Eichmann und Komplizen, Zürich u. a. 1961.

Kielmansegg, Peter Graf von: Lange Schatten. Vom Umgang der Deutschen mit der nationalsozialistischen Vergangenheit, Berlin 1989.

Kirn, Michael: Verfassungsumsturz oder Rechtskontinuität? Die Stellung der Jurisprudenz nach 1945 zum Dritten Reich. Insbesondere die Konflikte um die Kontinuität der Beamtenrechte und Art. 131 Grundgesetz, Berlin 1972.
Kirschner, Albrecht: «Asoziale Volksschädlinge» und «Alte Kämpfer». Zu Handlungsmöglichkeiten der Wehrmachtrichter im Zweiten Weltkrieg, in: Claudia Bade u. a. (Hrsg.), NS-Militärjustiz im Zweiten Weltkrieg, Göttingen 2015, S. 181-192.
–: Wehrkraftzersetzung, in: Wolfgang Form u. a. (Hrsg.), NS-Justiz und politische Verfolgung in Österreich 1938-1945, München 2006, S. 405-748.
Kittel, Manfred: Die Legende von der zweiten Schuld. Vergangenheitsbewältigung in der Ära Adenauer, München und Berlin 1993.
Klausch, Hans-Peter: Die Sonderabteilungen, Strafeinheiten und Bewährungstruppen der Wehrmacht, in: Albrecht Kirschner (Hrsg.), Deserteure, Wehrkraftzersetzer und ihre Richter. Marburger Zwischenbilanz zur NS-Militärjustiz vor und nach 1945 (= Veröffentlichungen der Historischen Kommission für Hessen, Bd. 74), Marburg 2010, S. 197-216.
Klee, Ernst: Das Personenlexikon zum Dritten Reich. Wer war was vor und nach 1945?, 5. Aufl., Frankfurt am Main 2015.
–: Was sie taten – Was sie wurden. Ärzte, Juristen und andere Beteiligte am Kranken- oder Judenmord, Frankfurt am Main 1986.
Klein, Ralph u. a. (Hrsg.): Mörder unterm Edelweiß. Dokumentation des Hearings zu den Kriegsverbrechen der Gebirgsjäger (= Neue kleine Bibliothek, Bd. 98), Köln 2004.
Kleßmann, Christoph u. a. (Hrsg.): Deutsche Vergangenheiten – eine gemeinsame Herausforderung. Der schwierige Umgang mit der doppelten Nachkriegsgeschichte, Berlin 1999.
Kohlstruck, Michael (Hrsg.): Engagierte Demokraten. Vergangenheitspolitik in kritischer Absicht, Münster 1999.
Koppel, Wolfgang u. Karl Sauer: Führer durch das braune Bonn. Ein unentbehrlicher Leitfaden für alle Besucher der Bundeshauptstadt, Frankfurt am Main 1969.
Kramer, Helmut: Kriegsverbrechen, deutsche Justiz und das Verjährungsproblem. Amnestie durch die legislative Hintertür, in: Wolfram Wette und Gerd R. Ueberschär (Hrsg.), Kriegsverbrechen im 20. Jahrhundert, Darmstadt 2001, S. 493-506.
Krause, Thomas: Geschichte des Strafvollzugs. Von den Kerkern des Altertums bis zur Gegenwart, Darmstadt 1999.
Kraushaar, Wolfgang: Protest gegen die Wiederbewaffnung, in: Helmut Kramer und Wolfram Wette (Hrsg.), «Recht ist, was den Waffen nützt». Justiz und Pazifismus im 20. Jahrhundert, Berlin 2004, S. 234-246.
Kropff, Bruno: Reformbestrebungen im Nachkriegsdeutschland und die Aktienrechtsreform von 1965, in: Walter Bayer (Hrsg.), Aktienrecht im Wandel. Bd. 1: Entwicklung des Aktienrechts, Tübingen 2007, S. 670-888.
Krüger, Dieter: Das Amt Blank. Die schwierige Gründung des Bundesministeriums für Verteidigung (= Einzelschriften zur Militärgeschichte, Bd. 38), Freiburg 1993.
Lackner, Karl: Eduard Dreher zum 70. Geburtstag, in: Hans-Heinrich Jescheck (Hrsg.), Festschrift für Eduard Dreher zum 70. Geburtstag. Am 29. April 1977, Berlin u. a. 1977, S. 1-7.
Laubenthal, Klaus/Baier, Helmut/Nestler, Nina: Jugendstrafrecht, 2. Aufl., Berlin u. a. 2010.
Laufer, Heinz: Verfassungsgerichtsbarkeit und politischer Prozess. Studien zum Bundesverfassungsgericht der Bundesrepublik Deutschland, Tübingen 1968.
Loewy, Hannol u. Bettina Winter (Hrsg.): NS-«Euthanasie» vor Gericht. Fritz Bauer und die Grenzen juristischer Bewältigung (= Wissenschaftliche Reihe des Fritz-Bauer-Instituts, Bd. 1), Frankfurt am Main 1996.
Lommatzsch, Erik: Hans Globke (1898-1973). Beamter im Dritten Reich und Staatssekretär Adenauers, Frankfurt am Main und New York 2009.
Lösch, Anna-Maria von: Der nackte Geist. Die Juristische Fakultät der Berliner Universität im Umbruch 1933, Tübingen 1999.
Maassen, Hermann u. Elmar Hucko: Thomas Dehler, der erste Bundesminister der Justiz. Köln 1977.
Manthe, Barbara: Richter in der nationalsozialistischen Kriegsgesellschaft. Beruflicher und privater Alltag von Richtern des Oberlandesgerichtsbezirks Köln 1939-1945, Tübingen 2013.

Marxen, Klaus: Das Volk und sein Gerichtshof. Eine Studie zum nationalsozialistischen Volksgerichtshof (= Juristische Abhandlungen, Bd. 25), Frankfurt am Main 1994.
Mentel, Christian u. Niels Weise: Die Zentralen Deutschen Behörden und der Nationalsozialismus. Stand und Perspektiven der Forschung, München und Potsdam 2016.
Meusch, Matthias: Von der Diktatur zur Demokratie. Fritz Bauer und die Aufarbeitung der NS-Verbrechen in Hessen (1956–1968), Wiesbaden 2000.
Miquel, Marc von: Ahnden oder Amnestieren? Westdeutsche Justiz und Vergangenheitspolitik in den sechziger Jahren (= Beiträge zur Geschichte des 20. Jahrhunderts, Bd. 1), Göttingen 2004.
–: Juristen. Richter in eigener Sache, in: Norbert Frei (Hrsg.), Karrieren im Zwielicht. Hitlers Eliten nach 1945, Frankfurt am Main und New York 2001, S. 181–224.
Möller, Christina: Völkerstrafrecht und Internationaler Strafgerichtshof. Kriminologische, straftheoretische und rechtspolitische Aspekte, Münster 2003.
Müller, Ingo: Furchtbare Juristen. Die unbewältigte Vergangenheit der deutschen Juristen (= Critica diabolis, Bd. 216), 2. Aufl., Berlin 2014.
Müller-Emmert, Adolf: Die Strafrechtsreform, in: Kurt Madlener u. a. (Hrsg.), Strafrecht und Strafrechtsreform. Referate u. Diskussionen eines Symposiums der Alexander-von-Humboldt-Stiftung, Bonn-Bad Godesberg, veranstaltet vom 7.–12. Okt. 1973 in Ludwigsburg, Köln u. a. 1974, S. 21–29.
Nettersheim, Gerd J.: Die Aufhebung von Unrechtsurteilen der NS-Strafjustiz. Ein langes Kapitel der Vergangenheitsbewältigung, in: Festschrift für Peter Riess zum 70. Geburtstag am 4. Juni 2002, Berlin und New York 2002, S. 933–949.
Niermann, Hans-Eckhard: Zwischen Amnestie und Anpassung. Personelle Entwicklung bei Richtern und Staatsanwälten 1945–50, in: Justizministerium des Landes Nordrhein-Westfalen (Hrsg.), 50 Jahre Justiz in NRW, Düsseldorf 1996, S. 61–94.
Oppitz, Ulrich-Dietrich: Strafverfahren und Strafvollstreckung bei NS-Gewaltverbrechen. Dargestellt an Hand von 542 rechtskräftigen Urteilen deutscher Gerichte aus der Zeit von 1946–1975, 2. Aufl., Ulm 1979.
Ostendorf, Heribert: Die – widersprüchlichen – Auswirkungen der Nürnberger Prozesse auf die westdeutsche Justiz, in: Gerd Hankel und Gerhard Stuby (Hrsg.), Strafgerichte gegen Menschheitsverbrechen. Zum Völkerstrafrecht 50 Jahre nach den Nürnberger Prozessen, Hamburg 1995, S. 73–97.
Ott, Gabriel: Thomas Dehler, Hof an der Saale 1985.
Oy, Gottfried u. Christoph Schneider: Die Schärfe der Konkretion. Reinhard Strecker, 1968 und der Nationalsozialismus in der bundesdeutschen Historiografie, 2., korr. Aufl., Münster 2014.
Pätzold, Kurt: NS-Prozesse in der DDR, in: Nationalsozialismus und Justiz. Die Aufarbeitung von Gewaltverbrechen damals und heute, Münster 1993.
Pauly, Walter: Der unaufhaltsame Aufstieg des Bundesverfassungsgerichts. Selbstinszenierung eines Verfassungsorgans, in: Christian Fischer und Walter Pauly (Hrsg.), Höchstrichterliche Rechtsprechung in der frühen Bundesrepublik, Tübingen 2015, S. 1–26.
Perels, Joachim: Das juristische Erbe des «Dritten Reiches». Beschädigungen der demokratischen Rechtsordnung, Frankfurt am Main 1999.
–: Die schrittweise Rechtfertigung der NS-Justiz. Der Huppenkothen-Prozeß, in: Peter Nahamowitz und Stefan Breuer (Hrsg.), Politik – Verfassung – Gesellschaft. Traditionslinien und Entwicklungsperspektiven, Baden-Baden 1995, S. 51–60.
– u. Wolfram Wette (Hrsg.): Mit reinem Gewissen. Wehrmachtrichter in der Bundesrepublik und ihre Opfer, Berlin 2011.
Pieplow, Lukas: Die Einführung des Jugendarrests in Deutschland. Kontinuität oder Zäsur? Der Bericht über die Festsitzung der Akademie für Deutsches Recht am 6. November 1940, in: Zeitschrift für Jugendkriminalrecht und Jugendhilfe 2014, S. 108–113.
Podewin, Norbert: Albert Norden. Der Rabbinersohn im Politbüro, 2. Aufl., Berlin 2003.
Raim, Edith: Justiz zwischen Diktatur und Demokratie. Wiederaufbau und Ahndung von NS-Verbrechen in Westdeutschland 1945–1949 (= Quellen und Darstellungen zur Zeitgeschichte, Bd. 96), München 2013.
Reginbogin, Herbert u. Christoph Safferling (Hrsg.): Die Nürnberger Prozesse: Völkerstrafrecht seit 1945, München 2006.

Rieß, Peter: Generalkommission – Strafrechtsrat – Strauda. Zur Geschichte und zur Tätigkeit des Strafrechtsausschusses der Bundesrechtsanwaltskammer, in: Werner Beulke und Eckhart Müller (Hrsg.), Festschrift zu Ehren des Strafrechtsausschusses der Bundesrechtsanwaltskammer. Anlässlich des Ausscheidens seines Vorsitzenden Gunter Widmaier und der Mitglieder Egon Müller, Eberhard Wahle und Matthias Weihrauch sowie der ständigen Gäste Herbert Bölter, Herbert Landau, Georg Linden und Lothar Senge bei der 196. Tagung vom 13.-15. Oktober 2006 in Münster, Heidelberg 2006, S. 49–78.

–: Das Strafprozeßänderungsgesetz 1964 – Vergängliches und Bleibendes, in: Karl Heinz Gössel (Hrsg.), Strafverfahren im Rechtsstaat. Festschrift für Theodor Kleinknecht zum 75. Geburtstag am 18. August 1985, München 1985, S. 355–378.

Rosenbaum, Birgit: Die Arbeit der Großen Strafrechtskommission zum Allgemeinen Teil. Analytische Betrachtung eines gescheiterten Gesetzgebungsvorhabens am Beispiel der Diskussionen zum Irrtum, Berlin 2004.

Rottleuthner, Hubert: Karrieren und Kontinuitäten deutscher Justizjuristen vor und nach 1945, Berlin 2010.

–: Deutsche Vergangenheiten verglichen, in: Helge Grabitz u. a. (Hrsg.), Die Normalität des Verbrechens. Bilanz und Perspektiven der Forschung zu den nationalsozialistischen Gewaltverbrechen, Berlin 1994, S. 480–501.

Röwekamp, Marion: Juristinnen. Lexikon zu Leben und Werk, Baden-Baden 2005.

Roxin, Claus: Strafzweck und Strafrechtsreform, in: Jürgen Baumann (Hrsg.), Programm für ein neues Strafgesetzbuch. Der Alternativ-Entwurf der Strafrechtslehrer, Frankfurt 1969, S. 75–92.

Rückerl, Adalbert: NS-Verbrechen vor Gericht. Versuch einer Vergangenheitsbewältigung, Heidelberg 1984.

– (Hrsg.): NS-Prozesse. Nach 25 Jahren Strafverfolgung: Möglichkeiten – Grenzen – Ergebnisse, Karlsruhe 1971.

Rüping, Hinrich u. Günther Jerouschek: Grundriss der Strafrechtsgeschichte, 6. Aufl., München 2011.

Rüter, Christiaan F. u. Dick W. De Mildt (Hrsg.): Die westdeutschen Strafverfahren wegen nationalsozialistischer Tötungsverbrechen 1945-1997. Eine systematische Verfahrensbeschreibung mit Karten und Registern, Amsterdam 1998.

Rüthers, Bernd: Die unbegrenzte Auslegung. Zum Wandel der Privatrechtsordnung im Nationalsozialismus, 7. Aufl., Tübingen 2012.

Safferling, Christoph: Gerechtigkeit durch Strafrecht? Eine Analyse des Umgangs der Strafjustiz mit dem SED-Regime, in: Eckart Conze u. a. (Hrsg.), Die demokratische Revolution 1989 in der DDR, Köln u. a. 2009, S. 203–221.

–: Internationales Strafrecht. Strafanwendungsrecht – Völkerstrafrecht – Europäisches Strafrecht, Berlin und Heidelberg 2011.

Schaal, Gary S. u. Andreas Wöll (Hrsg.), Vergangenheitsbewältigung. Modelle der politischen und sozialen Integration in der bundesdeutschen Nachkriegsgeschichte, Baden-Baden 1997.

Schaefer, Klaus: Der Prozess gegen Otto John. Zugleich ein Beitrag zur Justizgeschichte der frühen Bundesrepublik Deutschland (= Wissenschaftliche Beiträge aus dem Tectum Verlag: Rechtswissenschaften, Bd. 32), Marburg 2009.

Scheffler, Erna: Die Stellung der Frau in Familie und Gesellschaft im Wandel der Rechtsordnung seit 1918, Frankfurt am Main und Berlin 1970.

Scheffler, Uwe: Das Reformzeitalter 1953–1975, in: Thomas Vormbaum und Jürgen Welp (Hrsg.), Das Strafgesetzbuch. Supplement-Bd. 1. 130 Jahre Strafgesetzgebung – eine Bilanz, Baden-Baden 2004, S. 174–257.

Schiffers, Reinhard: Grundlegung der Verfassungsgerichtsbarkeit. Das Gesetz über das Bundesverfassungsgericht vom 12. März 1951, Düsseldorf 1984.

–: Zwischen Bürgerfreiheit und Staatsschutz. Wiederherstellung und Neufassung des politischen Strafrechts in der Bundesrepublik Deutschland 1949–1951, Düsseldorf 1989.

Schmidt, Herbert: «Beabsichtige ich, die Todesstrafe zu beantragen». Die nationalsozialistische Sondergerichtsbarkeit im Oberlandesgerichtsbezirk Düsseldorf 1933–1945, Essen 1998.

Schönke, Adolf u. Horst Schröder: Strafgesetzbuch. Kommentar, 29. Aufl., München 2014.
Schröder, Jan: Das Bundesministerium der Justiz und die Justizgesetzgebung 1949–1989, in: Bundesministerium der Justiz (Hrsg.), 40 Jahre Rechtspolitik im freiheitlichen Rechtsstaat, Bonn 1989, S. 9–94.
Schroeder, Friedrich-Christian: Der Schutz von Staat und Verfassung im Strafrecht. Eine systematische Darstellung, entwickelt aus Rechtsgeschichte und Rechtsvergleichung (= Münchener Universitätsschriften: Reihe der Juristischen Fakultät, Bd. 9), München 1970.
–: Die Entnazifizierung des deutschen Strafrechts, in: Martin Löhnig (Hrsg.), Zwischenzeit. Rechtsgeschichte der Besatzungsjahre, Regenstauf 2011, S. 201–212.
Schumann, Eva: Fortwirken von NS-Juristen in der Bundesrepublik, in: Bundesministerium der Justiz und für Verbraucherschutz und Unabhängige Wissenschaftliche Kommission beim Bundesministerium der Justiz und für Verbraucherschutz (Hrsg.), Die Rosenburg. 3. Symposium, Berlin 2013, S. 70–124.
Schütz, Hans: Justitia kehrt zurück. Der Aufbau einer rechtsstaatlichen Justiz nach dem Zusammenbruch 1945, Bamberg 1987.
Schwegmann, Friedrich Gerhard (Hrsg.): Die Wiederherstellung des Berufsbeamtentums nach 1945. Geburtsfehler oder Stützpfeiler der Demokratiegründung in Westdeutschland?, Düsseldorf 1986.
Scheweling, Otto Peter u. Erich Schwinge: Die deutsche Militärjustiz in der Zeit des Nationalsozialismus, Marburg 1977.
Schwenck, Hans Günter: Wehrstrafrecht im System des Wehrrechts und in der gerichtlichen Praxis. Ein Leitfaden, Frankfurt am Main 1973.
Senfft, Heinrich: Richter und andere Bürger. 150 Jahre politische Justiz und neudeutsche Herrschaftspublizistik, Nördlingen 1988.
Simon, Eric: Gesetzesauslegung im Strafrecht. Eine Analyse der höchstrichterlichen Rechtsprechung, Berlin 2005.
Smith, Gary u. Avishai Margalit (Hrsg.): Amnestie oder die Politik der Erinnerung in der Demokratie, Frankfurt am Main 1997.
Spiliotis, Susanne-Sophia: Der Fall Merten und die deutsch-griechische «Aufarbeitung» der Besatzungsherrschaft in Griechenland während des Zweiten Weltkrieges, in: Karl Giebeler u. a. (Hrsg.), Versöhnung ohne Wahrheit? Deutsche Kriegsverbrechen in Griechenland im Zweiten Weltkrieg, Mannheim 2001, S. 68–77.
Staudinger, Roland: Politische Justiz. Die Tiroler Sondergerichtsbarkeit im Dritten Reich am Beispiel des Gesetzes gegen heimtückische Angriffe auf Partei und Staat, Schwaz 1994.
Steimann, Karin: Leben lassen. Auf den Spuren eines unbequemen Anwalts, Leipzig 1999.
Steinkamm, Eike: Die Wehrstrafgerichtsbarkeit im Grundgesetz der Bundesrepublik Deutschland. Eine Untersuchung des Art. 96 Abs. 2 GG aus rechtsgeschichtlicher, verfahrens-, staats- und völkerrechtlicher Sicht (= Würzburger wehrwissenschaftliche Abhandlungen, Bd. 4), Würzburg 1974.
Stolleis, Michael: Recht im Unrecht. Studien zur Geschichte des öffentlichen Rechts im Nationalsozialismus, Frankfurt am Main 1994.
Streim, Alfred: Der Umgang mit der Vergangenheit am Beispiel der Zentralen Stelle der Landesjustizverwaltungen zur Aufklärung nationalsozialistischer Verbrechen in Ludwigsburg, in: Landeszentrale für politische Bildung Baden-Württemberg (Hrsg.), Formen des Widerstandes im Südwesten 1933–1945, Ulm 1994, S. 320–333.
Surmann, Rolf: Neue Militärjustiz?, in: Joachim Perels (Hrsg.), Mit reinem Gewissen. Wehrmachtrichter in der Bundesrepublik und ihre Opfer, Berlin 2011.
Tausch, Volker: Max Güde (1902–1984). Generalbundesanwalt und Rechtspolitiker (= Juristische Zeitgeschichte: Abteilung 4, Leben und Werk. Biographische Beiträge zur juristischen Zeitgeschichte, Bd. 5), Baden-Baden 2002.
Umbach, Dieter/Clemens, Thomas/Dollinger, Franz-Wilhelm: Bundesverfassungsgerichtsgesetz. Mitarbeiterkommentar und Handbuch, 2. Aufl., Heidelberg 2005.
Utz, Friedemann: Preuße, Protestant, Pragmatiker. Der Staatssekretär Walter Strauß und sein Staat (= Beiträge zur Rechtsgeschichte des 20. Jahrhunderts, Bd. 40), Tübingen 2003.
Vaupel, Heike: Die Familienrechtsreform in den fünfziger Jahren im Zeichen widerstreitender Weltanschauungen, Baden-Baden 1999.

Vollnhals, Clemens (Hrsg.): Entnazifizierung. Politische Säuberung und Rehabilitierung in den vier Besatzungszonen 1945–1949, München 1991.
– (Hrsg.): Justiz im Dienste der Parteiherrschaft. Rechtspraxis und Staatssicherheit in der DDR, Berlin 1999, S. 499–525.
Vormbaum, Thomas: Die Lex Emminger vom 4. Januar 1924. Vorgeschichte, Inhalt und Auswirkungen. Ein Beitrag zur deutschen Strafrechtsgeschichte des 20. Jahrhunderts, Berlin 1988.
–: Einführung in die moderne Strafrechtsgeschichte, 2. Aufl., Berlin und Heidelberg 2011.
Wassermann, Rudolf: Justiz und politische Kultur. Verfolgung nationalsozialistischer Gewaltverbrecher als Herausforderung für Rechtsprechung und Bewußtsein der Öffentlichkeit, in: Ders., Recht, Gewalt, Widerstand. Vorträge und Aufsätze, Berlin 1985, S. 9–35.
–: Richter, Reform, Gesellschaft. Beiträge zur Erneuerung der Rechtspflege, Karlsruhe 1970.
Weinke, Annette: Eine Gesellschaft ermittelt gegen sich selbst. Die Geschichte der Zentralen Stelle Ludwigsburg 1958–2008, Darmstadt 2008.
–: Die Verfolgung von NS-Tätern im geteilten Deutschland. Vergangenheitsbewältigungen 1949–1969 oder Eine deutsch-deutsche Beziehungsgeschichte im Kalten Krieg, Paderborn u. a. 2002.
Wendt, Günther: Adolf Schönke, in: Juristen im Portrait. Verlag und Autoren in 4 Jahrzehnten. Festschrift zum 225jährigen Jubiläum des Verlages C. H. Beck, München 1988, S. 663–670.
Wengst, Udo: Thomas Dehler 1897–1967. Eine politische Biographie, München 1997.
–: Beamtentum zwischen Reform und Tradition. Beamtengesetzgebung in der Gründungsphase der Bundesrepublik Deutschland 1948–1953, Düsseldorf 1988.
–: Staatsaufbau und Regierungspraxis 1948–1953. Zur Geschichte der Verfassungsorgane der Bundesrepublik Deutschland, Düsseldorf 1984.
Wesel, Uwe u. Hans Dieter Beck: 250 Jahre rechtswissenschaftlicher Verlag C. H. Beck, 1763–2013, München 2013.
Wette, Wolfram: Der Fall Filbinger, in: Ders. (Hrsg.), Filbinger, eine deutsche Karriere, Springe 2006, S. 15–34.
Wilke, Malte: Staatsanwälte als Anwälte des Staates? Die Strafverfolgungspraxis von Reichsanwaltschaft und Bundesanwaltschaft vom Kaiserreich bis in die frühe Bundesrepublik (= Beiträge zu Grundfragen des Rechts, Bd. 16), Göttingen 2015.
Wojak, Irmtrud: Fritz Bauer 1903–1968. Eine Biographie, München 2009.
Würzburger, Eugen: Der letzte Landsberger. Amnestie, Integration und die Hysterie um die Kriegsverbrechen in der Adenauer-Ära, Holzminden 2015.
Zorn, Monika (Hrsg.): Hitlers zweimal getötete Opfer. Westdeutsche Endlösung des Antifaschismus auf dem Gebiet der DDR, Freiburg im Breisgau 1994.
Zur Verjährung nationalsozialistischer Verbrechen. Dokumentation der parlamentarischen Bewältigung des Problems 1960–1979, hrsg. vom Deutschen Bundestag, Bonn 1980.

Abkürzungsverzeichnis

AA	Auswärtiges Amt
Abs.	Absatz
Abt.	Abteilung
ACDP	Archiv für Christlich-Demokratische Politik
ACSP	Archiv für Christlich-Soziale Politik
a. D.	außer Dienst
ADL	Archiv des Liberalismus
AdsD	Archiv der sozialen Demokratie
AG	Amtsgericht
AK	Arbeitskreis
AL	Abteilungsleiter
Anm.	Anmerkung
Arch	Archiv
Art.	Artikel
Az.	Aktenzeichen
BArch	Bundesarchiv
Bay	Bayerisch
BayHStA	Bayerisches Hauptstaatsarchiv
Bd.	Band
Bde	Bände
BDC	Berlin Document Center
BEG	Bundesgesetz zur Entschädigung für Opfer der nationalsozialistischen Verfolgung (Bundesentschädigungsgesetz)
Bew	Bewerbungsakte
BfV	Bundesamt für Verfassungsschutz
BGB	Bürgerliches Gesetzbuch
BGBl.	Bundesgesetzblatt
BGH	Bundesgerichtshof
BGHSt	Entscheidungen des Bundesgerichtshofs in Strafsachen
BGHZ	Entscheidungen des Bundesgerichtshofs in Zivilsachen
BK	Bundeskabinett
BKA	Bundeskriminalamt
BKAmt	Bundeskanzleramt
BLHA	Brandenburgisches Landeshauptarchiv
BMdF	Bundesminister der Finanzen
BMdI	Bundesminister des Inneren
BMdJ	Bundesminister der Justiz
BMI	Bundesministerium des Innern
BMJ	Bundesministerium der Justiz
BND	Bundesnachrichtendienst
BMF	Bundesministerium der Finanzen
BMG	Bundesministerium für Gesundheit
BMJV	Bundesministerium der Justiz und für Verbraucherschutz
BVerfG	Bundesverfassungsgericht
BVerfGG	Bundesverfassungsgerichtsgesetz

BMVg	Bundesministerium der Verteidigung
BMVtdg	Bundesministerium der Verteidigung
BNSDJ	Bund Nationalsozialistischer Deutscher Juristen
BRD	Bundesrepublik Deutschland
BR-Drucks.	Bundesratsdrucksachen
BStU	Bundesbeauftragter für die Unterlagen des Staatssicherheitsdienstes der ehemaligen Deutschen Demokratischen Republik
BT-Drucks.	Bundestagsdrucksachen
BVN	Bund der Verfolgten des Naziregimes
BW	Bundeswehr
CIC	Counter Intelligence Corps
CCS	Combined Chiefs of Staff
CDU	Christlich-Demokratische Union Deutschlands
CSU	Christlich-Soziale Union in Bayern
DDP	Deutsche Demokratische Partei
DDR	Deutsche Demokratische Republik
Div.	Division
DJV	Deutsche Zentralverwaltung für Justiz
DKP	Deutsche Kommunistische Partei
DM	Deutsche Mark
DNVP	Deutschnationale Volkspartei
Dok. Nr.	Dokumentennummer
DP	Deutsche Partei
dpa	Deutsche Presse-Agentur
DRiG	Deutsches Richtergesetz
DRiZ	Deutsche Richterzeitung
DRK	Deutsches Rotes Kreuz
E	Entwurf
Ebd.	Ebenda
EAC	European Advisory Commission
EBS	European Business School
EGKS	Europäische Gemeinschaft für Kohle und Stahl
EGOWiG	Einführungsgesetz zum Ordnungswidrigkeitengesetz
EKD	Evangelische Kirche in Deutschland
EVG	Europäische Verteidigungsgemeinschaft
FamRZ	Zeitschrift für das gesamte Familienrecht
FAZ	Frankfurter Allgemeine Zeitung
FDP	Freie Demokratische Partei
Fn	Fußnote
FO	Foreign Office
FRUS	Foreign Relations of the Unites States
FU	Freie Universität Berlin
G	Gesetz
G 131	Gesetz zur Regelung der Rechtsverhältnisse der unter Artikel 131 des Grundgesetzes fallenden Personen
GAss	Gerichtsassessor
GBA	Generalbundesanwalt
Gestapo	Geheime Staatspolizei
gez.	gezeichnet
GG	Grundgesetz
GMBl.	Gemeinsames Ministerialblatt
GOBReg	Geschäftsordnung der Bundesregierung
GVG	Gerichtsverfassungsgesetz
GVP	Gesamtdeutsche Volkspartei
GzVeN	Gesetz zur Verhütung erbkranken Nachwuchses
H.	Heft

HAPAG	Hamburg-Amerikanische Packetfahrt-Actien-Gesellschaft
Hervorh.	Hervorhebung
HGB	Handelsgesetzbuch
HJ	Hitler-Jugend
HV	Hauptverhandlung
Hrsg.	Herausgeber
HStAD	Hessisches Staatsarchiv Darmstadt
IfZ	Institut für Zeitgeschichte
I. G.	Interessengemeinschaft
IMT	International Military Tribunal
i. R.	im Ruhestand
JCS	Joint Chiefs of Staff
Jg.	Jahrgang
JGG	Jugendgerichtsgesetz
JW	Juristische Wochenschrift
JZ	JuristenZeitung
KG	Kammergericht
KPD	Kommunistische Partei Deutschlands
KRG	Kontrollratsgesetz
KWVO	Kriegswirtschaftsverordnung
KZ	Konzentrationslager
KSSVO	Kriegssonderstrafrechtsverordnung
KStVO	Kriegsstrafverfahrensordnung
LDPD	Liberaldemokratische Partei Deutschlands
LG	Landgericht
LOStA	Leitender Oberstaatsanwalt
MCC	Ministerial Collecting Center
MD/MinDir	Ministerialdirektor
MDgt	Ministerialdirigent
MDR	Monatsschrift für Deutsches Recht
MfS	Ministerium für Staatssicherheit
MR/MinR	Ministerialrat
MStGB	Militärstrafgesetzbuch
MWD	Ministerstwo Wnutrennich Del (Ministerium für innere Angelegenheiten)
NARA	National Archives and Records Administration
NATO	North Atlantic Treaty Organization
NJW	Neue Juristische Wochenschrift
NKWD	Narodny kommissariat wnutrennich del (Volkskommissariat für innere Angelegenheiten)
NL	Nachlass
NMT	Nuremberg Military Tribunal
NN-Erlass	Nacht- und Nebel-Erlass
NOKW	Nürnberger Prozesse – Fall 12 (OKW-Prozess)
Not-VO	Notverordnung
NPD	Nationaldemokratische Partei Deutschlands
NS	Nationalsozialismus/nationalsozialistisch
NSDAP	Nationalsozialistische Deutsche Arbeiterpartei
NSFK	Nationalsozialistisches Fliegerkorps
NSKK	Nationalsozialistisches Kraftfahrkorps
NSRB	Nationalsozialistischer Rechtswahrerbund
NSV	Nationalsozialistische Volkswohlfahrt
OGHBrZ	Oberster Gerichtshof für die Britische Zone
ÖGvRK	Österreichische Gesellschaft vom Roten Kreuz
OHG	Offene Handelsgesellschaft
o. J.	ohne Jahreszahl
OKH	Oberkommando des Heeres

OKW	Oberkommando der Wehrmacht
OKW-WR	Oberkommando der Wehrmacht – Wehrrecht
OLG	Oberlandesgericht
OMGUS	Office of Military Government for Germany (U. S.)
OMGWB	Office of Military Government for Württemberg and Baden
OMGBY	Office of Military Government for Bavaria
ORR	Oberregierungsrat
OSS	Office of Strategic Services
OStA	Oberstaatsanwalt
OT	Organisation Todt
OWiG	Ordnungswidrigkeitengesetz
PA	Personalakte
PA-DBT	Parlamentsarchiv des Deutschen Bundestages
PG	Parteigenosse
P. P. A.	Politischer Prüfungsausschuss des Vereinigten Wirtschaftsgebietes
RA	Rechtsanwalt
Ref.	Referat
Rep	Repositorium
RD	Regierungsdirektor
RDB	Reichsbund der Deutschen Beamten
RG	Reichsgericht
RGBl.	Reichsgesetzblatt
RM	Reichsmark
Rn	Randnummer
RJGG	Reichsjugendgerichtsgesetz
RJM	Reichsjustizministerium
RSHA	Reichssicherheitshauptamt
RStGB	Reichsstrafgesetzbuch
RuSHA	Rasse- und Siedlungshauptamt der SS
SAPMO	Stiftung Archiv der Parteien und Massenorganisationen der DDR im Bundesarchiv
SBZ	Sowjetische Besatzungszone
SA	Sturmabteilung
SD	Sicherheitsdienst
SDS	Sozialistischer Deutscher Studentenbund
SED	Sozialistische Einheitspartei Deutschlands
SG	Sondergericht
SHAEF	Supreme Headquarters Allied Expeditionary Force
SJZ	Süddeutsche Juristenzeitung
SMAD	Sowjetische Militäradministration in Deutschland
SMT	Soviet Military Tribunal
SPD	Sozialdemokratische Partei Deutschlands
SS	Schutzstaffel
StA	Staatsanwalt
StAZ	Zeitschrift für Standesamtswesen, Familienrecht, Staatsangehörigkeitsrecht, Personenstandsrecht und internationales Privatrecht des In- und Auslands
StenBer	Stenographischer Bericht
StGB	Strafgesetzbuch
StMdJ	Staatsministerium der Justiz
StPO	Strafprozessordnung
StS	Staatssekretär
TOP	Tagesordnungspunkt
UA	Urteilsabdruck
UdSSR	Union der Sozialistischen Sowjetrepubliken
UFJ	Untersuchungsausschuss Freiheitlicher Juristen
unpag.	unpaginiert

Urt.	Urteil
U. S.	United States
USA	United States of America
UWK	Unabhängige Wissenschaftliche Kommission
V-Buch	Verteidigungsbuch
Verf.	Verfasser
Vfg.	Verfügung
VfW	Verwaltung für Wirtschaft
Vol.	Volume
Vor	Vorbemerkung
Vorb.	Vorbemerkung
VS	Verschlusssache
VVO	Volksschädlingsverordnung
VWG	Vereinigtes Wirtschaftsgebiet
WiGBl	Gesetzblatt der Verwaltung des Vereinigten Wirtschaftsgebietes
WAV	Wirtschaftliche Aufbau-Vereinigung
WP	Wahlperiode
WSG	Wehrstrafgerichtsbarkeit
WStG	Wehrstrafgesetz
WStGO	Wehrstrafgerichtsordnung
WVST	Wehrmachts-Verbindungsstab [des OKW] beim Hauptquartier der alliierten Truppen
z. Hd.	Zu Händen
ZJA	Zentral-Justizamt
ZK	Zentralkomitee
ZPO	Zivilprozessordnung
ZRS	Zentrale Rechtsschutzstelle

Bildnachweis

Abb. 1: Bundesministerium der Justiz und für Verbraucherschutz Berlin; *Abb. 2*: Bundesarchiv, Koblenz – Bild 183-J03166; *Abb. 3*: © Gerd J. Nettersheim; *Abb. 4*: Bundesministerium der Justiz und für Verbraucherschutz, Berlin; *Abb. 5*: Bundesarchiv, Koblenz – B 145 Bild-F050216-0016; *Abb. 6*: Bundesarchiv, Koblenz – B 145 Bild-F006740-0004; *Abb. 7*: Bundesministerium der Justiz und für Verbraucherschutz, Berlin; *Abb. 8*: Bundesarchiv, Koblenz – Bild 183-B22627; *Abb. 9*: akg-images, Berlin/picture-alliance/dpa; *Abb. 10*: ap/dpa/picture-alliance/Süddeutsche Zeitung Photo, München; *Abb. 11*: Presse- und Informationsamt der Bundesregierung, Berlin – Bundesbildstelle, Bild Nr. 28828/5 (BMJV)/Bundesregierung/Ludwig Wegmann; *Abb. 12*: Arthur Gütt, Herbert Linden, Franz Maßfeller: Blutschutz- und Ehegesundheitsgesetz. Gesetze und Erläuterungen, München 1937; *Abb. 13*: ullstein bild, Berlin; *Abb. 14*: Bundesministerium der Justiz und für Verbraucherschutz, Berlin; *Abb. 15*: Bundesministerium der Justiz und für Verbraucherschutz, Berlin; *Abb. 16*: Presse- und Informationsamt der Bundesregierung, Berlin – Bundesbildstelle, Bild Nr. 31466/23 (BMJV)/Bundesregierung/Jens Gathmann; *Abb. 17*: Bundesministerium der Justiz und für Verbraucherschutz, Berlin; *Abb. 18*: Presse- und Informationsamt der Bundesregierung, Berlin – Bundesbildstelle B 145 Bild-00013604/Gerhard Heisler; *Abb. 19*: © dpa Picture-Alliance/dpa, Frankfurt/Main.

Leider war es nicht in allen Fällen möglich, die Inhaber der Rechte zu ermitteln. Wir bitten deshalb gegebenenfalls um Mitteilung. Der Verlag ist bereit, berechtigte Ansprüche abzugelten.

Personenregister

Abetz, Otto 148
Achenbach, Ernst 145, 148–154, 186–188, 190, 399
Adenauer, Konrad 91, 99, 104 f., 108, 111 f., 119–121, 125, 127, 140, 146, 151, 163 f., 179, 181, 194 f., 198 f., 209, 215 f., 218, 229, 234, 240 f., 289–291, 298, 326, 365, 436
Adler, Siegfried 87
Ahlers, Conrad 240
Alpers, Friedrich 272 f.
Altenloh, Wilhelm 410
Altstötter, Josef 45
Amelunxen, Rudolf 143 f., 323
Ammon, Wilhelm von 59
Anderson, John 32 f.
Angermeier, Franziska 353
Arendt, Hannah 27
Arndt, Adolf 100 f., 110, 143 f., 189, 206 f., 228, 289 f., 330, 349, 380 f., 384, 439
Arndt, Herbert 436 f.
Arnim, Henning von 100, 115, 158 f., 165 f., 249, 344, 423
Arnold, Karl 105
Aschenauer, Rudolf 147
Ascher, Walther 278
Auerbach, Philipp 347
Augstein, Josef 240
Augstein, Rudolf 240

Bach, Gabriel 16, 236, 246
Bahlmann, Kai 344, 356 f.
Baldus, Paulheinz 283, 285
Barth, Eberhard 438
Bauer, Fritz 98, 132, 146, 224, 234–236, 239, 244–248, 342, 364, 374, 412
Baumann, Jürgen 364
Baur, Armin 56
Bayerl, Alfons 256
Becker, Detlev 240
Becker, Hellmut 147
Becker, Max 101
Beer, Klaus 224
Behling, Kurt 53, 211 f., 341

Behrens, Heinz 319
Benda, Ernst 231 f., 389, 421, 427 f.
Benjamin, Hilde 41–43
Berger, Gottlob 147
Bergmann, Heinz 115, 249
Berija, Lawrentij 40
Bernstein, Bernard 65
Bertram, Wilhelm 344 f.
Best, Werner 149 f., 186–188, 323
Betz, Herman Dieter 446
Beyerle, Josef 290
Bismarck, Otto von 364
Bitter, Margarethe 212 f., 218, 319, 321
Blank, Theodor 436–438
Blücher, Franz 105 f., 125, 127, 365
Bobermin, Hanns 148
Bockelmann, Paul 367
Böckler, Hans 146
Böhm, Franz 98
Börker, Rudolf 412 f.
Boeter, Ulrich 433–435
Bogner, Wilhelm 244
Bohle, Ernst Wilhelm 148
Bonhoeffer, Dietrich 19 f., 60, 92, 94
Bormann, Martin 38, 49, 131, 328 f., 341
Born, Max 197
Bower, Tom 208, 219
Brack, Viktor 147
Brandis, Ernst 304
Brandl, Theodor 115, 249
Brandstetter, Elmar 436
Brandt, Karl 236
Brandt, Willy 256, 428
Brentano, Heinrich von 111
Brown, Major 83
Browning, Christopher 25
Bruchhaus, Karl 351
Brunner, Alois 220
Bucerius, Gerd 120
Bucher, Ewald 175, 229–232, 241, 243, 285, 287, 311, 317, 340, 363, 368
Buddendiek, Hans 405
Bülow, Arthur 116, 136–138, 201, 241–244, 248, 250, 303 f., 308, 311, 330, 352

Bülow, Detlev Hartig von 411
Bumke, Erwin 271
Butz, Georg 338

Canaris, Wilhelm 19 f., 60, 324
Canter, Karl 143
Castle, Barbara 205
Chaput de Saintonge, David Mark 103
Churchill, Winston 32, 65
Clay, Lucius D. 65
Cohn, Chaim Herman 234
Corves, Erich 317

Dahm, Georg 327, 392
Dallinger, Wilhelm 123, 189, 237 f., 251 f., 318 f., 321 f., 325, 395–397, 441
Däubler-Gmelin, Herta 245, 449 f.
Dawson, Oberst 77
Dehler, Elisabeth 87 f.
Dehler, Irma, geb. Frank 87–90
Dehler, Thomas 11 f., 23, 77, 79, 86–91, 95–97, 101–111, 114, 116, 118, 122–124, 126–129, 131 f., 141, 143 f., 149–155, 158 f., 175, 179 f., 183–185, 187–189, 194 f., 211–218, 251, 261, 269, 271, 280, 288–291, 293, 295, 298, 302, 307, 313, 317, 323–326, 342 f., 347, 355 f., 362, 366, 368, 379 f., 396, 451–453
Demjanjuk, John 244
Deter, Adolf 204
Deutschkron, Inge 27
Diewerge, Wolfgang 150
Diller, Georg 344
Dittmann, Herbert 215 f.
Dönitz, Karl 147
Dohnanyi, Hans von 19 f., 60, 324
Dombrowski, Hanns 438
Donovan, William J. 236
Dorn, Erna 42 f.
Douglas, Lewis 65
Drath, Martin 297
Dreher, Eduard 22, 111, 195, 228, 254 f., 284, 318 f., 325, 330–336, 358 f., 361, 363, 366 f., 373, 395, 398, 401–405, 407–409, 411, 417–420, 423, 441, 456
Dreher, Klaus Rudolf 254 f.
Dürig, Ernst 116 f., 293
Düx, Heinz 16, 244, 246
Dufhues, Josef Hermann 306

Ebersberg, Heinrich 49, 136, 247, 267, 336, 340–342, 456
Ebisch, Hellmuth 422
Eden, Anthony 32
Ehard, Hans 105, 349
Ehmke, Horst 30, 250, 254, 256, 287, 317,
330, 333, 340, 344, 354, 404, 409, 411, 415–417, 419 f., 445
Eichmann, Adolf 16, 25, 219 f., 222, 233–239, 244, 246, 250, 307, 310, 313
Eichmann, Klaus 235
Eichmüller, Andreas 84, 184
Eichstädt, Oberregierungsrat 423
Einstein, Albert 197
Eirenschmalz, Franz 236
Eisenhower, Dwight D. 64 f., 67
Ellinghaus, Wilhelm 297
Elsenheimer, Georg 109, 116, 131
Engelhard, Hans A. 13, 355
Erdmann, Hanns-Eberhard 140
Erhard, Ludwig 104, 109, 127, 131 f., 241, 368
Erkel, Günther 318, 342
Erler, Fritz 183
Errelis, Heinz 410
Ertl, Josef 95 f., 110
Esterle, Rudolf 385
Eulenburg, Philipp zu 375
Ewers, Hans 397 f.
Exner, Franz 321

Fahy, Charles 81
Fenthol, Fritz 141
Ferber, Karl Josef 56 f.
Finke, Franz-Josef 277
Fisch, Walter 382 f.
Fischer, Joschka 13
Fischer-Schweder, Bernhard 224 f.
Fleischmann, Rudolf 336 f.
Flick, Friedrich 37, 48, 51
Foertsch, Friedrich 239
Fränkel, Wolfgang 284–287
Franco, Francisco 177
François-Poncet, André 214–216
Frank, Hans 18, 45, 191, 273, 305, 373
Franta, Rudolf 264
Frei, Norbert 17, 81, 156, 163, 190, 213
Freisler, Roland 16, 42, 52, 57 f., 62, 93, 139 f., 191, 211, 304, 325–327, 329, 334, 339, 351, 353, 359
Frena, Adolf 284
Frey, Gerhard 192
Frick, Wilhelm 94, 242
Friedensburg, Ferdinand 97
Friedman, Tuviah 235
Friedrich, Jörg 17 f.
Frisch, Max 27
Fröhlich, Georg 297
Froeschmann, Georg 147
Fromm, Heinz 13

Gaffga, Horst 412 f.

Gajewski, Fritz 148
Gareis, Heinrich 292
Garland, Judy 55
Gawlik, Hans 22, 147 f., 211–213, 215–217, 219–222, 238 f., 399, 416
Gehlen, Reinhard 236
Gehre, Ludwig 19 f.
Geier, Friedrich-Wilhelm 283, 383–385, 388
Geiger, Willi 88, 97, 106, 109, 111, 114, 116, 128 f., 131 f., 140, 289–297
Geiler, Karl 97 f., 147
Geller, Gregor 292
Gerstenmaier, Eugen 209 f.
Geßler, Ernst 116, 134–138, 310, 336 f., 339–341
Gewald, Max 42
Giller, Walter 202
Giordano, Ralph 21, 200, 225
Globke, Hans 94, 111–113, 118–122, 124, 127, 219, 236, 241–243, 272, 278, 307, 315, 320, 422
Gnielka, Thomas 245
Goebbels, Joseph 151
Godau-Schüttke, Klaus-Detlev 171, 270, 272, 276
Godin, Reinhard von 339
Göhler, Erich 317 f., 403–405, 415, 424
Göring, Hermann 372
Goethe, Johann Wolfgang von 371
Götz, Albrecht 415
Götz, Ernst 317
Goldfuß, Georg August 11
Goldhagen, Daniel 25
Goßrau, Eberhard 422
Gramm, Christof 434
Grauert, Ludwig 304
Greuel, Willy 126
Greve, Otto Heinrich 325–327
Grimm, Friedrich 186 f., 190
Gröning, Oskar 244
Grohmann, Georg 303 f.
Grotewohl, Otto 196
Grünewald, Otto 437
Grützner, Heinrich 235, 318 f.
Grynszpan, Herschel 149
Güde, Max 189, 205, 244 f., 281–283, 286, 367, 385 f., 390
Gürtner, Franz 16, 45, 52, 187, 327
Gütt, Arthur 304, 430 f.
Gumbel, Karl 120 f., 125
Gusseck, Lutz 434 f.

Haertel, Kurt 100, 115, 249
Hage, Erich 136
Hagemeyer, Maria 277, 302, 309
Hanning, Reinhold 244
Harmening, Rudolf 100 f.
Hatzelmann, Thomas 352
Hauptvogel, Fritz 328
Hauser, Karoline 332 f., 419
Haußmann, Wolfgang 226
Hedler, Wolfgang 380
Hefermehl, Wolfgang 311
Heideloff, Carl Alexander 11
Heiland, Gerhard 297
Heinemann, Gustav 112 f., 119, 125 f., 158, 173, 212 f., 243, 254–257, 287, 317, 320, 329 f., 340, 344, 354 f., 368, 389, 404, 411, 415, 419 f., 427, 445
Heinrich, Hermann 406–408, 413–415
Heisenberg, Werner 197
Held, Martin 202 f.
Hellwege, Heinrich 104 f., 126 f.
Henk, Emil 354
Herlan, Wilhelm 318 f., 321 f.
Hermann, Lothar 234 f.
Hermann, Silvia 235
Herold, Theodor 135, 339
Hess, Rudolf 116 f., 192, 242
Heusinger, Bruno 272 f., 311, 385 f., 388
Heuss, Theodor 87, 101, 105 f., 194 f., 296, 441
Heuss-Knapp, Elly 105
Heydrich, Reinhard 44, 149, 223–225, 233
Himmler, Heinrich 49, 52, 149, 225, 373, 446
Hirsch, Günter 61, 279
Hirsch, Martin 405, 408, 420
Hirschfeld, Gerhard 26
Hitler, Adolf 25 f., 48, 52–54, 66, 87–90, 96, 119, 122, 131, 137, 140, 150 f., 155, 157, 168 f., 196 f., 210, 225, 230, 272 f., 305, 308, 312, 317, 326, 354, 356, 372, 375, 386, 392, 395, 429, 437, 446
Hodenberg, Hodo von 145–147, 211
Hodes, Fritz 448
Höcherl, Hermann 240, 421
Hoegner, Wilhelm 349
Hölscher, Heinrich 135, 339
Höpker-Aschoff, Hermann 101, 194 f., 290 f., 296 f.
Hörchner, Max 285
Höß, Rudolf 245
Hofé, Günter 386
Hoffmann, Heinz Hugo 56 f.
Holtgrave, Walter 311
Hopf, Volkmar 240
Horstkotte, Hartmuth 317, 407, 412, 418 f.
Hoven, Waldemar 148, 211
Huber, Ernst Rudolf 168, 190 f.
Hudal, Alois 234

Hull, Cordell 64–66
Huppenkothen, Walter 19–21, 60, 273, 287

Ingrim, Robert 186
Isaac, Julius 91

Jackson, Robert H. 39, 46, 236
Jaeger, Richard 138, 140, 176 f., 243, 254, 317, 368, 404, 447
Jagusch, Heinrich 283, 286, 366, 384–388, 390
Jahn, Gerhard 174, 228, 256, 318
Janicki, Hubertus 53
Janiszewski, Horst 317, 404
Jekewitz, Jürgen 431 f., 434 f.
Jennrich, Ernst 42
Jescheck, Hans-Heinrich 318
Joël, Curt 337
Joël, Günther 101, 115, 142, 249, 336–339
Joël, Karl Günther 338
Josten, Paul 92, 95, 98
Jung, Franz 115, 123, 249, 344 f.
Just-Dahlmann, Barbara 412

Kaiser, Jakob 119 f., 125 f., 164
Kalinke, Margot 104 f.
Kaltenbrunner, Ernst 45
Kanter, Ernst 22, 143 f., 187–189, 281, 314 f., 318 f., 321–325, 378, 395, 443
Karamanlis, Konstantinos 315
Katz, Rudolf 297
Katzenberger, Leo 54–57
Kaufmann, Erich 147, 291
Kaul, Friedrich Karl 385
Keitel, Wilhelm 49, 446
Kellner 384
Kempner, Robert M. W. 148 f., 310, 409
Kennan, George f. 64
Kern, Ernst 250
Kesselring, Albert 37, 437
Keßler, Erich 112 f., 119
Kielwein, Wilhelm 318 f.
Kiesinger, Kurt Georg 243 f., 329, 428
Kirchner, Carl 285
Klagges, Dietrich 273
Klaiber, Manfred 185
Klarsfeld, Beate 153
Klarsfeld, Serge 153
Kleinknecht, Theodor 318 f., 363, 424
Klemm, Herbert 59
Klingsporn, Burkhard 311
Kloppenburg, Heinrich 212 f.
Knieriem, August von 146
Knoflach, Josef 332 f., 419
Koch, Fritz 89, 187
Kock, Peter Jakob 96

Köhler, Erich 180
Koellreutter, Otto 348
Kößl, Josef 56
Koffka, Else 414
Kolb, Eberhard 27
Kolb, Josef Otto 77
Konrad, Anton 129, 349
Kopf, Hinrich Wilhelm 103 f.
Koppel, Wolfgang 203, 353
Kotikov, Alexander 35
Kraegeloh, Walter 303
Kranefeld, Ferdinand 95
Kranzbühler, Otto 146 f.
Krapp, Lorenz 77, 95 f.
Krauth, Hermann 317
Krawielicki, Robert 141–143
Kregel, Wilhelm 278
Kreutz, Benedict 209
Kriege, Walter 113, 117, 241 f., 320
Krüger, Hans-Joachim 317, 333, 335, 408 f., 411, 419 f.
Krug von Nidda, Carl Ludwig 242
Krupp von Bohlen und Halbach, Alfried 37, 51, 211
Kubuschok, Egon 53, 342
Kuby, Erich 232
Küchler, Georg von 211
Kück, Wolfgang 449 f.
Kuhn, Friedrich 89
Kuhn, Fritz 123
Kunde, Wilhelm 406

La Follette, Charles M. 46
Lackner, Karl 184, 311, 318 f., 362 f., 375, 394–399, 401, 403, 441
Laforet, Wilhelm 291, 296
Lammers, Hans Heinrich 53
Lammert, Norbert 289
Lanfermann, Heinz 434
Lang-Hinrichsen, Dietrich 319 f.
Langbein, Hermann 244
Lange, Bundesanwalt 409
Laternser, Hans 147, 192, 437
Lattmann, Erich 446
Lautz, Ernst 58, 322, 327
Leeb, Wilhelm von 147
Leese, Ernst 338
Lehmann, Rudolf 327, 438, 445 f.
Lehr, Robert 113, 115, 126, 249
Leibholz, Gerhard 92, 197 f., 297
Leibholz, Sabine, geb. Bonhoeffer 92
Leimberger, Siegfried 334, 420
Lemke, Helmut 231
Lenhardt, Gerd 351 f.
Lenz, Carl Otto 428 f.
Lenz, Otto 119, 121, 180, 306

Leusch, Joachim 220 f.
Leutheusser-Schnarrenberger, Sabine 12 f., 28
Leverenz, Bernhard 231
Limbach, Jutta 169
Limperg, Bettina 279
Linden, August Robert von der 318
Linden, Herbert 304, 430 f.
Linz, Ernst 291
Liszt, Franz von 391 f.
Löffler, Otto 433 f.
Loeser, Ewald 211
Löwe, Professor 327
Loewenstein, Karl 76
Lohse, Egon 344
Loritz, Alfred 96
Lübbe, Hermann 177 f.
Lübke, Heinrich 201 f.
Lücke, Paul 426
Lüer, Carl 338
Lüttger, Hans 318 f., 378 f., 384 f., 387
Lukaschek, Hans 162, 173

Maas, Heiko 13, 28
Maassen, Hermann 226, 317, 335, 340, 344, 356
Mallmann, Klaus-Michael 25
Mann, Abby 55
Manstein, Erich von 37
Markl, Hermann 55
Marmann, Hans 318 f.
Marquordt, Gerhard 207, 264, 285, 424
Marschewski, Erwin 252
Marshall, George C. 105, 125
Martin, Alfred 240
Martin, Ludwig 286 f., 409–411
Massfeller, Franz 22, 123, 136, 256, 274 f., 277, 303 f., 306–311, 316, 430 f.
Matsoukas, Ioannis 315
Mattick, Kurt 410
McCloy, John J. 185, 187, 365
Mende, Erich 153
Menzel, Walter 348 f.
Mercker, Reinhold 236 f.
Merkatz, Hans-Joachim von 195, 198 f., 368, 452
Merten, Hans 245
Merten, Max 22, 230, 255, 303 f., 306, 313–316, 324, 456
Mettgenberg, Wolfgang von 59
Metzger, Ludwig 230 f.
Meyer, Heinrich 318 f., 441
Meyer, Konrad 211
Meyer-Cording, Ulrich 337
Middelhauve, Friedrich 150, 153 f.
Miquel, Marc von 17

Mommsen, Ernst Wolf 198
Morgenthau, Henry 64 f.
Mücke, Willibald 155
Müller, Franz-Joseph 406–408, 413 f.
Müller, Gebhard 146, 236, 290–292
Müller, Ingo 17
Müller, Josef 271
Mueller, Rudolf 98
Müller-Meiningen, Ernst 285
Mulka, Robert 245
Mummenthey, Karl 147
Munzer, Egbert 94
Munzinger, Werner 318 f., 321, 395
Murphy, Robert 66

Nagler, Johannes 319
Naumann, Erich 148, 151–153, 188, 211, 281
Nellmann, Erich 224–226
Nettersheim, Gerd J. 13 f., 28
Neubacher, Frank 146
Neubert, Reinhard 304
Neudeck, Heinz 366
Neumayer, Fritz 151, 189, 194 f., 198, 317, 331, 336, 348, 350, 362 f., 368, 441
Nevermann, Paul 231
Niethammer, Emil 327
Niethammer, Lutz 157
Nipperdey, Thomas 178
Nitschke, Ministerialrat 422
Norden, Albert 196 f., 200 f., 204
Nüse, Karl-Heinz 319

Ohlendorf, Otto 147, 365
Ohlsen, Otto 220
Ollenhauer, Erich 204
Onnen, Alfred 151, 153
Ophüls, Carl Friedrich 100, 115, 249, 345
Oppler, Kurt 113
Orth, Karin 25
Ossietzky, Carl von 386
Oster, Hans 19 f., 324

Papen, Franz von 342
Paul, Gerhard 26
Pawlik, Norbert 202
Peschel-Gutzeit, Lore Maria 59, 310
Petersen, Georg 116, 302, 314
Pfundtner, Hans 304
Philippi, Harry 353 f.
Pircher, Maria 333
Platow, Robert Kurt Albert 188
Pleiger, Paul 236
Pötz, Paul-Günter 317
Pohl, Oswald 236
Pontiller, Josef 352

Posser, Diether 255 f., 315
Preysing, Konrad von 119
Pünder, Hermann 100
Puttkamer, Ellinor von 115, 249

Radbruch, Gustav 21, 147, 299, 364, 391 f., 437
Raim, Edith 80, 83
Rathgeber, Anton 331
Redelberger, Otto 292
Redenz, Karl Theodor 219 f., 222
Rehse, Hans-Joachim 60, 62
Reichel, Peter 60
Reichhart, Johann 333, 347, 350, 352, 356
Reinicke, Dietrich 277
Renner, Hermann 232
Richter, Hans 376 f.
Richter, Heinrich 100, 128, 139 f.
Riedel, Fritz 445
Rinck, Gerd 303 f.
Ringelmann, Richard 155 f.
Rittau, Martin 436
Ritter von Lex, Hans 112, 119, 121, 127, 134, 158, 242, 341
Ritzel, Heinrich 354
Robinsohn, Hans 90
Rögner, Adolf 244
Röhm, Ernst 186 f., 375
Roemer, Karl 218
Roemer, Walter 22, 57–59, 101, 114, 333 f., 344–356, 423, 426
Rohrscheid, Günther von 192
Roosevelt, Franklin D. 64 f.
Rosenberg, Alfred 186
Rotberg, Hans Eberhard 189, 317–319, 321, 325, 378 f., 381, 384, 395, 397
Rothaug, Oswald 54–57
Rothenberger, Curt 49, 52, 134
Rottleuthner, Hubert 18, 401
Rousseau, Jean-Jacques 212
Roxin, Claus 364
Rückerl, Adalbert 222, 408, 412, 416
Rupp-von Brünneck, Wiltraut 290
Ruppert, Kuno 137
Ruscheweyh, Herbert 102
Rynar, Gidon 333

Saage, Erwin 228, 303–305, 316
Saba, Zdenek 351
Sack, Karl 19 f., 324
Sänger, Fritz 410
Salazar, António de Oliveira 177
Sarstedt, Werner 406, 412
Sassen, Willem 233
Sauckel, Fritz 236
Schäfer, Ernst 327 f.

Schäfer, Hermann 101, 124
Schäfer, Leopold 376 f.
Schäffer, Fritz 105, 112, 139 f., 158, 179 f., 199, 226, 228 f., 231, 233 f., 317, 332, 350, 365 f., 368, 385 f., 442, 452
Schäffer, Hans 92
Schätzler, Johann-Georg 192 f., 317
Schaffstein, Friedrich 392–394, 396, 399
Schafheutle, Josef 22, 180 f., 189, 226, 228, 237, 265, 283, 317–321, 325–330, 332, 335, 338, 361–363, 366, 377 f., 382 f., 395, 403, 439, 441, 443 f., 456
Scheel, Walter 14
Scheffler, Erna 290, 297
Schemm, Hans 76
Schirach, Baldur von 392 f., 396
Schlabrendorff, Fabian von 236, 354
Schlegelberger, Franz 45, 49, 52–54, 117, 211, 247, 304, 307, 339, 341 f.
Schlempp, Walter 202
Schlichter, Franz 318
Schmatloch, Heinz 319
Schmid, Richard 224
Schmidt, Adolf 412
Schmidt, Eberhard 437, 441
Schmidt, Guido 278
Schmidt, Hans 365
Schmidt, Helmut 256
Schmidt-Jortzig, Edzard 336, 434 f.
Schmidt-Leichner, Erich 370 f.
Schmidt-Räntsch, Günther 264, 311–313, 358
Schmitt, Rudolf 407, 412, 418 f.
Schneider, Gerhard 337
Schölz, Joachim 318 f., 366, 441, 443–447
Schönherr, Carl-Heinz 318
Schönke, Adolf 362, 407 f.
Scholl, Hans 347–351, 353–355
Scholl, Robert 349
Scholl, Sophie 347–351, 353–355
Schröder, Gerhard 199, 283, 421 f.
Schröder, Horst 407 f., 414
Schroeder, Louise 103
Schrübbers, Hubert 366
Schubert, Reinhard 434 f.
Schüle, Erwin 224, 226
Schumacher, Kurt 104
Schumacher, Rudolf 409, 411
Schumann, Eva 27, 301
Schwalm, Georg 318 f., 361, 366, 368, 403, 441, 443
Schwinge, Erich 437, 441
Seebohm, Hans-Christoph 104 f., 127, 365
Seiler, Hans 56
Seiler, Irene 55 f.
Selbert, Elisabeth 274

PERSONENREGISTER

Semler, Johannes 99
Serow, Iwan A. 40
Servatius, Robert 236
Shinnar, Felix Elieser 235
Siemer, Karl 412
Silverman, Sydney 205
Sindermann, Joachim 138–141
Six, Franz Alfred 150
Skott, Alfred 367
Sokolovskij, Vassilij 34, 40
Speer, Albert 91, 202
Spreckelsen, Heinrich von 116, 136 f., 303 f., 310 f., 316, 445
Springer, Rudolf 203
Stalin, Josef 40 f.
Stammberger, Wolfgang 240 f., 283 f., 327, 363
Staudte, Wolfgang 202
Stein, Erwin 297
Steinert, Alfred 110, 114–116, 174
Steiniger, Peter Alfons 61 f.
Stelzer, Wilhelm 116
Stewen, Werner 415
Stimson, Henry L. 65
Stinnes Jr., Hugo 150
Stoecker, Heinz-Dietrich 321
Strassmann, Ernst 90
Stock, Christian 104
Stock, Ulrich 437 f., 441
Strauß, Elsa 91, 94 f.
Strauß, Franz Josef 240 f., 438, 442
Strauß, Hermann 91, 94
Strauß, Tamara Berta 97
Strauß, Walter 86, 91–95, 97–103, 106, 110–113, 115–122, 128, 132–140, 142–144, 155, 173, 188 f., 195, 197 f., 200 f., 215–217, 225 f., 228, 238, 240 f., 243, 248 f., 255, 261, 263, 266, 269, 271, 286, 288, 300, 302, 307, 320, 326, 332, 338–342, 348 f., 356, 363, 366, 375, 397, 424, 451–453
Strecker, Reinhard 203–205, 233, 283
Streicher, Julius 87
Streit, Josef 411
Strobel, Robert 152
Stuckart, Wilhelm 118, 278
Sturm, Richard 366, 411, 415, 418 f.
Sturm, Walter 407, 409, 411, 420

Taylor, Telford 24, 45 f., 48
Thedieck, Franz 121 f.
Thier, Hans 110 f.
Thierack, Otto Georg 16, 18, 45, 49, 52, 59, 134, 136, 247, 307, 327, 341
Thiessen, Jan 27, 246
Thoma, Richard 92

Thorbeck, Otto 19 f., 60, 273, 287
Thurn, Elmar 318
Todt, Fritz 90 f., 338
Toussis, Andreas 313, 315
Tracy, Spencer 55
Trendelenburg, Ernst 93

Ulbricht, Walter 72 f., 196

Valentin, Karl 96
Van Dam, Hendrik Georg 200 f.
Veit, Hermann 141
Verner, Paul 196
Vilsmaier, Joseph 55
Vogel, Hans-Jochen 256, 356
Vogels, Werner 303 f.
Volk, Leo 148
Vom Rath, Ernst 149
Vultejus, Ulrich 146

Wagner, Kurt 220 f.
Wagner, Robert 137
Wahl, Alfons 147 f., 318 f., 321
Wahl, Eduard 145–147, 211, 381, 388
Walter, Felix 155
Wasser, Detlef 13 f., 28
Wassermann, Rudolf 42
Weber, Karl 243
Weber, Thomas 28 f.
Wehner, Herbert 177, 368
Weinkauff, Hermann 110 f., 116, 151 f., 170 f., 206 f., 269–272, 275 f., 291, 294
Weinke, Annette 196
Weitnauer, Hermann 303 f., 306, 310 f., 316
Weitz, Heinrich 119
Weizsäcker, Ernst von 147
Wengst, Udo 90, 212
Wentker, Hermann 198
Werner, Fritz von 278
Werner, Josef 87
Westram, Gerhard 411
Westrick, Ludger 88, 132
Wetzel, Edmund 224
Wetzel, Erhard 310
Weyersberg, Albert 351, 355
Wicht, Adolf 240
Wiechmann, Carl 281 f.
Wiedner, Rechtsanwalt 124
Wiesenthal, Simon 220–222, 235, 353 f.
Wildt, Michael 25
Wilhelm, Karl-Friedrich 301
Wilke, Heinz 150
Will, Max 242
Willms, Günther 366
Wilson, Oberst 77

Winkler, Heinrich August 178
Winners, Hans 109 f., 113 f., 116, 128–132, 136, 144, 293–295, 300, 313, 445
Wisliceny, Dieter 313
Wölfel, Hans 211
Woernle, Klaus 115, 249, 337
Wohlfahrt, Ernst 345
Wojak, Irmtrud 247

Wolff, Bernhard 297
Wolff, Ernst 92, 291
Wollweber, Ernst 196 f.
Wüstenberg, Kurt 278
Wulf, Helmut 317

Zimmermann, Regierungsdirektor 450
Zinn, Georg August 235, 280, 324

Aus dem Verlagsprogramm

Manfred Görtemaker
Rudolf Hess
Der Stellvertreter
2023. 758 Seiten mit 54 Abbildungen. Gebunden

Ulrich Herbert
Geschichte Deutschlands im 20. Jahrhundert
3. Auflage. 2023. 1463 Seiten. Leinen

Ulrich Herbert
Wer waren die Nationalsozialisten?
3. Auflage 2021. 303 Seiten. Gebunden

Norbert Frei
Vergangenheitspolitik
Die Anfänge der Bundesrepublik und die NS-Vergangenheit
2012. 468 Seiten. Paperback
Beck'sche Reihe Band 6060

Norbert Frei
Im Namen der Deutschen
Die Bundespräsidenten und die NS-Vergangenheit
2023. 377 Seiten mit 24 Abbildungen. Gebunden

Verlag C.H.Beck München

Aus dem Verlagsprogramm

Michael Stolleis

Geschichte des öffentlichen Rechts in Deutschland

Bd. 1: Reichspublizistik und
Policeywissenschaft 1600–1800
2., ergänzte Auflage. 2012. 435 Seiten. Leinen

Bd. 2: Staatsrechtslehre und
Verwaltungswissenschaft 1800–1914
1992. 486 Seiten. Leinen

Bd. 3: Staats- und Verwaltungsrechtswissenschaft
in Republik und Diktatur 1914–1945
1999. 439 Seiten. Leinen

Bd. 4: Staats- und Verwaltungsrechtswissenschaft
in West und Ost 1945–1990
2012. 720 Seiten. Leinen

Verlag C.H.Beck München